Pour un amateur
éclairé, qui ne manque
pas de connaissances !
à consommer avec modération
Très amicalement

A tous nos bons souvenirs -
le 28/12/98 Bisous
Jacqueline

# LAROUSSE
## DES
# VINS

TOUS LES VINS DU MONDE

# LAROUSSE

# LAROUSSE
## DES
# VINS

### TOUS LES VINS DU MONDE

# Larousse des Vins

## Tous les Vins du Monde

———

**Direction éditoriale :** Claude Naudin, Laure Flavigny
**Direction artistique :** Frédérique Longuépée
**Lecture-révision :** Annick Valade
*assistée de* Madeleine Soize
**Direction cartographique :** René Oizon
**Cartographie :** European Map Graphics, Graffito, Marie-Thérèse Ménager
**Illustrations :** Trevor Laurence, Clare Roberts
**Fabrication :** Gérard Weymiens, Annie Botrel
**Couverture :** Gérard Fritsch

———

### Réalisation

**Segrave Foulkes**

**Direction :** Christopher Foulkes
**Édition :** Carrie Segrave
**Direction artistique :** Nigel O'Gorman, Roger Walton

**Turquoise**

**Direction :** Jacques Sallé
**Rédaction :** Isabelle Bachelard, Thérèse de Cherisey, Anne Francotte, Patricia Gastaud-Gallagher, Anne Leiguadier, Victoria de Navacelle, Annick de Scriba, Tamara Thorgervsky
**Composition :** Philippe Péruchon, Valérie Schaub, Sylvie Fretet

La liste des auteurs figure en page 608

© **Larousse-Bordas pour la présente édition, 1997**
© **Larousse pour la première édition, 1994**

# AVANT-PROPOS

L'amateur de vin a aujourd'hui à sa disposition quantité de vins du monde entier. En l'espace d'une génération à peine, de nombreux – et nouveaux – pays vinicoles ont accompli de tels progrès qu'ils concurrencent les grands classiques européens. La liste des régions productrices de vins de qualité, jadis limitée à quelques coins de France, aux vallées du Rhin et de la Moselle en Allemagne et à deux régions d'Espagne, a été multipliée par vingt. Et le nombre des bons vins de tous les jours, offrant une qualité constante, s'est accru de façon encore plus notable. Loin de provoquer des excès, cette abondance a suscité un vaste intérêt.

Des millions de personnes s'initient désormais aux joies du vin, prennent plaisir à les comparer et à les opposer, à harmoniser vin et cuisine, et à faire coïncider millésimes et grandes occasions. Plus nombreux encore sont les amateurs heureux d'avoir quotidiennement du vin sur leur table, de découvrir un bon rapport qualité-prix, d'explorer les nuances des arômes et de comprendre pourquoi certaines bouteilles sont sublimes et d'autres seulement... ordinaires.

## Qu'est-ce que le vin ?

L'Union européenne a élaboré une définition officielle du vin : le vin est la boisson «exclusivement issue de la fermentation de raisin frais ou de jus de raisin». Quant à l'amateur de vin, c'est quelqu'un qui, selon la célèbre définition d'un connaisseur, «sait reconnaître le bon vin du mauvais, et apprécie les qualités propres de chaque vin». Depuis que cette formule fut inventée par André Simon, fondateur de la Société internationale du vin et de la gastronomie, il y a quelque cinquante ans, la quantité de bon vin commercialisée dans le monde a beaucoup augmenté. Quantité de vins différents ont également vu le jour. Aussi a-t-on, plus que jamais, besoin d'informations pratiques, bien classées et accessibles. C'est ce que le *Larousse des Vins* se propose de vous offrir.

## Un équilibre subtil

Le vin est à la fois expérience des sens et de l'esprit : un plaisir et un intérêt. On peut parfaitement l'apprécier lorsque ces deux aspects de sa personnalité sont équilibrés, lorsque les qualités d'un vin mettent en valeur un plat et que les nuances de son parfum appellent à la comparaison avec d'autres vins ou d'autres millésimes en diverses occasions. Certains n'y trouvent qu'un plaisir immédiat, buvant simplement le vin sans trop s'interroger ; d'autres commentent, notent et analysent de vieux millésimes rares avec une telle passion qu'ils en oublient de profiter de ce que perçoivent leurs sens. Deux façons de passer à côté de la véritable satisfaction qu'engendre le juste équilibre entre le plaisir sensuel et l'intérêt intellectuel. Le véritable amateur sait que déguster certains vins, à certains moments, est un plaisir qui ne doit pas être troublé par un excès de réflexion – ce qui n'exclut pas d'en analyser l'origine – et qu'inversement, un vin ne suscitera un plaisir intense que si on lui en donne l'occasion.

## De précieuses indications

On s'inquiète souvent de savoir si on a choisi la bonne bouteille, si celle-ci est trop fraîche ou trop chambrée, trop jeune ou trop vieille, si elle s'harmonisera ou non avec un plat, etc. Les connaissances que cet ouvrage s'efforce de mettre en exergue devraient avoir raison de ces craintes.

C'est souvent à tort que l'on pense devoir appliquer certaines règles déterminées pour choisir un vin, le servir ou l'apprécier. Un certain nombre de données, nées de l'expérience et vérifiées par celle-ci, peuvent toutefois vous aider. Il s'agit parfois de faits scientifiques : grâce à la chimie et à la microbiologie, nous en savons davantage que nos ancêtres sur la maturation des vins, et nous savons aussi pourquoi ils sont meilleurs à une certaine température. Mais la science actuelle ne fait généralement que confirmer les sages usages d'autrefois.

Il existe un domaine dans lequel la science a fait évoluer les choses : celui de la vinification. Du vignoble à la cave, les progrès techniques et scientifiques ont considérablement transformé celle-ci. De l'avis de la plupart des connaisseurs, les grands vins classiques se sont encore améliorés, tandis que de nouvelles régions viticoles se révèlent. Il n'existe plus une seule méthode « orthodoxe » pour élaborer un vin. La multitude des possibilités qui s'offrent au producteur constitue un véritable défi et rend le choix du consommateur plus intéressant – et plus gratifiant – à mesure que se développe la variété des vins disponibles sur le marché. Malgré les tentatives de nombreux spécialistes, il n'existe encore aucune science de l'appréciation du vin. Il n'y a pas davantage de règle absolue en matière d'harmonie des mets et des vins. Si nous savons que certains rouges s'allient mal à certains poissons en raison d'une interaction chimique, nous sommes bien moins sûrs de la valeur de telles autres traditions. N'avons-nous pas retrouvé quelques menus où les vins les plus étonnants étaient servis avec les plats les plus étranges ? Lorsqu'on sait qu'il y a à peine cinquante ans on conseillait le Champagne avec le gibier, et qu'aux dîners les plus cérémonieux de l'entre-deux-guerres on ne servait que du vin blanc tout au long d'un repas de neuf plats, on se rend compte à quel point les conseils en la matière peuvent évoluer...

## Une expérience personnelle

Trois sens contribuent à l'appréciation d'un vin : la vue, l'odorat et le goût. Il faut y ajouter les plaisirs de l'anticipation, de la comparaison, du souvenir ; la satisfaction de partager un vin, un repas, de célébrer un événement et de se retrouver entre convives... Il y a largement de quoi se réjouir. Aucun livre, aucune illustration ne peut remplacer la découverte sensorielle d'un vin. Que vous souhaitiez devenir spécialiste ou simplement savoir apprécier un vin, c'est la seule façon d'acquérir de réelles connaissances. Une bouteille ouverte, bue et oubliée est une occasion manquée. Certains amateurs – qui sont souvent aussi des professionnels – prennent des notes sur chaque bouteille qu'ils goûtent. Mais la plupart d'entre nous essaient simplement de mémoriser les impressions ressenties, pendant ces quelques secondes de concentration durant lesquelles nous accordons au vin toute notre attention, afin de laisser nos sens s'exprimer. Même avec peu de pratique, notre cerveau enregistre les différentes sensations ressenties. Tel vin en évoquera vite un autre : les arômes spécifiques de certaines régions, de certains cépages, voire d'un millésime précis, sont mémorisés et éveillés par la dégustation d'un nouveau vin.

## Un ouvrage collectif

Même avec un cerveau en alerte, des papilles gustatives très sensibles et une bonne mémoire, une seule personne est bien incapable de prétendre tout savoir sur l'univers du vin. Si ce fut peut-être un jour possible, l'évolution est aujourd'hui trop rapide, les lieux, les noms et les éléments à connaître trop nombreux. Cet ouvrage est donc le fruit du travail collectif de connaisseurs et de spécialistes du monde entier, qui y ont chacun contribué avec leur expérience personnelle. Y ont également collaboré plus d'une centaine de personnes : des rédacteurs professionnels, des dessinateurs et des chercheurs ; des cartographes, des photographes et des illustrateurs. Vous trouverez leurs noms en fin d'ouvrage.

En début d'ouvrage, Michel Rolland, œnologue réputé, décrit son métier. Puisse le plaisir qu'il prend à l'exercer – à « bâtir » de grands millésimes en Bordelais et ailleurs en France ou dans de nombreux autres pays, à travailler les meilleurs crus pour en améliorer toujours la qualité – communiquer à tous le plaisir du vin !

Le *Larousse des Vins* est un ouvrage de référence : on y trouvera présentés les régions où l'on élabore du vin, une description du goût de ces vins et les meilleurs représentants des différentes appellations. S'il ne prétend pas être exhaustif, ce guide trace le profil de chaque zone vinicole du monde dont les produits sont commercialisés, décrit les caractéristiques des vins et cite les plus intéressants. Armé de ces informations, le lecteur pourra explorer à loisir l'univers riche et séduisant du monde du vin.

L'ÉDITEUR

# TABLE DES MATIÈRES

5   Avant-propos

14   Comment utiliser ce livre

17   Le plaisir des vins,
    *par Michel Rolland*

## DÉCOUVRIR LE VIN

**27   L'histoire du vin**
29   CARTE : LES RÉGIONS
    VITICOLES DE LA
    MÉDITERRANÉE ANTIQUE

**33   Le choix des vins**
34   Les vins blancs
36   Les vins rouges
38   Les vins mousseux
39   Les vins doux
40   Les cépages
49   Les bouteilles
50   Les étiquettes
53   L'achat des vins

**56   La garde des vins**
57   Le vieillissement
    des vins
61   Le stockage du vin

**65   Le service du vin**
66   La température
68   L'ouverture du vin
70   Les tire-bouchons

72   L'ouverture des vins
    pétillants
74   La décantation
76   Les carafes
77   L'entretien des carafes
    et des verres
78   Les verres
80   Le vin à table

**81   La dégustation**

**87   Les mets et les vins**
88   Quel vin servir ?
91   Le mariage des vins
    et des mets

**97   La vinification**
98   Les techniques
    traditionnelles
100   Le calendrier des travaux
102   Les techniques modernes
104   La fermentation
106   La vinification en blanc
108   La vinification en rouge

110   La vinification des vins
    mousseux
112   L'élaboration des vins
    mutés

**113   Le vieillissement du vin**
114   L'art de l'élevage
117   L'influence des fûts
    sur le goût
119   La mise en bouteilles

# LES VIGNOBLES DU MONDE

124   Les pays viticoles

124   CARTE : LES RÉGIONS VITICOLES DANS LE MONDE

126   Les régions viticoles de qualité

**129 FRANCE**

131   CARTE : LES RÉGIONS VITICOLES DE FRANCE

**137 Bordeaux**

139   CARTE : LES RÉGIONS VITICOLES DE BORDEAUX

143   CARTE : LES RÉGIONS VITICOLES DU MÉDOC, DES GRAVES ET DE SAUTERNES

144   Médoc

147   *Saint-Estèphe*

148   *Pauillac*

150   *Saint-Julien*

151   *Margaux*

153   *Autres grands crus du Médoc*

154   Les Graves

156   *Pessac-Léognan*

158   *Graves*

159   Sauternes

164   Entre-deux-Mers

165   Bourg et Blaye

166   CARTE : LES RÉGIONS VITICOLES DU LIBOURNAIS

167   Saint-Émilion

173   Pomerol

176   Fronsac et Canon-Fronsac

**177 Bourgogne**

179   CARTE : LES RÉGIONS VITICOLES DE BOURGOGNE

182   Chablis

183   CARTE : LE VIGNOBLE DE CHABLIS

187   Côte d'Or

189   CARTE : LE VIGNOBLE DE LA CÔTE D'OR

191   *La Côte de Nuits*

195   *La Côte de Beaune*

200   CARTE : LES RÉGIONS VITICOLES DU CHALONNAIS, DU MÂCONNAIS ET DU BEAUJOLAIS

201   Côte chalonnaise

203   Mâconnais

205   Beaujolais

**209 Champagne**

211   CARTE : LES RÉGIONS VITICOLES DE LA CHAMPAGNE

**218 Alsace**

219   CARTE : LES VILLAGES VITICOLES D'ALSACE

**225 Loire**

227   CARTE : LES RÉGIONS VITICOLES DE TOURAINE, D'ANJOU ET DE BASSE LOIRE

229   Basse Loire

232   Centre-Loire

237   Sancerre et Pouilly-sur-Loire

238   CARTE : LES RÉGIONS VITICOLES EN AMONT DE LA LOIRE

**241 Rhône**

243   CARTE : LES RÉGIONS VITICOLES DU RHÔNE

246   Côtes du Rhône septentrionales

252   Côtes du Rhône méridionales

**257 Jura et Savoie**

258   Jura

261   Savoie

**265 Provence et Corse**

266   CARTE : LES RÉGIONS VITICOLES DE PROVENCE ET DE CORSE

267  Provence
271  Corse
**273  Midi**
275  CARTE : LES RÉGIONS
     VITICOLES DU MIDI
276  Les Vins de pays
277  Les Vins Doux Naturels
279  Roussillon
281  Corbières et Fitou
283  Ouest de l'Aude
284  Minervois
286  Coteaux-du-Languedoc
288  Gard
**289  Sud-Ouest**
290  CARTE : LES RÉGIONS
     VITICOLES DU SUD-OUEST
291  Bergerac
294  Duras, Marmandais, Buzet
295  Cahors
297  Gaillac et Fronton
299  Pyrénées
302  Aveyron et Quercy

303  ALLEMAGNE,
     PAYS DU BENELUX,
     SUISSE, AUTRICHE
**304  Allemagne**
305  CARTE : LES RÉGIONS
     VITICOLES D'ALLEMAGNE
310  Ahr-moyenne Rhénanie
312  Moselle-Sarre-Ruwer
313  CARTE : LES ZONES VITICOLES
     DE LA MOSELLE
318  CARTE : LES RÉGIONS
     VITICOLES DU RHIN
319  Rheingau
324  Nahe
326  Hesse rhénane
329  Palatinat
332  Bergstrasse de Hesse
333  Franconie
336  Saale-Unstrut
     et Saxe
337  Bade
341  Wurtemberg
342  Le Sekt

**343  Pays du Benelux**
344  CARTE : LES RÉGIONS
     VITICOLES DU BENELUX
**345  Suisse**
346  CARTE : LES RÉGIONS
     VITICOLES DE SUISSE
**349  Autriche**
350  CARTE : LES RÉGIONS
     VITICOLES D'AUTRICHE

**353 ITALIE ET PAYS MÉDITERRANÉENS**

**354 Italie**
355 Carte : les régions viticoles d'Italie
358 Carte : les régions viticoles du nord de l'Italie
359 Piémont
364 Val d'Aoste et Ligurie
365 Lombardie
367 Émilie-Romagne
368 Vénétie
370 Trentin-Haut-Adige
372 Frioul-Vénétie Julienne
374 Carte : les régions viticoles de Toscane et de l'Italie centrale
375 Toscane
383 Italie centrale
384 *Ombrie*
385 *Marches*
386 *Abruzzes et Molise*

387 Italie du Sud
388 Carte : les régions viticoles d'Italie du Sud, de Sicile et de Sardaigne
391 Sicile et Sardaigne
**393 Pays méditerranéens**
394 Grèce
396 Turquie
397 Moyen-Orient : Israël, Liban, Chypre, autres pays du Moyen-Orient
399 Afrique du Nord

**401 ESPAGNE ET PORTUGAL**

**402 Espagne**
405 Carte : les régions viticoles d'Espagne
406 La Rioja
410 Navarre et Aragon
412 Castille-León
416 Galice et Pays basque
418 Catalogne
422 Le centre et le sud de l'Espagne
**425 Portugal**
426 Carte : les régions viticoles du Portugal
427 Nord du Portugal
429 Centre du Portugal
431 Sud du Portugal
**433 Les vins mutés**
434 Xérès
440 Málaga
441 Porto
447 Madère

## 449 DANUBE ET MER NOIRE

450 Carte : les régions viticoles du Danube et de la Mer Noire
**451 Danube**
452 Hongrie
456 Bulgarie
459 Roumanie
460 Slovénie
461 République tchèque et Slovaquie
**462 Mer Noire**
Moldavie, Ukraine, Russie, Géorgie, Arménie, Azerbaïdjan, Kazakhstan

## 465 AMÉRIQUE DU NORD

467 Carte : les régions viticoles d'Amérique du Nord
470 Carte : les régions viticoles de Californie, Washington et Oregon
**471 Californie**
475 Carte : les régions viticoles de Napa et de Sonoma
476 Napa Valley
481 Sonoma
487 Autres régions côtières
491 Régions intérieures
**493 Nord-ouest des États-Unis**
494 Washington
496 Oregon
**498 Nord-est des États-Unis**
500 État de New York
502 Autres États du Nord-Est
**504 Sud et Middle West**
**508 Canada**

## 511 AMÉRIQUE CENTRALE ET AMÉRIQUE DU SUD

513 Carte : les régions viticoles d'Amérique centrale et du Sud
515 Mexique
516 Chili
519 Argentine
520 Brésil et autres pays

## 521 AUSTRALIE ET NOUVELLE-ZÉLANDE

**522 Australie**
525 Carte : les régions viticoles d'Australie
527 Nouvelle-Galles du Sud
531 Victoria
536 Australie-Méridionale
542 Australie-Occidentale
**545 Nouvelle-Zélande**
547 Carte : les régions viticoles de Nouvelle-Zélande

## 553 RESTE DU MONDE

**554 Afrique du Sud**
**558 Angleterre, pays de Galles**
**559 Inde, Chine, Japon**

## RÉFÉRENCES

562 Les mentions obligatoires des étiquettes
564 La législation
566 Les appellations de qualité
567 Tableaux des millésimes
572 Les régions viticoles et leur production
579 Glossaire
585 Index

# COMMENT UTILISER CE LIVRE

Le *Larousse des Vins* est un guide de référence sur les vins et tous les vignobles du monde. Il a pour but de vous permettre de mieux apprécier leur production. L'ouvrage est divisé en trois grandes parties.

**Trois grandes parties**
La première partie, intitulée «Découvrir le vin», constitue une initiation à l'univers du vin à travers son histoire ; elle traite du choix des vins, de la législation vinicole, de la conservation et du service des vins, de la dégustation et de l'harmonisation des vins avec les mets. Elle aborde enfin l'élaboration du vin, expliquant comment les grandes percées technologiques sont en train d'en améliorer la qualité.

La deuxième partie, «Les vignobles du monde», emmène le lecteur d'abord en France, puis dans les autres pays européens, et sur les autres continents. Chaque chapitre traitant d'un pays comporte des sections sur ses régions viticoles. Dans les régions principales, sont passés en revue châteaux, domaines et producteurs. Trente-six cartes spécialement conçues pour cet ouvrage, ainsi que des centaines de photos, donnent vie à ces régions.

La troisième partie, «Références», réunit faits et statistiques, un glossaire de termes spécialisés et des tableaux des millésimes. Pour terminer, un index détaillé permet une recherche aisée : par noms de vins, vignobles, producteurs et propriétés.

Pour en savoir plus sur une région donnée, consultez la table des matières. Pour la plupart des pays et des régions, une introduction générale donne un aperçu d'ensemble, traite de la législation locale, des cépages et des styles de vin, puis commente chaque subdivision de la région de façon plus ou moins détaillée, selon son importance.

Pour trouver un vin précis, reportez-vous à la table des matières si vous connaissez la région où il est produit, sinon à l'index. Par exemple, si son étiquette indique clairement qu'il vient de la région de Mâcon en Bourgogne, ou de celle de Napa en Californie, la table des matières vous renvoie au chapitre sur la Bourgogne et à la subdivision traitant du Mâconnais. De même, le chapitre sur la Californie comprend une subdivision concernant Napa.

**Domaines et producteurs**
Toutes les régions viticoles ne sont pas nécessairement organisées de la même façon. Dans certains endroits, le nom qui figure sur l'étiquette est celui du domaine. Qu'il s'agisse d'un château, d'une *quinta* ou d'une exploitation, ce nom devient l'appellation sous laquelle le vin est vendu. Ailleurs, c'est le nom géographique qui prime, le vin prenant le nom d'un vignoble ou d'une zone délimitée. De nombreuses personnes peuvent posséder des vignes et élaborer du vin issu du même vignoble – de

### POUR EN SAVOIR PLUS

Si vous désirez trouver des informations rapidement et en savoir davantage sur les sujets suivants, voici où chercher.

**Un vin** : index, p. 585-607.
**Une région** : table des matières, p. 8-13 ; ou index, p. 585-607.
**Un producteur** : index, p. 585-607.
**Le choix d'un vin** : selon qu'il est sec ou doux : p. 34-39 ; selon son style : p. 34-39 ; selon son cépage : p. 40-48.
**Le service des vins** : p. 65-80.
**L'achat des vins** : p. 53-55.
**Les millésimes** : p. 567.
**Les vins et les mets** : p. 87-92 ; plats spéciaux et vins suggérés : p. 93-96.
**La dégustation** : p. 81-85.
**La vinification** : p. 97-120.
**Les termes spécialisés** : glossaire, p. 579.
**Lire une étiquette** : p. 50-52 ; références, p. 562-566.
**Statistiques des régions viticoles** : références, p. 572.

même qu'un seul producteur peut posséder des vignobles dans plusieurs villages ou zones de la région. Pour identifier un vin, l'amateur doit se référer à la législation réglementant les appellations.

Il s'ensuit que dans les régions où le nom du domaine prévaut, c'est celui-ci qui figurera dans les pages énumérant producteurs et/ou négociants. Lorsque, au contraire, c'est le vignoble ou le village, ce sont ces derniers qui seront commentés, les producteurs étant simplement nommés.

Aucun ouvrage de référence ne peut prétendre faire figurer tous les producteurs, châteaux, domaines ou vignobles. Le Bordelais possède plus de 4 000 châteaux, la Bourgogne compte plus de 10 000 viticulteurs... La sélection retenue, imparfaite, certes, et complexe à réaliser, résulte de trois critères. Tout d'abord, le vin est-il bon ? Ensuite est-il produit et vendu en suffisamment grande quantité pour que l'amateur puisse espérer le trouver ? Enfin, possède-t-il un historique satisfaisant ? Malgré cela, un grand nombre de bons producteurs ne sont pas cités. La production de certains est insuffisante ; d'autres la vendent entièrement à un seul client. Exclusion ne signifie pas condamnation. Chaque fois que cela est possible, le *Larousse des Vins* fournit les détails nécessaires pour se faire une opinion, même si un domaine, un producteur, un vignoble ou un village donné n'est pas mentionné. Il peut s'agir d'une appréciation générale sur le style de vin élaboré dans une région ou issu d'un cépage précis.

**Unités de mesure**
Les unités de mesure sont celles du système métrique. Le rendement est donné en hectolitres de vin par hectare, ou hl/ha. La production est donnée en bouteilles de 75 cl. Un hectolitre (100 l) correspond à environ 132 bouteilles. La température est exprimée en degrés Celsius.

# TYPES DE PAGES

Cet ouvrage comporte différents types de pages, ce qui permet d'identifier rapidement la manière dont est organisé un chapitre, et facilite la recherche d'une information particulière. Les types de pages les plus utilisés sont reproduits ici.

**Les ouvertures de chapitres**
Ces pages introduisent des sujets importants dans la première partie de l'ouvrage ; dans la deuxième partie, elles présentent les plus grandes régions, telles que le Bordelais ou la Bourgogne et les grands pays viticoles tels que l'Allemagne, l'Italie ou l'Espagne. En regard du texte se trouve une carte (au total, 36 cartes, toutes situées en début de chapitre).

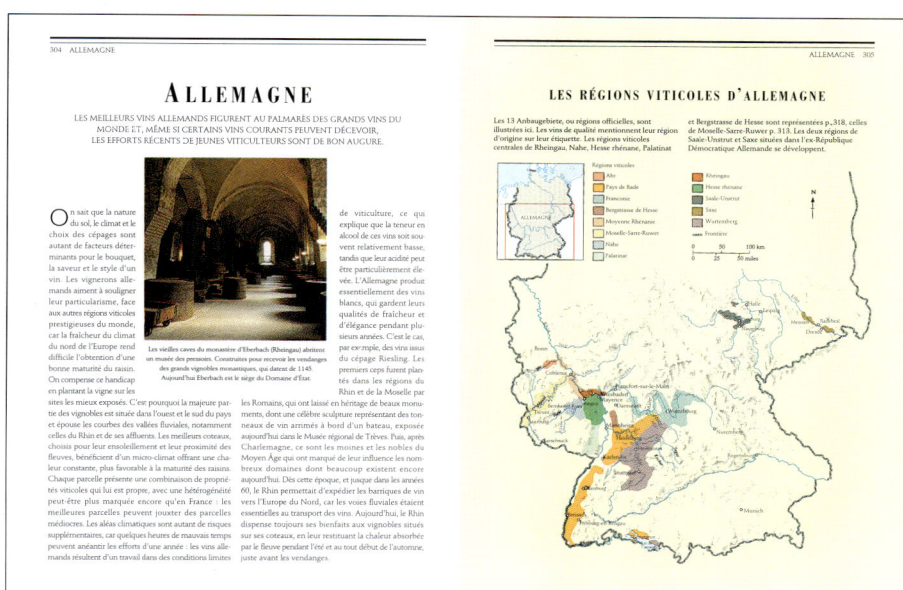

**Les pages pratiques**
Elles présentent une série de photos, commentées étape par étape, pour guider le lecteur dans des opérations ou des gestes comme l'ouverture du Champagne ou la décantation, par exemple. Ce type de page est aussi utilisé pour illustrer les techniques de vinification.

**Les encadrés**
Ils fournissent plus de détails sur des questions particulières, telles que les cépages locaux, la lecture d'une étiquette ou la législation. Pour les régions plus modestes, les encadrés présentent les zones viticoles et les producteurs.

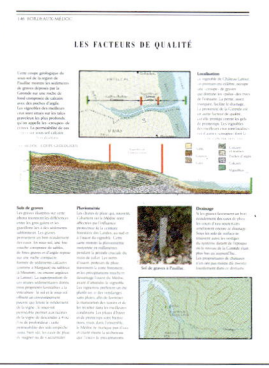

**Les facteurs de qualité**
Dans ces pages sont étudiées de manière approfondie les conditions qui influent sur le caractère des vins des principales régions viticoles. On y trouvera, illustré par des photos et des schémas, toutes sortes de commentaires et d'informations sur les éléments déterminants pour la qualité des vins. Ces facteurs peuvent être géologiques, climatiques ou humains.

**Les pages à quatre colonnes**
Elles énumèrent par ordre alphabétique les producteurs – et/ou les négociants – d'une région viticole, répartis, selon le cas, par régions ou châteaux, par domaines ou exploitations.

# LE PLAISIR DES VINS

par
MICHEL ROLLAND

Descendant d'une famille de viticulteurs bordelais, Michel Rolland a grandi au milieu d'un petit vignoble dont le nom seul de Pomerol assurait déjà la renommée. Aujourd'hui, il « fait » chaque année du vin dans une quarantaine de châteaux du Bordelais et dans une dizaine de pays, notamment aux États-Unis, au Chili, en Argentine, en Hongrie, en Espagne, au Maroc, en Italie... en tout quelque 3 000 hectares de vignes. « Élaborateur de vins », c'est ainsi que l'on qualifie sa spécialité, encore rare parmi les œnologues.
Un métier passionnant qui demande une bonne dose de connaissances scientifiques et techniques, mais plus encore, peut-être, une longue expérience et une sensibilité créatrice dans l'art d'exalter et de combiner les saveurs et les arômes...
Un métier qui l'amène à voyager quatre mois par an, à déguster des centaines et des centaines d'échantillons de rouge, de blanc ou de rosé et qui sans cesse le conforte dans l'idée que le plaisir des vins, c'est leur diversité – reflet d'un terroir, d'un cépage, d'un climat, d'une année, voire de l'âge de la vigne et du nombre de ses grappes...

Le *Larousse des Vins* vous entraîne dans le Bordelais, en Bourgogne, ailleurs en France, mais aussi dans la fabuleuse Toscane d'Italie, dans la Rioja d'Espagne, dans le remarquable vignoble du Douro du Portugal, dans la Napa Valley des États-Unis ou dans l'extraordinaire cordillère des Andes qui borde l'Argentine et le Chili.
Avant d'embarquer pour ce merveilleux voyage, laissons parler Michel Rolland, qui dévoile un peu de sa vie et de son métier-passion pour vous faire mieux comprendre l'évolution de l'œnologie et partager son plaisir du vin, des vins... de tous les pays.

Mon grand-père était viticulteur, mon père, viticulteur, et mon destin, tracé : à mon tour je monterai sur le tracteur pour m'occuper des vignes familiales, qui comptaient tout juste sept hectares. Dans le village, tout le monde, hormis le médecin, le notaire, le curé et le boulanger, était viticulteur. C'est ainsi que je grandis, dans les années 50, bercé par le rythme des saisons, l'attente de la fin des gelées puis de la chaleur de l'été amenant le temps des vendanges. C'était la fête, alors, mais quelle terrible crainte l'avait précédée : la crainte du gel tardif, la crainte de la pluie et de la pourriture, la crainte de la maladie...

### L'ère de la surproduction et des «tortures»

Avant la Seconde Guerre mondiale, la viticulture et la vinification ne relevaient pour ainsi dire que de la tradition. Entre les années 50 et 70, le grand objectif devint la production, la quantité. Hormis pour les grands vins, personne ne s'interrogeait vraiment sur la qualité pourvu que le produit livré n'ait pas de défaut majeur. Or la surproduction et le raccourcissement de la période d'«élevage» des vins pour les commercialiser au plus vite entraînaient des ennuis en tout genre : les vins se troublaient, avaient des dépôts, perdaient leur goût, devenaient pétillants. Le grand souci fut alors de trouver comment les «stabiliser», souci d'où allait naître l'œnologie moderne.

Des chimistes comme Émile Peynaud et Jean Ribereau-Gayon dans le Bordelais, les professeurs Jaumes et Flanzy du côté de Montpellier mirent leurs compétences au service de leur passion du vin. En 1955 fut créé un diplôme universitaire national d'œnologie. Mais cette science restait encore balbutiante. Et, si l'on trouvait certaines solutions aux problèmes de la vinification ou de la stabilisation, on n'en comprenait pas toujours les causes.

Quand je préparais le diplôme d'œnologie de l'institut de Bordeaux, à la fin des années 60, les cours restaient fort simples, mais les professeurs témoignaient d'un extraordinaire enthousiasme. Non seulement ils nous enseignaient la chimie, la biochimie ou la bactériologie du vin (dont la connaissance restait encore succincte), mais ils nous faisaient aussi part de leur expérience et nous communiquaient leur «sens du vin». Ils nous racontaient ainsi que telle année, dans tel château, la fermentation ne s'était pas faite. Sans qu'on sût pourquoi. Et ils nous expliquaient la solution qu'ils avaient trouvée pour qu'elle se fasse enfin.

De 1945 à 1970, tout un arsenal de produits chimiques et de traitements physiques fut étudié et utilisé pour stabiliser la grande masse des vins. On ajoutait de l'acide métatartrique pour éviter les précipitations du bitartrate de potassium, petits cristaux ressemblant à du sucre mais non solubles ; du sorbate de potassium pour empêcher la reproduction des levures et donc les refermentations ; de la gomme arabique pour stabiliser la matière colorante des vins rouges, etc. On chauffait le vin à 45 °C (thermolysation) avant de le mettre en bouteilles ; on le traitait par le froid pour éviter la précipitation de bitartrate de potassium ; on le faisait passer par toutes sortes de filtres qui le dénaturaient en retenant, au passage, nombre de molécules importantes. Résultat : les vins ainsi torturés en sortaient amaigris, affadis, manquant d'arômes et de corps.

### À bons vins, raisins mûrs

Quand, en 1973, j'installai mon laboratoire à Libourne (celui où je travaille toujours aujourd'hui), les clients ne venaient me voir que pour obtenir l'analyse chimique de leur vin. Le terme de qualité n'avait pas la même signification qu'aujourd'hui. On allait voir l'œnologue pour faire la chasse aux «mauvais goûts», le plus souvent simplement dus à un entretien médiocre des cuves, des barriques ou autres contenants (cette contamination bactérienne pouvait entraîner une élévation de l'acidité volatile qui, si elle dépassait le seuil fatidique, faisait que le vin n'était plus loyal et marchand).

Contrairement à l'usage en cours, je ne me contentais pas d'analyser les vins. Je les goûtais. Je goûtais tous les jours tous les échantillons qui rentraient – environ dix mille par an. Et je me demandais pourquoi tant de mauvais vins, pourquoi tant d'irrégularité ? Et, petit à petit, j'en vins à donner des conseils aux vignerons qui me les réclamaient. Mais, avec des années aussi mauvaises que 1972, 1973 ou 1974, il y avait de quoi se décourager. De tous les vins en bouteille que

Les vignobles de la Napa Valley, dans le nord de la Californie, produisent des vins de grande qualité.

j'avais la chance de boire, j'essayais de tirer un enseignement sur la façon de vinifier. Mais, plus j'accumulais d'informations, plus je me noyais dans la complexité. Je recensais les années de grands millésimes : 1928, 1929, 1945, 1955, 1961, et quelques autres encore. Depuis le début du siècle jusqu'en 70, il y avait seulement sept bons millésimes ! En moyenne, un tous les dix ans... En y réfléchissant de près, je remarquai qu'il s'agissait toujours de millésimes correspondant à une production relativement faible, à des étés chauds ou très chauds et à des vendanges précoces. Derrière les différences de caractère liées au terroir, ces vins avaient tous en commun d'être issus de raisins ayant atteint une pleine maturité. Cela se traduisait dans la bouteille par des vins colorés, denses, avec beaucoup de rondeur, de longueur (persistance de l'arôme) et un abondant tanin soyeux. Cette réflexion simple m'amena à penser qu'il fallait attendre pour vendanger que le raisin ait une bonne maturité.

Mon nouveau credo fut : «attendre» ! Un mot terrible en viticulture : la peur accompagne le vigneron tout au long de l'année, mais la tension monte si fort à l'approche des vendanges qu'elle entraîne une sorte de frénésie dans les dernières semaines. Attendre signifie alors surmonter cette peur que connaissent tous les viticulteurs du monde. Le Français craint la pluie qui entraîne la pourriture. L'Espagnol redoute la pluie dans le Nord et l'excès de degré alcoolique dans le Sud. Le Californien voit le degré Brix (la teneur en sucre) augmenter à toute vitesse en août et stagner désespérément en septembre, quand les nuits sont trop froides. L'Argentin craint que le poids de la vendange ne diminue trop fortement par dessiccation... En somme, tous les viticulteurs ont une excellente raison de commencer les vendanges avant la maturité. Autrefois, seuls les raisins arrivés à une maturité très précoce, en surprenant le vigneron, étaient vendangés au moment idéal et donnaient de grands millésimes...

Vieux millésimes d'un grand cru de Bordeaux soigneusement conservés dans la cave du château.

## Les progrès spectaculaires de l'œnologie

Depuis la fin des années 70, la compréhension des phénomènes physiques, chimiques et biologiques qui affectent le vin a progressé de façon spectaculaire. De nombreux phénomènes vécus auparavant comme un mauvais coup du sort ont enfin trouvé une explication rationnelle. On sait, par exemple, que la fermentation alcoolique, due aux levures, se produit autour de 28-29 °C mais s'arrête à 32 °C. Cependant il a fallu attendre la mise au point des appareils de thermorégulation automatique, à la fin des années 80, pour comprendre que c'était là la source du problème. On sait également que la présence d'un excès de fer dans le vin, ou casse ferrique, que certains vignerons imputaient à la nature de leur terroir et traitaient par l'acide citrique, provenait, le plus souvent, des souillures du raisin par la terre ou par les cuves en ciment. Il en est de même pour de nombreux germes qui dénaturaient le vin et que des conditions d'hygiène accrue ont fait disparaître.

Aussi les remèdes ne sont-ils plus des «tortures» brutales qui appauvrissent le vin, mais, de plus en plus, des remèdes préventifs qui respectent sa nature.

L'autre grande évolution est celle de certains œnologues, et en premier Émile Peynaud, qui commencèrent à se préoccuper non plus de l'absence de défauts, mais, véritablement, de la qualité des vins. Ils ne se contentèrent plus de les analyser chimiquement dans leur laboratoire, mais ils se mirent à les goûter. Ils furent de plus en plus souvent appelés dans les vignobles et les caves à jouer un rôle de consultant, à mettre leur savoir et leur sensibilité au service de la recherche de la «personnalité» du vin.

Cette nouvelle génération d'œnologues est pour beaucoup dans l'essor des vins à l'exportation. Pendant longtemps, la France, avec ses grands vins, fut pratiquement le seul pays à exporter régulièrement. La production des vignobles d'Espagne ou d'Italie servait essentiellement à la consommation interne. De même pour l'Argentine, assez gros producteur depuis le siècle dernier. Quant aux productions des États-Unis, de l'Afrique du Sud et de l'Australie, elles étaient encore anecdotiques. Ce n'est plus le cas aujourd'hui. Certes, il y a encore dans le monde environ quatre-vingts pour cent de vins sans aucun intérêt, voués à l'autoconsommation... Mais les producteurs sont de plus en plus nombreux à rechercher la qualité qui puisse s'exporter.

## «Élaborateur de vins», un métier nouveau

Ainsi naquit ce métier d'«élaborateur de vins» que nous sommes encore peu nombreux à pratiquer à un niveau international. Mais, concrètement, en quoi consiste-t-il ? Les propriétaires de vignobles ou d'entreprises de vinification qui font appel à moi me fixent des objectifs. Ils me demandent de faire des blancs, des rouges ou des rosés, en leur donnant un certain style : ce peut être tannique ou fruité pour les rouges, aromatique ou puissant pour les blancs, aromatique ou de bouche (c'est-à-dire des vins qui ont une certaine consistance) pour les rosés. À moi ensuite de tenir compte des différents paramètres – le terroir, le ou les cépages, qui sont pratiquement toujours les mêmes, et les raisins, qui changent chaque année – pour définir les systèmes de vendange et de vinification les mieux adaptés.

Selon le type de vin recherché, il me faut fixer la date précise des vendanges, sans avoir «peur» d'attendre quelques jours de plus pour que la maturité des grappes soit parfaite, définir le mode de récolte, manuel ou mécanique, avec tri ou sans tri, et déterminer même l'horaire des cueillettes... Il y a une infinité d'options possibles. Ainsi au Chili, pour faire du blanc, mieux vaut vendanger entre 5 h 30 et 11 h du matin, quand le raisin est encore frais, afin de respecter pleinement les arômes. Alors que, récoltés en pleine journée, quand ils peuvent atteindre 28-30 °C, les grains livreraient moins d'extraits aromatiques.

Vient ensuite la vinification où, à chaque stade, interviennent une multitude de facteurs permettant d'aboutir à des résultats différents. Pour les rouges, on peut, par exemple, jouer sur le temps et la température de macération, sur les temps, les débits et la façon dont sont effectués les remontages (prélèvement du jus, ou moût, pour lessiver les parties solides, pellicule du raisin, pépins, charpente végétale, ou rafles). Pour les blancs, on peut ainsi jouer sur le temps et le mode de débourbage (opération qui consiste à enlever les jus de dessus leur lie). On pourrait aussi parler du pressurage, que les pressoirs pneumatiques, mis au point depuis les années 70, permettent de contrôler parfaitement en temps et en intensité. De même, avec le progrès des machines, depuis la fin des années 80, on peut choisir d'ôter les rafles (la partie ligneuse) avant de fouler les grappes, au lieu de faire toujours, comme jadis, ces deux opérations dans l'ordre inverse...

Tout le matériel a énormément progressé depuis quelques années et permet de contrôler beaucoup mieux chaque opération. Mais, pour chaque cas spécifique, c'est l'homme qui doit juger de sa meilleure utilisation.

Quand, enfin, le vin est élaboré, se pose la question de son élevage. Doit-il être long ou court ? Se faire en barrique, neuve ou usagée (d'un an, de deux, de dix ?), ou en cuve, en inox, en ciment ou en bois ? Ou encore en bouteille ? Autant de questions auxquelles la réponse apportée va encore influer sur le vin.

### L'intuition de l'œnologue

Cependant, dans une même propriété existent souvent des terroirs divers, des cépages variés, des vignes plus ou moins âgées qui donnent chacun des lots de vins vinifiés séparément, voire de façon différente. Mon rôle est alors de goûter chaque lot séparément, puis d'assembler pour « faire un vin » ceux qu'il me paraît intéressant d'assembler. C'est ainsi qu'il peut m'arriver d'inclure un vin issu de vignes de trois ans (auxquelles je n'avais laissé que trois grappes par cep afin d'en préserver la qualité) dans un grand vin.

C'est là qu'intervient la plus grande part de création. Combiner et exalter saveurs et arômes pour essayer de donner à un vin toute son expression, sa personnalité : c'est là l'aboutissement de ce métier qui, d'une certaine façon, ressemble à l'art du cuisinier ou à celui du parfumeur.

Mais, pour en arriver là, comme je n'aime pas faire les choses à moitié, je demande à intervenir aussi sur le vignoble : sa configuration, son encépagement, sa conduite, année après année. Pour que les raisins arrivent à maturité dans le meilleur état possible, il faut également pratiquer subtilement les vendanges vertes (ces grappes que l'on enlève deux mois avant la récolte pour que les autres puissent s'épanouir mieux) ou l'effeuillage, qui favorise la coloration et la maturation des grains. C'est dire l'infinité des facteurs sur lesquels on peut jouer...

### Le plaisir du vin : une harmonie avec le moment

En tant qu'œnologue, je pourrais dire qu'un bon vin est, dans les blancs, celui qui a une belle définition aromatique, une harmonie entre l'acidité et l'alcool, et, dans les rouges, une belle qualité de tanin. Mais, en tant qu'amateur, j'insisterais pour dire que le bon vin est celui qui est en harmonie avec le moment. Même si ce n'est pas un grand vin, même si ce n'est pas un vin connu ; un vin qui fait plaisir parce qu'on le boit le matin en forêt, avec une rondelle de saucisson que l'on vient de trancher, peut être aussi un bon vin.

En revanche, un grand cru classé qui n'est pas à son apogée, qui est mal servi, trop chaud, trop frais, ou mal accompagné, peut y voir gâcher ses plus belles qualités.

J'en veux pour exemple une dégustation faite avec des journalistes, où l'on avait goûté, outre les vins que je vinifie à l'étranger, quelques-uns de ceux que j'ai faits en France. J'avais ainsi apporté un Saint-Émilion château L'Angélus 1989 et un Pomerol château Le Bon Pasteur 1979, le premier car c'est un monument, le deuxième car c'est le premier millésime que j'aie « fait ». Lors de la dégustation, à 11 heures du matin, l'Angélus 89 a dominé, et de loin, tous les autres vins. Tout le monde admirait sa puissance, ses tanins, sa concentration, sa densité. C'est un monument, c'est vrai. Quant au Bon Pasteur, tout le monde a reconnu que c'était un bon millésime, équilibré, harmonieux, mais pas exceptionnel. Quand vint le temps du déjeuner, chez Morot-Gaudry, tous les convives demandèrent l'Angélus. Mais ce grand vin perdait beaucoup de son attrait, car il n'était pas en accord avec les mets. Il était beaucoup trop opulent et puissant et tuait les petits carrés d'agneau aux cèpes qui nous étaient servis. Il aurait fallu des mets extrêmement puissants, au risque d'anéantir le vin. En revanche, le Bon Pasteur était

Le village de Gevrey-Chambertin entouré de vignes.

absolument délicieux, parce qu'il était en harmonie totale avec ces mets délicats... Le Bon Pasteur 79 était alors bon à boire, tandis que l'Angélus 89 devait encore attendre. Il peut ainsi y avoir une hérésie totale à boire un grand vin dans n'importe quelle occasion ou dans n'importe quelle condition.

## Le plaisir des vins : la diversité

Si les progrès de l'œnologie permettent aujourd'hui de faire du bon vin un peu partout dans le monde, on pourrait craindre que l'on fasse partout des vins qui se ressemblent. Ce peut être vrai des productions médiocres. Pour ce qui est des vinifications de qualité, ce n'est pas la régulation thermique, la table de tri ou le pressoir pneumatique qui vont changer la personnalité du vin. Au contraire, à l'aide de ces nouvelles technologies, un élaborateur de vins exigeant peut faire s'exprimer encore mieux le terroir.

Cette notion de terroir, éminemment française, était quasiment inconnue dans les années 85 quand j'ai commencé à aller aux États-Unis à l'invitation de Zelma Long, l'œnologue de la *winery* (entreprise de vinification qui achète les raisins) de Simi, qui élabore chaque année près de deux cent mille caisses de vin. Longtemps les vignes du Nouveau Monde furent plantées dans les terres d'alluvions parce que la production y était plus abondante. Mais les terres trop riches ne font pas les grands vins. Et, aujourd'hui, où l'on commence à parler de terroir, de plantation sur des terrains choisis, je vois sortir des vins extrêmement intéressants, au riche potentiel, qui pourraient concurrencer certains des grands vins français.

Certes, il existe en France certains terroirs exceptionnels, qui, alliés aux conditions climatiques, donnent des vins qui resteront inégalables tels un Margaux, un Latour ou un Mouton. Mais de nombreux pays commencent à donner des vins excellents et, dans ce domaine, ils n'en sont qu'à leurs débuts.

Si je considère les pays dans lesquels je travaille, je pense en particulier à la Hongrie, un endroit fabuleux, un grand terroir du monde, mais qui, pour donner sa mesure, doit repartir presque de zéro, car un demi-siècle de négligence a tout abîmé. L'Italie également est un pays extraordinaire, qui a malheureusement beaucoup sacrifié à la quantité, mais qui a de très bons vins, même assez exceptionnels, tel l'Ornellaia dont je m'occupe. L'Espagne, encore très en retard en matière de développement qualitatif, a un grand potentiel, et je suis fier de vinifier des milliers d'hectolitres de Marqués de Cáceres, en Rioja. En Argentine, les conditions sont plus difficiles, mais on devrait pouvoir un jour y faire sinon de grands, du moins de bons vins. Le Chili, j'en suis sûr, a la possibilité de produire, un jour, de très grands vins. Quant aux États-Unis, c'est l'un des pays qui, actuellement, a la meilleure réputation. Mais, pour améliorer encore la qualité de ses vins, il faudrait sans doute qu'il y ait un lien plus étroit entre la viticulture et la vinification, entre le vignoble et la *winery,* comme j'ai pu le faire à Newton, au nord de San Helena...

L'immense évolution de l'œnologie a donc permis à de nombreuses régions du globe de se mettre à produire des vins de qualité alors que, dans les années 70, l'expérience aurait été vouée à l'échec. Si les acheteurs apprennent le plaisir de déguster, s'ils sont de plus en plus nombreux à devenir connaisseurs, on verra se développer et s'affirmer nombre de bons vins, voire de grands vins. Des vins tous différents, images du terroir et de cette incroyable diversité qui fait la richesse du monde.

MICHEL ROLLAND
Libourne

# DÉCOUVRIR LE VIN

Un tire-bouchon, un verre et un coin ensoleillé pour un pique-nique suffisent pour tirer un immense plaisir d'une bouteille de vin. Pourtant, quel dommage si la bouteille est tiède au lieu de fraîche ; si le tire-bouchon casse le bouchon ; si le vin ne s'accorde pas aux aliments emportés dans le panier à pique-nique...
Les cent pages qui suivent devraient vous permettre de mieux connaître et déguster le vin. De l'histoire du vin depuis ses lointaines origines jusqu'aux techniques de vinification les plus modernes, vous y trouverez maints conseils et commentaires. La seconde partie de l'ouvrage, plus longue, décrit les pays viticoles du monde et étudie la très grande variété de vins élaborés aujourd'hui. Ainsi, la première partie vous aidera à comprendre et apprécier le vin ; la seconde, à découvrir des vins qui vous séduisent.

## Un programme réjouissant

Cette première partie s'ouvre sur l'histoire du vin. Puis elle vous propose un chapitre consacré au choix des vins : présentation des principaux cépages utilisés à travers le monde, aperçu des diverses catégories de style – du blanc sec au vin doux naturel –, avec des tableaux qui indiquent clairement les vins légers ou capiteux, secs ou doux... Si vous aimez un style de vin particulier, ou si vous découvrez que tous vos rouges préférés sont issus de Cabernet-Sauvignon, ce chapitre vous aidera à trouver des nouveautés à goûter. Il se termine par un précis des législations et des appellations portées sur les étiquettes ainsi que par quelques conseils d'achat.
Expliquant pourquoi le vin est pratiquement le seul produit alimentaire qui peut évoluer et s'améliorer avec le temps, le chapitre concernant le vieillissement du vin conseille sur la meilleure façon d'entreposer le vin. Viennent ensuite les divers aspects du service des vins, de la température requise à l'entretien des verres, en passant par le débouchage d'un vin pétillant ou la description détaillée de la décantation.
L'art de la dégustation – science tout autant que passion – fait l'objet d'un autre chapitre. Enfin, la question de l'harmonisation du vin et des mets, avec, en suggestion, une importante liste de vins pour accompagner certains plats, termine cette série de conseils pratiques.

La vinification moderne, à la fois héritière de millénaires de traditions et objet de fascinantes modifications, est abordée en détail dans le chapitre La vinification. Dans un autre chapitre, traitant de ce qui se passe ensuite – l'élevage et la conservation du vin, sa mise en bouteilles et son cheminement jusqu'à la table –, sont commentées les techniques qui, tel le vieillissement en fût de chêne, peuvent radicalement changer le caractère d'un vin.

## Le royaume des sens

Le plaisir que procure le vin se trouve encore accru si les connaissances acquises dépassent l'approche technique et terre à terre pour vous transporter au royaume des sens. L'art de la dégustation n'est ni mystérieux ni même compliqué : si la possibilité d'apprécier le vin est passée du domaine de l'expertise commerciale à celui de passe-temps d'amateur, c'est bien parce qu'il s'agit d'un incomparable mélange d'esthétisme, de technique et de sensualité. C'est lorsque le vin exige une certaine attention, lors d'un dîner entre amis aussi bien que lors d'une grande cérémonie, que les connaissances et le savoir-faire ajoutent réellement au plaisir éprouvé.
Si tout vin mérite d'être choisi et servi avec soin, tous les vins n'ont pas autant à dire. Les vins ordinaires restent ordinaires, même dans des verres somptueux, à la lumière romantique des bougies. Cela ne signifie pas pour autant que seuls les vins chers soient plaisants : il existe aujourd'hui beaucoup plus de vins modestes méritant d'être goûtés une seconde fois que voici seulement quelques années. Les conseils et les renseignements fournis ici vous aideront à éviter certains pièges et à tirer davantage parti de vos vins, aussi bien dans la vie quotidienne que lors de ces occasions où le vin prend toute son importance. Toutefois, les règles, normes, classifications et classements établis en grand nombre par le monde vinicole ne pourront jamais garantir à coup sûr caractère et excellence. En matière de vin, rien ne remplace la pratique : c'est à l'amateur de dénicher et d'apprécier les bons vins et d'éviter les médiocres. Muni de votre tire-bouchon et d'une bouteille bien choisie, vous voici prêt à vous lancer dans l'aventure.

# L'HISTOIRE DU VIN

QUI A FAIT LE PREMIER VIN ? OÙ SE TROUVAIT LE PREMIER VIGNOBLE ?
AUTANT DE QUESTIONS SANS RÉPONSES. IL RESTE QUE LE VIN EST INTIMEMENT LIÉ
À NOTRE CULTURE DEPUIS SEPT MILLE ANS ET CONTINUE DE L'INSPIRER.

De nombreuses civilisations ont considéré le vin comme l'accompagnement nécessaire d'un banquet. À l'époque de cette mosaïque, un ou deux siècles avant J.-C., les Romains savaient déjà de quels vignobles étaient issus leurs meilleurs vins.

Le vin a une longue histoire, et chaque bouteille peut avoir la sienne, ce qui contribue déjà pour beaucoup à la fascination qu'il exerce. Mais son rôle dans l'histoire de notre culture est encore bien plus vaste et plus profond. Le vin est l'une des premières créations de l'humanité et il a occupé une place privilégiée dans de nombreuses civilisations. Il représente aussi toute une série de découvertes liées aux premières réactions chimiques rencontrées par l'homme : la fermentation et l'oxydation. Impossible de savoir qui fut le premier vigneron. Les grandes civilisations de la Grèce et de la Rome antiques situaient l'origine du vin dans leur préhistoire et entouraient sa naissance de légendes. L'ancienne Égypte nous a laissé des listes de vins. Les Égyptiens mentionnaient même l'année, le vignoble et le nom du vigneron sur leurs jarres : ce furent les premières étiquettes. Les Babyloniens ont promulgué des lois réglementant l'exploitation d'une boutique de vins. Ils ont aussi évoqué en termes poétiques un vignoble magique fait de pierres précieuses dans l'*Epopée de Gilgamesh*, la première œuvre d'imagination jamais écrite : elle semble dater de 1 800 av. J.-C. On peut très bien faire du vin avec des raisins sauvages. Grâce aux sucres concentrés dans ses grains et à son jus abondant, le raisin est le seul fruit ayant naturellement tendance à fermenter. Et la fermentation produit de l'alcool. Il suffit pour cela que le raisin soit mûr et que son jus entre en contact avec des levures – présentes naturellement sous forme sauvage sur la peau des baies. Si le jus se trouve dans un récipient, le vin se fera donc tout seul. On imagine très bien un homme de l'âge de la pierre déposant des raisins mûrs dans un contenant – pot d'argile, bol de bois ou sac de peau – et les laissant fermenter, en les oubliant peut-être. Par temps chaud, c'est une question d'heures et, après quelques jours, le liquide obtenu sera une sorte de vin. Qui a, le premier, bu ce jus enivrant et délicieux ? Nous ne le saurons jamais, mais il – ou elle – fit peut-être aussi l'expérience du premier « mal aux cheveux ». Élément de fête ou de cérémonie religieuse, médicament, antiseptique, le vin a joué bien des rôles. Mais c'est à une date relativement récente que remonte le tournant crucial : la maîtrise du vieillissement. Le fait de pouvoir garder un vin des années – et d'obtenir une amélioration en fût ou en bouteille – marque la naissance du vin de qualité.

## Le premier vignoble

Des vinifications accidentelles se sont probablement produites partout où il y avait à la fois du raisin à l'état sauvage et un peuplement humain. Un pas bien plus considérable a été franchi avec la culture de la vigne. Les archéologues peuvent déterminer si les pépins retrouvés dans les sites habités provenaient de raisins sauvages ou cultivés. Des pépins de vigne cultivée ont été mis au jour dans le Caucase, à l'est de la mer Noire. Ils ont 7 000 ans. Ainsi, le premier vignoble a été planté quelque part entre la Turquie, la Géorgie ou l'Arménie actuelles. Il est vrai que dans cette région, au climat et au relief particulièrement propices à la culture de la vigne, celle-ci poussait autrefois à l'état sauvage.

## Vin et religion

Le point essentiel dans cette première période de l'histoire du vin est que les Grecs, puis les Romains de l'Antiquité lui accordaient une grande place dans leur vie. Pour cette raison et surtout pour son usage religieux ou rituel, le vin est devenu un élément majeur de la civilisation occidentale. À l'époque de la Grèce antique, la Chine aussi connaissait le vin, mais ne l'exploitait pas vraiment. La culture de la vigne s'approcha également des villes de la Perse et de l'Inde, mais sans laisser de traces bien profondes. Quant à l'Amérique précolombienne, elle ne l'a jamais découverte, malgré la présence de vignes sauvages et l'existence de civilisations raffinées.

Ia pratique et les croyances chrétiennes viennent en droite ligne des rituels grecs et romains. L'emploi du vin dans les sacrements a des liens directs avec le judaïsme, mais c'est avec le culte grec de Dionysos, dieu du Vin, et de Bacchus, son équivalent romain, qu'on trouve les plus fortes similitudes. Selon la légende, Dionysos apporta le vin en Grèce depuis l'Asie Mineure, l'actuelle Turquie. Fils de Zeus, Dionysos eut une double naissance, l'une humaine et l'autre divine (le mythe est assez obscur, du moins pour nous), la première lui donnant pour mère une

Même les chevaux sont ivres dans les orgies bachiques de la Rome antique.

## LES DIEUX DU VIN

Dionysos était un dieu de la Vigne et du Vin parmi bien d'autres et des légendes analogues apparaissent dans d'autres civilisations avec une remarquable régularité.
Une inscription de 2 700 av. J.-C. mentionne la déesse sumérienne Gestin, dont le nom signifie « mère cep ». Un autre dieu sumérien s'appelait Pa-gestin-dug ou « bon cep » et son épouse Nin-kasi, la « dame du fruit enivrant ».
En Égypte, Osiris était dieu du Vin et était évoqué comme le vin « larmes d'Horus » ou « sueur de Ra » (dieu du Soleil).
Si, plus tard, le Christ a dit « Je suis la vraie vigne », le judaïsme en revanche n'établit aucun lien entre Dieu et le vin. Il interdit même les libations, cette offrande de vin aux dieux si fréquente à Babylone, en Grèce et dans d'autres religions. Le vin est important dans le rituel juif, mais son abus est mal considéré.
Le christianisme devenu religion dominante a fait disparaître Dionysos ou Bacchus. Le dévergondage caractérisant les bacchanales était sacrilège pour les premiers évêques, d'autant plus que les femmes y participaient.

simple mortelle, Sémélè. Il était la vigne, et le vin était son sang.

Les Romains, dont l'expansion accompagna le déclin de la Grèce, reprirent les dieux grecs qu'ils ajoutèrent aux leurs. Ainsi, Dionysos devint Bacchus – nom qui lui était donné dans les villes grecques de Lydie, en Asie Mineure. De dieu du Vin, Bacchus se transforma en sauveur. Son culte se répandit parmi les femmes, les esclaves et les pauvres – les empereurs tentant de l'interdire, sans grand succès. Le christianisme, dont le développement est indissociable de celui de l'Empire romain, reprit de nombreux symboles et rites bachiques, attirant, dans un premier temps, les mêmes catégories de fidèles. La signification de l'Eucharistie est un sujet trop complexe pour être évoqué en quelques lignes. Notons simplement que le vin de la communion était au moins aussi nécessaire à une assemblée de chrétiens que la présence d'un prêtre. Du fait de cette place vitale qu'il occupait dans la pratique religieuse, le vin allait subsister même lors de la sombre période des invasions barbares faisant suite au déclin de Rome.

# LES RÉGIONS VITICOLES DE LA MÉDITERRANÉE ANTIQUE

Égyptiens, Sumériens et Romains donnaient un nom à leurs vignobles et discutaient pour savoir quels étaient les meilleurs crus. Le pays appelé Canaan dans la Bible – la Phénicie ou la Syrie – était célèbre pour son vin. «Le vin des pressoirs de Daha est aussi abondant que l'eau vive», écrivit un chroniqueur égyptien. Daha se trouvait quelque part dans le pays de Canaan, où l'Égypte achetait du bois d'œuvre – et du vin. D'après la Bible, les Hébreux auraient rapporté de Canaan une grappe de raisin si grosse qu'il avait fallu deux hommes pour la porter. L'Ancien Testament est rempli de références à des vignobles. Les Romains ont défini avec soin les meilleurs crus d'Italie. Au premier rang venait Falerne, au sud de Rome, le Domaine de Faustus étant considéré comme le meilleur de l'époque, suivi des vins d'Alba – les Colli Albani actuels. À Pompéi, grand port viticole de l'Italie romaine, un négociant en vins fut assez riche pour faire construire le théâtre et l'amphithéâtre. Les Romains appréciaient aussi les vins d'Espagne, de Grèce et, à l'époque impériale, ceux de la Gaule, du Rhin et du Danube.

## Les moines et le vin

Le vin était lié au mode de vie méditerranéen. Au nord des Alpes, face à des vagues d'envahisseurs féroces, les activités sédentaires – comme la culture de la vigne – étaient en péril. Seule l'Église, qui avait besoin de vin et était capable d'assurer une continuité, permit la survie de la viticulture. Quand l'Europe émergea de ces temps troublés, c'est autour des monastères et des cathédrales que se trouvaient les vignobles.

Les moines ne se contentèrent pas de faire du vin : ils l'améliorèrent. Au Moyen Âge, les Cisterciens de Bourgogne furent les premiers à étudier le sol de la Côte d'Or et à transformer les vignobles en sélectionnant les meilleurs plants, en expérimentant la taille et en choisissant les parcelles non exposées au gel, celles qui donnaient les raisins les plus mûrs. Ils entourèrent les meilleurs vignobles de murs : les clos qui survivent, ne serait-ce qu'à travers leur nom, témoignent de la perspicacité de ces moines vignerons. Les Cisterciens de Kloster Eberbach firent de même en Rheingau. Tous ces efforts visaient à produire un vin destiné non seulement à la messe, mais aussi à la vente : les moines ont joué un rôle essentiel dans le commerce du vin au Moyen Âge.

La vie redevint peu à peu paisible, ce qui permit l'expansion des vignobles et ranima le commerce. Mais le vin n'avait jamais complètement perdu son rôle de bien d'échange : pendant le haut Moyen Âge (du Ve au Xe siècle environ), sur les mers occidentales sillonnées de pirates, des navires marchands quittaient discrètement Bordeaux ou l'embouchure du Rhin pour cingler vers la Grande-Bretagne, l'Irlande ou plus au nord encore. Le moindre chef barbare se devait d'arroser ses fêtes de vin ; l'ermitage le plus reculé en avait toujours besoin pour la communion.

Avec cette résurrection du négoce apparurent les grandes flottes du vin : des centaines de vaisseaux faisant route vers Londres ou les ports de la Hanse. Les fleuves aussi devinrent d'importantes routes commerciales : les fûts remplis de vin étant lourds et encombrants, le transport par bateau était le plus indiqué.

Pour l'homme du Moyen Âge, le vin ou la bière n'était pas un luxe, mais une nécessité. Les villes offraient une eau impure – souvent dangereuse. Jouant le rôle d'un antiseptique, le vin était un élément de la médecine rudimentaire de l'époque. On le mêlait à l'eau pour rendre celle-ci buvable, sinon potable. L'eau était rarement bue pure, du moins dans les villes. « L'eau à elle seule n'est pas saine pour un Anglais », écrivait en 1542 l'érudit anglais Andrew Boorde.

De grandes quantités de vin circulaient. Au XIVe siècle, les exportations de Bordeaux vers l'Angleterre étaient si importantes que leur moyenne annuelle n'a été dépassée qu'en 1979. Le roi Édouard II d'Angleterre commanda l'équivalent de plus d'un million de bouteilles à l'occasion de son mariage avec Isabelle de France en 1308. Sous le règne d'Élisabeth Ire, près de trois siècles plus tard, les Anglais buvaient plus de 40 millions de bouteilles de vin par an, pour une population de 6,1 millions d'habitants.

## L'amateur de bon vin

La demande de vins à boire tous les jours a occupé vignerons et négociants pendant de nombreux siècles. Mais vers la fin du XVIIe apparut une demande nouvelle : on attendait du vin qu'il procure une expérience esthétique. Déjà, les Romains de l'Antiquité avaient recherché les meilleurs millésimes de l'Empire, de même que les rois et les abbés du Moyen Âge exigeaient eux aussi ce qu'il y avait de meilleur. Mais le fait nouveau, en France et, bien sûr, en Angleterre, fut l'émergence d'une classe sociale ayant de l'argent et du goût, prête à payer davantage pour un grand vin.

En France, les courtisans de la Régence (1715-1723) réclamèrent – et obtinrent – de grandes quantités de Champagne de meilleure qualité et plus effervescent. En Angleterre, à la même époque, les grands personnages du royaume, le Premier ministre Robert Walpole en tête, recherchaient les meilleurs vins rouges de Bordeaux.

C'est à cette génération que nous devons le concept de grand vin tel que nous le connaissons aujourd'hui.

Jusqu'alors, le vin était bu dans l'année ; à l'approche de la vendange, le prix du vin « vieux » chutait. Dès 1714 cependant, un marchand parisien réclamait à son correspondant de Bordeaux « du bon vin, du vin fin, vieux, noir et velouté ». Il est vrai qu'on savait désormais élever et améliorer le vin. L'ère des vins de qualité commençait.

C'est généralement à Arnaud de Pontac, président du parlement de Bordeaux vers 1660, que l'on attribue le mérite d'avoir inauguré cette quête de la qualité. Propriétaire du Château Haut-Brion, il se mit à produire un nouveau type de vin en appliquant des méthodes devenues plus tard courantes : petits rendements, sélection attentive, rigueur dans la vinification et élevage en cave. Le but était évidemment de créer une réputation justifiant un prix élevé. À Londres, les vins de Haut-Brion atteignaient plus de trois fois le prix d'autres bons vins. En l'espace d'une génération, d'autres domaines bordelais – Latour, Lafite et Margaux en tête – avaient suivi le mouvement. Les raffinements se succédèrent : sélection des meilleurs cépages, drainage des vignobles, précision croissante dans l'élevage et les soins donnés en cave. On se mit à produire des vins fins en grand nombre.

La France dut attendre la révolution industrielle avant que la production de vin ordinaire n'atteigne un volume équivalent. L'essor des villes, dont la population ouvrière ne cessait de se développer, multiplia la demande de vins bon marché. Les chemins de fer permirent de la satisfaire - à partir des vastes vignobles ensoleillés du Midi.

## Les fléaux de la vigne

C'est dans le Midi de la France qu'apparut, dans les années 1860, le plus dévastateur des fléaux de la vigne. Le phylloxéra est un puceron gros comme une tête d'épingle qui fait mourir la vigne en se nourrissant du suc de ses racines. Il arriva d'Amérique du Nord par accident, quand les bateaux à vapeur se mirent à traverser l'océan assez vite pour que le parasite, présent sur des plants importés, survive au voyage. Toute l'Europe fut touchée : pas un pied de vigne n'en réchappa, ou peu s'en faut. Au bout de quarante ans de ravages, on trouva la solution : les vignes greffées sur des ceps américains sont immunisées. Mais le phylloxéra ne fut pas le seul problème : deux maladies, l'oïdium et le mildiou, frappèrent les vignes européennes à la même époque. En France et dans d'autres régions d'Europe, de nombreux vignobles atteints par le phylloxéra n'ont jamais été replantés.

## Un nouvel essor au XXᵉ siècle

À bien des égards, le monde du vin a mis une bonne partie du XXᵉ siècle à se remettre de la crise traversée à la fin du XIXᵉ siècle. Après la Première Guerre mondiale, la consommation européenne atteignit de nouveaux sommets, mais le vin, en provenance du Midi et d'Afrique du Nord, était très médiocre. Les grands vins eux-mêmes – de Bordeaux, de Bourgogne, du Rhin et de Moselle – se vendaient à bas prix : leurs amateurs, autrefois prospères, avaient été durement touchés par les guerres et les crises. Les vignobles les plus favorisés étaient ceux du Nouveau Monde : à l'ouest des États-Unis, en Australie, en Afrique du Sud et en Nouvelle-Zélande, des immigrants venus d'Europe plantaient des sols vierges pour apaiser la soif des autres colons.

## La quête d'authenticité

Les efforts entrepris pour surmonter les conséquences du phylloxéra et les crises économiques entraînèrent le développement de la législation viticole. Il s'agissait aussi de combattre la fraude : vins ordinaires écoulés sous de grands noms, vins adultérés, trafiqués, etc. Ainsi naquirent le système français des appellations d'origine (AOC) et les réglementations qui s'en sont inspirées (même partiellement) un peu partout dans le monde.

Les émeutes champenoises de 1911, causées par la mévente des vins de champagne, furent l'épisode le plus marquant d'une série de protestations. Après la Première Guerre mondiale, le gouvernement français mit en place les AOC, un système de garantie d'authenticité. Cépages, limites du vignoble, méthodes de taille - tout est réglementé.

## La découverte du contrôle

La science commença alors à jouer un rôle important et les programmes de recherche sur la vigne, la fermentation ou l'élevage en cave se développèrent. Avec la connaissance arriva le contrôle : les rendements devinrent plus prévisibles et plus élevés. Parallèlement, la consommation de vin se transforma en phénomène de mode dans le monde entier. Les vignobles réputés furent à même de répondre à la demande grâce à d'excellentes et abondantes vendanges - les années 80 furent particulièrement fastes. En outre, les meilleurs vins du Nouveau Monde se mirent à rivaliser de qualité avec les plus grands crus européens. Pour les producteurs, la fin du XXᵉ siècle marque une période de prospérité, pour les amateurs de vin, un âge d'or, avec davantage de bons vins, à des prix relativement raisonnables. Les victimes de cette évolution sont les producteurs de vins à bas prix.

De nouveaux pays producteurs vont certainement arriver sur le marché, déjà saturé. Les techniques actuelles permettent d'améliorer rapidement les vins des régions les moins réputées, comme en témoignent les résultats des investissements dans le Languedoc-Roussillon. Au consommateur, l'avenir promet des vins meilleurs, en plus grande quantité. Quant aux producteurs, ils seront mis à rude épreuve par la concurrence internationale. ☐

Émeutes de vignerons champenois en 1911 contre l'importation de vins étrangers.

# L'HISTOIRE DU PRIX DES GRANDS VINS

Le prix du vin ainsi que la quantité produite ont énormément fluctué au cours des siècles. Ces variations furent fonction des caprices climatiques et des conditions économiques qui restreignaient l'offre à la fois en quantité ou en qualité et la demande de la clientèle.

Le fait que les vins de qualité se gardent bien a évité que les prix ne connaissent les hausses et les effondrements spectaculaires qui ont affecté d'autres cultures. Mais le monde du vin a connu de longues périodes durant lesquelles la production n'a guère été rentable.

Les grands vins de Bordeaux ont affirmé leur suprématie dès le XVIIᵉ siècle, ce qui donne un intérêt particulier à l'histoire de leurs fluctuations de prix. S'ils ont parfois été un peu moins à la mode, ils n'ont jamais été réellement concurrencés.

## La montée des grands vins

En étudiant les archives du Bordelais, on peut voir à quelle époque remonte l'essor des grands crus, destinés à être gardés et issus de certains domaines aux noms prestigieux. En 1647, les prix des vins *palus* légers et faciles à boire, produits sur les bonnes terres au bord du fleuve, étaient plus élevés que ceux des Graves et du Médoc. Deux générations plus tard, en 1714, les vins fins portant le nom d'un château – Pontac (aujourd'hui Haut-Brion), Latour, Lafite, Margaux – coûtaient cinq fois plus cher que le vin de Bordeaux courant à boire jeune. Les grands crus venaient de naître et d'affirmer leur droit à des prix élevés – un privilège qu'ils ont su préserver jusqu'à nos jours.

Les archives du Château Latour, dont la réputation en tant que premier cru remonte à trois siècles – confirmée par le classement de 1855 –, fournissent une série très complète de chiffres concernant les prix de vente et le volume des vendanges : voir le graphique ci-dessous.

Les prix sont passés d'un minimum de 250 francs le tonneau de 900 litres en 1809, à un record de 6 000 francs en 1867. Les propriétaires du Château Latour vendaient leur vin aux négociants de Bordeaux, et le prix en était fixé chaque année. À certaines époques, les propriétaires signaient des contrats à prix fixe, comme en témoigne le graphique pour les années 1840, 1880 et 1900.

## L'âge d'or et les crises

Les fluctuations du prix des vins ne sont pas toujours déterminées par une moindre quantité produite ou par une meilleure qualité, et les grands crus ont connu des périodes fastes suivies de périodes de crise sévères. L'oïdium frappe le vignoble entre 1853 et 1854, suivi, quelques années plus tard, par le mildiou puis par le phylloxéra. Le vignoble bordelais souffre aussi du gel d'hiver, comme en 1956. Les prix sont dictés par la demande et connaissent des hauts (comme en 1973) et des bas (comme en 1974). Il faudra attendre les années 80 pour assister à une nette augmentation des cours moyens suivie par une stabilité de plusieurs années. Ce nouvel âge d'or est couronné par de grands millésimes comme 1982, 1985, 1986, 1988, 1989 et 1990.

## Prix et classement

La première moitié du XIXᵉ siècle vit apparaître plusieurs tentatives de classement qui seront consacrées par la liste établie à l'occasion de l'Exposition universelle de 1855 (voir  p. 142 et 160). Les courtiers qui ont établi cette hiérarchie se sont fondés sur la moyenne des prix atteints par les divers vins au cours de la génération précédente. La demande du marché pouvait être considérée comme un véritable miroir de la qualité, et ce sont les prix de l'époque qui ont donné à chaque vin son rang. Le seul changement à ce classement de 1855 date de 1973, lorsque Mouton a été promu de 2ᵉ à 1ᵉʳ cru.

**Fluctuations du prix du vin**

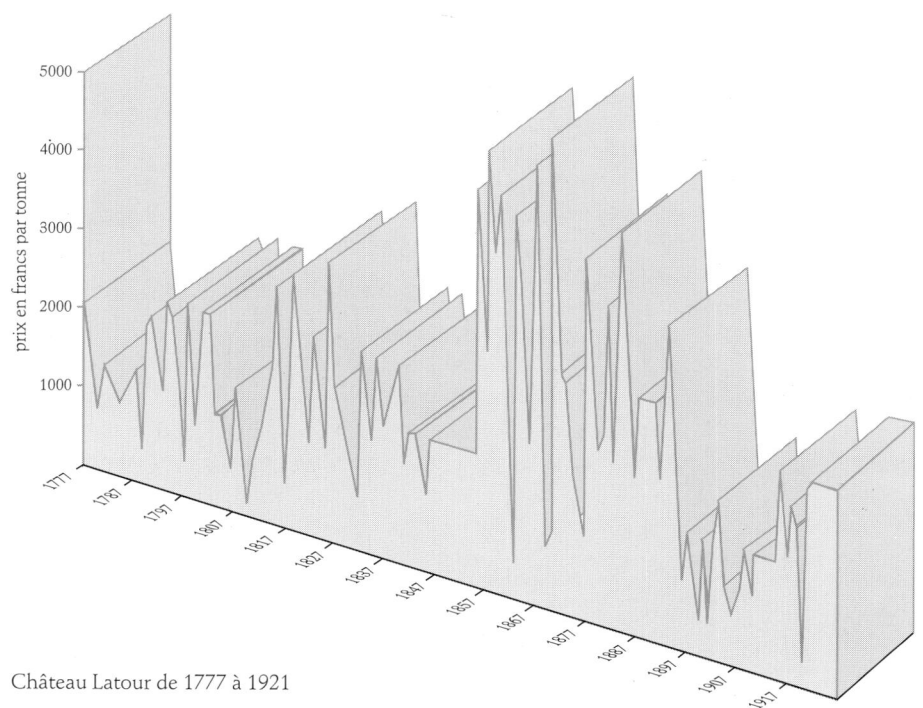

Château Latour de 1777 à 1921

# LE CHOIX DES VINS

UN MAGASIN PEUT PROPOSER DES CENTAINES DE VINS DU MONDE
ENTIER. IL EST PLUS FACILE DE CHOISIR UNE BOUTEILLE SI L'ON SE
SOUVIENT QUE LES VINS PEUVENT ÊTRE CLASSÉS SELON LEUR STYLE.

En lisant bien l'étiquette, vous pouvez déterminer l'origine
du vin et avoir une idée précise sur son goût et
ses caractéristiques. Le prix peut indiquer s'il s'agit d'un vin
de tous les jours ou d'une bouteille pour une grande occasion.

L'amateur de vin peut aujourd'hui choisir parmi une gamme très impressionnante de vins. Dans les grandes villes, les magasins proposent parfois les produits de 20, voire de 40 pays. Même dans les pays viticoles, qui boivent traditionnellement les produits du terroir, les hypermarchés sont sans cesse à la recherche de la nouveauté, du meilleur rapport qualité/prix et du haut de gamme. Et le consommateur n'est pas seulement confronté à un problème de choix, mais aussi à celui des étiquettes et des descriptions, qui lui sont souvent peu familières. Les vins diffèrent selon leur origine, le cépage, l'élaboration et l'âge. L'origine vous donnera le plus grand nombre de renseignements sur un vin. La plus grosse partie de cet ouvrage, qui traite des pays viticoles du monde, décrit ces pays viticoles et leurs régions, les styles de vins qui y sont produits et leur goût. L'importance du cépage s'est grandement accrue depuis que des pays comme la Californie et l'Australie sont arrivés sur le marché. Ces pays étiquettent et nomment généralement leurs vins suivant le cépage. Cette tendance s'est récemment répandue en Europe, où elle était autrefois rarissime, exception faite de l'Italie, de l'Allemagne et de l'Alsace. Les techniques de vinification ont été bouleversées depuis les années 60, aussi ont-elles droit à un chapitre spécial. Enfin, l'âge d'un vin influe beaucoup sur son caractère. Le chapitre sur la garde du vin explique pourquoi l'âge a une telle importance, et, dans les annexes, des tableaux offrent un guide des millésimes récents. Quand vous choisissez une bouteille de vin que vous comptez boire dans un futur proche – plutôt que de la faire vieillir en cave –, il vous faut tout d'abord savoir à quelle occasion vous allez la servir. Désirez-vous un vin désaltérant et frais ou un vin à savourer lentement ? Désirez-vous du vin de tous les jours ou une bouteille prestigieuse pour un grand dîner ? L'harmonisation des vins et des mets est traitée dans un autre chapitre ; les mariages les plus réussis permettent aux saveurs des aliments de révéler le caractère du vin et de mettre en valeur ses arômes.

Un si grand choix peut parfois paraître troublant, mais quelques connaissances vous fourniront tous les éléments vous permettant de vous y retrouver dans l'univers du vin et de l'apprécier… Dans les pages suivantes, nous vous proposons un guide des styles des différents vins, regroupés par couleurs et caractères.

# LES VINS BLANCS

Désirez-vous un vin blanc qui soit une boisson rafraîchissante ou un nectar – un verre empli de parfums intenses ? Les prix proposés vous guideront un peu, mais dépendront aussi du lieu où vous vous trouvez : une folie à New York peut être un vin assez courant en Italie.

Toutes les nuances existent pour le vin blanc, qui peut être extrêmement sec ou richement sucré – la partie principale de l'ouvrage décrit les vins de chaque région –, mais il est facile de le classer en six styles principaux.

Les vins «légers et secs», à boire jeunes, sont rarement vieillis en fût de chêne, mis en bouteilles sans sucres résiduels et sont pauvres en extrait (les composants qui donnent substance, ou corps, au vin). Ils doivent être servis bien frais, seuls ou pour accompagner un repas.

Les vins blancs «secs et amples» possèdent davantage de matière et, bien qu'ils soient techniquement secs, ils ont la douceur presque sucrée du fruit mûr. Ils peuvent avoir été vieillis en barrique et/ou en bouteille. Les vins blancs les plus amples peuvent généralement vieillir en bouteille.

Les vins «aromatiques» proviennent de certains cépages ; ils peuvent être secs ou demi-secs.

Les vins «demi-secs» sont généralement mis en bouteilles avant que la totalité des sucres du raisin n'ait été transformée en alcool (voir La vinification, p. 106). Leur légèreté et leur faible degré d'alcool les rendent moins agréables à être consommés en accompagnement de plats riches.

Les plus sucrés de tous sont les vins intensément concentrés que l'on consomme lentement tant leur matière est complexe.

Certains vins sont élaborés dans plusieurs styles : l'Orvieto, par exemple, peut être sec *(secco)* ou demi-doux *(abboccato)*.

Un vin peut aussi se démarquer d'un autre en raison de la manière dont il a été élaboré. On s'aperçoit davantage de

Vins blancs du monde entier : Bourgogne, Allemagne, Californie et Australie.

ces différences lorsqu'on compare des vins qui ont été fermentés ou vieillis en barrique avec d'autres qui ne l'ont pas été. Le Rioja traditionnel, rouge ou blanc, est élevé en fût de chêne, ce qui le rend corsé, avec des notes de vanille. Mais la nouvelle tendance est de ne pas laisser les vins trop longtemps en fût afin de privilégier le fruit.

Lorsque les producteurs donnent à leur vin un nom de cépage, son style peut varier en fonction des climats et des sols de chaque parcelle. Un Chardonnay du Haut-Adige, en Italie du Nord, sera vif et frais, avec l'acidité des raisins mûris dans une région froide, alors qu'un Chardonnay australien sera plus ample avec des notes de fruits exotiques.

Beaucoup de choses dépendent aussi des choix faits par le producteur. Ainsi, un Riesling d'Alsace sera généralement sec, tandis que les Rieslings allemands (à moins qu'ils ne soient libellés *trocken*) tendent à être plutôt sucrés. □

## COMMENT LIRE LES TABLEAUX

Les tableaux listent les noms des vins le plus souvent rencontrés dans le monde, les regroupant selon leur style.
Ils commencent par les plus légers, pour aller vers les vins de plus forte teneur en sucres résiduels, avec davantage de caractère.

Le nom utilisé dans le tableau est généralement celui que vous trouverez sur l'étiquette : comme il est expliqué dans les chapitres traitant des pays et des différentes régions, dans certains pays, le nom de la région est la clef du style, tandis que d'autres pays mettent l'accent sur le cépage.

Les chiffres figurant à gauche de chaque tableau indiquent le degré d'alcool indicatif – bien que la teneur en alcool puisse légèrement varier d'un producteur à l'autre et d'un millésime à l'autre.

Cherchez le nom d'un vin que vous aimez : les noms figurant à côté peuvent déterminer des arômes très différents, mais ces vins sont de style semblable.

# LES STYLES DE VINS BLANCS

Ces tableaux sont aussi exhaustifs que possible (voir encadré ci-contre). Les noms donnés sont ceux qui figurent généralement sur l'étiquette : nom de région (ex. : Bergerac), classification (ex. : Kabinett Trocken) ou cépage (ex. : Pinot Blanc).

## 1. LÉGERS ET SECS

| | |
|---|---|
| 9%Vol | Gros-Plant (France) |
| | Kabinett Trocken (Allemagne, Autriche) |
| | Vinho verde (Portugal) |
| 10%Vol | Vins anglais |
| 11%Vol | Bergerac sec (France) |
| | Kabinett Halbtrocken (Allemagne, Autriche) |
| | Navarra (Espagne) |
| | Pinot Blanc (toutes provenances) |
| | Pouilly sur Loire (France) |
| | Soave (Italie) |
| 12%Vol | Anjou (France) |
| | Bianco di Custozza (Italie) |
| | Chasselas, Fendant (Suisse) |
| | Chenin Blanc, Steen (Afrique du Sud) |
| | Entre-deux-Mers (France) |
| | Frascati Secco (Italie) |
| | Gaillac (France) |
| | Muscadet (France) |
| | Nuragus di Cagliari (Italie) |
| | Saumur (France) |
| | Trebbiano & Verdicchio (Italie) |

## 2. SECS ET AMPLES

| | |
|---|---|
| 10%Vol | Spätlese Trocken (Allemagne) |
| 11%Vol | Colombard (Afrique du Sud) |
| | Penedès (Espagne) |
| | Rioja — non vieilli en fût (Espagne) |
| | Sémillon/Chardonnay (Australie) |
| | Vernaccia di San Gimignano (Italie) |
| 12%Vol | Chablis (France) |
| | Chardonnay (presque toutes provenances) |
| | Côtes-du-Rhône (France) |
| | Graves (France) |
| | Lugana (Italie) |
| | Mâcon-Villages (France) |
| | Orvieto Secco (Italie) |
| | Pouilly- Fumé (France) |
| | Riesling, Alsace (France) |
| | Rueda (Espagne) |
| | Sancerre (France) |
| | Silvaner, Sylvaner (toutes provenances) |
| 13%Vol | Coteaux-du-Languedoc, Picpoul-de-Pinet (France) |
| | Jurançon sec, Vin Jaune (France) |

## 3. SECS ET CONCENTRÉS

| | |
|---|---|
| 11%Vol | Pomino (Italie) |
| | Torgiano (Italie) |
| 12%Vol | Bourgogne Premier cru et Grand cru (France) |
| | Chablis Premier cru et Grand cru (France) |
| | Gavi (Italie) |
| | Graves Cru classé (France) |
| | Grechetto (Italie) |
| | Rías Baixas (Espagne) |
| | Riesling, Johannisberg Riesling (Australie, Nouvelle-Zélande, Californie, Afrique du Sud) |
| | Rioja — vieilli en fût (Espagne) |
| | Sémillon (Australie) |
| | Vermentino di Gallura (Italie) |
| | Vouvray (France) |
| 13%Vol | Châteauneuf-du-Pape (France) |
| | Pouilly-Fuissé (France) |
| | Saint-Véran (France) |
| | Savennières (France) |
| | Vendange tardive (France) |
| 14%Vol | Hermitage Blanc (France) |

## 4. AROMATIQUES

| | |
|---|---|
| 11%Vol | Müller-Thurgau, Riesling-Sylvaner (Allemagne, Suisse, régions du Danube) |
| | Optima (Allemagne) |
| | Pinot Grigio (Italie) |
| | Scheurebe (Allemagne) |
| | Seyval Blanc (toutes provenances) |
| 12%Vol | Fumé Blanc (Californie) |
| | Grüner Veltliner (Autriche) |
| | Muscat (toutes provenances) |
| | Muscat -Ottonel (Autriche, régions du Danube) |
| | Pinot Gris, Rulander, Tokay d'Alsace (France) |
| | Retsina (Grèce) |
| | Sauvignon Blanc (États-Unis, Australie, Nouvelle-Zélande, Brésil, Afrique du Sud) |
| | Tocai Friulano (Italie) |
| | Viognier (toutes provenances) |
| 13%Vol | Condrieu (France) |
| | Gewürztraminer (toutes provenances) |

## 5. DEMI-SECS

| | |
|---|---|
| 6%Vol | Moscato d'Asti (Italie) |
| 7%Vol | |
| 8%Vol | Lambrusco (Italie) |
| | Mosel QbA (Allemagne) |
| 9%Vol | Liebfraumilch (Allemagne) |
| | Rhein QbA (Allemagne) |
| 10%Vol | Riesling Kabinett, Riesling Spätlese (Allemagne, Autriche) |
| 11%Vol | Frascati Amabile (Italie) |
| | Laski Rizling, Olaszrizling, Welschriesling (régions du Danube) |
| 12%Vol | Chenin Blanc (Californie, Afrique du Sud) |
| | Côtes-de-Bergerac (France) |
| | Gaillac moelleux (France) |
| | Orvieto Abboccato (Italie) |
| | Malvoisie (Suisse) |
| 13%Vol | Jurançon (France) |
| | Riesling vendange tardive (Californie, Australie) |
| | Vouvray moelleux (France) |
| 14%Vol | Recioto di Soave (Italie) |

## 6. DOUX OU LIQUOREUX

| | |
|---|---|
| 9%Vol | Vin botrytisé (toutes provenances) |
| 10%Vol | Riesling Auslese (Allemagne) |
| | Trockenbeerenauslese (Allemagne, Autriche) |
| 11%Vol | Eiswein (Allemagne, Autriche, Canada) |
| | Moscatel de Valencia (Espagne) |
| 12%Vol | Beerenauslese (Allemagne, Autriche) |
| 13%Vol | Bonnezeaux, Coteaux-du-Layon (France) |
| | Premières-Côtes-de-Bordeaux (France) |
| | Quarts-de-Chaume (France) |
| | Sélection de grains nobles (France) |
| | Vin de Paille (France) |
| 14%Vol | Monbazillac (France) |
| | Moscato di Pantelleria (Italie) |
| | Sauternes, Barsac, Cérons, Loupiac, Sainte-Croix-du-Mont (France) |
| | Tokaji Aszú (Hongrie) |
| 15%Vol | Orange Muscat (Californie, Australie) |
| | Vin Santo (Italie) |
| 16%Vol | |
| 17%Vol | |
| 18%Vol | Malvasia delle Lipari (Italie) |

# LES VINS ROUGES

La plupart des vins rouges sont conçus pour avoir un goût sec. Les rouges varient en fonction de leur densité et de leur astringence. Ils ont également une durée de vie très différente de celle des vins blancs : certains sont faits pour être bus jeunes – comme la plupart des vins blancs –, d'autres peuvent vieillir pendant des dizaines d'années et s'améliorer au fur et à mesure. Un vin rouge conçu pour vieillir procure peu de plaisir lorsqu'il est bu jeune. Pour les conseils sur l'âge auquel il faut boire les vins, voir *La garde des vins*, p. 56.

Il y a fort peu de différence entre les «rosés» : rares sont ceux qui vieillissent bien. Ils se distinguent surtout par leur douceur. Certains, tels le Rosé d'Anjou ou le *blush* californien, sont légèrement sucrés ; d'autres – la plupart des rosés de Provence et d'Espagne – sont secs.

Les vins rouges appartenant à la catégorie «légers, fruités, non vieillis» doivent être bus jeunes. Ils sont issus de cépages tels que le Gamay, le Cabernet Franc et d'autres, qui produisent des vins peu tanniques (c'est essentiellement les tanins qui permettent au vin rouge de vieillir). Les rouges moyennement corsés forment la catégorie la plus nombreuse. Celle-ci comprend un grand nombre de vins de bonne qualité et une majorité de qualité moyenne. Certains d'entre eux peuvent vieillir et pourraient figurer dans la catégorie des «vins de garde».

La catégorie «concentrés puissants» regroupe des vins tanniques aux arômes intenses, généralement très fruités (surtout dans le Nouveau Monde). La plupart de ces vins peuvent vieillir.

Les vins «de garde» proviennent de régions classiques, ou de grands millésimes des régions moins connues, qui ont déjà été vieillis en bouteille. Ces vins sont classés à part, parce que leurs arômes ne se développent qu'à leur apogée.

Les «spéciaux» de la liste ci-contre incluent les exceptions à la règle qui veut que la plupart des rouges soient secs.

Les rouges français classiques, Bourgogne et Bordeaux, entourés par l'Italie et l'Espagne.

Selon la tradition méditerranéenne, ces vins élaborés à partir de raisins partiellement secs – avec un fort degré de sucre à convertir en alcool – sont puissants et parfois sucrés. En Italie, ce style de vinification porte le nom de *passito* ou *recioto*. Les vins italiens étiquetés *liquoroso* sont des Vins Doux Naturels (voir p. 39).

Certains vins sont difficiles à situer : font-ils partie des « spéciaux » ou s'agit-il de Vins Doux Naturels ? Cela dépend de la technique de vinification, mais, en termes de goût, il n'y a pas grande différence entre un vin élaboré à partir de raisins séchés au soleil, mais non muté, et un autre élaboré à partir de raisins fraîchement cueillis mais auquel on a ajouté de l'eau-de-vie.

Les vins rouges peuvent passer d'une catégorie à une autre selon les millésimes : une bonne année dans une région classique, telle que le Bordelais ou la Bourgogne, fera passer de nombreux vins de leur catégorie normale de «moyennement corsés» à celle des «pleins de personnalité, puissants».

Les cépages prestigieux qui constituent la base des rouges de Bordeaux et de Bourgogne (Cabernet-Sauvignon et Pinot Noir) ont été largement plantés dans le Nouveau Monde – Californie, Washington, Oregon, Amérique du Sud, Australie et Nouvelle-Zélande –, de même que dans de nombreux pays d'Europe de l'Est, le long du Danube et autour de la mer Noire. Ces vins peuvent soit être d'un style courant, moyennement corsé, soit rivaliser avec les vins de caractère français – surtout ceux des grands producteurs et des bons millésimes en Californie, dans l'Oregon et en Australie. Dans ces régions, où il n'existe pas de style traditionnel, le choix du vin est compliqué. Le résultat dépend du vinificateur, qui peut changer d'avis d'une année sur l'autre. Une lecture approfondie de la contre-étiquette donne parfois de bonnes indications.  □

# LES STYLES DE VINS ROUGES ET DE ROSÉS

Ces tableaux sont aussi exhaustifs que possible (voir encadré p. 34). Les noms cités sont généralement ceux mentionnés sur l'étiquette : le nom de la région (ex. : Buzet), la classification (ex. : Bordeaux Cru classé) ou le cépage (ex. : Barbera).

## 1. ROSÉS

| | |
|---|---|
| 10%Vol | Vins *blush*, White Zinfandel, White Grenache (Californie) Weissherbst (Allemagne) |
| 11%Vol | Œil de Perdrix (Suisse) Vins portugais |
| 12%Vol | Anjou (France) Bardolino Chiaretto (Italie) Bergerac (France) Bordeaux Clairet (France) Cabernet d'Anjou (France) Cabernet de Saumur (France) Navarra (Espagne) Rioja (Espagne) Rosé de Provence (France) Vin Gris (toutes origines) |
| 13%Vol | Cirò (Italie) Lirac (France) Marsannay (France) Salice Salentino (Italie) Tavel (France) |
| 14%Vol | Vin de Californie |

## 2. LÉGERS, FRUITÉS, NON VIEILLIS

| | |
|---|---|
| 10%Vol | Spätburgunder (Allemagne, Autriche) |
| 11%Vol | Bardolino (Italie) Blauer Zweigelt (Autriche) Vin de Savoie (France) |
| 12%Vol | Anjou (France) Barbera (presque toutes origines) Beaujolais, y compris Nouveau (France) Bergerac (France) Bourgueil (France) Buzet (France) Cannonau di Sardegna (Italie) Chinon (France) Dolcetto (Italie) Dôle (Suisse) Dornfelder (Allemagne) Gaillac (France) Grignolino (Italie) Monica di Sardegna (Italie) Pinot Noir d'Alsace (France) Saumur (France) Valpolicella (Italie) |

## 3. MOYENNEMENT CORSÉS

| | |
|---|---|
| 12%Vol | Bairrada (Portugal) Beaujolais-Villages et Cru (France) Bordeaux — excepté Cru classé (France) Bourgogne AOC, Passetoutgrain (France) Cabernet-Sauvignon (Europe, Nouvelle-Zélande) Cabernet-Sauvignon/Shiraz (Australie) Chianti (Italie) Corbières, Côtes-du-Roussillon, Fitou (France) Merlot (presque toutes origines) Minervois (France) Montepulciano d'Abruzzo (Italie) Navarra (Espagne) Pinot Noir (Nouveau Monde) Ribera del Duero, Rioja (Espagne) Rosso Conero, Rosso Piceno (Italie) Valdepeñas (Espagne) Valtellina (Italie) Vino da tavola (Italie) |
| 13%Vol | Barbera d'Alba (Italie) Coteaux-du-Languedoc (France) Côtes-du-Rhône (France) |

## 4. CONCENTRÉS, PUISSANTS

| | |
|---|---|
| 12%Vol | Bourgogne Premier cru et Grand cru (France) Cabernet-Sauvignon (Nouveau Monde) Cahors (France) Cornas, Côte-Rôtie, Crozes-Hermitage (France) Dão, Douro (Portugal) Madiran (France) Montefalco (Italie) Nebbiolo (presque toutes origines) Penedès (Espagne) Pinotage (Afrique du Sud) Pomino (Italie) Saint-Joseph (France) Torgiano (Italie) |
| 13%Vol | Barbaresco, Barolo (Italie) Brunello di Montalcino (Italie) Châteauneuf-du-Pape (France) Cirò (Italie) Collioure (France) Shiraz (Australie, Afrique du Sud) Zinfandel (Californie) |
| 14%Vol | Château Musar (Liban) |

## 5. DE GARDE

| | |
|---|---|
| 12%Vol | Bordeaux Cru classé (France) Bourgogne Premier cru et Grand cru (France, grands millésimes) Cabernet-Sauvignon (Nouveau Monde, grands millésimes) Chianti Classico Riserva (Italie) Graves (France) Pessac-Léognan (France) Pinot Noir (Nouveau Monde, grands millésimes) Rioja Reserva, Gran Reserva (Espagne) Vino da tavola (le meilleur d'Italie) |
| 13%Vol | Hermitage (Rhône) Vino Nobile di Montepulciano (Toscane) |

## 6. SPÉCIAUX

| | |
|---|---|
| 14%Vol | Sagrantino di Montefalco (Italie) Valpolicella Amarone (Italie) |
| 15%Vol | Black Muscat (Californie, Australie) Commandaria (Chypre) Mavrodaphne (Grèce) Vin Santo (Italie) |
| 16%Vol | Recioto della Valpolicella (Italie) |
| 17%Vol | Priorato (Espagne) |

# LES VINS MOUSSEUX

Les vins mousseux peuvent être très différents en qualité, en caractère et en style. L'exemple français par excellence, le Champagne, est imité dans le monde entier. Le meilleur est sec sans être austère, avec des arômes puissants et délicats, dus aux cépages classiques et au vieillissement en bouteille.

Les autres vins mousseux peuvent soit se rapprocher beaucoup du Champagne, être issus des mêmes cépages et élaborés de la même manière, ou ressembler davantage à des boissons gazeuses : beaucoup de mousse, avec un parfum de fruits frais, ou très peu de goût. Les Champenois protègent jalousement leur appellation ; les vins élaborés partout ailleurs dans le monde selon la méthode champenoise traditionnelle (voir p. 110 et p. 210-212) n'ont plus droit à la désignation «méthode champenoise» sur l'étiquette ; elle a été remplacée par «méthode classique», «méthode traditionnelle» ou «fermentation en bouteille». Ces désignations signifient toutes qu'il s'agit d'un vin élaboré selon la méthode de la seconde fermentation.

Le Champagne constitue sans doute le premier choix pour une fête, mais il existe un grand nombre de vins mousseux (ou pétillants) d'excellente qualité.

La première catégorie – celle des vins «légers, fruités» – possède toujours une identité et une individualité régionale. La plupart des vins mousseux français et espagnols sont issus de cépages au goût plus neutre que ceux du Champagne. Ils sont donc plus légers et peut-être plus fruités.

Les vins mousseux allemands et italiens proviennent de cépages plus aromatiques et sont légèrement plus sucrés. Ces vins doivent être bus jeunes et frais.

Dans le deuxième groupe «fins, intenses», la longueur en bouche, la finesse des arômes, la pureté du style

Chardonnay italien et Champagne.

et la rémanence du bon vin de Champagne placent ce dernier bien au-dessus de la concurrence.

D'autres bons vins pétillants ont pour modèle le Champagne, mais si les Espagnols ou les Californiens peuvent importer les cépages champenois comme le Chardonnay ou le Pinot Noir pour les implanter, il leur est impossible d'importer le climat de la Champagne : les vins effervescents du Nouveau Monde manquent trop souvent de finesse et de longueur par excès de maturité des raisins.

Parmi les «légers et aromatiques», les vins mousseux vont des vins italiens – très légers, à base de Muscat – aux vins très dosés pour en adoucir le goût. Ils sont prévus pour accompagner les desserts, mais méfiez-vous : un entremets trop sucré tue la plupart des vins, un vin de dessert devant être un peu plus sucré que le plat qu'il accompagne. □

## 1. LÉGERS, FRUITÉS

| | |
|---|---|
| 11%Vol | Asti Spumante (Italie) |
| | Brut (toutes provenances excepté Champagne) |
| | Cava (Espagne) |
| | Prosecco (Italie) |
| | Saumur (France) |
| | Sekt (Allemagne) |
| 12%Vol | Blanquette de Limoux (France) |
| | Clairette de Die (France) |
| | Crémant d'Alsace (France) |
| | Crémant de Bourgogne (France) |
| | Crémant de Loire (France) |
| | Saint-Péray (France) |
| | Seyssel (France) |
| | Vouvray (France) |
| 13%Vol | Shiraz (Australie) |

## 2. FINS, INTENSES

| | |
|---|---|
| 12%Vol | Champagne — brut, extra-sec, (France) |
| | Chardonnay/Blanc de Blancs mousseux (presque toutes provenances) |
| | Pinot Noir/Blanc de Noirs mousseux (presque toutes provenances) |
| | Vin pétillant «méthode traditionnelle» (le meilleur du Nouveau Monde, principalement en Californie, en Australie et en Nouvelle-Zélande) |

## 3. LÉGERS ET AROMATIQUES

| | |
|---|---|
| 6%Vol | Moscato d'Asti (Italie) |
| 7%Vol | Asti Spumante (Italie) |
| 8%Vol | |
| 9%Vol | |
| 10%Vol | Lambrusco (Italie) |
| | Mousseux (toutes provenances) |
| | Sekt doux (Allemagne) |
| 11%Vol | Prosecco (Italie) |
| 12%Vol | Champagne — demi-sec, doux (France) |
| | Clairette de Die Tradition (France) |

# LES VINS DOUX

Les vins doux naturels (ou vins mutés) ibériques – Xérès, Porto, Málaga et Madère – ainsi que le Marsala italien offrent un vaste éventail de goûts, du sec austère au réellement sucré. Les vins peuvent être doux lorsqu'ils sont jeunes et devenir plus secs en vieillissant, comme le Porto millésimé. Le vieillissement est presque toujours effectué par le producteur, exception faite du Porto millésimé. La plupart des vins doux sont très contrôlés par leurs producteurs, qui décident du style et procèdent à l'assemblage correspondant (voir Les vins mutés d'Espagne et du Portugal, p. 433-448 ; Marsala, p. 391).

Tous les Xérès commencent par être secs et sont adoucis par l'assemblage avec un vin plus sucré. La Manzanilla et les Xérès Fino ne sont jamais adoucis, mais l'Amontillado et l'Oloroso, bien que classiquement secs, sont souvent élaborés sous forme de vin demi-sec ou doux.

Les vins de Montilla ne sont pas nécessairement alcoolisés, mais ils sont élaborés de façon similaire au Xérès et offrent une gamme de styles semblable.

Le Porto doit sa douceur au raisin naturellement sucré. Parce que la fermentation est arrêtée avant que tout le sucre ne soit transformé en alcool, son goût demeure sucré. L'âge le rend plus sec : les *tawnies* millésimés, et surtout les vieux Portos millésimés (vieillis en bouteille), deviennent plus secs.

Des pays tels que l'Australie et l'Afrique du Sud, qui ont imité les styles ibériques classiques, Xérès et Porto, élaborent des vins qui vont du sec au très doux ; le style est indiqué sur l'étiquette.

Les Vins Doux Naturels français (voir p. 277) se divisent en deux catégories : les rouges de Banyuls, Maury et Rivesaltes sont vieillis – parfois pendant plusieurs années – afin d'acquérir leur goût complexe de noix ; les blancs issus de Muscat sont meilleurs quand ils sont bus jeunes et frais.

Les vins italiens portant le mot *liquo-*

Porto millésimé et Xérès.

*roso* sur l'étiquette sont toujours alcoolisés, et généralement doux.

Les vins de liqueur français, tels que le Pineau des Charentes, le Floc de Gascogne et le Macvin du Jura, bien qu'ils soient alcoolisés afin d'atteindre entre 16 et 22 %vol, ne sont pas vraiment des vins (le jus de raisin n'est presque pas fermenté avant le mutage) et ne figurent donc pas dans ces tableaux.

Les vins doux (ou vins mutés) peuvent être plus ou moins forts. Certains sont légèrement alcoolisés, à 14-15 %vol, tandis que la plupart des Portos et des Xérès atteignent 20 %vol, et sont donc deux fois plus forts que beaucoup de vins de table.

Certains vins doux ont un plus fort degré d'alcool à l'exportation que le vin vendu sur place. Cela est particulièrement vrai du Xérès Fino, qui peut présenter un caractère bien particulier, et vient probablement du fait qu'autrefois on avait l'habitude de fortifier les vins. □

| 1. SECS | |
|---|---|
| 14%Vol | Montilla (Espagne) |
| 15%Vol | Manzanilla Xérès (Espagne) |
| 16%Vol | Fino, Xérès (Espagne) |
| | Málaga Seco (Espagne) |
| 17%Vol | Amontillado sec, Xérès (Espagne) |
| | Oloroso, Xérès (Espagne) |
| | Sercial, Madère (Portugal) |
| 18%Vol | Marsala Secco (Italie) |
| 19%Vol | Porto Branco (Portugal) |
| 20%Vol | Oloroso Viejo, Xérès (Espagne) |

| 2. DEMI-SECS | |
|---|---|
| 16%Vol | Málaga Pajarete (Espagne) |
| 17%Vol | |
| 18%Vol | Amontillado Medium, Xérès (Espagne) |
| 19%Vol | Palo Cortado, Xérès (Espagne) |
| | Verdelho Madère (Portugal) |
| 20%Vol | Vieux Tawny, Porto (Portugal) |
| | Vintage Porto (Portugal) |

| 3. DOUX | |
|---|---|
| 15%Vol | Montilla (Espagne) |
| | Muscat de Beaumes-de-Venise, Muscat de Frontignan, |
| | Muscat de Rivesaltes (France) |
| | Samos Muscat (Grèce) |
| 16%Vol | Málaga Dulce (Espagne) |
| | Banyuls, Maury, Rivesaltes (France) |
| 17%Vol | Aleatico di Gradoli liquoroso (Italie) |
| | Marsala Dolce (Italie) |
| | Bual, Madère (Portugal) |
| | Cream, Xérès (Espagne) |
| 18%Vol | Liqueur Muscat (Australie) |
| | Muscat de Setúbal (Portugal) |
| 19%Vol | Malmsey, Madère (Portugal) |
| | Vins de style Porto (États-Unis, Australie, Afrique du Sud) |
| 20%Vol | Ruby, LBB, Portos, (Portugal) |
| | Tawny, Porto (Portugal) |
| 21%Vol | Moscato Passito di Pantelleria liquoroso (Italie) |

# LES CÉPAGES

Les cépages sont des points de repère sur la grande carte du vin. Connaître le cépage utilisé est intéressant pour le consommateur parce qu'il donne une information essentielle sur le goût et le caractère du vin qui est dans la bouteille. Un vin de Chardonnay aura par exemple certaines caractéristiques gustatives, quelle qu'en soit la provenance. Le cépage n'est que l'un des facteurs du goût – le sol et la technique de vinification peuvent être bien plus importants –, mais quelques notions sur les principaux cépages sont très utiles dans le choix d'un vin.

La vigne cultivée a pour lointain ancêtre une plante sauvage poussant en forêt et grimpant autour des arbres. Cela peut encore s'observer dans le Caucase et on fait toujours pousser de la vigne le long des arbres et sur des treilles en Italie, dans le nord de l'Espagne et au Portugal. L'arbuste sévèrement taillé qu'est le cep actuel ne ressemble guère à cette plante sauvage, mais le patrimoine génétique peut être établi, même si le cep originel de *Vitis vinifera* a évolué, depuis, en plusieurs milliers de variétés. Les vignerons choisissent des cépages spécifiques en fonction de critères portant sur les conditions de culture et la qualité du vin produit.

Le comportement des cépages dans le vignoble est examiné au chapitre Vinification (voir p. 97). Dans ce chapitre, il s'agit d'examiner le caractère que confère chaque cépage au vin produit.

En dépit de la multiplicité des cépages, quelques-uns ont été sélectionnés par les vignerons pour leurs caractères particuliers et les meilleurs sont devenus de véritables stars internationales. Ces derniers sont tous issus des vignobles de la Vieille Europe et sont attachés, dans l'esprit des amateurs et des vignerons du monde entier, aux grands vins français classiques et à quelques autres. En Europe, et particulièrement en France, la législation viticole réglemente l'emploi

des cépages : tout le Bourgogne rouge de Côte d'Or est issu du seul Pinot Noir et pratiquement tout le Bourgogne blanc du seul Chardonnay. D'autres régions autorisent l'assemblage de plusieurs variétés : le Bordeaux rouge comporte une proportion variable de Cabernet-Sauvignon, Cabernet Franc, Merlot et de quelques cépages secondaires.

Dans certains pays d'Europe, comme l'Italie et l'Espagne, des variétés françaises ont été introduites pour compléter l'encépagement local traditionnel. On cultive du Cabernet-Sauvignon en Toscane et du Chardonnay en Catalogne, pour obtenir de nouveaux vins d'un style plus international.

Les vinificateurs du Nouveau Monde ont planté de vastes étendues de ces grands cépages classiques et de quelques autres. Quant à savoir si le recours à un cépage très réputé permet aux vinificateurs de reproduire ailleurs le goût de l'original européen, le débat reste ouvert. Un consensus se dégage sur le fait que le

*Cabernet-Sauvignon*

*Cabernet Franc*

caractère variétal, tout en influant fortement sur le goût du vin, est seulement un facteur parmi d'autres. L'exposition, le climat, le sol et d'autres éléments propres à un vignoble donné agissent sur la croissance de la vigne et le goût du raisin. Puis intervient le processus de vinification.

Une majorité de la production mondiale provient d'autres cépages non classiques. Ceux-ci peuvent être cultivés par respect de la tradition, pour leur rendement ou pour leur adaptation à la nature des sols ainsi qu'aux conditions climatologiques locales. Il ne faut pas croire que seules les variétés classiques peuvent donner du bon vin. La tendance mondiale à favoriser une poignée de cépages connus met en danger les cépages indigènes, qui ont leurs caractéristiques propres, représentent un matériel génétique précieux et donnent des vins originaux de caractère.

## L'identification des cépages

L'étiquette d'un vin ne précise que rarement le nom du ou des cépages dont il est issu : jusqu'à tout récemment, c'était même l'exception. Les vignobles californiens ont été parmi les premiers à diffuser des vins sous leur nom de cépage, habituant les consommateurs américains à identifier le Chardonnay comme un vin, aussi bien qu'une variété de vigne. Le Bourgogne rouge ne mentionne pas sur son étiquette que le vin est exclusivement composé de Pinot Noir. Une réglementation des AOC françaises interdit même cette mention, sauf cas particulier, comme pour les vins d'Alsace.

En France, le développement des vins de pays (qui ne sont pas des AOC) a permis la mention des noms de cépages sur les étiquettes. Les vignerons veulent ainsi faire connaître cette distinction de mono-cépage, étant entendu que le nom d'un cépage connu (comme Sauvignon, Chardonnay, Cabernet-Sauvignon) a plus de chance d'être identifié et apprécié, et fournit une meilleure plus-value que la mention de son origine, appellation souvent méconnue, perdue au milieu de milliers d'autres.

## CABERNET-SAUVIGNON

Le Cabernet-Sauvignon et son cousin le Cabernet Franc (voir plus loin) sont deux variétés de base du vin rouge de Bordeaux. Le Cabernet-Sauvignon est le cépage qui connaît le plus grand succès dans le monde entier : on l'a planté partout où l'on produit du vin et son caractère est assez fort pour qu'il s'exprime dans n'importe quel contexte. Ce cépage s'est développé à Bordeaux et

son nom a commencé à être connu vers la fin du XVIII$^e$ et le début du XIX$^e$ siècle. On trouve dans les archives du Château Latour une lettre du régisseur Lamothe évoquant en 1808 son projet de planter «8 000 plants du meilleur cépage, le Cabernet ; ils seront plantés avec soin».

Donnant un faible rendement, le Cabernet-Sauvignon n'est cultivé que là où l'on veut obtenir un vin de qualité. Ses grains sont très foncés, petits avec une peau épaisse : peu de pulpe pour beaucoup de peau. Il donne un vin austère, tannique et très coloré qu'on assemble donc souvent avec d'autres variétés, comme le Cabernet Franc et le Merlot. C'est le principe de l'assemblage bordelais, imité dans d'innombrables vignobles du Nouveau Monde.

Le Cabernet-Sauvignon a une maturité tardive qui limite son usage aux zones de culture tempérées aux automnes doux, contrairement au Cabernet Franc qui mûrit plus tôt. Sous un climat trop chaud et dans un sol trop fertile, le vin peut être «confituré» et manquer d'acidité ; sous un climat trop frais, il peut présenter des arômes herbacés. Malgré tout, et même si les maigres sols graveleux du Médoc semblent représenter les conditions idéales de culture, le Cabernet-Sauvignon s'adapte à des conditions variables.

Les dégustateurs l'identifient à sa couleur : rouge sombre avec une note violacée dans la prime jeunesse, qui vire au rouge brique avec le temps. Ses arômes rappellent le cassis dans les vins jeunes, le bois de cèdre dans les vins plus évolués. Le goût du jeune vin de Cabernet-Sauvignon est souvent âpre en raison de ses tanins. L'élevage en fût de chêne lui réussit ; les dégustateurs recherchent les notes boisées et apprécient l'harmonie existant entre les arômes fruités du cépage, la concentration de ses tanins et l'apport du bois, quand le vin a été élevé en fût de chêne neuf. Un vin de Cabernet-Sauvignon qui n'a pas été en contact avec le bois sera moins flatteur. Ce cépage confère une structure aux vins de garde: un grand Bordeaux rouge d'une bonne année continuera à s'améliorer pendant des décennies.

En dehors de Bordeaux, on trouve du Cabernet-Sauvignon dans d'autres vins français du Sud-Ouest, comme à Bergerac, dans les vins de pays du Midi et dans la Loire, où il est assemblé avec le Cabernet Franc. Dans le reste de l'Europe, en Espagne, dans le nord et le centre de l'Italie, c'est un apport récent (mais certaines parcelles ont un siècle d'existence dans la Rioja, le Douro et le Chianti).

En Europe de l'Est, la Bulgarie aligne 18 000 ha de Cabernet-Sauvignon – autant qu'à Bordeaux – et ses exportations vers le Royaume-Uni et la Scandinavie sont en plein essor. Ce cépage est également présent en Roumanie, Moldavie, Russie, Géorgie, Grèce, Turquie et au Liban.

Aux États-Unis, la Californie produit de nombreux vins de qualité à partir de ses 9 060 ha de Cabernet-Sauvignon. Le cépage est vinifié seul mais aussi, et de plus en plus, assemblé avec d'autres. Le Chili a des vignobles de Cabernet-Sauvignon depuis plus d'un siècle, avec de très bons résultats.

Le cépage a été bien accueilli sur le sol australien, à Coonawarra dans le Sud, dans Hunter Valley en Nouvelle-Galles du Sud et dans quelques vignobles isolés au climat frais. En Nouvelle-Zélande, les premiers vins de Cabernet-Sauvignon sont décevants, mais la vigne est encore jeune et il faut attendre plus de dix ans pour que cette variété exprime son potentiel de qualité. Le cépage est cultivé en Afrique du Sud avec un certain succès, bien qu'il donne de meilleurs résultats assemblé avec du Merlot et du Cabernet Franc.

## CABERNET FRANC

Le Cabernet Franc est cultivé à Bordeaux pour des vins rouges, mais y est presque toujours minoritaire dans les assemblages avec le Cabernet-Sauvignon et le Merlot. L'exception est Saint-Émilion, où certains des plus grands crus comme Cheval-Blanc et Ausone comportent 50% ou plus de Cabernet Franc. Moins présent dans les Premières-Côtes-de-Bordeaux, le Cabernet Franc sera encore moins important dans les assemblages de crus classés du Médoc ou des Graves (environ 12-15 %). Le cépage domine dans certaines régions de Loire : des vins comme le Saumur, le Bourgueil et le Chinon sont essentiellement, voire exclusivement, issus de Cabernet Franc. Au contraire du Cabernet-Sauvignon, il n'a guère été exporté et sa réputation repose sur sa participation au classique assemblage bordelais. On trouve un peu de Cabernet Franc en Californie, mais, hors de France, il est surtout populaire dans le nord-est de l'Italie, en Vénétie et dans le Frioul-Vénétie Julienne.

Dans la Loire, où on peut le trouver pur, il donne un vin rouge relativement léger, rarement un vin de garde. Une année chaude peut à l'occasion produire des vins qui peuvent se bonifier en bouteille, mais la plupart sont bus rapidement. Le Cabernet Franc n'a pas les tanins, l'acidité et la structure du Cabernet-Sauvignon, mais il offre des arômes frais et fruités et un goût caractéristique de fruit mûr.

## CHARDONNAY

Le Chardonnay est le cépage blanc le plus apprécié dans le petit groupe des cépages classiques. En Californie, il évoque un style depuis le boom viticole des années 70 et 80. Aux quatre coins du monde, des vinificateurs ont tenté de recréer, au moins partiellement, la réussite qu'il rencontre dans ses terres d'élection de Bourgogne et de Champagne. Ces essais ont montré qu'il s'agit d'un cépage très adaptable, pouvant produire des vins variés dans toute une gamme de sites. Facile à cultiver, il supporte toutes sortes de climats, des froideurs champenoises aux chaleurs australiennes.

En Chardonnay, les références classiques sont les vins blancs de la Côte d'Or, de Chablis, du Mâconnais et de Champagne. En Bourgogne, le Chardonnay est vinifié seul. En Champagne, il est le plus souvent assemblé avec des raisins noirs de Pinot Noir et Pinot Meunier. Le Champagne de Chardonnay pur porte la mention Blanc de Blancs.

Le Bourgogne blanc marie les saveurs du Chardonnay et du chêne, un couple que l'on retrouve partout où ce cépage est cultivé. En Bourgogne, les fûts de chêne sont utilisés aussi bien pour la fermentation du vin que pour son élevage. Ce traitement coûteux est toutefois réservé aux meilleurs et la plupart des vins de Chardonnay sont vinifiés plus simplement en cuves.

Le Chardonnay peut présenter de puissants arômes : dans les pays plus chauds, les arômes de brioche, de beurre frais, de noisette et de pain grillé des Chardonnays de la Bourgogne feront place à des arômes d'agrumes, d'ananas et de fruits exotiques. Les plus grands vins de Chardonnay, comme les Bourgognes blancs, vieillissent bien. D'autres, surtout ceux qui n'ont pas été élevés dans le bois, sont faits pour être bus rapidement. Dans le cas du Chardonnay, tout dépend de la stratégie du vinificateur.

## CHENIN BLANC

Le Chenin est un cépage dont la qualité est généralement aussi moyenne qu'assurée. Dans une région - la Loire -, il peut donner des vins blancs de garde, dont l'acide jeunesse évolue vers une maturité d'une complexe et voluptueuse douceur. En Afrique du Sud, en Californie et dans d'autres régions, il produit des vins demi-secs sans vice ni vertu : le Chenin est un cépage versatile.

Les grands vins de Loire à base de Chenin Blanc sont le Vouvray, le Bonnezeaux et certaines appellations d'Anjou (voir p. 232-235). Ces vins sont un défi pour le dégustateur : à moins de bien connaître les millésimes de la région, il est difficile de dire s'ils seront doux, légèrement doux ou presque secs. Leur âge joue également un rôle : peu de vins blancs ont une longévité comparable à celle des vins moelleux de Chenin d'une grande année.

Ce cépage convient aux vins de vendanges tardives dont les raisins sont atteints de pourriture noble (*Botrytis cinerea*). La vallée du Layon en Anjou et la zone de Vouvray en sont le cœur. Le Chenin a une maturité tardive et la vendange peut être retardée jusqu'en novembre. Les vins auront alors une teneur en sucre encore accentuée par la pourriture noble.

## GAMAY

Par un fameux édit de 1395, Philippe le Hardi, duc de Bourgogne, ordonna de bannir le Gamay des vignobles de la Côte d'Or. Cette histoire a entaché la réputation de ce cépage pour des générations d'amateurs. Même les esprits les plus ouverts auront du mal à voir en lui un classique. Il doit sa place dans ce chapitre au fait qu'il est le cépage unique du Beaujolais, l'un des vins rouges légers les plus célèbres du monde. Le Gamay produit un style de vin largement imité, bien que rarement issu du même cépage.

Il est riche en arômes primaires et en saveurs de fruits mûrs. S'il est vinifié par macération carbonique (voir p. 108), une méthode couramment pratiquée en Beaujolais, il conserve ce caractère fruité, simple et direct. Dans les vins de Gamay, le caractère du cépage prédomine. Le Beaujolais possède des crus soigneusement définis, chacun doté de son terroir et bien identifiable, mais cette parenté de leur cépage commun domine les subtilités de terroir.

Le Gamay est aussi cultivé dans la vallée de la Loire et dans quelques vignobles du centre de la France. Ailleurs, on n'en trouve en quantité significative qu'en Californie. Mais la confusion des noms régnant là-bas (on trouve un « Gamay Beaujolais » qui n'est ni l'un ni l'autre) jette le doute sur l'existence effective de ce cépage.

Le cépage Gamay ne donne pas un vin de garde, excepté dans les crus du Beaujolais et uniquement dans les meilleurs millésimes.

## GEWÜRZTRAMINER

En allemand, « Gewürz » signifie épice : une bonne indication sur le caractère de ce cépage qui est chez lui des deux côtés du Rhin, en Alsace et dans le sud de l'Allemagne, ainsi que dans le nord de l'Italie et en Autriche. Selon certains, le Traminer est exactement le même cépage, mais dans quelques régions d'Allemagne on fait une distinction.

Le vin de Gewürztraminer est l'un des plus faciles à reconnaître. Il a un fruité prononcé, très marqué par des notes épicées. Il peut être grossier s'il est mal vinifié, ou assez insipide si les raisins manquent de maturité, mais les bons vins d'Alsace ou du pays de Bade ont une intense présence en bouche, en dépit d'une acidité presque toujours faible. On a comparé le goût du Gewürztraminer au pamplemousse mûr, au litchi ou à la mangue. On l'identifie plus souvent à son arôme : difficile à décrire, facile à reconnaître et à mémoriser.

Hors des vignobles du centre de l'Europe, ce cépage a un succès limité, notamment à cause d'une intolérance à la chaleur qui rend ses vins trop mous. On en cultive en Californie et en Nouvelle-Zélande.

## MERLOT

Le Merlot est aux vignobles bordelais de la rive droite ce que le Cabernet-Sauvignon est à ceux du Médoc, sur la rive gauche. C'est la clef des grands vins rouges de Saint-Émilion et de Pomerol, même s'il ne domine pas toujours l'assemblage. Son rôle fondamental dans certains vins illustres (comme Pétrus) a incité les vinificateurs californiens à l'essayer, dans l'espoir de réussir d'aussi grands vins.

À un niveau plus modeste, le Merlot est largement cultivé dans le sud de la France, où il figure de plus en plus sur les étiquettes de vins de pays, et dans le nord de l'Italie. Beaucoup de petites appellations bordelaises ont plus de Merlot que de Cabernet. Il est également présent dans le Médoc parce qu'il mûrit plus tôt que le Cabernet-Sauvignon. Mais cela l'expose aux gelées de printemps ; en outre, il craint la coulure et autres dangers, au point que, certaines années, les vignes de Merlot ne donnent pratiquement rien. À Bordeaux, 1984 a laissé le souvenir d'un millésime presque entièrement à base de Cabernet en raison de la défaillance du Merlot.

Vinifié seul, le Merlot a un goût souple et fruité, une belle robe sombre et des arômes très fruités et francs. La plupart des vins de Merlot sont à boire jeunes ; les exceptions comme les grands Pomerols prennent, avec le temps, une splendide complexité. On ne sait pas encore si les Merlots du

*Merlot*

*Chardonnay*

*Gewürztraminer*

*Chenin Blanc*

*Gamay*

Riesling

Pinot Noir

Nebbiolo

Sauvignon Blanc

Muscat

Nouveau Monde auront une longévité comparable. Ce cépage est à la mode en Californie et on lui consacre beaucoup d'efforts.

## MUSCAT

Quiconque a goûté un raisin de Muscat reconnaîtra sans difficulté un vin de Muscat : le goût est pratiquement l'unique point commun entre tous les membres de cette vaste famille de cépages. Certains raisins sont noirs, d'autres rougeâtres ou blancs. Les vins sont tout aussi variés et vont du blanc mousseux aux vins mutés riches et denses d'Australie.

Le Muscat pourrait bien être le plus ancien de tous les cépages, peut-être même l'ancêtre des autres formes de *Vitis vinifera*. Ces hypothèses sont indémontrables, mais il est de fait qu'on cultivait du Muscat, ou quelque chose de très semblable, dans la Grèce antique et que l'un des cépages décrits par l'écrivain latin Pline était du Muscat. On continue d'en cultiver en Grèce et dans les anciennes colonies grecques, de la Crimée à Marseille.

La famille des Muscats compte au moins 200 représentants. Certains sont supérieurs à d'autres et le Muscat Blanc à petits grains est généralement jugé le meilleur. Il aime les climats assez chauds comme à Frontignan, dans le sud de la France, où l'on en fait du Vin Doux Naturel. On le trouve aussi dans la vallée du Rhône, à Beaumes-de-Venise, ainsi qu'à Die où le vin est effervescent. Ce cépage est aussi répandu en Italie et en Espagne, sous les noms respectifs de Moscato et Moscatel.

L'Australie a adopté le Muscat Blanc à petits grains et en tire un vin remarquable. Avant la mise en œuvre de recherches approfondies, on pensait que les vignobles australiens renfermaient plusieurs variétés de Muscat. Mais le Muscat Blanc à petits grains est sujet à mutation et sa couleur passe assez facilement du blanc au brun rougeâtre. Cela a engendré des confusions, les diverses nuances recevant des noms divers. En fait, il s'agit toujours de Muscat Blanc à petits grains. D'autres variétés comme le Muscat d'Alexandrie ont un rendement plus élevé, mais donnent un vin de qualité inférieure. On en cultive cependant beaucoup dans des pays aussi différents que la Grèce, l'Australie et l'Afrique du Sud. Le Muscat Ottonel, croisement obtenu au XIXᵉ siècle, est présent dans le centre de l'Europe, de l'Alsace à la Roumanie en passant par l'Autriche et la Hongrie.

Les divers Muscats produisent des vins dont le style varie en concentration et en puissance aromatique. Le Muscat Blanc à petits grains donne les vins les plus intenses, au goût de raisin prononcé. Mais il est rare que l'étiquette d'un vin précise la catégorie de Muscat dont il provient.

## NEBBIOLO

Le Nebbiolo, principale contribution de l'Italie en cépages classiques, est chez lui dans les vallées du Piémont, où il produit le Barolo et le Barbaresco. Il est rarement cultivé hors d'Italie, avec une faible présence en Amérique du Nord et du Sud. Les vignobles piémontais de Nebbiolo sont très escarpés, embrumés en automne et froids en hiver. Les raisins mûrissent tard, parfois même en novembre, et exigent la chaleur de coteaux orientés au sud. Les baies sont foncées, avec une peau épaisse et une forte acidité qui rend presque obligatoire un élevage dans le bois pour apprivoiser le vin.

Les vins de Nebbiolo ont une longévité proverbiale et doivent passer un certain temps en bouteille – et en carafe de décantation – pour que leurs tanins s'adoucissent et que leur bouquet se développe. L'amertume propre au cépage peut devenir de l'astringence si le vin n'est pas bien vinifié.

## PINOT NOIR

Exaspérant à cultiver, fascinant à déguster, le Pinot Noir est le cépage des grands Bourgognes rouges. Au contraire de son équivalent en blanc, le Chardonnay, il a résisté à toutes les tentatives de reproduire ailleurs le goût des crus de la Côte d'Or. Mais le charme du vin rouge de Bourgogne est tel que les vinificateurs continuent à s'acharner.

Le Pinot Noir a une longue histoire : des archives bourguignonnes le font remonter au XIVᵉ siècle, le folklore allant, lui, jusqu'à la Gaule romaine. L'âge s'accompagne d'une certaine instabilité génétique, à l'origine de nombreuses mutations et d'une grande sensibilité aux maladies. De récentes expériences génétiques ont multiplié le nombre de clones disponibles. Il en existe de plus résistants qui produisent un vin de qualité inférieure.

Il est possible que certains des problèmes rencontrés par les producteurs de Pinot Noir partout dans le monde soient dus à l'emploi de clones médiocres. Cette diversité clonale se reflète aussi dans les styles de vin produits en Côte d'Or, où ce cépage règne en maître. Quel que soit le clone, le Pinot Noir est une source de tracas pour les vignerons. Au printemps, il craint le gel ; en été, la pluie (source de pourriture) et la grande chaleur. La fraîcheur automnale l'empêche de mûrir. Il donne peu de vin : les rendements doivent rester bas si l'on recherche la qualité.

Hors de Bourgogne, ce cépage donne de grands vins en Champagne, où il est presque toujours assemblé avec le Pinot Meunier (rouge) et le Chardonnay (blanc) dans le plus célèbre des vins effervescents. Le Pinot Noir est largement cultivé ailleurs dans le monde, mais ses prétentions à la grandeur sont contestées. Le Spätburgunder (son nom allemand) est devenu plus foncé et moins léger depuis que les rendements ont baissé et qu'on l'élève en barrique. Le Pinot Noir d'Italie et d'Europe de l'Est déçoit souvent par son manque de caractère et d'intensité aromatique. En Californie, et plus encore sur la côte nord-ouest du Pacifique, certaines plantations expérimentales ont donné des vins de style et de qualité très variables. L'Oregon a sans doute enregistré les meilleurs résultats pour l'instant, mais certains vins décevants, sans aucune raison, permettent de douter des progrès effectués. Quant à l'Australie, elle vient seulement de découvrir, ou de redécouvrir, les vignobles au climat frais que ce cépage exige.

Le goût du Pinot Noir est difficile à définir car celui-ci, bien plus que d'autres cépages rouges, dépend beaucoup du terroir dont il est issu et de sa vinification. Les versions légères sont souples et fruitées ; les vins plus robustes élevés dans le bois sont plus complexes et plus denses, tout en conservant une robe relativement pâle et des notes de fruits mûrs.

## RIESLING

L'Allemagne a produit un cépage blanc véritablement classique, le Riesling. Il convient parfaitement aux vignobles allemands composés de coteaux frais et escarpés en bordure de fleuve, au point que les plus beaux terroirs du pays sont presque entièrement consacrés à cette noble variété.

Le Riesling donne des vins où acidité et douceur s'équilibrent. Il mûrit tardivement, mais peut donner de splendides vins doux si l'automne est chaud. Il résiste au froid de l'hiver et survit à des gelées qui anéantissent d'autres cépages. Ses rendements sont relativement faibles, surtout en comparaison des moyennes du vignoble allemand.

Le Riesling peut donner des vins secs ou doux, des vins à boire jeunes et d'autres à garder pendant des décennies. Les meilleurs profitent de son acidité, nécessaire à la garde et à l'équilibre des vins liquoreux.

Ce cépage est cultivé en Allemagne dans les plus beaux vignobles de Moselle et de la vallée du Rhin, en Autriche et le long du Danube, ainsi que dans le nord de l'Italie. En France, il se limite à l'Alsace où il produit des vins plus riches en alcool et plus secs qu'en Allemagne. Dans le Nouveau Monde, le Riesling donne de bons résultats en Californie, en Nouvelle-Zélande et en Australie. Sous ces climats plus chauds, la teneur en acidité propre aux modèles allemands peut cependant lui faire défaut. Les vins de vendanges tardives peuvent être réussis, mais ont souvent un style plus «gras» qu'en Allemagne. Ce cépage ne doit pas être confondu avec le Welschriesling, alias Laski ou Riesling Italico, qui lui est inférieur.

## SAUVIGNON BLANC

Ce cépage n'était pas considéré comme un classique jusqu'à la découverte par le Tout-Paris, suivi du reste du monde, du Sancerre et du Pouilly Fumé dans les années 60. Le Sauvignon est utilisé dans ces deux vins blancs de Loire depuis des générations, mais l'intérêt relatif dont il bénéficiait jusqu'alors était dû à son rôle dans le Bordelais. Avec le Sémillon, il entre en effet dans la composition du Graves blanc et du Sauternes. Ces appellations figuraient sur la carte mondiale des grands vins quand Sancerre et Pouilly n'étaient que deux villages peu connus du centre de la France.

Le style du Sauvignon – frais, vif et impérieux, mais avec un fruité savoureux – est aujourd'hui apprécié dans le monde entier. Les vinificateurs de Nouvelle-Zélande et d'Australie se sont emparés de ce cépage et ont réussi à produire des vins à un prix concurrentiel, d'une qualité qui surpasse parfois celle des vins de Loire. C'est pourtant toujours vers Bordeaux que l'amateur se tourne dans sa quête de vins de Sauvignon aptes à vieillir, à gagner en complexité et à donner d'authentiques grands vins.

Ce cépage est en train d'acquérir un nouveau rôle à Bordeaux, celui de régénérateur des styles fatigués. Quand des producteurs d'Entre-Deux-Mers, de Graves ou de petites AOC bordelaises veulent donner un coup de fouet à leur vin, ils augmentent la part du Sauvignon aux dépens du Sémillon. Bien entendu, la réalité est plus complexe : l'ascension de ce cépage s'explique aussi par ses affinités avec la vinification moderne. Fermentation à basse température, macération pelliculaire, maturation en cuve plutôt qu'en fût lui conviennent parfaitement. Le succès de nombreux vins blancs acclamés comme les « nouveaux » vins de vieilles appellations tient autant à une meilleure technique de vinification qu'à une plus forte proportion de Sauvignon. À maints égards, ces vins sont la réponse de la France au Nouveau Monde.

Le style traditionnel des Sauvignons de Sancerre et Pouilly pourrait avoir été meilleur. Tant de vin médiocre a été produit récemment sur des terres qui n'avaient jamais vu un cep de vigne qu'on risque de perdre de vue la réalité de la tradition. Celle-ci implique un rendement raisonnable, une fermentation sous bois (parfois du chêne neuf), bref une approche plutôt bourguignonne. Quelques producteurs comme Didier Dagueneau (voir p. 240) à Pouilly ont repris cette voie, avec de remarquables résultats. Ils prouveront peut-être que le Sauvignon peut donner des vins de garde et mérite plus de respect. Mais la plupart des vins de Sauvignon sont et resteront assez simples de goût et de structure, faits pour être bus rapidement.

Grâce aux effets de la mode, le Sauvignon est omniprésent. Le climat australien étant dans l'ensemble trop chaud, c'est la Nouvelle-Zélande qui s'est chargée de produire des vins nets et fruités à partir de ce cépage. Le Chili ne l'a pas encore rattrapée, mais semble en bonne voie. En Californie, Robert Mondavi a tiré du Sauvignon un nouveau vin, le Fumé Blanc. Cette intelligente adaptation recourt à un bref passage en fût de chêne pour transformer un Sauvignon californien plat et assez herbacé en un vin qui s'apparente à un Pouilly Fumé. L'Italie, la Slovénie, l'Autriche et la Bulgarie font du Sauvignon en quantités variables et c'est sans doute en Autriche qu'il donne les meilleurs résultats.

Si l'on veut rivaliser avec la Loire, il faut un climat frais et un sol pauvre. Dans une région plus chaude – même à Bordeaux – le vin risque de prendre un caractère végétal, sans l'acidité et le fruité vif des vins de Loire. Plus le climat est chaud, plus la vinification influe sur le style.

Dans les Graves blancs et les Sauternes, le Sauvignon ne joue pas le premier rôle, du moins en ce qui concerne la qualité. Les proportions de cépages blancs varient selon les domaines. Le Sémillon est généralement majoritaire à Sauternes, bien que les deux cépages soient sujets à la pourriture noble quand les conditions sont réunies. Le Sauvignon prend le dessus dans les Graves, allant parfois jusqu'à 100 % dans certains châteaux. La nouvelle appellation Pessac-Léognan exige 25 % de Sauvignon au minimum.

## SÉMILLON

La mode n'est pas au Sémillon, ni parmi les vinificateurs ni chez les amateurs, et on le considère rarement comme un cépage à vinifier seul. Le mot Sémillon sur l'étiquette ne stimule pas les ventes autant que Chardonnay ou Sauvignon. Il a surtout pour fonction d'être assemblé avec ce dernier dans les vins liquoreux, comme à Sauternes, ce qui permet de l'oublier dans les vins secs. Il est pourtant associé au Sauvignon dans de grands Graves blancs et, en Australie, dans Hunter Valley, il donne à lui seul de superbes vins secs de garde. Ces crus ne sont pas très connus et la nécessité d'un long vieillissement ne joue pas en leur faveur.

Le Sémillon a une production régulière, un bon rendement et résiste bien aux maladies de la vigne. Sur tous ces points, il est supérieur au Sauvignon. En outre, il réagit bien à l'élevage dans le chêne, comme le prouvent depuis des générations les plus beaux Graves blancs. Toutefois, au contraire du Chardonnay, il n'a pas frappé l'imagination des vinificateurs du Nouveau Monde désireux de se mesurer aux grands vins français. Cela tient en partie à ses défauts, notamment la tendance du moût à s'oxyder en cours de vinification. Autre caractéristique à double tranchant, la peau fine des raisins, qui les expose à la pourriture. C'est parfait s'il s'agit du « noble » *Botrytis cinerea*, mais désastreux en cas de pourriture grise, fléau qui peut détruire une vendange.

En France, le Sémillon est surtout concentré en Gironde, autour de Bordeaux et dans les alentours, comme à Monbazillac. On trouve d'importants vignobles de Sémillon au Chili, en Argentine, en Afrique du Sud et en Australie. Hors de France, c'est seulement en Australie et particulièrement dans Hunter Valley, en Nouvelle-Galles du Sud, que ce cépage s'est fait un nom. Il est également cultivé dans la zone de Murrumbidgee (toujours en Nouvelle-Galles du Sud) et assemblé avec d'autres variétés pour produire des vins ordinaires d'un bon rapport qualité/prix.

## SYRAH

La Syrah est un autre cépage classique français transplanté partout dans le monde pour rivaliser avec ses vins de référence. Il est à l'origine des grands vins du Rhône, comme Hermitage et Côte Rôtie, et entre dans l'assemblage du Châteauneuf-du-Pape et d'autres vins. L'Australie s'est mise avec enthousiasme à la Syrah – appelée Shiraz – notamment parce que ce fut l'une des premières variétés plantées là-bas. La Californie montre moins d'ardeur, mais un groupe de vinificateurs travaille activement à promouvoir ce cépage et ses cousins rhodaniens. Le climat de la vallée du Rhône, patrie de la Syrah, a en effet beaucoup de points communs avec de nombreux vignobles du Nouveau Monde.

Pendant longtemps, on a cru que la Syrah était originaire de la ville de Chiraz, aujourd'hui située en Iran. Dans l'Antiquité, des navigateurs grecs l'auraient introduite en Occident. Mais des recherches historiques et ampélographiques ont conduit à une autre conclusion. La Syrah serait originaire du Dauphiné. Elle descendrait des lambrusques, lianes sauvages poussant dans les forêts, en bordure des fleuves et des lacs, et serait le fruit de la domestication de cette plante. Cultivée initialement dans le Dauphiné, elle a gagné la vallée du Rhône, Toulon, l'Hérault, l'Aude et la Gironde.

La Syrah donne une production régulière et assez abondante mais représente un défi pour le vinificateur, surtout si elle est utilisée seule. Dans les vins ordinaires, il vaut mieux l'employer comme cépage additionnel – elle peut apporter des notes épicées et un surcroît d'intérêt à un assemblage sans grand caractère. Sa culture dans le midi de la France a été encouragée par des subventions et ses caractéristiques notes fumées et concentrées apparaissent dans de nombreux vins de pays, de la Provence à l'Aude.

En l'absence d'assemblage – comme dans les vins des Côtes du Rhône septentrionales –, la Syrah exige une vinification méticuleuse et, si possible, un élevage dans des fûts de chêne. Cette dépense ne peut se justifier que dans des appellations comme l'Hermitage, dont les prix sont élevés. Un grand vin de Syrah peut avoir une longévité, une complexité et un prix comparables à ceux d'un premier cru classé bordelais. Les liens avec Bordeaux sont anciens : il y a cent ans, on ajoutait régulièrement de l'Hermitage dans le Bordeaux rouge pour renforcer sa couleur et son goût. Cette pratique est aujourd'hui illégale dans le cadre des vins d'appellation, mais, dans un certain sens, le recours à la Syrah pour renforcer les vins de pays en est une résurrection.

L'Australie poursuit cette tradition en assemblant la Syrah et le Cabernet-Sauvignon pour élaborer un vin relativement souple et facile. Une Syrah (ou Shiraz) australienne non assemblée serait potentiellement un meilleur vin. Mais, là-bas comme en Californie, le choix de coteaux très ensoleillés et bien drainés est vital.

## TEMPRANILLO

Le Tempranillo est le cépage-clef de la plupart des vins rouges espagnols importants, y compris le Rioja, le Ribera del Duero et les bons crus de Catalogne. À l'amateur, il rappelle un peu les arômes et le goût du Pinot Noir bourguignon. La théorie, sûrement d'origine gustative, selon laquelle ce cépage serait venu de France dans le nord de l'Espagne grâce

*Tempranillo*

*Syrah*

*Zinfandel*

*Sémillon*

à des pèlerins, n'a pas de confirmation historique. Quelle que soit son origine, le Tempranillo est devenu le premier des cépages rouges d'Espagne. Il porte divers noms tout au long de la péninsule, dont celui de Tinta Roriz au Portugal. Il est cultivé dans le Douro pour le Porto et des vins de table.

Le Rioja est le plus connu des vins à base de Tempranillo. Le cépage n'y est pas utilisé seul, mais, dans les meilleurs vins de Rioja, il est le plus souvent majoritaire. Il pousse particulièrement bien dans les régions à pluviosité modérée de Rioja Alta et Rioja Alavesa et sa maturité précoce convient aux zones d'altitude à climat plutôt frais et aux sols calcaires de Rioja et Ribera del Duero.

Le Tempranillo donne un vin coloré, à l'acidité relativement basse, qui réagit bien à un élevage en fût de chêne. Il n'a guère de tanins, si bien qu'on l'assemble parfois à des cépages comme le Mazuelo et le Cabernet-Sauvignon pour compenser.

Le Tempranillo reste avant tout espagnol et n'existe qu'en quantités limitées ailleurs dans le monde. À part le Portugal, l'Argentine est le seul pays à en cultiver des surfaces importantes.

## ZINFANDEL

La Californie a adopté avec enthousiasme les grands cépages français, mais néglige parfois son propre cépage rouge classique, le Zinfandel. L'origine de cette variété reste incertaine, bien qu'elle soit étroitement apparentée au Primitivo d'Italie méridionale. Ce cépage est arrivé d'Europe en Californie dans les années 1850 et a connu un succès rapide. Les producteurs californiens actuels ne savent pas encore très bien qu'en faire. Le Zinfandel peut produire des vins de garde, complexes et de forte personnalité, ainsi qu'un type de rosé très pâle appelé *blush*. Son rendement peut être très élevé, mais le vin manque alors de caractère. D'un rouge profond, les meilleurs vins de Zinfandel sont issus de vieilles vignes sévèrement taillées, dont le rendement est réduit. □

## AUTRES CÉPAGES IMPORTANTS

Vous trouverez ci-après quelques-uns des cépages les plus courants.

**Aleatico :** raisin rouge aux arômes intenses, dont sont issus des vins de couleur foncée, cultivé dans plusieurs régions d'Italie, au Chili, en Australie et en Californie.

**Aligoté :** raisin blanc de Bourgogne, dont est issu un vin blanc sec assez acide que l'on retrouve sous le nom de Bourgogne Aligoté. Il est également cultivé en Bulgarie, en Roumanie et en Californie.

**Barbera :** raisin rouge de qualité, doté d'une bonne acidité ; très répandu en Italie et en Californie.

**Carignan/Cariñena :** raisin rouge le plus communément cultivé en France, produisant des vins de couleur foncée, tanniques, à fort degré d'alcool.

**Chasselas :** raisin blanc dont est issu un vin sec léger et fruité essentiellement cultivé en Suisse et sur le cours supérieur de la Loire (à Pouilly-sur-Loire), en Alsace, en Savoie et en Allemagne (sous le nom de Gutedel).

**Cinsaut :** ce rouge de qualité moyenne, pauvre en tanin, aimant la chaleur, est souvent utilisé pour les assemblages dans le Midi, au Liban et en Afrique du Nord.

**Colombard :** cépage blanc du sud-ouest de la France qui se plaît aussi en Californie et en Afrique du Sud. Il donne des vins légers, aromatiques, avec une vive acidité.

**Cot :** voir Malbec.

**Folle-Blanche :** cépage à haut rendement, très acide, servant à élaborer le Gros-Plant.

**Fumé Blanc :** synonyme de Sauvignon en Californie, en Nouvelle-Zélande, en Australie, en Afrique du Sud.

**Grenache/Garnacha :** le raisin rouge le plus cultivé dans le monde, surtout dans le Rhône, la Provence, la Corse, le Midi, la Californie, l'Australie, l'Afrique du Sud.

**Malbec :** synonyme de Cot, ce raisin rouge est utilisé en assemblage pour assouplir les vins rouges de Bordeaux à dominante de Cabernet-Sauvignon. Il existe aussi en Argentine et au Chili.

**Malvoisie/Malvasia :** raisin blanc dont sont issus des vins amples ; il donne du caractère aux assemblages. Ce cépage a donné son nom au plus doux des Madères. (Le Malvoisie suisse et français est en réalité du Pinot Gris.)

**Marsanne :** il donne des blancs secs dans le nord du Rhône, et il est également cultivé en Suisse et en Australie.

**Mazuelo :** nom espagnol du Carignan.

**Melon de Bourgogne :** raisin blanc dont est issu le Muscadet. Parfois appelé Pinot Blanc en Californie.

**Mourvèdre :** raisin rouge robuste, généralement assemblé à la Syrah, au Grenache et au Cinsaut dans le Rhône, en Provence et dans le Midi.

**Müller-Thurgau :** le raisin le plus courant en Allemagne, dont sont issus des vins blancs assez neutres. Il existe aussi en Nouvelle-Zélande, dans le nord de l'Italie, en Autriche, en Angleterre et au Luxembourg.

**Muscadelle :** raisin blanc aux vertus aromatiques, quelquefois utilisé dans les assemblages de Bordeaux blancs secs et certains vins liquoreux.

**Muskat-Sylvaner :** synonyme de Sauvignon en Autriche et en Allemagne.

**Pinot Blanc :** raisin blanc cultivé surtout en Alsace. Connu sous le nom de Weissburgunder en Allemagne et en Autriche, et de Pinot Bianco en Italie, il connaît un succès croissant en Californie. Il sert souvent de base à des vins mousseux.

**Pinot Gris :** il peut s'agir de raisins blancs ou noirs. Connu sous le nom de Tokay d'Alsace en France, de Rülander en Allemagne, de Pinot Grigio en Italie et de Szürkebarát en Hongrie, il est également cultivé en Roumanie.

**Rülander :** voir Pinot Gris.

**Sangiovese :** le raisin rouge prépondérant du Chianti que l'on trouve dans de nombreux autres vignobles italiens.

**Seyval Blanc :** raisin hybride doté d'une forte acidité, donnant un vin blanc sec neutre en Angleterre, dans l'État de New York et au Canada.

**Shiraz :** synonyme de Syrah en Australie et en Afrique du Sud.

**Silvaner/Sylvaner :** ce cépage donne des blancs légers et vifs assez neutres en Alsace et en Allemagne.

**Steen :** nom donné au Chenin Blanc en Afrique du Sud.

**Tokay d'Alsace :** voir Pinot Gris.

**Trebbiano/Ugni Blanc :** raisin blanc très prolifique, acide et souvent sans grand caractère.

**Weissburgunder :** voir Pinot Blanc.

**Welschriesling :** raisin blanc sans lien de parenté avec le Riesling, qui donne des vins fruités et légers en Autriche, dans le nord de l'Italie (Riesling Italico) et dans tout le sud-est de l'Europe (Laski Rizling, Olaszrizling).

# LES BOUTEILLES

La taille standard internationale est la bouteille de 75 cl – trois quarts de litre. Presque tous les grands vins diffusés dans le monde sont vendus dans des bouteilles de cette capacité ou l'un de ses multiples. Le litre est généralement utilisé pour les vins ordinaires ; la demi-bouteille, qui contient 37,5 cl, est également très courante. Jusqu'au début des années 1980, les contenances des bouteilles étaient très variées.

### L'évolution de la bouteille
La bouteille joue un grand rôle dans le vieillissement du vin (voir p. 56-57). Les premières bouteilles n'étaient qu'une manière décorative – bien que coûteuse et fragile – de servir le vin à table. Grâce aux avancées réalisées dans la fabrication du verre, en Angleterre, en France, puis en Hollande, on put enfin se procurer des bouteilles fiables et résistantes. Ces progrès des verreries sont essentiellement dus à l'utilisation du charbon – porté à très haute température au moyen d'un tunnel d'aération – pour la chauffe. Le charbon de bois avait d'ailleurs été proscrit pour ne pas empiéter sur les besoins en bois de la construction navale. Ces bouteilles étaient robustes, de couleur sombre, de forme régulière et surtout bon marché : l'idéal pour contenir et garder le vin.

Dès le milieu du XVIIIᵉ siècle, on abandonna la forme sphérique pour adopter la forme cylindrique que l'on connaît de nos jours, plus pratique pour stocker les bouteilles dans la position couchée, nécessaire pour faire vieillir le vin et le maintenir en contact avec le bouchon.

### L'incidence de la taille d'une bouteille
La différence de taille n'est pas seulement justifiée par la quantité de vin contenue : elle affecte aussi le vieillissement. Le vin parvient moins vite à maturité dans une grande bouteille – ce dont il faut se souvenir lors de l'achat. Cela est dû à l'effet de masse, aux phénomènes d'oxydation et d'oxydoréduction des processus de maturation (voir p. 57) et à une plus grande lenteur de sédimentation. De nombreux amateurs pensent qu'un magnum (1,5 litre, soit deux bouteilles) est la taille optimale pour le vieillissement.

### Formes et couleurs traditionnelles
La plupart des vins sont présentés dans l'une des trois formes classiques illustrées p. 34 et 36. Pour les rouges comme pour les blancs, on utilise en Bourgogne et dans le Rhône des bouteilles aux formes plus effilées, en verre vert. Dans le Bordelais, la bouteille est droite et l'épaule haute : elle est en verre vert pour les rouges et en verre blanc pour les blancs. La troisième forme très usitée est la haute « flûte » du Rhin et de la Moselle. Les bouteilles de vin du Rhin sont en verre marron, celles de la Moselle et d'Alsace en verre vert.

On retrouve ces trois formes dans les autres régions, tandis que l'Italie et l'Espagne utilisent toutes sortes de tailles et de couleurs.

Certaines régions ont gardé des formes traditionnelles. La région allemande de Franken et ses alentours utilisent la *bocksbeutel* – une bouteille trapue, ventrue à côté plat. Le Jura possède une forme et une taille spéciales pour le Château-Chalon : le petit « clavelin » de 62 cl est utilisé pour montrer ce qui reste d'un litre après six ans d'évaporation en fût. D'autres formes plus fantaisistes incluent la « quille » provençale et la bouteille similaire du Verdicchio italien. Le Porto millésimé est présenté dans une variante de la bouteille droite à épaule haute, avec un léger renflement du col. La paille entourant la bouteille, ou *fiasco*, de Chianti remonte à l'époque où elle protégeait des bouteilles rondes très fragiles.

Le Champagne et les mousseux utilisent une bouteille plus effilée, en verre épais, capable de résister à la pression du gaz carbonique.

### LES DIFFÉRENTES BOUTEILLES
Les grandes régions viticoles offrent de nombreuses tailles traditionnelles autres que le 75 cl standard :

**Champagne**
La pinte a pratiquement disparu.

| Pinte | 40 cl | |
|---|---|---|
| Magnum | 1,5 litre | 2 bouteilles |
| Jéroboam | 3 litres | 4 bouteilles |
| Réhoboam | 4,5 litres | 6 bouteilles |
| Mathusalem | 6 litres | 8 bouteilles |
| Salmanazar | 9 litres | 12 bouteilles |
| Balthazar | 12 litres | 16 bouteilles |
| Nabuchodonosor | 15 litres | 20 bouteilles |

**Bordeaux**

| Magnum | 1,5 litre | 2 bouteilles |
|---|---|---|
| Marie-Jeanne | 2,5 litres | 3 bouteilles |
| Double magnum | 3 litres | 4 bouteilles |
| Jéroboam | 4,5 litres | 6 bouteilles |
| Impérial | 6 litres | 8 bouteilles |

**Porto**
Son jéroboam a la même taille qu'en Champagne.

| Magnum | 1,5 litre | 2 bouteilles |
|---|---|---|
| Tappit Hen | 2,25 litres | 3 bouteilles |
| Jéroboam | 3 litres | 4 bouteilles |

### Les bouteilles de vin d'aujourd'hui
Certains producteurs du Nouveau Monde adoptent des bouteilles de type Bordeaux pour les Cabernets-Sauvignons, et de type Bourgogne pour les Chardonnays et les Pinots Noirs. La taille et la forme de la bouteille sont toutefois de plus en plus considérées comme des vecteurs marketing : en Italie, les nouveaux vins se font remarquer par leur verre lourd et coûteux ainsi que par des formes et des couleurs originales (le noir est à la mode). Certains producteurs allemands utilisent des bouteilles de type Bourgogne pour le Pinot Blanc (Weissburgunder) et pour d'autres vins. Les demi-bouteilles connaissent un certain succès pour les vins doux et les spécialités, et la bouteille de 50 cl sert en Italie pour des vins tels que le Recioto de Soave, que l'on boit très doucement. □

# LES ÉTIQUETTES

Les étiquettes de vin donnent davantage de renseignements que celles de la plupart des autres produits. Elles doivent en effet être détaillées parce que l'acheteur a besoin de savoir un certain nombre de choses sur le vin – d'où il vient, qui l'a élaboré, en quelle année, et d'après quels cépages – afin de pouvoir juger de sa qualité et de sa valeur. Les étiquettes respectent également la législation réglementant le monde du vin : contrôle de la qualité et authenticité. Cette dernière précision est des plus importantes, car elle concerne le lieu de production du vin.

## Les renseignements donnés par l'étiquette

La série d'informations, à première vue complexe, qui figure sur l'étiquette, est de plus en plus simple à décoder. Presque tous les pays vinicoles ont établi ce qui doit (ou ne doit pas) être mentionné. Des accords internationaux ont harmonisé ces lois afin qu'un vin puisse être commercialisé dans le monde entier avec une étiquette conforme à la législation du pays importateur. Ainsi, l'appellation « Bordeaux » ou « Bourgogne », usurpée par certains producteurs du Nouveau Monde sous prétexte de renseigner l'acheteur sur le style du vin, a aujourd'hui pratiquement disparu. La législation concernant chaque pays est reprise dans les tableaux des pages 562-566.

Les informations légales non spécifiques au pays sont listées ci-dessous. D'autres détails, tels que le lieu d'origine et/ou le nom du producteur, sont également souvent mentionnés : ils sont traités dans le paragraphe sur l'importance du lieu d'origine.

**L'origine.** La première chose à rechercher est le pays d'origine. Cette mention obligatoire est libellée ainsi : «produit de France», par exemple.

**La qualité.** Tous les pays ne possèdent pas une hiérarchie officielle, mais la législation européenne distingue le vin de table – le plus ordinaire – des vins de qualité, qui constituent la majeure partie de la production française et allemande, entre autres. Dans cette catégorie, on trouve des spécificités nationales telles que l'Appellation d'Origine Contrôlée (AOC) en France et le *Qualitätswein* en Allemagne, qui figurent le cas échéant sur l'étiquette. La région d'où provient le vin doit également être mentionnée. Cet ouvrage traite essentiellement des vins de qualité ; leur étiquette donne généralement des informations sur leur style. Par contre, les vins de table ordinaires ne mentionneront qu'un pays d'origine, voire une région, lorsqu'ils ne sont pas issus de pays différents.

**La contenance.** En Europe, elle est généralement de 75 cl/750 ml/0,75 l : voir p. 49.

**La teneur en alcool.** Elle est généralement exprimée en degré ou en pourcentage (voir encadré).

**Le millésime.** Sa mention n'est pas obligatoire : certains vins, notamment la plupart des Champagnes et presque tous les Xérès, sont des assemblages de plusieurs millésimes. Si une année est mentionnée, le vin doit provenir de ce millésime, soit en exclusivité, soit selon un pourcentage précisé par la législation du pays concerné (afin de permettre certains assemblages comme l'addition de vins de presse des années précédentes).

## L'importance du lieu de production

Il est essentiel de savoir de quel vignoble le vin provient. Ce critère est si important qu'en Bourgogne, par exemple, les noms de parcelles spécifiques sont protégés par la loi. Ainsi l'originalité de la provenance d'un vin est très souvent mise en relief. Les autres produits agricoles bénéficient rarement de telles subtilités, sauf peut-être le fromage, qui jouit en France d'une même protection des appellations d'origine contrôlées. En matière de bon vin, le lieu de production comme les cépages utilisés sont des informations indispensables.

Les raisons de ces réglementations sont expliquées dans l'introduction réservée aux vignobles du monde (voir p. 121-128 de cet ouvrage). Nous préciserons simplement ici que la plupart des étiquettes – et en tout cas toutes celles des vins européens – mettent surtout l'accent sur l'emplacement du vignoble.

## De la région au vignoble

Les étiquettes se compliquent à partir du moment où elles indiquent plus précisément le lieu de production. La plupart des législations exigent alors de préciser une échelle de valeurs : un vin peut provenir d'une région assez vaste, d'un village situé dans cette région, d'un secteur qualitatif bien défini – les meilleurs coteaux d'un village par exemple –, d'un vignoble ou d'un producteur spécifique.

Chaque pays, et chaque région, adopte une approche légèrement différente. Le système français a pour premier critère de sélection l'emplacement du vignoble, en donnant plus ou moins de détails selon la région.

## LES ÉTIQUETTES DES VINS DU MONDE

Les informations qui se trouvent sur les étiquettes des bouteilles de vin font l'objet d'un descriptif précis pour chaque région de production dans les chapitres correspondants de l'encyclopédie (voir ci-dessous). Un tableau comparatif des mentions portées sur les étiquettes se trouve p. 562.

**France :** p. 136, Bordeaux p. 138, Bourgogne p. 181, Champagne p. 212, Rhône p. 244 ;
**Allemagne :** p. 308 ; **Suisse** p. 347 ;
**Autriche :** p. 351 ; **Italie :** p. 357 ;
**Espagne :** p. 404 ; **Portugal :** p. 426 ;
**États-Unis :** p. 468 à 472 ; **Australie :** p. 523 à 526 ; **Nouvelle-Zélande :** p. 549.

# LIRE UNE ÉTIQUETTE

**BOURGOGNE**

**Gevrey-Chambertin Premier Cru** est l'appellation et figure en grosses lettres. **Petite Chapelle** est le nom du vignoble. Il apparaît en caractères plus petits. **Appellation Gevrey-Chambertin Premier Cru Contrôlée** est le titre complet de l'AOC. Il apparaît au-dessus du millésime. **1990** est le millésime.

**Domaine Rossignol-Trapet** est le nom du producteur, accompagné de sa signature et suivi de son adresse. **Mis en bouteille au domaine** signifie que le vin est mis en bouteilles sur le lieu de production. **13 % vol** et **75 cl** sont des mentions obligatoires. **Produce of France** est obligatoire sur des vins destinés à l'exportation.

**BORDEAUX**

**Grand vin de Château Latour**
«Grand vin» signifie qu'il s'agit du premier vin du château : beaucoup de Bordeaux possèdent également un «second vin» (voir p. 145). Château Latour est le nom qui est mis en valeur. **Premier grand cru classé** consacre le statut du vin, suivant la classification du Médoc de 1855 (voir p. 142). **Pauillac** est le nom de l'appellation. Ce nom figure en plus petits caractères. **1977** est le millésime.

**Mis en bouteille au château** signifie que le vin a été mis en bouteilles sur le lieu de production. **Produce of France** et **75 cl** sont des mentions légales : voir Bourgogne ci-dessus. **Société civile du vignoble de Château Latour** mentionne le nom de celui qui a procédé à la mise en bouteille. Il est suivi de son adresse.

**ALLEMAGNE**

**Lingenfelder** est le nom du domaine. **1990** est le millésime. **Riesling** indique le cépage. **Halbtrocken** indique qu'il s'agit d'un vin demi-sec. **Spätlese** est la catégorie qualitative. **Freinsheimer Goldberg** est le nom du vignoble. Le suffixe «er» signifie village de Freinsheim. **Rheinpfalz** est la région.

**Erzeugerabfüllung** ou **Estate Bottled** figurent en allemand et en anglais et indiquent la mise en bouteille. **Alc. 12% vol** et **750 ml** sont des mentions obligatoires. **Weingut H. & R. Lingenfelder** mentionne le nom et l'adresse du domaine. **Qualitätswein mit Prädikat** ou **QmP** donne la catégorie qualitative. **APNr** (ou **Amtliche Prüfungsnummer**) indique le numéro de contrôle.

En Champagne, par exemple, il est rare que l'étiquette mentionne la provenance du raisin à l'intérieur des 25 000 ha de vignobles jouissant de l'Appellation d'Origine Contrôlée (AOC) Champagne. En Bourgogne, les AOC recouvrent toute la région, puis des communes situées à l'intérieur de la région, et ainsi de suite, comme une série de poupées russes dont la dernière serait un vignoble de quelques ares, ou même un rang de vigne.

Il serait utile que tous les vins précisent leur région d'origine, à laquelle on ajouterait le cas échéant une zone plus délimitée. Hélas, dans beaucoup de pays viticoles, cette pratique n'est pas courante : le consommateur est supposé savoir que le Barolo se trouve dans le Piémont, au nord de l'Italie, et qu'Échezeaux est un petit mais prestigieux vignoble bourguignon.

L'Allemagne fournit davantage de précisions, la région de production doit faire l'objet d'une mention, mais la longueur des noms allemands, à laquelle vient parfois s'ajouter un amalgame de noms difficiles à décrypter, rend toute identification difficile. L'Espagne et le Portugal mentionnent presque toujours la région, ainsi que le nom du producteur ou du domaine.

## Le producteur

Son nom est parfois mentionné, mais souvent seuls le village ou la région sont cités. La plupart des législations stipulent que le nom de celui qui a effectué la mise en bouteilles doit figurer sur l'étiquette, ce qui permet de retrouver l'origine des vins frauduleux ou de mauvaise qualité. La mise en bouteilles n'est pas nécessairement effectuée sur le lieu de production : il peut s'agir d'un négociant qui s'approvisionne dans des endroits différents (voir p. 119).

L'étiquette précise généralement si le vin a été mis en bouteilles par le producteur. Mais il faut savoir que la loi française considère la coopérative comme une extension de l'exploitation viticole, et tous les vins embouteillés par une coopérative peuvent porter cette mention. En revanche, on peut également trouver du vin élaboré par un seul producteur chez les négociants qui se chargent de la mise en bouteilles, bien que, le plus souvent, ces derniers procèdent à des assemblages de vins différents afin d'obtenir un meilleur équilibre de leurs cuvées.

Les vignerons indépendants indiquent sur les étiquettes la mention : « vin élevé et mis en bouteille par le vigneron récoltant ».

## Pourquoi les appellations sont controversées

Les autorités qui établissent les cartes viticoles portent une lourde responsabilité : si un terrain se trouve choisi pour une zone d'appellation, sa valeur augmente de façon significative. En Europe, les frontières des zones d'appellations les plus anciennes sont souvent consacrées par la tradition, mais tout changement dans cette découpe géographique ou toute définition de nouvelles aires fait l'objet de nombreuses controverses. En Italie, comme en France, certaines DOC doivent plus à la contrainte politique qu'à des critères de qualité de vignoble. Une récente opération de restructuration a pour mission d'éliminer les DOC douteuses (voir p. 354).

Les pays du Nouveau Monde qui décident de délimiter légalement certaines régions sont confrontés à plusieurs problèmes. Tout d'abord, l'établissement des frontières froisse les sensibilités des exclus. Ensuite, une fois la zone délimitée, il devient parfois difficile de maintenir un vignoble sur des terres qui n'en font pas partie. Il n'est pas toujours évident de justifier les décisions des spécialistes : lorsqu'une nouvelle appellation viticole est définie, personne ne peut prétendre avec certitude que ce sont les meilleures terres qui ont été élues ; il est nécessaire d'attendre une ou plusieurs décennies avant que la vigne confirme les espérances des experts. Par ailleurs, toute délimitation arbitraire des autorités (comme l'INAO en France) établit des contraintes immuables pour une zone d'appellation et met un frein à toute expérimentation en matière d'encépagement.

## Les autres informations sur l'étiquette

La législation de certains pays exige un minimum de mentions. Dans la plupart des cas, le nom de celui qui procède à la mise en bouteilles doit figurer sur l'étiquette – une information utile lorsque le vin n'est pas mis en bouteilles dans la région de production et qui indique que ce travail a été effectué par un négociant et non au domaine. En Allemagne, toute étiquette de vin de qualité porte un numéro indiquant la date et le lieu du contrôle officiel.

Outre les informations légales, de nombreuses bouteilles de vin offrent des indications supplémentaires ainsi que des conseils situés souvent sur la contre-étiquette. Le texte peut expliquer comment le vin a été élaboré, préciser s'il a vieilli en fût de chêne, ce qui influencera son goût et sa longévité. Il peut comporter des suggestions sur la façon de le servir, le temps pendant lequel il peut être conservé en cave, et indiquer s'il est sec ou doux.

De telles contre-étiquettes sont courantes pour les vins diffusés dans les pays du Nouveau Monde à l'usage d'une nouvelle génération d'amateurs en quête d'information. Cette pratique s'est étendue sur les marchés de la vieille Europe, d'autant que les grandes surfaces, où les vins sont disposés en linéaires, représentent la grande majorité de la distribution d'aujourd'hui. □

### LE DEGRÉ D'ALCOOL

La réglementation de la majeure partie des pays du monde stipule que la mention du degré d'alcool doit figurer sur l'étiquette de chaque bouteille de vin. Ce degré alcoolique est aujourd'hui exprimé en pourcentage d'alcool, en volume, par rapport au liquide total. Si la plupart des vins ont une teneur en alcool qui varie entre 11 et 13 % vol, certains peuvent être beaucoup plus faibles en alcool, comme le Moscato d'Asti qui ne contient que 6 % vol, ou beaucoup plus forts, comme tous les vins mutés (le Porto ou le Banyuls peuvent atteindre plus de 20 % vol).

# L'ACHAT DES VINS

Il existe une telle variété de vins qu'il est toujours difficile de fixer son choix. Le prix peut être un critère, car, aujourd'hui, la gamme proposée recouvre tous les niveaux de prix. Il est également possible de se décider en fonction d'un type de vin, selon les catégories répertoriées dans le chapitre sur le choix des vins (p. 33-39). Il faut ensuite être réaliste : il existe, dans le monde entier, tant de producteurs et un tel nombre de vins différents que le meilleur spécialiste ne peut prétendre les déguster tous au cours de sa vie. Une tâche d'autant plus difficile que chaque millésime offre des différences et que les millésimes précédents sont en perpétuelle évolution. Même les acheteurs les mieux informés ne peuvent réellement prétendre connaître tous les vins disponibles.

### Les diverses façons d'acheter

Il existe de nombreuses façons d'acheter du vin, depuis l'achat direct dans les caves des producteurs jusqu'aux magasins spécialisés des grandes villes. Sans oublier les offres de vente par correspondance, les clubs et les magasins de détail qui vont de la cave de quartier au rayon d'hypermarché. On peut même acheter du vin « d'occasion » dans les ventes aux enchères. Chaque point de vente essaie d'attirer une clientèle définie : certains se spécialisent dans le conseil et le service, comme les cavistes ; d'autres se concentrent sur le meilleur prix et la rotation de leurs stocks, comme les grandes surfaces. Les amateurs de vin ont le choix pour approvisionner leur cave : ils peuvent aller à la foire aux vins des hypermarchés pour acquérir les meilleurs vins – par exemple, des grands crus de Bordeaux – au meilleur prix, tout en restant fidèle à leur caviste de quartier ou à un club de vente par correspondance.

### Consulter les spécialistes

Les conseils d'un spécialiste s'avèrent toujours utiles. Les meilleurs vins et les

Une occasion de déguster et d'acheter.

bonnes affaires sont largement commentés dans les magazines spécialisés par des journalistes qui dégustent des milliers d'échantillons chaque année et recommandent souvent les crus. On regrettera pourtant les effets pervers de cette publicité gratuite. Les lecteurs alléchés se précipitent sur les vins cités, qui deviennent vite introuvables ; ou, pire encore, cette demande inespérée provoque une montée des prix, les vignerons n'étant pas des philanthropes. Les guides annuels sont d'excellents ouvrages de référence pour vous informer de l'évolution des millésimes et signalent les valeurs montantes et les régions de demain. Mais sachez que même les équipes de dégustateurs des guides ne peuvent goûter qu'une sélection restreinte de vins d'une même région. Leurs commentaires ne sont quelquefois publiés que des mois plus tard, lorsque les vins en question ne sont plus en stock. Les guides écrits par un seul dégustateur sont beaucoup moins crédibles. Il reste que les crus réputés, les valeurs sûres sont rarement ignorés de la presse spécialisée. Mais ces informations, largement diffusées

en kiosque et en librairie, ne sauraient remplacer votre opinion personnelle, car le plus grand plaisir consiste à découvrir par vous-même les vins qui vous séduiront le plus.

Cultivez donc vos relations avec les spécialistes, qu'il s'agisse de cavistes, de sommeliers, de membres de clubs de dégustation ou tout simplement de passionnés de vins. La plupart d'entre eux ont une grande expérience personnelle qu'ils aiment partager et ont souvent été formés par des professionnels. Un bon caviste a goûté ses vins, ce qui lui permet de vous informer sur leur maturité, leurs caractéristiques d'ensemble, et de vous faire certaines suggestions de mets qui leur conviennent le mieux.

### Les meilleures affaires

L'amateur de bonnes affaires trouvera toutes sortes de vins à des prix compétitifs dans les foires aux vins des grandes surfaces. Il s'agit en général de stocks de vins achetés au meilleur prix par les centrales d'achats à des négociants ou à des coopératives. Beaucoup de magasins « soldent » ainsi des vins en fin d'année avec force publicité. Pour le négoce du vin, il s'agit là d'une façon de se débarrasser de stocks de vins qui n'ont aucune chance de se bonifier en bouteilles ou de prendre de la valeur. En cherchant bien, on peut trouver des lots intéressants, les meilleures affaires restant les grands crus des meilleurs millésimes. Il faut cependant se méfier des millésimes moins réussis qui vous font prendre des risques, des crus inconnus, et des petits châteaux dont les noms et les belles étiquettes peuvent cacher un vin bien ordinaire. Ces foires aux vins restent un des moyens les plus sûrs pour écouler de mauvais vins, ou ceux qui ont souffert d'un stockage défectueux : ils ne pourraient trouver preneur nulle part ailleurs.

Les seconds vins des grands crus sont souvent d'excellentes affaires (voir

p. 145), tant dans les millésimes d'abondance que dans les millésimes moins mûrs. Moins chers que les premiers vins et d'une maturité plus précoce, ces vins sont rarement décevants.

Enfin, pour les amateurs de grands crus de Bordeaux, il reste la possibilité d'acheter les vins « en primeur ». Cette vente s'effectue le plus souvent par l'intermédiaire des sociétés de négoce qui font des offres par correspondance.

## Les offres de vins

Les négociants avec les sociétés de vente par correspondance proposent parfois leurs vins sur catalogue. Ces listes peuvent être présentées avec ou sans commentaires. Établies par des négociants en qui vous avez confiance, elles sont souvent précieuses. Elles peuvent comporter des précisions sur les millésimes et leur potentiel de vieillissement et présenter de nouveaux vins qui valent parfois la peine d'être goûtés.

## L'achat direct

L'achat direct auprès de producteurs de caves particulières offre avant tout le plaisir de l'échange avec les propriétaires, mais les prix pratiqués sont toujours très élevés. Dans de nombreuses régions, les producteurs sont ravis de proposer leur vin à la vente sur place, ne serait-ce que pour rencontrer leurs clients.

Le plus souvent, vous aurez droit à une dégustation. Le propriétaire espère que cela vous incitera à l'achat, et vous lui prendrez sans doute quelques bouteilles, à moins que son vin ne soit franchement mauvais. Il est bien difficile de se faire une opinion immédiate, et si vous cherchez à vous approvisionner dans une région donnée, cela vaut la peine d'acheter un échantillonnage que vous goûterez tranquillement chez vous ; vous pourrez ainsi vous décider plus tard sur les quantités à faire livrer (le prix du transport étant largement compensé par la certitude d'avoir fait le bon choix).

Il existe quelques formalités à remplir lorsqu'on achète du vin à des caves particulières. Ne jamais accepter de prendre livraison de vin sans facture.

Pour les achats de vin en vrac, une facture-congé (avec mention de la catégorie de vin, son prix et la quantité) est essentielle pour être en règle avec la réglementation du transport des vins. Dans le cas de bouteilles, il faut s'assurer que celles-ci soient bien étiquetées et que chacune comporte une capsule-congé. Ne soyez pas, non plus, complice de techniques frauduleuses qui consistent à vous offrir un vin d'appellation avec une étiquette de vin ordinaire. Ces pratiques courantes dans certaines régions, comme en Bourgogne, peuvent vous coûter cher.

Le transport dans un coffre de voiture peut poser un problème en été à cause de la chaleur et en hiver à cause du gel. De plus, le vin est lourd : une caisse de 12 bouteilles pèse environ 18 kg – davantage si les caisses sont en bois ou si le domaine utilise du verre lourd et épais. Quelques caisses dans une voiture déjà bien chargée pour les vacances peut endommager la suspension. Lorsque vous désirez acheter de grosses quantités, il est bon de prévoir un voyage spécial au printemps ou en automne, afin d'éviter la chaleur, le froid et les routes encombrées, sans compter que le producteur aura davantage de temps à vous consacrer. Par contre, l'accueil sera nettement moins chaleureux si vous arrivez en septembre et octobre, au moment des vendanges.

Lorsque vous achetez en caves particulières, choisissez bien votre producteur. Certains panneaux indiquant la vente de vin sont plus fiables que d'autres. Assurez-vous que le producteur met lui-même son vin en bouteilles. Dans plusieurs régions, les propriétaires de vignobles apportent leur raisin à une coopérative et bénéficient en retour d'une part de la production de la coopérative sous forme de vin en bouteilles ; l'étiquette porte alors tout à fait légalement la mention : mise en bouteille à la propriété (ou au château). Le vin peut être honnête, mais il n'aura pas grand-chose à voir avec un vin de producteur : il vaut mieux, dans ce cas, aller directement à la coopérative où les prix risquent d'être plus raisonnables pour le même

vin (ou le même champagne).

Tous les domaines ne vendent pas leur vin en direct – ou, s'ils le font, leurs prix peuvent être très élevés. Dans les grands crus de Bordeaux, par exemple, la vente en direct perturbe le circuit traditionnel du négoce. Aussi les propriétés hésitent-elles parfois à y recourir, de peur de compromettre leurs relations avec le réseau commercial. Mais si cela vous empêche d'acheter des premiers ou des grands crus au château, vous trouverez suffisamment de vins moins prestigieux aux alentours.

Dans le cas des très petites propriétés, l'achat direct est la seule façon de pouvoir vous approvisionner. Ceci s'applique aux petits vignerons bourguignons, de la Loire et d'autres régions françaises ou allemandes. Demandez à figurer sur la liste des clients des propriétés que vous appréciez : leurs offres par correspondance vous informeront de la disponibilité de leurs nouveaux vins avec un bon de commande à retourner par courrier.

## Vrac ou bouteilles ?

De nombreuses coopératives et des producteurs de vin courant vendent le vin en vrac aussi bien qu'en bouteilles. Les cubitainers en plastique sont peu coûteux, mais comme le vin ne s'y conserve pas longtemps, ils sont essentiellement destinés à une consommation immédiate. Si votre consommation est modérée, il faut alors mettre ce vin en bouteilles : une opération facile lorsque l'on dispose d'une bouchonneuse, d'une bonne quantité de bouteilles propres et de quelques personnes disposées à vous aider. Ces dernières sont généralement les plus faciles à trouver.

## Le porte-à-porte

Certains producteurs ont des représentants qui vendent leur vin directement au domicile des consommateurs ; ils l'expédient ensuite par la poste ou via un transporteur. Cette méthode est traditionnelle dans le Bordelais, notamment le Libournais. Acheter ainsi est souvent une bonne façon de se procurer des vins de châteaux autrement inconnus. Méfiez-vous tout de même des vendeurs qui proposent de procéder à une dégustation chez vous ou à votre bureau.

## L'achat de vins de primeur

Une grande partie de la production des crus classés – notamment les Bordeaux – est vendue aux négociants dès le mois d'avril qui suit les vendanges. Cette production ne devant être livrée que dix-huit mois plus tard, l'acquisition de vins de primeur présente certains risques pour l'acheteur ; le pire étant, en cas de faillite de la société de négoce, de ne pas être livré.

Mais il existe des négociants sérieux et, en fonction des millésimes, les prix de ces vins nouveaux sont suffisamment attractifs pour tenter le client. Les dégustations des assemblages se font au début du printemps, en même temps que les premières offres ; les commentaires sont donc généralement publiés en mai dans la presse spécialisée. La hiérarchie des crus se trouve ainsi remise en cause chaque année, ce qui affecte moins l'échelle des prix pratiqués par les propriétés que les plus-values imposées par les négociants en fonction de la demande. La majeure partie des stocks d'un millésime d'un grand cru se trouve donc vendue neuf mois après la vendange, neuf mois avant la mise en bouteilles, en fonction du prestige de son étiquette.

Trop d'éléments entrent en ligne de compte pour que l'on soit toujours certain d'avoir fait une bonne affaire. Si le vin est rare et risque de le devenir plus encore, sa valeur peut augmenter. Le revers de la médaille est que le prix du vin peut également baisser, tout comme la qualité d'un millésime ou le prestige d'un château peuvent ne pas tenir leurs promesses.

## Les ventes aux enchères

Quelques professionnels offrent leurs vins dans des ventes aux enchères à des amateurs éclairés. À part certains grands millésimes de «collection» qui font la une des journaux lorsqu'ils atteignent des prix record, la plupart des vins vendus aux enchères datent des vingt der-

nières années : les millésimes sont prêts à être bus ou le seront bientôt.

De fort belles ventes ont lieu à l'hôtel Drouot, à Paris, qui dispose d'un département vin, ainsi qu'à Londres (Christie's et Sotheby's), Genève, Monaco et Amsterdam. Ces ventes sur adjudication portent le plus souvent sur des grands crus de Bordeaux, de Bourgogne, ainsi que sur des Portos Vintage. Les clients peuvent se procurer un catalogue en prenant soin de s'informer des conditions de vente : il ne faut pas oublier d'ajouter la commission au prix de l'enchère et parfois la TVA, sans oublier les droits de douane dans certains pays. Il faut aussi vérifier la taille des lots (généralement, mais pas toujours, des multiples d'une douzaine), les informations sur le stockage, le niveau du vin dans les très vieilles bouteilles, l'état des bouchons : le catalogue se doit de vous informer sur tous ces points.

Outre les ventes de grands crus, il existe également des ventes de vins moins prestigieux qui offrent l'opportunité à l'amateur de se constituer une cave de millésimes prêts à être consommés à des conditions avantageuses.

## Le vin au restaurant

Au restaurant, le choix des plats conduit au choix des vins. Certains restaurants proposeront même un vin et un plat. Le restaurateur choisit souvent en fonction du style de sa cuisine : il sera facile d'accorder vin et cuisine d'une même région. Il ne faut pas non plus hésiter à demander conseil, surtout lorsque le restaurant dispose d'un sommelier : il est le seul à bien connaître sa cave et se fera un plaisir de partager sa passion en vous faisant découvrir un cru méconnu ou un millésime à son apogée.

Faute de conseil, il vaut mieux commander un vin d'un prix raisonnable que l'on connaît déjà. Les vins d'appellation générique des négociants sont des valeurs sûres. Les vins de propriétaires sont souvent plus rares, plus chers, mais peuvent se révéler excellents. Un grand millésime peut s'avérer décevant lorsqu'il n'est pas encore prêt à être bu, tandis qu'un millésime d'une année

moins mûre peut offrir d'excellentes surprises, surtout pour un déjeuner où l'on recherchera un vin léger. Il s'agit avant tout d'éviter le vin sans gloire, celui «qui va avec tout», comme un petit rouge de Loire, toujours cher mais rarement bon.

## Les stratégies des restaurants

Lorsque vous aurez fait votre choix, prenez soin de vérifier l'étiquette qui vous est présentée. Vous serez ainsi certain que c'est bien le vin et, le cas échéant, le millésime que vous avez commandé.

Goûter un vin n'est pas qu'un rituel: peu de bouteilles sont mauvaises, mais si c'est le cas, elles doivent être refusées après votre dégustation. Lorsque vous goûtez un vin rare et coûteux, il est bon de vérifier les verres avant qu'on vous serve. Sentez rapidement l'intérieur du verre (qui peut avoir gardé des odeurs de savon ou de placard). Si le verre est sale, s'il dégage de mauvaises odeurs, réclamez-en un autre.

Lorsque l'on vous fait goûter un vin, commencez par le regarder : sa couleur est-elle claire et lumineuse ? Puis sentez-le : s'il est bouchonné (voir les défauts d'un vin p. 85), vous le saurez tout de suite. Goûtez-le pour vérifier ses arômes, son attaque en bouche et la température à laquelle il est servi. On peut renvoyer un vin lorsqu'il est bouchonné ou franchement déplaisant à boire.

Les blancs doivent être servis, et maintenus, frais. Beaucoup de restaurants servent les rouges à une température trop élevée : demandez alors un seau à glace, car ces vins gagnent souvent à être légèrement rafraîchis. Si vous commandez une seconde bouteille, goûtez-la aussi, de préférence dans un verre propre. Il n'y a aucune raison de supposer que le vin sera parfait simplement parce que celui de la première bouteille l'était.

Les prix des vins sur les cartes des restaurants sont si élevés (le coefficient multiplicateur est généralement de 3,5) que l'amateur de vin est en droit d'exiger une qualité et un service corrects. □

# LA GARDE DES VINS

LE VIN VIEILLIT ET CHANGE DE NATURE AVEC LE TEMPS. LES VINS BIEN
NÉS PEUVENT SE BONIFIER, ALORS QUE D'AUTRES S'ALTÈRENT :
UNE MUTATION MYSTÉRIEUSE.

Le cœur des exploitations vinicoles traditionnelles est la cave.
Les vieux crus y reposent sous les toiles d'araignée, comme
dans cette cave privée de la *bodega* de Viña Tondonia à Haro,
dans la Rioja, au nord de l'Espagne.

Pendant des siècles, on a considéré que le vin était bien meilleur au cours de son plus jeune âge, en primeur, le plus tôt possible après sa vinification. Tous les vins de la Grèce antique, ceux des Romains, se vendaient dès que possible : on craignait que le vin ne se détériore. Au Moyen Âge, les marchands de vins s'empressaient de se défaire de leurs stocks à l'approche d'une nouvelle vendange. Car ces vins « vieux » risquaient de ne plus se vendre dès que le vin nouveau devenait disponible. En effet, le risque de voir le vin vieux d'un an se transformer en vinaigre était grand. À ce principe, il existait quelques rares exceptions, car les Romains, comme les Égyptiens, avaient découvert que les meilleurs vins pouvaient se garder, voire se bonifier, dans des amphores bien fermées ou des flacons de verre bien bouchés. À la lueur des analyses scientifiques d'aujourd'hui, il est facile de comprendre que le vin est un liquide instable. La présence d'oxygène transforme l'alcool en acide acétique, c'est-à-dire en vinaigre, grâce à une bactérie connue sous le nom d'*Acetobacter aceti*. Or, autrefois, on laissait faire des fermentations aléatoires dans des fûts ou des cuves d'une propreté relative et, surtout, il était très difficile de garder le vin à l'abri de l'air. Les vins de garde devaient avoir une forte teneur en alcool afin de pallier les conditions sanitaires de leur élaboration. À défaut d'un degré alcoolique suffisant, il faudra attendre la fin du XVIIIe siècle pour que la pratique de mutage (consistant à ajouter de l'alcool en cours de fermentation) soit répandue. Plus tard, on découvrira le sulfatage qui, tout comme l'alcool, jouera un rôle antiseptique en combattant le développement bactérien. La garde des vins en fûts permet une excellente conservation à condition que le fût soit plein, et que le vin ne soit pas en contact avec l'air, ce qui nécessite la pratique constante de l'ouillage, c'est-à-dire l'adjonction de vin dans le fût qui fuit ou qui transpire. Mais, lorsque le vin est tiré, il faut le boire, sauf s'il est mis en bouteilles et bien bouché. L'aventure du vieillissement du vin commence à la propriété, dans des cuves ou des fûts de bois. Elle continue en bouteille. Certains vins méritent d'y séjourner des années, voire des décennies, d'autres doivent être consommés au plus vite. Certains vins espagnols ou italiens sont gardés très longtemps en fûts, jusqu'à leur maturité, avant d'être mis en bouteilles, et ne gagnent pas à être gardés. D'autres, comme les grands crus de Bordeaux ou les Portos Vintage, doivent être laissés à vieillir en bouteille après un court passage en fût.

# LE VIEILLISSEMENT DES VINS

Comment expliquer la mutation d'un vin ? De nombreux experts se sont penchés sur cette question, mais il reste bien des mystères. Les travaux de Pasteur, au XIXᵉ siècle, ont démontré que le vin se dégradait par oxydation lorsqu'il était exposé à l'air, oxydation qui altère la couleur des vins rouges et blancs en marron, comme celle d'une banane ou d'une pomme épluchée. Mais comment expliquer que le vin s'oxyde en bouteille étant donné que le bouchon ne laisse pas entrer d'air (ou très peu) ? On peut admettre que l'oxygène dissous dans le vin continue de provoquer de lentes réactions en milieu réducteur qui entraîne le développement des bactéries et des levures ainsi que d'autres composants chimiques du vin : il en existe plus de 400 répertoriés et le décompte n'est pas fini.

## Les arômes

Les réactions chimiques qui se passent au sein d'une bouteille sont complexes et mal identifiées. Néanmoins, certaines recherches ont permis d'expliquer les changements de couleur et d'arôme. Les tanins ainsi que les autres composants aromatiques qui proviennent essentiellement des peaux des raisins (et donnent aux vins leur couleur), mais aussi des rafles (la partie ligneuse de la grappe) et du bois des fûts, se transforment. Ils s'associent entre eux (par polymérisation) et tombent au fond de la bouteille (par sédimentation). Le vin d'un rouge pourpre devient rouge rubis pour ensuite s'éclaircir et prendre une teinte rouge brique. L'acidité du fruit vert, astringente, s'assouplit. L'agressivité du vin jeune disparaît pour laisser place à une rondeur, un velouté qui s'exprime par des arômes complexes. Tous les vins sont affectés par le vieillissement, sauf les petits vins trop filtrés ou stabilisés par pasteurisation.

## Le temps

Les grands crus, dans les bons millésimes, les vins mutés ainsi que les vins liquoreux peuvent vieillir pendant des décennies, car leur concentration permet une lente évolution. Certains vins, tanniques, acides et concentrés, doivent être laissés à vieillir pendant des années pour avoir le temps de s'assouplir. D'autres, légers, fruités et faciles, sont conçus pour être bus dans leur plus tendre jeunesse. Ces deux familles de vins ont des qualités de vieillissement très différentes qui ne sont pas seulement déterminées par le vinificateur, mais aussi par le terroir, la nature et l'âge des vignes ainsi que par

## JEUNESSE, MATURATION ET APOGÉE

Le cycle de vie d'un vin peut être illustré par un graphique simple (voir ci-contre). Il résulte de deux variables : l'une est le temps, représenté par l'axe horizontal, l'autre est la qualité sur l'axe vertical. Un vin atteint son apogée après une période plus ou moins longue, et s'y maintient plus ou moins longtemps. Le degré optimal de qualité dépend de l'extraction de matière du vin et des caractéristiques du millésime dont il est issu. Une mauvaise année ne donnera donc jamais un vin qui atteindra les plus hauts sommets de qualité ; une région ou un cru médiocre non plus.

Les vins se développent chacun à leur rythme. Certains comme le Beaujolais, ou de nombreux vins blancs, sont précoces: ils atteignent rapidement leur apogée, et retombent vite. D'autres vins – tels les grands crus de Bordeaux rouges – mettent plus longtemps à atteindre leur apogée, y demeurent longtemps, et déclinent doucement.

Chaque vin est différent. Toutefois, le concept de profil est utile lorsqu'on étudie la maturité d'un vin.

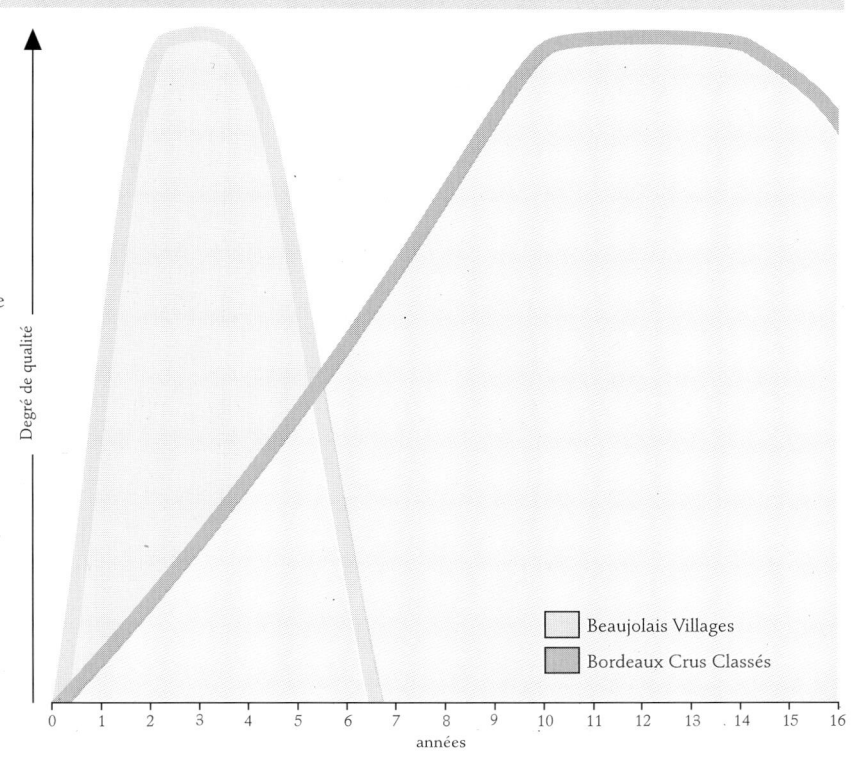

Degré de qualité

0   1   2   3   4   5   6   7   8   9   10   11   12   13   14   15   16
années

Beaujolais Villages
Bordeaux Crus Classés

les conditions climatiques du millésime. Le maître de chai, souvent assisté par un œnologue diplômé, peut sélectionner certaines cuves de certains cépages de vieilles vignes de peu de rendement pour élaborer un vin concentré destiné à la garde. C'est le cas du « grand vin » dans les crus classés de Bordeaux, par opposition au « second vin ». Celui-ci, qui ne portera pas l'étiquette du château, résulte de l'assemblage de cuves de jeunes vignes ainsi que de celles des cépages moins réussis. Ainsi, pour un même cru, dans une même année, vont coexister un « second vin », qui sera bon à boire après quelques années, et un « grand vin », qui méritera une ou plusieurs décennies de vieillissement.

La nature du cépage peut conférer plus ou moins de longévité au vin. Ainsi, le Cabernet-sauvignon, austère et droit, tout comme le Merlot, soyeux et puissant (du vignoble bordelais), ou le Pinot Noir, ferme et riche (du vignoble bourguignon), donneront des vins beaucoup plus concentrés que les Gamays légers et fruités du Beaujolais.

Les meilleurs terroirs feront toujours les meilleurs vins, même (et surtout) dans les millésimes difficiles. Mais, pour obtenir un grand vin de garde, il est nécessaire d'avoir de beaux raisins, bien mûrs. Pour cela, la Nature doit donner ce qu'il faut de soleil et de pluie au bon moment. On peut, par exemple, comparer deux millésimes de Bordeaux, le 1980 et le 1982. 1980 était une année froide et pluvieuse, 1982 une année de chaleur et de sécheresse. La récolte de 1980 donna des vins dilués, légers, qui devaient tous être bus très tôt, tandis que la récolte de 1982 était très mûre et très concentrée pour des vins qui devraient se montrer superbes au-delà de l'an 2000. Et, pourtant, la pluviométrie comparée de ces deux millésimes était identique : 1982 a profité de la bonne pluie au moment où la vigne en avait besoin, tandis que 1980 a été arrosé d'une pluie maudite aux pires moments du cycle végétatif.

Les grands crus, reconnus depuis des siècles, ont un privilège : celui de disposer d'un terroir propice aux grands vins de garde. Le sol, pauvre, composé le plus souvent de sédiments charriés par des rivières (graves) ou découpés par l'érosion (coteaux), permet de drainer l'eau quand il pleut trop et de garder l'eau en cas de sécheresse. Avec peu de nourriture et juste ce qu'il faut à boire, la vigne souffre et concentre sa sève. C'est cette sève concentrée qui viendra nourrir un nombre limité de grappes. Le petit rendement de ces meilleures parcelles sera la meilleure garantie d'un vin de garde.

## Le déclin

Un vin finit toujours par mourir, car toutes les évolutions favorables à sa maturation, au cours du temps, ont une fin. Il perdra sa couleur et ses notes fruitées pour devenir mince et acide. Par gravité, les composants vont mettre plus ou moins de temps à tomber au fond de la bouteille en fonction de leur concentration et de leur masse. Cela explique qu'un vin vieillira assez vite en demi-bouteille, normalement en bouteille, moins vite en magnums, et encore moins vite dans de plus grands contenants.

## La garde

Le vin en vieillissement mérite quelques précautions. Les meilleures bouteilles doivent être couchées, afin d'éviter un dessèchement du bouchon, au calme, dans l'obscurité et sans changement de température (voir p. 61-64).

## Le choix des vins de garde

On se procure des vins de garde pour disposer de vins qui, lorsqu'ils atteindront leur maturité, ne se trouveront plus dans les circuits commerciaux traditionnels, et pour s'assurer du vieillissement de ces vins dans les meilleures conditions.

Au-delà de ces motivations reste la question essentielle : combien de temps doit-on garder les vins ? Il n'est pas facile d'y répondre tant la qualité des vins peut varier, ne serait-ce que d'un millésime à l'autre pour un même vin d'un même cru. Les vins de garde concernent principalement les vins rouges de Bordeaux, de Bourgogne, de Côte-Rôtie, de Châteauneuf-du-Pape, de Cahors, de Madiran, et certains vins blancs de Bourgogne ou de Graves ainsi que tous les vins liquoreux. Ces vins sont toujours commercialisés deux ou trois années après leur récolte alors que leurs meilleurs crus, dans leurs meilleurs millésimes, méritent d'attendre quelques années ou quelques décennies afin d'atteindre leur apogée. Or, il est rare que ces vins soient gardés en propriété et plus rare encore que les négociants aient les moyens financiers de les conserver longtemps. Les vins les plus réputés peuvent se trouver, quelques années plus tard, en vente aux enchères, mais les appellations moins connues restent souvent introuvables.

## Combien de vin acheter ?

Combien de bouteilles doit-on conserver en cave ? La réponse est simple : le plus possible. Lorsqu'on estime en avoir trop, il est relativement facile de les revendre, ne serait-ce que par l'intermédiaire des ventes aux enchères.

Les vins de longue garde ont besoin de plus d'espace en cave que ceux dont la longévité n'est pas assurée. Ainsi, un grand cru de Bordeaux, par exemple, qui risque de ne pas atteindre son apogée avant huit ou dix ans et qui reste bon à boire pendant une dizaine d'années, mérite une commande de trois caisses de douze bouteilles, en comptant sur une consommation de trois bouteilles par an. Si un autre vin, un petit Bourgogne par exemple, promet d'être mûr au bout de quatre ans et de se maintenir à son apogée pendant trois ou quatre ans seulement, une seule caisse de douze bouteilles suffit.

Ce choix difficile se pose rarement, tout simplement parce que les plus beaux rêves d'un amateur de vin doivent faire face aux réalités : un budget et une cave qui ne sont pas extensibles. Une certaine rationalité peut s'accommoder d'un classement en trois types de vins : les vins à consommer au jour le jour, les grands vins bons à boire et les vins à laisser vieillir. L'objectif d'une cave bien gérée est d'avoir un stock de vins à boire suffisant afin de faire face à sa consommation, aux dîners avec des amis, aux fêtes familiales, sans oublier l'éventuel petit plaisir impromptu. □

# LA COULEUR DU VIN CHANGE AVEC L'ÂGE

Les vins rouges deviennent plus clairs, les vins blancs ont tendance à prendre une couleur plus foncée. La teinte des vins rouges peut varier d'un ton pourpre et sombre à toute une variété de rouges jusqu'à prendre une couleur claire tuilée avec des reflets orange. La couleur des vins blancs va de l'incolore aux reflets verts jusqu'à une couleur ocre très dense. Les vins de Sauternes ont une coloration prononcée qui brunit avec l'âge.

**Les Bourgognes rouges.** Sur la gauche, on voit un vin de 4 ans d'âge de couleur rouge avec des reflets brique, assez représentatif d'un vin issu du cépage Pinot Noir. À droite, un vin de 12 ans d'âge montre une certaine concentration d'une couleur acajou avec des reflets orange.

**Les Bordeaux rouges.** À gauche, on voit un vin de 3 ans d'une couleur rouge rubis brillante avec, sur les bords, une auréole incolore plutôt marron comme sur les vieux vins. À droite se trouve un cru bourgeois de 11 ans d'âge à son apogée. La couleur s'est éclaircie et montre des reflets orange sur les bords.

**Les Portos.** L'échantillon de gauche est un Tawny vieux de 10 ans tandis que celui de droite est un Porto Ruby de 3 ans d'âge. Ces deux vins ont été gardés en fût. Au fil des années, le Tawny a perdu sa couleur pourpre d'origine. Il est devenu d'un superbe rouge tuilé.

**Les vins allemands.** Le verre de gauche contient un jeune Riesling de la Moselle, le verre de droite est un vin issu de même cépage, mais de 20 ans d'âge. Le vin le plus jeune est presque incolore avec des reflets vert et or. Le vin le plus vieux est devenu jaune d'or au fil des années.

## CLASSIFICATION DES VINS DE GARDE

Bien que toute généralisation en matière de vin soit toujours difficile, il est utile de diviser les vins en cinq catégories de plus ou moins longue vie.

### LES VINS À BOIRE JEUNES

Il s'agit de tous les vins dont les qualités essentielles sont la légèreté et le fruité. Ils ne présentent aucun intérêt au vieillissement et auraient tendance à se détériorer avec le temps. À boire dans l'année du millésime ou dans les quelques mois qui suivent leur acquisition.

**Vins de France.** Tous les vins nouveaux (ou primeurs), les vins de consommation courante, les vins de pays en blanc et une grande partie des rouges hormis certains vins de cépage. Le Muscadet, le Beaujolais, le Côtes-du-Rhône générique, les vins blancs de l'Entre-deux-Mers, le Gaillac, le Bergerac, les vins rosés comme les rosés de Provence ainsi que les clairets de Bordeaux.
**Vins d'Italie et d'Espagne.** Tous les vins blancs et rouges génériques comme le Soave ou le Valpolicella en Italie, ou le Rioja en Espagne.
**Vins des autres pays.** Tous les *Tafelwein* et *Landwein* allemands, Liebfraumilch et QbA ; tous les vins ordinaires et génériques du Nouveau Monde ; le *Vinho verde* ; les vins mousseux ; le Xérès Fino et Amontillado.

### LES VINS À GARDER ENTRE 1 ET 3 ANS

Les vins qui méritent entre un et trois ans de vieillissement en cave ont besoin d'un certain répit afin de s'assembler et de s'assouplir.

**Vins de France.** Parmi les vins blancs, le Muscadet de Sèvre-et-Maine (sur lies) de domaine, les vins issus de Sauvignon comme le Sancerre, le Pouilly Fumé, les vins d'Alsace et les Bourgognes blancs génériques, le Champagne brut sans année, ainsi que les vins de Graves blancs. En rouge, les vins du midi de la France (Corbières, Minervois) et de la Loire (Saumur-Champigny, Bourgueil, Anjou), les Côtes-du-Rhône-Villages, les crus de Beaujolais, les vins rouges légers du Sud-Ouest, les appellations Bordeaux et Bordeaux Supérieur ainsi que les Bourgognes génériques.
**Vins d'Italie et d'Espagne.** Tous les vins blancs et rouges qui ne sont pas des réserves (*reserva* ou *riserva*).
**Vins des autres pays.** Quelques QbA allemands des meilleurs vignobles ; les vins de cépage Chardonnay, Cabernet-Sauvignon des vignobles du Nouveau Monde.

### LES VINS À GARDER ENTRE 3 ET 5 ANS

Catégorie de vins qui montrent le meilleur d'eux-mêmes 3, 4, voire 5 années après leurs vendanges.

**Vins de France.** Les meilleurs vins d'Alsace, tous les vins de Loire blancs secs issus du cépage Chenin générique, les vins issus de vieilles vignes de Sancerre et de Pouilly, le Quincy ; les Chablis et les Bourgognes blancs génériques de domaine ; le Jurançon ; les Graves blancs des meilleurs châteaux avec une dominante de cépage Sémillon; les Sauternes de petits châteaux ou des petites années ; le Champagne millésimé ainsi que le Champagne rosé.
**Vins d'Italie et d'Espagne.** Tous les *reserva* et *riserva*.
**Vins des autres pays.** Les QmP allemands ainsi que leurs *Auslesen* (sauf pour les meilleurs millésimes) ; les meilleurs Chardonnays et Cabernets-Sauvignons, comme les Syrahs (Shiraz) du Nouveau Monde.

### LES VINS À GARDER ENTRE 5 ET 8 ANS

Les vins qui méritent entre 5 et 8 ans de repos dans une bonne cave sont des vins plus concentrés et plus complexes.

**Vins de France.** En blanc, les premiers crus et grands crus de Chablis et de la Côte des Blancs en Bourgogne ; certains vins qui contiennent des sucres résiduels comme

Un millésime de grand cru à boire entre 5 et 8 ans.

les bonnes années des petits châteaux en Sauternes ou à Vouvray, les «sélections de grains nobles» d'Alsace ; sans oublier les meilleurs millésimes de Champagne. En rouge, les bons millésimes de Bourgognes génériques et les petits millésimes des premiers et grands crus de Bourgogne. Les Côtes-Rôties et Hermitages, ainsi que les Châteauneuf-du-Pape ; la majeure partie des crus de Bordeaux du Libournais sauf les meilleurs millésimes des grands crus ; les petits millésimes des grands crus du Médoc et des Graves.
**Vins d'Italie et d'Espagne.** Les meilleurs crus et les meilleurs millésimes de Barolo, quelques vins de Toscane (*Super toscans*) ainsi que les Riojas *reserva* et *gran reserva*.
**Vins des autres pays.** Les meilleurs *Auslesen* et les *Eiswein* allemands, les grands Cabernets-Sauvignons et Syrahs du Nouveau Monde.

### LES VINS À GARDER AU-DELÀ DE 8 ANS

Les vins qui ont besoin de plus de 8 ans de vieillissement pour atteindre leur apogée sont essentiellement les meilleurs millésimes des meilleurs crus.

**Vins de France.** Les vins blancs de grands crus et des meilleurs millésimes de Sauternes, de Vouvray ainsi que les «vendanges tardives» des grands crus d'Alsace ; les premiers et grands crus de Bourgogne des meilleurs millésimes; les meilleurs millésimes de tous les grands crus de Bordeaux ; les meilleurs millésimes en Côte-Rôtie, Hermitage et Châteauneuf-du-Pape.
**Vin des autres pays.** Les QmP allemands les plus concentrés ; les Portos Vintage.

# LE STOCKAGE DU VIN

S i l'on garde du vin plus de quelques semaines, il faut l'entreposer dans de bonnes conditions. Cela peut être difficile à faire chez soi, et certains amateurs utilisent caves commerciales ou locaux spécialisés pour leurs grands vins et ceux qu'ils désirent garder longtemps. On peut toutefois aussi aménager un coin dans un appartement. Les conditions de stockage sont résumées dans l'encadré p. 64.

### Les principes de base

Il importe de garder le vin à l'abri de la lumière, dans un milieu sans vibrations, maintenu à une température constante. L'humidité doit être assez élevée ; la ventilation, bonne. Enfin, il ne doit pas y avoir d'odeurs fortes. La température est le facteur le plus difficile à réguler, ce qui amène parfois à oublier les autres qualités nécessaires à une bonne cave. Les vibrations abîment le vin, surtout les vins vieux avec un dépôt. Évitez d'avoir à déplacer le vin ; tenez-le éloigné des appareils ménagers. Une lumière forte peut également endommager le vin, surtout le blanc. Bien qu'il soit tentant d'exposer ses bouteilles dans la cuisine ou la salle à manger, il vaut mieux les garder dans le noir. Évitez de les stocker à côté d'essence de peinture, dont les émanations affectent le vin, même à travers le bouchon, ou de légumes, les matières végétales ou alimentaires pouvant provoquer l'apparition de champignons ou d'insectes nuisibles. L'humidité évite que les bouchons ne se dessèchent – c'est également pourquoi il faut garder les bouteilles couchées. (Si la cave est très humide, maintenez les étiquettes avec des élastiques.) Une libre circulation d'air évite les odeurs de moisi et la pourriture.

### La température

Le vin doit être gardé à une température constante, entre 5 °C et 18 °C, l'idéal étant 10-12 °C. Il faut surveiller principalement les fluctuations brutales de température : si la cave passe doucement de 12 °C en hiver à 20 °C en été, peu importe. Par contre, une telle variation en une journée – ou même une semaine – crée des problèmes. Le vin se dilate et se contracte dans les bouteilles, le bouchon souffre. Puis le vin s'infiltre autour du bouchon, laissant un dépôt poisseux sur la capsule. Certaines bouteilles présentant ce défaut sont soldées.

### Bien aménager sa cave

Les caves creusées dans le roc demeurent l'endroit idéal. Celles construites en pierre ou en briques sous les anciennes maisons sont presque aussi bonnes. Vérifiez l'emplacement des tuyaux d'eau chaude, qui peuvent faire monter la température, et isolez-les si nécessaire. Assurez-vous que l'air circule bien et, si nécessaire, calfeutrez

Pour conserver une grande quantité d'un même vin, un « casier » peut être aménagé dans un endroit frais.

pour éviter les excès de chaleur ou de froid. Gardez l'endroit propre, mais méfiez-vous des fongicides utilisés pour traiter les briques ou le bois, parce qu'ils peuvent affecter le vin. Le sol le meilleur est poreux, car il maintient une humidité élevée. Vous pouvez répandre une couche de gravier que vous arroserez de temps en temps.

Si vous n'avez pas de cave, vous avez deux possibilités : isoler un placard ou une partie d'une pièce, ou acheter une « cave d'appartement ». Il existe des appareils de refroidissement qui maintiennent un grand placard, une petite pièce ou une cave à la bonne température. Certaines armoires spéciales sont en fait des réfrigérateurs dont on règle la température entre 6 °C et 15 °C. D'autres possèdent à la fois des circuits de chauffage et de refroidissement pour faire face à des changements brutaux de la température. Elles sont très utiles dans une remise ou un garage. Ces armoires possèdent également des filtres à air évitant la moisissure. Évitez les armoires avec une lampe : cette dernière peut rester allumée, introduisant lumière et chaleur. Les armoires les plus élaborées, conçues pour les restaurants, possèdent des compartiments à températures différentes, permettant de conserver les rouges et les blancs à la température de service.

## Les casiers et les étagères

Pour ranger les bouteilles et les maintenir en sécurité, casiers et étagères doivent être stables et facilement accessibles. Les caves traditionnelles possédaient des compartiments séparés pour ranger le vin, ce qui supposait qu'on avait de grandes quantités d'un même vin. Aujourd'hui, les casiers, en bois ou en métal, contenant une douzaine de bouteilles à la fois – ou davantage –, sont courants et de formes variées. Les casiers les meilleurs sont en métal, car celui-ci ne pourrit pas, mais ils peuvent déchirer les étiquettes si vous n'y prenez pas garde.

## Les caisses

Les vins emballés en caisse de bois peuvent y être conservés, malgré un léger risque de pourriture sèche. Veillez à ne

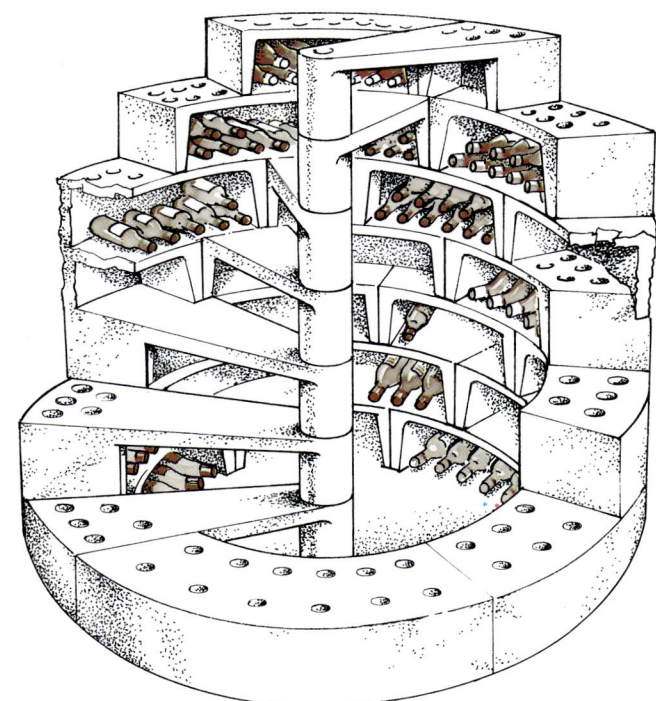

**La cave en spirale.** C'est une construction modulaire en béton doublée d'une membrane étanche qui est enterrée dans un trou creusé dans le sol.

On y accède par une trappe, de préférence située à l'intérieur de la maison. La cave en spirale existe en plusieurs tailles.

pas les poser à même le sol, mais sur des tasseaux. Les caisses en carton ne doivent être utilisées que pour un stockage temporaire, car l'humidité les fait pourrir, et provoque de la moisissure et des odeurs. N'oubliez pas de garder les caisses en bois d'origine si vous pensez revendre votre vin : elles rassurent l'acheteur dans une vente aux enchères et augmentent la valeur du vin. Cela est particulièrement vrai pour les magnums et les très grandes bouteilles.

## Le livre de cave

Un livre de cave – un registre avec des colonnes pour le vin acheté et pour le vin consommé – vous aidera à tenir votre cave à jour. Cette pratique est difficile lorsqu'on possède beaucoup de bouteilles uniques ou de nombreux vins en petites quantités.

Utilisez un cahier spécial pour inscrire les vins achetés en caisse et/ou pour ceux que vous comptez garder longtemps. Si nécessaire, établissez un plan

**La cave d'appartement.** Il s'agit d'une armoire à contrôle de température, maintenue à température constante. Elle est idéale pour les appartements qui sont dépourvus de cave.

# DIFFÉRENTS TYPES DE CAVES

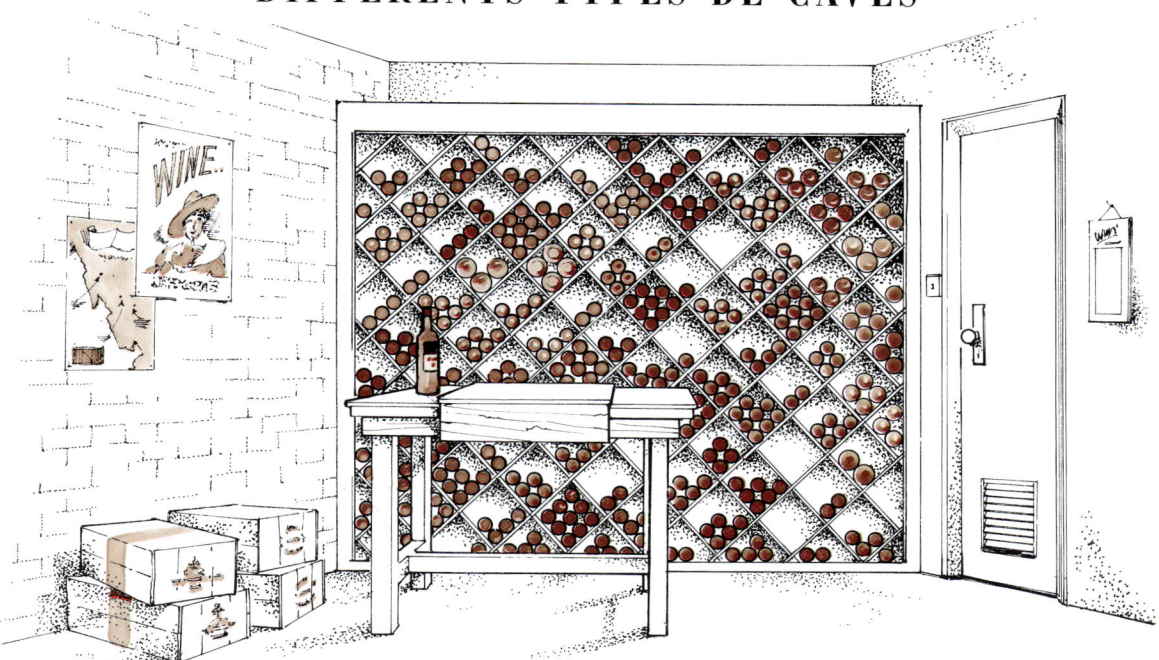

**La cave à vins idéale.** La température et l'humidité y sont constantes. La ventilation est adéquate. Elle possède de nombreux compartiments de tailles diverses. On peut y ajouter une table pour la décantation. Les casiers en losanges illustrés ici permettent de ranger une douzaine de bouteilles. Le sol peut être couvert de gravier, que l'on arrosera pour augmenter l'humidité. La plupart des caves possèdent également des casiers individuels (ci-dessous).

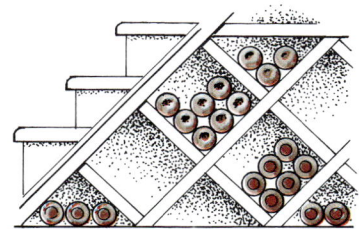

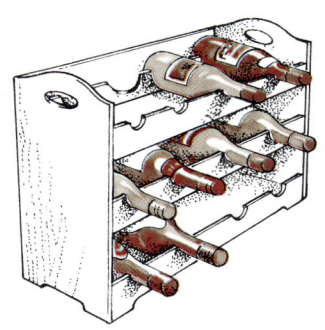

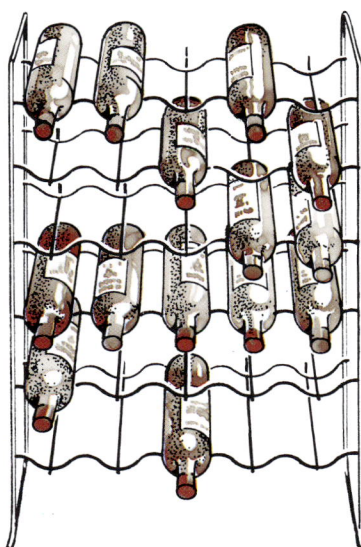

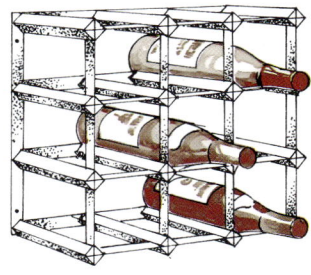

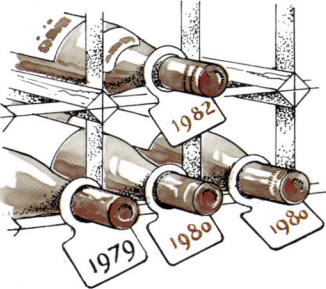

**Sous l'escalier.** Cette forme de stockage est astucieuse, si la température convient. **Les petits casiers.** Ils doivent être rangés à l'abri de la lumière et dans un endroit isolé des vibrations.

**Les casiers mobiles.** Ils peuvent être en bois (à gauche) ou en plastique recouvert de fil de fer (ci-dessus). Ils maintiennent les bouteilles légèrement inclinées.

**Les casiers fixes.** Pour les fixer au mur, prévoyez des vis ou des pitons très solides, car les bouteilles sont lourdes. **Les étiquettes.** Elles permettent de marquer les différentes bouteilles.

dans votre livre de cave. Étiquetez les casiers et les compartiments. Pour les bouteilles, utilisez des étiquettes individuelles ou des marques plastifiées.

Si le vin est conservé dans des caisses en bois, prenez soin de laisser visible le côté de la caisse sur lequel figurent le nom du vin et son millésime, afin de ne pas avoir à les bouger.

## Collectionner les vins

Certains amateurs considèrent leur cave comme une collection. Une bibliothèque contient de nombreux livres, un album de timbres rares. Une cave peut receler d'importantes quantités de vins issus de certains châteaux ou régions, et même des bouteilles grand format d'une propriété donnée. Ces collections font l'objet de dégustations très spécialisées, où les amateurs se réunissent pour comparer les qualités des divers millésimes d'un même vin, ou noter les contrastes entre des vins du même millésime issus de domaines différents.

Un collectionneur fait très attention aux conditions de stockage de sa cave, car certains vins sont très vieux et donc très fragiles. Les étiquettes et les caisses nécessitent aussi beaucoup de soin, car la bouteille elle-même est un élément de la collection, et en restera l'unique souvenir une fois le vin bu.

À la différence d'une cave ordinaire, une collection de vins comprendra peut-être davantage de magnums et de bouteilles encore plus grosses. Celles-ci ne tiendront pas dans des casiers normaux, et l'espace devra être spécialement aménagé en conséquence. Les très grandes bouteilles seront souvent dans leur caisse en bois d'origine.

## Les stratégies des collectionneurs

Le collectionneur de vins, contrairement à l'investisseur, ne se limite pas aux valeurs sûres qui se revendront facilement. Comme il est dit plus haut, il peut adopter diverses stratégies, suivant sa logique. Le collectionneur recherche des bouteilles parfaites, et, lorsqu'il ne peut pas acheter des vins en primeur, il s'approvisionne dans des caves impeccables dont il connaît les conditions de stockage. Le collectionneur espère que, lorsque viendra le temps de boire le vin, ou de le vendre, la provenance de celui-ci – sa propre cave – améliorera sa réputation.  □

## LES CONDITIONS DE STOCKAGE

On peut résumer comme suit les conditions essentielles pour un bon stockage.

**Température.** Lorsque vous choisissez une cave, prenez les températures maximales et minimales en divers endroits et notez-les pour repérer les endroits les plus frais. Si possible, localisez les sources de chaleur et neutralisez-les en isolant, par exemple, les conduites d'eau chaude. Bouchez les sources d'air très froid. Isolez les portes menant à des parties chauffées de la maison avec du polystyrène ou de la fibre de verre. Le but est d'obtenir une température constante. Continuez de noter les températures jusqu'à ce que vous maîtrisiez leurs fluctuations sur un an.

**Lumière.** La lumière abîme le vin, surtout les vins blancs et les mousseux. Assurez-vous que la cave est sombre ; masquez toute lumière extérieure, même si elle provient d'un ventilateur sur un mur ensoleillé. Une ampoule électrique est indispensable pour circuler dans la cave ; évitez qu'elle ne soit trop forte, et prenez soin d'éteindre en sortant.

**Propreté.** Nettoyez à fond la cave avant d'y entreposer le vin. Utilisez un désinfectant, de préférence inodore, pour tuer moisissures et insectes. Puis peignez les murs à la chaux : cette peinture poreuse sur les murs de brique ou de pierre n'empêche pas la ventilation naturelle .

**Humidité.** L'humidité idéale est de 75 à 80 %. Une trop grande humidité pourrit les caisses en carton, les étiquettes et parfois les bouchons ; mais un manque d'humidité les desséchera. On peut augmenter l'humidité en couvrant le sol d'une couche de gravier que l'on arrosera. Les déshumidificateurs peuvent empêcher une humidité excessive, mais ce sont des appareils coûteux, qui ne valent la peine d'être installés que dans de très grandes caves. Dans une petite cave, on peut améliorer la ventilation et isoler certaines sources d'humidité (murs qui suintent, par exemple). Si les étiquettes se décollent, un élastique évitera à une bonne bouteille de devenir anonyme.

**Ventilation.** La circulation d'air est essentielle, bien qu'elle puisse faire monter la température. Une bonne cave devrait posséder des prises d'air ou des ventilateurs permettant à l'air extérieur de pénétrer et de circuler. Il faut pouvoir les neutraliser lorsqu'il fait très froid ou très chaud. Si la cave est orientée nord-sud, placez les ventilateurs aussi bas que possible du côté nord et très haut du côté sud. Sous l'effet de la convection, l'air chaud sort par l'aération haute côté sud. Il est remplacé au fur et à mesure par de l'air frais entrant côté nord.

**Vibrations.** Les vibrations fortes, provoquées par les appareils ménagers ou le passage d'une route, peuvent abîmer le vin. (Attention aux escaliers.) Les casiers isoleront un peu le vin.

**Rangement.** Pour retrouver facilement les bouteilles, rangez les vins du même type les uns à côté des autres. Utilisez des étiquettes ou faites un plan.

**Facilité d'accès.** Il ne faudrait plus toucher au vin après l'avoir entreposé. Vous ne devez pas avoir à bouger une bouteille pour en atteindre une autre. Évitez les ordonnancements rigides qui ne permettent pas de modifications aisées.

**Inclinaison.**
Le vin doit être couché, afin de maintenir le bouchon au contact du vin. Mais vous pouvez pencher légèrement les casiers pour que les dépôts tombent près du fond de la bouteille, tout en maintenant le bouchon humide. Tournez les bouteilles, étiquettes vers le haut, les dépôts tomberont de l'autre côté.

# LE SERVICE DU VIN

UN SERVICE SOIGNEUX, LA TEMPÉRATURE ADÉQUATE, LE CHOIX
DU VERRE CONCOURENT À OBTENIR LE MEILLEUR DE CHAQUE BOUTEILLE,
QU'IL S'AGISSE D'UN VIN ORDINAIRE OU D'UN GRAND MILLÉSIME.

La mise en valeur des mets et des vins fait partie
des arts de la table. Ici, des assiettes blanc
et or et des verres tulipes sur une nappe blanche
sont d'une élégante simplicité.

Une fois choisie la bouteille que l'on veut ouvrir, et avant de goûter le vin que l'on a dans son verre, intervient le service du vin. La plupart du temps, cette opération peut, et doit, se faire dans la détente et la bonne humeur : quand le vin est modeste, l'atmosphère conviviale, et que la décision de déboucher une bouteille est spontanée, un tire-bouchon et quelques verres suffisent. Toutefois, même un vin sans prétention donne le meilleur de lui-même lorsqu'il est à bonne température et servi dans le bon verre. S'il est de qualité et servi dans des circonstances plus solennelles, le respect de quelques règles ajoutera beaucoup au plaisir de la dégustation.

La technique du service du vin fait suite à celle de l'entreposage (voir p. 61). Laissez du temps au vin : on ne sort jamais directement une bouteille du panier à provisions pour la poser sur la table sauf, peut-être, s'il s'agit d'un vin de consommation courante. Mais les vins plus grands et plus vieux n'apprécient guère les transports et ne retrouvent équilibre et caractère qu'après une période de repos, de préférence dans un lieu frais et sombre. Pour certains vins fins, propres à développer un dépôt, la stabilité est un facteur essentiel. Dans ce cas, mieux vaut être prévoyant et les stocker à la verticale pendant deux jours avant de les boire ; ainsi, le dépôt restera au fond de la bouteille et non sur le côté. Avant de servir un vin, le premier élément à considérer est la température, car il faut du temps pour que celle du vin varie. Avant le repas, évaluez donc correctement le temps nécessaire pour que vos bouteilles refroidissent ou se réchauffent, selon le cas. Ensuite, vérifiez la quantité, le type et (point souvent négligé mais vital) la propreté des verres dont vous aurez besoin. Si vous devez en utiliser, vérifiez que les carafes sont propres et débarrassées d'odeurs persistantes. Enfin, décidez l'ordre du service : quel vin servirez-vous en premier ? Comptez-vous en proposer deux en même temps afin que les invités puissent les comparer ? Si cette façon de procéder paraît normale aux connaisseurs, elle étonnera les profanes. Dans ce cas, marquez les verres afin que les convives s'y retrouvent ou servez les vins dans deux verres de style différent. Et n'oubliez jamais de poser sur la table un verre à eau pour chaque invité, ainsi que des pichets ou des bouteilles d'eau fraîche.

# La Température

Le vin pâtit plus de la chaleur que du froid. Un vin servi trop frais peut se réchauffer rapidement, soit par la chaleur régnant dans la pièce, soit entre les mains. Mais un vin versé à trop haute température est difficile à rafraîchir et le plaisir de le boire risque d'être complètement gâché.

En règle générale, les vins blancs se servent plus frais que les rouges, mais l'échelle des températures est mobile dans les deux cas. Le principe «vin blanc à la température du réfrigérateur et vin rouge à la température ambiante» est quelque peu sommaire. En fait, à chaque style de vin blanc correspond une température différente et bien des rouges, sinon tous, doivent être servis à quelques degrés au-dessous de la température ambiante.

## La bonne température

La notion de «température ambiante» date de l'époque où nos ancêtres dînaient dans des pièces non chauffées qui nous paraîtraient bien froides aujourd'hui. Le vin était entreposé dans une cave (encore plus froide), et le mettre à l'avance dans la salle à manger, afin de le réchauffer, était un principe parfaitement justifié. Aujourd'hui, nous avons les moyens techniques de stocker les vins rouges à leur température de service idéale.

Le recours à un thermomètre pour déterminer si le vin est bien à la température requise peut avoir son utilité. Cela dit, un ou deux degrés de plus ou de moins ne gâcheront pas le vin. Faites donc le test du thermomètre deux ou trois fois pour mémoriser l'impression que donne au toucher une bouteille à, disons, 10 °C, puis mettez le thermomètre au fond d'un tiroir et fiez-vous à vos sens.

Quelle influence la température a-t-elle sur le goût du vin ? La chaleur permet aux composants aromatiques de se volatiliser, ce qui signifie, plus simplement, qu'elle permet au bouquet

Seau à glace et seau isotherme.

agréable du vin de s'exprimer. Les arômes variant d'un vin à l'autre, ils donnent donc le meilleur d'eux-mêmes à des températures différentes. Cela s'applique avant tout aux rouges, mais servir trop frais des grands crus de vin blanc est une erreur, car ce qui fait leur intérêt, au nez comme en bouche, pourra se révéler davantage s'ils sont moins frais.

La chaleur accentuant l'acidité, les vins blancs doivent en général être servis froids pour avoir moins de dureté. Lorsque la bouteille est fraîche, l'acidité s'allie au fruit du vin et le rend agréable et rafraîchissant, ce qu'on est en droit d'attendre de tout vin blanc.

## Le froid et le chaud

Le mode de stockage du vin facilite grandement le contrôle de sa température : une cave fraîche ou une petite armoire réfrigérée permettent d'avoir à tout moment des vins blancs assez frais. Ne gardez jamais un vin au réfrigérateur, surtout s'il est bon, pendant plus d'un jour ou deux : il risque de s'altérer. Le seau à glace est le moyen le plus rapide de rafraîchir le vin.

Il est essentiel d'ajouter de l'eau à la glace : des cubes de glace entourés uniquement d'air ne produiront aucun effet, au contraire de l'eau qui rafraîchira rapidement la bouteille ; il faut compter 10 à 15 minutes pour passer de 20 °C à 8 °C. Un réfrigérateur mettra entre 1 heure et demie et 2 heures pour aboutir au même résultat, voire davantage par temps chaud, surtout si le réfrigérateur est fréquemment ouvert. Une fois le vin à température de consommation, il suffit d'ajouter quelques cubes de glace dans l'eau du seau pour maintenir la fraîcheur, sachant qu'il faut éviter tout excès de froid. Une enveloppe isolante (voir photo) maintient une bouteille fraîche plusieurs heures.

Pour réchauffer un vin, l'idéal est de laisser la bouteille pendant 2 à 3 heures dans une pièce modérément chaude. (Si votre salle à manger est très chaude, l'entrée sera peut-être plus fraîche.) Ne placez surtout pas le vin près d'une source de chaleur, comme une cheminée, un radiateur ou un four, qui risque de donner un «coup de chaud» au vin et d'affecter son goût.

## Température et climat

S'il fait chaud, le vin atteindra rapidement la température ambiante, quelle que soit sa température de départ. Par temps chaud, servez les vins un peu plus frais qu'à l'ordinaire ; par temps froid, en revanche (même si la pièce est chaude), ne refroidissez pas trop un jeune vin rouge, même s'il se déguste frais. Les millésimes vieux et rares requièrent un soin particulier, car ils sont plus sensibles aux changements de température. Idéalement, buvez les blancs à la température de la cave (c'est-à-dire à leur température de stockage), sans les rafraîchir avec de la glace ni les passer au réfrigérateur. Et laissez les vieux vins rouges se réchauffer progressivement une fois qu'ils sont sortis de la cave.

Le service des vins à l'extérieur, au cours d'un déjeuner pique-nique ou d'un dîner au bord d'une piscine, demande une attention toute particulière. Les vins blancs et les vins de Champagne peuvent être maintenus au frais au moyen d'un seau à glace, d'un seau (ou d'un sac) isotherme individuel. La glacière dans laquelle on placera des blocs réfrigérants reste le moyen de transport idéal pour des vins servis au cours d'un déjeuner sur l'herbe bien préparé ou d'une sortie en bateau. L'été, en montagne, les torrents sont d'excellents réfrigérants pour les bouteilles qu'on aura soin de bien amarrer à l'aide d'une ficelle. Les vins rouges peuvent eux aussi atteindre des températures trop élevées. Un simple linge mouillé placé sur les bouteilles, à l'ombre et dans un courant d'air, pourra suffire à maintenir celles-ci fraîches. □

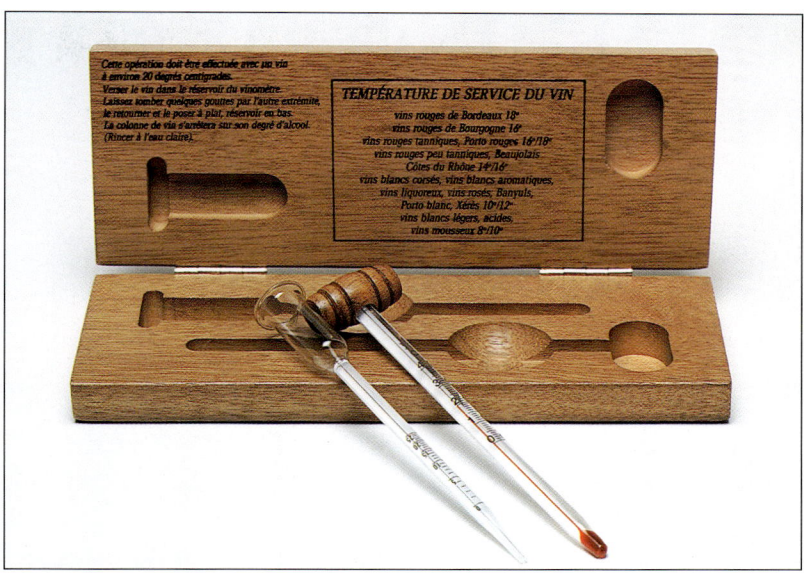

Ce thermomètre et cette pipette permettent de mesurer la température et le degré d'alcool.

## TEMPÉRATURE DE SERVICE

| TYPE DE VINS | EXEMPLES | TEMPÉRATURES |
|---|---|---|
| **Vins pétillants** | | |
| Vins pétillants | Cava, Crémant, Saumur, Sekt, Champagne | 4-7 °C |
| Vins pétillants doux | Champagne demi-sec, Moscato d'Asti | 4-7 °C |
| Cuvées spéciales | Champagne millésimé | 6-8 °C |
| **Vins blancs** | | |
| Blancs doux courants | Anjou blanc, QbA allemand, Loupiac, Muscat | 6-8 °C |
| Blancs secs courants | Muscadet, Sancerre, Sauvignon, Alsace | 6-8 °C |
| Blancs secs plus amples | Bourgogne, Graves, Chardonnay, Rioja | 9-11 °C |
| Demi-secs | Spätlese allemand, Auslese, Riesling | 10-12 °C |
| Blancs liquoreux | Sauternes, Vendanges tardives | 11-13 °C |
| Blancs secs racés | Bourgogne, Graves | 10-12 °C |
| **Vins rosés** | Les rosés courants peuvent être servis très frais | 6-8 °C |
| **Vins rouges** | | |
| Rouges jeunes et frais | Loire, Beaujolais, Côtes-du-Rhône | 10-12 °C |
| Rouges courants | Bordeaux et Bourgognes | 14-15 °C |
| Vins rouges de Pinot Noir | Bourgognes | 16-17 °C |
| Grands crus | Crus classés de Bordeaux, Côtes-Rôties | 17-18 °C |
| **Vins mutés** | | |
| Secs | Xérès Fino | 9-11 °C |
| Demi-secs | Xérès Amontillado, Madère Sercial, | 10-12 °C |
| | Xérès Oloroso doux, | 15-16 °C |
| | Madères Bual et Malmsey | |
| | Portos Tawny et Ruby | |
| | Le Tawny peut être rafraîchi en été à 8-10 °C environ | 15-16 °C |
| | Porto millésimé (Vintage) | 16-18 °C |
| | Vins Doux Naturels | 8-10 °C |

# L'OUVERTURE DU VIN

Le premier tire-bouchon, inventé il y a trois cents ans environ, aurait été inspiré de l'instrument en spirale qui servait à extraire les balles des fusils. Son usage devint courant au XVIIIᵉ siècle, lorsque l'on prit l'habitude d'obturer les bouteilles avec un bouchon. Presque toutes les bouteilles de vin en possèdent un, sauf le vin ordinaire, parfois fermé avec une simple capsule de plastique. Le bouchon de liège est considéré comme le meilleur de tous, bien qu'il soit plus coûteux et plus fragile que les matières synthétiques.

### Le bouchon

Le liège provient de l'écorce du chêne-liège, arbre qui pousse dans l'ouest du bassin méditerranéen et au Portugal. Le liège a la vertu d'être compressible et étanche, ce qui lui permet de bien s'adapter au goulot, qu'il obture parfaitement. D'une grande longévité, il n'est pas affecté par les changements de température mais peut être abîmé par la sécheresse, lorsque la bouteille est restée debout plutôt que couchée, et par certaines bactéries ou par des insectes nuisibles. Pour pallier ce dernier inconvénient, les bouchons sont stérilisés, mais il arrive parfois que des moisissures s'y développent et affectent le vin – d'où l'origine de l'expression «bouchonné» pour désigner le goût désagréable transmis au vin. (Le fait que quelques fragments de liège flottent à la surface du vin ne signifie pas nécessairement que celui-ci est «bouchonné».)

### L'ouverture de la bouteille

Les gestes à accomplir sont illustrés ci-contre. Au moment de l'ouverture, la bouteille doit être à la température adéquate, après être restée quelque temps au repos. Un vieux millésime, surtout s'il présente un dépôt, doit être décanté (voir p. 74).

On retire d'abord la capsule, qui est en plomb pour les vieux vins, ou, pour les vins plus récents, en alliage d'alu-

Il faut maintenir la bouteille fermement afin d'extraire le bouchon.

minium. Les très vieilles bouteilles ont parfois des capsules en cire qu'il faut briser (les tire-bouchons étaient jadis munis d'un petit marteau et d'une brosse). La capsule se coupe à l'aide d'un couteau. En général, on la retire complètement, surtout si elle est en plomb. Une fois la capsule ôtée, nettoyez le col et le bord du goulot avec un chiffon ou du papier absorbant. S'il y a un peu de moisissure sur le dessus du bouchon, il suffit de l'essuyer. Cela indique simplement que le vin a été stocké dans une cave humide. □

## LES TYPES DE BOUCHON

Il existe plusieurs types de bouchon, adaptés aux différents vins. D'une largeur standard de 24 mm, ils sont comprimés par une machine qui les introduit dans un goulot de 18,5 mm. Les bouchons de Champagne sont plus larges, 31 mm environ, et sont davantage compressés, car ils doivent résister à la pression du gaz carbonique.

**Bouchons longs** : les grands châteaux utilisent des bouchons de très grande qualité pour protéger leurs vins destinés à vieillir plusieurs dizaines d'années ; les vins des réserves privées des grands châteaux sont rebouchés tous les 25 ans.
**Bouchons courts** : ils sont utilisés pour les vins d'une durée de vie moins longue.
**Bouchons en aggloméré** : faits de

fragments de liège amalgamés, ils servent pour les vins courants et une partie des bouchons de Champagne (voir ci-après).
**Les bouchons de Champagne** : ils se composent d'une longue partie en liège aggloméré, sur laquelle sont contrecollées deux rondelles de liège non aggloméré. Seule cette partie inférieure entre en contact avec le Champagne. À l'origine, ces bouchons sont identiques aux autres bouchons : leur forme de champignon vient du fait que seule leur base est compressée, puisqu'ils ne sont pas introduits en totalité dans le goulot. Ils sont maintenus en place par un muselet et une capsule métallique.
**Les bouchons marqués** : tous les bouchons de Champagne doivent être marqués du mot «Champagne» et la plupart portent aussi le nom de la marque.

# OUVRIR UNE BOUTEILLE

La difficulté pour ouvrir une bouteille dépend du type de tire-bouchon dont on dispose, mais les phases de préparation (de 1 à 3) sont toujours les mêmes. Certains sommeliers ne coupent qu'une partie de la capsule (comme le montre la photo), d'autres préfèrent l'enlever complètement. Une fois le bouchon extirpé du goulot, pressez-le bouchon pour vérifier son élasticité : plus il est vieux, plus il est ferme. Puis, sentez-le : il doit avoir des odeurs de vin.

**1 Découpez la capsule** sous le goulot pour pouvoir en retirer la partie supérieure.

**2 À l'aide du couteau, retirez** la partie supérieure de la capsule. Cela permet d'éviter tout contact du vin avec le métal, car certaines capsules de vieux vins sont en plomb.

**3 Essuyez le goulot** de la bouteille ainsi que le dessus du bouchon avec un linge propre. La présence de suintements ou de moisissures n'a rien d'alarmant, elle prouve que le vin a été stocké en cave.

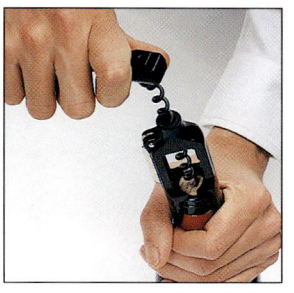

**4 Faites pénétrer la spirale du tire-bouchon** au centre du bouchon et enfoncez-la bien droit, jusqu'au bout du bouchon. Mais prenez soin de ne pas le transpercer de part en part.

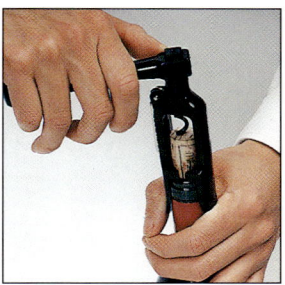

**5 Extrayez doucement le bouchon** du goulot de la bouteille. La vis du tire-bouchon photographiée ci-dessus est une vis sans fin, ce qui permet d'extraire le bouchon en continu, dans un même mouvement.

# LES TIRE-BOUCHONS

Cet objet, qui existe depuis environ trois siècles, a donné lieu à des créations aussi ingénieuses qu'artistiques. Aussi en trouve-t-on de tous types, mais beaucoup sont mauvais. Toute personne susceptible d'ouvrir plus d'une bouteille par an se doit de posséder un tire-bouchon de bonne qualité, dont le choix répondra à deux critères.

Tout d'abord, la partie qui pénètre dans le bouchon doit avoir la forme adéquate, c'est-à-dire en spirale plutôt qu'en foret ou en vrille, sous peine de faire un trou dans le bouchon sans l'agripper et, au moment de l'extraction, d'effriter le liège ou de casser le bouchon. Seule une spirale suffisamment large (voir ci-contre) et bien pointue aura une bonne prise sur le bouchon.

Il convient ensuite d'étudier le mécanisme de traction. Les modèles les plus simples, à poignée en forme de T, sollicitent trop les muscles du bras et de l'épaule : un bouchon très serré risquera de vous résister.

Choisissez plutôt un tire-bouchon muni d'un système de levier, qui se bloque contre le goulot de la bouteille. Le plus courant, le «couteau-sommelier», possède un bras qui vient s'appuyer sur le goulot et un petit couteau pour couper la capsule. Efficace lorsque l'on sait s'en servir, ce type de tire-bouchon doit cependant avoir une vis suffisamment longue et une spirale bien large.

Le tire-bouchon «papillon» possède deux bras et un mécanisme d'engrenage monté sur la tige, permettant de faire levier sur le bouchon. Ce principe est excellent, à condition que la spirale soit bien étudiée, ce qui n'est pas toujours le cas.

Les tire-bouchons dotés d'un mécanisme de contre-vis ou à double action sont les plus pratiques. L'un des plus courants est le modèle en buis à deux poignées : la première fait pénétrer la vis dans le bouchon, la seconde fait

Utilisation du couteau-sommelier.

tourner l'ensemble afin d'extraire le bouchon. Conçu pour être posé sur le goulot, il est facile de le centrer et de tourner les poignées simultanément.

## LES BOUCHONS RÉCALCITRANTS

Certains bouchons résistent avec entêtement ; voici quelques solutions.

**Le bouchon colle.** Chauffez le goulot de la bouteille en le passant sous l'eau chaude, afin de mouiller et de faire gonfler le verre, pas le bouchon. Ou vissez le tire-bouchon en le tenant légèrement incliné.
**Le bouchon s'est cassé.** Vissez le tire-bouchon avec précaution, en le tenant incliné, dans le morceau restant du bouchon. Si cela ne marche pas, poussez le bouchon dans la bouteille. En versant le premier verre, tenez le bouchon éloigné du goulot avec le tire-bouchon ; il flottera ensuite à la surface du vin.
**Des morceaux de liège sont tombés dans le vin.** Cela, en fait, n'a pas beaucoup d'importance, sauf s'il y en a trop, auquel cas vous pouvez décanter le vin (voir p. 75) dans une bouteille propre, une carafe ou un pichet.

Des versions en métal de ce type de tire-bouchon étaient courantes au XIXe siècle et l'on peut encore s'en procurer des reproductions. La poignée de certains modèles est directement montée sur l'engrenage.

D'invention plus récente, le «Screwpull®» est extrêmement efficace et facile à utiliser. On pose le corps en plastique sur le goulot, on visse la longue spirale dans le bouchon puis on continue à visser dans le même sens jusqu'à ce que le bouchon sorte du goulot. Le Screwpull® présente par ailleurs l'avantage de bien centrer la vis. Il a été conçu par un ingénieur pétrolier américain, Herbert Allen, qui s'est inspiré du principe du forage. La version « luxe » de ce modèle possède un levier permettant d'extraire le bouchon sans effort.

Enfin, il est vivement déconseillé d'utiliser les appareils à air ou à gaz : non seulement la pression de gaz peut abîmer le vin, mais si la bouteille a un défaut de fabrication, elle risque d'éclater ou d'exploser au moment où vous l'ouvrirez.                □

# UN CHOIX DE TIRE-BOUCHONS

La gamme des tire-bouchons peut varier d'un vieil appareil qui date du XIXᵉ jusqu'au perfectionnement d'un Screwpull® moderne. Les tire-bouchons ordinaires peuvent être récalcitrants, on leur préfère ceux qui demandent moins d'effort musculaire et permettent d'ouvrir le vin avec élégance.

Couteau-sommelier

Tire-bouchon papillon

Tire-bouchon ordinaire

Tire-bouchon du XIXᵉ siècle

Reproduction d'un tire-bouchon

Screwpull® continu

Screwpull® à ressort

Screwpull® ordinaire

Tire-bouchon à contre-vis

# L'OUVERTURE DES VINS PÉTILLANTS

Si les vins pétillants et le Champagne ne nécessitent pas l'utilisation d'un tire-bouchon, en revanche, il est important de savoir les ouvrir. Le vin étant sous pression, une ouverture maladroite de la bouteille risque de faire sauter violemment le bouchon et de laisser échapper beaucoup de mousse, gâchis inutile réservé à l'arrivée des courses automobiles. Sans compter les dégâts que le bouchon peut occasionner sur sa trajectoire. La première précaution à prendre consistera donc à éviter de diriger la bouteille vers une personne ou une fenêtre. Ensuite, il faudra maintenir sa main sur le bouchon, ce qui n'est pas très pratique pour défaire le muselet (le fil de fer torsadé qui entoure le col de la bouteille et bloque le bouchon) mais indispensable.

### Rafraîchir le Champagne

Sachez aussi qu'un Champagne tiède est non seulement peu agréable à boire, mais également dangereux : son bouchon risque plus de sauter que celui d'une bouteille bien fraîche.

Il faut donc commencer par rafraîchir le vin en prenant soin de ne pas remuer la bouteille afin de ne pas augmenter la pression du gaz. Sa température doit se situer entre 6 et 9 °C ; un Champagne servi plus froid perd toute sa saveur. On évitera par ailleurs de laisser une bouteille trop longtemps au réfrigérateur. Il est préférable, à la sortie de la cave, de la faire rafraîchir quelque temps dans un seau contenant un mélange d'eau et de glace ; toute tentative de refroidissement accéléré (adjonction de sel sur la glace, passage au congélateur) ne peut qu'être préjudiciable au vin.

### Ouvrir le Champagne

Sortez la bouteille du seau à l'aide d'un linge propre, essuyez-la et ôtez la coiffe métallique afin de dénuder le muselet. Détordez doucement les extrémités torsadées du fil de fer tout en gardant le muselet bloqué contre le rebord du gou-

L'art de déboucher un Champagne.

lot et en maintenant le bouchon avec le pouce. Une fois le fil de fer défait, continuez à tenir le bouchon pendant que vous détachez le muselet et la capsule.

Le secret de l'ouverture consiste à bien maintenir le bouchon d'une main et, de l'autre, à faire tourner doucement la bouteille, légèrement inclinée. Vous faites ainsi levier sur le bouchon, qui sera plus facile à retirer que si vous le tournez en maintenant la bouteille

## OUVRIR UN PORTO MILLÉSIMÉ

Parce qu'il vieillit longtemps en bouteille, le Porto millésimé peut être difficile à déboucher : un vieux bouchon est souvent friable. La solution consiste généralement à utiliser une longue pince à Porto, dont les branches s'adaptent au goulot. Les extrémités sont préalablement rougies au feu, puis serrées sur le col de la bouteille. Au bout d'une minute, on applique un chiffon humide et le col se casse net à la base du bouchon. Cette méthode est délicate et requiert de l'expérience.

immobile. Par ailleurs, cela réduit le risque de le casser. Si cela se produit, percez le bouchon à l'aide d'une aiguille ou d'un objet pointu afin qu'un peu de gaz s'échappe, puis servez-vous – avec précaution – d'un tire-bouchon. Le vin sera moins pétillant, mais l'ouverture de la bouteille plus sûre.

Lorsque vous tournez la bouteille, vous sentez le bouchon monter, poussé par la pression du gaz carbonique. À l'aide de votre pouce, aidez-le tout doucement à sortir. L'élégance suprême est de retenir le bouchon au dernier moment afin de ne laisser échapper qu'un « soupir d'aise ».

Pensez enfin à avoir un verre à portée de la main pour le remplir aussitôt si le vin commence à s'écouler. Pour que la mousse soit plus persistante et le vin plus frais, vous pouvez rafraîchir les verres à l'avance sur de la glace.

### Les pinces et les étoiles

Si vous devez ouvrir plusieurs bouteilles de Champagne d'affilée, vous trouverez plus pratique de vous servir de pinces ou d'une «étoile» à Champagne. Les pinces agrippent l'extrémité large du bouchon et font levier. L'étoile s'adapte aux rainures du bouchon laissées par le muselet. Que vous vous serviez de l'un ou de l'autre, n'oubliez pas de retenir le bouchon avec les doigts pour éviter qu'il ne saute brutalement.

### Les bouchons spéciaux

Des bouchons spéciaux se fixent sur le goulot pour que le vin d'une bouteille entamée reste pétillant. Les meilleurs sont efficaces pendant plusieurs jours. Utilisez également ce principe si vous ouvrez plusieurs bouteilles d'avance : le vin ainsi se conservera parfaitement.

Dernier conseil : évitez si possible de boire une bouteille de Champagne le jour même de son achat. Mieux vaut la laisser reposer quelques jours – jusqu'à dix jours après un long transport en voiture. ☐

# OUVRIR UNE BOUTEILLE DE CHAMPAGNE

Le champagne ainsi que tous les vins mousseux doivent se servir frais. Ils sont ainsi plus agréables au goût et moins dangereux à ouvrir, car la pression est moindre. Essuyez soigneusement la bouteille lorsque vous la sortez du seau à glace. Pour éviter tout incident au moment de l'ouverture, ne secouez pas la bouteille et ne la dirigez jamais vers une personne.

**1 Ôtez la coiffe** afin de dénuder le muselet et le bouchon, soit à l'aide d'un couteau-sommelier soit avec une lame ordinaire.

**2 Détordez doucement** le muselet en fil de fer, après avoir enlevé la coiffe. Maintenez votre pouce sur le bouchon.

**3 Retirez le muselet et la capsule** tout en maintenant fermement le bouchon de l'autre main.

**4 Tenez le bouchon** d'une main et la bouteille de l'autre. Faites doucement tourner la bouteille (et non le bouchon). Surveillez la direction dans laquelle vous orientez la bouteille.

**5 Poussez le bouchon** avec précaution à l'aide du pouce et des doigts quand il commence à monter dans le goulot. Ayez toujours une flûte à proximité pour verser rapidement le Champagne si nécessaire.

# LA DÉCANTATION

La plupart des vins peuvent parfaitement être servis directement de la bouteille, mais certains gagnent à être transvasés dans une carafe ou un pichet. La décantation peut améliorer le vin de deux façons : elle le débarrasse d'éventuels morceaux de bouchon ou de dépôt et lui permet de s'oxygéner, ce qui peut accélérer sa maturation. Dans tous les cas, un vin présentant un dépôt doit être décanté. Les différentes techniques sont illustrées ci-contre.

## Pour ou contre la décantation ?

Lorsqu'un vin présente un dépôt, il faut indiscutablement le décanter, seule la méthode se discute. Quant aux autres vins, cela dépend de leur âge et du temps qu'ils passeront en carafe.

Les adeptes de la décantation affirment qu'en une heure, voire plusieurs heures, un vin jeune décanté devient plus moelleux, plus rond et généralement plus agréable au goût. Mais il est vrai que s'il reste trop longtemps en carafe, il risque de perdre de sa fraîcheur et de sa vitalité. La décantation peut vivifier les vieux millésimes mais également les durcir et leur faire perdre quelques-uns de leurs précieux arômes.

On s'accorde généralement à dire que la décantation apporte au vin une aération bénéfique. Même les blancs, surtout à maturité, y gagnent. L'air libère les arômes du vin. Reste à savoir quand décanter : juste avant de servir ou plus tôt ?

Ne décantez pas un vin trop à l'avance : ceux qui ont atteint, voire dépassé, leur maturité, s'affadiront rapidement en carafe. Le vin continuera à s'aérer en passant de la carafe au verre, et encore davantage si on le fait doucement tourner dans le verre.

L'autre argument en faveur de la décantation est qu'elle permet aux vins qui n'ont pas encore atteint leur apogée de « vieillir » rapidement, en reproduisant les effets du vieillissement en bouteille. Ce point de vue est cependant controversé : la réaction chimique

en cause est complexe et encore imparfaitement comprise.

## Comment décanter ?

Le poids de la tradition fait oublier à quel point l'opération est simple. Il suffit d'une main qui ne tremble pas et d'une bonne lumière. Travaillez de préférence sur une surface claire : vous verrez mieux le vin passer par le col de la bouteille. Assurez-vous que la carafe soit bien propre. L'idéal est de rincer la carafe avec du vin avant de l'utiliser. On la débarrasse ainsi de tout résidu chimique provenant de l'eau du robinet ainsi que de toute odeur de renfermé. Si vous utilisez un entonnoir et un filtre en tissu, lavez-les aussi au préalable.

On peut transvaser le vin dans une carafe, une cruche ou un pichet, mais il faut tenir compte de la forme du récipient et de sa taille afin d'assurer, après

décantation, plus ou moins de surface de vin en contact avec l'air. En effet, outre le choc de l'oxygénation d'un vin qui a toujours été en milieu réducteur, il se produit dans les heures qui suivent une évolution des arômes plus ou moins rapide en fonction de l'exposition du vin à l'air. Ainsi, pour des vins jeunes d'une grande extraction, on préférera une carafe plate dont la base est très évasée pour favoriser les échanges entre le vin et l'air, tandis que pour les vins vieux et fatigués, il sera prudent de choisir une carafe qui ne laisse que très peu d'air en surface du vin, en s'assurant de bien la remplir et de replacer le bouchon après l'opération.

La décantation est une pratique si controversée qu'il est amusant d'offrir le choix à ses convives entre une bouteille décantée, et une seconde bouteille du même vin tout juste ouverte. Un jeu qui vous assurera un dîner animé. □

## QUELS VINS DÉCANTER ?

■ Les vins rouges énumérés ci-après ont tendance à présenter un dépôt ; mieux vaut les décanter.
**Bordeaux** : Les crus classés et les meilleurs crus bourgeois.
**Bourgogne** : Les premiers crus et grands crus.
**Côtes-du-Rhône** : Hermitage et autres vins du nord de la région, ainsi que les Châteauneuf-du-Pape.
**Autres vins français** : Les meilleurs vins de Provence, le Madiran.
**Vins italiens** : Barolo, grands *vini da tavola* tels que le Sassicaia.
**Espagne** : Vega Sicilia et les meilleurs Penedès. Quelques Riojas présentent un dépôt.
**Portugal** : Les Portos Vintage et Crusted. Les Portos Late-Bottled et Tawny n'ont pas besoin d'être décantés.
**Nouveau Monde** : Les Cabernets-Sauvignons et les Shiraz de Californie, d'Australie et du Chili.

■ Les rouges plus jeunes tireront généralement profit de l'aération apportée par la décantation.

**Bordeaux** : Les petits châteaux de Bordeaux d'un bon millésime.
**Bourgogne** : Les crus de Beaujolais et les appellations villages de la Côte d'Or.
**Côtes-du-Rhône** : Tous les vins rouges.
**Autres vins français** : Le Cahors, les Côtes de Bordeaux et tous les vins vinifiés de façon traditionnelle qui font l'objet d'une grande concentration.

■ Certains blancs s'améliorent si on les décante juste avant de servir.
Les vieux blancs de la Loire, les Graves blancs à maturité, les vins d'Alsace de vendanges tardives, les grands vins du Rhin et de la Moselle, les bons Riojas blancs vieillis en fûts de chêne.

■ Certains vins ne gagnent pas à être décantés.
Les très vieux Bordeaux et Bourgognes rouges (mettre les bouteilles debout de 24 à 48 heures avant de les servir afin que le dépôt tombe au fond), les vins blancs à maturité sauf ceux cités ci-dessus, les blancs jeunes, les vins de Champagne et autres mousseux.

# LES ÉTAPES DE DÉCANTATION

La décantation des jeunes vins est simple. Son but est d'aérer le vin, de le laisser s'assouplir tout en réveillant son parfum. On décante les vieux millésimes pour les débarrasser de leur dépôt.

Pour un vin jeune, il suffit d'ouvrir la bouteille et d'en verser le contenu dans une carafe propre, en utilisant au besoin un entonnoir (voir ci-contre). Vous pouvez verser assez vite : si le vin éclabousse les bords de la carafe, il ne s'en aérera que davantage. Laissez-le reposer au moins une heure avant de le boire, sans boucher la carafe, dans la pièce où il sera servi. Cela lui permettra d'atteindre progressivement la température ambiante. Un vin vieux se décante juste avant d'être servi et l'on doit reboucher la carafe. Attention de ne pas remuer les vieux millésimes avant de les décanter. Si possible, mettez la bouteille debout quelques jours avant de la servir pour que le dépôt s'accumule au fond. Si la bouteille est restée couchée, le dépôt se trouvera sur le côté ; dans ce cas, montez-la de la cave dans un panier-verseur.

**2. Allumez la bougie** ou la lampe et placez-la derrière la bouteille. Soulevez très doucement la bouteille pour ne pas remuer le dépôt et versez lentement le vin dans l'entonnoir.

**1. Débouchez doucement la bouteille,** après avoir ôté la capsule, en la laissant dans le panier. Essuyez le goulot avec un chiffon propre.

**3. Continuez à verser** de façon régulière sans laisser le vin refluer dans la bouteille. La lumière éclaire l'épaule de la bouteille au niveau du col : lorsque la bouteille est presque vide, surveillez le vin de très près. En observant attentivement le goulot éclairé par-derrière, vous pourrez suivre la progression du dépôt sombre et opaque. Le plus souvent, il forme une masse visqueuse.

**4. Arrêtez de verser** lorsque le dépôt arrive au goulot. Le vin doit être clair et brillant dans la carafe et le dépôt doit rester dans la bouteille. Le filtre de cet entonnoir de décantation en argent sert à retenir le sédiment épais et pailleté des Portos Vintage. La plupart des vins ont un dépôt plus fin.

# LES CARAFES

Diverses carafes, de tailles différentes, dont une reproduction du XVIIIe (à gauche).

On peut prendre beaucoup de plaisir à choisir les accessoires du vin, tels que les tire-bouchons et les carafes. Aujourd'hui, on trouve dans le commerce de nombreuses répliques de carafes anciennes, comme celles présentées sur la photo ci-dessus.

## Les carafes

Les carafes étant plus résistantes que les verres, il est encore possible d'acquérir de fort belles œuvres anciennes. Celles du XVIIIe siècle, et leurs reproductions, rencontrent un grand succès auprès des connaisseurs parce qu'elles sont idéales pour le bon vin. Autrefois d'un simple usage pratique pour le service des vins, de la cave où le vin était tiré, jusqu'à la table où il était servi, les carafes sont devenues de véritables objets d'art. Certaines comportent un renflement au niveau du goulot afin de permettre de les boucher de façon étanche, d'autres ont des formes curieuses afin de favoriser un rafraîchissement plus efficace dans un seau à glace, certaines sont évasées à la base, d'autres très élancées. Toutes les formes et toutes les contenances coexistaient au XVIIIe siècle, à tel point qu'elles sont copiées en reproduction contemporaine. L'histoire des carafes se confond avec les modes de consommation et les styles en vogue. Les carafes en cristal travaillé ou coloré sont aujourd'hui moins à la mode que celles plus simples et de lignes plus harmonieuses qui existaient déjà il y a deux cents ans. Outre son élégance, sa contenance et ses qualités, on recherchera dans une carafe l'aisance d'un bon maintien, surtout pour les carafes à magnum, assez lourdes lorsqu'elles sont pleines, qu'il est impératif de bien tenir en main. Une carafe doit être en verre transparent, afin que l'on puisse apprécier la couleur du vin, suffisamment grande (à quoi sert une carafe de 65 cl pour une bouteille de 75 cl ?) et facile à nettoyer.

La plupart des amateurs de vin préfèrent les carafes transparentes et lisses, et gardent celles en cristal taillé ou décoré pour les alcools ou le whisky. Le col doit être assez large pour faciliter la décantation et le bouchon doit être bien adapté. Bien des carafes anciennes ont perdu leur bouchon, mais on peut facilement s'en procurer chez les antiquaires, à condition qu'il s'adapte bien au goulot. À défaut, on peut se servir d'un bouchon de Champagne : c'est moins élégant mais tout aussi efficace.

La contenance d'une carafe correspond soit à une bouteille, soit à un magnum. Ce second type de carafe est plus pratique car, même si on n'ouvre pas tous les jours un magnum, celui-ci est généralement réservé à un vin de grande qualité qu'il faut décanter. Évitez de verser deux bouteilles du même vin dans une carafe à magnum, à moins de les avoir goûtées au préalable. En effet, on peut trouver des différences entre deux bouteilles d'un même vin (comme disent les Bordelais «il n'y a pas de grands vins, il n'y a que de grandes bouteilles»). L'une pouvant même être bouchonnée ou passée, si vous la mélangez avec l'autre, vous aurez perdu deux bouteilles au lieu d'une.

## Les pichets

Les vins jeunes gagnent parfois à être décantés et un pichet ou une carafe sans bouchon leur conviendra mieux. On peut également utiliser un récipient un peu rustique, en verre coloré ou décoré. Prenez une carafe ou un pichet d'un litre pour une bouteille normale, afin de pouvoir y verser le vin sans ménagement, pour bien l'aérer. Vous pouvez également utiliser une carafe ou un pichet pour servir un vin de consommation courante ou un vin de pays livré en cubitainer.

# L'ENTRETIEN DES CARAFES ET DES VERRES

Nombreuses sont les dégustations gâchées par des verres sales. La saleté n'est pas nécessairement visible: les détergents (ou les produits de rinçage) peuvent laisser un film indiscernable, à l'œil ou au nez, quand le verre est vide, mais pouvant réagir au contact du vin (ou de l'eau) et lui donner un mauvais goût. C'est un problème courant dans les hôtels et les restaurants qui utilisent des lave-vaisselle, et c'est arrivé plus d'une fois (à la plus grande consternation du sommelier et du maître de maison) dans de grands châteaux du Bordelais.

Les verres accrochent et retiennent les odeurs : elles peuvent provenir du lavage, du séchage ou du placard, mais toutes sont faciles à éviter.

Mieux vaut ne pas passer les verres à vin au lave-vaisselle. On les lavera à la main dans une grande quantité d'eau chaude, avec, si nécessaire, un peu de liquide à vaisselle doux. Mais, en temps normal, l'eau chaude pure suffit, surtout si les verres sont lavés tout de suite après usage. Ils doivent ensuite être abondamment rincés à l'eau chaude, que l'on changera régulièrement. Pendant qu'ils sont encore chauds et humides, il faut les essuyer et les faire briller avec un torchon de coton ou de lin, qui a lui-même été bien rincé après lavage, sous peine de leur transmettre une odeur de détergent ou d'assouplisseur. Évitez les torchons neufs qui risquent de laisser des fils ou des peluches sur les verres.

## Le rangement des verres

Les verres neufs auront l'odeur et le goût du carton d'emballage tant qu'ils n'auront pas été lavés ; c'est pourquoi il ne faut pas les ranger dans leurs cartons. Si vous louez ou empruntez des verres pour une grande réception, vérifiez soigneusement au préalable qu'ils n'ont ni odeur de détergent ni relent de placard.

Carafe au séchage.

Le meilleur endroit pour ranger les verres est un placard fermé situé en dehors de la cuisine, celle-ci étant souvent pleine d'odeurs et de vapeurs. Posez-les debout ou glissez-les par le pied sur des porte-verres. Si vous les posez à l'envers, ils prendront l'odeur de l'étagère. Enfin, pensez à les sortir bien à l'avance pour qu'ils s'aèrent.

## Les carafes

Les carafes doivent être propres et lavées avec le même soin que les verres, avec beaucoup d'eau chaude afin de les rincer le mieux possible. Le séchage de l'intérieur des carafes est un véritable problème. Essuyez la partie externe à l'aide d'un torchon propre comme pour les verres et placez la carafe à l'envers afin de laisser s'écouler l'eau résiduelle. La meilleure façon d'égoutter une carafe reste de la placer sur un pied spécial (voir photo) – un support équipé d'un pied lesté qui assure une bonne stabilité – et de déposer l'ensemble dans un endroit qui dispose d'une bonne aération.

Une attention toute particulière doit être portée à la carafe, qui a tendance à accumuler les mauvaises odeurs et risque d'affecter le vin qui pourra y être versé. Il n'est pas toujours bon de la garder vide et close trop longtemps et, dans tous les cas, il faut la rincer abondamment à l'eau chaude avant tout nouvel usage.

Avec le temps, les carafes se patinent. On peut utiliser alors du gros sel et du vinaigre afin de les décaper ou bien un produit comme celui qui sert au nettoyage des dentiers, en ayant soin de bien la rincer après l'opération.

## Les bouchons de carafe

Les bouchons des carafes se perdent, et rares sont les vieilles carafes héritées des générations des siècles passés qui disposent encore de leur bouchon. Il faut savoir que le bouchon n'est pas un élément essentiel et que son absence n'est pas préjudiciable au vin qui vient d'être décanté, sauf peut-être dans le cas de vins comme des Portos millésimés qui peuvent se garder quelques jours. La majorité des vins transvasés ont une durée de vie relativement courte après décantation. Ils tombent assez vite et s'oxydent. Mais il est souvent intéressant de garder quelques vins jeunes pendant plusieurs jours en carafe, ce qui donne une indication sur leur tenue, donc sur leur longévité. Dans ce cas-là, l'utilisation d'un bouchon de verre ou de liège s'impose. □

# LES VERRES

Le goût du vin est différent, et meilleur, lorsqu'on le boit dans le verre approprié. Cette observation, toute curieuse et excessive qu'elle puisse paraître, a cependant été prouvée lors de dégustations comparatives.

Les éléments à prendre en compte dans le choix du verre sont, dans l'ordre d'importance, sa forme, sa taille et son matériau. À cela vient s'ajouter la tradition : presque chaque région vinicole possède son type de verre, parfois de couleur, qu'elle considère comme idéal pour déguster ses vins.

### La forme

Un verre à vin doit, tout d'abord, être convexe, en forme de tulipe fermée. Son bord doit s'incurver vers l'intérieur, afin de capter les arômes du vin et les canaliser vers le nez. Un verre dont le «ventre» est peu profond offrira une trop grande surface de vin à l'air et ne pourra retenir les arômes. La moitié du plaisir de la dégustation en sera gâchée.

Il faut ensuite que sa tige soit suffisamment longue pour que l'on puisse le tenir sans que les doigts ne touchent la coupe. Un verre de vin blanc frais se réchauffe trop rapidement au contact de la main.

### La taille

Il doit être assez grand pour que l'on puisse y verser du vin en quantité suffisante sans pour autant le remplir plus qu'au quart ou au tiers. Si le verre est trop petit ou trop plein, on ne pourra faire tourner le vin pour libérer ses arômes et on ne pourra le pencher pour l'observer (voir p. 83).

La quantité de vin normalement servie est d'environ 9 cl (le huitième d'une bouteille) ; la contenance idéale d'un verre est de 28 cl au moins. Dans certains restaurants, on en trouve de bien plus grands : évitez-les, chez vous, pour vous épargner la désagréable impression d'avoir juste une goutte de vin au fond

La gamme des verres Riedel (Vinum et sommelier) fut développée après des années de recherche. De gauche à droite, les verres Vinum Bordeaux rouge, Bourgogne rouge, vin blanc, Champagne et vins d'Alsace.

de votre verre. Ces verres ont du reste un but spécial : leur large surface aide à faire volatiliser les arômes d'un vin jeune, mais il ne faut pas les utiliser pour des vins vieux et délicats. En revanche, un grand verre, d'une capacité de 35 cl, est nécessaire pour les meilleurs vins rouges servis à leur apogée.

Le service du Champagne dans des flûtes est l'exception qui confirme la règle. De forme allongée, la flûte est remplie aux trois quarts afin de permettre d'observer la montée des bulles et d'apprécier la qualité et la couleur du vin.

### Le matériau

Il doit être transparent, lisse, sans facettes. Les lourds verres en cristal taillé ou dorés à l'or fin sont, certes, agréables à regarder mais nuisent à l'appréciation du vin et au plaisir de la dégustation. Les verres de couleur empêchent d'admirer la robe du vin. Le matériau idéal est le cristal le

plus fin. Le cristal donne une clarté optimale et sa finesse permet de voir sans aucune déformation ce que vous avez dans votre verre.

Ces explications paraissent simples, mais comment expliquer scientifiquement pourquoi il est plus agréable de goûter un vin dans du cristal fin que dans un verre ordinaire ? Des dégustations comparatives ont convaincu les experts que la finesse du verre contribue au plaisir gustatif. Néanmoins, le matériau a moins d'importance que la forme ou la taille et de nombreux amateurs de vin renoncent aux coûteux verres en cristal fin : la peur de les casser finit par gâcher leur plaisir.

Il existe aussi des verres tout spécialement conçus pour la dégustation des vins (comme la gamme des Impitoyables). À l'usage des professionnels, ces verres de haute technicité ont pour qualité essentielle de faire ressortir les défauts du vin. □

# LES DIFFÉRENTS VERRES

Verre à vin blanc, constitué d'un pied long et fin et d'une coupe en forme de tulipe.

Verre à Bordeaux, dont les formes amples permettent aux vins rouges de s'épanouir.

Verre à Bourgogne, facile à tourner et qui permet aux arômes de se dégager facilement.

Verre standard INAO, utilisé lors des séances de dégustation dans les foires internationales.

Verre à Porto ou à Xérès, dont la forme est inspirée de la *copita* à Xérès.

Flûte à Champagne, utilisée également pour le service des autres vins pétillants.

# LE VIN À TABLE

Dans toutes les civilisations depuis celle de la Grèce antique, la tradition a toujours voulu qu'un certain cérémonial accompagne la dégustation du vin : toasts, discours et un ordre de service élaboré s'allient pour prolonger une soirée tout en limitant la consommation. Pour les Occidentaux aujourd'hui, boire du vin est une récréation, une fête, en même temps qu'une façon d'accompagner les mets. La tradition des toasts se maintient, bien qu'on ne porte plus ceux-ci qu'en des occasions spéciales. Il existe dans presque toutes les langues une expression pour lever un verre à un ami : Pröst ! Salut ! Cheers ! Slainte ! À votre santé !

### Le devoir d'hospitalité
Si le cérémonial est devenu moins formel, la survivance de cette coutume reflète l'une des plus vieilles traditions qui soient : celle du devoir sacré de l'hôte envers ses invités.

Cela est également vrai en ce qui concerne la tradition britannique (quelque peu mystérieuse) qui consiste à «faire passer le Porto». Aujourd'hui, boire un bon Porto millésimé à la fin d'un repas n'est plus, heureusement, exclusivement réservé aux hommes, les femmes devant autrefois se retirer dans un boudoir. Mais le Porto est toujours, par tradition et pour des raisons pratiques, servi en carafe et passé dans le sens des aiguilles d'une montre. Le maître de maison remplit de Porto le verre de ses voisins, s'en verse un peu, et fait passer la carafe sur sa gauche. Chaque convive procède ensuite de la même façon.

Pourquoi à gauche ? On vous donnera mille explications, mais la réalité est simple : il est plus aisé de prendre la carafe de la main droite. L'un des buts de cette coutume est d'éviter qu'un invité ne monopolise le Porto, qui sera peut-être le vin le plus prestigieux servi ce soir-là. Il est intéressant de noter que cette manière rituelle de faire passer la carafe, souvent considérée comme démodée, est la dernière survivance d'un très ancien cérémonial d'hospitalité.

### L'ordre de service des vins
La coutume dicte aussi l'ordre dans lequel les vins sont servis, et la place à laquelle ils figurent sur le menu. Cela est expliqué dans le chapitre sur le vin et les mets (voir p. 90). Les conventions sont les suivantes : le blanc avant le rouge, les vins jeunes avant les vieux, les légers avant les capiteux, les secs avant les doux, et les meilleurs et les plus rares à la fin. Au cours d'un repas, les blancs sont servis avec l'entrée, et les rouges ensuite.

Mais il ne faut pas servir un vin aromatique et plein de personnalité tel que le Gewürztraminer, en espérant qu'un délicat Bourgogne pourra être apprécié à sa juste valeur immédiatement après. Des vins jeunes et puissants peuvent affecter des millésimes plus subtils.

Certains vins issus de cépages différents peuvent se faire du tort, même si l'on respecte l'ordre conventionnel. Prêtez attention au caractère du vin, et pensez que les vins d'une même région font souvent bon ménage : un Sancerre suivi d'un Chinon, un Graves blanc suivi d'un Médoc. Il peut également être intéressant de goûter la différence entre des vins de même cépage, mais de régions, voire de continents différents.

Tous ces «principes» semblent dictés par le bon sens. On se rend toutefois rarement compte à quel point ils varient avec le temps, et d'un pays à l'autre.

Il y a seulement soixante ans, une révolution s'opéra dans les menus des collèges d'Oxford et de Cambridge : on commença à servir du vin rouge aux repas. Jusque dans les années 1930, le dîner des membres de Christ's College à Cambridge ne comportait pas moins de neuf plats – tous accompagnés de vin blanc. Après le dîner, les professeurs passaient au Porto et au Bordeaux Premier cru.

Cette habitude était internationale : André Simon, l'écrivain et gastronome d'origine française, fondateur de la Société internationale du vin et de la gastronomie, donna en 1907 un dîner de quatorze plats, dont de l'agneau et du faisan. Il fit servir du Xérès, du vin de Moselle et du Champagne avec le gibier. Puis du Porto à la fin du repas.

En Angleterre, cette tradition remonte à plus d'un siècle, les vins du Rhin et le Champagne étant servis avec le repas, le rouge faisant son apparition au plus tôt au moment du fromage, suivi de Porto et de Bordeaux. Que pensera-t-on de nos conventions actuelles au siècle prochain ?

### La façon traditionnelle de servir le vin
Les restaurants respectent encore une étiquette rarement observée de nos jours chez les particuliers. L'hôte goûte le vin (pour le cas où la bouteille serait défectueuse, et non pour décider si le vin lui plaît), puis celui-ci est servi aux dames, dans le sens des aiguilles d'une montre, en partant de la droite du maître de maison. Vient ensuite le tour des hommes, et finalement celui de l'hôte. Chez lui, ce dernier, qui remplit la plupart du temps le rôle de sommelier pour la soirée, goûte discrètement le vin avant de le servir à ses invités. Le vin peut en effet aussi bien être bouchonné ou abîmé qu'au restaurant. Quand un vin est choisi pour s'accorder avec un plat, il faut faire attention à bien le servir en même temps. Au restaurant il arrive souvent trop tard. Si deux vins sont servis en même temps afin que les convives les comparent, il faut attendre que tous les verres soient remplis du premier avant de passer le second. N'oubliez jamais de mettre une carafe d'eau sur la table. □

# LA DÉGUSTATION

DÉGUSTER UN VIN, C'EST DISTINGUER ET RECONNAÎTRE
SES QUALITÉS ET SES DÉFAUTS AVANT LE PLAISIR DE LE BOIRE
SELON UNE TECHNIQUE ET UN VOCABULAIRE PRÉCIS.

L'apparence et l'odeur du vin représentent d'importants indices concernant sa qualité et son potentiel. L'examen de sa robe et l'inhalation de son arôme, premières étapes de la dégustation, permettent une meilleure appréciation.

Tout au long d'une journée, nos sens sont en éveil, nous regardons, écoutons, touchons, sentons et goûtons. Nos organes sensoriels réagissent aux stimuli olfactifs, auditifs, visuels, tactiles et gustatifs de notre environnement sans que nous en soyons réellement conscients. En revanche, quand nous dégustons, nous essayons sciemment d'analyser et de mémoriser le maximum des sensations que le vin éveille en nous pour accroître notre plaisir et nos connaissances. Contrairement aux préjugés, la pratique de la dégustation est facile. Il s'agit simplement de mettre en mémoire les arômes et les saveurs d'un très grand nombre de vins différents. On apprend facilement à reconnaître les arômes particuliers d'un cépage, le goût des vins de pays chauds par rapport à celui de climats tempérés, un vin jeune d'un vin plus vieux. Ensuite, le processus d'identification fait appel à la mémoire et résulte d'éliminations successives. Apprendre à déguster accroît le plaisir que nous offre le vin et nous permet de choisir nos vins en connaissance de cause. Un dégustateur expérimenté sait juger quand un vin sera prêt à boire et sait faire une sélection avisée de vins jeunes à mettre en cave. La dégustation a aussi pour objectif de révéler les rares défauts des vins. Pour bien déguster, il faut tout d'abord apprendre à utiliser efficacement vos sens, afin de pouvoir interpréter les sensations visuelles, olfactives, tactiles et gustatives qui font partie de l'analyse sensorielle. Ensuite, il est nécessaire de posséder un vocabulaire permettant de décrire ces sensations. Enfin, le dégustateur doit connaître les critères selon lesquels on juge les vins. Les techniques de dégustation sont faciles à maîtriser, mais le vocabulaire, comme toute langue étrangère, demande un effort d'apprentissage. Développer ses connaissances afin de pouvoir tirer des conclusions autres que subjectives est plus long, parce qu'il faut goûter toute une gamme de vins avant de les acquérir. Avec une certaine volonté, la pratique de la dégustation est à la portée de tous. Nous avons tous à la naissance à peu près la même aptitude au discernement des arômes et des saveurs. Même si les sensibilités peuvent varier d'un individu à l'autre, devenir un dégustateur averti est plus une question d'expérience qu'un quelconque don naturel, il suffit tout simplement d'exploiter ses aptitudes.

## L'APPRENTISSAGE

Pour devenir un bon dégustateur, il vous faudra exploiter au maximum vos capacités. Voici quelques suggestions pour développer vos talents :

■ **Déguster un grand nombre de vins différents.** Ils doivent être de qualités mais aussi de styles différents.

■ **Comparer les vins ayant un facteur en commun.** Ce peut être une région, un cépage ou un style de vinification.

■ **Définir une méthode.** Il faut ensuite s'y tenir pour chaque dégustation.

■ **Développer votre vocabulaire.** Il importe de prendre le temps de chercher le mot juste.

■ **Commencer aux côtés d'un dégustateur.** Celui-ci pourra guider vos premiers pas.

■ **Déguster « à l'aveugle ».** Cela permet de mieux percevoir vos sensations sans être influencé par l'étiquette.

### Les étapes de la dégustation

Observez un dégustateur chevronné, et le processus paraît simple : il regarde, flaire, goûte, crache, prend quelques notes et passe au vin suivant. Cette technique s'acquiert, comme tous les indices qui permettent une analyse plus facile. Les illustrations à la page ci-contre montrent les différentes étapes. La première étape de la dégustation consiste à examiner la couleur, puis les odeurs et enfin le goût.

### Les verres

Un verre de dégustation devrait être incolore, sans fantaisie, d'une bonne capacité (entre 20 et 30 cl) et avec une ouverture plus étroite que la partie convexe. Cette forme en « tulipe » maintient et concentre les arômes qui se dégagent du vin. Elle évite également les projections quand on fait tourner le vin dans le verre ou lorsqu'on l'incline pour examiner la couleur du vin. Il existe un verre INAO utilisé par les professionnels.

## L'ASPECT ET LA COULEUR DU VIN

Quoique moins important que l'arôme et le goût du vin, l'examen visuel donne des indices essentiels sur sa concentration et sa maturité.

### L'aspect

Il est important de regarder d'abord le vin sur un fond blanc.

■ **La clarté.** Vérifier que le vin est parfaitement limpide et brillant, ni voilé ni trouble. Si sa robe est terne, il risque d'être également terne en bouche.

■ **La couleur.** Observer la couleur, dans ses nuances et sa densité. La couleur d'un blanc est-elle pâle ou dorée ? Le rouge est-il rubis, rose pâle ou brique ? Une robe de couleur dense, presque opaque, traduit un vin rouge de grande concentration.

■ **Le gaz carbonique.** Produit naturellement au cours de la fermentation, le $CO_2$ est présent dans tous les vins. Cependant, il existe en si faible quantité dans la plupart des vins tranquilles qu'il est rarement perceptible, ni à l'œil, ni en bouche. Mais il arrive que quelques bulles soient visibles sur les parois de verres contenant des vins blancs jeunes. Prenez maintenant votre verre en main. La prochaine étape consiste à examiner attentivement la couleur : voir étape 1.

■ **La couleur du bord du disque.** La partie supérieure du vin dans le verre s'appelle le disque. Le bord de celui-ci révèle le stade d'évolution du vin. Plus le vin est vieux ou prêt à boire, plus le bord du disque est brun ou brique.

■ **Les vins blancs.** Ils prennent de la couleur en cours de vieillissement, évoluant de la robe jaune pâle de leur jeunesse, à la couleur jaune paille, dorée jusqu'à l'ambre.

■ **Les vins rouges.** Ils perdent de leur « rouge » au fur et à mesure du vieillissement. Jeunes, ils ont souvent une robe rouge pourpre ; au cours de leur évolution, ils prennent des teintes rubis et rouge brun puis les nuances acajou des vieux vins.

### La viscosité

Tourner le vin dans le verre, puis l'examiner devant une source lumineuse : voir étapes 2 et 3.

Une petite quantité de vin adhérera au verre avant de former des « larmes » ou « jambes ». Plus le vin est riche et de teneur élevée en alcool, plus les jambes seront marquées, ce qui donne une idée sur la concentration.

## LE NEZ DU VIN

L'odorat est le sens le plus important pour l'appréciation et le plaisir du vin, car une bonne partie de ce que nous « goûtons » est en réalité tout simplement « senti ». Rappelez-vous le peu de « goût » que l'on perçoit dans les boissons ou aliments lorsque l'on a un rhume ou le nez bouché.

Le centre de notre sens olfactif, le bulbe olfactif, se trouve en haut de chaque fosse nasale. Les molécules odorantes (sous forme de gaz) atteignent le bulbe olfactif par deux chemins : le long du nez en remontant les narines, quand nous inspirons, et par la bouche en remontant de la gorge au nez, quand nous expirons.

Il est déconseillé de sentir le bouquet avec trop d'insistance quand on veut décrire ou identifier les odeurs du vin. Au contraire, il vaut mieux flairer le vin avec modération pour éviter l'anesthésie et laisser quelques instants de repos entre chaque inhalation, car le bulbe olfactif se fatigue vite ; c'est-à-dire qu'il s'accoutume rapidement à ce qu'il sent, si bien que l'impression laissée par une odeur diminue avec le temps. De la même façon, il récupère rapidement quand on l'éloigne de l'odeur à laquelle il s'est « adapté ».

### Le « nez »

Dans un sens général, on appelle « nez » l'ensemble des odeurs d'un vin. « Arôme » et « bouquet » sont utilisés également, bien que, sur le plan technique, ils se réfèrent à des caractéristiques différentes.

■ **L'arôme.** Ce mot désigne les odeurs qui proviennent de la transformation des raisins par la fermentation – des odeurs fraîches et fruitées que l'on trouve principalement dans les vins jeunes.

■ **Le bouquet.** Il désigne les odeurs dont le développement est le résultat de l'élevage des vins en barriques de chêne ou de leur vieillissement en bouteilles.

Le nez varie en intensité et en distinction selon l'âge, le cépage (voir p. 40-48), l'origine du vin et sa qualité, mais il doit toujours être net – c'est-à-dire sans odeurs désagréables. « Fermé » et « peu expressif » sont utilisés pour décrire un vin qui ne dégage

# LES ÉTAPES DE LA DÉGUSTATION

L'aspect du vin en dit long. En premier lieu, tenez le verre devant une nappe blanche, un mur blanc ou une feuille de papier blanc posée sur la table. La clarté du vin, sa brillance, la profondeur de sa couleur et ses éventuelles bulles de gaz carbonique s'observent mieux en regardant le vin d'en haut, verre posé sur la table.

**1. Inclinez le verre** en l'éloignant, jusqu'à ce qu'il soit presque horizontal. Cela vous permet d'examiner la couleur, ainsi que la largeur et la nuance du «bord».

**2. Tenez votre verre** par la tige ou par le pied, entre pouce et index, afin de voir clairement le vin. Faites une première tentative au nez avant de faire tourner le vin.

**3. Faites tourner le vin** dans le verre. Pour imprimer un mouvement de rotation, la plupart des droitiers lancent doucement le verre dans le sens inverse de celui des aiguilles d'une montre.

**4. Examinez** les «jambes» ou «larmes» : sont-elles épaisses ou minces; descendent-elles lentement ou rapidement les parois intérieures ? Humez le vin en alternant des inhalations courtes, puis profondes, en douceur, puis insistantes. Concentrez votre attention sur les odeurs et ce qu'elles évoquent pour vous.

**5. Goûtez le vin** en prenant en bouche une gorgée raisonnable; «mâchez-le» dans la bouche pendant quelques secondes, puis pincez les lèvres et aspirez de l'air pour «aérer» le vin.

pas encore beaucoup d'arôme mais pour lequel le dégustateur s'attend à plus d'expression avec l'âge.

### Comment sentir

Flairer le vin avant de le faire tourner dans le verre, puis imprimer un mouvement giratoire et le sentir de nouveau tout de suite après, pendant qu'il s'immobilise : voir étape 4. Il y a généralement une différence marquée entre les deux «coups de nez».

Les vins élaborés avec des cépages nobles possèdent des odeurs caractéristiques : le Cabernet-Sauvignon, par exemple, rappelle à la plupart des dégustateurs le cassis, et le Gewürztraminer, le litchi. Le cépage est le premier élément que l'on peut chercher à identifier au nez. Les odeurs non associées aux raisins proviennent le plus fréquemment du chêne dans lequel les vins ont été élevés : cèdre, vanille et caramel par exemple. Quand les dégustateurs hument un vin, ils alternent des inhalations rapides et profondes, vigoureuses et en douceur.

### Le vocabulaire

Il existe un grand nombre de mots pour traduire les impressions olfactives, mais les non-initiés n'ont pas l'habitude de les employer ou manquent de pratique. Nous sommes obligés de procéder par analogie. Vous entendrez les mots «floral» ou «fruité» – ou même «végétal» – pour décrire un vin. En effet, les arômes du vin sont classées en différents types.

■ **Floral** : rose, violette, acacia, jasmin, fleur d'oranger
■ **Épicé** : poivre, clou de girofle, réglisse, anis, cannelle
■ **Fruité** : citron, pamplemousse, cassis, cerise, prune, pêche, abricot, pomme, melon, ananas, litchi
■ **Végétal** : paille, sous-bois, verdure, herbe, menthe, asperge, olive
■ **Animal** : venaison, musc, fourrure ou laine mouillée, cuir
■ **Boisé** : résine, pin, chêne, cèdre, vanille
■ **Brûlé** : cuit, notes rôties, goudron, pain grillé, café, caramel, fumé
■ **Chimique** : levure, soufre, vernis à ongles, vinaigre, plastique

■ **Minéral** : craie, sol volcanique, terre, huile, essence, pétrole
■ **Autres** : noix, miel, beurre

## LE GOÛT ET LA TEXTURE DU VIN

Avant de déguster, il faut réfléchir à la manière de percevoir les goûts.

### Le palais

La langue distingue les quatre goûts primaires : sucré, acide, amer, salé.
■ **Les vins blancs.** Ils tendent vers des arômes d'agrumes et d'autres fruits : citron, orange, pamplemousse, pêche, poire, abricot, pomme; également melon, groseille à maquereau, litchi.
■ **Les vins rouges.** Ils évoquent plutôt les fruits rouges : cerises rouges et noires, prune, prune de Damas, cassis, groseille, mûre, framboise, fraise.
■ **Les vins rouges et blancs.** Ils peuvent avoir toutes sortes d'arômes minéraux, d'épices, d'herbes et d'autres arômes courants, le pain, la levure, le miel, le caramel, différentes noix.

### Le toucher

D'autres sensations perçues «en bouche» sont tactiles : corps, astringence, température et bulles de gaz carbonique.

■ **Le corps.** Il décrit la sensation tactile d'un vin en bouche, due principalement à sa teneur en alcool mais également à la consistance du liquide et à l'intensité de ses goûts.
■ **L'astringence.** C'est le terme utilisé pour décrire une sensation de sécheresse et de causticité sur les gencives, la langue et le palais, due à l'effet des tanins du vin.
■ **Température.** La bonne température rehausse l'expression d'un vin, alors qu'une température de service trop froide ou trop chaude peut facilement défigurer son bouquet et ses goûts.
■ **L'effervescence du gaz carbonique.** Elle joue un rôle important dans la texture des vins pétillants ; une petite pointe de gaz carbonique est parfois perceptible sur la langue dans les vins tranquilles.
■ **Texture.** L'impression tactile dans son ensemble est un facteur de qualité. On compare souvent la texture d'un vin avec le toucher de tissus et d'autres matériaux : soyeux, satiné, velouté, par exemple.

## LA DÉGUSTATION

Commencez par prendre en bouche l'équivalent d'une gorgée de vin (2-3cl). Veillez à ce que ce soit une petite gorgée et prenez soin de bien

## COMMENT ORGANISER UNE DÉGUSTATION

Les dégustations entre amateurs ou professionnels suivent les mêmes règles.

**Heure :** de préférence avant un repas; 11 heures ou 18 heures.
**Lieu :** sans odeurs parasites (de cuisson, de fumée de tabac, de parfum) ; utiliser un fond blanc simple pour faciliter l'examen visuel. La lumière du jour est idéale; les ampoules normales conviennent mieux que les lampes fluorescentes.
**Décantation :** on décante les vins rouges qui ont un dépôt (voir p. 74-75) pour que le vin soit clair ou simplement pour l'aérer s'il est jeune.
**Présentation :** servir les vins à la température appropriée. Pour les déguster « à l'aveugle », masquer les bouteilles et leur donner un numéro.

**Ordre :** il n'y a pas d'ordre parfait mais, en principe, blanc avant rouge, sec avant doux, léger avant concentré, simple avant complexe.
**Verres :** le verre INAO est l'un des classiques (voir p. 82) ; à défaut, utiliser n'importe quel verre en forme de tulipe. Il faut un verre par personne pour une dégustation debout et un verre pour chaque vin pour une dégustation assise.
**Crachoirs :** des récipients individuels pour les dégustations assises, sinon des récipients communs : boîtes en carton ou caisses à vin tapissées de plastique et remplies à moitié de sciure de bois.
**Biscuits secs :** des morceaux de pain peuvent les remplacer. Eau pour se refaire le palais.
**Notes :** feuilles pour les notes de dégustation; description de chaque vin.

« mâcher » le vin avant d'avaler un peu et de cracher le reste : voir étape 5.

Avec la prochaine gorgée, après avoir mâché le vin, aspirer un peu d'air à travers le vin deux ou trois fois avant d'en avaler un peu. Vous remarquerez que vous réagissez mieux en procédant de cette manière, car vous avez délibérément rendu volatiles ses arômes. Il faut toujours « mâcher » et « aérer » le vin que vous dégustez pendant quelques secondes pour en exprimer le maximum.

### Cracher
Les dégustateurs recrachent simplement pour éviter tout risque d'ivresse et garder l'esprit clair lorsqu'ils doivent analyser plusieurs vins au cours d'une même séance. Il est conseillé à tous de faire de même.

## LES NOTES, COMMENT JUGER LA QUALITÉ
Le fait de prendre des notes astreint à une certaine discipline et la recherche des mots qui permettront de décrire un vin oblige à le déguster attentivement. Les notes deviennent ensuite une base de données utile sur le développement de votre propre palais et l'évolution de vos vins. Les deux sont essentiels pour comprendre le processus de vieillissement des vins et pour les boire au meilleur moment.

### Ce qu'il faut noter
En plus de la description de la robe et du bouquet, une bonne note de dégustation doit inclure une description relativement objective du style général du vin (corpulent ou léger, d'une acidité faible ou vive, avec des arômes simples ou complexes, etc.), de ses goûts et de sa qualité, indépendamment des éléments pris séparément. Cela revient à décrire la taille, la corpulence et la couleur de la peau d'une personne avant de décrire sa personnalité.

### Comment évaluer la qualité
Nous avons appris comment découvrir puis décrire le vin – couleur, nez, corps, tanin, acidité, goûts... –, mais

*Une dégustation professionnelle.*

pas encore comment juger sa qualité.

Les bons vins sont bien équilibrés ; aucun élément du vin ne paraît déficient ou excessif. Il faut se rappeler que les constituants de cet équilibre varieront selon l'origine, le cépage et le millésime. Et il n'existe pas de style «idéal».

En général, la concentration et l'intensité des saveurs sont autant d'éléments positifs, mais qui ne déterminent pas à eux seuls la qualité. Les grands vins offrent, en plus, une complexité qui donne envie de les garder longtemps en bouche.

Enfin, la persistance en finale d'un vin donne une indication fiable de sa qualité : les arômes et les saveurs s'expriment en fond de bouche et durent plusieurs secondes une fois le vin avalé. Les vins de moindre qualité tournent toujours court en finale.

### Conclusion et évaluation
Cette étape doit combiner un avis subjectif (vous aimez ou n'aimez pas ce vin) avec une appréciation plus objective de sa qualité par rapport à son type. Cette dernière deviendra plus facile au fil des dégustations. Vous pouvez également noter si le vin présente un bon rapport qualité/prix, s'il est prêt à être bu, s'il demande à vieillir ou s'il a dépassé son apogée.

### Honnêteté
Soyez honnête dans vos impressions et affirmatifs dans vos conclusions. Si vous ne pouvez pas vous fier à vos notes, elles ne vous aideront pas à progresser. Faites confiance à votre palais, tout au long de votre carrière de dégustateur, mais n'hésitez pas à revenir sur votre jugement ou à revoir vos conclusions.                                    □

## LES PRINCIPAUX DÉFAUTS DU VIN

Grâce à la technologie moderne, les défauts deviennent de plus en plus rares. La plupart se détectent facilement, à l'œil ou au nez.

**■ Vins oxydés et madérisés**
Appelés ainsi parce qu'un contact excessif avec l'oxygène a abîmé leurs qualités gustatives.
**Les vins blancs** paraissent ternes, avec une robe plus sombre que la normale pour leur âge et leur type : couleur paille sans éclat à ambre. Odeur plate et éventée ; goût acidulé. On dit aussi «madérisé».
**Les vins rouges** ont aussi une robe sans éclat, tirant vers le marron pour leur âge et leur type. Nez fade, éventé, avec une odeur et un goût aigre-doux ou évoquant le caramel.

**■ Vins aigres**
Possèdent une odeur de vinaigre due à un excès d'acide acétique, celui du vinaigre. Goût mince et aigre.
**■ Vins soufrés et réduits**
**Le dioxyde de soufre** donne une odeur âcre, piquante, suffocante – semblable à celle d'une allumette que l'on gratte, une sensation de sécheresse et de picotement.
**L'hydrogène sulfuré** introduit une odeur d'œuf pourri, de caoutchouc, d'ail, de végétaux en décomposition, avec les goûts correspondants.
On dit aussi que le vin est «réduit».
**■ Vins bouchonnés**
Une odeur de moisissure, de bouchon pourri domine complètement le bouquet et les saveurs du vin en bouche, qui devient imbuvable.

## LE VOCABULAIRE DE LA DÉGUSTATION

Voici une liste de mots décrivant le vin. Les mots signalés par une étoile (*) correspondent à des défauts, expliqués à la page précédente. Les termes décrivant les principaux composants du vin – acide, alcool, tanin – sont énumérés en *italique* dans chaque rubrique.

**ACIDE/ACIDITÉ :** indique la vivacité et la fraîcheur. Aide également à définir et à prolonger les qualités gustatives. Les qualificatifs (allant de l'insuffisance à l'excès) : *plat, mou, tendre, souple, frais, vif, net, ferme, dur, pointu, vert, acidulé, acide.*

**Agressif :** désagréablement acide, tannique, excès d'alcool.

**Aigre\***

**ALCOOL :** apporte au vin le «poids» qui le caractérise. Descriptifs (allant de l'insuffisance à l'excès) : *aqueux, maigre, léger, de corps moyen, plein, ample, généreux, capiteux, lourd, alcoolique, chaud.*

**Aromatique :** issu de cépages d'un arôme particulier.

**Arôme :** odeurs provenant du raisin et de la vinification.

**Astringence :** sensation de sécheresse due aux tanins.

**Austère :** qualifie la dureté d'un vin aux teneurs élevées en tanins et en acidité, qui a besoin de temps pour vieillir.

**Beurre :** une odeur souvent associée aux vins du cépage Chardonnay, amples et souvent élevés en barriques.

**Boisé :** dont les odeurs (vanille, bois de cèdre, caramel, pain grillé) et parfois la texture sèche sont dues au chêne neuf.

**Botrytis :** voir Pourriture noble.

**Bouchonné\***

**Bouquet :** terme général pour décrire le nez du vin, mais surtout les caractéristiques olfactives dérivées de la vinification, de l'élevage en barriques ou du vieillissement en bouteille.

**Bourgeon de cassis :** un arôme que l'on associe surtout avec le Sauvignon Blanc.

**Cassis :** odeur et goût que l'on associe aux vins issus du cépage Cabernet-Sauvignon.

**Cèdre :** l'odeur de bois de cèdre se trouve parfois dans des vins élevés dans des barriques neuves de chêne de l'Allier.

**Charnu :** donnant une sensation de plénitude, de texture souple (rouges).

**Corps :** impression de poids et de consistance sur le palais.

**Court :** manquant de persistance en finale. Voir aussi Longueur en bouche.

**Creux :** manquant de corps, de saveur, court en bouche.

**Cuit :** comparable aux arômes du thé infusé trop longtemps.

**Desséché :** qualifie les vins mûrs qui perdent leurs qualités gustatives, faisant ainsi exprimer un excès d'acidité, de tanins et d'alcool.

**Écœurant :** d'une douceur «collante», car le vin manque de l'acidité nécessaire pour un bon équilibre.

**Élégant :** racé, harmonieux et dégageant une absence d'impressions agressives.

**Épanoui :** mûr, prêt à boire.

**Équilibré :** dont les composantes «s'équilibrent», de sorte qu'aucun élément ne se fait remarquer.

**Étoffé :** doté de qualités gustatives affirmées et intenses.

**Fatigué :** manquant de fraîcheur et de nerf.

**Ferme :** se réfère au bouquet et signifie muet mais prometteur. Pas encore prêt à boire ; ayant besoin de temps en bouteille pour s'épanouir.

**Fermeté :** impression de raideur et de sécheresse sur les gencives produite par les tanins dans les vins rouges.

**Fin :** vin de grande classe.

**Finale :** les goûts et arômes qui se prolongent après qu'on a avalé le vin. Voir aussi Longueur en bouche, Court.

**Fourrure mouillée :** odeur décelée sur les Chardonnays et les Sémillons qui ne sont pas passés en barriques.

**Frais :** avec une légère dominante acide et fruitée.

**Fruité :** beaucoup de vins ont les nuances olfactives d'un fruit spécifique (par exemple, pêche, pomme, cassis, cerise) ; d'autres dégagent une agréable impression générale de fruit.

**Fumé :** odeur et/ou goût des vins de Sauvignon Blanc, ainsi que des vins rouges de la vallée du Rhône septentrionale.

**Généreux :** riche en alcool mais équilibré.

**Gouleyant :** qui se boit facilement.

**Gras :** d'une certaine onctuosité, plein, harmonieux.

**Grossier :** utilisé pour décrire la texture, en particulier les tanins.

**Harmonieux :** qui ne présente pas de caractères discordants.

**Herbacé :** se dit d'un caractère évoquant les plantes vertes ou l'herbe fraîchement coupée.

**Longueur en bouche :** le signe distinctif d'un vin de grande qualité.

**Mâche :** on dit qu'un vin a de la mâche lorsqu'il est charnu et charpenté.

**Madérisé\***

**Maigre :** dilué et pauvre en goûts et arômes.

**Mince :** manquant de fruit.

**Muet :** voir Ferme.

**Mûr :** qui donne une impression de douceur dérivée de raisins très mûrs.

**Nerveux :** d'une acidité soutenue mais agréable.

**Noiseté :** des nuances olfactives souvent présentes dans des Bourgognes blancs à maturité, des Marsalas secs et

des Amontillados (de Jerez).

**Odeur de pétrole :** une odeur agréable que l'on trouve dans les vins du cépage Riesling parvenu à maturité.

**Oxydé\***

**Pétillant :** légèrement mousseux.

**Pierre à fusil :** le goût minéral de certains vins blancs secs et vifs (Sancerre).

**Poivré :** qualifie l'odeur de poivre moulu, surtout dans les Portos et les vins du Rhône.

**Pourriture noble :** *Botrytis cinerea,* la pourriture des raisins mûrs (Sémillon, Riesling et Chenin Blanc) qui peut, dans de bonnes conditions, concentrer le moût et enrichir les arômes.

**Raisin :** goût, arômes évoquant le jus de raisin frais. Les Muscats sont presque les seuls à avoir le goût et les arômes de raisin frais.

**Réduit\***

**Riche :** décrit la saveur et la texture.

**Rude :** décrit la sensation dérivée de l'alcool, de l'acidité et des tanins d'un vin trop jeune.

**Rugueux :** se rapporte à une texture qui manque de finesse.

**Rustique :** sans raffinement.

**Soufré\***

**Souple :** suave et aimable, sans être plat.

**TANIN (ou TANNIN) :** une substance extraite des peaux de raisins, qui donne aux vins rouges leur caractère. Décrit (de peu à beaucoup) comme : *d'un grain fin, rond, sec, riche, ferme, dur, grossier, végétal, goût de rafles, astringent.*

**Terroir :** évoquant la terre humide au nez et en bouche.

**Vanillé :** odeur des vins élevés en barriques de chêne neuf.

**Velouté :** doté d'une texture souple et agréable.

**Vert :** se dit d'un vin très jeune, ou dont les raisins manquaient de maturité. Fait référence à l'odeur ainsi qu'à l'acidité.

# LES METS ET LES VINS

LE CHOIX DU VIN (OU DU PLAT SUSCEPTIBLE
D'ACCOMPAGNER UN VIN SPÉCIAL) PEUT OUVRIR
DE FABULEUX HORIZONS GASTRONOMIQUES.

Le tableau de Peter Severin Kroyer intitulé *Artists' Party,
Skagen*, illustre le mariage joyeux des mets et des vins.
Depuis toujours, on boit du Champagne au dessert ou dans
les grandes occasions.

Lorsqu'il y a harmonie parfaite entre un mets et un vin, l'un et l'autre en sont sublimés, leurs parfums se mêlant et évoluant en saveurs nouvelles et inattendues. Il ne faut pas croire que cette entente parfaite soit l'apanage des grands crus et de la grande cuisine. S'il est vrai que l'on se régalera d'un beau plat de homard au beurre frais accompagné d'un Bâtard-Montrachet de dix ans d'âge, perle des Bourgognes blancs, on n'en appréciera pas moins une simple assiette de crevettes dégustées avec l'un des nombreux vins blancs secs existants, un vin de Loire sec comme un Muscadet ou un Pouilly fumé. C'est au début du XIXᵉ siècle que les grands mariages classiques se nouent, à l'instigation des grands chefs français, alors renommés dans l'Europe entière : caviar et Champagne, sole et Bourgogne blanc, gibier et Bourgogne rouge. Les principes de base sont posés : le vin blanc se boit avec le poisson, et le vin rouge avec la viande. Mais toute règle a ses exceptions, justifiées pour des viandes telles que la volaille ou le porc, pour les différentes sauces d'accompagnement ou en raison de la proportion de viande dans le menu. La couleur du vin seule ne suffit pas à décider de sa

place dans le repas, il faut également prendre en considération la puissance du vin, son acidité et les arômes que lui confèrent les cépages. La catégorie de vin a également son importance : un grand vin, qui mérite une dégustation attentive, sera mieux servi par un mets simple. Si, au XIXᵉ siècle, les classes favorisées ont accès à une large palette d'aliments et de vins, les autres doivent se contenter de la production locale. Cette constatation conduit à une autre vérité : les spécialités culinaires régionales ne sont jamais si heureuses qu'en compagnie des vins produits dans la même région. Réalité, somme toute, assez logique, puisqu'il s'agit de deux produits de la nature qui ont évolué de concert. Par exemple, quel choix plus approprié qu'un Riesling d'Alsace ou qu'un Pinot Gris bien parfumé pour accompagner une choucroute ? Pour un saumon de Loire, aussi charnu que de la viande, que déguster sinon l'un des joyeux vins rouges de Chinon et de Bourgueil, et qui oserait prétendre que ce type de vin rouge n'est pas adapté au poisson ? Les goûts et les cuisines évoluant, les associations aujourd'hui qualifiées de classiques ne le seront plus demain.

# QUEL VIN SERVIR ?

De tout temps, les boissons alcoolisées, comme la bière ou le vin, sont venues agrémenter les repas. On considérait que, en stimulant l'appétit et en détendant l'esprit, elles contribuaient au plaisir et au bien-être du convive et, par leurs goûts propres, enrichissaient sa palette de saveurs.

La production locale – vin, bière ou cidre – a sans doute façonné les habitudes de consommation des différentes couches sociales. L'histoire a cependant surtout gardé la trace de celles des classes aisées qui ne connaissaient d'autres limites à leurs découvertes gastronomiques que le transport et les conditions politiques. La Grande-Bretagne et les Pays-Bas, peuples marins sans vignoble, sont allés s'approvisionner en vin sur les différentes côtes européennes. Le premier amour des Anglais est le clairet de Bordeaux, dont ils accompagnent leur *rostbeef* pendant des siècles. Cependant, la guerre et le traité de Methuen de 1703, en imposant des droits d'importation sur les vins français, contraignent la fière Albion à se tourner vers le Portugal. Pour que les grossiers vins rouges portugais se conservent bien au cours des longues traversées en mer, on leur ajoute de l'eau-de-vie, ce qui a pour mérite de les rendre plus buvables. Au XVIIIᵉ siècle, les Anglais sont une nation de buveurs de Porto et de mangeurs de *rostbeef*.

Alors que le vin français cesse d'être un luxe de contrebande, la prééminence de la France en matière gastronomique commence à se faire sentir. Arthur Young, un Anglais voyageant en France avant la Révolution, note que : « Dans l'art de vivre, les Français sont généralement considérés par le reste de l'Europe comme offrant la plus grande compétence... et quiconque en Europe peut s'offrir une grande table, possède un cuisinier français ou quelqu'un en ayant suivi les leçons. » Antonin Carême (1784-1833), le plus mémorable des chefs du XIXᵉ siècle, cuisine pour Napo-léon Iᵉʳ, pour le tsar de Russie et pour le prince régent d'Angleterre (le futur George IV). C'est au cours de sa vie que le vin fait le plus grand progrès depuis ses origines, avec le perfectionnement de la conservation et la maturation des vins de Bordeaux. On inaugure le principe consistant à laisser mûrir en tonneaux et à mettre en bouteilles les « grands vins » qui conviennent si bien aux nouveaux sommets de l'art culinaire.

## Les menus à travers les âges

On aurait bien du mal, de nos jours, à trouver les vins appropriés à un banquet médiéval. En effet, non seulement la plupart des mets étaient très relevés (avec force cannelle, clous de

### UN MENU FRANÇAIS

Le grand chef Alain Senderens, du restaurant Lucas Carton, à Paris, a conçu ce riche menu d'hiver pour illustrer l'art de choisir un vin. Chaque plat est accompagné d'un vin français le complétant à merveille (le nom du producteur est indiqué entre parenthèses).

*Saint-Jacques en filo à la crème de cèpes*
**Vin** : *Meursault 1989 (Domaine Comte Lafon)*

*Foie gras de canard au chou à la vapeur*
**Vin** : *Jurançon moelleux 1988*
*(Domaine Cauhapé)*

*Canard Apicius rôti au miel et aux épices*
**Vin** : *Banyuls Vendanges Tardives 1975*
*(A. Parcé)*

**Accords de fromages et de vins**
*Chèvre frais : Vouvray 1990 (Huet)*
*Gruyère de Fribourg :*
*Côtes du Jura blanc 1989 (Rolet)*
*Munster : Gewürztraminer 1991 (Faller)*

*Gâteau au chocolat coulant à la crème*
*d'amandes amères*
**Vin** : *Macvin d'Arbois (Rolet)*

girofle, gingembre et safran), mais ils étaient en outre présentés dans un ordre qui nous semble incohérent. À chaque service du repas, on posait sur la table, à la libre disposition des convives, toute une kyrielle de plats. Ainsi, par exemple, « l'entrée » d'un menu de 1393 en quatre services comprenait : chaussons garnis de foie froid ou de moelle de bœuf, brouet (morceaux de viande dans une sauce à la cannelle), beignets de moelle de bœuf, anguilles servies avec une purée épaisse et épicée, loche (espèce de carpe) avec une sauce froide parfumée à la sauge et aux épices, viande rôtie ou bouillie, poisson de mer. Le vin, souvent coupé d'eau, était considéré comme une simple boisson, et non comme un breuvage en soi digne d'intérêt. Après le repas, on servait des vins épicés.

Les chefs de la Renaissance italienne ont été les premiers à modérer l'utilisation des épices et à apporter un peu d'ordre dans les menus : on servait d'abord les plats froids, puis les rôts, les ragoûts et les desserts. La constante restait l'abondance des plats proposés à chaque service. Quant aux vins, les témoignages étant rares à leur sujet, nous devons nous contenter d'imaginer que, comme les mets, le prestige social présidait à leur choix lors des grandes fêtes.

On observe encore pendant deux siècles ce style de repas, connu sous le nom de « service à la française », où une grande attention est portée au décorum et à la garniture des mets. Au XIXᵉ siècle, le « service à la russe », moins protocolaire, prend le relais. Voici le jugement que porte en 1868 le baron Léon Brisse, célèbre gourmet et maître de maison français, sur ces deux conceptions très différentes : « Le dîner français se partage en trois services. Le premier comporte les potages, les hors-d'œuvre, les poissons et les entrées ; le deuxième, les rôts, les légumes et les entremets ; et le troisième, le dessert. Les plats sont présentés simultanément pour chaque service. La mode russe, elle, consiste à placer tous les plats froids sur la table et à présenter individuellement les plats chauds aux invités. Le style français vous prive de la chaleur des mets et le style russe, du régal des yeux.»

### Des vins «royaux»

Le baron Brisse est également très explicite sur les vins servis aux grands dîners. Il donne d'ailleurs les règles suivantes : «Pendant tout le dîner, veiller à offrir du Champagne brut et doux bien rafraîchi. Après la soupe, proposer du Madère et du Vermouth. Avec le poisson, choisir des Bourgognes (Beaune, Volnay ou Pommard), des Bordeaux (Mouton, Rausan-Ségla, Léoville, Gruaud-Larose, Lascombes, Pichon-Longueville, Cos-d'Estournel ou Monrose). Entre les entrées froides et le gibier, offrir un Château d'Yquem ou un vin du Rhin... assez frais, dans des verres de couleur verte. Avec les rôtis et les légumes, opter pour des Bourgognes (La Romanée-Conti, Clos de Vougeot ou Chambertin), des Bordeaux (Château Lafite, Margaux, Latour ou Haut-Brion). Avec les entremets, du Xérès ; avec le dessert, des vins sucrés, comme le Madère Malmsey, le Muscatel ou le Tokay.»

Alors que les classes aisées affichent leur richesse dans des banquets ostentatoires, la nouvelle bourgeoisie apprécie les plaisirs plus simples d'une bonne cuisine familiale. Au début du XIXᵉ siècle, les Français s'intéressent beaucoup à la cuisine, comme en témoigne le succès immédiat de la *Physiologie du goût*, œuvre du célèbre magistrat et grand gourmet Brillat-Savarin (1755-1826). Cette bible de la gastronomie donne de fascinants aperçus des habitudes culinaires de l'époque. La description qu'on y trouve du faisan bien faisandé, lardé, farci à la truffe, et dégusté avec un bon vin de haute Bourgogne, fait toujours venir l'eau à la bouche.

### «À la française»

Brillat-Savarin s'est également largement exprimé sur les avantages des restaurants à l'enseigne «l'Eden des gourmands» qui avaient fait leur appa-

L'opulence d'un banquet officiel en Bavière immortalisé par Hendrik Van Balen.

### UN MENU ITALIEN

Le long passé viticole de l'Italie et ses traditions gastronomiques ont développé, pour chaque région du pays, des associations de mets et de vins bien locales. L'Italie du Nord peut s'enorgueillir d'une cuisine particulièrement raffinée, proposant des plats variés. Elia Rizzo, chef du restaurant de Vérone «Il Desco» a conçu ce menu présentant avec élégance les spécialités locales.

*Gratin de pommes de terre aux champignons et aux truffes noires*
**Vin** : *Soave Classico ou Gavi*

*Risotto à la citrouille et à l'Amarone*
**Vin** : *Rosso di Montalcino ou Valpolicella Classico*

*Pigeon farci aux lentilles*
**Vin** : *Amarone Classico ou Chianti Classico «riserva»*

*Mousse au chocolat et sabayon*
**Vin** : *Caluso Passito*

rition en France vers 1770. Ceux-ci offraient en effet un choix : « Le consommateur qui vient s'asseoir dans le salon a sous la main, comme élément de son dîner, au moins 12 potages, 24 hors-d'œuvre, 15 ou 20 entrées de bœuf, 20 de mouton, 30 de volaille et gibier, 16 ou 20 plats de veau, 12 de pâtés en croûte, 24 de poisson, 15 de rôts, 50 entremets et 50 desserts. En outre, le bienheureux gastronome peut arroser tout cela d'au moins 30 espèces de vin à choisir, du vin de Bourgogne jusqu'au vin de Tokay ou du Cap.»

Lors de son exil en Amérique (1794-1796), Brillat-Savarin fut invité par deux Anglais dans un café-taverne de New York. Il décrit ainsi le dîner : «Il consistait en une énorme pièce de rosbeef, un dindon cuit dans son jus, des racines bouillies, une salade de choux crus, et une tarte aux confitures. On but à la française, c'est-à-dire que le vin fut servi dès le commencement : c'était du fort bon clairet. Après le clairet vint le Porto, après le Porto le Madère, auquel nous nous tînmes longtemps. Après le vin arrivèrent les *spirits*, c'est-à-dire le rhum, le brandy, le whisky et les eaux-de-vie de vin, de grains et de framboises.» Il termine enfin l'énumération des boissons sur un grand bol de «ponche». Les Anglais ne purent sortir sur leurs pieds, mais Brillat-Savarin, qui avait pris ses précautions, déclara qu'il avait fini le repas la tête claire.

Rien d'étonnant à ce que Brillat-Savarin taxe le peuple d'outre-Manche de gloutonnerie, les intéressés s'enorgueillissant plutôt de leur gourmandise. William Makepeace Thackeray, le fameux romancier, décrit un dîner mémorable dans un restaurant français en 1841 : potage julienne ; entrecôte aux épinards, le tout arrosé d'un Bourgogne ferme et généreux qui accompagnait vaillamment la viande ; perdrix truffée, servie avec une bouteille de Sauternes, qu'on finit avec du fromage de Roquefort.

Alors que, en Amérique, le vin importé coulait à flots, Brillat-Savarin

## UN MENU CALIFORNIEN

Alice Waters, propriétaire du restaurant « Chez Panisse », dans la baie de San Francisco, en Californie, a publié en 1982 un charmant livre de cuisine intitulé *Chez Panisse Menu Cookbook*. De nombreux menus sont accompagnés de suggestions de vins importés ou californiens, tandis que d'autres sont directement composés autour d'un vin. Ainsi a-t-elle conçu les cinq dîners d'une semaine pour accompagner le Zinfandel Nouveau, un vin de la Napa Valley, élaboré par Joseph Phelps Winery. Voici le menu du mardi :

*Marinade d'encornets
sur poivrons verts et rouges grillés*

*Entrecôte grillée sur sarments de vigne,
présentée dans sa sauce aux échalotes
et au Zinfandel*

*Salade Romaine aux anchois et aux croûtons*

Les vins de Zinfandel sont connus pour leurs arômes de fruits rouges très prononcés. Ce dîner dans sa simplicité de menu de bistro, reflète le fait qu'il s'agit d'un vin facile à boire. On pourrait aussi choisir un cru de Beaujolais, ou un vin rouge de Loire (Chinon, Saint-Nicolas-de-Bourgueil ou Saumur-Champigny).

fait cependant l'éloge d'un repas qui n'en comporte pas une goutte : «Un superbe morceau de bœuf mi-sel, une oie daubée et un magnifique gigot, accompagnés d'une sélection de légumes divers et, aux deux bouts de la table, deux énormes pots d'un cidre excellent, dont je ne pouvais pas me rassasier.» Un siècle plus tard, environ, le mouvement de tempérance, puis la prohibition, empêchent l'Américain moyen de boire du vin à table jusque dans les années 50.

## L'ordre du service des vins

La plupart de nos contemporains seraient toujours d'accord avec Brillat-Savarin, selon lequel le bon ordre de dégustation des vins va «du plus lampant au plus parfumé». En général, le service des vins obéit aux règles suivantes : les plus jeunes avant les plus anciens, les plus légers avant les plus étoffés ou les plus alcoolisés, les frais avant les chambrés (à température ambiante), les secs avant les doux.

Il est possible de rompre cette règle de façon judicieuse, surtout en début et en fin de repas. Brillat-Savarin lui-même commençait avec du Madère (qui n'est pas un vin léger), «avec des vins français pour les plats principaux et des vins d'Afrique ou d'Espagne pour couronner le repas». En matière d'apéritif, chargé d'aiguiser l'appétit, les goûts varient du tout au tout. Le seul trait commun entre les vins d'apéritif de France et d'Italie, le cocktail ou le gin-tonic d'Amérique, l'Ouzo grec et le schnaps d'Europe du Nord, est le goût prononcé de ces boissons, souvent servies très fraîches.

On reproche souvent aux vins servis en apéritif d'anesthésier le palais alors que de nombreux vins de caractère (souvent blancs) seraient plus appropriés. Le Champagne est toujours excellent ; le Xérès Fino ou Manzanilla est aujourd'hui aussi populaire en Grande-Bretagne qu'en Espagne ; le Porto Ruby ou Tawny, rafraîchi, est aussi courant en France que les vins blancs liquoreux (Sauternes, Jurançon du Sud-Ouest, Muscat de Beaumes-de-Venise), les Muscats ou les Rieslings secs aromatiques d'Alsace.

En Allemagne, on élabore des vins

de plus en plus secs de façon à pouvoir les boire pendant les repas, contrairement à la tradition qui consistait à ne boire de vin (léger, parfumé et sucré) qu'en guise d'apéritif ou de digestif.

Quant à la controverse franco-britannique consistant à déterminer si le dessert doit précéder ou suivre le fromage, elle reste surtout une question de goût. Si le fromage suit le plat principal, le vin rouge servi avec la viande, voire un vin similaire mais supérieur, peut accompagner également le fromage, bien qu'un vin blanc soit préférable. Le plat sucré clôt le repas, avec une flûte de Champagne. Les maisons britanniques avaient tendance à servir les plats sucrés après les viandes, avec un vin sucré de style Sauternes, Barsac ou Tokay. Avec le plat final – fromage et dessert accompagnés de fruits frais et secs –, on offrait du Porto, ou du Xérès.                    □

## UN MENU ALLEMAND

Les vins blancs doux et demi-secs d'Allemagne, servis en apéritif, ont toujours cédé la place pendant le repas à la bière, plus à même d'accompagner des plats solides, parfois lourds. Aujourd'hui, les vins sont souvent secs *(trocken* ou *halbtrocken)* et la cuisine s'allège. Tout en restant riche, ce menu élégant créé par Anton Edelmann, chef allemand de l'hôtel Savoy de Londres, propose un choix de vins pour chaque plat.

*Petits paquets de saumon fumé farcis de crabe,
concombre, tomate et avocat,
et sa couronne de caviar*
**Vins** : *Riesling Kabinett Spätlese de Nahe ou
de Mosel-Saar-Ruwer ;
ou Spätburgunder Weissherbst QbA demi-sec
du pays de Bade*

*Poêlée de barbue et de pommes de terre
sur lit de poireaux avec huîtres*
**Vins** : *Riesling demi-sec du Rheingau
ou de Mosel-Saar-Ruwer ;
ou Silvaner Kabinett sec de Franconie
ou du pays de Bade*

*Feuilleté de pommes
et sa sauce au beurre du Calvados*
**Vins** : *Riesling Auslese de Nahe
ou de Mosel-Saar-Ruwer ;
ou Müller-Thurgau Kabinett du Palatinat*

# LE MARIAGE DES VINS ET DES METS

L'entente est parfaite entre un mets et un vin lorsque la dégustation de l'un et de l'autre en sort transfigurée. Comme, d'une part, le goût d'un vin varie énormément en fonction de son origine, de son millésime et de son degré de maturité et que, d'autre part, les plats les plus classiques offrent de subtiles nuances de goût selon le chef qui les a préparés, la consommation d'un même plat avec un même vin peut provoquer une gamme de plaisirs qui vont du plus simple au plus inoubliable.

### Un vin pour chaque occasion

La saison et l'occasion sont des données à prendre en compte pour le choix d'un vin. L'été, on se laisse facilement tenter par un vin blanc fruité alors que, en hiver, on préfère se réchauffer avec un rouge robuste ou un vin blanc puissant.

Lors d'une soirée où le vin est dégusté sans être accompagné d'un plat, on optera pour un vin pas trop doux, de caractère neutre (contrairement à un apéritif, qui se boit en petite quantité et doit avoir un caractère prononcé afin que le palais se concentre sur les mets à venir). Un Champagne non millésimé conviendra parfaitement, de même que, plus modestement, de nombreux vins d'Italie ou du sud de la France. Un Côtes-de-Provence ou un Merlot italien rouges et fruités feront autant l'affaire qu'un vin blanc léger (Orvieto, Soave et Tokay du nord de l'Italie) ou des vins de pays comme un Côtes-de-Gascogne blanc sec, un Gaillac demi-sec ou demi-doux.

Une bouteille de rosé égaye les repas en plein air, mais, quelle que soit son origine, ce type de vin est rarement pris au sérieux. Pourtant, quel meilleur partenaire qu'un rosé bien frais pour des salades et des quiches difficiles à marier ? Certains sont plus doux, comme le Rosé d'Anjou et les Zinfandel *blush* ou

Des vins somptueux du XVIIᵉ siècle.

blancs de Californie, d'autres sont plus secs, comme le Cabernet d'Anjou, le Côtes-de-Provence, le Tavel et d'autres Côtes-du-Rhône

## LES PRINCIPES DE BASE

Les hasards de l'histoire et les coutumes locales ont fait des mariages idéaux entre certains aliments et certains vins. Lorsque ces derniers sont introuvables, il convient de les remplacer en gardant à l'esprit trois principes de base :

**Couleur.** La règle traditionnelle du vin blanc avec le poisson et du vin rouge avec la viande obéit au simple bon sens. Un vin rouge tannique peut donner au poisson et aux fruits de mer un goût métallique, tandis que le gibier ou une viande forte annihilent la plupart des vins blancs. Attention : qui dit fromage ne dit pas nécessairement vin rouge.

**Densité.** Le degré d'alcool et la concentration des arômes d'un vin doivent accompagner la saveur du plat : les mets délicats méritent des vins subtils, tandis que les nourritures solides requièrent des vins plus puissants.

**Arômes.** Parfois, un contraste d'arômes entre vin et mets est agréable (un vin aux notes de citron sur un poisson frit), mais une harmonie est souvent préférable.

rosés issus de Grenache, et le Rioja rosé.

Alors que, pour un dîner simple, un vin de pays bon marché suffit, un dîner sophistiqué permet de sortir ses bonnes bouteilles. Dans ce cas, le service est à soigner : le goût du dernier vin servi ne doit jamais écraser celui du précédent. C'est la raison pour laquelle il est préférable de choisir une succession de vins de même origine : les vins de Bordeaux, de Bourgogne, de Californie et d'Australie ont des styles distincts méritant qu'on les déguste séparément.

### Les accords régionaux

Maints plats traditionnels européens ont une affinité naturelle avec le vin produit dans leur région. Le Cahors et le Madiran s'accordent parfaitement avec les riches cassoulets du sud-ouest de la France. Les vins blancs secs et frais de Suisse accompagnent à merveille la fondue. En Espagne, les vins blancs secs de Rias Baixas, composés à partir du cépage local Albariño, se dégustent avec les célèbres fruits de mer de Galice tandis que, dans l'arrière-pays, les Riojas rouges classiques au parfum de chêne sont traditionnellement servis avec de la viande rôtie ou grillée (agneau, porc ou veau). Le goût étrange et résineux du Retsina convient parfaitement à l'ambiance d'une taverne grecque, où la nourriture a de puissants arômes d'herbes, de citron, d'huile d'olive et de feu de bois.

On compte aussi d'innombrables exemples de plats dans la préparation desquels entre du vin. Le traditionnel coq au vin français, à base de Bourgogne rouge, devient coq au vin jaune dans le Jura, ou coq au Riesling en Alsace. Toute l'Europe cuit sa viande en ragoût, qu'il s'agisse de la daube française, du *stifado* grec ou du *stufatino* italien, pour ne pas parler du très spécifique *brasato al Barolo*. Tous ces plats se doivent d'être accompagnés du vin entrant dans leur composition.

### Que privilégier ? Le vin ou le mets ?

Dans la plupart des pays occidentaux, où l'on dispose de toute une gamme de vins, on choisit généralement d'abord les plats du menu avant de sélectionner au moins deux vins d'accompagnement. Lorsque les mets nécessitent une grande attention, le menu dégustation d'un chef, par exemple, il convient de rester sobre en ce qui concerne la boisson. On adopte donc un vin rouge léger, pas trop tannique, comme un Saumur-Champigny, un Chinon ou un Bourgueil (issu de Cabernet Franc), un Pinot Noir d'Alsace, un Sancerre rouge, un Bourgogne rouge léger de type Côte-de-Beaune (tous à base de Pinot Noir) ou des crus de Beaujolais légers, comme un Fleurie ou un Chiroubles (à base de Gamay).

Si une bouteille de vin suffit pour tout le repas (vous n'êtes qu'une ou deux personnes à boire, ou vous avez envie d'un vin blanc bien frais en été ou d'un vin rouge réconfortant en hiver), concentrez-vous d'abord sur le vin et composez ensuite votre menu. Avec un vin rouge, presque tout est permis ; avec un vin rosé, optez pour un style de repas plutôt méditerranéen, plus léger ; et, avec un vin blanc, orientez-vous vers le poisson, les fruits de mer, les volailles, le porc, le veau et les ris de veau.

En certaines occasions, vous souhaiterez présenter un grand vin.

Un bon Médoc ou des Graves rouges (à base de Cabernet-Sauvignon) sont à leur summum en compagnie de la chair tendre d'un agneau rôti, cuit avec le minimum d'herbes et d'ail. Un Bordeaux à base de Merlot (Saint-Émilion et Pomerol), déjà doux et fruité, est rehaussé par la chair plus corsée du bœuf.

On considère souvent le Bourgogne rouge comme particulièrement adapté au gibier, mais seuls les grands crus très puissants comme La Tâche et La Romanée peuvent supporter un plat de venaison. Les crus plus délicats apprécient davantage la compagnie d'un poulet ou d'une pintade rôtie.

Les meilleurs Bourgognes blancs (Montrachet, Corton-Charlemagne) filent une idylle parfaite avec les sauces sophistiquées des poissons fins, comme sole et turbot, ainsi qu'avec le homard. Les

## LE VERRE ET L'ASSIETTE D'ALAIN SENDERENS

Lorsque Alain Senderens, du restaurant Lucas Carton à Paris, décide de proposer un menu dégustation de plats « construits » autour d'un verre de vin, il est loin de se douter du succès qui l'attend. L'un des meilleurs cuisiniers de France, amoureux des vins au point d'acheter un domaine de 30 ha à Cahors, celui-ci est devenu en quelques années le maître incontesté de l'accord des mets et des vins.

Le vin possédant une texture, une densité et un volume, Alain Senderens ne recherche pas un accord simplement aromatique. Il choisit d'abord la matière première répondant à la « chair » de ce vin : poulet, bœuf, poisson, peu importe. Si la texture d'une viande ou d'un poisson appelle un certain vin, Alain Senderens doit approfondir sa réflexion et imaginer une garniture, opération des plus subtiles. Sa mission, pour chaque bouteille, est d'improviser une recette nouvelle qui donnera au vin une autre dimension.

### Remettre en question sa cuisine

« Le mariage le plus conventionnel, comme le foie gras et le Sauternes, peut tout autant tourner au divorce. Plus le Sauternes est grand, plus il a de sucre, plus il a de densité, et plus il écrase le foie gras. Il faut donc construire une recette. La cuisine se doit d'être à la hauteur de la bouteille. » Le foie gras au chou accompagné de Jurançon, le canard Apicius rôti au miel et aux épices et servi avec un Banyuls sont deux grands classiques de Lucas Carton, auxquels il conviendrait d'ajouter le homard à la vanille marié au Meursault. Autant de superbes accords, d'intenses moments gastronomiques quand on apprécie à la fois les grands vins et la grande cuisine. En revanche, les contrastes ne sont nullement proscrits, le plus fameux et le plus simple restant un verre de Muscadet sur des huîtres bien iodées ; un autre consiste à servir un Champagne (Dom Pérignon rosé) sur un homard aux câpres

avec des asperges, suivi d'un dessert à peine sucré car le sucre se marie mal avec le Champagne.

Une bouteille bien née possède un «pedigree» qu'il ne faut jamais oublier, et l'imaginaire doit travailler pour recréer l'environnement des saveurs du pays. Avec un Hermitage, surtout s'il est jeune, les légumes locaux et les herbes de Provence sont à proposer. L'accord des vieux vins est un travail plus délicat, car les arômes complexes sont difficiles à marier. «Avec un grand rouge sur une côte de bœuf, on ne prend aucun risque, mais il manque quelque chose : un vin vieux avec une belle ossature demande un peu plus de cuisine.»

Selon la règle, le plat doit être inférieur en goût au vin pour ne pas le dominer. Il faut créer des plats faire-valoir afin que le grand vin devienne grandissime. Si une bouteille procure une émotion, son mariage avec un plat doit grandir le vin, le sortir de ses limites géographiques.

### Fromages et vins : bien des surprises

Pour les fromages, il en va de même. Alain Senderens sert trois ou quatre fromages différents, dotés chacun de leur petit verre de vin et de leur pain. Ce sont les vins blancs qui s'accordent le mieux avec les fromages : «Je ne comprends pas comment on a vécu tant d'années avec la conviction que le fromage est le meilleur ami du vin rouge.» Plus un fromage est gras, meilleur il est et, si l'on sert un vin rouge tannique sur un bon fromage, on tue le vin. Quelques fromages à pâte cuite sans trop de caractère peuvent être servis accompagnés de vins rouges, mais ils sont rares. Tandis que, par bonheur, les vins blancs sont mis en valeur. Le pain n'est pas à négliger, car il joue souvent un rôle de catalyseur entre le vin et le fromage : toasté, il apporte un rien d'amertume contrastant avec le gras du fromage. Autre bel accord : pain au cumin et munster sur un Gewürztraminer.

autres grands crus sont parfaits pour la sole et le saumon, simplement grillés ou revenus au beurre.

On considère parfois que le Porto Vintage est galvaudé avec le fromage, mais cela dépend des fromages (voir encadré p. 96). On peut faire la même remarque à propos d'un vieux Maury ou d'un vieux

Banyuls, d'un Xérès Oloroso ou d'un bon Madère. Un vin blanc très sucré (Sauternes, Barsac, Vouvray moelleux et Quarts-de-Chaume) n'exige pour tout accompagnement que des biscuits au beurre, encore que ces vins constituent d'excellents partenaires pour certains desserts aux fruits et certains fromages.   □

# LES ACCORDS DE METS ET DE VINS

Les suggestions suivantes sont des associations aussi bien classiques que régionales, ainsi que des accords vins/mets découverts au gré de dégustations, dans les années 80 et 90. Les pages précédentes ont montré que l'analyse des accords n'avait rien de scientifique et qu'aucune recommandation ne valait règle immuable. Le guide qui suit propose des associations entre des styles de vin et des recetttes classiques afin de faciliter des accords qui restent à définir en fonction du goût de chacun.

**Abats, cervelle, ris de veau**
Chablis Grand cru, Hermitage blanc, Riesling Spätlese allemand ; Pinot Noir d'Alsace. Avec une sauce à la crème : Chardonnay.
**Agneau**
Agneau rôti : meilleurs millésimes des meilleurs crus de Pauillac, Saint-Estèphe ou Graves (rouges) ; Rioja Reserva, Ribera del Duero, Cabernet-Sauvignon.
Couscous au mouton : Cahors, Madiran, Côtes-de-Blaye, Fronsac, Gigondas.
Gigot aux herbes et/ou à l'ail : millésimes moins mûrs ou des crus de moindre importance ou essayer un Châteauneuf-du-Pape, un cru de Beaujolais, ou le Costers del Segre (Raimat), un assemblage espagnol à base de Tempranillo.
**Aïoli** : Provence rosé ou vin de pays de cépage Chardonnay.
**Anchois** : vins blancs, rosés ou rouges du midi de la France ou d'Espagne.
**Artichauts** : Muscadet ou Sauvignon de Touraine.
**Asperges** : vin blanc sec aromatisé, comme un Gewürztraminer, un Pinot Blanc ou un Muscat.
**Aubergines** : Bordeaux rouge, Corbières. Vins rouges grecs, comme le Xinomavro de Naoussa, ou le Retsina. Dão, Zinfandel, Barbera.

**Avocat** : Sancerre, Provence rosé.
**Bar au fenouil** : Cassis blanc, Condrieu, Chardonnay ; Valpolicella Classico.
**Barigoule** : rosé de la Loire, Bordeaux ou Provence.
**Bœuf**
Bœuf en croûte : Saint-Estèphe, Saint-Julien, Pauillac.
Bœuf en ragoût : Côtes-du-Rhône-Villages rouge, vins rouges de Provence, Corbières, Minervois, Barolo, vin rouge de Grèce.
Bœuf rôti : Saint-Émilion, Pomerol, Premiers crus de Côte-de-Beaune, Châteauneuf-du-Pape, Mercurey rouge ou Côtes-du-Rhône-Villages.
Bœuf Stroganoff : Châteauneuf-du-Pape, Gigondas, Vacqueyras ; Mavrud et Melnik de Bulgarie.
Chateaubriand maître d'hôtel : Fronsac Saint-Émilion, Graves, Cornas, Côte-Chalonnaise
Faux-filet : Côte-de-Beaune-Villages, Côtes de Bourg, Saint-Émilion.
Pot-au-feu : Côtes-de-Bourg, Fitou, Corbières, Costières-de-Nîmes.
**Caille** : Pinot Noir d'Alsace, Costières-de-Nîmes, Côtes-de-Castillon, Côtes-de-Francs.
**Canard**
Canard rôti : Saint-Émilion, Bourgogne rouge, Côte-Rôtie, Châteauneuf-du-Pape, Cahors, Madiran, Côtes-de-Saint-Mont

rouge, Zinfandel californien, Riesling Spätlese, Gewürztraminer d'Alsace.
À l'orange ou aux cerises : Loire rouge, Rosso Cònero, Zinfandel californien, Shiraz australien.
Aux olives : Chianti Rufina.
Aux pêches : Vouvray, rouge de la Loire, Pinot Noir d'Australie du Sud.
Au poivre en grains : Bourgogne rouge, comme le Pernand-Vergelesses.
Canard laqué : Gewürztraminer, Saint-Émilion, Rioja blanc ou rouge, Pinot Noir australien.
**Carpaccio** : Chianti Classico ou Rufina ou un «super» *vino da tavola* de Toscane.
**Cassoulet** : Cahors, Côtes-du-Frontonnais, Bergerac rouge, Minervois, Châteauneuf-du-Pape, Barbaresco, Zinfandel.
**Caviar** : Champagne, Bourgogne blanc très fin (ou Vodka glacée).
**Champignons** : Pomerol, ainsi que la majeure partie des vins issus du cépage Pinot Noir, Bourgognes (Côte-de-Nuits, Côte-de-Beaune, vins de la Côte chalonnaise), cépage Merlot ou Pinotage d'Afrique du Sud.
**Charcuterie** : Beaujolais rouge, Coteaux-d'Aix-en-Provence rouge ou rosé, Tavel rosé, Bardolino, Lambrusco sec, Valpolicella, jeune Cabernet-Sauvignon chilien.
**Charlotte** : Vin Doux Naturel de Muscat du Midi, Moscatel de Valence.
**Cheesecake** : Vouvray doux, Coteaux-du-Layon.
**Chili con carne** : Rioja, Cabernet-Sauvignon argentin ou chilien.
**Chocolat** : Banyuls, Maury, Muscat, Porto, Macvin du Jura, Málaga, Mavrodaphne de Grèce.
**Chou farci** : Morgon, Gamay de Touraine, Pinotage d'Afrique du Sud.
**Chou-fleur** : Côtes-du-Lubéron, Dolcetto.

**Choucroute** : Riesling d'Alsace, Pinot Gris, Sylvaner.
**Confit de canard ou d'oie** : Madiran, Cahors, Moulin à Vent, Morgon, Châteauneuf-du-Pape.
**Coq de bruyère** : voir Gibier.
**Crabe** : voir Homard, Fruits de mer.
**Crèmes, crème brûlée** : Sauternes, Monbazillac, Loupiac, Sainte-Croix-du-Mont, Beerenauslese, Tokay, Xérès Oloroso doux, Madère ou Marsala.
**Crevettes** : Muscadet sur lie, jeune Sauvignon de Touraine, du haut Poitou, de Bergerac.
**Croustades** : Côtes-de-Saint-Mont rouge, Bairrada, Recioto della Valpolicella, Amarone. Voir aussi Caille, Gibier, Lièvre, Pâté, Pigeon, Venaison.
**Cuisine chinoise** : vins rosés secs ou demi-secs, Mousseux secs, Muscat sec, Riesling, Gewürztraminer, Sauvignon, Grüner Veltliner autrichien, Tokay italien.
**Cuisine grecque** : Retsina ou rouge grec, Rioja rouge, Shiraz/Cabernet australien, Zinfandel californien.
**Cuisine indienne** : Gewürztraminer d'Alsace, Chardonnay, Orvieto Abboccato. Tandoori : vin à base de Cabernet-Sauvignon, Shiraz/Cabernet australien.
**Desserts aux fruits** : Sauternes, Barsac, Monbazillac, Vouvray moelleux, Coteaux-du-Layon, Muscat Beaumes-de-Venise et autres Vins Doux Naturels à base de Muscat, Auslese

allemand ou Riesling Beerenauslese, Ausbruch, Tokay, Asti Spumante, mousseux demi-sec, Xérès doux. Voir aussi Pommes.

**Dinde :** Bourgogne rouge, Mâcon, Médoc (Margaux, Haut-Médoc), Cabernet-Sauvignon, Zinfandel.

**Écrevisses :** Seyssel, Riesling.

**Escargots :** Sancerre, Bourgogne Aligoté.

**Foie :** Chianti Classico, Cabernet-Sauvignon chilien ou bulgare.

**Avec du lard fumé et des oignons :** Saint-Chinian, Teroldego Rotaliano, Pinot Noir de Californie ou d'Oregon ; Tavel ou Lirac rosé.

**Avec de la sauge :** Riesling Vendanges Tardives, Spätlese allemand.

**Foie gras :** Sauternes, Monbazillac, Gewürztraminer et Riesling d'Alsace Sélection de Grains Nobles, vin de paille du Jura, Auslese ou Beerenauslese allemand.

**Fondue :** blanc sec de Savoie ou de Suisse, Grüner Veltliner, Sauvignon du nord de l'Italie, Sancerre.

**Fromages :** voir encadré p. 96.

**Fruits de mer :** Gros-Plant du Pays nantais ou Muscadet, voire Sauvignon ou Chenin Blanc car l'iode contenue dans les fruits de mer exige un contraste acide. Choisir un vin jeune. Voir aussi Homard, Huîtres, Moules.

**Gibier :** les meilleurs millésimes rouges, à leur apogée, des Grands crus de

Bordeaux ou de Bourgogne (Crus classés, Premiers crus ou Grands crus de la Côte d'Or ou Premiers crus de la Côte chalonnaise), ou Cabernet-Sauvignon. Voir aussi Venaison.

**Goulash :** vins rouges hongrois, Mavrud de Bulgarie,

## LES METS DIFFICILES

Certains mets sont difficiles à marier avec les vins du fait de réactions chimiques entre un ou plusieurs composants ou, tout simplement, parce que le mets possède un goût si fort qu'il écrase n'importe quel vin. En bouche, rares sont les vins qui peuvent se consommer avec les mets suivants.

**Artichauts :** ils contiennent un composant chimique (la cynarine) qui affecte le palais de différentes façons selon les individus ; il peut donner au vin un goût sucré ou métallique. Certaines personnes ne sont pas sensibles à la cynarine mais, les artichauts étant souvent servis avec une vinaigrette ou une sauce hollandaise, il est préférable de servir le vin avant d'apporter les artichauts à table, ou bien avec le plat suivant.

**Asperges, épinards et oseille :** ces légumes contiennent un composant chimique similaire, qui affecte cependant beaucoup moins d'individus. Il convient donc de les servir avec la plus grande méfiance si une bonne bouteille de vin doit être ouverte au même repas.

**Chocolat :** le cacao contenant des tanins semblables à ceux du vin, il rend difficile toute appréciation du vin. Toutefois, un vin particulièrement puissant et concentré, surtout s'il est sucré, peut offrir un accord plaisant.

**Œufs :** comme le chocolat, les œufs chargent la langue et anesthésient les papilles gustatives. Le soufflé au fromage, dans lequel les jaunes

sont liés aux blancs montés en neige, est une exception à la règle : on peut l'accompagner des meilleurs vins.

**Cuisines indienne, thaïe et mexicaine :** elles peuvent réduire à néant une bonne bouteille car les piments anesthésient le palais. La boisson la plus agréable pour éteindre le «feu» de ces cuisines reste l'eau fraîche ou la bière frappée. La boisson lactée indienne Lassi est aussi l'un des meilleurs accompagnements mais, si l'on tient à boire du vin, mieux vaut le choisir blanc, moelleux et corpulent.

**Aliments fumés :** ce sont les aliments les plus difficiles à marier à un vin tant leurs arômes de fumé prédominent, mais ils s'associent avec bonheur avec toute une gamme de vins produits à partir de cépages très aromatiques, comme le Gewürztraminer et le Riesling.

**Vinaigrette :** toute son acidité vient perturber l'équilibre précaire entre l'acidité, les tanins et le sucré des vins, exception faite des vins qui ont une très bonne astringence comme les Chenins Blancs de la Loire. Les autres vins acides, comme le Sauvignon en blanc ou le Gamay en rouge, peuvent se révéler moins astringents s'ils sont servis en accompagnement d'une vinaigrette ou d'une sauce à base de jus de citron (ce dernier a les mêmes effets que le vinaigre). La meilleure solution reste de monter une vinaigrette en remplaçant le vinaigre par du vin blanc sec.

ou Cabernet-Sauvignon.

**Grillades :** vins rouges fruités, comme le Bourgogne rouge, Saint-Chinian, Chinon ou Bourgueil mûrs, Gigondas, Lirac, Côtes-du-Ventoux, Chianti, Merlot, Zinfandel. Rosés secs : vin de pays de l'Hérault, Côtes-du-Lubéron,

Rosés de Navarre ou de Toscane. Blancs fruités comme les Vins de Pays des Côtes de Gascogne, ou d'Argentine (Torrontes).

**Guacamole :** Cabernet-Sauvignon mexicain ou Chardonnay californien.

**Hamburger :** Beaujolais-Villages, Chianti, rouge du sud du Portugal (Borda), Merlot hongrois, Gamay de la Napa ou Zinfandel.

**Homard :** Champagne, Sancerre (vieilles vignes), Pouilly Fumé, crus de Graves blanc, Bourgogne blanc, Hermitage blanc, Riesling d'Alsace, Verdicchio dei Castelli di Jesi.

**Huîtres :** Muscadet, Gros-Plant, Entre-deux-Mers. Voir aussi Fruits de mer.

**Jambon cru :** Pinot Grigio dell'Alto-Adige, Soave Classico, Orvieto Abboccato, Riesling du Rheingau *trocken* ou *halbtrocken*, Xérès Fino ou Manzanilla, Irouléguy, jeune rouge espagnol ou italien.

**Jambon cuit :** Bourgogne rouge, Mâcon rouge ou blanc, Beaujolais et autres Gamays, Dolcetto, Rhein Spätlese, Müller-Thurgau.

**Jambon fumé :** Riesling Vendanges Tardives, Spätlese allemand.

**Jardinière de légumes :** Beaujolais-Villages, vins rouges du Rhône et du Midi, Chianti, Zinfandel, Cassis blanc, Palette.

**Langue :** Cahors, Bergerac, vins de pays rouges du Sud-Ouest. En blanc, cépage Chardonnay.

**Lapin :** Corbières, Côtes-du-Rhône-Villages, Mercurey, Bourgogne ou Beaujolais-Villages en rouge, Pinot Noir d'Alsace ou clairet de Bordeaux, Tavel.

**Légumes crus :** Sauvignon, Vin de Pays des Côtes de Gascogne blanc, rouges légers comme un Beaujolais ou un Bardolino.

**Lièvre :** Bourgogne rouge mûr ou autre Pinot Noir,

Châteauneuf-du-Pape, Cornas, Gigondas, Brunello di Montalcino, Rioja Reserva.
**En sauce à la crème :** Riesling Vendanges Tardives ou Spätlese du Rheingau.

**Lotte à l'américaine :** Hermitage blanc, Côtes-du-Rhône blanc.

**Melon :** Vins Doux Naturels, Porto Ruby, Madère Sercial ou Bual, Orvieto Abboccato.

**Moules :** Muscadet, Gros-Plant, Petit Chablis, Vinho Verde, Cassis blanc, Sauvignon. Voir Fruits de mer.

**Œuf brouillé au saumon fumé :** Petit Chablis ou autre Chardonnay, Champagne.

**Œufs :** Brouilly, Pinot Noir jeune, Muscadet, Sauvignon.

**Oie :** vins rouges mûrs de Saint-Émilion, Margaux ou Côte-de-Beaune, Madiran, Bandol, Châteauneuf-du-Pape, Côte-Rôtie, Hermitage, Chianti Classico, Zinfandel ou Merlot californien, Shiraz australien, blanc doux avec une bonne acidité, Grands crus d'Alsace.

**Omelette**
À la tomate : Beaujolais ou Chianti.
Au bacon : Edelzwicker d'Alsace.
Aux champignons : Côtes-du-Rhône-Villages.
Au fromage : Chardonnay.
Tortilla espagnole : Xérès.

**Osso-buco :** Barbera, Barbaresco, Valpolicella, Chianti Classico.

**Paella :** blanc, rosé ou rouge de Rioja ou du Penedès.

**Pâté au poivre :** Sauvignon, Bordeaux, Côtes-du-Rhône.

**Pâté de canard :** Sauternes, Coteaux-du-Layon, Riesling.

**Pâté de foies de volaille :** Xérès Amontillado sec.

**Pâté de gibier :** Bergerac, Cahors, Garrafeira du centre du Portugal.

**Pâté, terrine :** Mâcon blanc, Vouvray sec, Jurançon, Muscat d'Alsace, Sancerre, Pouilly Fumé, Pinot Grigio du Haut-Adige, Côtes-de-Provence rosé, jeune rouge fruité Saint-Émilion générique, Côte-de-

Beaune générique, Beaujolais, Cabernet-Sauvignon de Bulgarie, de Californie ou du Chili, Zinfandel.

**Pâtes :** presque tous les vins rouges italiens pour une garniture à base de viande ; vins blancs pour les pâtes au poisson, aux fruits de mer ou en sauce à la crème.

**Pâtisserie :** Sauternes, Savennières, Alsace Vendanges Tardives, Jurançon, Maury, Muscat, Vins Doux Naturels, Champagne demi-sec, Clairette de Die. Voir aussi Chocolat, Desserts aux fruits.

**Perdrix :** voir Gibier.

**Pigeon :** bon millésime d'un Bordeaux rouge ou Bourgogne fruité, Bandol, Corbières, vin de Corse, Chianti Classico, Merlot du nord-est de l'Italie, Cabernet-Sauvignon.

**Pizza :** rouge ou rosé des Coteaux d'Aix-en-Provence, Coteaux-du-Lubéron ; Chianti, vin de Sicile rouge, Zinfandel.

**Poisson/fruits de mer au gingembre et à la ciboulette :** Vouvray demi-sec, Rioja blanc, Chardonnay australien ou Sémillon.

**Poisson à l'huile (hareng, maquereau, sardine, espadon, thon) :** vins blancs de Chardonnay, Dão blanc, Vinho Verde, Muscadet, Gros-Plant, Bourgogne Aligoté, Sancerre, Sauvignon de Touraine, jeune Côtes-du-Rhône.

**Poissons**
Poisson à la provençale : Côtes-de-Provence ou Tavel rosé, Syrah rosé, Coteaux-du-Languedoc blanc, Bellet blanc ou Côtes-de-Provence blanc, Pinot Gris d'Alsace, Pinot Grigio italien, Retsina, Beaujolais léger ou autre vin de cépage Gamay.
Poisson blanc frit au beurre : Chardonnay boisé.
Poisson blanc au beurre blanc : Champagne, Muscadet sur lies, Vouvray sec, vins de cépage Chardonnay, vins de Moselle, vins suisses. Voir Fruits de mer, Poisson fumé.

Poisson blanc, à la vapeur ou grillé : Riesling d'Alsace Grand cru, Chenin Blanc sec, Vouvray, Soave, Verdicchio.
Poisson d'eau douce : Graves, Meursault ou autre bon Bourgogne, Anjou blanc, vins blancs suisses.
Poisson frit : Bergerac sec, Sauvignon de Touraine, Riesling d'Alsace, Roussette de Savoie, Pinot Grigio du Frioul, Verdicchio dei Castelli di Jesi Classico, Frascati Superiore.
Poisson fumé : Gewürztraminer, Riesling d'Alsace, Spätlese allemand. Voir Saumon fumé.
Poissons nature : vins blancs plus ou moins légers selon que le poisson et sa garniture sont gras ou non, du petit vin de pays aux Grands crus de Bourgogne en passant par les Graves, les Sancerres et les Muscadets. Les vins rouges peuvent parfaitement se marier aux poissons, surtout s'ils ne sont pas trop tanniques comme ceux de Cabernet Franc, Gamay ou Pinot Noir, et surtout si le poisson est gras. Si le poisson n'a pas un goût trop prononcé, on peut travailler la garniture en fonction du vin.

**Pommes :** Savennières, Chardonnay ainsi que cidre.

**Porc grillé :** vins rouges : Côtes-du-Rhône, Mâcon rouge, Anjou rouge, Barbera, Douro rouge, Mavrud bulgare. Vins blancs : Riesling Grand cru d'Alsace, Gewürztraminer, Auslese ou Spätlese allemand.

**Poulet :** vins de toutes les couleurs et de tous les styles.
Avec une sauce à la crème : il est préférable de choisir un vin blanc.
Poulet Kiev : Chardonnay riche et boisé d'Australie ou du Chili, Riesling d'Alsace, Bergerac rouge.
À la crème et aux champignons : Pouilly Fumé, Vouvray sec, Gaillac demi-sec, Riesling d'Alsace, Graves blanc ou

Bourgogne, Pinot Noir d'Oregon.
À l'estragon : Chardonnay.
Aux tomates et à l'ail : Bandol rouge, Crozes-Hermitage, Chardonnay du Haut-Adige, Chardonnay.

**Quiche :** vin blanc sec des Graves, d'Alsace, ou un vin rouge jeune et léger comme un Beaujolais, Chinon, Cabernet-Sauvignon, ou un rosé bien frais (vin de pays).

**Quenelles de brochet :** Chablis, Pouilly-Fuissé, Sancerre, Pouilly Fumé.

**Ragoût :** s'il est cuit au vin, servir avec le même vin, ou avec un vin de la même région. Beaujolais, Mâcon, Côtes-du-Rhône, Châteauneuf-du-Pape, Barolo, Barbaresco, Chianti, Vino Nobile di Montepulciano, Cabernet-Sauvignon ou Zinfandel californien, Shiraz australien, Saint-Émilion, Pomerol, Brunello di Montalcino, Dão.

**Raie au beurre noir :** Pinot Gris d'Alsace, Muscadet, Entre-deux-Mers, Beaujolais, Chinon, Côtes-du-Ventoux, Merlot d'Italie du Nord.

**Rillettes :** Vouvray sec d'une année pas trop mûre (légèrement acide).

**Risotto :** Blanc sec, Bianco di Custozza, Trebbiano d'Abruzzo, Pinot Grigio, Grüner Veltliner, Dolcetto, Bardolino, Chianti, Rioja.

**Rognon :** Pomerol, Saint-Émilion, Barbaresco, Zinfandel.
À la sauce moutarde : Saint-Amour, Morgon.

**Salade :** blanc ou rouge avec beaucoup d'acidité comme un Chenin Blanc de Loire (Vouvray) d'une petite année, un Sauvignon de Touraine ou un Menetou-Salon, un Entre-deux-Mers ou un Gros-Plant.

**Salami :** Tavel ou rosé de Corse, Irouléguy, vin rouge ou rosé de Navarre, Barbera, Chianti, Montepulciano d'Abruzzo, Rosso Cònero, Xérès Fino ou Manzanilla.

**Saucisses :**

**Chorizo pimenté :** Irouléguy, Cahors.

**Saucisses de porc grillées :** Côtes-du-Rhône, Châteauneuf-du-Pape, Dolcetto d'Alba, Merlot, Rioja, Vinho Verde.

**Saumon :**

**Saumon à l'oseille :** Condrieu, Château Grillet, Châteauneuf-du-Pape blanc.

**Saumon fumé :** Champagne. Voir Poisson fumé.

**Saumon cru :** Champagne, Meursault ou Chardonnay d'une année mûre, Chardonnay australien.

**Saumon poché :** blancs : Bourgogne, Sancerre, Riesling d'Alsace, Pinot Gris, Condrieu, blanc de Sicile, Chardonnay, Sauvignon. Rouges : Beaujolais, Chinon, Bourgueil, Coteaux-d'Aix-en-Provence, Pinot Noir d'Alsace.

**Sole meunière :** Riesling, Sancerre, Condrieu, Bellet.

**Soufflés**

**Soufflé au poisson :** Bourgogne ou Bordeaux blanc sec; Fumé Blanc de la Napa; Chardonnay d'Australie du Sud.

**Soufflé aux épinards :** Mâcon-Villages, Saint-Véran, vin du Jura.

**Soufflé au fromage :** Bourgogne ou Bordeaux rouge, Pinot Gris d'Alsace, Champagne, Rheinhessen Dornfelder *trocken*.

**Steaks**

**Steak au poivre :** Côtes-du-Rhône rouge, Shiraz australien.

**Steak grillé :** Chénas, Moulin-à-Vent ou Beaujolais-Villages, Margaux, Chianti Riserva, Hermitage, Cabernet-Sauvignon.

**Steak tartare :** Cahors, Crozes-Hermitage, Shiraz australien.

**Tarte à l'oignon :** Saumur-Champigny ou autre vin rouge de Cabernet Franc, Gewürztraminer, Riesling sec d'Alsace.

**Tarte Tatin :** Bonnezeaux, Quarts-de-Chaume.

**Terrine :** voir Pâté.

**Tourte de poisson :** (avec sauce à la crème) Mâcon blanc, Pouilly-Fuissé, Pinot Gris d'Alsace, Bianco di Custozza, Pfalz Silvaner, Nahe Müller-Thurgau, Napa Chardonnay.

**Tripes :** Corbières, Mâcon rouge, blanc d'Anjou demi-sec ou Chardonnay. Voir aussi Rognon et Foie.

**Veau**

**Blanquette de veau :** Vouvray sec, Riesling, Bourgogne blanc.

**Escalopes normandes :** Côtes-du-Rhône, Mâcon rouge, Bergerac, Buzet.

**Veau grillé :** Côte-de-Beaune, Graves, Pinot Gris d'Alsace, Penedès, Cabernet-Sauvignon d'Italie du Nord.

**Avec une sauce à la crème :** Bourgogne blanc et autres Chardonnays.

**Venaison :** Côte-Rôtie, Châteauneuf-du-Pape, Cornas, Rioja Reserva, Vega Sicilia, bon Bourgogne comme La Tâche, Cahors, Gigondas, Barolo, Shiraz australien, Tokay d'Alsace Vendange Tardive, Pfalz Spätlese.

**Viandes grillées au barbecue :** Fitou, Tavel, rouge de Provence, Rioja, Cabernet-Sauvignon ou Zinfandel californien.

## LE MARIAGE DU FROMAGE ET DU VIN

L'association du fromage et du vin peut être difficile. Certains fromages sont si forts que les vins rouges les plus puissants ne sont pas à la hauteur et, à l'inverse, d'autres sont si neutres qu'ils font ressortir l'acidité des vins. Le stade d'affinage de chaque fromage au moment de sa consommation compte tout autant que sa variété. Seul un vin à son apogée convient à un fromage mûr. Accorder les fromages et les vins d'une même région reste une valeur sûre ; les autres se déclinent au gré des goûts en fonction de la matière grasse du fromage, mais aussi de l'acidité, des tanins et des sucres des vins.

*Brebis, pecorino :* Châteauneuf-du-Pape, Cahors, Madiran, vins corses, vins blancs du sud de l'Italie et rouges de Sicile.

*Brie, coulommiers :* Rouge fruité comme un Beaujolais-Villages, un Côte-de-Beaune, un Pomerol ou un Saint-Émilion.

*Camembert :* jeune Côtes-du-Rhône rouge, Corbières.

*Cantal, saint-nectaire :* Côtes d'Auvergne rouge, Côtes-Roannaises, Beaujolais, Saint-Pourçain ou autre blanc de Loire.

*Chèvre :* frais, moelleux ou sec : vin de cépage Sauvignon (Sancerre sur un crottin de Chavignol). À défaut de Sauvignon, Bourgogne Aligoté, Pinot Grigio italien, Corbières blanc sec ou Provence rosé, rouge léger comme le Beaujolais.

*Comté :* vin blanc du Mâconnais, du Jura ou de Savoie, vin jaune.

*Époisses :* bon Bourgogne rouge.

*Gorgonzola et autres fromages bleus légers :* Gigondas, Châteauneuf-du-Pape, Barbera, Valtellina, Dolcetto ou Nebbiolo d'Alba, Zinfandel, Sauternes, Monbazillac, Porto Tawny, Málaga sec, Madère Sercial, Marsala Vergine.

*Gruyère jeune :* vin blanc fruité suisse ou rouge léger comme le Beaujolais.

*Gruyère fait :* Pinot Gris d'Alsace, un rouge léger et fin, Xérès Fino.

*Hollande, cheddar, cheshire :* rouge fruité du Médoc, de la Côte de Beaune, Cabernet-Sauvignon, Porto Tawny ou Vintage, Xérès.

*Maroilles, rollot et autres fromages forts du nord de la France :* Côte-Rôtie.

*Munster :* Gewürztraminer.

*Parmesan :* Barolo, Barbaresco, Lambrusco rouge sec, Porto Tawny, Zinfandel.

*Pont-l'évêque :* vin rouge aromatique comme Pomerol, Volnay, ou un Gewürztraminer.

*Port-Salut :* rouge fruité, Bourgogne, Bergerac, Jasnières.

*Reblochon :* blanc sec fruité, comme Roussette de Savoie, Crépy, Sancerre, Gewürztraminer d'Alsace ; Mondeuse rouge ou Beaujolais.

*Roquefort et autres bleus forts :* Châteauneuf-du-Pape, Madiran, Sauternes ou Porto.

# LA VINIFICATION

FAIRE DU VIN N'EST PAS DIFFICILE, MAIS FAIRE DU BON VIN À CHAQUE MILLÉSIME RELÈVE DE L'EXPLOIT. VOICI UNE PRÉSENTATION DES MÉTHODES TRADITIONNELLES ET DES NOUVELLES TECHNOLOGIES.

Les vendanges en Sauternais sont uniques : elles se font par tries successives sur un à deux mois. Les meilleurs Sauternes sont élaborés uniquement avec les grappes atteintes par la pourriture noble *(Botrytis cinerea)*.

Faire du vin est l'une des techniques que l'homme maîtrise depuis fort longtemps. Au cours des millénaires, vinifier est devenu un art, dont les subtilités et les secrets se sont transmis de génération en génération. Néanmoins, la vinification n'est devenue une science que pendant la seconde moitié du XX<sup>e</sup> siècle. Aujourd'hui, elle est un amalgame parfois délicat de trois éléments : techniques artisanales, décisions créatives et connaissances scientifiques. Les générations précédentes n'avaient pas beaucoup le choix : les conditions locales – climat, sol et proximité du marché – déterminaient le type de vin que l'on pouvait produire ; de plus, les habitudes et les traditions venaient renforcer ces règles de base au point de les rendre sacro-saintes. Désormais, le mystérieux processus de la fermentation, si étrange que nos ancêtres invoquaient les dieux pour l'expliquer, peut se contrôler à partir d'une console d'ordinateur. Le producteur sait choisir de nouvelles variétés de cépages mieux adaptées et plus résistantes aux maladies, voire remplacer ses cépages indigènes par des variétés françaises réputées. Mais, malgré toutes ces nouvelles possibilités, il sait très bien que les techniques traditionnelles sont le reflet de connaissances précieuses. Partout dans le monde du vin, les vignobles et les caves, le scénario est le même : le vinificateur scientifique, frais émoulu d'études d'œnologie, et le vinificateur traditionnel se rencontrent. Le vinificateur averti sait que les trois approches – techniques régionales traditionnelles, décisions innovantes et analyse scientifique – ont chacune un rôle à jouer si l'on veut éviter de produire des vins techniquement parfaits mais sans originalité ni caractère. Du cep au verre, le chemin est long, et chaque étape contribue à « construire » un vin ou à le galvauder. Les intérêts des différents partenaires de la chaîne de production risquent parfois, en effet, d'être conflictuels. Le viticulteur cherche à obtenir le prix maximal pour ses raisins et préfère les récoltes abondantes. Le vinificateur, qui reçoit les raisins, peut préférer des rendements moins élevés de la vigne afin que les raisins aient une meilleure concentration d'arômes et de saveurs. Enfin, le comptable de la propriété, qui préfère les ventes rapides au stockage d'invendus dans de coûteuses barriques, ne partage pas le désir du vinificateur de faire des vins qui mettent trop longtemps à vieillir.

# LES TECHNIQUES TRADITIONNELLES

Le seul ingrédient indispensable pour faire du bon vin est un raisin mûr. Conduire à maturité des raisins sains et les récolter au bon moment est la mission du viticulteur. Le vinificateur (qui peut être la même personne) reçoit les raisins puis crée les conditions nécessaires au bon déroulement des fermentations. Ces processus biochimiques permettent la transformation en alcool des sucres contenus dans les raisins et l'extraction des arômes du raisin.

Les vinificateurs modernes essaient de guider et de contrôler les différentes étapes qui permettent d'obtenir un style de vin précis, et y parviennent souvent ; pour les vinificateurs traditionnels, il faut laisser faire la nature et intervenir le moins possible. Les caves et les cuveries peuvent être très fraîches au cours de l'automne, ce qui ralentit les fermentations, ou d'une chaleur qui se prolonge tard dans la saison, auquel cas les fermentations se font rapidement, à des températures élevées. Les vinificateurs d'hier ne disposaient pas des techniques permettant de faire autrement.

Les grands changements survenus dans les années 80 ont porté sur la maîtrise des fermentations avec, pour corollaire, la possibilité de produire plus de raisin et d'obtenir néanmoins une meilleure qualité.

## L'environnement
Les styles de vins produits dans chaque pays, dans chaque région, sur chaque coteau ont été modelés au cours des temps en fonction de l'environnement. La composition des sols et des sous-sols, le climat ou le microclimat, surtout en août et en septembre, sont autant de facteurs qui ont déterminé des choix de cépages. La législation sur les appellations contrôlées, qui date du début du siècle, n'a souvent fait qu'entériner la tradition de centaines de générations de viticulteurs. C'est ainsi que les Bordeaux rouges, par exemple, s'expliquent par le

Le foulage, selon la méthode traditionnelle, se fait au pied.

climat frais et variable de la côte ouest de la France, et répondent à la demande des commerçants du port de Bordeaux. La qualité et le style des Champagnes tiennent en bonne partie aux automnes frais et précoces et aux hivers rigoureux de cette région du nord de la France : le froid peut arrêter la fermentation alors qu'il reste des traces de sucres naturels et des levures, fermentation qui repart à l'approche du printemps suivant. La maîtrise de ce phénomène naturel lié au climat a donné les vins mousseux.

## La naissance de la vigne
La culture de la vigne pour faire du vin est une invention de l'homme. Au cours des temps, il a constaté que lorsqu'on taillait la vigne, lorsqu'on l'empêchait de se développer naturellement et que l'on réduisait sa croissance, elle développait ses fruits. C'est ainsi que les jardins sont devenus vignobles, et que le raisin a été récolté pour produire du vin : le vigneron taille sa vigne en hiver,

rogne ou écime au printemps et en été, se débarrasse du surplus de grappes en juillet, et effeuille avant les vendanges de manière à obtenir des grappes riches en jus de raisin apte à produire du bon vin. Les vignobles sont très anciens – ils remontent à l'Antiquité. Les moines du Moyen Âge en plantèrent beaucoup. Toutefois, jusqu'au XXᵉ siècle, on a plutôt planté quelques rangs de vigne au milieu d'autres cultures. Les agriculteurs italiens, par exemple ont pratiqué les cultures mélangées jusqu'en 1950.

## Les rendements
Les anciennes méthodes de viticulture étaient laborieuses et souvent vouées à l'échec : pourriture, mildiou, insectes, pluie, vent, grêle et gelées avaient raison du raisin et l'homme ne savait pas intervenir efficacement. Ceux qui pouvaient se le permettre envoyaient des ouvriers retirer les insectes à la main ; les autres perdaient leurs récoltes. Un été pluvieux signifiait des raisins pourris, car il

n'existait pas de traitements anti-pourriture. Toutefois, les méthodes traditionnelles de viticulture avaient l'avantage de produire des rendements peu élevés par hectare de vigne, aussi le jus de raisin était-il concentré et d'un bon potentiel aromatique. Les techniques modernes (voir p. 102-103) offrent la possibilité de doubler ou de tripler le nombre de grappes par cep – mais on peut légitimement se demander si ces raisins feront de grands vins dotés d'une bonne aptitude au vieillissement.

### Du raisin au vin

Les raisins contiennent des sucres naturels en quantité importante, et la peau du grain mûr fixe les levures indigènes. Quand les levures entrent en contact avec le jus de raisin, la fermentation démarre. Autrefois, le vinificateur, pour obtenir une bonne extraction des éléments aromatiques (les peaux pour les vins rouges), foulait ou pressait les raisins pour en libérer le jus, processus de foulage qui s'effectuait à l'origine avec les pieds. Dans la région de Porto, au nord du Portugal, dans les îles grecques et dans quelques contrées reculées, on foule toujours les raisins au pied. Selon les producteurs de Porto, ce serait la méthode la plus douce pour obtenir une bonne extraction aromatique.

Pour les vins rouges, on met ensuite les raisins foulés et leur jus dans une cuve et on attend le début de la fermentation, dont la durée est variable. En fin de fermentation, on fait couler doucement le vin de goutte dans une autre cuve et on pressure les marcs et les lies, éléments solides contenant encore du liquide, pour en extraire le jus restant et obtenir les vins de presse.

Pour les vins blancs, le pressurage se fait avant la fermentation : on presse les raisins pour en extraire le jus que l'on fait fermenter seul en cuve ou en barrique.

La différence de goût et de structure entre les vins rouges et les blancs réside dans cette étape. Seuls les vins rouges fermentent avec les peaux, qui leur transmettent non seulement leur couleur (le vin blanc peut être élaboré à partir de raisin rouge, à condition qu'il soit pressé d'abord), mais aussi les tanins et les composants aromatiques que renferment les peaux et les pépins.

### Le problème de la fermentation

La fermentation doit se faire à la bonne température. On laisse les portes et les fenêtres ouvertes dans les anciens chais

## LES STYLES CLASSIQUES

Les styles de vin de certaines régions européennes sont devenus des classiques, que l'on cherche à imiter sur d'autres continents. Les techniques de base sont expliquées ci-dessous.

**Bordeaux rouge.** Au climat tempéré, suffisamment chaud pour faire mûrir les raisins rouges (Cabernet-Sauvignon, Cabernet Franc et Merlot), s'ajoutent des techniques de vinification qui favorisent l'extraction des arômes, des assemblages et l'élevage en barriques, pour produire des vins racés complexes, de grande longévité.

**Bordeaux blancs liquoreux.** Le microclimat de la région de Sauternes permet le développement de la pourriture noble (voir p. 159) ; à cela s'ajoutent les tries (vendanges sélectives et successives) et l'élevage du vin en barriques.

**Bourgogne rouge.** Des terroirs extraordinaires, des rendements bas, les meilleurs clones de Pinot Noir, une macération préfermentaire, une fermentation rapide à des températures relativement élevées et l'élevage en barriques constituent la recette de ces vins.

**Bourgogne blanc.** La nature des sols, le climat, le cépage Chardonnay aux arômes intenses et la fermentation en barrique jouent chacun leur rôle dans ce style de vin blanc classique, qui devient encore plus complexe après un élevage en barriques et quelques années de bouteille.

**Riesling allemand.** Une longue maturation du raisin, pendant l'automne chaud, des tries au moment des vendanges, des fermentations lentes en cuves de gros volume et dans des caves fraîches, une clarification naturelle en cuve, conduisent à des vins intenses, mais il faut des rendements bas et des vignobles bien situés.

Pour les styles de vins mutés – Porto, Xérès et Madère –, voir chapitre p. 433-448.

afin de rafraîchir ces derniers, ou on allume des feux pour les réchauffer.

Une fois la fermentation commencée, la nature prend le relais. Une trop forte chaleur peut porter le vin à une température si élevée qu'elle inhibe l'action des levures, ce qui bloque la fermentation. Celle-ci peut reprendre ou non lorsque la température baisse. Le vin peut s'en remettre ou être définitivement perdu.

Blancs ou rouges, les jeunes vins ne sont pas limpides ; on les laisse reposer, puis on les soutire ; on les sépare doucement de leurs lies, composées principalement de particules solides et de levures mortes. Suit une période plus ou moins longue en cuve, ou en barrique, qui sert à « arrondir » et à clarifier le vin.

À l'exception de l'étape finale, la mise en bouteilles, les régions du monde fermement attachées à la tradition suivent toujours le processus expliqué ci-dessus. Hormis le foulage au pied, remplacé par les fouloirs-égrappoirs, rien n'a vraiment changé. Quelques-uns des plus grands vins de France et d'Allemagne sont élaborés selon ces pratiques.

Le début de fermentation a toujours constitué un problème. Faute de levures sèches (une sélection de souches est aujourd'hui disponible dans le commerce), il fallait se contenter des levures présentes à l'état naturel sur les peaux des raisins. Jusqu'au début de ce siècle, personne ne comprenait la fermentation malolactique, ou seconde fermentation, qui « réveille » le vin au cours de son premier printemps, au moment même où les vignes commencent à bourgeonner (voir p. 105). Un trop long séjour en fût entraînait l'évaporation du vin ; il fallait sans cesse remplir le fût. Les fûts sales pouvaient oxyder le vin. Le vin était vendu tôt ou tard à un négociant. La mise en bouteilles au château, avec les garanties qu'elle offre, n'est devenue une pratique courante qu'au XXᵉ siècle.

Les techniques traditionnelles consistaient donc à intervenir au minimum, entraînant le risque de se trouver confronté à des problèmes graves.   □

# LE CALENDRIER DES TRAVAUX

Chaque année, le cycle végétatif de la vigne se renouvelle dans tous les vignobles du monde de la même façon. Le travail du viticulteur n'a pas changé : maîtriser la croissance, combattre les mauvaises herbes, les insectes et les maladies de la vigne, vendanger au bon moment.

## La vie d'une vigne

La vigne est à la fois une plante vivace et un arbre fruitier. Elle suit donc un cycle annuel de production de fruit et son propre cycle de vie : d'abord bouture, elle devient jeune vigne avant d'atteindre sa maturité et la pleine production. Cette dernière diminue avec le temps. Un cep peut très bien vivre un siècle ou plus, mais la plupart des producteurs arrachent les vignes âgées de plus de 40 ans lorsqu'elles produisent moins de grappes. De façon générale, plus la vigne est âgée,

Vendange des grappes mûres.

meilleur est le vin, car les racines des vieilles vignes plongent plus profondément dans le sous-sol et exploitent mieux les ressources du terroir. Les vieilles vignes produisent moins de raisins, mais leur jus est généralement plus concentré et d'un grand potentiel aromatique. Les jeunes vignes de moins de quatre ans sont exclues des vins d'appellation d'origine contrôlée.

## Le cycle annuel de la vigne

La vigne ne peut prospérer que si elle connaît une période de repos l'hiver. Les étapes décrites ci-après correspondent à une vigne de climat tempéré, en France. Dans des climats plus froids ou plus chauds, ces étapes sont franchies plus ou moins tard ; dans l'hémisphère Sud, les saisons sont inversées.

Au début du printemps, la sève monte dans la plante. Les bourgeons apparaissent sur les sarments dénudés en mars ou avril. Ils s'ouvrent. Les feuilles se déplient, étape suivie à la fin mai ou au début de juin par l'apparition de bouquets de fleurs embryonnaires. La floraison a lieu en juin : le temps joue à ce moment-là un rôle important, car le viticulteur craint beaucoup la pluie, lui préférant un chaud soleil. Les fleurs sont blanches et minuscules et donnent de tout petits fruits à la fin de juin ou en juillet. Les raisins se développent durant l'été, devenant noirs ou dorés selon le cas.

Le raisin doit être bien mûr pour être récolté, la teneur en sucres n'est pas l'unique critère. Au fur et à mesure que cette dernière augmente, l'acidité diminue. Le moment de la vendange dépend du vin que cherche à réaliser le viticulteur : un producteur de mousseux désire davantage d'acidité qu'un producteur de vin rouge.

## Planter un nouveau vignoble

Démarrer un nouveau vignoble exige de niveler complètement, parfois de terrasser le terrain. Fournir un accès facile aux machines est une priorité, car la mécanisation diminue les coûts d'entretien de façon spectaculaire. Il faut parfois améliorer l'écoulement des eaux.

## LE TRAVAIL DE LA VIGNE MOIS PAR MOIS

Le calendrier du travail de la vigne est resté immuable. Sont décrites ci-dessous les tâches traditionnelles dans les vignobles d'Europe comme en France. Les méthodes pratiquées dans le Nouveau Monde sont indiquées quand elles diffèrent.

**Janvier.** Taille de la vigne à la main. Cette opération délicate est peu mécanisée. Une taille minimale est opérée sur certains vignobles du Nouveau Monde.

**Février.** Taille de la vigne.

**Mars.** La vigne se réveille de sa léthargie hivernale. On effectue un premier labour. En Champagne, comme dans de nombreux vignobles du Nouveau Monde, on ne laboure jamais : les mauvaises herbes, au lieu d'être enfouies, sont détruites par des herbicides.

**Avril.** Débourrement, ou sortie des bourgeons. Plantation des jeunes vignes et remise en état des palissages.

**Mai.** Les gelées de printemps sont à craindre. On traite et on effectue un second labour. Les viticulteurs biologiques ne désherbent pas.

**Juin.** Floraison. On palisse les nouveaux rameaux. Les traitements se poursuivent.

**Juillet.** Nouveau labour. Nouveaux traitements, si nécessaire. On rabat la vigne. On écime (ou taille) les trop longues tiges. Si la vigne est trop généreuse, on effectue des « vendanges en vert », ou éclaircissage, en éliminant une partie des jeunes grappes afin de limiter les rendements.

**Août.** On effectue un second rognage. On traite si nécessaire.

**Septembre.** Début des vendanges. Les machines à vendanger remplacent le plus souvent les vendangeurs, sauf dans les grands crus. Dans les vignobles où il fait très chaud, on vendange la nuit pour profiter de la fraîcheur.

**Octobre.** Fin des vendanges. On amende les sols au moyen d'engrais, de fumier ou de déchets.

**Novembre.** On taille les grandes pousses, on traite contre le mildiou. On laboure.

**Décembre.** On cure les drains, on refait les chemins, les terrasses et les murs. On commence la taille de la vigne.

Puis la terre est labourée, fertilisée et désinfectée pour éliminer les insectes nuisibles. Palissages et piquets doivent être installés avant de planter la vigne. Ils dépendent de la manière de conduire et de tailler la vigne choisie par le viticulteur. Les vignes hautes exigent des équipements sophistiqués, d'un coût élevé. Pour les vignes basses, piquets et fil de fer suffisent. Si les vendanges doivent être mécaniques, il faudra planter des rangées espacées.

Les nouvelles vignes sont plantées au printemps, soit sous forme de boutures sur des porte-greffes en place, soit en plantant des porte-greffes et en bouturant la vigne directement sur place l'année suivante (voir p. 103).

### La date des vendanges

Le potentiel d'une récolte, en volume et en qualité, est établi avant même que l'année ne commence. En effet, le cycle complexe du bourgeonnement veut que le vin d'une année provienne des bourgeons dont la formation a débuté l'année précédente.

Plusieurs périodes du cycle végétatif sont critiques. La première est le printemps : des gelées inopportunes peuvent endommager les jeunes pousses tendres jusqu'à la fin de mai. Au mois de juin, la floraison détermine le volume de la récolte et la date de début des vendanges : une floraison tardive entraîne, en général, des vendanges tardives. Les mois de juillet et août peuvent être dangereux si le temps est humide et pluvieux : le mildiou et la pourriture peuvent envahir le vignoble si les raisins ne sont pas protégés par des traitements. En septembre, le soleil est vital pour que les raisins soient menés à pleine maturité, et l'absence de pluie permet de rentrer un fruit qui n'est pas gonflé d'eau.

L'objectif visé est un raisin bien mûr, mais la teneur en sucres n'est pas le seul critère de maturité. Au fur et à mesure que celle-ci augmente, l'acidité décroît. Le moment idéal pour ramasser les raisins dépend donc de l'équilibre entre les sucres et l'acidité, que le viticulteur détermine par analyse. La décision de commencer les vendanges en évaluant le moment exact où le raisin est à son meilleur niveau de maturité est toujours difficile, car il est encore difficile de prévoir le temps qu'il fera à plus de deux jours.

La maturité des raisins est variable : les divers cépages atteignent leur maturité respective à des moments différents. De plus, les raisins issus d'un même cépage mais plantés en différents endroits d'un vignoble ne mûrissent pas forcément en même temps. Les compromis sont donc inévitables lorsqu'il s'agit de décider du moment idéal pour ramasser les raisins. L'un des avantages de la machine à vendanger est la vitesse à laquelle elle travaille : on peut rentrer la vendange à maturité optimale en un temps très court.    □

Vendanges dans le Médoc: les paniers de petite taille évitent que les raisins ne s'écrasent.

# LES TECHNIQUES MODERNES

Les vignerons sont tous de grands enthousiastes de la révolution technologique, c'est-à-dire des méthodes les plus avancées de productivité, qui, dans d'autres domaines comme la culture du blé, du riz, du café ou du coton, ont permis une augmentation phénoménale des rendements. Ingénieurs agronomes, généticiens, climatologues et œnologues ont associé leurs recherches pour mettre au point ces méthodes. Mais, si les résultats des expériences sur le blé, le riz ou le coton s'observent année après année, il faut une génération pour connaître les conclusions sur la vigne, qui met 4 ans avant de produire un vin buvable et 10 ans de plus avant d'atteindre sa maturité. La révolution technologique a certes touché le vignoble, mais elle avance très lentement. Ses premiers effets – un succès mitigé – ont posé le problème de la surproduction de vin en Europe au moment où la consommation baissait et, comme pour d'autres cultures, la qualité a parfois été sacrifiée au profit de la quantité et de la rentabilité.

Les signes du changement étaient pourtant prévisibles dès la fin du siècle dernier, lorsque les vignerons ont fait appel aux hommes de science pour combattre une série de maladies de la vigne.

### Les années de catastrophes

À la fin du XIXe siècle, en effet, de terribles fléaux s'abattirent sur les vignobles européens. S'il est vrai que le combat contre les divers insectes, les escargots, la pourriture, a toujours existé, les ravages des années 1860 et 1870, provoqués par un champignon, l'oïdium, et un insecte, le phylloxéra, venus d'Amérique, furent irrémédiables. Le phylloxéra est connu pour avoir détruit tout le vignoble, mais les attaques du mildiou et de l'oïdium furent tout aussi dramatiques.

Le phylloxéra est un insecte insidieux qui connaît plusieurs cycles de vie compliqués ; il s'attaque aux racines. Les vignes américaines ayant la chance d'être

Traitement des jeunes vignes contre le mildiou en Nouvelle-Zélande.

immunisées, on greffe maintenant des cépages français sur des ceps importés des États-Unis.

L'oïdium a été vaincu par la bouillie bordelaise (à base de sulfate de cuivre). C'est elle qui donne aux feuilles de vigne leur couleur bleue ; elle est aujourd'hui remplacée par d'autres traitements. Le mildiou ne peut être détruit par un seul passage, il exige un traitement constant avec des produits de plus en plus sophistiqués. La pourriture grise, ou *botrytis*, est tout aussi dangereuse et, comme les araignées rouges, doit être combattue.

### Les chimistes ouvrent la voie

Dans la révolution du vignoble, la première tâche des chimistes fut de lutter contre les maladies cryptogamiques (champignons) et les parasites par des traitements efficaces.

Les chercheurs ont ensuite tenté d'améliorer la quantité des récoltes et leur qualité. Les vignobles d'autre-fois avaient des rendements très bas, comparés à ceux d'aujourd'hui. Par des traitements appropriés, on a réussi à augmenter la production à l'hectare.

### Les porte-greffes et les clones

Mis à part certains cépages toujours en mutation, comme le Pinot Noir, les cépages que nous connaissons ont mis des siècles à devenir des espèces constantes : génération après génération, les vignerons ont fini par sélectionner les plants les meilleurs et les plus résistants. Récemment, les généticiens se sont penchés sur les qualités de chaque variété de plant afin d'identifier les meilleures ; aux vignerons de choisir leur(s) porte-greffe(s) et leur(s) clone(s).

La découverte et le développement d'une gamme de porte-greffes constituent l'un des grands progrès du XXe siècle. Le producteur aura pour premier critère de sélection la résistance du porte-greffe aux parasites, mais aussi sa vigueur, dont il aura besoin pour extraire les éléments minéraux du sol, pour faire mûrir plus ou moins vite les raisins, pour s'adapter à l'humidité ou à la sécheresse et, enfin, pour s'implanter dans un type de sol donné.

Les clones offrent encore plus de choix depuis que la pratique de la multiplication à l'infini des plants à partir d'un même cep souche est possible. Le pépiniériste peut ainsi offrir des clones d'une variété résistante aux parasites à mûrissement précoce et produisant de hauts rendements. Ainsi, certains vignobles ont été plantés de dizaines de milliers de plants rigoureusement identiques et mûrissant simultanément. Mais les hauts rendements de ces clones ont souvent pour corollaire des vins de piètre qualité. Les vignobles de Bourgogne, de Californie et d'Australie ont souffert d'une chute de qualité due à un mauvais choix de clones.

## La taille

Le vigneron européen taille sa vigne en hiver afin de maîtriser le développement de la plante et de réduire les rendements : plus la vigne est taillée court, moins les raisins seront nombreux. En été, le plant de vigne développe son feuillage au détriment du fruit : afin de privilégier la grappe, les vignes sont rognées latéralement et en hauteur. Cette pratique ancestrale d'équilibre entre la masse des feuilles et le fruit doit être respectée afin que la maturation du raisin se produise dans les meilleures conditions, les feuilles jouant le rôle de « poumon » de la vigne grâce à la photosynthèse et les raisins mûrissant grâce aux effets du soleil sur le feuillage. Ce principe a du être adapté dans les vignobles du Nouveau Monde, où la vigne est plantée sur un sol plus fertile et subit un climat plus chaud et où les techniques européennes produisaient des vins en abondance, mais de piètre qualité. Les vignerons californiens et australiens pratiquent aujourd'hui le «*canopy management*», qui consiste à privilégier la masse foliaire afin de réduire les rendements et d'assurer ainsi une meilleure concentration du jus dans les raisins. En outre, depuis la fin des années 80, en Californie et en Australie, on plante les vignes nouvelles sur des sites en altitude, sur des terres moins fertiles.

## Les rendements

Un hectare de vigne peut contenir entre 1 000 et 100 000 pieds. Chaque pied peut produire une seule grappe ou un plein panier. Ces choix sont ouverts au vigneron, qui reste cependant contraint

## LES BESOINS DE LA VIGNE

La vigne a besoin d'un certain nombre d'éléments pour produire un fruit. Mais c'est surtout le manque qui détermine la qualité.

**Lumière.** La vigne appartient à une famille de plantes grimpantes qui s'apparente aux lianes, dont la propriété est de grimper le long des arbres pour trouver la lumière : comme pour chaque espèce végétale, c'est la photosynthèse qui transforme la lumière du soleil en composants hydrocarbonés nécessaires à sa croissance. Le soleil n'est pas pour autant nécessaire, la simple lumière du jour lui suffit.

**Chaleur.** Comme toute plante, la vigne ne croît que dans une fourchette de températures précises : entre 10 °C et 25 °C. Au-delà d'une certaine température (environ 28 °C), l'évaporation de l'eau contenue dans les feuilles ne peut plus être compensée par l'apport du système racinaire. Les feuilles se fanent, la photosynthèse s'arrête et le raisin subit un bloquage de maturité.

**Eau.** La vigne se plaît naturellement dans un environnement humide, ce qui complique la tâche du vigneron : d'une part, le raisin risque d'être affecté par la pourriture grise ; d'autre part, l'excès d'eau peut faire éclater les grains de raisin ou produire des rendements pléthoriques. La vigne plongeant ses racines loin dans le sol pour atteindre l'humidité dont elle se nourrit, tout vignoble a donc besoin d'une nappe phréatique en profondeur. Le réseau racinaire ira y puiser l'eau nécessaire à la plante et se chargera par ailleurs de lui apporter les éléments minéraux indispensables. Afin d'éviter les dépassements de rendements, l'irrigation est donc interdite dans les vignobles de vin de qualité d'Europe, alors que, aux États-Unis, en Australie et en Afrique du Sud, elle est un mal nécessaire.

à l'application des règlements qui régissent son vignoble. Les législations française et italienne sont fondées sur le rendement maximal d'un certain volume de vin par hectare. L'Allemagne ne fixe pas de limite supérieure à la production ; toutefois, les propriétaires de vignobles de qualité réduisent volontairement leur production. Les pays du Nouveau Monde n'ont aucune réglementation et n'imposent aucune contrainte sur les rendements.

Les autorités viticoles d'Europe sont convaincues que les rendements faibles sont une bonne chose. Autre principe : les vignes qui souffrent, en raison d'un sol pauvre, d'une forte densité de plantation, d'une taille courte et d'un amendement minimal, donnent un meilleur vin. Pourtant, des expériences menées dans le Nouveau Monde produisent des vins buvables issus de rendements impressionnants. Il reste que de nombreux experts du monde entier s'accordent à penser que les vins de qualité sont synonymes de faibles rendements. Le niveau de 50 hl/ha semble être le rendement maximal des grands vins (6 600 bouteilles par hectare), au-delà duquel le viticulteur prend des risques sur la qualité.

## Les vins biologiques

Le souci de protection de l'environnement a conduit un nombre croissant de vignerons – dans le Nouveau Monde comme en France et en Allemagne – à proscrire les produits chimiques ; mais une viticulture biologique réussie implique davantage qu'une simple suppression des fertilisants de synthèse, des herbicides et des pesticides. On peut opter pour des engrais végétaux ou animaux, et, contre les insectes nuisibles, des pulvérisations à base de plantes ou de minéraux. On favorise la présence de certains insectivores et le désherbage se fait de manière mécanique. Mais la terre met plusieurs années pour se débarrasser des produits chimiques.

La vinification suit également des préceptes biologiques ; cela dit, les bons vinificateurs utilisent toujours au minimum les additifs. □

# LA FERMENTATION

Au moment des fermentations, la cuverie d'une entreprise viticole est un endroit magique. Le visiteur remarque tout d'abord une odeur forte, agréable, qui évoque un peu celle du pain en train de cuire. Une douce chaleur émane des gigantesques cuves en bois, en ciment ou en acier inoxydable alignées dans la grande salle haute de plafond de la cuverie. Lorsque l'on s'approche des cuves, on entend vivre et bouillonner le moût qui se trouve à l'intérieur, masse turbulente qui ne laisse échapper que du gaz carbonique. Il s'agit du processus de fermentation, que la science n'est parvenue à expliquer que récemment : auparavant, la transformation en vin semblait relever de la magie.

C'est à la fois une réaction chimique complexe et un processus totalement naturel. Les raisins fermentent une fois la peau des grains fendue : les sucres contenus à l'intérieur du fruit mûr entrent alors en contact avec les levures présentes sur la fine pellicule qui recouvre chaque grain, et la fermentation commence. Le vinificateur se contente de fournir le récipient (la cuve) qui contient le jus et d'écraser les raisins. Depuis que la microbiologie de la fermentation est connue en détail, il contrôle mieux le processus. En fait, le verbe « guider » convient mieux que celui de « contrôler » : la fermentation est un processus inéluctable, le vinificateur ne peut que l'orienter.

## Le processus de fermentation
Plusieurs levures différentes se trouvent sur la pellicule du raisin mûr. Une seule, cependant, peut provoquer la réaction avec les sucres du raisin afin de produire de l'alcool. Cette levure, de l'espèce *Saccharomyces cerevisiae,* se multiplie rapidement dans le moût en cours de fermentation et réagit avec les sucres naturels, glucose et fructose, présents dans la pulpe.

Cette réaction provoque de la chaleur – d'où l'importance de pouvoir refroidir les cuves en fermentation – et du

Test de maturité du raisin.

gaz carbonique. Pour éviter que ce dernier n'arrête l'action des levures, le vinificateur doit oxygéner le jus. Il le fait couler de la cuve dans un sac, pour l'aérer, puis le pompe vers le haut de la cuve.

La fermentation produit d'abord le glycérol, qui est l'alcool du vin. D'autres substances résultant de ce processus sont l'éthanol, qui rend le vin onctueux, des esters ou composés aromatiques, des alcools supérieurs, servant de supports d'arômes, des aldéhydes et des acides. La fermentation entraîne aussi la formation de substances secondaires, tels l'anhydride sulfureux, qui protège le vin contre l'oxydation et les moisissures, ou le sulfure d'hydrogène, à éviter si possible à cause de son odeur d'œuf pourri. Les levures transforment aussi l'acide malique, présent à l'état naturel dans la pulpe, en alcool, et certains composants de la pulpe en polyphénols, substances aromatiques qui donnent au vin toute sa complexité.

La fermentation est l'action des levures sur les sucres. Lorsque les levures ont converti tout le sucre en alcool, elle s'arrête. C'est le processus normal.

Parfois, la teneur en sucres est si élevée que l'alcool atteint un degré qui inhibe l'action des levures : cela donne un vin puissant, mais doux, contenant encore des sucres résiduels (non fermentés). Si la température ambiante est insuffisante, les levures peuvent cesser de travailler avant d'avoir transformé tout le sucre : le vin contiendra alors une certaine quantité de sucre résiduel et un degré d'alcool inférieur à ce que la maturité des raisins aurait permis.

## Le contrôle de la température
Le principal moyen, pour le vinificateur, de conduire les fermentations est de contrôler la température, les levures agissant dans une fourchette comprise entre 12 °C et 37 °C. Autrefois, s'il faisait trop froid pour bien démarrer les fermentations, on allumait des feux dans le cuvier ou, dans les cas extrêmes, les ouvriers pénétraient dans les cuves pour apporter la chaleur de leur corps à la masse de raisins et de moût.

Une fois engagé, le processus génère des calories et s'auto-entretient. L'excès de chaleur est aussi un problème. Les années chaudes, les raisins arrivent chauds du vignoble et la cuverie n'est pas assez fraîche pour faire baisser la température. Les cuves risquent d'atteindre des températures dangereusement élevées dès que la fermentation a démarré. Pour réguler les températures, on créait autrefois un appel d'air frais dans la cuverie en ouvrant toutes les portes et fenêtres et, si l'on disposait d'eau froide et d'une pompe, on aspergeait l'extérieur des cuves au tuyau d'arrosage. Les années de grande chaleur, on allait jusqu'à jeter des pains de glace dans les cuves.

Un véritable contrôle de la température est devenu possible lorsque, au moyen de pompes, on a pu retirer des cuves les moûts en fermentation pour leur faire traverser un échangeur thermique. Les cuves en acier inoxydable, autre forme de progrès, sont aujourd'hui universellement utilisées dans les exploitations modernes. L'acier étant un excellent conducteur de chaleur, contrairement au bois, ces cuves peuvent être refroidies au moyen d'eau froide ruisselant le long de leurs parois extérieures. D'autres cuves sont entourées de tuyaux contenant un liquide réfrigérant.

## Les levures

Les levures indigènes, présentes sur la peau des raisins, sont utilisées dans la plupart des vignobles européens. Les viticulteurs du Nouveau Monde préfèrent les levures cultivées à partir d'échantillons prélevés dans les vignobles européens, parce qu'elles travaillent mieux à des températures précises. Pour contrôler les températures de fermentation, le vinificateur n'a donc plus qu'à choisir la levure convenant au niveau de température requis.

## L'adjonction de sucre

La quantité d'alcool produit et, par conséquent, la puissance du vin dépendent de la maturité des raisins. Dans de nombreuses régions du globe, la maturité ne pose aucun problème. En Europe, toutefois, plusieurs régions productrices de vins fins sont exposées au manque de maturité.

Le monde vinicole a trouvé depuis longtemps un remède à ce problème : l'apport de sucre, qui peut être effectué en ajoutant dans la cuve soit du sucre de betterave, soit du jus de raisin non fermenté (moût concentré rectifié, c'est-à-dire débarrassé de ses acides et de ses matières colorantes), qui constitue un véritable concentré de sucre. Appelée chaptalisation, cette méthode doit son nom à Jean Antoine Chaptal, ministre de l'Agriculture de Napoléon Ier, qui espérait ainsi résorber les excédents de sucre de betterave.

Tout ce sucre ajouté dans les moûts se convertissant en alcool, la chaptalisation enrichit le vin mais ne l'adoucit pas. Le sucre de betterave n'est pas celui du raisin et ne renferme pas les goûts, les tanins et les précurseurs d'arômes qu'on trouve dans le raisin. Le corollaire de cette pratique généralisée fut la tentation d'obtenir de plus hauts rendements, toute faiblesse en alcool pouvant être compensée. Le volume de sucre ajouté augmente de façon non négligeable la quantité de vin que l'on peut faire dans un millésime donné : 3,5 kg par hectolitre de moût. La chaptalisation devait rester une solution de secours dans les mauvais millésimes, mais on la pratique aujourd'hui dans presque tous les millésimes, car les vins chaptalisés paraissent plus ronds, plus riches et plus séducteurs dans leur jeunesse.

La chaptalisation est autorisée dans une partie du vignoble français (Alsace, Champagne, Bordeaux, Bourgogne, Val de Loire) ; elle est pratiquée en Allemagne pour les vins QbA et dans quelques vignobles des États-Unis (État de New York, Oregon). Elle est interdite dans le sud de la France, en Italie, en Californie, et en Allemagne pour les vins QmP. Tous les pays exercent un contrôle très strict

### BOIS OU ACIER INOXYDABLE ?

Les cuves en bois peuvent être refroidies et les expériences menées à Château Margaux, dans le Médoc, ont convaincu le vinificateur, Paul Pontallier, que le bois était préférable à l'acier. On peut recourir aux échangeurs thermiques et effectuer des remontages répétés des moûts en cours de fermentation (voir p. 108) pour réguler la température de fermentation. Bien entendu, l'acier inoxydable est plus facile à nettoyer, mais les cuves en bois présentent de très nets avantages. Pendant la période de macération, tandis que le jeune vin reste sur ses lies pour s'enrichir en couleur, en tanins et en potentiel aromatique, il est maintenu plus au chaud parce que le bois retient davantage la chaleur. Plus larges et moins hautes que les cuves en acier inoxydable, les cuves en bois permettent en outre une plus grande homogénéité des températures et une surface plus importante de matières solides (pulpe, peaux, pépins) en contact avec le moût liquide, ce qui favorise l'extraction de la couleur, des tanins et des autres composants aromatiques.

Ces recherches, et la décision d'autres châteaux prestigieux de continuer à utiliser le bois, a ouvert de nouveau le débat, mais les avantages de l'acier inoxydable à tous les niveaux de la vinification sont maintenant reconnus de tous.

sur l'utilisation du sucre. Les vins allemands de niveau QbA – la vaste majorité – peuvent être adoucis par un apport de sucre ou de jus de raisin concentré avant la fermentation. En Bourgogne, par exemple, les niveaux autorisés sont fixés millésime par millésime pour chaque appellation. Quelques producteurs opposés à cette pratique soutiennent qu'elle n'est pas nécessaire et nuit au vin. Jusqu'aux années 60, cette pratique était quasiment inconnue à Bordeaux et bon nombre de grands vins avaient un faible degré d'alcool, ce qui ne semblait pas affecter leur qualité ou leur longévité. Lamothe, grand régisseur de Château Latour, l'expérimenta pour la première fois en 1816. Les résultats ne furent pas satisfaisants : « Avec cela, disait-il, je n'en ai pas obtenu toute la satisfaction que j'en attendais, tant le raisin s'est trouvé vicié. Cela me fait penser que quand la Nature refuse les matières premières qui donnent au vin sa qualité, l'art n'y peut rien et le résultat sera toujours médiocre ».

## Adoucir le vin

En Allemagne, pour les vins de QmP, ainsi qu'en Italie, on emploie une méthode consistant à ajouter du jus de raisin non fermenté. Le terme allemand est *Süssreserve*. Le jus doit provenir du même endroit et prétendre au même niveau de qualité que le vin. Il est ajouté après la fermentation et avant la mise en bouteilles, pour obtenir un vin plus doux.

## La fermentation malolactique

Au printemps, au moment du débourrement de la vigne, c'est-à-dire lorsque les bourgeons apparaissent, les vins en barriques dans une cave traditionnelle commencent à travailler. Ils se mettent à murmurer et à bouillonner, comme pour accompagner l'éveil de la vigne. En fait, il s'agit de la fermentation malolactique, ou secondaire, provoquée par des bactéries, et non des levures, qui convertissent l'acide malique du vin en acide lactique. Cette deuxième fermentation est souhaitable dans les vins rouges, mais pas toujours dans les blancs. Les méthodes permettant de la supprimer sont détaillées ci-après (voir p. 106). □

# LA VINIFICATION EN BLANC

Les raisins blancs s'abîmant rapidement une fois vendangés, la rapidité et l'hygiène sont primordiales. Ils doivent être conservés entiers pour éviter toute macération (contact entre le jus et les peaux colorées et tanniques) ainsi que toute oxydation du jus. Les vinificateurs en blanc encouragent le ramassage et le transport des raisins en caissettes et non dans de grands récipients, afin d'éviter qu'ils ne soient écrasés. À l'arrivée des récoltes à la cuverie, on vérifie que les vendangeurs ont ramassé un fruit mûr et sain, exempt de feuilles, d'insectes ou d'autres éléments indésirables. Puis on mesure les niveaux de sucre et d'acidité.

On met parfois les raisins par grappes entières dans le pressoir mais on le fait, le plus souvent, dans un fouloir-égrappoir qui retire les rafles (parties ligneuses du raisin) et brise les peaux des grains. La masse de pulpe semi-liquide (raisins à demi écrasés) est aspirée ou versée directement dans le pressoir pour que le jus en soit extrait. Elle doit être maintenue à basse température pour éviter un départ précoce de la fermentation. Quelques vinificateurs laissent dans une cuve le jus et les raisins écrasés pour extraire des peaux un maximum d'arômes (c'est la macération préfermentaire).

## Les pressoirs
Il existe plusieurs types de pressoirs à vin blanc (la page ci-contre en présente deux) qui extraient le plus de jus possible sans écraser les pépins, effectuent un pressurage rapide pour éviter l'oxydation et fournissent le jus le plus clair possible. Les centres de vinification industriels utilisent des pressoirs horizontaux continus.

## La manipulation du jus
Le jus des raisins blancs est délicat et s'abîme aussi facilement que les raisins eux-mêmes. Lorsqu'il s'écoule du pressoir, il contient des débris solides, les bourbes, qu'il faut éliminer. Autrefois, on le laissait reposer dans une cuve pour que les bourbes tombent au fond ; aujourd'hui, on le refroidit à 0 °C : cette technique de « stabilisation par le froid » précipite les matières solides vers le fond de la cuve ; il suffit alors de soutirer le jus plus clair. La centrifugeuse présente l'inconvénient d'enlever des éléments utiles, comme les levures, et de diminuer ainsi le potentiel et la complexité du vin. On l'emploie dans les exploitations produisant de très gros volumes de vins ordinaires. On ajoute aux moûts du dioxyde de soufre pour empêcher l'oxydation et neutraliser tout développement de micro-organismes. Mais, utilisé à l'excès, celui-ci risque de masquer tous les arômes du vin.

## La fermentation
La majorité des vins blancs sont fermentés dans des cuves thermorégulées en acier inoxydable. Les techniques modernes visent une extraction optimale de fruit et d'arômes au cours d'une fermentation lente à basse température. Celle-ci peut être maintenue à 10 °C (la norme habituelle étant de 12 à 15 °C) si l'on utilise le matériel de refroidissement (ou si les caves sont naturellement fraîches). Certains vins, comme les Bourgognes blancs vinifiés de façon traditionnelle, sont fermentés en barriques de chêne de 225 litres : elles ont la forme et la taille idéales pour maintenir naturellement la température aux alentours de 25 °C.

Une fermentation conduite à basse température donne un vin frais, d'une évolution plus rapide. Les grands vins, élaborés à partir d'un jus de raisin riche et concentré, peuvent gagner en longévité et en arômes par une fermentation à température plus élevée, qui anéantirait des vins plus simples.

Dans les régions de climat frais, surtout en Allemagne, la fermentation peut s'arrêter si la température baisse avant la transformation de tout le sucre en alcool. Le vin aura de ce fait une douceur naturelle et agréable, mais il risque de refermenter au printemps, ce que les techniques de soutirage, de filtration et de sulfatage peuvent éviter.

La fermentation malolactique (voir p. 105) n'est pas obligatoire pour les vins blancs : elle contribue à arrondir les vins acides, mais peut nuire aux vins fruités des régions plus chaudes. Pour l'éviter, les vinificateurs filtrent le vin ou le passent en centrifugeuse afin d'éliminer les bactéries susceptibles de la provoquer.

## Le soutirage et le contact des lies
Une fois la fermentation terminée, on soutire généralement le vin de la cuve tandis que ses lies, résidus solides de la fermentation, restent au fond. Ce processus s'appelle le soutirage. Dans certaines régions, comme le pays nantais, on laisse le vin « sur lie » jusqu'à la mise en bouteilles. En Bourgogne, les vins blancs, surtout les grands, reposent sur leurs lies dans leurs fûts de fermentation et le vinificateur remue les lies pour les remettre en suspension dans le vin (pratique appelée bâtonnage).

## Les vins sucrés
Ces vins sont issus de raisins si sucrés que la fermentation ne peut transformer tout le sucre en alcool. Les vignerons laissent le raisin sur la vigne jusqu'à ce qu'il soit trop mûr, espérant voir apparaître le *Botrytis cinerea*, ou « pourriture noble ». En effet, il dessèche le raisin, dont le jus déjà sucré se concentre en gouttes très riches. C'est ce qui donne les meilleurs vins, comme le fabuleux Sauternes, le *Trockenauslese*, le Tokaji Aszú et plusieurs vins du Nouveau Monde. On peut également utiliser des raisins secs. C'est le cas pour le Vin de Paille français, le Vin Santo italien ainsi que d'autres vins *passito*. Certains vins sont élaborés par arrêt artificiel de la fermentation – à l'aide de dioxyde de soufre, par filtrage, par soutirage ou par mutage (voir p. 112) ou par ajout de sucre (voir p. 105).  □

# LES ÉTAPES DE LA VINIFICATION EN BLANC

La fermentation en barriques de chêne (à droite) est traditionnelle pour la vinification des vins blancs en Bourgogne. Le bois a une certaine influence sur les moûts en fermentation, et ajoute complexité et amplitude aux vins.

**1 Contrôle de qualité**
Les raisins arrivent au chai, où ils sont sélectionnés sur tables de tri avant d'être éraflés puis pressés.

**2 Pressurage :**
**le pressoir vertical**
Une pression douce sur une surface importante permet d'obtenir un jus plus clair, moins difficile à débourber ensuite.

**3 Pressurage :**
**le pressoir horizontal**
C'est le pressoir le plus répandu. Le pressoir pneumatique est le plus doux des pressoirs modernes. Une membrane interne se gonfle, ce qui presse les raisins contre les claires-voies.

**4 Fermentation**
On peut refroidir les cuves en acier inoxydable en les arrosant d'eau froide, ou en faisant passer un liquide réfrigérant dans les tuyaux des parois. Ce vinificateur peut ainsi contrôler la température de fermentation.

**5 Filtration**
La plupart des exploitations modernes utilisent un filtre ou une centrifugeuse pour clarifier le vin quand les fermentations sont terminées. Ici, on vérifie la filtration du vin.

# LA VINIFICATION EN ROUGE

Il est plus facile de faire du vin rouge que du vin blanc : le vinificateur intervient davantage pour guider que pour contrôler. Mais les grands vins rouges exigent énormément de soin et de talent. Le processus décrit ci-dessous, utilisé à Bordeaux, sert de modèle à des centaines d'exploitations vinicoles dans le monde. Des variantes existent dans d'autres régions viticoles.

Contrairement aux raisins blancs, les raisins noirs ne sont pas pressés ; ils sont d'abord foulés puis égrappés, car le vinificateur veut maintenir les peaux de raisin en contact avec le jus pendant la fermentation. Ensuite, il met dans un récipient la masse juteuse de raisins foulés pour permettre le début de la fermentation. Les cuves, équipées de circuits de refroidissement, maintiennent la température au-dessous du seuil de température de fermentation pendant un ou deux jours : cette macération à froid est destinée à extraire la couleur et les arômes de fruit des peaux de raisin. C'est la fermentation qui élève la température ou le vinificateur qui interrompt le système de refroidissement.

La cuve, traditionnellement en bois de chêne, est aujourd'hui en bois, en ciment ou en acier inoxydable. Le bois a ses partisans (voir p. 105), mais les matériaux nouveaux sont plus faciles à contrôler et surtout à vider et à nettoyer.

## Le contrôle de la température
La température de fermentation atteint naturellement 29 à 30 °C lorsque, comme à Bordeaux, le climat d'automne est tempéré. Un automne ensoleillé ou des vendanges précoces entraînent des températures ambiantes plus élevées et des fermentations rapides et tumultueuses. Celles-ci risquent d'abîmer le fruit et la délicatesse du vin et, si la température monte trop haut (32 °C, selon certains), la fermentation peut s'arrêter.

Le vinificateur observe donc constamment le thermomètre (par ordinateur, dans une exploitation ultramoderne) pour maintenir la fermentation à la température choisie et enclencher, si nécessaire, le système de refroidissement. Cette surveillance est primordiale : avec des fermentations à basse température, on extrait du fruit et de la finesse ; avec des températures plus élevées (même pour une durée très brève), on obtient un maximum de couleur et d'intensité de goût et d'arômes. Le contrôle de la température permet en outre de déterminer avec précision la durée de la fermentation. Toutefois, les vins rouges ont une durée de fermentation naturelle, qui varie en fonction du cépage et de la qualité de la vendange.

## La concentration
L'obsession du vinificateur reste d'exprimer dans le vin la plus grande concentration de matières et d'arômes. Une des pratiques les plus répandues consiste à faire écouler – ou «saigner» – une partie du jus en début de la fermentation. La saignée d'une cuve permet d'obtenir un vin d'une couleur rouge clair (comme le clairet de la région bordelaise) et, surtout, de réduire les jus qui donneront un vin plus concentré. D'autres pratiques plus récentes faisant appel à des techniques sophistiquées de filtration des moûts (filtration tangentielle ou osmose inverse) ont pour objet de retirer une partie des éléments indésirables (comme l'eau) et de concentrer le moût avant toute fermentation. La technique consistant à extraire le plus possible de ces éléments indésirables, en vogue dans les années 80 grâce à des millésimes très mûrs, semble changer depuis le début des années 90, les millésimes étant plus difficiles et toute extraction excessive développant des arômes végétaux qui ne sont pas toujours plaisants dans les vins.

## La sélection
Une fois les fermentations terminées, la technique bordelaise consiste à laisser le vin nouveau sur ses lies – c'est-à-dire en cuve, avec les résidus des peaux de raisin, les pépins et autres matières solides. Le jeune vin est mis en barriques fermées par une bonde en verre afin de laisser échapper le gaz carbonique produit par la fermentation malolactique (voir p. 105). Chaque semaine, on procède aux ouillages, c'est-à-dire qu'on fait le plein de chaque fût. Dès que le vin est stable, on bouche chaque fût, qui restera au repos jusqu'au collage (au blanc d'œuf ou à la bentonite).

Nombre de châteaux bordelais séparent les cépages, mais aussi les raisins des différentes parcelles. Cette opération facilite l'assemblage, étape finale de la sélection. Les cuves de vins de jeunes vignes ou de vignes en bordure de vignoble sont écartées du grand vin, de même que toutes les cuves inférieures au niveau d'excellence fixé : les années abondantes ou difficiles, plus de la moitié du vin produit est ainsi exclu et vendu comme «second vin» (voir p. 145).

## Les variantes du processus
La température, la durée de la fermentation, ainsi que la technique de maturation varient selon les cépages et le climat. La Bourgogne conserve ses traditions propres (voir p. 180-181) et le Beaujolais a mis au point la macération carbonique (voir p. 205-206), également utilisée dans le Midi et dans d'autres régions. Le Barolo (voir p. 359) et le Chianti (voir p. 376) italiens ainsi que le Rioja espagnol (voir p. 406-407) sont élaborés suivant la coutume locale, parfois modernisée par les vinificateurs d'aujourd'hui.

## L'élaboration du vin rosé
Il existe deux façons d'élaborer le rosé. La méthode de la saignée utilise le jus issu des premiers stades de l'élaboration du vin rouge, décrite ci-dessus.

L'autre méthode consiste à presser le raisin rouge juste assez pour colorer le moût, puis la vinification continue comme pour le vin blanc. □

# LES ÉTAPES DE LA VINIFICATION EN ROUGE

La fermentation a lieu traditionnellement sous bois (à droite), mais la cuve en acier inoxydable permet un meilleur contrôle des températures et facilite le travail des remontages. Les vins peuvent être ensuite élevés en barriques.

**1 Fouloir-égrappoir**
Cette machine sépare les raisins de leurs rafles et les foule légèrement, brisant la peau pour libérer le jus.

**2 Cuve de fermentation**
Le jus et les raisins foulés sont versés ou aspirés dans une cuve haute en acier inoxydable ou en bois. Les cuves en inox peuvent être refroidies ou réchauffées plus facilement.

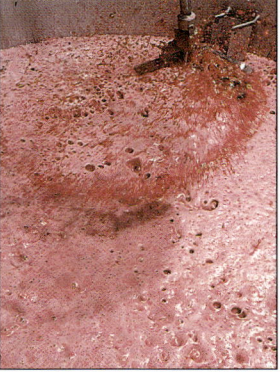

**3 Fermentation**
Les levures indigènes – ou les levures sèches introduites dans la cuve – commencent à réagir avec le jus de raisin.

**4 Remontage**
Pendant la fermentation, le « chapeau » de particules solides (peaux, pépins, rafles) se forme à la surface. Il est immergé et remis en contact avec le moût pour obtenir une meilleure extraction des tanins, de la couleur et des arômes.

**5 Élevage**
Une fois la fermentation terminée, le jeune vin est soutiré vers d'autres cuves. Les matières solides – les peaux de raisin, essentiellement – sont pressées. On en tire un vin très coloré au goût fort : le vin de presse.

# LA VINIFICATION DES VINS MOUSSEUX

L'élaboration des vins mousseux se pratique en diverses méthodes. Pour les meilleurs vignobles ou pour les meilleurs crus, un vin mousseux doit être élaboré selon la méthode champenoise.

## La méthode champenoise

Les vins mousseux dans le style des Champagnes requièrent une seconde fermentation qui s'opère en ajoutant au vin blanc tranquille, vinifié traditionnellement (voir p. 106), du sucre et des levures. Cette fermentation, qui se fait en bouteille, produit du gaz carbonique. Celui-ci, emprisonné dans la bouteille, rend le vin mousseux.

Les étapes complexes de l'élaboration du Champagne sont indiquées ci-contre. D'abord, le choix rigoureux des raisins est essentiel. Puis, le pressurage est conduit avec rigueur : l'objectif est d'obtenir un jus propre, dont le contact avec la peau des raisins n'a extrait que peu de tanins ou de couleur.

Les raisins sont versés dans des pressoirs verticaux contenant 4 tonnes de vendange. Pour le Champagne, on n'utilise que les 2 050 litres de première presse appelés « cuvée » et les 500 litres de deuxième presse, ou « taille ». Après fermentation, le vin est clarifié par collage, filtré et stabilisé.

L'étape suivante est l'assemblage des différents vins. Les responsables de l'exploitation goûtent les vins de chaque cuvée – une de la Côte des Blancs, une autre d'Ay, une troisième de la Montagne de Reims et ainsi de suite. Il y aura des échantillons de Pinot Noir, de Chardonnay, de Pinot Meunier, environ une cinquantaine en tout. L'objectif est d'assembler un vin qui reflète le style de la maison et d'obtenir le même niveau de qualité d'une année sur l'autre. Les vins des années précédentes peuvent être ajoutés à l'assemblage.

On ajoute au vin une « liqueur de tirage » – mélange de sucre, de Champagne et de levures –, puis on l'embou-teille dans d'épaisses bouteilles de verre, fermées par des capsules métalliques, que l'on stocke horizontalement dans la partie la plus sombre et la plus fraîche des caves.

La seconde fermentation a lieu à l'intérieur de la bouteille : elle produit du gaz carbonique et laisse un dépôt de cellules de levures mortes. Pour pouvoir ôter ce dépôt, les bouteilles sont entreposées sur des étagères spéciales, appelées « pupitres », puis inclinées progressivement à la verticale, le goulot vers le bas, tout en étant retournées régulièrement par des cavistes expérimentés, les « remueurs ». Les sédiments, entraînés peu à peu le long de la paroi inférieure, s'accumulent au-dessus de la capsule.

L'opération suivante, le dégorgement, est délicate. Le goulot des bouteilles est trempé dans une solution qui congèle le dépôt de sédiments. Puis les bouteilles sont ouvertes et le dépôt éjecté sous la pression du Champagne. Ensuite, on ajoute la « liqueur d'expédition », mélange de Champagne et de sucre. Cette étape, appelée dosage, détermine si le Champagne est brut, demi-sec ou sec. Les bouteilles, bouchées avec leur bouchon traditionnel, maintenu par un muselet métallique, sont prêtes à être étiquetées avant d'être vendues.

Le temps est un facteur de qualité. Le vin subit sa seconde fermentation en bouteille en trois mois. Les sociétés qui privilégient la qualité laissent reposer les Champagnes pendant deux à trois années avant le dégorgement et ensuite quelques mois avant l'expédition.

La méthode champenoise est pratiquée ailleurs, avec des raisins de même cépage, mais on n'a encore jamais réussi à égaler la qualité des Champagnes. Toutefois, la production de vins mousseux du Nouveau Monde va s'améliorant.

## Les autres méthodes

Les vins peuvent être transformés en mousseux par l'une des méthodes suivantes.

**Procédé Charmat (ou cuve close).** La seconde fermentation, après l'ajout de la liqueur de tirage, se déroule dans une très grande cuve, et non en bouteille. Puis le vin est refroidi, filtré et transvasé sous pression dans une deuxième cuve, adouci avec la liqueur d'expédition et mis en bouteilles.

**Le transfert.** Le processus est identique à la méthode champenoise jusqu'au dégorgement. Le vin est alors transféré dans des cuves pressurisées, filtré pour ôter le dépôt, puis remis en bouteilles.

**Gazéification.** Dans cette méthode primitive, on injecte du gaz carbonique dans le vin avant la mise en bouteilles. □

---

### AUTRES VINS ÉLABORÉS SELON LA MÉTHODE CHAMPENOISE

Le terme «méthode champenoise» est interdit sur les étiquettes de vins mousseux autres que les Champagnes, mais ce procédé est utilisé ailleurs.

**France.** Val de Loire : Vouvray, Saumur, Crémant de Loire
Bourgogne : Crémant de Bourgogne
Alsace : Crémant d'Alsace
Rhône : Clairette de Die
Midi : Blanquette de Limoux
**Italie.** Lombardie, Trentin : libellés *metodo classico* ou *metodo tradizionale*

**Espagne.** Catalogne : vins libellés *cava*
**Allemagne.** Certains *Sekt* (voir p. 342). Rares sont ceux qui sont fermentés en bouteille
**États-Unis.** Californie, État de New York, et autres régions : libellés *classic method* ou *fermented in the bottle*
**Australie et Nouvelle-Zélande.** Le mot « Champagne » est désormais illégal sur l'étiquette. Il faut chercher la mention *bottle-fermented* ou *fermented in the bottle.*

# LA MÉTHODE CHAMPENOISE

La seconde fermentation en bouteille provoque un sédiment de levures mortes. C'est le remuage manuel sur pupitres (ci-contre) qui permet de rassembler ce dépôt sur le goulot de la bouteille, entreposée à la verticale, goulot vers le bas.

**1 Pressoir**
La presse verticale de Champagne permet d'obtenir d'abord la « cuvée », puis la « première taille », jus utilisés pour le Champagne.

**2 Fermentation**
Les fûts de chêne ci-dessus sont traditionnels, mais utilisés par deux maisons champenoises seulement. La plupart des autres utilisent des cuves en acier inoxydable.

**3 Assemblage**
Costumes sombres, salles blanches, innombrables échantillons de Champagne à la robe pâle : parvenir à un assemblage qui servira de recette pour mélanger à grande échelle les différentes cuvées de vins tranquilles. Le vin assemblé est ensuite enrichi d'une liqueur de tirage – mélange de sucre, de Champagne et de levure.

**4 Seconde fermentation**
Le vin ainsi enrichi est embouteillé, fermé par une capsule, et stocké. La fermentation produit du gaz carbonique et un dépôt de cellules de levure mortes qui s'accumule au-dessus de la capsule grâce au remuage.

**5 Dégorgement**
Après vieillissement en cave et remuage, les bouteilles sont transférées vers un tapis roulant qui les fait passer dans une solution qui congèle le goulot et son sédiment accumulé. La bouteille est ouverte, le sédiment éjecté, une liqueur d'expédition ajoutée et la bouteille est bouchée.

# L'ÉLABORATION DES VINS MUTÉS

On élabore les vins mutés comme les autres vins, à la différence qu'on y ajoute de l'alcool sous forme d'eau-de-vie. Les Xérès, les Portos, les Madères, les Vins Doux Naturels français, le Marsala de Sicile sont tous des vins mutés. Outre les cépages dont ils sont issus, ils se distinguent par le moment où se fait l'adjonction d'alcool et la quantité de celui-ci. Il existe deux principales méthodes de mutage : pendant la fermentation ou après.

À l'origine, on mutait un vin pour le préparer à voyager, pour maîtriser le processus mal compris de la fermentation qui, souvent, redémarrait dans les fûts et abîmait les vins au cours du transport. Cette pratique s'est institutionnalisée au point de représenter une famille de vins.

## L'élaboration du Porto

Les Portos sont mutés pendant la fermentation ou, plus exactement, la fermentation est arrêtée par l'adjonction d'alcool. La méthode traditionnelle, encore pratiquée dans quelques propriétés aujourd'hui, consiste à écraser et à érafler les raisins puis à les verser dans de vastes récipients ouverts en pierre, appelés *lagares*, où ils sont foulés au pied. Le foulage au pied est laborieux, mais considéré comme le meilleur moyen d'extraire la couleur des raisins à peau épaisse des cépages de Porto sans prendre le risque d'écraser les pépins. Le coût de la main-d'œuvre limite cependant cette pratique à une minorité de *quintas* de Porto pour leurs meilleurs vins.

Le jus fermente dans les *lagares* entre 24 et 36 heures peut-être, et non des semaines comme les vins rouges. Le vinificateur vérifie constamment le niveau d'alcool et la douceur du vin en cours de fermentation. Quand il a atteint le niveau désiré – suffisamment fort, avec environ 9 % vol d'alcool, mais encore doux –, on verse le vin nouveau dans des fûts ou des cuves et l'on y ajoute de l'*aguardiente* (eau-de-vie de rai-

Un exemple de Xérès Amontillado.

sin). La quantité d'alcool ajoutée correspond à 25 % du volume du vin, ce qui porte le niveau d'alcool du Porto à environ 18 % vol, degré auquel l'activité des levures est neutralisée. Le travail des levures s'arrête et le sucre non converti en alcool reste dans le vin, qui est alors du Porto.

Dans un premier temps, le résultat obtenu est un vin de robe rouge foncé, d'une agréable douceur, avec un fort goût d'alcool. Les Portos ont besoin de temps pour que l'alcool se fonde dans le vin. Au cours du premier printemps, le vinificateur déguste le vin et le classe selon ses qualités (voir p. 442).

La plupart des Portos sont aujourd'hui élaborés dans des cuves après écrasement et éraflage. Pour mélanger le moût et le chapeau de peaux afin d'extraire un maximum de couleur, le plus rapidement possible (voir p. 109), diverses méthodes sont utilisées : des auto-vinificateurs et des tambours géants qui, en un mouvement de rotation, mélangent le moût qui fermente. L'adjonction d'alcool se pratique de la même façon pour les Portos élaborés par foulage au pied.

## L'élaboration du Xérès

Les Xérès sont plus faciles à élaborer que les Portos : leur complexité provient de leurs assemblages et de leur vieillissement. Au départ, ils sont vinifiés comme tout autre vin blanc, avec des soins particuliers pour prévenir l'oxydation des raisins peu acides de Palomino. Après fermentation, le vin nouveau est versé dans un tonneau en bois qu'on ne remplit pas complètement. Quelques mois plus tard, dans certains fûts, apparaît une moisissure particulière, appelée *flor*, à la surface du vin. Le Xérès est alors divisé en différentes catégories (voir p. 437), puis muté à l'eau-de-vie de raisin en fonction de son style : peu pour les Finos (jusqu'à environ 15,5 % vol) affectés par la *flor*, davantage pour les Olorosos (jusqu'à 18 % vol) qui proviennent de fûts où la *flor* ne s'est pas développée. Tous les Xérès sont élevés en *solera* (voir p. 434). Le Fino perd petit à petit sa puissance. Il est muté une nouvelle fois au moment de l'expédition, entre 15,5 et 17 % vol. Les connaisseurs recherchent les Finos non mutés pour l'expédition. Les Olorosos gagnent en puissance au cours de leur maturation et ne sont pas mutés de nouveau.

## Les autres vins mutés

Le Marsala (voir p. 391), le Málaga (voir p. 440) et le Madère (voir p. 447) sont tous des vins mutés dont le style va du sec au doux. Pour les Vins Doux Naturels français, la fermentation est arrêtée avant que tout le sucre ne soit transformé en alcool.

Divers autres pays élaborent des vins dans le « style » des Portos ou des Xérès, certains utilisent même des variétés de raisin portugais ou espagnol afin d'obtenir des vins plus authentiques.  □

# LE VIEILLISSEMENT DU VIN

LE VIN NOUVEAU EST EN CUVE : BRUT DE FERMENTATION, JEUNE,
IL EST ENCORE RUSTIQUE ET ASTRINGENT.
L'ÉLEVAGE VA AFFINER ET DÉVELOPPER SES QUALITÉS.

Durant la première année de la vie d'un vin rouge de Bordeaux, les bondes en verre ne sont pas hermétiques, afin de permettre au vin de «travailler» : le gaz carbonique produit par la fermentation malolactique peut s'échapper.

Comme nous l'avons décrit dans le chapitre précédent, la vinification a fait l'objet d'énormes progrès au cours de ces trente dernières années, les processus de fermentation et d'extraction étant de mieux en mieux maîtrisés. Le vignoble a, lui aussi, bénéficié de nouvelles découvertes et la qualité des cépages a été grandement améliorée. Mais les phénomènes de vieillissement en cave – de la cuve de fermentation à la mise en bouteilles, voire au verre à dégustation – restent mystérieux. Les scientifiques commencent tout juste à expliquer certaines étapes du processus de vieillissement et de la maturation du vin. On sait depuis des siècles que les fûts de chêne influent sur le goût du vin, et que la qualité du bois a son importance, mais nous commençons à peine à comprendre pourquoi les vins réagissent différemment selon le temps passé à les faire vieillir. Cette étape de l'évolution du vin, entre le tumulte de la fermentation et la consommation, s'appelle l'élevage. Toutes sortes de choses peuvent se passer : de nombreux vins médiocres de précédentes générations ont été abîmés par des fûts sales ou un manque de soin en cave. Mais aujourd'hui, on comprend mieux la biochimie du vin et la plupart des incidents sont évités grâce à une meilleure connaissance des règles d'élevage des vins. Certains produits de la fermentation, dérivés naturels des réactions chimiques et microbiologiques, doivent être retirés ou neutralisés si l'on veut que le vin se garde en bouteilles. Le château, l'exploitation ou le négociant qui élèvent des vins jeunes, utilisent toute une série de procédés visant à les clarifier, à les stabiliser, à arrondir leurs aspérités et à leur permettre ainsi de se bonifier. Le contenant dans lequel vieillit le vin peut jouer un rôle – c'est le cas des fûts en chêne neufs – ou être neutre – s'il s'agit de cuves en acier inoxydable ou de bouteilles en verre.

Après la mise en bouteilles, le vin peut tout autant souffrir de mauvais traitements, comme le transport, les différences de températures, les vibrations et la lumière. Il se plaît au calme, à une température fraîche et constante, pour que les éléments solides en suspension dans le liquide puissent se déposer lentement, par gravité. Ces principes de conservation doivent être suivis jusqu'au service du vin, étape finale qui doit bénéficier de tout autant d'attention.

# L'ART DE L'ÉLEVAGE

Le terme d'«élevage» exprime bien le lent travail nécessaire pour affiner et développer les qualités d'un vin et le préparer à la consommation. Les procédés utilisés sont expliqués dans l'encadré «Le travail dans les caves», p. 116.

La façon dont le vin est stocké durant son vieillissement est d'une importance primordiale pour l'amateur de bon vin, car elle peut en affecter le goût et le caractère. Les premières questions à se poser lorsque l'on découvre un nouveau vin sont : comment a-t-il été élevé, et pendant combien de temps ?

Certains vins sont peu ou pas du tout élevés, mais ils passent, presque tous, par des étapes de traitements qui les stabilisent et les préparent à être mis en bouteilles. De nombreux vins blancs le sont assez vite après leur vinification, et doivent être bus très rapidement. D'autres, rouges et blancs, restent plus ou moins longtemps dans une cuve ou un fût, puis vieillissent encore en bouteilles avant d'atteindre leur apogée. Les rouges destinés à un long vieillissement, tels que les grands crus de Bordeaux, de Bourgogne ou certains vins du Rhône, peuvent passer plus de deux ans en cave avant d'être mis en bouteilles. Le vieillissement en bouteilles s'effectue généralement dans la cave du consommateur – un vaste sujet qui est abordé en p. 57 à 60 dans le chapitre «Le vieillissement des vins».

L'utilisation de barriques fut essentielle dans l'évolution de l'art de l'élevage. Plus tard vint la bouteille – utilisée aussi bien pour le service que pour le stockage, technique qui apporta de profondes modifications.

Les deux méthodes de vieillissement – en cuves (ou en fûts) et en bouteilles – peuvent être appliquées de manière complémentaire. Certains vins sont conservés en fûts jusqu'à ce qu'ils soient prêts à être consommés, et ce n'est qu'à ce moment qu'ils sont mis en bouteilles. D'autres le sont alors qu'ils ont encore besoin de temps pour adoucir leurs

Au Château Léoville-Barton, le collage est de six blancs d'œufs par barrique.

tanins et leur astringence. Parmi les premiers, on peut citer le Porto Tawny, le Xérès, les vins doux naturels, de nombreux rouges italiens et (traditionnellement) le Rioja rouge et blanc. Les seconds comprennent le Porto millésimé, les crus de Bordeaux et de Bourgogne.

## De la peau de chèvre au plastique

Dans les tout premiers temps, le vin était sans doute conservé dans des outres en peau de chèvre. Cette coutume, toujours pratiquée au début de ce siècle, explique les arômes bouquetés particuliers de certains vins espagnols ordinaires conservés dans des *borrachas*. Les peaux de chèvre ou de porc utilisées pour ces outres étaient encore garnies de poils à l'intérieur, enduits de poix pour les imperméabiliser. La *bota*, gourde de cuir espagnole, petite et d'odeur moins forte, était plus raffinée.

Le monde antique fabriquait des jarres en poterie, dans lesquelles on conservait et transportait le vin. Les Grecs et les

Romains utilisaient des amphores pour le transport du vin et d'autres produits de consommation tels que l'huile. En Méditerranée, la «pêche» de ces antiques vestiges est toujours pratiquée. Les Romains commencèrent à fabriquer des fûts en bois après avoir traversé les Alpes – il n'est donc pas impossible que les Gaulois ou les Celtes aient été les premiers à les inventer. Le fût, ou la barrique, furent les contenants principaux utilisés pour le transport du vin, comme on peut le constater grâce aux découvertes archéologiques, sculptures et inscriptions de l'ère romaine, en France, en Grande-Bretagne et en Allemagne.

Le fût est en effet plus léger, plus solide, plus facile à transporter et à réparer qu'une jarre en pierre. Ces qualités le rendirent essentiel à la commercialisation du vin, bien avant que l'on découvrît sa contribution à un meilleur élevage.

Jusqu'à la fin du XIXe siècle, on utilisait surtout le bois, tant pour les cuves de fermentation que pour les fûts. Plus tard, on commença à utiliser des cuves en béton puis des cuves vitrifiées.

## La maturation

L'élevage du vin est une pratique relativement moderne. Les Romains savaient déjà qu'une amphore bien bouchée permettait au vin de se garder, mais cette science se perdit au Moyen Âge. À cette époque, on appréciait surtout les vins jeunes et fruités. Tout comme les Grecs, les amateurs de la Rome antique préféraient boire des vins sur leur fruit que des vins vieux mal conservés, au goût de vinaigre. Le seul art quelque peu sophistiqué qui ait subsisté de cette période est celui de la fabrication des fûts : ils devaient être suffisamment solides pour survivre aux heurts et aux chocs pendant le transport. Pourtant, le vin s'abîmait souvent – tournait en vinaigre ou commençait une seconde fermentation – et personne ne savait pourquoi. On invoquait les phases de la Lune, croyance logique à cette époque (voir ci-dessous).

Les grands changements datent du XVII<sup>e</sup> siècle. Les procédés employés aujourd'hui remontent pour la plupart à la fin du XVII<sup>e</sup> siècle et au début du XVIII<sup>e</sup> siècle. Assez curieusement, on ne les doit pas à des scientifiques, mais à des maîtres de cave et à des négociants pragmatiques.

## Le dioxyde de soufre

Lorsqu'il est mis en présence d'oxygène, le vin contient des bactéries qui le transforme en vinaigre. Un fût rempli ne contient pas d'oxygène, ou très peu. Une cave fraîche ralentit également la réaction. C'est pourquoi les producteurs allemands et ceux du nord-est de la France furent les premiers à vieillir le vin en fût. La forte teneur en alcool des vins doux de la Méditerranée inhibe, elle aussi, les bactéries et évite que le vin ne tourne au vinaigre.

Mais ce fut la redécouverte (les Romains l'utilisaient déjà) du dioxyde de soufre, dans l'Allemagne du Moyen Âge, qui permit de stabiliser correctement le vin. Le fait de brûler du soufre dans un fût avant de le remplir, permet de tuer les bactéries et empêche l'oxydation du vin. Cette pratique devenue

Le bâtonnage, qui remet les lies fines en suspension, rend les vins blancs plus amples.

courante dans le Bordelais au XVIII<sup>e</sup> siècle l'est aujourd'hui dans le monde entier. Le dioxyde de soufre ($SO_2$) est utilisé à plusieurs stades de l'élaboration des vins, sous une forme solide, liquide ou gazeuse. Si on veut éviter la fermentation malolactique d'un blanc, le soufre le protège et conserve l'acide malique qui préserve les arômes de pomme verte. En ce qui concerne les rouges, le soufre sert de désinfectant pour les fûts, le raisin et le vin.

De nos jours, on essaie de réduire, et parfois d'éviter, l'utilisation de soufre. Un raisin bien sain, des instruments de vinification et des lieux scrupuleusement propres rendent son usage moins nécessaire. Les consommateurs américains, soucieux de leur alimentation, ont découragé ces sulfitages ; la loi oblige maintenant les producteurs à en faire mention sur leurs étiquettes *(contains sulfites)*. Seules quelques rares personnes sont allergiques au soufre, ce qui explique que le législateur euro-péen n'a pas jugé bon d'imposer une telle mesure au Vieux Continent.

## Le but de l'élevage

L'élevage représente l'ensemble des opérations effectuées pour retirer certaines matières solides en suspension dans le vin nouveau, afin que celles-ci ne risquent pas de l'affecter plus tard. Il s'agit de cellules de levures, de bactéries et de minuscules morceaux de pellicule et de pulpe de raisin. Si l'on retire tout ou partie de ces substances, on évitera le problème majeur auquel le vin est exposé : la refermentation, provoquée par des sucres résiduels (non fermentés) et activée par des levures encore présentes dans le vin ou des levures naturelles de l'environnement. Elle a pour effet de transformer le vin en vinaigre.

Cette transformation de l'alcool contenu dans le vin en acide acétique est due à des micro-organismes qui ont besoin d'oxygène pour devenir actifs. L'excès de dépôt dans le vin est également préjudiciable car, lorsqu'il y a des sucres résiduels, il peut provoquer une seconde fermentation en bouteille ou – ceci est moins grave, mais très désagréable – un important dépôt. Le vin jeune contient aussi du dioxyde de carbone dissous, produit par la fermentation. Une petite quantité de dioxyde de carbone ajoute un « piquant » rafraîchissant ou un très léger pétillement aux vins jeunes, bien accepté par certains vins blancs. Il est apprécié dans le Muscadet mis en bouteilles sur lie – sans collage.

### Un minimum d'interventions

Connue sous divers noms, y compris celui de « vinification organique », une méthode d'élevage comportant un minimum d'interventions s'est développée depuis peu. De nombreux vinificateurs, surtout ceux qui font des vins ordinaires en grande quantité, considèrent que c'est un luxe. Ils tiennent à conserver la maîtrise des opérations à l'aide des nouvelles techniques et ne veulent prendre aucun risque pour commercialiser, chaque année, un vin correct.

Le principe du minimum d'interventions peut aller jusqu'à exclure les pompes qui – selon certains adeptes – peuvent « meurtrir » le vin. L'exploitation verticale, où le raisin arrive par en haut et descend par gravité à travers le fouloir et l'égrappoir jusqu'à la cuve et au fût, est idéale. Ce système était courant au XIXe siècle, avant l'invention des pompes électriques. Certaines exploitations fonctionnent ainsi aujourd'hui selon ce principe, bien que l'école « anti-pompe » semble être beaucoup plus une philosophie minimaliste qu'une pratique fondée sur des expériences scientifiques.

Dans l'élaboration actuelle du vin, on utilise le moins possible d'agents chimiques – y compris le dioxyde de soufre. Les spécialistes aiment à rappeler que, comparé à de nombreux autres produits alimentaires, le vin est fort peu traité, et que tous les produits chimiques employés ont des propriétés et des effets bien connus.

On peut n'utiliser absolument aucun produit chimique et limiter l'intervention à la mise en bouteilles. Ceci exige beaucoup de soin, de propreté, et les fûts doivent être fréquemment remplis afin de ne jamais laisser le vin en contact avec l'oxygène.

La tradition veut que l'on procède au soutirage par temps clair, à la lune descendante. Ces conditions coïncident souvent avec une pression atmosphérique élevée, ce qui réduit légèrement, mais utilement, l'action des bactéries ou levures dans le vin. On obtient ainsi une grande clarté et un dépôt plus léger des lies remuées.

## LE TRAVAIL DANS LES CAVES

Les étapes successives de préparation du vin visent à stabiliser et à clarifier le vin nouveau. Elles affectent toujours le caractère du vin et peuvent, au pire, lui retirer ses arômes et son caractère. Ces opérations ne sont pas obligatoires – sauf peut-être l'ouillage et le soutirage – et sont même bannies par certains défenseurs d'une intervention minimale.

**Le collage.** Le vin nouveau contient des matières solides en suspension, telles que des cellules de levures, de minuscules particules de peau et de pulpe ainsi que des protéines. Si on ne les retire pas, le vin sera trouble et risque de s'abîmer. On en laisse une certaine quantité dans les rouges de qualité, ce qui explique le dépôt dans la bouteille. Ces éléments descendront tout doucement au fond si on leur en laisse le temps. La plupart des vins sont clarifiés par le collage. Il s'agit alors d'ajouter au vin une substance protidique qui attire et précipite les matières solides : elles descendent ensemble au fond de la cuve ou du fût, et le vin clair est soutiré. Parmi les substances servant au collage, on peut citer le blanc d'œuf battu en neige, l'argile bentonite, l'ichtyocolle et le sang. Le collage peut toutefois retirer une part de tanins et d'autres substances aromatiques souhaitables dans le vin.

**Le soutirage.** Il est effectué pour transvaser (à l'aide d'une pompe ou de la pesanteur) le vin d'une cuve ou d'un fût à un autre. Cette opération a lieu après le collage, afin de séparer le vin clarifié du dépôt ou des lies qui restent au fond du premier fût. Le soutirage permet également d'aérer le vin, surtout s'il passe par une cuve ouverte avant d'être mis en tonneau. Dans le Bordelais, la coutume est de soutirer les rouges quatre fois la première année, et deux ou trois fois au cours de la seconde.

**Le filtrage.** Les filtres modernes permettent de retirer du vin des particules d'une taille spécifique. Ceci permet d'éliminer les cellules de levures, ainsi que d'autres matières solides, pour éviter une seconde fermentation. Le filtrage permet donc de remplacer, en tout ou partie, l'utilisation de dioxyde de soufre et d'autres désinfectants chimiques.

**La centrifugation.** La centrifugeuse fait tourner le vin dans un tambour, ce qui propulse les matières solides sur les bords et permet de les extraire. À l'excès, cette opération peut retirer les meilleurs arômes du vin, mais c'est une méthode qui peut remplacer les produits chimiques et le filtrage.

**La pasteurisation.** Il s'agit d'une autre méthode pour éliminer les bactéries, les levures et éviter une seconde fermentation. Le vin est chauffé à 85° C pendant un court moment (ou plus longtemps à une température moindre). Ses détracteurs disent que cette pratique de « thermolisation » a pour effet de tuer le vin qui n'évolue plus en bouteille.

**L'ajustement de l'acidité.** Beaucoup de vins sont peu acides de nature, aussi risquent-ils de s'abîmer. De nombreux vinificateurs du Nouveau Monde ajoutent ainsi au vin de l'acide ascorbique (ou vitamine C) à la fois comme antioxydant et pour en améliorer le goût. Ceci est autorisé dans certaines régions d'Europe.

**L'ouillage.** Le vin s'évapore plus ou moins vite dans un fût ou une cuve, selon la température et le degré d'humidité du chai. Pour éviter l'oxydation, le vin évaporé est remplacé toutes les semaines par un remplissage à partir d'un autre fût. Dans les caves traditionnelles, les fûts sont d'abord bouchés avec des bondes en verre. Celles-ci sont peu ajustées afin que le vin puisse déborder lorsqu'il « travaille ». Plus tard, une bonde en bois est solidement ajustée, et le fût est tourné de 30° pour submerger la bonde.

**Techniques concernant le vin blanc.** La plupart des blancs ne subissent aucun vieillissement autre que le stockage dans des cuves de matériau inerte. Une période de stockage à température très fraîche permet aux dépôts de tartre de se précipiter en cristaux.

# L'INFLUENCE DES FÛTS SUR LE GOÛT

Les fûts en bois, lorsqu'ils sont neufs, donnent au vin un net goût de vanille. Cet apport aromatique n'est pas toujours apprécié. Dans le Bordelais et en Bourgogne, on utilise les propriétés du chêne neuf, à la fois pour les vins rouges et, dans une moindre mesure, pour les vins blancs issus de Chardonnay. Par contre, d'autres régions tout aussi traditionnelles – Porto, Jerez, la Champagne – évitent tout contact du vin avec du bois neuf. Le bois respire, laissant passer un peu d'air ; il peut contribuer à une meilleure maturation du vin et développer ses capacités de vieillissement.

Quel effet le bois a-t-il sur le vin ? Trois caractéristiques sont à prendre en compte : la taille du fût, son âge et la provenance du bois dont il est fait. Commençons par le bois : le chêne est unanimement apprécié en raison de ses propriétés physiques et de ses apports aromatiques. La structure cellulaire du chêne varie selon sa source : les vinifi-

Chauffe pour le cintrage des douelles.

cateurs distinguent le grain serré ou lâche, qui dépend de sa croissance et donc de la forêt d'où il provient. Les chênes qui poussent lentement, comme ceux du Berry, donnent un bois au grain serré.

Cette caractéristique affecte non seulement sa perméabilité à l'air, mais aussi ses composants phénoliques, plus fins (parce que les arbres poussent davantage au printemps qu'en été).

Les polyphénols contenus dans les cellules du chêne constituent l'apport aromatique recherché pour certains vins : on en a identifié plus de 60 à ce jour, dont 18 phénols différents, le plus important étant la vanilline. Les tanins du chêne sont différents de ceux qui sont transmis au vin par les pellicules et les rafles du raisin. Ils lui ajoutent de l'astringence et renforcent sa structure.

Plus complexe encore, car liée à la structure du bois, est la variété de substances que renferment les chênes provenant de forêts différentes. Le chêne du Limousin pousse rapidement, possède une structure plus grossière et apporte des composants aromatiques plus puissants que celui du Berry. Venant d'une région située plus au nord, celui-ci possède davantage de substances aro-

## LES VINS VIEILLIS EN FÛTS DE CHÊNE

Le chef de cave doit passer commande de ses barriques neuves avant les vendanges, décidant par là même du pourcentage de sa récolte qu'il logera en fûts de chêne neufs.

Certains vins, et certains millésimes ne supporteront pas 100% de chêne neuf. Le vinificateur utilisera alors un certain nombre du fûts neufs chaque année, ou effectuera une partie du vieillissement dans de l'inox ou une autre matière inerte.

Le temps passé dans le fût dépendra encore une fois du vin et du millésime. Un vin issu de plus jeunes vignes, un millésime de moindre concentration passera moins de temps en fûts.

Les vins suivants sont vieillis en fûts de chêne, moins par tradition que parce que cette pratique apporte des compléments

d'arômes et une complexité recherchée. La liste ne peut être exhaustive, car l'élevage des vins en fûts de chêne fait partie des nombreuses techniques utilisées dans le monde entier, et ce choix est toujours modulé en fonction de la qualité de chaque vendange. Et il serait difficile de trouver une région vinicole ou personne ne vieillit son vin en fûts de chêne.

**VINS BLANCS**
**Australie et Nouvelle-Zélande :** Chardonnay.
**Bordeaux :** Graves, Sauternes.
**Bourgogne :** Chablis, Côte d'Or, Chalonnais.
**Californie :** Chardonnay, certains Sauvignons.
**Champagne :** quelques maisons ont conservé la tradition des fûts de chêne

pour la fermentation ou la garde des vins de réserve.
**Allemagne :** Pinot Blanc et Pinot Gris.
**Italie :** Chardonnay.
**Rhône :** Hermitage, Condrieu.
**Espagne :** Rioja.

**VINS ROUGES**
**Australie :** Cabernet-Sauvignon, Pinot Noir, Shiraz.
**Bordeaux :** Grands crus, crus bourgeois.
**Bourgogne :** Côte d'or, Chalonnais.
**Californie :** Cabernet-Sauvignon, Pinot Noir, Syrah, certains Zinfandels.
**Italie :** Barolo piémontais et Barbaresco, « super toscans » *vini da tavola*.
**Loire :** Chinons et Bourgueils traditionnels.
**Rhône :** Hermitage et Côte Rôtie.
**Espagne :** Rioja, Ribera del Duero, Cabernet-Sauvignon.

matiques subtiles telles que l'eugénol et la lactone. Le chêne du Limousin sera utilisé pour les eaux-de-vie comme le Cognac, celui du Berry sera préféré pour les vins.

Après la coupe, les grumes sont sciées en billons qui sont ensuite fendus (et non sciés) afin d'obtenir des douelles séchées à l'air libre pendant deux ou trois ans. C'est alors qu'intervient le talent du tonnelier (voir ci-après).

## La forme et la taille du fût

Le meilleur rapport entre la masse de liquide et la surface du bois avec lequel il est en contact est celui offert par le fût de chêne d'une contenance d'environ 225 litres. C'est la taille de la barrique de Bordeaux traditionnelle. La pièce bourguignonne est de 228 litres, celle du Champagne de 220. Cette taille est devenue un standard parce qu'un tel fût peut facilement être manipulé par deux hommes. Les fûts plus petits offrent une surface de contact du liquide avec le bois proportionnellement plus grande, mais ils sont moins économiques ; les plus grands réduisent l'échange entre le bois et le vin.

Aujourd'hui, le vin n'est plus transporté en fût, et la barrique peut être faite de douelles moins épaisses. La barrique de transport traditionnelle a fait place à la barrique de château, plus fine, ce qui favorise l'apport d'oxygène, en quantités infimes mais non négligeables.

## L'âge du fût

Le fût de chêne neuf est, bien évidemment, celui qui apportera le plus de composants aromatiques au vin. Lorsque le fût est utilisé pour une vendange (on dit alors « le fût d'un vin »), les tanins et autres substances contenues par le vin, ainsi que les cristaux de tartre, se déposent sur le bois. Année après année, le fût apporte de moins en moins de composants aromatiques : plus la couche de tartre est épaisse, moins le bois a d'effet sur le vin. Une situation idéale si on a simplement besoin d'un contenant pour loger le vin.

Le bois neuf respire davantage que le vieux : ses pores ne sont pas bouchés par les dépôts du vin, aussi l'oxygène pénètre-t-il plus facilement. En outre, le chêne neuf ajoute davantage de tanin et de substances « adoucissantes » prove-

nant de la cellulose du bois, ainsi qu'une plus grande quantité d'arôme de vanille, spécifique du bois neuf. Au bout d'une année d'utilisation, le chêne perd ces caractéristiques : il donne moins de composants aromatiques et l'oxydation est également réduite.

## Comment sont fabriqués les fûts ?

Le métier de tonnelier est tout un art, mais seuls quelques-unes de ses techniques nous intéressent ici. Afin de réaliser la forme désirée, on bloque une extrémité des douelles évidées et fléchées à l'aide d'un cercle de moule. On place ensuite une chaufferette à l'intérieur pour élever la température du bois et faciliter ainsi le cintrage. Cette chauffe a pour effet de griller légèrement les parois intérieures du fût.

Or l'expérience a montré qu'une chauffe plus ou moins forte apporte des différences dans l'élevage des vins. Une chauffe importante carbonise le fût et produit un filtre de charbon de bois entre le vin et le bois, avec de forts arômes et une grande variété de composants phénoliques. Une chauffe douce permettra une meilleure extraction des composants du bois avec un peu plus d'astringence.

## L'entretien des fûts

Dans l'absolu, un fût ne devrait jamais rester vide : lorsqu'il est plein, le bois gonfle et maintient le fût étanche. Les fûts vides doivent être rincés à l'eau avant usage et désinfectés à l'aide de dioxyde de soufre.

Les vieux fûts et cuves peuvent être réutilisés en enlevant les cristaux de tartre à l'intérieur. Il faut alors les démonter, ensuite raboter les douelles, puis les remonter. On met à jour une nouvelle surface de bois, possédant des qualités qui s'apparentent à celles du chêne neuf.

## Ajouter un goût de chêne

Les fûts ne sont pas indispensables pour obtenir un goût de chêne, seule la présence du bois importe. Certaines exploitations du Nouveau Monde utilisent ainsi des copeaux de chêne en infusion dans des cuves pour donner au vin ce goût particulier – une pratique jugée peu orthodoxe en Europe.  □

L'assemblage des douelles d'une barrique de chêne.

# LA MISE EN BOUTEILLES

Une fois le vieillissement achevé, le vin est mis en bouteilles et quitte le château ou la cave du négociant pour être proposé au consommateur. La mise en bouteilles, la tâche la plus terre à terre et aussi la plus technique, comporte un stade important pour la longévité du vin : le choix du bouchon.

### Le bouchon idéal

Le chapitre sur le service des vins (p. 65 à 79) décrit les différents types de bouchons et les problèmes rencontrés au moment du service. Mais qu'est-ce qu'un bouchon de liège ? Anachronisme à l'ère des solutions techniques, cette survivance de l'époque romaine, via le XVIII$^e$ siècle, est toujours en vigueur malgré toutes les tentatives pour lui trouver un substitut. Il existe de nombreux matériaux, comme le plastique ou le métal, qui pourraient tout autant répondre à ce besoin. Pourtant, le liège demeure le sceau sacré non seulement pour les vins fins, mais également pour la plupart des vins ordinaires.

Le liège possède des propriétés physiques originales et reste idéal pour boucher une bouteille de verre. Ses cellules microscopiques forment des « ventouses » qui adhèrent au goulot. Le liège est imperméable aux liquides. Il est inerte, ne réagit pas au contact du vin et ne pourrit pas. Seuls des insectes nuisibles – les charançons – et certains champignons peuvent l'affecter ; en prenant les dispositions adéquates, ces inconvénients peuvent être évités. Aucun matériau de synthèse n'offre une telle combinaison de qualités et une telle garantie de longévité, ce qui explique le règne incontesté du liège.

Le liège provient de l'écorce du chêne-liège, *Quercus suber*. Son cycle de récolte est long, de 9 à 15 ans selon le pays d'origine, et chaque arbre ne produit pas de liège utilisable avant d'avoir atteint 50 à 75 ans. Le Portugal est le

La mise en bouteilles est le processus le plus automatisé de la production.

plus grand producteur – environ 50 % de la récolte mondiale –, suivi par l'Espagne, l'Algérie, le Maroc, la France et l'Italie. Les chênes-lièges ne prospèrent que dans cette petite région occidentale du bassin méditerranéen.

Les producteurs de vin choisissent leurs bouchons selon le temps de vieillissement prévu : les blancs destinés à être bus rapidement ont des bouchons courts, de qualité médiocre ; les crus de Bordeaux et les Portos millésimés exigent des bouchons longs de la meilleure qualité. Bien conservé en cave, un bon bouchon peut protéger un vin pendant un siècle, bien que, par mesure de sécurité, les grands châteaux rebouchent les vins de leur vinothèque tous les 20 ou 30 ans.

### Les bouteilles

La bouteille en verre est presque aussi importante pour le vin que le bouchon. Le verre est un matériau inerte et inaltérable : un ensemble de qualités aussi

rares que celles du liège. L'invention de la bouteille solide, produite en masse, est décrite p. 49, mais il faut savoir que sa forme a presque autant d'importance que sa résistance. Jusqu'à la fin du XVIII$^e$ siècle, la plupart des bouteilles étaient sphériques, et donc difficiles à stocker couchées. La lente évolution de la bouteille haute à côtés parallèles, facile à stocker couchée en gardant le bouchon au contact du vin, fut essentielle pour les vins fins, car celle-ci leur offre les meilleures conditions de vieillissement.

### L'achat direct

De nos jours, beaucoup d'amateurs essaient d'acheter directement aux caves particulières des producteurs. Cela est possible dans les pays de tradition viticole et constitue parfois une destination de voyage pour les Suisses, les Allemands, les Britanniques et d'autres habitants de pays non viticoles. Mais même ceux qui vivent au sein d'un vignoble et qui connaissent un seul type de vin, peuvent avoir la curiosité de découvrir d'autres régions et emprunter les routes des vins.

Le commerce du vin a donné naissance à un réseau complexe, très présent en Europe et lourdement réglementé. Aux États-Unis, en Australie et dans d'autres pays vinicoles du Nouveau Monde, les schémas sont moins rigides. Mais la vente directe au consommateur est malgré tout interdite dans de nombreux États des États-Unis.

## Les négociants

Ceux du Bordelais sont les plus connus dans le métier. Leur rôle historique fut d'acheter le vin de divers châteaux et de le revendre, principalement à l'étranger. Leurs caves le long du quai des Chartrons, à Bordeaux, devinrent légendaires, notamment en raison de ce qui s'y passait. Les pratiques de coupage des vins du Rhône et même d'Espagne avec des Bordeaux, étaient courantes, mais, contrairement aux autres frelateurs de vin, les Chartrons cherchaient avant tout à améliorer les rouges de Bordeaux, et non à les « allonger ». Ils savaient que leur clientèle du nord de l'Europe aimait le Bordeaux puissant, capiteux, d'une couleur dense. Il suffisait d'ajouter une bonne dose d'Hermitage et le tour était joué. L'histoire du Porto n'est pas différente et a abouti à l'élaboration de vins mutés.

Ces procédés qui peuvent apparaître douteux étaient l'une des tâches essentielles du négociant traditionnel. Il était « négociant-éleveur ». Les vins restaient parfois plusieurs années dans sa cave et, pendant ce temps, les fûts étaient remplis, soutirés si nécessaire, et ils vieillissaient doucement dans un environnement approprié. Il était reconnu alors que les caves des négociants bordelais offraient les meilleures conditions de vieillissement. Contrairement aux chais à bouteilles mal adaptés des châteaux de l'époque, les caves profondes et sombres, derrière les élégants bâtiments XVIIIe des Chartrons, étaient le lieu idéal pour une bonne maturation des vins.

## La mise en bouteilles au château

Il est de plus en plus rare de trouver un grand vin mis en bouteilles ailleurs que sur le lieu de production. Dans le Bordelais, tous les « châteaux » sont aujourd'hui mis en bouteilles au domaine par l'exploitant. Il n'en fut pas toujours ainsi : ce n'est qu'en 1924 que le baron Philippe de Rothschild (de Mouton) tenta de persuader les autres propriétaires des grands domaines de rendre la chose obligatoire. Même après cette date, certains gardèrent l'habitude de vendre en vrac, et ce jusque dans les années 60. La justification de la mise en bouteilles au château est sa garantie d'authenticité et de qualité. Les inconvénients sont d'ordre financier : il faut de la place dans les caves pour vieillir le vin pendant deux ans et un capital conséquent pour financer les stocks. Mais un vin mis en bouteilles au domaine correspond (à moins d'agissements gravement frauduleux) à ce qui est marqué sur l'étiquette. Les négociants de l'époque ne s'embarrassaient pas de tels scrupules.

## Château ou domaine ?

Il est rare qu'un château ou un domaine devienne un nom de marque en France, exception faite du Bordelais. Dans les autres régions, l'identité du vin est donnée par le vignoble ou le village. Le concept de château fut adopté par les producteurs du Nouveau Monde, qui ont vite compris le parti qu'ils pouvaient en tirer. Ils utilisent fréquemment le mot « château » pour renforcer l'idée que leur domaine suit la tradition classique – bien que fort peu de leurs bâtisses méritent une telle promotion.

L'utilisation du nom d'un domaine ne lie pas la production à une région donnée : un château et un domaine peuvent s'étendre, à condition de ne pas dépasser les limites géographiques – souvent vastes – de l'appellation. En dehors de la France, le concept de château devient encore plus large, une partie du raisin pouvant provenir de vignobles en dehors du domaine. Que signifie alors l'expression de « vin mis en bouteille au château » ? Selon la définition classique, il s'agit d'un vin issu de vignes appartenant au domaine, vinifié, assemblé, élevé et mis en bouteilles à cet endroit. La distinction entre le vin mis en bouteilles au château et celui vendu en vrac est cruciale pour le propriétaire : l'un est un produit fini, tandis que l'autre n'est qu'une matière première.

## Les circuits de commercialisation

Aujourd'hui, l'évolution du marché et l'importance prise par des propriétaires de vignobles ont obligé les négociants à s'adapter. Ceux-ci s'occupent moins d'élever des vins et de financer des stocks que de mettre en bouteilles la majeure partie des productions, sauf les grands crus qui sont tous embouteillés sur place. Ils ont pour rôle l'achat et la vente des vins. L'achat s'effectue sur présentation des échantillons par des courtiers, intermédiaires essentiels entre la propriété et le négoce. Le négociant sélectionne, à un prix qui correspond au cours en place, les vins qu'il souhaite commercialiser. Il peut tout aussi bien acheter des vins en vrac, les assembler et les mettre en bouteilles, qu'acheter des vins qui ont été embouteillés à la propriété. Les ventes se font, pour l'exportation, aux importateurs des différents pays clients, ou, sur le marché intérieur, auprès des acheteurs de grandes surfaces, des grossistes, des cavistes, des restaurateurs ou des particuliers.

Le développement récent de la grande distribution alimentaire ainsi que la baisse de la consommation de vin de table ordinaire ont considérablement changé la structure du commerce des vins. Avec les circuits courts de distribution, à marges réduites, le négociant ne peut plus se permettre de financer, comme autrefois, deux ou trois récoltes dont il assurait aussi l'élevage et le vieillissement. Même si cette situation existe encore en Champagne, il devient de plus en plus rare de trouver des millésimes de plus d'un an ou deux chez les négociants. L'amateur de vin qui souhaite attendre l'apogée des meilleurs crus n'a d'autre choix que d'acheter et de garder ses vins en cave, sauf s'il a la chance d'avoir, à son service, un bon caviste de quartier.   □

# LES VIGNOBLES
# DU MONDE

Au moins 50 pays dans le monde produisent du vin, et presque tous exportent aujourd'hui une partie de cette production : le vin est la boisson la plus commercialisée et la plus répandue sur le marché. Aucun autre produit alimentaire ne circule aussi largement sous une forme aussi reconnaissable, car le vin n'est pas anonyme. C'est le seul produit agricole qui porte sur l'étiquette non seulement le pays ou la région de sa provenance, mais souvent le nom du vignoble précis dont il est issu.

Autrefois, ce vignoble eût été français. Ou il aurait pu provenir de la vallée de la Moselle, en Allemagne, ou de la région du Chianti, en Italie. Les vins californiens ou australiens se consommaient sur place. Mais ces vingt dernières années, on a assisté à une véritable internationalisation des marchés vinicoles, accompagnée d'une amélioration considérable de la qualité des vins en général.

La vigne pousse à l'état sauvage dans les climats tempérés du globe ; les cépages cultivés qui en sont issus sont exploités en Europe, dans la partie orientale du bassin méditerranéen, dans de vastes régions de l'Amérique du Nord comme du Sud, ainsi qu'en Australie. Pour des raisons culturelles plus que climatiques, la viticulture est moins répandue en Asie, à l'est du littoral méditerranéen.

La Méditerranée est le berceau du monde viticole, et si l'on trouve aujourd'hui du vin partout, c'est en raison de la forte prédominance de la culture occidentale, issue de l'Antiquité. Les vastes et florissants vignobles du Nouveau Monde – ceux des Amériques, d'Afrique du Sud, d'Australie, de Nouvelle-Zélande – furent plantés par les Européens. À l'heure actuelle, sur les tables des amateurs de vin du monde entier, les vins de ces pays, et d'autres encore, côtoient ceux des vieux vignobles européens.

Une meilleure conduite des vignobles et l'évolution des techniques de vinification ont entraîné une remarquable amélioration de la qualité des vins ; aussi produit-on beaucoup moins de mauvais vin qu'il y a vingt ans. La quantité de vin de qualité s'accroît dans le monde entier, y compris chez les viticulteurs enthousiastes et innovateurs du Nouveau Monde, qui mettent en question la prédominance des vignobles européens. En même temps, la qualité moyenne des vins de consommation courante s'est améliorée grâce aux progrès réalisés dans les contrôles de qualité.

Parallèlement, la quantité de vin produite et consommée décroît régulièrement. Ceci n'a rien de surprenant. Le vin n'est pas seulement un plaisir merveilleux, parfois sublime. Pendant des siècles, il a été utilisé comme un médicament, un anesthésique et un antiseptique ; c'était aussi une boisson généralement moins dangereuse que l'eau de certaines régions. Avec l'évolution des modes de vie et l'élévation du niveau de vie, le consommateur exige – et obtient – aujourd'hui la qualité plutôt que la quantité. Si la France demeure le pays ayant la plus forte consommation de vin par habitant, celle-ci a cependant diminué de moitié entre 1961 et 1991. L'Italie, l'Espagne et le Portugal ont enregistré des baisses similaires.

## Vieux vignobles et Nouveau Monde

Si le commerce du vin se pratique à l'échelle mondiale, les idées qu'il inspire voyagent également, et davantage encore les spécialistes qui s'y consacrent. Les pays du Nouveau Monde sont, depuis plus d'un siècle, des observateurs attentifs des traditions viticoles européennes. Les nouvelles industries vinicoles ont toujours eu un œil tourné vers l'Europe et ont su tirer profit du savoir-faire des immigrants, d'informations techniques et de la référence que constituaient les vins importés.

Dès les années 1980, les échanges se faisaient dans les deux sens. Les viticulteurs français, stupéfaits de l'explosion des ventes de vin du Nouveau Monde dans des pays où la France avait toujours régné, commencèrent à envoyer leurs enfants faire des stages en Californie et en Australie. Les grandes maisons de Champagne entreprirent d'y acheter des terres pour y planter des vignes. Elles furent suivies par l'élite du Bordelais : le baron Philippe de Rothschild s'allia à Robert Mondavi pour produire Opus One. Moueix de Pomerol, les Champagnes Roederer, Deutz, Mumm, Taittinger et bien d'autres s'implantèrent en Californie – et parfois aussi en Australie et en Nouvelle-Zélande. En dépit de cette nouvelle concurrence, le prestige et la qualité des vins

*Mariage entre le Nouveau Monde et l'Ancien : les chais d'Opus One dans la vallée de Napa, en Californie.*

français continuent à servir de référence. Les millions de Chinois se laisseront-ils un jour séduire en masse par le vin ? Le processus a en tout cas commencé, de même qu'au Japon et en Inde. La carte géographique des vins du monde est en perpétuelle mutation.

## Comprendre l'univers du vin

Cette fantastique diversité pose malgré tout quelques problèmes aux consommateurs. Le choix est très vaste : comment savoir quels vins sont les meilleurs ?

C'est l'approche géographique qui paraît la plus claire ; aussi les 400 pages qui suivent proposent-elles une étude des vignobles du monde, selon chaque région, elle-même subdivisée selon les cas. Au niveau local, on trouvera jusqu'aux villages, domaines et producteurs de caves particulières. L'idée de départ paraît relativement simple : les pays ont des régions de production qui se divisent en vignobles distincts ; les producteurs possèdent des vignes et élaborent des vins. Ce schéma s'applique bien à certains endroits, mais pas partout, et le monde du vin ne cesse de changer.

Beaucoup de pays du Nouveau Monde mettent l'accent sur un autre facteur que le terroir. En jetant un coup d'œil sur leurs étiquettes, vous reconnaîtrez beaucoup de noms français : ce sont ceux des cépages, trans-

plantés dans la quasi-totalité des pays producteurs. Les consommateurs de ces nouveaux pays ont pris l'habitude de donner au vin le nom du cépage : Chardonnay ou Cabernet-Sauvignon, par exemple, indiquent le style du vin. Les consommateurs comme les législateurs européens ne se satisfont guère de ces appellations. Lorsqu'ils jugent le statut et la qualité d'un vin, c'est la provenance géographique du raisin qui prime sur le cépage.

Partout, la qualité du vin est garantie par le nom de la propriété : dans les régions traditionnelles, un château ou un domaine est considéré comme une marque. Les vignobles du Nouveau Monde possèdent également leurs domaines ainsi que leurs sociétés vinicoles qui deviennent des indicateurs de style et de qualité. Ainsi, en Australie, un consommateur peut-il prendre l'habitude de s'approvisionner chez un producteur parce qu'il a confiance dans la qualité de ses vins et connaît le style de la maison. Ce sont alors les noms du cépage et du producteur sur l'étiquette, plutôt que celui du terroir, qui sont des garanties. En Europe, l'accent mis sur la provenance donne une indication non pas différente, mais supplémentaire, de la qualité du vin. Et, dans le monde entier, les amateurs s'habituent à parler aussi bien de terroir que de producteur et de cépage.

# LES PAYS VITICOLES

Pour prospérer, la vigne exige un climat aux caractéristiques précises. La période de maturation doit être suffisamment longue pour que la fructification du raisin se fasse dans de bonnes conditions, et l'hiver assez froid pour forcer la vigne au repos. La vigne a besoin d'une certaine quantité de lumière du jour, de chaleur et d'eau : voir p.103. Elle se plaît en climat tempéré, dans des zones situées entre 30 et 50° de latitude nord et sud.

**Un climat tempéré**

Les zones tempérées se rencontrent en Europe, en Asie et en Amérique du Nord, dans l'hémisphère Nord, en Amérique du Sud, en Afrique du Sud, en Australie et en Nouvelle-Zélande, dans l'hémisphère Sud, régions qui offrent l'équilibre nécessaire de pluie, de température et d'exposition.

**Des pentes douces**

Dans les pays viticoles classiques, les zones élevées sont exclues, car, à leur latitude, l'altitude modifie les conditions climatiques, les températures deviennent trop froides et les vents trop forts. En revanche, les hauts plateaux sont des sites recherchés en Australie, dans le sud de l'Italie et là où les étés sont chauds. Ces vignobles bénéficient d'une fraîcheur d'altitude et d'un meilleur équilibre climatique.

Grâce à l'irrigation, on exploite aussi certaines terres qui, normalement, sont trop arides pour la viticulture – notamment dans l'hémisphère Sud et certaines régions des États-Unis. Les meilleurs sites se trouvent à flanc de coteau : l'écoulement des eaux s'y fait bien, et les effets du soleil y sont optimisés.

Les plaines sont peu plantées en vignes, souvent parce que d'autres cultures y sont plus rentables.

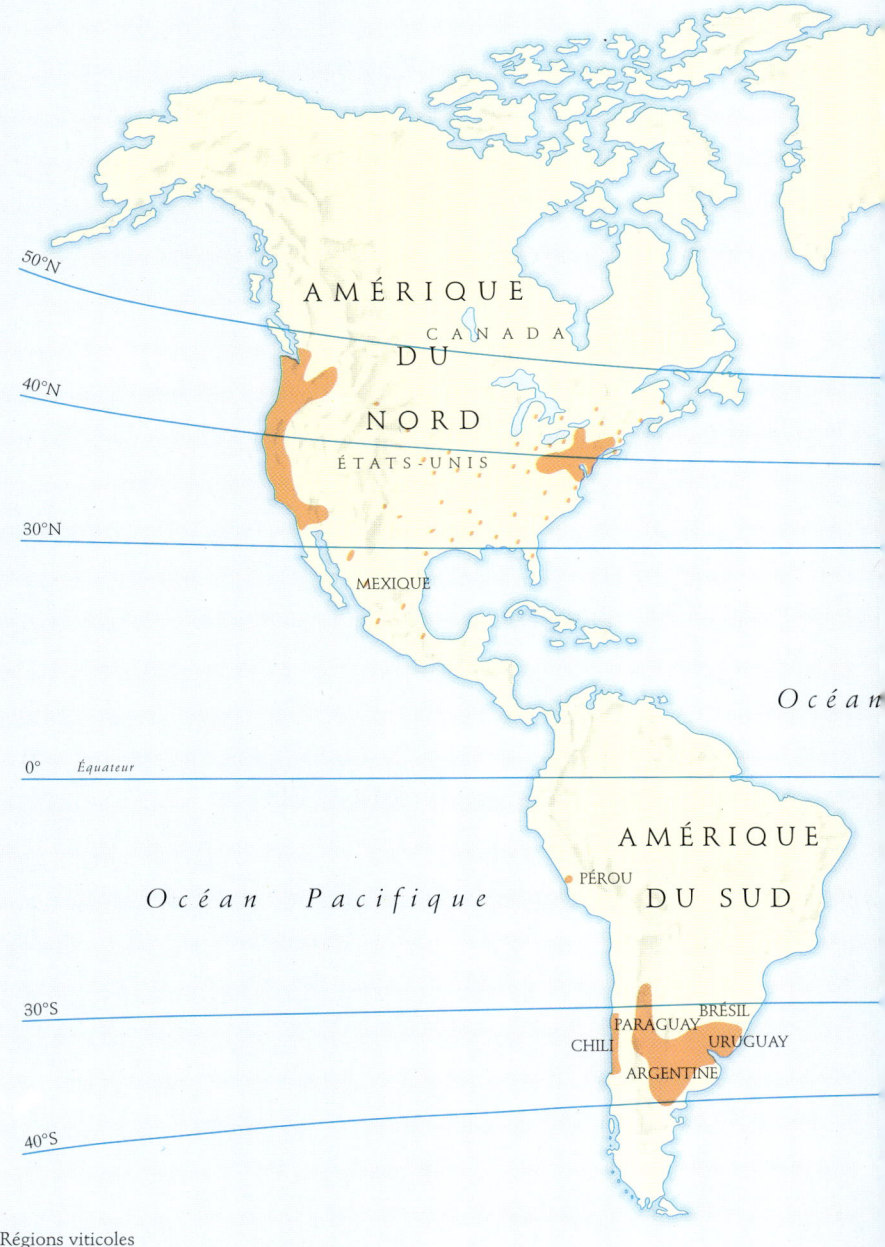

Régions viticoles

# LES RÉGIONS VITICOLES DE QUALITÉ

À l'intérieur de vastes zones de même latitude offrant des conditions climatiques adéquates, pourquoi les vignes prospèrent-elles dans certaines régions plutôt que dans d'autres ? Et comment les pays viticoles définissent-ils et contrôlent-ils ces zones ?

## Le choix du site

L'homme peut modifier les conditions naturelles – grâce à l'irrigation dans les pays secs, par exemple –, mais le choix du site est vital pour le vignoble. Les vignerons de la Rome antique savaient que les vignes aiment un versant ensoleillé, près d'une rivière. L'ensoleillement, l'altitude, le sol et le sous-sol, alliés au climat tant général que local, expliquent pourquoi le vin de certains vignobles est toujours meilleur. La France a développé le concept de terroir, rassemblant l'ensemble des facteurs qui influent sur la qualité du vin.

Cette approche traditionnelle est souvent remise en question par certains modernistes, persuadés que la science peut remédier aux faiblesses de la nature. Toutefois, il n'existe pas de bons viticulteurs qui pensent que le site n'a pas d'importance. Nous allons voir à quel point celui-ci joue un rôle.

**Les besoins de la vigne.** Elle doit être abritée des vents froids, qui peuvent la dessécher et abîmer les jeunes feuilles et les fruits. Elle a besoin de suffisamment de chaleur pour croître et de soleil pour un bon mûrissement du raisin.

Les choix concernant le type de sol sont plus subtils. Ce dernier possède quatre fonctions : il sert de support, fournit l'humidité, procure de la chaleur (il se réchauffe et se refroidit plus ou moins vite) et nourrit la vigne. Pour se développer, toute plante a besoin de nutriments – ces derniers, s'ils existent à l'état de traces dans l'eau de pluie, suffisent. Les substances fournies par le sous-sol du vignoble importent-elles tant ? Nous abordons ici un domaine

sacro-saint. Le Château Pétrus a un goût riche et concentré à cause du fer contenu dans le sous-sol. Le Chevalier-Montrachet est plus léger que son voisin Montrachet parce que le sol est plus pierreux. C'est en tout cas ce que disent certains spécialistes. Certains œnologues australiens remettent cela en question, soutenant qu'il n'existe aucune raison scientifique pour que des sols subtilement différenciés par le classement donnent des vins différents.

**Le sol et le terroir.** Le sol est-il davantage qu'un support pour la vigne ? Poser une telle question en France est un sacrilège : tout le système des appellations d'origine contrôlées est bâti sur le principe de la protection des meilleurs sols. Un Grand cru de Bourgogne est meilleur qu'un Premier cru parce que la composition de son sol est plus adéquate.

C'était le point de vue prédominant jusqu'à ce que la Californie et l'Australie se mettent à produire des vins de qualité – dans toutes sortes de sols. Les experts français qui travaillent dans les vignobles du Nouveau Monde ont souvent trouvé que les sols où on avait planté de la vigne ne convenaient pas pour une production de vin de qualité. La situation était d'autant plus anarchique qu'il n'existait pas de directives délimitant les endroits où l'on pouvait cultiver tel ou tel cépage.

Les viticulteurs du Nouveau Monde se préoccupent avant tout de l'alimentation en eau et de la température d'un vignoble. Si l'eau de pluie ou celle de la nappe phréatique se révèle insuffisante, ils irriguent. S'il ne fait pas assez ou trop chaud, ils plantent le vignoble ailleurs. Nombre de vignobles étaient encore récemment des pâturages à moutons ou des champs de blé et beaucoup retourneront à cet état. Il est difficile d'imaginer la colline de Corton ou les croupes de graves du Médoc cultivant autre chose que de la vigne, mais, dans

le Nouveau Monde, un tel ordre établi n'existe pas.

On pense que le sol confère certains arômes au vin : tous les ouvrages spécialisés français ou italiens évoquent la façon dont les divers minéraux, l'argile ou le calcaire d'un sol affectent le goût du vin. Cette théorie reste à prouver par l'analyse scientifique. Toutefois, les dégustateurs peuvent faire la différence entre les vins de vignobles d'un même cépage et de sols différents, sans pouvoir l'expliquer. Ils n'ont pas la certitude que ces différences sont exclusivement dues à la composition des sols dont les vins sont issus.

La fertilité et les éléments minéraux ne suffisent pas à définir un sol. Chacun diffère par sa structure : certains sont aérés et perméables et se réchauffent rapidement, d'autres (d'argile) sont lourds, humides et frais. Les plus grands crus poussent sur des sols pauvres et perméables, composés de graviers et d'un sous-sol calcaire. Les sols denses et humides favorisent la pourriture et se réchauffent lentement. Un sol riche et fertile produit des vins très ordinaires : la vigne doit souffrir pour donner du bon vin.

## La garantie de qualité

Tous les vins de qualité portent une étiquette indiquant leur provenance. Le système français du contrôle de qualité est longuement décrit ci-dessous parce qu'il a servi d'exemple à l'ensemble des réglementations européennes, de l'Italie à la Bulgarie, et parce que ses principes ont été retenus par les pays membres de l'Union européenne, entre autres. Le pouvoir de l'Union en tant qu'importateur est énorme : elle a fait modifier les réglementations des vignobles du Nouveau Monde dans les années 90. L'Europe centrale et l'Europe de l'Est, la Nouvelle-Zélande et l'Australie ont dû harmoniser leurs lois avec celles des pays européens.

À Saint-Émilion, on affirme son statut avec fierté.

**Le développement de la fraude.** Ce sont les contrefaçons qui ont stimulé l'application rigoureuse des lois régissant l'étiquetage – le système des appellations. Au fur et à mesure que le commerce du vin grandissait et que les meilleurs crus atteignaient des prix plus élevés, il devint tentant pour certains négociants étrangers sans scrupules de vendre des vins contrefaits. Les Romains furent sans doute confrontés à du faux Falerne, et l'authenticité d'un fût de vin de Bordeaux était sans doute difficile à prouver au Moyen Âge, mais le problème commença à prendre véritablement de l'ampleur au XXᵉ siècle.

C'est à cette époque que le développement de l'industrie du luxe, avec la multiplication des marques commerciales liée aux économies de marché, encouragea la fraude. Les propriétaires des grands châteaux bordelais furent horrifiés de trouver de faux Margaux et de faux Latour sur les marchés belges, allemands et anglais. Ils n'avaient guère les moyens de se

défendre légalement. En réalité, les négociants bordelais ou bourguignons avaient depuis longtemps fait preuve de laxisme en expédiant des vins en vrac sous des appellations prestigieuses. Le vin était de toute façon «ajusté» au goût anglais en Angleterre, fortifié aux Pays-Bas, édulcoré en Allemagne, et les négociants palliaient aisément une insuffisance de qualité de vins d'appellations prestigieuses en les assemblant à d'autres vins de meilleure qualité.

En Espagne, la ligue des viticulteurs de la Rioja établit sa législation en 1560, mais il fallut attendre les années 80 au XXᵉ siècle pour que la réglementation d'origine soit véritablement appliquée et permette ainsi une meilleure qualité.

En Italie, le Chianti devint l'une des premières zones viticoles contrôlées, lorsque le grand-duc de Florence en établit les limites en 1716. Une réunion internationale interdit en 1883 l'utilisation d'appellations d'origine fausses ou fictives. Mais le laxisme législatif obligea les producteurs à se regrouper

dans des groupements de vins de qualité comme ceux des Chiantis Classici.

**L'histoire de la réglementation française.** En France, l'histoire de la réglementation est exemplaire. Vers 1860, un écrivain dénonça les marchands bourguignons en ces termes : «Lorsqu'il le souhaite, le commerçant en vins devient Dieu, et n'hésite pas à reproduire le miracle des noces de Cana.» Cette allusion au fait de changer l'eau en vin est exagérée, mais l'apport de vin rouge algérien dans les assemblages de vins du Rhône, puis de vins du Rhône dans les Bourgognes fut une pratique courante dont le but essentiel était l'amélioration des vins expédiés à l'exportation. Mais ces mauvaises habitudes devaient prendre fin, ne fût-ce que pour protéger les viticulteurs et les négociants sérieux. C'est ainsi que la législation de l'appellation d'origine commença en France. Le processus débuta en 1919, mais remonte en fait bien plus loin. Le Bordelais s'était doté d'une réglementation protectionniste au Moyen Âge, interdisant que le vin de l'intérieur des terres soit vendu comme Bordeaux – il s'agissait davantage de rivalité commerciale dirigée contre le port de Libourne que de contrôle de qualité.

En France, la loi de 1905 fut une première mesure contre l'étiquetage frauduleux, les déclarations des viticulteurs permettant de surveiller la quantité de vin produite dans un lieu donné. La loi spécifiait également que les appellations d'origine ne pouvaient figurer sur l'étiquette que si elles étaient véritables. Il fallait donc définir les terroirs. Mais on se heurta à de gros problèmes : comment définir le vignoble de Champagne ou du Bordelais ? La délimitation du vignoble Champagne donna lieu à des émeutes de viticulteurs mécontents à Épernay en 1911. Le gouvernement confia bientôt cette tâche aux autorités locales. La loi de 1919 établit un cadre : les vins d'appellation d'origine devaient être élaborés dans des lieux bien précis et selon des méthodes conformes aux coutumes locales, dans le respect «des usages locaux, loyaux et constants».

Mais on exigeait davantage que la simple mention du lieu d'origine : la loi devait contrôler également la quantité et la qualité. Une nouvelle loi décréta en 1927 que les autorités pouvaient interdire des cépages qui ne convenaient pas pour la région. Le rendement et le degré d'alcool furent peu à peu réglementés. Toutefois, la loi connut des variations dans son application, et il fallut de nombreuses années avant que les vignobles les plus nobles soient définis, délimités et contrôlés. 1935 marqua une nouvelle étape lorsqu'on ajouta le mot « contrôlée ». Ce fut la naissance de l'INAO (Institut National des Appellations d'Origine), qui dirige toujours le système. Les AOC furent étendues et modifiées, et c'est sous l'œil vigilant des responsables de l'INAO que les vins sont promus AOC.

## La législation européenne

L'Union européenne a adopté le principe de l'AOC et défini la notion de vin de qualité produit dans une région déterminée (VQPRD). Les lois de l'Union européenne stipulent que seuls les vins élaborés dans une zone définie peuvent porter son nom sur l'étiquette, et les pays membres sont tenus de contrôler le rendement, les cépages et les limites précises de chaque appellation.

L'amateur de vin français voyageant il y a 10 ou 20 ans aux États-Unis pouvait s'étonner de trouver du vin californien portant les étiquettes « Chablis » ou « Bourgogne », sans oublier toutes les autres appellations françaises réputées. Cette pratique fut également courante en Espagne jusqu'en 1973, époque à laquelle le Royaume-Uni entre autres, principal marché pour les «Sauternes» espagnols, devint membre de l'Union européenne : l'Espagne n'eut pas d'autre choix que de se soumettre à la législation en vigueur. Ces vins étaient d'ailleurs de mauvaises copies de l'appellation usurpée.

La réglementation de l'Union européenne rendit l'importation de ces vins impossible en Europe. Puis des traités étendirent cette interdiction à d'autres pays, contre des concessions qui leur furent faites par l'Union européenne. Ainsi la fameuse étiquette australienne «Bourgogne Blanc» a aujourd'hui été bannie de Sydney à Perth comme de Paris à Londres.

Le Champagne a été une plus grande source de difficulté. Bien qu'il s'agisse d'une appellation véritablement géographique, le mot « champagne » était utilisé pour définir la méthode d'élaboration avec seconde fermentation en bouteille pratiquée dans cette région. Cette technique est largement utilisée dans le monde entier. Un décret de l'Union européenne interdit aujourd'hui la mention «méthode champenoise» pour tous les vins extérieurs à ceux de la Champagne. Comment décrire ces vins ? Et comment les différencier des mousseux élaborés selon des méthodes différentes et moins nobles ? Des termes tels que « méthode traditionnelle » ne sont pas aussi explicites que celui de «méthode champenoise».

### La législation en Italie.
La loi, comme le montre l'exemple français, vise à réglementer l'élaboration et le commerce du vin, en garantissant des critères de production et une authenticité de l'origine. Mais, dans certains cas, les critères imposés n'ont pas été les bons.

La législation italienne, par exemple, a parfois davantage fossilisé des pratiques qu'elle n'a préservé de nobles traditions. Les hommes au pouvoir ont parfois fait en sorte que des régions bénéficient de la DOC (*Denominazione di Origine Controllata*, équivalent de l'AOC), alors qu'elles ne le méritaient pas. Ce n'est pas parce qu'un vin est élaboré d'une certaine façon dans une vallée donnée depuis des générations qu'il est bon. Il peut être grandement amélioré si l'on modifie les cépages et les techniques. La loi italienne a été modifiée et vise à augmenter la qualité : les zones DOC sont moins nombreuses et plus strictes.

### La législation en Allemagne.
La France a fondé son système sur le principe que les meilleurs vignobles produisent les meilleurs vins, si bien qu'il existe une véritable hiérarchie des terroirs. En Allemagne, tous les vignobles sont égaux : chacun a une chance d'obtenir la meilleure note de qualité. La seule variable reconnue par la loi est le taux de sucre du raisin, qui peut être analysé. Mais cela ne représente aucune garantie de qualité pour le consommateur, et il n'existe aucune différenciation entre les vignobles. En Allemagne, la multitude des noms de vignobles fut considérée comme un obstacle à la reconnaissance du vin. Aussi la loi de 1971 a-t-elle regroupé de nombreux petits vignobles sous une appellation générique qui masque l'origine du vin et donne-t-elle l'impression qu'un vin au nom prestigieux provient d'un certain village ou vignoble, ce qui n'est absolument pas le cas. De nombreux producteurs et la plupart des amateurs de vin pensent que la loi allemande est d'une complexité rare et qu'elle se fonde sur des critères différents de ceux des autres pays.

Les viticulteurs allemands consciencieux limitent souvent le rendement de leur vigne, bien que ce ne soit pas exigé par la loi, et n'utilisent un nom de vignoble que lorsqu'il est approprié. La loi s'efforce de se calquer sur les pratiques des meilleurs viticulteurs.

### La législation du Nouveau Monde
Ce n'est que récemment que les pays du Nouveau Monde ont commencé à réglementer leurs appellations. Jusqu'en 1994, les Australiens pouvaient utiliser le nom géographique qui leur plaisait. Certaines régions ont acquis la réputation de produire des vins de qualité, mais, contrairement à l'Europe, elles n'avaient pas de limites définies. Cela pouvait créer une confusion dans l'esprit du consommateur, mais donnait une plus grande liberté au producteur. Maintenant, et à partir de 1995 en Nouvelle-Zélande, un système d'appellations est en place. Aux États-Unis, les étiquettes mentionnent l'État, le comté et la VA (Viticultural Area), strictement délimitée. □

# FRANCE

—

VINS DE BORDEAUX, GRANDS CRUS DE BOURGOGNE, CHAMPAGNE,
CÔTES-DU-RHÔNE, CHÂTEAUNEUF-DU-PAPE... AUTANT DE VINS
FRANÇAIS PRESTIGIEUX, AUTANT DE RÉGIONS DIVERSES,
CARACTÉRISÉES PAR LEURS CLIMATS ET LEURS SOLS.

—

Les vins français servent de référence à ceux du monde entier. Lorsque l'on dresse une liste des vins, la France semble occuper naturellement la première place. Il y a une vingtaine d'années, on pouvait affirmer que les meilleurs vins du monde étaient français, à l'exception des blancs allemands et des vins doux de la péninsule Ibérique. Aujourd'hui, la France doit faire face à la concurrence aussi bien qu'aux imitations, et ce à tous les niveaux de qualité. Mais, dans quelque pays que ce soit, tous ceux qui entreprennent d'élaborer de grands vins essaient d'imiter, pour le surpasser, ce qui se fait en France ; cette suprématie, qui tient peut-être davantage à un préjugé favorable qu'à la seule supériorité de la qualité, semble inébranlable. Au Cap comme à San Francisco, à Sydney comme à Auckland, les dégustateurs se réfèrent à des vins classiques français pour qualifier la production de leur région. Dans ces villes, et dans bien d'autres, on trouve des vins français – modestes ou sublimes – pour satisfaire à la demande des connaisseurs comme à celle du grand public qui n'ignore pas, même si son savoir est peut-être limité, que vin et France sont synonymes.

## La gamme des vins français

L'une des raisons de la suprématie de la France réside dans l'extraordinaire gamme de vins qu'elle produit. Et ce grâce à la diversité de ses climats, qui permet de faire des blancs légers dans la Loire comme des rouges puissants dans le Midi. La France a tiré parti de ses avantages géographiques pour imposer des vins ou des régions vinicoles, qui règnent sur le reste du monde. Le Bordelais, la Bourgogne et la Champagne : chacune de ces régions produit un style de vin inégalé, bien que souvent imité. Mouton-Rothschild, Chambertin, Krug, ces grands noms sont connus dans le monde entier. Derrière viennent la Loire, le Rhône, l'Alsace, qui produisent des vins peut-être encore plus inimitables. Sans oublier la vaste gamme des appellations et des régions dont sont issus des vins plus traditionnels : Cahors et Madiran, la Provence, le Jura. Toutes ces régions, et d'autres encore, produisent au moins quelques vins fins, réputés à l'étranger. Vient enfin toute la série des vins français qui sont parfois inconnus hors des frontières de l'Hexagone, voire hors de leur région, mais qui offrent une palette très diversifiée : la Blanquette de Limoux, par exemple, le merveilleux Marcillac rouge des collines de l'Aveyron ou encore les délicieux blancs, inattendus, de Bellet, près de Nice. Il faut encore citer les régions vinicoles de forte production, où l'on peut trouver des îlots de qualité parmi les vins d'assemblage bon marché : les crus du Languedoc, les vins du Minervois ou de Corbières – sans oublier les Vins Doux Naturels, typiquement français.

Tous ces vins existent depuis plus de deux siècles. En fait, il y en avait encore davantage jadis, avant que le phylloxéra et l'évolution commerciale ne forcent de nombreux vignerons à se reconvertir, laissant leurs vignobles en friche. Mais, au cours des années 80, une vague d'innovations déferla sur les régions vinicoles françaises, dans le Midi principalement, donnant naissance à de nouveaux styles de vins. À la liste des grands et moins grands classiques, vinrent ainsi s'ajouter des vins très prometteurs. Dans les collines du Midi, le retour aux traditions de vieilles vignes et faibles rendements, allié aux derniers progrès de la technologie, se traduit par la production de vins dont la qualité enthousiasme les dégustateurs à Paris, comme à Londres ou à New York. Il faut noter que le même phénomène a gagné la Provence, les grands territoires du sud du Rhône et le Sud-Ouest.

Outre le retour aux sources des vieux terroirs, la viticulture des plaines, plus récente et destinée à la production en masse, a été réaménagée. Les techniques australiennes et américaines révolutionnent des vignobles qui produisaient des vins médiocres, au fur et à mesure que des spécialistes à l'esprit ouvert y trouvent les conditions favorables à la culture des cépages classiques, dont sont issus les meilleurs vins. La France a beaucoup appris de ces vignobles implantés dans le Nouveau Monde : elle produit aujourd'hui des vins étiquetés Chardonnay et Cabernet-Sauvignon (des vins de cépage), issus de vignes plantées dans le Midi, traitées selon les méthodes les plus avancées et dont les vins sont commercialisés avec un soin particulier de leur présentation – sans la moindre concession aux notions classiques de terroir et de tradition.

# LES RÉGIONS VITICOLES DE FRANCE

Au sud de Paris, il existe peu de départements sans vignes ;
les vignobles les plus importants du pays sont
représentés ici. Une carte détaillée se trouve au début
de chaque chapitre.

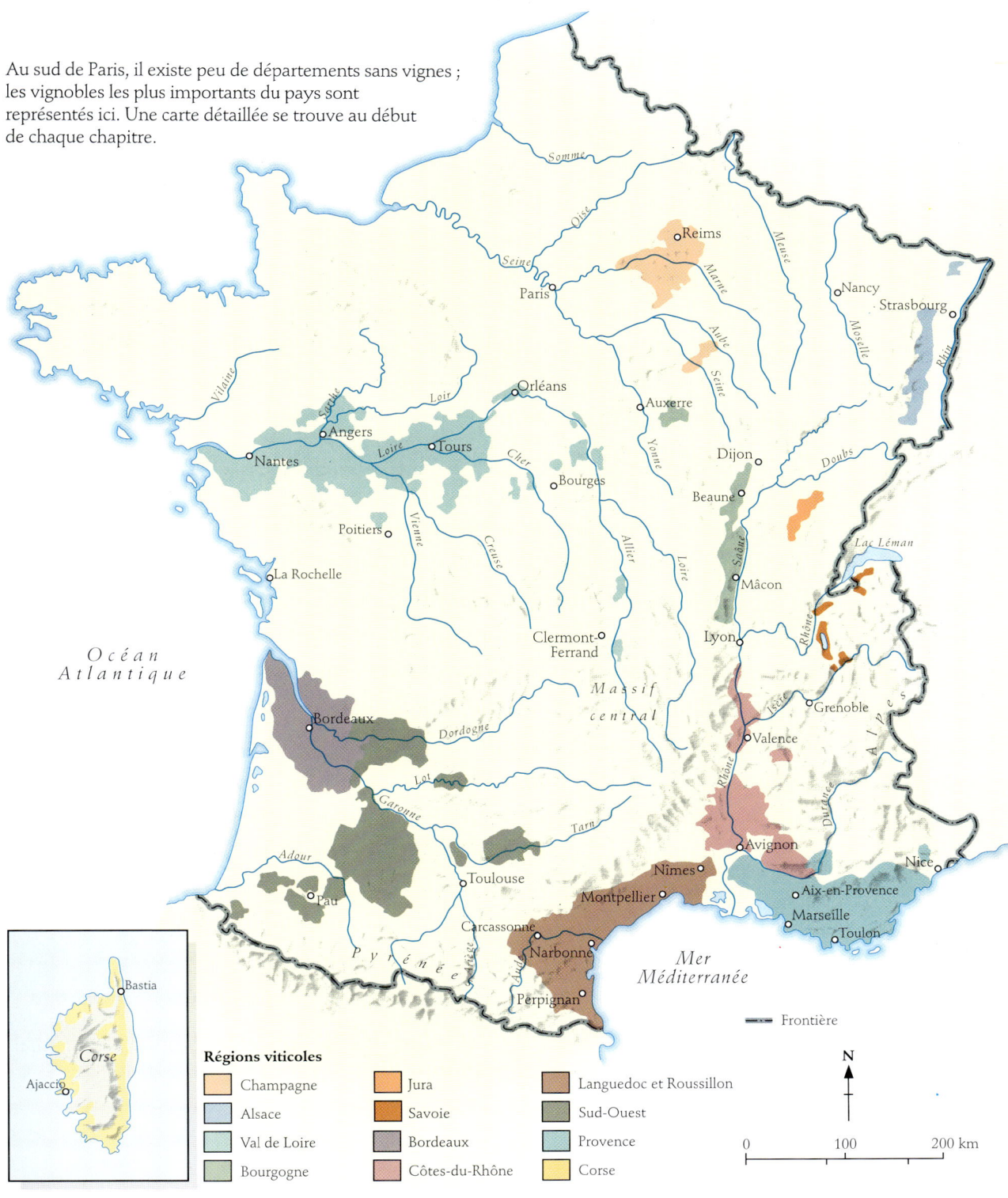

**Régions viticoles**

- Champagne
- Alsace
- Val de Loire
- Bourgogne
- Jura
- Savoie
- Bordeaux
- Côtes-du-Rhône
- Languedoc et Roussillon
- Sud-Ouest
- Provence
- Corse

Frontière

0    100    200 km

## Les vins de cépage

Les vins de cépage ont eu davantage de succès à l'export qu'en France, car le public a besoin de se faire à l'idée que le Midi est capable de produire des vins intéressants ; il est toutefois réconfortant de penser que ces vins surpassent ceux d'autres vignobles du monde.

En s'ouvrant à ces nouveaux concepts, la France est donc en train d'ajouter un atout de plus à ses acquis. Les régions traditionnelles sont du reste, elles aussi, en train d'observer ce qui se passe dans les autres pays producteurs et de réagir. De nouvelles générations de viticulteurs et de propriétaires, informés et ouverts aux nouvelles méthodes, prennent maintenant le relais en Bourgogne, dans le Rhône et en Alsace. La révolution a été moins sensible dans le Bordelais, région de tout temps plus perméable aux innovations ; mais malgré son savoir-faire séculaire, celle-ci, poussée par la concurrence, a encore amélioré sensiblement la qualité de ses vins. Même en Champagne, où l'on pensait que la perfection avait été atteinte, certaines modifications des méthodes se sont avérées bénéfiques.

## Une viticulture à grande échelle

La France, comme l'Italie et l'Espagne, est un pays viticole complet. La vigne est cultivée dans plus de la moitié de ses départements. Un million d'hectares de vignes fournissent du raisin à chaque vendange. Si cette superficie est moindre qu'autrefois, la production moyenne annuelle de plus de 60 millions d'hectolitres – près de huit milliards de bouteilles (détail des chiffres p. 574) – met tout de même la France à la deuxième place parmi les pays viticoles. Seule l'Italie produit davantage de vin.

Plus d'un tiers du vin français bénéficie de l'appellation d'origine contrôlée (AOC), dont la définition légale est décrite ci-après. Cette suprématie des vins d'AOC, relativement nouvelle, souligne une tendance intéressante. On boit aujourd'hui beaucoup moins de vin qu'il y a trente ans ; la consommation moyenne par habitant se situe actuellement autour de 67 litres par

an, alors qu'elle était de 154 litres en 1954, mais on consomme du vin de bien meilleure qualité.

## La législation

La viticulture française est l'un des secteurs agricoles les plus réglementés au monde. Chaque mention figurant sur l'étiquette est régie par la loi, et chaque bouteille appartient à une catégorie précise, soit, par ordre décroissant : appellation d'origine contrôlée (AOC), vins délimités de qualité supérieure (VDQS), vins de pays et vins de table.

## Appellation d'Origine Contrôlée (AOC)

Les lois régissant l'AOC ne s'appliquent pas uniquement à la France. Pour les grands vins du monde, se reporter p. 126.

En France, les Appellations d'Origine Contrôlée recouvrent des régions produisant du vin conformément aux critères locaux. Il en existe environ 400. Il faut souligner deux points importants : premièrement, ces AOC sont soumises à une réglementation régionale ; deuxièmement, il y en a de plusieurs niveaux. La réglementation vise à préserver des traditions et des qualités locales, afin de mettre en valeur l'originalité de chaque village et de chaque terroir.

Cette réglementation a été établie, et modifiée, avec l'accord des producteurs et négociants de chaque région, aussi reflète-t-elle les usages du pays. Dans le Bordelais, c'est généralement le château qui constitue l'unité vinicole. Ce concept, quelquefois mythique et élastique, est traité p. 138, mais il ne s'agit en aucun cas d'une aire délimitée. En Bourgogne et ailleurs, au contraire, le vignoble prime sur le ou les propriétaires.

La réglementation diffère donc dans ces deux régions. Dans le Bordelais, des AOC relativement larges recouvrent une commune entière, ou même, dans le cas de l'AOC Margaux, jusqu'à cinq communes. Les vignobles spécifiques ne sont pas notés, bien que tout le monde sache que certains sont meilleurs que d'autres. À l'exception des terres

manifestement inappropriées comme les basses prairies, l'AOC se contente de définir l'appellation générique, comme Margaux ou Saint-Julien.

À l'intérieur de ces districts, une deuxième division distingue les châteaux (dont la hiérarchie, en Médoc, remonte à 1855), les villages et les crus bourgeois. Mais cela n'est nullement du ressort de l'AOC. L'étiquette de Château Margaux comme celle du vin le plus modeste portent toutes deux la même mention « Appellation Margaux Contrôlée ».

En Bourgogne, une commune telle que Gevrey-Chambertin, d'une taille comparable à celle d'un village du Médoc, aura sa propre AOC, mais sera en plus subdivisée en une douzaine de vignobles clairement dénommés. Certaines étiquettes porteront l'AOC Gevrey-Chambertin, d'autres, l'AOC Gevrey-Chambertin Premier Cru, et quelques-unes porteront leur propre AOC ainsi que l'appellation Grand Cru. En revanche, quelques vignobles périphériques n'auront pas été jugés dignes de l'appellation Gevrey et n'auront droit qu'à l'AOC Bourgogne.

On trouve des exemples plus simples de ces divers niveaux de classification dans beaucoup d'autres régions. Dans le Rhône, l'AOC plus large de Côtes-du-Rhône est parsemée de communes censées produire un meilleur vin et autorisées à utiliser l'AOC Côtes-du-Rhône-Villages. Quelques-unes ont obtenu la distinction supplémentaire qui consiste à rajouter leur propre nom derrière cette dénomination de Côtes-du-Rhône-Villages. Le niveau supérieur échappe complètement à l'AOC Côtes-du-Rhône et porte son seul nom, comme l'AOC Gigondas.

**La réglementation des AOC.** Une fois qu'une AOC a été définie – ses frontières délimitées, et toute terre inappropriée exclue –, d'autres règles interviennent qui définissent les cépages pouvant être cultivés, la production maximale, le degré d'alcool minimal, et parfois maximal. Les cépages sont ceux qui existaient dans la région au moment où l'appellation a été définie : c'est tantôt une culture en monocépage, tantôt une culture de toute une gamme de cépages. Les rouges de Cornas doivent être issus à 100 % de Syrah, alors que plus bas dans la vallée, à Châteauneuf, on peut cultiver jusqu'à treize cépages.

Les restrictions quantitatives sont les plus discutées. Chaque AOC a défini un rendement maximum, exprimé en hectolitres de vin par hectare de vignoble (hl/ha). Une petite AOC de prestige aura droit à une production moindre qu'une AOC plus large. Le maximum peut être dépassé si l'AOC l'autorise, selon la vendange. Et ce rendement annuel peut parfois se situer au-dessous du maximum autorisé. Par contre, un producteur peut solliciter l'autorisation de produire jusqu'à 20 % de plus, à condition de soumettre son vin à une commission de dégustation (pour être labélisé), et il ne peut, comme autrefois, vendre ses excédents de production comme vin de table ; il doit l'envoyer à une distillerie ou à une vinaigrerie.

On constate ainsi que le rendement maximal correspondant normalement à une AOC peut être largement dépassé, avec la permission officielle de l'Institut National des Appellations d'Origine (INAO).

Dans certaines régions, les méthodes de production font partie de l'AOC. En Champagne, par exemple, une réglementation précise définit les processus de pressurage des raisins et d'élevage des vins.

Les lois d'AOC régissent également le nombre de pieds de vigne plantés par hectare, l'amendement des sols, l'utilisation d'engrais, les techniques de taille, la chaptalisation, la liste des produits autorisés dans les vinifications, le traitement des vins, ainsi que les mouvements. C'est ce dernier point que les autorités ont le plus de mal à contrôler. Chaque quantité produite est enregistrée, et on vérifie qu'elle correspond bien à la taille du vignoble dont elle est issue. Mais une

fois que le vin quitte le lieu de production, les quantités sont beaucoup plus difficiles à vérifier.

**La protection des appellations.** Le système des AOC est contrôlé et régi par l'INAO, qui s'acquitte de sa tâche avec la plus grande rigueur. Celui-ci mène « un combat dans le monde entier afin de protéger les appellations d'origine de toute menace extérieure ». Par menace, on entend, entre autres, l'utilisation abusive du nom d'un vin – ce peut être, par exemple, le nom Champagne appliqué à un mousseux, aussi bien qu'à toutes sortes de produits comme une moutarde ou un parfum. Les responsables des Commissions européennes soutiennent l'INAO dans cette protection des appellations et ont négocié avec certains pays comme l'Australie, afin d'établir une reconnaissance mutuelle de leurs appellations.

Pour démontrer le bien-fondé de son combat, l'INAO précise : « Contrairement à une marque, qui appartient à un

Au-delà du mur, ce vignoble de Gevrey-Chambertin est classé premier cru.

individu ou à une société... l'appellation est la propriété commune et inaliénable de tous ceux qui travaillent sur les terres auxquelles cette appellation s'applique.»

De leur côté, certaines appellations travaillent à protéger leur nom. L'industrie du Champagne est particulièrement active dans ce domaine, grâce au Comité Interprofessionnel du Vin de Champagne (CIVC), qui a engagé des poursuites judiciaires dans plusieurs pays pour protéger le nom de son vin. D'autres régions se sont dotées d'organismes similaires.

## Vins Délimités
## de Qualité Supérieure (VDQS)
Cette appellation concerne des régions vinicoles jugées moins prestigieuses que les AOC. La réglementation est la même, mais les zones sont délimitées

Le fameux toit de l'hôtel-Dieu de Beaune.

en fonction des frontières des communes, avec moins de précision que les AOC. Les VDQS représentent aujourd'hui environ 1 % de la production française de vin.

## Vins de Pays
Ces vins, qui représentent environ 15 % de la production française, constituent une catégorie spéciale de vins de table, plus proche des vins d'AOC. Ils sont issus de lieux spécifiques et élaborés selon des règles très strictes. Leur nombre est en augmentation rapide, et correspond bien à la philosophie de diversité qui sous-tend, côté officiel, les classifications françaises : il n'existe pas de pyramide de qualité absolue, mais plutôt des réglementations séparées et parallèles. Ce système des vins de pays a l'avantage

de permettre aux viticulteurs d'utiliser des cépages interdits par l'AOC, parce qu'ils ne sont pas traditionnels dans la région. Dans de nombreuses parties du pays, les zones d'AOC et celles des vins de pays se superposent, et ces dernières permettent des innovations. Les Chardonnays, par exemple, ne font pas partie de la liste AOC du Muscadet. Mais la zone vin de pays de la vallée de la Loire (Jardin de la France) autorise la culture de plusieurs cépages non traditionnels à la région. Ainsi, un vigneron élevant du Muscadet peut utiliser quelques parcelles de son vignoble pour faire des essais avec du Chardonnay et vendre ce vin sous l'étiquette de vin de pays. Des expériences similaires ont introduit le Cabernet-Sauvignon et le Merlot dans le Midi ; le Viognier, raisin réputé du Rhône septentrional, s'est étendu plus au sud ; et le Chardonnay, originaire de Bourgogne, est omniprésent dans tous les vignobles de France, jusqu'en Corse. D'autre part, les vins de pays peuvent permettre l'utilisation de cépages dont l'AOC juge la qualité insuffisante.

**Les zones de Vins de Pays.** Il existe trois sortes de Vins de Pays : régionaux, départementaux et locaux.
**Les Vins de Pays régionaux** sont issus des surfaces les plus largement délimitées ; il en existe quatre : les vins du Pays d'Oc, du Jardin de la France, du Comté Tolosan et des Comtés Rhodaniens. Ils proviennent donc du Midi, de la partie méridionale du Rhône et de Provence ; de la vallée de la Loire ; du Sud-Ouest, du nord du Rhône et de Savoie.
**Les Vins de Pays départementaux** proviennent d'à peu près tous les départements français producteurs de vin, depuis la Meuse, au nord-est, jusqu'aux Pyrénées-Atlantiques, au sud-ouest.
**Les Vins de Pays locaux**, délimités par une « zone » locale, recouvrent des territoires plus réduits, dont la taille varie. Ils portent souvent des noms de vallées ou de sites. Ces vins locaux se trouvent essentiellement dans le Midi, où ils ont souvent contribué à faire

revivre des vignobles ruinés par la croissance des régions de forte production sur les plaines côtières. Dans d'autres cas, ils font reconnaître un petit vignoble perdu au cœur de la France, ou permettent aux vignerons des AOC d'élaborer de nouveaux styles de vin.

Les Vins de Pays autorisent les producteurs à écouler leur vin comme vin de table, dont une partie seulement sera déclarée vin de pays. Dans la plupart des endroits, le producteur a le choix entre trois noms : celui de la zone, et si celui-ci ne convient pas en raison de la réglementation ou parce qu'il est inconnu, celui du département et celui de la région. Un vin de Pays d'Oc peut ainsi provenir de l'Aude (et il pourrait d'ailleurs porter cette appellation), ou d'une zone spécifique de l'Aude – Coteaux de Narbonne, Val de Dagne, etc.

De plus, la réglementation plus souple des Vins de Pays permet l'assemblage. Un négociant peut acheter toute une série de cépages ou de vins du Midi et utiliser l'appellation Vin de Pays d'Oc, un peu comme les sociétés australiennes autorisées à utiliser l'appellation «Produit du Sud-Est de l'Australie ».

### La réglementation
Chaque région possède une liste des cépages autorisés, choisis, dans le cas d'une zone, parmi ceux de la liste départementale. Dans certains cas, la quantité maximale et minimale de certains cépages est définie : un minimum de 10 ou 20 % de cépages «classiques» est parfois stipulé, afin d'ajouter parfum et élégance à des cépages plus neutres.

Les rendements sont contrôlés, bien que leurs niveaux soient assez élevés : la norme est de 80 hl/ha pour les vins de pays de zones délimitées, mais elle peut être de 70 hl/ha seulement. Pour les vins de pays départementaux, elle peut être de 90 hl/ha – deux fois le rendement des meilleures AOC.

Des normes très strictes régissent le taux minimal d'alcool naturel, la teneur en acidité volatile et en dioxyde de soufre. Un échantillon de chaque cuve est analysé. Une commission de dégus-

Tonneau sculpté des caves du Champagne Louis Roederer.

tation goûte ensuite chaque vin avant de lui accorder l'appellation Vin de Pays. La réglementation de l'étiquetage interdit l'utilisation des mots «Château» ou «Clos», réservés aux AOC, mais «Domaine» est autorisé. Contrairement à la plupart des AOC, les vins de pays peuvent mentionner le cépage qui figure parfois en gros caractères sur l'étiquette.

Les vins de certaines régions ont déjà été promus ou reclassés VDQS et AOC. Ce qui veut dire qu'un certain style a été défini et que le vin peut alors être soumis à la réglementation plus rigide des appellations de rang supérieur. D'autres vins de pays disparaîtront sans doute d'eux-mêmes.

### Les vins de table
Une proportion de 55 % du vignoble français produit du vin de table, catégorie sous laquelle se classent également les vins de pays. La plupart de ces vins de table sont rouges et proviennent des régions du Midi, de Provence et de Corse. Sur leurs étiquettes ne figurent ni l'indication des régions d'origine ni le cru, mais seulement le nom du pays, France. Généralement mélangés,

les vins de table sont vendus sous des noms de marque.

### Les spécialités
La France regorge de spécialités. De nombreuses AOC produisent du vin pétillant en même temps que du vin tranquille ; d'autres régions se spécialisent dans les vins doux.
### Les Crémants et les vins pétillants.
De nombreux vins pétillants sont produits en France suivant les normes d'une appellation contrôlée, par exemple le Champagne ainsi que les divers Crémants de Bourgogne, d'Alsace et de la Loire. Certaines AOC, le Bordelais entre autres, autorisent la production de mousseux.

Les autres vins mousseux, produits selon les méthodes «industrielles» décrites p. 110-111, ne sont pas régis par les normes de l'AOC. Les cépages utilisés peuvent provenir de n'importe quelle région de France ou même d'un autre pays de l'Union européenne. Ils portent un nom de marque et la dénomination Vin Mousseux.
### Les Vins Doux Naturels (VDN).
L'élaboration de ces vins permet de garder une partie des sucres naturels

du raisin en ajoutant de l'alcool au cours de la fermentation.

Ces vins doux, produits selon des méthodes traditionnelles dans le Languedoc et le Roussillon, sont essentiellement consommés en France, où il sont très appréciés à l'apéritif. Il en existe plusieurs types, dont l'un des plus réputés est le Muscat de Beaumes-de-Venise (voir p. 252), et toute une variété d'appellations situées le long de la côte méditerranéenne, qui sont décrites en détail p. 277.

**Les mistelles et les Vins de Liqueur.** Plusieurs régions de France ajoutent du jus de raisin non fermenté à l'eau-de-vie locale, ce qui donne des mistelles. Il ne s'agit pas de vins. Le Pineau des Charentes de la région de Cognac, par exemple, contient un quart de cognac et trois quarts de jus de raisin, provenant du même domaine. Cette boisson sucrée est généralement pâle ou ambrée, parfois rosée. Son élaboration est réglementée par une AOC. Les autres mistelles comme le Floc de Gascogne, le Macvin du Jura, qui se trouvent aussi sous les vieilles désignations de Ratafia (en Champagne), ou Michel, ne répondent pas toujours à une réglementation en AOC, mais à la catégorie fiscale des Vins de Liqueur, comme le Porto, le Xérès et tous les autres vins mutés d'importation.

### Les étiquettes de vin français

La plupart des étiquettes françaises sont d'une parfaite clarté. Les mentions Appellation Contrôlée, Vin Délimité de Qualité Supérieure ou Vin de Pays indiquent le statut et la provenance.

Les vins de table sont libellés comme tels, sans autre précision.

Chaque étiquette porte l'adresse du propriétaire ou de la société qui a procédé à la mise en bouteilles. Pour les vins de table, il s'agit parfois d'un simple code d'embouteillage afin d'éviter toute confusion avec une AOC. Les deux premiers chiffres donnent le numéro du département où le vin a été mis en bouteilles – mais pas nécessairement produit. Le consommateur a ainsi une idée de son style : de nom-breux négociants sont situés dans le Bordelais (33, Gironde), la Loire (44 pour le Pays nantais, 49 pour Angers et Saumur). 21 indique la Côte-d'Or, 71 le Mâconnais et Chalon-sur-Saône, 69 le Beaujolais et 89 le Chablis.

Ce code permet de repérer des vins provenant de jeunes vignes de régions d'AOC, lesquels n'ont droit qu'à la catégorie des vins de table, mais une mention telle que Jeunes Vignes mérite que l'on vérifie sa région d'origine. Toutefois, le vin peut avoir été transporté d'une autre région de France et seulement mis en bouteilles dans la région mentionnée.

### Le commerce du vin en France

Il y a plus d'un demi-million de viticulteurs en France, et environ 100 000 d'entre eux se conforment à une réglementation AOC. Ils ne produisent pas tous du vin : certains vendent leur raisin à des négociants, d'autres à une coopérative locale.

Les producteurs ne vendent pas toujours sous leur propre nom : ils préfèrent parfois céder leur production en vrac à un négociant qui l'assemble à d'autres vins et la met en bouteilles sous un nom de marque.

**Les coopératives.** Celles-ci offrent un service aux viticulteurs qui possèdent peu de terres et sont dépourvus d'équipement. Elles sont nées au début du siècle, lorsque la baisse du prix des vins obligea les vignerons à se reconvertir. Les unes ont maintenu les normes en vigueur il y a une vingtaine d'années ; les autres ont investi dans un équipement moderne, et certaines d'entre elles élèvent même des vins en fûts de chêne.

Les meilleures rémunèrent les viticulteurs en fonction de la qualité des raisins qu'ils leur livrent, et encouragent la plantation de cépages nobles. D'autres encore font même venir des conseillers pour guider leurs membres dans la conduite de leurs vignobles. En outre, les coopératives assurent la commercialisation de l'ensemble de leur production, soit en livrant en vrac à des négociants, soit en commercialisant elles-mêmes le vin en bouteilles. Elles produisent généralement des vins d'un bon rapport qualité-prix.

**Les négociants.** Leur rôle est d'acheter des vins mis en bouteilles à la propriété (qui seront revendus tels quels), ou d'acheter des vins en vrac afin d'élaborer des assemblages pour les élever, les embouteiller et les commercialiser sous leurs marques.

La plus grande partie du vin français passe par le négoce à un moment ou à un autre, exception faite du vin vendu directement par des coopératives ou par des producteurs de caves particulières.

## LE VOCABULAIRE DU VIN FRANÇAIS

Les termes concernant la dégustation, la production et la description sont définis dans le glossaire (voir p. 579). Par ailleurs, pour comprendre les étiquettes, il est possible de se reporter p. 50.
Voici certains termes particuliers que l'on peut trouver sur les étiquettes ou les listes de vin :

**Millésime :** année de production.
**Mise en bouteilles au château/domaine :** mise en bouteilles sur le lieu de production. Il peut s'agir aussi d'une cave coopérative.
**Mise en bouteilles dans nos caves :** il s'agit généralement des caves d'un négociant.

**Négociant :** acheteur qui revend aux grossistes et aux grandes surfaces ou aux importateurs étrangers.
**Négociant-éleveur :** achète le vin, l'assemble, l'élève dans ses caves et le met en bouteilles.
**Négociant-embouteilleur :** procède à la mise en bouteilles et gère des stocks.
**Vignoble :** il peut s'agir d'une seule parcelle de terrain ou de toute une région (« le vignoble bordelais »). Il est alors subdivisé en zones.
**Propriétaire-récoltant :** propriétaire d'un vignoble, qui produit également son vin.
**Vigneron :** il peut aussi bien s'agir d'un ouvrier que d'un viticulteur-propriétaire.

# BORDEAUX

LES VIGNOBLES DE LA RÉGION DE BORDEAUX
SONT LA PLUS IMPORTANTE SOURCE DE GRANDS VINS DANS LE
MONDE, QU'ILS SOIENT PRESTIGIEUX OU NON.

La magnificence du Château Pichon-Longueville Baron,
second cru classé de Pauillac, témoigne de la prospérité du
XIX<sup>e</sup> siècle à Bordeaux. Ses nouveaux propriétaires des années
80 l'ont entièrement remis à neuf.

Séductrice, charmante, élégante, quelquefois arrogante, mais aussi paysanne et campagnarde, la Gironde ne manque pas d'états d'âme. Elle reflète l'esprit de Bordeaux et du Bordeaux, un esprit né du frottement d'aristocrates et de paysans, de marchands anglais et hollandais, et de vignerons. Quittez la ville, prenez n'importe quelle direction et vous vous retrouvez au milieu de vignes. Chaque château, chaque cru, chaque appellation possédant une personnalité et une originalité uniques, un amateur pourra passer sa vie entière à les explorer. Rive gauche, les Graves racontent la naissance de la vigne bordelaise, née dans les faubourgs de Bordeaux voilà près de 2 000 ans. Ce vignoble à forte personnalité démontre aussi la diversité girondine, depuis les seigneurs de Pessac-Léognan jusqu'aux petits vignerons de Langon. Cette riche appellation réussit aussi bien les rouges que les blancs secs, alliant générosité et rigueur. Au centre des Graves, Sauternes et Barsac conservent les humeurs liquoreuses du Sémillon et du Sauvignon en s'adonnant au rite de la pourriture noble, née de la magie des automnes brumeux. Plus au nord, le Médoc des vins ne se livre guère. Le promeneur doit le surprendre à la dérobée pour saisir quelques vues sublimes entre la Gironde et la forêt des Landes. Ici se pratique la religion Cabernet, cépage indocile qui exige du soleil pour arriver à maturité et du temps pour se révéler. De Margaux à Saint-Estèphe en passant par Saint-Julien et Pauillac, le Médoc propose quelques-uns des plus grands vins du monde. Quelques noms comme Latour, Lafite-Rothschild, Margaux ou Mouton-Rothschild suffisent à attiser l'imaginaire de tous les amoureux du vin. Autant de crus qui illustrent le fabuleux potentiel du terroir médocain et son étonnante complexité. Les vins expriment l'élégance et la race. Rive droite, passé la Dordogne et en remontant vers le nord, le Libournais impose la vérité du Merlot, cépage opulent et chatoyant. À Pomerol et à Saint-Émilion, les vins jouent la séduction en délivrant des arômes de fruits rouges et noirs, de la souplesse, de la rondeur et de la gourmandise. Bordeaux élabore de grands vins depuis des siècles : le poète romain Ausone fut le premier à en faire les louanges. Cultivées depuis fort longtemps, les meilleures croupes de graves sont aujourd'hui les plus belles parcelles des plus grands crus (le vignoble du Château Pape-Clément date de 1331). À l'aube du XVIII<sup>e</sup> siècle, le commerce des grands vins capables de vieillir est né à Haut-Brion.

## Les régions et les styles de vin

La carte ci-contre permet de visualiser le partage du vignoble bordelais en deux régions séparées par la Garonne et l'estuaire de la Gironde : la rive gauche, avec Bordeaux pour capitale, et la rive droite, avec le port de Libourne pour ville principale. Les différences géographiques de ces deux régions se retrouvent dans le style des vins rouges, par exemple, car, si le cépage Cabernet-Sauvignon domine sur la rive gauche, la rive droite est le fief du Merlot. D'autres différences sont liées à l'histoire : tandis que les grands vignobles du Médoc et des Graves tiraient parti de l'activité du grand port de Bordeaux pour commercialiser leurs vins dans le monde entier, les propriétés de taille plus modeste de Saint-Émilion et de Pomerol, sur la rive droite, devaient se contenter du petit port de Libourne, dont l'exportation n'était pas l'activité première.

Certains grands crus de Graves produisent aussi de superbes vins blancs secs, bien que cette catégorie reste l'apanage du vaste vignoble d'Entre-deux-Mers, entre la Garonne et la Dordogne. Au sud-est de la région, les vins liquoreux se partagent le vignoble de part et d'autre de la Garonne, avec les fameux crus de Sauternes et de Barsac, rive gauche, et des appellations moins connues comme celles de Sainte-Croix-du-Mont et de Loupiac, rive droite.

## Une forte production

Si Bordeaux est l'un des plus grands vignobles pour la qualité de ses vins, il l'est également pour la quantité de sa production. Avec 110 000 ha de superficie plantée en vigne, le vignoble bordelais est plus étendu que celui de l'Allemagne et trois fois plus vaste que celui de la côte nord de Californie, Napa et Sonoma inclus (30 000 ha). En outre, les années 80 ont été marquées par une forte progression des rendements, qui dépassent régulièrement les 5,5 millions d'hectolitres (soit 660 millions de bouteilles) alors que le record historique de 1979 s'établissait à 4 millions. Et il ne s'agit presque exclusivement que de vin d'appellation contrôlée. Depuis 1970, la majorité de la production ne concerne

plus le vin blanc mais le rouge, qui représente aujourd'hui plus de quatre bouteilles de Bordeaux sur cinq.

## Les châteaux de Bordeaux

Le concept de château est issu du Bordelais. Le terme pourrait laisser entendre qu'à chaque vin portant l'étiquette d'un château correspond une superbe bâtisse avec des douves et des tours, mais il n'en est rien. Ces vieux châteaux existent, mais ils sont rares. De plus, nul ne sait combien d'entre eux peuvent légalement prétendre à cette désignation (la législation en la matière n'est pas strictement appliquée), certains organismes avançant le chiffre de 7 000, d'autres celui, moins fantaisiste, de 1 000. En fait, il s'agit le plus souvent de fermes vouées exclusivement à la viticulture, et rares sont celles qui disposent d'une maison de maître, ou d'un véritable château.

Le château de Bordeaux est une entité de vignoble aux mains d'un seul propriétaire cultivant sa vigne et élaborant son vin. La taille de l'exploitation peut varier entre 150 ha (comme dans le Médoc) et quelques hectares seulement (comme à Pomerol), et le vignoble être d'un seul tenant ou constitué de parcelles disséminées sur la même commune. Cette originalité a donné naissance à la notion de cru, terme lié au terroir d'origine, à son environnement et à l'homme qui l'exploite. Certains châteaux ont une dimension et une réputation qui leur per-

mettent de vinifier leurs raisins sur place, d'élever leurs vins et de les mettre en bouteilles « au château ». D'autres se contentent de vendre leur production en vrac ou même de livrer leur raisin à la cave coopérative locale. Cette notion de cru, de château ou de propriété reste profondément ancrée dans l'histoire du Bordelais et de nombreux autres vignobles s'en sont inspirés, en France comme dans toutes les régions viticoles du monde.

## Les vinifications

Bordeaux a créé des styles de vins aujourd'hui appréciés (et copiés) dans le monde entier.

L'élaboration d'un vin de Bordeaux fait appel aux règles classiques de vinification (voir pp. 108-109). Mais, si les grands principes sont simples, les pratiques d'assemblage et d'élevage en barriques offrent des options beaucoup plus complexes à maîtriser. L'assemblage consiste à marier différentes cuves issues de parcelles différentes, donc de cépages différents, de vignes plus ou moins vieilles, récoltées plus ou moins tôt, ou tard. L'assemblage est un art difficile qui consiste à obtenir le meilleur équilibre et la meilleure expression du terroir en fonction de la qualité du millésime. Une partie de ce qui n'est pas retenu dans l'assemblage du « grand vin » est assemblée dans un « second vin » et le solde, à savoir les cuves qui n'ont pas été retenues dans les deux premiers choix

## LES APPELLATIONS ET LES ÉTIQUETTES

Le Bordelais est divisé en 57 appellations d'origine contrôlées. La totalité des vignobles du département de la Gironde bénéficie de l'AOC Bordeaux tandis que l'AOC Bordeaux Supérieur couvre la même zone, mais applique des conditions de production plus strictes.

On distingue trois groupes à l'intérieur de cette zone : à l'ouest, sur la rive gauche de la Garonne et de la Gironde, se succèdent les AOC Sauternes, Barsac, Graves et Médoc ; à l'est, sur la rive droite de la Dordogne et de la Gironde, on trouve le Libournais (AOC Saint-Émilion, Pomerol, Fronsac), Bourgeais et Blayais ; entre les vallées de la Garonne et de la Dordogne

s'étend l'AOC Entre-deux-Mers.

Le vignoble du Médoc se divise lui-même en AOC Médoc, avec une partie en AOC Haut-Médoc, et les prestigieuses appellations communales de Saint-Estèphe, Saint-Julien, Pauillac, Margaux, Moulis et Listrac.

Les vins de Bordeaux sont le plus souvent des vins de crus dont l'étiquette porte le nom d'un château, mais leur statut reste celui de l'appellation dont ils proviennent : Château Lafite est un AOC Pauillac et Château Pavie est un AOC Saint-Émilion. Les classifications sont détaillées p. 142 et p. 145 pour le Médoc, p. 154 pour les Graves, p.160 pour les Sauternes, p. 168 pour Saint-Émilion.

# LES RÉGIONS VITICOLES DE BORDEAUX

Sur la rive gauche de la Gironde et de la Garonne se trouvent les appellations Médoc, Graves et Sauternes, tandis que le Libournais (Saint-Émilion, Pomerol ainsi que leurs satellites) et l'Entre-deux-Mers s'étendent sur la rive droite.

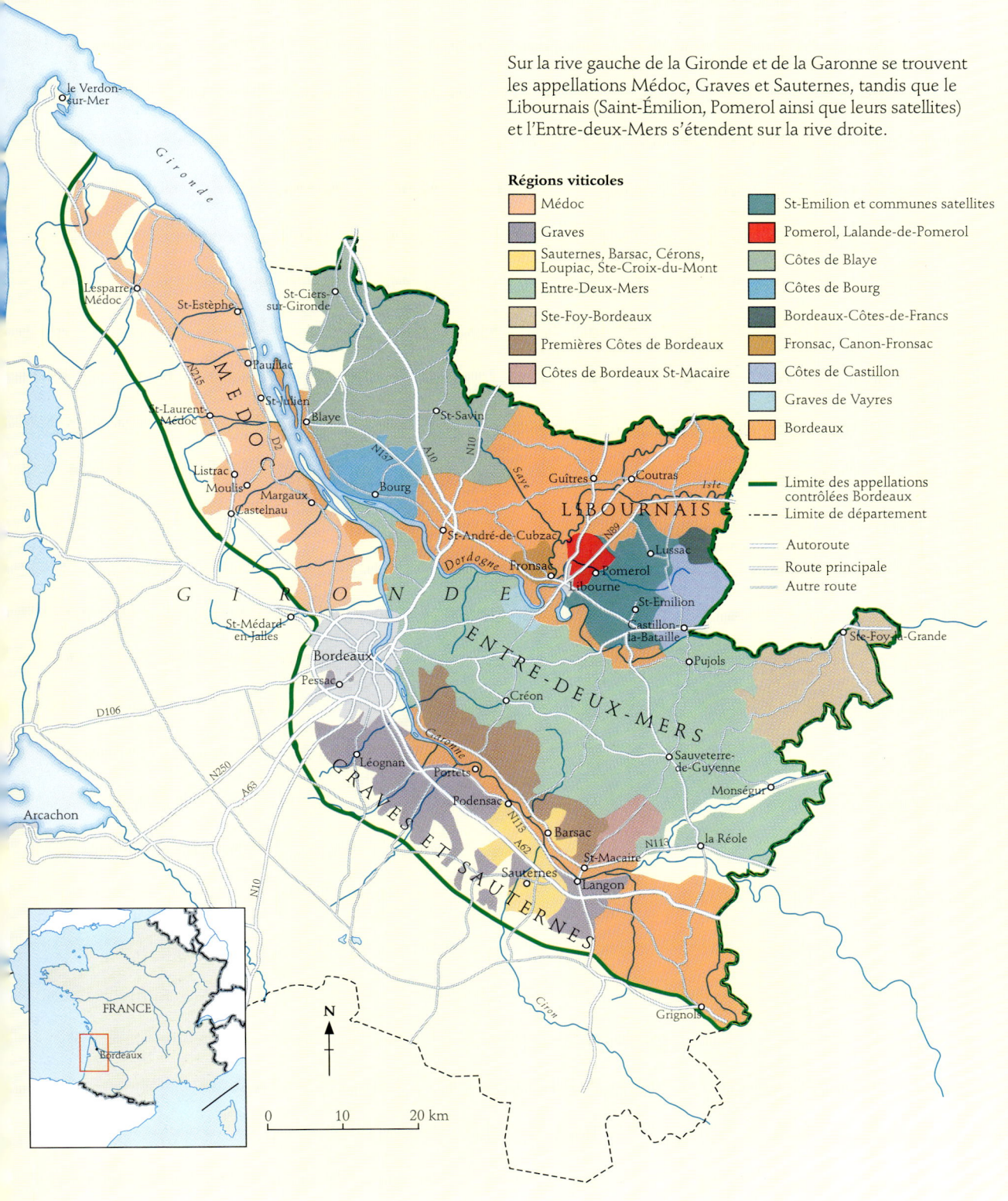

**Régions viticoles**

- Médoc
- Graves
- Sauternes, Barsac, Cérons, Loupiac, Ste-Croix-du-Mont
- Entre-Deux-Mers
- Ste-Foy-Bordeaux
- Premières Côtes de Bordeaux
- Côtes de Bordeaux St-Macaire
- St-Emilion et communes satellites
- Pomerol, Lalande-de-Pomerol
- Côtes de Blaye
- Côtes de Bourg
- Bordeaux-Côtes-de-Francs
- Fronsac, Canon-Fronsac
- Côtes de Castillon
- Graves de Vayres
- Bordeaux

— Limite des appellations contrôlées Bordeaux
--- Limite de département
Autoroute
Route principale
Autre route

FRANCE
Bordeaux

N

0    10    20 km

(comme celles issues des plus jeunes vignes), est vendu en vrac au négoce comme vin d'appellation générique. Cette pratique de l'assemblage permet donc à un château de diffuser, sous son étiquette, le vin que son propriétaire considère comme le meilleur, quelle que soit la qualité du millésime.

L'élevage est une autre composante de la qualité d'un grand cru. La pratique du stockage en barriques de bois de chêne n'est pas récente, puisqu'elle était autrefois la seule possible pour la garde et le transport des vins. À cette vocation première se sont ajoutées d'autres vertus constatées par des générations de vinificateurs : pour que le vin se bonifie en barrique, il doit être assez puissant et concentré et la barrique, neuve ou récente, le bois neuf conférant un certain caractère au vin (voir p. 113). Le choix de la proportion de barriques neuves pour une vendange donnée est donc une composante essentielle des qualités d'un cru, et seule une dizaine de crus de Bordeaux (les plus grands) utilisent systématiquement, année après année, 100 % de barriques neuves. Les petits châteaux qui élaborent des vins moins concentrés et font l'expérience du bois neuf se retrouvent parfois avec des vins dominés par des notes boisées qui masquent un peu trop les arômes naturels du raisin.

Tous les vins rouges de Bordeaux sont vinifiés selon les mêmes techniques et à partir des mêmes cépages, mais, malgré leurs points communs, ils se distinguent par des styles très divers. Le pourcentage des cépages d'une propriété est l'un des principaux facteurs de ces différences : lorsque l'assemblage comporte plus de Merlot que de Cabernet-Sauvignon, les vins sont plus amples, plus ronds et plus doux et évoluent plus vite que dans la proportion inverse.

## LES CÉPAGES

Les cépages classiques de Bordeaux sont décrits pp. 40-47, mais il est intéressant de souligner leur rôle et l'influence de chacun d'entre eux sur la composition des assemblages des vins de Bordeaux.

### VINS ROUGES

Pour élaborer ses vins, Bordeaux a créé sa propre recette en assemblant trois variétés de vignes en cépages principaux et quelques autres en cépages secondaires. **Cabernet-Sauvignon.** C'est un cépage dominant du Médoc, en particulier dans les crus classés, où il peut représenter plus de 80 % dans la cuvée finale du grand vin. Dans les meilleurs crus, en AOC Pauillac, Saint-Julien, Saint-Estèphe ou Margaux, les croupes de graves maigres bien drainées constituent son terrain de prédilection. Son caractère est tout autant prisé dans les AOC Graves rouges, mais les sols calcaires de Saint-Émilion lui conviennent moins bien (voir les facteurs de qualité p. 169). Les vins marqués par le Cabernet-Sauvignon sont des vins de garde, assez tanniques dans leur jeunesse, développant une élégance inégalée avec l'âge. **Cabernet Franc.** C'est un cépage très utilisé en association avec le Merlot à Saint-Émilion, où il joue un rôle déterminant. Moins tannique que le Cabernet-Sauvignon, il participe dans une moindre mesure aux assemblages des Médocs et des Graves et de la plupart des vins de Bordeaux. **Merlot.** Cépage-clé des vins de Pomerol et dominant dans de très nombreux vins de Saint-Émilion, le Merlot est un cépage secondaire essentiel aux vins du Médoc et des Graves, où, en complément du Cabernet-Sauvignon, sa souplesse et son intensité aromatique lui font jouer un rôle déterminant. Il s'épanouit dans les terres grasses un peu lourdes où le Cabernet-Sauvignon ne se plaît pas. **Malbec.** Autrefois très répandu dans le Médoc et apprécié pour son mûrissement précoce et ses notes fruitées, il contribue utilement aux assemblages, surtout pour la profondeur et l'intensité de sa couleur. Sensible aux maladies, c'est aujourd'hui un cépage mineur. **Petit Verdot.** Comme son nom l'indique, c'est un cépage tardif qui n'atteint que très rarement sa pleine maturité. Il est très apprécié dans les assemblages pour son apport en acidité dans les années mûres.

### VINS BLANCS

Deux cépages principaux se partagent les faveurs des terroirs bordelais, le Sauvignon et le Sémillon. Cépage classique de la région, le Sémillon donne le meilleur de lui-même lorsqu'il est « rôti » par la pourriture noble en Sauternais. Quant au Sauvignon, il fait de plus en plus d'adeptes grâce à ses expressions aromatiques dans les vins secs. **Sémillon.** Cépage de base des vins blancs secs et des plus grands Sauternes, c'est le cépage blanc le plus répandu de la région bordelaise. Attaqué par la pourriture noble (voir p. 159), son jus concentré donne naissance aux plus grands nectars liquoreux. En version blanc sec, il est le plus souvent assemblé au Sauvignon. **Sauvignon.** Cépage de plus en plus important pour les crus de Graves blancs et les AOC Entre-deux-Mers, le Sauvignon existe aussi en Sauternais comme cépage secondaire. **Muscadelle.** Cépage très aromatique mais fragile, il est très apprécié dans les assemblages lorsqu'il parvient à maturité.

Quant aux rendements des vignes, ils sont tout aussi déterminants pour la concentration des vins et leur caractère. Le terroir d'origine, lui aussi, a son importance puisqu'il marque la nature de chaque appellation d'un certain style, décrit dans les chapitres qui suivent. La qualité du terroir, le mode de culture, le choix de la date des vendanges, le tri rigoureux des raisins avant leur entrée dans les chais, la conduite des vinifications, la sélection des cuves, les assemblages et l'élevage en barriques sont donc autant de facteurs de différences d'un cru à l'autre pour un même millésime.

La vigne occupe les meilleurs terroirs de Bordeaux depuis des siècles et les cépages ont été progressivement sélectionnés pour leurs performances locales. Les grands crus ne sont pas le fruit du hasard : leur qualité, leur classification et leur prix sont justifiés par leur histoire et celle de leurs vins. Les prix élevés ont permis de poursuivre les investissements nécessaires à l'élaboration de grands vins, dont les plus concentrés, de grande garde, sont le plus souvent à la hauteur de leurs promesses. On a rarement la bonne surprise de voir un petit château s'élever au rang des grands et les sacrifices les plus douloureux ne sont guère récompensés, car le terroir reste maître de la qualité.

Au lendemain des années 70, les nouvelles techniques ont changé les vinifications en blanc, à Bordeaux comme

Vignoble du Château Cheval-Blanc, l'un des crus les plus prestigieux de Saint-Émilion.

partout ailleurs. La qualité des pressoirs et les cuves en acier inoxydable, qui permettent une meilleure maîtrise des températures de fermentation, ont été les moteurs d'une véritable révolution des vins blancs : le Sauvignon et le Sémillon se montraient enfin sous un jour meilleur, avec de belles notes fruitées et des vins équilibrés agréables à boire. Ces changements récents ont permis aux meilleurs crus de Graves de s'élever au rang des grands vins blancs et au vignoble d'Entre-deux-Mers de vendre des blancs très bien faits, désormais d'un excellent rapport qualité-prix.

Les méthodes de vinification sont décrites p. 155 pour les vins blancs secs et p. 159 pour les vins liquoreux.

## Les millésimes et le vieillissement

Bordeaux est la seule ville du monde dont les conditions météorologiques se répandent comme une traînée de poudre dans le monde entier, au point qu'un millésime qui sera bon à Bordeaux sera souvent jugé bon partout (ce qui est rarement vrai). Et, lorsque les conditions

climatiques sont particulièrement favorables, les propriétaires et les négociants n'hésitent pas à proclamer un millésime du siècle, souvent bien avant les vendanges, nouvelle rapidement relayée par la grande presse.

L'influence de l'océan Atlantique, à l'ouest, donne au vignoble bordelais un climat de type océanique (voir les facteurs de qualité p. 146 et 169). Les dangers sont les gels d'hiver qui peuvent anéantir une partie du vignoble (comme en 1956), les gelées printanières, les coups de froid au moment de la floraison, la grêle, les étés trop humides et les pluies au moment des vendanges.

Les variations climatiques donnent d'une année sur l'autre des millésimes très différents. Ces disparités ayant été gommées par une succession exceptionnelle de bons millésimes dans les années 80 (1981, 1982, 1983, 1985, 1986, 1988 et 1989), on aurait pu croire que la nature du climat avait changé. Mais, si la décennie suivante a bien commencé (avec un excellent 1990), 1991 a rappelé au monde du vin que la

nature était capricieuse, en cumulant gel de printemps et fin d'été pluvieuse. 1992 n'a pas été gâté par la nature et 1993 et 1994 auraient été des années exceptionnelles sans les pluies de septembre. Même si les progrès des technologies de vinification permettent de sauver l'honneur, en tirant le meilleur parti de raisins moins mûrs, la qualité d'un millésime reste imprévisible à Bordeaux, et les millésimes des années à venir resteront toujours à la merci des conditions climatiques.

Les meilleurs millésimes de certains grands crus de Bordeaux rouges peuvent vieillir pendant 10, 20, voire 30 ans ou plus. Certaines grandes bouteilles du XIXe siècle sont quelquefois ouvertes avec recueillement et dégustées en silence : le vin peut être miraculeusement bon. Mais ces moments privilégiés ne sauraient faire oublier que la vaste majorité des crus de Bordeaux n'a pas la même longévité, d'autant que les vinifications actuelles privilégient les caractères fruités sur les caractères tanniques des vins de garde. Rien ne dit que les grands vins des années 1980 pourront se garder aussi longtemps. Les rendements sont plus élevés et les techniques de vinification ne sont plus les mêmes.

En revanche, certains petits châteaux de Saint-Émilion ou du Médoc peuvent atteindre un caractère complexe après trois, quatre ou cinq ans de bouteille, en fonction de la qualité du millésime. Les crus classés des Graves, du Médoc ou de Saint-Émilion gagnent à être vieillis plus longtemps, selon le millésime. Mais seuls les meilleurs crus des meilleures appellations comme Margaux, Pauillac ou Saint-Julien peuvent supporter des décennies de vieillissement.

En général, et cette généralisation mérite quelques exceptions, les vins rouges de la rive gauche (Médoc et Graves) ont un potentiel de vieillissement plus grand que ceux de la rive droite (Saint-Émilion et Pomerol). Les caractères des millésimes sont également à considérer : les 1975 et 1976, portés au pinacle des millésimes du siècle au moment de leur naissance, ont évolué très différemment, les 1976 dépassant leur apogée après 15 ans, tandis que les 1975, durs et austères, sont restés fermés pendant très longtemps et certains ne s'ouvriront peut-être jamais.

### Les classements

Les vins de Bordeaux en général, et du Médoc en particulier, vivent en compétition au sein d'une hiérarchie bien établie. Les grands châteaux font l'objet d'un intérêt mondial et les amateurs ont toujours éprouvé le besoin d'être guidés par une échelle de valeurs fournissant des indications claires sur la qualité d'un cru et son prix.

La première classification officielle de 1855 (voir encadré) résulte de quelques décennies de commerce : en effet, les courtiers de place se référaient, dans leurs échanges, aux « premiers », « deuxièmes », « troisièmes », « quatrièmes » et « cinquièmes crus ».

Le reste du vignoble bordelais est régi par des classements plus récents, qui n'ont pas le même recul historique et n'obéissent pas à des critères d'analyse identiques. Les Sauternes ont fait l'objet

d'une classification en même temps que les vins du Médoc, tandis que les vins de Graves n'ont été classés qu'en 1953 et les châteaux de Saint-Émilion en 1954 (voir pages suivantes).

Tout classement dans la hiérarchie des crus implique que chaque château classé est censé ne rien changer au terroir reconnu au moment du classement.

Ce principe logique laisse supposer que l'entité territoriale d'un château soit immuable, ce qui, au fil des cessions et acquisitions, est rarement le cas : toute vigne acquise par un château classé peut entrer dans l'assemblage. Il n'existe à ce jour de cas de déclassement qu'à Saint-Émilion, notamment pour extension de la superficie de son vignoble. □

## LE CLASSEMENT DE 1855

Le classement de 1855 est resté inchangé jusqu'à nos jours (exception faite de Château Mouton-Rothschild, promu de deuxième à premier cru en 1973). À part Château Haut-Brion, premier cru situé dans les Graves, il ne concerne que les vins rouges du Médoc. Cette échelle des crus – classés par ordre de mérite de premier (pour les meilleurs) à cinquième – a été établie lors de l'Exposition universelle de 1855 en fonction de la moyenne des prix des vins au cours du siècle précédent. Depuis cette date, bien des choses ont changé – certains châteaux ont été divisés, d'autres ont été agrandis –, mais le classement est resté : cela signifie que la hiérarchie des terroirs d'origine était juste et que la défense des privilèges des mieux classés a des arguments pour contrer la critique.

**Premiers crus**
Ch. Lafite-Rothschild, Pauillac
Ch. Latour, Pauillac
Ch. Margaux, Margaux
Ch. Haut-Brion, Pessac, Graves
Ch. Mouton-Rothschild, Pauillac

**Deuxièmes crus**
Ch. Rausan-Ségla, Margaux
Ch. Rauzan-Gassies, Margaux
Ch. Léoville-Las-Cases, St-Julien
Ch. Léoville-Poyferré, St-Julien
Ch. Léoville-Barton, St-Julien
Ch. Durfort-Vivens, Margaux
Ch. Lascombes, Margaux
Ch. Gruaud-Larose, St-Julien
Ch. Brane-Cantenac, Cantenac-Margaux
Ch. Pichon-Longueville Baron, Pauillac
Ch. Pichon-Longueville Comtesse de Lalande, Pauillac
Ch. Ducru-Beaucaillou, St-Julien
Ch. Cos d'Estournel, St-Estèphe
Ch. Montrose, St-Estèphe

**Troisièmes crus**
Ch. Giscours, Labarde-Margaux
Ch. Kirwan, Cantenac-Margaux
Ch. d'Issan, Cantenac-Margaux
Ch. Lagrange, St-Julien
Ch. Langoa-Barton, St-Julien
Ch. Malescot-St-Exupéry, Margaux
Ch. Cantenac-Brown, Cantenac-Margaux
Ch. Palmer, Cantenac-Margaux
Ch. La Lagune, Ludon
Ch. Desmirail, Margaux
Ch. Calon-Ségur, St-Estèphe
Ch. Ferrière, Margaux
Ch. Marquis d'Alesme-Becker, Margaux
Ch. Boyd-Cantenac, Cantenac-Margaux

**Quatrièmes crus**
Ch. St-Pierre, St-Julien
Ch. Branaire-Ducru, St-Julien
Ch. Talbot, St-Julien
Ch. Duhart-Milon-Rothschild, Pauillac
Ch. Pouget, Cantenac-Margaux
Ch. La Tour-Carnet, St-Laurent
Ch. Lafon-Rochet, St-Estèphe
Ch. Beychevelle, St-Julien
Ch. Prieuré-Lichine, Cantenac-Margaux
Ch. Marquis de Terme, Margaux

**Cinquièmes crus**
Ch. Pontet-Canet, Pauillac
Ch. Batailley, Pauillac
Ch. Grand-Puy-Lacoste, Pauillac
Ch. Grand-Puy-Ducasse, Pauillac
Ch. Haut-Batailley, Pauillac
Ch. Lynch-Bages, Pauillac
Ch. Lynch-Moussas, Pauillac
Ch. Dauzac, Labarde-Margaux
Ch. d'Armailhacq (ex-Mouton-Baron-Philippe), Pauillac
Ch. du Tertre, Arsac-Margaux
Ch. Haut-Bages-Libéral, Pauillac
Ch. Pédesclaux, Pauillac
Ch. Belgrave, St-Laurent
Ch. de Camensac, St-Laurent
Ch. Cos Labory, St-Estèphe
Ch. Clerc-Milon, Pauillac
Ch. Croizet-Bages, Pauillac
Ch. Cantemerle, Macau

# LES RÉGIONS VITICOLES DU MÉDOC, DES GRAVES ET DE SAUTERNES

La carte ci-dessous montre la longue bande de vignobles qui s'étire le long de la rive gauche de la Garonne et de la Gironde. Le Médoc est divisé, au nord, en AOC Médoc et, au sud, en AOC Haut-Médoc, où se trouvent les appellations communales de Saint-Estèphe, Saint-Julien, Pauillac et Margaux. Les Graves ont, au nord, une sous-appellation Pessac-Léognan tandis que l'AOC Sauternes, au sud, constitue une enclave dans l'appellation des Graves.

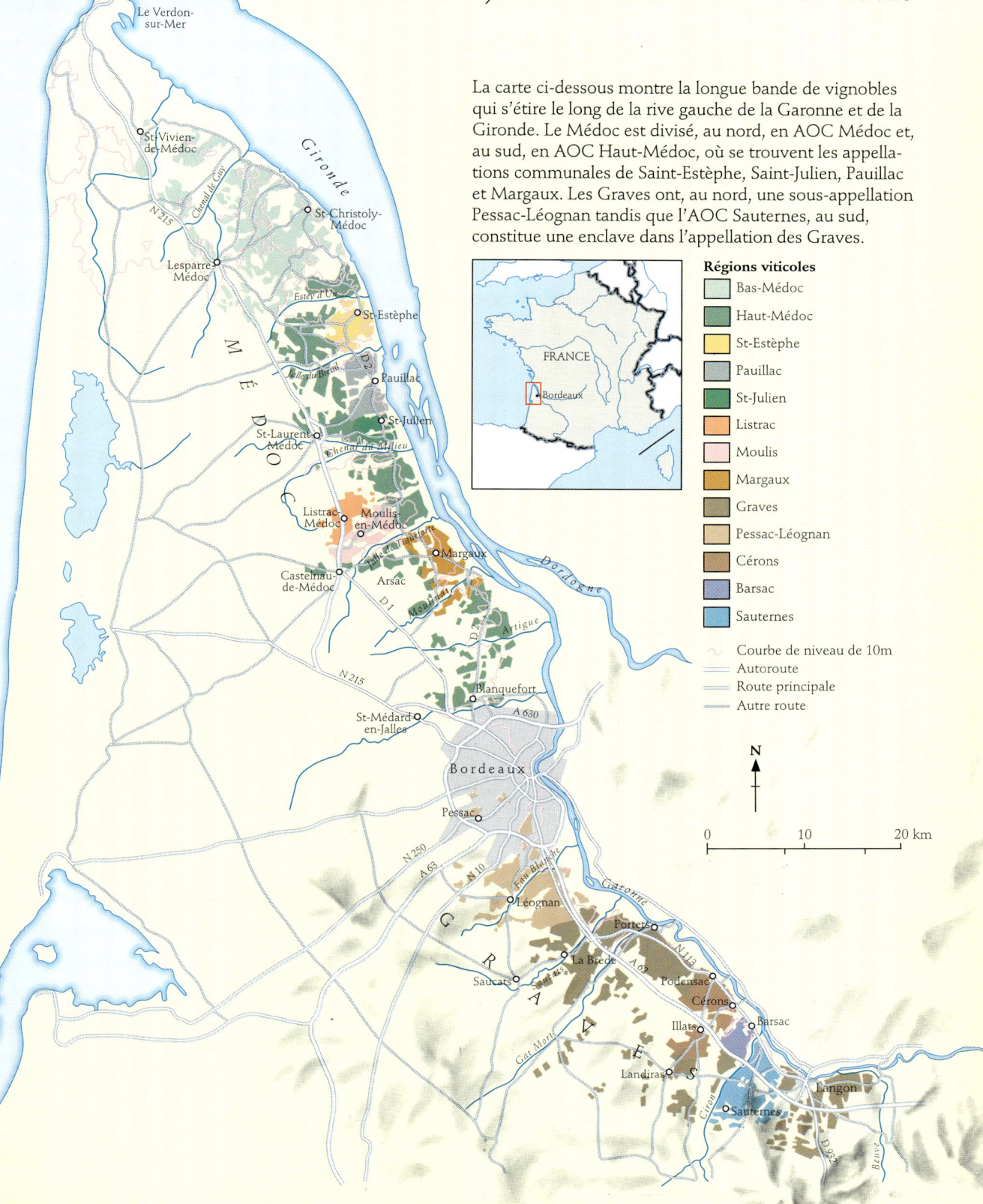

**Régions viticoles**
- Bas-Médoc
- Haut-Médoc
- St-Estèphe
- Pauillac
- St-Julien
- Listrac
- Moulis
- Margaux
- Graves
- Pessac-Léognan
- Cérons
- Barsac
- Sauternes

Courbe de niveau de 10m
Autoroute
Route principale
Autre route

FRANCE
Bordeaux

N

0        10        20 km

# MÉDOC

Le Médoc est un peu le bout du monde, isolé du reste de la France par les eaux brunes de la Gironde et du reste du globe par l'océan Atlantique. La vigne n'y occupe qu'une mince bande qui s'étire tout au long de la péninsule, entre l'estuaire et la grande forêt des Landes qui filtre la fraîcheur des brises atlantiques. Cette situation géographique privilégiée, combinée à un sous-sol unique et à des croupes graveleuses, donne naissance à de grands vins.

Les facteurs-clés qui constituent l'environnement du Médoc sont analysés p.146. Les autres ingrédients de la magnificence et du succès des grands crus sont le choix des cépages qui se sont imposés localement et la proximité du port international de Bordeaux. Les vins du Médoc, tout comme ceux des Graves, ont été découverts il y a fort longtemps par les amateurs d'Europe du Nord, qui s'approvisionnaient déjà à Bordeaux au temps des Romains. Les premiers crus du Médoc, tels Margaux, Latour ou Lafite, étaient déjà connus des importateurs de grands vins il y a trois siècles. Cet engouement a généré une demande mondiale qui perdure et encourage les propriétaires à faire les investissements et les sacrifices nécessaires à l'élaboration de grands vins.

## Les châteaux

La prospérité des grands crus a laissé un autre héritage : les châteaux. C'est au sein du Médoc que se trouve la plus forte concentration de grands domaines viticoles du monde. Certains propriétaires n'ont pas hésité à afficher leur richesse et leur prétention en édifiant de superbes constructions de styles divers et controversés. S'il subsiste aujourd'hui quelques joyaux tels le Château de Lamarque, qui date du Moyen Âge, ou le Château d'Issan, construit au XVIIe siècle, la grande majorité des édifices furent

Façade du Château Cos d'Estournel.

construits aux XVIIIe et XIXe siècles. Les tourelles et les somptueuses façades égaient certes la monotonie d'un paysage sans attrait, mais ces monuments ne constituent qu'une facette des châteaux médocains. Plus importants, en effet, sont les chais, bâtisses souvent dénuées de charme, qui abritent les équipements vinaires, les barriques et les stocks de bouteilles au niveau du sol.

## Les cépages et les styles de vin

Le cépage prédominant des appellations du Médoc est le Cabernet-Sauvignon, qui se trouve assemblé en proportions variables avec le Merlot, le Cabernet Franc et le Petit Verdot. La part de Cabernet-Sauvignon dans l'assemblage final d'un château est une indication du style de vin : plus elle est importante, plus le vin sera austère et plus il pourra être considéré comme un vin de garde.

Autres composantes du caractère d'un château, sa situation géographique et son statut. Les grands crus –

## LES APPELLATIONS DU MÉDOC

Il existe une hiérarchie dans les appellations du Médoc.

**AOC Médoc.** Autrefois nommée Bas-Médoc en raison de sa situation plus basse, en aval de la Gironde, cette région a changé de nom à la demande des vignerons. Ici, sur une large étendue de vignes au nord et au nord-ouest de Saint-Seurin-de-Cardonne, se trouvent de nombreux petits châteaux et quelques grandes propriétés. Une importante partie des vins sont centralisés par les coopératives locales pour être commercialisés en Médoc générique.

Les bois, les pâturages et les marécages se partagent les vallons tandis que le vignoble occupe les collines de graves. Pour les châteaux, voir p.153.

**AOC Haut-Médoc.** Cette appellation regroupe tous les vignobles situés au sud, en amont de la Gironde, qui n'appartiennent pas aux communes de

Moulis et Listrac ni aux quatre appellations prestigieuses de Saint-Estèphe, Pauillac, Saint-Julien et Margaux. Plus en retrait par rapport à l'estuaire de la Gironde, à l'exception de Saint-Seurin, Lamarque, Cussac, Ludon-Médoc et Macau, cette appellation dispose de quelques très beaux sites.

Cinq des crus classés en 1855 (voir p.142) et de nombreux crus bourgeois réputés (voir p.153) sont situés dans l'AOC Haut-Médoc.

**AOC communales.** Ces dernières, décrites en détail dans les chapitres qui suivent, représentent le summum dans la hiérarchie des appellations médocaines : par ordre alphabétique, il s'agit de Listrac, Margaux, Moulis, Pauillac, Saint-Estèphe et Saint-Julien.

Les autres vignobles cèdent leur production à la coopérative locale ou commercialisent leurs vins sous l'appellation Haut-Médoc ou Médoc.

classés pour la plupart en 1855 (voir p. 142) – ont adopté un encépagement plus riche en Cabernet qu'en Merlot, ainsi que des sélections et des conduites d'élevage des vins bien particulières (voir p. 138). Ils occupent les sols les mieux drainés dotés des meilleures graves.

Sur les parcelles défavorisées par un sol plus lourd, le Merlot donne des vins plus soyeux et agréables à boire plus jeunes. Ceux-ci ne restent pas très longtemps en barriques trop neuves. Les meilleures propriétés ont la volonté de garder un certain nombre de parcelles en vieilles vignes, plus avares en quantité mais donnant des raisins plus concentrés.

Les vins rouges du Médoc se distinguent des vins de Saint-Émilion et du reste de la rive droite par une droiture, une finesse et une austérité ainsi que par les arômes dominants du Cabernet-Sauvignon.

## Les Crus bourgeois

Le classement de 1855 (voir p.142) demeure l'apanage de quelques dizaines de châteaux dont les vins, renommés à cette époque, continuent de l'être. La désignation de « cru bourgeois » est plus récente, puisque la première liste date de 1932 – même si cette notion existait auparavant – et qu'elle ne recensait pas moins de 490 châteaux. Après la crise de 1930, 150 d'entre eux furent rayés de la liste. En 1962, un Syndicat des Crus Bourgeois du Médoc fut fondé pour établir une nouvelle classification. Celle-ci regroupait 117 châteaux en 1978. Depuis cette date, quelque 60 « nouveaux bourgeois » supplémentaires ont rejoint le Syndicat, mais la situation est quelque peu confuse et révèle une lacune dans la définition du cru bourgeois et la vocation du Syndicat. Certains crus bourgeois mériteraient sans doute de figurer parmi les crus classés, ce qui supposerait une révision du classement de 1855.  □

La taille et la réputation des grands crus du Médoc permettent d'opérer une sélection des meilleures cuvées pour le meilleur assemblage, vendu sous l'étiquette du château et appelé « grand vin » ou « premier vin ». Le solde de la production, écarté par cette première sélection, se retrouve dans un « second vin » commercialisé sous une autre étiquette. Cette pratique a toujours existé dans les plus grands châteaux du Médoc, puisque le second vin du Château Latour date de plus de deux siècles et que celui de Château Mouton s'appelait Mouton Cadet dans les années 1930 (le Mouton Cadet d'aujourd'hui est une marque commerciale d'un simple Bordeaux). Cet usage séculaire a connu un regain d'intérêt avec les dix glorieuses des années 80 grâce aux forts rendements (ou à cause d'eux) et à une volonté confirmée de ne garder, sous l'étiquette du « grand vin », que le meilleur.

Les « seconds vins » ne font l'objet d'aucune réglementation et leur élaboration est laissée au bon vouloir des propriétaires. Selon la qualité du millésime, l'âge des vignes de certaines parcelles, le degré de maturité des vins, mais aussi les sacrifices qu'ils sont prêts à faire, ceux-ci seront plus ou moins rigoureux dans le choix de leurs assemblages. Moins concentrés que les « grands vins », les « seconds vins » sont à boire plus rapidement.

Un bon millésime devrait être à l'origine d'un excellent « second vin » dans la mesure où toutes les cuves mériteraient d'y être assemblées, sauf peut-être celles qui proviennent de jeunes vignes dont le rendement est souvent trop généreux. Dans un millésime difficile, où les raisins ne sont pas à pleine maturité, la sélection est plus sévère et les cuvées qui entrent dans l'assemblage du « second vin » sont souvent plus légères. La sélection s'opère en fonction d'un certain équilibre de l'assemblage du « premier vin » et il n'est pas rare, dans des années très mûres comme 1982 ou 1986, de trouver des « seconds vins » dignes des « premiers ». Il peut exister une troisième étiquette pour certains châteaux, voire une quatrième, mais ces usages sont rares et les cuves qui ne sont pas retenues dans un premier assemblage ni dans un second sont le plus souvent commercialisées en vins génériques d'appellation (AOC Saint-Estèphe, Saint-Julien, Pauillac ou Margaux).

## LES SECONDS VINS

**Premiers crus classés**
Lafite-Rothschild : Les Carruades
Latour : Les Forts de Latour
Margaux : Pavillon Rouge du Château Margaux

**Seconds crus classés**
Brane-Cantenac : Notton
Cos d'Estournel : de Marbuzet
Ducru-Beaucaillou : La Croix
Durfort-Vivens : Domaine de Cure-Bourse
Gruaud-Larose : Sarget de Gruaud-Larose
Lascombes : Ségonnes
Léoville-Las-Cases : Clos du Marquis
Léoville-Poyferré : Moulin-Riche
Montrose : La Dame de Montrose
Pichon Baron : Les Tourelles de Longueville
Pichon Lalande : Réserve de la Comtesse
Rauzan-Gassies : Mayne de Jeannet

**Troisièmes crus classés**
Calon-Ségur : Marquis de Ségur
Cantenac-Brown : Canuet
Lagrange : Fiefs de Lagrange
La Lagune : Ludon-Pomies-Agassac
Malescot-Saint-Exupéry : La Dame de Malescot

**Quatrièmes crus classés**
Beychevelle : Amiral de Beychevelle
Duhart-Milon-Rothschild : Moulin de Duhart
Marquis de Terme : des Gondats
Prieuré-Lichine : de Clairefont
Talbot : Connétable de Talbot

**Cinquièmes crus classés**
Grand-Puy-Ducasse : Artigues-Arnaud
Grand-Puy-Lacoste : Lacoste-Borie
Haut-Batailley : La Tour-d'Aspic
Lynch-Bages : Haut-Bages-Avérous
Pontet-Canet : Les Hauts-de-Pontet

**Crus bourgeois**
Beausite : Haut-Madrac
Caronne-Ste-Gemme : Labat
Chasse-Spleen : Ermitage de Chasse-Spleen
Citran : Moulin-de-Citran
Gloria : Peymartin
Labégorce-Zédé : Admiral
Meyney : Prieuré-de-Meyney
Ormes-Sorbet : Conques
Potensac : Lassalle
Siran : Bellegarde
Tour-de-By : Roque de By

# LES FACTEURS DE QUALITÉ

Cette coupe géologique du sous-sol de la région de Pauillac montre les sédiments de graves déposés par la Gironde sur une roche de fond composée de calcaire avec des poches d'argile. Les vignobles des meilleurs crus sont situés sur les talus graveleux les plus profonds, qu'on appelle les «croupes» de graves. La perméabilité de ces graves sur sous-sol calcaire permet un bon drainage.

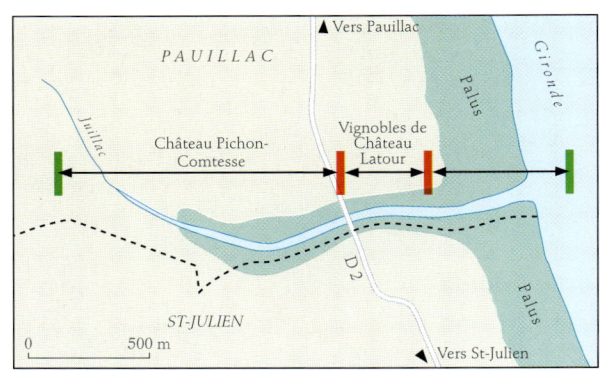

## Localisation

Le vignoble de Château-Latour, un premier cru célèbre, occupe une «croupe» de graves qui domine les «palus» des rives de l'estuaire. La pente, assez marquée, facilite le drainage. La proximité de la Gironde est un autre facteur de qualité, car elle protège contre les gels de printemps. Les vignobles des meilleurs crus sont localisés sur d'autres «croupes» dont la déclivité s'atténue vers l'ouest.

LE MÉDOC : COUPE GÉOLOGIQUE

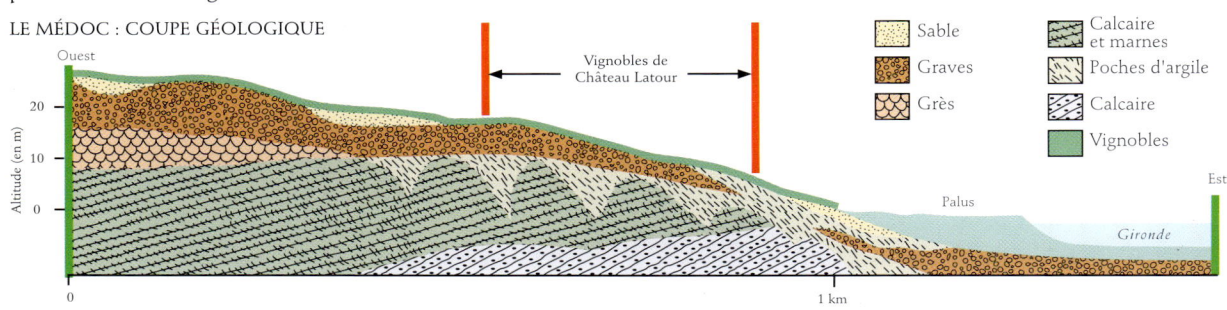

| | Sable | | Calcaire et marnes |
| Graves | | Poches d'argile |
| Grès | | Calcaire |
| | Vignobles | |

## Sols de graves

Les graves illustrées sur cette photo montrent les différences entre les gros galets et les gravillons liés à des sédiments sablonneux. Les graves permettent un bon écoulement des eaux. En sous-sol, une fine couche composée de sables, de fines graves et d'argile repose sur une roche compacte, formée de sédiments calcaires (comme à Margaux) ou sableux (à Mouton), ou encore argileux (à Latour). La superposition de ces strates sédimentaires donne trois propriétés favorables à la viticulture : le sol et le sous-sol offrent un environnement pauvre qui limite le rendement de la vigne ; le sous-sol perméable permet aux racines de la vigne de descendre à 4 ou 5 m de profondeur ; cette perméabilité des sols empêche aussi, bien sûr, les eaux de pluie de stagner ou de s'accumuler.

## Pluviométrie

Les chutes de pluie qui, souvent, s'abattent sur le Médoc sont affectées par l'influence protectrice de la ceinture forestière des Landes, au sud et à l'ouest du vignoble. Cette carte montre la pluviométrie moyenne en millimètres pendant la période cruciale du mois de juillet. Les vents d'ouest, porteurs de pluie, traversent la zone forestière, et les précipitations touchent davantage l'ouest du Médoc, avant d'atteindre le vignoble. Les vignerons préfèrent un été plutôt sec et des vendanges sans pluies, afin de favoriser la maturation des raisins et de les récolter dans les meilleures conditions. Les pluies d'hiver et de printemps sont bienvenues, mais, dans l'ensemble, le Médoc ne manque pas d'eau et craint moins la sécheresse que l'excès de précipitations.

Sol de graves à Pauillac.

## Drainage

Si les graves favorisent un bon écoulement des eaux de pluie, les cours d'eau souterrains améliorent encore ce drainage. Sous les sols de surface se trouvent aussi les vestiges du système datant de l'époque où le niveau de la Gironde était plus bas qu'aujourd'hui. Les propriétaires de châteaux n'en ont pas moins dû investir lourdement dans ce domaine.

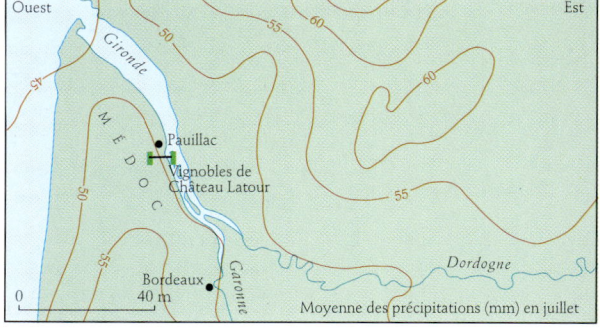

# GRANDS CRUS DE SAINT-ESTÈPHE

Tout au nord du Haut-Médoc, les vignes sont plantées sur des sols plus lourds et argileux que ceux du sud de l'appellation. Les vins solides et austères de Saint-Estèphe avaient la réputation de prendre beaucoup de temps à s'épanouir, ce qui reste vrai pour quelques châteaux, tandis que d'autres ont adopté des vinifications donnant des styles de vin plus souples, acceptant plus de Merlot dans leur assemblage. Le vin rouge de Saint-Estèphe reste néanmoins plus robuste et plus tannique que celui de Pauillac ou de Saint-Julien.

### L'APPELLATION

Les terres de la commune se trouvent à la limite nord de celles de Pauillac. Les châteaux du sud de l'appellation, comme Cos d'Estournel, dominent les vignobles de Lafite et de Mouton, n'en étant séparés que de quelques centaines de mètres par un fond de vallée marécageux. Par ailleurs, le même Château Lafite déborde d'une parcelle sur Saint-Estèphe. Plus au nord, l'appellation Médoc comporte moins de croupes de graves et plus de zones de marécages sauvages. Saint-Estèphe ne dispose que de cinq crus, classés en 1855, mais il existe de nombreux crus bourgeois d'excellent renom.

### Château Andron-Blanquet

*Cru bourgeois* Voisin du Château Cos d'Estournel, doté d'un vignoble très bien situé de 16 ha au sud de l'appellation, ce cru est réputé pour ses vins denses et charnus qui ont besoin de vieillir en bouteille.

### Château Beau-Site

*Cru bourgeois* Les vignes de ce cru dominent la Gironde, facteur de qualité reconnu pour de bons vins. Ceux-ci sont bien structurés, riches et de bonne garde.

### Château Calon-Ségur

*3ᵉ cru classé* Situé à la sortie du village de Saint-Estèphe, Calon-Ségur est le plus septentrional des crus classés en 1855. Ses vins ont d'excellentes qualités de garde, surtout depuis les derniers millésimes des années 80.

### Château Chambert-Marbuzet

*Cru bourgeois* Appartenant aux propriétaires de Haut-Marbuzet, ce cru produit des vins agréables et souples qui ne demandent pas des années de patience pour être consommés.

### Château Cos d'Estournel

*2ᵉ cru classé* Réputé pour l'extravagance architecturale de son château de style oriental, dont la façade masque les chais à barriques, Cos d'Estournel est surtout respecté pour la magnificence de ses vins. Le vignoble est complanté de 40 % de Merlot. Les vinifications font appel aux dernières technologies, mais le vin reste très classique. Le second vin est Château de Marbuzet (voir ci-après).

### Château Cos Labory

*5ᵉ cru classé* Voisin de Cos d'Estournel, Cos Labory est d'un style très différent, moins complexe et d'une maturation plus rapide. Les quelques récents millésimes se montrent flatteurs.

### Château Le Crock

*Cru bourgeois* Il s'agit d'un superbe château dont les vignes jouxtent celles de Montrose et de Cos d'Estournel ; ses vins restent classiques et impressionnants. Sous l'égide de la famille Cuvelier, le château a été restauré et les chais refaits à neuf.

### Château Haut-Marbuzet

*Cru bourgeois* Avec des vignes qui dominent la Gironde, au sud-est de l'appellation, une bonne maîtrise des vinifications et l'apport de bois neuf, les vins de Haut-Marbuzet sont d'une couleur foncée et d'une grande puissance.

### Château Lafon-Rochet

*4ᵉ cru classé* Lafon-Rochet possède un vignoble exposé au sud en direction du Château Lafite, avec de très vieilles vignes complantées à 55 % de Cabernet-Sauvignon. C'est un bon vin de garde dans les meilleurs millésimes.

### Château Lavillotte

*Cru bourgeois* En 1962, Jacques Pédro a racheté cette propriété à l'abandon. Ses efforts et ses investissements en ont fait l'un des fleurons des dégustations professionnelles dans le style des vins traditionnels de très grande concentration.

### Château Lilian-Ladouys

*Cru bourgeois* Composé de 50 ha d'un grand nombre de petites parcelles, dont la majorité en vieilles vignes, ce cru connaît une véritable renaissance. Les premiers millésimes sont pleins de promesses.

### Château de Marbuzet

*Cru bourgeois* Appartenant à la famille Prats, il est réputé pour son superbe château dont Cos d'Estournel a emprunté le nom pour son second vin.

### Château Meyney

*Cru bourgeois* L'un des meilleurs vins de l'appellation, Meyney est aussi un grand classique et l'un des fleurons des Domaines Cordier. Ses vins sont à la fois puissants et flatteurs.

### Château Montrose

*2ᵉ cru classé* Possédant l'un des plus beaux vignobles de Saint-Estèphe, sur une croupe dominant les eaux de la Gironde, Montrose est l'archétype de l'appellation avec ses vins robustes, charnus, de très grande garde. La situation de son vignoble et le style de ses vins le font comparer au Château Latour, plus au sud. Depuis le millésime 1989, ce «Latour» de Saint-Estèphe est cependant moins austère à la suite d'un changement dans la conduite des vinifications. C'est l'un des meilleurs crus du Médoc dans les grands millésimes comme en 1990.

### Château Les Ormes de Pez

*Cru bourgeois* Appartenant à la famille Cazes, de Lynch-Bages (voir Pauillac), le château produit des vins flatteurs bien équilibrés.

### Château de Pez

*Cru bourgeois* L'un des plus traditionnels de l'appellation, ce cru produit des vins assez austères et tanniques dans leur jeunesse, qui ont besoin de temps pour atteindre leur apogée.

### Château Phélan-Ségur

*Cru bourgeois* Après quelques déboires au début des années 80, ce cru de 70 ha a été repris par la famille Gardinier. Le renouveau de Phélan-Ségur date du millésime 1986, avec de superbes réussites dans les millésimes 1989 et 1990.

### Château Tronquoy-Lalande

*Cru bourgeois* Cru d'un style traditionnel de Saint-Estèphe, il produit des vins de longue garde, avec d'excellents millésimes dans les années 80.

# GRANDS CRUS DE PAUILLAC

Avec trois premiers crus classés en 1855 et une pléthore d'autres grands crus, Pauillac s'impose comme le cœur du Médoc. Ici, le Cabernet-Sauvignon règne en maître et donne ces notes si caractéristiques de cassis, de bois de cèdre et d'épices. Les grands vins de Pauillac se distinguent aussi par une bonne structure et une puissance qui révèle, avec le temps, une grande élégance et une grande finesse, surtout dans les millésimes les plus mûrs. Le style des vins de Pauillac varie entre l'austérité d'un Château Latour et la souplesse d'un Château Lafite-Rothschild.

## L'APPELLATION

Non moins de 18 châteaux de Pauillac ont été classés en 1855. Ils couvrent une grande partie de l'appellation et laissent peu de place à des petits châteaux dont les prix seraient plus abordables. Heureusement, les seconds vins (ou les troisièmes vins), dans les grands ou les petits millésimes, sont parfois de bonnes affaires. Les grands vins sont eux-mêmes à consommer occasionnellement, ne serait-ce que pour constater ce qui sert de référence aux meilleurs vins du monde entier.

À quelques exceptions près, comme Mouton-Rothschild, qui produit un vin blanc, Pauillac produit des vins rouges.

## Château d'Armailhac

*5ᵉ cru classé* Pendant quelques années, jusqu'en 1989, ce château appartenant à la famille du baron Philippe de Rothschild s'est appelé Mouton-Baron-Philippe. Autrefois, son vignoble faisait partie de celui de Mouton, mais les vignes sont aujourd'hui séparées. Les vins d'Armailhac sont des classiques de Pauillac, mais n'ont pas la grandeur de son illustre voisin.

## Château Batailley

*5ᵉ cru classé* C'est un vin de grande garde élaboré d'une manière traditionnelle à partir d'un vignoble de 50 ha au sud-ouest de l'appellation.

## Château Clerc-Milon

*5ᵉ cru classé* Situé à l'est des propriétés des familles Rothschild (Mouton et Lafite), au nord de l'appellation, Clerc-Milon fut acquis par le baron Philippe de Rothschild (Mouton) en 1970. La rénovation du château a commencé à se constater dans les vins à partir des millésimes 1985 et 1986.

## Château Croizet-Bages

*5ᵉ cru classé* C'est un cru original pour Pauillac, car son encépagement en Cabernet-Sauvignon est minoritaire dans l'assemblage, composé en majorité de Merlot et de Cabernet Franc. Les vins sont souples et évoluent rapidement.

## Château Duhart-Milon

*4ᵉ cru classé* Les 50 ha de la propriété font partie du patrimoine de la famille Rothschild, de Lafite, sur le plateau du Pouyolet. Il n'existe pas de château, mais un vaste vignoble qui s'étend de l'ouest de celui de Lafite et de Mouton jusqu'à la jalle du Breuil au nord. À partir du millésime 1981, les vins expriment le potentiel du terroir.

## Château Grand-Puy-Ducasse

*5ᵉ cru classé* Avec un château en plein cœur de la ville de Pauillac et un vignoble qui s'est étendu récemment à 37 ha, ce cru reste dans la gamme des vins de Pauillac classiques.

## Château Grand-Puy-Lacoste

*5ᵉ cru classé* Repris en 1980 par la famille Borie, de Ducru-Beaucaillou (Saint-Julien), ce cru dispose d'un superbe vignoble de 45 ha sur le plateau, non loin de Lynch-Bages. Bien que très structurés, les vins conservent un style fruité.

## Château Haut-Bages-Libéral

*5ᵉ cru classé* Le vignoble, qui appartient à la famille Merlaut, est bien situé, avec une parcelle qui jouxte Latour. Comme pour un grand nombre de crus de Bordeaux, les efforts de replantation et de modernisation des chais de vinification ont produit les effets attendus, avec des vins qui expriment mieux les qualités du terroir et des cépages. Les meilleurs millésimes, comme 1985 et 1986, méritent d'être gardés en cave.

## Château Haut-Batailley

*5ᵉ cru classé* Gérée par la famille Borie (voir Ducru-Beaucaillou, Saint-Julien), cette propriété de 20 ha n'a pas de château, mais produit un vin réputé qui atteint sa maturité rapidement.

## Château Lafite-Rothschild

*1ᵉʳ cru classé* Les voyageurs qui viennent du nord pour se rendre à Pauillac peuvent entr'apercevoir le Château Lafite entre deux arbres, masqué par la verdure des jardins en terrasses ou caché par l'imposant chai de surface. Les quelque 90 ha que compte le vignoble se trouvent justement placés sur le pourtour nord du plateau de Pauillac, séparés du vignoble de Saint-Estèphe par la jalle du Breuil. Le sol est graveleux et bien drainé, composé de graves fines, de taille plus petite que celles du vignoble de Latour, plus au sud.

La situation exceptionnelle de son vignoble fait que Lafite a toujours été premier cru depuis que ce terme existe, au début du XVIIIᵉ siècle. À cette époque, le vignoble de Lafite, tout comme celui de Mouton et de Latour, appartenait au célèbre marquis de Ségur. Ce dernier fixa les frontières entre Mouton et Lafite qui, en ce temps-là, ne formaient qu'une seule et même propriété. Lafite fut acheté en 1868 par les banquiers Rothschild et resta leur propriété jusqu'à nos jours. Pendant des années, la propriété ne donna aucun vin digne d'un premier cru tel qu'il en existait aux XVIIIᵉ et XIXᵉ siècles, mais, depuis 1974, date de la reprise de la gestion du château par Éric de Rothschild, Lafite a progressivement gagné en qualité pour atteindre le summum des grands crus dans les meilleurs millésimes des années 80. Aujourd'hui, les vins de Château Lafite se comparent favorablement à ceux de leur voisin Mouton ou à ceux de Latour, situé à l'autre extrémité de l'appellation.

Le grand vin de Château Lafite est généralement constitué de 70 % de Cabernet-Sauvignon, tandis que celui de Mouton en compte 85 %. La proportion de Merlot du Château Lafite atteint 15 %, pour seulement 8 % à Mouton. Ces différences expliquent que le vin de Lafite soit généralement plus fin et plus délicat que celui de son voisin. Cette grande finesse n'en est pas moins contrebalancée par une grande concentration et une belle structure. L'ensemble peut être considéré comme indestructible dans le temps : certains dégustateurs ont prédit que le millésime 1982 devrait tenir au moins 40 ans… Seuls les millionnaires jeunes et en bonne santé pourront suivre son évolution.

### Château Latour

*1ᵉʳ cru classé* Les vins du Château Latour étaient déjà prisés au Moyen Âge et les frontières des quatre carrés de vignes au centre du vignoble n'ont pas changé depuis : situé sur deux petites croupes graveleuses permettant un excellent drainage naturel, celui-ci offre un accès à la Gironde et une bonne protection contre le mauvais temps.

L'ensemble du vignoble représente une surface cultivée de 60 ha, soit les deux tiers du vignoble de Lafite si l'on compte toutes les parcelles périphériques, généralement écartées dans l'assemblage du grand vin.

Ce grand classique dominé par le Cabernet-Sauvignon est entré dans la légende pour sa longévité.

L'excellence de son terroir permet à Latour de produire d'excellents vins, même les mauvaises années. Dans les meilleurs millésimes, il produit un monstre de concentration, de couleur noire, qui demande, pour s'épanouir, une patience se mesurant en décennies. Les impatients peuvent se consoler avec le second vin, Les Forts de Latour, ou avec le vin générique de Pauillac embouteillé au château, dont l'étiquette est ornée du dessin de la fameuse tour. Après des années de domination anglaise, Latour a été repris en 1993 par François Pinault, un homme d'affaires français.

### Château Lynch-Bages

*5ᵉ cru classé* Vin traditionnel élaboré selon les toutes dernières technologies de vinification, tel est le paradoxe d'un des meilleurs crus du Médoc de la décennie 1981-1991. Le style

du vin de Lynch-Bages est souple et accessible mais néanmoins concentré, avec la profondeur et la structure d'un vrai grand Pauillac. Le vignoble en culture ne représente pas moins de 86 ha sur l'un des meilleurs sites de l'appellation.

### Château Lynch-Moussas

*5ᵉ cru classé* Avec un encépagement de 30 % de Merlot, Lynch-Moussas produit des vins assez légers d'une grande souplesse.

### Château Mouton-Rothschild

*1ᵉʳ cru classé* Voir encadré.

### Château Pédesclaux

*5ᵉ cru classé* Ce cru assez peu connu, de petite taille pour le Médoc (18 ha), produit des vins de qualité homogène dans les millésimes récents.

### Château Pibran

*Cru bourgeois* Récemment acquis par le groupe Axa, ce petit cru produit un vin d'une couleur dense dans un style fruité mais concentré.

### Château Pichon-Longueville Baron

*2ᵉ cru classé* Les deux châteaux Pichon-Longueville se regardent en chiens de faïence de part et d'autre de la départementale D2 qui traverse le hameau de Saint-Lambert. À l'ouest de la route, le château de «Pichon Baron», récemment remis à neuf après son acquisition par le groupe d'assurances Axa, s'impose par ses tours élancées et témoigne de l'âge d'or du Médoc, au milieu du XIXᵉ siècle. Les nouveaux chais de surface, à l'architecture audacieuse et controversée, sont flanqués tout

contre le château et un immense bassin fait des effets de miroir sur cet ensemble contrasté. Grâce à la manne du groupe Axa, le vignoble initial a été agrandi de nombreuses parcelles, si bien que la surface en culture dépasse aujourd'hui 65 ha, essentiellement au sud du château, face au vignoble du Château Latour mitoyen.

### Château Pichon-Longueville Comtesse de Lalande

*2ᵉ cru classé* La seconde moitié du Château Pichon-Longueville se trouve aux mains de la générale May-Éliane de Lencquesaing, qui a marqué de sa forte personnalité les récents aménagements de son superbe château et de ses dépendances. Au milieu d'un petit parc, les chais à barriques sont enterrés et les autres bâtiments intégrés dans la verdure. Le vignoble, mitoyen de celui de Latour,

avec quelques parcelles sur Saint-Julien, est planté à 35 % de cépage Merlot et seulement 45 % de Cabernet-Sauvignon. Cet encépagement original, associé au superbe terroir, donne des vins souples et puissants qui rivalisent souvent, dans les bons millésimes, avec les premiers crus. Une sélection très rigoureuse pour l'assemblage du grand vin donne au second vin, la Réserve de la Comtesse, une réputation qui n'a jamais été démentie.

### Château Pontet-Canet

*5ᵉ cru classé* Imposante propriété dotée d'un superbe vignoble de 76 ha au sud de celui de Mouton, très réputé au début du siècle, le château a été repris au milieu des années 70 par Guy Tesseron, qui a produit d'excellents vins, les meilleurs millésimes étant ceux de la fin des années 80.

---

**CHÂTEAU MOUTON-ROTHSCHILD**

Au classement de 1855, il était classé second, mais, grâce au caractère et à la pugnacité du baron Philippe de Rothschild, il fut promu au rang de premier cru classé en 1973 – le seul changement intervenu dans le classement depuis 1855. Ses vignes (75 ha) sont attenantes à celles de Lafite, mais l'encépagement en Cabernet-Sauvignon y est plus important (85 %). L'opulence des meilleurs millésimes confère à ce vin une puissance et une complexité inégalées et la magnificence des millésimes comme 1982, 1985, 1988, 1986, 1989 et 1990 a confirmé son nouveau statut de premier cru.

Mouton n'a pas de château impressionnant, mais son musée d'art d'inspiration bachique mérite une visite. Chaque millésime de Mouton est signé d'une œuvre d'art reproduite sur l'étiquette.

# GRANDS CRUS DE SAINT-JULIEN

Saint-Julien est la plus petite appellation du Médoc par la taille (896 ha), mais l'une des plus grandes par le renom, avec 11 crus classés sur quelque 40 propriétés. Les styles de vin peuvent varier d'un château à l'autre, mais les dégustateurs reconnaissent en Saint-Julien des vins denses, puissants et concentrés, dotés d'une grande finesse. Plus concentrés que des Margaux, plus fins que des Pauillacs, les vins de Saint-Julien sont surtout rouges. Mais, comme ailleurs dans le Médoc, on y produit des vins de l'appellation Bordeaux blancs.

## L'APPELLATION

Saint-Julien est une enclave entre Pauillac, au nord, et l'AOC Haut-Médoc de Lamarque et Cussac, au sud. Deux cours d'eau (jalles) en constituent les frontières naturelles. Le terroir est composé d'une série de croupes de graves bien drainées par les jalles et par la Gironde.

## Château Beychevelle

*4ᵉ cru classé* Ce somptueux château du XVIIIᵉ siècle offre une vue superbe sur les prés des rives de la Gironde. Avec ses 85 ha de vignes sur le plateau, il produit un vin charmeur qui, dans les meilleurs millésimes, vieillit fort bien et également un second vin, l'Amiral de Beychevelle.

## Château Branaire-Ducru

*4ᵉ cru classé* Château mitoyen de Beychevelle, mais dont le vignoble est constitué de parcelles disséminées sur l'appellation, Branaire-Ducru donne des vins qui ont un certain corps sans avoir l'élégance de leurs voisins des rives de la Gironde.

## Château Ducru-Beaucaillou

*2ᵉ cru classé* Situé sur une belle croupe de graves des bords de la Gironde, ce cru appartenant à la famille Borie produit des vins bien structurés et pleins de sève dans un style traditionnel. Depuis le millésime 1985, Ducru-Beaucaillou montre une

grande tenue et une constance remarquable, sans doute grâce à une sévère sélection, bénéfique pour leur second vin diffusé sous l'étiquette La Croix.

## Château Gloria

*Cru bourgeois* Créé en 1940, ce vignoble dont Henri Martin, alors maire de la commune de Saint-Julien, rassembla les 48 ha de vignes parcelle après parcelle, au fil des ans, offre un vin tendre et séduisant, appréciable pour son fruit dans ses premières années.

## Château Gruaud-Larose

*2ᵉ cru classé* Avec un vignoble de 84 ha très bien situé, Gruaud-Larose est l'un des fleurons de Saint-Julien depuis plus de 250 ans. En 1815, les notes d'un courtier décrivent le vin comme « ayant de la substance, mais soyeux, avec une belle concentration d'arômes ». Ce vin a besoin de temps pour atteindre son apogée. Le second vin porte l'étiquette Sarget de Gruaud-Larose. Pendant des années sous le contrôle des Domaines Cordier, la propriété a été acquise en 1993 par le groupe Alcatel-Alsthom.

## Château Lagrange

*3ᵉ cru classé* Cette vaste propriété de 113 ha acquise en 1983 par le groupe japonais Suntory, qui n'a pas hésité à investir des millions de yens dans la réfection

du vignoble, l'installation d'équipements de vinification flambant neufs, la construction d'immenses chais à barriques climatisés ainsi que dans les conseils de Michel Delon (voir Château Léoville-Las-Cases). Dès le millésime 1985, la renaissance du Château Lagrange se percevait dans le vin.

Une sélection rigoureuse rend le second vin de ce cru particulièrement prisé : il est diffusé sous l'étiquette Fiefs de Lagrange.

## Château Langoa-Barton

*3ᵉ cru classé* En 1715, Thomas Barton quitta l'Irlande pour s'installer à Bordeaux et devint négociant en vins. En 1821, Hugh

Barton acheta Langoa et, un peu plus tard, acquit une partie du domaine de Léoville. Anthony Barton a hérité des deux châteaux qu'il gère dans le respect des traditions. Langoa représente 15 ha de vignes et diffuse ses vins à des prix très raisonnables.

## Château Léoville-Barton

*2ᵉ cru classé* Léoville était autrefois un vaste domaine faisant face au vignoble de Latour, au nord de l'appellation Saint-Julien. La partie du vignoble aujourd'hui entre les mains de la famille Barton représente 45 ha et produit des vins élégants.

## Château Léoville-Las-Cases

*2ᵉ cru classé* Cette grande propriété représente la moitié de l'ancien vignoble de Léoville, qui s'étendait de Beychevelle, au sud, jusqu'à Latour, au nord, sur une succession de croupes graveleuses des bords de la Gironde. Ses 95 ha comprennent le vieux clos entouré d'un mur de pierre qui jouxte la départementale D2.

Michel Delon, le propriétaire, est reconnu comme l'un des meilleurs vinificateurs de Bordeaux. Ses vins sont très concentrés, pleins de sève, longs en bouche et d'une extraordinaire longévité. Ils sont souvent comparés à ceux de son voisin Latour, de l'autre côté de la limite de l'appellation. Le grand vin fait l'objet d'une sélection si rigoureuse que le second vin, le Clos du Marquis, est très recherché par les initiés.

## Château Léoville-Poyferré

*2ᵉ cru classé* Troisième tiers de l'ancien Château Léoville, il compte 78 ha de ce qui était considéré, autrefois, comme les meilleurs terroirs. Il est longtemps resté dans l'ombre des deux premiers et son renouveau a été conduit par Didier Cuvelier. Depuis le millésime 1989, les vins sont beaucoup plus concentrés grâce à une forte réduction des rendements et à une sévère sélection. Les vins non retenus dans l'assemblage sont commercialisés sous l'étiquette Château Moulin-Riche.

## Château Saint-Pierre

*4ᵉ cru classé* Cette propriété de 17 ha se trouve entre les mêmes mains que le Château Gloria (voir ci-dessus). Les vins sont traditionnels, de couleur foncée et riches en matière. Ils mettent un certain temps avant de s'ouvrir. Le millésime 1986 est particulièrement réussi.

## Château Talbot

*4ᵉ cru classé* Ce vaste domaine de 108 ha appartient à la famille Cordier. Les vins des meilleurs millésimes des années 80 se montrent concentrés, riches en tanins mais souples, et ils devraient bien évoluer avec le temps. La dimension du domaine permet d'élaborer un second vin diffusé sous l'étiquette Connétable de Talbot. Le Château Talbot élabore aussi un vin blanc de Sauvignon élevé en barriques neuves portant l'étiquette Caillou Blanc.

# GRANDS CRUS DE MARGAUX

Le village de Margaux est connu dans le monde entier grâce à son fameux château, premier cru du même nom. L'appellation Margaux a pour mérite de représenter la plus imposante liste de crus classés en 1855 : 22 sur 70 propriétés. Les vins de l'appellation expriment des caractères communs : plus aimables et moins austères que les vins de Pauillac, mais tout aussi qualifiés pour une longue garde. À l'exception du vin blanc du Château Margaux (Pavillon Blanc), tous les vins sont rouges.

## L'APPELLATION

Margaux se trouve au sud du Médoc, dans un paysage de prairies et de bois dominés par quelques croupes de graves. Les graves de Margaux sont plus grosses que celles du nord, et les dépôts de galets sont séparés de langues marécageuses toujours humides.

Contrairement aux autres appellations communales du Médoc, l'aire d'appellation Margaux dépasse la superficie de la commune de Margaux : du nord au sud, ses 1 100 ha se partagent entre les communes de Soussans, Margaux, Arsac, Cantenac et Labarde.

Pour ajouter à cette confusion, l'administration postale regroupe neuf communes sous le même nom de Margaux, dont cinq se trouvent en dehors de l'appellation, mais peuvent faire figurer légalement le terme de Margaux – leur adresse administrative – sur leurs étiquettes. Pareillement, le Château Margaux est un cru très différent du vin de Margaux générique.

Un plateau central regroupe le vignoble de Cantenac, au sud-est, jusqu'à Marsac, dans la commune de Soussans. Vers le sud, le sud-est et le sud-ouest, sept parcelles situées sur des élévations de terrain sont plantées de vignes. Les meilleurs crus se trouvent sur les bords du plateau central : les Châteaux Margaux, Palmer et d'Issan donnent à l'est, sur la Gironde. Pouget, Cantenac et Kirwan donnent au sud, face aux marécages situés à la lisière sud des dépôts de graves.

Curieusement, un certain nombre de châteaux ont leur siège et leurs chais au cœur du village de Margaux, tandis que leur vignoble est éparpillé en parcelles diverses un peu partout dans l'appellation.

## Château d'Angludet

*Cru bourgeois* Ce cru de 32 ha sur les communes d'Arsac et de Cantenac se distingue par des vins tanniques et austères dont la longévité est comparable à celle des crus classés.

## Château Boyd-Cantenac

*3ᵉ cru classé* Ce petit domaine de 18 ha produit des vins puissants et de longue garde issus de vieilles vignes.

## Château Brane-Cantenac

*2ᵉ cru classé* Cette vaste propriété de 85 ha située sur la pente sud du plateau central appartient à la famille Lurton. Les millésimes des années 70 étaient décevants, mais ceux des années 80 (à partir du 1986) se montrent plus réussis.

## Château Cantenac-Brown

*3ᵉ cru classé* C'est l'un des crus repris récemment par le groupe Axa. Tout au long des années 70 et 80, les vins de Cantenac-Brown avaient la réputation d'être austères et sans charme. Depuis le millésime 1988, la nouvelle gestion et les investissements consentis sont couronnés de succès.

## Château Dauzac

*5ᵉ cru classé* Pour ce vignoble de 40 ha non loin de la Gironde, sur la commune de Labarde, des investissements récents réalisés par la MAIF propriétaire depuis 1988 ont amélioré la qualité des derniers millésimes. La propriété est conduite par André Lurton depuis le millésime 1993.

## Château Desmirail

*3ᵉ cru classé* Récemment reprise en main par Denis Lurton, cette propriété de 18 ha devrait connaître des jours meilleurs.

## Château Durfort-Vivens

*2ᵉ cru classé* Autre propriété de la famille Lurton, d'une surface de 20 ha, qui dispose d'un encépagement majoritaire en Cabernet-Sauvignon. Aujourd'hui régi par Gonzague Lurton, son avenir est plein de promesses.

## Château Ferrière

*3ᵉ cru classé* Ce petit cru classé est loué au Château Lascombes qui vinifie ses vins.

## Château Giscours

*3ᵉ cru classé* Cette propriété de 80 ha de vignes située à Labarde était à l'abandon. Son vignoble a été replanté et les chais reconstruits au cours des 20 dernières années. Giscours a connu son âge d'or au cours des années 70, car la réussite n'a pas été au rendez-vous au début des années 80. Heureusement, certains millésimes comme les 1986, 1988 et 1989 sont élégants et séduisants.

## Château La Gurgue

*Cru bourgeois* Le siège se trouve dans le village de Margaux et les 12,5 ha de vignes sont situés à l'ouest du village. Ce cru appartient aux mêmes propriétaires que le Château Chasse-Spleen (voir Moulis).

## Château Haut-Breton-Larigaudière

*Cru bourgeois* Ce minuscule cru de 5 ha abrite l'un des meilleurs restaurants du Médoc, spécialisé, bien sûr, dans la cuisine régionale.

## Château d'Issan

*3ᵉ cru classé* Ce superbe château romantique entouré de douves est doté d'un vignoble de 30 ha bien exposé sur les pentes est

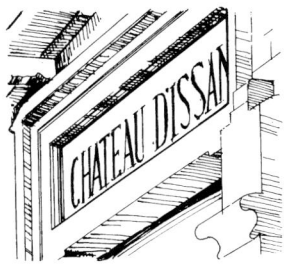

du plateau. Le vin est généralement flatteur dans sa jeunesse et, curieusement, de longue garde. L'un des meilleurs crus de l'appellation, il appartient à la famille Cruse.

## Château Kirwan

*3ᵉ cru classé* Très bien placé sur le plateau graveleux, à l'est de Brane-Cantenac, Kirwan (33 ha) produit des vins souples privilégiant le Merlot et le Cabernet Franc. Cette souplesse s'affine avec le vieillissement. Comme il est fréquent à Margaux, les millésimes récents (1986 à 1990) sont bien mieux réussis que leurs prédécesseurs.

## Château Labégorce

*Cru bourgeois* Cette propriété de 35 ha, située entre Margaux et Soussans, a changé de propriétaire en 1989. La qualité devrait être au rendez-vous des futurs millésimes.

## Château Labégorce-Zédé

*Cru bourgeois* De qualité constante, ce vin vinifié de façon traditionnelle provient d'un vignoble de 25 ha sur la commune de Soussans. Luc Thienpont, son propriétaire, possède aussi le Vieux-Château-Certan à Pomerol.

## Château Lascombes

*2ᵉ cru classé* Le domaine remis en état par Alexis Lichine a été cédé à un groupe de brasseurs anglais. Après deux décennies de millésimes sans grand intérêt, les vins de Lascombes se sont montrés plus flatteurs vers la fin des années 80. Le nouveau chai de vinification construit en 1986 explique sans doute les changements. L'accueil réservé aux visiteurs est remarquable.

## Château Malescot-Saint-Exupéry

*3ᵉ cru classé* Réputés pour être tanniques et d'une jeunesse sans grâce, les vins de Malescot-Saint-Exupéry s'épanouissent avantageusement avec l'âge.

La maison qui abrite ce cru se trouve dans le centre de Margaux, tandis que ses vignobles de 30 ha sont au nord de l'appellation.

## Château Margaux

*1ᵉʳ cru classé* Voir encadré.

## Château Marquis d'Alesme-Becker

*3ᵉ cru classé* Cette petite propriété de 8 ha typique du village de Soussans produit un vin classique et robuste.

## Château Marquis de Terme

*4ᵉ cru classé* Depuis une décennie, de nouveaux propriétaires ont changé la conduite des vinifications pour mieux exprimer le beau terroir de 35 ha dont les vins sont issus.

## Château Marsac-Séguineau

*Cru bourgeois* Avec ses 10 ha de vignes divisés en deux parties,

près de la commune de Marsac, au nord de Margaux, cette propriété de taille modeste produit des vins solides et classiques.

## Château Martinens

*Cru bourgeois* Ce château du XVIIIᵉ siècle est doté d'un vignoble de 30 ha, à l'ouest, sur les bords du plateau de Cantenac. Le cépage Merlot domine et donne d'excellents vins de Margaux que de nouveaux équipements devraient rendre encore meilleurs.

## Château Monbrison

*Cru bourgeois* Cette petite propriété d'Arsac produit des vins superbes, denses, qui méritent un long vieillissement.

## Château Palmer

*3ᵉ cru classé* Voisin du Château Margaux, Palmer a souvent élaboré de meilleurs vins que le Premier cru dans les années 60 et 70. Aujourd'hui, ses vins sont toujours superbes et possèdent un fruit, une puissance et un équilibre rares. Certaines parcelles du vignoble sont sur la même croupe de graves que Château Margaux. L'encépagement comprend 40 % de Merlot, les cuvaisons sont longues et les sélections rigoureuses : autant de facteurs expliquant que Palmer «joue dans la cour» des grands vins.

## Château Pouget

*4ᵉ cru classé* Cette petite propriété de 10 ha, peu connue, élabore de bons vins.

## Château Prieuré-Lichine

*4ᵉ cru classé* Il s'agit en effet de l'ancien prieuré jouxtant l'église de Cantenac. Alexis Lichine a créé cette propriété en regroupant 60 ha de parcelles de vignes clairsemées dans l'appellation. Aujourd'hui dirigée par son fils Sacha, elle produit des vins élaborés avec soin et peut être considérée comme un monument à la mémoire d'Alexis Lichine,

négociant, propriétaire de châteaux et écrivain.

## Château Rausan-Ségla

*2ᵉ cru classé* Grâce à une meilleure conduite des vignes, de nouveaux chais de vinification et une plus grande rigueur dans les sélections, Rausan-Ségla s'est de nouveau hissé au rang qui était le sien en 1855. À partir du millésime 1988, les vins sont impressionnants.

## Château Rauzan-Gassies

*2ᵉ cru classé* Seconde moitié de l'ancien Château Rauzan, moins réputée, ce vignoble produit des vins de qualité inégale.

## Château Siran

*Cru bourgeois* Doté d'un magnifique château et d'un vignoble de 35 ha sur la commune de Labarde, Siran produit des vins denses et soyeux qui vieillissent bien.

## Château Tayac

*Cru bourgeois* Cette propriété de 29 ha élabore des vins classiques bien structurés.

## Château du Tertre

*5ᵉ cru classé* Dissimulé derrière des bois à Arsac, le vignoble de 50 ha est dominé par le Cabernet-Sauvignon, planté sur un affleurement de graves. Les vins n'ont cessé de s'améliorer au cours des 20 dernières années.

## Château La Tour-de-Mons

*Cru bourgeois* Cette propriété de 30 ha sur la commune de Soussans est réputée pour ses vins souples et séduisants. Son vignoble est complanté en parties presque égales de Merlot et de Cabernet-Sauvignon, sur un sol dont le caractère argileux prédomine.

---

## CHÂTEAU MARGAUX

L'unique Premier cru classé de l'appellation est une propriété magnifique : son château seigneurial a été construit en 1820 sur un domaine dont les limites n'ont pas changé depuis le XVIIᵉ siècle. Sa renaissance, en 1978, après quelques années de déclin, témoigne de la grandeur de son terroir. Ses 85 ha de vignes complantées de 75 % de Cabernet-Sauvignon, sur la face est du plateau de Margaux, sont un point de départ dans la recherche de l'excellence. Une sélection draconienne ne garde quelquefois que 50 % de la récolte pour le grand vin, le solde étant assemblé pour le second vin : Pavillon Rouge. Au-delà de sa souplesse et de son charme, le vin de Château Margaux s'affirme avec une belle structure, garant de sa longévité. Pavillon Blanc est le nom du vin blanc du château, exclusivement issu de Sauvignon.

# AUTRES GRANDS CRUS DU MÉDOC

Tous les crus du Médoc ne sont pas des crus classés situés dans des communes renommées : l'arrière-pays et les zones viticoles situées entre les appellations vedettes recèlent un grand nombre d'excellents crus en appellation Haut-Médoc. Plus au nord, l'AOC Médoc est un vaste terrain de chasse pour les amateurs de bonnes affaires. Dans tous les cas, les meilleures parcelles sont situées sur les plus hautes terres, les mieux drainées, sortes d'îlots au milieu des terres marécageuses et des bois.

### AOC MOULIS

La petite commune de Moulis, avec son hameau du Grand-Poujeaux, est la plus petite AOC du Médoc. Situés à l'écart de la Gironde, à l'intérieur des terres et à l'ouest de Margaux, ses vignobles sont plantés sur un plateau au sous-sol graveleux. Les vins rouges de Moulis sont de couleur sombre, dotés d'un bon potentiel de vieillissement.

### Château Chasse-Spleen

*Cru bourgeois* L'un des crus bourgeois les meilleurs et les plus connus, Château Chasse-Spleen élabore des vins dignes de certains crus classés : souples et charmeurs dans leur jeunesse, ils ont une densité leur permettant un long vieillissement.

### Château Dutruch-Grand-Poujeaux

*Cru bourgeois* Cette propriété élabore des vins concentrés ayant une belle structure et vieillissant bien.

### Château Maucaillou

*Cru bourgeois* Dans cette propriété de 54 ha, Philippe Dourthe élabore des vins bien structurés, avec des notes boisées dues aux barriques de bois neuf.

### Château Poujeaux

*Cru bourgeois* Autre propriété (avec Maucaillou et Chasse-Spleen) qui rivalise en tête des crus de l'appellation, elle offre de superbes vins d'une couleur intense, d'une belle expression aromatique et d'un grand potentiel de vieillissement.

### AOC LISTRAC

Au nord de Moulis, Listrac regroupe un certain nombre d'excellents crus qui élaborent des vins assez robustes, dont l'austérité s'efface avec l'âge. Ces vins sont plus aimables et plus fruités dans les millésimes moins mûrs.

### Château Clarke

*Cru bourgeois* À partir d'une propriété à l'abandon sur un terroir ingrat, Edmond de Rothschild a eu la volonté (et les moyens) de créer un grand cru. Les 30 ha de jeunes vignes plantées sur des sols artificiellement drainés expriment de plus en plus de bonne sève. Au milieu des années 80, les vins étaient agréablement fruités ; les millésimes plus récents sont bien construits et gagnent en profondeur.

### Château Fourcas-Dupré

*Cru bourgeois* Cette propriété de 40 ha élabore un vin puissant et bien équilibré.

### Château Fourcas-Hosten

*Cru bourgeois* Excellent vin composé à 40 % de Merlot, il mérite de vieillir pour exprimer son potentiel aromatique.

### Autres châteaux de Moulis et de Listrac

La Becade, Bel-Air-Lagrave, Biston-Brillette, Brillette, Duplessis-Fabre, Lestage et Ruat-Petit-Poujeaux.

### AOC HAUT-MÉDOC
### Château Belgrave

*5ᵉ cru classé* Non loin de Saint-Julien, ce château négligé pendant des années a fait l'objet d'investissements vers la fin des années 80, à la suite d'un changement de propriétaire. Le vignoble de 50 ha est bien situé. Les vins montrent de plus en plus de caractère.

### Château de Camensac

*5ᵉ cru classé* Situé près du village de Saint-Laurent, à l'intérieur des terres par rapport à Saint-Julien, cette propriété de 75 ha est entre les mains de la famille Forner.

### Château Cantemerle

*5ᵉ cru classé* Cette propriété de l'extrême sud du Médoc a connu un renouveau grâce à l'équipe des Domaines Cordier, dirigée par Georges Pauli. Le vignoble de 55 ha est largement planté en Merlot, ce qui confère au vin une puissance veloutée et des notes fruitées. Les millésimes 1988, 1989 et 1990 sont particulièrement réussis.

### Château Citran

*Cru bourgeois* Reprise en 1987 par la société japonaise Touko Haus, cette grande propriété de 90 hectares a été revalorisée grâce à d'importants investissements. Citran figure aujourd'hui parmi les meilleurs crus du Haut-Médoc et ses vins sont à la fois puissants et harmonieux.

### Château La Lagune

*3ᵉ cru classé* Situé au sud de l'appellation Margaux, non loin de l'agglomération de Bordeaux, La Lagune est une propriété de 55 ha qui élabore des vins souples, très aromatiques, séduisants et soyeux en bouche. On regrette que l'excellence du ter-roir ne permette pas à la structure de mieux s'exprimer.

### Château La Tour-Carnet

*4ᵉ cru classé* Situé sur la commune de Saint-Laurent, ce cru produit habituellement des vins robustes. Les derniers millésimes se montrent plus souples bien que très structurés.

### Château Sociando-Mallet

*Cru bourgeois* Cette propriété possède une belle réputation depuis les années 80.

### Autres châteaux

D'Agassac, d'Arcins, d'Arsac, Beaumont, Bel-Air, Bel-Orme-Tronquoy-de-Lalande, Le Bourdieu, Caronne-Sainte-Gemme, Coufran, Dillon, Fonréaud, Hanteillan, de Lamarque, Lanessan, Larose-Trintaudon, Lestage, Liversan, Malescasse, de Malleret, Peyrabon, Puy-Castéra, Ramage-la-Bâtisse, Reysson, Sénéjac, Tour-du-Haut-Moulin.

### AOC MÉDOC
### Château La Cardonne

*Cru bourgeois* Récemment reprise par Guy Charloux, cette imposante propriété de 120 ha produit des vins dotés d'une bonne structure et de notes boisées.

### Château Loudenne

*Cru bourgeois* Cette belle propriété des bords de Gironde appartenant au groupe anglais Grand Metropolitan produit des vins de bonne qualité.

### Autres châteaux

De By, Greysac, Les Ormes-Sorbet, Patache d'Aux, Potensac, Rollan-de-By, Saint-Bonnet, La Tour-de-By, Tour-Haut-Caussan, La Tour-Saint-Bonnet.

# LES GRAVES

La vaste région des Graves s'étend sur la rive gauche de la Garonne. Cette région viticole est la plus ancienne de Bordeaux et son vignoble existait bien avant celui du Médoc, certaines propriétés (comme le Château Pape-Clément) ayant plus de 700 ans d'histoire.

L'aire de l'appellation «Graves» encercle la métropole bordelaise, puis s'étire vers le sud sur quelque 55 km avant d'atteindre la petite ville de Langon. En son point le plus large, cette langue de vigne peut atteindre 20 km d'est en ouest. Cette amplitude explique l'absence d'unité du vignoble, d'autant que la diversité des vins qui y sont produits rend toute généralisation impossible. On y produit non seulement de superbes vins rouges, mais également des blancs, en sec comme en liquoreux. Car c'est au sein des Graves que se situent les appellations «Barsac» et «Sauternes», le vin liquoreux le plus célèbre au monde (voir p. 159). Cette situation se complique davantage lorsque l'on découvre que les crus de Sauternes produisent aussi des vins secs provenant de l'appellation «Graves».

La partie la plus au nord des Graves est elle-même enclavée dans la zone urbaine de Bordeaux et, dans les banlieues, certains vignobles ont même été engloutis sous le béton des promoteurs. Malgré son étendue, le vignoble des Graves est un patchwork de parcelles dont la production ne dépasse pas la moitié de celle d'autres appellations comme le Haut-Médoc ou le Saint-Émilion.

Comme son nom le laisse entendre, la région des Graves est une série d'affleurements de dépôts sédimentaires dominés par des galets mêlés à des sables, des strates ou des poches argileuses accumulés au cours des temps. Le paysage est vallonné, souvent boisé, tandis que les meilleurs vignobles occupent les croupes les mieux drainées. La composition des sols et des sous-sols

Travail de la vigne au Château La Mission-Haut-Brion.

varie considérablement d'un cru à l'autre. Bien que les vins blancs des Graves aient une réputation croissante, le vignoble est dominé par les rouges, dont la surface moyenne d'encépagement est de 75 % pour la région des grands crus situés au nord (Pessac-Léognan) et de 68 % pour l'ensemble de l'appellation.

## LE CLASSEMENT DES GRAVES

Les propriétés des Graves sont régies par un classement datant de 1959. L'ensemble des châteaux énumérés ci-dessous, tous situés dans le nord de l'appellation, sont des crus classés et, avec quelque 40 autres, ont droit à l'AOC Pessac-Léognan.

**VINS ROUGES**
**Premier grand cru**
Ch. Haut-Brion

**Crus classés**
Ch. Bouscaut
Ch. Carbonnieux
Dom. de Chevalier
Ch. de Fieuzal
Ch. Haut-Bailly
Ch. La Mission-Haut-Brion
Ch. Latour-Haut-Brion
Ch. La Tour-Martillac
Ch. Malartic-Lagravière
Ch. Olivier
Ch. Pape-Clément
Ch. Smith-Haut-Lafitte

**VINS BLANCS**
**Crus classés**
Ch. Bouscaut
Ch. Carbonnieux
Dom. de Chevalier
Ch. Couhins
Ch. Couhins-Lurton
Ch. Haut-Brion
Ch. La Tour-Martillac
Ch. Laville-Haut-Brion
Ch. Malartic-Lagravière
Ch. Olivier

## Une nouvelle appellation

Le nord de l'appellation, proche de l'agglomération bordelaise, réunit tous les crus classés. Leur terroir étant le meilleur, les propriétaires ont toujours tenu à marquer leur différence par rapport au sud de l'appellation et ont fini par obtenir gain de cause : les autorités ont reconnu une nouvelle appellation, Pessac-Léognan, à partir du millésime 1986 et pour 55 crus incluant tous les crus classés en 1959 (voir encadré). Certains vins produits plus au sud et à l'extérieur de cette nouvelle appellation sont cependant excellents, même s'ils ne portent que l'appellation « Graves ».

## Le style
## des vins rouges des Graves

La réputation qu'avaient les vins de Graves d'être robustes, sans grâce et de posséder des goûts de terroir prononcés doit être reléguée dans le passé du monde du vin et portée au passif des dégustateurs. Les sols présentent une telle diversité que les Graves offrent une palette de vins de caractères très variés : pour s'en convaincre, il suffit de comparer sur plusieurs décennies deux vins rouges comme Haut-Brion et Domaine de Chevalier. Sans avoir la constitution tannique de certains vins du Médoc, ni le charme fruité de ceux de Saint-Émilion, les vins rouges des Graves présentent souplesse et équilibre, ainsi que de belles notes de cerise, de tabac et de chocolat mêlées. Le renouveau des conduites de vinification a permis une meilleure expression des terroirs mais, également et avant tout, des cépages. Bien que le Cabernet-Sauvignon y soit dominant, comme dans le Médoc, plus on avance vers le sud et plus on trouve de Merlot, dont l'encépagement peut atteindre 40 %, pour donner des vins moins austères, qui évoluent plus rapidement. Les autres cépages autorisés sont le Cabernet Franc, le Petit Verdot et le Cot (Malbec). Ces derniers sont très peu utilisés.

## Le style des vins blancs des Graves

Les vins blancs de la région des Graves connaissent une réputation grandissante et le fameux Domaine de Chevalier n'a plus l'exclusivité des très grands vins blancs. Le mariage des deux cépages blancs (Sémillon et Sauvignon) n'est pas toujours la règle, car quelques crus comme Smith-Haut-Lafitte, Malartic-Lagravière ou Couhins-Lurton élaborent des blancs de Sauvignon pur. Ceux de Chevalier, Fieuzal et Laville-Haut-Brion ont été égalés, voire dépassés, par bien d'autres crus dans les millésimes du début des années 90. Le Sémillon donne du corps, le Sauvignon ajoute du fruit, ce qui rend la hiérarchie des crus toujours difficile à prédire en fonction du millésime.

Outre les fermentations à température contrôlée, on utilise également des pratiques d'extraction d'arômes, telles les macérations pelliculaires, qui consistent à laisser les moûts un certain temps en contact avec les peaux de raisin. L'utilisation de barriques neuves est une autre option, qui permet à certains blancs des Graves d'avoir un complément d'arômes boisés. Enfin, certains crus adoptent la pratique du bâtonnage : il s'agit de remettre périodiquement les lies fines en suspension à l'aide d'un bâton. Cette méthode donne du gras au vin. Autant d'efforts d'œnologues réputés (Denis Dubourdieu, Christophe Ollivier...) dans la recherche d'une meilleure expression des vins, qui ont été largement récompensés par l'engouement croissant des amateurs avec, pour corollaire, une certaine augmentation des prix.

## Les cépages
## des vins blancs des Graves

Entre le Sauvignon et le Sémillon, les avis sont partagés, et les propriétaires des Graves se sont scindés en deux écoles distinctes : ceux qui défendent le premier et les inconditionnels du second. L'un d'entre eux, André Lurton, propriétaire d'un certain nombre de châteaux, milite en faveur du Sauvignon pour les arômes qu'il apporte. D'autant que la réglementation de la toute nouvelle AOC Pessac-Léognan stipule un encépagement minimum de 25 % de Sauvignon pour le droit à l'appellation. D'autres préfèrent le Sémillon pour sa plus grande neutralité aromatique et son adaptation à l'élevage sous bois. En fait, la plupart des châteaux assemblent les deux cépages, et rares sont ceux où le Sauvignon domine (les Châteaux Couhins-Lurton, Smith-Haut-Lafitte, La Garde et Malartic-Lagravière).

Un troisième cépage est autorisé, il s'agit de la très aromatique Muscadelle. Mais ce cépage arrive rarement à complète maturité tant il est sujet à la coulure et aux maladies de la vigne.

Tout comme les rouges, les meilleurs blancs des Graves proviennent du nord de l'appellation. Les propriétés les plus renommées, telles que Carbonnieux, Fieuzal, La Louvière, Malartic-Lagravière et Smith-Haut-Lafitte, n'hésitent pas à vendre leur vin blanc plus cher que leur vin rouge. Certains de ces meilleurs crus, surtout lorsqu'ils sont essentiellement issus de Sémillon, méritent de mûrir quelques années en cave, tandis que ceux issus de Sauvignon, surtout dans les années moins mûres, se boivent sur leur fruit, dans les cinq premières années. Plus au sud, les vins sont moins concentrés et se consomment plus jeunes.

## Un avenir prometteur

Les Graves sont en pleine mutation : à l'initiative des grands crus du nord de l'appellation, chacun rivalise avec son voisin à la recherche d'un meilleur vin. Les glorieuses années 80 ont permis les investissements qui faisaient gravement défaut dans cette région moins soutenue par le négoce bordelais que, par exemple, celle du Médoc. Certaines propriétés du sud de l'appellation présentent aujourd'hui d'excellents vins qui méritent la comparaison avec certains crus classés du nord et l'avenir des vins blancs, comme celui des vins rouges, est prometteur. Les récents investissements en nouveaux chais de vinification et le soin apporté à la conduite des vignes devraient permettre à la grande qualité des sols de mieux s'exprimer. Longtemps dans l'ombre des grands crus du Médoc, les meilleurs crus de Graves devraient connaître un succès mérité. □

# GRANDS CRUS DE PESSAC-LÉOGNAN

Les 1150 ha de l'appellation se situent dans les communes limitrophes de l'ouest et du sud de la cité de Bordeaux. Depuis sa reconnaissance en septembre 1987 (avec le millésime 1986), cette nouvelle appellation a tout simplement été ignorée du grand public. Les réglementations qui la régissent sont pourtant plus strictes que celles de l'AOC Graves, avec des rendements autorisés moins élevés, ce qui devrait encore améliorer la qualité des vins. Les communes qui ont droit à l'appellation sont Cadaujac, Canéjean, Gradignan, Léognan, Martillac, Mérignac, Pessac, Saint-Médard-d'Eyrans, Talence et Villenave-d'Ornon.

### Château Bouscaut
*Cru classé* La plus belle propriété de Cadaujac appartient à la famille de Lucien Lurton, qui a toujours préféré la finesse à la puissance. Son vin blanc fait l'objet d'une fermentation sous bois depuis 1988 et son millésime 1991 est particulièrement réussi.

### Château Carbonnieux
*Cru classé* Ce superbe château du XVIIIe siècle, occupé quelque temps par des bénédictins, est l'un des pionniers de la production de vin blanc dans les Graves. Aujourd'hui aux mains de la famille Perrin, la propriété de 90 ha dispose depuis 1990 d'un nouveau chai flambant neuf où blancs et rouges sont élaborés selon les toutes dernières technologies. Le blanc de Carbonnieux est ample et présente des notes de pain grillé. Le rouge a des notes boisées et des tanins souples.

### Château Les Carmes-Haut-Brion
Complètement encerclée par l'urbanisation de la banlieue bordelaise, cette petite propriété de 4 ha située à Pessac est un véritable joyau et possède de très vieilles vignes. Seul un vin rouge y est produit, charmeur mais sans grande concentration.

### Domaine de Chevalier
Voir encadré p. 157.

### Château Couhins-Lurton
*Cru classé* Cette petite propriété de 5 ha détachée du Château Couhins, est devenue une station de recherche de l'INRA. Planté à 100 % de Sauvignon, ce château situé à Villenave-d'Ornon appartient à André Lurton. Les vins sont fermentés et élevés en barriques neuves.

### Château de Cruzeau
Autre propriété de Lucien Lurton, ce vignoble, replanté en 1974, produit un vin blanc de Sauvignon non boisé ainsi qu'un rouge austère élevé en barriques, qui ne manque pas de tenue.

### Château de Fieuzal
*Cru classé* Une des vedettes du cru, il est plus renommé pour son superbe blanc que pour son robuste rouge. Le vin blanc est fermenté et élevé dans des barriques neuves pendant 16 mois et prend quelques années avant d'atteindre sa maturité. Le rouge, bien bâti, avec une concentration d'arômes de guignes et de tanins, peut être étonnant.

### Château de France
Cette belle propriété de 32 ha de vignes produit un vin rouge velouté et séduisant (60 % de Cabernet-Sauvignon) ainsi qu'un blanc très aromatique, bien équilibré (80 % de Sauvignon, 10 % de Sémillon et 10 % de Muscadelle) et élevé en barriques neuves.

### Château La Garde
Vieille propriété de la commune de Martillac récemment remise à neuf, ses meilleures cuves sont élevées en barriques neuves et diffusées sous l'étiquette Réserve. Concentrés et veloutés, ces vins peuvent se boire jeunes tout en ayant un bon potentiel de vieillissement : ils sont séduisants et vendus à des prix raisonnables. Une petite quantité d'un vin blanc élégant est issue à 100 % de Sauvignon.

### Château Haut-Bailly
*Cru classé* Un grand nombre de dégustateurs s'accordent à le reconnaître : Haut-Bailly est leur cru de Graves de Léognan favori. Élaboré avec maestria, il n'a peut-être pas la puissance et la concentration de certains autres, mais il est toujours élégant. Son charme cache de beaux tanins qui ne demandent qu'à vieillir, dans les grands millésimes comme dans les petits.

### Château Haut-Brion
*Cru classé* Haut-Brion est l'unique cru des graves qui, en 1855, fut classé Premier grand cru au même titre que les meilleurs vins du Médoc. Vin de noble race et d'une régularité étonnante dans

sa qualité, il mérite pleinement cette distinction. Même dans les millésimes difficiles comme 1987 et 1991, Haut-Brion a sorti des vins élégants avec de beaux arômes. Au milieu des années

80, il s'est montré moins sévère et plus affable, mais demande toujours un certain nombre d'années avant d'atteindre son apogée.

Haut-Brion est la propriété du duc et de la duchesse de Mouchy, cette dernière étant l'héritière de la famille Dillon, qui a acquis le château en 1935.

Haut-Brion ne s'est jamais reposé sur ses lauriers et, sous la direction de Jean-Bernard Delmas, toute une équipe ne cesse de rechercher comment améliorer les vignes et le vin. Une petite quantité d'un vin blanc très prisé est produite. La fermentation en barriques de bois neuf est une pratique récente pour la majeure partie des blancs et, les années moins satisfaisantes, comme 1986, aucun vin blanc n'a été commercialisé. Le second vin rouge, qui porte l'étiquette Bahans-Haut-Brion, est considéré comme l'un des meilleurs seconds vins de Bordeaux.

### Château Larrivet-Haut-Brion
Cette propriété de 45 ha a bénéficié d'importants investissements pour construire un nouveau chai. Depuis le millésime 1988, tant le blanc ample et épicé que le rouge ferme et boisé sont étonnants. Les rendements sont volontairement bas et tous ces efforts devraient entraîner une hausse constante de la qualité.

### Château Laville-Haut-Brion
*Cru classé de blanc* Cette propriété de Pessac est, en fait, le vignoble de blanc du Château La Mission-Haut-Brion (voir ci-après). Laville est un Graves blanc légendaire dont quelques bouteilles, vieilles de 50 ans, se sont révélées étonnantes. Après une période de déclin, dans les années 70, ce célèbre vin blanc a retrouvé sa qualité dans les années 80. Peut-être un peu moins somptueux que le blanc de Haut-Brion, élaboré par la même équipe, c'est un Graves blanc opulent et magnifique. Marqué par le bois neuf dès son enfance, il lui faut une décennie pour atteindre sa

maturité en bouteille et s'ouvrir. Son prix est élevé, mais, dans les grands millésimes, c'est un vin d'exception.

### Château La Louvière
Le beau château de la Louvière situé sur les terres de la commune de Léognan est le porte-drapeau des propriétés d'André Lurton (avec les châteaux Couhins-Lurton, de Cruzeau, de Rochemorin, etc.).

Son vin blanc, un vin solide aux notes boisées, est marqué par le Sauvignon. Le vin rouge montre une belle structure et vieillit bien. La Louvière vinifie et élève le Château Coucheroy, un modeste château d'un bon rapport qualité/prix, qui se décline en blanc comme en rouge.

### Château Malartic-Lagravière
*Cru classé* Repris en 1990 par le Champagne Laurent-Perrier, ce château de 17 ha est géré par Bruno Marly. Malartic est surtout réputé pour son vin blanc issu du cépage Sauvignon à 100 %, dont les meilleurs millésimes sont étonnants d'amplitude et d'arômes. Les rouges ont une réputation de vins austères, mais sont en réalité souples et dotés de beaux tanins bien liés. Tout comme les blancs, ils méritent quelques années de garde.

### Château La Mission-Haut-Brion
*Cru classé de rouge* Cette propriété de 22 ha, contiguë au Château Haut-Brion, a été acquise par ce dernier en 1983. Mais les deux vins sont très différents : le premier se montre tout en finesse et en harmonie, tandis que le second est un vin puissant possédant une grande profon-

deur d'arômes. C'est un vin cher qui reflète la conviction de son propriétaire : La Mission serait très proche du Premier cru classé en terme de qualité – ce qui est vrai pour un grand nombre de millésimes.

### Château Olivier
*Cru classé* Au cœur de l'appellation se trouve ce superbe château médiéval entouré de douves, ancien rendez-vous de chasse du Prince Noir, d'une architecture majestueuse. Récemment repris en main par leur propriétaire, la famille Bethmann, la qualité des vins devrait s'améliorer.

### Château Pape-Clément
*Cru classé* Sans doute l'une des plus anciennes propriétés de Bordeaux, elle a été créée en 1300 par Bertrand de Got, archevêque de Bordeaux, qui deviendra pape sous le nom de Clément V. Elle est aujourd'hui assiégée par le développement urbain de la commune de Pessac. 1985 a marqué, dans la qualité, un tournant qu'aucun millésime n'a ensuite démenti. Pape-Clément est un vin puissant et plein de sève, avec une belle concentration et une grande longueur en bouche. Depuis l'extension récente du vignoble, la toute petite quantité de vin blanc devrait bientôt augmenter. Une partie des vins rouges et des vins blancs est élevée en barriques de bois neuf.

### Château Pique-Caillou
Propriété de la commune de Mérignac, ce château ne produit que des vins rouges, souples et bien construits, qui évoluent assez vite en bouteille.

### Château de Rochemorin
C'est l'une des nombreuses propriétés d'André Lurton, située sur la commune de Martillac. Elle donne de bons rouges charnus et des blancs classiques qui peuvent s'apprécier assez jeunes. S'ils ne sont pas les meilleurs vins de la gamme d'André Lurton, leur prix reste raisonnable.

### Château Le Sartre
Propriété en cours de rénovation sous l'égide de la famille Perrin (du Château Carbonnieux), ce château propose un rouge meilleur que le blanc, dans le même style que Carbonnieux, mais à la moitié du prix de ce dernier.

### Château Smith-Haut-Lafitte
*Cru classé* En 1990, cette grande propriété de Martillac fut cédée à prix fort par des Anglais à Daniel et Florence Cathiard. Ceux-ci ont immédiatement pris toutes les mesures pour rénover le vignoble et les chais et s'entourer des conseils des meilleurs «œnologues volants» de la région. Sous l'ancien régime du négociant Eschenauer, le château était déjà réputé pour ses blancs comme pour ses rouges : les premiers millésimes produits par la famille Cathiard montrent à quel point leurs investissements ont porté leurs fruits. Le vin blanc, tout particulière-

ment, issu de Sauvignon à 100 %, est une merveille d'équilibre avec de belles notes fruitées. La sélection étant rigoureuse, le second vin rouge est recherché et porte l'étiquette Les Hauts-de-Smith.

### Château La Tour-Haut-Brion
*Cru classé* De la même famille que le Château Haut-Brion, contigu à Laville-Haut-Brion, il produit un vin rouge, marqué par un fort bouquet de Cabernet-Sauvignon.

### Château La Tour-Martillac
*Cru classé* Gérée depuis plus d'un siècle par la famille Kressmann, cette propriété offre des vins rouges qui, malgré leur côté gras et charnu, se montrent élégants. Les vins blancs, bien équilibrés, sont boisés mais gardent leur fruit pendant des années. La constance de la qualité de ces vins d'un millésime à l'autre est remarquable.

### DOMAINE DE CHEVALIER

*Cru classé* Datant de 1770, ce vignoble situé sur le point culminant de la commune de Léognan est l'un des plus beaux des Graves et produit deux des plus grands vins de Bordeaux. Le rouge est bien construit, élégant et puissant, sans toutefois être un monstre de concentration, et possède une âme fruitée et des notes boisées. Le blanc est fin, délicat et ample, d'une rareté qui peut justifier son prix. Outre son terroir unique au milieu d'une clairière, le secret de Chevalier réside dans l'intransigeance des sélections au moment de la récolte. La vendange de raisins blancs est fermentée sous bois, et reste en fût pendant 18 mois. Les vins de Chevalier, en rouge comme en blanc, ont suffisamment de concentration pour se permettre quelques décennies de garde et le blanc mérite au moins 8 ans de bouteille.

# AUTRES CRUS DE GRAVES

Jusque dans les années 70, la plupart des propriétés du sud des Graves vendaient leurs vins en vrac au négoce bordelais : la mise en bouteilles à la propriété est donc un phénomène relativement récent qui s'est largement développé. Rivalisant pour produire les vins rouges et les vins blancs les plus séduisants, les propriétaires ont également adopté des méthodes de vinification sophistiquées. Certains se vouent à la religion de la qualité en produisant des vins rouges dotés d'une belle concentration de tanins et de superbes arômes et destinés à une longue vie ; d'autres ont le culte des vins flatteurs à boire jeunes. Les styles de vins, tout comme leur qualité, sont donc assez disparates.

Les propriétés sont rassemblées autour de certaines communes, comme Portets ou Langon, sur des affleurements de graves. Seuls les vins produits sur ces types de sol ont droit à l'appellation ; les autres vignobles, comme ceux proches de la Garonne, n'ont droit qu'au statut d'AOC Bordeaux.

### Château d'Archambeau
Située sur la commune d'Illats, cette propriété produit des vins blancs superbement élaborés et d'excellents vins rouges veloutés.

### Château Le Bonnat
Propriété de Gérard Gribelin (du Château de Fieuzal) à Labrède, ce château élabore des vins rouges dans 40 % de barriques neuves, tandis que les blancs sont fermentés sous bois et élevés en barriques de bois neuf.

### Clos Bourgelat
Situé sur la commune de Cérons, ce vignoble donne des vins rouges fruités et veloutés et des vins blancs frais et nerveux. Leur meilleure cuvée fait l'objet d'une fermentation en barriques avant de rester 6 mois sous bois et porte l'étiquette Caprice de Bourgelat.

### Château de Chantegrive
La famille Lévêque a travaillé pendant 25 ans pour créer un vignoble de 92 ha à Podensac. L'élevage des vins en barriques, introduit en 1988, donne des résultats impressionnants. Le bois neuf est réservé à la Cuvée Caroline en blanc et à la Cuvée Édouard en rouge. La propriété compte d'autres crus tel le Château Bon Dieu des Vignes.

### Château Chicane
L'une des nombreuses propriétés de Graves appartenant au négociant Pierre Coste, il produit un vin classique à consommer jeune.

### Château Constantin
Sur la commune de Portets, ce château élabore des vins blancs très plaisants, généreux, concentrés et boisés.

### Château l'Étoile
Propriété située à Langon et réputée pour ses rouges bien structurés et ses blancs fruités.

### Clos Floridène
L'œnologue Denis Dubourdieu, éminemment respecté dans la région pour ses conseils en matière de vinification des vins blancs, est propriétaire de ce cru à Pujols. Pionnier des pratiques de macération pelliculaire et de bâtonnage, il produit sur son propre vignoble des vins blancs tout à fait remarquables.

### Domaine de Hauret-Lalande
Située à Cérons, cette propriété de la famille Lalande (de Château Piada, à Barsac) produit des vins blancs aromatiques.

### Château de Landiras
Responsable des vinifications à Château Rahoul pendant dix ans, Peter Vinding-Diers vinifie aujourd'hui ses propres vins de Landiras et ceux du Domaine La Grave à Portets. Avec une passion particulière pour le Sémillon, il élabore des vins amples et concentrés, avec des notes boisées. Les rouges sont tout aussi impressionnants.

### Château Magence
Cette belle propriété réputée du sud des Graves produit des vins rouges flatteurs et des vins blancs bien équilibrés.

### Château Magneau
Situé sur la commune de Labrède, ce château est renommé pour ses vins blancs fermentés en barriques qui portent l'étiquette Cuvée Julien.

### Château du Maine
Cette propriété de Langon produit un vin rouge classique de belle structure, un rien austère, et destiné à une longue garde.

### Château Millet
Dotée d'un grand vignoble, cette propriété produit des vins rouges fruités qui ont pour mérite de se consommer jeunes.

### Château Montalivet
Pierre Coste a des intérêts dans cette propriété de Pujols, qui a la réputation de produire des vins de qualité homogène. Ses vins blancs sont dominés par le Sémillon et par le bois et ses rouges sont à apprécier dans leur plus tendre jeunesse.

### Château de Portets
Cet imposant château qui domine la Garonne est entouré d'un vignoble de 30 ha sur la commune de Portets. Son vin blanc est élevé en fûts de bois neuf et son rouge, souple et bien construit, passe 18 mois en barriques.

### Château Rahoul
Réputé pour ses vins blancs, issus d'un heureux mariage entre le Sémillon et le bois dans les années 80, cette propriété a été reprise par Alain Thiénot, un homme qui perpétue dans ses grandes lignes la recette de Vinding-Diers, l'ancien maître de chai.

### Château Respide-Médeville
Le vignoble, constitué de vignes relativement jeunes, produit déjà des vins rouges avec une belle concentration de tanins et des vins blancs fermentés sous bois, très prometteurs.

### Château de Roquetaillade-La Grange
Cette grande propriété située à Mazères élabore des vins blancs dominés par le Sémillon et des vins rouges dotés d'une belle structure, qui méritent de vieillir.

### Vieux-Château-Gaubert
Petite propriété créée par Dominique Haverlan, elle produit de bons vins élevés en barriques.

### Autres producteurs
Les vins blancs secs produits dans les grands châteaux de Sauternes font partie des bizarreries des appellations. Il faut citer « Y » d'Yquem, « R » de Rieussec, le Château Doisy-Daëne, et «M» de Malle.

# SAUTERNES

Le Sauternes, considéré comme l'un des plus grands vins blancs liquoreux du monde, provient d'une zone située dans le sud des Graves. L'appellation Sauternes appartient à quatre communes, en dehors de la ville de Sauternes même : Fargues, Bommes, Preignac et Barsac. Il existe également une appellation Barsac, mais certains producteurs préfèrent commercialiser leur vin sous l'étiquette de l'AOC Sauternes, plus connue. Le Sauternes, vin sensuel aux couleurs d'or, aux notes profondes de miel, de noisette et d'orange, constitue un vin classique de fin de repas, à déguster seul ou avec un dessert. En France, il se boit traditionnellement très frais, en apéritif ou en accompagnement du foie gras.

Les cépages du Sauternes sont identiques à ceux des Graves blancs : Sauvignon, Sémillon et Muscadelle. Le Sémillon étant davantage sujet au *botrytis* (pourriture noble) que le Sauvignon, on le privilégie en le faisant entrer à 80 % dans l'assemblage, pour 20 % de Sauvignon, auquel on mêle parfois un peu de Muscadelle.

Le Château de Suduiraut produit un Sauternes réputé pour sa grande concentration.

## L'importance de la pourriture noble

Dans le Sauternais, tout concourt naturellement à produire des vins liquoreux, mais personne ne connaît l'origine exacte du Sauternes tel qu'il existe aujourd'hui. Certains en attribuent la paternité à un propriétaire local qui aurait importé la technique d'Allemagne en 1847, mais d'autres affirment qu'on produisait ce vin liquoreux avant cette date. Quoi qu'il en soit, si cette partie du monde semble avoir actuellement l'apanage de ce type de vin, ce n'est pas sans risque, car la chaleur estivale n'est pas suffisante pour garantir la surmaturité et la douceur nécessaires à l'élaboration d'un bon Sauternes. Il faut que les conditions climatiques favorisent l'apparition et l'action du *Botrytis cinerea* (pourriture noble), champignon entretenu par une certaine humidité, qui décolore les baies, les recroqueville et concentre leur teneur en sucre, en acidité et en glycérol. Le *botrytis* est à l'origine de phénomènes chimiques tellement complexes que personne ne connaît exactement son fonctionnement, mais tout le monde peut profiter de la saveur caractéristique dont il enrichit un vin. Le Sauternes est un vin riche, onctueux et mielleux, corsé par une pointe d'acidité propice à un vieillissement optimal. Au fur et à mesure de sa maturation, il prend une couleur plus profonde et un goût plus sec, presque de brûlé.

Le Sauternais est traversé par le Ciron, une rivière froide, qui se jette dans la Garonne, fleuve plus chaud : cette configuration géographique particulière favorise l'apparition de brumes automnales stagnant au-dessus des vignes avoisinantes. C'est le moment idéal pour que les spores de *botrytis* se multiplient et s'activent sur les grappes. En règle générale, les brumes se dissipent sous le chaud soleil de midi, mais, si l'humidité se prolonge dans l'après-midi, les conditions sont idéales pour une bonne déshydratation des raisins. Si ce n'est pas le cas, le *botrytis* risque de dégénérer en infâme pourriture grise, et le raisin est perdu. La pourriture noble ne se répartit de façon uniforme que les années exceptionnelles, comme 1990. Mais, la plupart du temps, le *botrytis* est très localisé, ce qui oblige les récoltants à faire plusieurs vendanges successives.

Les tries, au moment des vendanges, restent le facteur essentiel de la réussite d'un bon Sauternes. Certaines années, le *botrytis* reste très limité ou se produit très tardivement.

Si, à la mi-octobre, le raisin est toujours sain et très mûr, mais sans la moindre trace de pourriture noble, la tentation de vendanger est très forte. Si l'on y succombe, on obtient un vin moelleux riche, mais sans le parfum spécifique et complexe que confère le *botrytis*. Certains domaines, comme Château d'Yquem, attendent jusqu'au dernier moment, espérant toujours une attaque du champignon, et n'envoient les vendangeurs que lorsque la contamination est suffisamment étendue. En 1985, année où le *botrytis* est apparu exceptionnellement tard, Yquem récoltait encore en décembre, bien après la grande majorité des propriétés.

## Le bon moment
Quand on attend pour vendanger, on risque de voir le temps s'aggraver. Début novembre, il n'est pas rare qu'une semaine de pluies ininterrompues détruise sur pied tous les raisins. Certaines années, 1982, 1991 ou 1992, pour ne citer que celles-là, ceux qui ont vendangé précocement, par chance ou par manque d'audace, ont récolté des grappes de meilleure qualité que les risque-tout. Plus tard, en effet, les raisins étaient gonflés de pluie et dénaturés par la pourriture grise. Mais, en règle générale, ceux qui prennent leur temps se voient récompensés par une qualité supérieure.

Les années 80 ont donné naissance à une nouvelle pratique de concentration des moûts, la cryoextraction, qui consiste à congeler les raisins pour en séparer l'eau de pluie. Les partisans de ce nouveau prodédé soulignent que la cryoextraction devrait être réservée aux raisins botrytisés uniquement. En 1989 et 1990, années marquées par la sécheresse et la chaleur, la machine est restée au repos, mais elle a tourné à plein régime les années humides, comme 1987, où elle a aidé certains domaines à sauver une partie des récoltes. Même Yquem possède sa chambre de cryoextraction et tous les détracteurs de ce principe,

voyant que son utilisation restait raisonnable, se sont tus peu à peu.

## Les récentes améliorations
Le Sauternes a connu le même phénomène que les Graves secs : une nette amélioration de la qualité entre 1980 et 1990 alors que les deux décennies précédentes avaient singulièrement brillé par leur manque de panache. On a connu, il est vrai, de grands millésimes, 1975 et 1976 notamment, mais rares ont été les domaines qui ont offert des vins remarquables. Les prix bas décourageaient les vignerons d'investir dans de nouveaux équipements. Rien de surprenant à ce que la qualité en ait pâti ! Aujourd'hui, les temps ont bien changé. Les fûts de chêne neuf, autrefois rares dans la région, sont omniprésents (parfois trop !), même si certains aiment à garder une partie de leur vin dans des cuves inox pour leur conserver une certaine fraîcheur.

Le secret du grand Sauternes réside dans les vendanges : une fois que les grappes sucrées et botrytisées à souhait sont à l'abri des chais, le tour est joué ! Les grands domaines comme Yquem, La Tour Blanche et Raymond-Lafon essaient de récolter les raisins avec un degré d'alcool potentiel compris entre 20° et 22°, afin d'obtenir des vins avoisinant un degré d'alcool acquis de 14-14,5 % vol, le reste s'exprimant

en sucre résiduel. Les années de grande maturité, une teneur en sucre aussi élevée est pratiquement la norme. Les années plus classiques, il faut absolument procéder aux tris successifs pour pouvoir obtenir des moûts concentrés. Un procédé plus rapide consiste à récolter des raisins très mûrs, avec un taux d'alcool de 15 % vol, et à les chaptaliser pour atteindre un niveau de 13 % vol plus l'équivalent de 4 % vol en sucres résiduels. Inutile de préciser que la dégustation d'un tel vin est souvent décevante.

## Le Sauternes aujourd'hui
Dans les années 60, on avait perdu l'habitude de se référer à la classification de 1855 (voir encadré) en raison du nombre de vins médiocres proposés par les domaines classés. La découverte d'un grand vin, même les bonnes années, relevait plus de la loterie que d'un quelconque classement. Au début des années 80, certains producteurs voulurent sortir du cercle vicieux mauvaise vinification-vin médiocre-prix bas. Ils prirent conscience que seule une hausse de la qualité pourrait rétablir la réputation de ce qui était, pour certains, le plus grand vin liquoreux du monde. Aujourd'hui, après trois millésimes exceptionnels pour ce XX$^e$ siècle – 1988, 1989, 1990 –, le consommateur n'a que l'embarras du choix.    □

## LA CLASSIFICATION DES SAUTERNES

La lettre (B) indique les propriétés de Barsac autorisées à vendre leur vin sous l'étiquette Barsac ou Sauternes. L'ordre suivi est celui de la classification de 1855.

**Premier cru supérieur**
Ch. d'Yquem

**Premiers crus**
Ch. La Tour Blanche
Ch. Lafaurie-Peyraguey
Clos Haut-Peyraguey
Ch. de Rayne-Vigneau
Ch. de Suduiraut
Ch. Coutet (B)
Ch. Climens (B)
Ch. Guiraud
Ch. Rieussec

Ch. Rabaud-Promis
Ch. Sigalas-Rabaud

**Deuxièmes crus**
Ch. de Myrat (B)
Ch. Doisy-Daëne (B)
Ch. Doisy-Dubroca (B)
Ch. Doisy-Védrines (B)
Ch. d'Arche
Ch. Filhot
Ch. Broustet (B)
Ch. Nairac (B)
Ch. Caillou (B)
Ch. Suau (B)
Ch. de Malle
Ch. Romer du Hayot
Ch. Lamothe
Ch. Lamothe-Guignard

# GRANDS CRUS DE SAUTERNES

La distinction entre les Sauternes des cinq communes est très subtile. Celui de Barsac se démarque par la clarté de sa robe ainsi que par la délicatesse et l'élégance de ses arômes. Certains Sauternes, comme Château Rieussec et Château Guiraud, offrent une telle richesse qu'elle peut paraître exubérante. Quelques amateurs préfèrent la plus grande finesse proposée par des Barsacs tels que Château Climens ou Château Doisy-Daëne. Dans ces querelles de connaisseurs, où tout est affaire de goût, la qualité n'est pas en jeu. Au nord de Barsac, une autre appellation, Cérons, produit des vins blancs liquoreux (voir encadré, p. 163). Des vins blancs doux sont également élaborés dans d'autres régions des Graves, sous l'appellation AOC Graves Supérieures. Ils sont de qualité moyenne.

### Château d'Arche

*2ᵉ cru classé* Pierre Perromat loue cette propriété ancienne depuis 1981 et a redoré son blason quelque peu terni en prenant des mesures énergiques : réduction des rendements, vendanges les plus tardives possible et augmentation de la proportion de barriques neuves. Le résultat est à la hauteur de ses efforts sous la forme d'un vin riche, doux et onctueux, qui reste abordable car encore peu connu.

### Château Bastor-Lamontagne

Cette vaste propriété, ouvertement tournée vers le commerce, respecte les techniques traditionnelles sans prétendre au perfectionnisme des grandes. Les vins qu'elle élabore depuis de nombreuses années sont d'autant plus admirables : Sauternes délicieux, épicés, racés et très bien équilibrés. Bon rapport qualité/prix.

### Château Broustet

*2ᵉ cru classé* Château Broustet élabore un Barsac puissant qui manque souvent de concentration et d'équilibre. Tout le vin ne fermente pas en barriques, bien qu'il vieillisse à 40 % dans du chêne neuf. Il a du corps et de la souplesse. Il possède une clientèle fidèle.

### Château Caillou

*2ᵉ cru classé* Un beau petit château domine cette célèbre propriété de Barsac. La qualité globale n'a pas été rehaussée par la production d'une cuvée spéciale appelée Crème de Tête, à laquelle sont réservés les meilleurs lots. C'est une pratique dépassée. Les vins sont gentiment agréables, mais présentent peu de profondeur et de richesse, sans présence systématique de pourriture noble.

### Château Climens

*1ᵉʳ cru classé* Il s'agit de l'une des rares propriétés qui puissent quelquefois rivaliser avec Château d'Yquem, bien que les deux vins soient différents. Climens est un Barsac, avec toutes les subtilités inhérentes à son terroir. Jeune, il reste le plus souvent modeste. Après dix ans en bouteille, il commence très progressivement à dévoiler l'élégance majestueuse dont il est capable. Depuis le millésime 1983, Climens n'a jamais démérité et même les vins des médiocres années 1972 et 1973 se sont révélés délicieux.

### Château Coutet

*1ᵉʳ cru classé* L'une des propriétés les plus connues de Barsac, il a failli à sa réputation pendant de nombreuses années, avec notamment des variations étonnantes d'une bouteille à l'autre. Heureusement, Coutet a retrouvé le droit chemin à la fin des années 80 en élaborant des vins concentrés qui dissimulent la délicatesse du Barsac derrière la richesse considérable du fruit. Les grandes années, on élabore une cuvée spéciale, la Cuvée Madame.

### Château Doisy-Daëne

*2ᵉ cru classé* Pierre Dubourdieu élabore un vin au style léger et délicat (sauf en 1989). Son Sauternes fait plutôt jouer le charme que la puissance mais, les petites années, son caractère acidulé peut décevoir. En revanche, les bons millésimes peuvent révéler la quintessence du Barsac.

### Château Doisy-Dubroca

*2ᵉ cru classé* Lucien Lurton, qui possède cette propriété, est également l'heureux propriétaire de Château Climens. Les deux vins sont donc élaborés exactement de la même façon mais, différence de terroir oblige, Château Doisy-Dubroca n'a pas la distinction de son aîné.

### Château Doisy-Védrines

*2ᵉ cru classé* Restée longtemps effacée, cette propriété de Barsac a pris son essor en 1988. Elle propose depuis lors un vin fin et complexe, élaboré dans un style assez ample, que développe un long vieillissement dans des barriques, neuves en grande majorité.

### Château de Fargues

La famille Lur-Saluces, heureuse propriétaire de Château d'Yquem, possède également Fargues. Si les terres entourant ce château en ruine sont singulièrement pauvres, les vins sont riches et voluptueux, car ils sont élaborés par les maîtres du genre (l'équipe de Château d'Yquem). Cette réussite est le triomphe d'une viticulture et d'une vinification de haut rang sur un modeste terroir. Jeune, Fargues est souvent meilleur qu'Yquem, mais, avec l'âge, ce dernier prend invariablement le dessus, ce qui justifie sa suprématie.

Néanmoins, si vous avez la chance de goûter l'une des 10 000 bouteilles que la propriété élabore chaque année, vos papilles en garderont à coup sûr un souvenir inoubliable. Fargues est commercialisé à moitié prix de son célèbre frère, mais il n'en est pas moins le deuxième vin le plus cher de l'appellation.

### Château Filhot

*2ᵉ cru classé* Les vignobles de Filhot se regroupent autour d'un magnifique château du XVIIIᵉ siècle ; il est d'autant plus regrettable que le vin ne soit pas plus remarquable. Le propriétaire Henri de Vaucelles ne cache pas son but commercial (sa grande propriété est lourde à gérer), ce qui ne l'empêche pas de produire certaines années, comme en 1976 et en 1990, un Sauternes riche et plaisant.

### Château Gilette

Cette propriété est unique dans le Sauternais : l'élaboration des vins, à partir de vignes à faible rendement, ne se fait que les années exceptionnelles. Elle possède en outre la particularité de ne vendre son vin, auprès de la clientèle particulière, qu'après un séjour de 10 ou 15 ans dans ses chais. En 1992, on vendait le millésime 1971. Le vin évolue donc beaucoup plus lentement que d'autres, si bien qu'un « jeune » Gilette a encore un goût immature et se bonifie pendant des décennies en bouteille, longtemps après que d'autres Sauternes ont épuisé leur potentiel. Au palais, c'est une explosion d'arômes et de parfums de miel et d'abricot, auxquels se mêle le goût de noisette du Sauternes arrivé à son apogée. Il est extrêmement cher, comme tout bon Sauternes d'âge comparable. Sa produc-

tion est limitée à 6 000 bouteilles.

### Château Guiraud

*1er cru classé* Après avoir acquis en 1981 cette propriété, certes vaste, mais mal en point, le Canadien Hamilton Narby s'attela à sa résurrection. C'est aujourd'hui chose faite, même si Château Guiraud n'est plus entre ses mains. Riche et ample, son Sauternes présente une texture crémeuse, rehaussée de parfums de pêche et de chêne. Il n'est jamais chaptalisé, mais c'est un vin inégal qui ne tient pas toujours ses promesses.

### Clos Haut-Peyraguey

*1er cru classé* Comme le dit lui-même Jacques Pauly, propriétaire de cette petite propriété située à Bommes, c'est la finesse, et non la puissance, qui l'intéresse. Et, en effet, on ne qualifiera jamais l'un de ses vins des adjectifs

« riche », « opulent » ou « surchargé » ! Trop souvent, au contraire, son Sauternes manque un peu de corps. Il est toujours bon mais rarement grand, en dépit de ce que son classement de Premier Cru pourrait laisser espérer. Haut-Peyraguey a quand même élaboré des vins très élégants à la fin des années 80.

### Château Lafaurie-Peyraguey

*1er cru classé* De 1967 à 1977, ce vin n'a pas fait l'objet des meilleurs soins et restait quelconque. Un changement de régime a apporté une transformation radicale. Le Château Lafaurie, désormais vieilli dans 50 % de chêne neuf, est superbe : soyeux, élégant, il garde un léger goût de chêne. C'est le modèle des Sauternes. Les millésimes modestes, comme 1984 et 1987, il comptait parmi les meilleurs de l'année. Tout le mérite en revient à Georges Pauli, œnologue des Domaines Cordier, qui a pris en main ce Premier cru dans les années 80.

### Château Lamothe

*2e cru classé* Tous les espoirs reposent sur la nouvelle génération qui est en train de prendre les commandes. Jusqu'à présent, le Château Lamothe s'est montré plutôt décevant, avec des vins manquant un peu de structure et de concentration.

### Château Lamothe-Guignard

*2e cru classé* Depuis l'acquisition de la propriété par les Guignard en 1981, les caves ont été rénovées. La qualité du vin s'en est trouvée considérablement améliorée. Depuis 1986, il est délicieux : riche et sucré, avec un léger goût de chêne, il marie élé-

gance et complexité. Et sa qualité continue de s'améliorer d'année en année. C'est un autre exemple de bon rapport qualité/prix.

### Château Liot

Barsac connu, élaboré dans un style léger, manquant quelquefois de *botrytis* et vieillissant dans des cuves et des barriques, dont 15 % de chêne neuf, Liot est relativement bon marché et constitue un bon Sauternes agréable à consommer en apéritif.

### Château de Malle

*2e cru classé* Dans la catégorie des Sauternes légers, le Château de Malle n'a jamais spécialement brillé. Facile et rond, il séduit habituellement par son fruit, mais manque de profondeur et de concentration. 1989 et 1990, millésimes riches par excellence, ont été les seuls où il ait fait preuve de richesse ! Le château lui-même, aux mains de la comtesse de Bournazel, est un véritable joyau.

### Château de Myrat

*2e cru classé* Le vignoble a été entièrement reconstitué à partir de 1988 et la première récolte a été effectuée trois ans plus tard. Le propriétaire actuel, le comte de Pontac, aura le plaisir de présider à la renaissance d'un grand vin classé en commercialisant bientôt son premier millésime.

### Château Nairac

*2e cru classé* Jusqu'à la fin des années 60, le vin était vendu en vrac. Tout a changé lorsque Tom Heeter et sa femme, Nicole Tari, ont acquis la propriété. De 1972 à 1987, date de son départ, Heeter a élaboré des vins brillants, même les années

## CHÂTEAU D'YQUEM

*1er cru supérieur* Le plus grand Sauternes, mais aussi le plus cher. Son prix élevé a permis à son propriétaire, le comte Alexandre de Lur-Saluces, de maintenir des normes exemplaires. Son équipe de 150 vendangeurs étale la récolte sur des mois, si nécessaire ; la chaptalisation n'est pas pratiquée, le vin vieillit pendant 3 ans dans des barriques de chêne neuf et tout lot qui ne correspond pas aux normes fixées est impitoyablement rejeté. Les 103 ha de vignobles parfaitement entretenus sont divisés en quatre parcelles donnant des vins de caractères différents, ce qui permet l'assemblage des meilleurs lots. Ce procédé confirme le dicton selon lequel c'est dans le vignoble, et non dans la cave, que s'élabore un grand Sauternes. Yquem est avant tout un vin d'artisan, ce qui explique sa profonde complexité.

sombres comme 1974. Perfectionniste, il a fait jusqu'à dix tries successifs pour recueillir les fruits à leur qualité optimale. Le Château Nairac a toujours été marqué par le parfum du chêne neuf, un peu excessif au goût de certains. Depuis 1988, le vinificateur Max Amirault a pris le relais de façon admirable. Le millésime 1990, après un séjour de 30 mois dans le chêne, est un Barsac classique.

### Château Rabaud-Promis

*1ᵉʳ cru classé* Dans les années 60, ce château pouvait se vanter d'avoir les caves les plus négligées du Sauternais. Aujourd'hui, la situation a bien changé et le responsable actuel, Philippe Dejean, élabore depuis 1983 l'un des meilleurs vins de la région. Derrière de discrets arômes de chêne, son Sauternes fait davantage assaut de charme que de puissance, rehaussé, les meilleures années, par une exquise fraîcheur et un caractère racé.

### Château Raymond-Lafon

Cette propriété appartient à la famille Meslier. Pierre Meslier, qui a dirigé Château d'Yquem pendant des décennies, applique ici les mêmes techniques perfectionnistes. Les rendements sont très bas et le vin séjourne pendant 3 ans dans des barriques de bois neuf. Depuis 1979, Château Raymond-Lafon a présenté une succession de vins somptueux exigeant un long vieillissement. En reculant le plus possible les vendanges, Meslier a élaboré des vins excellents, même lors d'années difficiles comme 1985 et 1987. Cette superbe qualité justifie la troisième position du vin sur l'échelle des prix du Sauternes (après Yquem et Fargues).

### Château de Rayne-Vigneau

*1ᵉʳ cru classé* Vaste propriété implantée sur une colline riche en pierres semi-précieuses, Château de Rayne-Vigneau s'est longtemps complu dans des vins médiocres et commerciaux. Un récent relèvement des normes n'a pas entraîné une amélioration aussi fulgurante que dans d'autres propriétés. Néanmoins, Rayne-Vigneau est redevenu une source fiable de bons Sauternes. Les vins de la fin des années 80 manquaient de complexité, mais étaient splendides.

### Château Rieussec

*1ᵉʳ cru classé* Appartenant depuis 1984 à la famille Rothschild, de Lafite, cette propriété est en plein essor. Avant 1984, Rieussec élaborait des vins gras et somptueux, souvent délicieux, mais quelquefois un peu trop chargés, à la limite du « vulgaire ». Même si les millésimes plus récents sont toujours puissants et forts en alcool, la richesse du fruit semble peser plus lourd dans la balance. 1985 et 1986, tout comme 1988 et 1989, sont très prometteurs. Rieussec a reconquis sa réputation d'être l'un des grands domaines de Sauternes.

### Château Saint-Amand

Bien que les vignes se trouvent à Preignac, on pourrait facilement prendre ce charmant cru bourgeois, de facture traditionnelle, pour un Barsac. Jamais très concentré, ce Sauternes affiche une remarquable élégance. De bon rapport qualité/prix, il est parfois vendu sous l'étiquette Château de la Chartreuse.

### Château Sigalas-Rabaud

*1ᵉʳ cru classé* Emmanuel de Lambert, le propriétaire, ne semble pas obsédé par la qualité. Les vendanges ne sont pas aussi sélectives qu'il serait souhaitable, le chêne neuf n'est pas très présent et les vins sont mis en bouteilles encore jeunes. Pourtant, le résultat est délicieux, avec un vin au fruit

intense et à l'élégance racée. Son manque de structure laisse supposer que le vin sera à son apogée à 8 ou 10 ans.

### Château de Suduiraut

*1ᵉʳ cru classé* Si, pour vous, un Sauternes doit exprimer de la puissance et de l'opulence, alors Suduiraut est le vin qu'il vous faut. Malheureusement, il lui arrive de verser dans une certaine exubérance, et même de grands millésimes comme 1983 et 1986 se sont révélés décevants. Mais en 1990, le vin a été magnifique. Deux ans plus tard, la propriété a été vendue au groupe AXA, propriétaire de nombreux châteaux dans le Médoc (voir p. 149). Le vinificateur, Pierre Pascaud, n'aura ainsi plus à composer avec les cinq sœurs ex-propriétaires et leurs fantaisies. On peut prédire

sans risque que, sous la supervision générale de Jean-Michel Cazes, les normes du Suduiraut seront bien maintenues.

### Château La Tour Blanche

*1ᵉʳ cru classé* La classification de 1855 donnait ce Sauternes comme le meilleur après Yquem. Pourtant, les vins des années 70 et du début des années 80 étaient peu engageants. Heureusement, Jean-Pierre Jausserand a relevé les normes : les vendanges sont beaucoup plus sélectives, les lots ne correspondant pas aux normes sont déclassés et le pourcentage de barriques neuves a atteint 100 % en 1990. Depuis 1988, La Tour Blanche mérite à nouveau son titre de Premier cru.

### Château d'Yquem

Voir encadré p. 162.

## CÉRONS

Les vignerons des trois communes de Cérons, Podensac et Illats ont droit à l'appellation Cérons pour leurs vins blancs liquoreux, mais peuvent également élaborer du Graves blanc sec AOC à partir des mêmes vignes. En 1981, la production de Cérons était de 808 000 bouteilles pour 790 ha, mais, en 1989, la proportion était tombée à 372 000 bouteilles de blanc liquoreux, contre 1 168 000 de blanc sec. Au meilleur de sa forme, le Cérons peut ressembler à un Barsac léger, mais des rendements supérieurs (40 hl/ha contre 25 hl/ha dans le Sauternais) l'empêchent d'atteindre la richesse d'un Sauternes. Les vins de Cérons sont donc plus légers et moins sucrés.

### Château de Cérons

Défenseur de longue date de l'appellation, Jean Perromat en produit un des exemples

les plus racés. Sur son domaine, les rendements sont inférieurs à 30 hl/ha et, depuis 1988, une partie des récoltes fermente en barrique. Le millésime 1990 a été vraiment exceptionnel, avec une teneur en sucre naturelle d'un potentiel de 23 % vol. Les vins sont très bien équilibrés et ils vieillissent avec élégance.

### Grand Enclos du Château de Cérons

Propriété indépendante du château, le Grand Enclos produit 9 600 bouteilles environ, dans les bonnes années. Depuis 1989, le vin vieillit en barrique pendant un an. Le propriétaire, Olivier Lataste, est ambitieux et désire élaborer un bel exemple de l'appellation.

### Autres producteurs

Il faut aussi signaler : Château de Chantegrive, Clos Bourgelat (voir également Graves, p. 158).

# ENTRE-DEUX-MERS

Limitée par la Dordogne au nord et la Garonne au sud, une petite enclave vallonnée égaie le paysage austère et plat des Graves et du Médoc : c'est le plateau de l'Entre-deux-Mers, sillonné de vallées où se nichent fermes et bosquets. Son nom de pays « entre deux mers » provient du fait que la marée atlantique remonte dans les deux fleuves à 150 km de l'océan.

Dans un lointain passé, la viticulture n'était qu'une activité parmi d'autres, dans cette campagne où les vignes côtoyaient les prés à vaches, les champs de blé et les vergers. De nos jours, l'Entre-deux-Mers représente le plus important vignoble du Bordelais et la zone viticole AOC la plus vaste de France.

Autrefois productrice de vins blancs doux sans grand caractère, cette région s'est diversifiée dans les années 80, et on a le choix aujourd'hui entre plusieurs styles de vins de qualité.

Les côtes de Bordeaux, suite de collines escarpées mais peu élevées, forment la frontière sud. C'est là que se trouvait au Moyen Âge l'un des vignobles les plus importants du Bordelais.

## Les districts et les appellations

La région est un patchwork d'appellations. Une bonne partie du vin rouge n'a droit qu'à la simple AOC Bordeaux ou à celle de Bordeaux Supérieur. Ce dernier est souvent d'un bon rapport qualité/prix. L'AOC Entre-deux-Mers est réservée au vin blanc.

Les meilleurs vins rouges proviennent des Premières-Côtes-de-Bordeaux, AOC qui s'applique également aux vins blancs liquoreux (les vins blancs secs gardent l'étiquette Entre-deux-Mers). Ces vignobles orientés à l'ouest et surplombant la Garonne changent de dénomination en se prolongeant au sud-est ; ils s'appellent alors Côtes de Bordeaux Saint-Macaire.

Les Premières-Côtes se subdivisent en trois petites appellations vouées aux vins blancs doux : Sainte-Croix-du-Mont, Loupiac et Cadillac. Toutefois, ces dernières sont souvent intégrées au groupe de vins blancs liquoreux des statistiques officielles du Bordeaux et, par extension, assimilées aux larges groupes d'appellations de vins du Sauternais. D'après ces mêmes statistiques, si l'appellation Cadillac reste avec une production confidentielle, les deux autres sont en plein essor.

D'autres zones de la région possèdent leur propre appellation : Entre-deux-Mers Haut-Benauge, enclave de vin blanc à cheval sur la frontière de l'Entre-deux-Mers ; Graves de Vayres, sur les graviers de la Dordogne, qui donne du vin blanc et du rouge ; Sainte-Foy-Bordeaux et ses vins blancs et rouges (cette dernière appellation n'a plus tellement cours, car on lui préfère généralement l'AOC Bordeaux).

## PRODUCTEURS ET NÉGOCIANTS

Les coopératives produisent 40 % des vins de la région. Parmi les bons domaines, on peut citer :

### VINS ROUGES

**Premières-Côtes-de-Bordeaux :** Bessan, de Birot, du Brana, Brethous, Cayla, de Chastelet, de la Closière, Fayau, la Gorce, Gourran, Grimont, Haux, du Juge, Lagarosse, Lamothe, de Lardiley, Laroe, Léon, Lezongers, Mestrepeyrot, Domaine de la Meulière, Montjouan, Nenine, de Paillet-Quancard, du Peyrat, Plaisance, de Plassan, Reynon, Rolland, Suau, Tanasse.

### VINS BLANCS LIQUOREUX

**Loupiac :** du Cros, Loupiac-Gaudiet, Domaine du Noble, Peyrot-Marges, de Ricaud.
**Sainte-Croix-du-Mont :** La Grave, Loubens, La Rame.

### VINS BLANCS SECS

**Haut-Benauge :** le Bos, Haut-Reygnac, Domaine de la Serizière.
**Entre-deux-Mers :** Bonnet, Grossombre, Roquefort, Thieuley, Tour de Mirambeau, la Tuilerie.

## Les styles de vin

L'Entre-deux-Mers doit être (et est généralement) un vin blanc sec issu de Sauvignon et de Sémillon. La réglementation de l'AOC fut souvent bafouée par le passé, notamment avec l'exportation de vins plus ou moins moelleux vers les marchés d'Europe du Nord. Lorsque la mode de ces vins prit fin, la région s'en ressentit, si bien que les coopératives et quelques propriétaires indépendants décidèrent de réagir en revenant à des vins secs et frais. Bien leur en prit, car les ventes continuent de progresser. Dans l'enclave du Haut-Benauge, les vins restent secs malgré un parfum très présent de Sémillon.

Les vins moelleux ou liquoreux des Premières-Côtes multiplient leurs efforts pour se hisser au rang des grands, mais ils ont du mal car le *botrytis* (voir Sauternes p. 159) sévit rarement et les acheteurs leur préfèrent les Sauternes, valeurs sûres et connues. Les petites AOC Loupiac et Sainte-Croix-du-Mont sont mieux situées, avec leurs vignes plantées près de la rivière et susceptibles d'être affectées par le *botrytis*. C'est là que se trouverait le potentiel pour élaborer de bons vins blancs moelleux correspondant aux normes et au style du Sauternes. Pour cela, il faudrait que les propriétés réalisent de lourds efforts (tri au moment des vendanges, élevage des vins en barriques), autant d'investissements que le prix des vins ne justifie pas.

Faute d'indication précise sur l'étiquette, il est difficile de savoir si un vin rouge AOC Bordeaux provient ou non de cette région de Gironde. Les Premières-Côtes, quant à elles, sont très identifiables : souvent d'un prix compétitif, les vins sont bien structurés, avec une bonne base de Merlot, et témoignent de caractère. C'est dans ces vignobles des « Côtes » que l'on produit les meilleurs Clairets, des vins rouges légers issus de saignées en cours de fermentation. □

# BOURG ET BLAYE

Les visiteurs du Médoc ont en permanence sous les yeux, de l'autre côté des eaux brunes du vaste estuaire de la Gironde, les pentes boisées de Blaye. Très visibles, elles restent cependant difficiles d'accès, sauf si l'on s'aventure sur le bac de Lamarque entre Saint-Julien et Margaux.

Le paysage vallonné de la rive droite de la Gironde est doté de nombreux vignobles, bien qu'en quantité plus limitée que sur l'autre rive. Et, pourtant, favorisés par leur plus grande accessibilité, Blaye et Bourg étaient au Moyen Âge des ports vinicoles importants alors que Pauillac et Margaux vivaient de l'élevage des moutons et de la culture du blé.

Bourg et Blaye élaborent à la fois des vins blancs et des rouges (les meilleurs). Ce sont les vignes des bords de la Gironde qui offrent les vins de meilleure qualité ; celles de l'intérieur réservant leur abondante production aux coopératives. En résumé, on peut dire que ces deux zones sont une bonne et abondante source de bon Bordeaux rouge.

Vignoble autour de la vieille église de Cars à Blaye.

### Les cépages et les styles de vin

Principaux cépages, le Merlot et le Cabernet Franc entrent dans la composition de vins rouges de style « rive droite » rappelant le Fronsac et le Saint-Émilion. Les vins blancs sont élaborés à partir de Sémillon, de Sauvignon et de Colombard, cépage du Cognac voisin. Quelques rouges comportent également une certaine proportion de Malbec, ainsi que du Cabernet-Sauvignon.

Les vins de Blaye et de Bourg avaient la réputation d'être robustes, sombres et de longue garde. Selon un écrivain du XIXᵉ siècle, il fallait attendre une dizaine d'années pour déguster ces vins qui, selon lui, dépassaient les Médocs courants par leur structure, leur fruité et leur caractère. Aujourd'hui, ce style est toujours présent, mais, dans l'ensemble, les vins du Médoc se sont améliorés davantage. Un vin de Bourg ou de Blaye mérite

de vieillir entre trois et dix ans dans les bons millésimes. Les vins blancs ressemblent à ceux de l'Entre-deux-Mers.

### Les zones et les appellations

Bourg est la plus petite des deux zones, mais la viticulture y est intensive, tout autour du port de Bourg. L'AOC Côtes-de-Bourg couvre les meilleurs sols, sur les coteaux qui surplombent la Dordogne, (les appellations Bourg et Bourgeais ne sont plus en usage). Les quelque 3 100 ha de vignes sont consacrés en majorité au vin rouge, contre une infime quantité de vin blanc. La zone de Blaye est beaucoup plus étendue, bien que la superficie des vignobles soit à peu près identique. Ses trois appellations couvrent la même zone : l'AOC Blaye (ou Blayais) correspond à des vins blancs et, surtout, rouges, Côtes-de-Blaye à des vins blancs secs et Premières-Côtes-de-

Blaye à des vins blancs et rouges. Cette dernière appellation limite les cépages aux classiques de Bordeaux et exige des rendements modérés.                    □

## PRODUCTEURS ET NÉGOCIANTS

Les coopératives dominent la production, mais un nombre croissant de producteurs mettent leur vin en bouteilles. La production de vin blanc est en déclin tandis que celle de vin rouge est en forte progression en raison d'une popularité grandissante. Parmi les meilleurs producteurs, citons :

Barbé, Bertinerie, Les Billauds, Charron, la Croix-Saint-Jacques, Gardaut Haut-Cluzeau (blanc), du Grand Barrail, Haut-Bertinerie (blanc), Haut-Sociando, Les Jonqueyres, Loumède, le Menaudat, Les Petits Arnauds, Pérenne, Peyraud, Segonzac, La Tonnelle, le Virou.

# LES RÉGIONS VITICOLES DU LIBOURNAIS

**Régions viticoles**

- St-Émilion
- Lussac, Montagne St-Georges, Puisseguin
- Pomerol
- Lalande-de-Pomerol
- Fronsac
- Canon-Fronsac
- Côtes de Francs
- Côtes de Castillon
- Graves de Vayres

- - - Limite de département
— Route principale
— Autre route

Autre dénomination de la rive droite, le Libournais, qui tire son nom du port de Libourne sur la Dordogne, comprend les vignobles de Saint-Émilion, Pomerol, Fronsac et leurs satellites.

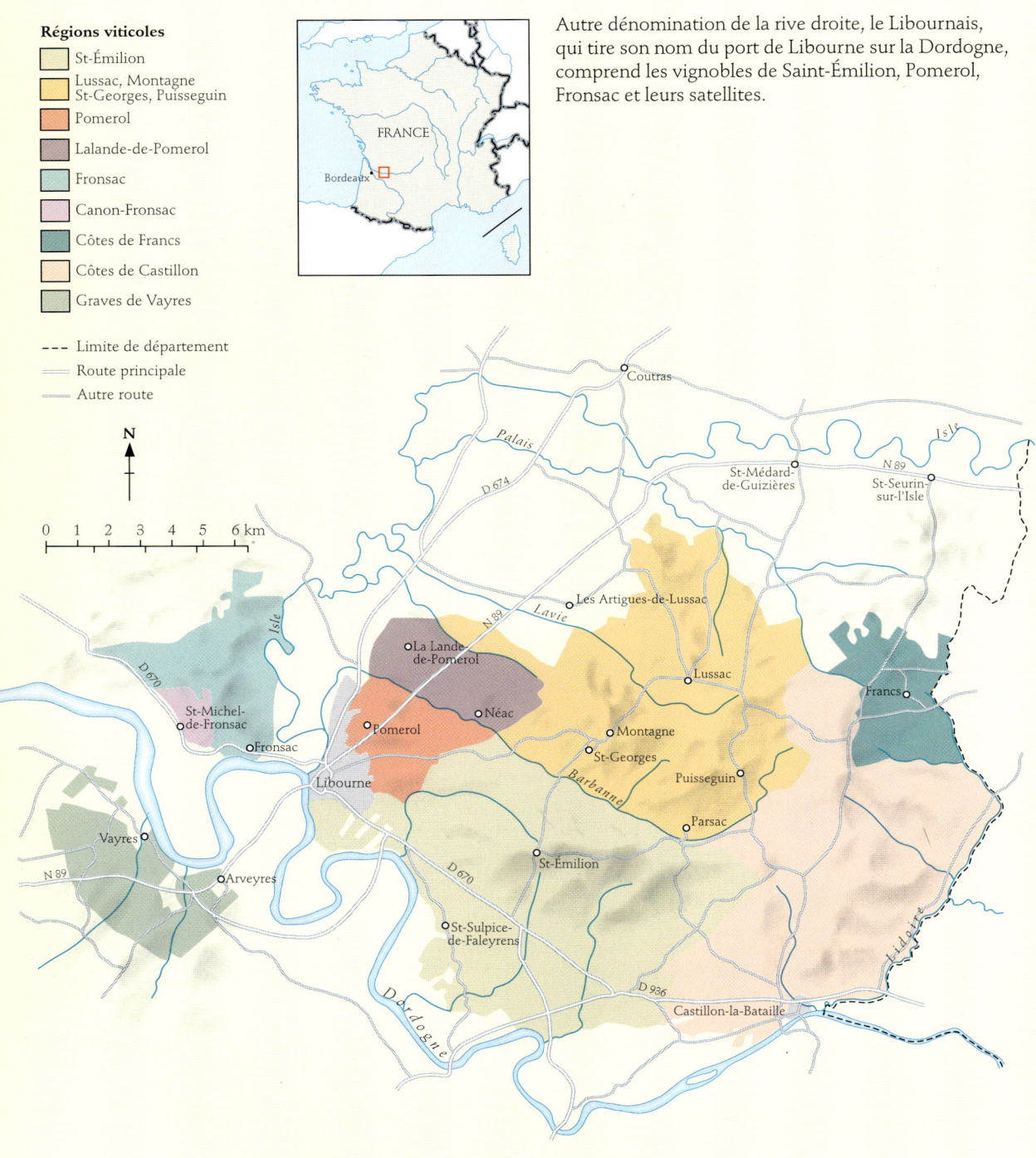

# SAINT-ÉMILION

Les vieilles pierres de la cité médiévale de Saint-Émilion.

Cette célèbre région consacrée au vin rouge est regroupée autour du village de Saint-Émilion, situé à quelque 40 km au nord-est de Bordeaux, sur la rive droite de la Dordogne. Ce petit pays a une longue tradition vinicole, puisque ce sont les Romains qui y ont introduit la vigne. Le Château Ausone, près duquel ont été exhumés les restes d'une belle villa romaine, a été baptisé ainsi en mémoire du poète et consul Ausone, qui cultivait ses propres vignes en ces lieux. Le village de Saint-Émilion lui-même porte le nom d'un ermite qui y vécut au VIIIᵉ siècle.

À Saint-Émilion, le visiteur est frappé par la pure beauté du village, que les collines environnantes enserrent comme un amphithéâtre. C'est aussi là que se trouve une église monotithe creusée dans le rocher, la seule complètement enterrée d'Europe. Très fréquenté en plein été, c'est un ravis-sant lieu de séjour en dehors de la saison touristique. Le vignoble s'étend sur 5 200 ha. En plus des neuf communes autorisées à utiliser l'appellation Saint-Émilion, quatre autres peuvent l'accoler à leur nom. Ce sont les communes périphériques de Saint-Émilion : Lussac, Montagne, Puisseguin et Saint-Georges (voir p. 172).

### Les zones vinicoles et les châteaux
La multiplicité des vins de Saint-Émilion s'explique par deux facteurs, d'une part, la grande diversité des sols, soussols et microclimats et, d'autre part, le nombre de producteurs indépendants (plus de 900). La plupart des propriétés sont de toutes petites entreprises familiales et c'est ici que se trouve la plus grande coopérative du Bordelais, qui compte plus de 200 membres.

Les onze premiers grands crus classés se répartissent sur deux zones. La première (pour neuf d'entre eux) correspond au plateau calcaire et aux versants sud d'un demi-cercle de 8 km, s'étirant de l'est à l'ouest de Saint-Émilion. C'est notamment là que sont établis les Châteaux Ausone, Canon et Magdelaine. La deuxième zone, les Châteaux Cheval-Blanc et Figeac, se situe à environ 4 km à l'ouest du village, vers la limite du Pomerol, là où le sol est constitué de gravier et de sable.

### La Jurade
Cet organisme, responsable aujourd'hui de la promotion du Saint-Émilion dans le monde, a été créé au XIIᵉ siècle par Jean sans Terre, le fils d'Éléonore d'Aquitaine. En signant la charte de Falaise, il permettait aux villageois de gérer leur propre réglementation du vin. En 1289, sous Édouard Iᵉʳ, ces pouvoirs ont été étendus à huit autres paroisses : ce sont ces neuf communes qui constituent aujourd'hui l'aire de l'appellation Saint-Émilion.

## Les cépages

Le Cabernet-Sauvignon à floraison et maturation tardives, omniprésent dans le Médoc, s'adapte généralement mal à la froideur des sols et au microclimat du nord-est du Bordelais. En revanche, le Merlot et le Cabernet Franc peuvent parfaitement s'acclimater. Ils entrent généralement à part égale dans la composition du Saint-Émilion, même si certains châteaux donnent la préférence à l'un ou l'autre. Ainsi, Magdelaine et Tertre-Rôtebœuf privilégient un pourcentage élevé de Merlot, alors que Cheval-Blanc adopte un mélange basé sur deux tiers de Cabernet Franc.

Le sol frais du Pomerol, argileux et riche en fer, est particulièrement bien adapté au Merlot. Il y occupe les trois quarts de la superficie des vignobles, à côté du Cabernet Franc, qui en couvre à peu près un cinquième, et du Cabernet-Sauvignon (5 % environ). Bien que le Merlot soit très répandu dans le monde, il ne produit généralement que des vins légers, au goût de prune, à boire rapidement. À Pomerol, il semble avoir trouvé son terrain idéal et les vins atteignent une profondeur et une richesse qui peuvent durer 30 ou 40 ans, voire davantage.

## Le style Saint-Émilion

La multiplicité des vins rend littéralement impossible de dégager un style propre au Saint-Émilion. Une qualité cependant est indéniable et constante : la séduction d'un Saint-Émilion jeune par rapport à l'austérité d'un Médoc du même âge. Comment expliquer cette constatation ? Essentiellement par les cépages dominants : d'une part, le Cabernet Franc, à maturation précoce, et, d'autre part, le Merlot charnu, au goût de prune, qui se combinent pour créer des vins souples et fruités, avec une bonne vinosité et un bon degré d'alcool, rehaussés par une acidité, des tanins et autres composants aromatiques en quantité suffisante. Certaines années fraîches, les vins des propriétés moyennes peuvent être franchement décevants à cause de leur caractère faible et léger et de leur manque de corps : il faut alors les consommer jeunes (dans trois ans), sur leur fruit.

Toutefois, les grands millésimes des meilleures propriétés ont une espérance de vie qui peut varier entre dix et vingt ans, surtout s'ils sont conservés dans de bonnes conditions. Un Saint-Émilion modeste d'une bonne année sera souvent à son apogée au bout de six à huit ans.  □

# LE CLASSEMENT DU SAINT-ÉMILION

Le classement de 1855 avait omis les crus de Saint-Émilion. Un siècle plus tard, cet oubli était réparé : les propriétés ont été classées en fonction de leur sol, de leur réputation et après dégustation de leur vin. En théorie, si ce n'est en pratique, ce classement est remis en cause tous les dix ans, contrairement à celui du Médoc, apparemment figé pour l'éternité. Il a été revu en 1969, en 1985 et en 1996.

Actuellement, on compte 13 premiers grands crus classés et 55 grands crus classés. Deux des premiers grands crus classés portent la lettre A et les autres B.

## Premiers grands crus classés

Ch. Ausone (A)
Ch. Cheval-Blanc (A)
Ch. Angélus (B)
Ch. Beau-Séjour-Bécot (B)
Ch. Beauséjour (Duffau-Lagarrosse) (B)
Ch. Belair (B)
Ch. Canon (B)
Ch. Clos Fourtet (B)
Ch. Figeac (B)
Ch. La Gaffelière (B)
Ch. Magdelaine (B)
Ch. Pavie (B)
Ch. Trottevieille (B)

## Grands crus classés

Ch. l'Arrosée
Ch. Balestard-la-Tonnelle
Ch. Bellevue
Ch. Bergat
Ch. Berliquet
Ch. Cadet Bon
Ch. Cadet-Piola
Ch. Canon-la-Gaffelière
Ch. Cap de Mourlin
Ch. Chauvin
Ch. La Clotte
Ch. La Clusière
Ch. La Couspaude
Ch. Corbin
Ch. Corbin-Michotte
Ch. Couvent des Jacobins
Ch. Curé-Bon
Ch. Dassault
Ch. La Dominique
Ch. Faurie-de-Souchard
Ch. Fonplégade
Ch. Fonroque
Ch. Franc-Mayne
Ch. Grandes Murailles
Ch. Grand-Mayne
Ch. Grand-Pontet
Ch. Guadet-St-Julien

Ch. Haut-Corbin
Ch. Haut-Sarpe
Clos des Jacobins
Ch. Lamarzelle
Ch. Laniote
Ch. Larcis-Ducasse
Ch. Larmande
Ch. Laroque
Ch. Laroze
Ch. Matras
Ch. Moulin du Cadet
Clos de l'Oratoire
Ch. Pavie-Decesse
Ch. Pavie-Macquin
Ch. Petit-Faurie-de-Soutard
Ch. le Prieuré
Ch. Ripeau
Ch. St-Georges-Côte-Pavie
Clos St-Martin
Ch. la Serre
Ch. Soutard
Ch. Tertre Daugay
Ch. Tour-du-Pin-Figeac (Giraud-Bélivier)
Ch. Tour-du-Pin-Figeac (Moueix)
Ch. La Tour-Figeac
Ch. Troplong-Mondot
Ch. Villemaurine
Ch. Yon-Figeac

# LES FACTEURS DE QUALITÉ

L'histoire, la composition des sols et le microclimat de la région viticole de Saint-Émilion et du Libournais, sur la rive droite de l'estuaire, sont très différents de ceux du Médoc et des Graves, sur la rive gauche. Ces facteurs géologiques et climatiques, alliés aux cépages dominants, qui sont ici le Merlot et le Cabernet Franc, produisent des vins de styles bien particuliers.

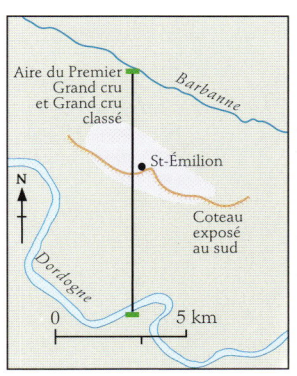

## Sols

La composition des sols du Libournais est beaucoup moins homogène que dans le Médoc. Cependant, hormis quelques exceptions, les plus grands crus se trouvent tous sur des catégories de sols particulières : le plateau calcaire et le versant argilo-calcaire des collines et des coteaux situés au pourtour du village de Saint-Émilion. Le calcaire absorbe l'eau et la conserve tout en en drainant l'excès. Aux abords de l'appellation Pomerol, le sol est plus sablonneux, avec des graves et des poches d'argile. Si ces graves facilitent bien l'écoulement des eaux, l'argile n'est pas favorable à la culture de la vigne à cause du mauvais drainage et du risque que les racines soient immergées dans l'eau. À Pétrus, cependant, une pente douce permet un écoulement naturel des eaux.

ST-ÉMILION : COUPE GÉOLOGIQUE

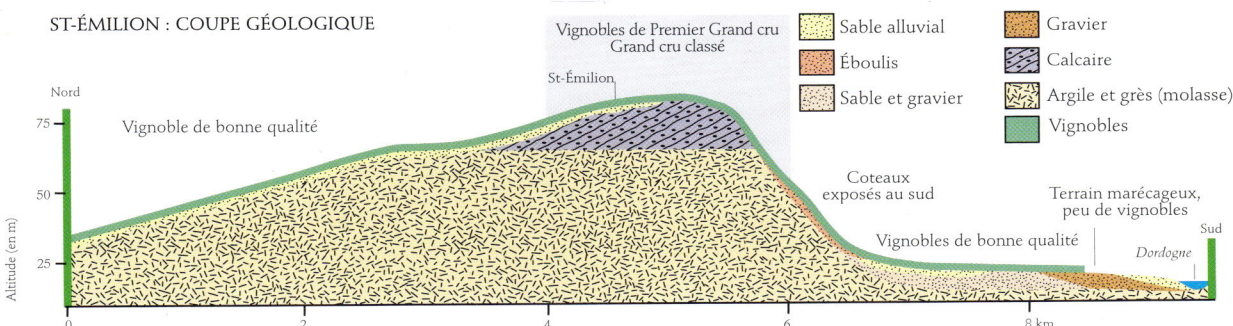

## Climat

Le climat du Libournais est relativement similaire à celui du Médoc : bien que plus à l'intérieur des terres, cette région est aussi sous l'influence maritime de l'océan, avec des hivers doux et des étés chauds, sans être caniculaires. Les mois les plus chauds sont ceux de juillet et d'août, avec une température moyenne de 20 °C. Les chutes de pluie ont surtout lieu l'hiver. On craint la fraîcheur et l'humidité, qui peut affecter la floraison en juin, tout comme la maturité de la vendange en septembre et au début du mois d'octobre. Les gels d'hiver (comme en 1956) ou du printemps (comme en 1991) sont plus à redouter sur cette rive droite, surtout dans la zone au nord de Saint-Émilion, la plus éloignée de

Pentes calcaires sur le coteau au-dessous du Château Ausone.

l'océan et du fleuve, que sur les bords de la Gironde, mieux tempérés par l'estuaire. On se souvient encore dans toute la région des catastrophiques gelées de 1965 qui ont anéanti la récolte de nombreux vignobles, quand elles n'ont pas détruit des vignes entières.

## Sites et exposition

Le Libournais étant doté d'un climat relativement frais pour la viticulture, on comprend que l'exposition des vignes au soleil revête une certaine importance. L'altitude, plus élevée dans cette région que dans le Médoc, entraîne aussi des températures un peu plus basses. Le plateau du Libournais ainsi que les coteaux de Saint-Émilion, aux pentes exposées au sud ou au sud-ouest, sont autant de pièges pour les rayons du soleil. Certains domaines comme Ausone ou Le Tertre-Rôtebœuf ont des vignobles parfaitement exposés au sud, et certains châteaux comme Trottevieille profitent des bienfaits du soleil tout au long de la journée. Les coteaux offrent aux vignobles des sites qui, malgré leurs pentes, sont relativement protégés des vents du nord et de l'ouest, tandis que les terres, plus ouvertes, du plateau sont moins abritées. De vénérables caves, à la fraîcheur idéale pour le stockage à des fins de veillissement, ont été creusées dans le calcaire des coteaux.

# GRANDS CRUS DE SAINT-ÉMILION

Les propriétés sont moins étendues que celles du Médoc ou des Graves et par conséquent, la production est inférieure. L'appellation se répartit sur sept communes, mais la plupart des grands châteaux se trouvent à Saint-Émilion même. En outre, de nombreuses petites propriétés avoisinantes envoient leurs raisins à la coopérative (voir p. 171) ou vendent directement leur vin : c'est une bonne région pour faire du tourisme viticole.

### Château l'Angélus

*Grand cru classé* C'est l'une des plus grandes propriétés de l'appellation, avec une production annuelle de 144 000 bouteilles. De lourds investissements des propriétaires, la famille de Bouärd de Laforest, ont permis de maintenir la qualité des vins parmi les meilleurs de l'appellation. Un second vin, Le Carillon d'Angélus, a été créé en 1987.

### Château l'Arrosée

*Grand cru classé* C'est un des grands crus classés qui mériteraient d'être plus connus. Située à flanc de coteau, au sud-ouest de Saint-Émilion, cette propriété propose un vin très charnu et très concentré. Le millésime 1990 est particulièrement remarquable, comme l'ont été auparavant 1986, 1985 et 1982, contrairement à 1989 et 1988.

### Château Ausone

*Premier grand cru classé* Si c'est la plus grande propriété de l'appellation par la qualité, avec Château Cheval-Blanc, c'est aussi l'une des plus petites par la quantité (24 000 bouteilles par an), et ses vins sont très difficiles à trouver dans le commerce. Le château est magnifiquement situé au sommet d'un coteau, à la sortie de Saint-Émilion, et ses caves calcaires font office de régulateur thermique naturel. Depuis 1976, à l'arrivée d'un nouveau régisseur, Pascal Delbeck, la propriété a été complètement restructurée. Composé à parts égales de Merlot et de Cabernet Franc, le vin est facilement reconnaissable, dans sa jeunesse, grâce à sa structure très tannique qui ne s'estompe pas avant dix ans au moins pour les grands millésimes.

### Château Beauséjour (Duffau-Lagarrosse)

*Premier grand cru classé* Peut-être le moins connu des Premiers grands crus, ce château est en pleine restructuration, depuis 1990. On abaisse progressivement le pourcentage, autrefois élevé, de Cabernet Franc et on adopte le principe des vendanges récoltées le plus tardivement possible. En 1988, 1989 et 1990 ont été produits de très bons vins. À suivre.

### Château Belair

*Premier grand cru classé* Appartenant à la famille Dubois-Challon, comme son voisin Château Ausone, cette propriété élabore un vin dans lequel on retrouve la concentration d'Ausone et un peu de sa structure tannique, mais qui connaît une maturation plus précoce. Bien considéré à juste titre, le château a donné naissance à de très bons vins dans la seconde moitié des années 80.

### Château Cadet-Piola

*Grand cru classé* Située sur un des points culminants du plateau au nord de Saint-Émilion, cette propriété bénéficie d'un microclimat particulièrement favorable. Peu étendue, elle élabore un assemblage à base de 28 % de Cabernet-Sauvignon, ce qui donne des vins assez tanniques dans leur jeunesse et qui commencent à s'adoucir après quelques années en bouteille.

### Château Canon

*Premier grand cru classé* L'une des plus belles propriétés de Saint-Émilion, Canon donne des vins pouvant égaler Ausone et Cheval-Blanc dans les meilleures années. La qualité a fait un bond en avant lorsque Éric Fournier, de la famille des propriétaires, a pris les rênes en main en 1982. Situés au sud-ouest de Saint-Émilion, les vignobles, de taille moyenne, s'étendent sur toute une gamme de sols, à flanc de coteau et sur le plateau. Les vins, très concentrés, sont conçus pour durer, dégageant souvent un caractère élégant et un arôme de cèdre après quelques années en bouteille.

### Château Canon-la-Gaffelière

*Grand cru classé* Complètement transformée par le comte de Neipperg lorsqu'il l'a acquise, cette propriété est désormais dirigée par le jeune et brillant Stephan de Neipperg, selon qui technologie de vinification ultra-moderne et élevage traditionnel doivent aller de pair. Certains vignobles sont situés à flanc de coteau tandis que d'autres se trouvent en contrebas, sur des sols sablonneux et plats. Canon-la-Gaffelière a produit des vins remarquables dans les années 1986, 1988, 1989, 1990 et 1993.

### Château Cheval-Blanc

*Premier grand cru classé* Deuxième plus grande propriété, Château Cheval-Blanc bénéficie d'une réputation bien établie. Situé pratiquement à la limite du Pomerol, son vignoble est relativement étendu (130 000 bouteilles par an) et repose sur des sols très variés (gravier, sables anciens, sur argile). Une partie de l'originalité de son vin provient de sa composition, dans laquelle entrent 66 % de Cabernet Franc, plus que n'en comporte tout autre premier grand cru classé. Le vin se caractérise par sa richesse, sa maturité et son intensité ; trompeur par son caractère aimable dans sa jeunesse, il vieillit facilement 40 ans, voire davantage.

### Château La Clotte

*Grand cru classé* La famille Chailleau, propriétaire de ce château, possède également l'un des restaurants les plus plaisants de Saint-Émilion, le *Logis de la Cadène*. Depuis 1990, une des filles s'occupe de la production et la progression du domaine devrait être intéressante à observer. Les vins élaborés sont souples, délicieux, et vieillissent à moyen terme.

### Château La Dominique

*Grand cru classé* Ce château voisin du vignoble de Pomerol a une longue histoire. C'est l'une des étoiles montantes, qui a présenté de très bons vins ces dernières années. Clément Fayat, propriétaire depuis 1969, est conseillé par le grand vinificateur du Pomerol, Michel Rolland, qui encourage les vendanges effectuées le plus tard possible, permettant d'atteindre une maturation maximale. Les vignobles comptent 80 % de Merlot. Extrêmement concentrés, sans être trop tanniques, les vins sont très gras et ronds. Ils gardent un prix raisonnable, car la propriété n'a pas encore la réputation qu'elle mérite.

### Château Figeac

*Premier grand cru classé* Propriété de la famille Manoncourt, ce château constitue certainement l'une des plus belles propriétés à visiter. Situé à la limite du Pomerol, il est voisin de Château Cheval-Blanc. Sur un sol de petites graves de quartz provenant des volcans du Massif central, ses vins tirent leur caractère original du pourcentage élevé de Cabernet-Sauvignon (environ un tiers) dans leur composition. Généralement assez concentrés, les vins sont cependant souples et séduisants, même encore relativement jeunes. Ils sont très bons à déguster lorsqu'ils sont d'âge moyen.

### Château Fonroque

*Grand cru classé* Entre les mains de la famille Moueix, qui possède notamment Pétrus, la meilleure propriété de Pomerol, Château Fonroque produit régulièrement des vins d'un prix très raisonnable à boire à moyen terme. Très grands millésimes en 1989 et 1990.

### Clos Fourtet

*Premier Grand cru classé* Appartient aux frères Lurton : André, Lucien, Dominique et à Mme Noël leur sœur. Construit devant l'église collégiale sur un ancien fort, Clos Fourtet possède d'immenses caves souterraines. Son vin à base de Merlot, élégant et fin, est produit dans un chai très moderne.

### Clos des Jacobins

*Grand cru classé* Cette propriété des Domaines Cordier, en plein cœur de l'appellation, élabore sans faillir des vins extrêmement séduisants. De style généreux et velouté, ils sont parfaits à boire après quelques années.

### Château Larmande

*Grand cru classé* Situé au nord du village de Saint-Émilion, ce vignoble occupe un terrain sablonneux de 18 ha complanté pour les deux tiers en Merlot. Propriétaire depuis le début du siècle, la famille Mèneret-Capdemourlin s'en est séparée en 1991. Géré de main de maître par Jean-Philippe Mèneret et ses fils, Philippe et Dominique, Larmande avait acquis la réputation de fournisseur régulier de vins de haute qualité. Les millésimes des années 80, surtout 1988 et 1989, sont superbes.

### Château Magdelaine

*Premier grand cru classé* Dotés d'un très haut pourcentage de Merlot dans leur assemblage, les bons millésimes de Magdelaine possèdent l'opulence et la richesse qu'on associe généralement à un bon Pomerol. Cela n'est pas surprenant puisque le château appartient à la famille Moueix, l'un des principaux producteurs de Pomerol. La propriété dont le panorama surplombant la Dordogne est magnifique, présente des vignobles en forme de U, où l'on fait encore travailler des chevaux. De par sa qualité, le vin est l'un des meilleurs premiers grands crus classés.

### Château Pavie

*Premier grand cru classé* L'un des plus gros producteurs parmi les Premiers Grands Crus Classés, ce château appartient à la famille Valette. Depuis 1979, la qualité du vin s'est améliorée grâce aux conseils de l'œnologue consultant Ribéreau- Gayon.

### Château Pavie-Decesse

*Grand cru classé* Appartenant depuis 1970 à la famille Valette, également propriétaire de Château Pavie, ce domaine élabore des vins assez puissants et assez riches en tanins dans leur jeunesse. Il leur faut un séjour en bouteille d'environ 3 ans pour commencer à mûrir.

### Château Pavie-Macquin

*Grand cru classé* Cette propriété, située sur la Côte de Pavie et bénéficiant d'un excellent microclimat avec exposition au sud, est sans doute l'une des futures étoiles au firmament du Saint-Émilion : Maryse Blanc a su lui donner l'impulsion nécessaire pour la faire progresser. Le millésime 1988 en est la preuve éclatante. Autre nouveauté : depuis 1990, on y pratique la viticulture biologique.

### Clos Saint-Martin

*Grand cru classé* Clos Saint-Martin est le plus petit producteur de grand cru classé. Si rien d'exceptionnel ne s'est produit au début de la décennie 1980-1990, on a pu constater une nette amélioration en 1988, 1989 et 1990.

### Château Soutard

*Grand cru classé* Entre les mains de la famille de Ligneris depuis 1785, c'est l'une des plus anciennes propriétés de Saint-Émilion. La culture biologique y est pratiquée de pair avec une gestion traditionnelle. Les vins sont très denses et assez tanniques dans leur jeunesse, et les meilleurs se gardent plus de 20 ans. Le millésime 1989 est exceptionnel.

### Château Le Tertre-Rôtebœuf

*Grand cru* Sur cette minuscule propriété, d'où ne sortent que 24 000 bouteilles par an, l'audacieux François Mitjavile élabore un vin ressemblant à un Pomerol. Son goût du risque se retrouve à tous les stades : il attend le dernier moment pour vendanger, son vignoble est composé presque exclusivement de Merlot, la fermentation s'effectue avec les baies entières et les vins sont tous logés dans des barriques neuves, même les années non prometteuses. Il s'est fait remarquer avec le millésime 1982 et n'a jamais déçu depuis, touchant au sublime avec le millésime 1989.

Malheureusement, ces vins sont pratiquement introuvables dans le commerce en raison de leur production réduite et de leur renommée.

À signaler : François Mitjavile a acquis récemment une propriété dans les Côtes de Bourg, Château Roc-de-Combes, dans laquelle il applique les mêmes principes.

### Château Troplong-Mondot

*Grand cru classé* Cette magnifique propriété, l'une des plus grandes de Saint-Émilion, est entre les mains de Christine Valette depuis 1980. Sous sa direction et avec les conseils de l'œnologue Michel Rolland, elle a produit une succession de millésimes superbes en 1988, 1989 et 1990.

### Château Trottevieille

*Premier grand cru classé* Les vins de cette propriété sont restés décevants jusqu'en 1985 environ, date à laquelle les innovations de Philippe Castéja, notamment l'élevage des vins en barriques neuves à 100 %, ont permis à la qualité de remonter nettement.

Alors qu'auparavant les vins vieillissaient prématurément, ceux de Castéja sont beaucoup plus sérieux et destinés à être bus à moyen terme.

### Union des Producteurs de Saint-Émilion

Sur les presque 1 000 producteurs de Saint-Émilion, plus de 200 sont membres de la coopérative locale, très réputée, qui est la plus importante du Bordelais. Outre les vins de propriété qu'elle met en bouteilles, notamment plusieurs grands crus, la coopérative diffuse un certain nombre de vins d'assemblages, parmi lesquels on peut citer : Royal Saint-Émilion, Côtes Rocheuses, Cuvée Gallus et Haut-Quercus.

# CRUS DES COMMUNES PÉRIPHÉRIQUES

L'AOC Saint-Émilion n'est que le cœur d'une vaste zone vinicole. Pomerol et Fronsac, à l'ouest, sont traités séparément (voir p. 173 et 175). Les villages du nord-est, de l'autre côté de la rivière Barbanne, ont le droit d'ajouter Saint-Émilion à leur nom. Ces communes périphériques sont détaillées ci-dessous. À l'est, se trouvent les AOC Côtes-de-Castillon et Bordeaux-Côtes-de-Francs.

Lorsque la zone de Saint-Émilion fut délimitée en 1936, les producteurs de certaines régions se trouvant juste en dehors de l'appellation demandèrent de pouvoir juxtaposer le nom de Saint-Émilion à celui de leur commune. Cinq villages reçurent cette autorisation : Lussac, Montagne, Parsac, Puisseguin et Saint-Georges. Cependant, dans un souci de rationalisation, l'INAO (Institut national des appellations d'origine) décréta en décembre 1972 que les vins des communes de Parsac et Saint-Georges pourraient figurer sous l'étiquette «Montagne». Aujourd'hui, la plupart des producteurs de Saint-Georges préfèrent l'appellation Montagne à celle de Parsac.

L'intérêt des vins des communes périphériques de Saint-Émilion n'est pas négligeable. Les cépages autorisés sont les mêmes (Cabernet-Sauvignon, Cabernet Franc, Merlot, Malbec et Carmenère) et poussent sur des sols et sous-sols assez proches de ceux de Saint-Émilion et du Pomerol voisins. Dans les meilleurs cas, les vins rivalisent facilement avec certains grands crus de Saint-Émilion. En outre, ne bénéficiant pas du prestige d'une grande appellation, ils sont souvent plus accessibles.

## Montagne Saint-Émilion
Commune la plus étendue et sans doute la plus connue, Montagne Saint-Émilion couvre environ 1 500 ha et se trouve près de la limite du Pomerol, à l'ouest de Lussac et de Puisseguin. Le sol se compose principalement d'argile pure et d'argile mélangée à du calcaire ou à du gravier, avec des traces éparses de fer dans le sous-sol. Les meilleures propriétés proposent des vins d'une qualité identique à celle d'un grand cru de Saint-Émilion standard : souples et fruités, les Montagnes témoignent de finesse et d'un bon potentiel de vieillissement. On compte deux coopératives.

Les principaux châteaux sont les suivants : Calon, Croix-Beauséjour, Laroze-Bayard, des Laurets, Maison Blanche, Roudier, La Tour-Mont d'Or, Tour-Musset, des Tours, Vernay Bonfort.

## Lussac Saint-Émilion
À 9 km au nord-est de Saint-Émilion se trouve la deuxième commune périphérique par la superficie (1200 ha). Le sol est très varié : coteaux argilo-calcaires au sud-est, petit plateau de gravier à l'ouest et argile pure au nord.

Lussac est allié à deux titres à son voisin Puisseguin. Non seulement ils partagent la même coopérative, mais en plus, c'est le collège des Échevins de Lussac Saint-Émilion et Puisseguin Saint-Émilion qui fait la promotion commune de leurs vins.

Les principaux châteaux sont les suivants : Barbe-Blanche, Bel-Air, Haut-Piquat, de Lussac, Lyonnat, de Tabuteau, Tour-de-Grenet, Vieux-Château-Chambeau.

## Puisseguin Saint-Émilion
Commune la plus à l'est, limitrophe des Côtes de Castillon, l'appellation couvre à peine 650 ha, dont l'un des points culminants de la Gironde (89 m d'altitude). Environ le tiers des 120 vignerons sont membres de la coopérative locale. Le sol est en majorité argilo-calcaire sur un sous-sol rocheux.

Les principaux châteaux sont les suivants : l'Abbaye, Durand, Guibeau, Laplagne, des Laurets, de Roques, Teillac, Teyssier.

## Saint-Georges Saint-Émilion
C'est de loin la plus petite des cinq communes périphériques, avec simplement 175 ha. La plupart des producteurs vendent leur vin sous l'appellation Montagne Saint-Émilion, conformément au décret de l'INAO de 1972.

Les principaux châteaux vendant leur vin sous l'étiquette Saint-Georges Saint-Émilion sont les suivants : Belair-Saint-Georges, Calon, Macquin-Saint-Georges, Saint-André-Corbin, Saint-Georges, Tours du Pas Saint-Georges.

## CÔTES-DE-CASTILLON ; BORDEAUX-CÔTES-DE-FRANCS

À l'est de Saint-Émilion et de ses communes périphériques se trouvent deux petites appellations de Bordeaux relativement peu connues.

### Côtes-de-Castillon
Les Côtes-de-Castillon sont regroupées autour de l'ancienne cité de Castillon-la-Bataille, nommée ainsi après la bataille qui s'y déroula en 1453 et marqua la fin de la guerre de Cent Ans. Avant 1989, cette région n'était autorisée à utiliser le nom Côtes-de-Castillon que s'il était précédé des termes Bordeaux ou Bordeaux Supérieur ; depuis, elle a le droit d'utiliser sa propre appellation pour ses vins rouges. Elle compte 2 700 ha de vignobles, dont 75 ha plantés en raisins blancs répondant à l'AOC Bordeaux. Les vins sont assez proches de ceux des satellites de Saint-Émilion, bien qu'un peu moins tanniques dans leur jeunesse, et ils demandent quelques années en bouteille pour s'arrondir et s'assouplir.

Les bons châteaux sont notamment : Château Pitray et Château Thibaud-Bellevue.

### Bordeaux-Côtes-de-Francs
À dix kilomètres au nord de Castillon-la-Bataille se trouve la commune de Francs. Les vignobles se resserrent sur 450 ha, dont 30 ha de cépages blancs. L'appellation couvre le vin rouge comme le blanc, qui peut être sec ou doux. Les cépages blancs autorisés sont les mêmes que dans tout le Bordelais : Sémillon, Sauvignon et Muscadelle. Les vins rouges sont très colorés, ont un bouquet séduisant et sont assez gras au palais.

Les principaux châteaux sont : Les Charmes-Godard, de Francs, Laclaverie et Puygueraud.

# POMEROL

En dépit de ses dimensions réduites, cette région productrice de vins rouges est l'un des joyaux du Bordelais en raison de la qualité et du caractère unique de ses vins.

Situé à quelque 29 km à l'est de Bordeaux, le vignoble occupe 730 ha jouxtant la partie ouest de la grande région de Saint-Émilion (sept fois plus étendue), avec laquelle il partage deux autres frontières communes : la Dordogne, au sud, et la Barbanne, au nord. Au-delà de cette dernière commence la zone de Lalande-de-Pomerol. À l'ouest, cette bucolique campagne vinicole est brutalement interrompue par le passage de la bruyante N89, au-delà de laquelle ne subsiste qu'une poignée de châteaux.

Contrairement à son voisin Saint-Émilion, la région de Pomerol n'a pas de véritable centre, sauf, peut-être, l'ancien port fluvial de Libourne, d'où les vins étaient autrefois expédiés à l'étranger. La plus grande maison de négociants, les Établissements Jean-Pierre Moueix, a conservé ses bureaux et ses entrepôts sur les quais. Le village éparpillé de Pomerol n'a pas vraiment d'âme à offrir au visiteur, et seule son église se détachant sur un océan de vignes vaut le coup d'œil.

Bien que la vigne y existât déjà du temps des Romains, il fallut attendre la Seconde Guerre mondiale pour que les vins commencent à être connus, à l'exception de Château Pétrus, déjà récompensé par une médaille d'or à l'Exposition universelle de Paris en 1878. Cette obscurité historique s'explique en partie par les faibles dimensions de la région et en partie par son relatif isolement. Les principales propriétés ne comptent en général que quelques hectares, avec une production moyenne annuelle de quelques dizaines de milliers de bouteilles ; on est loin des 240 000 bouteilles de maintes propriétés du Médoc. L'isolement de Pomerol s'est

Le vignoble de Vieux-Château-Certan.

prolongé pendant une bonne partie du XIXᵉ siècle en raison du nombre limité de ponts sur la Dordogne et la Garonne : la région a donc échappé à la vigilance des grands négociants de Bordeaux, situation qui se retrouve aujourd'hui dans la mesure où la plupart des propriétaires de Pomerol négocient directement.

Aucune autre grande région vinicole du Bordelais ne doit autant à un seul homme, en l'occurrence Jean-Pierre Moueix. Dans les années 30, il quitta sa Corrèze natale pour s'installer comme négociant sur la rive droite de la Dordogne et acheta petit à petit des propriétés. Aujourd'hui, il détient tout ou partie de plusieurs grandes propriétés de Pomerol, dont Pétrus, La Fleur-Pétrus, Latour à Pomerol et Trotanoy. L'entreprise, maintenant dirigée par son fils Christian, cumule toujours les deux activités de fermier et de négociant. Un grand nombre des ventes de Pomerol et d'autres vins de la rive droite transitent également par les Établissements Jean-Pierre Moueix.

## L'appellation

Il existe une seule appellation : Pomerol. Cette région n'a pas été incluse dans la classification de 1855 des vins de la Gironde et, contrairement à Saint-Émilion et aux Graves, cette exclusion n'a jamais été corrigée. Pomerol échappe donc à tout classement officiel, à la grande satisfaction des principaux producteurs. Il existe cependant une classification officieuse fondée sur la qualité, les réussites passées et le prix – résultat d'une grande rareté et d'une forte demande.

## Les styles de vin

Cette région se cantonne aux cépages rouges. C'est notamment le royaume du Merlot, qui occupe les trois quarts de la superficie des vignobles. Le Cabernet Franc en couvre à peu près un cinquième, et le Cabernet-Sauvignon, 5 % environ. Les autres cépages autorisés, pratiquement introuvables, sont le Cot (Malbec) et le Carmenère.

Dans l'ensemble, les vins de Pomerol peuvent se boire assez jeunes et la plupart sont séduisants entre 4 et 6 ans après la vendange. Malgré leur forte intensité en tanins, ils manquent généralement (sauf en 1986) de la droiture des vins du Médoc. Après 2 ans en bouteille, les petits crus séduisent par leur arôme de prune et, bien arrondis, sans aspérités, présentent une plénitude au palais. Les grands vins ont un pouvoir de séduction analogue, qui est renforcé par une plus grande richesse et une concentration supérieure, ainsi que par des arômes complexes aux notes exotiques d'épices et d'herbes. Au fur et à mesure que les vins les plus fins mûrissent, ce qui, pour les meilleurs millésimes (comme 1975, 1982, 1989 et 1990), peut durer 40 ans ou plus, beaucoup prennent des caractères épicés, deviennent plus charnus et plus voluptueux, ce qui leur donne la réputation d'être les Bordeaux les plus sensuels et peut-être les plus ensorceleurs. ☐

# GRANDS CRUS DE POMEROL

Les propriétés de Pomerol sont souvent petites par suite du partage des terres lors des successions. Les meilleures se trouvent pour la plupart au nord-est de la commune, dans la partie la plus élevée du plateau.

### Château Le Bon Pasteur

Cette propriété appartient à la famille de Michel Rolland, le fameux œnologue qui a influencé le style de nombreuses propriétés de Pomerol et de Saint-Émilion en préconisant des vendanges tardives et une longue macération. Sur un site qui semblerait a priori dénué de potentiel, Le Bon Pasteur produit un Pomerol excellent, se boit à 3 ans et beaucoup plus tard dans les grandes années.

### Château Bonalgue

Ce domaine de 6,5 ha près de Libourne utilise 50 % de chêne neuf et élabore un vin qui doit s'assouplir avant d'être bu, entre 5 et 7 ans. Pierre Bourotte possède également Château Les Hautes-Tuileries à Lalande-de-Pomerol (voir encadré p. 175).

### Château Beauregard

Reprise en 1991 par le Crédit foncier, cette superbe propriété de 16 ha d'un seul tenant à majo-rité de Merlot est complantée d'un important pourcentage de Cabernet Franc (35 %) sur un sol composé de graviers, sables et argile avec un sous-sol de crasse de fer, caractéristique des meilleurs terroirs de Pomerol.

### Château Certan de May

Située sur la partie la plus élevée et la meilleure du plateau de Pomerol, cette propriété appartient à la famille Barreau-Badar depuis 1974. Ses vins des années 80 se sont montrés régulièrement brillants, à l'exception peut-être de 1983. Ils sont intensément riches et concentrés et méritent d'être gardés.

### Château Clinet

Depuis 1986, Michel Rolland est le consultant et Jean-Michel Arcaute le gérant de cette propriété. Le pourcentage autrefois élevé de Cabernet-Sauvignon dans l'assemblage (pratique très rare dans les grands crus de Pomerol) est peu à peu réduit. Des vins superbes ont été élaborés en 1988, 1989 et 1990.

### Château La Conseillante

Le charmant Dr Francis Nicolas et sa famille possèdent cette propriété magnifiquement située, sur le flanc est du plateau de Pomerol, en face de Saint-Émilion. Cet emplacement est sans doute responsable de la forte proportion de Cabernet Franc dans l'assemblage. Les années 80 ont régulièrement donné de beaux millésimes, jusqu'au magnifique 1990, l'une des plus belles réussites de cette année exceptionnelle. Les meilleurs vins vieilliront au moins 20 ans.

### Château l'Église Clinet

Appartenant à Denis Durantou, ce vignoble essentiellement composé de Merlot a résisté aux terribles gelées de 1956 et possède donc encore de très vieilles vignes. Sa petite production (24 000 bouteilles par an) fait sans doute obstacle à sa réputation car il produit pourtant l'un des meilleurs Pomerols.

### Château l'Enclos

Cette propriété ne peut prétendre rivaliser avec les grandes, elle n'en propose pas moins des vins extrêmement bons, relativement bon marché, délicieux quelques années après la vendange.

### Château l'Évangile

En 1990, la branche de la famille de Rothschild propriétaire de Lafite-Rothschild a pris une part majoritaire dans cette propriété afin de s'implanter sur l'autre rive. Considéré depuis toujours comme l'un des fleurons de Pomerol, ce château devrait exprimer tout son potentiel dans ce nouveau contexte.

### Château La Fleur-de-Gay

Élaboré à partir de vignes 100 % Merlot situées sur une petite parcelle du Château La Croix-de-Gay, ce cru n'existe que depuis 1982. Michel Rolland y prodigue ses conseils d'œnologue et obtient un vin constamment superbe. C'est l'une des étoiles montantes de Pomerol.

### Château La Fleur-Pétrus

Autre fief de la famille Moueix, il offre le vin le plus élégant de Pomerol. Le modeste château repose sur un sol de graves, juste en face de Pétrus, dont le sol est constitué d'argile : cela explique certaines différences de caractère. À son apogée après un élevage de 5 ou 6 ans, le vin peut vieillir plus de 20 ans les bonnes années.

### Château Lafleur

Ce brillant château appartient à Mlle Marie Robin et limite sa production à 12 000 bouteilles par an. Son vin est très convoité depuis que le millésime 1982 s'est fait une réputation internationale. Il est issu de Merlot pur, ou presque, et peut égaler, voire surpasser, son voisin Pétrus. Son coût et sa rareté le rendent quasiment introuvable.

### Château Latour à Pomerol

Le vignoble de cette propriété se compose de 25 parcelles dif-

---

## CHÂTEAU PÉTRUS

Considéré comme le meilleur domaine de Pomerol, Pétrus appartient conjointement à Mme Lacoste-Loubat et aux Établissements Jean-Pierre Moueix, qui en assurent la régie. Les ingrédients de sa réussite sont nombreux. Les vignobles sont plantés sur un sol d'argile pure au point culminant du plateau de Pomerol, ce qui assure un drainage naturel excellent et une exposition maximale au soleil. Les vignes sont complantées de Merlot avec très peu de Cabernet Franc et leur grand âge (certaines parcelles dépassent 70 ans) explique les très faibles rendements. Autant de privilèges qui sont remarquablement exploités par M. Jean-Claude Berrouët, l'œnologue responsable de ces vins sublimes, qui évoluent magnifiquement en bouteille pour devenir la quintessence même d'un grand Pomerol et le cru le plus rare et le plus cher du monde.

férentes, dont certaines entourent l'église du village de Pomerol et les autres longent le château.

Appartenant à Mme Lily Lacoste mais gérée par les Établissements Jean-Pierre Moueix, cette propriété compte parmi les douze meilleures de Pomerol. Son vin est très dense, compact et n'est pas sans rappeler le Château Trotanoy.

### Château Nenin

Dotée d'une riche histoire, cette vaste propriété de 27 ha élaborait déjà il y a un siècle l'un des plus fameux Pomerols. Mais son vin est aujourd'hui éclipsé par les productions voisines, car il ne possède ni leur degré de concentration ni leur richesse et présente un caractère rustique, plutôt démodé. Toutefois, des investissements en équipements ont permis d'améliorer la qualité à la fin des années 80.

### Château Petit Village

Propriété récemment acquise par le groupe d'assurances Axa, qui possède d'autres crus du Bordelais, et dirigée par Jean-Michel Cazes, propriétaire de Château Lynch-Bages à Pauillac, ce château élabore un vin concentré et voluptueux, capable de rivaliser avec quelques-uns des meilleurs. Les plus grands millésimes peuvent vieillir au moins 20 ans.

### Le Pin

Le plus petit des grands Pomerols, Le Pin produit à peine plus de 6 000 bouteilles par an et appartient à la famille Thienpont, qui possède également Vieux-Château-Certan. Très recherché depuis le millésime 1982, son vin, d'un prix prohibitif, est littéralement introuvable.

### Château de Sales

Avec une production d'environ 240 000 bouteilles, ce domaine se classe facilement comme le plus grand domaine pour le volume de vin produit. C'est aussi le seul vrai château dans une région où l'on trouve surtout de modestes maisons de campagne, quand il ne s'agit pas de simples fermettes.

De Sales ne produit pas un grand vin, mais un vin assez précoce, à consommer après quelques années.

### Château Taillefer

Cette propriété de 18 ha, vaste selon les critères de Pomerol, appartient aux négociants A. Moueix & Fils, entreprise distincte de l'omniprésent J.-P. Moueix. Taillefer propose un style de Pomerol léger, à maturité précoce.

### Château Trotanoy

Appartenant à la famille Moueix et situé dans la partie ouest de l'appellation, Trotanoy est la demeure de Jean-Jacques Moueix.

Il se place parmi les douze premiers Pomerols, pouvant même, les meilleures années, comme 1982, 1989 et 1990, se montrer aussi dense qu'un Pétrus et présenter le même potentiel de longévité, pour un prix nettement inférieur.

### Vieux-Château-Certan

Propriété de la famille Thienpont, originaire de Belgique, ce château a longtemps été considéré comme le meilleur Pomerol. Ce n'est qu'après la Seconde Guerre mondiale que Pétrus a menacé son titre. Avec une production de plus de 72 000 bouteilles par an, c'est la plus vaste des grandes propriétés de l'appellation. Le style du vin est très différent de celui de Pétrus, en partie sans doute à cause de l'assemblage de Cabernet Franc et de Cabernet-Sauvignon, qui, à l'occasion, lui donnent un faux air de Médoc.

### Château Vray-Croix-de-Gay

Ce vignoble petit, mais bien placé, élabore des vins vieillissant avec bonheur.

Le clocher de l'église de Pomerol.

## LALANDE-DE-POMEROL

Cette appellation couvre la rive nord de la Barbanne, qui constitue la frontière du Pomerol. Le vin provient de deux communes, Lalande-de-Libourne (Lalande-de-Pomerol) et Néac. Les sols sont bons, avec un sous-sol de graves à Lalande et un plateau plus élevé de graviers et de sables à Néac. Le Merlot domine l'assemblage. Les vins rouges ont profité des cours astronomiques des Pomerols et plusieurs châteaux atteignent des prix élevés.

Mûrissant plus vite que la plupart des Pomerols, ces vins en offrent une version allégée, avec le même goût puissant et flatteur.

Comme à Pomerol, la plupart des propriétés sont petites et vendent leur vin directement. Il est donc assez difficile de se procurer du Lalande-de-Pomerol dans le commerce.

Parmi les principaux châteaux, il faut citer : Bel-Air, Belle-Graves, Bertineau-Saint-Vincent, Grand Ormeau, les Hauts-Conseillants, Moncets, Réal-Caillou, Siaurac, Tournefeuille.

# FRONSAC ET CANON-FRONSAC

La région des vins rouges de Fronsac et Canon-Fronsac se trouve à l'ouest de Libourne, de l'autre côté de la rivière Isle. Sa réputation internationale ne s'est rétablie qu'au début des années 80 alors que, aux XVIIIe et XIXe siècles, ses vins étaient aussi convoités que les Saint-Émilions et plus cotés que les Pomerols. Cette renaissance tardive doit beaucoup à l'action entreprise par de nouveaux investisseurs, dont les Ets Moueix (voir Pomerol p. 173).

Bordée par deux rivières, la Dordogne et l'Isle, l'AOC Fronsac couvre sept communes. Le village de Fronsac, qui a donné son nom à l'appellation, se trouve au sud de la région. L'AOC Canon-Fronsac, également au sud-sud-ouest, occupe Saint Michel de Fronsac et une partie du village de Fronsac. La surface globale est de 1 100 ha environ, avec 800 ha pour Fronsac et 300 ha pour Canon-Fronsac.

D'un point de vue géologique, les coteaux sont les prolongements de la Côte de Saint-Émilion. Le sol est à tendance argilo-calcaire avec un sous-sol de calcaire à astéries, typique dans le Bordelais. Le relief accidenté de la région empêche la stagnation des eaux et la proximité des rivières protège les vignes de gelées. Les cépages autorisés sont le Cabernet-Sauvignon, le Cabernet Franc, le Malbec et le Merlot, ce dernier étant largement dominant.

## Les styles de vins

Avant les changements opérés dans les années 70 et 80, on reprochait souvent à ces vins leur dureté et leur rusticité, caractères qui découlaient d'une maîtrise insuffisante des techniques de vinification et d'élevage, à Fronsac comme ailleurs.

Aujourd'hui, on constate une plus grande souplesse. Les vins de Fronsac et Canon-Fronsac sont assez délicats tout en ayant gardé une solide charpente tannique. Ils ont un arôme de fruits rouges et sont légèrement épicés. Leur robe, rouge rubis, est assez sombre.

On peut commencer à boire les Fronsac deux ans après la vendange, mais ils ne révèlent pleinement leur caractère qu'après une plus longue maturation. Les meilleurs vieilliront dix ans et plus. Dans les deux appellations, il n'y a pas de classement de châteaux. Les traditions vineuses des Fronsac sont défendues par la Confrérie des Gentilshommes du Duché de Fronsac. □

## PRODUCTEURS

La plupart des propriétés sont petites. Les principaux châteaux sont :

**Château Canon** *Canon-Fronsac*
Signé Moueix, le meilleur vin de la région issu de Merlot (6 000 bouteilles par an).

**Château Canon de Brem** *Canon-Fronsac*
Composé d'environ 40 % de Cabernet et qui n'atteint son apogée qu'après 5 ans.

**Château Canon-Moueix** *Canon-Fronsac*
Vin riche et parfumé issu de vieilles vignes.

**Château La Fleur-Cailleau** *Canon-Fronsac*
Un nouveau domaine aux objectifs élevés.

**Château Fontenil** *Fronsac* Michel Rolland (voir Pomerol) y élabore un vin de garde.

**Château Mazeris-Bellevue**
*Canon-Fronsac* Haute teneur en Cabernet, à conserver 5 ans.

**Château Moulin-Haut-Laroque** *Fronsac*.
L'un des vins les plus séduisants de Fronsac.

**Château Moulin-Pey-Labrie** *Canon-Fronsac* Structure dense pour un vieillissement de 10 ans.

**Château de la Rivière** *Fronsac* Domaine du XIIIe siècle ; vins riches et fruités.

**Château Villars** *Fronsac* Assez grande propriété aux vins riches et concentrés.

Le port de Libourne marque l'entrée de Fronsac.

# BOURGOGNE

L'OPULENTE BOURGOGNE CACHE EN SON CŒUR
L'UN DES PLUS FAMEUX VIGNOBLES DU MONDE,
QUI PRODUIT DES VINS RICHES ET ÉLÉGANTS.

Le Château Corton-André, avec ses tours et son inoubliable toit de tuiles colorées, se trouve à Aloxe-Corton, village situé au pied du fameux coteau de Corton et de ses grands crus, Corton et Corton-Charlemagne.

Célébrée pour ses vins depuis Charlemagne, la Bourgogne n'usurpe pas sa réputation. En effet, les vins rouges de Chambertin ou les blancs de Montrachet sont des joyaux uniques au monde. Toutefois les vins bourguignons peuvent parfois décevoir. La production présente en effet une certaine hétérogénéité qui s'explique de plusieurs façons : d'une part, par le morcellement des vignobles en petites parcelles, voire en lopins familiaux ; d'autre part, par un climat très changeant et des cépages difficiles à cultiver. L'amateur de vin désireux de capter les subtilités des arômes et des parfums d'un Bourgogne doit donc choisir, sélectionner afin de trouver son bonheur parmi les innombrables vins de producteurs ou de négociants et de démêler l'écheveau des appellations.

Le fossé entre succès et échec, entre bonne et médiocre vinification, entre petits vins et grands crus, est plus profond que dans toute autre région viticole. Mais, quand un Bourgogne est bon, il l'est réellement : on est tenté de le considérer comme l'un des meilleurs vins du monde. Aujourd'hui, l'arrivée d'une nouvelle génération de viticulteurs, déterminés à ne pas se reposer sur leurs lauriers et prêts à innover, permet tous les espoirs. Vaste région située au centre-est de la France, s'étirant du nord au sud sur 300 km, la Bourgogne d'aujourd'hui a gardé la même envergure que la province médiévale du même nom. Seule une petite partie de la « Grande Bourgogne » produit du vin. Entre Chablis, au nord, et Beaune, à l'est, par exemple, les vignes se font plus rares. Passé la sortie d'Auxerre-Sud, l'autoroute A6 ne cesse de monter et, parvenant à une ultime colline, débouche sur un panorama de vignes s'étendant à perte de vue jusqu'à la plaine de la Saône. C'est là le cœur de la Bourgogne viticole, celui des coteaux privilégiés de la Côte d'Or, des villages au nom célèbre (Meursault, Nuits-Saint-Georges, Gevrey-Chambertin, entre autres) élaborant les plus beaux vins. Plus au sud, en Côte chalonnaise, dans le Mâconnais et le Beaujolais, le vin est aussi la ressource principale. Malgré leurs différences, les vins de Bourgogne se reconnaissent à leurs cépages principaux : Chardonnay pour les blancs, Pinot Noir pour les rouges. La région viticole du Beaujolais est la seule zone à utiliser le cépage Gamay.

## Les régions de Bourgogne

La Bourgogne vinicole se divise en six régions.

■ **Chablis et Yonne.** Isolés au nord, le Chablis et les vignobles de l'Yonne élaborent des vins blancs issus de Chardonnay dans un style proche de celui de la Côte d'Or, en plus sec. Quelques autres vignobles de l'Yonne – Coteaux de Joigny, Auxerrois, Tonnerrois, Vézelay – produisent des rouges très appréciés. L'Yonne jouxte la Champagne et n'est pas très éloignée des vignobles de la vallée de la Loire, plus à l'ouest.

■ **Côte d'Or.** Centre bien nommé des grands vins, rouges et blancs. Ses vignobles de coteaux orientés à l'est s'étirent sur une bande entre Dijon et Santenay. C'est là que sont élaborés les vins les plus complexes, les plus chers et de plus grande longévité.

■ **Hautes Côtes.** Zone située à l'ouest du coteau principal de la Côte d'Or. Les vignes sont plantées dans les zones protégées des hauteurs boisées. Les vins y sont plus simples : c'est la version plus rustique de ceux de la Côte d'Or.

■ **Côte chalonnaise.** Chapelet de villages dont les vignobles prolongent ceux de la Côte d'Or vers le sud, dans le département de la Saône-et-Loire. On y élabore des rouges et des blancs de caractère et dont le rapport qualité/prix est excellent.

■ **Mâconnais.** Vaste région plus méridionale, à l'ouest de la ville de Mâcon, proposant des vins rouges légers et fruités, mais surtout des blancs. Certains villages, dont Pouilly-Fuissé et Saint-Vérand, sont réputés pour la qualité de leurs blancs.

■ **Beaujolais.** Vaste région s'étendant pratiquement jusqu'à Lyon. On y produit des rouges souples et abordables, issus de Gamay. C'est la seule région à ne pas utiliser le Pinot Noir.

## Le site, le sol et le climat

Le sous-sol bourguignon se compose généralement de calcaire ou de roches apparentées de l'ère jurassique. La géologie étant très complexe, ce sont les conditions locales qui prévalent. Là où le calcaire affleure et où les coteaux sont escarpés, le type de roche prend une grande importance dans la viticulture. Cette formation et ses effets sur la qualité sont évidents en Côte d'Or (voir p. 190). Les grands crus du Beaujolais, en revanche, sont implantés sur des montagnes d'origine granitique.

Le climat est frais. Certaines années, notamment lorsque l'été a été pluvieux, les baies de Pinot Noir ne parviennent pas à maturité. Un mois de septembre froid et humide, phénomène assez courant, peut anéantir un millésime. Un été trop chaud peut être fatal au délicat Pinot Noir. Pour la Bourgogne, une bonne année doit être exempte de gelées printanières, connaître un beau mois de juin pour la floraison, une chaleur constante rafraîchie l'été par de faibles pluies et un mois de septembre chaud et sec.

Le processus complexe de sélection des premiers crus et des grands crus résulte de siècles d'expérience. Ces parcelles sont dotées d'un bon microclimat, d'une exposition privilégiée et d'un sol propice.

## Les cépages et les styles de vin

Ce qui frappe d'abord dans un Bourgogne rouge, ce sont ses arômes de Pinot Noir. Ensuite émergent les qualités propres au cru et au millésime, plus ou moins exprimées en fonction des extractions qui résultent de la conduite des vinifications.

Les jeunes vins de Pinot Noir ont rarement la couleur, l'ampleur et la puissance des vins issus de Cabernet-Sauvignon ou de Syrah. Qu'il s'agisse d'un petit ou d'un grand vin, un Bourgogne rouge se doit d'être subtil et sensuel, sans trop d'évidence ni d'autorité. Un vin simple doit offrir une odeur et de belles notes de fruit (framboise et cerise, le plus souvent) et une douceur toute naturelle. Avec le temps, les meilleurs crus gagnent en richesse et

## LES APPELLATIONS DU BOURGOGNE

Le Bourgogne est doté d'une hiérarchie compliquée d'appellations : les AOC régionales, les AOC village, les premiers crus et les grands crus.

### Appellations régionales

Elles couvrent tous les vins provenant d'un vignoble situé dans les limites géographiques de l'appellation.

**Bourgogne**
Vins rouges, blancs ou (plus rarement) rosés de n'importe quelle partie de la région. Les rouges sont issus de Pinot Noir (le César et le Tressot, deux variétés traditionnelles, sont également autorisés dans l'Yonne). Les blancs sont issus de Chardonnay ou de Pinot Blanc. Les étiquettes peuvent mentionner le cépage (Pinot Noir ou Chardonnay) ainsi que certains secteurs (Hautes Côtes de Beaune, Hautes Côtes de Nuits, Côte chalonnaise) ou, dans l'Yonne, le nom de certains villages (Irancy, Saint-Bris).

**Bourgogne (Grand) ordinaire**
Vins provenant également de toute la Bourgogne, mais les cépages Gamay (pour le rouge) et Aligoté (pour le blanc) sont autorisés.

**Bourgogne Passetoutgrain**
Vin rouge à base de Gamay et provenant pour au moins un tiers de Pinot Noir.

**Bourgogne Aligoté**
Le cépage Aligoté produit un vin blanc sec.

**Mâcon et Beaujolais**
Le système d'appellation régionale comprend ces deux régions, qui possèdent cependant leurs propres AOC (voir p. 203 et 205 respectivement).

### Vins de village, premiers crus et grands crus

Les principaux villages de la Côte d'Or, et des autres régions, sont dotés de leur propre appellation. Ainsi, le vin élaboré sur la commune de Gevrey-Chambertin peut être étiqueté en tant que tel. Dans les villages de la Côte d'Or et à Chablis, certains vignobles ont droit au statut de premier cru. L'étiquette mentionne alors le nom du village et celui du vignoble – par exemple, Gevrey-Chambertin Le Clos Saint-Jacques.

Les grands crus sont des appellations à elles seules. À ce niveau, les vignobles donnent leur nom : par exemple, Chambertin.

Les limites de l'AOC et celles de la commune ne coïncident pas forcément : une zone produisant du vin jugé inférieur aux normes du village ne recevra alors qu'une appellation régionale.

# LES RÉGIONS VITICOLES DE BOURGOGNE

Les six régions de Bourgogne sont présentées ici : Chablis est isolé au nord-ouest, tandis que les cinq autres longent le plateau bourguignon, à l'est, à l'entrée de la large vallée de la Saône. On trouvera plus loin des cartes plus détaillées (Chablis et Yonne, p. 183 ; Côte d'Or et sud de la Côte chalonnaise, p. 189 ; Chalonnais, Mâconnais et Beaujolais, p. 200). Les Hautes Côtes figurent sur la carte de la Côte d'Or.

Vers Chablis 100km
Dijon
Gevrey-Chambertin
Chambolle-Musigny
Vosne-Romanée
Nuits-St-Georges
CÔTE-D'OR
Aloxe-Corton
Pommard
Beaune
Volnay
Meursault
Chassagne-Montrachet
Puligny-Montrachet
Chagny
Bouzeron
Rully
Mercurey
Le Creusot
Chalon-sur-Saône
Givry
Buxy
Montagny-lès-Buxy
SAÔNE-ET-LOIRE
Sennecey-le-Grand
Tournus
Cluny
Solutré-Pouilly
Mâcon
Fuissé
St-Véran
Vinzelles
Juliénas
St-Amour
Chénas
Fleurie
Romanèche-Thorins
Chiroubles
Morgon
AIN
Belleville
Brouilly
RHÔNE
Villefranche-sur-Saône
L'Arbresle
Lyon
Saône
Rhône
Azergues
Ouche
Dheune
Grosne
Guye
Veyle
A 6
A 31
A 36
A 40
A 42
A 46
N 6
N 7
N 74
N 79
N 80
N 89
D 37
D 978
D 981

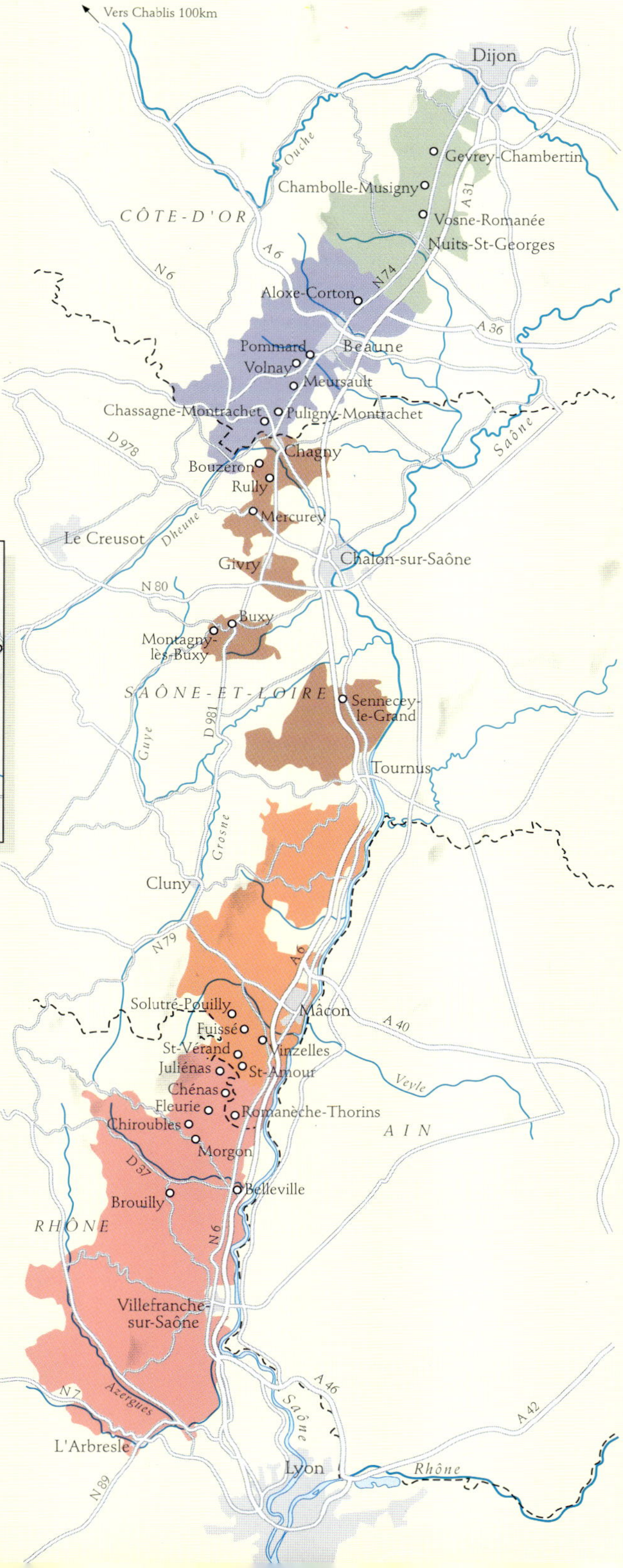

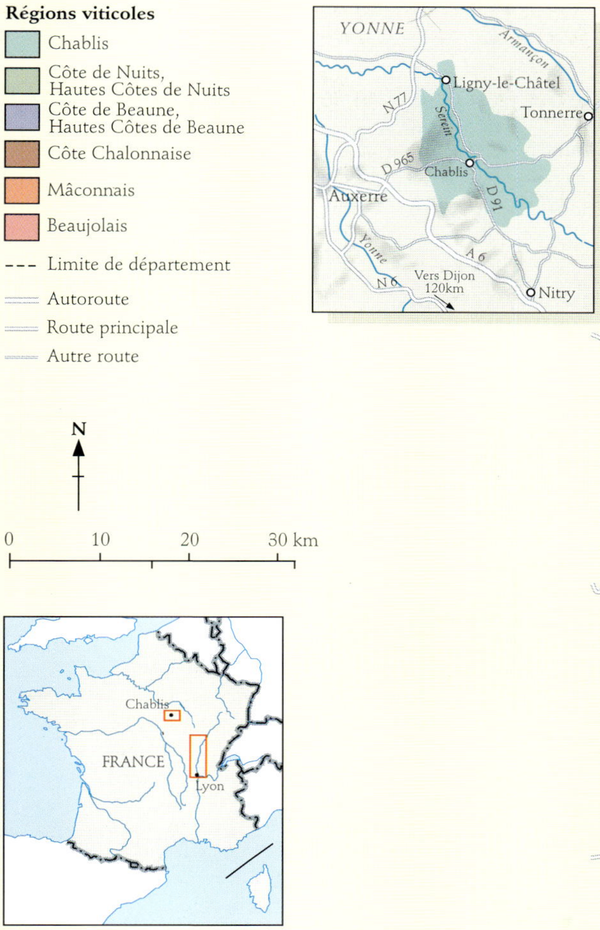

Régions viticoles
Chablis
Côte de Nuits, Hautes Côtes de Nuits
Côte de Beaune, Hautes Côtes de Beaune
Côte Chalonnaise
Mâconnais
Beaujolais
Limite de département
Autoroute
Route principale
Autre route
YONNE
Armançon
Ligny-le-Châtel
Tonnerre
N 77
Serein
D 965
Chablis
D 91
Auxerre
Yonne
A 6
N 6
Vers Dijon 120km
Nitry
N
0
10
20
30 km
Chablis
FRANCE
Lyon

en complexité pour développer des arômes puissants. Et les meilleurs millésimes expriment, après quelques années de bouteille, une concentration aromatique remarquable.

Qui dit Bourgogne blanc dit presque nécessairement Chardonnay, cépage qui peut varier énormément dans ses arômes et ses parfums, suivant la vinification, le vieillissement et le terroir. Les amateurs apprennent à déceler les notes de beurre et de pain grillé dans le Bourgogne blanc élevé dans le chêne, pratique courante pour les vins de Côte d'Or. Les blancs génériques (Bourgogne AOC, vins de Mâcon, Chablis…) passent rarement en barrique et doivent avoir un parfum net, sans trop d'acidité, mais qui laisse percevoir des arômes de fruits et de miel. Les meilleurs blancs, comme les meilleurs rouges, gagnent en complexité en vieillissant. Un grand Bourgogne blanc sera un vin ample, avec des notes de miel et de noisette. Les qualités les plus apparentes sont la concentration et la complexité.

Le Beaujolais est issu de Gamay, cépage sans lien de parenté avec le Pinot Noir. Ses parfums et ses qualités sont décrits p. 205 à 208.

### Producteurs et négociants

La Bourgogne est le royaume des petits propriétaires. Il existe très peu de grandes propriétés, comme dans le Bordelais, et le terme de château n'y a pas le même sens d'entité vitivinicole cultivant la vigne et élaborant le vin. Ce sont, par tradition, les négociants (par opposition aux vignerons) qui ont fait la réputation de la Bourgogne. Ils achètent les raisins pour assurer les vinifications ou le vin nouveau chez plusieurs vignerons pour l'élever, l'assembler et le mettre en bouteilles sous leur propre marque. Mais, si le rôle de quelques négociants se borne à ces activités, nombreux sont ceux qui possèdent eux-mêmes des vignobles.

Toutefois, depuis les années 70, la tendance chez les producteurs est de mettre eux-mêmes leur vin en bouteilles. Recherchez sur l'étiquette la mention « Mis en bouteille à la propriété » ou « au domaine ». Le producteur défend son nom et sa réputation, mais doit se

Le village de Volnay, perché sur le coteau de la Côte de Beaune.

révéler d'une grande polyvalence pour être aussi brillant en cave que dans la vigne. Certains producteurs talentueux ont acquis ainsi une réputation internationale. Les vins mis en bouteilles par le vigneron sont, il faut en convenir, souvent élaborés en toutes petites quantités et peuvent être difficiles à acquérir. En revanche, l'un des avantages du système de négoce est que le négociant peut acheter et assembler suffisamment de vin pour proposer une quantité équilibrée dans une même appellation.

On reproche aux Bourgognes des négociants-éleveurs d'avoir moins de caractère que ceux des vignerons. Certaines maisons de Bourgogne sont parfois critiquées pour leurs cuvées médiocres. On reproche aussi aux négociants de finir par annihiler l'individualité de chaque village et de chaque cru en la ramenant à un style maison sans vice ni vertu. Ces critiques n'ont aucun sens et la « frontière » ne se situe plus, en cette fin de XXᵉ siècle, entre vignerons et négociants-éleveurs, mais entre bons et mauvais vins.

Les coopératives sont importantes dans le Maconnais, dans les Hautes Côtes, à Chablis et dans le Beaujolais.

Les meilleures investissent dans de nouveaux équipements et encouragent les vignerons à produire de meilleurs raisins. Leurs vins se classent quelquefois parmi les valeurs les plus sûres. Une nouvelle génération de vinificateurs a commencé à manifester son talent dans les années 80, s'attachant à améliorer les vins de toutes les catégories. À la fin de la décennie, une réduction des prix a rendu les petits Bourgognes plus abordables. Les meilleurs domaines ont réussi à maintenir leurs prix, ce qui a creusé le fossé entre les grands vins et les AOC régionales et de village.

### Vinification du Bourgogne rouge

Les « recettes » modernes de vinification en rouge (voir p. 108-109) sont très discutées en Bourgogne, et l'obsession devient l'amélioration de la qualité : rendement des vignobles, pressage des baies, durée et température de fermentation, filtrages et autres processus, durée de l'élevage et choix des matériels.

De par ses cépages et son climat, le cas de la Bourgogne est particulier. Il est beaucoup plus délicat d'extraire des baies de Pinot Noir couleur, tanins et autres composants aromatiques que de celles d'autres variétés comme le Cabernet-Sauvignon ou la Syrah. L'élaboration du Bourgogne rouge nécessite donc beaucoup d'attention et de douceur.

Le climat est frais, très variable d'une année sur l'autre, et l'arrivée à maturité des fruits est toujours aléatoire. Une bonne maturité dépend à la fois du temps et du site. Rien d'étonnant à ce que les meilleurs vignobles, ceux des premiers et des grands crus, se trouvent sur les versants les plus privilégiés, ceux où toutes les conditions optimales (sol, pente, orientation) sont remplies. Mais le Pinot Noir ne doit pas non plus trop mûrir : les baies les meilleures, au parfum le plus subtil, doivent être mûres à point sans surmaturation.

D'autres éléments peuvent encore influencer la qualité des vins, quelle que soit la qualité des terroirs. Interviennent ainsi le choix du clone de Pinot Noir et la question du rendement. Le Pinot Noir est une variété instable. Les techniques modernes permettent le clonage des meilleurs plants : un vigneron peut ainsi planter plusieurs hectares de vignes rigoureusement identiques. Le problème est que, selon le cas, le terme « meilleur » recouvre différentes définitions. Pour les agronomes officiels, il s'agira de clones anti-virus tandis que, pour de nombreux viticulteurs, il sera synonyme de productivité (ce qui ne donnera pas forcément les meilleurs vins). Comme partout, les plus petits rendements garantissent une meilleure qualité, mais ce phénomène est accentué en Bourgogne et plus particulièrement en Côte d'Or. Les limites établies par la réglementation des AOC varient d'année en année, ce qui n'empêche pas de plus en plus de viticulteurs de réduire leurs rendements au-dessous du seuil autorisé.

Les raisins qui arrivent aux chais sont foulés avant d'être égrappés, mais cette tradition a tendance à se perdre et la vendange arrive aujourd'hui éraflée. Les adeptes de l'ancienne école affirment que les rafles contribuent à rompre la masse de pulpe de raisin en fermentation, tout en constituant un apport en tanins et en donnant du caractère au vin.

Les températures automnales fraîches affectent la fermentation, bien que l'introduction des systèmes de contrôle de chauffage du moût ait pallié cet inconvénient. Les nouvelles cuves thermorégulées (à circuits de refroidissement ou de réchauffement) offrent de nombreuses possibilités au viticulteur. Elles peuvent lui permettre de maintenir la température au-dessous du seuil de température de fermentation pendant quelques jours. Grâce à la prémacération à froid, préalable à la fermentation, un premier mélange juspeaux est effectué, dont le but est de favoriser une première extraction de la couleur, des tanins et des arômes. Le viticulteur peut également décider de réchauffer le moût pour accélérer le déclenchement de la fermentation. Ici encore, il y a autant de façons de faire qu'il y a de producteurs.

Les caves froides contribuent à la lenteur et à la douceur de la maturation, et la plupart des bons vignerons limitent le collage ou le soutirage. Certains Bourgognes ne sont pas filtrés du tout, car le vin gagne ainsi en complexité (s'il en a le potentiel), ce qui explique la présence d'importants dépôts en bouteille.

## Vinification du Bourgogne blanc

Le Bourgogne blanc est moins exigeant dans son élaboration. Les vins classiques de Côte d'Or et quelques-uns de Chablis et de la Côte chalonnaise fermentent dans des fûts de chêne. D'autres sont élaborés dans des cuves d'acier inoxydable, puis sont élevés en fûts de chêne quelques mois, jusqu'à la fin de la fermentation malolactique. Le vin reste sur ses lies fines, avec un collage et un filtrage réduits au minimum avant la mise en bouteilles. Le bâtonnage (mélange des lies fines) ajoute au vin de l'ampleur et le rend plus complexe.

La fermentation en fût, associée à un vignoble bien situé, de faible rendement, et un vieillissement long et tranquille produisent dans un grand Bourgogne blanc une combinaison unique de puissance, de grâce et de longévité. □

## LIRE UNE ÉTIQUETTE DE BOURGOGNE…

Si les étiquettes des vins de Bourgogne présentent des graphismes très différents, les réglementations prévoyant les mentions obligatoires sont précises. Les informations concernent principalement l'appellation et le producteur.

Le nom de l'appellation doit être indiqué en gros caractères, et ce, quel que soit le niveau d'appellation : régionale, village, premier cru ou grand cru. À ce nom doit être accolée la mention « appellation contrôlée » ou « appellation d'origine contrôlée », écrite dans un caractère plus petit. Ainsi, Nuits-Saint-Georges sera suivi des mots Appellation Nuits-Saint-Georges contrôlée.

**Pour un premier cru** : le nom du lieudit, c'est-à-dire de la parcelle de vigne, suivra le nom de la commune : Pommard Épenots, par exemple. Cette désignation de l'appellation devra également être complétée par la mention Appellation Pommard premier cru contrôlée.
**Pour un grand cru** : le nom du grand cru, appellation à part entière, doit figurer sur l'étiquette, en gros caractères.

Ce nom doit également être suivi de la mention Appellation grand cru contrôlée. Ainsi, par exemple, le grand cru rouge Romanée-Saint-Vivant, produit sur la commune de Vosne-Romanée, sera étiqueté Romanée-Saint-Vivant, Appellation grand cru contrôlée.

La confusion peut cependant naître chez l'amateur. Plusieurs communes produisent des vins d'appellation premier cru qui portent le même nom. Ainsi le lieu-dit Les Perrières se retrouve-t-il à Meursault, à Beaune, à Nuits-Saint-Georges…

Le nom du producteur ou du négociant doit figurer sur l'étiquette, s'il a lui-même embouteillé le vin. Les précisions sur la mise en bouteilles (faite au domaine ou chez le négociant) ainsi que la distinction entre producteur et propriétaire-récoltant sont des mentions facultatives. Il est à noter que la mention du millésime, tout comme le type d'élevage des vins (en fût par exemple), ou l'âge des vignes sont également des indications facultatives. Seuls sont obligatoires, outre le nom et l'adresse de l'embouteilleur, le titre alcoométrique et le volume contenu dans la bouteille.

# CHABLIS

Le Chablis est devenu l'un des vins blancs français les plus connus… hors de France ! Sa notoriété a même été largement usurpée dans les pays du Nouveau Monde pour étiqueter des vins blancs de qualité inférieure produits outre-Atlantique, ce qui a porté préjudice à cette appellation française prestigieuse.

Le vrai Chablis provient du nord de la Bourgogne, de la petite ville de Chablis et de 19 autres villages et hameaux du département de l'Yonne. (Pour les autres appellations de l'Yonne, voir encadré p. 186.) Comme pour tous les bons Bourgognes blancs, le cépage est le Chardonnay, qui pousse ici sur des coteaux de calcaire kimméridgien et d'argile. Ces coteaux forment la pointe sud du Bassin parisien, vaste dépression géologique circulaire qui s'étend du nord de la France au sud de l'Angleterre, jusqu'au village de Kimmeridge, dans le Dorset. Le sol est rempli des coquilles fossilisées d'une petite huître, *Exogyra virgula*, et cela contribue à un drainage efficace, malgré la forte proportion d'argile.

## Le climat
## et le problème des gelées
Le climat de Chablis est à dominante continentale : les hivers sont rigoureux et les étés, chauds. Les fluctuations annuelles de l'ensoleillement et de la pluviosité entraînent d'énormes variations de qualité et de quantité entre les millésimes. Les vignerons redoutent les gelées printanières, qui peuvent causer des dommages irréparables aux jeunes ceps, et attendent chaque année avec angoisse les mois d'avril et de mai.

Les années 50, aux printemps particulièrement peu cléments, ont donné naissance aux premières « chaufferettes » destinées à protéger la vigne. Ces étuves à huile étaient remplies et allumées à la main aux

Vignoble du grand cru des Grenouilles.

premières heures du jour. Depuis, elles se sont modernisées : leur remplissage se fait, aujourd'hui, de manière automatique à partir d'une cuve à pétrole installée au bas des coteaux. Cette méthode de chauffage est efficace mais coûteuse. Une seconde méthode, l'aspersion, consiste à arroser les vignes d'eau lorsque la température atteint le point de gel, si bien qu'un manteau protecteur se forme autour des jeunes bourgeons. L'eau gelant à 0° C, la vigne peut supporter une température de -5° C sans souffrir. Même si elle n'est pas aussi efficace qu'on le souhaiterait, la protection contre le gel garantit un rendement raisonnable chaque année et contribue à l'extension du vignoble.

## Les appellations
Chablis possède quatre appellations : grand cru, premier cru, Chablis et Petit Chablis.

Le grand cru de Chablis est divisé en sept « climats » (parcelles). L'appellation Chablis couvre une bonne partie de la région. Le Petit Chablis est une autre appellation moins réputée.

## Le style Chablis
Dans le chêne ou sans chêne : tel est ici le dilemme. Sur cette question, deux écoles défendent farouchement leur propre style de vin. La tradition veut que le Chablis soit vinifié et élevé dans des fûts de chêne, seul matériau disponible auparavant. L'arrivée des cuves de ciment et d'acier a ouvert de nouvelles possibilités. Certains producteurs sont restés fidèles au chêne, d'autres l'ont complètement abandonné et d'autres encore y sont revenus. Les adversaires du chêne prétendent qu'il affecte les arômes fruités du Chablis, et ses partisans affirment qu'il sublime le vin en y ajoutant une certaine complexité.

Curieusement, certains Chablis vinifiés sans chêne prennent, avec le temps, les arômes subtils de noisette qu'on lui associe naturellement. Ce vin offre une telle diversité que, tout en restant sec, il offre aujourd'hui une plénitude et une richesse qui contrastent avec sa réputation d'austérité. En vin nouveau, sa séduction immédiate provient de son fruit et de sa jeunesse, structurés par une bonne acidité. Après une phase de réserve où il ne révèle rien, il commence à développer de merveilleux arômes, signe distinctif d'un bon Chablis. Bien qu'un jeune Chablis d'un bon millésime ait déjà de l'attrait, mieux vaut attendre quelques années de bouteille pour le savourer pleinement : cinq ans pour un premier cru, et de sept à dix ans pour un grand cru, d'évolution plus lente.

Les bons points des grands crus sont l'intensité de leurs arômes et leur capacité de vieillissement. Les divers crus ne sont pas toujours faciles à reconnaître, d'autant que leurs différences proviennent plus souvent de la conduite de la vigne et des vinifications de chaque vigneron que des caractères propres à chaque terroir. □

# LE VIGNOBLE DE CHABLIS

Le Chablis est le vin le plus réputé de l'Yonne. Les autres
vignobles sont représentés sur l'encart inséré sur la droite.
La grande carte illustre le vignoble de Chablis, avec ses trois
appellations : Chablis « village » ordinaire, premier cru et
grand cru. Le Petit Chablis n'y figure pas. Les sept vignobles
de grand cru dominent la ville de Chablis sur le versant sud.

**CHABLIS ET L'YONNE**

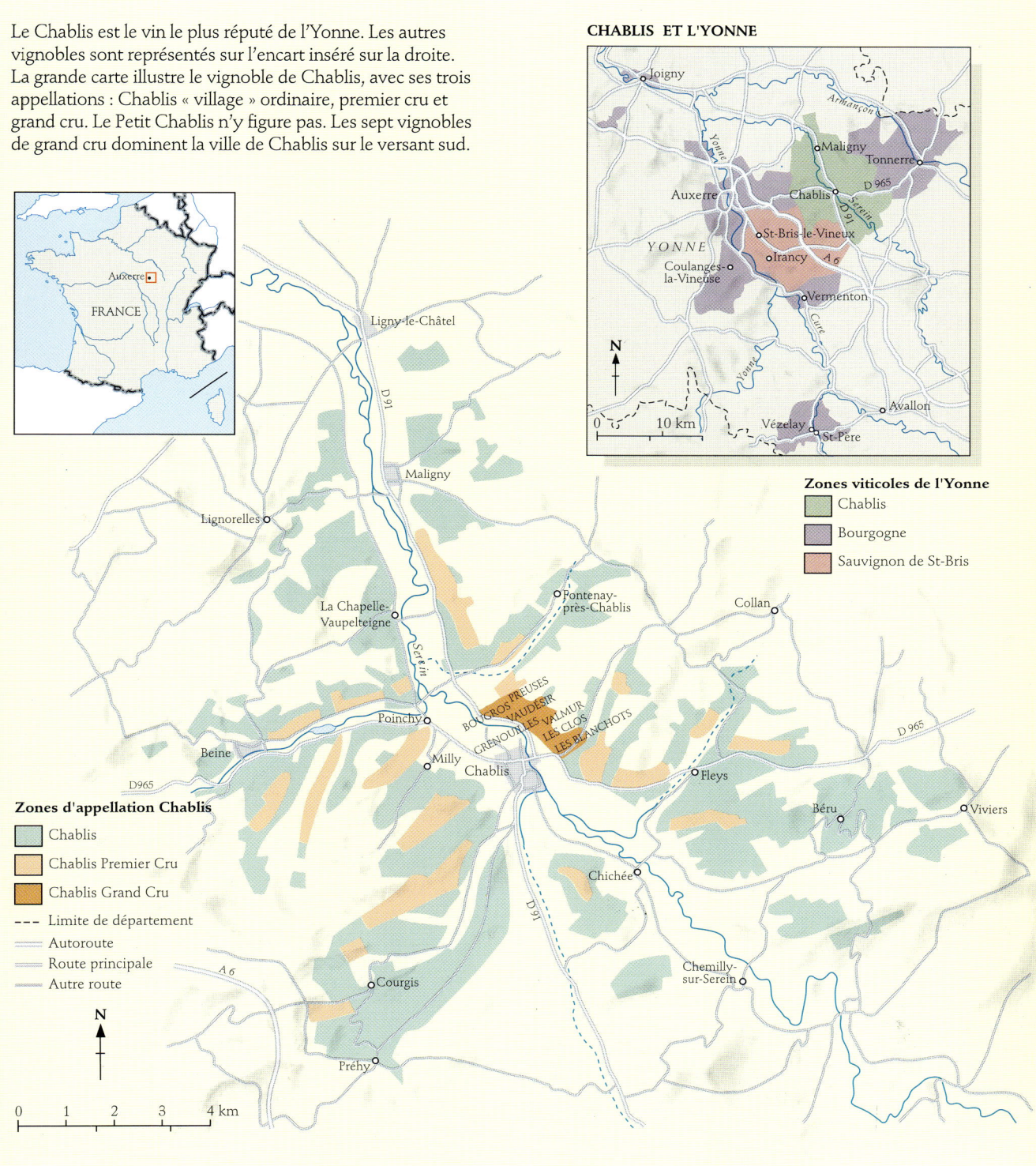

Zones viticoles de l'Yonne
- Chablis
- Bourgogne
- Sauvignon de St-Bris

Zones d'appellation Chablis
- Chablis
- Chablis Premier Cru
- Chablis Grand Cru
- --- Limite de département
- Autoroute
- Route principale
- Autre route

# PRODUCTEURS ET NÉGOCIANTS

Les étiquettes du vignoble de Chablis indiquent l'appellation : Petit Chablis, Chablis, Chablis 1er cru (suivi du nom du climat), Chablis grand cru (suivi du nom du climat). Le nom du village n'est pas mentionné : Chablis est une appellation. Étant donné le morcellement des parcelles, plusieurs vignerons peuvent se partager un même cru et la qualité dépend donc du producteur. Certains producteurs ajoutent le nom d'un domaine ou d'un château au leur. Une partie des vins se vendent par l'intermédiaire des négociants de Chablis ou de Côte d'Or et de la coopérative locale.

### Jean-Marc Brocard
Le Domaine Sainte-Claire de Brocard, dans le village isolé de Préhy, couvre quelque 65 ha de vignobles répartis entre Montmains et Saint-Bris. Il évite tout contact de ses vins avec le chêne pour produire un Chablis fruité.

### La Chablisienne
La coopérative locale, La Chablisienne, couvre environ un tiers de la production de Chablis, avec près de 200 membres pour un peu plus de 800 ha. Son rôle commercial est donc considérable dans l'appellation. Fondée en 1923, elle fut l'une des premières coopératives de France. Les vignerons lui apportent du moût et non des grappes, car elle est dépourvue de pressoir. Encore récemment, les vins étaient élevés en cuves, mais, depuis peu, elle fait vieillir certains premiers ou grands crus en fûts de chêne, surtout pour La Grande Cuvée, une sélection des plus vieilles vignes des vignobles de premier cru. Le style de la maison est toujours celui d'un Chablis classique. Le vin est vendu sous l'étiquette La Chablisienne ou sous celle de ses divers membres, comme s'ils étaient des producteurs indépendants, ce qui donne lieu à quelques confusions. Elle vend, par ailleurs, du vin en vrac à des négociants de Chablis et de Beaune. Épineuil (voir encadré p. 186) est une addition récente à sa gamme.

### Domaine Jean Collet
Gilles, le fils de Jean Collet, reprend aujourd'hui le flambeau. De nouvelles caves ont été récemment construites pour vinifier les raisins des 25 ha de vignobles, qui comptent d'importantes parcelles à Montmains et à Vaillons et des parcelles plus petites de Valmur, Montée de Tonnerre et Mont de Milieu. Jusqu'en 1985, les Collet n'utilisaient que des foudres et des pièces (grandes et petites barriques), mais, depuis, ils se sont aussi équipés de cuves d'acier, notamment pour le Chablis village. La plupart des premiers et grands crus fermentent dans des foudres et mûrissent quelques mois dans des pièces avant la mise en bouteilles. Les Collet élaborent des vins riches et stylés.

### René Dauvissat
Voir encadré p. 186.

### Jean-Paul Droin
Appartenant à la nouvelle génération des vignerons de Chablis, Droin est un jeune homme qui a repris le domaine de son père en y imprimant sa marque. Ses vignobles s'étendent sur pratiquement 20 ha, avec un grand nombre de petites parcelles dans plusieurs premiers crus et dans la plupart des grands crus. Vaillons, Montée de Tonnerre, Valmur et Vaudésir sont les plus importants. Depuis 1985 environ, il défend avec enthousiasme le chêne neuf et renouvelle inlassablement toutes sortes d'expériences visant à atteindre la cuvée idéale de Chablis. Quelquefois, ses vins sont une brillante réussite, mais ils sont souvent trop marqués par le bois.

### Jean Durup
Le Domaine de L'Églantière, dans le village de Maligny, est aujourd'hui le plus grand domaine de Chablis, avec 130 ha répartis en 10 ha de Petit Chablis, 40 ha de Fourchaume et Vaudevey, et 80 ha de Chablis village. Les méthodes de vinification sont simples, avec une manipulation du vin réduite à son minimum et sans un soupçon de bois. Pour Durup, le chêne est une hérésie qui dénature les arômes authentiques du Chablis. Il travaille également sous les noms de Domaine de Valéry et Domaine de Paulière, ainsi que de Château de Maligny, qu'il est en train de réhabiliter.

### William Fèvre
Avec son Domaine de la Maladière, Fèvre s'affiche comme le plus grand propriétaire de grands crus de Chablis : il possède une parcelle dans chacun des grands crus à l'exception des Blanchots. Plusieurs parcelles de premiers crus de Chablis et de Petit Chablis lui appartiennent également. Fèvre est le partisan le plus virulent du chêne neuf ; c'est lui qui, le premier, a construit une cave

## LES GRANDS CRUS DE CHABLIS

Les sept grands crus totalisent près de 100 ha et s'alignent sur un coteau à la sortie de Chablis. Ils sont entièrement plantés. Ce sont, du sud au nord :

**Blanchots**. Avec ses 11,5 ha, c'est le grand cru le plus léger et le plus accessible, car les vins qui en sont issus tendent à arriver à maturité plus tôt que d'autres. Le sol est particulièrement blanc et crayeux, d'où le nom du vignoble.

**Les Clos**. C'est le vignoble le plus étendu, avec 26 ha répartis entre plusieurs propriétaires. Ce grand cru est généralement considéré comme le plus apte au vieillissement, le dernier à arriver à maturité et le plus ferme.

**Valmur**. Avec ses 13 ha, ce grand cru est assez proche de Vaudésir ; il n'a ni l'intensité ni le potentiel de longévité du vignoble des Clos.

**Grenouilles**. Plus petit des grands crus, avec 9,5 ha, il se trouve juste à côté de la rivière Serein, infestée de grenouilles ! Le vignoble est partagé entre Louis Michel (voir ce nom), Jean-Paul Droin (voir ce nom) et la coopérative La Chablisienne (voir ce nom).

**Vaudésir**. Avec 16 ha, dont une partie de La Moutonne, ce vignoble situé sur le coteau des grands crus n'en a pas l'appellation : c'est une parcelle de 2,3 ha dans Vaudésir et Preuses qui appartenait autrefois aux moines de l'abbaye cistercienne de Pontigny. Le principal producteur, Long-Depaquit (voir ce nom), élabore un vin racé d'une grande finesse.

**Preuses**. Ce vignoble de 11 ha partageant La Moutonne avec Vaudésir est considéré généralement comme plus élégant que Les Clos.

**Bougros**. Vignoble de 16 ha, il ressemble beaucoup aux Blanchots, avec une certaine rusticité.

souterraine avec des chais à barriques pour son Chablis Champs Royaux. Il s'est prononcé contre l'extension des vignobles et reste un défenseur ardent de l'appellation. Même si ses vins paraissent très marqués par le bois dans leur jeunesse, ils prennent des arômes complexes avec de belles notes minérales au vieillissement.

### Domaine Laroche

C'est l'un des phares de Chablis, qui a grandi avec l'appellation en passant de 6 ha en 1960 à 100 ha aujourd'hui, avec des vignes dans Les Clos, Blanchots, Bougros, Vaudevey, Beauroy, Montmains, Vaillons et Fourchaume. Le meilleur Chablis village de Laroche s'appelle Chablis Saint-Martin, d'après le patron de la ville, et le Chablis Saint-Martin Vieilles Vignes le surpasse encore. La nouveauté est la Réserve de l'Obédiencerie, issue d'une minuscule parcelle de vieilles vignes de Blanchots, dont les raisins sont vinifiés avec un soin minutieux. Michel Laroche possède par ailleurs une maison de négoce.

### Bernard Légland

Après avoir commencé par louer quelques arpents de vignes en 1976, Légland a peu à peu étendu son Domaine des Marronniers. Ce dernier couvre aujourd'hui 18 ha, avec 3 ha de Montmains, 1 ha de Bourgogne blanc et 1 de Petit Chablis. Ses vins sont de parfaits exemples de bon Chablis sans bois, doté de belles notes minérales propres à ce terroir. Par curiosité et pour le contraste, Légland fait également une cuvée sous bois.

### Long-Depaquit

Bien qu'il appartienne à la maison de négoce Bichot, de Beaune, Long-Depaquit est géré de façon indépendante, même si tout le vin est mis en bouteilles à Beaune. Sa grande fierté est son minuscule vignoble de La Moutonne. S'il se risque à quelques expériences avec un élevage sous chêne neuf, Long-Depaquit pré-

Le Domaine Laroche, à Chablis, allie une vinification moderne à un élevage en fûts de chêne.

## PREMIERS CRUS DE CHABLIS

Les premiers crus se sont étendus au même rythme que le vignoble. On en comptait 692 ha en 1991 contre 477 en 1982. Dans le même temps, de nouveaux noms sont apparus, ou réapparus puisque nombre d'entre eux existaient avant le phylloxéra, lorsque l'Yonne pouvait s'enorgueillir de quelque 40 000 ha de vignes. On prétend que ces premiers crus ressuscités retrouvent le terroir et le microclimat des anciens. Le plus renommé est Vaudevey, à proximité du village de Beine. Les meilleurs premiers crus seraient Mont de Milieu et Montée de Tonnerre, qui se trouvent sur le même coteau que les grands crus.

La liste complète des premiers crus comporte quelques noms que l'on trouve rarement sur les étiquettes. En effet, il arrive que le producteur leur préfère la désignation plus générale (en caractères gras dans la liste qui suit) : par exemple, Fourchaume, de préférence à L'Homme Mort.

**Les Beauregards** : Côte de Cuissy.
**Beauroy** : Troesme, Côte de Savant.
**Berdiot**
**Chaume de Talvat**
**Côte de Jouan**
**Côte de Léchet**
**Côte de Vaubarousse**
**Fourchaume** : Vaupulent, Côte de Fontenay, L'Homme Mort, Vaulorent.
**Les Fourneaux** : Morein, Côte de Prés Girots.
**Mont de Milieu**
**Montée de Tonnerre** : Chapelot, Pied d'Aloue, Côte de Bréchain.
**Montmains** : Forêt, Butteaux.
**Vaillons** : Châtains, Séchet, Beugnons, Les Lys, Mélinots, Roncières, Les Épinottes.
**Vaucoupin**
**Vaudevey** : Vaux Ragons.
**Vauligneau**
**Vosgros** : Vaugiraut.

fère élaborer son Chablis avec le minimum de bois, de façon à laisser le terroir s'exprimer librement. Il possède, outre La Moutonne, des vignes dans Les Lys, Vaucoupain, Montmains et Les Clos.

## Louis Michel

Grand partisan du Chablis sans notes boisées, il a abandonné ses tonneaux il y a 30 ans et effectue la fermentation et l'élevage de son vin dans des cuves d'inox, en évitant le plus possible de manipuler le jus et le vin. Le résultat est un Chablis de rêve, laissant transparaître les qualités classiques de l'appellation : une belle vivacité avec des notes minérales. Michel a peu à peu étendu son domaine à 22 ha, parmi lesquels 14 ha en premiers crus (Montmains, Butteaux, Montée de Tonnerre, Vaillons et Forêt), ainsi que quelques parcelles en grands crus (Grenouilles, Les Clos et Vaudésir). Il diffuse

aussi ses vins sous l'étiquette Domaine de la Tour Vaubourg.

## J. J. Moreau

C'est la plus grande maison de négoce de Chablis ; elle appartient au groupe Hiram Walker/Allied Lyons. Toutefois, la famille Moreau a conservé ses vignobles, avec quelques parcelles dans les crus (Vaillons, Les Clos, notamment Clos des Hospices, des petits lopins à Valmur, Vaudésir et Blanchots), ainsi qu'un grand vignoble en Chablis, le Domaine de Bieville. Le contact du vin avec le bois est évité pour favoriser les notes fruitées.

## Raveneau

Raveneau est l'un des grands noms de Chablis, qui s'est forgé d'abord avec François, et maintenant avec Jean-Marie, le fils. Le domaine, assez compact, compte 7 ha, notamment à Butteaux, Chapelot et Montée de Tonnerre

pour les premiers crus, Valmur, Les Clos et Blanchots pour les grands crus. Comme son père, Jean-Marie a une approche empirique de la vinification, sans règle fixe sur le vieillissement dans le bois. Tout son vin passe au moins une année en fût (fût neuf ou de 10 ans d'âge). Les grands crus sont mis en bouteilles au bout de 18 mois. Les vins obtenus sont vifs, amples et complexes.

## A. Régnard

Patrick de Ladoucette, de Château du Nozet dans le Val de Loire (voir p. 240) a repris cette très ancienne maison de négoce de A. Régnard (qui comprend une vieille marque de Chablis : Albert Pic). Les investissements dans de nouveaux équipements ont été considérables, le style de la maison refusant le bois. Les vins sont fermes, mais assez austères dans leur jeunesse.

## Autres producteurs

Une multitude d'autres producteurs sont en train de passer sur le devant de la scène, au fur et à mesure que les négociants s'en retirent. Il faut suivre Adhémar Boudin, Alain Geoffroy, Jean-Pierre Grossot, Claude Laroche, Domaine des Malandes, Georges Pico, Olivier Savary, Domaine de Vauroux, et, parmi les adeptes de la vinification dans le chêne, Pinson et Vocoret. Lamblin et Simmonet-Febvre sont des négociants locaux.

---

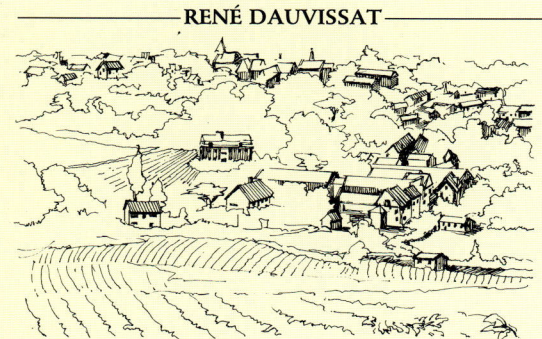

## RENÉ DAUVISSAT

René Dauvissat a hérité d'un minuscule domaine en 1950, qu'il a étendu jusqu'à ses 10 ha actuels, avec des vignobles sur Vaillons, Séchet, Les Clos, Preuses, sans oublier le cru qui fait son renom : Forêt. Au milieu des années 60, il a introduit des cuves en acier inoxydable pour une fermentation avec un meilleur contrôle des températures, mais il continue à fermenter une partie de son vin en fûts neufs. Un passage en fûts était une technique d'élevage de son père que ni lui ni son propre fils, Vincent, n'ont estimé devoir changer. Selon la qualité du cru et du millésime, le vin est logé entre 6 et 10 mois en pièces. Les Chablis de Dauvissat méritent de vieillir en bouteille pour atteindre leur apogée.

---

## APPELLATIONS DE L'YONNE

Outre Chablis, plusieurs vignobles sont parsemés dans le département de l'Yonne. Loin d'avoir recouvré leur prospérité du XIXe siècle, quelques vignobles connaissent un regain d'intérêt.

**Bourgogne rouge** et **blanc** sont les principales appellations, généralement suivies du nom du village :
**Irancy** possède sa propre appellation depuis 1977 pour un vin rouge à base de Pinot Noir, avec une pointe de César et de Tressot. Le rosé est également autorisé. Côte de Palotte est le vignoble le plus connu.
**Coulanges-la-Vineuse** produit un vin rouge plus léger et plus fruité qu'Irancy, à partir de Pinot Noir uniquement.
**Épineuil** possède aussi sa propre appellation pour le vin rouge, uniquement à base de Pinot Noir. C'est le dernier village à élaborer du vin de l'ancien vignoble de Tonnerre.

**Chitry** couvre les vins rouge et blanc, à base de Chardonnay et de Pinot Noir, provenant du village de Chitry-le-Fort.

**Côte d'Auxerre** date de 1992 et couvre surtout les vignobles de Pinot Noir et de Chardonnay de Saint-Bris-le-Vineux, d'Auxerre et de quelques villages alentour.
**Vézelay** fait du Bourgogne rouge et blanc sur quelques coteaux bien exposés.
**Sauvignon de Saint-Bris**, vin blanc issu du seul Sauvignon Blanc planté en Bourgogne, possède actuellement le statut VDQS mais obtiendra sans doute l'AOC Saint-Bris.
**Crémant de Bourgogne** (voir p. 202) est élaboré dans l'Yonne. La coopérative SICAVA du hameau de Bailly est très renommée pour son crémant et représente un débouché commercial intéressant pour les vignobles de villages comme Saint-Bris et Chitry.

# CÔTE D'OR

La « Côte d'Or » bourguignonne est une étroite bande de vignobles, orientée à l'est et au sud-est, qui s'étire de Dijon, au nord, à la limite du département de la Côte-d'Or, en passant par Beaune. Cette « côte » marque la limite est de l'écheveau de forêts et de collines que sont les hauteurs bourguignonnes. La vaste plaine formée par la Saône s'étend à ses pieds, vers l'est.

Constituant ce que les géographes appellent un « escarpement », la Côte renferme un sous-sol stratifié très riche, qui constitue le facteur essentiel de la qualité exceptionnelle des vignobles (voir p. 190).

Un autre facteur important du prestige de la Côte d'Or est la proximité des grands axes routiers : les vignobles sont sur la voie qui relie depuis deux millénaires le Nord et le Sud, des Flandres à la Provence, de Rome à Paris (inaugurée par les légions romaines). Aujourd'hui, les autoroutes A6 et A31, complétées par les nationales 6 et 74, évitent définitivement à cette région l'enclavement dont ont souffert tant d'autres zones rurales de France.

L'histoire, comme la géographie, a été généreuse envers la Côte d'Or : la région fut l'un des premiers centres de la vie monastique en France, avec la grande abbaye bénédictine de Cluny, dans le Mâconnais ; en 1098, l'abbaye de Cîteaux, première maison de l'ordre cistercien, fut fondée près de Beaune. En un an, celle-ci se dota de son premier vignoble, à Meursault, et, sous l'égide de son père supérieur, saint Bernard, y ajouta rapidement quelques arpents supplémentaires. La contribution des moines à la renommée du vignoble bourguignon fut capitale. S'ils n'en furent pas les fondateurs – les Romains y avaient cultivé la vigne avant eux et Charlemagne avait déjà vanté le vin de cette région –, ce sont eux qui l'organisèrent. Ils édifièrent des enclos autour de leurs vignobles, dont, en 1330, la muraille qui ceint toujours le Clos de

L'entrée d'un grand cru.

Vougeot. Ils procédèrent à des expériences, des améliorations et des observations. Ce sont les cisterciens qui ont fait des vins de la Côte d'Or des vins prestigieux.

La Bourgogne a eu autant de chance avec ses maîtres temporels qu'avec ses chefs spirituels. À la fin du Moyen Âge, les ducs de Valois aimaient la grandeur en toutes choses, surtout en matière de vins et de mets. Ils avaient en outre la puissance et l'argent leur permettant d'exiger le meilleur. Vers 1375, le duc Philippe le Hardi s'intéressa au Bourgogne rouge et encouragea le « pineau », ancêtre de l'actuel Pinot Noir, au détriment du Gamay, cépage prolifique mais de qualité médiocre. Son petit-fils, Philippe le Bon, perpétua cet engouement : « Les ducs de Bourgogne sont connus dans la chrétienté comme les seigneurs du meilleur vin. Nous maintiendrons notre réputation. »

La Révolution, en déportant les moines, morcela leurs possessions sur la Côte d'Or. Après Napoléon, peu de clos monastiques restèrent aux mains d'un propriétaire unique.

Avec la fragmentation des vignobles, les négociants, capables d'acheter et d'assembler du vin provenant de plusieurs petites parcelles, assirent peu à peu leur domination. L'avènement du chemin de fer les favorisa encore davantage : ils purent exporter leur vin plus facilement (la Côte d'Or n'a pas de voie navigable pratique) et les moins scrupuleux d'entre eux allongèrent leurs grands vins avec un peu de vin du Sud. Cette pratique persista pendant une bonne partie du XXe siècle, ce qui fit croire que le Bourgogne rouge était un breuvage sombre et sirupeux rappelant vaguement le vin algérien.

## Les villages et les crus

La Côte d'Or est scindée en son milieu par Beaune, ville qui abrite la plupart de ses marchands de vin, et parsemée de villages donnant leur nom aux vignobles, ou vice versa. Par exemple, Chambolle-Musigny a été baptisé ainsi car Chambolle est l'ancien nom du village et Musigny un vignoble fameux planté sur l'une de ses collines. Le nom de certains villages, Volnay, Meursault, Pommard, se suffit à lui-même.

Chaque village (ou, du moins, la plupart d'entre eux) possède son appellation d'origine générique ainsi que de nombreuses désignations de sites ou de climats dont les plus remarquables sont classés en premier cru ou, mieux encore, en grands crus. Le système d'étiquetage et de classement est détaillé p. 178.

La Côte d'Or se divise en deux parties : la Côte de Nuits au nord et la Côte de Beaune au sud.

Deux AOC sont situées à l'ouest du coteau principal : Hautes Côtes de Nuit et Hautes Côtes de Beaune. Elles sont détaillées p. 192.

## Les styles de vin

La Côte de Nuits produit presque exclusivement du vin rouge, tandis que la Côte de Beaune produit des rouges et des blancs. Le Pinot Noir (en rouge) et le Chardonnay (en blanc) sont les deux cépages principaux.

Bien que le cépage soit identique d'un vignoble à l'autre, les styles de vin sont très différents en raison des divers terroirs et surtout de l'individualité marquée du producteur bourguignon. Négociants et vignerons, grands ou petits, ont chacun leur propre conception de ce que doit être un grand Bourgogne et de la façon dont un terroir doit exprimer ses qualités. Le choix d'un vin exige donc une grande attention.

En règle générale, les vins gagnent en complexité, en prix et en potentiel de vieillissement en fonction de l'échelle du classement où ils se situent, de l'AOC village jusqu'au grand cru en passant par le premier cru. Toutefois, certains premiers crus peuvent paraître ternes et tristes à côté d'une splendide AOC village. La main de l'homme, et les rendements qu'il demande à sa vigne seront tout aussi déterminants que la qualité intrinsèque du terroir.

Au gré des modes, tant chez les consommateurs que chez les vinificateurs, le Bourgogne rouge a changé de style. Au XVIIIᵉ siècle, c'était un vin léger, presque rosé. Au XIXᵉ siècle et dans la première partie du XXᵉ, il devient plus tannique avec une plus grande teneur en alcool (souvent grâce à la chaptalisation) et d'une couleur plus prononcée. Aujourd'hui, on assiste à un retour à des vins équilibrés et aromatiques, d'une couleur moyenne à soutenue et d'une plus faible teneur en alcool. Toutefois, leur élaboration diffère selon les écoles (voir p. 180-181).

Les bons vinificateurs peuvent produire de superbes vins dans des appellations moins prestigieuses. Les AOC Bourgogne et Côte-de-Beaune-Villages des grands domaines étant élaborées selon les mêmes normes que les grands crus, les acheteurs peuvent réaliser de très bonnes affaires.

### Les millésimes et le vieillissement

En Côte d'Or, les millésimes sont un autre facteur de diversité imposé par les conditions climatiques de la région. Et un bon millésime en Côte de Nuits n'implique pas nécessairement un bon millésime à Volnay ou Meursault. En effet, les conditions climatiques peuvent avoir des effets très localisés.

Il est rare qu'un grand cru de Bourgogne ait une durée de vie aussi longue qu'un grand cru de Bordeaux. Un grand vin de Bourgogne atteindra son apogée après une dizaine d'années de bouteille (même s'il peut vieillir deux fois plus longtemps), tandis que les appellations communales et la plupart des blancs pourront être ouverts après trois années. Il existe de vieilles bouteilles de grand Bourgogne, mais ce sont des exceptions.

Le Bourgogne rouge est un vin fragile dont le transport et le stockage réclament beaucoup de soin : de nombreuses bouteilles exportées vers des pays lointains, surtout s'il s'agit de pays chauds, souffrent du voyage.

Les très bons vins blancs vieillissent plus longtemps que ne le laisserait penser leur couleur : un Montrachet d'un bon millésime, par exemple, restera fermé pendant cinq ans et pourra se garder plus de dix ans.  □

Traitement des vignes au Clos de Vougeot. Le château se trouve au milieu du vignoble monastique promu au rang de grand cru.

# LE VIGNOBLE DE LA CÔTE D'OR

La Côte de Nuits, qui tient son nom de Nuits-Saint-Georges, forme la partie nord de la côte, et la Côte de Beaune, la partie sud. À l'ouest, dans la campagne vallonnée, se trouvent les vignobles des Hautes Côtes.

**Régions viticoles**

- Côte de Nuits
- Hautes Côtes de Nuits
- Côte de Beaune
- Hautes Côtes de Beaune

**Vignobles**

- Grand Cru
- Premier Cru
- AOC régionales, AOC village

- Courbe de niveau (altitude)
- Limite de commune
- Autoroute
- Route principale
- Autre route

N

0    2    4    6 km

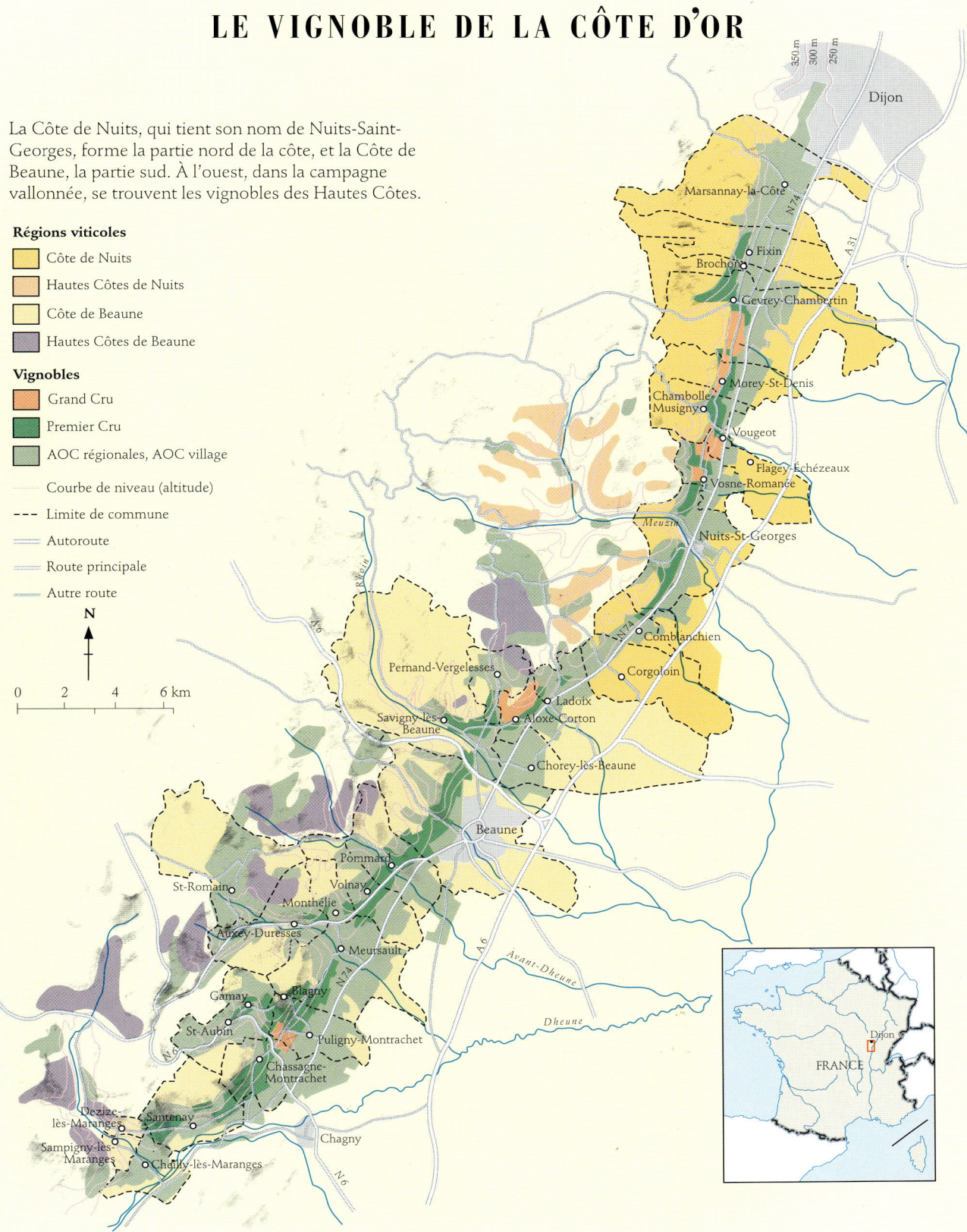

# LES FACTEURS DE QUALITÉ

Les vignobles de la Côte d'Or ont subi un examen minutieux au terme duquel ils ont été classés en diverses catégories, de l'appellation régionale générique jusqu'au grand cru, en passant par l'AOC «village» et le premier cru. Trois facteurs déterminent la qualité : le sol, la déclivité et l'exposition.

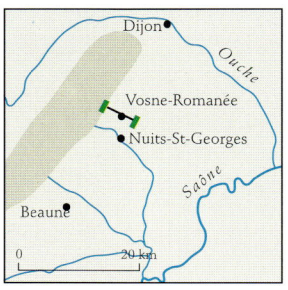

## Sols

Le sous-sol se compose de marne et de deux sortes de roches calcaires (voir coupe géologique). L'érosion des coteaux a conduit à des combinaisons de sols très diverses. Ainsi, à un endroit donné, le sol est le produit de la strate située juste en dessous de la surface et de celle qui se trouve à une altitude supérieure, des débris d'érosion se frayant un chemin le long de la pente pour se mélanger au sol, plus bas. Le bas de la côte, quant à lui, se fond dans la plaine et offre un sol alluvial moins favorable à la production de grands vins.

Les grands crus et les premiers crus occupent une bande distincte au long de la pente. C'est l'endroit où les affleurements de marne donnent le meilleur terroir – en particulier pour les vins rouges –, celui qui est le mieux drainé et le plus facile à travailler. Les vignobles de vin blanc sont concentrés dans des zones à prédominance calcaire, comme à Meursault. On trouve presque toujours une roche mère de nature calcaire en haut des coteaux, comme à Corton : le vignoble du grand cru blanc Corton-Charlemagne se trouve au-dessus de celui du Corton rouge.

## Escarpement

La Côte d'Or est un escarpement résultant d'une anomalie géologique qui a conduit à l'érosion du bord du plateau bourguignon, à l'ouest. À l'est, la vaste plaine de la Saône constitue la base de la côte. La continuité de cet escarpement est rompue par de petites vallées formées par les rivières se jetant dans la Saône.

Les vignobles sont implantés sur les coteaux orientés au sud-est et situés entre la plaine, à l'ouest, et les collines boisées, à l'est. Leur altitude peut varier entre 150 m et 400 m, mais il faut noter que les meilleurs crus se situent toujours à mi pente.

LA CÔTE DE NUITS : COUPE GÉOLOGIQUE

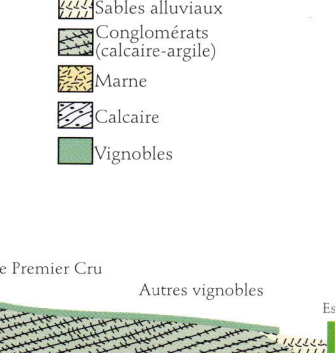

## Sites et expositions

La coupe géologique montre un emplacement typique en Côte d'Or, avec un village qui se situerait au pied de l'escarpement, entre les vignobles et les terres de la plaine, vers l'est. Le terrain où pousse la vigne est soumis aux contraintes du relief : trop haut sur les pentes, le microclimat devient nettement plus frais ; trop bas dans la plaine, les gelées tardives sont une réelle menace. Certains endroits sont plus susceptibles que d'autres de subir la grêle, mais personne ne sait exactement pourquoi. Les pentes offrent des sites bien drainés, avec des sols adéquats. L'exposition à l'est et au sud-est renforce la chaleur du soleil et protège des vents d'ouest, porteurs de pluie.

Romanée-Conti : l'un des terroirs les plus chers du monde.

# VILLAGES DE LA CÔTE DE NUITS

Dans cette partie nord de la Côte d'Or, on cultive presque exclusivement le Pinot Noir, à quelques exceptions près, qui sont mentionnées dans le texte. Le vignoble commence à la pointe sud de la ville de Dijon et s'étend sur 22 km jusqu'à Corgoloin, au nord de Beaune. Chaque village possède sa propre AOC communale des premiers crus et pour la plupart des grands crus. Les communes sont répertoriées du nord au sud. Des noms de producteurs sont indiqués pour chaque village. Ceux qui possèdent des parcelles dans plusieurs villages ainsi que les négociants sont cités p. 198. Dans la liste ci-dessous, le «N» entre parenthèses signale un vin de négoce.

Les villages de la Côte d'Or (Côte de Nuits et Côte de Beaune) sont très fiers de leur système de classement, pourtant horriblement compliqué. Essayons de comprendre.

Chaque village ou commune possède une AOC. Mais ce n'est pas si simple : certaines AOC « village » empiètent sur les villages voisins et d'autres ne comprennent pas la totalité du terrain situé dans les limites de la commune citée. Ainsi, un vin AOC Nuits-Saint-Georges peut provenir de Prémeaux, un village adjacent.

Au sein d'une même commune, certains vignobles n'ont pas droit à l'AOC du village, mais uniquement à l'AOC Bourgogne ou à l'une des autres appellations génériques.

La plupart des communes comptent également des vignobles classés premier cru ou grand cru. Les arcanes de cette nomenclature sont décryptées p. 178, mais n'oubliez pas qu'en termes d'AOC un grand cru n'est pas considéré légalement comme faisant partie d'un village.

On trouve donc quatre catégories de vin dans une commune typique, dont seules les deux catégories intermédiaires (AOC village et premier cru) portent le nom de la commune,

contrairement à l'AOC générique et au grand cru.

## Côte-de-Nuits-Villages
Cette AOC s'applique aux vignobles de cinq villages : Fixin et Brochon au nord, Prémeaux-Prissey, Comblanchien et Corgoloin à l'extrémité sud de la Côte. Ces cinq noms sont si peu connus que certains producteurs et négociants leur préfèrent l'appellation générale Côte-de-Nuits-Villages (à l'exception de Fixin).

## Marsannay
En 1987, Marsannay-la-Côte a été dotée de sa propre AOC communale pour le vin rouge et le vin blanc provenant des coteaux situés à l'ouest de la

nationale 74. D'autres parcelles de ce village et de ses voisins (Couchey et Chenôve) sont autorisées à cultiver du Pinot Noir pour élaborer du Marsannay rosé, un vin unique en Bourgogne. Le rouge, cependant, prédomine ici.

Les vignobles rouges sont en pleine expansion et les vins s'améliorent grâce à la nouvelle AOC. Ils ont une belle couleur et une bonne structure, mais ne prétendent pas être à la hauteur des grands villages de la Côte. Le rosé est l'un des meilleurs de France : sec et ample, il peut vieillir.

Parmi les producteurs, citons : René et Régis Bouvier, Marc Brocot, Domaine Charlopin-Parizot, Bruno Clair, Domaine Fougeray de Beauclair, Jean-Pierre Guyard, Louis Jadot (N).

## Fixin
C'est là que commence la vraie « Côte » : la pente s'accentue et l'étude du sous-sol révèle que la bande de calcaire est le prolongement de celle des premiers crus de Gevrey-Chambertin.

L'appellation Fixin recouvre les villages de Fixin et Fixey (ainsi que Brochon, qui ne possède pas d'AOC propre, mais dont les meilleures parcelles ont droit à l'étiquette Fixin). La Côte de Nuits compte ici ses cinq premiers crus.

Les meilleurs vignobles sont situés à mi-coteau : Clos du Chapitre, La Perrière, Les Her-

velets. Ils produisent de puissants Bourgognes rouges avec un bon potentiel de vieillissement. Fixin produit du vin blanc en petite quantité.

Parmi les producteurs, citons : Domaine Bart, Denis Berthaut, Régis Bouvier, Bruno Clair, Pierre Gelin, Charles Gruber, Domaine Huguenot, Philippe Joliet (Domaine de La Perrière), Domaine Marion.

## Gevrey-Chambertin
Les grands crus de la Côte de Nuits commencent au sud du village de Gevrey-Chambertin. 9 vignobles totalisant 87 ha (plus que tout autre village) ont ce statut et 28 autres sont classés premier cru.

Gevrey-Chambertin est une appellation très étendue couvrant Gevrey même et la moitié de la commune de Brochon, au sud immédiat de Fixin. Installés dans une vallée secondaire, les premiers crus bénéficient d'une exposition sud-sud-est. Plein sud, les grands crus s'alignent sur le coteau principal de la Côte, à l'abri des bois. Ce sont les fameux vignobles de Chambertin, Clos de Bèze et une demi-douzaine d'autres qui sont autorisés à accoler le nom de Chambertin au leur (par exemple, Charmes-Chambertin). Outre les grands et les premiers crus, une vaste zone a droit à l'appellation Gevrey-Chambertin. C'est donc un nom que l'on lit fréquemment sur les cartes des vins.

Chambertin est devenu célèbre grâce à Napoléon Ier, réputé en avoir fait une consommation quasi exclusive – coupé d'une grande quantité d'eau. Si

## CÔTE DE NUITS GRANDS CRUS

| | |
|---|---|
| Bonnes Mares | Grands Échézeaux |
| Chambertin | Griotte-Chambertin |
| Chambertin-Clos de Bèze | Latricières-Chambertin |
| Chapelle-Chambertin | Mazis-Chambertin |
| Charmes-Chambertin | Mazoyères-Chambertin |
| Clos des Lambrays | Musigny |
| Clos de la Roche | Richebourg |
| Clos St-Denis | La Romanée |
| Clos de Tart | La Romanée-Conti |
| Clos de Vougeot | Romanée-Saint-Vivant |
| Échézeaux | Ruchottes-Chambertin |
| La Grande Rue | La Tâche |

les grands crus déçoivent rarement, pour ne pas dire jamais, leur qualité reste variable. Cette diversité est due en partie au morcellement. Une vingtaine de propriétaires se partagent les 13 ha de Chambertin, ce qui représente une moyenne de 3 000 à 3 600 bouteilles par an chacun. Le Clos de Bèze étant moins morcelé, la qualité des vins est meilleure qu'à Chambertin (ceux-ci peuvent porter l'étiquette Chambertin-Clos de Bèze). Les deux vins ont un bon potentiel de vieillissement. Charmes-Chambertin est un autre grand cru ayant la réputation d'être régulier et de maturation rapide.

Les premiers crus sont magnifiquement situés, et les meilleurs d'entre eux (ceux des meilleurs producteurs) peuvent facilement se mesurer aux grands crus. Le Clos Saint-Jacques est le plus célèbre. Aux

Combottes n'est classé que premier cru alors qu'il se trouve sur le même coteau que les grands crus.

Le Gevrey-Chambertin « village » ne s'achète qu'en fonction du nom du producteur : tous les vins ne sont pas dignes du nom du village.

Le meilleur Gevrey-Chambertin est puissant, fruité et tannique et possède une structure qui lui permet de durer. Il s'agit alors d'un vin de garde à conserver une vingtaine d'années.

Parmi les producteurs, citons : Pierre Amiot, Denis Bachelet, Lucien Boillot & Fils, Bourée Père & Fils, Alain Burguet, Bruno Clair, Pierre Damoy, Maison Delaunay, Joseph Drouhin (N), Drouhin-Larose, Pierre Dugat, Domaine Dujac, Frédéric Esmonin, Michel Esmonin, Louis Jadot (N), Philippe Leclerc, Grillot Marchand, Denis Mortet, Domaine les Perrières,

Charles Quillardet, Rossignol-Trapet, Joseph Roty, Armand Rousseau, Christian Serafin, Domaine Tortochot, Domaine des Varoilles.

### Morey-Saint-Denis

C'est un petit village coincé entre deux célébrités, mais abritant tout ou partie de cinq grands crus. Les vignobles sont implantés sur le coteau calcaire qui va de Gevrey-Chambertin jusqu'à Vougeot en passant par Morey-Saint-Denis. Deux des grands crus de ce village sont d'anciens clos de monastère ceints de murs

(Clos de Tart et Clos Saint-Denis, sur la colline qui domine Morey), de même que le premier cru Clos de la Bussière, à la sortie du village. Contrairement à l'habitude, certains des premiers crus se trouvent plus en altitude que les grands crus. Une minuscule quantité de vin blanc est produite.

Autre trait inhabituel pour la Bourgogne : Clos de Tart est un monopole et possède sa propre exploitation et ses chais à côté des vignes. Les autres grands crus sont Clos de la Roche et Clos des Lambrays (promu en 1981, également monopole) ainsi qu'une petite partie des Bonnes Mares (voir Chambolle-Musigny ci-après).

Morey-Saint-Denis élabore des Bourgognes rouges de garde dans le style classique et solide de la Côte de Nuits : les vins de grand cru peuvent être somptueux, notamment ceux de Clos de la Roche et de Clos Saint-Denis. On compte quelques excellents producteurs et la qualité d'ensemble est élevée. Le Clos des Lambrays a été replanté en 1980 et, malgré des vignes considérées comme jeunes selon les normes grand cru, les vins sont voluptueux. Clos de Tart s'est nettement amélioré lors des derniers millésimes.

Les autres vins de Morey (premiers crus et vins de village) sont d'un bon rapport qualité/prix par rapport aux appellations voisines.

Parmi les producteurs, citons : Pierre Amiot, Georges Bryczek, Guy Castagnier, Domaine du Clos des Lambrays, Domaine Dujac, Faiveley (N), Robert Groffier, Georges Lignier, Hubert Lignier, Mommessin (Clos de Tart), Domaine Ponsot, Armand Rousseau, J. Truchot-Martin.

### Chambolle-Musigny

La puissance alliée à l'élégance et à la complexité sont les signes distinctifs des meilleurs vins de ce village, qui font partie des plus grands rouges de

## LES HAUTES CÔTES

À l'ouest de la Côte d'Or s'étend une zone de collines boisées s'ouvrant sur quelques vallées protégées. Les vignobles des Hautes Côtes ont décliné après la crise du phylloxéra. La renaissance de la viticulture, amorcée par la coopérative régionale, entraîne également celle des propriétés privées.

Le Chardonnay et l'Aligoté sont cultivés pour le vin blanc, et le Pinot Noir pour le rouge. L'appellation utilisée est Bourgogne plus le suffixe Hautes Côtes de Nuits ou Hautes Côtes de Beaune.

■ **Hautes Côtes de Nuits**
Les villages sont : Arcenant, Bévy, Chaux, Chevannes, Collonges-lès-Bévy, Curtil-Vergy, L'Étang-Vergy, Magny-lès-Villers, Marey-lès-Fussey, Messanges, Meuilley, Reulle-Vergy, Segrois, Villars-Fontaine, Villers-la Faye.
■ **Hautes Côtes de Beaune**
Les villages sont : Baubigny, Bouze-lès-Beaune, Cirey-lès-

Nolay, Cormot, Échevronne, Fussey, Magny-lès-Villers, Mavilly-Mandelot, Meloisey, Nantoux, Nolay, Rochepot, Vauchignon.
■ **Villages de Saône-et-Loire**
Sont également inclus dans l'appellation : Change, Créot, Épertully, Paris-Hôpital, et une partie de Cheilly-lès-Maranges, Dezize-lès-Maranges, Sampigny-lès-Maranges.

### Producteurs
Maison Bouhey-Allex
Marc Bouthenet
Denis Carré
Yves Chaley
Chanson Père & Fils
François Charles & Fils
Claude Cornu
Édouard Delaunay & Ses Fils
Doudet-Naudin
Ch. de Dracy
Guy Dufouleur
Guillemard Dupont
Jean Féry
Denis Fouquerand
Marcel-Bernard Fribourg

Maurice & Jean-Michel Giboulot
Jean Gros
Georges Guérin & Fils
Caves des Hautes Côtes
Groupement de Producteurs
Lucien Jacob
Robert Jayer-Gilles
Jean Joliot & Fils
La Jolivode
Honoré Lavigne
A. Ligeret
Ch. Mandelot
René Martin
Mazilly Père & Fils
Ch. de Mercey
Moillard
Domaine de Montmain
Henri Naudin-Ferrand
Parigot Père & Fils
Domaine du Prieuré
Antonin Rodet
Domaine Saint-Marc
Michel Serveau
Simon Fils
Thévenot-Le Brun & Fils
Alain Verdet
Domaine des Vignes des Demoiselles

Bourgogne. Ils sont moins tanniques et moins structurés que les vins de Morey-Saint-Denis et de Gevrey-Chambertin.

Le village est blotti dans une vallée qui interrompt la continuité du coteau calcaire. Les deux grands crus de la commune, Musigny et Bonnes Mares, sont magnifiquement situés sur le coteau est, aux frontières sud et nord de l'appellation. Le sol se composant d'un calcaire plus pur que dans la zone plus au nord, les vins sont plus légers. Parmi les grands crus, Bonnes Mares est souvent considéré comme le plus puissant et le plus concentré, et Musigny comme le plus raffiné et le plus subtil. Parmi les premiers crus, Les Amoureuses et Les Charmes sont des valeurs sûres. Les quelques vignes de Chardonnay produisent un vin blanc rare. Dans l'ensemble, les vins de village ont une qualité inférieure à celle de Morey-Saint-Denis.

Parmi les producteurs, citons : Bernard Amiot, Gaston Barthod-Noëllat, Pierre Bertheau, Château de Chambolle-Musigny, Joseph Drouhin (N), Robert Groffier, Alain Hudelot-Noëllat, Daniel Moine-Hudelot, Georges Roumier, Domaine des Varoilles, Comte Georges de Vogüé.

## Vougeot

Le Clos de Vougeot, ancien vignoble de monastère, est l'un des plus vastes (50 ha) et des plus célèbres grands crus de Bourgogne. Malheureusement pour l'acheteur, il est divisé entre 80 propriétaires possédant des petites parcelles, qui élaborent des vins de styles très différents. Une telle superficie

recouvre immanquablement des types de sol très variés. Aussi certaines parcelles donnent-elles des vins meilleurs que d'autres. Le vignoble descend en pente douce du château, sous la crête de la Côte, jusqu'à la nationale 74. Le meilleur terroir se trouve au sommet et jouxte le grand cru de Musigny. La partie la plus basse n'est séparée du vignoble AOC village adjacent que par l'enceinte du Clos et, par conséquent, ne peut être considérée comme supérieure à la partie haute que pour des raisons historiques.

Du fait de ce morcellement, le nom du vigneron compte encore plus ici que dans le reste de la Bourgogne. Mais les normes se sont améliorées récemment, faisant du Clos de Vougeot un vin de plus en plus fiable. Les meilleurs ont un goût puissant, riche, presque doux, et sont de longue garde. S'ils ne sont pas les plus subtils des Bourgognes, ils ont une réelle opulence et une texture veloutée.

Parmi les autres vins de Vougeot, on trouve certains premiers crus et des vins de village vivant à l'ombre du grand cru, ainsi qu'une petite quantité de vin blanc provenant du premier cru Clos Blanc.

Le château médiéval du Clos abrite le quartier général de la Confrérie des chevaliers du Tastevin de Bourgogne, société qui se consacre à la promotion des vins de Bourgogne en organisant des dégustations, des cérémonies hautes en couleur et des dîners de prestige.

La Confrérie récompense du label « Tastevin » les vins dont elle juge qu'ils représentent bien l'appellation.

Parmi les meilleurs producteurs, citons : Domaine Bertagna, Joseph Drouhin (N), Jean Gros, Alain Hudelot-Noëllat, Domaine Mongeard-Mugneret, Georges Roumier, Château de la Tour, Domaine des Varoilles.

## Flagey-Échézeaux

Cette appellation constitue un comble de complexité difficile à saisir, même pour les Bourguignons. Flagey est un village, mais, sur l'étiquette, Vosne-Romanée remplace le nom communal de Flagey-Échézeaux pour tous les vins qui ne sont pas grand cru (il n'y a pas de premier cru). Les grands crus, Échézeaux et Grands Échézeaux, se situent au-dessus de Vougeot, plus près de

Vosne-Romanée que du village qui porte leur nom. Il s'agit de vins puissants et parfumés, les Échézeaux devant mûrir parfois 10 ans et les Grands Échézeaux encore davantage. S'ils sont chers, ils restent cependant plus abordables que les grands crus voisins de Vosne-Romanée.

Parmi les producteurs, citons : Joseph Drouhin (N), René Engel, Gros Frère & Sœur, Henri Jayer, Mongeard-Mugneret, Domaine de La Romanée-Conti et Robert Sirugue.

## Vosne-Romanée

Ce village abrite six grands crus (La Romanée, La Romanée-Conti, Romanée-Saint-Vivant, Richebourg, La Tâche et la Grande Rue) et les célèbres vins, aux prix fabuleux, du Domaine de La Romanée-Conti (unique propriétaire des grands crus La Romanée-Conti et La Tâche).

### DOMAINE DE LA ROMANÉE-CONTI

Unique propriétaire de La Romanée-Conti et La Tâche, et principal propriétaire de Richebourg, Romanée-Saint-Vivant, Grands Échézeaux et Échézeaux, le Domaine pourrait n'être célèbre que pour les grands crus qu'il possède. À ces richesses, il convient d'ajouter un style de vinification propre : vendanges tardives de raisins mûrs, faibles rendements, fermentations longues et chaudes, séjour de 18 mois dans les fûts de chêne neuf et filtrage minimal. Les résultats, s'ils sont controversés, n'en donnent pas moins des vins toujours riches, capiteux et d'une grande opulence. Il s'agit de vins de très grande garde. Une production limitée et des prix justement élevés rendent ces vins difficiles à trouver, mais ils sont un modèle pour tous les Bourgognes rouges.

Le vignoble Les Argillières, au-dessus de Prémeaux-Prissey, est situé au sein de l'appellation Nuits-Saint-Georges.

Les grands crus sont tous regroupés au-dessus du village. Les grands crus atteignent des niveaux de prix élevés. Heureusement, une poignée d'excellents premiers crus, comme Aux Malconsorts (à côté de La Tâche, sur le coteau), Les Suchots, Les Chaumes, Aux Brûlées et Les Beaux Monts, dont beaucoup produisent des vins remarquables, rivalisent avec les grands crus pour leur opulence épicée et leur capacité à vieillir 10 à 15 ans, voire davantage.

L'appellation de la commune de Vosne-Romanée a connu des fortunes diverses : certains vignerons ont profité du prestige du nom pour diffuser des vins médiocres à vil prix, mais cette situation appartient au passé et les vins des années 80 sont plus fiables.

Parmi les producteurs, citons : Robert Arnoux, Jacques Cacheux-Blée & Fils, Cathiard-Molinier, J. Confuron-Cotetidot, Forey Père & Fils, Jean Grivot, Jean Gros, Gros Frère & Sœur, Henri Jayer, Leroy, Manière-Noirot, Méo-Camuzet, Mongeard-Mugneret, Mugneret-Gibourg, Pernin-Rossin, Bernard Rion Père & Fils, Domaine de La Romanée-Conti (voir encadré p. 193), Robert Sirugue et Jean Tardy.

### Nuits-Saint-Georges
Cette petite ville est, après Beaune, le second centre vinicole de Bourgogne, et abrite également de nombreux négociants.

Les vignobles sont séparés en deux par un petit cours d'eau. Il n'y a ici aucun grand cru mais une quarantaine de premiers crus (Les Vaucrains, Les Pruliers, Les Saint-Georges, Les Argillières, Clos de la Maréchale, pour n'en citer que quelques-uns).

Les vignobles de l'appellation s'étendent sur 7 km le long de la Côte. Aussi n'est-il pas surprenant que les styles de vin soient si différents. Ceux de l'extrémité nord de l'AOC, comme La Richemone et Les Damones, jouxtent ceux de Vosne-Romanée, avec lesquels ils partagent des vins au caractère parfumé et opulent.

Au sud de la ville, les vignobles de premier cru se prolongent jusqu'au-delà du village de Prémeaux, le plus méridional étant le Clos de la Maréchale. Les vignobles sont moins élevés, les sols plus lourds et les vins très aromatiques et robustes.

Les vins des premiers crus et de l'appellation village sont généralement prêts à boire après 5 ans en bouteille et peuvent rester à leur apogée pendant encore 3 ans. Le vin blanc est rare.

Nuits-Saint-Georges possède son propre hospice, petit frère de celui de Beaune. Celui-ci possède 9,5 ha de vignoble de grand cru et ses vins sont de bonne tenue.

Parmi les producteurs, citons : Bertrand Ambroise, Domaine de l'Arlot, Jean-Claude Boissot (N), Jean Chauvenet, Georges et Michel Chevillon, Robert Chevillon, Georges Chicotot, Daniel Chopin-Groffier, Jean-Jacques Confuron, Robert Dubois & Fils, Dufouleur Frères (N), Joseph Faiveley, Henri Gouges, Bertrand de Gramont, Domaine Machard de Gramont, Hospices de Nuits, Labouré-Roi, François Legros, Lupé-Cholet, Alain Michelot, Moillard, Domaine Moillard-Grivot, Domaine de la Poulette, Henri & Gilles Remoriquet, Daniel Rion, Thévenot-Le Brun & Fils, Alain Verdet.

# VILLAGES DE LA CÔTE DE BEAUNE

La partie méridionale de la Côte d'Or commence au nord de la ville de Beaune, où les vins sont principalement rouges, à base de Pinot Noir. La prédominance des vins rouges s'arrête au sud de Beaune, vers Meursault et Puligny-Montrachet, connus dans le monde entier pour leurs grands vins blancs (Chardonnay), pour reprendre un peu plus bas. La Côte de Beaune s'étire sur 25 km environ et comprend une vingtaine de villages possédant chacun sa propre AOC, répertoriés ci-après du nord au sud. Cependant, à la mode bourguignonne, les limites de la commune ne coïncident pas nécessairement avec celles de l'appellation. En outre, certains premiers et grands crus sont partagés entre deux villages. Les producteurs sont indiqués pour chaque village. Certains de ceux qui possèdent des parcelles dans plusieurs villages ainsi que les négociants sont cités p. 198-199. Dans la liste ci-dessous, le «N» entre parenthèses signale un vin de négociant.

## Côte-de-Beaune-Villages

Cette appellation de vin rouge peut être utilisée par tous les villages de la région, excepté Aloxe-Corton, Beaune, Pommard et Volnay. Elle permet aux vignerons des villages moins connus d'utiliser un nom réputé et signifie également que les négociants peuvent assembler des vins de deux villages ou plus pour élaborer un vin équilibré. Une AOC Côte-de-Beaune existe pour les vins produits à proximité de Beaune, mais elle est de petite dimension.

## Ladoix

Ce petit village situé sur la route conduisant de Nuits-Saint-Georges à Beaune s'abrite à l'ombre de l'énorme coteau couvert de vignobles de Corton. C'est le trait dominant du paysage du nord de Beaune : une grande colline ovale coiffée de bois. Les vignobles de grand cru couvrent trois de ses coteaux.

Ladoix, village le plus au nord de la Côte de Beaune, partage avec Serrigny l'une des appella-tions oubliées de Bourgogne, puisque les meilleurs vignobles se trouvent sur la colline de Corton et que les vins peuvent être étiquetés grand cru ou premier cru Aloxe-Corton. Un vin qui porte le nom de Ladoix-Serrigny a donc toutes les chances d'être moins onéreux que ses proches voisins. Les vins sont surtout rouges, même si quelques vignobles en altitude, comme Les Gréchons, produisent de bons blancs.

Parmi les producteurs, citons : Capitain-Gagnerot, Michel Mallard, Prince Florent de Mérode.

## Pernand-Vergelesses

Ce village situé sur la face ouest de la colline de Corton possède des parcelles de grand cru Cor-ton et Corton-Charlemagne (voir Aloxe-Corton ci-après). Il est réputé pour son premier cru Île des Vergelesses ainsi que pour ses vins blancs (environ 20 % de la production du village). Les vins rouges village et premier cru exigent au moins 5 ans en bouteille et peuvent se bonifier encore 10 ans.

Parmi les producteurs, citons : Bonneau du Martray, Marius Delarche, P. Dubreuil-Fontaine.

## Aloxe-Corton

Le village est dominé par la colline de Corton et ses deux grands crus : Corton (seul grand cru rouge de la Côte de Beaune et le plus vaste de Bourgogne) et Corton-Charlemagne (pour les vins blancs).

Officiellement, Corton occupe le coteau est de la colline, et Corton-Charlemagne, les coteaux sud et sud-ouest. La réglementation a aligné les limites des appellations sur les types de sol : les vignobles les plus élevés, où le sol est léger, avec un pourcentage élevé de craie, sont classés en Corton-Charlemagne, quoi qu'en disent les cartes. Leurs vins blancs comptent parmi les meilleurs au monde : leur bouquet distingué et épicé, au goût de noisette, ne commence à s'ouvrir qu'après 5 ans et reste encore magnifique pendant 15 ou 20 ans.

Plus bas sur le coteau, le sol s'enrichit et rougit, tout en restant très diversifié selon son emplacement autour de la colline. Le vin (rouge) peut s'appeler grand cru Corton, bien que, dans la pratique, son nom soit lié à celui d'un vignoble spécifique (Corton-Les Bressandes, Corton-Clos du Roi, Corton-Les Renardes). Les vins sont puissamment aromatiques, mais avec un goût de terroir prononcé, et extrêmement tanniques dans leur jeunesse (il leur faut 6 ou 7 ans en bouteille pour qu'émergent leurs arômes et leurs notes fruitées et épicées).

Plus bas, sur le coteau est, sont implantés les premiers crus rouges d'Aloxe-Corton. Nettement moins onéreux que les grands crus de Bourgogne, les vins sont flatteurs mais se conservent beaucoup moins longtemps.

La partie inférieure du coteau produit des vins de village rouges : relativement légers, ils représentent une bonne valeur marchande.

Parmi les producteurs, citons : Pierre André, Bouchard Père & Fils (N), Maurice Chapuis, Louis Jadot (N), Louis Latour (N), Rapet, Régnard & Fils, Daniel Senard, Tollot-Beaut, Michel Voarick.

## Chorey-lès-Beaune

Curieusement, ce village et la plupart de ses vignobles se trouvent sur le côté est de la «Route des vins», la N74. Pas de grands crus ou de premiers crus ici, mais des vins de village, presque toujours rouges, à boire rapidement, présentant une belle couleur, une grande fraîcheur et des parfums de fruit rouge, doux et mûrs.

Parmi les producteurs, mentionnons : Jacques Germain, Maillard Père & Fils, Tollot-Beaut.

## Savigny-lès-Beaune

Le village se trouve dans une vallée coupant la Côte et ses vignobles s'étendent sur les coteaux, de part et d'autre.

## CÔTE DE BEAUNE GRANDS CRUS

| | |
|---|---|
| Bâtard-Montrachet | Corton |
| Bienvenues-Bâtard-Montrachet | Corton-Charlemagne |
| Charlemagne | Criots-Bâtard-Montrachet |
| Chevalier-Montrachet | Montrachet |

Au nord, ils côtoient ceux de Pernand-Vergelesses. Les premiers crus comprennent Aux Vergelesses, Les Lavières, Aux Serpentières et Aux Guettes. Les vignobles situés au sud de Savigny, en direction de Beaune, comprennent les premiers crus La Dominode, Bas Marconnets et Hauts Marconnets.

Savigny est un important producteur de vins rouges dont les prix sont très raisonnables pour des Bourgognes de Côte d'Or. Les premiers crus se distinguent par leurs arômes séduisants et par un goût vif et fruité. Ils sont à boire entre 4 et 10 ans. Savigny produit également un peu de vin blanc.

Parmi les producteurs, citons : Pierre Bitouzet, Simon Bize & Fils, Luc Camus, Capron-Manieux, Chandon de Briailles, Doudet-Naudin, Maurice Ecard & Fils, Pierre Guillemot, Antonin Guyon, Laleure-Piot, Jean-Marc Pavelot, Rapet, Seguin, Henri de Villamont.

## Beaune

La cité médiévale de Beaune, qui a donné son nom à toute la région, est le centre du commerce des vins de Bourgogne. Elle attire les touristes toute l'année, mais les amateurs de vin s'y pressent surtout lors du festival de trois jours qui se tient dans la ville fortifiée le troisième week-end de novembre. Ces Trois Glorieuses, ainsi qu'on les appelle, culminent, en effet, avec la vente aux enchères organisée par les Hospices de Beaune, le dimanche (voir p. 197).

L'appellation Beaune comprend de loin la plus vaste zone (320 ha) de vignobles de premiers crus de la Côte de Beaune, alignés en rangs serrés au-dessus de la ville. Ils sont environ une trentaine, dont Les Marconnets, Les Fèves, Les Bressandes, Le Clos des Mouches, Les Grèves, Les Teurons, Les Vignes Franches et Les Epenottes.

À cet endroit, la pente de la Côte de Beaune est plus douce. Vues des murailles médiévales de Beaune, la haute colline et ses rangées ininterrompues de premiers crus sont impressionnantes.

La majeure partie du vin est rouge et une importante production de vins de qualité fait de cette AOC une des plus fiables de la région. De style plus aimable que les crus prestigieux de la Côte de Nuits, ces vins sont dotés d'arômes élégants et d'un beau goût fruité et épicé (à boire entre 6 et 10 ans d'âge). Les vins blancs sont moins distingués et se boivent plus jeunes.

Nombre de grands négociants de Bourgogne possèdent des caves sous les rues de Beaune et des parcelles dans des vignobles de premier cru. Drouhin possède une grande parcelle du Clos des Mouches ; Le Clos des Ursules de Louis Jadot fait partie des Vignes Franches ; et Bouchard Père & Fils détient Vigne de l'Enfant Jésus dans Les Grèves.

Parmi les producteurs, citons : Besancenot-Mathouillet, Bouchard Aîné & Fils (N), Bouchard Père & Fils (N), Champy Père & Fils, Chanson Père & Fils, Joseph Drouhin (N), Hospices de Beaune, Louis Jadot (N); Jaffelin (N), Lafarge, Louis Latour (N), P. de Marcilly Frères, Albert Morot, Patriarche Père & Fils (N), Remoissenet Père & Fils (N).

## Pommard

Un des noms les plus célèbres de la Côte d'Or, le Pommard est un vin dont le rapport qualité/prix a retrouvé une juste mesure.

Au sud de Beaune, le vignoble forme un large ruban produisant des vins rouges de qualité (Pommard ne fait que du vin rouge), interrompu par le village, au fond d'une petite vallée, et reprenant jusqu'à Volnay.

Les meilleurs premiers crus (Epenots, Rugiens, Clos de la Commeraine) donnent des vins rouges de couleur profonde, avec des arômes intenses, une bonne concentration, du corps et une complexité qui peut se bonifier en bouteille pendant 10 ans.

Parmi les producteurs, citons : Comte Armand, Jean-Marc Boillot, Domaine de Courcel, Jean Garaudet, Michel Gaunoux, Armand Girardin, André Mussy, Domaine Parent, Château de Pommard, Pothier-Rieusset, Virely-Rougeot.

## Volnay

Le village se situe assez haut sur le coteau, les vignobles s'étendant de part et d'autre, et en dessous. Ses vins de premier cru (Caillerets, Champans, Clos des Chênes et Clos des Ducs), délicats, soyeux, au parfum de violette et de fraise, sont renommés pour la qualité de leur vinification. Agréables à partir de 4 ou 5 ans, les Volnays peuvent vieillir bien plus longtemps.

Tout le vin est rouge. Le premier cru, Les Santenots, côtoie la zone d'AOC Meursault, qui produit surtout du vin blanc, et un peu de rouge vendu sous le nom de Volnay.

Parmi les producteurs, citons : Marquis d'Angerville, Jean-Marc Bouley, Joseph Drouhin (N), Domaine Lafarge, Hubert de Montille, Domaine de la Pousse d'Or, Joseph Voillot.

## Monthélie

Perché sur la colline de Meursault, ce vieux village, proche du sud de Volnay, possède quelques sites bien exposés au sud. Jusqu'au milieu des années 80, ses vins (surtout rouges) étaient considérés comme des Bourgognes plutôt rustiques et sans prétention. Aujourd'hui, des vinificateurs de talent commencent à exploiter le potentiel de leurs parcelles et les meilleurs producteurs élaborent des vins avec de bons arômes, pleins de caractère, bien structurés, et d'un bon rapport qualité/prix. Les plus connus des 9 premiers crus de Monthélie sont Sur La Velle et Les Champs Fulliot.

Parmi les producteurs contribuant à la bonne réputation de Monthélie, citons : Paul Garaudet, Comte Lafon et Château de Monthélie.

## Auxey-Duresses

Blotti dans la vallée qui se trouve à l'ouest de Monthélie, ce village produit deux tiers de vin rouge et un tiers de vin blanc. Les premiers crus, comme Les Duresses et Clos du Val, sont plantés de Pinot Noir et peuvent donner de beaux rouges au goût de framboise, soutenant la comparaison avec les Volnays. Les meilleurs blancs, au délicieux goût de pain grillé et de noisette, n'ont rien à envier aux Meursaults mais se boivent plus jeunes.

Parmi les producteurs, citons : Jean-Pierre Diconne, Domaine Leroy, Jean-Pierre Prunier, Michel Prunier, Pascal Prunier.

## Saint-Romain

En remontant la vallée sur 3 km, on atteint la bordure des Hautes Côtes (voir p. 192) où, sur un promontoire rocheux, se campe Saint-Romain. Ce village produit des quantités assez régulières (204 000 bouteilles par an) de vins blancs frais et nets d'un très bon rapport qualité/prix, ainsi que des rouges fermes aux notes de cerise.

Parmi les producteurs, citons : Bernard Fèvre, Maison Jean Germain, Alain Gras, René Gras Boisson, Louis Latour (N), Leroy, René Thévenin, Charles Viénot (N).

## Meursault

Meursault est quasiment une ville et ses vignobles couvrent les coteaux allant de Volnay, au nord, à Puligny-Montrachet, au sud. Le calcaire, excellent pour les vins blancs, prédomine. Malgré son étendue et son grand renom pour les vins blancs, Meursault ne possède pas de grands crus, mais un nombre impressionnant de premiers crus (Les Charmes, Les Perrières, Les Genevrières, Les Gouttes d'Or...).

On y élabore aussi du vin rouge, mais ce sont les blancs à l'arôme puissant et persistant, d'une grande longévité, qui ont fait la réputation de la commune. Les premiers crus donnent les vins les plus fins et les plus concentrés, les vins de village ayant moins de caractère. La production étant très importante, la qualité ne peut qu'être variable et les vins au caractère le plus marqué sont généralement mis en bouteilles au domaine.

Parmi les producteurs, citons : Robert Ampeau, Ballot-Millot, Pierre Boillot, Boisson-Vadot, Michel Bouzereau, Roger Caillot, Raoul Clerget, J. F. Coche-Dury, Domaine Darnat, Château Génot-Boulanger, Maison Jean Germain, Bernard Glantenay, Albert Grivault, Patrick Javillier, François Jobard, Jean Joliot, Michel Lafarge, Comte Lafon, Hubert Lamy, Joseph Matrot, Mazilly Père, Château de Meursault, Michelot-Buisson, Jean Monnier, René Monnier, Pierre Morey, Jacques Prieur, Michel Prunier, Ropiteau Frères, Marc Rougeot, Guy Roulot, Roux Père & Fils, Thévenin-Monthélie.

### Blagny

Coincé entre les deux célèbres appellations de vin blanc Meursault et Puligny-Montrachet, ce hameau se cantonne au vin rouge qui est commercialisé sous son propre nom. Ses vins blancs sont étiquetés Meursault (s'ils proviennent des vignobles situés au nord du hameau) ou Puligny-Montrachet (s'ils proviennent des vignobles près de Puligny-Montrachet).

### Saint-Aubin

Saint-Aubin, caché derrière la côte principale, élabore des vins rouges et blancs à partir d'un bon coteau exposé au sud et situé à l'ouest de Puligny-Montrachet. Les vins sont légers, vifs, souvent délicieux et à des prix raisonnables. Parmi les producteurs, citons : Jean-Claude Bachelet, Girard Thomas.

### Puligny-Montrachet

Le grand cru de Montrachet, qui élabore l'un des meilleurs vins blancs de Bourgogne, et assez justement parmi les plus onéreux, est à cheval sur la limite séparant Puligny de Chassagne. Ces deux villages ont annexé le nom du grand vignoble au leur, ce qui crée une confusion toute bourguignonne : de vastes quantités de vin blanc peuvent inclure le nom magique de « Montrachet » dans leur nom.

Puligny se concentre sur le vin blanc avec quatre grands crus – Le Montrachet, Chevalier-Montrachet, Bienvenues-Bâtard Montrachet et Bâtard-Montrachet – et une foison de superbes premiers crus. Les grands vignobles occupent des sites excellents bénéficiant d'une déclivité idéale, avec une orientation au sud-est, et d'un sol à dominante calcaire bien drainé.

Les vins de grand cru mettent du temps à développer tout leur potentiel. Dans les bons millésimes, les bouteilles des meilleurs producteurs peuvent vieillir 20 ans, voire davantage.

Les vins de premier cru de Puligny sont plus élégants que ceux de Meursault. Le Cailleret, Les Combettes et Les Pucelles sont les plus concentrés et les plus lents à atteindre leur maturité. Le Puligny-Montrachet Village est plus aimable, mais il peut être cher. Un peu de vin rouge est élaboré.

Parmi les producteurs, citons : Charles & Paul Bavard, Bouchard Père & Fils (N), Louis Carillon, Jean Chartron, Henri Clerc & Fils, Domaine Jadot, Marquis de Laguiche, Louis Latour (N), Domaine Leflaive, J. P. Monnot, Paul Pernot, Étienne Sauzet.

### Chassagne-Montrachet

Les trois grands crus de Chassagne sont Les Criots-Bâtard-Montrachet, Montrachet et Bâtard-Montrachet, qu'il partage avec son voisin Puligny.

Le Chassagne-Montrachet blanc ressemble beaucoup au Puligny, avec peut-être un peu plus de richesse, due au caractère plus méridional de la pente. Les normes de vinification sont très élevées.

Contrairement à Puligny, près de la moitié du vin de Chassagne est rouge. Peu connus, ces vins peuvent se révéler d'un rapport qualité/prix intéressant.

Ces vins rouges, souvent sous-estimés, sont souples, fruités et bien structurés. Les bons millésimes peuvent vieillir 10 ans.

Parmi les producteurs, citons : Amiot-Bonfils, Bachelet-Ramonet, Blain-Gagnard, Fernand Coffinet, Marc Colin, Michel Colin, Georges Deléger, Fontaine-Gagnard, Jean-Noël Gagnard, Gagnard-Delagrange, Lamy-Pillot, Duc de Magenta, Château de la Maltroye, Bernard Morey, Jean-Marc Morey, Marc Morey, Michel Niellon, André Ramonet.

### Santenay et Maranges

À cette extrémité sud de la Côte de Beaune, le vin rouge reprend possession du terrain. On compte plusieurs premiers crus, qui donnent de bons vins d'une certaine rusticité, avec des goûts de terroir prononcés. Il ne faut pas les garder trop longtemps, mais les déguster entre 5 et 8 ans. Les trois villages de Dezize-lès-Maranges, Sampigny-lès-Maranges et Cheilly-lès-Maranges partagent l'AOC de Maranges avec six premiers crus.

Parmi les producteurs, citons : Adrien Belland, Château de la Charrière, René Fleurot-Larose, Mestre Père & Fils, Prieur-Brunet, Lequin Roussot.

### HOSPICES DE BEAUNE

Organisme de charité, les Hospices de Beaune datent de 1443, lorsque Nicolas Rolin, chancelier du duché de Bourgogne, employa sa fortune à fonder un hôpital pour les malades et les indigents. Des bienfaiteurs continuant depuis lors, et aujourd'hui encore, de leur faire don de terres comprenant des vignobles, les Hospices comptent actuellement 60 ha de vignes réparties en 37 parcelles sur toute la Côte. Ils cultivent eux-mêmes leur vignoble et vinifient leurs vins, qui sont ensuite élevés par des négociants. Les prix que ces vins atteignent lors de leur spectaculaire vente aux enchères du mois de novembre servent de référence pour tout le millésime. Les vins rouges et blancs des Hospices, élaborés de façon traditionnelle, sont bons mais tendent à être extrêmement chers.

# PRODUCTEURS ET NÉGOCIANTS DE LA CÔTE D'OR

Les principaux producteurs et négociants de la Côte d'Or sont répertoriés ci-dessous. Certains noms figurent également dans les paragraphes consacrés à chaque village : voir Côte de Nuits (p. 191-194) et Côte de Beaune (p. 195-197). Cette liste, inévitablement incomplète, énumère trois catégories différentes : les grands négociants, qui achètent du vin ou du raisin en plusieurs endroits et à plusieurs producteurs, puis élaborent et commercialisent leur vin ; les grands vignerons, qui mettent eux-mêmes en bouteilles les vins qu'ils élaborent dans plusieurs villages ; et, enfin, les domaines dont les noms comptent pour les Bourgognes de qualité. Ces catégories interfèrent nécessairement les unes sur les autres : certains négociants sont également propriétaires et certains producteurs vendent à des négociants. Les producteurs travaillant dans un seul village figurent dans les paragraphes consacrés aux villages.

**Pierre Amiot & Fils**
Morey-Saint-Denis, Gevrey-Chambertin. Les vins, élégants, sont à boire plutôt jeunes.

**Robert Ampeau**
Meursault, Volnay, Puligny-Montrachet, Pommard. C'est un spécialiste des blancs établi à Meursault qui produit également de bons rouges.

**Pierre André**
Aloxe-Corton. Ce producteur-négociant, Château de Corton-André, propose un bon Corton.

**Domaine Marquis d'Angerville**
Volnay. C'est un des pionniers de la mise en bouteilles au château. Il possède des terres à Volnay, Meursault, Pommard.

**Domaine de l'Arlot**
Prémeaux. Ce récent domaine, qui possède des terres à Nuits-Saint-Georges, utilise les meilleures techniques de vinification et des raisins provenant de beaux vignobles.

**Domaine Adrien Belland**
Santenay. Possédant des terres dans les grands crus Corton et Corton-Charlemagne et d'autres vignobles à Santenay, Puligny et Chambertin, le domaine élabore de bons vins traditionnels.

**Domaine Bertagna**
Vougeot. Ce domaine propose des vins élégants de ses meilleures parcelles de Chambertin, du Clos Saint-Denis et du Clos de Vougeot.

**Domaine Simon Bize et Fils**
Savigny-lès-Beaune. Ce domaine familial très estimé a des terres autour de Savigny.

**Château de Bligny**
Poligny, Pommard, Beaune, Aloxe-Corton, Vosnes-Romanée, Nuits-Saint-Georges. Ce château est viticole depuis une vingtaine d'années ; le vin, encore jeune, ne manque pas d'élégance.

**Domaine Bonneau du Martray**
Pernand-Vergelesses. Ce principal propriétaire de Corton et Corton-Charlemagne produit des rouges et des blancs superbes.

**Bouchard Aîné & Fils**
Beaune. Cet important négociant est également propriétaire du grand cru Chambertin à la Côte chalonnaise.

**Bouchard Père & Fils**
Beaune. Cette affaire de négoce est aussi grand propriétaire de vignobles sous le nom de Domaines du Château de Beaune.

**Domaine Jean-Marc Bouley**
Volnay et Pommard. Il diffuse des vins de bonne facture.

**Domaine Louis Carillon**
Puligny-Montrachet. Cette vieille entreprise familiale, qui travaille avec sérieux, se consacre au Bourgogne blanc ; elle est propriétaire dans les principales communes de la Côte de Beaune.

**Chanson Père & Fils**
Beaune. Les vins du domaine, principalement des rouges, de ce négociant et propriétaire peuvent être très bons.

**Domaine Maurice Chapuis**
Aloxe-Corton. Ce domaine de Corton propose un très bon Corton-Charlemagne.

**Chartron & Trébuchet**
Puligny-Montrachet. Négociant et propriétaire (Domaine Chartron), il se consacre surtout au Bourgogne blanc.

**F. Chauvenet**
Nuits-Saint-Georges. Ce négociant est spécialisé dans les vins de Côte de Nuits et de Chablis.

**Domaine Robert Chevillon**
Nuits-Saint-Georges. Ce domaine récent applique des méthodes traditionnelles.

**Domaine Bruno Clair**
Marsannay. Ce vaste domaine, bien géré, respectueux des vinifications traditionnelles, figure parmi les grands producteurs du nord de la Côte de Nuits.

**Domaine Coche-Dury**
Meursault. C'est un spécialiste de Bourgogne blanc : Meursault, Corton-Charlemagne et Volnay de très bonne qualité.

**Domaine Confuron-Cotetidot**
Vosne-Romanée. Bons Nuits-Saint-Georges, Échezeaux, etc.

**Domaine de Courcel**
Pommard. Vins classiques de longue garde, très amples.

**Doudet-Naudin**
Savigny-lès-Beaune. Négociant et propriétaire. Vins traditionnels pour une longue maturation.

**Joseph Drouhin**
Beaune. Ce négociant et important propriétaire de la Côte d'Or et de Chablis fait des vins bien construits et fiables.

**Domaine Dubreuil-Fontaine**
Pernand-Vergelesses. Ce propriétaire à Corton et dans les environs élabore d'excellents vins.

**Dufouleur Frères**
Nuits-Saint-Georges. Ce négociant élabore des vins de façon traditionnelle.

**Domaine Dujac**
Morey-Saint-Denis. C'est la propriété de Jacques Seysses, vinificateur réputé, qui possède des vignes dans les grands crus et sur la Côte de Nuits.

**Joseph Faiveley**
Nuits-Saint-Georges. Ce négociant et propriétaire applique des méthodes de vinification modernes avec des résultats probants.

**Domaine Jean-Noël Gagnard**
Chassagne-Montrachet. Quelques vins blancs sérieux.

**Domaine Michel Gaunoux**
Pommard. Vins rouges très traditionnels de la Côte de Beaune.

**Domaine Jacques Germain**
Chorey-lès-Beaune. Possède de bonnes terres à Beaune et à Chorey et produit un vin de qualité.

**Domaine Machard de Gramont**
Nuits-Saint-Georges. Ce domaine de taille moyenne respecte la tra-

dition et s'applique à préserver le style de chaque cru.

**Domaine Jean Grivot**
Vosne-Romanée. Ses grands crus de Côte-de-Nuits sont d'une grande concentration.

**Hospices de Beaune**
Voir encadré p. 197.

**Hospices de Nuits**
Nuits-Saint-Georges. Petit frère des Hospices de Beaune, il est doté de très belles vignes à Nuits.

**Jaboulet-Vercherre**
Beaune. Grand négociant et propriétaire de vignobles à Beaune.

**Louis Jadot**
Beaune. C'est un négociant et un important propriétaire de vignobles qui élabore de très bons vins rouges et blancs.

**Jaffelin**
Beaune. Négociant lié à Drouhin (voir ce nom).

**Domaine Henri Jayer**
Vosne-Romanée. Grand producteur de Côte de Nuits, il produit des vins dans le respect des techniques traditionnelles.

**Labouré-Roi**
Nuits-Saint-Georges. C'est un négociant spécialisé dans les vins blancs de toute la région.

**Domaine Michel Lafarge**
Meursault. Vins provenant de Volnay, Meursault et Beaune.

**Domaine des Comtes Lafon**
Meursault. Vins blancs excellents (notamment de Montrachet) et très bons vins rouges (Volnay).

**Louis Latour**
Beaune. L'un des meilleurs négociants, il fait des rouges et (surtout) des blancs en provenance de toute la région, et offre toute une gamme de vins superbes.

**Domaine Leflaive**
Puligny-Montrachet. Grandes réussites dans les Bourgognes blancs de Montrachet et du voisinage. Olivier Leflaive est également négociant.

**Domaine Leroy**
Vosne-Romanée. Propriétaire et négociant, il détient une partie du fameux Domaine de La Romanée-Conti (voir ce nom). Récemment étendu, le Domaine Leroy possède quelques sites de premier choix.

**Lupé-Cholet**
Nuits-Saint-Georges. Cette maison de négoce est propriétaire de vignes et affiliée à la maison Bichot.

**Domaine du Duc de Magenta**
Chassagne-Montrachet. Dans ce domaine, les vins, de très grande classe, sont élaborés par Jadot (voir ce nom), de Beaune.

**Prosper Maufoux**
Santenay. C'est un négociant qui élève tous ses vins (rouges et blancs) en fûts.

**Domaine Méo-Camuzet**
Vosne-Romanée. Corton, Vougeot, autres grands crus : vins de très grande classe.

**Domaine Prince Florent de Mérode**
Ladoix-Serrigny. Ancienne propriété féodale, ce domaine comprend des sites exceptionnels sur la colline de Corton.

**Moillard-Grivot**
Nuits-Saint-Georges. C'est un négociant et propriétaire de bonne réputation.

**Domaine Mongeard-Mugneret**
Vosne-Romanée. Ce domaine en pleine expansion offre des rouges concentrés très appréciés.

**Domaine Monnier & Fils**
Meursault, Pommard, Puligny-Montrachet. Ces beaux vins, blancs et rouges, sont élaborés de façon traditionnelle.

**Patriarche Père & Fils**
Beaune. Ce très gros négociant

est aussi le propriétaire du Château de Meursault.

**Château de Pommard**
Pommard. Ce vaste domaine enclos offre des vins solides.

**Domaine de la Pousse d'Or**
Volnay, Pommard, Santenay. Ces Bourgognes rouges sont équilibrés, élégants et vieillissent bien.

**Domaine Jacques Prieur**
Gevrey-Chambertin, Beaune, Meursault, etc. Ce sont de bons vignobles qui offrent une gamme de vins excellents.

**Domaine André Ramonet**
Chassagne-Montrachet. Son Bourgogne blanc de premier ordre provient de Montrachet et des environs.

**Reine-Pédauque**
Aloxe-Corton. Négociant et propriétaire, il possède de bons sites, notamment autour de Corton.

**Remoissenet Père & Fils**
Beaune. Ce négociant et propriétaire fait une vinification de qualité, ses blancs étant meilleurs.

**Domaine Daniel Rion**
Nuits-Saint-Georges. Ce vignoble en Côte de Nuits produit des vins élaborés avec les dernières techniques afin de privilégier le fruit.

**Domaine de La Romanée-Conti**
Voir encadré p. 193.

**Ropiteau Frères**
Meursault. Ce négociant et propriétaire est renommé pour ses vins blancs.

**Domaine Armand Rousseau**
Gevrey-Chambertin, Morey-Saint-Denis. Ce pionnier de la mise en bouteilles produit des vins très traditionnels souvent cités en référence.

**Roux Père & Fils**
Saint-Aubin, Meursault, etc. Propriétaire dans le sud de la Côte de Beaune et négociant depuis peu, il élabore des vins modernes, propres et typiques, les blancs étant les meilleurs.

**Domaine Étienne Sauzet**
Puligny-Montrachet. Ces Bourgognes blancs classiques proviennent de grands crus et de premiers crus.

**Domaine Daniel Senard**
Aloxe-Corton. Les Cortons rouges de la plus grande renommée sont très concentrés.

**Tollot-Beaut & Fils**
Chorey-lès-Beaune. Ce vaste domaine autour de Corton et Beaune produit des vins rouges robustes de garde.

**Château de la Tour**
Vougeot, Beaune. Ces excellents Bourgognes rouges très concentrés sont très bien notés.

**Domaine des Varoilles**
Gevrey-Chambertin. Un long élevage caractérise les vins rouges de ce domaine de la Côte de Nuits.

**Henri de Villamont**
Savigny-lès-Beaune. Négociant et propriétaire autour de Corton, Savigny et Puligny, fait de bons rouges de Savigny.

**Domaine Michel Voarick**
Aloxe-Corton. Faibles rendements de beaux vignobles de Corton pour des vins de garde.

**Domaine Comte Georges de Vogüé**
Chambolle-Musigny. Grand propriétaire de grands crus et de premiers crus, mais irrégulier récemment.

# LES RÉGIONS VITICOLES DU CHALONNAIS, DU MÂCONNAIS ET DU BEAUJOLAIS

Le Chalonnais, ou région de Mercurey, comprend 5 villages importants et une multitude de vignobles utilisant les AOC régionales. Mâcon est le centre d'une vaste région de vins blancs et rouges ; le Beaujolais, plus au sud, comprend 10 villages de cru à son extrémité nord.

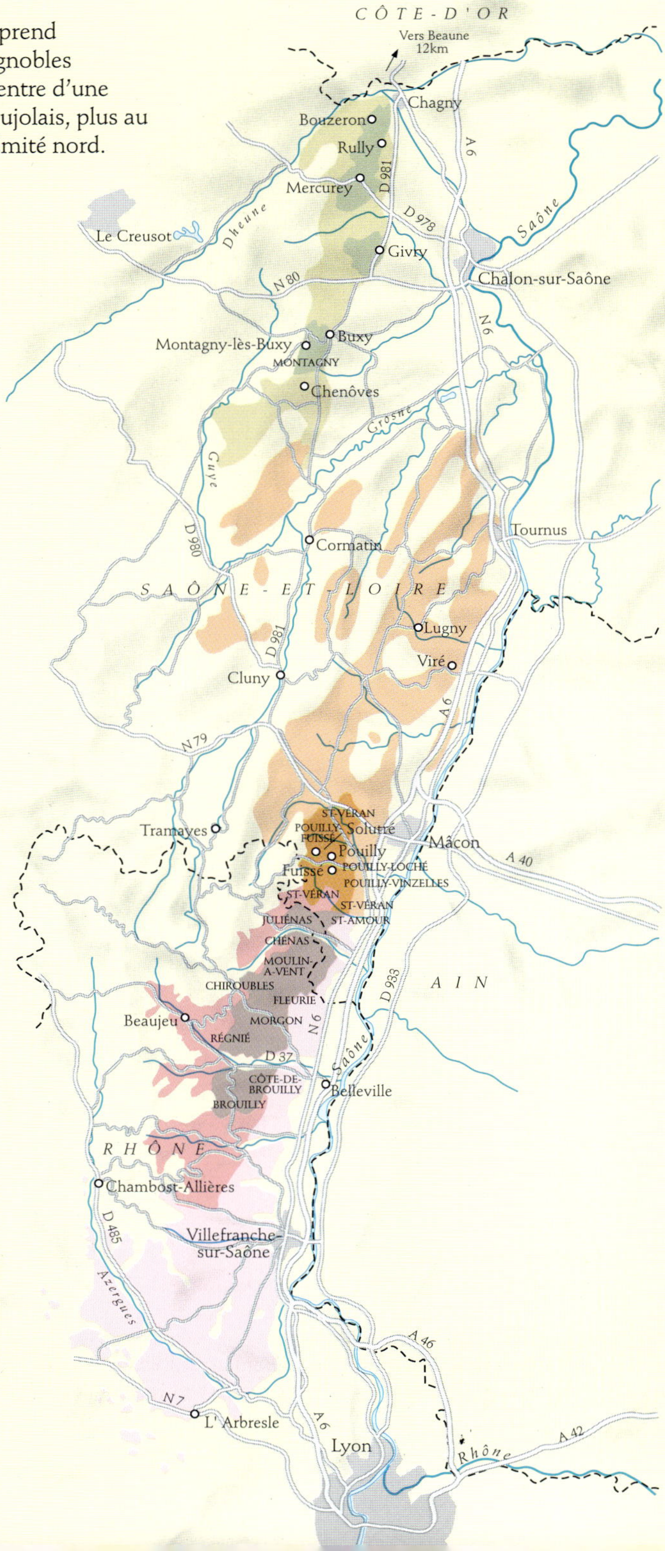

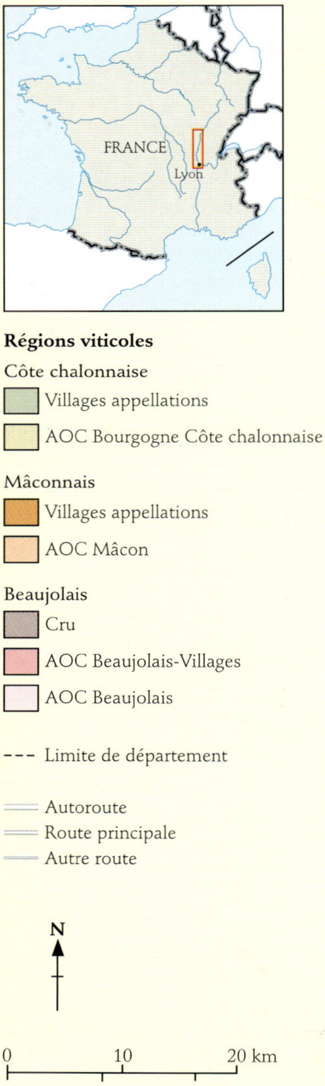

FRANCE
Lyon

**Régions viticoles**

**Côte chalonnaise**

■ Villages appellations

■ AOC Bourgogne Côte chalonnaise

**Mâconnais**

■ Villages appellations

■ AOC Mâcon

**Beaujolais**

■ Cru

■ AOC Beaujolais-Villages

■ AOC Beaujolais

- - - Limite de département

—— Autoroute

—— Route principale

—— Autre route

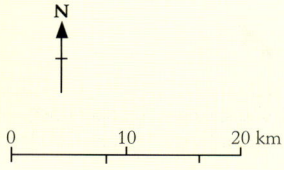

N

0        10        20 km

CÔTE-D'OR
Vers Beaune
12km
Chagny
Bouzeron
Rully
Mercurey
Le Creusot
Givry
Chalon-sur-Saône
Montagny-lès-Buxy
Buxy
MONTAGNY
Chenôves
Cormatin
Tournus
SAÔNE-ET-LOIRE
Lugny
Viré
Cluny
ST-VÉRAN
POUILLY Solutré
FUISSÉ
Tramayes
Pouilly
Mâcon
Fuissé
POUILLY-LOCHÉ
ST-VÉRAN
POUILLY-VINZELLES
ST-VÉRAN
JULIÉNAS
ST-AMOUR
CHÉNAS
MOULIN-A-VENT
CHIROUBLES
AIN
FLEURIE
MORGON
Beaujeu
RÉGNIÉ
CÔTE-DE-BROUILLY
Belleville
BROUILLY
RHÔNE
Chambost-Allières
Villefranche-sur-Saône
L'Arbresle
Lyon
Rhône

# CÔTE CHALONNAISE

Au Château de Rully, la famille des comtes de Ternay élabore du vin depuis six siècles.

Ce n'est pas parce que le département de la Côte-d'Or s'arrête à Chagny que les vignobles en font autant. Les collines exposées au sud se prolongent en Saône-et-Loire et les vignobles ne sont interrompus que par une petite vallée fluviale. La sagesse a guidé les géographes qui ont tracé les limites de cette région, car la ligne bien nette de la Côte d'Or se brise ici pour devenir une succession de collines et de vallées. La géologie est similaire à celle de la Côte d'Or, avec des affleurements de calcaire et de marne et quelques bons sites escarpés bien exposés.

Cette région tient son nom de Côte chalonnaise de la ville de Chalon-sur-Saône, assez éloignée des vignobles, mais cœur de la région (que l'on appelle également région de Mercurey, du nom de l'un de ses principaux villages). Les vins ont droit aux appellations générales ou régionales de Bourgogne (voir p. 178) ainsi qu'à l'AOC Bourgogne Côte chalonnaise. En outre, 5 villages peuvent utiliser leur propre nom : du nord au sud, Bouzeron, Rully, Mercurey, Givry et Montagny. Une bouteille de Côte Chalonnaise typique indique clairement le nom du village (et l'AOC), ainsi que le producteur. Peu de vignobles sont réputés, malgré la présence de quelques premiers crus.

On élabore aussi bien du rouge que du blanc, avec une prédilection pour le premier, ainsi que du crémant. Les cépages sont traditionnels : Pinot Noir pour le rouge (assemblé à du Gamay pour le Bourgogne Passetoutgrain) et Chardonnay pour le blanc. L'Aligoté est également cultivé pour certains vins blancs, notamment dans le village de Bouzeron, qui possède sa propre appellation pour ce vin.

### Le style Côte chalonnaise
Les blancs de Chardonnay sont dans le style des Bourgognes blancs produits plus au nord, mais à un prix plus doux. Moins demandés que les vins de Pouilly (Pouilly-Fuissé), dans le Mâconnais, ils sont plus abordables. Sans prétendre à la grandeur, à la concentration et à la race d'un Montrachet ou d'un Meursault, ils possèdent une vive personnalité et du charme. Les bons millésimes peuvent vieillir une décennie, mais, en général, ce sont des vins à déguster entre 2 et 4 ans après la vendange. L'Aligoté se boit assez jeune, mais les meilleurs, comme ceux de Bouzeron, se bonifient en bouteille.

Les rouges sont assez inégaux, mais, les bonnes années, les producteurs les plus sérieux produisent des Bourgognes authentiques mettant en valeur le caractère du Pinot Noir et capables de vieillir entre 4 et 6 ans. Les vins de toute la région, l'AOC Bourgogne Côte chalonnaise, sont souvent de bon rapport qualité/prix.

# VILLAGES ET PRODUCTEURS

Les villages dotés de leur propre appellation sont répertoriés ici, du nord au sud, et les producteurs importants nommés. Les autres vignobles utilisent l'AOC Bourgogne. Plusieurs négociants, signalés par un (N), et domaines possèdent des parcelles dans plusieurs villages.

### Bouzeron
Surtout réputé pour son Aligoté, qui lui a valu une appellation en 1979, ce petit village produit également quelques vins rouges intéressants. Il n'y a pas de premier cru.

Parmi les producteurs, citons : Bouchard Père & Fils (N), Michel Goubard, A. et P. de Villaine (distingué pour son Aligoté provenant d'un vignoble composé de vieilles vignes).

### Rully
À l'ombre de son château, Rully trône sur ses 19 premiers crus. Ses rouges clairs et plaisants sont plutôt légers, bien que les meilleurs puissent rivaliser avec ceux de Mercurey. Les blancs élégants, avec une pointe

d'épice, sont majoritaires et tendent à occuper le devant de la scène. Par conséquent, les vins utilisés pour le Crémant de Bourgogne pétillant viennent aujourd'hui de vignobles moins réputés et plus éloignés. Le succès des grands blancs de Rully a encouragé les producteurs à adopter la fermentation en cuve pour leur ajouter intérêt et complexité.

Seuls quelques-uns des meilleurs vignobles ont le statut de premier cru. Parmi les producteurs les plus importants, citons : Domaine Belleville, Jean-Claude Brelière, Chartron & Trébuchet (N), Pierre Cogny, André Delorme, Domaine de la Folie, Domaine de l'Hermitage, Paul & Henri Jacqueson, Domaine de la Renarde (Jean-François Delorme), Château de Rully (Antonin Rodet).

### Mercurey
Ce village, où les rouges dominent, avec un soupçon de blanc, possède un vignoble trois fois plus étendu que celui de Rully. Il est doté de grands domaines bien gérés.

Un Mercurey d'un bon producteur peut être un Bourgogne rouge intéressant et d'un bon prix, qui peut vieillir entre 4 et 6 ans. Plusieurs vignobles sont des premiers crus mais d'autres, même non classés, jouissent d'un bon renom. Les meilleurs vignobles comprennent Clos du Roi, Clos Voyen ou Les Voyens, Clos Marcilly, Les Champs Martin, Clos des Fourneaux, Clos des Montaigus, Clos des Barraults et Clos l'Évêque.

Parmi les producteurs, citons : Domaine de Chamerose, Chartron & Trébuchet (N), Michel Juillot, Antonin Rodet (Château de Chamirey) et Hugues de Suremain. La coopérative de Mercurey, qui compte 180 membres, a une bonne réputation.

### Givry
Givry est un centre historique du vin, remontant à l'époque médiévale, avec une prédilection pour les vins rouges qui attestent la renommée de l'appellation. Les vins sont puissants, quelque peu rustiques, mais capables de bien évoluer en bouteille.

Il existe de nombreux premiers crus dont quelques-uns sont plus réputés que les autres : Clos Salomon, Cellier-aux-Moines, Servoisine, Clos Jus…

Parmi les producteurs, citons : Domaine du Gardin-Clos Salomon (propriétaires de tout le vignoble), Jean-François Delorme, Domaine Joblot, Louis Latour (N), Domaine Ragot, Domaine Thénard.

### Montagny
L'appellation couvre 4 villages : Montagny-lès-Buxy, Saint-Vallerin, Buxy et Jully-lès-Buxy. Buxy possède une importante coopérative : ses membres, dont les activités s'étendent jusqu'au Mâconnais, élaborent la majorité du vin local. La zone de Montagny produit exclusivement du vin blanc issu de Chardonnay. Tous les vins atteignant 11,5 % vol peuvent être étiquetés comme premiers crus.

Parmi les producteurs, citons : Cave des Vignerons de Buxy (coopérative), Louis Latour (N), Antonin Rodet (N), Château de la Saule, Jean Vachet.

---

# MÂCONNAIS

Ce vaste vignoble est le premier de Bourgogne à ressentir le souffle chaud du Sud. La ville de Mâcon a longtemps joué un rôle important de centre de commerce du vin et de port fluvial et s'approvisionnait dans les villages du nord-ouest de cette belle campagne vallonnée. Cette zone produit du vin rouge et blanc sous l'AOC Mâcon. Plusieurs villages sont autorisés à utiliser leur propre nom et certains, comme Pouilly, ont acquis une grande réputation.

Le paysage est idyllique, avec de ravissants villages et tous les signes d'une polyculture réussie, par opposition à la monoculture austère de la Côte d'Or. La région étant plus méridionale, le climat est moins rude et les étés peuvent être assez chauds. Les hivers restent froids, rappelant que la Bourgogne, enfoncée à l'intérieur des terres, est ouverte à l'air froid venant du nord et de l'est.

La campagne est toute en ondulations, quelques collines émergeant de-ci de-là. Les vignes sont surtout plantées sur les coteaux exposés à l'est, plus protégés, entre bois et champs. La géologie du sous-sol est complexe et comporte d'innombrables lignes de failles. Mais on trouve des coteaux calcaires, parfaits pour le Chardonnay, et des zones de roche granitique au sol sablonneux, propices au Gamay. Près de Viré, Clessé et Lugny, le sol est propice aux vins blancs légers. Les collines les plus élevées et les meilleurs coteaux sont regroupés au sud de la région. C'est là que des villages célèbres cultivent le Chardonnay pour élaborer des vins blancs comme le Pouilly-Fuissé et le Saint-Véran. (À ne pas confondre avec le Pouilly-Fumé, un vin de Loire. Voir p. 237.)

## Les appellations
Les vins rouges et les vins blancs sont couverts par diverses AOC : le rouge peut être une AOC Mâcon rouge ou un Mâcon supérieur s'il possède un degré d'alcool supplémentaire. Le Mâcon blanc suit la même règle. Si le blanc est 100 % Chardonnay, le rouge, lui, est le plus souvent issu de Gamay, même si le Pinot Noir est autorisé. Le suffixe Villages peut être accolé si le vin provient de l'une des 43 communes répertoriées et, pour le vin blanc, le vrai nom du village peut être rattaché, comme dans Mâcon-Azé ou Mâcon-Viré.

Le Pouilly-Fuissé est un vin blanc provenant de plusieurs villages du sud du Mâconnais. Pouilly-Vinzelles et Saint-Véran sont similaires. Les rouges à base de Pinot Noir peuvent porter l'étiquette Bourgogne ou (avec du Gamay) Passetoutgrain (voir p. 178).

## Les cépages et les styles de vin
Le Mâcon blanc, comme ses diverses AOC, est issu du cépage originaire d'un village de la région : le Chardonnay. Certains vins, surtout ceux de Pouilly et des environs, sont des Bourgognes typiques valant parfois un bon vin de la Côte de Beaune ou de la Côte chalonnaise. En général, le style du Mâcon blanc est plus aimable et plus léger, d'une part, en raison du climat plus clément et, d'autre part, à cause de l'utilisation de clones de Chardonnay différents.

La vinification de la région est dominée par les coopératives, dont plusieurs sont importantes et bien équipées, qui adaptent leurs différents styles de vin blanc en fonction du marché. Par exemple, certains vins sont élevés dans du chêne neuf pour plus de richesse et de complexité tandis que d'autres sont élaborés dans l'acier inoxydable pour privilégier vivacité et fruit. Ce dernier style est plus représentatif du Mâcon blanc classique : pâle, il est léger, frais, net et ouvre l'appétit.

Le Gamay est de plus en plus courant pour les rouges et le Mâcon rouge vit quelque peu dans l'ombre de son voisin plus célèbre, le Beaujolais. Il se boit jeune et frais.

## Pouilly-Fuissé et ses voisins
Tout au sud du Mâconnais, à la limite des départements de la Saône-et-Loire et du Rhône, se trouve une zone renommée pour ses vins blancs. Les collines sont ici des falaises calcaires bien plus abruptes et couvertes de vignes très denses.

Depuis que le Pouilly-Fuissé s'est fait connaître aux États-Unis et sur d'autres marchés étrangers, vers le milieu de ce siècle, l'augmentation de la demande a conduit à une surproduction et à des prix excessifs.

L'appellation couvre 5 villages (voir p. 204), dont les terres sont idéales pour la culture du Chardonnay. Bien qu'il n'existe pas de premier cru, certains noms de vignobles figurent sur l'étiquette. La majeure partie du Pouilly-Fuissé provient de la coopérative locale, et le reste de quelques producteurs réputés (voir page suivante). Le meilleur Pouilly-Fuissé, élaboré à partir de vieilles vignes bien situées, est fermenté au moins partiellement dans du chêne neuf.

C'est un vin riche et ample, un vin de garde à la hauteur de sa renommée. Ce n'est malheureusement pas le cas de toutes les bouteilles.

Les appellations satellites de Pouilly-Loché et Pouilly-Vinzelles couvrent le vin des villages avoisinants. Ce vin ressemble au Pouilly-Fuissé, mais est généralement meilleur marché. L'AOC Saint-Véran est plus grande et couvre les terres de l'extrême sud du Mâconnais. Du fait que celles-ci empiètent sur le Beaujolais, leur vin peut également être appelé Beaujolais blanc. Le principal village de Saint-Véran, curieusement, se nomme Saint-Vérand.

Le rapport qualité/prix des vins du Mâconnais est excellent. Assez réguliers, la clémence du climat étant plus favorable au Chardonnay que dans le Nord, ils sont fiables dans la plupart des millésimes et méritent de passer un an en bouteille.

# APPELLATIONS
# ET PRODUCTEURS

Le Mâconnais est dominé par les coopératives, les domaines privés étant plutôt concentrés autour des prestigieux villages de vin blanc des appellations de Pouilly. Les grands négociants de Beaune (voir p. 198-199) n'oublient pas ces vins. Les négociants locaux indiqués ci-dessous sont suivis d'un (N).

## Mâcon

Cette vaste région fait à la fois du rouge et du blanc, ce dernier étant majoritaire. Le cépage blanc est le Chardonnay. L'AOC Mâcon est rare : la plupart des vins blancs atteignent le niveau de l'AOC Mâcon Supérieur (11 % vol au lieu de 10 % vol), mais l'étiquette la plus courante, Mâcon-Villages, indique que le vin provient de l'un des 43 villages prétendant à une plus grande qualité.

Le Mâcon fournit trois bouteilles de Bourgogne blanc sur quatre, presque toutes provenant des coopératives, qui élaborent également du Crémant de Bourgogne (voir p. 202). Certains vins de coopérative sont bons, notamment les cuvées spéciales, et l'on remarque un nombre croissant de bons producteurs indépendants.

Parmi les villages ayant droit à l'AOC Mâcon-Villages, ceux qui présentent un certain intérêt sont Chardonnay (patrie du cépage), Clessé, Fuissé, Igé, Loché, Lugny, Prissé, La Roche-Vineuse (la bien nommée !) et Viré.

Parmi les producteurs, citons : André Bonhomme (Viré), Jacques Depagneux (N) [Villefranche-sur-Saône], Domaine des Gandines (Clessé), Château de la Greffière (La Roche-Vineuse), Domaine Guillemot-Michel (Clessé), Henri Lafarge (Bray), Loron Fils (N) [Mâcon], Domaine Manciat-Poncet (Charnay-lès-Mâcon), Domaine René Michel (Clessé), Château de Mirande (Lugny), Domaine de Roally (Viré), Jean Signoret (Clessé), Domaine Tal-mard (Uchizy), Domaine Jean Thévenet (Clessé), Trenel Fils (N) [Charnay-lès-Mâcon]. Les caves coopératives de Clessé, Igé, Lugny et Viré ont toutes une bonne réputation.

## Pouilly-Fuissé

L'AOC compte 4 villages : Fuissé, Chaintré, Solutré-Pouilly et Vergisson. Solutré possède d'excellents vignobles situés sur des coteaux exposés est-sud-est, sous l'énorme roche calcaire classée comme site préhistorique. Le village de Fuissé possède une succession de vignobles bien placés, également orientés à l'est.

Une partie du vin est élaborée par la coopérative locale de Chaintré et vendue sous ses marques ou sous celles des grands négociants bourguignons, qui achètent du vin à la coopérative et aux petits vignerons.

La majorité de la production (90 %) est entre les mains des producteurs qui vendent sous leur nom tels : Maison Auvigue (Charnay-lès-Mâcon), Daniel Barraud (Vergisson), Château de Beauregard (Fuissé), Domaine Bellenand (Solutré), Domaine Bressand (Fuissé), Domaine Cor-dier (Fuissé), Domaine Corsin (Fuissé), Domaine Jeanne Ferret (Fuissé), Domaine André Forest, Domaine Michel Forest (Vergisson), Château de Fuissé, Domaine de Granges (Chaintré), Domaine Guffens-Heynen (Vergisson), Domaine Roger Lasserat (Vergisson), Domaine Manciat-Poncet (Vergisson), Domaine Gilles Noblet (Fuissé), Domaine Roger Saumaize (Vergisson), Domaine Valette (Chaintré).

## Pouilly-Vinzelles
## et Pouilly-Loché

Peu de producteurs utilisent ces AOC de vins blancs couvrant de petites zones à l'est de Pouilly-Fuissé. Les vins sont semblables à ceux de Pouilly-Fuissé, mais souvent bien meilleur marché, car leur nom est moins connu. Parmi les noms que l'on rencontre, citons : Domaine Cordier, Cave des Crus Blancs (Vinzelles), Domaine Mathias (Chaintré), Domaine Saint-Philibert (Loché).

## Saint-Véran

Cette AOC comprend des vignobles dans les villages de Saint-Vérand, Chânes, Chasselas, Davayé, Leynes, Prissé, Saint-Amour et Solutré, qui se trouvent autour du cœur de l'appellation de Pouilly-Fuissé. Ici encore issu du cépage Chardonnay, le vin blanc est moins superbe mais plus abordable que le meilleur Pouilly-Fuissé. Les vignes de cette appellation sont bien exposées sur des coteaux calcaires, et, s'il est correctement vinifié, le Saint-Véran peut parfaitement égaler ses voisins en qualité.

Parmi les producteurs, citons : Domaine des Crais (Pierreclos), Domaine des Deux Roches (Davayé), Domaine Roger Lasserat (Vergisson), Jean-Jacques Martin (Chânes), la coopérative de Prissé, Cellier des Samsons (N) [Quincié], Domaine Vincent (Fuissé), Henry Fessy (N) [Saint-Jean-d'Ardières].

Le Château Fuissé produit le Pouilly-Fuissé le plus prestigieux.

# BEAUJOLAIS

Un des vins les plus connus au monde, le Beaujolais traverse actuellement une crise d'identité. S'il est considéré comme un vin rouge facile à boire, sans grande ambition, ses meilleurs producteurs aimeraient qu'on le prenne davantage au sérieux. Une grande partie de sa réputation, ou de sa notoriété, provient du Beaujolais nouveau, propulsé sur le marché début novembre, quelques semaines seulement après les vendanges. Ce qui était autrefois un plaisir seulement local est devenu un phénomène de mode à Lyon, puis à Paris, et gagne maintenant le Japon.

Les connaisseurs décrient le vin nouveau, mais, certaines années, plus de la moitié des raisins récoltés sont vendus comme Beaujolais nouveau, et les marchands étrangers en vendent d'énormes quantités à des gens qui n'achètent pratiquement jamais de vin rouge.

Le Beaujolais fait officiellement partie de la Bourgogne, mais, en dehors de sa proximité et des affaires de négoce qu'il partage avec elle, il n'a pas grand-chose à voir avec la Côte d'Or. Le calcaire typique du reste de la Bourgogne cède la place au granite et aux roches ignées d'une chaîne de montagnes séparant la Loire, à l'ouest, de la Saône. Ici est cultivé le Gamay, cépage prétendument inférieur, proscrit de la Côte d'Or par les ducs de Bourgogne au Moyen Âge. Les techniques de vinification sont également particulières.

La région tient son nom de la cité médiévale de Beaujeu, nichée au milieu des collines. Fief de seigneurs locaux, qui dirigeaient la région comme si elle leur appartenait, elle se heurta au gouvernement de Paris et Richelieu fit abattre la forteresse en 1611. Aujourd'hui, Villefranche-sur-Saône et Belleville, toutes deux dans la vallée empruntée par l'autoroute A6 et le TGV, sont les capitales du Beaujolais.

Vignes de Gamay.

### Les 3 zones et les appellations

Le Beaujolais couvre une vaste zone du sud de Mâcon jusqu'à la banlieue lyonnaise et limitée à l'est par la vallée de la Saône. Les vignobles partent du pied des coteaux et montent jusqu'aux sommets boisés des collines. Le point culminant de la région est à plus de 1 000 m et les vignes montent jusqu'à une altitude d'environ 500 m. Les collines les protègent contre les vents d'ouest et le climat est chaud et plutôt sec.

Les communes, au nombre de 60, produisent du vin en plus ou moins grande quantité. La moitié nord de la région compte la plus forte densité de vignobles, sur un sous-sol granitique, et élabore les meilleurs vins. Plus au sud, à partir de Villefranche-sur-Saône, c'est le royaume du calcaire.

L'ensemble de la région a droit à l'AOC Beaujolais, ou Beaujolais Supérieur si le degré d'alcool est plus élevé. L'AOC Beaujolais-Villages est réservée aux 39 communes de la moitié nord. Dans cette zone limitée, la plus septentrionale de la région, 10 villages sont autorisés à donner leur nom à leur vin : ce sont les crus du Beaujolais.

Dans le Beaujolais, les termes de cru et grand cru (utilisés indifféremment) s'appliquent à tous les vignobles de ces villages spécifiques, et non à un vignoble particulier, comme dans le reste de la Bourgogne. La différence de qualité entre un Beaujolais ordinaire et un cru est considérable. Les crus, notamment, ont une capacité à vieillir en bouteille que n'ont pas les Beaujolais et les Beaujolais-Villages. Chacun d'eux a sa propre personnalité, décrite aux pages suivantes.

Cette région mérite d'être visitée : les routes en lacet donnent une vue magnifique sur les vignobles et nombreux sont les endroits où l'on peut déguster et acheter du vin. Les bons restaurants abondent, malgré une gastronomie plus rustique que raffinée.

### La vinification, l'élevage et les styles de vin

La méthode normale pour faire le vin rouge consiste à fouler en partie les grappes, à la fois pour égrapper les baies et pour permettre au jus de s'écouler et aux levures de lancer la fermentation. Dans le Beaujolais, on utilise une variante locale de la macération carbonique, baptisée macération beaujolaise traditionnelle ou, plus simplement, méthode du Beaujolais. Pour ce faire, les grappes doivent être jetées entières dans la cuve et, par conséquent, on n'utilise pas de machine à vendanger.

Les grappes de raisin mûr sont donc versées dans la cuve, qui est ensuite scellée. La fermentation commence et le gaz carbonique qui se dégage se condense au-dessus des raisins en fermentation, ralentit le processus et agit comme un antiseptique. Les grappes du dessus écrasent celles du dessous, ce qui permet à la fermentation de commencer dans le jus accumulé au fond de la cuve. Certains producteurs pompent ce jus et en arrosent la couche supérieure pour accélérer le processus.

La chaleur dégagée par la fermentation active celle qui se produit à l'intérieur des baies, qui éclatent et alimentent le processus. Une fois cette étape terminée, les raisins sont pressés, et une seconde fermentation se produit. Les levures jouent un rôle important : on ensemence la cuve de levures sèches qui ont des vertus aromatiques pour ce qui deviendra le Beaujolais Nouveau.

Le but de cette macération est d'extraire le maximum de couleur et d'arôme : le cépage Gamay s'y prête particulièrement puisque sa principale vertu est son parfum fruité et juteux.

Dans la véritable macération carbonique, du gaz carbonique est injecté dans la cuve pour prolonger le processus de macération.

Les caves modernes, notamment celles des négociants et des coopératives, utilisent des systèmes de contrôle de température pour éviter une fermentation à température élevée et optimiser les parfums de fruit et l'arôme. La technique traditionnelle, encore employée par les plus petits domaines, plus soucieux de qualité, permet une fermentation plus chaude, qui extrait

## COTEAUX DU LYONNAIS

Cette zone de 50 communes, au sud du Beaujolais, en a adopté les cépages (Gamay pour les rouges, Chardonnay et Aligoté pour les blancs). Le blanc est produit en infime quantité et le rouge peut être considéré comme le petit cousin du Beaujolais.

Ses 400 ha plantés donnent moins de vin qu'un seul cru de Beaujolais. La zone part de la limite sud du Beaujolais, contourne la ville de Lyon par l'ouest et jouxte la Côte-Rôtie au sud. Elle n'est plus que l'ombre de ce qu'elle était au XVIIIe siècle, époque à laquelle elle comptait 13 500 ha…

Le producteur principal est la coopérative de Saint-Bel, dans la partie nord de la zone, bien que quelques domaines soient aussi très prospères.

davantage de tanin et de couleur des grappes. Certaines années, le vin fermente lentement dans des cuves jusqu'à une date avancée dans l'hiver ; il est ensuite élevé en fûts pendant le printemps et l'été, puis mis en bouteilles en septembre de l'année suivante. On est bien loin de la commercialisation accélérée du Beaujolais Nouveau.

Les deux sortes de Beaujolais sont des vins corrects, que l'on doit apprécier pour ce qu'ils sont. Un verre de Beaujolais Nouveau violet, d'une année mûre et bien fait, ensoleille les tristes journées de novembre. Un Beaujolais courant de 1 an, frais et fruité, met en appétit et accompagne à merveille un plat de cuisine française traditionnelle. Les crus plus sérieux peuvent vieillir de 3 à 7 ans et devenir plus concentrés et plus raffinés. Malgré la différence de cépage, ils ressemblent alors étrangement aux Bourgognes rouges de la Côte d'Or. □

Le village et les deux tours caractéristiques de l'église de Régnié, entourés de vignobles.

# VILLAGES ET PRODUCTEURS

La plupart des Beaujolais et des Beaujolais-Villages sont vendus sous le nom du négociant ou de la coopérative (ou, à l'étranger, de l'importateur) sans beaucoup d'explications sur leurs origines. Les étiquettes des bouteilles des 10 crus sont plus explicites et, selon les vins, donnent les noms des propriétés et des négociants (une liste de ces derniers figure p. 208).

Presque tout le Beaujolais est rouge. Le blanc, autorisé, est produit en petites quantités à partir du Chardonnay, dans les vignobles où l'AOC Saint-Véran (voir p. 204) empiète sur le Beaujolais. Le Beaujolais blanc est un autre nom du Saint-Véran.

## LES CRUS DU BEAUJOLAIS

Il s'agit de 10 villages s'échelonnant du nord au sud sur une vingtaine de kilomètres, dans la partie nord du Beaujolais. Ils utilisent leur propre nom et leurs vins témoignent de leur caractère particulier. Ces villages et leurs vignobles sont situés sur les monts du Beaujolais, qui dominent la vallée de la Saône.

Les vignes sont cultivées sur des sols granitiques, sans calcaire, par de petits vignerons qui vendent leur vin au négoce. Quelques grands domaines existent toutefois. Les villages sont répertoriés par ordre alphabétique, du nord au sud.

### Saint-Amour

À quelques kilomètres au sud-ouest de la ville de Mâcon (et faisant en réalité partie du Mâconnais), Saint-Amour est le plus septentrional des crus du Beaujolais et l'un des plus petits. La plupart des vignes sont plantées sur les coteaux orientés est-sud-est, à une altitude de 250 m. Saint-Amour produit un Beaujolais léger, délicatement fruité, conçu pour être dégusté jeune, mais qui s'améliore après 2 ou 3 ans en bouteille. Son nom romantique attire les acheteurs. Le vignoble ne comptant que 260 ha, la quantité produite est insuffisante et, comparés à ceux des autres crus, les prix sont élevés par rapport à la qualité.

Quelques producteurs vendent leur vin blanc de Chardonnay sous le nom de Saint-Véran.

Les producteurs sont regroupés autour du village de Saint-Amour-Bellevue. En font partie Jean-Paul Ducoté, Domaine des Ducs, Domaine Dufour, Domaine de la Cave Lamartine (Paul Spay), Domaine du Paradis, Domaine Jean Patissier et Château de Saint-Amour (Pierre Siraudin).

### Juliénas

Le Juliénas, qui tiendrait son nom de Jules César, comprend quelques-uns des sites viticoles les plus anciens du Beaujolais. Les coteaux élevés et escarpés, granitiques, présentent un excellent potentiel de mûrissement du raisin.

Les vins de cette appellation sont plus solides et moins fins que ceux de Saint-Amour ; ils s'ouvrent entre 2 et 4 ans après les vendanges. L'appellation possède deux fois plus de superficie plantée que Saint-Amour, grâce à l'annexion des deux hameaux voisins : Jullié et Emeringues.

Parmi les producteurs, citons : Ernest Aujas & Fils, Domaine de Beauvernay, Jean Benon, Bernard Broyer, Thierry Descombes, Château de Juliénas (François Condemine), Domaine du Maupas (Henri Lespinasse), Domaine des Rizières (Denise Thorin-Peyret), Domaine de la Vieille Église (Loron).

### Chénas

Ce cru tire son nom des forêts de chênes du Moyen Âge auxquelles se sont peu à peu substituées les vignes. La plus petite (240 ha) et la moins connue des appellations du Beaujolais, Chénas se trouve à la limite de Moulin-à-Vent. Leurs vins se ressemblent d'ailleurs beaucoup.

L'appellation comprend une partie de la commune de La Chapelle-de-Guinchay. Les meilleurs vins de Chénas partagent le caractère de Moulin-à-Vent et peuvent se révéler assez riches et concentrés, sans posséder la capacité de vieillissement d'un Juliénas, par exemple.

Parmi les producteurs, citons : Jean Benon, Guy Braillon, Domaine des Brureaux (Daniel Robin), Louis Champagnon, Cave du Château de Chénas (coopérative), Domaine des Ducs, Domaine du Maupas (Henri Lespinasse), Domaine des Trémont.

### Moulin-à-Vent

Tirant son nom d'un moulin à vent se trouvant au sommet d'une colline, l'appellation est diversement considérée comme la plus belle, la plus sérieuse et la « reine » du Beaujolais ou, tout au contraire, comme la plus atypique de la région. En tout état de cause, il s'agit certainement du cru de Beaujolais le plus onéreux et le plus apte à vieillir. Le sous-sol granitique recouvert d'une couche de sable riche en manganèse confère un caractère particulier au vin. Les meilleurs vins, de couleur rubis foncé, peuvent conserver une puissance et une structure impressionnantes après 10 ans. Certains producteurs les élèvent dans le chêne pour tirer le meilleur parti de leur structure et de leur potentiel de vieillissement.

Avec 640 ha de vignes, Moulin-à-Vent est l'un des crus les plus productifs.

Parmi les producteurs, citons : Cave du Château de Chénas (coopérative), Domaine la Chevalière, Domaine Desperrier, Jean Georges, Hubert Lapierre, Château du Moulin-à-Vent (Jean-Pierre Bloud), Hospices de Romanèche-Thorins, Cellier des Samsons, Domaine des Vignes de Tremblay.

### Fleurie

Village au nom aussi ravissant que le site où il se trouve, perché sur une colline au cœur du Beaujolais, Fleurie produit des vins séduisants qui, en partie grâce à leur nom facilement identifiable, sont extrêmement populaires et presque aussi coûteux que ceux de Moulin-à-Vent. La plupart des vignes sont plantées à une altitude d'environ 300 m, sur des sables granitiques relativement pauvres ou des graviers argileux. Les bons millésimes sont riches en fruit, faciles à boire dans leur jeunesse, mais encore meilleurs après 2 années.

Parmi les producteurs notables, citons : Cave Coopérative de Fleurie, Domaine de Fontabons, Domaine de la Grand'Cour (Jean Dutraive), Château des Labourons (Comte B. de Lescure), André Metrat, Domaine du Pont du Jour.

### Chiroubles

Situé en altitude (entre 300 et 1 000 m) dans les collines à l'ouest de Fleurie, Chiroubles domine l'ensemble du Beaujolais et, de façon assez appropriée, offre le vin le plus léger et, aux dires de certains, le plus équilibré de la région. De couleur claire, ce cru du Beaujolais le plus parfumé doit être bu dans les 2 ans. À la mode aujourd'hui, les vins de Chiroubles ne sont pas bon marché.

Parmi les producteurs, citons : Domaine Brouillard, Domaine de la Combe au Loup (Gérard-Roger Méziat), André Depré, La Maison des Vignerons à Chiroubles (coopérative), Georges Passot, Cellier des Samsons, René Savoye, André Sesmures, Domaine de la Source.

### Morgon

Morgon produit certains Beaujolais mémorables ; il est souvent placé en second, après Moulin-à-Vent, dans la hiérarchie des crus. Les meilleurs vignobles poussent dans un sol composé d'ardoise appelé terre pourrie du Mont du Py : les vins provenant de ces vignes sont particulièrement amples et concentrés. Ils ont une couleur profonde, beaucoup de corps et développent des arômes de fruits exotiques avec l'âge. Ce sont des vins de garde au bouquet original, qui a donné naissance au verbe « morgonner », pour décrire ces mêmes arômes dans d'autres vins. L'appellation couvre cependant quelques vins qui se montrent quelquefois grossiers et lourds, défaut que l'on retrouve dans tous les vins inférieurs de chaque cru.

Parmi les producteurs, citons : Domaine Aucœur, Domaine de Coteau de Lys (Maurice Passot), Marcel Lapierre, Domaine de Leyre-Loup, Domaine de Pillets, Domaine des Roches de Py (Marcel Jonchet), Domaine Savoye, Domaine de Thizy.

### Régnié

Régnié est devenu le dixième cru du Beaujolais en 1988, alors qu'il détient avec Juliénas le record des plus anciens vignobles, puisqu'ils datent de l'époque romaine. Les vins de Régnié sont représentatifs de leur emplacement entre Morgon et Brouilly. Au nord, ils sont robustes avec de forts arômes de fruits, tandis que, au sud, les sols plus sablonneux leur confèrent une couleur plus claire et un caractère plus délicat et aromatique (plus près du Brouilly).

Parmi les producteurs, citons : Domaine Aucœur, Domaine de la Croix de Chèvre, Caveau des Deux Clochers, Domaine de la Plaigne (Gilles Roux), Domaine de Ponchon, Domaine du Ruyère (Paul Collonge).

### Côte-de-Brouilly

Le Mont de Brouilly est une colline de bonne taille se dressant au-dessus des vignobles, à l'ouest de Belleville, dans la commune de Brouilly. Les vignobles encerclant la colline possèdent leur propre appellation, Côte-de-Brouilly, tandis que le reste de la commune est du Brouilly. Les vins sont généralement considérés comme supérieurs à ceux de Brouilly, car ils proviennent de coteaux privilégiés. Ils sont plus riches et ont plus de caractère, les raisins mûrissant bien sur le Mont de Brouilly, et ont une teneur en sucre plus élevée (leur taux d'alcool minimal est donc plus élevé que dans les autres crus). On prétend également que la « terre bleue », à base de granite, de ce volcan éteint apporte un degré de finesse qui manque au Brouilly. Un Côte-de-Brouilly est à son apogée entre 1 et 3 ans.

Parmi les producteurs, citons : André Large, Château Thivin et Château du Grand Vernay (Claude Geoffray pour les deux), Les Vins Mathelin.

### Brouilly

Cru le plus étendu, le plus productif et le plus méridional de la région du Beaujolais, Brouilly élabore toute une série de vins ordinaires à peine mieux considérés que les Beaujolais-Villages, mais également de très bons vins, au goût de raisin, avec beaucoup plus de substance et une durée de vie supérieure (de 2 à 4 ans). On le trouve beaucoup plus facilement dans le commerce que les autres crus du Beaujolais. L'AOC couvre plusieurs communes.

Parmi les producteurs, citons : Château de la Chaize, Robert Condemine, Domaine Cret des Garanches, Jean-François Gaget, Jean Lathuilière, Château Thivin.

### BEAUJOLAIS-VILLAGES

L'appellation Beaujolais-Villages couvre toute la partie nord de la région, le haut Beaujolais, et comprend 39 communes, ainsi que les crus du Beaujolais. En théorie, les villages sont autorisés à utiliser leur propre nom, mais, dans les faits, ils ne le font pratiquement jamais. On retrouve donc sous l'appellation Beaujolais-Villages des vins de qualité, et de styles très différents.

L'ensemble de la zone se compose de sols granitiques à l'origine : légers, chauds et sablonneux, sans calcaire. Les vins ne bénéficient généralement pas des qualités de garde des crus et doivent être consommés entre 1 et 2 ans.

On compte plusieurs centaines de petits domaines et de producteurs qui mettent en bouteilles leur propre vin, mais aussi des coopératives et des négociants. Les producteurs sont difficiles à répertorier, car, en général, ils vendent directement le peu de vin qu'ils vinifient.

### BEAUJOLAIS

C'est l'appellation qui couvre les vins de la moitié sud du Beaujolais. La majorité est commercialisée par les négociants ou les coopératives, mais on dénombre quelques propriétaires privés. La plupart vendent directement à leurs clients, mais quelques-uns se livrent à l'exportation. À son apogée, c'est-à-dire à 1 an, ce vin doux au parfum de fruit est très agréable.

---

## NÉGOCIANTS DU BEAUJOLAIS

Le Beaujolais a ses propres marchands de vin, dont beaucoup sont installés autour de Villefranche-sur-Saône. Ils vendent des assemblages, mais un nombre croissant d'entre eux représentent et vendent des vins d'un seul domaine portant le nom du négociant. Parmi les principaux négociants, citons :

**Georges Dubœuf**
Romanèche-Thorins. Grand nom, connu dans le monde entier, il fournit du vin sous son propre nom et, parallèlement, mène une activité de négociant mettant en bouteilles les vins de domaines indépendants.

**Trenel & Fils**
Charnay-lès-Mâcon. Cette entreprise familiale a une bonne réputation pour les crus.

**Pierre Féraud**
Belleville. Petite entreprise, elle est réputée pour ses vins de qualité.

Parmi les autres négociants, citons encore : Gabriel Aligne (Beaujeu), Henry Fessy (Saint-Jean d'Ardières), Sylvain Fessy (Belleville), Chanut Frères (Romanèche-Thorins).

# CHAMPAGNE

ON OUBLIE PARFOIS QUE CE BREUVAGE DES GRANDES OCCASIONS
EST AUSSI UN EXCELLENT VIN. SOUVENT IMITÉ, JAMAIS SURPASSÉ,
C'EST LE NEC PLUS ULTRA DES VINS PÉTILLANTS.

Les caves de la maison Krug, l'une des marques de
Champagne les plus réputées. Le dégorgement qui suit
la seconde fermentation en bouteille est toujours effectué
sur des pupitres de bois.

Les austères paysages de la Champagne, balayés par le vent, ne semblaient guère destinés à donner naissance à une telle merveille. Dans ce climat typique du Nord, de sombres forêts bordent les collines, de mornes plaines s'étendent tristement au pied des versants exposés aux bises glacées d'hiver. Pourtant, dès le début du Moyen Âge, ces vallons crayeux acquirent la réputation d'abriter un grand vignoble, et sous Napoléon I$^{er}$, le vin pétillant de Champagne avait déjà fait la conquête des nobles et des puissants, de Paris à Saint-Pétersbourg. «Mérité dans la victoire, nécessaire dans la défaite» : si l'on ignore l'identité de son auteur, cet adage exprime pourtant bien l'attitude du monde entier envers le Champagne, le vin dont se délectent les vainqueurs et avec lequel se consolent les perdants depuis deux siècles.

Le vin de Champagne était déjà célèbre bien avant de devenir pétillant. Entre 816 et 1825, trente-sept rois de France furent couronnés dans la cathédrale de Reims, après que saint Rémi y eût baptisé Clovis, en 496. Le célèbre évêque possédait du reste ses propres vignobles dans la région. Dès le IX$^e$ siècle, on commença à parler des vins d'Épernay, et les nombreux cloîtres de la région encouragèrent la culture de la vigne ainsi que l'exportation du vin. Les grandes foires médiévales, qui avaient lieu dans cette région, à la croisée des grandes routes d'Europe, étendirent encore la renommée de ses vins. Au XVI$^e$ siècle, le pape Léon X possédait des vignobles en Champagne, tout comme les rois de France, d'Angleterre et d'Espagne. Le vin de Champagne est à l'époque un vin rouge faible en couleur, intense en arôme, tranquille et non pétillant. Les bulles sont le résultat d'un accident naturel, soigneusement entretenu. Dans cette région du Nord au climat froid, le vin nouveau a, en effet, tendance à doucement refermenter au printemps, avec l'élévation de la température ambiante. Or toute fermentation produit, entre autres, du gaz carbonique dont les bulles remontent jusqu'à l'air libre. C'est ce gaz carbonique qui, emprisonné en bouteilles épaisses et fermées d'un bouchon solidement maintenu en place, produit l'effervescence. La maîtrise de cette seconde fermentation et les nombreux progrès réalisés dans l'élaboration et le conditionnement ont permis au Champagne d'accéder au rang de premier vin au monde, symbole de fête dans tous les pays.

## La naissance du Champagne

Il est bien peu probable qu'un vin comme le Champagne ait pu avoir un véritable inventeur. Mais cela n'a pas empêché les écrivains d'en attribuer la paternité à dom Pierre Pérignon, moine bénédictin de l'abbaye d'Hautvillers, près d'Épernay, à la fin du XVIIᵉ siècle. D'après les récits de l'époque, c'était un très grand vinificateur. Il améliora systématiquement le rouge déjà célèbre de la région, cherchant à produire à partir des meilleurs Pinots Noirs un vin très pâle, presque blanc. Si une vendange soignée, un pressurage rapide et savant suivi d'un délicat assemblage des différents crus du vignoble sont aujourd'hui les règles de base observées par les producteurs de la région, il faut savoir que ce sont des principes que dom Pérignon appliquait déjà il y a trois siècles. Celui-ci réussit ainsi à produire un vin blanc effervescent mais, à cette époque, toute apparition de gaz en bouteille était le signe d'une mauvaise vinification, et il fallut attendre encore deux siècles pour que pétillant et Champagne deviennent synonymes.

À la suite de son couronnement à Reims, Louis XIV envoya du vin de Champagne à Charles II, roi d'Angleterre, ce qui ne manqua pas de mettre ce vin à la mode chez les Anglais. Selon les archives de l'époque, les acheteurs commandaient bouteilles et bouchons en même temps que leurs fûts. Le vin (rouge) était ensuite mis en bouteille dans les caves de l'aristocratie anglaise. Un auteur anglais évoque le Champagne « pétillant » dès 1664, et la première mention de bulles apparaît en France en 1712, quand la cour du duc d'Orléans lance la mode de ce nouveau breuvage. Néanmoins, à la fin du XVIIIᵉ siècle, 10 % seulement des vins de Champagne étaient pétillants, la majeure partie de la production étant élaborée en vin blanc nature (notamment de Sillery) et en rouge.

Si les Champenois avaient appris à faire pétiller leur vin, ils maîtrisaient encore mal le processus. Selon les années, tantôt les bulles refusaient de se former, tantôt la seconde fermentation était si brutale que de nombreuses bouteilles explosaient. Les ouvriers des caves furent obligés de porter des masques pour se protéger des éclats de verre, jusqu'à ce que des progrès considérables eussent amélioré tant la fabrication des bouteilles que la vinification.

## L'essor des négociants

Il fallait donc apprivoiser cette seconde fermentation capricieuse, responsable d'autant de faillites que de fortunes soudaines. En Champagne, ce furent les négociants qui s'y employèrent, remplaçant peu à peu les moines et les aristocrates à l'époque des guerres napoléoniennes. Leurs maisons possédaient suffisamment d'assise et de capital pour fabriquer, faire vieillir et distribuer (exporter surtout) le vin pétillant de Champagne.

En 1840, le marché du Champagne est déjà florissant. Les négociants ont appris à tirer avantage de toutes les améliorations techniques. Ils favorisent les assemblages, afin d'obtenir des cuvées plus homogènes. Le dégorgement (voir p. 110) est introduit en 1813. Les machines à boucher et les muselets font leur apparition au cours des années 1820 et 1830. Mais la découverte la plus importante est celle de la quantité de sucre nécessaire pour provoquer une seconde fermentation fiable. Lorsqu'en 1837 on parvient à des calculs plus précis, le taux de bouteilles qui explosent tombe à environ 5 % (il est aujourd'hui de 1 %). À la fin du XIXᵉ siècle, le Champagne est devenu un géant industriel et commercial, qui n'a plus rien de commun avec les productions vinicoles, à caractère bucolique et artisanal, des autres régions. Il en est encore ainsi de nos jours.

## La fabrication du Champagne

La vinification est décrite et illustrée p. 110. Le secret d'un grand Champagne réside dans la rigueur avec laquelle on taille la vigne et sélectionne le raisin. Vient ensuite la seconde sélection, réalisée par l'assemblage (voir p. 212).

## Les cépages

Trois cépages seulement sont autorisés pour l'élaboration du Champagne : le Pinot Noir, le Pinot Meunier et le Chardonnay. Le Pinot Noir donne du corps et de la longévité à l'assemblage, bien que son vin puisse paraître un peu austère quand il est jeune. Le Pinot Meunier, une variété de Pinot très fruité, fournit de beaux arômes en assemblage. Le Chardonnay, quant à lui, apporte l'élégance et la race.

## La région

La Champagne s'étend à quelque 145 km au nord-est de Paris. Elle occupe le bassin d'une mer intérieure disparue à l'ère tertiaire, qui, pendant des centaines de millénaires, déposa des couches superposées de sédiments crayeux formant l'essentiel du sous-sol champenois. Des soulèvements géologiques ont créé les plateaux de la Montagne de Reims et de la Côte des Blancs, aux vignobles renommés, et qui possèdent la plus grande concentration de villages d'appellation Grand cru et Premier cru (voir p. 213). La Champagne couvre environ 35 000 hectares, dont les trois premières régions, décrites ci-dessous, forment le véritable cœur. À une centaine de kilomètres, au sud-est du département de l'Aube, se trouve une autre région importante, à laquelle il faut ajouter quatre régions périphériques (voir plan).

■ **La Montagne de Reims.** Ce plateau forestier, situé au sud de Reims, entre la Marne et la Vesle, est bordé de larges versants en pente douce, sur lesquels le vignoble s'étend d'abord vers l'est avant de rejoindre la vallée de la Marne, au sud. Partiellement exposée plein nord, c'est la partie la plus froide de la Champagne. On y cultive les trois cépages, mais son climat tempéré frais et sa longue saison de végétation en font le fief privilégié du Pinot Noir.

Cette région possède neuf villages d'appellation Grand cru et un grand nombre de Premiers crus. Outre son Grand cru, le village de Bouzy, exposé au sud, est également connu pour son vin rouge tranquille.

# LES RÉGIONS VITICOLES DE LA CHAMPAGNE

La Montagne de Reims, la Vallée de la Marne et la Côte des Blancs forment les trois régions principales, et les régions périphériques englobent le grand vignoble de l'Aube (voir agrandissement).

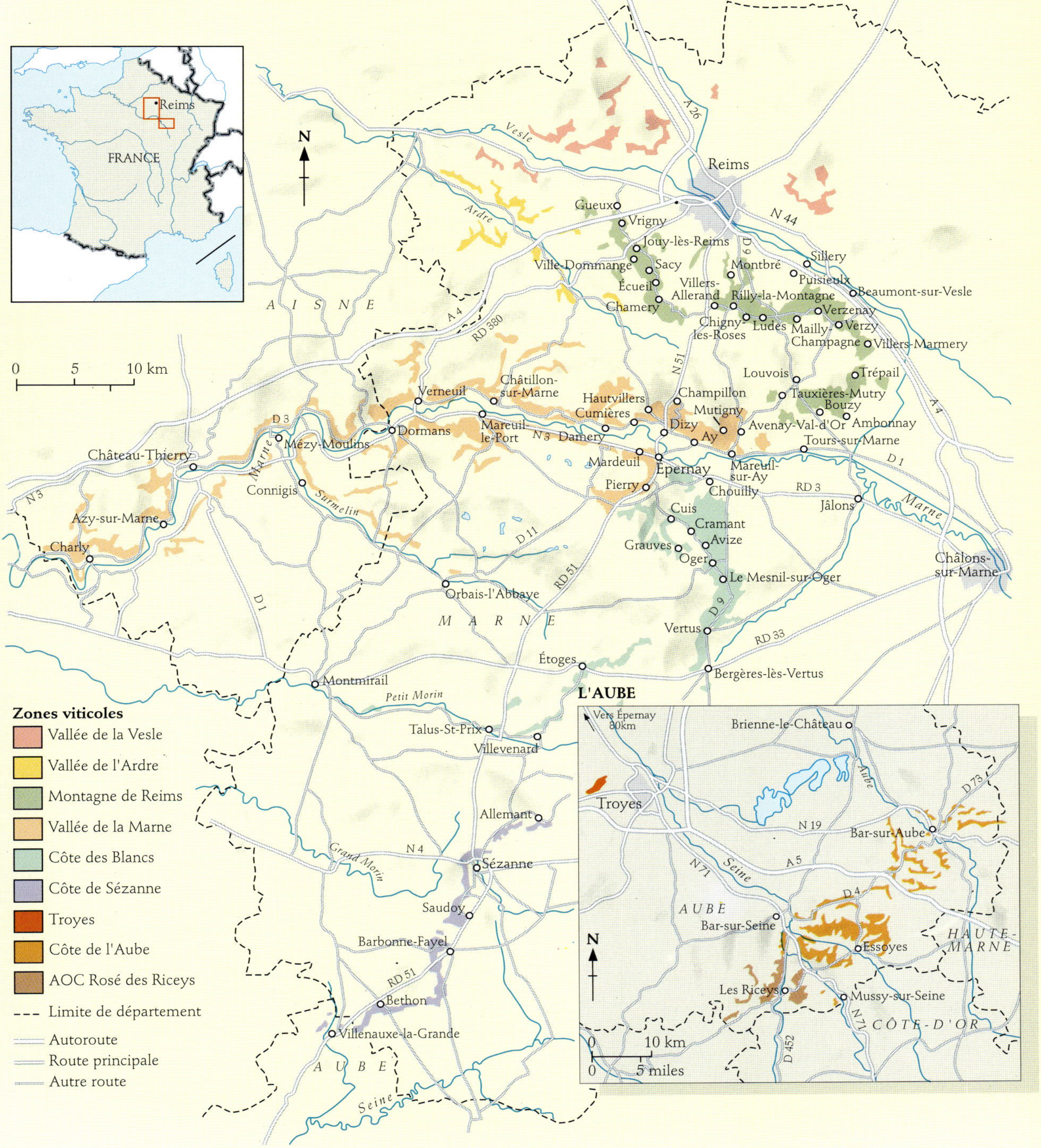
Reims
FRANCE
N
0 5 10 km
A I S N E
M A R N E
A U B E
Vesle
Ardre
Marne
Surmelin
Petit Morin
Grand Morin
Seine
A 26
A 4
N 44
RD 380
D 3
N 3
D 1
D 11
RD 51
D 9
N 51
RD 3
RD 33
N 4
Gueux
Vrigny
Jouy-lès-Reims
Ville-Dommange
Sacy
Écueil
Chamery
Villers-Allerand
Montbré
Sillery
Puisieulx
Beaumont-sur-Vesle
Rilly-la-Montagne
Chigny-les-Roses
Ludes
Mailly-Champagne
Verzenay
Verzy
Villers-Marmery
Louvois
Trépail
Tauxières-Mutry
Bouzy
Ambonnay
Avenay-Val-d'Or
Tours-sur-Marne
Verneuil
Châtillon-sur-Marne
Hautvillers
Cumières
Champillon
Mutigny
Dizy
Ay
Dormans
Mareuil-le-Port
Damery
Mézy-Moulins
Château-Thierry
Connigis
Azy-sur-Marne
Charly
Mardeuil
Épernay
Pierry
Mareuil-sur-Ay
Chouilly
Jâlons
Cuis
Cramant
Avize
Grauves
Oger
Le Mesnil-sur-Oger
Châlons-sur-Marne
Orbais-l'Abbaye
Vertus
Étoges
Bergères-lès-Vertus
Montmirail
Talus-St-Prix
Villevenard
Allemant
Sézanne
Saudoy
Barbonne-Fayel
Bethon
Villenauxe-la-Grande
L'AUBE
Vers Épernay 80km
Brienne-le-Château
Troyes
Aube
D 73
N 19
Bar-sur-Aube
A 5
N 71
Seine
D 4
AUBE
Bar-sur-Seine
HAUTE-MARNE
Essoyes
Les Riceys
Mussy-sur-Seine
CÔTE-D'OR
D 452
0 10 km
0 5 miles
Zones viticoles
Vallée de la Vesle
Vallée de l'Ardre
Montagne de Reims
Vallée de la Marne
Côte des Blancs
Côte de Sézanne
Troyes
Côte de l'Aube
AOC Rosé des Riceys
Limite de département
Autoroute
Route principale
Autre route

■ **La vallée de la Marne.** Son vignoble, situé sur les deux rives de la Marne, s'étend de l'ouest de Château-Thierry à l'est d'Épernay. Son altitude est plus basse que celle des deux autres régions centrales, son sol moins crayeux, avec une prédominance d'argile. Cette zone est surtout connue pour son Pinot Noir et son Pinot Meunier.

Elle possède deux villages à l'appellation « grand cru » : Ay et Tours-sur-Marne (ce dernier uniquement pour ses raisins noirs). Situés tous deux sur la rive nord, ils sont exposés au sud.

■ **La Côte des Blancs.** Elle s'étend sur une vingtaine de kilomètres au sud d'Épernay. Ses versants, exposés nord-sud, culminent à 250 m. Les vignobles sont situés sur les flancs est et ouest de la colline, les meilleurs crus se trouvant à l'est. Son sol crayeux, allié à son climat plus doux, en font le fief privilégié du Chardonnay.

■ **Le vignoble de l'Aube.** Région la plus méridionale de Champagne, qui s'étend sur plus de 100 km au sud d'Épernay, elle est la plus proche du Chablis. Son climat étant plus continental, avec des hivers plus froids et des étés plus chauds, le raisin y mûrit davantage. Son sol d'argile et de marne kimméridgienne, semblable à celui de Chablis, est plus riche. Ses vignes produisent 80 % de Pinot Noir, et une partie de la production de l'Aube est achetée par des maisons de négoce de Reims ou d'Épernay.

■ **La Côte de Sézanne.** C'est la région la plus nouvelle et la moins connue de la Champagne, car les vignes n'y ont été plantées que dans les années soixante. Grâce à sa situation assez méridionale, le raisin, presque exclusivement du Chardonnay, mûrit très bien, donnant des vins amples et riches.

## Style et producteurs

Contrairement à la plupart des grands vins français, le Champagne porte un nom de marque plutôt que celui du terroir. Autre caractéristique : il existe très peu de cuvées provenant d'un seul vignoble ou d'un seul village, car le principe du vin de Champagne consiste à assembler plusieurs crus et plusieurs années. Les grandes maisons de Champagne réalisent la plus grande partie de leurs ventes avec leur cuvée « Brut sans année » selon le style de la maison (voir plus loin l'assemblage). On ne produit de vins millésimés que les meilleures années – tous les 4 ans en moyenne –, et la cuvée ne se compose alors que de vins d'une même récolte. La plupart des maisons élaborent aussi des cuvées de prestige avec ou sans millésime.

## LE VOCABULAIRE DU CHAMPAGNE

### STYLE DE VIN

**Blanc de Blancs :** cuvée élaborée uniquement avec du Chardonnay. Vins d'une grande finesse et d'une rare délicatesse.
**Brut :** très sec.
**Crémant :** demi-mousseux.
**Demi-sec :** plutôt doux.
**Doux :** très doux.
**Grand cru :** vin de l'une ou de plusieurs des 17 communes classées « grand cru ».
**Grande marque :** maison appartenant à l'Institut des grandes marques de Champagne, fondé en 1882. La plupart des 26 membres représentent aujourd'hui les plus grandes maisons.
**Brut sans année :** brut non millésimé.
**Riche :** extrêmement doux.
**Rosé :** champagne auquel on a généralement ajouté de 10 à 15 % de vin de Champagne tranquille, rouge. Les perfectionnistes laissent le raisin noir teinter le jus dans la cuve.
**Sec :** en Champagne, signifie demi-sec.

### MENTIONS SUR L'ÉTIQUETTE

Des codes en petits caractères indiquent l'origine du vin.
**CM :** coopérative de manipulation. Le vin provient d'une coopérative.
**MA :** marque d'acheteur (ou auxiliaire).
**ND :** négociant-distributeur.
**NM :** négociant-manipulant, appartenant à l'Institut des grandes marques de Champagne ou à l'Institut des négociants en vins de Champagne.
**R :** récoltant, qui vend ses raisins à une coopérative qui lui rétrocède quelques bouteilles.
**RC :** récoltant coopérateur manipulant.
**RM :** récoltant-manipulant ; champagne vinifié et commercialisé par un vigneron, avec ou sans l'aide d'une coopérative.
**SR :** société des récoltants, réunion de vignerons.

La différence de style entre un Champagne de grande maison et celui d'un petit vigneron ou d'une coopérative est considérable. Les facteurs géographiques (voir p. 213) expliquent que le meilleur raisin, provenant des versants les mieux exposés dans les meilleurs villages, est aussi le plus rare. Les grandes marques de Champagne sont donc prêtes à payer plus cher le raisin en provenance de ces vignobles privilégiés. Une grande maison utilisera les meilleures matières premières, vieillira son vin au-delà du minimum légal de quinze mois et ajoutera ses meilleurs vins de réserve à l'assemblage pour son Brut sans année. La cuvée sera plus complexe, vieillira mieux et sera plus coûteuse qu'un Champagne modeste.

## L'assemblage

Le Champagne est le vin d'assemblage par excellence. Chaque année, le chef de cave doit élaborer une cuvée homogène qui corresponde au style, à la qualité et à l'image de la maison, qu'il s'agisse d'un Brut sans année ou d'une cuvée de prestige. Tout commence à l'époque des vendanges, lorsque la maison sélectionne ses raisins dans les diverses régions, parmi les différents cépages. Il lui arrive, pour équilibrer ses stocks, d'acheter davantage de raisin. Au début de l'année, une fois la fermentation alcoolique terminée, mais avant la seconde fermentation en bouteille, le chef de cave assemble non seulement plusieurs cépages, mais plusieurs cuvées d'un même cépage provenant de vignobles différents par leur classement ou leur provenance. Cette élaboration – qui fait souvent appel à un grand nombre de cuvées différentes (de trois ou quatre à cinquante ou même soixante-dix), dont certaines appartiennent à des années antérieures – a pour but de mettre en valeur les qualités spécifiques du Champagne de chaque maison, et non de produire chaque année le même vin.

Selon la maison, l'accent sera mis davantage sur les raisins blancs ou les noirs, la quantité de vin de réserve (qui peut représenter de 15 % à plus de 30 % de l'assemblage) et les crus des différentes régions et des différents villages. □

# LES FACTEURS DE QUALITÉ

Le vignoble champenois ne semble pas prédestiné à la production de grands vins en raison de sa situation septentrionale. Cependant, la composition exceptionnelle du sol et du sous-sol et l'exposition des vignobles permettent d'obtenir des raisins mûrs dotés d'une bonne teneur en acidité.

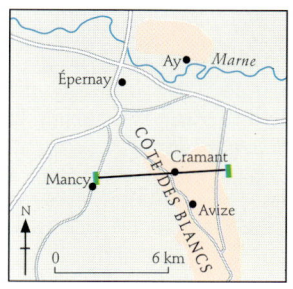

## Classement du vignoble

Les Champenois ont un système original et rigoureux de classement selon ce qu'ils dénomment «l'échelle des crus», exprimée en pourcentage. Sur un total de 200 villages qui produisent du Champagne, 17 ont le privilège d'être classés en cru à 100 % et peuvent prétendre à l'appellation «grand cru» ; 40 villages sont classés de 99 à 80 % et ont le droit de se dénommer «premier cru», tandis que les autres, classés de 89 à 80 %, ont droit à la désignation «second cru». Afin d'obtenir le meilleur équilibre, une très large majorité de Champagnes sont le résultat d'un assemblage.

| | |
|---|---|
| | Alluvions |
| | Lœss et argile |
| | Grès et argile avec lignite |
| | Craie à bélemnites |
| | Craie à micrasters |
| | Vignobles |

LA CÔTE DES BLANCS : COUPE GÉOLOGIQUE

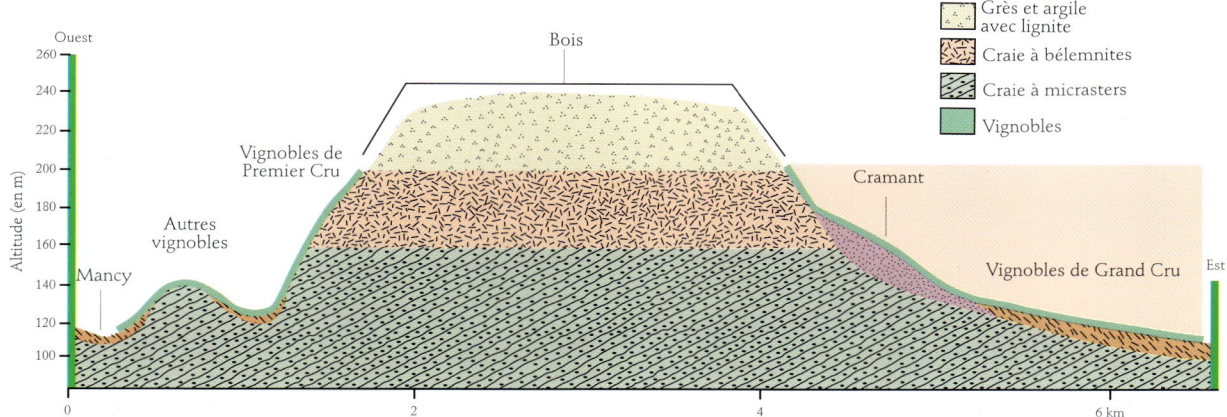

## Climat

Bien que la région soit dotée d'un climat frais, on constate certains microclimats plus chauds. La moyenne annuelle des températures se situe tout juste au-dessus de 10 °C, le minimum requis pour un bon mûrissement du raisin. En revanche, ce type de climat offre deux avantages : les raisins mûrissent très lentement, ce qui permet une constance dans les apports d'éléments aromatiques, tandis que leur acidité naturelle reste élevée. Deux phénomènes qui ne se produisent pas dans des régions plus chaudes et qui conviennent particulièrement à l'élaboration de vins effervescents.

Sol crayeux du vignoble de Cramant.

## Site

Les meilleurs vignobles sont situés sur les pentes dont l'altitude varie entre 80 m et 210 m, comme ceux de la Montagne de Reims et ceux de la Côte des Blancs.
Les meilleurs crus se concentrent dans une fourchette plus précise (entre 90 et 150 m d'altitude).

## Sols

Les meilleurs sites, telles la Montagne de Reims ou la Côte des Blancs, se trouvent sur un lit de dépôts calcaires de deux types : à bélemnites et à micrasters. Cette seconde roche, propre à la Champagne, se trouve sur les coteaux de plus forte inclinaison. La nature particulière des sols et sous-sols calcaires de la Champagne entraîne un bon drainage des eaux en cas de pluie et la constitution d'une large réserve d'eau en cas de sécheresse, ce qui permet aux racines de la vigne de s'alimenter dans les pires conditions météorologiques. La craie joue le rôle d'une éponge.

# PRODUCTEURS ET NÉGOCIANTS

La plupart des Champagnes sont élaborés et vendus par des maisons – négociants-manipulants – possédant certains (rarement la totalité) des vignobles qui les approvisionnent ; ce sont ces négociants qui assemblent le vin, le mettent en bouteilles et le font vieillir. Ils utilisent des raisins de toute la région, bien que les maisons les plus prestigieuses sélectionnent essentiellement ceux des trois régions principales. Les maisons les plus importantes et les plus connues sont les «grandes marques», qui regroupent 26 membres. La plupart des viticulteurs vendent leur raisin à l'une de ces maisons, bien que certains commercialisent leur propre Champagne. D'autres font partie d'une coopérative.

Il y a des milliers de marques de Champagne, allant de celles des vignerons qui apposent leur étiquette sur des vins élaborés par une coopérative, jusqu'aux «marques d'acheteurs», portant l'étiquette d'un détaillant ou d'un restaurant. Vous trouverez ci-dessous les négociants-manipulants les plus connus, ainsi que quelques marques plus modestes, de grande qualité.

## Henri Abelé

Cette très vieille maison rémoise, fondée en 1757, appartient au groupe espagnol Freixenet. Son style traditionnel, qu'on retrouve aussi bien dans ses millésimés que dans ses Bruts sans année, est assez riche et corsé, voire même un peu trop généreux. La nouvelle cuvée, Les Soirées Parisiennes, est toutefois beaucoup plus légère et plus élégante.

## Ayala

Cette Grande Marque, fondée en 1860, se situe à Ay. La Grande Cuvée Millésimée est meilleure que leur Brut sans année dominé par le Pinot Noir.

## Barancourt

Cette maison de Tours-sur-Marne, fondée par trois jeunes vignerons et reprise en 1994 par le groupe Vranken, offre une vaste gamme de vins, provenant essentiellement de leurs 102 ha de vignes, dans la Montagne de Reims et la Côte des Blancs. Le meilleur est leur étonnant Bouzy Rouge (en vin tranquille).

## Beaumet

Située à Épernay, cette maison, qui possède 80 ha de vignes qu'elle se partage avec Jeanmaire et Oudinot, produit une vaste gamme de vins, dont la Cuvée Malakoff, un remarquable Blanc de Blancs.

## Beaumont des Crayères

Cette coopérative d'Épernay, qui regroupe 210 viticulteurs pour 75 ha de vignes, est fort réputée pour sa Cuvée Nostalgie.

## Besserat de Bellefon

Cette maison d'Épernay appartient aujourd'hui au groupe Marne et Champagne (voir plus loin). Son style est plutôt léger ; son meilleur Champagne est la Grande Cuvée Blanc de Blancs.

## Billecart-Salmon

Cette Grande Marque familiale modeste élabore des vins de qualité exceptionnelle, qui vont en s'améliorant. Située à Mareuil-sur-Ay, elle possède 5 ha de vignes.

## Blin

Cette coopérative dynamique (85 viticulteurs/110 ha) de Vincelles produit des Champagnes agréables, légers et fruités.

## Boizel

Cette maison d'Épernay, fondée en 1834, appartient toujours à la famille Boizel. Elle exporte une grande partie de ses vins, surtout son Brut sans année, un Champagne équilibré aux agréables notes aromatiques. Son Blanc de Blancs, tout comme sa cuvée de prestige Joyau de France, est un excellent Champagne.

## Bollinger

Cette maison prestigieuse, fondée en 1829 et située à Ay, appartient aux descendants du fondateur. Elle possède un superbe vignoble de 143 ha, qui fournit 70 % de ses approvisionnements en raisin. Ses cuvées sont dominées par le Pinot Noir et partiellement fermentées en fût, ce qui leur confère un style quelque peu austère les premières années, pour se bonifier et s'épanouir après quelques années en bouteille. Les vins de réserve sont mis en magnums pour une meilleure conservation. Les stocks représentent plus de cinq années de vente. Le RD (Récemment Dégorgé), un vin longtemps resté sur lattes avant d'être dégorgé, est l'un des meilleurs vins de Champagne, de même que les Vieilles Vignes Françaises, un grand vin produit en très petites quantités à partir de vignes datant d'avant le phylloxéra. La Cuvée Spéciale non millésimée est de bonne facture, et chaque bouteille porte une contre-étiquette garantissant que le vin a été vieilli pendant trois ans.

## Le Brun de Neuville

Cette coopérative de la Côte de Sézanne regroupe 145 membres et 140 ha de vignes. Ses vins à base de Chardonnay possèdent un attrait fruité immédiat.

## Canard-Duchêne

Ce Champagne fut relancé dans un nouveau conditionnement en 1992, avec une qualité grandement améliorée. Le Brut sans année possède un style équilibré et élégamment fruité. Située à Reims, la maison appartient au groupe LVMH (voir Moët) et possède 20 ha de vignes dans la Montagne de Reims.

## De Castellane

Bien que peu connue à l'étranger, cette marque est réputée en France. Elle produit une cuvée 100 % Chardonnay très ample et puissante, mais les cuvées Commodore et Florens de Castellane sont admirables, moyennement corsées et élégantes, avec des nuances biscuitées. La maison, située à Épernay, appartient au groupe Laurent-Perrier (voir plus loin).

## Charles de Cazanove

Cette grande maison familiale d'Épernay a beaucoup de succès en France. Son meilleur vin est la cuvée de prestige Stradivarius, un assemblage de 60 % de Chardonnay et de 40 % de Pinot Noir.

## Charbaut

Cette maison d'Épernay est connue pour ses rosés, le meilleur étant l'élégant Certificat Rosé parfumé, mais le rosé sans année est aussi très bon. Le Certificat Blanc de Blancs donne le meilleur de lui-même au bout d'une dizaine d'années. Charbaut possède 56 ha de vignes dans la vallée de la Marne.

### Delbeck

Cette maison rémoise revit depuis son rachat par François d'Aulan, l'ancien propriétaire de Piper-Heidsieck. Les trois quarts de ses raisins proviennent de ses 25 ha de la Montagne de Reims, où prédomine le Pinot Noir. Delbeck est surtout connu pour son Brut Héritage sans année et son très bon rosé.

### Deutz

Cette grande maison d'Ay, fondée en 1838 et reprise par Louis Roederer en 1993, possède un style fruité assez hardi, notamment en ce qui concerne son Brut sans année. La cuvée de prestige William Deutz est moyennement corsée avec des arômes fins et intenses, et le Blanc de Blancs est l'une des cuvées les plus élégantes de Champagne.

### Devaux

C'est la nouvelle marque commercialisée par l'Union auboise, un groupement de coopératives de l'Aube. Grâce à ses 750 viticulteurs et à ses 1400 ha de vignes (80 % de Pinot Noir), elle produit des Champagnes fins, fruités et équilibrés.

### Drappier

Cette maison familiale très estimée produit une remarquable gamme de vins dans la région de l'Aube, où elle possède 34 ha de vignes. Les vins sont riches et biscuités, surtout la Grande Sendrée, issue d'un seul vignoble de vieilles vignes. Le Brut non millésimé est très intéressant.

### Duval-Leroy

Cette importante maison de la Côte des Blancs possède 140 ha de vignes, mais achète néanmoins la majeure partie de son raisin. Elle commercialise ses vins sous différentes étiquettes en « marques d'acheteurs ». Sous son propre nom, on trouve un rosé élégamment parfumé et un excellent Brut sans année. La Cuvée des Roys millésimée est équilibrée, avec d'agréables arômes fruités.

### Nicolas Feuillate

Cette marque appartient à un groupement de 85 coopératives, qui représente 4 000 viticulteurs et 1600 ha de vignes. Ses meilleures cuvées sont la cuvée de prestige Palmes d'Or et un Blanc de Blancs millésimé.

### Henri Germain & Fils

Affiliée à Bricout, cette maison de Rilly-la-Montagne possède 90 ha de vignes et produit des vins bien faits et abordables.

### Gosset

Bien qu'elle soit la plus ancienne de Champagne, cette maison d'Ay, de taille moyenne, dont l'histoire remonte à 1584, n'a rejoint les Grandes Marques qu'en 1992. Elle possède l'excellente réputation de produire des vins qui vieillissent bien en bouteille et qui ne sont commercialisés qu'après plusieurs années de vieillissement. La Grande Réserve, comme le Grand Millésime, sont de remarquables exemples d'un style riche, épanoui et fleuri.

### Alfred Gratien

La famille Seydoux élabore un style de Champagne très traditionnel, la première fermentation se faisant en fût. La Cuvée Spéciale sans année est un vin dominé par le Pinot Meunier, ce qui lui donne beaucoup de corps et un attrait immédiat, même jeune. Les cuvées millésimées vieillissent remarquablement bien, prenant, avec le temps, une riche saveur de noix.

### Charles Heidsieck

Cette Grande Marque a connu un remarquable essor vers le milieu des années 80, lorsqu'elle fut acquise par le groupe Rémy-Cointreau, qui racheta ensuite Piper-Heidsieck (voir plus loin). Le chef de cave Daniel Thibault a complètement transformé le Brut Réserve (sans année). Cette cuvée, où les deux Pinots constituent environ les trois quarts de l'assemblage, avec un pourcentage étonnamment élevé de

Pinot Meunier, contient désormais jusqu'à 40 % de vins de réserve. C'est un Champagne riche, corsé, et l'un des meilleurs Bruts sans année.

### Heidsieck & Cⁱᵉ Monopole

Cette Grande Marque qui possède 100 ha de vignes dont 66 de Pinot Noir, appartient au groupe canadien Seagram. Le Dry Monopole sans année est corsé ; la cuvée fruitée Diamant Bleu est leur meilleur vin.

### Henriot

Cette maison, fondée en 1808, qui appartient au groupe LVMH (voir Moët), possède suffisamment de vignes (Pinot Noir et Chardonnay) pour assurer presque entièrement ses approvisionnements. Le Souverain Brut sans année, à dominante de Chardonnay, est un vin de caractère, richement fruité. Le délicat et élégant Blanc de Blancs est

issu de la Côte des Blancs. La belle cuvée de prestige Baccarat est aussi marquée par l'élégance des vins de Chardonnay.

### Jacquart

Les membres de cette coopérative rémoise possèdent 1000 ha de vignes. La marque est réputée en France pour ses Champagnes légers et fruités.

### Jacquesson

Cette petite maison bicentenaire est connue pour son agréable Brut sans année et son Signature, plus imposant et plus austère – une cuvée spéciale fermentée et vieillie en fût.

### Krug

Voir encadré.

### Lanson

Le Black Label de Lanson est un Champagne vif, avec de belles notes fruitées et des saveurs

### KRUG

Peut-être le plus grand nom de la Champagne, cette maison produit des vins riches et amples qui ont besoin d'années en bouteille avant de donner le meilleur d'eux-mêmes. Krug fait vieillir ses Champagnes pendant très longtemps avant de les commercialiser : le millésime 1985, par exemple, n'est sorti qu'au printemps 1994. Tous ses vins sont fermentés en fût. La Grande Cuvée sans année est sans doute le vin le plus régulièrement remarquable produit dans la région. Les frères Henri et Rémy Krug se chargent de l'assemblage, constitué d'un fort pourcentage de vins de réserve et de Pinot Meunier, cépage qu'ils défendent fermement. Parmi les autres vins uniques de Krug, il faut citer le Collection, des millésimes plus anciens et plus rares, et le Clos du Mesnil, un 100 % Chardonnay, issu d'un seul vignoble.

d'agrumes. Les cuvées millésimées ont, par le passé, été remarquables. La marque a été cédée récemment au groupe Marne et Champagne, mais sans ses vignobles.

### Laurent-Perrier

Cette Grande Marque, l'une des plus grandes et des meilleures maisons de Champagne, produit des vins parmi les plus élégants. Son Brut sans année, qui contient un fort pourcentage de Chardonnay, est un vin de Champagne exquis, avec un bouquet fleuri et un palais finement équilibré qui s'améliore encore avec l'âge. Elle élabore également un Champagne non dosé, l'Ultra Brut, et une superbe cuvée de prestige, le Grand Siècle. La maison, située à Tours-sur-Marne, appartient à la famille Nonancourt et possède 105 ha de vignes.

### Lemoine

La meilleure étiquette de cette maison, qui appartient à Laurent-Perrier (voir plus haut), est la Cuvée Royale, un Champagne qui est vraiment de bonne facture.

### Marne et Champagne

C'est l'un des groupes les plus importants de la région, mais il ne possède pas de vignes, et on voit rarement son nom sur une étiquette : la plus grande partie de la production est vendue sous la marque de l'acheteur ou sous toute une variété de sous-marques. Parmi ses quelque 300 étiquettes, on peut citer Eugène Clicquot, Gauthier, Giesler et Alfred Rothschild.

### Mercier

Cette maison d'Épernay appartenant au groupe LVMH (voir Moët) produit un Champagne moyennement corsé et fruité sans prétention.

### Moët & Chandon

C'est la marque de Champagne la plus vendue dans le monde.

Moët & Chandon est aussi la maison de Champagne qui possède le plus grand vignoble de toute la Champagne : 558 ha.

La qualité du Brut Impérial sans année est dans un style léger et fruité. Les cuvées millésimées sont toujours des Champagnes de qualité, assez corsés.

Moët & Chandon produit également l'un des Champagnes les plus renommés (et les plus chers), la fameuse Cuvée Dom Pérignon, qui gagne en complexité au vieillissement. La maison produit aussi une toute petite quantité de Dom Pérignon rosé.

Moët appartient au groupe Louis Vuitton Moët-Hennessy (LVMH), le géant des produits de luxe, propriétaire de plusieurs autres maisons de Champagne.

### Mumm

Ce n'est peut-être pas l'une des Grandes Marques les plus prestigieuses, mais c'est certainement l'une des plus productives, et elle exporte 70 % de ses Champagnes dans 135 pays. Si son vin le plus connu, le Cordon Rouge, avec sa bande rouge caractéristique sur l'étiquette, est un Champagne délicatement fruité, la cuvée de prestige René Lalou, composée de Pinot Noir et de Chardonnay à parts égales, est réellement très bonne. Située à Reims, la maison possède 323 ha de vignes.

### Napoléon

Cette maison familiale est la Grande Marque de Champagne la plus petite et la moins connue. Ses Champagnes sont d'excellente qualité, notamment les cuvées millésimées.

### Bruno Paillard

L'avenir de cette maison rémoise, fondée avec succès en 1981 par Bruno Paillard, semble assuré. Son Brut sans année possède beaucoup de fruité et de finesse, et se révèle souvent meilleur qu'un bon Champagne millésimé. La date de

dégorgement est indiquée sur chaque bouteille afin d'en garantir la fraîcheur.

### Palmer

Il s'agit de la marque commerciale d'une coopérative très bien cotée (170 viticulteurs, 310 ha de vignes), qui possède des intérêts majoritaires dans les vignobles « grand cru » de la Montagne de Reims.

### Joseph Perrier

Cette Grande Marque de Châlons-sur-Marne possède 20 ha de vignes dans la vallée de la Marne. La Cuvée Royale sans année est de qualité inégale. Son meilleur vin, la Cuvée Joséphine, est un assemblage à parts presque égales de Pinot Noir et de Chardonnay.

### Perrier-Jouët

Fondée en 1811, cette maison d'Épernay, qui appartient au groupe canadien Seagram, possède 108 ha de vignes. Élégance, finesse et régularité caractérisent ses vins, à haut pourcentage de Chardonnay. La cuvée Belle Époque Blanc de Blancs, dans sa bouteille Art nouveau décorée d'anémones, est le meilleur et l'un des plus élégants et des plus féminins des Champagnes. La qualité du Grand Brut sans année est très régulière, avec des arômes délicieusement fruités.

### Phillipponat

Cette petite maison de Mareuil-sur-Ay se fait peu remarquer, si ce n'est par son bon Champagne corsé, issu d'un seul vignoble, le Clos des Goisses.

### Piper-Heidsieck

Le groupe Rémy-Cointreau, déjà propriétaire de Charles Heidsieck (voir plus haut), possède désormais cette maison située à Reims.

Tous deux ont aujourd'hui le même chef de cave, Daniel Thibault. « Piper » est en général plus léger et plus fruité que son cousin Charles. Le Brut sans année est à dominante

de raisins noirs, bien qu'il contienne moins de Pinot Meunier que le Charles Heidsieck.

Le Brut Sauvage est l'un des meilleurs Champagnes non dosés sur le marché, et la cuvée de prestige Rare, un merveilleux Champagne ample et racé.

### Pol Roger

Cette maison familiale traditionnelle d'Épernay possède 85 ha de vignes et élabore des vins de très grande qualité, réputés pour leur grande finesse.

Outre la cuvée Sir Winston Churchill – c'était en effet son Champagne préféré –, Pol Roger élabore une excellente cuvée spéciale PR, plus riche et plus généreuse.

### Pommery & Greno

Cette Grande Marque rémoise, qui appartient au groupe LVMH (voir Moët), possède 300 ha de vignes. Le Brut sans année est de bonne facture, tandis que les cuvées Louise Pommery Brut et Rosé sont remarquables.

### Louis Roederer

Cette grande maison familiale, fondée il y a plus de deux cents ans, produit quelques-uns des meilleurs vins de Champagne. Ses 180 ha de vignes fournissent l'essentiel de son approvisionnement. Le Brut Premier sans année exprime le fruit. C'est un vin néanmoins riche et ample. La fameuse cuvée de prestige, Cristal de Roederer, créée en 1876 pour le tsar Alexandre II, est considérée comme l'un des meilleurs vins de Champagne haut de gamme dans les bons millésimes.

Les vignes dominant le village de Mareuil-sur-Ay dans la vallée de la Marne.

### Ruinart

Cette Grande Marque fondée en 1729 est relativement peu connue, en partie en raison de sa petite production. Les vins, très bien faits, ont un style élégant et fleuri, notamment la cuvée de prestige Dom Ruinart Blanc de Blancs. Située à Reims, cette maison appartient au groupe LVMH (voir Moët).

### Salon

Cette petite maison reprise par le groupe Laurent-Perrier et située à Mesnil-sur-Oger, dans la Côte des Blancs, est en fait une Grande Marque qui élabore un superbe vin. Issue exclusivement de Chardonnay, sa cuvée millésimée est très réputée et recherchée par les connaisseurs.

### Taittinger

Fondée en 1930, cette maison rémoise est « jeune » parmi les Grandes Marques. Plus de 50 % de son raisin provient de ses 257 ha de vignes. Son style tend à être délicat et élégant, bien qu'après une dizaine d'années en bouteille le Blanc de Blancs devienne plus riche et plus ample. Le Brut Réserve sans année est essentiellement issu de Chardonnay. La cuvée de prestige Comtes de Champagne est issue à 100 % de Chardonnay.

### Veuve Clicquot-Ponsardin

Cette Grande Marque, l'une des plus prestigieuses, porte le nom de Madame Clicquot, qui, devenue veuve très jeune, consacra sa vie à développer sa maison de Champagne, au début du XIX$^e$ siècle. Ses vins sont aujourd'hui parmi les plus réputés de la région. Le Brut sans année, avec sa célèbre étiquette jaune-orange, est un des meilleurs du genre, avec beaucoup de caractère. La Grande Dame, la cuvée la plus célèbre, est un riche assemblage de deux tiers de Pinot Noir et d'un tiers de Chardonnay. Située à Reims, la maison, qui appartient aujourd'hui au groupe LVMH (voir Moët), possède 280 ha de vignes.

### Vranken

Cette nouvelle maison, fondée par Paul Vranken en 1976, exploite 162 ha de vignes. L'accent est mis sur le Chardonnay, et les vins sont légers et élégants. Les marques commercialisées comprennent Barancourt, Veuve Monnier, Charles Lafitte, Sacotte, Charbaut et Demoiselle.

### Autres maisons et vignerons

Henri Billot, Bricout, Bouché Delamotte, Gardet, Goulet, Jeanmaire, Abel Lepitre, Jacques Selosse, Marie Stuart, de Meric, Oudinot, de Venoge.

## LES AUTRES VINS

L'AOC Champagne ne concerne que les vins pétillants. Les autres vins de la région sont :

### Les Coteaux Champenois

C'est l'appellation des vins tranquilles de Champagne, rouges et blancs. Les meilleurs rouges proviennent des villages de la vallée de la Marne : Ay, Bouzy et Cumières.
En raison du climat, on ne peut faire de grands rouges que trois ou quatre fois tous les dix ans. Les blancs sont généralement plus satisfaisants.

### Le Rosé des Riceys

Cette petite appellation de l'Aube produit l'un des rosés les plus rares de France, issu de Pinot Noir.

# ALSACE

LE VIGNOBLE ALSACIEN DÉFIE BIEN DES USAGES
DES AOC FRANÇAISES : LES VINS PORTENT LE NOM DE LEUR CÉPAGE,
ET ON Y PRODUIT UNE MAJEURE PARTIE DE VINS BLANCS.

Église fortifiée du XVᵉ siècle dominant le vignoble
d'Hunawihr, sur la Route du vin d'Alsace.
La longue tradition viticole du
village est illustrée sur l'horloge de l'église.

Du haut des collines boisées d'Alsace, on aperçoit le Rhin et, au-delà, une masse gris bleuté, la Forêt-Noire allemande. Par bien des aspects, cette situation explique comment aborder l'Alsace, apprécier son vin et sa culture. En effet, la large vallée du Rhin et les collines environnantes ont plus de points communs avec les pays de l'Europe centrale qu'avec le reste de la France. S'il n'est pas rare que l'on compare les vins d'Alsace avec certains de leurs voisins allemands, ils sont en fait plus proches des vins blancs secs d'Autriche. L'Alsace partage cependant un certain nombre de cépages à l'Allemagne : Riesling, Gewürztraminer, Sylvaner. Elle fait aussi usage du Pinot Noir (pour sa petite production de vins rouges), du Pinot Blanc (jadis courant en Bourgogne, mais presque unique à l'Alsace aujourd'hui) et du Pinot Gris, également connu sous le nom de Tokay d'Alsace ou de Rülander en Allemagne. Le pays de Bade, de l'autre côté du Rhin, est le vignoble le plus méridional d'Allemagne tandis que l'Alsace est, avec la Champagne, le plus septentrional de France. Situé au nord des vignobles de la Loire, il devrait, de par sa seule latitude, avoir un climat frais. Or il n'en est rien, car les

Vosges, qui le longent du nord au sud, le protègent des vents et de la pluie : les vignes alsaciennes, nichées dans les vallées et les recoins les plus chauds des contreforts vosgiens, bénéficient en fait de l'un des climats continentaux les plus secs de France. Le vignoble s'étire sur une centaine de kilomètres, presque sans discontinuer, entre Strasbourg et Mulhouse. Quelques parcelles se trouvent plus au nord, dans le département du Bas-Rhin, et d'autres juste à la frontière : en traversant celle-ci, on se retrouve dans le vignoble allemand du Palatinat (Pfalz).

L'Alsace est le paradis des gastronomes : les restaurants réputés y abondent. L'architecture pittoresque de ses villages témoigne de son riche passé et l'on y cultive la vigne depuis des siècles. Peu de régions ont connu autant de guerres et changé aussi souvent de nationalité que celle-ci : telle fut la rançon de la situation stratégique qu'elle occupe, à la frontière franco-allemande. Aujourd'hui, l'Alsace est plus que jamais française, mais elle ne cesse d'affirmer sa particularité par son attachement à son dialecte, par son esprit fortement régionaliste et par ses vins uniques.

# LES VILLAGES VITICOLES D'ALSACE

Le vignoble alsacien est l'un des plus beaux de France. La Route du vin s'étire sur une longueur de 125 km et traverse les villages les plus pittoresques que l'on puisse imaginer. La carte ci-dessous situe les villes, les principaux villages et les plus importants lieux-dits classés Grands Crus.

**Régions viticoles**

- Principaux grands crus
- Autoroute
- Route principale
- Autre route
- Frontière
- Limite de département

N

0   10   20 km

FRANCE

Strasbourg

## Le climat et les terroirs

L'Alsace est un terroir protégé qui jouit d'une situation extrêmement favorable à la culture de la vigne. Les printemps sont chauds, les étés secs et ensoleillés, les automnes longs et doux, les hivers froids.

La zone de production s'étend sur une grande variété de sols. Leur structure géologique est complexe et comprend différents types de roches recouvrant le granite ancien des Vosges. Au fil des siècles, les vignerons sont parvenus à sélectionner les meilleurs sites : orientés au sud ou au sud-ouest, ils occupent les coteaux des innombrables petites vallées découpant le massif vosgien et forment une bande de vignes dont la largeur est comprise entre 1,5 et 3 km.

## Les grands crus

Les vignobles les mieux situés ont atteint une certaine notoriété, le plus souvent pour un type de vin particulier. Depuis 1975, l'INAO délimite les meilleures parcelles et leur attribue le classement de grand cru. La liste qui en résulte ne fait pas l'unanimité : certains vignerons invoquent que tel site n'est pas à la hauteur du classement et s'indignent de ce que tel autre ait été omis de la sélection. Tous les producteurs ne font pas usage de l'appellation grand cru, car la législation n'autorise que les cépages Riesling, Gewürztraminer, Muscat et Pinot Gris. D'autre part, pour être étiquetés grand cru, les vins doivent être issus de vignes ayant un rendement inférieur à 70 hl/ha.

Ce chiffre demeure élevé par rapport au reste de la France : à titre d'exemple, le rendement d'une vigne de Bourgogne blanc Premier Cru est limité à 30 hl/ha.

## Les cépages et les styles de vin

Les principaux cépages plantés en Alsace sont, par ordre alphabétique :
**Gewürztraminer.** Ce cépage blanc occupe une superficie croissante et couvre près d'un quart du vignoble. Son caractère est très marqué. Dans une bonne année, un Gewürztraminer réussi est un vin épicé, ample et généreux. Dans une petite année, en revanche, il peut être plat et sans grâce.

**Muscat.** Ce cépage aromatique se présente en deux versions : le Muscat d'Alsace et le Muscat Ottonel. Le premier est sec et son parfum de raisin intense. Il a des rendements très irréguliers et on le plante de moins en moins.
**Pinot Blanc.** Ce cépage blanc connaît un regain d'intérêt. Il donne des vins blancs frais et secs rappelant le Bourgogne. Une grande partie de la production sert à l'élaboration du Crémant d'Alsace (voir plus loin). Le Klevner est un synonyme du Pinot Blanc.
**Pinot Gris (ou Tokay d'Alsace).** Cépage minoritaire en Alsace, il n'en donne pas moins des vins blancs riches et complexes. Les secs sont d'une grande élégance et les moelleux ont une générosité étonnante. Les liens entre le Pinot Gris et le fameux cépage hongrois Tokay sont difficiles à trouver, si bien que le nom Tokay d'Alsace sera bientôt officiellement interdit afin d'éviter toute confusion.
**Pinot Noir.** C'est le seul raisin noir d'Alsace. On en fait des vins rouges peu colorés. Lorsque les rendements ne sont pas trop élevés, ils peuvent être excellents.
**Riesling.** C'est le cépage le plus élégant et le plus distingué d'Alsace. Il donne des blancs secs grandioses, de longue garde, aussi bien que d'excellents moelleux de vendanges tardives. Contrairement à ses cousins produits en aval du Rhin, le Riesling d'Alsace est soit franchement sec, soit moelleux.
**Sylvaner.** Ce cépage abonde dans les parties les moins prestigieuses du Bas-Rhin. Il donne de bons vins simples et frais, mais seul un terroir exceptionnel leur permet d'atteindre le niveau de qualité des Rieslings.

Le Chasselas et le Pinot Auxerrois sont deux cépages d'Alsace de moindre intérêt dont les noms figurent plus rarement sur les étiquettes. On les assemble pour faire l'Edelzwicker (voir plus loin).

## La vinification

Dans l'ensemble, l'Alsace s'en tient à des méthodes assez traditionnelles de vinification en blanc. Ici, les vins vieillissent dans de grands foudres de bois ou en cuves. Ils sont mis en bouteilles entre

six et douze mois après la récolte. Quelques vignerons utilisent avec succès le bois neuf pour la fermentation ou l'élevage du Pinot Blanc.

## Les millésimes et l'élevage

Rares sont les millésimes catastrophiques en Alsace, car la région jouit d'un climat plutôt régulier. Un millésime sera bon si l'automne, long et chaud, permet l'élaboration de vins de vendanges tardives (voir plus loin).

## Lire une étiquette de vin d'Alsace

En Alsace, les étiquettes sont plus simples que celles des vins du reste de la France : la première information que l'on y trouve est le nom du cépage et la seconde, celui du propriétaire. Le nom du vignoble ou du village de production est souvent mentionné, surtout dans le cas d'un grand cru.

Les autres termes génériques que l'on peut rencontrer sont les suivants.
**Crémant d'Alsace.** C'est un vin pétillant obtenu par une seconde fermentation en bouteille (méthode traditionnelle). Les Crémants sont blancs, quelquefois rosés, et sont généralement issus de Pinot Blanc.
**Edelzwicker.** Il s'agit d'un vin blanc issu d'un assemblage de cépages « nobles » *(edel)*, le Chasselas et le Sylvaner étant les plus courants. Le terme a tendance à disparaître.
**Vendange tardive.** Cette mention indique que le vin est issu de raisins vendangés à maturité optimale, ce qui ne signifie pas nécessairement plus tard que la normale. C'est l'équivalent du Spätlese allemand. Un vin issu de Vendanges tardives est le plus souvent moelleux mais peut être sec : on ne le découvre qu'en le dégustant. D'autre part, cette catégorie ne s'applique qu'aux principaux cépages : Gewürztraminer, Pinot Gris, Riesling ou Muscat.
**Sélection de Grains nobles.** Ces vins sont faits uniquement à partir de raisins atteints de pourriture noble *(Botrytis cinerea)* et récoltés par tris successifs (voir p. 159). On n'en produit que dans les années très chaudes. Ce sont toujours des vins doux et riches, qui peuvent vieillir très longtemps. □

## LES VILLAGES VITICOLES D'ALSACE

Voici, du nord au sud, les villages les plus intéressants.

### BAS-RHIN

**Marlenheim.** Point de départ de la Route du vin, il est très connu pour ses vins rouges et rosés de Pinot Noir. Le grand cru Steinklotz est l'un des plus anciens vignobles d'Alsace et produit d'excellents vins de Riesling et de Pinot Gris.

**Dahlenheim.** Le Riesling s'y plaît (grand cru Engelberg).

**Bergbieten.** Le grand cru Altenberg de Bergbieten, exposé au sud, est surtout connu pour son Gewürztraminer.

**Wolxheim.** Ce village fournissait autrefois à Napoléon l'un de ses vins favoris, le grand cru Altenberg de Wolxheim.

**Molsheim.** Un village où Riesling et Gewürztraminer se plaisent bien, en particulier sur le grand cru Bruderthal.

**Heiligenstein.** Village réputé pour son vin blanc appelé Klevener, nom local du cépage Savagnin du Jura.

**Barr.** Le Sylvaner est bon, de même que le Gewürztraminer et le Riesling, surtout ceux du grand cru Kirchberg de Barr.

**Mittelbergheim.** Ce village a longtemps été le terroir de prédilection du Sylvaner. Aujourd'hui, le grand cru Zotzenberg est planté en Gewürztraminer et en Riesling.

**Andlau.** C'est le site des grands crus Kastelberg, Moenchberg et Wiebelsberg. Les meilleurs vins sont le Riesling et le Pinot Gris.

**Nothalten.** Longtemps connu pour son Sylvaner, il l'est désormais davantage pour son Riesling (grand cru Muenchberg).

**Dambach-la-Ville.** Ce village est considéré comme le meilleur du Bas-Rhin. Le grand cru Frankstein donne de bons Rieslings et Gewürztraminers.

### HAUT-RHIN

**Saint-Hippolyte.** Village le plus au nord du Haut-Rhin, il abrite une partie du grand cru Gloeckelberg.

**Rodern.** Tout comme Saint-Hippolyte, il a longtemps joui d'une bonne réputation pour son Pinot Noir. Aujourd'hui, il est davantage planté en Gewürztraminer et en Pinot Gris. Le reste du grand cru Gloeckelberg se trouve sur cette commune.

**Bergheim.** Le village et son grand cru, l'Altenberg de Bergheim, sont célèbres pour leur Gewürztraminer planté sur un terroir calcaire.

**Ribeauvillé.** Dominé par trois châteaux, il produit de superbes vins sur ses grands crus Geisberg, Kirchberg de Ribeauvillé et Osterberg.

**Hunawihr.** Il donne de beaux Gewürztraminers, mais doit surtout sa réputation au Riesling du Clos-Sainte-Hune.

**Riquewihr.** Charmant vieux bourg touristique qui s'enorgueillit de deux grands crus, Schoenenbourg et Sporen.

**Bennwihr-Mittelwihr.** Ces deux villages limitrophes cultivent le Gewürztraminer et le Muscat. grands crus : Marckrain à Bennwihr et Mandelberg à Mittelwihr.

**Kientzheim.** Il possède Schlossberg, le premier grand cru qui fut officiellement reconnu. Ses Gewürztraminers sont célèbres, mais ses Rieslings sont d'aussi bonne facture.

**Sigolsheim.** Ce village a toujours été connu pour ses Rieslings, ses Muscats et ses Gewürztraminers. Ce dernier cépage est surtout réputé sur le grand cru Mambourg.

**Ammerschwihr.** C'est l'un des meilleurs villages d'Alsace ; ses Rieslings, Muscats et Gewürztraminers, dont ceux du grand cru Kaefferkopf, sont réputés. L'autre grand cru est le Wineck-Schlossberg.

**Ingersheim.** Il est surtout renommé pour son Riesling et son Gewürztraminer plantés

Une enseigne traditionnelle de vigneron à Turckheim.

sur le grand cru Florimont.

**Turckheim.** Il a la réputation de produire les meilleurs Pinots Noirs de toute l'Alsace. Le grand cru Brand est planté en cépages Pinot Gris, Riesling et Gewürztraminer.

**Wintzenheim.** C'est là que se trouve l'un des plus fameux terroirs d'Alsace, le grand cru Hengst, réputé pour ses vins de Riesling, Gewürztraminer et Pinot Gris.

**Wettolsheim.** Il possède le grand cru Steingrubler, dont les parties les plus élevées sont plantées en Riesling et en Pinot Gris.

**Eguisheim.** C'est le pays des grands crus Eichberg et Pfersigberg, célèbres pour leur Gewürztraminer.

**Gueberschwihr.** Il a de bons vins de Muscat et de Riesling. Le grand cru Goldert est aussi connu pour son Gewürztraminer.

**Pfaffenheim.** Avec son grand cru Steinert, ce village jouit d'une réputation grandissante.

**Soultzmatt.** Ses vignobles, les plus élevés d'Alsace, donnent de bons Gewürztraminers, en particulier sur le Grand Cru Zinnkoepflé.

**Rouffach.** Le fameux Clos Saint-Landelin est situé sur son grand cru Vorbourg. Les cépages réputés sont le Pinot Noir, le Riesling et le Pinot Gris.

**Westhalten.** Son Pinot Blanc et son Pinot Gris ont une personnalité marquée. Ce village a deux grands crus Vorbourg et Zinnkoepflé.

**Orschwihr.** Ce village est réputé pour son Riesling et son Pinot Gris, particulièrement ceux issus du grand cru Pfingstberg.

**Guebwiller.** C'est la commune possédant le plus de grands crus d'Alsace : Kessler, Kitterlé, Saering et Spiegel, Gewürztraminer.

# PRODUCTEURS ET NÉGOCIANTS

En Alsace, les producteurs cumulent souvent les fonctions de vignerons et de négociants. Beaucoup possèdent des vignes et achètent du vin dans plusieurs communes. C'est pourquoi le nom du village indiqué ci-dessous pour chaque producteur peut n'être que celui du siège de l'entreprise. Quelques coopératives (voir p. 224) produisent également des vins de qualité.

### J.B. Adam
Ammerschwihr. Entreprise familiale établie depuis le début du XVIIe siècle et produisant essentiellement du Riesling et du Gewürztraminer et, parfois, des Vendanges tardives, des Pinots Noirs et des Pinots Blancs élaborés selon des vinifications traditionnelles.

### Lucien Albrecht
Orschwihr. Fondée en 1772, la maison Albrecht vinifie tous les cépages, mais se distingue par son Riesling issu du grand cru Pfingstberg.

### Jean Becker
Riquewihr. Maison familiale établie en 1610 et vinifiant tous les principaux cépages. Ses meilleurs vins sont le Muscat, le Pinot Noir, le Gewürztraminer (du grand cru Froehn) et le Riesling.

### Léon Beyer
Eguisheim. Négociant depuis le XVIe siècle et vigneron depuis le milieu du XIXe siècle, Beyer est connu pour ses vins secs, en particulier, son Gewürztraminer (cuvée des comtes d'Eguisheim), son Riesling et son Muscat. Il ne fait pas de grand cru.

### Paul Blanck & Fils
Kientzheim. Blanck produit une vaste gamme de vins dans tous les cépages, mais ses Rieslings des grands crus Furstentum et Schlossberg sont particulièrement remarquables. Les vins sont également vendus sous l'étiquette Domaine des Comtes de Lupfen.

### Albert Boxler & Fils
Niedermorschwihr. Producteur de petits volumes de vins exceptionnels, comme le grand cru Brand en Riesling et en Pinot Gris (dont un Sélection de Grains nobles) et le grand cru Sommerberg en Riesling.

### Joseph Cattin & ses Fils
Voegtlinshoffen. Cousin de Théo (voir ci-dessous), Joseph Cattin est un vinificateur de talent qui produit du Muscat, du Gewürztraminer grand cru Hatschbourg (dont une cuvée en Vendanges tardives) et un Pinot Noir particulièrement réussi.

### Théo Cattin & Fils
Voegtlinshoffen. Théo est plus connu que son cousin (voir ci-dessus) et produit de bons Gewürztraminers (grands crus Hatschbourg et Bollenberg), du Pinot Gris et un beau Riesling (grand cru Hatschbourg) qui vieillit très bien et pour lequel il est renommé.

### Domaine Marcel Deiss
Bergheim. Jean-Michel Deiss est l'un des meilleurs vinificateurs d'Alsace. Quelle que soit la cuvée, ses vins sont concentrés et de très grande qualité. Il produit tous les cépages et tous les types de vin, y compris des Vendanges tardives et des Sélections de Grains nobles.

### Dopff & Irion
Riquewihr. Cette entreprise est née en 1945 d'une scission avec la maison Dopff Au Moulin. Sa gamme comprend le Riesling Les Murailles (du grand cru Schoenenberg), le Gewürztraminer Les Sorcières, un vin puissant et de bonne garde, le Muscat Les Amandiers et le Pinot Gris Les Maquisards. Après s'être longtemps tenu à l'écart du système, Dopff commercialise aujourd'hui des grands crus.

### Dopff au Moulin
Riquewihr. Fondée au XVIe siècle, cette maison est depuis longtemps en tête de la production de Crémant d'Alsace, avec sa Cuvée Julien, sa Cuvée Bartholdi, son Blanc de Noirs et son Brut Sauvage, pour ne citer que les meilleurs. De bons vins tranquilles sont aussi vendus sous l'étiquette Domaines Dopff.

### Pierre Freudenreich & Fils
Eguisheim. Cette petite entreprise familiale établie depuis 1653 gagne régulièrement des médailles avec son Pinot Gris et son Gewürztraminer. Le Riesling est aussi une réussite. Les vins sont vinifiés traditionnellement sans aucune concession aux techniques modernes.

### Willy Gisselbrecht & Fils
Dambach-la-Ville. Comme nombre de vignerons alsaciens, Willy Gisselbrecht produit une vaste gamme de vins de diffé-

**HUGEL & FILS**

La plus célèbre maison d'Alsace, fondée en 1639, est actuellement dirigée par la treizième génération de Hugel. Certains vins de ses vastes caves situées sous le village de Riquewihr sont centenaires. La gamme de base comprend notamment un bon Gewürztraminer et un Pinot Blanc de Blancs. Ses gammes Cuvée Tradition et Jubilée Réserve personnelle sont d'une réelle qualité. À l'origine du style Vendange tardive, Hugel en est l'un des principaux producteurs et, par ailleurs, excelle dans l'élaboration des Sélections de Grains nobles : ses Pinots Gris et ses Rieslings sont tout à fait remarquables dans cette catégorie. Les grands crus de la maison proviennent des vignobles Sporen et Schoenenbourg. Hugel vinifie d'importants volumes de vins fiables de qualité constante.

Le Vin de Pays des Côtes de Meuse est un vin qui provient de vignes situées à l'ouest de Metz.

rents niveaux de qualité et de différentes cuvées, y compris des grands crus et des Vendanges tardives. Sa plus grande réussite est sans doute le Gewürztraminer, mais le Pinot Gris peut aussi être excellent.

### Domaine André & Rémy Gresser

Andlau. Une très ancienne maison (1667) qui jouit d'une image dynamique. La réputation du domaine est fondée sur les Rieslings grands crus, le Pinot Noir Brandhof et le Gewürztraminer Andlau.

### J. Hauller & Fils

Dambach-la-Ville. Hauller commercialise d'assez gros volumes de vins de tous les cépages d'un bon rapport qualité/prix. Il met en avant son Sylvaner, mais ses meilleurs vins sont le Gewürztraminer grand cru Frankstein et différentes cuvées de Riesling.

### Albert Hertz

Eguisheim. Relativement récente, la maison Hertz est déjà considérée comme l'un des meilleurs producteurs de Pinot Noir de la région. Son vin est élégant et bien équilibré. Gewürztraminer et Riesling sont également d'excellente facture.

### Hugel & Fils

Voir encadré page précédente.

### JosMeyer

Colmar. Jean Meyer est très préoccupé par l'avenir des cépages alsaciens autres que les quatre cépages nobles autorisés pour l'appellation grand cru. C'est pourquoi il nomme son Chasselas « H » pour identifier son origine (grand cru Hengst). Ses meilleures cuvées sont le Riesling JosMeyer grand cru Hengst et plusieurs Gewürztraminers.

### André Kientzler

Ribeauvillé. Vinificateur de premier ordre, il affectionne les cépages dits mineurs comme le Chasselas et l'Auxerrois. Ses plus grands vins sont le Gewürztraminer (grand cru Kirchberg de Ribeauvillé), le Riesling (en particulier le grand cru Geisberg et le grand cru Osterberg) et le Pinot Gris.

### Domaine Klipfel

Barr. Klipfel est lié à la famille Lorentz (voir plus loin) de Bergheim et connu lui aussi pour ses vinifications traditionnelles et le potentiel de garde de ses vins. Ses meilleurs cépages sont le Gewürztraminer, le Pinot Noir et le Pinot Gris.

### Kuentz-Bas

Husserren-les-Châteaux. La maison Kuentz date de 1795 et s'est unie avec André Bas en 1918. Elle produit des vins de grande qualité, notamment en Vendanges tardives. Les meilleurs cépages sont le Gewürztraminer, le Pinot Gris, le Muscat et, de plus en plus, le Pinot Noir. Kuentz-Bas élabore aussi des Crémants d'Alsace.

### Maison Michel Laugel

Marlenheim. Cette très grande maison de négoce commercialise tous les cépages. Elle travaille avec des vignerons sous contrat et appartient au négociant du Val de Loire Rémy-Pannier. Certaines cuvées de Gewürztraminer, Pinot Noir, Riesling et Muscat peuvent être excellentes. Le Crémant d'Alsace est bon et régulier.

### Gustave Lorentz

Bergheim. Cette maison familiale établie depuis 1836 produit des Gewürztraminers particulièrement réussis, comme le grand cru Altenberg de Bergheim et la Cuvée particulière. Le Pinot Blanc, le Pinot Gris, le Riesling et le Muscat sont bons.

### Muré

Rouffach. La presque totalité des vins du domaine provient du Clos Saint-Landelin (grand cru Vorbourg), que Muré possède depuis 1935. On remarque le Pinot Noir, le Riesling et le Muscat. Le Crémant d'Alsace est une spécialité.

### Domaine Ostertag

Epfig. André Ostertag n'est pas un vigneron alsacien

conventionnel. Il n'a pas peur de tenter des expériences, qui se traduisent évidemment par des résultats variables, allant de l'échec inattendu à la plus remarquable réussite.

Ses meilleurs vins sont sans doute le Pinot Gris et le Riesling du grand cru Muenchberg, mais il a fait dans sa carrière de très grands vins, quels que soient le cépage ou le type.

### Preiss-Zimmer

Riquewihr. Même si les terres appartiennent toujours à la famille Zimmer, la vinification a été reprise par la cave coopérative de Turckheim à la fin des années 80, et le niveau de qualité s'est nettement amélioré. Les meilleurs vins sont les Gewürztraminers et les Rieslings.

### Rolly Gassmann

Rorschwihr. Ses vins riches et généreux ont des taux de sucre résiduel élevés. Il fait un excellent Muscat Moenchreben (un lieu-dit de Rorschwihr, pas le grand cru de Eichhoffen), un Auxerrois très réputé et de bonnes cuvées comme la Réserve Rolly Gassmann, dans tous les cépages classiques.

### Edgard Schaller & Fils

Mittelwihr. Schaller fait des vins extrêmement secs qui ont souvent besoin de plusieurs années de cave. C'est le cas des Rieslings (surtout les Vieilles Vignes du grand cru Mandelberg). Il élabore également de très bons Pinots Blancs, des Gewürztraminers et des Crémants d'Alsace.

### Domaine Schlumberger

Guebwiller. Cette entreprise familiale s'est constitué un immense vignoble au fil des ans et possède aujourd'hui le plus grand domaine d'Alsace, et l'un des plus grands de France. Certaines parcelles sont en terrasses si abruptes qu'aucune mécanisation n'est possible, mais le terroir mérite tous les efforts ! Le cépage qui a fait la réputation de Schlumberger est le Gewürztraminer, en particulier la Cuvée Christine, issue de Vendanges tardives, et la Cuvée Anne, une Sélection de Grains nobles. Les Pinots Gris et les Rieslings des grands crus Kitterlé et Saering sont aussi des vins magnifiques.

### Louis Sipp

Ribeauvillé. Les meilleures cuvées de Louis Sipp ont besoin de quelques années pour atteindre leur apogée. Les plus grandes réussites sont les Rieslings (grand cru Kirchberg de Ribeauvillé), suivis de près par les Gewürztraminers (grand cru Osterberg).

### Pierre Sparr

Sigolsheim. Les vins de Sparr sont très fruités, généreux, et gardent parfois une pointe de sucre résiduel. Les meilleurs sont issus de Pinot Gris, de Riesling et de Gewürztraminer. Cette maison produit aussi des vins d'assemblage de grande qualité, comme Kaefferkopf (Gewürztraminer/Pinot Gris) et Symphonie (Riesling/Pinot Gris/Pinot Blanc/Gewürztraminer), ainsi que des vins pétillants.

### F. E. Trimbach

Ribeauvillé. Avec Hugel, Trimbach a fait plus que quiconque pour la promotion des vins d'Alsace dans le monde entier. Ses vins comprennent le

Gewürztraminer, en particulier la Cuvée des Seigneurs de Ribeaupierre, et le Pinot Gris, mais les Rieslings sont sans l'ombre d'un doute les meilleurs de la région. La Cuvée Frédéric-Émile, issue du grand cru Osterberg, n'est surpassée que par le Clos Sainte-Hune, parcelle qui appartient à la famille Trimbach depuis plus de 200 ans. Elle se trouve à l'intérieur du grand cru Rosacker, mais ne peut prétendre au statut de grand cru pour des raisons légales. Le Clos Sainte-Hune est un vin de très grande classe. Cet archétype de Riesling est souvent considéré comme le meilleur vin d'Alsace.

### Domaine Weinbach

Kaysersberg. La famille Faller produit sur son vignoble du Clos des Capucins des vins très impressionnants. Trois en sont issus exclusivement : Pinot Gris Sainte-Catherine, Riesling Cuvée Théo et Gewürztraminer Cuvée Théo.

### Alsace Willm

Barr. Bien qu'ils appartiennent maintenant à Wolfberger, la coopérative d'Eguisheim, les vins Willm conservent le caractère distinct du Clos Gaensbroennel. Les meilleurs vins sont le Gewürztraminer et le Riesling.

### Zind Humbrecht

Wintzenheim. Léonard Humbrecht est un apôtre inlassable des petits rendements. Sa pro-

priété de 30 ha est extrêmement bien située et ne compte pas moins de quatre grands crus. Ses méthodes de vinification sont traditionnelles. Son Pinot Gris et son Gewürztraminer sont des vins exceptionnels.

### Les caves coopératives

Les caves coopératives réputées pour la qualité de leurs vins sont nombreuses en Alsace, parmi lesquelles : Bennwihr, Union Vinicole Divinal (Obernai), Eguisheim, Caves de Hoen (Beblenheim), Ingersheim et environs (Colmar), Kientzheim-Kaysersberg, Pfaffenheim-Gueberschwihr (Rouffach), Ribeauvillé et environs, Sigolsheim et environs (Kaysersberg), Turckheim, Westhalten et environs.

## CÔTES-DE-TOUL ET VIN DE LA MOSELLE

Les Côtes-de-Toul sont un tout petit vignoble classé en VDQS, situé autour de la ville de Toul, en Lorraine. La région possède une longue tradition viticole, mais son vignoble, très septentrional, souffre de contraintes climatiques et la vigne tend à être supplantée par d'autres cultures. Le principal cépage est le Gamay, mais on trouve également du Pinot Noir et, pour les blancs, un peu d'Auxerrois et de Pinot Blanc. Le Gris de Toul est un rosé délicat issu de Gamay : son acidité agréable lui confère beaucoup de fraîcheur. Le Gamay donne par ailleurs un vin pétillant, et possède un goût de levure et de fruit. Les années les plus chaudes, le Pinot Noir donne des vins rouges légers.

Le Vin de la Moselle représente une zone minuscule classée en VDQS qui lutte pour sa survie. Il est produit dans les villages de la vallée de la Moselle, près de la ville de Metz et vers la frontière luxembourgeoise. Ces vignobles sont les plus septentrionaux de France et leurs vins rappellent ceux du Luxembourg. Les conditions climatiques rendent la culture difficile : les gelées de printemps posent fréquemment des problèmes. Les principaux cépages de la Moselle sont le Müller-Thurgau, le Rivaner, ainsi que le Pinot Noir et l'Auxerrois.

# LOIRE

LA MAJESTUEUSE VALLÉE DE LA LOIRE OFFRE À L'AMATEUR
DES VINS QUI SE DÉCLINENT EN UNE INFINIE VARIÉTÉ
D'ARÔMES ET DE COULEURS.

Le splendide château de Saumur domine la ville et ce fleuve majestueux qu'est la Loire. Les environs sont couverts de vignobles, qui produisent à la fois des vins tranquilles et des mousseux.

La vallée de la Loire, qui compte parmi les régions viticoles les plus étendues de France, produit une si riche palette de vins qu'il est difficile de leur trouver des caractéristiques communes. En effet, la gamme des vins de Loire se décline sur un large registre allant des vins blancs secs, demi-secs, moelleux ou liquoreux aux vins rouges légers ou profonds et intenses en passant par les rosés secs ou moelleux ou les Crémants. Les fluctuations du climat comptent pour beaucoup dans ces déclinaisons. Une année fraîche donne des vins secs et acides, à boire rapidement, tandis qu'un été et un automne chauds sont souvent à l'origine de vins riches, au grand potentiel de vieillissement. Un autre facteur non négligeable est la variété du raisin, qu'il s'agisse des cépages locaux ou des cépages importés plus récemment d'autres régions de France.

Le fleuve français le plus long coule dans un paysage de douces collines, de champs verts et de vignes, longeant des châteaux magnifiques et des villes tranquilles. Les vignobles bordent les cours d'eau, la Loire, large et lente, et ses affluents comme le Cher, l'Indre, l'Allier et la Vienne, lesquels ont tous donné leur nom à un département. Des affluents moins importants, comme l'Aubance, le Layon, la Sèvre Nantaise et la Maine, créent des microclimats dans les vallées étroites et profondes qu'ils ont creusées. La Loire prend sa source dans le sud du Massif central, où les quelques parcelles de vigne actuelles apparaissent comme les vestiges de domaines autrefois plus étendus. À mi-chemin de son parcours vers la mer, à l'endroit où elle amorce son virage à l'ouest, la Loire atteint la première des trois grandes régions viticoles, celle de Sancerre et de Pouilly, qui produit des vins blancs fruités, herbacés, grâce au cépage Sauvignon Blanc, dont la popularité a conquis le monde entier. Les vastes étendues de la Touraine et de l'Anjou composent la deuxième région viticole, avec toute une famille de vins blancs, tranquilles ou pétillants, ainsi que la plus importante production de vins rouges de Loire. La dernière région, la basse Loire, se pose en total contraste. Elle représente le royaume du Muscadet (appelé aussi Melon de Bourgogne), un vin blanc léger et fruité qui évoque la mer. Car l'océan n'est jamais très loin, comme le prouve la pluviométrie élevée du Pays nantais.

## L'histoire des vins de Loire

L'origine des vignobles ligériens pourrait remonter à l'époque gallo-romaine, mais, ce qui est sûr, c'est que la viticulture de cette région doit son développement à saint Martin, fondateur de l'abbaye de Marmoutier à Tours, en 372, et cela surtout en Anjou et en Touraine.

Les vins de Loire connurent leurs heures de gloire à la Renaissance, quand les châteaux royaux possédaient chacun leur propre vignoble et que la gastronomie française était en plein essor dans cet opulent jardin de la France. On y cultivait la vigne ainsi que toutes les plantes maraîchères et tous les fruits. Angers et Nantes étaient des ports de commerce où l'on importait les épices et d'où l'on exportait du vin, Paris et la région parisienne représentant alors, comme aujourd'hui, un marché important pour tous les vins de Loire.

## Des vignobles en déclin

Outre certaines régions du Centre comme l'Orléanais, où la vigne n'a pas été replantée après la dévastation du phylloxéra, il reste toujours des régions de Loire où la viticulture décline. Certaines zones limitrophes, comme les Coteaux du Loir et Jasnières, ne produisent pas plus de 180 000 bouteilles par an, d'autres cultures étant plus rentables pour les fermiers. En comparaison, le cœur des pays de Loire semble être prospère. Les vins rouges de Saumur, Chinon et Bourgueil, les vins blancs de Vouvray, les Crémants et autres vins mousseux de Saumur, le Muscadet et, surtout, les vins de Sancerre et de Pouilly se vendent bien. En revanche, d'autres vins qui ont contribué à la renommée de la Loire, comme le rosé d'Anjou, sont moins recherchés.

## Les cépages et les styles de vin

Outre les cépages locaux, les vins de Loire sont issus de cépages bordelais et bourguignons. Le Gamay, le Pinot Noir et le Chardonnay de quelques vignobles au sud du fleuve indiquent que le Beaujolais et la Bourgogne ne

Vignoble de Vouvray (Le Mont) avec la ville de Tours en arrière-plan.

sont pas loin. Plus au nord, le Sauvignon Blanc, variété propre à la Loire et au Bordelais, devient prédominant. En amont de la Loire, la présence du Pinot Noir rappelle que Sancerre et Pouilly-sur-Loire ont fait autrefois partie du duché de Bourgogne. On trouve en Touraine et en Anjou le Chenin Blanc, autre cépage dominant de la région. Il s'agit d'une variété de vigne locale qui est à l'origine de nombreux styles de vin. Enfin, le Cabernet Franc et le Cabernet-Sauvignon sont les cépages rouges du Centre-Loire.

La variété des cépages permet aux viticulteurs de diversifier le style de leurs vins. Il n'est pas rare de voir un même producteur proposer du vin rouge et du vin blanc, tranquille ou effervescent. Cependant, la production de blanc domine largement, avec un total de 180 millions de bouteilles, en moyenne, contre 122 millions pour les vins rouge et rosé.

## Les négociants et les propriétés

La Loire reste une région de petits domaines qui se rapproche davantage de la Bourgogne que du Bordelais. Toutefois, si les Bourguignons se sont enrichis grâce à la renommée de leurs vins, il n'en a pas été de même pour les producteurs de la Loire, dont le talent n'est pas toujours récompensé à sa juste valeur. Le Muscadet, le Sancerre, le Pouilly Fumé (blancs), le Bourgueil et le Saumur-Champigny (rouges) représentent les seules productions vinicoles relativement prospères.

Peu de coopératives viticoles garantissent un revenu aux producteurs, ce qui implique une liberté totale de négociation des prix en fonction des stocks disponibles et de la demande des négociants. Le plus souvent situés dans la région du Muscadet, entre Saumur et Nantes, les négociants achètent des vins dans différents domaines pour les assembler. Les achats se font généralement en fonction du prix et les vignerons ne céderont ainsi que leurs cuvées les moins réussies, ce qui explique qu'un Sancerre embouteillé dans la région nantaise soit souvent décevant. □

# LES RÉGIONS VITICOLES DE TOURAINE, D'ANJOU ET DE BASSE LOIRE

La Loire est représentée ci-dessous ainsi que p. 238 (zone en amont de la Loire). Les vignobles, parfois appelés Pays nantais, se regroupent au sud de Nantes. Au centre, les vignobles se divisent en deux groupes : l'Anjou-Saumur autour d'Angers, et, à l'est, la Touraine centrée sur Tours. Le long des vallées avoisinantes se trouvent d'autres zones de production qui survivent tant bien que mal.

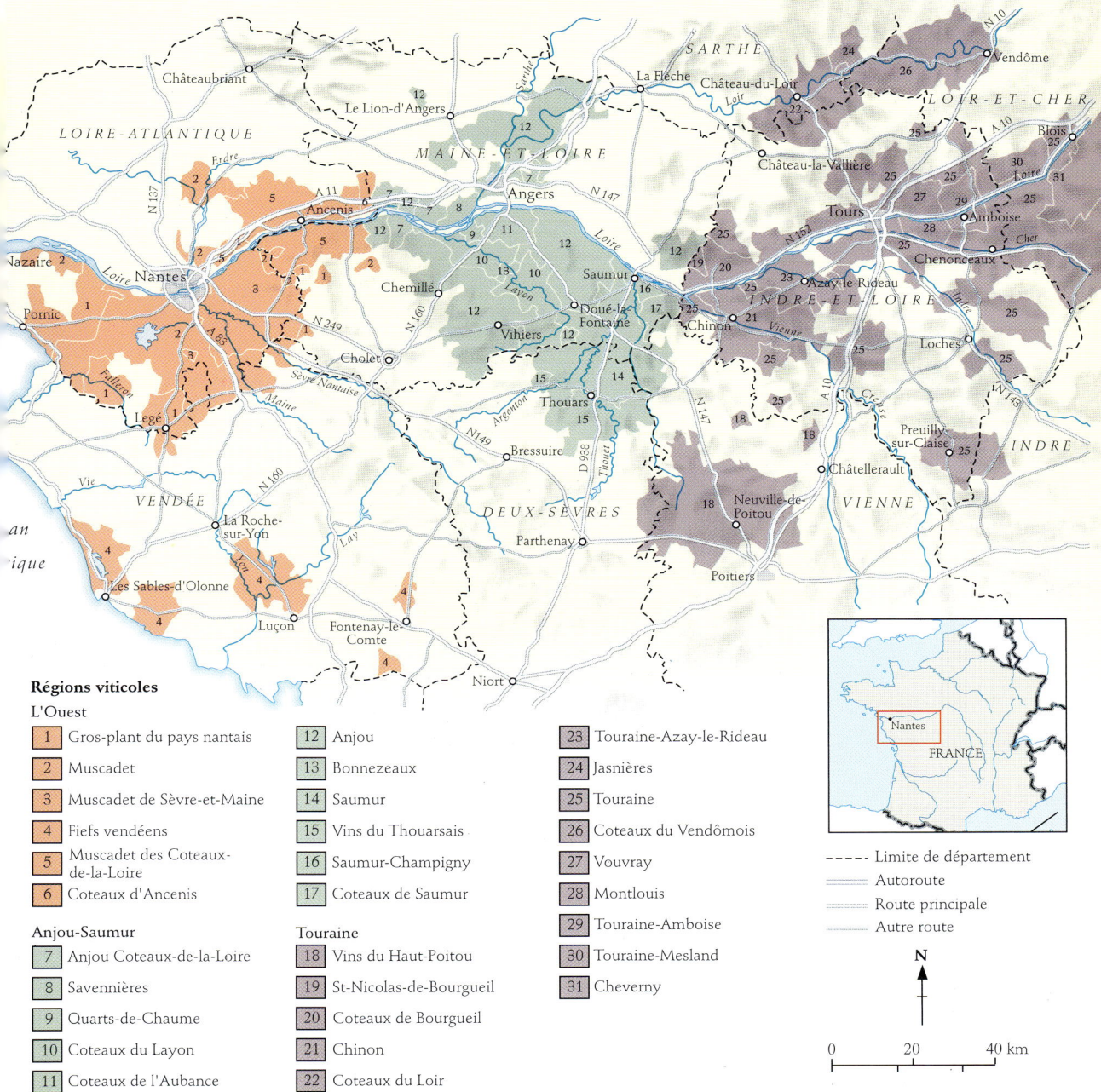

## Régions viticoles

### L'Ouest

1 Gros-plant du pays nantais
2 Muscadet
3 Muscadet de Sèvre-et-Maine
4 Fiefs vendéens
5 Muscadet des Coteaux-de-la-Loire
6 Coteaux d'Ancenis

### Anjou-Saumur

7 Anjou Coteaux-de-la-Loire
8 Savennières
9 Quarts-de-Chaume
10 Coteaux du Layon
11 Coteaux de l'Aubance

12 Anjou
13 Bonnezeaux
14 Saumur
15 Vins du Thouarsais
16 Saumur-Champigny
17 Coteaux de Saumur

### Touraine

18 Vins du Haut-Poitou
19 St-Nicolas-de-Bourgueil
20 Coteaux de Bourgueil
21 Chinon
22 Coteaux du Loir

23 Touraine-Azay-le-Rideau
24 Jasnières
25 Touraine
26 Coteaux du Vendômois
27 Vouvray
28 Montlouis
29 Touraine-Amboise
30 Touraine-Mesland
31 Cheverny

- - - - Limite de département
Autoroute
Route principale
Autre route

N

0    20    40 km

# LES FACTEURS DE QUALITÉ

Bien que situés à la limite de la zone où la vigne est cultivée, les vignobles de la Loire ont pu s'épanouir grâce à la combinaison des microclimats et au drainage d'un relief façonné par les cours d'eau. La protection des vallées, l'effet modérateur des rivières et la lumière qui se réfléchit sur leur surface sont autant de facteurs qui contribuent à la maturité du raisin. Ces conditions expliquent les variations de qualité d'un millésime à l'autre, surtout pour les vins rouges et les vins liquoreux.

**CLIMAT**

Nantes
- Température
- Précipitations
- 100  Heures d'ensoleillement

Angers
- Température
- Précipitations
- 100  Heures d'ensoleillement

Vouvray
- Température
- Précipitations
- 100  Heures d'ensoleillement

Pouilly
- Température
- Précipitations
- 100  Heures d'ensoleillement

## Climat

Le climat peut varier de façon sensible entre la source de la Loire et son estuaire, ne serait-ce que par l'influence plus ou moins marquée de l'océan Atlantique. Si la région du Muscadet est très ensoleillée, les températures maximales en été se constatent à Pouilly-sur-Loire, tandis que les moyennes les plus hautes au moment des vendanges se trouvent dans l'Anjou.

Au cours du printemps, les vignerons redoutent les gelées noires jusqu'à la fin du mois de mai, tout autant que les pluies excessives d'août et de septembre, avec des risques de pourriture grise.

## Millésimes

Les millésimes, dans le Val de Loire, sont marqués par d'importantes différences en quantité comme en qualité. À la fin des années 80 et au début des années 90, cette région, comme l'ensemble des vignobles de France, a connu une succession de

Les caves de Vouvray sont creusées dans le tuffeau.

millésimes exceptionnels. De mémoire de vigneron, jamais on n'avait produit de rouges aussi concentrés, de blancs moelleux aussi riches qu'au cours des trois grandes années de 1988, 1989 et 1990. Les gelées de 1991 ont brutalement ramené tout le monde à la réalité, avec des récoltes réduites et des vins plus classiques.

## Sols

Il existe quatre formations géologiques distinctes. À la source du fleuve se trouvent les anciennes collines granitiques du Massif central, où subsistent quelques rares vignobles.

En suivant le cours de la Loire, on arrive dans une région calcaire qui abrite la région viticole de Sancerre et de Pouilly-sur-Loire. La terre, comme celle de la Champagne, est idéale pour la production de vins blancs. Les coteaux des deux rives du fleuve offrent toute une palette de sols (calcaires, argileux, siliceux) et les différentes pentes et vallées bénéficient de leurs propres microclimats.

La troisième région regroupe tout le centre du Val de Loire ainsi que les petites vallées des affluents. C'est ici le pays du tuffeau, cette roche de couleur crème, d'origine volcanique, suffisamment tendre pour abriter les innombrables caves à vin troglodytiques. Les rivières y ont creusé leur lit, formant peu à peu, sur les deux rives, des falaises dont le drainage, optimal, profite aux vignes qui y sont plantées.

Le quatrième type de sol est le plateau schisteux du Pays nantais que les petites rivières ont largement érodé, ce qui a donné naissance à des versants bien irrigués.

# BASSE LOIRE

Les vins du Pays nantais, dans la basse Loire, ont une réputation de vins simples dans le paysage viticole français. Le Muscadet et le Gros-Plant ont un goût inimitable : fruités, jeunes, frais, ils sont parfaits pour accompagner les fruits de mer. Il s'agit d'une combinaison idéale qui a fait la bonne fortune d'un certain nombre de vignerons de la région depuis les années 70.

## Les appellations du Muscadet

Les appellations de la région sont les moins complexes parmi celles des pays de Loire. La plus grande va au Muscadet, qui se présente sous trois aspects : Muscadet générique, Muscadet des Coteaux-de-la-Loire et Muscadet de Sèvre-et-Maine. Le premier provient surtout de l'ouest de la région, pour un vin sans prétention. Celui des Coteaux de la Loire est élaboré sur la rive nord de la Loire, entre Nantes et Ancenis. Comme son nom l'indique, le Muscadet de Sèvre-et-Maine naît entre deux rivières, la Sèvre et la Maine, qui se trouvent respectivement au sud et à l'est de Nantes, sur la rive sud de la Loire. Cette région viticole, l'une des plus denses de France, laisse peu de place à d'autres cultures. Petits villages et petites villes (Vallet, Clisson et La Haie-Fouassière, par exemple) se regroupent autour de hautes églises, témoins d'une longue tradition de prospérité. L'appellation comprend 23 communes qui produisent environ 66 millions de bouteilles par an.

Pendant des siècles, le Muscadet est resté un vin de consommation locale. Mais, depuis les années 70, il est devenu pour le monde entier le symbole des vins blancs secs faciles à boire.

## L'élaboration du Muscadet

Les qualités du Muscadet les plus unanimement appréciées tiennent à son caractère frais et fruité ainsi qu'au léger picotement que l'on ressent sur la langue en le dégustant. Ces qualités

Près de Clisson, on fait toujours travailler le cheval dans les vignes.

sont plus sensibles lorsque le vin est mis en bouteille sur lies, en fût avant soutirage, dans sa cave d'origine. Une vive controverse est née à ce sujet, car de nombreux producteurs suppriment les lies du vin pour le transporter dans leurs propres caves et le rendent pétillant à l'aide d'oxyde de carbone avant de le mettre en bouteilles. Pour éviter un faux « sur lie » traité de cette façon, il faut s'assurer que l'étiquette porte la mention « mis en bouteille au château » ou « au domaine », où ces pratiques douteuses sont plus rares.

La tendance actuelle est à l'élaboration de cuvées de prestige, issues parfois des meilleurs coupages des producteurs, ou à la commercialisation de vins d'un seul domaine. Si ces vins sont certainement meilleurs que la plupart des Muscadets génériques, ces pratiques laissent supposer un malaise dans le Pays nantais. Pourquoi faire si compliqué pour un vin aussi simple que le Muscadet ? La viticulture est responsable d'une augmentation des rendements (plus de 100 hl/ha dans

les années 80) dans une majeure partie du vignoble. De plus, les superficies en exploitation sont passées de 11 000 à 15 000 ha en quelques années. Des années trop ensoleillées ont donné des Muscadets moins acides et les excès de rendement n'ont rien arrangé. Tous ces facteurs expliquent que certains producteurs souhaitent affirmer leur différence.

## Les autres vins

Le succès du Muscadet a étouffé celui qu'auraient pu connaître les autres vins. Les VDQS Coteaux-d'Ancenis proviennent des deux rives de la Loire aux environs d'Ancenis, région également couverte par l'AOC Muscadet des Coteaux-de-la-Loire. Bien qu'il existe en rouge, rosé et blanc, il est essentiellement proposé en rouge, élaboré principalement à partir des cépages Gamay ou Cabernet (Cabernet Franc ou Cabernet-Sauvignon). Le Gros-Plant, autre appellation de VDQS, est un vin blanc élaboré à partir de la Folle-Blanche, l'un des cépages du Cognac. Ce vin très acide accompagne bien la cuisine locale lorsque le millésime a été chaud. Il couvre à peu près la même zone que le Muscadet. Les VDQS Fiefs Vendéens, originaires d'une région isolée au sud-ouest de la Loire, produisent un vin rouge à base de Gamay et de Pinot Noir (au moins 50 %) ainsi que d'un ou des deux Cabernets. On trouve également un peu de vin blanc.

Le haut Poitou, au sud, est une zone VDQS constituée d'un îlot de vignobles où la coopérative locale a commencé à se lancer dans l'exportation de vins rouges, rosés et blancs. Les cépages sont le Gamay, le Cabernet Franc, le Cabernet-Sauvignon, le Sauvignon et le Chardonnay. Les vins du haut Poitou sont essentiellement des vins de cépages aux arômes riches qui expriment le fruit sans autre prétention.                     □

# PRODUCTEURS ET NÉGOCIANTS

Le pays du Muscadet est celui des vignerons plutôt que des coopératives et les négociants constituent sa force dominante.
La liste ci-dessous en cite quelques-uns parmi les meilleurs et répertorie certaines propriétés indépendantes.

### Auguste Bonhomme
Ce négociant s'occupe surtout de simples Muscadets AOC. Ne possédant que 25 ha de vignes, il achète à 80% aux vignerons. Les deux vins mis en bouteilles à la propriété sont Domaine du Haut Banchereau et Fief de la Brie. Bonhomme élabore également des vins issus de Gros-Plant.

### Guy Bossard
Guy Bossard a choisi la biodynamie dans les années 70, un geste courageux dans une région très humide qui privilégie traditionnellement les hauts rendements. La qualité de ses vins et leur réputation actuelle démontrent qu'il a fait le bon choix. Il possède 17 ha de vignes dans le village du Louroux-Bottereau. Son vin de propriété s'appelle Domaine de l'Écu et sa cuvée supérieure, Hermine d'Or. Il élabore également du Gros-Plant et un Muscadet.

### Henri Bouchaud
Le Domaine du Bois-Joly, propriété de 13 ha située au Pallet, produit des Muscadets classiques, avec toute la fraîcheur et la légèreté requises. On y trouve également du Gros-Plant et un rouge, le vin de pays du Jardin de la France, à base de Cabernet Franc.

### Claude Branger
Dans son vignoble de 14,5 ha, Claude Branger élabore un Muscadet doux mais croquant, le Domaine La Haute Févrie

(qui lui a rapporté quelques médailles), ainsi qu'un peu de Gros-Plant. Sa cuvée supérieure, baptisée Excellence, gagne à vieillir, qualité rare pour un Muscadet.

### Robert Brousseau
Le Domaine des Mortiers-Gobin (9 ha) est sur les rives boisées de la Sèvre à La Haie-Fouassière. Il s'agit d'un vieux domaine qui appartient à la famille Brousseau depuis des générations. Les méthodes sont encore traditionnelles, avec élevage en fûts de bois.

### Chéreau-Carré
Un des plus grands propriétaires du Muscadet, Chéreau-Carré possède 74 ha répartis entre les membres de sa famille : le Château de Chasseloir, le plus grand domaine, qui constitue le cœur des opérations, le Château du Coing, le Moulin de la Gravelle et le Château de l'Oiselinière. Tous les vins sont embouteillés sur lies dans chaque propriété. La pratique de la fermentation sous bois et la volonté de laisser vieillir certaines cuves de Muscadet font de ce producteur un véritable pionnier en la matière.

### Bruno Cormerais
Ce vigneron énergique produit, avec sa femme Marie-Françoise,

Le château de Clisson au-dessus de la Sèvre.

un certain nombre de vins sur son domaine de 12 ha : du Muscadet de Sèvre-et-Maine, du Gros-Plant et un Gamay appelé vin de pays des Marches de Bretagne. Leurs cuvées de Muscadet portent les étiquettes Domaine Bruno Cormerais, Domaine de la Chambaudière et Cuvée Prestige.

### Donatien Bahuaud
Il exploite la propriété de famille, le château historique de la Cassemichère. Le vin est toujours produit puis mis en bouteille sur lies au château, mais cette entreprise viticole se double d'une affaire de négoce avec des caves dans le village de La Chapelle-Heulin. Son Muscadet le plus célèbre est Le Master de Donatien, constitué d'un assemblage de vins soigneusement sélectionnés chaque année au cours d'une dégustation organisée.

### Domaine des Dorices
L'étrange château néo-normand, édifié sur ce domaine par le marquis de Rochechouart au début du siècle, est venu remplacer un manoir beaucoup plus ancien. Toute la propriété appartient désormais à la famille Boullault, qui produit sur 31 ha un Muscadet conçu pour vieillir, le Domaine des Dorices. On peut également y boire le Château la Touche, vin plus léger à boire plus jeune, ainsi que du Gros-Plant et un vin blanc pétillant baptisé Leconte.

### Le Cellier des Ducs
Il s'agit d'un important négociant, basé à La Chapelle-Basse-Mer, qui élabore environ 13,2 millions de bouteilles de vins du Pays nantais par an. Il travaille avec plusieurs domaines : Domaine des Morines, Château de la Bigotière et Château de Richebourg, d'où proviennent ses cuvées supérieures. Il propose un Gros-Plant, un Muscadet de base et un vin de pays du Jardin de la France (en vin rouge et vin blanc).

### Gabare de Sèvre

Ce groupe de neuf cultivateurs s'est réuni en 1982 pour commercialiser ensemble une partie de ses vins. Chaque producteur met son vin en bouteilles sur sa propriété. Le nom Gabare de Sèvre s'inspire des barges à fond plat qui transportaient les marchandises sur la Sèvre depuis Port-Domino, juste sous Pé-de-Sèvre.

### Château de la Galissonnière

Le château date du XIVe siècle, mais doit son nom à un amiral du XVIIIe siècle. Le vignoble, aux mains de la famille Lusseaud, couvre aujourd'hui 30 ha. Il produit deux cuvées : la Cuvée Philippe et la Cuvée Anne (d'après les prénoms de membres de la famille) et un Gros-Plant baptisé Cuvée Valérie. Les Lusseaud possèdent également une autre propriété, le Château de la Jannière.

### Gautier Audas

L'entreprise de Gautier Audas à Haute-Goulaine ne commercialise que du vin en provenance de domaines choisis, dont Hautes-Perrières, le plus renommé. On peut également citer le Domaine de Goulaine, le Domaine des Claircomtes dans la commune du Pallet, le Domaine de l'Ébaupin et le Domaine de l'Écomandière. L'entreprise a aussi une activité de négoce.

### Marquis de Goulaine

Cette propriété est l'une des plus connues pour le Muscadet. Situé dans le village de Haute-Goulaine, le château est millénaire. La récolte du vignoble de 31 ha est complétée par des achats de vins de propriétés. Environ un tiers du vin est mis

en bouteilles sur lies et il existe une cuvée de prestige, la Cuvée du Millénaire. On y trouve également du Gros-Plant.

### Domaine de la Grange

Pierre et Rémy Luneau, les propriétaires, sont les descendants d'une famille de vignerons depuis 1680. Ils produisent des cuvées en fonction des parcelles de leur vignoble : Clos de la Claretière, Clos des Rochettes et Cuvée Domaine. Ils élaborent du Gros-Plant.

### Guilbaud Frères

Négociants-éleveurs, ils possèdent trois domaines, le Domaine de la Moutonnière, le Clos du Pont et le Domaine de la Pingossière, soit 30 ha de vignobles. Ils élaborent un certain nombre de cuvées de prestige, notamment Le Soleil Nantais, un vin d'assemblage, et Les Hermines, reconnaissable à sa bouteille spécialement estampée.

### Pierre et Joseph Landron

Les exploitants des 22 ha de vignes du Domaine de la Louvetrie à La Haie-Fouassière produisent des raisins pour un certain nombre de cuvées. Leur cuvée de prestige provient des pentes des Coteaux du Breil, et leurs deux vins, Cuvée Concours et Hermine d'Or, sont des assemblages réalisés à partir de dégustations à l'aveugle.

### Château de la Mercredière

Ce vignoble de 36 ha, sur les rives de la Sèvre, encercle un château du XIVe siècle construit sur un site gallo-romain. Il appartient aujourd'hui à la famille Futeul, qui a aussi une activité de négoce. Les Muscadets sont concentrés et puissants.

### Louis Métaireau

Pour marquer, il y a plus de 30 ans, son désir d'aller dans le sens d'un Muscadet supérieur et sa volonté de contrer la toute-puissance des négociants, Louis Métaireau a réuni un groupe de producteurs (trois au départ,

neuf aujourd'hui, qui se partagent 100 ha) qui commercialisent leur vin sous l'étiquette Métaireau. Ils sont soumis à des dégustations rigoureuses pendant la vinification et avant l'embouteillage (sur lies dans la cave du viticulteur). Ces vignerons sont réputés pour leur grande droiture qui les a déjà conduits à rejeter leur propre vin. Métaireau possède le Domaine du Grand Mouton.

### Château la Noë

Le comte de Malestroit, propriétaire de cette demeure du XVIIe siècle, est un romancier et un chroniqueur du Pays nantais. Il gère lui-même la moitié de ses 65 ha de vignes tandis que les autres parcelles sont laissées en fermage, avec paiement en nature. Curieusement, alors que le château est considéré comme une propriété plutôt que comme une maison de négoce, le vin n'est pas mis en bouteille sur lies.

### Château de la Ragotière

Ces 29 ha de vignobles entourant un vieux château et sa chapelle du XIVe siècle produisent du Gros-Plant et du Muscadet. La famille Couillaud, qui possède le domaine, élabore un vin jeune et frais.

### Gaston Rolandeau

Ce négociant traditionnel, implanté juste en dehors de la zone de Sèvre-et-Maine, se concentre sur le Muscadet à Tillières. La gamme de base comprend la Cave de la Frémonderie, vin qui vieillit étonnamment bien, et une cuvée de prestige baptisée Signature de

la Loire et présentée dans une bouteille nantaise (prouvant qu'elle a été soumise à deux jurys de dégustation).

### Marcel Sautejeau

Affaire de négoce qui embouteille plus de 12 millions de bouteilles par an, toutes appellations confondues (Muscadet, vins d'Anjou, de Saumur et de Vouvray). L'entreprise, située au Domaine de l'Hyvernière près du Pallet, diffuse aussi des vins de domaine comme celui de la Botinière, à Vallet.

### Sauvion

Un des négociants les plus dynamiques de la région, très soucieux de la qualité des vins. Cette entreprise familiale a ses caves au Château du Cléray à Vallet. Elle commercialise un certain nombre de marques : Sauvion du Cléray, Cardinal Richard et Carte d'Or. Elle s'approvisionne essentiellement auprès de viticulteurs (pour près de 80 %), sans contrat, préférant attendre les dégustations pour acheter, quitte à payer plus cher. Certains des meilleurs vins sont ensuite vendus comme des cuvées individuelles, sous l'étiquette Découvertes.

### Les Vignerons de la Noëlle

Il s'agit d'une des plus grosses coopératives de la Loire, et la seule pour le vin du Pays nantais (bien qu'elle gère également d'autres produits agricoles). Basée à Ancenis, elle élabore des Coteaux-d'Ancenis (rouge, rosé et blanc), du Muscadet, des Coteaux-de-la-Loire, du vin de pays ainsi que du Muscadet. Ses vins sont largement distribués sous diverses étiquettes.

### André Vinet

Négociant situé à Vallet, qui commercialise sous l'étiquette Scintillant et sous d'autres noms de propriété : Château la Touché, Château la Cormerais-Cheneau et Domaine de la Croix. Il gère également des vins d'autres régions de la Loire, d'Anjou.

# CENTRE-LOIRE

Les paysages des anciennes provinces d'Anjou et de Touraine comptent parmi les plus beaux de France. C'est une région dans laquelle l'homme et la nature ont travaillé en harmonie au cours des siècles. Les forêts royales couvrent majestueusement les collines en surplomb des rivières tranquilles, tandis que les villages et les châteaux, en pierre blanche de tuffeau, semblent tout droit sortis d'un livre d'images.

Les vins originaires de ces deux régions offrent toute la variété que l'on peut trouver en France. Pour y voir un peu plus clair, il faut considérer ensemble l'Anjou et le Saumurois et, à part, la Touraine, plus à l'est. L'Anjou et la Touraine bénéficient chacun d'une appellation générale, subdivisée en plusieurs autres, plus localisées.

### Les vins d'Anjou et de Saumur
Il existe presque autant d'appellations, et certainement plus de styles de vins différents, dans les quelques kilomètres qui entourent Angers que dans tout le Bordelais. Il est utile de définir deux enclaves, ou sous-régions : une région de vins blancs autour de la rivière du Layon, et la région de vin rouge et de vin pétillant autour de Saumur *(voir carte p. 227)*.

On trouve toutes sortes de vins, depuis les blancs voluptueusement doux de Quarts-de-Chaume ou de Bonnezeaux, dans la vallée du Layon, jusqu'au vin blanc de Savennières, très sec, juste de l'autre côté de la rivière. À l'autre extrémité de la province, sur la frontière avec la Touraine, les vins blancs mousseux de Saumur côtoient le Saumur-Champigny, l'un des vins rouges les plus en vogue en France à l'heure actuelle.

Cette abondance d'appellations signifie concrètement que, pour un producteur, il n'est pas question de se cantonner à un seul vin. Avec de

Vignes de Cabernet Franc, près de Chinon.

petits lopins de terre dans des appellations voisines, il peut élaborer jusqu'à une demi-douzaine de vins différents, portant des noms variés, suivant diverses règles, souvent avec des résultats très variables d'un point de vue qualitatif.

### Les vins de Touraine
La Touraine est un peu moins généreuse dans son attribution d'appellations : elles se résument à deux appellations au nord du fleuve et deux au sud. Les appellations de vin rouge, Chinon et Bourgueil, permettent au cépage Cabernet Franc de parvenir à une qualité d'expression qu'il atteint rarement, sauf à Saint-Émilion. Sur l'autre versant, à l'est de la ville de Tours, le Chenin Blanc atteint ce que beaucoup considèrent comme son apogée dans les meilleurs vins de Vouvray et de Montlouis.

À côté de ces appellations classiques, on trouve l'AOC de Touraine, plus étendue, avec les villages de Mesland, Azay-le-Rideau et Amboise. À l'est, à la limite de la Touraine et du Berry, se trouvent deux zones en plein développement : Cheverny, qui vient d'être promu AOC, et Valençay.

### Les autres vins
À côté de ces grandes appellations, on trouve une foule de noms moins connus, dont certains sont en plein déclin par manque d'intérêt local et à cause d'une situation commerciale difficile et d'un climat notoirement instable. Certes, il serait dommage de les voir disparaître, mais l'avenir des AOC Coteaux-de-l'Aubance en Anjou et Jasnières en Touraine, ainsi que celui de certains VDQS comme les Coteaux-du-Vendômois, est relativement incertain.  □

# APPELLATIONS

La région Centre-Loire possède un large éventail d'appellations qu'on peut regrouper sous les noms Anjou et Saumur pour la partie ouest de la zone, et Touraine pour la partie est.

## LES APPELLATIONS ANJOU ET SAUMUR

### Anjou

Il s'agit de l'appellation générale pour les vins non couverts par l'une des AOC plus spécifiques décrites ci-dessous. Elle recouvre en général des vins rouges et des vins blancs secs. Les vins rouges légers (Gamay d'Anjou) et les vins effervescents (Anjou mousseux et pétillant) font l'objet d'appellations séparées.

### Anjou Coteaux-de-la-Loire

Petite zone AOC près d'Angers produisant des vins blancs secs et demi-moelleux à partir du cépage Chenin Blanc.

### Anjou Villages

Appellation des vins rouges Cabernet de 46 communes au sud-est d'Angers, qui sont de meilleure qualité que l'Anjou rouge classique.

### Bonnezeaux

Vins blancs moelleux de première classe, originaires d'un village à l'extrême sud des Coteaux du Layon.

### Cabernet d'Anjou et Cabernet de Saumur

Rosés à base de Cabernet (Franc et Sauvignon). Meilleurs que le rosé d'Anjou, ils peuvent être secs ou moelleux.

### Coteaux-de-l'Aubance

Vins blancs moelleux et demi-moelleux, à base de Chenin Blanc, fabriqués dans la zone de l'Anjou Villages.

### Coteaux-du-Layon

Vins blancs moelleux à base de Chenin Blanc dans la vallée du Layon. Certains villages peuvent ajouter leur nom sur l'étiquette après celui de l'appellation générique.

### Quarts-de-Chaume

Petite enclave dans les Coteaux du Layon, donnant des vins blancs doux particulièrement savoureux.

### Rosé d'Anjou

Vins très clairs, légèrement moelleux, issus du cépage Groslot. En termes de production, il s'agit toujours de l'appellation d'Anjou la plus importante, mais les vins sont en train de perdre leur popularité.

### Rosé de Loire

Vins rosés secs, faits avec au moins 30 % de Cabernet, qui peuvent être élaborés dans tout le Val de Loire.

### Saumur

Vins tranquilles, rouges et blancs, à base de Cabernet et de Chenin Blanc, élaborés dans 36 communes autour de la ville de Saumur.

### Saumur-Champigny

Vins rouges issus de Cabernet, originaires de 9 communes près de St-Cyr-en-Bourg, à l'est de la ville de Saumur.

### Saumur mousseux

Vins blancs effervescents, fermentés en bouteille, élaborés dans des caves (souvent creusées dans la roche) autour de Saumur.

### Savennières

Vins blancs très secs, à base de Chenin Blanc, élaborés sur la rive nord de la Loire. Lui sont associées deux autres appellations désignant chacune un vignoble : Coulée-de-Serrant et Roche-aux-Moines.

## LES APPELLATIONS TOURAINE

### Bourgueil et Saint-Nicolas-de-Bourgueil

Région de vins rouges centrée autour de la ville de Bourgueil, sur la rive nord de la Loire. Le cépage est le Cabernet Franc. Le village de Saint-Nicolas-de-Bourgueil possède sa propre appellation pour ses vins, rouges également.

### Cheverny

Cette ancienne zone VDQS a été promue au rang d'AOC en 1993. La production de vins blancs est élaborée à base de Chenin Blanc, Sauvignon, Chardonnay ou Romorantin (très acide). Les rouges et les rosés se composent de Gamay, de Cabernet Franc, de Pinot Noir ou de Cot.

### Chinon

Sur la rive sud de la Loire, en face de Bourgueil, cette vaste zone de vins rouges se concentre autour de la ville de Chinon. Le cépage principal est, là encore, le Cabernet Franc.

### Coteaux-du-Loir

Des vins rouges, des blancs secs et des rosés produits à 40 km au nord de Tours. Aujourd'hui, le vignoble couvre seulement une superficie de 20 ha.

### Coteaux-du-Vendômois

Vignoble classé en VDQS, produisant du vin rouge, blanc et rosé. La production, environ 600 000 bouteilles, est consommée localement.

### Crémant de Loire

On trouve du vin pétillant blanc ou rosé dans toute la vallée de la Loire, mais surtout en Touraine. Les contrôles y sont plus sévères que pour les pétillants de Saumur.

### Jasnières

Petite appellation pour les vins blancs secs, s'inscrivant dans la plus grande appellation Coteaux du Loir, sur le Loir.

### Montlouis

Vins tranquilles, demi-secs et doux, produits autour de la ville de Montlouis. Les versions effervescentes s'appellent Montlouis pétillant et mousseux.

### Vins du Thouarsais

Petite région de VDQS dans le département des Deux-Sèvres, au sud de l'Anjou. Le rouge et le rosé sont élaborés à partir des deux Cabernets, les blancs, à partir de Chenin Blanc.

### Touraine

Grande appellation pour les vins rouges, rosés et blancs (tranquilles et pétillants) produits dans une région qui se trouve au sud de Tours. Certains cépages (le Sauvignon pour les blancs et le Gamay pour les rouges) ont leur propre appellation.

### Touraine Villages

Touraine-Amboise, Touraine-Azay-le-Rideau et Touraine-Mesland sont les trois appellations qui produisent des versions des vins de l'AOC de Touraine.

### Valençay

Cette zone VDQS couvre surtout des vins rouges et rosés, avec quelques blancs, provenant de la région de Valençay dans le département de l'Indre. Les blancs sont issus de Menu Pineau (ou Arbois), de Sauvignon, de Chardonnay, de Chenin Blanc et de Romorantin. Les vins rouges et rosés proviennent des deux Cabernets, de Gamay et de Pineau d'Aunis (un cépage originaire de la Loire, appelé également Chenin Noir).

### Vouvray

Région située autour du village de Vouvray sur la rive nord de la Loire, qui produit des vins blancs secs et moelleux ainsi que des Mousseux.

# PRODUCTEURS ET NÉGOCIANTS

De nombreux producteurs d'Anjou et de Touraine élaborent des vins sous plusieurs appellations. Par exemple, certains producteurs angevins font des rouges Anjou Villages, des blancs secs Anjou et Savennières et des blancs doux Coteaux-du-Layon. Toutefois, la distinction entre, d'une part, Anjou et Saumur et, d'autre part, Touraine (Bourgueil et Chinon, Vouvray et Montlouis) est très nette.

## ANJOU
### Aubert Frères
Un des négociants les plus importants de la vallée de la Loire, qui diffuse toute une gamme de vins, dont des Sancerres à l'est et des Muscadets à l'ouest. Ses propriétés des Hardières à St-Lambert-du-Lattay produisent des rouges et des blancs d'Anjou, tandis que son Domaine du Mirleau produit du Gamay d'Anjou.

### Domaine des Baumard
Entreprise familiale, située dans le village de Rochefort-sur-Loire, qui possède des vignobles dans les appellations Coteaux-du-Layon, Quarts-de-Chaume et Savennières. Laurent Baumard a récemment succédé à son père et introduit des innovations. Le Clos de Sainte-Catherine, un Coteaux-du-Layon demi-sec, et le Clos du Papillon en Savennières expriment la diversité du Chenin Blanc lorsqu'il est jeune ou plus mûr.

### Château du Breuil
Sur leur domaine de 36 ha dans la vallée du Layon, Marc et Chantal Morgat produisent des Coteaux-du-Layon racés et moelleux, de l'Anjou rouge et blanc, de l'Anjou Villages rouge, un Crémant de Loire pétillant et un vin de pays du Jardin de la France (rouge et blanc). Les vins doux, spécialement ces dernières années, ont témoigné d'une exceptionnelle profondeur et d'une grande richesse,

tandis que les vins secs bénéficient de techniques de vinification modernes.

### Clos de la Coulée de Serrant
Nicolas Joly s'est fait connaître en combinant des techniques de culture en biodynamie avec l'observation de l'influence de la lune et des étoiles sur ses vins. Tout cela pourrait être considéré comme une simple excentricité si sa cuvée de Coulée de Serrant, provenant d'un vignoble unique à Savennières, n'était pas un grand vin, à tous points de vue. Il utilise le cheval pour travailler dans ses vignobles très pentus. Ces vins ont un très bel avenir devant eux.

### Château de Fesles
Jacques Boivin est l'un des plus grands producteurs de Bonnezeaux. Il possède 33 ha de vignes à Thouarcé, dans la vallée du Layon, avec lesquelles il produit un Anjou rouge, un Anjou blanc sec, un Anjou Villages ainsi qu'un somptueux Bonnezeaux moel-

leux, qui fermente traditionnellement en petites barriques après une série de tries pour ramasser les baies extra-mûres, botrytisées.

### Jacques Lalanne
Plus grand propriétaire de l'appellation Quarts-de-Chaume, Jacques Lalanne, dont la propriété s'appelle Château de Belle Rive, se consacre sans compter à la qualité. Les rendements sont faibles et seuls les raisins botrytisés sont élus pour entrer dans ses chais de vinification. Le vin subit une fermentation dans des fûts de bois où il reste tout l'hiver, avant une mise en bouteilles en avril ou en mai. Il s'agit de vins d'un long potentiel de vieillissement, même s'ils sont flatteurs dès leurs premières années de bouteille.

### Domaine Mme Laroche
Mme Laroche et son mari, propriétaires de 10 ha de vignes, vinifient des Savennières de façon traditionnelle et mettent en bouteille au mois de mai qui suit la vendange. Comme tous les vins secs issus du cépage Chenin, ils ont une évolution complexe pendant quelques années avant de développer de savoureux arômes de coing, après une dizaine d'années en bouteille.

### Les Caves de la Loire
Grande coopérative, l'une des rares en Anjou, située à Brissac, qui élabore des vins à partir de presque toutes les appellations de la région. Son Anjou Villages et son Anjou rouge et blanc sont de bons vins génériques.

### Hervé Papin
Parmi les rares producteurs des Coteaux-de-l'Aubance, Maxime et Hervé Papin, avec leurs 20 ha de vignes, élaborent des vins qui font regretter que cette appellation tombe en désuétude. En effet, leurs vins des grandes années 1989 et 1990, mais aussi ceux de 1991, année moins réussie, témoignent d'un caractère racé. Ils font également de l'Anjou rouge à partir du Cabernet Franc.

### René Renou
Un des grands avocats des vins de la vallée du Layon, il est également président du Syndicat des Vins de Bonnezeaux. Il produit un Bonnezeaux et des vins rouges sur 18 ha à Thouarcé.

### Domaine de Sainte-Anne
Propriété de 48 ha dans laquelle la famille Brault produit de l'Anjou (rouge et blanc) à base de Chenin, de l'Anjou Villages à base de Cabernet Franc et un peu de Coteaux-de-l'Aubance, moelleux.

### Pierre et Yves Soulez
Au Château de Chamboureau, propriété de 28 ha, la famille Soulez produit du Savennières (dont du Roches-aux-Moines et du Clos du Papillon) ainsi que, de l'autre côté de la Loire, du Quarts-de-Chaume et de l'Anjou rouge. Le Domaine de la Bizolière est également dédié au Savennières. Yves Soulez va à contre-courant de la tradition locale dans la plupart de ses techniques de fabrication : vendanges mécaniques, fermentation en cuve d'acier plutôt que dans le bois et il préconise la fermentation malolactique pour abaisser l'acidité naturelle du Chenin Blanc. Toutes ces options donnent un des Savennières les plus faciles à boire, à défaut d'être l'un des meilleurs.

### Les Vins Touchais
Grande entreprise de négoce et de commerce basée à Doué-la-Fontaine. Elle a amassé des stocks de vins moelleux du Layon qu'elle revend, assez bizarrement, sous le nom d'Anjou blanc Moulin Touchais et non sous celui de Coteaux-du-Layon. Ces vins peuvent être extraordinaires et démontrent la capacité de vieillissement du Chenin Blanc. Toutefois, l'essentiel des activités porte sur des rouges et des rosés francs, qui n'ont pas la qualité supérieure des vins moelleux.

## SAUMUR
### Ackerman-Laurance
En 1811, Jean Ackerman, revenant de Champagne où il avait

travaillé quelque temps, eut la conviction que les vins locaux pouvaient aussi subir une seconde fermentation en bouteille. Première entreprise à élaborer du vin mousseux de Saumur, la maison Ackerman est aujourd'hui associée à son confrère Rémy Pannier pour produire toute une gamme de Saumur mousseux ainsi qu'un Crémant de Loire (rosé, blanc).

### Bouvet-Ladubay
Sans doute la maison de Mousseux de Saumur la plus dynamique et la plus innovatrice, Bouvet-Ladubay, bien qu'appartenant à Taittinger, est gérée par Armand Monmousseau, un pilier de la Touraine viticole. Parmi ses produits, deux cuvées supérieures valent d'être remarquées : Saphir et Trésor (blanc), qui contiennent une certaine proportion de Chardonnay, laissées à fermenter dans des fûts de chêne.

### Château de Chaintré
Cette charmante demeure du XVIe siècle, au vignoble clos d'un mur d'enceinte, se trouve dans l'appellation Saumur-Champigny. Le vin de Bernard de Tigny est quelquefois un peu lourd pour du Saumur-Champigny et gagne à vieillir. La fermentation s'accomplit en cuve d'acier inoxydable et le vieillissement en fût de bois. Il produit également un peu de Saumur blanc.

### Paul Filliatreau
Plus grand producteur de Saumur-Champigny rouge, Filliatreau en compose un qu'il baptise Jeunes Vignes (vignes de moins de 50 ans), un autre appelé Vieilles Vignes et une cuvée spéciale, Lena Filliatreau, élaborée à partir de vignes anciennes sur un sol siliceux. Il fabrique également un Saumur blanc.

### Gratien Meyer Seydoux
Une des plus grandes maisons de vin mousseux de Saumur et la seule à avoir été fondée par une maison de Champagne, Alfred Gratien. Sa meilleure cuvée, la Cuvée Flamme (en rosé et en blanc), est un assemblage de vins vieux qu'on laisse généralement vieillir en bouteilles avant de les diffuser.

### Langlois-Château
Appartenant à la maison champenoise Bollinger, Langlois-Château produit du vin tranquille de Saumur et du Crémant de Loire (rosé, blanc), mais très peu de vin mousseux de Saumur. Cette stratégie en faveur du Crémant de Loire a ses raisons : les règles de l'appellation sont plus strictes, tandis que les cépages autorisés sont plus nombreux. Le brut se compose de Chenin Blanc, de Grolleau, de Cabernet Franc et de Chardonnay alors que le rosé se limite au Cabernet Franc et au Cabernet-Sauvignon.

### Château de Targé
Édouard Pisani-Ferry produit l'un des meilleurs Saumur-Champigny dans ses caves magnifiques et ses celliers modernes. Son unique production est un assemblage de Cabernet Franc et d'une pointe de Cabernet-Sauvignon, qui vieillit bien.

### Philippe et Georges Vatan
Philippe Vatan produit aujourd'hui l'un des meilleurs Saumur-Champigny (ainsi qu'un Saumur blanc mémorable). Il diffuse un Saumur-Champigny générique, un Vieilles Vignes ainsi qu'un Saumur moelleux blanc assez rare.

## BOURGUEIL ET CHINON
### Bernard Baudry
Avec ses expériences sur le bois et la séparation de ses vins en fonction du type de sol dont ils proviennent, Bernard Baudry s'affirme comme un producteur de Chinon sérieux. Ses vins se démarquent par un goût de fruit, équilibré par le bois, et par leur aptitude à vieillir. Il possède 25 ha de vignes à Cravant-les-Coteaux, à l'est de Chinon.

### Couly-Dutheil
Il s'agit du plus grand producteur de Chinon basé à Chinon. Il possède 65 ha de vignes et achète du raisin à des vignerons voisins pour alimenter son activité de négoce. Son meilleur vin est le Clos de l'Écho, originaire d'un seul vignoble, qui a appartenu à Rabelais et se trouve juste à l'arrière du château.

### Pierre-Jacques Druet
Le plus innovateur des producteurs de Bourgueil, qui a importé du Bordelais sa formation et son savoir-faire en matière de vin rouge. Ses vins sont conçus pour vieillir, mais supportent d'être bus jeunes car leur fruité est dominant. Il produit différentes cuvées à partir de différentes parties de son vignoble (qui est planté dans les coteaux supérieurs de Bourgueil). La meilleure d'entre elles s'appelle Vaumoreau et les autres, très bonnes également, Beauvais et Grand-Mont.

### Château de la Grille
Cette spectaculaire propriété de 20 ha au-dessus de la ville de Chinon appartient à la maison de Champagne Gosset. Les vins sont élevés dans des fûts de bois vieux et jeune afin d'obtenir un vin rouge qui vieillit bien, et atteint un bon équilibre entre fruité, tanins mûrs et acidité.

### Charles Joguet
Viticulteur dont les vignobles de Sazilly comptent parmi les rares parcelles qui couvrent les versants exposés au nord, sous la Vienne. À partir de ce joyau, il assemble diverses cuvées en vertu de l'âge des vignes : ses Jeunes Vignes proviennent de vignes qui ont moins de dix ans d'âge et son Clos de la Cure de vignes près de l'église de Sazilly. Vient ensuite le Varennes du Grand Clos et le Clos de Chêne Vert, ainsi que le plus racé, le Clos de la Dioterie, qui est soumis à un long vieillissement.

### Jacques Mabileau
L'un des nombreux producteurs ayant un patronyme identique à Saint-Nicolas-de-Bourgueil, Jacques Mabileau possède 13 ha de vignes à l'extrême ouest de l'appellation Coteaux-de-Bourgueil. Il fabrique deux vins : une cuvée standard, Domaine Jacques Mabileau, et un assemblage issu de vignes plus anciennes, Vieilles Vignes, qui vieillit bien pour un Saint-Nicolas-de-Bourgueil.

### Les Caves des Vins de Rabelais
Groupe de plus de 100 producteurs de Chinon, dont certains vins entrent dans des cuvées spéciales, notamment la Cuvée Jeanne d'Arc, qui est de bonne tenue en dépit d'une étiquette criarde, et le Domaine de la Croix de Jean-Maurice Raffault. Le groupe a été fondé pour aider les petits producteurs à survivre et à lutter contre le pouvoir des négociants.

### Jean-Maurice Raffault
Producteur dont les vins, à maturité, peuvent exhaler les parfums de truffe et de violette qui rendent le Chinon si séduisant. Il propose toute une gamme de crus provenant des différentes parties de son vignoble de 30 ha et travaille également avec les Caves des Vins de Rabelais.

### Joël Taluau
En tant que président des vignerons de Saint-Nicolas, Joël Taluau est un homme important dans cette petite appellation. Son Domaine de Chevrette, qui totalise 15 ha, produit un Cuvée de Domaine et un Vieilles Vignes, élaboré à partir de vignes de 40 ans.

## TOURAINE

### Pierre Chainier
Cette entreprise combinait autrefois négoce et viticulture, en vendant des vins provenant de toute la Loire. Depuis 1991, une nouvelle orientation est donnée et la maison se limite désormais à la production de vins provenant exclusivement de son domaine de 200 ha et de zones voisines en Touraine. Ses vins de domaine sont particulièrement représentatifs de l'appellation.

### Château de Chenonceau
Il était logique que le plus beau des châteaux de la Loire produise du vin. Il est d'ailleurs l'un des rares châteaux de la région à le faire. À partir d'un vignoble de 12 ha situé en hauteur, loin du fleuve, il élabore des vins sous l'AOC de Touraine : vins blancs secs et demi-secs, vins rouges et vins mousseux.

### Domaine de la Gabillière
L'école viticole expérimentale d'Amboise fabrique d'énormes quantités de vin de qualité à partir de ses 16 ha de vignobles. On peut noter un Sauvignon Blanc concentré et un Crémant de Loire pétillant (blanc).

### Joël Gigou
L'un des quelques cultivateurs de la minuscule appellation de Jasnières, dans les Coteaux du Loir, Joël Gigou possède des vignes près du hameau de Lhomme. Il propose surtout des vins blancs secs à base de Chenin Blanc et, les rares bonnes années, il produit également un peu de vin demi-sec.

### Jacky Marteau
Sur ce petit vignoble de 17 ha, au sud du Cher, on retrouve l'échantillonnage habituel de cépages de Touraine (Sauvignon Blanc, Gamay, Cabernet Franc, Pineau d'Aunis et Chardonnay), mais M. Marteau se distingue en utilisant la sélection clonale lorsqu'il replante ses vignes et par sa volonté de qualité et de faibles rendements.

### J. M. Monmousseau
Appartenant désormais à la famille Brédut, l'entreprise Monmousseau est célèbre pour ses vins mousseux, le Brut de Mosny (blanc), fabriqué dans de vastes caves de tuffeau à Montrichard. Elle élabore également du Vouvray à partir de ses vignobles et agit comme négociant.

### La Confrérie des Vignerons de Oisly et Thésée
Avec 52 membres et 275 ha de vignes, il s'agit d'une grosse coopérative pour la Loire. Elle se démarque aussi par son sérieux, en proposant toute une fourchette de vins de Touraine de qualité. Un chai moderne, équipé de la technologie dernier cri, s'est mis en place ces dernières années. La marque Baronnie d'Aignan (rouge, blanc) est adoptée pour les assemblages tandis que, pour le moment du moins, le nom du cépage est donné aux vins de cépage. Le Sauvignon de Touraine (blanc) est particulièrement prisé.

### Jacky Preys
Vaste propriété de 55 ha qui produit des rouges (Gamay et Cabernet Franc), avec un Gamay provenant d'un seul vignoble, Domaine du Bas Guéret, et un assemblage vieilli en fût de chêne, Cuvée Royale, composé de Gamay à 50 %, de Cabernet Franc à 25 % et de Pinot Noir à 25 %. Elle produit également une petite quantité de Valençay blanc.

### Philippe Tessier
Acteur important sur la scène relativement petite de Cheverny, ce domaine est entre les mains de la même famille depuis trois générations. Il produit des rouges et des blancs (les derniers étant meilleurs que les premiers), avec un terroir particulièrement propice au Romorantin local, qui donne ici un vin blanc fruité et non pas d'une acidité perçante.

## VOUVRAY ET MONTLOUIS

### M. Berger
Consortium familial de 20 ha à St-Martin-le-Beau qui fournit tous les raisins servant à la fabrication des vins de Montlouis. La moitié de la production est du pétillant ; le reste, du vin tranquille, qui peut être sec ou moelleux les bonnes années grâce à ses raisins botrytisés.

### Philippe Brisebarre
Philippe Brisebarre réserve la fabrication de son Vouvray moelleux aux années exceptionnelles, comme 1989 et 1990. Normalement, il se cantonne à un vin sec ou demi-sec, en fonction de la récolte. Il fabrique également un vin blanc pétillant selon la méthode traditionnelle, qui vieillit bien.

### Domaine Bourillon d'Orléans
Frédéric Bourillon, propriétaire de 15 ha de vignes, est l'un des animateurs de ce groupe de jeunes producteurs de Vouvray qui font beaucoup pour restaurer la réputation de la région. Ses vins mettent l'accent sur le fruit plutôt que sur l'acidité, qui a tendance à être dominante dans les vins à base de Chenin. Ses vins doux vieillissent dans le bois, mais il utilise les deux types de cuves (acier inoxydable et bois) pour ses vins secs.

### Deletang Père et Fils
Vignoble de 20 ha autour de St-Martin-le-Beau d'où provient le raisin de cette entreprise de Montlouis. Il se spécialise dans un certain nombre de vins moelleux, issus de différents terroirs (notamment Les Bâtisses et Petits-Boulay) et dans des assemblages composant un vin du domaine. Les celliers Deletang sont remplis de bouteilles poussiéreuses, couvertes de toiles d'araignées, mais les techniques de vinification sont modernes. L'entreprise fait également des vins pétillants et des vins rouges et blancs de l'AOC de Touraine.

### Gaston Huet
Nom le plus célèbre de Vouvray. Les vins de Gaston Huet restent de qualité, la vinification étant désormais contrôlée par le gendre de M. Huet, Noël Pinguet. La propriété du Mont est considérée comme la meilleure de Vouvray depuis le XVIIᵉ siècle. Ses vins, ainsi que ceux du terroir Le Haut-Lieu et d'un troisième vignoble, Clos du Bourg, sont vinifiés et vendus séparément. Huet élabore des vins mousseux, des vins doux et un peu de blanc sec tranquille.

### Château Moncontour
Énorme vignoble de 108 ha à Rochecorbon, appartenant depuis 1989 à la famille Brédut. L'ascension de ce domaine a stimulé le Vouvray en démontrant qu'il est possible de faire du bon vin de propriété en quantité, dans une région souvent dominée par les négociants. Les Mousseux secs et demi-secs ont connu beaucoup de succès. De petites quantités de vins de l'AOC de Touraine (rouge, rosé, blanc) sont également produites.

### Clos Naudin
La famille Foreau possède 12 ha de vignes sur les hauteurs du village et propose la gamme habituelle de Vouvray (du Mousseux et une variété de moelleux en vin tranquille).

### Prince Poniatowski
L'arrière-grand-oncle du prince Philippe Poniatowski a été le dernier roi de Pologne. Le Clos Baudoin appartient à la famille depuis 1910. La demeure est à moitié construite dans les falaises de tuffeau. Le vignoble de 22 ha est situé au-dessus, sur le plateau. C'est le site idéal pour le Vouvray traditionnel, où l'on met l'accent sur des vins secs et pétillants, vendus sous le nom Aigle d'Or, et sur les vins moelleux réservés aux années exceptionnelles.

# SANCERRE ET POUILLY-SUR-LOIRE

À mi-chemin de sa course vers la mer, la Loire fait un virage à angle droit à la hauteur d'Orléans, passant d'une orientation sud-nord à une orientation est-ouest. Quelques kilomètres avant ce changement de cap, les affleurements des collines crayeuses, plus élevées sur la rive ouest qu'à l'est, où elles forment un plateau, constituent un terrain propice aux vignes.

À l'ouest, l'agréable ville fortifiée de Sancerre domine un ensemble de vignobles, en forme de croissant, orientés au sud et à l'est, un des sites de France les plus denses en vignes, même s'il ne fait que quelques kilomètres de large. De l'autre côté du fleuve, le village de Pouilly-sur-Loire, que traverse la nationale 7, est entouré par un vignoble qui borde le fleuve des deux côtés et profite de ses coteaux calcaires.

Sol siliceux dans les vignobles de Didier Dagueneau.

### Les styles de vin
Les deux grandes appellations de cette petite région ont servi de modèle au reste du monde. Les vins blancs de Sauvignon Blanc ont fait des émules en Italie, en Californie, au Chili et, surtout, en Nouvelle-Zélande.

Hors de l'Europe, on oublie un peu trop que la mode du Sauvignon est née dans ces deux petites enclaves. Mais les deux appellations (le Sancerre, plus délicat, à boire assez tôt, et le Pouilly Fumé, plus riche et plus durable) ont tendance à profiter de cet engouement pour faire monter leurs prix.

En décidant de créer un style de Sauvignon au goût ample et au parfum de bois, qu'ils baptiseraient « fumé », les Californiens ont rendu un hommage trompeur à un village où le bois ne sert que de contenant et qui fait tout son possible pour lui substituer l'acier inoxydable, symbole des nouvelles technologies de vinification. En fait, ce terme symbolise le parfum fumé typique du Sau-

vignon, son bouquet d'herbes et de végétaux, son goût qui rappelle quelquefois la groseille ou, quand il est plus mûr, le cassis, et son acidité vibrante, qui donne cette exquise sensation de rafraîchissement.

Les Sancerrois n'oublient pas leurs rouges et leurs rosés à base de Pinot Noir, mais ces derniers ne sont souvent que de pâles imitations des vins rouges de Bourgogne si puissants. Des appellations satellites (voir p. 238) utilisent le même cépage Sauvignon. Il faut noter que les appellations Quincy, Reuilly, Menetou-Salon, sans atteindre la finesse d'un Sancerre ou le charme d'un Pouilly Fumé, sont d'excellents vins qui ont leur propre caractère.  □

## LES VINS DES MONTAGNES

Les vignobles du cours supérieur de la Loire, au sud, ont le statut VDQS, mais ils proposent quelques vins intéressants.

### Saint-Pourçain-sur-Sioule
Zone au sud de Moulins, dans l'Allier, à mi-chemin entre les vignobles de la Loire et de la Bourgogne. Les cépages sont bourguignons : Tressalier (Sacy à Chablis), Chardonnay, Aligoté et Sauvignon pour les blancs ; Pinot Noir et Gamay pour les rouges et les rosés. Le plus important producteur est la coopérative Les Vignerons de Saint-Pourçain.

### Côtes d'Auvergne
Les vins, produits à partir de 500 ha de vignes situés autour de Clermont-Ferrand dans le Puy-de-Dôme, ressemblent à des Beaujolais.

Le Gamay est utilisé pour les rouges et le Chardonnay pour les blancs. Certaines communes peuvent ajouter leur nom au vin : Boudes, Chanturgue, Corent, Médargues. La coopérative et R. Rougeyron sont des producteurs sans surprise.

### Côtes Roannaises
Le département de la Loire, pratiquement à la source du fleuve, produit des rouges et des rosés issus de Gamay, autour de Roanne. Parmi les producteurs, il faut noter Paul Lapandéry et Félix Vial.

### Côtes du Forez
Cette zone a été revitalisée par la coopérative locale, Les Vignerons Foréziens, avec de bons rouges et rosés réalisés à partir de Gamay. Le Beaujolais est de l'autre côté des montagnes, à l'est.

# LES RÉGIONS VITICOLES EN AMONT DE LA LOIRE

En amont de la Loire, les vignobles les plus importants sont les AOC de Pouilly et de Sancerre. Les zones viticoles, qui s'étendent des montagnes en direction du sud, sont peu connues en France.

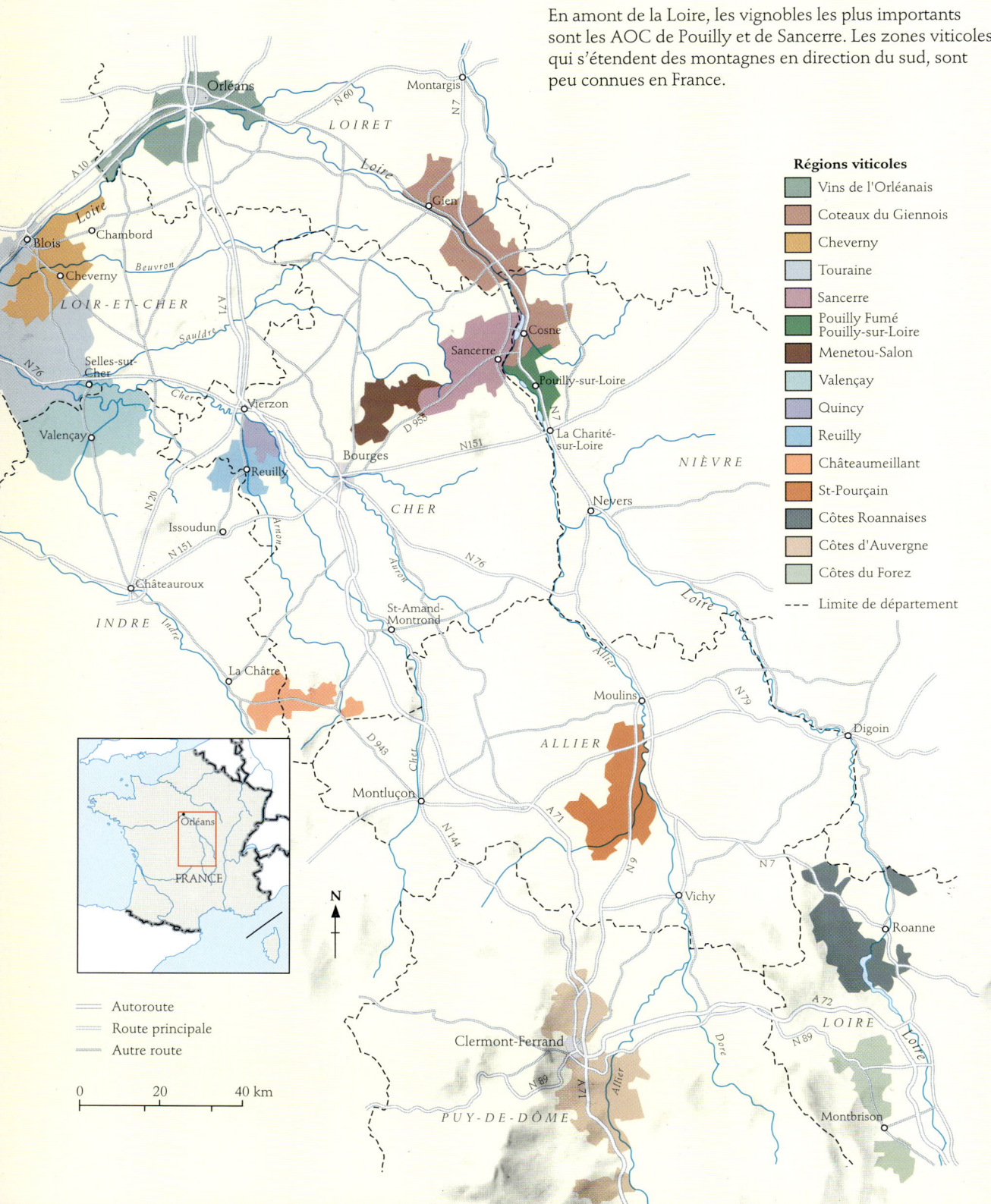

**Régions viticoles**

- Vins de l'Orléanais
- Coteaux du Giennois
- Cheverny
- Touraine
- Sancerre
- Pouilly Fumé Pouilly-sur-Loire
- Menetou-Salon
- Valençay
- Quincy
- Reuilly
- Châteaumeillant
- St-Pourçain
- Côtes Roannaises
- Côtes d'Auvergne
- Côtes du Forez
- - - Limite de département

Autoroute
Route principale
Autre route

0      20      40 km

# APPELLATIONS ET PRODUCTEURS

La plupart des viticulteurs de la région en amont de la Loire produisent du Pouilly fumé ou du Sancerre, et il n'existe pas ou très peu de négociants proposant toute une gamme de vins. Les producteurs sont répertoriés ci-dessous sous leur appellation principale.

Le Château du Nozet produit un excellent Pouilly fumé.

## SANCERRE

Sancerre domine le cours de la Loire du haut de sa colline. Sancerre est une place forte qui protège ses onze communes. Ces satellites, dont les caractères et les vertus de leurs sites respectifs sont reconnus, ont un vignoble sur des coteaux qui comptent parmi les plus pentus de France. Chavignol en est le meilleur exemple, enfoui au creux d'un cirque, avec ses Côtes-des-Monts-Damnés et sa Grande Côte. Bué est un autre village réputé pour ses sites Chêne Marchand et Grand Chemarin. Le Clos du Roi empiète sur le village de Crézancy. Verdigny, quant à lui, peut se targuer d'avoir le Clos de la Reine Blanche.

### Jean-François Bailly

L'alliance de Jean-François à la famille Reverdy est celle de deux grands noms du Sancerre. Ses 12 ha de vignes se répartissent ainsi : deux tiers de blanc, un tiers de rouge. Les blancs sont d'excellents exemples de l'appellation, mais Bailly est plus connu pour ses rouges puissants et ses rosés légers.

### Domaine Bonnard

Vigneron propriétaire de 10, 5 ha de parcelles disséminées sur différentes natures de sols (40 % de sol argilo-calcaire, 35 % de caillottes et 25 % de sol argilo-siliceux) qui lui permettent d'élaborer un assemblage équilibré. Au fil des ans, ses vins font preuve d'une plus grande homogénéité, souvent récompensée par des médailles, quel que soit le millésime.

### Jean-Marie Bourgeois

Propriétaire de 37 hectares et négociant, Jean-Marie Bourgeois dirige la plus grosse exploitation de la commune de Chavignol. De ses vieilles vignes, dont une partie des très pentues Côtes-des-Monts-Damnés, il élabore une cuvée de prestige (M.D.). Autre cuvée superbe, La Bourgeoise est un assemblage des meilleures cuvées de l'année. Son Pinot Noir est élevé en barriques et reste l'un des plus concentrés et des mieux réussis.

### Lucien Crochet

Ancien négociant, Lucien Crochet est avant tout un vigneron sérieux propriétaire de 30 ha de vignes qui se répartissent à parts égales entre le rouge et le blanc, dans quelques-uns des meilleurs crus de Sancerre : Chêne Marchand et Grand Chemarin pour les blancs, Clos du Roi pour les rouges.

### Vincent Delaporte

Ce domaine familial de petite taille mais de qualité supérieure produit surtout des vins blancs (un peu de rouge) à Chavignol. Les vignobles, très escarpés, sont entretenus manuellement. On trouve les vins Delaporte dans le monde entier et dans quelques restaurants parisiens triés sur le volet.

### Fournier Père et Fils

Négociant-éleveur réputé pour la qualité de ses vins. Les vins de sa propriété portent l'étiquette Cave des Chaumières, et sa marque de prestige s'appelle La Chaudouillonne (blanc) tandis que ses vins de négoce (Sancerre, Pouilly fumé ou Menetou-Salon) se vendent sous différentes étiquettes : Célestin Blondeau, Léon Vatan, Patient Cottat, Charles Dupuy et Henry de Chanvre.

### Gitton Père et Fils

René Gitton (que tout le monde appelle Marcel) a 76 ans et respecte la tradition, même lorsque son fils Pascal change les vieux pressoirs en bois contre des pressoirs pneumatiques plus performants. L'entreprise familiale se plaît à mettre l'accent sur les différences entre les parcelles en embouteillant non moins de dix Sancerres et cinq Pouillys Fumés. Ses caves se trouvent à Sancerre (rouge, rosé, blanc). La maison insiste sur une longue fermentation des vins blancs en barrique, ce qui leur donne cette puissance des vins d'autrefois.

### Domaine Laporte

Aujourd'hui reprise par Jean-Marie Bourgeois, cette propriété de 15 ha est équipée de caves modernes et élabore des vins de grande qualité. La cuvée de prestige porte l'étiquette Domaine du Rochoy et provient de vignes à très faible rendement dont les vins sont gardés sur lies fines jusqu'à leur mise en bouteilles. Parmi les autres vins, il faut citer le Clos la Comtesse et le Grand Domaine. Laporte produit également une petite quantité de vins génériques.

### Alphonse Mellot

Issu d'une famille de vignerons installée dans la région depuis 1513, doté d'une personnalité marquée qui ne laisse personne indifférent dans le Sancerrois comme partout ailleurs, Alphonse Mellot, à la fois propriétaire de 42 ha de vignes et négociant en Sancerre (rouge, rosé, blanc), fait aussi le commerce de vins d'appellations voisines.

**Paul Millérioux**
Clos du Roi pour le blanc et Côte de Champtin pour le rouge sont les meilleurs vins de ce domaine de 13 ha à Crézancy-en-Sancerre. Le blanc et le rouge sont élevés en fûts de bois.

**Clos de la Poussie**
Spectaculaire vignoble de 32 ha d'un seul tenant, qui ressemble à un extraordinaire amphithéâtre au-dessus du village de Bué. Les vins (rouge, rosé, blanc) sont vendus sous le nom Clos de Chailloux aux États-Unis.

**Pierre Prieur et Fils**
Propriété de 12 ha à Verdigny, occupant une partie des Monts-Damnés. Elle propose un vin blanc racé ainsi qu'un rouge léger et un rosé, assemblés dans des installations modernes. Le rouge et le rosé sont issus du vignoble Pichon à Verdigny.

**Jean Reverdy et Fils**
Un des noms traditionnels de Sancerre depuis le XVIIᵉ siècle, Reverdy fait des blancs issus du Clos de la Reine Blanche à Verdigny. Il produit également du rouge et du rosé sur une parcelle de 2 ha.

**Domaine Jean-Louis Vacheron**
Cette entreprise est spécialisée dans le Sancerre rouge et élève certains de ses vins dans le bois neuf. Le domaine de 30 ha produit un rouge, Les Caillieries, un rosé, Les Romains, et un blanc, Le Paradis.

**Autres producteurs de Sancerre**
Pierre Archambault, Bernard Balland et Fils, Domaine Joseph Balland-Chapuis, Philippe de Benoist, Fouassier Père et Fils, Jean-Max Roger, Domaine Thomas et Fils, Vincent Pinard, Henri Natter, Pascal Jolivet.

**POUILLY-SUR-LOIRE**
Parmi les villages autour de Pouilly, il faut citer Saint-Andelain, dont les vignobles apprécient spécialement le sol siliceux ; Les Loges, avec un sol crayeux, et Les Berthiers.

**Michel Bailly**
Michel Bailly a hérité de cette petite propriété de 13 ha. Il possède des parcelles de vigne sur Champ de Gris, Les Griottes et Les Perriers.

**Caves de Pouilly**
Cette cave coopérative regroupe environ 20 % de la production de l'appellation. Sous l'égide de son directeur Bernard Bouchié, la cave de Pouilly s'est imposée pour la qualité de ses vins. Leurs cuvées spéciales Les Moulins à Vent et surtout Vieilles Vignes ont obtenu de nombreuses médailles et citations.

**Patrick Coulbois**
En plus de sa production principale de Pouilly Fumé et d'un peu de Pouilly-sur-Loire, Patrick Coulbois élabore également du vin mousseux.

## APPELLATIONS EN AMONT DE LA LOIRE

Sancerre et Pouilly Fumé sont des appellations phares de la région Centre-Loire qui comprend aussi les appellations suivantes :

**Châteaumeillant**
Région de VDQS dans le sud du Cher qui produit des vins rouges et rosés à partir des cépages Gamay, Pinot Noir et Pinot Gris.
**Coteaux-du-Giennois**
Blancs VDQS issus de Sauvignon et de Chenin Blanc, rouges et rosés à base de Gamay et de Pinot Noir, produits aux environs de la ville de Gien, entre Sancerre et Orléans.
**Menetou-Salon**
Vins blancs, quelques rouges et rosés AOC provenant de Sauvignon et de Pinot Noir.
**Pouilly-sur-Loire**
Appellation des vins blancs de Pouilly issus de Chasselas plantés sur des sols siliceux.

**Didier Dagueneau**
Qualifié par certains d'enfant terrible du Pouilly, Didier Dagueneau a remis en question de nombreuses traditions viticoles locales avec un certain succès. Il utilise du bois neuf pour la fermentation et produit des vins qui vieillissent bien. Sa meilleure cuvée s'appelle Silex, un nom emprunté à la nature du sol dont elle est issue, et fait partie de ce qui se fait de plus original à Pouilly aujourd'hui.

**Jean-Claude Dagueneau**
C'est le père de Didier. Sa propriété, le Domaine des Berthiers, se compose de 15 ha de vignes, dont certaines sont plantées à Saint-Andelain et d'autres aux Loges. Il produit aussi un Pouilly-sur-Loire, dont une partie est réservée pour l'élaboration de vins mousseux. La cave voisine appartient à son cousin Serge.

**Masson-Blondelet**
Association de deux familles de Pouilly établies de longue date,

**Pouilly Fumé**
Vin blanc de Pouilly-sur-Loire issu de Sauvignon.
**Quincy**
L'AOC Quincy est un vin blanc élégant issu du cépage Sauvignon sur un sol de sables et de graviers.
**Reuilly**
Ancienne région viticole réputée, le vignoble y renaît avec une production de vins blancs (Sauvignon), de vins rouges et rosés AOC (Pinot Noir et Pinot Gris).
**Sancerre**
Appellation pour des vins blancs de Sauvignon Blanc et pour des rouges et des rosés de Pinot Noir.
**Vins de l'Orléanais**
Zone VDQS produisant des rosés et des rouges légers de Pinot Noir et de Pinot Meunier, et des blancs provenant de Pinot Blanc et de Chardonnay.

avec des vignobles dans toute la région. Les caves se trouvent à Pouilly et la maison possède une boutique dans la même rue. Sa cuvée supérieure s'appelle Tradition Cullus (la maison produit aussi du Sancerre blanc).

**Château du Nozet**
La propriété la plus célèbre et la plus impressionnante de toute la région appartient à la famille Ladoucette, qui possède également Comte Lafond dans le Sancerrois. Le meilleur vin de ce domaine de 52 ha, Baron de L, est réservé aux bonnes années. Son prix est élevé, mais il suscite beaucoup d'enthousiasme.

**Michel Redde et Fils**
Avec un grand domaine de 33 ha et des caves qui se trouvent directement sur la nationale 7 à la sortie de Pouilly, la famille Redde se présente comme l'un des grands producteurs de Pouilly. Elle compose une cuvée normale que vient renforcer, dans les meilleures années, un vin d'exception baptisé Cuvée Majorum.

**Guy Saget**
Guy Saget est connu dans tous les pays de Loire comme négociant, mais il est avant tout propriétaire de 35 ha à Pouilly et de 1 ha à Sancerre. Ses vins génériques sont séduisants.

**Château de Tracy**
Descendant de soldats écossais qui ont combattu pour le roi Charles VII contre les Anglais, la famille Estutt d'Assay occupe ce château depuis le XVIᵉ siècle. Le vignoble actuel s'étend sur 24 ha, et la modernisation des caves accomplie par la dernière génération a permis de donner naissance à un Pouilly Fumé très élégant.

**Autres producteurs de Pouilly**
Bernard Blanchet, Domaine Jean-Pierre Chamoux, Alain Caillebourdin, Didier Pabiot, Jean Pabiot et Fils.

# RHÔNE

LA RÉGION VITICOLE LA PLUS ANCIENNE DE FRANCE PRODUIT
DES VINS DE CARACTÈRE GORGÉS DE SOLEIL, D'UNE COULEUR
PROFONDE, AVEC DES ACCENTS DE FLEURS, DE FRUITS ET D'ÉPICES.

Le cépage Syrah, l'un des meilleurs de la vallée du Rhône,
règne ici en maître autour de La Chapelle.
La nature granitique des sols et l'exposition du coteau font de
l'Hermitage un des meilleurs vignobles.

La vallée du Rhône compte plus d'un vignoble. Du nord au sud, les quelque 200 kilomètres séparant Vienne d'Avignon rassemblent aussi bien les rouges aromatiques de Côte-Rôtie, à dominante de Syrah, que les vigoureux rouges de l'Hermitage, le plus célèbre vignoble de la région, et ceux, jeunes et fruités, à base de Grenache, de la zone méditerranéenne des Côtes du Rhône. La vallée du Rhône a longtemps passé pour un peu rétrograde en matière de vinification – et ses coteaux escarpés, dont beaucoup rendent toute mécanisation impossible, n'y sont pas étrangers. La culture de la vigne y est cependant fort ancienne : les vignobles rhodaniens pourraient bien être les plus vieux de France. Les superbes millésimes de la fin des années 80 et des années 90 ont encouragé la tendance récente de l'opinion internationale à revaloriser les vins de la région. Le Rhône prend naissance dans les Alpes suisses et parcourt près de 800 km avant de se jeter dans la Méditerranée, près de Marseille, après avoir traversé la frontière française aux abords de Genève. Les vignobles s'étendent de Vienne à Valence – les Côtes du Rhône septentrionales – et de Montélimar à Avignon – les Côtes du Rhône méridionales, bien plus vastes. Le fleuve trace son cours entre les Alpes, montagnes jeunes du point de vue géologique, et le Massif central, d'époque plus ancienne, modelant tantôt des gorges, tantôt des vallées plus largement ouvertes. Le nord de la région a un climat continental, avec des printemps doux et des étés chauds. Vers le sud, le climat devient méditerranéen, bien qu'atténué par les effets du mistral, vent froid du nord qui peut souffler sans trêve pendant des jours. Des cépages rouges et blancs sont cultivés dans l'ensemble de la région, mais ils donnent rarement tous de bons vins sur les mêmes emplacements. Les rouges du Nord regroupent des vins simples et légers, mais aussi les crus sombres et charnus auxquels la région doit sa réputation. Les rouges du Sud sont issus de plusieurs cépages complémentaires et tendent à se ressembler – ils présentent des arômes très fruités, parfois épicés ou rappelant les herbes sèches, et plus de souplesse que leurs voisins du Nord. Les blancs du Nord offrent un contraste saisissant entre les vins robustes et souvent opulents issus de la Marsanne, et les délicieux blancs délicatement fruités tirés du Viognier. Le Sud, aride, avait jusqu'ici produit des vins blancs sans grand intérêt, mais cela commence à changer.

### L'histoire des vins du Rhône

Ce seraient des Grecs phocéens d'Asie Mineure qui auraient introduit la vigne dans la vallée du Rhône. On évoque aussi le rôle de la Perse, d'où serait peut-être originaire le cépage Syrah. Mais ce sont les Romains qui ont développé la viticulture dans cette région, en lui faisant conquérir d'abord toute la vallée puis le reste de la France.

Les préjugés dont sont victimes les vins du Rhône dans certains secteurs du commerce du vin remontent au début du XIXᵉ siècle. Pendant les deux siècles précédents, les meilleurs crus du nord de la vallée, comme l'Hermitage, avaient bénéficié de la même réputation que les grands crus bourguignons de la Côte d'Or ou les domaines alors récemment plantés du Médoc et des Graves à Bordeaux. Le « grand tour » d'Europe en honneur dans les milieux aisés comportait une halte au pied de la colline de l'Hermitage pour les voyageurs traversant la France en direction de l'Italie. Nombre d'entre eux y faisaient étape et goûtaient le vin, qu'ils trouvaient le plus souvent bon, voire excellent.

Vint la période des guerres napoléoniennes. Le blocus des ports français par les Britanniques empêcha le négoce bordelais de se procurer ses vins espagnols préférés, qui servaient à donner plus de couleur au « claret » en dehors des millésimes vraiment exceptionnels. Les négociants se tournèrent alors vers les vins sombres et puissants de l'Hermitage, qui furent condamnés pendant les soixante années suivantes à venir renforcer les vins plus chétifs de Bordeaux et de Bourgogne.

Ce fut ensuite l'époque de l'oïdium et du phylloxéra. Après la destruction des vignobles par le parasite, les vignerons ne se hâtèrent pas de replanter les parcelles les plus escarpées. La crise des années 30 n'arrangea pas les choses et nombre des meilleurs emplacements restèrent en friche. Les vins produits dans la vallée étaient jugés corrects, sans plus, bons pour la consommation locale, et ce n'est qu'après la Seconde Guerre mondiale que les meilleurs vins du nord de la région retrouvèrent leur réputation. Dans bien des cas, les prix restè-rent très bas jusqu'à la fin des années 70. Dans le sud, à Châteauneuf-du-Pape, les vignerons avaient découvert le potentiel du haut plateau pendant l'entre-deux guerres, mais, là aussi, les plantations furent lentes et il fallut attendre les années 50 pour voir les derniers cerisiers et abricotiers céder la place à la vigne. C'est seulement aujourd'hui que l'on peut considérer la vallée du Rhône comme en pleine production.

### La géologie et le climat

Les formations rocheuses de la vallée du Rhône résultent du combat géologique entre le Massif central et les Alpes. Entre ces montagnes, le Rhône s'est frayé un chemin jusqu'à la mer. Les roches anciennes du Massif central fournissent aux sols septentrionaux une base volcanique (granitique) qui assure un excellent drainage du vignoble. Les fines couches de terre superficielle – silex, craie, calcaire ou mica – sont souvent érodées sur les pentes les plus raides et doivent être reconstituées à la main. Mais ces mêmes pentes offrent une bonne exposition et sont moins sujettes au brouillard et au gel.

Plus au sud, la vallée s'élargit et les coteaux sont moins escarpés. Le sous-sol est calcaire, sablonneux ou argileux et les sols superficiels comportent des cailloux et des galets dus au recul des glaciers dans des temps très anciens. Ces cailloux sont à la fois une malédiction et un bienfait : ils limitent la mécanisation, mais favorisent le drainage et retiennent la chaleur pendant toute la période de maturation du raisin.

Châteaubourg sur le Rhône, au sud du vignoble de Saint-Joseph.

# LES RÉGIONS VITICOLES DU RHÔNE

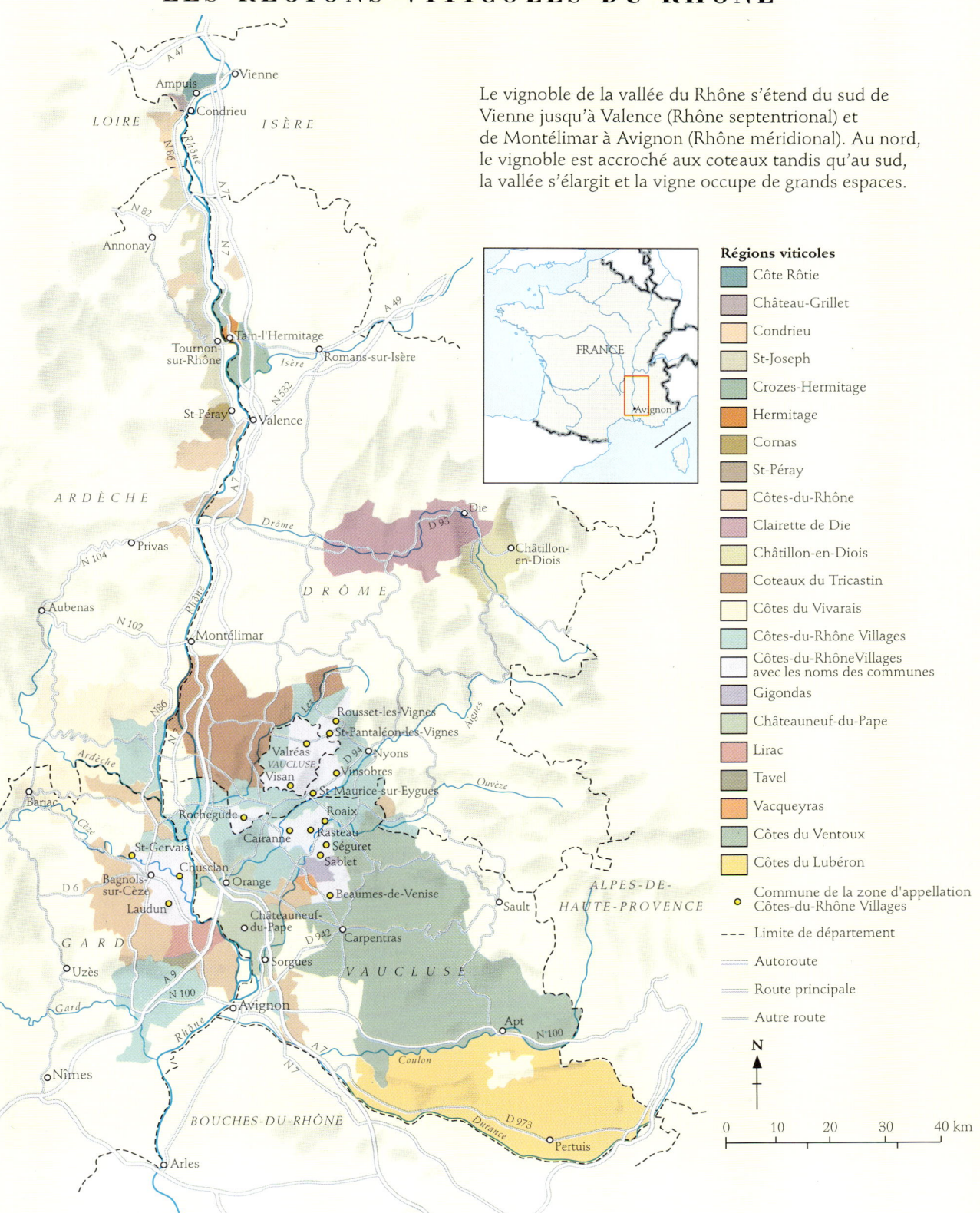

Le vignoble de la vallée du Rhône s'étend du sud de Vienne jusqu'à Valence (Rhône septentrional) et de Montélimar à Avignon (Rhône méridional). Au nord, le vignoble est accroché aux coteaux tandis qu'au sud, la vallée s'élargit et la vigne occupe de grands espaces.

**Régions viticoles**

- Côte Rôtie
- Château-Grillet
- Condrieu
- St-Joseph
- Crozes-Hermitage
- Hermitage
- Cornas
- St-Péray
- Côtes-du-Rhône
- Clairette de Die
- Châtillon-en-Diois
- Coteaux du Tricastin
- Côtes du Vivarais
- Côtes-du-Rhône Villages
- Côtes-du-Rhône Villages avec les noms des communes
- Gigondas
- Châteauneuf-du-Pape
- Lirac
- Tavel
- Vacqueyras
- Côtes du Ventoux
- Côtes du Lubéron

○ Commune de la zone d'appellation Côtes-du-Rhône Villages

- - - Limite de département

Autoroute

Route principale

Autre route

N

0   10   20   30   40 km

Plus le Rhône descend vers le sud, plus le climat devient méditerranéen. Au nord, les étés sont chauds et les hivers froids, avec des risques de gel. La pluie empêche parfois la floraison et peut nuire au millésime, tandis qu'en été des averses de grêle détruisent en quelques instants une année d'efforts. Les pluies automnales favorisent pourriture et maladie. Plus au sud, les conditions climatiques sont plus stables, été comme hiver. Le mistral est aussi un facteur à prendre en considération. Ce vent froid et desséchant souffle du nord-ouest, souvent plusieurs jours d'affilée.

## Les cépages et les types de vin

Dans le sud de la région, les vignerons continuent à raconter que ce sont des négociants bourguignons peu scrupuleux qui les ont encouragés à planter du Grenache. Ce cépage est toujours à l'origine de la plupart des grands vins rouges des Côtes du Rhône, à la robe assez pâle, charnus, dotés d'arômes de framboise et parfois d'herbes sèches. Au nord, la Syrah est responsable de la qualité et donne des vins plus colorés et plus tanniques. Elle possède des arômes caractéristiques de baies noires, prenant avec l'âge des nuances de violette et d'épices. Parmi les autres cépages, on trouve le Cinsaut et le Mourvèdre.

Pour les vins blancs, la vallée se divise en deux au confluent de la Drôme. Au nord, la senteur suave et les arômes d'abricot du Viognier dominent à Condrieu, tandis que Marsanne et Roussanne s'imposent en Hermitage. La Marsanne donne un vin robuste et aromatique, alors que la Roussanne a plus de délicatesse et d'expressions aromatiques. Au sud, le Grenache Blanc prend une importance croissante, avec des apports de Bourboulenc, Picpoul, Clairette et Picardan. Les vins de Grenache sont frais et devraient être bus jeunes.

## Producteurs, négociants et coopératives

Pendant les années de vaches maigres, négociants et caves coopératives ont dominé la scène. Les coopératives protégeaient les petits viticulteurs et leur assuraient un gagne-pain. La Cave coopérative de Tain-l'Hermitage – qui vinifie toujours 65 % du Crozes-Hermitage, 25 % de l'Hermitage, 15 % du Cornas et 11 % du Saint-Joseph – a joué un rôle majeur. Aucune autre coopérative du Rhône n'aspire à une telle importance, mais celles des villages du Sud continuent de représenter une source non négligeable de vins locaux. Celle de Rasteau, par exemple, est l'un des rares endroits où l'on puisse se procurer une bouteille du Vin Doux Naturel du cru.

Le retard de la région a également bénéficié aux grandes maisons de négoce. Dans le Nord, la plupart avaient (et ont encore) leurs bureaux dans les villes jumelles de Tain et de Tournon. Dans le Sud, bon nombre de négociants continuent d'opérer depuis Châteauneuf-du-Pape. Ils n'ont pas le droit d'utiliser la même bouteille que les vignerons. Il faut y regarder de très près : sur la bouteille du négoce, les clefs de saint Pierre se croisent au-dessus de la tiare pontificale ; sur celles des vignerons, au-dessous.

Dans les Côtes du Rhône, la situation des négociants se trouve encore compliquée par la présence de marchands de Beaune et d'autres centres bourguignons. Il s'agissait autrefois, pour ces marchands, de se procurer des vins puissants destinés à renforcer leurs Bourgognes. Cette pratique est aujourd'hui interdite, mais les Bourguignons continuent de mettre en bouteilles des vins du Rhône. Ceux-ci ne figurent généralement pas parmi les plus intéressants que l'on puisse trouver sur le marché.

Les négociants de Tain et de Tournon embouteillent certains des meilleurs vins de la vallée du Rhône et possèdent d'importants vignobles dans les plus belles AOC. Même quand ils ne sont pas propriétaires, ils pratiquent des achats sélectifs et leurs vins sont plus qu'honorables. Les négociants du Rhône septentrional n'ont pas le droit d'utiliser la bouteille de Châteauneuf-du-Pape. □

## LIRE UNE ÉTIQUETTE DE VIN DU RHÔNE

L'étiquette d'un vin du Rhône est plus simple que celle d'un vin de Bourgogne ou de Bordeaux. On n'y trouve aucun grand cru ou premier cru, source de confusion. Certains noms de lieux-dits sont utilisés en Côte-Rôtie, Hermitage ou Cornas, mais ils n'ont aucune valeur légale : c'est le nom du vigneron ou du négociant qui compte.

En Côtes du Rhône méridionales, il faut savoir que seuls les vignerons de l'AOC Châteauneuf-du-Pape peuvent utiliser la bouteille spéciale ornée de la tiare pontificale. Les négociants de Châteauneuf ont droit à une bouteille légèrement différente, avec les clefs croisées au-dessus de la tiare et non au-dessous. Ceux de Tain, de Bourgogne ou d'ailleurs ne sont pas autorisés à l'employer.

### Clairette de Die

Sur la Drôme, qui rejoint le Rhône au sud de Valence, se trouve la ville de Die, centre d'une petite région viticole. Une partie du vignoble est classée en AOC Châtillon-en-Diois, mais les vins de Die même sont beaucoup plus intéressants. Leur nom vient du cépage Clairette, bien que l'on utilise aussi du Muscat à petits grains. La Clairette de Die Tradition est un vin mousseux résultant d'une transformation naturelle qui comporte une deuxième fermentation en bouteille. Ce vin est toujours issu d'un assemblage de Muscat et de Clairette, mais les proportions varient selon le producteur.

### Vins Doux Naturels

Les Côtes du Rhône méridionales produisent les deux seuls Vins Doux Naturels ne provenant pas du Languedoc-Roussillon. Le plus célèbre est le Beaumes-de-Venise, issu du Muscat à petits grains. C'est un superbe vin de dessert, savoureux et aromatique, comptant 21 % vol d'alcool. Il vient en grande partie de la Cave coopérative de Beaumes-de-Venise, mais deux petites propriétés se distinguent : le Domaine de Durban et le Domaine des Bernardins.

À Rasteau, on fait un Vin Doux Naturel à base de Grenache. Il est le plus souvent vinifié en blanc doux, mais le rouge est généralement meilleur. La coopérative est le principal producteur, mais le Domaine de la Soumade donne des vins plus intéressants (rouges compris).

# LES FACTEURS DE QUALITÉ

Dans la vallée du Rhône, le manque de chaleur est rarement un problème, au contraire. Plus préoccupant est le mistral, ce vent sec et froid qui souffle du nord avec violence. Le sous-sol fournit d'excellents sites. Ici, la qualité dépend plus largement des décisions adoptées par les vignerons en matière de cépages et de rendements.

## Climat

Il fait chaud dans la vallée du Rhône, mais rarement trop chaud pour les vignes, du moins au nord. En 1989, à Cornas et en Hermitage, comme en 1990 en Côte-Rôtie, le vignoble a souffert. Cépage méditerranéen habitué à la chaleur, le Grenache supporte mieux le soleil que la Syrah. Au sud de la vallée, le mistral peut dessécher la vigne et donner des cuvées moins réussies dont on dit qu'elles ont un «goût de mistral».

## Clones

Pendant les années 70, il était courant de replanter un vignoble avec des clones à haut rendement produisant des vins sans caractère, et d'une regrettable maigreur. La méthode adoptée dans les années 80 fut la sélection massale. Il s'agit de multiplier les plants les plus intéressants, choisis dans les meilleures parcelles, afin de mieux exprimer le caractère du vin. Pour la plupart des cépages, les plants les plus remarquables étaient ceux qui possédaient les grains les plus petits, à la peau la plus épaisse. Depuis cette époque, les vignerons du Rhône ont fait preuve d'une attitude plus responsable en matière de plantation.

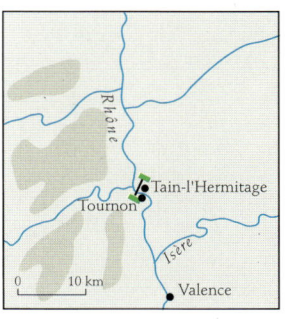

## Sols

Dans le nord des Côtes du Rhône, les meilleurs sols reposent sur une solide base de granite. La composition du sol en surface varie selon les endroits. En Côte-Rôtie, par exemple, la Côte-Blonde est plus sablonneuse et la Côte-Brune, plus argileuse. Les sols de l'Hermitage sont plus complexes, et un bon Hermitage assemblera des raisins de différentes parties de la colline. Les Bessards sont du schiste granitique ; Le Méal est sablonneux ; Les Greffieux, très argileux. Les sols calcaires sont réservés aux vins blancs. Les meilleures vignes des Côtes du Rhône méridionales poussent sur du calcaire. À Châteauneuf-du-Pape, le plateau de Montredon est célèbre pour ses galets.

HERMITAGE ET CROZES-HERMITAGE : COUPE GÉOLOGIQUE

Hermitage
Crozes-Hermitage

Sud

Nord

Altitude (en m)

300

200

100

Tournon

Rhône

Tain-l'Hermitage

Fortes pentes permettant un bon drainage

Vignobles exposés au sud sur de fortes pentes, produisant les meilleurs vins

0

1

2 km

Vignes sur les pentes de l'Hermitage au-dessus du Rhône.

## Rendements

Les rendements doivent rester bas. Une bonne sélection de clones moins productifs pourrait être une solution, car toute vendange qui dépasse 80 hl/ha ne produira pas de grands vins. Quel que soit le plafond fixé par une AOC, dans n'importe quel millésime, la Syrah ne produira pas des vins intéressants au-dessus de 50 hl/ha et les meilleurs vins sont issus de rendements avoisinant plutôt 30 hl/ha. Pour le Grenache, les vignerons émérites avouent que, au-dessus de 25 hl/ha, ce cépage a besoin d'une «paire de béquilles», en l'occurrence la Syrah et le Mourvèdre. Au-dessous de ce rendement, le Grenache peut donner des vins superbes à lui tout seul.

# CÔTES DU RHÔNE SEPTENTRIONALES

On trouve de grands vignobles tout au long d'une bonne partie du fleuve, mais les plus remarquables sont localisés dans le nord de la vallée du Rhône. Le secret de cette qualité réside dans le sous-sol granitique. Les premières collines vraiment escarpées apparaissent près de Vienne, ancienne ville romaine située à·24 km au sud de Lyon. Un observateur attentif peut y déceler la trace de terrasses autrefois couvertes de vignes, avant l'époque du phylloxéra. De nos jours, le vignoble septentrional du Rhône ne commence vraiment qu'à Ampuis.

Ampuis est un gros village terne et poussiéreux à cheval sur la route nationale. Mais juste derrière, sur des pentes abruptes, se trouvent les vignobles de Côte-Rôtie, l'un des plus grands vins du monde. Sur le terrain, la colline se divise en deux, la Côte-Brune et la Côte-Blonde. On donne à ces deux noms de nombreuses explications fantaisistes, mais la plus plausible est la plus banale. Le sol de la Côte-Blonde est plus sablonneux en surface, alors que la mince couche de terre recouvrant la Côte-Brune contient une plus forte proportion d'argile. Le sous-sol est granitique.

## Le vignoble du Rhône septentrional

Les vins de Côte-Rôtie sont l'expression la plus élégante de la Syrah. Dans une certaine mesure, cela résulte de l'apport d'une petite proportion de Viognier, l'un des cépages blancs les plus délicatement aromatiques. Bien qu'il soit planté un peu partout dans le Midi, c'est seulement dans les appellations Condrieu et Château-Grillet que le Viognier atteint une perfection quasi absolue.

Plus au sud se trouve Saint-Joseph. Les meilleurs vins de cette AOC sont légers et élégants, mais il y en a peu. Après la crise des années 30, la vigne

Chai de vieillissement dans les caves de Marcel Guigal à Ampuis.

a surtout été plantée dans les plaines alluviales. Des efforts sont en cours pour réhabiliter et développer l'appellation.

Face à Saint-Joseph, sur l'autre rive du fleuve, s'étend Crozes-Hermitage. Cette zone a souffert de la complaisance excessive des autorités qui, dans les années 50, ont inclu dans les limites de l'appellation des endroits non réputés pour leur qualité. Ces dernières années, cependant, Crozes s'est révélée la plus intéressante AOC des Côtes du Rhône septentrionales. De temps à autre, un vigneron rejoint le camp des plus motivés et décide de mettre son vin en bouteilles au lieu de l'apporter à la coopérative. Les résultats sont plus que convaincants.

Crozes s'étend à l'ombre du grand rocher de l'Hermitage, dont les célèbres vins rouges et blancs font la renommée de cette région septentrionale depuis le XVIIᵉ siècle. Sur le plan du style, les vins de l'Hermitage pourraient passer pour l'équivalent « masculin » des vins plus « féminins » de Côte-Rôtie. Ils peuvent être tanniques et fermés au départ, mais les meilleurs prennent un fruité voluptueux et sublime après avoir franchi le cap de la huitième année. Les blancs sont injustement méconnus et dotés, eux aussi, d'une longévité étonnante.

La région nord du Rhône produit un autre grand vin, près du village de Cornas, sur la rive gauche. Si les vins de l'Hermitage sont masculins, ceux de Cornas pourraient pousser l'image au paroxysme – en effet, ils sont tanniques à l'extrême. Le vrai Cornas est lent à se dégager de cette image virile et ne devrait jamais s'apprivoiser complètement, car son caractère sauvage est vraiment l'une de ses grandes qualités.

Les Côtes du Rhône septentrionales recèlent deux appellations supplémentaires. Saint-Péray et ses alentours font un peu de vin blanc ; surtout à base de Marsanne, celui-ci peut être mousseux ou tranquille. Enfin, sur la Drôme, au sud de Valence, se trouve le petit vignoble de Brézème. Il constitue un cas un peu particulier, car on ignore souvent son appartenance aux Côtes-du-Rhône génériques, grâce à une dérogation pour son encépagement : 100 % Syrah. Comme à Cornas, le vin ne comporte aucun apport de raisins blancs mais, contrairement au Cornas, il ne s'arrondit pas avec le temps.

### Les appellations contrôlées

De Vienne au confluent de la Drôme, la vallée du Rhône compte huit AOC : Côte-Rôtie et Cornas donnent uniquement des vins rouges ; Saint-Joseph, Crozes-Hermitage et Hermitage produisent des vins rouges ou blancs ; Condrieu, Château-Grillet et Saint-Péray ne font que du vin blanc. On trouve en outre un peu de Côtes-du-Rhône près de Cornas et au lieu-dit Brézème.

Les appellations sont administrées par l'INAO (Institut national des appellations d'origine), qui détermine les rendements, indique les cépages à utiliser et délimite la superficie des AOC. Dans certains cas, ses décisions sont controversées : le haut plateau de Côte-Rôtie, par exemple, n'est pas considéré comme donnant un fruité de même qualité que la Côte proprement dite. Les rendements varient de 30 hl/ha pour le Condrieu à 50 hl/ha pour le Côtes-du-Rhône. Chaque appellation est dotée d'une limite de production recommandée, mais les meilleurs vignerons s'efforcent de l'abaisser encore davantage.

Aucun rosé n'est fait dans les Côtes du Rhône septentrionales. On produit un peu de Condrieu doux en arrêtant la fermentation. Ce vin a un attrait limité et l'on en trouve fort peu. En Hermitage, quelques vignerons continuent à faire du vin de paille, mais dans des quantités minuscules, bien que certains envisagent une production commerciale.

### Les cépages

Le seul cépage rouge autorisé est la Syrah. En Côte-Rôtie, elle peut être assemblée avec 20 % de Viognier au maximum et, en Hermitage, avec 15 % au maximum de Marsanne ou de Roussanne. Cornas et le Côtes-du-Rhône Brézème sont des vins à 100 % Syrah. Condrieu et Château-Grillet doivent être issus à 100 % du Viognier, bien que l'on y ait trouvé quelques pieds de Chasselas. Hermitage et Crozes-Hermitage blancs, ainsi que Saint-Péray, doivent être à base de Marsanne et/ou de Roussanne. La Marsanne est plus répandue que la fragile Roussanne, bien que cette dernière soit probablement le meilleur cépage des deux.

### Les techniques de vinification

Les méthodes traditionnelles ont récemment été remises en question du fait de l'apparition de nouveaux concepts empruntés à d'autres régions viticoles. La fermentation à basse température est aujourd'hui utilisée pour produire des vins blancs plus vifs, au lieu de les vinifier en cuves de bois. Pigeage et autopigeage gagnent du terrain et l'on trouve beaucoup plus de bois neuf dans la vallée qu'il y a dix ans. Jaboulet (voir p. 250) et Guigal (voir p. 248) ont été les premiers à recourir au bois neuf, mais c'est l'œnologue de formation bordelaise Jean-Luc Colombo qui en a introduit l'usage auprès de certains petits vignerons des Côtes-du-Rhône septentrionales.

### Producteurs et négociants

Les maisons de négoce de Tain et de Tournon sont réputées pour mettre en bouteilles les meilleurs vins de la vallée du Rhône. Certaines comme Jaboulet, Chapoutier, Delas, Guigal sont propriétaires de vignobles prestigieux tandis que d'autres se contentent d'acheter des raisins ou du vin en s'assurant un approvisionnement de qualité, et leur mise en bouteilles reste une garantie. Si les meilleurs négociants se trouvent au nord de l'appellation, là où sont produits les meilleurs crus, nombreux sont ceux qui proposent des vins de l'ensemble de la Vallée du Rhône. Le négoce de la vallée n'a toutefois pas l'autorisation d'utiliser la bouteille spéciale de Châteauneuf-du-Pape (voir p. 244).

### Capacité de garde et millésimes

Les vins rouges traditionnels du nord de la vallée ont une longévité légendaire. Les vieux Hermitages, en particulier, étaient très appréciés dans la Russie d'avant la révolution. Quant à savoir si les vins rouges du Rhône produits actuellement ont la même capacité de garde, le débat reste ouvert. Il est néanmoins certain que la plupart des vins d'Hermitage ne commencent à s'épanouir qu'au bout de leur huitième année et, dans certains cas, après une décennie. Le même principe s'applique au Cornas.

Un Côte-Rôtie peut généralement se boire plus jeune. Un vin de la Côte-Blonde peut être abordé vers sa sixième année, mais le Côte-Brune, plus tannique, exige un peu plus de temps. Crozes-Hermitage et Saint-Joseph doivent normalement attendre deux ou trois ans. Mais, au bout de cinq ans environ, ils commencent à perdre de leur charme.

Les vins de Viognier (à l'exception de Château-Grillet) atteignent leur apogée entre un an et demi et quatre ans. Le Château-Grillet passe plus de temps dans le bois et met plus longtemps à se développer. De manière générale, le Condrieu n'est pas un vin de garde. L'Hermitage blanc peut se boire jeune ou vieux, mais il traverse une période plus terne dans l'intervalle. Déguster un vieil Hermitage blanc est une expérience inoubliable.

Les millésimes varient énormément dans le nord des Côtes du Rhône. Dans les années 80, il n'y a eu que deux millésimes médiocres (1984 et 1987) et chacun des huit autres possède un caractère bien à lui.   □

# APPELLATIONS, PRODUCTEURS ET NÉGOCIANTS

À l'exception de la large cave coopérative de Tain-l'Hermitage, la production vinicole du Rhône septentrional est partagée entre les vignerons qui commercialisent leurs propres vins et les négociants qui achètent des raisins ou des vins en propriété pour effectuer des assemblages. Les appellations sont citées par ordre alphabétique.

## BRÉZÈME

Ce petit vignoble de 14 ha plantés (sur 84 ha classés) est un cas particulier : seul vignoble septentrional au sud de Valence, il produit un Côtes-du-Rhône de pure Syrah (plutôt tannique). Il n'y a que deux producteurs : la coopérative et Jean-Marie Lombard.

## CHÂTEAU-GRILLET

Avec tout juste 2,5 ha, Château-Grillet est l'une des plus petites AOC de France, dont la famille Neyret-Gachet a le monopole. Le Château-Grillet est un vin blanc de pur Viognier, commme son voisin de Condrieu. Contrairement à la plupart de ceux de Condrieu, il passe jusqu'à 18 mois en fût et ne s'épanouit pas avant sa cinquième année. Seule sa rareté semble justifier son prix élevé.

## CONDRIEU

La superficie occupée par le Viognier est d'environ 30 ha. Si tout le vignoble classé en AOC devait être planté, elle pourrait atteindre 100 ha. Jusque très récemment, les vignes étaient anciennes (jusqu'à 50 ans) et les méthodes de vinification très traditionnelles. Ces dernières années, malheureusement, certains vignerons ont eu tendance à passer le Condrieu dans du chêne neuf. Or, dans les sols de granite et de mica de l'appellation, le Viognier atteint la perfection et prend des arômes de noyau d'abricot et de pêche délicieusement voluptueux. L'apport aromatique du chêne neuf ne pouvait donc que dénaturer ce superbe bouquet. Le Condrieu n'est généralement pas destiné à une longue garde. Dans la plupart des cas, il arrive à maturité vers 18 mois et ne devrait pas dépasser sa quatrième année.

Parmi les vignerons recommandés à Condrieu, citons : Cuilleron ; Dezormeaux ; Multier, au Château du Rozay (attention, chêne neuf) ; Niero et Pinchon ; Alain Paret ; André Perret ; Georges Vernay. Négociants : Delas Frères (les vignes appartiennent à Michel Delas) ; Guigal.

## CORNAS

À Cornas, 70 ha de vignes sont consacrés à la production de vins rouges 100 % Syrah. Les qualités du Cornas ont été reconnues dès le début du XIXe siècle, mais c'est seulement vers la fin des années 60 qu'Auguste Clape commença à mettre ses vins en bouteilles et à les vendre directement, en France et à l'étranger. À la fin des années 80, Cornas était devenu l'un des vins les plus recherchés de France, la production s'efforçant désespérément de répondre à la demande. Les négociants de Tain et de Tournon continuent de prendre le Cornas pour un vin rustique ; il peut en effet être très tannique dans sa jeunesse et rester sauvage dans sa vieillesse.

### Auguste Clape

Ce domaine de 5 ha, dont certaines vignes sont centenaires, a fait la gloire de Cornas. Les Clape, père et fils, assemblent les raisins de leurs différentes parcelles pour produire une cuvée magnifiquement équilibrée qui peut prendre jusqu'à dix ans pour s'épanouir. Ils ont aussi une petite bande de terre classée en Côtes-du-Rhône, de l'autre côté de la route nationale.

### Robert Michel

Avec ses 7 ha, Robert Michel possède environ 10 % de l'appellation Cornas. Contrairement à Auguste Clape, il divise ses ressources et produit trois vins : l'un est issu de vignes plantées en terrain plat et banal ; le second d'un coteau baptisé La Renarde ; enfin, son meilleur cru, La Geynale, vient d'une petite parcelle orientée au sud dont les vignes ont entre 60 et 80 ans. La Geynale semble donner un vin splendide, même dans les millésimes moyens.

### Autres producteurs

On notera : Allemande ; de Barjac ; Bernard ; Colombo ; Courbis ; Juge ; Jean Lionnet ; Noël Verset ; Voge.

## CÔTE-RÔTIE

Cette AOC totalise quelque 130 ha, pour la plupart situés sur le coteau formé par la Côte-Blonde et la Côte-Brune. Il existe une grande quantité de lieux-dits, mais aucun système de crus hiérarchisés. Les lieux-dits les plus réputés sont La

### MARCEL GUIGAL

Cette maison de négoce possède environ 10 % de Côte-Rôtie et achète en outre des raisins pour produire son Côte-Rôtie Brune et Blonde. Marcel Guigal est également propriétaire de Vidal-Fleury, autre vieille maison de négoce d'Ampuis, dont il a relevé le niveau de manière spectaculaire, surtout pour le vin haut de gamme La Châtillonne. Guigal a été le premier à promouvoir des terroirs individuels en Côte-Rôtie avec ses vins de cru : La Mouline (Côte-Blonde), La Landonne (Côte-Brune) et, plus récemment, La Turque (située entre les deux). Ce sont les vins les plus rares et les plus chers de toute l'appellation. Guigal produit du vin dans toute la vallée du Rhône. Parmi eux, on peut remarquer un Hermitage de bon niveau et un Côtes-du-Rhône à dominante de Syrah.

Landonne, La Côte Boudin, La Turque, La Châtillonne et La Mouline.

Le Côte-Rôtie est surtout à base de Syrah, mais peut comporter jusqu'à 20 % de Viognier. Traditionnellement, c'est la Côte-Blonde qui abritait le Viognier, cépage ajoutant ses riches arômes aux notes de pivoine et d'œillet de la Syrah. Autrefois, la plupart des vins de Côte-Rôtie étaient un assemblage de raisins de Côte-Blonde et Côte-Brune. Mais les vignerons ont de plus en plus tendance à produire plusieurs vins, ce qui les conduit à isoler leurs meilleurs sites.

### Bernard Burgaud

Burgaud est l'une des étoiles montantes de Côte-Rôtie. Ses 4 ha se situent principalement en Côte-Blonde, mais il possède aussi sur le plateau une petite parcelle qui, dit-il, l'a sauvé en 1990, millésime affecté par la sécheresse. Burgaud utilise des fûts de chêne neuf pour environ un cinquième de ses vins, souples et aromatiques.

### Marcel Guigal

Voir encadré p. 248.

### Joseph Jamet

Les vins sont aujourd'hui faits par les deux jeunes frères Jamet, Jean-Paul et Jean-Luc. Ils disposent d'environ 4 ha en Côte-Brune et leurs vins sont remarquablement souples et aromatiques.

### René Rostaing

Rostaing est l'homme dont tout le monde parle dans l'appellation. Petit propriétaire dans le passé, il a considérablement étendu son vignoble après son mariage avec la fille d'un vigneron très respecté, Albert Dervieux. René Rostaing a poursuivi la politique de son beau-père en embouteillant séparément ses vins de Côte-Brune et Côte-Blonde. Il produit aussi un vin de cru La Landonne. Ses vins sont puissants, concentrés et dotés d'un potentiel de garde considérable.

Grappes de Syrah sur les pentes de la Côte-Rôtie.

### Autres producteurs

Pierre Barge ; Gilles Barge ; Émile Champet ; Chapoutier ; Delas Frères ; Jaboulet.

### CROZES-HERMITAGE

Cette AOC couvre 900 ha et a autrefois produit certains des vins les plus médiocres des Côtes du Rhône septentrionales. La raison en était l'extension de l'appellation, en 1952, au-delà de ses limites d'origine – ce qui permit de produire non seulement sur les collines au nord de Tain, mais aussi sur des terrains alluviaux situés au sud.

Plus de 60 % des vins de Crozes-Hermitage sont vinifiés par la grosse coopérative de Tain, qui ne sépare pas les meilleurs terroirs. Ces dernières années ont cependant vu une très nette amélioration de la qualité, avec l'éclosion de nouveaux talents dans le domaine de la vinification, et Crozes-Hermitage est devenu

l'une des plus intéressantes appellations de France.

### Alain Graillot

Alain Graillot a fait ses premiers vins en 1985. Il possède aujourd'hui 15 ha en Crozes-Hermitage et 1 ha en Saint-Joseph. Il produit aussi quelques fûts d'Hermitage. Depuis 1986, Graillot vinifie un vin haut de gamme appelé La Guirande, encore plus concentré et débordant du splendide fruité propre à la Syrah que ses Crozes-Hermitages génériques.

### Étienne Pochon

Outre ses vins du Domaine Pochon, Étienne Pochon produit des Crozes-Hermitages d'une belle concentration au Château de Curson. Il est propriétaire d'environ 10 ha et fait aussi du vin blanc. Son consultant est Jean-Luc Colombo de Cornas, ce qui explique l'utilisation de bois neuf pour l'élevage de certaines de ses cuves.

La concentration de ses vins mérite un privilège.

### Autres producteurs

Cave des Clairmonts ; Belle ; Combier ; Cournu ; Desmeure ; Jaboulet (Domaine de Thalabert) ; Roure ; Viale.

### HERMITAGE

Les vins de l'Hermitage ont joui de la faveur royale dans la seconde moitié du XVIIe siècle, quand Louis XIV fit don de quelques bouteilles à son cousin, le roi Charles II d'Angleterre. Pendant plus d'un siècle, cet illustre patronage valut à l'Hermitage une place de choix dans les meilleures caves et sur les tables les plus raffinées. Le niveau déclina au cours du XIXe siècle, quand les vins de la région furent utilisés pour renforcer des cuvées de Bordeaux et de Bourgognes un peu légères, mais la production se poursuivit. Après le phylloxéra, cependant, les vignerons ne se pressèrent pas de replanter la grande colline de l'Hermitage et, sans l'influence des principaux négociants, la production aurait bien pu cesser pour de bon. La bonne fortune sourit à nouveau aux vins de l'Hermitage après la fin de la Seconde Guerre mondiale, mais ils ne retrouvèrent qu'à partir des années 70 les prix qu'ils méritaient.

Selon des témoignages du XIXe siècle, certains vins de l'Hermitage passaient jusqu'à six ans en fûts de chêne neuf avant la mise en bouteilles et les vins blancs fermentaient en fûts d'acacia neuf. Aujourd'hui, bien peu de vignerons (pour ne pas dire aucun) utilisent du chêne neuf pour leurs vins : l'Hermitage est bien assez tannique sans cela. On trouve néanmoins beaucoup plus de bois neuf qu'auparavant dans les chais et, parmi les principaux vignerons, Gérard Chave est peut-être le seul qui se refuse à introduire des arômes de bois dans son vin.

D'ouest en est, les principaux lieux-dits de l'Hermitage sont : Les Varognes, Les Gessards, Le Gros des Vignes, Les Greffieux, Le Méal, L'Hermite, La Chapelle, Chante Alouette, Beaumes, Péléat, La Maison Blanche, Les Rocoules, Les Diognières, La Pierreille, Les Murets, La Croix, L'Homme et Les Signeaux. Ces noms apparaissent cependant rarement sur les étiquettes, l'Hermitage étant, selon l'opinion la plus répandue, un assemblage entre plusieurs terroirs de la colline. Des sols de nature variable recouvrent une base de granite et de calcaire.

Ce sont les négociants qui ont maintenu l'Hermitage en vie pendant les années de vaches maigres et nombre des meilleures terres leur appartiennent. La coopérative, tout comme Gérard Chave, est propriétaire d'un grand domaine

sur la colline. En revanche, les petits vignerons n'ont parfois qu'une fraction d'hectare et la qualité de leur vin est souvent inégale.

## Chapoutier

Propriétaire de 30 ha, Chapoutier possède le plus grand domaine de la colline de l'Hermitage. La maison a également des propriétés importantes dans d'autres appellations : un peu moins de 3 ha en Côte-Rôtie ; 2 ha en Saint-Joseph ; 5,5 ha en Crozes-Hermitage ; et plus de 30 ha en Châteauneuf-du-Pape. Chapoutier produit environ 1 million de bouteilles par an.

Jusque vers la fin des années 80, l'emploi du vieux bois et des anciennes méthodes vinicoles n'a pas permis à la maison d'exprimer tout le potentiel de ses vignobles. Quand Max Chapoutier prit sa retraite, ses deux

fils, Marc et Michel, reprirent le flambeau. Ils forment aujourd'hui une équipe très efficace. Depuis le millésime 1990, la maison Chapoutier a le vent en poupe ; elle représente probablement le meilleur négociant producteur d'Hermitage, avec ses cuvées haut de gamme Le Pavillon et Monier de la Sizeranne. On n'y néglige pas pour autant les autres vins. Ainsi, les blancs, un peu à l'ancienne mode, sont un régal et à leur apogée quand ils sont vieux.

Le Châteauneuf-du-Pape est également remarquable, car Michel Chapoutier est un fervent partisan du Grenache. Dans son Barbe-Rac nouvelle version, il ne met d'ailleurs que du Grenache de très vieilles vignes (80 ans), avec d'excellents résultats.

### Gérard Chave
Voir encadré ci-contre.

### Delas Frères
Cette maison de négoce de Saint-Jean-de-Muzols achète des raisins et des vins dans toute la vallée du Rhône. Certains des raisins viennent de vignobles appartenant à la famille Delas, autrefois propriétaire de la société, qui fait aujourd'hui partie des Champagnes Deutz.

Les vins haut de gamme de Delas sont l'Hermitage Marquise de la Tourette et le Côte-Rôtie Seigneur de Maugiron. Ce sont des vins d'une qualité honorable, mais qui ne peuvent rivaliser avec les meilleurs de chacune de ces appellations. Le Condrieu de Delas est souvent un bon représentant de l'AOC.

### Paul Jaboulet Aîné
Jaboulet est une maison de négoce installée à La Roche-de-Glun, au sud de l'Hermitage, qui produit plus de 1,5 million de bouteilles par an. Elle achète des raisins et des vins et la qualité peut donc être variable. Jaboulet est également propriétaire de deux grands

domaines : 25 ha en Hermitage et les 35 ha du Domaine de Thalabert en Crozes-Hermitage. La maison est dirigée par deux cousins, Gérard et Philippe. Le vin haut de gamme de Jaboulet est l'Hermitage La Chapelle, un assemblage de raisins des lieux-dits Bessards, Greffieux, Méal, Diognières, Croix et Maison Blanche. C'est l'un des trois meilleurs de l'appellation.

Les vins de chez Jaboulet sont de type plus bordelais que ceux de Gérard Chave. Le Domaine de Thalabert est aussi un excellent vin. L'Hermitage blanc de Jaboulet, Chevalier de Sterimberg, est plus frais et plus vif que d'autres, et issu d'un assemblage de Roussanne et Marsanne. D'autres vins de la gamme Jaboulet sont plus inégaux, mais il faut noter que certaines années, le Côte-Rôtie Les Jumelles, le Châteauneuf-du-Pape Les Cèdres ou le Cornas figurent parmi les meilleurs qu'on puisse trouver.

### Autres producteurs
Desmeure ; Bernard Faurie ; Jean-Louis Grippat ; Marcel Guigal.

## SAINT-JOSEPH
Cette appellation suit la rive droite du Rhône de Condrieu à Cornas. Au départ, Saint-Joseph était l'un des meilleurs vignobles du Rhône, un petit cru entre Tournon et Mauves dont les vins atteignaient à l'époque de la Révolution des prix presque aussi élevés que ceux du glorieux Hermitage. L'AOC étendit ensuite ses limites et les révisa encore une fois en 1969, permettant ainsi

---

### GÉRARD CHAVE

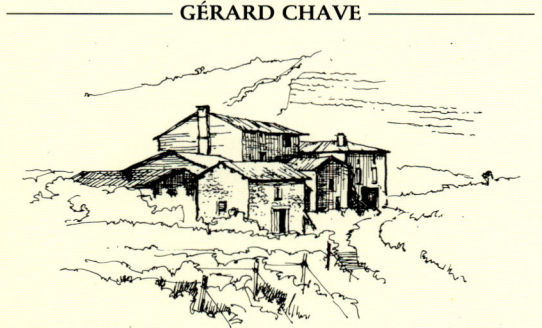

Gérard Chave est peut-être le meilleur vigneron du nord des Côtes du Rhône, mais il n'a pas assez de vignes pour satisfaire ses nombreux admirateurs : moins de 15 ha en Hermitage et 1 ha en Saint-Joseph. Le secret de la qualité Chave réside dans l'attention portée aux détails : pas de trucs ni d'astuces particulières, simplement la vinification la plus soigneuse que l'on puisse imaginer. Entre ses mains, la Syrah prend une superbe élégance, tout en conservant cette note imperceptiblement terreuse qui la distingue des autres cépages. Le vin de Chave est un assemblage de Diognières, Beaumes, Péléat, Bessards et l'Hermite, dans lequel chaque élément joue un rôle important. Le Saint-Joseph de Chave est une rareté qui vaut la peine d'être recherchée. C'est l'un des tout meilleurs vins de l'appellation.

Les vignobles du coteau de l'Hermitage varient en altitude, en pente et en exposition pour produire une gamme de vins différents.

à des vignerons qui ne le méritaient peut-être pas de se prévaloir de la bonne réputation du Saint-Joseph.

Il existe aussi, heureusement, de bons vignerons dans cette vaste appellation. Certains ont

commencé à remettre la vigne là où elle devrait se trouver : sur les coteaux granitiques et non dans les plaines alluviales. À Saint-Joseph même, des vignerons ont replanté les coteaux escarpés pour la première fois depuis des décennies.

### Clos de l'Arbalestrier
Émile Florentin est propriétaire d'un clos de 4 ha à Mauves,

dont il tire des Saint-Joseph rouges et blancs faits selon des méthodes volontairement traditionnelles. Dans un bon millésime (comme 1983), les rouges peuvent être incroyablement bons, même s'ils paraissent un peu trop imposants à certains. La même remarque s'applique d'ailleurs aux blancs.

### Maurice Courbis
Ce vigneron de Châteaubourg s'affaire activement à replanter les coteaux avec l'aide de ses deux fils. Il possède aujourd'hui près de 15 ha en Saint-Joseph et environ 1,5 ha en Cornas. La parcelle de Cornas comporte de très vieilles vignes en pied de coteau et un autre vignoble plus récemment planté sur le coteau lui-même.

### Jean-Louis Grippat
Issu d'une vieille famille de vignerons, Jean-Louis Grippat

possède un vignoble de 5 ha en Saint-Joseph ainsi qu'une toute petite vigne sur les coteaux de l'Hermitage. Il exploite la vigne de l'Hospice qu'il loue à l'Hôpital de Tournon, un cru exceptionnel sur un site escarpé de la rive opposée au vignoble de l'Hermitage. Récemment, Jean-Louis Grippat a fait revivre quelques parcelles de ce vieux vignoble de Tournon en y replantant de la vigne.

### SAINT-PÉRAY
Cette appellation ne produit que des vins blancs, tranquilles ou mousseux. La Marsanne est ici le principal cépage. Les vignerons peuvent aussi utiliser la Roussanne, plutôt meilleure en fait, mais la plupart sont rebutés par les difficultés rencontrées à la floraison. Dans le meilleur des cas, le Saint-Péray est une bonne version en mode mineur de l'Her-

mitage blanc. Les vins mousseux sont bus localement en guise d'apéritif et se rencontrent rarement ailleurs.

De nombreux producteurs de Saint-Péray ont également des vignes en Saint-Joseph ou en Cornas. Parmi les vignerons qui méritent d'être cités, on trouve Bernard Gripa, Jean Lionnet et Alain Voge.

# Côtes du Rhône méridionales

Les raisins couleur d'encre de la Syrah du Nord se raréfient au sud des berges de la Drôme. La vigne réapparaît au sud de Montélimar, dans un tout autre paysage. Les ceps trapus présentent la traditionnelle forme en gobelet. Argiles sèches et cailloux calcaires remplacent les grands pics granitiques qui s'élèvent au nord de Valence. La plupart des cépages utilisés ici sont d'origine espagnole et sont arrivés dans le sud de la vallée du Rhône au XVIIᵉ siècle.

## Le vignoble des Côtes du Rhône méridionales

Le site numéro un de la région est naturellement Châteauneuf lui-même, une appellation dont la prééminence se fonde sur des liens plus qu'incertains avec la papauté. La qualité extrême des meilleurs vins de cette région est due en bonne partie à la plantation du plateau de Montredon, effectuée pour l'essentiel entre les deux guerres. Ici, les galets, gros cailloux blancs et lisses, absorbent la chaleur du soleil le jour et réchauffent les racines des ceps la nuit.

Gigondas est souvent qualifié de « Châteauneuf du pauvre ». Cela est bien injuste car on y produit de grands vins, dont beaucoup sont supérieurs aux vins de qualité courante de la prestigieuse AOC voisine. Le paysage est dominé par les fameuses Dentelles de Montmirail, d'origine calcaire. Et c'est à cause de ces sols calcaires que le Gigondas est un vin légèrement plus dur que le Châteauneuf-du-Pape.

Gigondas est le premier village des Côtes du Rhône méridionales à avoir reçu sa propre appellation. Depuis lors, la même distinction a été accordée à Vacqueyras. Les domaines les plus réputés utilisent beaucoup de Syrah, assemblée au Grenache, pour produire des vins aromatiques très réussis. Lirac et Tavel se trouvent tous deux sur la rive droite du Rhône. Les vins de Lirac res-

Les Dentelles de Montmirail en toile de fond du vignoble de Gigondas.

semblent à ceux de Châteauneuf, mais on y fait aussi beaucoup de rosé, ce qui est interdit à Châteauneuf. Tavel est une AOC strictement réservée aux vins rosés. Ceux-ci sont surtout à base de Grenache, mais les meilleurs domaines l'assemblent avec du Mourvèdre.

Des vins similaires, à dominante de Grenache, sont produits dans les petites appellations rhodaniennes du sud, comme les Coteaux-du-Tricastin, Côtes-du-Ventoux, -du-Vivarais et -du-Lubéron. Mais les meilleurs vins se dissimulent souvent dans le vaste fourre-tout des Côtes du Rhône et Côtes-du-Rhône-Villages. Les villages de Saint-Gervais, Cairanne, Rasteau, Sablet, Séguret et Valréas sont particulièrement dignes d'attention.

Enfin, deux zones de cette région méridionale du Rhône ont le droit de produire un Vin Doux Naturel. Le célèbre Muscat de Beaumes-de-Venise est devenu ces dernières années un vin de dessert très apprécié ; en revanche, les vins mutés de Rasteau sont moins connus. Le rouge est à base de Grenache Noir et le blanc, de Grenache Blanc.

## Les appellations contrôlées

Il existe onze AOC et deux VDN dans les Côtes du Rhône méridionales. Le Châteauneuf-du-Pape peut être rouge ou blanc ; le Gigondas comporte des rouges et des rosés ; le Vacqueyras est exclusivement rouge. Tavel se distingue en étant réservée aux rosés. Les autres – Lirac, Côtes-du-Vivarais, Coteaux-du-Tricastin, Côtes-du-Ventoux, Côtes-du-Lubéron, Côtes-du-Rhône et Côtes-du-Rhône-Villages – peuvent être rouges, blancs ou rosés. Le village de Beaumes-de-Venise a le droit de produire un Muscat doux muté dans la catégorie VDN. Rasteau produit un VDN de Grenache, qui peut être rouge ou blanc.

Les rendements sont fixés par l'INAO (Institut national des appellations d'origine), organisme dont dépend également l'élévation d'un Côtes-du-Rhône-Villages au statut d'AOC de plein droit. La production est de surcroît régulée par les caprices du Grenache, sujet à la coulure lors de la floraison, et qui limite ainsi de lui-même son volume. Une production de 40 hl/ha est inhabituelle pour le Grenache. Les rendements vont de 28 hl/ha pour le Muscat de Beaumes-de-Venise à 50 hl/ha pour les Côtes-du-Rhône. Le Tavel a droit à 42 hl/ha, mais d'autres AOC se limitent à 35 hl/ha.

## Les cépages
Le Grenache est le cépage principal des Côtes du Rhône méridionales : 13 cépages sont autorisés par l'AOC Châteauneuf-du-Pape, mais le Grenache Noir représente presque toujours 80 % de l'assemblage. La Syrah et le Mourvèdre tempèrent et rehaussent les arômes de base fournis par le Grenache : les autres variétés (Counoise, Vaccarèse, Terret Noir, Cinsaut et Muscardin) servent plutôt à épicer l'assemblage.

Près de Châteauneuf-du-Pape, Joseph Ducos, alors propriétaire de Château La Nerthe à la fin du XIXᵉ siècle, greffa un certain nombre de cépages locaux après les ravages du phylloxéra. Outre le Grenache, la Syrah et le Mourvèdre, il installa Counoise, Muscardin, Vaccarèse, Picpoul Noir et Cinsaut pour les vins rouges, Clairette et Bourboulenc pour les vins blancs. Sa conviction qu'il s'agissait des variétés convenant le mieux à la région conduisit à intégrer ces cépages dans la première législation d'appellation adoptée pour le Châteauneuf-du-Pape dans les années 20 avec, en outre, le Terret Noir, le Picardan et la Roussanne. Le cocktail de cépages de Ducos subsiste dans quelques propriétés de Châteauneuf, mais, pour l'essentiel, l'assemblage est très semblable à ce qui se fait ailleurs dans la région : le Grenache Noir domine les rouges ; le Grenache Blanc, les blancs. D'autres cépages sont présents dans de plus faibles proportions, les variétés chères à Ducos se trouvant saupoudrées sur l'ensemble. Ces cépages

mineurs suscitent néanmoins un certain intérêt. Les Perret, du Château de Beaucastel, font grand cas de la Counoise, variété qui a récemment été expérimentée avec de bons résultats dans le Roussillon. Et le Domaine du Vieux Télégraphe produit un vin de pur Cinsaut tout à fait excellent (mais difficile à trouver). Ailleurs, on a plus de chance de dénicher des cuvées expérimentales en Côtes-du-Rhône. La tendance est de plus en plus favorable aux vins dominés par la Syrah ou le Mourvèdre, voire aux vins de cépage. Rabasse-Charavin, Domaine de Sainte-Anne et Château de Fonsalette sont trois noms à retenir.

La Clairette était le cépage blanc traditionnel de toute cette région, mais le Grenache Blanc lui fait de plus en plus concurrence. Le Picpoul, le Picardan, le Bourboulenc et la Roussanne peuvent donner des résultats intéressants. Le dernier de ces cépages, en particulier, est à l'origine du blanc le plus réputé du Château de Beaucastel.

## Le vieillissement
Les vins des Côtes du Rhône méridionales n'ont pas une garde aussi prolongée que leurs équivalents du Nord et mettent aussi moins de temps à s'épanouir. Un bon Châteauneuf ou un bon Gigondas devraient tenir vingt à vingt-cinq ans, mais ils seront déjà agréables à boire après avoir vieilli cinq ou six ans.

Les vins blancs du Rhône ne sont pas considérés comme des vins à mettre en cave. Le Muscat de Beaumes-de-Venise est lui aussi bu dans sa jeunesse. Certains apprécient les Vins Doux Naturels de Rasteau après un vieillissement en bouteille, quand ils ont pris des notes de *rancio* très similaires à celles des VDN de Grenache du Languedoc-Roussillon, plus connus.                         □

# CÔTES-DU-RHÔNE-VILLAGES

Aujourd'hui, l'appellation Côtes-du-Rhône-Villages regroupe 16 communes dont la mention peut être portée sur les étiquettes de vin. Les villages les plus réputés font l'objet de la liste suivante.

**Beaumes-de-Venise.** Très connu pour ses vins blancs de dessert, qui sont dotés de leur propre AOC, Beaumes produit aussi des vins rouges classiques.
**Cairanne.** On compare souvent les vins rouges de Cairanne à ceux de Châteauneuf-du-Pape, mais ils n'en ont pas toujours la structure ni la longévité.
**Chusclan.** Réputée pour ses rosés, cette commune produit néanmoins beaucoup plus de vins rouges d'un caractère fruité.
**Laudun.** Le vignoble de la commune, l'un des plus anciens de la région, produit un vin rouge et un vin blanc issu des cépages Clairette et Roussanne.
**Rasteau.** Très connu pour ses Vins Doux Naturels à base de Grenache, Rasteau produit aussi des vins rouges non mutés d'un certain caractère.
**Rochegude.** La production de cette commune est essentiellement constituée de vins rouges robustes issus de Grenache et de Cinsaut.
**Saint-Gervais.** Outre la production de superbes vins blancs produits à partir

du fameux cépage Viognier, la commune est réputée pour de bons vins rouges issus de Mourvèdre et de Syrah.
**Sablet.** Promue AOC Villages dans les années 70, Sablet est une commune réputée pour la légèreté de ses vins, en rosé comme en rouge.
**Séguret.** Dans cette commune, les vins rouges de Grenache dominent et montrent de belles notes de tabac.
**Valréas.** Bien qu'une grande partie des vins rouges de cette commune soient légers, certains sont particulièrement structurés, comme ceux de la cave coopérative.
**Vinsobres.** C'est l'un des villages dotés du meilleur terroir pour des vins de grande concentration. Mais ce potentiel se trouve rarement dans les bouteilles, souvent diffusées en Côtes-du-Rhône génériques afin de se permettre de plus forts rendements.
**Visan.** La Syrah gagne du terrain (aux dépens du cépage Grenache) sur les vignobles de la commune dans le but d'élaborer des vins rouges racés.

Les autres communes promues Côtes-du-Rhône-Villages sont celles de Roaix, Rousset-les-Vignes, Saint-Pantaléon-les-Vignes et Saint-Maurice-sur-Eygues.

# APPELLATIONS, PRODUCTEURS ET NÉGOCIANTS

Les coopératives jouent un rôle plus important dans le sud du vignoble que dans le nord. La plupart des villages ont leur coopérative, qui permet aux vignerons sans équipement de vinification de vinifier leurs raisins. Les AOC sont décrites ci-dessous par ordre alphabétique avec une sélection des meilleurs domaines. Les vins de pays sont cités page 256.

## CHÂTEAUNEUF-DU-PAPE

Châteauneuf a acquis ses attributs pontificaux bien après le retour de la papauté à Rome : même le suffixe « du-Pape » est une addition récente. Bien que quelques crus individuels, comme La Nerthe, aient joui d'une certaine réputation au XVIIIe siècle, Châteauneuf-Calcernier n'était alors qu'un village parmi d'autres produisant des vins convenables dans la région d'Avignon.

Au panthéon local, le premier père fondateur fut Joseph Ducos, responsable de la présence de dix des treize fameux cépages. Ses principes de vinification ne trouveraient aujourd'hui guère de partisans : Grenache et Cinsaut ne devraient pas dépasser 20 % ; Syrah, Mourvèdre, Muscardin et Camarèse (synonyme du Vaccarèse) devraient fournir 40 %, tandis que 30 % seraient représentés par la Counoise et le Picpoul Noir (quasi disparu), et le reste par des cépages blancs, Bourboulenc et Clairette. En fait, il y a bien longtemps que le Châteauneuf-du-Pape n'est plus un mythique assemblage de treize cépages, mais plutôt un vin à base de Grenache assemblé de Syrah, Mourvèdre et quelques autres variétés.

Ducos est mort avant que Châteauneuf ne devienne une AOC. Il n'a rien su non plus du plateau de Montredon et de ses célèbres galets, qui contribuent au caractère du Châteauneuf-du-Pape actuel. Avant la Première Guerre mondiale, c'était une terre de vergers, couverte de cerisiers et d'oliviers. Entre les deux guerres, on commença à débarrasser le plateau de ses arbres, mais la mise en place du vignoble ne fut pas achevée avant les années 50.

L'appellation comporte des sols variés. Le terrain plus lourd de Courthézon, par exemple, convient moins bien au Grenache – c'est l'une des raisons pour lesquelles il y en a si peu au Château de Beaucastel.

### Château de Beaucastel

Ce vaste domaine de 70 ha en Châteauneuf-du-Pape et 30 ha en Côtes-du-Rhône portait autrefois le nom de Cru du Coudoulet, devenu aujourd'hui Coudoulet de Beaucastel. La famille Perrin, qui en est propriétaire, s'occupe aussi de négoce en vins de Gigondas et des Côtes du Rhône.

Les Perrin comptent parmi les rares partisans à Châteauneuf de la version « 13 cépages » de ce vin. Pas tout à fait treize, en fait, car leur assemblage comporte six cépages rouges vinifiés séparément. Le vin contient actuellement 30 % de Grenache, 30 % de Mourvèdre, 20 % de Syrah et 10 % de Cinsaut, avec un peu d'autre chose. À Beaucastel, il

faut savoir qu'on attend beaucoup de la Counoise.

Le vin diffère également des autres produits de l'AOC dans la mesure où les raisins subissent ici un réchauffement ultra-rapide lors de leur arrivée au chai.

### Château Mont-Redon

Ce domaine de 163 ha domine le Rhône et les terres du Vaucluse. Les treize cépages de l'appellation y sont cultivés. Des vins rouges et blancs sont élaborés de façon traditionnelle, ils ont une grande complexité aromatique en raison du mélange des cépages.

### Clos des Papes

Ce domaine de 32 ha, qui produit des vins rouges et blancs, appartient à Paul Avril. L'assemblage du vin rouge comporte 70 % de Grenache, 20 % de Mourvèdre et 10 % de Syrah. Paul Avril est moins satisfait des résultats de la Syrah que de ceux du Mourvèdre, qu'il appelle « le Merlot de Châteauneuf ». Le Clos des Papes est un Châteauneuf traditionnel. Les vins figurent parmi les plus élégants et suaves de l'AOC.

### Château Fortia

D'une certaine façon, c'est ici que tout a commencé. Ce domaine de 28 ha appartient toujours à un descendant direct du baron Le Roy de Boiseaumarié. Celui-ci, défenseur des intérêts des vignerons de Châteauneuf quand il fallut sauvegarder l'authenticité des vins du village dans les années 20, lors de l'élaboration des décrets d'AOC, s'appuya notamment sur les recherches de Joseph Ducos. C'est ainsi que les treize

cépages entrèrent dans la législation de Châteauneuf.

L'actuel baron Le Roy produit un Châteauneuf traditionnel, issu à 80 % de Grenache. Il parvient à faire des vins de qualité, même dans les mauvais millésimes.

### Domaine du Grand Tinel

Ce domaine de 65 ha trop peu connu appartient à Élie Jeune et produit des Châteauneufs de grande qualité. Les vins sont issus à 80 % de Grenache, avec 10 % de Syrah et une collection de cépages mineurs pour compléter l'assemblage.

### Château Rayas

Jacques Reynaud est l'homme mystérieux de Châteauneuf – un rôle qui ne lui déplaît pas. Personne ne doit savoir combien il possède d'hectares ni quelle quantité de vin il produit. Celui-ci serait fait de Grenache pur, issu de vieilles vignes à faible rendement. Un autre vin, baptisé Pignan, comporte à coup sûr de la Syrah et probablement aussi du Cinsaut. Ce qui importe, concernant Rayas, c'est que le domaine donne du bon vin – souvent le meilleur de Châteauneuf –, mais la qualité n'est pas toujours égale d'une bouteille à l'autre dans un même millésime. Le Pignan est également un excellent vin. Quant au Côtes-du-Rhône de Reynaud, Château de Fonsalette, c'est l'un des très bons de l'appellation.

### Domaine du Vieux Télégraphe

Ce domaine d'environ 60 ha classés en Châteauneuf-du-Pape appartient à la famille Brunier. Le vin est issu à 70 % de Grenache, complété par de la Syrah et du Mourvèdre en quantités égales. Le Vieux Télégraphe est un vin extrêmement régulier qui figure toujours parmi les meilleurs de la région.

### Autres producteurs

Henri Bonnot ; Maurice Boiron (Bosquet des Papes) ; Domaine

Beaumes-de-Venise, un village des Côtes du Rhône connu pour son vin blanc de dessert.

du Grand Veneur ; famille Gonnet (Domaine Font de Michelle) ; Mont Olivet ; Chapoutier ; La Vieille Julienne.

### COTEAUX-DU-TRICASTIN
Sur cette AOC un peu décousue, la population est nombreuse. Les vins sont convenables, surtout consommés sur place. L'un des producteurs à suivre est le Domaine de Grangeneuve.

### CÔTES-DU-LUBÉRON
Cette AOC de création récente (1988) se situe à l'est d'Avignon. Ici aussi, les divers cépages habituels sont autorisés pour les vins rouges ; l'Ugni Blanc, mieux connu pour ses vertus dans le Cognac, est à la base des blancs. Le vaste domaine de Val Joanis est une source de vins fiables.

### CÔTES-DU-RHÔNE
Cette gigantesque appellation est un peu le prix de consolation des vins ne répondant pas tout à fait aux critères de l'AOC Côtes-du-Rhône-Villages. Le client a des chances d'y trouver bon nombre de vins médiocres et quelques bonnes surprises. Le principal cépage rouge est encore une fois le Grenache, mais avec, pour l'instant, plus de Cinsaut que de Syrah ou de Mourvèdre. Les choses évoluent cependant et la qualité des vins devrait nettement s'améliorer au cours des prochaines années. Les vins blancs sont dominés par la Clairette, mais il y a aussi un peu de Roussanne et de Marsanne.

Les vins de négociants sont souvent une bonne affaire quand on en arrive aux Côtes-du-Rhône. Le Parallèle 45 de Jaboulet est généralement un assemblage moitié Grenache, moitié Syrah ; même chose pour le Côtes-du-Rhône de Guigal, très marqué par la Syrah. Les vins de Chapoutier et Vidal-Fleury sont également dignes de confiance. Quelques domaines méritent d'être cités : le Château du Grand Moulas est un bon vin, mais sa Cuvée de l'Écu est encore meilleure. Le Château Saint-Estève est un domaine expérimental qui produit constamment de nouveaux vins. Sont à rechercher également le Coudoulet de Beaucastel, du Château de Beaucastel, doté d'une concentration considérable pour un Côtes-du-Rhône (et d'un prix en rapport), ainsi que le rare et onéreux Château de Fonsalette de Jacques Reynaud, peut-être le meilleur de tous les Côtes-du-Rhône.

### Côtes-du-Rhône-Villages
Cette AOC est formée par 16 communes (voir p. 253) qui ont le droit d'ajouter leur nom sur l'étiquette. Cette pratique a en quelque sorte servi de terrain d'essai à de futures AOC, comme dans les cas de Gigondas et de Vacqueyras. Les rouges sont à base de Grenache et les meilleurs comportent aussi une petite part de Syrah et de Mourvèdre. Les domaines les plus en vue ont sorti des cuvées spéciales basées sur l'un ou l'autre de ces cépages. Le vin blanc est ici plutôt rare, bien que les villages de Chusclan et Laudun le comptent parmi leurs spécialités.

Parmi les noms à suivre, citons l'excellent Domaine Sainte-Anne à Saint-Gervais, dont le vin à base de Syrah et Mourvèdre a inspiré toute une génération de vignerons de la région ; à Cairanne, le Domaine Rabasse-Charavin excelle dans la Syrah et produit un vin que l'on pourrait facilement prendre pour un bon cru du Nord rhodanien ; à Rasteau, le Domaine de la Soumade se distingue non seulement par ses rouges à dominante de Syrah, mais aussi par ses VDN ; à Sablet, le Domaine des Goubert appartient à la même écurie que l'un des meilleurs Gigondas ; le Château de Courançonne, vin souvent primé de Gabriel Meffre, est surtout à base de Grenache ; on trouve en revanche plus de Syrah dans le Domaine des Grands Devers de René Suard, à Valréas.

### CÔTES-DU-VENTOUX
La qualité du vin est rarement digne de la beauté du paysage, avec ses garrigues embaumant le thym et la lavande. Pour l'instant, le seul domaine à retenir est le Domaine des Anges de Malcolm Swann. Les Perrin du Château de Beaucastel, à Châteauneuf, ont avec la Vieille Ferme une réserve de vins réguliers et à prix doux ; Jaboulet embouteille également des vins tout à fait convenables.

### Côtes-du-Vivarais
Cette AOC en plein essor produit à partir des cépages habituels des Côtes du Rhône méridionales des vins rouges corrects mais légers, ainsi qu'une certaine quantité de vins blancs et rosés ; le blanc est à base de Clairette, de Marsanne et de Bourboulenc. Bien peu de ces vins sortent de la région, mais, parmi ces derniers, il faut signaler le Domaine de Vigier.

## GIGONDAS

Gigondas a toujours vécu un peu dans l'ombre de son célèbre voisin, Châteauneuf-du-Pape. On y produit des vins rouges et rosés surtout à base de Grenache, avec des apports de Syrah, Mourvèdre, Cinsaut, etc. Les sols calcaires de l'AOC peuvent donner des vins tout à fait excellents. La proportion de Grenache est limitée à 80 % et les assemblages doivent comporter au minimum 15 % de Syrah et de Mourvèdre.

### Domaine des Pallières

C'est l'un des meilleurs domaines (25 ha) de Gigondas, qui produit de bons vins avec une extrême régularité. La propriété a été la première à mettre du Gigondas en bouteilles à la fin du siècle dernier. Les vins ont une note de dureté typique de Gigondas, mais se gardent longtemps. Dans les bons millésimes, ils présentent un léger goût de cassonade.

### Domaine Saint-Gayan

Les 15 ha de vignoble de Roger Meffre sont situés en terrain argileux et donnent des vins puissants, aux tanins souvent agressifs. Ils n'en jouissent pas moins d'un grand prestige, non seulement dans la région, mais aussi dans le reste de la France et à l'étranger.

### Autres producteurs

Domaine des Goubert ; Domaine Raspail-Ay.

### LIRAC

Les meilleurs Liracs rouges et blancs aspirent à la qualité des Châteauneufs ; les meilleurs rosés à celle des Tavels. L'un des producteurs à citer est Jean-Claude Assémat, itinérant propriétaire des Domaines des Causses et des Garrigues. Il vinifie un bon assemblage de Grenache, Carignan, Mourvèdre et Syrah dans le premier domaine, ainsi qu'une autre cuvée comportant 70 % de Syrah et élevée en fûts de chêne neuf. Parmi d'autres Liracs à suivre, citons le Domaine Roger Sabon (qui

fait aussi de bons Châteauneufs-du-Pape), le Domaine Duseigneur et le Domaine Maby (La Fermade).

### TAVEL

Cette appellation produit exclusivement des rosés puissants et riches en alcool, qui touchent un vaste public en France puisqu'ils sont consommés dans de nombreux restaurants vietnamiens et chinois. On a tendance à ne les exporter que lorsqu'ils ont dépassé leur apogée. L'un des problèmes du Tavel vient du Gre-

nache Noir, qui peut s'oxyder un peu trop vite dans un rosé : les vins prennent alors une nuance légèrement orangée. La solution consiste à utiliser davantage de

Mourvèdre. Le meilleur domaine est le Château d'Aquéria.

### VACQUEYRAS

Vacqueyras a quitté le peloton des Côtes-du-Rhône-Villages en 1989 avec une appellation toute neuve pour ses vins rouges. Ceux-ci ont beaucoup de couleur et de profondeur aromatique et leur promotion au statut d'AOC a été l'une des plus sages décisions de l'INAO. Les meilleurs producteurs sont le Domaine des Amouriers, le Château de Montmirail et le Clos des Cazaux.

## LES VINS DE PAYS

Les vins de pays de la vallée du Rhône méritent de retenir l'attention : non seulement ils réservent souvent une bonne surprise aux voyageurs traversant la région, mais ils sont aussi fréquemment disponibles dans les rayons des grands supermarchés, toujours en quête du meilleur rapport qualité/prix. La plupart de ces vins sont à leur optimum dans leur jeunesse : les conserver en cave ne présente guère d'intérêt.

Sur le plan administratif, les vins de pays de la vallée du Rhône font partie de la grande région Rhône-Alpes, qui en produit environ 400 millions de bouteilles chaque année. Ils vont des blancs vifs en provenance des montagnes proches de la Savoie aux rouges aromatiques de la vallée du Rhône proprement dite.

### Vins de Pays des Comtés Rhodaniens

Cette dénomination un peu fourre-tout rassemble des vins venant de l'ensemble de la région Rhône-Alpes. Mais ceux-ci doivent au préalable remplir les conditions leur donnant droit à l'une des appellations suivantes : Coteaux-de-l'Ardèche, Coteaux-des-Baronnies,

Coteaux-de-Grignan, Collines Rhodaniennes, Coteaux-du-Grésivaudan, Balmes Dauphinoises, Allobrogie et Urfé.

### Vin de Pays de la Drôme

Il s'agit à 92 % de vins rouges, surtout à base de Grenache, Cinsaut et Syrah, mais il est permis d'y ajouter Gamay, Cabernet-Sauvignon ou Merlot. Le Gamay, notamment, a donné de bons résultats. Ces vins viennent de la rive gauche du Rhône, entre Valence et Montélimar.

### Vin de Pays des Collines Rhodaniennes

Ce vin de pays englobe essentiellement l'arrière-pays des Côtes du Rhône septentrionales, une région susceptible de produire une certaine quantité de vins de Syrah d'un niveau acceptable. Environ 60 % des vins sont issus d'un seul cépage, l'accent étant mis sur la Syrah, mais aussi sur le Gamay et le Merlot.

### Vin de Pays du Comté de Grignan

Ce vin de pays provient de la rive gauche du Rhône, aux environs de Montélimar. Comme il convient à un produit du sud de la vallée du Rhône, les vins sont dominés par le Grenache et les variétés

habituelles des Côtes du Rhône méridionales. S'ils le désirent, les vignerons ont le droit de faire des vins de cépage à partir du Gamay, du Merlot ou du Cabernet-Sauvignon. Le vin blanc ne représente que 1 % de la production.

### Vin de Pays des Coteaux de l'Ardèche

Les vins viennent de la rive droite, à la hauteur d'Aubenas. Le vigneron peut choisir de produire un vin de Cabernet, Merlot ou Gamay, ou s'en tenir à l'assemblage traditionnel à base de Grenache. Les rosés, y compris ceux de pure Syrah, réussissent bien dans la région. Parmi les vins blancs, certains sont issus du Chardonnay et du Viognier.

### Vin de Pays des Coteaux des Baronnies

Ce vin provient de l'extrémité est de la région, au-delà de Nyons. Là encore, les vignerons ont le choix : ils peuvent utiliser les cépages traditionnels des Côtes du Rhône méridionales ou des variétés plus demandées. Le Diois n'étant pas loin, ils ont aussi le droit d'utiliser du Pinot Noir. En blanc, les cépages autorisés sont l'Ugni Blanc, le Chardonnay et le Viognier, ainsi que la Clairette et le Grenache Blanc.

# JURA ET SAVOIE

LES DEUX PETITS VIGNOBLES DU JURA ET DE LA SAVOIE,
ISOLÉS À L'EST DE LA FRANCE, PRODUISENT QUELQUES VINS
BIEN PARTICULIERS.

Les vins du Jura et de la Savoie sont peu connus hors de ces régions, mais bénéficient d'un marché local assuré. Le vin de pays d'Allobrogie, produit en Haute-Savoie dans le Val d'Arve, est très apprécié des skieurs.

Les montagnes tendent à renforcer la personnalité d'un vignoble en le tenant à l'écart des influences extérieures. Il n'est donc pas surprenant que les vins du Jura, de Savoie et du Bugey n'aient pas grand-chose de commun avec les autres vins de l'est de la France et soient issus de cépages introuvables ailleurs. Le Jura, zone montagneuse assez isolée, avoisine la frontière suisse à l'est de la France. Son paysage est une succession de crêtes rocailleuses et de pâturages champêtres où paissent quelques vaches : c'est aussi un pays de fromages, le comté en particulier. La ville de Lons-le-Saunier occupe le centre de la vaste appellation des Côtes-du-Jura qui s'étend du nord au sud. Le vin y est rouge, blanc ou rosé et même gris ou jaune, sans oublier le Mousseux. L'appellation Arbois, autour de la jolie ville du même nom, donne les meilleurs vins rouges à base de Pinot Noir et des cépages indigènes Poulsard et Trousseau. L'Étoile est une petite appellation surtout productrice de vin blanc tandis que celle de Château-Chalon offre le meilleur vin jaune, le plus original des vins du Jura, issu du Savagnin. Les vignobles de Savoie ont plus de points communs avec ceux de Suisse que du reste de la France, notamment en raison du rôle qu'y joue encore le Chasselas. La Jacquère (blanc) et la Mondeuse (rouge) sont également des cépages propres à la Savoie. La principale appellation, Vin de Savoie, s'étend sur 17 crus qui vont du sud de Chambéry aux rives du lac Léman. La Roussette, autre cépage purement savoyard, est à la base de l'appellation Roussette de Savoie, qui recouvre quelques crus. Il y a aussi le Crépy, vin blanc tranquille, et le Seyssel, vin tranquille ou mousseux. Le pont qui enjambe le Rhône à Seyssel relie la Savoie au Bugey, dont Belley est le centre. Cette région est à l'écart de tout, entre Chambéry et Lyon. Ici, l'agriculture tend à supplanter la vigne. Les vins ont le statut de VDQS et proviennent de plusieurs petits crus. Le rustique Rosé de Cerdon mousseux est une autre curiosité, qui résulte de l'isolement de ces vignobles de montagne. Leur climat, très continental, diffère beaucoup de celui de Bourgogne ou du Rhône septentrional. La vigne souffre de l'altitude, mais les cépages sont parfaitement adaptés à cette rigueur, certains étant précoces et d'autres tardifs, ce qui explique que les vendanges se prolongent jusqu'aux premières neiges de novembre.

# JURA

Les vins du Jura, issus de cépages très originaux, figurent parmi les vins français à forte personnalité. On y trouve quatre appellations recouvrant toute une gamme de saveurs et de couleurs. Les vignobles entourent Lons-le-Saunier, ville natale de Rouget de Lisle, compositeur de *la Marseillaise*.

Le climat du Jura est nettement continental, avec des hivers très froids, durant lesquels les températures descendent bien en dessous de zéro et où il neige beaucoup. Les étés sont chauds et ensoleillés, mais la pluviosité peut être forte et les automnes sont longs et doux. Le sol est un mélange de calcaire et d'argile.

Il existe une appellation générale, Côtes-du-Jura, qui regroupe l'ensemble du vignoble, et trois appellations plus précises : Château-Chalon, l'Étoile et Arbois. Le Jura se distingue également par un style de vin particulier, le vin jaune (voir encadré p. 259).

### Côtes-du-Jura
Le vignoble des Côtes-du-Jura s'étend au nord et au sud de Lons-le-Saunier sur 72 villages. Les vins sont pour la plupart blancs, issus du Savagnin et du Chardonnay. Les vins rouges et rosés sont à base de Pinot Noir, de Trousseau et de Poulsard. Ce dernier cépage donne des vins très pâles et est parfois vinifié en blanc. Chardonnay et Pinot Noir témoignent de liens étroits avec la Bourgogne et la Franche-Comté alors que Savagnin, Trousseau et Poulsard sont des variétés purement locales. Les vins peuvent être issus d'un seul cépage ou résulter d'un assemblage.

### Château-Chalon
Château-Chalon est le nom d'un village et d'une appellation recouvrant 4 communes productrices de vin jaune. Le village étant construit sur le granite, il est impossible d'y avoir des caves souterraines. Elles sont toutes à demi enterrées, donc soumises à d'importants

Un chai de vin jaune à Château-Chalon.

écarts de température qui jouent un grand rôle dans l'apparition du voile de levures *(flor)* propre à l'élaboration du vin jaune.

Les producteurs de Château-Chalon ne sont qu'une douzaine et veillent en bonne harmonie à maintenir un très haut niveau de qualité. Les mauvaises années, comme 1980 et 1984, ils ont déclassé tout leur vin en Côtes-du-Jura au lieu de le vendre sous leur propre appellation. Celle-ci impose des normes sévères : le travail dans les vignes est contrôlé, le rendement maximal est fixé à 30 hl/ha, bien qu'il avoisine plus souvent les 20 hl/ha.

Les autres appellations du Jura incluent le vin jaune - avec un degré minimal d'alcool plus faible, fixé à 11,5 % vol -, mais c'est à Château-Chalon que ce vin hors du commun atteint son sommet. Les effets de la *flor* et les arômes de noix très secs dus à l'oxydation lui confèrent un goût tout à fait original.

### L'Étoile
On retrouve cette note d'oxydation dans d'autres vins blancs du Jura comme

l'Étoile, qui tire son nom d'un village proche de Lons-le-Saunier, situé sur une colline au sol riche en étoiles de mer fossiles. L'Étoile est une appellation de vin blanc et de vin jaune depuis 1937. Les cépages autorisés en blanc sont le Chardonnay, le Savagnin et le Poulsard bien que le pur Chardonnay soit plus courant. On trouve parfois un assemblage de Chardonnay et de Savagnin, mais la faible production de Savagnin est le plus souvent conservée pour le vin jaune.

Le vin de table ordinaire passe deux ou trois ans en fût et semble acquérir un peu des arômes de noix propres au Jura. Au premier abord, le vin peut paraître oxydé, mais ce n'est pas le cas : le fruité sous-jacent est vif et intense.

### Arbois
L'Arbois est la principale appellation de vin rouge du Jura, mais celle-ci comporte aussi des vins blancs, jaunes ou rosés (parfois baptisés gris ou même corail). Arbois est une jolie petite ville ancienne, avec de beaux toits roux et un imposant clocher. Louis Pasteur y a passé une grande partie de son enfance et ses expériences sur les bactéries et les levures, rapportées dans son traité d'œnologie, ont été menées sur des vins d'Arbois. Le vignoble, aux abords immédiats de la ville, est aujourd'hui entretenu par la maison Henri Maire.

Arbois se targue d'être l'une des toutes premières appellations d'origine contrôlée (AOC) de France, reconnue en 1936 avec celles de Cassis et de Châteauneuf-du-Pape. L'AOC englobe 6 villages dont Pupillin, qui a le droit d'ajouter son propre nom sur l'étiquette, et Poligny, capitale du comté.

Les cépages caractéristiques de l'Arbois et des Côtes-du-Jura rouges sont le Trousseau, le Poulsard et le Pinot Noir. Les vins rouges du Jura sont généralement peu colorés alors que certains des rosés sont au contraire plutôt foncés, le jus restant en contact avec les peaux bien plus longtemps qu'il n'est de coutume ailleurs en France - presque aussi longtemps que pour le vin rouge. Ni le Poulsard, ni le Trousseau n'ont une peau très riche en matières colorantes, mais celle du Trousseau est souvent plus épaisse, ce qui peut donner un goût plus étoffé.

L'Arbois blanc est généralement issu du Chardonnay, parfois avec un peu de Savagnin et, à l'occasion, du Poulsard vinifié sans contact pelliculaire. Le pur Chardonnay aura un caractère variétal tandis qu'un Savagnin pur ou un assemblage de ces deux cépages tendront à un léger arôme d'oxydation rappelant le goût de noix du vin jaune. Cela illustre la principale différence en matière de vinification entre le Jura et le reste de la France : on n'accorde pas la même attention au besoin d'ouiller périodiquement les fûts.

Pour le reste, les techniques de base se ressemblent. Certains chais sont modernes et rationnels, d'autres nettement plus rustiques. Le contrôle des températures de fermentation peut donc être un peu approximatif, mais il est rarement nécessaire étant donné la fraîcheur habituelle à l'époque des vendanges. La chaptalisation est autorisée dans une faible mesure. Le vin est conservé en cuves de ciment, dans de grands foudres, et en petits fûts pour le vin jaune.

## Mousseux, Vin de Paille, Macvin

Trois appellations du Jura (à l'exception de Château-Chalon) comportent du vin mousseux, généralement à base de Chardonnay. La vinification suit la méthode champenoise classique et donne d'agréables vins fruités. Plusieurs producteurs élaborent des vins clairs et les envoient ensuite à une société basée près de Lons-le-Saunier, qui en fait des vins mousseux. Mais il faut savoir que le populaire Vin Fou effervescent d'Henri Maire n'est pas issu de cépages du Jura.

On trouve aussi une tradition locale de vin de paille. Ce vin très particulier est produit à partir de raisins laissés sur un lit de paille d'octobre à janvier, ce qui entraîne une dessiccation des baies et donne un jus à la fois plus riche et plus concentré. Quand 100 kg de raisins donnent normalement de 70 à 75 l de moût, ce volume n'est plus que de 20 à 25 l pour le vin de paille. La fermentation en petit fût est très lente et peut durer quatre ans. Le vin de paille est autorisé dans trois appellations – pas à Château-Chalon –, mais il est généralement produit en quantités limitées, le plus souvent pour les membres de la famille et pour les amis. Sa robe est ambrée, son goût riche et doux avec une note de noix.

Dernière appellation locale datant de 1991, le Macvin est en fait l'équivalent jurassien du Pineau des Charentes. C'est un assemblage d'un tiers de marc avec deux tiers de moût de raisin rouge ou blanc.

### Vin de pays

La gamme des vins du Jura se complète par le vin de pays de Franche-Comté, qui englobe les deux départements de la Haute-Saône et du Jura. Un groupe de vignerons du village de Champlitte, situé à proximité de Dole, produit un vin rouge à base de Pinot Noir et de Gamay, et un vin blanc à base d'Auxerrois et de Chardonnay.

## LE VIN JAUNE

Contrairement à presque tous les autres, le vin jaune - le plus original des vins du Jura - a un besoin vital d'oxydation. On pourrait le décrire comme la version française du Xérès Fino, car le développement de la *flor* y joue un rôle tout aussi essentiel. Son goût salé de noix rappelle aussi celui du Fino, mais le vin jaune est moins alcoolisé. Son accompagnement classique est le comté, fromage local à pâte dure. Le village de Château-Chalon produit le meilleur vin jaune, bien qu'on en trouve aussi dans les autres appellations du Jura.

Il est issu du Savagnin, cépage propre au Jura, capricieux et peu productif. Certains le croient apparenté au Gewürztraminer, d'autres évoquent une origine hongroise. Il a un proche parent en Savoie, le Gringet, à la base du Mousseux d'Ayze. Dans le vin jaune, les raisins fermentent normalement jusqu'à un degré alcoolique d'au moins 12 % vol, si possible 13 % vol. Le vin passe ensuite six ans en fûts de 228 l sans soutirage ni ouillage, de sorte qu'un voile de levures analogue à la *flor* du Xérès se forme en surface. Ce phénomène fait l'objet de nombreuses recherches.

À Château-Chalon, la température des caves varie de 8°C à 18°C au cours de l'année. Le voile de levures devient actif pendant l'été et cesse de l'être en hiver, ce qui développe les arômes particuliers du vin. Le travail des levures peut aussi être influencé par le taux d'humidité de la cave d'une part, par le rapport entre la taille du fût et le volume d'air qu'il contient d'autre part. L'élaboration du vin jaune exige d'infinies précautions, car le risque d'acidité volatile est très élevé. Le vin est dégusté et analysé tous les six mois.

Une forte évaporation se produit pendant le vieillissement, d'où la contenance inhabituelle de la traditionnelle bouteille jurassienne, le clavelin : ses 62 cl représentent ce qui reste de 100 cl après six ans de fût. La faiblesse des rendements et la lenteur du processus entraînent évidemment un prix élevé, mais le vin jaune mérite une place d'honneur parmi les crus les plus originaux de France.

Tandis que la majeure partie des vins du Jura sont des vins à boire relativement jeunes, le vin jaune vieillit bien. À Château-Chalon, on ne produit du vin jaune que dans les meilleurs millésimes.

# PRODUCTEURS ET NÉGOCIANTS

Les grands domaines sont rares dans le Jura et la société Henri Maire domine la région. L'autre producteur important est la coopérative (fruitière) d'Arbois, qui regroupe plus de 140 membres.

### Fruitière vinicole d'Arbois
La coopérative d'Arbois représente environ un quart des vignes de l'appellation et ne produit que de l'Arbois, vin jaune et blanc mousseux compris. Fondée en 1906, elle dispose actuellement d'installations parmi les plus modernes de la région.

### Château d'Arlay
Ce domaine situé dans le village d'Arlay est l'un des plus anciens du Jura et date du Moyen Âge. Il appartient aujourd'hui au comte Renaud de Laguiche, dont la famille a également une propriété à Puligny-Montrachet en Bourgogne. Le château produit une gamme de Côtes-du-Jura : un blanc de Chardonnay avec un peu de Savagnin, un rouge de Pinot Noir et un Corail, vin rouge léger issu de l'assemblage de cinq cépages, ainsi que du vin jaune et du Macvin.

### Caveau de Bacchus
À Montigny-lès-Arsures, Lucien Aviet applique les méthodes traditionnelles. Ses rosés sont d'ordinaire à base de Poulsard et ses rouges sont issus du Trousseau, à peau plus épaisse. Il a très peu de Pinot Noir. Il produit un blanc de Chardonnay avec un peu de Savagnin, ainsi que du vin jaune et du Macvin selon une vieille recette de sa grand-mère.

### Christian Bourdy
La famille Bourdy fait du vin à Arlay depuis 1781. Elle possède 5 ha de vignes à Château-Chalon et Arlay, mais achète aussi du raisin en tant que négociant, ce qui lui permet de produire toute la gamme des vins du Jura, y compris l'Étoile et le vin de paille. Ses vins sont très traditionnels. Comme dit M. Bourdy, «œnologiquement parlant, tous les vins du Jura sont malades, mais nous les aimons ainsi et nous refusons de les soigner ».

### Jean Macle
M. Macle est l'un des principaux producteurs de Château-Chalon et ses caves, au centre du village, datent du XVIIᵉ siècle. Bien qu'il possède des vignes de Chardonnay, sa réputation repose sur le Château-Chalon, issu du seul Savagnin, et il a beaucoup contribué à rétablir la qualité de l'appellation. Sa vinification méticuleuse donne des vins de grande longévité.

### Henri Maire
Si les vins du Jura ont une quelconque réputation hors de leur région d'origine, c'est grâce à Henri Maire. Même si son produit le plus connu, le Vin Fou, un blanc pétillant élaboré par la méthode de transvasement (voir p. 110), ne contient pas une goutte de vin du Jura, il a réussi dans la foulée à faire parler de la région. Les origines de la famille remontent à 1632. Société anonyme depuis 1986, la maison possède quatre importants domaines et achète le raisin, maîtrisant ainsi plus de la moitié de la production régionale. Tous situés autour d'Arbois, ses domaines propres sont ceux de Montfort, de la Croix d'Argis, du Sorbief et de Grange Grillard. La gamme de vins offre l'ensemble des styles et des saveurs du Jura, de l'Arbois velouté au vin jaune à goût de noix.

### Rolet Père & Fils
Cette société familiale basée à Arbois produit du vin depuis les années 1940 sur 55 ha classés en Arbois et Côtes-du-Jura. Après des débuts traditionnels, elle s'est dotée de chais et d'équipements modernes. Fait inhabituel dans le Jura, elle s'est spécialisée en vins de cépage, un Poulsard rosé, un rouge de Trousseau et un autre de Pinot Noir. Les vins blancs incluent du Chardonnay passé dans le bois neuf et du Savagnin vinifié en vieux fûts de chêne, ainsi que du Mousseux, du vin jaune et du Macvin.

### Domaine de Montbourgeau
Petite propriété appartenant à Jean Gros, réputée pour son vin blanc de l'Étoile à la fois concentré et élégant.

Vendanges de Trousseau pour le vin rouge d'Arbois.

# SAVOIE

Entrecoupés de champs de céréales et de pâturages vallonnés, les vignobles s'éparpillent sur une bonne partie des départements de Savoie et de Haute-Savoie. La ville de Chambéry est le centre naturel de la région. Au nord, les vignes s'étendent jusqu'aux rives du lac Léman, quelques parcelles s'étageant sur les coteaux surplombant le lac. D'autres vignobles sont concentrés autour du lac du Bourget et de la ville d'Aix-les-Bains ainsi qu'au sud de Chambéry, dans cette vallée de l'Isère que l'on nomme parfois Combe de Savoie. L'appellation Vin de Savoie est donc très morcelée et inclut 17 crus variant en importance et en saveur. Enfin, de l'autre côté du Rhône, en face de Seyssel, se trouve un vignoble bien distinct, le Bugey, classé en VDQS.

## Le sol et le climat
Les montagnes créent un climat incertain. L'hiver, rigoureux, est souvent très enneigé. Les gelées de printemps peuvent frapper les vignes, mais tout système de protection serait une aberration économique. La grêle est un autre fléau potentiel et l'été est généralement chaud, mais parfois humide.

Les lacs du Bourget et Léman créent cependant des conditions favorables et le relief accidenté donne toute une série de microclimats variant d'un versant à l'autre, voire d'un vignoble à l'autre. Les sols de Savoie et du Bugey sont argilo-calcaires, avec des apports minéraux résultant de nombreux dépôts glaciaires.

## Les vins et les cépages
Bien que cette région de France ait été italienne jusqu'en 1860, la viticulture s'y inspire plus de la Suisse que du Piémont. Les vins blancs l'emportent largement sur les rouges, les cépages comme la Jacquère, la Roussette et le Chasselas donnant des

La ville de Seyssel sur le Rhône.

vins délicats et légers, en harmonie avec l'air de la montagne. Les vins rouges sont issus du Pinot Noir, du Gamay ou de la typique Mondeuse qui, cultivée en Italie sous le nom de Refosco, donne un vin de cépage dans le Frioul.

## Les cépages blancs
La Jacquère est propre à la Savoie et au Bugey. En Savoie, c'est le cépage principal des deux crus voisins d'Abymes et Apremont, où on le nomme également Plant des Abymes. Peu sensible à la pourriture ou à l'oïdium, et guère plus au mildiou, il est facile à cultiver mais donne de moins bons résultats en Bugey car, sous peine d'une verdeur excessive et de goûts herbacés, il a besoin de chaleur et de soleil.

La Molette, de par sa forte acidité, est particulièrement adaptée au vin mousseux et le Gringet, présent dans le vin d'Ayze, est la version savoyarde du Savagnin.

La Roussette, autre cépage blanc caractéristique de la Savoie, doit son nom à la teinte rougeâtre de son raisin mûr, mais porte aussi, par

endroits, celui d'Altesse. On la croit apparentée au Furmint, qui donne le Tokay de Hongrie. Elle pousse aussi en Bugey, mais sa sensibilité au gel et à la pourriture entraîne des rendements irréguliers et une culture encore plus malaisée que celle de la Jacquère.

Le Chasselas prospère sur les rives du Léman depuis le XIII^e siècle. On le trouve aussi en Alsace et à Pouilly-sur-Loire, où il se fait cependant de plus en plus rare. Généralement consommé comme raisin de table en France, du côté suisse du lac il est vinifié sous divers noms locaux tels que Fendant, Dorin et Perlan. En Savoie, on en trouve dans l'appellation Crépy et dans trois crus de Vin de Savoie : Marin, Ripaille et Marignan. Le Chasselas est parfois critiqué pour son peu d'arôme, car il tend à une délicatesse confinant à la neutralité.

Le Chardonnay a été introduit en Savoie au début des années 1960 pour renforcer les arômes parfois trop discrets de la Jacquère, mais cet objectif n'a guère été atteint. Cépage autorisé dans le Vin de Savoie, il est parfois vinifié seul, mais peut aussi être assemblé avec la Roussette dans la Roussette de Savoie. Son nom local est Petite-Sainte-Marie. Dans l'ensemble, sa réussite est cependant plus nette en Bugey (voir page suivante), où il peut donner des vins aux arômes délicats bien typés.

## Les cépages rouges
Le cépage rouge le plus caractéristique de la Savoie et du Bugey est la Mondeuse. En Savoie, elle est surtout cultivée dans le village d'Arbin et sur la rive orientale du lac du Bourget, à Chautagne. La Mondeuse occupait la première place dans la région avant que le phylloxéra ne détruise bon nombre de vignobles ; le Gamay et le Pinot Noir ne sont arrivés que bien plus tard. Elle peut être irrégulière en qualité comme en quantité, mais un petit passage en fût affine ses robustes

arômes poivrés. En Bugey, elle ne réussit bien que dans les endroits les plus chauds, car sa maturité tardive lui donne parfois trop de verdeur.

### Les vignerons, négociants et coopératives

Les vins de Savoie et du Bugey sont produits par un grand nombre de petits vignerons pratiquant généralement la polyculture, de sorte que les céréales et les produits laitiers comptent autant que la vigne. Ces vignerons peuvent appartenir à une coopérative villageoise, comme dans les communes de Cruet, Chautagne et Montmélian, ou bien vendre leurs raisins ou leur vin aux négociants locaux, dont l'importance commerciale

est restée intacte jusqu'à aujourd'hui.

Très peu de ces vins circulent hors de la région : l'afflux des touristes, qui viennent assez nombreux en hiver sur les pistes de ski, en été pour des vacances de montagne au bon air –, leur assure un débouché local tout trouvé.

### La vinification

Les méthodes appliquées dans les chais de Savoie sont plus ou moins élaborées.

Certaines caves sont résolument rustiques ou peu sophistiquées ; d'autres, au contraire, sont plus modernes, avec des cuves en acier inoxydable. On y pratique le contrôle des températures de fermentation.

La fermentation malolactique peut être, ou non, favorisée. La chaptalisation est non seulement autorisée mais généralement nécessaire. Ici et là, on utilise des fûts de chêne pour le vieillissement de la Mondeuse.

Dans l'ensemble, les vins de Savoie et du Bugey doivent être bus relativement vite, tant qu'ils n'ont pas perdu leur fraîcheur aromatique et leur fruité.  □

Vignes près du village de Jongieux, à l'ouest du lac du Bourget.

## BUGEY

La Savoie rejoint le Bugey à Seyssel, l'appellation Seyssel étant située des deux côtés du fleuve qui sépare les départements de l'Ain et de la Haute-Savoie, le Rhône. Le Bugey est une région isolée, nettement à l'écart de l'axe Lyon-Chambéry, et contenue dans une large boucle du Rhône, au sud-est de l'Ain. Au centre se trouve Belley, ville de marché animée, fière d'avoir vu naître le grand gastronome Brillat-Savarin, l'auteur du célèbre ouvrage *Physiologie du goût*, un recueil précieux d'observations concernant aliments et recettes, et qui était lui-même propriétaire d'un vignoble à Manicle.

Contrairement au Vin de Savoie, le Vin du Bugey n'a pas dépassé le statut de VDQS, mais comporte lui aussi plusieurs crus variant en importance et en personnalité. L'attribution du VDQS en 1957 l'a sauvé d'un oubli total en encourageant le développement de la vigne et le remplacement des hybrides par des cépages tels que Jacquère, Molette, Roussette et Chardonnay, en blanc, Mondeuse, Pinot Noir et Gamay, en rouge. On trouve aussi un peu d'Aligoté et de Poulsard, preuve des liens régionaux avec la Bourgogne et le Jura.

# APPELLATIONS ET PRODUCTEURS

Les vins savoyards répondent à une structure officielle complexe. La principale appellation, l'AOC Vin de Savoie, est utilisée seule ou suivie du nom de 17 villages ou zones, dits crus.
Il existe trois autres AOC : Roussette de Savoie, Crépy et Seyssel. On trouvera également ici le Vin du Bugey, le VDQS voisin.

### VIN DE SAVOIE
L'AOC Vin de Savoie regroupe une vaste étendue de vignobles en 17 crus distincts. Créée en 1973 à partir d'un VDQS de 1957, 70 % de ses vins sont blancs. Les crus sont décrits par ordre d'importance, avec leurs principaux producteurs.

### Apremont et Abymes
Le village d'Apremont se trouve au sud de Chambéry. Son principal cépage, la Jacquère, pousse dans des sols essentiellement formés de dépôts glaciaires et donne un

vin sec, vif et fruité, avec un goût de silex. On trouve aussi du Chardonnay et de la Mondeuse. Le cru voisin d'Abymes tire son nom d'une catastrophe naturelle : les vignes sont plantées sur des éboulis rocheux, vestiges de l'effondrement d'une partie du mont Granier qui détruisit le village de Saint-André en 1248. Ici aussi, la Jacquère domine devant une petite quantité de Chardonnay. Un dicton local affirme qu'Apremont mûrit à l'ombre

et Abymes au soleil, entendant par là que l'Abymes peut être un peu plus tendre et souple, l'Apremont plus ferme et nerveux.
Au Domaine des Rocailles, Pierre Boniface est le principal producteur d'Abymes et d'Apremont, et produit par ailleurs un peu de Vin de Savoie rouge. Il possède 15 ha de vignes et achète les raisins de 25 ha supplémentaires. Ses vins blancs naissent de la technologie moderne tandis que ses rouges, surtout de Mondeuse, vieillissent en fût de chêne pour plus de complexité aromatique. La coopérative Le Vigneron Savoyard est un autre bon producteur d'Apremont.

### Chignin
Également situé au sud de Chambéry, le vignoble de Chignin pousse sur un coteau escarpé à 360 m d'altitude. La Jacquère domine et offre ici des arômes un peu plus ronds qu'en Apremont ou Abymes. Orientées au sud et au sud-ouest, les vignes bénéficient d'un microclimat plus chaud. Le sol est argilo-calcaire.
Chignin possède un autre cru de blanc bien particulier, le Chignin-Bergeron, Bergeron étant le nom donné ici à la Roussanne cultivée au nord du Rhône. Nul ne sait vraiment comment cette Roussanne est arrivée ici, mais les vignes y

sont depuis plus d'un siècle. La production reste faible car ce cépage est beaucoup plus capricieux que la Jacquère et plus sensible aux maladies, mais il donne aussi des vins plus aromatiques et plus complexes. On trouve encore à Chignin un peu de vin rouge issu de Mondeuse, de Gamay et de Pinot Noir. Raymond Quénard est un producteur de premier plan.

### Arbin et la vallée de l'Isère
Le village d'Arbin, dans la vallée de l'Isère, est plutôt réputé pour son vin rouge, car il n'a jamais suivi le mouvement de ces vingt dernières années en faveur du blanc. La vinification reste traditionnelle, avec fermentation en grands foudres de chêne et vieillissement en fûts plus petits, comme chez Louis Magnin.
Les autres crus de la vallée de l'Isère, au sud de Chambéry, sont Cruet, Saint-Jeoire-Prieuré, Montmélian, Saint-Jean-de-la-Porte et Sainte-Marie-d'Alloix. Comme Charpignat, au nord de Chambéry, ces deux derniers n'existent plus que sur le papier : à Saint-Jean-de-la-Porte, on préfère utiliser l'appellation générique « Vin de Savoie » et, à Sainte-Marie-d'Alloix, il n'y a plus de vignes. La production de Saint-Jeoire-Prieuré est très faible et celle de Cruet et Montmélian est dominée par les coopératives villageoises, avec la Jacquère et la Roussette en blanc, le Gamay en rouge. Non loin de là, Fléterive est candidat au cru et réputé pour ses pépinières de vignes.

### Chautagne
Situé sur la rive est du lac du Bourget, ce vignoble est surtout planté en rouge, avec Mondeuse, Pinot Noir et Gamay, auxquels s'ajoutent, pour le blanc, un peu de Jacquère, de Roussette et d'Aligoté. Les cépages sont le plus souvent vinifiés séparément. Dans le village de Ruffieux, la coopérative est le principal producteur et offre ainsi un débouché à de nombreux petits viticulteurs.

### Jongieux
Le vignoble de ce cru récent, créé en 1988, occupe à l'ouest du lac du Bourget des coteaux orientés au sud-ouest. Les principales communes sont Jongieux, Lucey, Billième et Saint-Jean-de-Chivetin. Le cépage dominant, la Jacquère, est accompagné d'un peu de Chardonnay, qui réussit mieux ici que dans la vallée de l'Isère, les conditions de culture étant semblables à celles du Bugey. Le plus important cépage rouge est le Gamay, qui donne également du rosé.

### Ayze
Ayze est réputé dans la région pour son vin blanc mousseux issu de l'inhabituel Gringet, cépage apparenté au Savagnin du Jura. On utilise aussi la Roussette. La vinification est une version rustique de la méthode champenoise – le plus souvent sans aucun dosage, ce qui donne des vins pour le moins vifs, voire d'une austérité à piquer les yeux.

### Ripaille
Le magnifique château de Ripaille, datant du XVᵉ siècle, et son vignoble occupent la totalité de ce cru bordant le lac Léman, près de Thonon-les-Bains. Seul cépage présent à cet endroit, le Chasselas donne un vin blanc souple et assez léger. La vinification est traditionnelle, le chai bien géré et fonctionnel.

**Marignan**

Cru également à base de Chasselas, dont la production est très limitée.

**Marin**

C'est le plus récent des crus. Ce village, dont le vignoble surplombe le lac Léman, produit un Chasselas qui donne un blanc délicat, très semblable à celui de Ripaille.

## ROUSSETTE DE SAVOIE

La Roussette de Savoie est une AOC de vin blanc au nom trompeur, car elle peut receler aussi bien du Chardonnay que de la Roussette. Ce n'est un vin de cépage que si l'étiquette mentionne l'un de ses quatre crus : Frangy (le principal, non loin de Genève), Marestel (près de Jongieux), Monthoux (sur la rive sud-ouest du lac du Bourget) et Monteminod (à l'est de Chambéry). Autrement, la Roussette de Savoie peut comporter jusqu'à 50 % de Chardonnay sans que rien ne l'indique. Avec ou sans Chardonnay, le goût de la Roussette est plus ample et gras qu'un Vin de Savoie issu de Jacquère.

## CRÉPY

Classé en AOC depuis 1948, le vignoble – dépôts glaciaires sur sol argileux et sous-sol de craie – est situé sur la rive sud du lac Léman, près de Douvaine. Le Chasselas est l'unique cépage et produit des vins blancs souples et délicats, agréablement secs et légers en alcool, mais aux arômes peu marqués. Le Crépy peut à l'occasion être embouteillé sur ses lies fines afin de générer un léger pétillement. On fait par ailleurs quelques essais de Chardonnay, histoire d'agrémenter la neutralité du Chasselas. Les principaux producteurs sont Fichard et Mercier.

## SEYSSEL

La plus ancienne appellation de Savoie date de 1942 et ne pro-

duit que des vins blancs. Le Rhône traverse la ville et les vignes se trouvent des deux côtés de la vallée. Seyssel est surtout réputé pour son Mousseux, principalement issu de Molette mais comportant souvent un peu de Roussette pour plus de finesse. Grâce à sa forte acidité et à ses arômes discrets, la Molette fournit un excellent vin de base pour le Mousseux, produit selon la classique méthode champenoise.

L'appellation Pétillant de Savoie, à base de Jacquère, a moins de bulles et de pression qu'un vrai Seyssel mousseux, tandis que la Roussette de Seyssel est un vin tranquille produit uniquement à partir de ce cépage.

Deux producteurs dominent à Seyssel. Le premier, Varichon & Clerc, remonte à 1910 ; il est à l'origine du Seyssel mousseux, la plus petite appellation française de vin effervescent. Le petit-fils du premier Clerc a pris sa retraite en 1968 et la maison a été rachetée par un Bourguignon, Henri Gabet, qui a beaucoup contribué à sa rénovation. Les méthodes de production sont calquées sur le modèle champenois et bénéficient d'installations modernes, y compris des giropalettes. Le meilleur Mousseux est le Royal Seyssel, à base de Molette et d'au moins 10 % de Roussette. La maison produit aussi une Roussette de Savoie tranquille, un Pétillant de Savoie et un vin mousseux sans appellation.

Le second, la maison Mollex, possède le plus grand vignoble de l'appellation, y

compris le réputé Clos de la Péclette. Il produit un vin blanc tranquille de Roussette, du Vin de Savoie rouge et du Seyssel mousseux à base de Molette, avec au moins 15 % de Roussette pour plus de finesse. La vinification est simple et traditionnelle, et donne de bons résultats.

## BUGEY

Il existe deux VDQS, le Vin du Bugey (blanc, rouge et rosé) et la Roussette du Bugey (blanc), tous deux dotés de nombreux crus à l'existence souvent théorique. Les crus de Vin du Bugey sont situés à Virieu-le-Grand, Montagnieu, Manicle, Machuraz et Cerdon. Les crus de Roussette du Bugey sont à Anglefort, Arbignieu, Chanay, Lagnieu, Montagnieu et Virieu-le-Grand. En règle générale, le vin est vendu comme Vin du Bugey avec une mention de cépage – Jacquère, Chardonnay, Aligoté, Mondeuse, Pinot Noir ou Gamay. L'appellation inclut 63 villages offrant une grande diversité de microclimats, d'altitudes, d'orientations et de sols dans la zone montagneuse entourant Belley. Vongnes est le plus important. Comme en Savoie, la Roussette du Bugey peut contenir une forte proportion de Chardonnay.

La famille Monin, à Vongnes, est le principal producteur de Bugey, mais ses vins sortent rarement de la région. La Roussette du Bugey (à fort pourcentage de Chardonnay), le vin rouge de Mondeuse et un Mousseux (Chardonnay, Jacquère, Aligoté et Molette) représentent l'essentiel de sa gamme.

Les vins du Caveau Bugiste ont également une bonne réputation locale.

## Cerdon

Situé à l'écart de de la zone, Cerdon est le plus marquant des crus du Bugey. Il englobe 8 villages au sud-est de Bourgen-Bresse, dont Cerdon même, au cœur d'un amphithéâtre de

vignes, est le plus grand. Le rosé de Cerdon est un vin effervescent à base de Gamay, d'un peu de Pinot Gris, de Pinot Noir et de Poulsard. On trouve aussi du vin tranquille, mais c'est le Mousseux, produit selon une méthode dite ancestrale, née de l'incapacité du vin à terminer sa fermentation, qui a le plus de personnalité.

Aujourd'hui, on bloque la fermentation de façon à laisser un peu de sucres résiduels puis on met le vin en bouteilles, où il recommence à fermenter. Au bout d'environ trois mois, il est filtré sous pression et remis en bouteilles. On trouve aussi, hélas, beaucoup de vin pétillant gazéifié d'origine industrielle – qui n'a rien à voir – ainsi que du vin produit selon la méthode champenoise, à Lons-le-Saunier, dans le Jura.

## Montagnieu et Manicle

Montagnieu, l'un des crus les plus prospères du Bugey, produit du Mousseux et un vin tranquille de Roussette.

Manicle est connu pour ses liens avec le gourmet Brillat-Savarin. Un producteur isolé, André Miraillet, continue de vinifier un blanc de Chardonnay et un rouge de Pinot Noir dans le petit village de Cheignieu-la-Balme. Ses méthodes sont plutôt rustiques, mais les résultats sont convaincants.

## Les vins de pays

Le Vin de Pays des Collines Rhodaniennes englobe des vins de Savoie, de Haute-Savoie et d'autres départements voisins. Il existe aussi deux vins de pays de zone : le Vin de Pays d'Allobrogie (les Allobroges étaient la tribu gauloise qui faisait du vin dans cette région au temps de Jules César) et le Vin de Pays des Coteaux du Grésivaudan, dans le département de l'Isère. Ces deux vins peuvent exister en blanc, rouge ou rosé, bien que 95 % de l'Allobrogie soit blanc.

# PROVENCE ET CORSE

LE VIGNOBLE PROVENÇAL PEUT S'ENORGUEILLIR DE SON RICHE PASSÉ.
CELUI DE CORSE, EN REVANCHE, LONGTEMPS MÉCONNU, GAGNE EN
POPULARITÉ À MESURE QUE LES AMATEURS DÉCOUVRENT SES VINS ORIGINAUX.

Les raisins mûrissent sans peine sous le soleil méditerranéen, mais le vin est fait dans des caves souterraines bien fraîches. Celles-ci appartiennent au Domaine Pardiguière, près du Luc, dans une belle vallée des Côtes de Provence.

Le vin français est né en Provence. C'est ici, près de cinq cents ans avant l'annexion par les Romains, en 125 av. J.-C., de cette province qu'ils nommèrent *provincia* (territoire conquis), que les premières vignes furent cultivées par les colons phocéens et grecs. La Provence connut une période florissante pendant le Moyen Âge, où ses vins étaient servis à la table des papes, des rois et des nobles. Au XIXe siècle, comme dans une grande partie du sud de la France, la crise du phylloxéra obligea la Provence à sacrifier la qualité à la quantité. Les vieux vignobles en coteaux furent abandonnés au profit de terrains plus plats, où l'on planta des cépages de moindre qualité. Quelques zones subsistèrent toutefois, où tradition et qualité continuèrent de faire bon ménage : en récompense, elles furent parmi les premières de France à obtenir une appellation contrôlée dans les années 30 et 40. Tel fut le cas de Cassis et de Bandol. La Provence est le pays du rosé par excellence, mais, depuis 1975, un regain d'intérêt s'est fait sentir pour les vins rouges en même temps que se faisaient connaître de nouveaux vignerons soucieux de qualité. La plupart des vins de Provence sont encore vinifiés par les caves coopératives ou commer-

cialisés par des grandes maisons de négoce, mais ce sont les domaines récents ou ceux entièrement repris en main par de nouveaux dirigeants qui donnent le ton. Ils ont eu les premiers l'idée de planter des cépages non autochtones comme le Cabernet-Sauvignon, tout en s'intéressant de nouveau à leur cépage noir de qualité, le Mourvèdre. Aujourd'hui, on trouve en Provence un nombre étonnant de vins rouges robustes à la forte personnalité, mais les domaines qui les produisent ont pour sérieux concurrents les nouveaux vignerons du Languedoc, du Roussillon et du Rhône. En Provence, les prix sont légèrement surévalués par rapport à la qualité fournie.

Quant à la Corse, son isolement l'a poussée à produire des vins originaux. Pendant un siècle, jusque dans les années 50, son rôle fut de fournir des vins rouges corsés et bon marché, production qui, dans les années 60, fut renforcée par l'arrivée sur l'île de nombreux vignerons chassés d'Algérie. Plus récemment, on assiste à une réhabilitation des cépages anciens, des styles de vin traditionnels et des vieux vignobles. L'encépagement corse doit en fait plus à l'Italie qu'à la France et les styles de vin sont très différents de ceux de la Provence.

# LES RÉGIONS VITICOLES DE PROVENCE ET DE CORSE

À l'exception des quatre premières communes d'appellation, Palette, Cassis, Bandol et Bellet, les vins de Provence ne jouissent pas, en ce XXᵉ siècle, d'une excellente réputation. Certains domaines commencent toutefois à se distinguer à l'intérieur des vastes appellations Côtes-de-Provence et Coteaux-d'Aix-en-Provence.

La Corse étant un pays de montagnes, les vignes ne poussent que sur son pourtour, en s'accrochant aux coteaux escarpés qui surplombent la Méditerranée. L'essentiel de la production provient de la plaine côtière située à l'est.

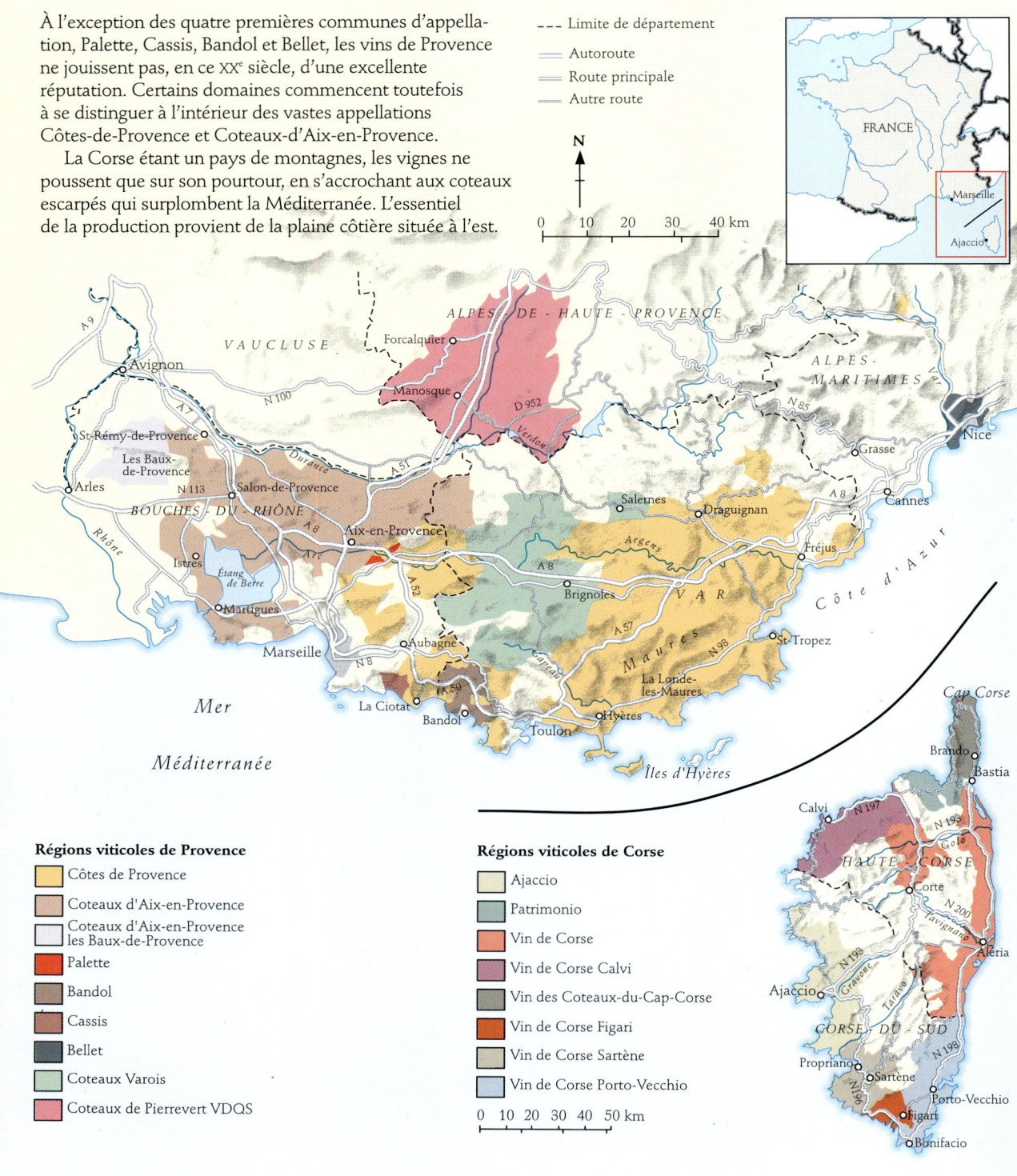

- - - - Limite de département

──── Autoroute

──── Route principale

──── Autre route

0  10  20  30  40 km

FRANCE

Marseille

Ajaccio

**Régions viticoles de Provence**

- Côtes de Provence
- Coteaux d'Aix-en-Provence
- Coteaux d'Aix-en-Provence les Baux-de-Provence
- Palette
- Bandol
- Cassis
- Bellet
- Coteaux Varois
- Coteaux de Pierrevert VDQS

**Régions viticoles de Corse**

- Ajaccio
- Patrimonio
- Vin de Corse
- Vin de Corse Calvi
- Vin des Coteaux-du-Cap-Corse
- Vin de Corse Figari
- Vin de Corse Sartène
- Vin de Corse Porto-Vecchio

0  10  20  30  40  50 km

# P ROVENCE

Prises dans leur ensemble, les appellations d'origine contrôlée de Provence constituent l'un des plus vastes vignobles de France. Depuis toujours, la viticulture est une activité importante dans ce paysage vallonné entrecoupé d'oliveraies, de bois, de vieux villages et de propriétés luxueuses : les vins se retrouvent sur les nombreuses bonnes tables de la région.

En Provence, le soleil est généreux, la pluie suffisante pendant l'hiver et la topographie fournit ce qu'il faut de lieux protégés contre l'agression du mistral. Les sols variés, qu'ils soient cailloteux ou graveleux, sont toujours bien drainés sur les coteaux. On a souvent reproché à la Provence de ne pas tirer parti de cet environnement idéal pour proposer de grands vins et de se cantonner à ses rosés qui, s'ils sont agréables à boire l'été, sont loin d'exploiter le potentiel du terroir.

L'intérêt récent pour les vins rouges vient en partie du rachat de certaines propriétés par des personnes extérieures au monde du vin. Les rouges atteignent aujourd'hui 35 % de la production des Côtes-de-Provence, contre 60 % pour les rosés. Certains de ces rouges sont véritablement bons et dignes d'intérêt : les vignerons savent tirer parti du contexte provençal mais aussi faire intervenir les saveurs «étrangères» de cépages non autochtones et utiliser les techniques les plus modernes en matière de vinification. Les meilleurs vins sont encourageants et laissent présager que l'avenir produira de très grands rouges. Cependant, d'immenses quantités de vins rouges ne sont pas à la hauteur de ce qui se fait de mieux partout ailleurs dans le sud de la France. Les rosés et les blancs s'améliorent aussi à mesure que les techniques de vinification se modernisent, mais la qualité demeure irrégulière.

### Les régions vinicoles
La Provence recouvre deux départements, le Var et les Bouches-du-Rhône,

et s'étend des Alpes, au nord et à l'est, au Rhône, à l'ouest, et à la côte méditerranéenne, au sud. Le vignoble s'étire de Nice, à l'est, jusqu'au delta du Rhône, à l'ouest. Les noms des différentes appellations peuvent prêter à confusion. La plus importante, les Côtes-de-Provence, se situe principalement au sud (entre Toulon, à l'ouest, et Fréjus, à l'est) et s'applique en outre à quelques parcelles côtières près de Marseille et dans les terres autour de Trets. L'appellation Coteaux-d'Aix-en-Provence se trouve aux environs de la ville du même nom. Entre ces deux zones, se situent les Coteaux-Varois, appellation qui fut créée en 1983.

Les dimensions de ces appellations régionales expliquent la difficulté pour le consommateur d'y retrouver un véritable type. En Provence, seul le nom du domaine ou du propriétaire peut donner une idée du style du vin et représenter une garantie de savoir-faire. Certaines zones commencent cependant à se faire connaître pour leur qualité. Bon nombre d'entre elles se trouvent sur la côte, là où le développement immobilier gagne du terrain. À l'intérieur des terres, les collines boisées des Maures sont dénuées de vignes, mais forment une barrière entre la côte et la large vallée qui, autour de la ville du Luc, possède de bons terroirs.

La Provence compte aussi quatre petites appellations au caractère fortement marqué : les petits vignobles de Bandol, Bellet, Cassis et Palette.

### Les cépages
Sur trois bouteilles de Côtes-de-Provence, deux sont du rosé, ce qui laisse imaginer l'importance de cépages aussi peu expressifs, pour ne pas dire ennuyeux, que le Grenache et le Carignan. Ni l'un ni l'autre n'est mauvais, mais aucun n'a la moindre chance de produire un vin intéressant, à moins d'être cultivé sur des coteaux et limité en rendement. Or, les vignes qui produi-

sent les rosés sont plantées sur des terrains plats et donnent des rendements à la limite maximale autorisée par la législation d'AOC... On comprend que, dans ces conditions, le vin n'ait guère de personnalité. Le Cinsaut, au potentiel plus intéressant, est utilisé partiellement dans les rouges. La Syrah, depuis longtemps chez elle en Provence, n'est pas aussi répandue que dans la vallée du Rhône, mais apporte aux assemblages parfum, couleur et personnalité. Le Mourvèdre est traditionnellement le meilleur cépage rouge de Provence. Dans le sud de la vallée du Rhône, il entre dans l'assemblage des Châteauneuf-du-Pape et de certains Côtes-du-Rhône et, en Provence, il est surtout présent dans les zones côtières, en particulier à Bandol, conférant au vin sa personnalité unique.

Le Cabernet-Sauvignon, cépage dont le monde entier proclame qu'il est la clef de l'amélioration des vins rouges en général, a été planté dans de nombreuses nouvelles propriétés. Il se plaît surtout à l'intérieur des terres, dans la relative fraîcheur des collines, et dans les Coteaux-d'Aix-en-Provence, notamment autour des Baux-de-Provence, village perché dans les rochers des Alpilles.

Les cépages destinés aux rares vins blancs sont la Clairette, l'Ugni Blanc et le Bourboulenc, ce dernier étant en déclin, mais les meilleurs sont le Rolle – que l'on trouve surtout à Bellet –, le Sémillon et le Sauvignon. Ces deux derniers apportent aux cépages locaux le parfum et le caractère qui leur font souvent défaut.

Quant aux rosés, ils n'ont de personnalité que s'ils viennent de très bons domaines et incluent un certain pourcentage de bons cépages rouges, en plus des cépages locaux.

Dans l'ensemble, les Côtes-de-Provence blancs et rosés sont faits pour être bus jeunes. C'est également le cas pour la plupart des rouges, hormis les plus robustes qui gagnent à vieillir quelque temps lorsqu'ils sont bien vinifiés. □

# APPELLATIONS, PRODUCTEURS ET NÉGOCIANTS

Nombre de vignobles provençaux ne couvrant que de toutes petites parcelles, près de la moitié de la récolte est vinifiée par des caves coopératives. Toutefois, certains domaines ont su reconnaître l'intérêt de l'industrie touristique et assurent eux-mêmes la promotion de leurs vins.

## BANDOL

C'est la plus vaste et la plus connue des petites appellations de Provence. L'AOC Bandol s'étend autour de la ville de Bandol, au bord de la mer. La presque totalité de la production est rouge : le vin doit être issu de 50 % de Mourvèdre au moins, le solde étant principalement composé de Syrah et de Grenache. L'appellation impose aussi un minimum de 18 mois d'élevage en fût avant la commercialisation. Le résultat, dans les meilleurs domaines, est un vin très original qui se remarque par sa robe intense, son nez parfumé et sa saveur puissante. Il vieillit à merveille et peut parfois vivre jusqu'à 20 ans.

### La Bastide Blanche

Ce domaine de 23 ha, propriété de la famille Bronzo, produit des vins rouges et blancs, les Blancs de Blancs étant généralement les plus appréciés de tous. L'assemblage des rouges contient une proportion de Grenache supérieure à ce qui se pratique dans l'appellation. En conséquence, les vins sont souples, amples, mais d'évolution plutôt rapide.

### Domaine Le Gallantin

Achille Pascal, le propriétaire de ce domaine de 14 ha, l'un des plus petits de l'appellation, est un passionné de vins rouges. Il les fait fermenter à température élevée afin d'extraire du Mourvèdre un maximum de couleur. En conséquence, les vins sont de grande garde et comptent parmi les plus riches de Bandol. Un joli blanc frais et un rosé sont également élaborés au domaine.

### Domaine de l'Hermitage

Gérard Duffort a complètement rénové le vignoble et les caves de ce domaine de 36 ha qu'il a acquis en 1974. Les vins sont vinifiés en cuves en Inox et vieillis sous bois. Ses rouges très denses et puissants contiennent une petite proportion de Syrah, son blanc d'Ugni Blanc et de Clairette est produit en petites quantités et son rosé est particulièrement bon.

### Moulin des Costes

La famille Bunan est propriétaire de ce domaine de La Cadière, mais également du Mas de la Rouvière et de Belouve au Castellet : avec 75 ha de vignes, elle est ainsi le premier propriétaire de Bandol. Les rouges, assemblés à partir des différents domaines, sont issus à 65 % de Mourvèdre, à 14 % de Grenache et à 6 % de Syrah. La Cuvée Spéciale, qui n'existe que dans les meilleures années, est un assemblage plus riche en Mourvèdre. Les techniques sont modernes : pour certains, elles cherchent trop «à arrondir les angles» et assouplir les vins, mais il faut reconnaître que le résultat dans les trois couleurs ne manque pas de charme. Les Bunan cultivent aussi du Cabernet-Sauvignon vendu en vin de pays de Mont-Caume qui démontre à quel point le Cabernet peut réussir dans cette région.

### Château de Pibarnon

Les vins du comte Henri de Saint-Victor (30 ha) n'échappent jamais aux médailles et aux récompenses dans les concours. Il est vrai que le bois neuf dans lequel ils sont élevés et la forte proportion de Mourvèdre leur donnent un charme indéniable. Le rosé, vinifié en cuves inox, est particulièrement fin et fruité. Le blanc, vif et agréablement acidulé, est issu d'une forte proportion du rare Bourboulenc.

### Château Pradeaux

Ses vins rouges peuvent être formidables de profondeur et de richesse, ou alors complètement écrasés par le bois dans lequel ils vieillissent jusqu'à quatre ans. En résumé, ils peuvent être les meilleurs ou les pires de Bandol. Cyril Portalis, qui dispose de vignes très âgées et d'un gros pourcentage de Mourvèdre (plus de 90 %), continue de diriger son domaine de façon traditionnelle. Les grands millésimes sont superbes.

### Domaine Tempier

Lucien Peyraud a beaucoup fait pour Bandol. Président d'un des syndicats de vignerons de l'appellation, il a encouragé un fort pourcentage de Mourvèdre et ses vins prouvent l'utilité de cet encépagement. Puissants, extrêmement tanniques et pleins de fruit, ils présentent un grand potentiel de garde. Les méthodes de culture et de vinification de ce domaine de 26 ha sont plus que traditionnelles et empruntent beaucoup à l'agriculture biologique, en limitant les engrais de synthèse et les produits chimiques. Le domaine commercialise deux rouges : une cuvée normale et une Cuvée Spéciale. Dans les années exceptionnelles, les parcelles de Tourtine et La Mignona sont mises en bouteilles séparément. Les Peyraud font un rosé mais aucun blanc.

## BELLET

Cette minuscule appellation de rouge, de rosé et de blanc, délimitée par les contreforts des Alpes et la banlieue de Nice, ne compte qu'une poignée de producteurs. Le niveau est élevé : les rouges sont capables de vieillir jusqu'à cinq ans ; les blancs et les rosés ont à la fois personnalité et fraîcheur. Les rouges sont surtout faits à partir de Braquet, cépage plus courant en Italie, et les blancs de Rolle et de Chardonnay. Le volume produit est si faible que les bouteilles sortent rarement de Nice. Le plus grand domaine est le Château de Crémat. Les autres sont Clot d'ou Baile, Château de Bellet, Clos St-Vincent et Domaine de Font-Bellet.

## CASSIS

Cette petite station balnéaire située juste à l'est de Marseille est connue depuis longtemps pour ses vins blancs. Hélas, le développement urbain et touristique a considérablement réduit la taille du vignoble. L'encépagement compte du Sauvignon, ce qui est rare pour un vignoble aussi méridional, de la Marsanne et de l'Ugni Blanc. Les vins blancs ont de beaux parfums évoquant les herbes de Provence ; les rouges et les rosés sont issus des cépages provençaux traditionnels, Mourvèdre inclus, mais leur production est très limitée par rapport aux vins blancs.

Parmi les principales propriétés, citons le Domaine du Bagnol (rouges, rosés et un beau blanc épicé), le Clos Sainte-Magdeleine (beaux blancs), le Domaine de la Ferme Blanche (bons rouges et blancs), le Château de Fontcreuse et le Mas Calendal.

## PALETTE

Cette petite appellation située immédiatement à l'est d'Aix-en-Provence possède une longue histoire. Du vignoble créé par des carmélites à l'époque médiévale, il ne reste que deux propriétés : le réputé Château Simone et le Domaine de la Crémade, qui vinifient les trois couleurs, mais réussissent mieux le blanc.

Le Château Simone possède de très vieilles vignes de Grenache, Mourvèdre et Cinsaut pour les rouges ; de Clairette, Sémillon et Muscat pour les blancs. Les méthodes sont traditionnelles et les vins ont un grand potentiel de vieillissement.

## COTEAUX-D'AIX-EN-PROVENCE

Cette vaste appellation de vins rouges, blancs et rosés s'étend dans la partie ouest de la Provence. De nouvelles plantations de Cabernet-Sauvignon ont rajeuni cette aire d'appellation dont certains rouges sont désormais dignes d'intérêt.

### Commanderie de la Bargemone

Établi dans une ancienne commanderie des Templiers, ce domaine n'a été restauré et son vignoble remis en activité que récemment. Son vin résulte d'une combinaison de méthodes traditionnelles et modernes, l'inox et la macération carbonique lui conférant un maximum de fruit. Les rouges (15 % de Syrah) sont particulièrement réussis, le meilleur étant la cuvée Tournebride (50 % de Cabernet-Sauvignon). Les blancs sont issus de Sauvignon, de Grenache Blanc et d'Ugni Blanc.

### Domaine les Bastides

Ce domaine de 20 ha recourt à la culture biologique pour faire ses vins rosés et rouges. Le rouge de base, la Cuvée Saint-Pierre, est un assemblage de Grenache, de Mourvèdre et de Cinsaut, tandis que la Cuvée Spéciale comporte 40 % de Cabernet-Sauvignon. Ces vins vieillissent entre 16 et 24 mois en barriques et le domaine produit aussi un vin blanc.

### Château de Beaulieu

Ce vaste domaine de 300 ha produit plus d'un million de bouteilles par an. Les installations modernes sont conçues pour faire des vins faciles à boire, qui ne perdent pas pour autant leur caractère végétal et provençal. Le rouge est issu de Grenache, Cabernet-Sauvignon, Mourvèdre et Syrah ; le rosé, de Cinsaut et de Carignan ; le blanc, d'Ugni Blanc, de Clairette, Sauvignon et Sémillon. La famille Touzet se consacre au développement de sa propriété depuis les années 70.

### Château de Fonscolombe

Voilà un de ces domaines d'Aix-en-Provence qui ont la réputation de faire des vins de bon rapport qualité/prix à boire dans leur tendre jeunesse. Les 160 ha de la famille du marquis de Saporta, installée ici depuis le XVIII<sup>e</sup> siècle, produisent près d'un million de bouteilles, dont une majorité de rouge. La Cuvée Spéciale est un assemblage de Carignan, Cabernet-Sauvignon, Grenache et Cinsaut vieilli sous bois. Le domaine produit aussi un vin de pays des Bouches-du-Rhône étiqueté Domaine de Boullery.

### Château Vignelaure

Hissé au sommet de l'appellation par Georges Brunet, ce domaine demeure le meilleur de l'appellation. Le vin rouge est aussi bordelais qu'il est possible en Provence, avec un encépagement de 60 % en Cabernet-Sauvignon, 30 % en Syrah et 10 % en Grenache, et un élevage prolongé dans des fûts de chêne hongrois. Toujours comme à Bordeaux, un deuxième vin, La Page de Vignelaure, permet de faire une sélection plus stricte pour le grand vin. Le superbe château abrite une galerie d'art.

## COTEAUX-D'AIX-EN-PROVENCE LES BAUX-DE-PROVENCE

Cette sous-région de l'extrémité ouest de l'appellation produit des vins rouges, blancs et rosés qui suivent les mêmes règles que le reste de l'appellation. Le vignoble se trouve sur l'impressionnant site des Alpilles autour du village fortifié des Baux-de-Provence.

### Mas de la Dame

Ce domaine de 55 ha se trouve juste à l'est du Val d'Enfer dans le massif des Alpilles. Il est largement planté en Grenache, ce qui explique que ses vins s'assouplissent relativement vite malgré leur bonne structure de Syrah et de Cabernet-Sauvignon. Il produit deux cuvées de rouge, la Cuvée Réserve et la Cuvée Gourmande. Le Rosé du Mas est un vin très fruité à la forte proportion de Syrah et de Cabernet-Sauvignon.

### Mas de Gourgonnier

Ce domaine appartenant à Nicolas Cartier est situé à l'extrémité sud des Alpilles. Le vignoble de 35 ha, issu d'une propriété familiale beaucoup plus importante à l'origine, est travaillé en culture biologique. Sa meilleure cuvée, la Réserve du Mas, est un assemblage de Cabernet-Sauvignon (30 %), de Syrah (30 %) et de Grenache. L'autre cuvée comporte 10 % de Mourvèdre et moins de Cabernet et de Syrah. Le vin blanc contient un pourcentage élevé de Sauvignon.

### Domaine des Terres Blanches

Noël Michelin, propriétaire de ce domaine de 40 ha au nord des Alpilles, près de Saint-Rémy-de-Provence, est un ardent défenseur de la culture biologique. Il n'utilise ni herbicides ni insecticides dans ses vignes et le moins possible de produits chimiques dans ses chais. Il vinifie dans les trois couleurs : le rouge, issu de Mourvèdre (50 %) et de Syrah (30 %), peut paraître un peu dur dans sa jeunesse, mais s'épanouit toujours avec élégance après quelques années de garde ; le rosé est agréable tout de suite.

### Domaine de Trévallon

Reconnu comme le meilleur domaine des Baux, le Domaine de Trévallon est même sans doute l'un des meilleurs de Provence. C'est peut-être pour cela qu'Eloi Durrbach, le propriétaire, peut sans trop de problèmes enfreindre quelque peu les réglementations locales. Il ne fait qu'un vin, un rouge bien plus riche en Cabernet-Sauvignon (60 %) que ne l'autorise la loi, travaille dans la vigne comme en cave selon des méthodes biologiques, s'abstient de coller et de filtrer et élève ses vins 18 mois en fûts. Le vin vieillit lentement et un minimum de cinq ans est nécessaire avant que l'on puisse commencer à le boire. Ensuite, il poursuit sa lente évolution. C'est aujourd'hui le vin le plus cher des Baux, principalement parce qu'il s'est créé un beau marché aux États-Unis. Il est bien distribué dans le monde et on le trouve aussi dans les restaurants de la région.

## CÔTES-DE-PROVENCE

Cette appellation, de loin la plus vaste de Provence, produit des rouges, des blancs et des rosés. Les expositions, les sols et les microclimats sont très divers.

### Château Barbeyrolles

Dans les collines qui surplombent Saint-Tropez, Régine Sumeire dirige ce domaine de 10 ha qui produit des rouges et des rosés de grande qualité. Son rosé est agréable et fruité, mais son rouge est peut-être plus intéressant : assemblage de Grenache, Syrah et Mourvèdre, il est élevé jusqu'à 18 mois sous bois et peut bien vieillir en bouteille. Le domaine produit également un vin blanc.

### Château Bertaud-Belieu

Ce domaine de 50 ha doté de gros moyens appartient à une entreprise de construction. La cave, avec ses murs couverts de chérubins, a l'allure d'une cathédrale. Située près de Saint-Tropez, cette propriété commercialise trois gammes de vins : la Cuvée Tradition existe en rouge, rosé et blanc ; la Cuvée Prestige également, mais son rouge est vieilli en barriques neuves ; la meilleure cuvée de rouge, Château Villa de Belieu porte le nom de l'hôtel de luxe appartenant aux mêmes propriétaires. Ce nouveau domaine semble déterminé à bien faire.

### Vignobles Crocé-Spinelli

La famille Crocé-Spinelli possède six domaines dans les collines dominant Les Arcs. Elle en tire une vaste gamme de vins allant de l'agréable boisson fruitée issue de macération carbonique à des rouges plus « sérieux » vieillis sous bois. Les raisins de cinq de ses propriétés (Domaine de Saint-Esprit, Domaine Fontselves, Domaine

de Sainte-Anne, Domaine des Sarrin et Domaine de Martinette) sont tous vinifiés dans les chais de la sixième, le Domaine des Clarettes, qui produit un blanc frais et aromatique, un autre blanc vieilli en fût à base d'Ugni Blanc et un rouge parfumé et plein de personnalité à base de Mourvèdre.

### Domaines Gavoty

Les deux vignobles, Le Petit Campdumy et Le Grand Campdumy, appartiennent à la famille Gavoty. Située près de Flassans, cette vaste propriété de 109 ha produit des quantités de vin considérables. Le rosé, particulièrement fruité et coloré, se boit très jeune. Le blanc est un assemblage d'Ugni Blanc, de Rolle et de Clairette. Le rouge, d'un volume nettement moindre, est issu de Syrah, Cabernet-Sauvignon, Mourvèdre et Grenache.

### Les Maîtres Vignerons de la Presqu'île de Saint-Tropez

Cette coopérative, la plus dynamique de toutes les Côtes de Provence, produit une énorme gamme de vins. Le rouge Carte Noire, conditionné dans la bouteille traditionnelle provençale en forme de fuseau, est le plus connu à l'exportation. La coopérative commercialise aussi les vins de domaines appartenant à ses membres : le Château de Pampelonne, par exemple, qui fait un rouge de Grenache et Cinsaut et une cuvée rouge supérieure à base de Syrah et de Mourvèdre vieillie sous bois.

### Domaines Ott

La famille Ott, originaire d'Alsace mais installée depuis longtemps en Provence, est très influente dans les Côtes de Provence et à Bandol : elle a fait plus que quiconque pour la promotion des vins provençaux. Ses vins sont chers, mais la qualité est élevée. Ses domaines-phares en Côtes de Provence (41 ha), le Château de Selle

(rouge, blanc et rosé) et le Clos Mireille, planté sur des sols sablonneux en bordure de mer (qui fait un superbe blanc), sont les cuvées de prestige d'une gamme qui comprend par ailleurs de grandes quantités de vin rosé de Provence traditionnel.

### Commanderie de Peyrassol

Françoise et Yves Rigord ont fait de ce domaine l'un des meilleurs de l'appellation. Leurs 55 ha de vignes près de Flassans produisent des rosés et deux cuvées de rouge : la Cuvée d'Éperon, un assemblage de Mourvèdre, Grenache et Syrah, et une cuvée de prestige (portant le prénom de leur fille, Marie-Estelle), issue de Cabernet-Sauvignon, Grenache et Syrah et élevée sous bois. Les rosés sont également bons : le Rosé d'Art est conditionné dans une bouteille bordelaise et un autre dans une bouteille provençale traditionnelle.

### Domaine des Planes

Située sur les coteaux de Roquebrune, près de Saint-Raphaël, cette propriété modèle de 35 ha appartient aux Rieder, une famille suisse-allemande. Sa production variée comporte de bons rouges monocépages : la Cuvée Tradition (100 % Cabernet-Sauvignon) et la Cuvée Mourvèdre. On y trouve aussi un rouge d'assemblage de Grenache et de Syrah et un autre plus complexe, la Cuvée Réserve, qui allie le Grenache au Cabernet-Sauvignon et au Mourvèdre. Le rare Tibouren est cultivé sur ce vignoble pour produire un rosé parfumé et généreux.

### Domaine Richeaume

C'est un Allemand, Henning Hoesch, qui possède ce domaine de 22 ha produisant certains des meilleurs vins rouges de Côtes de Provence. Il pratique des techniques strictement biologiques et vinifie trois styles de rouges et un peu de rosé et de blanc. Son meilleur rouge est la Cuvée Tradition, un assemblage de cépages locaux, mais il produit aussi un Syrah et un Cabernet-Sauvignon purs. Les vins vieillissent 18 mois en barriques de chêne. Un Blanc de Blancs intéressant est issu entièrement de Clairette.

### Domaine Saint-André de Figuière

Depuis le millésime 1992, Alain Combard est le nouveau propriétaire de ce domaine de 15 ha à La Londe-les-Maures. Il élabore un blanc, un rosé et deux cuvées de rouge : la Cuvée Marquis comporte 30 % de Grenache, la Cuvée Spéciale est faite principalement à base de Mourvèdre et de Carignan de plus de 70 ans.

## COTEAUX-VAROIS

Cette appellation délimite une zone située entre les Côtes de Provence et les Coteaux d'Aix en Provence, donnent des rouges à boire jeune et des rosés classiques.

### Domaine du Deffends

C'est l'un des meilleurs : il est planté en Syrah et en Cabernet-Sauvignon.

### Domaine de Saint-Jean

Il utilise une technologie moderne très influencée par la Californie et, outre le vin d'appellation, produit également un Blanc de Blancs pétillant.

## COTEAUX-DE-PIERREVERT

Ce VDQS couvre un vaste terroir, plus frais, le long de la Durance, donnant des vins dans les trois couleurs. Le Domaine de Régusse, avec ses 54 ha, est le plus grand de l'appellation.

# CORSE

Les vins de Corse ont été modelés par les montagnes et la mer. La mer, qui isole l'île mais facilite le commerce, a conduit ici les Grecs et leurs vignes cinq cents ans avant notre ère. Idéalement située sur les voies de commerce maritime, l'île de Beauté passa plus tard sous le joug des cités marchandes de la côte italienne, Pise et Gênes. La vigne n'échappa pas à leur influence : les cépages autochtones ont un fort accent italien.

Les montagnes qui la couvrent en majeure partie divisent la Corse en d'innombrables petites vallées, dont chacune s'est forgé un style de vin avec ses propres cépages. Certaines variétés ont disparu lorsque, grâce aux moyens de transport modernes, les insulaires ont découvert de nouveaux plants plus productifs, mais plus de vingt cépages indigènes subsistent.

Jusqu'au début des années 60, la viticulture était en Corse une activité mineure et circonscrite localement. Mais, à peine arrivés sur l'île, des milliers de rapatriés d'Afrique du Nord entreprirent de la développer dans l'espoir de récupérer le marché des vins en gros détenu par l'Algérie et la Tunisie. Les nouveaux vignobles, presque tous plantés dans les rares terrains plats de l'île, au sud de Bastia, se mirent à produire d'énormes volumes de vins médiocres. Puis on arracha la plupart des nouveaux vignobles et la Corse retrouva son allure première, c'est-à-dire un vignoble réparti, comme avant, entre les pentes montagneuses et les bords de mer.

### Les appellations
La Corse possède une AOC générale, Vin de Corse, et deux AOC communales, Ajaccio et Patrimonio. En outre, l'étiquette peut faire suivre la mention Vin de Corse du nom du village d'où provient le vin (voir page suivante). Lorsqu'un vin est simplement étiqueté Vin de Corse, il provient vraisemblablement d'un vignoble de la côte orientale,

Domaine Fiumicicoli, près de Propriano, dans les environs de Sartène.

zone de rendements généreux mais de qualité médiocre. En revanche, on peut s'attendre à une personnalité plus marquée s'il est étiqueté avec le nom d'une commune. Les vins les plus intéressants sont généralement originaires d'Ajaccio et de Patrimonio.

### Les cépages et les styles de vin
La majorité des vins corses sont rouges. La production de rosé n'est pas négligeable mais celle de blanc se limite à une bouteille sur dix. Les principaux cépages rouges sont le Nielluccio, qui pousse dans le nord, en particulier dans l'appellation Patrimonio, et le Sciacarello, spécialité de la région ouest, autour d'Ajaccio. Ces deux cépages sont originaires de l'île mais nombre d'experts s'accordent à leur trouver un lien de parenté avec le cépage toscan Sangiovese. Le principal cépage blanc, le Vermentino, est un très ancien cépage méditerranéen connu sur le continent sous le nom de Malvoisie ou Malvasia.

Qu'ils soient issus des deux principaux cépages autochtones ou de variétés locales encore plus obscures, les vins rouges sont les plus intéressants. Le

Nielluccio donne un vin peu coloré et sert surtout au rosé. Mais il ne manque ni de caractère, ni de puissance, ni d'équilibre et peut donner de bons vins de longue garde. Le Sciacarello est un raisin très juteux à la peau épaisse donnant des vins qui se caractérisent par une robe soutenue, un caractère structuré et un parfum original agrémenté de notes végétales.

Parmi les cépages importés du continent, on retrouve les classiques du soleil, Carignan, Grenache et Cinsaut, qui donnent ici à peu près les mêmes résultats que dans le sud de la France. La Syrah réussit assez bien.

Quelques cépages comme le Chardonnay, le Merlot et le Cabernet-Sauvignon ont été plantés dans le nord-est de l'île. Les vins qui en sont issus portent le nom de Vin de Pays de l'Île de Beauté. Les vins de pays rosés des meilleurs propriétaires sont excellents.

La Corse produit également de petites quantités de vins doux naturels à base de Muscat, principalement dans les régions de Patrimonio et des Coteaux du Cap Corse.

# APPELLATIONS, PRODUCTEURS ET NÉGOCIANTS

Les meilleurs vins de Corse, ceux dont la personnalité est le plus marquée, sont généralement issus de petites propriétés familiales. Les différentes appellations, assorties de quelques remarques sur les producteurs les plus fiables, sont présentées ci-dessous.

### AJACCIO
À l'ouest de l'île, l'appellation couvre la côte et les collines entourant la ville natale de Napoléon. L'AOC exige que les rouges soient issus d'un minimum de 50 % de Sciacarello, mais la plupart dépassent ce pourcentage. Grenache, Cinsaut et Carignan complètent l'encépagement. L'AOC existe aussi en rosé et en blanc.

**Clos Capitoro**
Jacques Bianchetti fait ici l'un des plus prestigieux vins de Corse. Les rouges sont issus de Sciacarello et de Grenache, les blancs de Vermentino. Le meilleur est un rouge qui n'est vendu qu'après quelque temps de garde.

**Domaine Martini**
Cette propriété élabore des rouges et des rosés de façon traditionnelle.

**Domaine de Paviglia**
Ce domaine dont les caves datent de 1820 est spécialisé dans les vins rouges de garde.

**Domaine Peraldi**
C'est l'un des domaines les plus connus de Corse. Il appartient au comte de Poix, dont la famille en est propriétaire depuis quatre siècles. Le domaine fait du rouge, du rosé et du blanc. Le Clos du Cardinal est un rouge vieilli en fûts de chêne.

**Domaine Santini**
C'est une petite propriété qui vinifie ses rouges comme ses rosés de la façon traditionnelle.

### PATRIMONIO
Les vignes datent du Moyen Âge, mais leur superficie a nettement diminué depuis le début du siècle. L'AOC exige un minimum de 90 % de Nielluccio pour les vins rouges. Les blancs sont issus de Vermentino et les quelques vins doux naturels de Muscat.

**Clos de Morta Maio**
Ce petit domaine planté en Nielluccio, Vermentino, Muscat et un peu de Grenache produit des vins dans les trois couleurs, les rouges étant bons, vifs et parfumés.

**Domaine Gentile**
Il s'agit d'un domaine qui remet en vigueur les vieilles traditions locales et produit des rouges, des rosés, des blancs secs et des Muscats blancs doux.

**Domaine Leccia**
Avec ses équipements modernes et ses techniques de pointe, ce domaine produit de bons vins

rouges, généreusement fruités et agréablement structurés. Il est également connu pour son Muscat doux.

### VIN DE CORSE
Les meilleurs vins de Corse sont ceux qui proviennent des cinq sous-appellations communales délimitées à l'intérieur de l'appellation générale Vin de Corse.

**Vin de Corse Calvi**
La ville de Calvi se trouve sur la côte nord-ouest de l'île, en bordure des montagnes les plus hautes et les plus sauvages de la Corse. Le vignoble de Calvi s'étend à l'est et à l'ouest de la ville, dans une région qui est appelée la Balagne.

Les vins, surtout issus de cépages originaires du continent, sont rouges, rosés et blancs, ces derniers étant reconnus comme les meilleurs.

Les producteurs notables sont le Clos Reginu, qui fait un bon rouge avec des cépages locaux relevés de Syrah, le Clos Landry, un spécialiste du rosé, et le Clos Culombu, qui fait des rosés et des rouges.

**Vin de Corse Coteaux-du-Cap-Corse**
C'est une région de vins blancs. Les secs sont issus de Vermentino et les doux de Muscat (il n'a pas droit à l'appellation, mais c'est une spécialité locale traditionnelle).

Les vignes, dont il ne reste que quelques hectares, sont fortement exposées aux éléments naturels, puisqu'elles se trouvent sur le promontoire de la pointe de l'île.

**Vin de Corse Figari**
Perché sur les coteaux du sud de l'île, ce vignoble connut une grande expansion à l'arrivée des rapatriés d'Algérie, au cours des années 60. On fait dans la région de Figari du vin dans les trois couleurs : les rouges sont légers et à boire jeunes, les blancs sont frais et souples.

**Vin de Corse Sartène**
Cette AOC exige un minimum de 50 % de cépages traditionnels corses, ce qui donne à ses vins une personnalité marquée. Elle suit la côte ouest de l'île, au sud d'Ajaccio. Les vins sont généralement des rouges généreux et parfumés, les blancs sont amples.

Parmi les producteurs, on notera le Domaine Fiumicicoli, propriété dirigée par un adepte des cépages traditionnels corses, le Domaine de San Michele et la coopérative, qui vend sous l'étiquette Santa Barba.

**Vin de Corse Porto-Vecchio**
Au sud-ouest de l'île, Syrah et Mourvèdre sont assemblés avec des cépages rouges corses. Le leader de l'appellation est le Domaine de Torraccia, une propriété alliant expérimentation et cépages traditionnels.

### VIN DE PAYS DE L'ÎLE DE BEAUTÉ
La Corse a un joli nom pour ses vins de pays. Deux groupements de coopératives se partagent l'essentiel de leur production à partir des vignobles des plaines proches de la côte est.

L'Union de Vignerons de l'Île de Beauté respecte la tradition, mais utilise le Merlot, le Cabernet-Sauvignon et le Chardonnay pour améliorer les vins issus des cépages indigènes.

L'Union des Vignerons Associés du Levant (UVAL) est plus dynamique. Elle a pris la Californie pour modèle et ses vins sont frais, joliment étiquetés selon le cépage : Cabernet-Sauvignon, Merlot et Syrah pour les rouges, Chardonnay et Chenin Blanc pour les blancs.

# MIDI

LES VASTES VIGNOBLES DU MIDI, OU LANGUEDOC-ROUSSILLON, AVAIENT LA
RÉPUTATION DE PRODUIRE BEAUCOUP DE VINS ORDINAIRES. TOUT A CHANGÉ
DEPUIS QUE L'ON PRIVILÉGIE LA QUALITÉ PAR RAPPORT À LA QUANTITÉ.

Les vignobles escarpés du midi de la France, les meilleurs,
donnent des vins de caractère. Le vieux village de
Saint-Guilhem-le-Désert se trouve au milieu
des vignes des Coteaux du Languedoc.

Le Midi est la région où il se passe les choses les plus intéressantes en matière de viticulture, non seulement pour la France mais pour le monde entier. Le vignoble est vaste. Il longe la Méditerranée depuis les pieds des Pyrénées jusqu'au delta du Rhône. Il recouvre les anciennes provinces du Roussillon et du Languedoc, qui correspondent aux quatre départements actuels des Pyrénées-Orientales, de l'Aude, de l'Hérault et du Gard. Le Grand Sud n'est pas seulement la plus grande région de production de France (40 % du vin français), il est aussi la plus ancienne. Les Grecs y ont introduit la vigne au Vᵉ siècle av. J.-C. et les Romains ont ensuite repris le flambeau. Depuis cette époque, la viticulture joue un rôle vital dans l'économie de la région. Sa période de plus grande prospérité date de la fin du XIXᵉ siècle, lorsque le développement des chemins de fer a permis d'expédier facilement du vin aux mineurs et aux ouvriers du nord de la France. Le vin était mince, acide et peu alcoolisé. À la même époque, les vignobles d'Algérie commençaient à produire des « vins de médecin » généreux, riches en alcool et en couleur, qui servaient à « soigner » les petits vins du Languedoc, en leur apportant les compléments d'alcool et de couleur qui leur faisaient défaut. Les vins issus de ces coupages pour le moins spéciaux passaient ensuite parfois pour des Bourgognes. Puis, vers le milieu des années 1950, la France connut sa première chute de consommation de vin (qui se poursuit d'ailleurs encore aujourd'hui). L'offre surpassa la demande et posa un grave problème de surproduction en Europe (dont le sud de l'Italie partageait la responsabilité). La viticulture du Midi se trouva dépassée à tous les niveaux, depuis l'état des vignes elles-mêmes jusqu'à la commercialisation. Il fallait tout changer. Les vignes étaient plantées avec un seul but, la quantité. La qualité était de peu d'importance. Après un arrachage massif dans les années 80, et grâce au travail de vignerons qui reconnaissent aujourd'hui que la clef de la réussite réside dans la qualité et tout ce qu'elle sous-entend en amont, la région du Languedoc a opéré avec succès une reconversion spectaculaire. Elle produit des AOC dont l'excellente qualité a permis de prétendre à une AOC régionale, l'AOC Languedoc, qui sera acquise après les vendanges de l'an 2000.

## Les styles de vin

Le Grand Sud produit des vins de styles très différents. Le rouge domine et les appellations sont nombreuses, depuis Collioure, à l'extrême ouest, jusqu'aux Costières-de-Nîmes, à l'extrême est. Il y a aussi une multitude de vins de pays, dont certains sont connus même à l'étranger, d'autres n'ayant qu'un intérêt local. Les vins effervescents Blanquette de Limoux et Crémant de Limoux sont issus de la ville éponyme du département de l'Aude. Les Vins Doux Naturels viennent de villes et de villages comme Rivesaltes, Banyuls et Frontignan. Certains vins blancs, telle la Clairette du Languedoc (voir p. 286), ont parfois droit à leur propre appellation, mais, la plupart du temps, ils sont la version en blanc d'une appellation de rouge. C'est le cas du Minervois et des Corbières. Les vins rosés jouent ici un rôle mineur.

## Le climat

Le climat méditerranéen est idéal pour la vigne. Les hivers sont doux, les étés chauds et secs. Les pluies qui tombent en hiver et au début du printemps apportent suffisamment d'humidité pour le reste de l'année.

## Les vignobles

Les meilleurs vignobles sont situés aux pieds des Pyrénées et du Massif central ainsi que sur les collines rocailleuses des Corbières. Ce sont des zones où aucune culture ne survivrait à part la vigne : les conditions arides lui conviennent et donnent des vins concentrés dont les parfums rappellent les herbes de la garrigue. Le sol est généralement argilo-calcaire, mais chaque endroit a ses particularités de sorte que, à l'intérieur d'une même appellation, on trouve souvent des terroirs différents.

La vigne a été replantée sur des parcelles où elle avait été abandonnée au siècle dernier, lorsque les viticulteurs étaient descendus s'installer dans les plaines côtières, plus fertiles et plus faciles à cultiver. Les vignobles qui ne peuvent produire que du vin ordinaire sont de plus en plus souvent arrachés, car ils bénéficient de primes d'arrachage. À terme, le vignoble de plaine devrait disparaître complètement.

## Les cépages

Le Carignan, le Cinsaut et le Grenache sont les cépages prédominants dans l'ensemble du Midi et constituent la base de la plupart des vins rouges. Nombre des 150 différents cépages du XIe siècle ont aujourd'hui disparu : les maladies (oïdium et phylloxéra) ou l'arrachage pour manque de productivité ont eu raison d'eux. Ils ont été remplacés par des cépages à fort rendement, le Carignan, l'Aramon et un cépage local à la prolificité légendaire, l'Alicante Bouschet.

Pour toutes les appellations du Midi, la loi a défini un certain nombre de cépages améliorateurs qui doivent obligatoirement figurer dans certaines proportions. Ce fut d'abord le cas du Grenache, rejoint ensuite par la Syrah et le Mourvèdre.

Aujourd'hui, on expérimente également la Counoise, le Calitor, le Muscardin et le Monastrell. Le Cinsaut se trouve amélioré par une sélection clonale poussée, l'Aramon est voué à disparaître, le Carignan à diminuer. On plante aussi du Cabernet-Sauvignon et du Merlot, dont on pense qu'ils pourraient améliorer les saveurs. Certains viticulteurs aimeraient même que ces cépages bordelais soient autorisés dans leurs appellations, mais, pour le moment, l'utilisation en est restreinte aux vins de pays.

Les cépages blancs que l'on retrouve dans la plupart des appellations, Ugni Blanc, Bourboulenc et Maccabeo, manquent généralement de caractère. Le Picpoul (qui sert au Picpoul-de-Pinet) n'est guère aromatique non plus. La Clairette sert dans deux appellations, la Clairette du Languedoc et la Clairette de Bellegarde. Elle doit être vinifiée avec soin pour acquérir un minimum de profondeur et de personnalité. On plante de plus en plus de Chardonnay, de Sauvignon, de Viognier et d'autres cépages extérieurs à la région, mais, comme on l'a vu avec les cépages rouges, ils ne sont encore autorisés que pour les vins de pays.

## La vinification

Si la chaleur du climat méditerranéen pose un problème, c'est bien dans la vinification. Ici, il est indispensable de pouvoir contrôler les températures et de conserver le vin dans des caves isolées.

Les pressoirs à mouvement continu, si bien adaptés aux grands rendements autrefois populaires, ont été remplacés par des pressoirs pneumatiques, moins « violents ». On connaît désormais l'importance du contrôle des températures de fermentation pour les vins rouges comme pour les blancs.

Le principal changement technique intervenu dans la vinification est le développement de la macération carbonique, dont le but est d'extraire des raisins un maximum de fruit et un minimum de tanins grossiers. Le Carignan, qui a tendance à donner des vins peu fruités, durs et tanniques lorsqu'il est fermenté traditionnellement, est métamorphosé par la macération carbonique, qui fait ressortir son caractère fruité et épicé tout en lui laissant sa structure.

L'autre changement important est l'utilisation des barriques de chêne neuf. Dans le sud de la France, il n'y avait pas de tradition de vieillissement des vins, donc pas de caves souterraines. Les vins étaient conservés dans de grands foudres de chêne et toujours vendus dans l'année qui suivait la récolte. Ces foudres n'étaient pas toujours très bien entretenus et ils absorbaient bien souvent tout le fruité des vins.

Aujourd'hui, ils sont généralement remplacés par des cuves en inox, d'un usage plus facile, et, pour les meilleures cuvées, par des barriques bordelaises de 225 l. En vérité, nombre de barriques issues des grands châteaux du Médoc trouvent ici une deuxième vie et donnent des résultats très satisfaisants.  □

# LES RÉGIONS VITICOLES DU MIDI

Le Rhône à l'est et les Pyrénées au sud délimitent cette vaste zone viticole. Plantées au pied du Massif central, les vignes s'étendent plus loin jusqu'aux abords de la Méditerranée et de l'Atlantique.

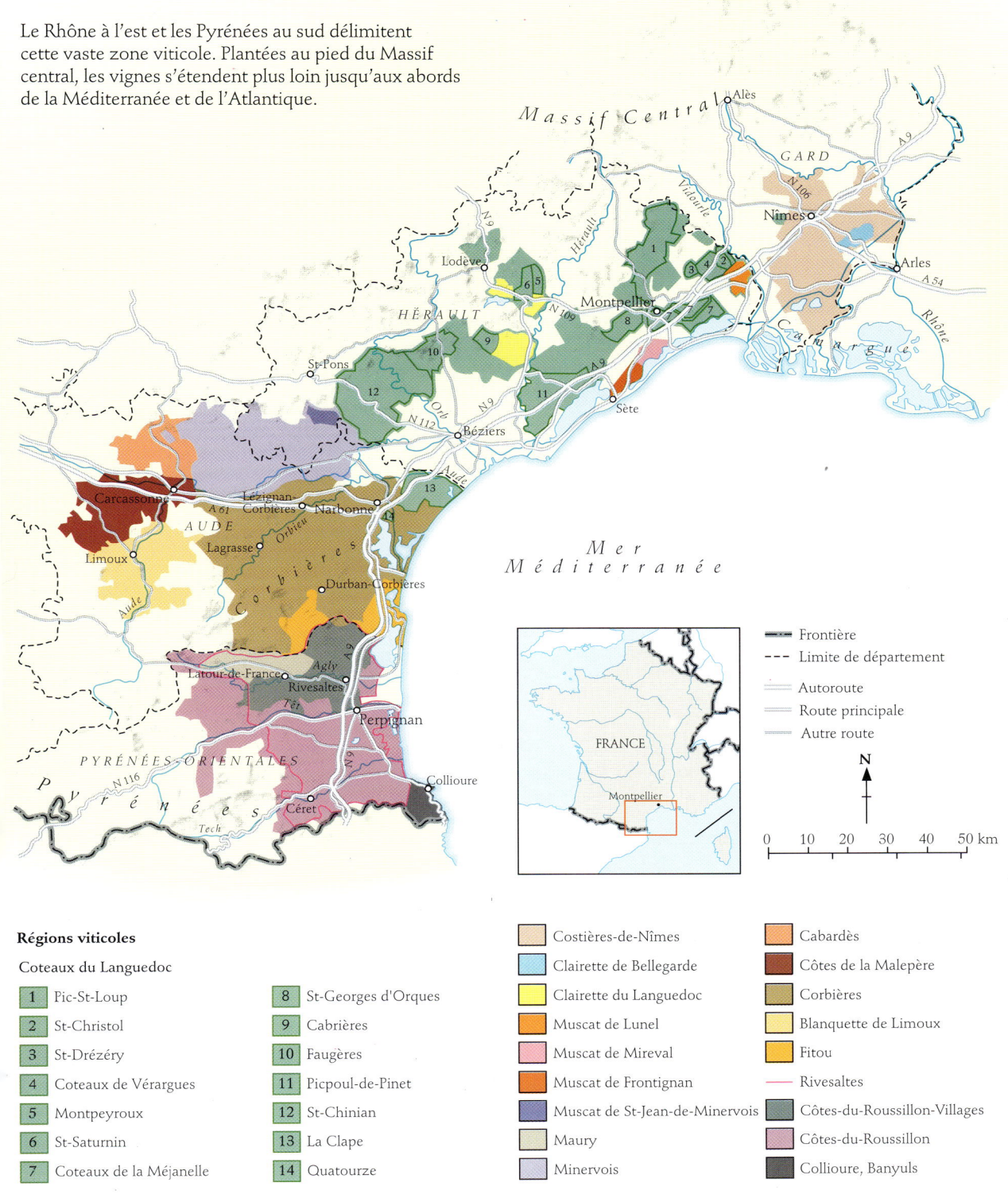

**Régions viticoles**

Coteaux du Languedoc

| 1 | Pic-St-Loup |
| 2 | St-Christol |
| 3 | St-Drézéry |
| 4 | Coteaux de Vérargues |
| 5 | Montpeyroux |
| 6 | St-Saturnin |
| 7 | Coteaux de la Méjanelle |

| 8 | St-Georges d'Orques |
| 9 | Cabrières |
| 10 | Faugères |
| 11 | Picpoul-de-Pinet |
| 12 | St-Chinian |
| 13 | La Clape |
| 14 | Quatourze |

Costières-de-Nîmes
Clairette de Bellegarde
Clairette du Languedoc
Muscat de Lunel
Muscat de Mireval
Muscat de Frontignan
Muscat de St-Jean-de-Minervois
Maury
Minervois

Cabardès
Côtes de la Malepère
Corbières
Blanquette de Limoux
Fitou
Rivesaltes
Côtes-du-Roussillon-Villages
Côtes-du-Roussillon
Collioure, Banyuls

Frontière
Limite de département
Autoroute
Route principale
Autre route

FRANCE

Montpellier

N

0 10 20 30 40 50 km

# LES VINS DE PAYS

Les vins de pays sont nés de l'évidente nécessité de conférer une identité à des centaines de milliers d'hectolitres anonymes qui jaillissaient de tous les coins du sud de la France. Il fallait leur donner une certaine image. Aujourd'hui encore, le Midi produit 85 % de tous les vins de pays français.

Les vins de pays sont des vins simples, agréables pour accompagner les repas de tous les jours. Dans une certaine mesure, ils sont le reflet de leur région d'origine, même si leur délimitation géographique est davantage fondée sur les frontières administratives que sur la géologie, comme c'est le cas pour les vins d'AOC et les VDQS. Ainsi, le vin de pays des Sables du golfe du Lion, qui occupe les zones sablonneuses de la Camargue, recouvre trois départements.

Les « vins de pays de département » et les « vins de pays de zone » sont décrits dans les encadrés de ce chapitre aux côtés de leurs AOC voisines. Tous les vins de pays du Midi peuvent être vendus sous le nom de vin de pays d'Oc, qui autorise l'assemblage de vins provenant de différentes zones et de différents départements.

## Les cépages

La législation des vins de pays laisse une grande souplesse dans le choix des cépages. Les vignerons les plus téméraires ont planté des cépages originaux avec un certain succès. Le Cabernet-Sauvignon, le Merlot et le Chardonnay sont maintenant bien établis. On trouve aussi du Sauvignon, du Viognier et bien d'autres. Lorsqu'un vigneron fait à la fois une appellation et un vin de pays, il n'est pas rare que ce dernier soit nettement meilleur – ou nettement pire – que son vin d'appellation. Il en est de même pour les cépages : les meilleurs peuvent être utilisés seuls ou en assemblage – Cabernet-Sauvignon ou Syrah – ou laisser place entière aux pires comme l'Aramon ou l'Alicante Bouschet, bien que ces derniers soient en voie de disparition.  □

Le Mas de Daumas Gassac est connu pour son vin de pays de l'Hérault.

## PRODUCTEURS ET NÉGOCIANTS

### Mas de Daumas Gassac

C'est souvent en dehors des AOC que l'on rencontre les vins de pays les plus intéressants. Daumas Gassac est l'exemple le plus connu de vin de pays ayant acquis une réputation – et atteint des prix – susceptible de rivaliser avec ses voisins d'appellation immédiats, mais aussi avec des grands crus prestigieux de l'autre bout de la France. C'est un vin de pays de l'Hérault qui prouve quel niveau on peut atteindre avec du talent, de l'obstination et de l'argent, indispensables pour opérer de vrais changements en peu de temps. Ce domaine de 30 ha se trouve à une trentaine de kilomètres au nord-ouest de Montpellier. Il possède un sol original : une terre rouge d'origine glaciaire vieille d'un million d'années. Les premiers pieds de vigne furent plantés en 1974. Il s'agissait principalement de Cabernet-Sauvignon pour les rouges et de Chardonnay pour les blancs, avec aussi un peu de Merlot, de Syrah, de Pinot Noir, de Viognier et de Gros-Manseng. Pour ce qui est de la technique de vinification, le modèle était bordelais.

### Les Salins du Midi

Cette immense entreprise est à la fois productrice de sel et de vin. Les vignes sont franches de pied, c'est-à-dire non greffées, car elles poussent dans le sable près de la côte. L'entreprise possède trois domaines en Camargue – Domaine de Villeroy près de Sète, Domaine de Jarras et Domaine du Bosquet près d'Aigues-Mortes – et deux en Provence – l'Abbaye de Saint-Hilaire et le Château la Gordonne. Depuis les années 1950, les Salins ont été à l'avant-garde du renouveau méditerranéen. Leur cheval de bataille, le Listel, vendu en vin de pays des Sables du golfe du Lion, est un rosé pâle et délicat qui doit son nom à la toute proche île de Stel.

### Skalli

Robert Skalli, négociant en vins à Sète, a été le pionnier de la reconversion du vignoble pour la production d'une gamme de vins de cépages diffusés en vins de pays d'Oc, sous l'étiquette Fortant de France, et largement exportés.

# LES VINS DOUX NATURELS

Les Vins Doux Naturels ne portent pas très bien leur nom. En effet, si le sucre est bien un élément naturel du raisin, la méthode d'élaboration nécessite, comme pour tous les vins mutés, l'intervention de l'homme : la fermentation doit être interrompue par l'adjonction d'alcool, afin de garder au vin sa douceur.

Cette méthode de vinification est une tradition bien implantée dans le sud de la France, que ce soit pour les vins blancs ou pour les vins rouges. Son principe est en effet attribué à Arnaud de Villeneuve, docteur en médecine de l'université de Montpellier à la fin du XIII$^e$ siècle.

Les Vins Doux Naturels du Roussillon – Banyuls, Rivesaltes et Maury – sont appréciés depuis fort longtemps en France, non seulement comme vins de dessert, mais aussi comme apéritifs ou en accompagnement de foie gras. Les VDN élaborés à partir de raisin Muscat dans tout le sud de la France, à Rivesaltes, Saint-Jean-de-Minervois, Frontignan, Mireval et Lunel, doivent être servis frais. Ils sont parfaits à l'apéritif, mais peuvent aussi accompagner du roquefort ou un gâteau aux fruits.

## Banyuls

Les meilleurs Banyuls ont une belle robe tuilée sombre et d'amples parfums de raisin sec et de noix. Leur couleur peut être rouge, blanche ou rose lorsqu'ils sont jeunes, mais tous tendent vers le rouge tuilé avec les années. Le Banyuls, tout comme le Rivesaltes (voir plus bas), est souvent volontairement oxydé pour obtenir son caractère *rancio*.

## Rivesaltes

Près de la moitié des Vins Doux Naturels de France viennent de Rivesaltes. Les vins mutés étaient assez à la mode dans les années 1930 pour que les Rivesaltes soient parmi les premiers vins à accéder au statut d'appellation contrôlée, en 1936. L'appellation Grand Roussillon date de 1972 : extrêmement rare, elle correspond à un vin d'un niveau légèrement inférieur, très proche du Rivesaltes.

Théoriquement, il y a trois types de Rivesaltes, blanc ou doré, rouge et *rancio*. Dans la pratique, il y a beaucoup plus de couleurs et de styles, car les blancs foncent au vieillissement tandis que les rouges perdent de la couleur.

Les meilleurs Rivesaltes ont un goût de *rancio* dû à une légère oxydation. Pour l'obtenir, le vin doit vieillir soit dans de grands foudres de chêne, soit dans des bonbonnes de verre de 30 litres, pendant au moins neuf mois. Ce délai est indispensable pour que le vin subisse les températures extrêmes de l'été et de l'hiver. Le vin brunit avec l'âge et devient plus riche en bouche. Il acquiert des parfums de raisin sec, de noix, de pruneau qui rappellent les cakes et les gâteaux aux fruits. Sa finale est longue mais pas sucrée. De tels vins sont généralement vendus sous le nom de Vieux Rivesaltes.

Le Rivesaltes existe aussi en version millésimée. Comme le Porto Vintage, il est mis en bouteilles jeune et développe son fruit après un certain nombre d'années de vieillissement.

## Muscat de Rivesaltes

Cette appellation a été reconnue en 1972. Elle fait appel à deux cépages, le Muscat d'Alexandrie et le Muscat à petits grains, plus aromatique. Ce vin peut être léger, avec un parfum de citron et de miel, ou, au contraire, riche et corsé, parfumé et savoureux, avec un goût d'oranges amères. Il est toujours mis en bouteilles le plus tôt possible, à la fin de l'hiver, afin d'enfermer les arômes du raisin sous le bouchon. Il est préférable de le boire dans ses deux premières années.

## Maury

Le Maury est un Vin Doux Naturel rouge, issu principalement du Grenache Noir – la loi requiert un minimum de 50 % –, auquel il doit son caractère. Les raisins sont récoltés en surmaturité, mis à fermenter puis mutés à l'eau-de-vie après trois jours de fermentation. Le vin doit vieillir au moins deux ans, mais on accorde quelques années de plus aux meilleures cuvées. Cela permet de faire apparaître des arômes complexes, noisetés, qui rappellent les pruneaux.

## Muscat de Saint-Jean-de-Minervois

Il est issu exclusivement de Muscat Blanc à petits grains, vendangé à la limite de la surmaturité, avec un degré potentiel d'alcool de 14 % vol. Les producteurs cherchent avant tout à conserver le parfum délicat du cépage.

## Muscat de Frontignan

Ce Muscat provient des alentours de la ville de Frontignan, près du port de Sète.

Le seul cépage autorisé pour cette appellation, reconnue dès 1936, est le Muscat Blanc à petits grains. En fait, ce cépage s'appelle aussi Muscat de Frontignan.

Le vin en bouteille doit avoir un minimum d'alcool de 15 % vol, dont 5 à 10 % acquis par mutage. Il a une robe dorée, une bouche tendre et sucrée et des parfums de raisins Muscat au nez et en bouche.

## Muscat de Mireval

Mireval est une petite ville calme située à 8 km à l'est de Frontignan. Son vin est très proche de celui de sa voisine. Il est pour le moment d'un intérêt local.

## Muscat de Lunel

On peut en dire à peu près la même chose que du Muscat de Mireval. Celui-ci vient de la partie est du département de l'Hérault. L'encépagement est également limité au Muscat Blanc à petits grains. ☐

# APPELLATIONS ET PRODUCTEURS

Voici un aperçu des appellations de Vins Doux Naturels d'ouest en est, c'est-à-dire de la frontière espagnole jusqu'au delta du Rhône. La plupart des appellations sont à cheval sur des zones présentées plus loin dans ce chapitre.

## BANYULS

Les deux villages de Banyuls et de Collioure se trouvent au bord de la Méditerranée, à la limite de la frontière espagnole. L'appellation Banyuls, reconnue en 1936, s'étend aussi sur les communes de Port-Vendres et Cerbère. Les vignes poussent dans une terre de schiste peu fertile, sur des terrasses escarpées des contreforts des Pyrénées.

L'appellation requiert 50 % de Grenache Noir au minimum, 40 % de Grenache Gris et Blanc et 10 % d'autres cépages (Carignan, Cinsaut, Counoise, Syrah et Mourvèdre). L'appellation Banyuls Grand Cru a été ajoutée en 1962. En théorie, elle sous-entend une qualité de vin supérieure, avec un minimum de 75 % de Grenache Noir et un vieillissement de deux ans et demi au moins.

### Producteurs et négociants

Le vignoble est presque entièrement entre les mains d'un groupe de cinq coopératives, le Groupement Interproducteurs du cru Banyuls, important diffuseur de Banyuls Grand Cru.

Le meilleur vin de propriété vient du Domaine du Mas Blanc, qui produit trois styles de vin correspondant à trois méthodes d'élevage différentes. Les meilleures années, on fait un vin millésimé qui n'est vieilli qu'un an dans des foudres de 5 hl et ouillé régulièrement pour empêcher toute oxydation. Le deuxième type de vin est fait avec la même base, mais

conservé six ans dans des foudres de 40 hl soumis à des changements de température brutaux. Il n'est pas protégé contre l'oxydation et n'est ouillé que tous les six mois. Le troisième style de vin est élaboré selon un système proche de la *solera* espagnole (voir p. 434), sur trois niveaux (*sostres* en catalan). Il est mis en bouteilles au bout de six ans.

## RIVESALTES

Cette appellation inclut 86 villages situés pour la plupart dans le département des Pyrénées-Orientales, en partie sur les vignobles des Côtes du Roussillon. Quelques communes se trouvent dans le département de l'Aude et entrent dans les appellations Fitou et Corbières. Nombre de producteurs, producteurs privés ou coopératives, font donc à la fois des vins mutés et des vins de table.

### Producteurs et négociants

Il y a un certain nombre de bons producteurs de Rivesaltes, parmi lesquels la coopérative du Mont-Tauch, située dans le village de Tuchan, le Domaine Cazes à Rivesaltes, le Domaine

Sarda-Malet à Perpignan et le Château de Corneilla, dans le village éponyme situé au sud de Perpignan.

### Maury

Maury est une minuscule appellation qui forme une enclave à l'intérieur des plus vastes appellations Rivesaltes et Côtes-du-Roussillon-Villages. Le sol schisteux domine ce terroir situé sur Maury et trois autres communes avoisinantes.

### Producteurs et négociants

La coopérative du village de Maury est le plus gros producteur. Mais le vin le plus intéressant vient du Domaine du Mas Amiel, le seul domaine indépendant d'importance avec 130 ha de vignes plantées à 90 % en Grenache Noir. Au Mas Amiel, lorsque l'alcool de mutage a été ajouté au marc, la macération se poursuit pendant trois à quatre semaines pour donner au vin toute sa rondeur et sa plénitude. Ici, on croit fermement qu'il est indispensable de faire vieillir le vin dans des bombonnes de verre pendant une année entière, de juin à juin. Après cette période, le vin continue de vieillir dans d'énormes foudres de chêne autrichien de 250 hl, qui sont ouillés régulièrement pour compenser l'évaporation naturelle.

Le Mas Amiel commercialise son Maury à 6, 10 et 15 ans. Ce dernier est le meilleur. Il est à la fois extrêmement fruité et concentré et présente des notes de noix et de pruneau qui ne sont pas sans évoquer certains vieux Portos *tawny*.

## MUSCAT DE SAINT-JEAN-DE-MINERVOIS

Le village de Saint-Jean-de-Minervois bénéficie de sa propre appellation de Vin Doux Naturel depuis 1950. Au début du siècle, le Muscat était souvent limité à de toutes petites parcelles et vinifié dans le but d'une consommation familiale. La production de vin doux naturel est née de cette tradition.

### Producteurs et négociants

La coopérative du village fait de bons vins. Il y a aussi deux bons producteurs indépendants, le Domaine Sigé et le Domaine Barroubio.

## MUSCAT DE FRONTIGNAN

Les vignobles de Frontignan sont plantés sur un terroir de calcaire agrémenté d'alluvions et de cailloux. Ils se trouvent sur le côté oriental de l'étang de Thau, qui, avec la mer toute proche, est à l'origine d'un microclimat particulier.

### Producteurs et négociants

La coopérative locale représente environ les trois quarts de la production de l'appellation. Le domaine privé le plus connu est le Château de la Peyrade.

## MUSCAT DE LUNEL

La ville de Lunel se trouve à l'extrémité est des Coteaux du Languedoc, tout près du cru Coteaux-de-Vérargues (voir p. 287). La plupart des viticulteurs font à la fois des Coteaux-du-Languedoc et du Muscat de Lunel.

### Producteurs et négociants

La coopérative locale domine la production. Le Château du Grès Saint-Paul est le principal domaine indépendant. Son propriétaire fait des vins plus intéressants et se donne beaucoup de mal pour conserver à ses vins fraîcheur et caractère proche du raisin.

# ROUSSILLON

Les anciennes provinces du Roussillon et du Languedoc sont souvent associées en une seule expression comme si elles n'étaient pas si différentes. Et, pourtant, le Roussillon a des liens historiques avec l'Espagne et continue à subir son influence. Son climat est généralement le plus chaud de France et ses vins sont parmi les plus généreux et les plus corpulents.

Le vignoble du Roussillon est bordé par la mer à l'est, les Pyrénées au sud et les montagnes de Corbières au nord, de sorte que les vignes ressemblent à un immense amphithéâtre qui surplomberait les plaines fertiles entourant la ville de Perpignan. Les vallées fluviales se glissent dans ce paysage montagneux, l'Agly et ses affluents se frayant des passages tortueux entre les collines.

Le Roussillon est depuis longtemps célèbre pour ses Vins Doux Naturels de Rivesaltes (voir p. 277). Quelque temps avant le Languedoc, il a commencé à abandonner la production de « gros rouge » qui avait été longtemps sa triste spécialité. Plusieurs VDQS créés en 1970 passèrent finalement au rang d'AOC Côtes-du-Roussillon et Côtes-du-Roussillon-Villages en 1977. Deux des villages, Caramany et Latour-de-France, ont même le droit de mentionner leur nom sur l'étiquette à côté de l'appellation Côtes-du-Roussillon-Villages. Le Roussillon comporte aussi le petit vignoble de Collioure, promu au rang d'AOC en 1971.

## Les cépages et les styles de vin

Les Côtes-du-Roussillon-Villages sont toujours rouges, tandis que les Côtes-du-Roussillon peuvent aussi être blancs ou rosés. Le rendement est limité à 45 hl/ha pour les premiers et 50 pour les derniers.

L'amélioration de l'encépagement a été amorcée pour les Côtes-du-Roussillon-Villages bien avant de l'être

Collioure est un port pittoresque.

pour les Côtes-du-Roussillon. Depuis 1977, la Syrah et le Mourvèdre doivent être majoritaires dans l'assemblage avec le Grenache, le Cinsaut et – de moins en moins – le Carignan. La Syrah, plantée pour la première fois dans cette région en 1970, est maintenant bien établie. Le Mourvèdre

## LES VINS DE PAYS

Le Roussillon compte six vins de pays. Le Vin de Pays des Pyrénées-Orientales couvre la totalité du département. Le Vin de Pays Catalan correspond à peu près à l'AOC Côtes-du-Roussillon et occupe la moitié sud du département. Le Vin de Pays des Côtes Catalanes couvre une zone située au nord de Perpignan, autour de la ville de Rivesaltes et dans une partie de la vallée de l'Agly. D'autres noms sont moins répandus. Le Vin de Pays du Val d'Agly et le Vin de Pays des Coteaux des Fenouillèdes se trouvent à l'ouest des Vins de Pays des Côtes Catalanes. Le Vin de Pays de la Côte Vermeille se trouve près des villes de Collioure et Banyuls. La production de vin de pays est rouge pour 70 à 85 %.

réussit un peu moins bien, car il arrive à maturité beaucoup plus tard. Le Carignan a aussi ses amateurs : ils assurent qu'il donne le meilleur de lui-même dans le Roussillon, puisque son rendement y est réduit, qu'il arrive à parfaite maturité sur ces collines arides brûlées par le soleil et donne ainsi des vins chauds et ronds dotés de tanins souples.

En blanc, les Côtes-du-Roussillon donnent des vins plus neutres et moins parfumés, car ils sont faits principalement à partir de Maccabeo et de Malvoisie (connu ici sous le nom de Tourbat), qui ne sont pas des cépages très savoureux.

Ces vins ne sont pas de grande garde. À l'origine, ils étaient faits pour être bus aussitôt que possible, mais certains gagnent tout de même à vieillir deux ou trois ans en bouteille.

## Collioure

L'appellation Collioure ne concerne actuellement que des vins rouges, mais le souhait de leur adjoindre des rosés se fait sentir. Les cépages qui donnent ici les meilleurs résultats sont le Grenache, le Mourvèdre et la Syrah. La Counoise, le Carignan et le Cinsaut sont également autorisés. Le Mourvèdre réussit particulièrement bien ici, car il apprécie la proximité de la mer et mûrit bien. Il apporte de la richesse et de la structure aux vins. Les méthodes de vinification sont traditionnelles : les raisins sont égrappés et les fermentations, bien suivies. La loi n'oblige pas à une durée de vieillissement particulière, mais il est certain qu'un élevage en fûts de chêne contribue fortement à faire ressortir le goût de Collioure et en fait un des vins les plus puissants et les plus originaux du sud-est de la France. Le Collioure est un vin qui gagne également à vieillir en bouteille jusqu'à dix ans, surtout lorsqu'il vient de chez un bon vigneron. □

# APPELLATIONS ET PRODUCTEURS

Les vignobles des Côtes du Roussillon couvrent une grande partie du département des Pyrénées-Orientales. Ceux de la petite appellation Collioure se trouvent à l'extrême sud-est du département, au bord de la Méditerranée et à la limite de l'Espagne.

## CÔTES-DU-ROUSSILLON ET CÔTES-DU-ROUSSILLON-VILLAGES

L'appellation Côtes-du-Roussillon-Villages est réservée aux 25 villages situés dans la partie nord du département, tandis que celle de Côtes-du-Roussillon correspond à 117 communes se trouvant plus au sud.

Ces 6 500 ha de vignes sont plantés sur différents types de terrains : schiste, sols argilo-calcaires et terrasses caillouteuses.

La vinification est le plus souvent aux mains des coopératives, présentes dans presque chaque village, mais quelques domaines privés ne manquent pas d'exprimer toute leur personnalité.

C'est en partie grâce aux coopératives que les communes de Caramany et Latour-de-France ont eu le droit d'ajouter leur nom à l'appellation. Caramany fut une des premières coopératives à vinifier en macération carbonique, dès 1964. Quant à Latour-de-France, elle eut la chance d'avoir parmi ses clients la maison Nicolas, de sorte que son vin – et son joli nom facile à se rappeler – fut vite reconnu des amateurs.

## Les Vignerons Catalans

Cette union de coopératives regroupe la plupart des coopératives de villages. Elle commercialise une énorme partie des vins du Roussillon : vins de pays, AOC et VDN Rivesaltes.

## Domaine Cazes

Ce négociant produit de bons Côtes-du-Roussillon, mais s'intéresse encore plus à ses vins de pays, en particulier le Canon du Maréchal, un vin de pays des Côtes Catalanes issu d'un assemblage de cépages parmi lesquels la Syrah, le Merlot et le Cabernet-Sauvignon. En blanc, il est fait avec une base de Muscat, une façon d'utiliser ce cépage autrement que pour faire du VDN à Rivesaltes.

## Château de Corneilla

Ce domaine qui entoure une forteresse du XIIᵉ siècle produit une gamme de vins représentative du pays, avec des Côtes-du-Roussillon, des vins de pays et des VDN de Rivesaltes. Son Côtes-du-Roussillon rouge est issu à 45 % de Carignan, 35 % de Grenache Noir et 20 % de Syrah. Fermenté de façon classique, il donne un vin riche et charpenté, dont une petite partie est élevée six mois sous bois. Ce domaine continue de replanter en Syrah et Mourvèdre pour les rouges, et Vermentino pour les blancs.

## Château de Jau

Situé à une dizaine de kilomètres à l'ouest de la ville de Rivesaltes, dans la vallée de l'Agly, ce domaine dispose d'un vignoble récent et de caves parfaitement équipées.

Son Côtes-du-Roussillon est un vin vif, fruité et épicé en rouge, très aromatique en blanc. Le château de Jau fait aussi un rosé et un VDN.

## COLLIOURE

Les communes de Collioure et de Banyuls se touchent et se partagent les terrasses de vignes plantées en coteaux escarpés. Le sol est pauvre et caillouteux. Les vignes taillées en gobelet souffrent pour survivre au vent et à l'immense sécheresse de ces pentes abruptes.

Jusqu'à l'appellation contrôlée, les vins rouges de Collioure étaient souvent vendus sous le nom de Banyuls Sec. Contrairement à celle de Banyuls, la production de Collioure est en progression et les viticulteurs, célèbres pour leurs VDN, s'intéressent de plus en plus aux vins rouges non mutés.

## Producteurs et négociants

Le GICB, Groupement Inter-producteurs du cru Banyuls, contrôle la vinification de 90 % de la récolte de Collioure. Ses vins les plus intéressants, riches et de bonne garde, viennent de domaines comme ceux du Mas Blanc et de la Rectorie.

Le cap d'Oullestreil, entre les ports de Banyuls et de Collioure.

# CORBIÈRES ET FITOU

Le département de l'Aude est traversé par le fleuve homonyme qui descend des Pyrénées, coule vers le nord et traverse la ville de Carcassonne avant de se diriger à l'est pour se jeter dans la Méditerranée au nord de Narbonne. Il sert de limite entre le vignoble de Corbières et celui du Minervois (voir p. 284). Les vins de Corbières doivent leur nom aux collines accidentées qui dominent le pays. Le vignoble de Fitou forme deux enclaves à l'intérieur de l'appellation Corbières.

La majorité des vins de Corbières sont rouges, même s'il y a aussi un peu de blanc et de rosé. L'appellation couvre une vaste zone au sud-ouest de Narbonne. Au nord, elle est bordée par la vallée de l'Aude tandis que, au sud, elle touche les vignes du Roussillon.

Corbières, l'un des premiers vignobles de France classés en VDQS, en 1951, n'arriva au niveau d'AOC qu'en 1985. C'est à ce moment que fut supprimée l'ancienne appellation Corbières Supérieures, qui était encore attribuée aux vins ayant un plus fort degré d'alcool. La zone d'appellation fut considérablement réduite : elle passa de 44 000 ha à 23 000 ha, dont 14 000 ha sont encore actuellement plantés.

Le sol est de nature argilo-calcaire, avec des proportions variables des deux éléments et d'occasionnelles additions de schiste. Les microclimats sont nombreux (voir p. 282), mais, dans l'ensemble, le climat est méditerranéen et se caractérise par des hivers doux et des étés chauds et secs.

## Les cépages

Les Corbières traversent une période d'optimisme. En effet, le vignoble a été métamorphosé par l'introduction de cépages améliorateurs tels que la Syrah et le Mourvèdre. Ce fut le début du renouveau, mais il ne faut pas oublier que le Carignan demeure encore le cépage de base de l'appellation. Tandis que la Syrah et le Mour-

Le vignoble de Fitou autour de Tuchan.

vèdre marquent des points en rouge, le mouvement suit pour les blancs. On replante avec des cépages rhodaniens comme la Roussanne et la Marsanne ou le cépage corse Vermentino. Ils

## LES VINS DE PAYS

Vin de Pays de l'Aude est la désignation générique de l'ensemble du vignoble, qui produit plus de 150 millions de bouteilles chaque année. Chaque vignoble possède néanmoins son propre vin de pays et le pays de l'Aude se subdivise ainsi en 20 désignations différentes rarement reproduites sur les étiquettes des vins commercialisés. L'exception qui confirme cette constatation concerne des noms de vins de pays qui sonnent bien comme le Vin de Pays de la Vallée du Paradis, ou bien des noms historiques consacrés par le tourisme, comme le Vin de Pays de la Cité de Carcassonne. Une très large majorité de ces vins de pays est rouge (entre 80 et 99 %), sauf pour les vins de la haute vallée de l'Aude aux environs de Limoux, où la production de vin blanc est importante.

apportent du caractère au Bourboulenc et au Maccabeo, dont les personnalités ont toujours été limitées.

## La vinification et les styles de vin

La macération carbonique est maintenant utilisée presque partout, en particulier pour le Carignan dont elle met le fruité en valeur. Pour la vinification classique, l'égrappage se généralise et permet de faire des vins plus souples et plus élégants.

On commence à voir du bois neuf et même des caves dotées d'un système d'isolation ou de climatisation. Pendant très longtemps, il n'y eut pas ici de caves enterrées pour élever les vins ; ceux-ci étaient toujours stockés dans de vastes foudres de chêne avant d'être vendus, souvent dans l'année. On utilise des barriques pour les cuvées de prestige. Le résultat est parfois satisfaisant, mais ces cuvées représentent une infime part de l'appellation. Ce type de vin peut gagner à vieillir quelques années en bouteille. Mais, dans l'ensemble, les Corbières rouges sont faits pour être bus dans les 2 ou 3 ans qui suivent la récolte.

## Fitou

À l'exception des VDN, Fitou est la plus ancienne AOC du Midi, puisqu'elle fut reconnue dès 1948. À cette époque, ses vins étaient considérés comme nettement supérieurs à ceux de cette région, Corbières et Minervois ayant en effet attendu les années 1980 pour faire leurs premiers pas vers la qualité.

Le Fitou est toujours rouge et provient des cépages classiques du Sud : une grande proportion de Carignan, du Grenache, du Cinsaut et, en quantité toujours croissante, de la Syrah et du Mourvèdre.

Le Fitou est mis en bouteilles après un élevage de neuf mois en fût ou en cuve, les meilleurs vins étant souvent vieillis sous bois pour plus d'ampleur et une belle complexité.   □

# APPELLATIONS ET PRODUCTEURS

Dans les terres pauvres et arides des collines des Corbières, pas grand-chose ne pousse hormis la vigne et l'olivier. Une nouvelle génération de viticulteurs s'est mis en tête de tirer de beaux vins de ce terroir broussailleux. Ils ont été récompensés de leurs efforts par l'attribution de l'appellation contrôlée en 1985. Les vins rouges de Fitou jouissent de l'appellation contrôlée depuis bien plus longtemps.

## CORBIÈRES

Ce vaste vignoble possède plusieurs coopératives qui ne bénéficient pas toutes des mêmes moyens techniques. Les domaines privés y sont aussi fort nombreux.

## Cave d'Embrès et Castelmaure

Cette coopérative située dans le village d'Embrès se trouve à l'avant-garde de la révolution des Corbières. Elle a investi dans ses installations et changé ses méthodes de vinification. Elle élève certains vins sous bois depuis 1980 et a commencé en 1992 à utiliser des fûts neufs pour son meilleur vin, la Cuvée des Pompadour. En outre, elle commence à tenir compte des personnalités distinctes de ses différents terroirs.

## Château de Lastours

Ce domaine, qui a acquis une réputation internationale en relativement peu de temps, est également un centre pour handicapés mentaux ou physiques, basé sur le principe que le travail dans les caves et dans les vignes peut apporter une certaine raison de vivre à ses résidents. Le premier millésime du Château de Lastours fut le 1975. Jusqu'en 1988, le vin était vendu aux négociants locaux, mais, aujourd'hui, la presque totalité de la production est vendue directement en bouteilles. Les méthodes de vinification sont classiques. La macération carbonique n'est pas utilisée, car, bien que les vins soient vinifiés pour être bus relativement jeunes, ils doivent aussi pouvoir se garder plusieurs années. Ici, on s'intéresse d'abord au caractère du terroir, c'est pourquoi l'usage du bois neuf, qui pourrait le dissimuler, est volontairement limité. Les différentes cuvées du château correspondent à des assemblages de cépages et des durées d'élevage différents.

## Autres producteurs

Parmi les autres noms dignes d'intérêt, il faut citer le Domaine du Révérend, une nouvelle propriété du village de Cucugnan, le Château Saint-Auriol, le Château la Baronne, le Domaine de Villemajou, le Château la Voulte-Gasparets, le Domaine de Fontsainte. Tous ces domaines illustrent l'enthousiasme et le dynamisme de cette appellation.

## FITOU

L'appellation Fitou comporte deux zones distinctes : le Fitou-Maritime, qui s'étend sur les plaines côtières autour du village de Fitou, et le Fitou-des-Hautes-Corbières, plus en altitude. Dans ces terres sèches, on donne la préférence à la Syrah tandis que le Mourvèdre, plus tardif, se comporte mieux dans l'atmosphère humide des bords de mer. Dans l'ensemble, les vins de Fitou-Maritime sont plus légers et se boivent plus jeunes que ceux des Hautes-Corbières, plus robustes.

## Producteurs et négociants

La plus grande partie de la vendange est entre les mains des coopératives, dont la plus importante est la Coopérative des producteurs du Mont-Tauch, située au cœur des Corbières dans le village de Tuchan. Elle commercialise six cuvées de Fitou, dont une sélection du meilleur terroir et des plus vieilles vignes et cuvées issues de domaines individuels.

Parmi les propriétés privées, il faut mentionner le Château de Nouvelles.

## LES TERROIRS DES CORBIÈRES

La variété de sols et de climats est telle qu'on comprend aisément le désir des vignerons de subdiviser l'appellation. Les onze terroirs qui ont été délimités peuvent donner une idée du style de vin que l'on peut trouver dans la bouteille.

**Boutenac :** ce terroir correspond à deux vallées alluviales autour du village de Boutenac. Le Mourvèdre s'y plaît bien en raison de la proximité de la Méditerranée.

**Durban :** vaste zone des hautes Corbières, au sol aride et peu fertile. Les collines le coupent de toute influence maritime.

**Fontfroide :** cette zone doit son nom à l'abbaye cistercienne située à l'ouest de Narbonne, qui n'est séparée de la mer que par une petite rangée de collines. C'est un des endroits les plus secs de France qui, grâce aux vents maritimes rafraîchissants, convient bien au Mourvèdre.

**Lagrasse :** dans la vallée de l'Orbieu, ces vignobles au sol calcaire sont plantés à une altitude allant de 150 à 250 m. La montagne d'Alaric tend à modérer les vents dominants.

**Lézignan :** à l'extrémité nord de l'appellation, ce plateau n'est qu'à une altitude de 50 m. Le vignoble occupe de larges terrasses de pierre.

**Montagne d'Alaric :** sur le flanc nord de la montagne, c'est-à-dire à l'extrémité nord de l'appellation Corbières. Ce vignoble domine les plaines et profite à la fois de l'influence de la Méditerranée et de l'Atlantique. Le sol est fait de calcaire et de graviers.

**Quéribus :** cette zone doit son nom au château cathare homonyme. Les vignes sont plantées sur un sol caillouteux à une altitude de 250-400 m. Elles s'étendent autour du village de Cucugnan, à l'extrémité sud-ouest de l'appellation.

**Saint-Victor :** au cœur de l'appellation, cette zone jouit d'un climat méditerranéen, mais sans influence directe de la mer. La composition du sol est très mélangée : sable, calcaire et argile.

**Serviès :** dans la zone nord-est de l'appellation, à la limite de la montagne d'Alaric et du plateau de Lacamp, c'est un terroir argilo-calcaire qui plaît à la Syrah.

**Sigean :** cette zone côtière subit une forte influence maritime. Le Mourvèdre s'y plaît bien sur un sol argilo-calcaire.

**Termenès :** ce vignoble situé dans la partie ouest de l'appellation en comprend les parties les plus élevées (400-500 m), sur un sol d'argile et de calcaire.

# OUEST DE L'AUDE

La Blanquette de Limoux est fière d'annoncer qu'elle est le plus vieux vin pétillant de France et que son histoire remonte à une date encore antérieure à celle du Champagne. Le chroniqueur Froissard mentionne en effet, en 1388, les «délectables beuveries de vin blanc Limouxin» et la découverte des vins mousseux daterait ici de 1531.

La ville de Limoux se trouve en haut de la vallée de l'Aude, au sud-ouest de la cité médiévale de Carcassonne. Le vignoble s'étend tout autour, dans un rayon de 20 km.

## Les cépages

Le Mauzac, cépage de base de la Blanquette de Limoux, ne pousse qu'ici et à Gaillac. Il a un goût caractéristique de coing, une certaine amertume en finale et une acidité qui le rend particulièrement adapté à la production de vins effervescents. Il faut cependant reconnaître que le Mauzac pur tend à manquer de nerf et de caractère. C'est ce qui a encouragé ici la plantation de Chardonnay et de Chenin Blanc.

Aujourd'hui, on a le droit d'ajouter au Mauzac jusqu'à 30 % de Chardonnay ou de Chenin Blanc dans l'AOC Blanquette de Limoux. Dans le monde entier, le Chardonnay est l'un des cépages qui convient le mieux aux vins effervescents. Il mûrit tôt et apporte aux vins rondeur et complexité.

Le Chenin Blanc, le cépage des vins pétillants de la Loire, a une maturité plus tardive, mais son acidité est bonne et son bouquet séduisant.

L'appellation Crémant de Limoux, créée en 1990, autorise jusqu'à 40 % de Chardonnay et de Chenin Blanc. Son nom rappelle d'autres pétillants, le Crémant de Loire et le Crémant de Bourgogne. Il est amélioré par l'apport de cépages non traditionnels, tout en conservant le style de Limoux grâce à la personnalité du Mauzac.

## La vinification

Aujourd'hui, les vins sont élaborés selon la méthode champenoise (voir p. 110) et, comme en Champagne, les raisins doivent être ramassés à la main. La vinification est classique, avec fermentation séparée des différents cépages et contrôle de température, mais sans fermentation malolactique. La fermentation alcoolique terminée, les vins sont assemblés et mis en bouteilles pour une seconde fermentation. Les vins restent sur leurs lies pendant au moins neuf mois avant le dégorgement. Les vins pétillants de Limoux sont généralement bruts, mais parfois demi-secs.

Les vins tranquilles de Limoux, jadis connus sous le nom de Limoux nature, se sont nettement améliorés ces dernières années. L'appellation autorise aujourd'hui le Chenin Blanc et le Chardonnay. Ils doivent être fermentés et élevés en fûts jusqu'au mois de janvier qui suit la récolte. Cela les transforme considérablement et prouve, une fois encore, à quel point le Chardonnay réussit dans cette région.

## Producteurs et négociants

Sur les 8 millions de bouteilles de Blanquette de Limoux produites chaque année, les trois quarts sortent de la moderne Cave Coopérative de Limoux, une cave bien gérée qui existe depuis 1947. Elle produit différentes cuvées qui portent les noms, entre autres, d'Aimery, Cuvée Aldéric et Sieur d'Arques.

Le Domaine de Martinolles est une des meilleures propriétés. Dans ce vignoble de 65 ha, la famille Vergnes produit d'élégants Crémants et Blanquettes, ainsi que du vin de pays.

Il y a six autres grands producteurs et une vingtaine de plus petits. Certains ne vinifient que leur propre récolte, d'autres achètent des raisins ou du jus de raisin. □

## MALEPÈRE ET CABARDÈS

Ces deux vignobles situés au nord de Limoux, à l'extrémité ouest de la région, forment la frontière entre le Languedoc et l'Aquitaine. L'influence de l'Atlantique y donne un climat plus frais et plus humide que dans le reste du Midi. La relative richesse du sol encourage la plantation de cépages bordelais. Deux VDQS existent pour les rouges et les rosés : Côtes-de-la-Malepère, au sud-ouest de Carcassonne, et Côtes-du-Cabardès-et-de-l'Orbiel, mieux connu sous le nom de Cabardès, au nord de Carcassonne.

### Côtes-de-la-Malepère

Les cépages principaux sont le Merlot, le Cot et le Cinsaut, avec aussi le Cabernet Franc, le Cabernet-Sauvignon, le Grenache et la Syrah comme cépages secondaires. 90 % des Côtes-de-la-Malepère proviennent des coopératives. Mais quelques viticulteurs privés font la mise en bouteilles au domaine, tels le Château de Malviès et le Château du Routier. Leurs vins illustrent parfaitement l'alliance de la chaleur méditerranéenne et de la structure du Sud-Ouest.

### Cabardès

Les meilleurs vins de Cabardès sont faits avec du Cabernet-Sauvignon, du Merlot et du Grenache. Cabardès est plus chaud et plus sec que les Côtes-de-la-Malepère. Ses vignes sont plantées sur les pentes les mieux exposées, au pied de la Montagne Noire, le dernier contrefort du Massif central. À Cabardès, les domaines indépendants sont plus nombreux que les coopératives. Parmi les meilleures propriétés, il faut citer le Château de Pennautier, le Château de Rayssac et le Château Rivals.

# MINERVOIS

Le village de Minerve donne son nom à une vaste région viticole qui produit essentiellement des vins rouges.

L'appellation du Minervois se trouve en face de celle de Corbières, de l'autre côté de la vallée de l'Aude, dans les contreforts du Massif central. Elle couvre en partie deux départements, l'Aude et l'Hérault. Elle doit son nom au village fortifié de Minerve construit par les Romains et dédié par eux à la déesse de la Sagesse. Le village, l'un des derniers bastions de l'hérésie cathare, joua un rôle important lors de la croisade des albigeois à la fin du XIIe siècle. Le Minervois est avant tout une appellation de vins rouges, mais il produit aussi une certaine quantité de vins rosés et blancs. Il existe même une petite enclave de vins doux naturels dans le village de St-Jean-de-Minervois (voir p. 278).

Comme Corbières, le Minervois a reçu le statut d'appellation contrôlée en 1985, après avoir été VDQS depuis 1951. Et, comme dans les Corbières, la qualité de ses vins a considérablement changé au cours de ces der-nières années. Il reste bien quelques vignerons dont le principal objectif est d'obtenir les plus hauts rendements possibles, aux dépens de la qualité de leurs vins. Mais, dans l'ensemble, de plus en plus de viticulteurs conscients de l'importance de la qualité ont compris qu'il fallait planter des cépages améliorateurs à la place des cépages trop productifs comme l'Aramon ou l'Alicante Bouschet.

## Les cépages et les styles de vin

Les vins du Minervois se sont étonnamment améliorés grâce au nouvel encépagement. Dans le meilleur des cas, les rouges sont charnus et bien construits. On utilise de plus en plus de Grenache Noir, de Syrah et même un peu de Mourvèdre. La Syrah, bien adaptée au climat sec et chaud du Minervois, peut entrer pour 75 % dans la composition des meilleurs vins. Le Mourvèdre pose plus de problèmes, en partie parce qu'il est plus sensible aux variations d'alimentation en eau. Le Carignan fait toujours partie de l'encépagement légal, mais il sera limité à 40 % d'ici à l'année 1999.

Le Minervois blanc, traditionnellement issu de Macabeo et de Bourboulenc, est souvent amélioré par un apport de Marsanne et de Roussanne. Il est question que le Viognier soit un jour autorisé, mais, pour le moment, son utilisation est limitée à la production de vins de pays, tout comme le Chardonnay, le Cabernet-Sauvignon et le Merlot.

Les méthodes de vinification ont aussi progressé grâce à des investissements en matériel considérables. La technique de la macération carbonique s'affine ; l'élevage en chêne se répand, avec l'utilisation de quelques barriques neuves. Le Minervois s'intéresse de plus en plus au caractère de ses différents terroirs. La variété des sols et des microclimats a permis de délimiter cinq zones distinctes (voir ci-contre). ☐

# PRODUCTEURS ET NÉGOCIANTS

L'appellation du Minervois couvre une vaste zone, variée, de 18 000 ha de vignes. Les coopératives vinifient la plus grande part de ses vins, mais on voit cependant émerger un certain nombre de propriétés privées.

### Daniel Domergue
Voir encadré ci-dessous.

### Château Fabas
Jean-Pierre Ormières fut l'un des premiers adeptes du vieillissement en barriques. Il a participé à la première série d'expériences d'élevage sous bois menée par l'œnologue de l'appellation.

### Château de Gourgazaud
Roger Piquet, ancien directeur général de la maison de négoce Chantovent, a été l'un des premiers à s'intéresser à de nouveaux cépages. C'est en 1974 qu'il a planté ses premiers pieds de Syrah dans son domaine de La Livinière.

### Cave Coopérative La Livinière
Les coopératives sont encore de première importance dans le Minervois. Celle du village de La Livinière est des plus entreprenantes. Elle a encouragé ses membres à planter des cépages de qualité, particulièrement la Syrah, en leur versant une prime. Son projet actuel est de faire reconnaître le village de La Livinière comme un cru à l'intérieur de l'appellation. Cela impliquerait des rendements plus bas, des taux d'alcool plus élevés et des règles plus strictes quant à l'encépagement. Le dossier est actuellement à l'étude auprès de l'INAO.

### Domaine Sainte-Eulalie
Ce domaine du village de La Livinière était à l'abandon lorsque Gérard Blanc l'a racheté en 1979. Il l'a replanté et a rééquipé les chais. Comme à la cave coopérative du village, il pratique la macération carbonique. Certains vins sont élevés en barriques de chêne, généralement achetées à des châteaux bordelais, comme le Château Talbot ou le Château Chasse-Spleen.

### Autres producteurs
Parmi les meilleurs producteurs, citons le Domaine la Combe Blanche, le Domaine Maris, le Domaine Piccinini, le Château Russol, le Domaine La Tour Boisée. Tous ces producteurs sont prêts à remettre en question les idées habituelles et conservatrices de la région. Ils jouent un rôle important dans le développement du vignoble et sa réussite à venir.

## LES TERROIRS DU MINERVOIS

Le Minervois peut se diviser en cinq zones produisant chacune des vins de caractère différent.

**L'Est :** les vignobles connus sous les noms de Les Mourels et Les Serres se trouvent sur la plaine caillouteuse entourant Ginestas et subissent l'influence de la mer. Les vins rouges sont légers et doivent être bus dans les deux ans.

**Le Nord :** les vignobles du haut Minervois – Le Causse et Les Côtes Noires – se trouvent à une altitude de 200 m et sont marqués par un climat plus dur. Les vins sont fermes et rustiques. Ils peuvent se bonifier pendant cinq ou six ans.

**Le Centre :** les vignobles des contreforts orientés au sud de la Montagne Noire sont extrêmement chauds. Les lieux dits L'Argent Double et Le Petit Causse produisent des vins rouges aromatiques, bien constitués, fruités, épicés, chaleureux et de bonne garde.

**Le Centre-Sud :** cette zone nommée Les Balcons d'Aude se trouve à l'ouest d'Olonzac. Elle s'étend sur les villages de La Livinière, Pépieux et Rieux-Minervois. C'est le cœur de l'appellation, mais aussi sa partie la plus chaude et la plus sèche. Ses vins rouges souples et épicés sont à boire dans leur prime jeunesse.

**L'Ouest :** cette zone connue sous le nom de La Clamoux jouit d'un climat plus humide en raison d'une légère influence de l'Atlantique. Elle donne des vins rouges, blancs et rosés.

## DANIEL DOMERGUE

Daniel Domergue n'est pas originaire du Minervois. Lorsqu'il a acheté son vignoble de 5 ha dans Le Petit Causse, près du village de Siran, il était planté en Carignan et en Alicante Bouschet. Il a tout arraché pour replanter de la Syrah, du Cinsaut, du Grenache et du Mourvèdre. Daniel Domergue, qui n'apprécie pas le Carignan, produit deux vins. Le Clos de Centeilles, issu en parts égales de Syrah et de Grenache, avec une pointe de Mourvèdre, subit une cuvaison d'un mois au minimum, car il est destiné à la garde. En revanche, le Campagne de Centeilles doit à sa forte proportion de Cinsaut – avec un soupçon de Syrah et de Grenache – son style léger et frais qui en fait un vin à boire plus jeune. Ces deux vins sont de parfaits exemples, chacun à sa façon, de la qualité et du potentiel du Minervois, et du Midi, en général.

# COTEAUX-DU-LANGUEDOC

Les Coteaux-du-Languedoc constituent une vaste appellation qui longe la Méditerranée de Narbonne jusqu'à Nîmes. Elle inclut 91 communes, dont 5 dans l'Aude, 2 dans le Gard et le reste dans l'Hérault. Une subdivision à l'intérieur de cette appellation admet 14 crus différents.

Les Coteaux-du-Languedoc ont été reconnus comme VDQS en 1961, alors que certains crus, Quatourze par exemple, avaient reçu ce statut dès 1951. L'appellation contrôlée elle-même date de 1985 et ne concernait alors que les rouges et les rosés. Elle couvre maintenant aussi les blancs.

Les Coteaux-du-Languedoc sont en train de vivre une véritable révolution grâce à l'introduction de cépages de caractère et de techniques de vinification modernes, dont la macération carbonique. Néanmoins, il existe toujours des vignerons conservateurs qui refusent obstinément de changer leurs habitudes, que ce soit la composition de leur encépagement ou leurs méthodes de vinification. C'est pourquoi nombre de vins de cette région n'ont toujours pas droit à l'appellation contrôlée. Les vins sont, dans l'ensemble, produits pour être bus dans les deux ou trois ans qui suivent leur récolte.

Si l'on regarde l'ensemble des vins rouges des Coteaux-du-Languedoc, il semble qu'ils gagnent en rondeur et en puissance à mesure que l'on se déplace vers l'ouest. Ainsi, les rouges de La Clape, Faugères et Saint-Chinian sont-ils très riches et charnus, tandis que ceux de Saint-Drézéry, Méjanelle et Coteaux-de-Vérargues sont beaucoup plus légers. Pour ce qui est des vins blancs, ceux de La Clape jouissent de la meilleure réputation.

## Les cépages

Ce sont les cépages classiques du Midi. Depuis 1990, la loi exige que les vins d'appellation contiennent un minimum de 10 % de Mourvèdre et de Syrah et 20 % de Grenache. L'ensemble Carignan-Cinsaut ne doit pas excéder 50 % de l'assemblage.

Pour les vins blancs, les cépages principaux sont le Bourboulenc, l'Ugni Blanc et le Grenache Blanc. Le rendement maximal est de 50 hl/ha.

## Clairette du Languedoc

Cette appellation est réservée aux vins blancs élaborés exclusivement à partir du cépage Clairette, qui ne fait normalement pas partie des Coteaux-du-Languedoc blancs. La zone d'appellation couvre dix villages situés entre Pézenas et Clermont-l'Hérault, dans le département de l'Hérault. La Clairette mûrit facilement, mais peut donner un vin trop lourd et alcoolique si elle est vendangée trop tard. Les meilleurs vins sont maintenant vinifiés à 12 %vol contre 13 ou 14 %vol auparavant. La Clairette a également tendance à s'oxyder.

Autrefois, le style des Clairettes variait beaucoup. La qualité et la production ont chuté jusqu'à ce que la famille Jany décide de rétablir la réputation de l'appellation dans son Château La Condamine Bertrand. Le Domaine Saint-André est une autre propriété qui fait de bons vins.

Une bonne Clairette du Languedoc doit avoir dans sa jeunesse une bonne bouche généreuse et suave, avec des parfums d'amande, d'anis et de fruit frais.                     □

Le Château d'Ammelas près de Clermont-l'Hérault.

### LES VINS DE PAYS

Les Vins de Pays de l'Hérault couvrent l'ensemble du département. L'Hérault est donc le deuxième département de France en termes de production, juste derrière l'Aude. À ces derniers s'ajoutent 28 vins de pays de zone, principalement des rouges et des rosés. Les nombreux vins de pays sont issus de Cabernet-Sauvignon ou de Chardonnay. Les vins coupés avec des cépages inférieurs, Aramon ou Alicante Bouschet, deviennent d'anonymes vins de table ou partent à la distillation.

# CRUS ET PRODUCTEURS

Voici la liste des 14 crus des Coteaux-du-Languedoc présentés d'ouest en est. Faugères et Saint-Chinian ont reçu leur propre appellation dès 1982 puis ont été inclus dans l'appellation Coteaux-du-Languedoc en 1985, mais leurs noms figurent généralement seuls sur l'étiquette sans autre mention d'origine.

### Quatourze

Le vignoble de Quatourze se trouve près de Narbonne, sur un plateau au sol pauvre et caillouteux, à seulement 17 m au-dessus du niveau de la mer. On y fait des vins rouges, blancs et rosés, mais le rouge, au fruité poivré et chaud, est sans doute le plus réussi. En dehors de la coopérative, le seul producteur qui jouisse d'un certain renom est le Château de Notre-Dame de Quatourze.

### La Clape

C'est l'un des crus les plus intéressants. Il est situé sur un affleurement de rocher à l'est de Narbonne qui offre un contraste frappant avec la plaine environnante. Il jouit d'un des climats les plus ensoleillés de France, tout en étant rafraîchi par les brises marines. Le Carignan y réussit bien pour les rouges et les rosés. En dehors des cépages blancs classiques, on fait ici des expériences avec la Marsanne. Les meilleurs vins blancs de La Clape possèdent un délicat parfum végétal qui les fait ressortir au milieu des autres vins blancs assez neutres du Midi. Parmi les bons domaines, on remarquera le Domaine La Rivière-Haute, le Château Rouquette-sur-Mer, le Château Moujan et le Domaine de Pech Céleyran.

### Saint-Chinian

Saint-Chinian est une vaste appellation qui couvre 20 communes du département de l'Hérault. Les vignobles se trouvent pour la plupart sur les contreforts des Cévennes, à une altitude de 200 m. Les raisins mûrissent donc lentement en raison de la fraîcheur des nuits. Le cours de la Vernazobre suit les divisions géologiques. Au nord, le sol est surtout fait de schiste ; c'est la zone de Saint-Chinian, Roquebrun, Berlou et Murviel, qui font généralement des vins rouges légers et fruités à boire jeunes. Le Sud possède un sol argilo-calcaire ; il produit des vins plus substantiels qui gagnent à vieillir quelques années.

La coopérative de Berlou a nommé l'un de ses vins Schisteil, une contraction de schiste et de soleil, les deux caractéristiques de son terroir. Le Château Coujan, le Château Cazal-Viel et le Domaine des Jougla sont des propriétés de qualité.

### Faugères

Ce cru comprend sept villages situés au pied des montagnes de l'Espinousse, sur les derniers contreforts du Massif central. Le sol se compose de schiste, comme à Saint-Chinian. Il n'y a pratiquement pas de vin blanc à Faugères. Les meilleurs rouges gagnent à vieillir quatre ou cinq ans en bouteille, en particulier ceux qui contiennent un pourcentage élevé de Syrah et de Mourvèdre. Les bons producteurs sont le Château Haut-Fabrègues, le Château de la Liquière, Gilbert Alquier et le Château Grézan.

### Picpoul-de-Pinet

Une oasis de blanc dans une mer de vin rouge. Le Picpoul est un cépage local cultivé autour du village de Pinet, près de Pézenas. Lorsqu'il est vinifié avec soin, il accompagne à merveille un plateau de fruits de mer. Le Domaine de Gaujal et le Domaine Genson méritent d'être cités.

### Cabrières

Sur les contreforts du Massif central, près de Clermont-l'Hérault, Cabrières jouissait jadis d'une bonne réputation pour ses vins rosés. Aujourd'hui, c'est le rouge qui l'emporte et il semble même s'améliorer grâce à l'introduction de la Syrah dans l'encépagement et de la macération carbonique pour la vinification du Carignan.

### Saint-Saturnin

Ce cru se trouve dans un paysage sauvage et mouvementé. Les vignes sont plantées sur un sol argilo-calcaire agrémenté de cailloux. On y fait un peu de vins blancs et rosés, mais le gros de la production est rouge. La presque totalité des vins sont vinifiés par la coopérative du village.

### Montpeyroux

Montpeyroux jouxte Saint-Saturnin et se consacre presque uniquement aux vins rouges. Le Carignan peut y donner de bons résultats, car les rendements dépassent rarement 40 hl/ha à cause de la pauvreté du sol caillouteux. Les vins sont robustes et capiteux.

### Saint-Georges-d'Orques

Saint-Georges-d'Orques se trouve sur les plaines côtières à proximité de Montpellier, sur un terrain plat peu favorable. Mais ses vins rouges ont une bonne réputation. La cave coopérative commercialise toute une gamme de vins issus de techniques à la fois modernes et traditionnelles.

### Pic-Saint-Loup

Ce cru doit son nom à la montagne qui domine l'horizon à une vingtaine de kilomètres au nord de Montpellier. La zone d'appellation couvre 13 villages sur 5000 ha. Mais seules quelques centaines d'hectares sont actuellement plantées avec les cépages adéquats. Une partie du vin est vendue en vin de pays du Val de Montferrand ou même en vin de table.

La coopérative de Saint-Mathieu-de-Tréviers vinifie une grande partie des vins de Pic-Saint-Loup. Elle a beaucoup travaillé dans le sens de la qualité et encourage ses membres à planter de bons cépages.

### Méjanelle

Les Coteaux de la Méjannelle (ou Méjanelle) se trouvent tout près de la ville de Montpellier. Au XVIᵉ siècle, le vin s'appelait « vin de grès » en raison du terrain sur lequel poussent les vignes. Il comporte en effet de grosses pierres appelées grès ou galets, comme celles de Châteauneuf-du-Pape. Il existe dans cette zone peu de coopératives mais une poignée de domaines, dont le plus célèbre est le Château de Flaugergues.

### Saint-Drézéry

C'est le plus petit cru. Il se trouve dans les plaines, à l'est de Montpellier. La majorité des vins sont issus de la coopérative du village et il est difficile de déterminer ce qui différencie les vins de Saint-Drézéry de ceux des crus voisins.

### Saint-Christol

Le terroir de Saint-Christol se distingue par son sol pierreux appelé *poudingue*, qui donne aux vins leur caractère fumé. Ce type de sol fixe les limites du cru. La coopérative vinifie la plus grande partie de la vendange.

### Coteaux-de-Vérargues

C'est le cru le plus oriental. Il couvre 9 villages et la ville de Lunel, également connue pour son Muscat. L'un des meilleurs vins rouges vient du Château du Grès Saint-Paul : riche, fruité et épicé, il doit être bu jeune.

# GARD

Le département du Gard se trouve à la limite est du Midi. Sa principale appellation, Costières-de-Nîmes, est le vignoble qui fait le lien entre le Languedoc et la vallée du Rhône. Alors que cette région est surtout réputée, comme tout le vignoble du Languedoc-Roussillon, pour ses vins rouges, le Gard est aussi connu pour son vin de pays rosé, le Listel, et pour une petite appellation de vins blancs, la Clairette de Bellegarde.

L'appellation Costières-de-Nîmes s'étend sur un vaste plateau au sud de la ville de Nîmes, limité à l'est par le Rhône et au sud par la Camargue. L'autoroute « la Languedocienne » se trouve à son extrémité nord, les vignobles des Coteaux du Languedoc la bordant à l'ouest. La zone d'appellation a été délimitée avec soin : elle couvre 25 000 ha répartis sur 24 communes, mais seule la moitié est actuellement plantée en vignes. 2 600 ha seulement des zones cultivées produisent vraiment du Costières, le reste n'ayant droit qu'au titre de vin de pays.

Cette région viticole fut d'abord reconnue comme VDQS en 1951, sous le nom de Costières-du-Gard, avant de passer en AOC en 1986. Pour éviter toute confusion avec le vin de pays du Gard, le nom a été changé en Costières-de-Nîmes à partir du millésime 1989.

L'appellation Costières-de-Nîmes est limitée aux terroirs qui bénéficient d'un sol particulier appelé grès, fait de graviers et de gros cailloux descendus des Alpes par la vallée du Rhône. Ces galets absorbent la chaleur du soleil au cours de la journée et la restituent la nuit aux vignes, ce qui accélère la maturation des raisins. Le sous-sol contient une grande proportion d'argile, qui retient l'eau et empêche la vigne de trop souffrir de la sécheresse pendant l'été. La proximité de la mer tempère le climat en apportant une certaine humidité qui diminue les effets de la canicule estivale.

## Les cépages et les styles de vin

La liste des cépages autorisés ici est en perpétuelle évolution, comme dans bien d'autres vignobles du Midi. Jusque vers 1970, le Carignan dominait encore largement, suivi de près par l'Aramon ainsi que par différents cépages hybrides. Aujourd'hui, le Carignan a considérablement diminué et ne représente jamais plus de 40 % dans un assemblage. Depuis 1990, le Grenache compte pour un quart de tous les vins rouges, et le reste est fait de Cinsaut, de quantités croissantes de Syrah et d'un peu de Mourvèdre.

Les Costières-de-Nîmes sont avant tout des vins rouges, mais l'appellation produit du rosé et un peu de blanc, issu de Grenache Blanc, de Macabeo et d'Ugni Blanc. On commence à ajouter un peu de Marsanne et de Roussanne pour leurs arômes et leur caractère. On a aussi planté du Chardonnay, mais il n'est pour l'instant autorisé que pour les vins de pays.

Les vins des Costières-de-Nîmes ont le caractère épicé et végétal des herbes aromatiques méditerranéennes. Ils ont une certaine rondeur, mais pas forcément la puissance alcoolique des vins du Rhône, auxquels ils s'apparentent cependant. Ce ne sont pas des vins de grande garde et il est préférable de les boire jeunes.

## Producteurs et négociants

Contrairement aux autres appellations du Midi, les Costières-de-Nîmes ne doivent pas grand-chose aux caves coopératives, qui ne vinifient qu'un tiers de la production. En revanche, il existe une multitude de propriétaires indépendants qui font de gros efforts pour améliorer la qualité de leurs vins et n'hésitent pas à tout arracher pour reconstituer leur vignoble avec de nouveaux cépages. Ils ont modifié leur façon de travailler la vigne – une plus grande densité de pieds à l'hectare donne de meilleurs résultats – et de faire le vin. Certains ont adopté la macération carbonique et l'élevage en barriques bordelaises. Le passage à l'appellation contrôlée n'a pas manqué de les encourager davantage. Les résultats sont évidents quand on goûte les vins de propriétés comme le Domaine Saint-Louis la Perdrix, le Domaine de l'Amarine, le Château de Rozier, le Château de Campuget, le Château de Belle Coste ou le Château de la Tuilerie.

## Clairette de Bellegarde

Cette appellation est réservée aux vins blancs issus exclusivement de Clairette. Ce cépage est difficile à bien vinifier, mais, lorsque c'est le cas, il peut donner de bons vins secs et noisetés qui ne manquent ni de parfum ni de personnalité. La production ne dépasse guère les 400 000 bouteilles. Elle vient principalement de la coopérative de Bellegarde et de deux propriétés, le Mas Carlot et le Domaine Saint-Louis La Perdrix, producteurs de Costières-de-Nîmes rouge.  □

## LES VINS DE PAYS

On trouve surtout du vin de pays du Gard, mais le vin de pays des Coteaux Flaviens, qui doit son nom à l'empereur romain Flavien, couvre la même zone.
Il donne une forme d'identité aux plantations expérimentales de Merlot, de Cabernet-Sauvignon, et même aux excès du Carignan.

Les vins de pays des Sables du golfe du Lion se sont fait connaître grâce à leur Listel, marque déposée des Salins du Midi. À cheval sur les départements de l'Hérault et des Bouches-du-Rhône, leur centre de production réel se trouve dans le Gard. Plus de 65 % des vins sont vinifiés en rosés et connus sur place sous le nom de Grains de Gris.

Il existe aussi dix vins de pays de zone qui produisent principalement des vins rouges à l'intérieur du département.
Les plus connus sont le vin de pays du Mont Bouquet et le vin de pays des Coteaux du Pont du Gard.

# SUD-OUEST

LE SUD-OUEST, QUI S'ÉTEND DE BERGERAC JUSQU'AUX PYRÉNÉES,
S'ENORGUEILLIT D'UNE GRANDE DIVERSITÉ DE VINS,
DUS À DE NOMBREUX CÉPAGES LOCAUX.

Le Château de Crouseilles, propriété de la coopérative de
Crouseilles-Madiran, a beaucoup contribué à redorer le
blason des vins de la région. Situé sur les contreforts des
Pyrénées, il produit un excellent Madiran.

Malgré la très grande diversité de styles qu'offre le Sud-Ouest français, les vins ont quelques caractères communs. La région de production correspond à peu près à l'ancienne province de Gascogne, s'étendant de la limite du département de la Gironde, au nord, jusqu'à la frontière espagnole, au sud. Les vignobles suivent le cours de rivières qui se jettent dans l'estuaire de la Gironde : Bergerac sur la Dordogne, Cahors sur le Lot, Gaillac sur le Tarn et Fronton, Puzat et Marmandais sur la Garonne. Vers l'est, en amont, sur les contreforts du Massif central, le vignoble se raréfie, tandis qu'au sud, au pied des Pyrénées, les régions viticoles ont une identité plus marquée.

Inévitablement, les vins de Bordeaux rouges et blancs servent de modèle et de source d'inspiration à la plupart des vins du Sud-Ouest. L'influence de Bordeaux s'est fait sentir sur le développement de la région, car, historiquement, les négociants bordelais ont dominé le commerce du vin des vallées de la Dordogne, du Lot et de la Garonne, région connue depuis le Moyen Âge sous le nom de haut pays. Ces vins étaient commercialisés en quantité considérable par les négociants de Bordeaux jusqu'à ce que la frontière géographique du vignoble bordelais soit limitée (en 1911) au seul département de la Gironde. L'arrêt de ce commerce ainsi que les ravages du phylloxéra ont frappé durement l'activité viticole du Sud-Ouest. Aujourd'hui, avec un souci de qualité de la part de caves coopératives très actives et d'une nouvelle génération de vignerons, la réputation du Sud-Ouest renaît. Les nombreux cépages traditionnels, auxquels se sont ajoutés ceux du Bordelais, y contribuent. Cette palette de cépages, que l'on ne trouve nulle part ailleurs, donne un caractère particulier à ces vins du Sud-Ouest. La région propose tous les styles de vin, des Gaillacs blancs secs et légers, nature ou pétillants, aux Monbazillacs riches et doux, en passant par les rouges souples de Bergerac et par les rouges solides et puissants de Madiran et Cahors. Le paysage, quant à lui, compte parmi les plus beaux de France et les mieux préservés. Les régions de Dordogne, du Lot, du Tarn, de Lot-et-Garonne, de Tarn-et-Garonne, du Gers et du Pays basque sont des havres de paix où il fait bon vivre, et où les bons vins accompagnent les meilleures tables de France.

# LES RÉGIONS VITICOLES DU SUD-OUEST

Les vignobles de Bergerac, des Côtes de Duras et des Côtes du Marmandais sont voisins de ceux du Bordelais. Des vins comme ceux des Côtes de Buzet ressemblent à s'y méprendre à certains Bordeaux. En revanche, Cahors produit traditionnellement des vins robustes et tanniques. Au sud et à l'est de Cahors, les vignobles offrent une diversité de vins originaux. Enfin, les Pyrénées produisent une gamme de vins surprenants du fait de leurs cépages, des blancs moelleux du Jurançon aux rouges corsés du Madiran.

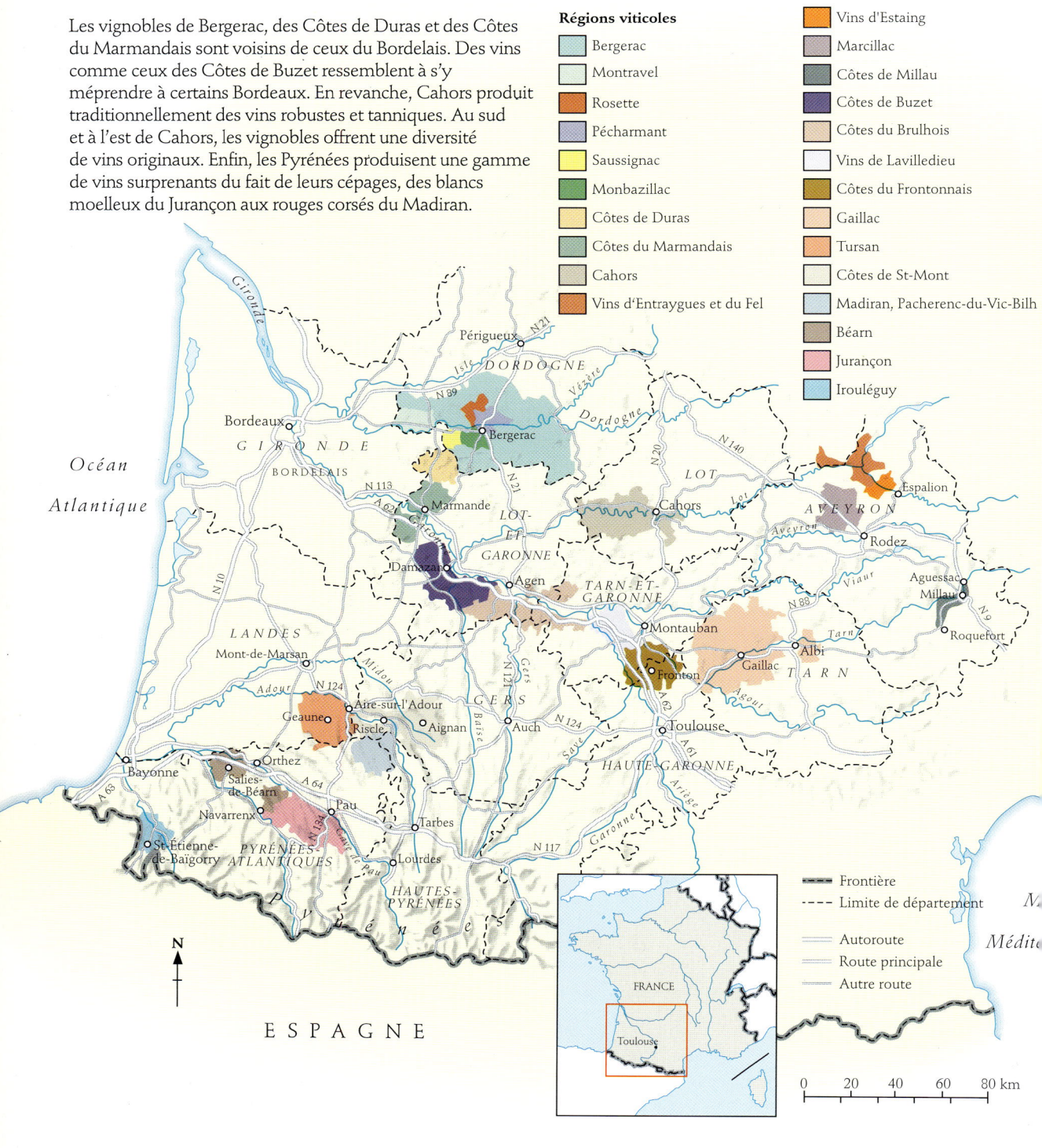

**Régions viticoles**

- Bergerac
- Montravel
- Rosette
- Pécharmant
- Saussignac
- Monbazillac
- Côtes de Duras
- Côtes du Marmandais
- Cahors
- Vins d'Entraygues et du Fel
- Vins d'Estaing
- Marcillac
- Côtes de Millau
- Côtes de Buzet
- Côtes du Brulhois
- Vins de Lavilledieu
- Côtes du Frontonnais
- Gaillac
- Tursan
- Côtes de St-Mont
- Madiran, Pacherenc-du-Vic-Bilh
- Béarn
- Jurançon
- Irouléguy

Frontière
Limite de département
Autoroute
Route principale
Autre route

FRANCE

Toulouse

0   20   40   60   80 km

# BERGERAC

Charmante ville d'une province riche en histoire, Bergerac se trouve au cœur des appellations du département de la Dordogne. L'agriculture y est prospère grâce aux récoltes de fraises, de tabac, de noix, de cèpes et de truffes. Les collines ondulent dans le prolongement naturel de celles de Saint-Émilion. La frontière entre les vignobles de Bordeaux et de Bergerac est purement administrative et se justifie plus par le découpage arbitraire des départements que par le relief.

Bergerac est l'appellation générique pour les vins rouges, blancs et rosés. Côtes-de-Bergerac, une appellation également régionale, désigne des vins rouges qui titrent un degré de plus que les autres (11 % vol au lieu de 10 % vol) ou des blancs moelleux. Les vins d'autres appellations ne peuvent provenir que de zones bien délimitées. Pécharmant est une petite enclave qui produit un vin rouge ; Monbazillac est le blanc moelleux le plus connu de la Dordogne. Parmi les autres appellations de vins blancs, Rosette, Saussignac et Côtes-de-Montravel sont des appellations moins connues : leurs vins sont souvent reclassés en Bergerac ou Côtes-de-Bergerac, appellations qui se commercialisent plus facilement.

## Le site, le climat et le sol
Les vignobles s'étendent de Saint-Émilion jusqu'à l'extérieur de Bergerac et regroupent 93 villages. Le climat qui règne sur cette région est similaire à celui du vignoble girondin. L'influence maritime de l'Atlantique rend les hivers doux et les pluies modérées. Bien que la température moyenne soit légèrement plus élevée, les gelées de printemps sont plus fréquentes et les averses de grêle, plus violentes. La nature du sol est semblable à celle des vignobles de Bordeaux, et plus particulièrement à celle du Saint-Émilionnais : un mélange de graviers, d'argile et de calcaire. Ces propriétés communes

Rouffignac, commune de Monbazillac.

font qu'un jeune vin de Bergerac ressemble à un Bordeaux jeune provenant d'un petit château.

## Les cépages
On retrouve les mêmes variétés de raisins que dans le Bordelais, ainsi que quelques autres cépages. Autrefois, les Bergeracs blancs étaient des assemblages comprenant deux tiers de Sémillon avec un tiers de Sauvignon Blanc, un peu de Muscadelle et d'Ugni Blanc. La tendance actuelle privilégie les Bergeracs secs et vifs avec une forte proportion de Sauvignon Blanc.

Les Bergeracs rouges sont des assemblages de Cabernet-Sauvignon, de Cabernet Franc et de Merlot comme pour l'ensemble du vignoble bordelais. Le Malbec est parfois utilisé dans les vignobles de Pécharmant. Les règlements autorisent deux autres cépages, Fer Servadou et Mérille, mais ils sont très peu plantés.

## Les tendances actuelles
Les méthodes de vinification ont fait d'énormes progrès. Les températures de fermentation des vins rouges et blancs sont plus soigneusement contrô-

lées. Des essais de macération et d'élevage sur lies ont apporté une nouvelle dimension aux vins blancs. Les viticulteurs s'intéressent de plus en plus aux barriques de chêne neuf pour l'élevage des vins, surtout les vins rouges, bien que leur usage soit très coûteux. L'influence d'une jeune génération de viticulteurs se ressent sur l'appellation : très motivés, certains remettent en question les principes de leurs parents. D'autres, nouveaux arrivants dans la région, n'ont pas d'idées préconçues. Ils essaient de limiter les rendements et font un gros effort pour améliorer la conduite de la vigne. En effet, ces vignerons, comme d'autres en France et à l'étranger, ont pris conscience que la qualité des raisins et leur condition sanitaire sont des facteurs beaucoup plus déterminants pour la qualité du vin en bouteilles qu'un matériel vinicole à la pointe de la technologie.

## Les rouges de Pécharmant
Vin rouge le plus réputé de la Dordogne, le Pécharmant se distingue en général d'un Bergerac rouge par sa charpente, sa chair et son potentiel de vieillissement. «Pech» signifie «colline» en patois, donc «Pécharmant» signifie littéralement «la colline charmante». Cette petite appellation, à l'est de Bergerac, englobe quatre villages dont les vignobles, environ 300 ha, poussent sur des pentes douces exposées au sud.

Le sol, composé de graves sur argile et calcaire, est un terroir idéal pour le Malbec, ainsi que pour le Cabernet et le Merlot. Le Malbec n'est pas très répandu car il est sujet à la coulure, mais il peut jouer un rôle utile pour arrondir le vin et lui apporter un surplus de chair et de structure, à condition que ses rendements soient raisonnables.

Les meilleurs millésimes des meilleurs Pécharmants méritent un long séjour en cave. Pour souligner cette aptitude au vieillissement, la réglementation de l'AOC impose un minimum d'une année de cave en cuves, en barriques ou en bouteilles, avant toute commercialisation. Sur les quarante producteurs de Pécharmant, une quinzaine seulement produisent à eux seuls les trois quarts des vins de l'appellation. Ils utilisent quelquefois des barriques de bois neuf, une pratique nouvelle considérée autrefois comme trop coûteuse. La barrique contribue à la finesse des tanins ainsi qu'au potentiel de vieillissement des vins. Les caves se sont progressivement équipées avec, par exemple, le matériel nécessaire pour assurer un contrôle des températures en cours de fermentation. Certains domaines, tout comme leurs voisins bordelais, commercialisent aujourd'hui un second vin de leurs jeunes vignes ou de leurs cuvées moins réussies.

## Les vins liquoreux de Monbazillac

Le Monbazillac, grand vin liquoreux de Dordogne, a besoin, tout comme le Sauternes, du développement de la pourriture noble, ou *Botrytis cinerea,* pour rôtir les grappes et atteindre l'apogée de la qualité. Les vignobles, qui s'étendent au sud de la Dordogne répartis sur cinq villages, couvrent 3 600 ha. Ils sont, pour la plupart, exposés au nord, ce qui peut paraître surprenant à première vue, mais, faisant face à la rivière, ils bénéficient des brumes automnales qui favorisent le développement de la pourriture noble. Les Monbazillacs sont élaborés à partir des mêmes cépages que les vins liquoreux du Bordelais, en général dans les proportions de 75 % de Sémillon, 15 % de Sauvignon Blanc et 10 % de Muscadelle.

Le Monbazillac d'un bon millésime, comme 1989 ou 1990, compte parmi les grands vins liquoreux français, opulent avec une concentration d'arômes caractéristique de la pourriture noble et un important potentiel de vieillissement.

Malheureusement, la réputation du Monbazillac a souffert de certaines pratiques douteuses. Le coût de la main-d'œuvre est tel que les tris successifs coûtent cher, au point de devenir prohibitifs. En principe, il est impossible de vendanger mécaniquement les rai-

sins atteints de la pourriture noble. En réalité, des machines à vendanger ont déjà été utilisées dans la région pour récolter des raisins peu botrytisés. Les producteurs moins scrupuleux ont compensé avec du sucre.

Heureusement, un nombre croissant de producteurs fait quelques efforts pour améliorer la qualité et la réputation du Monbazillac, avec une volonté de renaissance de l'appellation.

## Les vins liquoreux de Saussignac

Le Saussignac, anciennement Côtes-de-Saussignac, est généralement un vin blanc moelleux. Il arrive, dans les meilleurs millésimes comme 1990, qu'il soit aussi riche et aussi liquoreux qu'un grand Monbazillac. Avant que cette appellation n'existe, ce vignoble était dans l'aire délimitée de Monbazillac. Le sol et le microclimat s'y ressemblent beaucoup. Aujourd'hui, l'appellation est restreinte à cinq communes, Gageac, Rouillac, Monestier et Razac-de-Saussignac outre Saussignac même. Cette nouvelle appellation étant très peu connue, les vins restent commercialisés sous l'appellation Côtes-de-Bergerac moelleux.

Les cépages sont ceux du Monbazillac, avec une forte proportion de Sémillon et un peu de Sauvignon Blanc et de Muscadelle. Les techniques de vinification varient selon le niveau de

technologie du domaine, mais, en général, les raisins sont récoltés le plus tard possible. Pour le Saussignac classique, l'équilibre idéal est de 12 % vol d'alcool pour 2,5 % vol de sucres résiduels. Un Saussignac moelleux est sans grand caractère, tandis qu'un Saussignac liquoreux peut être une grande bouteille.

## Montravel et Rosette

Les trois appellations de Montravel prêtent à confusion, puisque le plus souvent les vins sont vendus sous l'appellation Bergerac ou Côtes-de-Bergerac.

Montravel est un vin blanc sec pouvant provenir de quinze villages ; Côtes-de-Montravel est le vin moelleux produit dans les mêmes villages. Le vignoble du Haut-Montravel, situé à part, regroupe cinq villages dont Fougueyrolles, qui se trouve au centre. Le vin est moelleux, encore plus opulent que les Côtes-de-Montravel ; on l'élabore à partir de raisins très mûrs, à défaut de pourriture noble.

La minuscule appellation Rosette, une anomalie en quelque sorte, a virtuellement cessé d'exister. Officiellement, l'appellation s'étend sur quelques villages au nord du bourg de Bergerac. Tout comme l'AOC Saussignac ou Montravel, elle désigne surtout un vin blanc demi-sec, vendu le plus souvent sous l'appellation Côtes-de-Bergerac.    □

## LA RENAISSANCE DE MONBAZILLAC

Un bon Monbazillac exige le même travail que les vins liquoreux de Gironde, avec une conduite identique de la vigne, des vendanges par tris successifs et une vinification sous haute surveillance.

Les vendanges manuelles avec tris successifs sont devenues obligatoires à partir du millésime 1992. Le degré minimal potentiel d'alcool est passé de 13 % vol à 14,5 % vol, bien que 20 % vol soient indispensables pour éviter tout recours à la chaptalisation. Dans les grandes années, on obtient un degré encore supérieur. Tout vin qui n'atteint pas le degré potentiel d'alcool requis est aujourd'hui déclassé en Côtes-de-Bergerac moelleux. Les producteurs qui persistent à utiliser les machines à vendanger sont

désormais obligés de déclarer leurs vins en Côtes-de-Bergerac, et non plus en Monbazillac.

Plusieurs tris sont effectués au cours des vendanges alors que les rendements se trouvent déjà limités à des niveaux raisonnables. Ils peuvent descendre à 20 hl/ha et ne doivent jamais dépasser 40 hl/ha, le maximum absolu. La plupart des producteurs vinifient dans des cuves d'acier inoxydable et soutirent leurs vins avant de les élever pendant quelques mois dans des foudres ou des barriques. D'autres préfèrent commencer la fermentation en foudre, puis transférer, en cours de fermentation, en barriques, où le vin est gardé ensuite pendant dix-huit mois environ.

# PRODUCTEURS ET NÉGOCIANTS

La région de Bergerac représente environ 13 000 ha. De nombreux producteurs déclarent leurs récoltes sous les appellations génériques. D'autres, tout particulièrement dans la région de Monbazillac, se spécialisent dans l'appellation locale.

### Domaine de l'Ancienne Cure

Domaine de 30 ha qui possède des parcelles de vigne dans les appellations Pécharmant et Monbazillac. Sa renommée repose pourtant sur ses Bergeracs rouges, bien équilibrés et très aromatiques, ainsi que sur ses Bergeracs blancs secs, 100 % Sauvignon Blanc, provenant d'un vignoble de 5 ha situé à Colombier.

### Château Belingard

Le comte Laurent de Bosredon, le propriétaire, est représentant de la jeune génération de propriétaires-récoltants, par son enthousiasme contagieux et sa volonté de remettre en question les idées reçues. Il fait des essais de macération pelliculaire et d'élevage sur lies en barriques. Sa gamme de vins est fort intéressante : un Bergerac blanc sec d'une agréable vivacité, un Bergerac rouge concentré, un Monbazillac blanc liquoreux. Ses meilleurs vins portent l'étiquette Blanche de Bosredon, en l'honneur de sa grand-mère, décédée au début des années 90 à l'âge de 102 ans.

### Clos Fontindoule

À la limite du village de Monbazillac, ce vignoble appartient à la famille Cros depuis l'époque napoléonienne. Gilles Cros assure les vinifications depuis 1930 ; il n'est donc guère surprenant que ses vins aient un style très classique. Cros ne produit que du Monbazillac, avec 60 % de Sémillon, 20 % de Sauvignon Blanc et 20 % de Muscadelle, à partir de raisins vendangés très tardivement. Le vin passe au moins deux ans sous bois avant la mise en bouteilles ; le résultat est un Monbazillac ancien et stylé dont l'aptitude de vieillissement est excellente.

### Château La Jaubertie

Le Château La Jaubertie possède une élégante demeure du XVIᵉ dans le village de Colombier. L'Anglais Nick Ryman acheta le domaine en 1973. Ses vinifications ont bénéficié d'une influence australienne par l'intermédiaire de son fils Hugh, œnologue. Les meilleurs vins du domaine sont les AOC Bergerac rouges et blancs, mais La Jaubertie produit aussi une petite quantité de rosé et fait quelques essais en Monbazillac.

### Château Le Mayne

Il se trouve à Sigoulès, village situé sur l'aire délimitée de Monbazillac. Jean-Pierre Martrenchard y produit un Monbazillac ainsi que toute la gamme des Bergeracs. Il est surtout connu pour son Côtes-de-Bergerac rouge, agréablement fruité.

### Cave Coopérative de Monbazillac

Le Château de Monbazillac appartient à la coopérative, de même que quatre autres châteaux : Septy, La Brie, Pion et Marsalet. Le vin est vinifié dans des installations modernes. La coopérative produit 2 millions de bouteilles par an.

### Château de Tiregand

Le domaine phare de l'appellation Pécharmant appartient à la famille Saint-Exupéry, cousins de l'auteur du *Petit Prince*, cousins également des propriétaires du Domaine de Pech Céléyran de La Clape (voir Midi, p. 287). Ils possèdent aussi 40 ha de vignes à Tiregand : Merlot (45 %), Cabernet-Sauvignon, Cabernet Franc et un peu de Malbec, et produisent deux vins rouges, dont l'un est un assemblage de Malbec et de vins de jeunes vignes. L'utilisation d'un petit pourcentage de barriques neuves est une innovation récente qui contribue à la qualité et à la longévité des Pécharmants.

### Château du Treuil de Nailhac

Un important domaine de Monbazillac, appartenant à la famille Vidal, qui a lutté sans relâche pour maintenir la qualité de ses vins alors que la réputation de l'appellation était tristement ternie. Son vignoble est planté à 60 % de Sémillon, à 20 % de Sauvignon Blanc et à 20 % de Muscadelle. Le vin fermente en cuves d'acier inoxydable avant de séjourner en foudres de chêne pendant quelques mois. Des barriques neuves ont récemment fait leur apparition. Ils produisent également un blanc sec et du rouge sous l'AOC Bergerac. Leur réputation repose néanmoins sur la qualité de leurs Monbazillacs.

### Château la Truffière-Thibaut

Ce propriétaire-récoltant propose un Monbazillac traditionnel dans plusieurs millésimes.

### Autres producteurs

Les domaines suivants sont connus pour leurs Monbazillacs : Château Grand Chemin Belingard, Clos Bellevue, Domaine de Cabaroque, Château La Calevie, Château Fontpudière, Château Haut Bernasse, Château les Hébras, Domaine de Pécoula, Clos la Selmonie.

Les vignobles de Monbazillac surplombant la Dordogne.

# DURAS, MARMANDAIS, BUZET

Duras, petite ville dotée d'un splendide château, regarde vers l'ouest les vignobles du Bordelais. Seule la limite du département sépare ses vignes de celles de l'Entre-Deux-Mers, tandis qu'au nord-est ses vignobles voisinent avec ceux de Bergerac ; les vins de Duras reflètent cette proximité. Également adjacent aux vignobles du Bordelais, le Marmandais s'étend directement au sud, alors que Buzet se trouve au sud-est, le long de la vallée de la Garonne. Le climat ressemble beaucoup à celui de Bordeaux, peut-être plus chaud et plus sec, mais tout aussi sujet à la grêle et aux gelées de printemps. Le sol est un mélange d'argile, favorable aux raisins rouges, et de calcaire, favorable aux raisins blancs. Le sol du Marmandais contient également du silex et du gravier, qui contribuent à la production de vins rouges de qualité.

## Côtes-de-Duras

L'AOC Côtes-de-Duras date de 1937, époque où les vins blancs dominaient la production de la région. La réglementation autorise des vins blancs secs et moelleux ainsi que des vins rouges et rosés (en quantité négligeable). Depuis les années 70, la production de vins rouges a augmenté, sans pour autant atteindre les 50 %.

Les principaux cépages blancs regroupent le Sauvignon Blanc, le Sémillon et la Muscadelle. Mauzac, Chenin Blanc, Ugni Blanc et Ondenc sont également autorisés, mais on ne les rencontre que rarement. En général, l'assemblage des vins rouges se fait avec du Cabernet-Sauvignon pour moitié, du Merlot pour un tiers et le complément en Cabernet Franc et Malbec. Il arrive que le Merlot soit majoritaire.

Le Côtes-de-Duras blanc était autrefois un vin sans caractère marqué, avec un peu de sucres résiduels, élaboré surtout à partir du cépage Sémillon. Aujourd'hui, au contraire, grâce à l'amélioration des méthodes de vinification,

les meilleurs blancs sont issus à 100 % de Sauvignon Blanc et possèdent du fruit et une bonne acidité. Ils suivent ainsi la mode des vins plus frais et plus secs. Les raisins les plus mûrs, d'habitude ceux du cépage Sémillon, entrent dans l'assemblage des Côtes-de-Duras moelleux, qui gardent quelques degrés de sucres résiduels. La vinification en rouge suit les

### PRODUCTEURS ET NÉGOCIANTS

Dans ces régions, les caves coopératives sont les plus importantes unités de production.

#### Côtes-de-Duras

La coopérative de Duras produit à elle seule la moitié du volume de l'appellation, avec une variété de cuvées parmi lesquelles on trouve Berticot. Quelques domaines privés, comme le Domaine Durand, le Domaine de Ferrant, le Domaine de Laulan et le Château la Grave-Béchade, se sont forgé une belle réputation.

#### Côtes-du-Marmandais

Deux coopératives, Cocumont au sud et Beaupuy au nord, dominent l'appellation. Cocumont, la plus moderne et la plus dynamique des deux, produit des vins dont la qualité reflète bien l'appellation. Les vins du Château la Bastide sont vinifiés et commercialisés séparément. Le Domaine de Geais est un vin à retenir.

#### Buzet

Les Vignerons Réunis des Côtes de Buzet (connus aujourd'hui sous le vocable «Les Vignerons de Buzet») comptent parmi les caves coopératives les plus efficaces et les plus impressionnantes de France. Cette coopérative produit la majorité des vins de Buzet. Elle emploie son propre tonnelier, de sorte qu'une majorité des vins y sont élevés en barriques – et les meilleurs, en barriques de bois neuf. Château de Gueyze et Château de Padère sont deux domaines individuels dont le vin est vinifié à la coopérative. Une autre cuvée de la coopérative, Baron d'Ardeuil, est assez représentative des caractères des vins de Buzet.

méthodes bordelaises, avec un élevage de 12 à 18 mois en cuves, le coût des barriques de chêne étant trop élevé. Le vin ressemble à un jeune Bordeaux avec un agréable goût de cassis.

## Côtes-du-Marmandais

Marmande, dans la vallée de la Garonne, est un centre de culture maraîchère. Les vignes y côtoient des champs de fruits et de légumes. Comme à Duras, peu de propriétaires vivent uniquement de la viticulture. L'AOC Côtes-du-Marmandais produit surtout des vins rouges.

Les ravages causés par le phylloxéra au siècle dernier ont entraîné une replantation de vignes hybrides jusqu'en 1950 environ. Les efforts entrepris pour faire renaître le vignoble ont été récompensés en 1955 par le statut de VDQS. En 1983, les cépages rouges ont été limités à un maximum de 75 % de Merlot, Cabernet Franc et Cabernet-Sauvignon, et un maximum de 50 % de Cot, Fer Servadou, Gamay, Syrah et Abouriou (voir p. 290). Il existe également un rosé, en petite quantité, ainsi qu'un vin blanc, issu principalement du Sauvignon Blanc et complété de Sémillon et Muscadelle.

## Buzet

Bien que les vins blancs et rosés soient autorisés dans la réglementation de l'appellation, ce sont les vins rouges qui dominent à Buzet (dénommé Côtes-de-Buzet jusqu'au millésime 1988). Le village est situé sur la rivière Baïse, affluent de la Garonne. Les vignobles s'étendent sur la rive sud du fleuve, entre Agen et Marmande. Les cépages, les rendements et la qualité des millésimes sont calqués sur ceux de Bordeaux : Cabernet-Sauvignon, Cabernet Franc, Merlot et un peu de Malbec pour les rouges ; Sémillon, Sauvignon Blanc et Muscadelle pour les vins blancs.

Ici aussi, la renaissance du vignoble date des années 50 : le statut de VDQS, donné en 1953, a été suivi par l'attribution d'une AOC en 1973. □

# CAHORS

Le Cahors, un des meilleurs vins rouges du sud-ouest de la France, provient de la vallée du Lot, plus particulièrement de l'ouest de la ville ancienne de Cahors. Au siècle dernier, il était connu comme un vin de garde, à boire après des années de cave, avec du gibier.

Aujourd'hui, parmi les vins de Cahors, on trouve des différences marquées de structure et de style. Les meilleurs, aptes à un long vieillissement, sont riches en fruit et en tanins, alors que d'autres, plus légers, sont destinés à une consommation rapide, au cours de leurs premières années. Si l'appellation Cahors est exclusivement rouge, cela n'empêche pas quelques cultures expérimentales de cépages blancs, tels le Viognier et le Chardonnay, entre autres, dont les vins sont actuellement commercialisés en vin de table.

La région de Cahors a beaucoup souffert pendant la crise du phylloxéra ; de nombreux vignobles ont été alors abandonnés. En 1951, Cahors s'est vu attribuer le statut de VDQS, avant de perdre une partie de ses vignes à la suite des gelées de 1956. La région n'a commencé à revivre que dans les années 60 et cette renaissance a été récompensée par la création d'une AOC en 1971. Depuis, le vignoble s'est considérablement agrandi, passant de 200 ha au début des années 60 à 4 000 ha trente ans plus tard. Cette superficie représente le maximum réalisable et correspond à l'aire plantée avant le phylloxéra. Les vignobles de Cahors, qui regroupent 45 villages, s'étendent maintenant sur 40 km jusqu'à Fumel à l'ouest.

### Le site, le climat et le sol
Le climat subit l'influence de la Méditerranée et de l'Atlantique, car la ville se trouve à distance égale des deux. Sa situation à l'intérieur des terres explique les étés plus chauds et plus secs que ceux du Bordelais et, pourtant, on redoute les gelées de printemps et la grêle. La

Le sulfatage des vignes.

topographie accidentée des vignobles crée une variété de microclimats. Le Lot a creusé une vallée très sinueuse, à tel point que, parfois, il semble rebrousser chemin, formant ainsi des boucles très larges. Les vignes poussent en terrasses sur les flancs de la vallée et sur les plateaux, ou causses, qui la surplombent.

Un grand débat concerne le sol et la situation de certains vignobles. Il existe trois types de terrains. Les vignobles les plus élevés sont situés sur les causses, plateaux arides qui dominent la vallée ; le sol est composé de craie et de pierre, avec une mince couche de sol arable. En dessous, les première et deuxième terrasses occupent les flancs de la vallée, et, plus bas encore, tout près de la rivière, se trouvent les terres d'alluvions fertiles. Le sol est alors composé d'argile et de craie en proportion variable, avec du sable, du gravier et de la roche en décomposition. Certains affirment que les vins des causses, qui proviennent des vignes plantées en sol mince et crayeux, possèdent une plus belle structure, alors que d'autres trouvent les vins des coteaux graveleux plus ronds et plus subtils.

Une étude détaillée du terroir de Cahors, qui prend en considération non seulement le sol et le sous-sol mais aussi l'approvisionnement en eau, est actuellement en cours. Il pourrait en résulter un classement des crus. Pourtant, d'autres facteurs influencent le goût des Cahors, en particulier les méthodes de vinification de chaque producteur.

### Les cépages
Dans le Sud-Ouest, seul Cahors interdit le Cabernet-Sauvignon et le Cabernet Franc pour les vins de l'AOC. L'assise du vin est le cépage connu localement sous le nom d'Auxerrois ; l'appellation exige qu'il entre pour un minimum de 70 % dans le vin, seuil souvent dépassé ; on atteint parfois les 100 %. Les cépages Merlot et Tannat apportent un complément d'équilibre.

C'est l'Auxerrois qui confère au Cahors son caractère robuste et solide et sa bonne structure tannique. Il est très sujet à la coulure, ce qui engendre de grandes fluctuations au niveau du volume de la récolte. Le Merlot adoucit l'Auxerrois, en l'arrondissant. Le Tannat, cépage tardif, apporte un supplément de tanins. Les avis diffèrent quant à sa valeur, certains prétendant qu'il ne fait qu'accentuer les défauts de l'Auxerrois.

### La vinification
Pendant que le vignoble s'agrandissait, les techniques de vinification se sont considérablement modernisées. Les cuves en acier inoxydable ont remplacé celles en ciment, les barriques bordelaises ont pris la place des vieux fûts. Certains producteurs prolongent les fermentations afin d'obtenir une plus grande extraction ou font fermenter séparément les différents cépages avant de les assembler avec soin. Les viticulteurs pratiquent une sélection sévère des raisins et produisent dans certains cas deux vins : une cuvée normale et une cuvée de prestige. □

# PRODUCTEURS ET NÉGOCIANTS

Il existe de nombreuses exploitations privées à Cahors, certaines bien établies, d'autres appartenant à une nouvelle génération de producteurs. Quelques négociants possèdent également des vignes. La cave coopérative est un des chefs de file de l'appellation.

### Château de Chambert

Ce domaine, situé sur des causses arides au nord de Cahors, était à l'abandon quand, en 1973, il fut acheté par un négociant de Brive-la-Gaillarde. Depuis, les vignobles ont été replantés, et le domaine restauré. 1978 a été le premier millésime des nouveaux propriétaires. Les vins passent un an en cuve puis un an dans des barriques achetées à Château Margaux dans le Médoc. On élabore ici plusieurs cuvées qui sont ensuite assemblées ; il n'existe qu'un seul vin du Château de Chambert, fruité, concentré et bien charpenté.

### Les Côtes d'Olt

La coopérative de Cahors produit à elle seule environ un tiers des vins de l'appellation, avec une variété de vins allant d'un Cahors classique et charpenté à des vins plus légers et fruités. Ses caves sont équipées de cuves en acier inoxydable, mais quelques-uns de ses meilleurs vins passent par des barriques.

### Clos la Coutale

Ce domaine, au bord du fleuve, près du village de Viré-sur-Lot, appartient à la famille Bernède, installée ici depuis une centaine d'années. Il évolue avec l'époque et bénéficie maintenant de l'installation de cuves d'acier inoxydable qui permettent de contrôler les températures de fermentation. Le vin est vinifié dans de grands foudres plutôt que dans des barriques de petite contenance.

### Clos de Gamot

La famille Jouffreau, propriétaire de ce superbe domaine depuis 1610, a beaucoup œuvré pour la renaissance des vins de Cahors. Son vignoble est constitué exclusivement d'Auxerrois, avec des parcelles centenaires, ce qui explique que le Clos-de-Gamot soit un vin de longue garde. La famille Jouffreau est aussi propriétaire du Château du Cayrou.

### Château Gautoul

Il y a deux ans, Alain Senderens, chef et président du restaurant trois étoiles Lucas-Carton à Paris, a réalisé un vieux rêve en devenant propriétaire à Cahors de Château Gautoul et ses 30 ha de vignes, moitié sur sol argileux et moitié sur terroirs graveleux. Cette complémentarité de terroirs et des rendements extrêmement bas (35hl/ha) expliquent sans doute la belle réussite de son premier millésime, le 1992, au fruit intense et aux tanins fondus, qui emporte déjà des médailles aux concours de vin.

### Château de Lagrezette

C'est un beau château Renaissance acquis récemment par le P.D.-G. de Cartier, Alain-Dominique Perrin, un passionné de vins. Il produit un vin remarquablement vinifié dans ses chais flambant neufs.

### Rigal

Les frères Rigal, propriétaires de trois domaines, le Château Saint Didier, le Château de Grézels ainsi que le Prieuré de Cénac, diffusent, sous leur marque, une gamme de vins génériques.

De vieilles maisons à Puy-l'Évêque, à l'ouest de Cahors.

### Domaine des Savarines

Danielle Biesbrouck n'avait ni expérience ni formation dans la vinification quand elle a acheté ce domaine en 1970. Sur les conseils de M. Thiollet, son œnologue, elle a planté des vignes, restauré la maison du XVIIIᵉ avec les caves. 1978 a été son premier millésime : Auxerrois et Merlot fermentent séparément et sont assemblés pendant l'hiver. Élevés en barriques pendant un an, ils donnent un vin harmonieux.

### Château Triguedina

Jean Baldès représente la huitième génération de sa famille à être propriétaire de ce domaine de 41 ha. Ses vins sont faits avec 25 % de Merlot, ce qui leur donne une agréable souplesse. Les Baldès ont été les premiers à Cahors à faire l'expérience des barriques de chêne neuves pour leur cuvée Prince Probus.

### Vigouroux

La société de négoce Georges Vigouroux est propriétaire d'un important vignoble. Vigouroux a replanté Château de Haute-Serre, au début des années 1970, un des tout premiers vignobles à reconquérir les causses. Il s'occupe également du vin de deux autres domaines, Château de Mercuès et Château Pech de Jammes, et a récemment pris la responsabilité du Château Lérat-Monpezat. Afin que chaque vin garde sa personnalité, Vigouroux vinifie les vins de chaque domaine sur place. L'élevage en barriques neuves est aussi déterminant pour le goût de ses vins.

### Autres producteurs

Parmi les autres producteurs de Cahors, il y a également le Château la Caminade, le Château du Cèdre, le Domaine d'Eugénie, le Château de Goudou et le Domaine de la Pineraie.

# GAILLAC ET FRONTON

La région du sud de Cahors (départements du Tarn, du Tarn-et-Garonne et du Lot-et-Garonne) s'enorgueillit de deux vignobles AOC, Gaillac et Côtes-du-Frontonnais, et de deux VDQS, Vins de Lavilledieu et Côtes-du-Brulhois. L'emplacement de ces vignobles les soumet à diverses influences. Influences climatiques tout d'abord : la Méditerranée toute proche leur apporte chaleur estivale et vents secs, l'océan Atlantique leur envoie la pluie et le Massif central est responsable des hivers froids et des gelées printanières. Influence des cours d'eau, ensuite, qui non seulement ont donné leurs noms aux départements mais engendrent une multitude de microclimats. Enfin, influence des sols très variés, qui permettent à ces régions de cultiver la plupart des cépages propres au Sud-Ouest.

## GAILLAC
Vignoble le plus ancien du Sud-Ouest, puisque les Gallo-Romains ont commencé à le cultiver au Ier siècle, Gaillac constitue aussi l'une des appellations les plus variées. Il est classé AOC dès 1938 pour ses vins blancs et il faut attendre 1970 pour que les vins rouges et rosés entrent dans l'appellation. Pourtant, c'est le vin rouge qui constitue actuellement l'essentiel de la production (60 %).

Le vignoble s'étend sur 73 villages du Tarn, autour de Gaillac, au nord-est de Toulouse. Albi marque la scission de l'appellation, avec quelques vignes situées dans 7 villages autour de Cunac, à l'est de la ville.

Quelques villages de la rive droite du Tarn (Broze, Cahuzac-sur-Vère, Castanet, Cestayrols, Fayssac, Lisle-sur-Tarn, Montels et Senouillac) sont autorisés à utiliser l'appellation Gaillac Premières Côtes pour leurs vins blancs doux, riches et aromatiques. En théorie, ces vignes doivent être mieux agencées et avoir un rendement plus faible

(40 hl/ha au lieu de 45hl/ha). En pratique, peu de producteurs utilisent cette distinction.

La composition des sols du vignoble de Gaillac est des plus variées : mélange d'argile et de calcaire sur la rive droite du Tarn, contre sable et gravier alluviaux sur la rive gauche. D'un côté, par exemple sur les vignobles en terrasses qui entourent le pittoresque village de Cordes, au nord de l'appellation, le sol est très riche en calcaire, ce qui est idéal pour les vins blancs. De l'autre côté, comme à l'est d'Albi, où le sol se compose de sable et de gravier, les conditions sont remplies pour la production de vins rouges très élégants.

### Les cépages
Gaillac possède une multitude de cépages, ce qui explique la grande diversité de ses styles de vins. Les cépages traditionnels du Bordeaux, Sémillon et Sauvignon, coexistent avec les cépages locaux comme le Mauzac, pour les vins blancs. Ce dernier, le plus ancien de Gaillac, peut composer un vin plus ou moins sec suivant son degré de maturité. Une touche de Loin de l'Œil récolté à point lui apporte finesse et classe. Ces cépages, travaillés selon les nouvelles méthodes de vinification, donnent des vins qui s'améliorent de jour en jour.

Dans les cépages rouges, c'est le Duras qui prend largement la tête, suivi du Fer Servadou (appelé localement Braucol), de la Syrah, de la Négrette, assez rare, et du Gamay, l'ensemble de ces cépages devant représenter 60 % au minimum de l'assemblage, complété par du Merlot, du Cabernet Franc ou du Cabernet-Sauvignon.

### Les styles de vin
Le vin blanc de Gaillac épouse tous les styles : sec, doux ou moelleux, tranquille, mousseux ou perlé. Le perlé est un vin blanc sec traditionnel. Pour le

produire, il faut garder un peu de gaz carbonique de la fermentation malolactique lors de la mise en bouteilles. Dans le verre, les bulles ressemblent à des perles, d'où son nom.

Le mousseux est élaboré soit selon la méthode champenoise soit selon la méthode gaillacoise, ou méthode rurale dans d'autres régions de France. À l'origine, on interrompait la première fermentation en immergeant les barriques dans de l'eau glacée. Aujourd'hui, on utilise une centrifugeuse et les lies de la seconde fermentation sont évacuées par remuage.

Le moelleux provient de raisins cueillis tardivement, lorsqu'ils sont très mûrs. La fermentation, très lente, est interrompue pour permettre au vin de garder son goût sucré. La teneur en sucre résiduel du Gaillac doux est de 70 grammes par litre, tandis que celle du moelleux est laissée à la libre appréciation de chaque éleveur.

Deux styles de Gaillac rouge, tous deux issus de Duras, se démarquent comme les plus typiques. Dans le premier, on ajoute du Fer Servadou pour la structure et de la Syrah pour la couleur tandis que, dans le second, proche du Bordeaux, on mélange du Merlot et du Cabernet. Un Gaillac rouge supporte de vieillir un peu, mais se consomme plutôt jeune.

Le Gaillac rouge nouveau ou primeur, issu de raisins Gamay soumis à une macération carbonique, est une alternative agréable au Beaujolais nouveau.

## CÔTES-DU-FRONTONNAIS
Sur un plateau situé entre le Tarn et la Garonne, la petite région des Côtes du Frontonnais produit du vin rouge et un peu de rosé.

La composition du sol est si typique qu'elle suffit à délimiter la zone d'appellation. Elle oscille entre le rouget, gravier rouge additionné d'un fort pourcentage de fer, qui est

Le Château de Lastours fait partie des grands producteurs de Gaillac.

considéré comme le terroir idéal, et les boulbènes limoneuses à base d'argile décomposée. Le Fronton tire son fruité caractéristique de la Négrette, qui doit entrer pour 50-70 % dans sa composition. Le vin ainsi obtenu est souple et fruité, avec une faible densité de tanin : il a tendance à s'oxyder facilement et à vieillir rapidement. Il faut donc le mélanger à d'autres cépages capables de vieillir, comme le Cabernet-Sauvignon, le Cabernet Franc, généralement privilégié, et le Fer Servadou. La part de chacun est plafonnée à 25 %. On trouve des vins de Négrette pure mais, d'un point de vue technique, ils ne sont pas conformes à l'appellation.

## VINS DE LAVILLEDIEU

À l'ouest de la ville de Montauban, au nord-ouest des Côtes du Frontonnais, se trouve une petite région vinicole comptant 12 villages regroupés autour de La-Ville-Dieu-du-Temple.

Ce vignoble a été classé VDQS en 1954 pour le vin rouge et le vin rosé, produits à partir de Négrette, Gamay, Cabernet Franc, Syrah et Tannat, mais de nombreux vignerons se cantonnent à la production de vins de pays et de vins de table pour écouler leurs vins de cépages hybrides.

## CÔTES-DU-BRULHOIS

Promus VDQS en 1984 après avoir été de simples vins de pays, les Côtes-du-Brulhois couvrent deux petites zones coupées en deux par la Garonne (sud-est du Lot-et-Garonne et ouest du Tarn-et-Garonne). Le terme « Brulhois » vient du verbe « brûler », qui se réfère à une tradition locale utilisée pour la distillation. La patrie de l'Armagnac est toute proche !

L'appellation VDQS concerne le vin rouge et un peu de rosé, mais pas de blanc. Les cépages principaux sont le Cabernet-Sauvignon, le Cabernet Franc et le Tannat ainsi que, de façon plus restreinte, le Merlot, le Malbec et le Fer Servadou. Les méthodes de vinification sont simples, avec fermentation et stockage dans des cuves de ciment, pour un vin rouge rustique qui se présente modestement comme l'un des meilleurs vins de pays du Sud-Ouest. □

## PRODUCTEURS ET NÉGOCIANTS

À Gaillac, comme dans les plus petites zones des Côtes-du-Frontonnais, des Vins de Lavilledieu et des Côtes-du-Brulhois, ce sont les coopératives qui font la pluie et le beau temps.

### Gaillac
Trois coopératives se partagent la vedette : La Cave de Labastide de Lévis, de loin la plus importante, puis celles de Técou et Rabastens. Parmi les producteurs individuels, citons Château Larroze, Château de Lastours, Château Clément-Termes, Domaine des Très Cantous et Mas Pignou, qui illustrent tous la grande diversité des arômes qu'on peut trouver dans une même appellation.

### Côtes-du-Frontonnais
La coopérative du village de Fronton produit toute une gamme de vins, dont le Château Cransac, tandis qu'un choix de plusieurs cuvées démontre les innombrables possibilités de vinification. Son Haut Capitole, constitué à parts égales de Négrette et de Cabernet, séjourne 6 mois dans du chêne neuf, ce qui lui donne un complément de structure ainsi qu'une pointe de vanille.

Parmi les propriétés indépendantes, on peut dire que Château Bellevue la Forêt a donné au Frontonnais ses lettres de noblesse. C'est en 1974 que Patrick Germain achète un terrain couvert de vergers. Aujourd'hui, il possède plus de 100 ha de vignes et a installé des caves modernes très bien équipées. Les temps de fermentation varient de une à deux semaines, chaque cépage étant vinifié séparément. La cuvée de prestige vieillit dans du chêne neuf pendant 12 mois. Parmi d'autres bonnes propriétés, on peut citer Château Flotis, Château Baudare et Château Montauriol.

### Vins de Lavilledieu
Actuellement, le seul producteur est la coopérative locale. Tous ses membres n'ont pas les cépages nécessaires au VDQS, mais un programme de replantation est en cours afin de remplacer les cépages hybrides.

### Côtes-du-Brulhois
La coopérative de Goulens est le principal producteur et les quelques vignerons indépendants ne mettent pas leur vin en bouteilles.

# PYRÉNÉES

Les vins produits dans les contreforts des Pyrénées se caractérisent par leur particularisme régional, qu'ils tiennent à conserver. Dès le IX<sup>e</sup> siècle, les vins de Gascogne, du Béarn et du Pays basque se font un nom en désaltérant les pèlerins en route vers Saint-Jacques-de-Compostelle. En 1553, ils entrent dans l'histoire de France par la grande porte, avec le baptême au Jurançon d'Henri IV, futur roi de France. Aujourd'hui, les départements du Gers, des Landes et des Pyrénées-Atlantiques ont cinq AOC (Jurançon, Madiran, Pacherenc-du-Vic-Bilh, Irouléguy et Béarn) et deux VDQS (Côtes-de-Saint-Mont et Tursan). On ne peut pas parler d'un climat, mais de plusieurs climats, soumis à la fois à l'influence des montagnes et à celle de l'océan Atlantique, et qui se subdivisent en une multitude de microclimats et de sols.

## JURANÇON

Les vignobles du Jurançon sont situés au pied des Pyrénées, à une altitude moyenne de 300 m, au sud de Pau. L'appellation s'étend sur 700 ha, soit 25 villages, dont Jurançon, perdu aujourd'hui dans la banlieue de Pau, et Monein, autre village notoire. Il s'agit d'une région de polyculture, avec beaucoup de petites parcelles de vigne perdues au milieu de champs et de prés à vaches.

### Les cépages et les styles de vin

On connaît plutôt le Jurançon pour ses vins blancs doux, bien qu'il en existe des secs, dotés d'une appellation particulière, Jurançon Sec. Tous les deux sont composés à partir de cépages très différents de ceux du Bordeaux : Gros-Manseng, Petit-Manseng et Courbu.

Avec le Gros-Manseng, au rendement le plus important, on élabore le vin sec, tandis qu'avec le Petit-Manseng, aux baies très sucrées, on compose un vin plus doux. Ce deuxième cépage a un rendement plus faible et doit faire l'objet de plus de soins. Certains vignerons font l'impasse sur le Courbu ; ils ont l'impression qu'il dénature les Mansengs, en privilégiant la quantité au détriment du goût.

Contrairement à la plupart des autres vins moelleux, la concentration provient du passerillage, processus qui consiste à ramasser les raisins très tard dans la saison. Cette région connaît des automnes longs et ensoleillés, chaudement ventilés par le *froin*, en provenance directe d'Espagne. L'effet cumulé de la chaleur du jour et de la fraîcheur de la nuit recroqueville les baies, pleines d'un jus riche, et il faut procéder à plusieurs cueillettes, ou tries.

Le Jurançon Sec est produit comme la plupart des vins blancs secs, avec plus ou moins de recherche selon le vigneron. Certains l'évitent radicalement, d'autres expérimentent les tonneaux de chêne neuf, tout en étant conscients qu'un séjour trop prolongé risque de dénaturer les arômes délicatement piquants des Mansengs. C'est un vin qui se boit relativement jeune, même s'il devient complexe en vieillissant.

Le Jurançon moelleux vieillit bien en fût de chêne. Une bouteille d'un grand millésime peut côtoyer sans honte un bon Sauternes ; de plus, elle s'enrichit avec le temps.

## MADIRAN, PACHERENC-DU-VIC-BILH

Il s'agit d'appellations jumelles pour le vin rouge (Madiran) et pour le vin blanc (Pacherenc-du-Vic-Bilh), qui concernent 37 villages autour de Madiran (3 dans le Gers, 6 dans les Hautes-Pyrénées et 28 dans les Pyrénées-Atlantiques). Le vignoble couvre 1 300 ha, à environ 40 km au nord de Pau.

Après avoir failli disparaître, le Pacherenc-du-Vic-Bilh fait son grand retour, même si sa production actuelle ne dépasse pas les 600 000 bouteilles (contre 7 millions de bouteilles de Madiran). Vic-Bilh, « vieux pays » en gascon, désignait autrefois la région. Pacherenc est une distorsion du patois « pachet en renc », soit « piquets en rangs » en français, indiquant que les vignes poussaient autrefois sur des piquets alignés.

Les vignes se trouvent sur les premiers contreforts des Pyrénées, avec des natures de sols très variables. Les versants les plus chauds, orientés au sud-ouest, sont aptes à la production de vin rouge, tandis que les versants plus frais, orientés sud-est, conviennent mieux aux cépages blancs. Les gelées tardives de printemps constituent l'un des plus grands dangers pour la récolte ; les étés sont assez chauds pour poser des problèmes de sécheresse. Les automnes, souvent longs et doux, précèdent des hivers particulièrement rigoureux.

### Les cépages

Le cépage le plus caractéristique du Madiran est le Tannat, au grain riche en tanin et à la peau dure, qui était au début du siècle l'unique cépage du Madiran. Il arrive qu'on trouve encore ce type de vin, mais on a pris l'habitude d'assouplir les 40 à 60 % de Tannat exigés par l'appellation avec d'autres variétés comme le Cabernet Franc (appelé Bouchy localement) et surtout le Cabernet-Sauvignon.

Pour le Pacherenc-du-Vic-Bilh, les cépages utilisés sont le Gros-Manseng, le Petit-Manseng, le Courbu ainsi qu'une variété locale, Arrufiat ou Ruffiac, qui apporte une note originale.

Aujourd'hui, la grande majorité du Pacherenc-du-Vic-Bilh a tendance à être sec, exhalant des arômes délicats et parfumés, qui rappellent le Viognier de Condrieu, avec une touche d'onctuosité huileuse. Si les raisins sont suffisamment mûrs, on peut élaborer un vin doux, moelleux, au goût de miel, fidèle à l'origine du vin. En effet, comme son voisin le Jurançon, le Pacherenc-du-Vic-Bilh était traditionnellement moelleux, les grappes restant sur pied tard dans l'automne.

## IROULÉGUY

Cette appellation tient son nom d'un petit village du Pays basque, au cœur des Pyrénées, non loin de la frontière espagnole. Après l'invasion phylloxérique du début du siècle, le vignoble du même nom a été abandonné jusqu'à ce qu'il soit replanté juste avant la Seconde Guerre mondiale. C'est ce vignoble qui a servi de base à l'appellation VDQS acquise en 1953, puis à l'appellation contrôlée de 1970.

Les vins rouges composent les deux tiers de la production d'Irouléguy, et les blancs, bien qu'ils soient autorisés, restent rares. Le cépage Tannat donne au vin sa couleur foncée, ses arômes et sa richesse, mais les deux Cabernets tiennent également une grande place.

## BÉARN

L'appellation comprend trois régions distinctes des Pyrénées : la première, le Jurançon, où les vignerons qui ont du raisin rouge produisent un Rouge de Béarn ; la deuxième, le Madiran, qui produit un Rosé de Béarn ; enfin, la troisième se concentre autour du village de Bellocq et de la pittoresque ville de Salies-de-Béarn. Les vins portent l'étiquette Béarn-Bellocq et peuvent être rouges, rosés ou blancs.

Comme dans tant d'autres endroits, les vignobles ont périclité après la crise du phylloxéra et n'ont dû leur renaissance qu'à la création de la Cave Coopérative de Salies-de-Béarn-Bellocq en 1947. Son Rosé de Béarn parvient à conquérir une clientèle parisienne et le Béarn est classé VDQS en 1951. Il obtient le statut d'appellation en 1975 pour le rouge, le blanc et le rosé.

Le Tannat est, là encore, le cépage dominant pour le rouge et le rosé, leur apportant structure et corps. Le Cabernet-Sauvignon et le Cabernet Franc ajoutent bouquet et douceur. Le blanc de Béarn-Bellocq est issu du Raffiat de Moncade, un cépage original de la région.

Le Tannat est le cépage qui donne au Madiran sa robe sombre.

En général, le Béarn est un vin simple et sans prétention. La coopérative de Bellocq est équipée correctement, mais les vins sont légèrement rustiques.

Certains des meilleurs Rouges de Béarn proviennent de la région de Jurançon, où la plupart des producteurs produisent du vin rouge en complément de leur gamme de vins habituelle. Ils peuvent le laisser vieillir quelques mois, ce qui contribue à affiner l'austérité du Tannat et du Cabernet.

## CÔTES-DE-SAINT-MONT

Les Côtes-de-Saint-Mont ont commencé comme vins de pays avant d'être promus VDQS en 1981. Ils obtiendront peut-être bientôt le statut d'appellation auquel ils aspirent.

Les vignobles des Côtes-de-Saint-Mont se trouvent sur les flancs des collines qui surplombent l'Adour, autour du petit village de Saint-Mont, au nord de Madiran et à l'est d'Aire-sur-l'Adour. Prolongement naturel des vignobles de Madiran et de Pacherenc-du-Vic-Bilh, ils utilisent des cépages identiques.

## TURSAN

Le Tursan est un VDQS à la pointe sud-est de la forêt des Landes, avec la petite ville de Geaune au centre. Vieille-Tursan est le plus important des 27 villages de la région, mais le plus célèbre est sans conteste Eugénie-les-Bains, grâce à la présence d'un des meilleurs chefs de France, Michel Guérard, qui y officie dans son hôtel-restaurant.

À l'origine, c'est le vin blanc qui a établi la renommée de Tursan, et il constitue encore un peu plus de la moitié de la production. Le rouge et le rosé n'ont fait leur apparition que dans les années 60. Le cépage principal du Tursan blanc est le Baroque, sans grand intérêt. D'autres cépages ont récemment été autorisés, dans un souci d'apport d'arômes et de fraîcheur ; par exemple le Sauvignon, qui peut participer à hauteur de 10 %. Le Tursan blanc est un vin assez frais, avec une acidité fruitée.

Le Tursan rouge, issu de Tannat, de Cabernet-Sauvignon et de Cabernet Franc, a un goût plutôt rustique. Le vin blanc de Tursan a un plus bel avenir. □

# PRODUCTEURS ET NÉGOCIANTS

Les coopératives constituent le nerf de la viticulture pyrénéenne, mais les appellations Jurançon, Madiran et Pacherenc-du-Vic-Bilh voient fleurir un nombre croissant de producteurs indépendants de bonne réputation.

## JURANÇON
### Domaine Cauhapé

Henri Ramonteu a fait plus que quiconque pour rehausser la réputation de son appellation. Passionné de Jurançon, il cherche sans relâche à améliorer son vin. Il élabore trois vins secs : un standard, une cuvée bois qui, comme son nom l'indique, fermente dans le bois, et y vieillit pendant sept mois, et une cuvée Vieilles Vignes, issue de vignes de 80 ans, vinifiée après 24 heures de macération pelliculaire. Ses vins moelleux sont tout aussi variés. Un premier provient de Gros-Manseng récolté début novembre, comme le veut la tradition ; un second, le Vendange Tardive, provient de Petit- et de Gros-Manseng à parts égales cueillis une ou deux semaines plus tard, et mûrit dans le bois pendant 12 mois. Le Noblesse de Petit-Manseng qui, comme son nom l'indique, est issu uniquement de Petit-Manseng, séjourne 18 mois dans le bois, fermentation comprise. Le Quintessence du Petit-Manseng, dont les raisins restent sur pied jusqu'au début de décembre, n'est élaboré que les meilleures années. Les rendements sont très faibles, à peine 8 hl/ha, et le vin reste, là encore, 18 mois dans le chêne. C'est le Jurançon moelleux à son apogée, vin qui justifie les fameux mots de Colette : «J'étais une enfant quand j'ai rencontré un prince – passionné, impérieux, inconstant comme tous les grands séducteurs –, le Jurançon.»

### Cave coopérative de Gan

La coopérative du village de Gan a servi à améliorer l'image du Jurançon, notamment avec sa figure de proue : le Château les Astous.

### Château Jolys

Robert Latrille a acquis cette propriété en 1958 lors de son retour d'Algérie, mais il n'a commencé à fabriquer du vin qu'en 1983. Il s'agit du plus grand domaine de l'appellation, avec 12 ha de Petit-Manseng et 25 ha de Gros-Manseng. L'investissement dans l'équipement a été considérable, mais sans barriques de chêne neuf. Trois vins sont proposés : un sec, un moelleux et un supermoelleux, la Cuvée Jean, réservée aux meilleures années.

### Autres producteurs

Charles Hours à Clos Uroulat ; Clos Cancaillau et Domaine Dru-Baché.

## MADIRAN, PACHERENC-DU-VIC-BILH
### Château Bouscassé

Alain Brumont mène la danse dans les deux appellations ; il possède également Château Montus. Il a provoqué un certain émoi en 1982 lorsqu'il a acheté certaines barriques de Château Margaux d'un an d'âge dans le Médoc. Depuis, plusieurs viticulteurs ont suivi son exemple. En effet, l'oxygénation est une partie importante du processus, qui assouplit le vigoureux Madiran, mais – quelquefois – l'abondance de chêne nuit aux arômes et au bouquet du vin. Le Madiran est à son apogée après un vieillissement de quelques années en bouteille. Alain Brumont peut se vanter de produire l'un des meilleurs vins rouges du Sud-Ouest.

### Autres producteurs

François Laplace au Château d'Aydie ; Domaine du Crampilh ; Jean-Marc Laffitte du Domaine Laffitte-Teston ; Patrick Ducoumeau du Domaine Moureou.

Les coopératives sont importantes dans ces appellations. L'Union Plaimont (voir ci-après) produit une quantité considérable de Madiran, de même que la coopérative du village de Crouseilles. Celle de Saint-Mont a même essayé de promouvoir la renaissance du Pacherenc-du-Vic-Bilh.

## IROULÉGUY
### Cave coopérative des vins d'Irouléguy et du Pays basque

La coopérative d'Irouléguy, avec ses 50 membres, est le producteur principal. Les méthodes restent traditionnelles : après égrappage, on opère deux ou trois remontages au cours d'une fermentation de huit jours. Ensuite, le vin est conservé quelques mois dans des cuves avant sa mise en bouteilles. Il gagne à être consommé jeune.

### Autres producteurs

Deux autres producteurs sont à signaler : Jean Brana, négociant à Saint-Jean-Pied-de-Port qui a récemment replanté un vignoble en terrasses, et Domaine Ilarria.

## BÉARN
### Les Vignerons de Bellocq

La coopérative du village est le producteur principal. Ses caves sont bien équipées, mais les vins (rouge, rosé, blanc) ont un parfum assez rustique.

## CÔTES-DE-SAINT-MONT
### Union Plaimont

La coopérative de Saint-Mont contrôle la quasi-totalité de la production de Côtes-de-Saint-Mont. Un renouvellement des équipements de vinification en fait une des coopératives les plus impressionnantes du Sud-Ouest. Pas de machines à vendanger pour ne pas abîmer les grappes et éviter l'oxydation. Restriction de la quantité de raisins cueillis et vinifiés chaque jour pour ne pas surcharger les infrastructures. Contrôle attentif de la température pour une fermentation pratiquée dans des cuves en acier inoxydable. Les coûteuses barriques de chêne neuf, introduites récemment, sont utilisées avec succès.

La gamme de base se vend sous l'étiquette Cuvée Tradition ; les vins Cuvée Privilège séjournent quelque temps dans le chêne, tandis que les Collection Plaimont y restent plus longtemps. La coopérative se consacre également à deux propriétés : Château de Sabazan et Château de Saint-Go. Bien que principalement intéressée par le vin local, elle produit également un bon Madiran, du Pacherenc-du-Vic-Bilh et du Vin de Pays des Côtes de Gascogne (en rouge, rosé, et en blanc).

## TURSAN
### Château de Bachen

Même si, officiellement, le vin blanc est issu à 90 % du cépage Baroque, cette propriété cultive également du Gros- et du Petit-Manseng et du Sémillon, qui permettent d'améliorer sensiblement le goût du vin.

### Les Vignerons de Tursan

La production est dominée par la coopérative locale, fondée en 1957, soit une année avant la reconnaissance de Tursan comme VDQS. La coopérative gère actuellement le Domaine de la Castèle, où la nouveauté consiste à faire fermenter et vieillir le vin dans le chêne. Bien que ce procédé puisse réveiller le terne cépage Baroque, il risque aussi de masquer les arômes du raisin.

# AVEYRON ET QUERCY

Le département de l'Aveyron possède une AOC, Marcillac, et trois zones VDQS, Côtes-de-Millau, Vins d'Entraygues et du Fel et Vins d'Estaing. La région du Quercy produit un VDQS, Coteaux du Quercy, sur une zone de 420 ha qui s'étend au sud de Cahors, à cheval sur le Lot et le Tarn-et-Garonne. Le cépage principal est le Cabernet Franc.

## Marcillac

L'appellation de Marcillac est la plus prospère, grâce à la création d'une coopérative en 1965. Le statut d'AOC a été attribué en 1990. La coopérative compte 55 membres, soit 100 ha de vignes sur un total de 145 ha dans l'appellation. On plante de jeunes ceps et on restaure les terrasses en ruine.

Dans cette contrée, le regard s'attarde sur de belles rangées de vignes à flanc de coteau ou sur quelques pieds accrochés sur des escarpements entre 300 et 600 m d'altitude. Le sol se compose principalement de grès rouge. Les gelées printanières étant fréquentes, on ne cultive pas les versants les plus bas et les plus exposés au gel.

Le Fer Servadou, ou Mansois, représente 90 % des vignes. Il donne des vins rouges merveilleusement originaux, avec un certain goût épicé et un parfum de cassis. Les méthodes de vinification sont classiques et le vin séjourne généralement quelque temps dans le bois (la coopérative utilise des cuves) avant sa mise en bouteilles. Bien que les Marcillacs se boivent jeunes, certains méritent de vieillir.

## Vins d'Entraygues et du Fel

Avant l'épidémie de phylloxéra, certains de ces vins montaient jusqu'à Paris. Il reste aujourd'hui 15 ha de vignes, tenus principalement par deux familles. Le minuscule Le Fel est renommé pour son vin rouge, et Entraygues pour son vin blanc. Aujourd'hui, la zone VDQS couvre les trois couleurs : le blanc à base de Chenin Blanc, le rouge et le rosé de Fer Servadou et de Cabernets. Les méthodes restent assez rustiques, comme il convient à un vignoble « perdu ».

## Vins d'Estaing

Les 12 ha du plus petit VDQS de France se situent plus haut dans la vallée du Lot. Les méthodes sont traditionnelles, avec six vignerons se partageant une cave communale. Le meilleur vin est le blanc (Chenin Blanc assagi par du Mauzac). Le rosé est assez fruité et le rouge un peu âpre (Gamay, Cabernet Franc et Fer Servadou).

## Côtes-de-Millau

Ce nouveau VDQS, qui s'appelait jusqu'en 1993 Vin de Pays des Gorges et Côtes de Millau, couvre environ 50 ha de vignobles près de Roquefort et des gorges du Tarn. La coopérative d'Aguessac est le producteur principal, avec du rouge, du rosé et du blanc.

## Coteaux du Quercy

Devenu VDQS en 1997, ce vin surtout rouge est produit par trois caves : les Côtes d'Olt ; La Ville-Dieu-du-Temple ; et principalement les Vignerons du Quercy, à Montpezat-de-Quercy. □

## LES VINS DE PAYS

Les vins de pays tiennent une place importante dans le Sud-Ouest. Beaucoup d'entre eux viennent en deuxième position dans une appellation géographique. Ainsi, le Vin de Pays des Côtes du Tarn est dans l'AOC de Gaillac. Les deux vins proviennent des mêmes raisins : le producteur sélectionne les meilleurs vins pour l'AOC et vend le reste comme vin de pays.

### Vin de Pays des Côtes de Gascogne

Ce vin de pays s'est fait une place tout seul au fur et à mesure que les ventes d'Armagnac déclinaient. La région délimitée couvre le Gers.

Le vin blanc, produit à 80 %, est plus réputé. Les cépages utilisés sont l'Ugni Blanc, qui donne de la fraîcheur, et le Colombard, qui apporte du fruité. Toutefois, des vignerons audacieux expérimentent d'autres cépages.

Une fermentation en blanc classique est pratiquée à basse température. On pratique aussi la macération pelliculaire afin de rehausser les arômes des cépages blancs qui ont tendance à être assez neutres. On propose des vins « cuvée bois » élevés dans des barriques de chêne neuf ainsi que d'occasionnels vins moelleux, résultats de vendanges tardives. Les Côtes-de-Gascogne blancs se consomment dans leur plus tendre jeunesse pour leur fraîcheur et leur fruité.

Les rouges restent assez rustiques. Le plus grand producteur est l'Union Plaimont, qui regroupe les coopératives de Saint-Mont, Plaisance et Aignan. La famille Grassa a beaucoup fait pour promouvoir le vin : ses quatre propriétés sont les Domaines de Tariquet, de Rieux, de la Jalousie et de Plantérieu. Parmi les autres propriétés, on peut citer Domaine de San de Guilhem et Domaine de Saint-Lannes.

### Vin de Pays des Terroirs Landais

« Vin de pays de zone » du département des Landes avec quatre secteurs de production distincts : les Sables de l'Océan, les Coteaux de Chalosse, les Côtes de l'Adour et les Sables Fauves. La moitié de la production est constituée de vin blanc, un tiers de vin rouge, et le reste, de rosé.

### Vin de Pays des Coteaux de Glanes

Le Gamay et le Merlot sont les deux cépages de petites quantités d'un vin rouge doux et fruité produit dans cette région du haut Quercy (département du Lot).

### Vin de Pays du Comté Tolosan

Il s'agit d'un vin de pays régional qui couvre non moins de 11 départements de Midi-Pyrénées. Les vins rouges prédominent, avec une petite quantité de blancs et de rosés, composés à partir de cépages locaux et classiques.

# ALLEMAGNE
## PAYS DU BENELUX, SUISSE, AUTRICHE

LA FRAÎCHEUR DU CLIMAT AMÈNE CES PAYS À PRODUIRE

D'EXCELLENTS VINS BLANCS. LA SUISSE, QUANT À ELLE,

AJOUTE À SON PATRIMOINE DES VARIÉTÉS FRANÇAISES

ET ITALIENNES.

—

# ALLEMAGNE

LES MEILLEURS VINS ALLEMANDS FIGURENT AU PALMARÈS DES GRANDS VINS DU
MONDE ET, MÊME SI CERTAINS VINS COURANTS PEUVENT DÉCEVOIR,
LES EFFORTS RÉCENTS DE JEUNES VITICULTEURS SONT DE BON AUGURE.

Les vieilles caves du monastère d'Eberbach (Rheingau) abritent
un musée des pressoirs. Construites pour recevoir les vendanges
des grands vignobles monastiques, elles datent de 1145.
Aujourd'hui Eberbach est le siège du Domaine d'État.

On sait que la nature du sol, le climat et le choix des cépages sont autant de facteurs déterminants pour le bouquet, la saveur et le style d'un vin. Les vignerons allemands aiment à souligner leur particularisme, face aux autres régions viticoles prestigieuses du monde, car la fraîcheur du climat du nord de l'Europe rend difficile l'obtention d'une bonne maturité du raisin. On compense ce handicap en plantant la vigne sur les sites les mieux exposés. C'est pourquoi la majeure partie des vignobles est située dans l'ouest et le sud du pays et épouse les courbes des vallées fluviales, notamment celles du Rhin et de ses affluents. Les meilleurs coteaux, choisis pour leur ensoleillement et leur proximité des fleuves, bénéficient d'un microclimat offrant une chaleur constante, plus favorable à la maturité des raisins. Chaque parcelle présente une combinaison de propriétés viticoles qui lui est propre, avec une hétérogénéité peut-être plus marquée encore qu'en France : les meilleures parcelles peuvent jouxter des parcelles médiocres. Les aléas climatiques sont autant de risques supplémentaires, car quelques heures de mauvais temps peuvent anéantir les efforts d'une année : les vins allemands résultent d'un travail dans des conditions limites de viticulture, ce qui explique que la teneur en alcool de ces vins soit souvent relativement basse, tandis que leur acidité peut être particulièrement élevée. L'Allemagne produit essentiellement des vins blancs, qui gardent leurs qualités de fraîcheur et d'élégance pendant plusieurs années. C'est le cas, par exemple, des vins issus du cépage Riesling. Les premiers ceps furent plantés dans les régions du Rhin et de la Moselle par les Romains, qui ont laissé en héritage de beaux monuments, dont une célèbre sculpture représentant des tonneaux de vin arrimés à bord d'un bateau, exposée aujourd'hui dans le Musée régional de Trèves. Puis, après Charlemagne, ce sont les moines et les nobles du Moyen Âge qui ont marqué de leur influence les nombreux domaines dont beaucoup existent encore aujourd'hui. Dès cette époque, et jusque dans les années 60, le Rhin permettait d'expédier les barriques de vin vers l'Europe du Nord, car les voies fluviales étaient essentielles au transport des vins. Aujourd'hui, le Rhin dispense toujours ses bienfaits aux vignobles situés sur ses coteaux, en leur restituant la chaleur qu'il a absorbée pendant l'été et au tout début de l'automne, juste avant les vendanges.

# LES RÉGIONS VITICOLES D'ALLEMAGNE

Les 13 Anbaugebiete, ou régions officielles, sont illustrées ici. Les vins de qualité mentionnent leur région d'origine sur leur étiquette. Les régions viticoles centrales de Rheingau, Nahe, Hesse rhénane, Palatinat et Bergstrasse de Hesse sont représentées p. 318, celles de Moselle-Sarre-Ruwer p. 313. Les deux régions de Saale-Unstrut et Saxe situées dans l'ex-République démocratique allemande se développent.

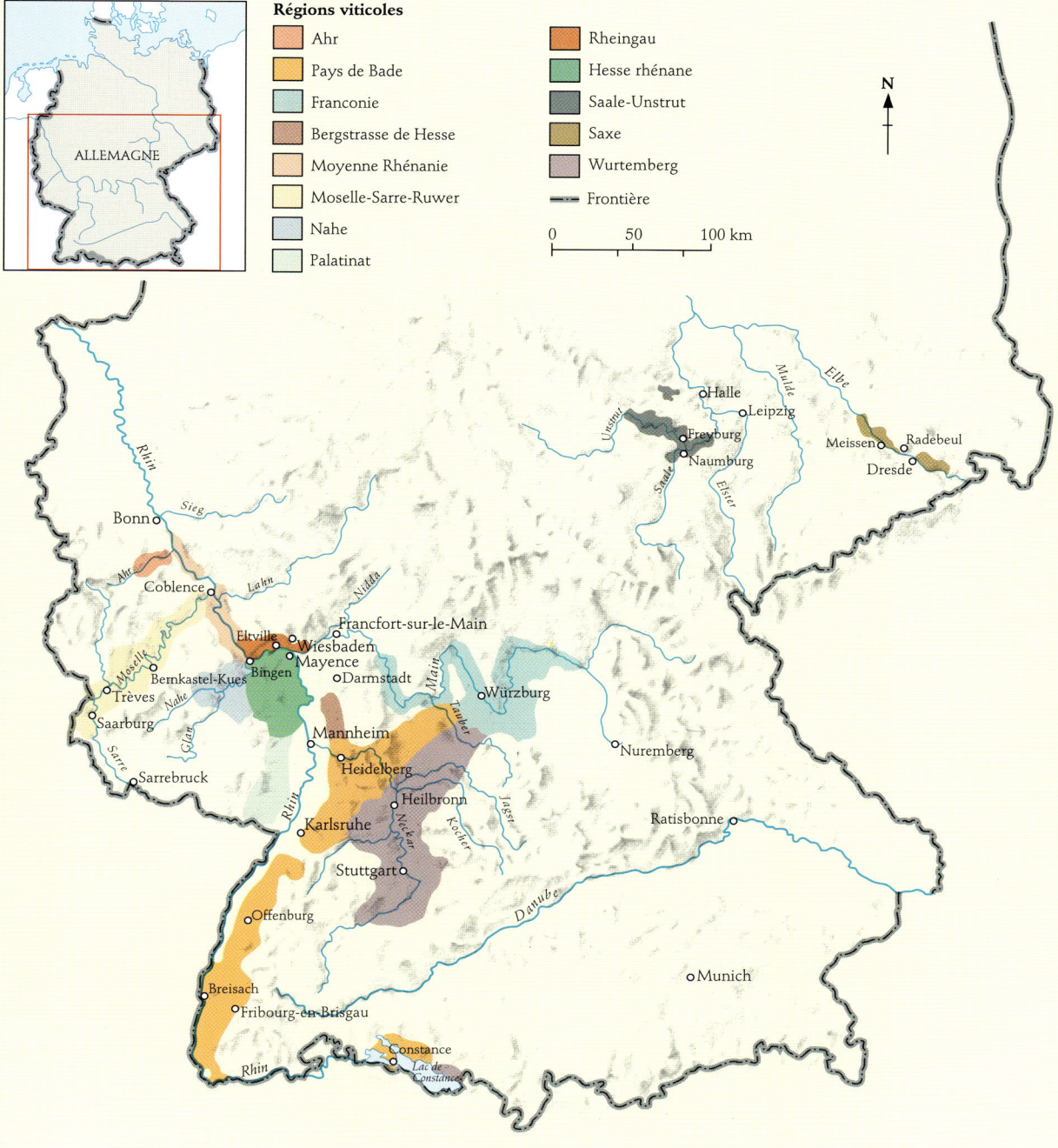

**Régions viticoles**

- Ahr
- Pays de Bade
- Franconie
- Bergstrasse de Hesse
- Moyenne Rhénanie
- Moselle-Sarre-Ruwer
- Nahe
- Palatinat
- Rheingau
- Hesse rhénane
- Saale-Unstrut
- Saxe
- Wurtemberg
- Frontière

0    50    100 km

N

Il suffit de regarder où se situent les principales régions viticoles pour mesurer l'importance accordée à la proximité d'un cours d'eau. Les vignobles de Bade ne s'éloignent jamais du Rhin. Le Neckar et ses affluents serpentent entre les coteaux du Wurtemberg, avant de rejoindre le Rhin à Mannheim ; le Main, autre affluent du fleuve qui le rejoint à Mayence, façonne au passage les vignobles de Franconie. La petite région de la Bergstrasse de Hesse s'étend face à la vallée rhénane, au nord de Heidelberg, tandis que, de l'autre côté du fleuve, la région du Palatinat se particularise en ayant supprimé de son appellation la mention «Rhin» (en 1992). Immédiatement au nord, on trouve la Hesse rhénane, bordée à l'est et au nord par le fleuve, et, sur la rive droite, les vignobles du Rheingau. Les vignobles escarpés des gorges du Rhin constituent la région du Mittelrhein. La Nahe, autre affluent, a également donné son nom à une région viticole.

La région de la Moselle, une des plus connues hors des frontières allemandes, regroupe les vignobles de la Saar et de la Ruwer. La belle région de l'Ahr est proche de l'extrémité nord des zones viticoles de l'ouest du pays. À l'est, les rivières Saale et Unstrut forment une région. Enfin, l'Elbe porte sur ses flancs les vignobles de Saxe (Sachsen).

## Régions et réglementation viticole

La réglementation viticole allemande a codifié ces divisions géographiques – et traditionnelles – en *Anbaugebiete*, ou régions officielles. Il en existe 13 (voir carte p. 305), elles-mêmes divisées en *Bereiche*, ou districts.

Autrefois, il existait plusieurs milliers de petites parcelles, chacune sous sa propre étiquette, un peu comme en Bourgogne : une *Einzellage*, ou terroir particulier, équivaut à un cru. Mais une loi datant de 1971 a regroupé plusieurs de ces terroirs traditionnels en *Einzellagen* et leur a attribué une entité légale. Le fait de réduire le nombre des appellations a permis d'éviter la confusion, mais a également fait disparaître quelques nuances qualitatives importantes. De plus, cette loi instaure la notion de *Grosslage*, ou terroir collectif, regroupant plusieurs vignobles de caractères similaires, même s'ils ne sont pas forcément contigus.

Ces deux mentions, *Einzellage* et *Grosslage*, sont toujours précédées sur l'étiquette par le nom du village où se situe le vignoble. L'étiquette d'un vin allemand ne permet pas au consommateur de savoir si le vignoble cité est une *Grosslage* (dénomination collective, donc peu précise) ou une *Einzellage* (vignoble en général plus petit et plus spécifique). Il faut noter que, en classement officiel des vignobles, il n'existe aucun *premier cru* ou *grand cru*.

## Les niveaux de qualité

Si l'origine géographique est le premier critère de distinction des vins allemands, le second est leur niveau de qualité officiel, celui-ci étant classé en trois catégories selon la teneur en sucres du jus de raisin (ou moût).

■ **Tafelwein** (vin de table). Catégorie des vins de table ordinaires. Si l'étiquette précise «allemand» *(Deutscher)*, cela signifie que le vin est issu d'un vignoble allemand. Sinon, il s'agit d'un vin d'un autre pays de l'Union européenne mis en bouteilles par un négociant allemand. Il n'est pas rare que certains vins de grande qualité soient commercialisés sous la dénomination *Deutscher Tafelwein* dans le cas où leurs producteurs ne les soumettent pas aux dégustations officielles.

**Landwein** (vin de pays) : désignation des meilleurs vins de la catégorie *Tafelwein*. Ils n'ont pourtant pas acquis la même renommée que leurs homologues français.

■ **Qualitätswein eines bestimmten Anbaugebiete (QbA).** Échelon inférieur des vins de qualité. Désigne les vins de qualité d'une région délimitée.

■ **Qualitätswein mit Prädikat (QmP).** Littéralement, «avec distinction». Échelon supérieur des vins de qualité. Les vins QmP, et c'est ce qui les distingue des QbA, sont élaborés à partir de raisins dont la teneur en sucres est suffisante pour ne nécessiter aucune chaptalisation. Ils sont subdivisés en six sous-catégories, toujours selon le même critère de densité du moût en ordre croissant.

**Kabinett** : échelon de base des QmP.

**Spätlese** : littéralement, «vendanges tardives». Élaborés à partir de raisins plus mûrs, les *Spätlesen* peuvent être aussi bien doux que secs.

**Auslese** : vin élaboré à partir de grappes sélectionnées. Dans de bons millésimes, la sélection porte parfois sur des raisins atteints de pourriture noble *(Botrytis cinerea)*, produisant des vins doux opulents. On produit également de plus en plus d'*Auslesen* secs.

**Beerenauslese** : vin liquoreux, élaboré à partir de grains de raisins en surmaturité, sélectionnés un à un.

**Trockenbeerenauslese (TBA)** : vin élaboré comme les *Beerenauslesen* mais avec des raisins flétris et desséchés *(Trocken)* sous l'effet de la pourriture noble. Ce moût très concentré donne lieu à des vins très doux. Ils sont chers.

**Eiswein** : littéralement, «vin de glace». Le moût est encore plus concentré, puisque les raisins ont gelé sur pied. Les *Eiswein* sont des vins rares et chers.

La densité du moût exprime la teneur en sucres naturels du jus de raisin, mais une densité élevée ne signifie pas automatiquement que le vin aura un goût sucré. La tendance actuelle chez les producteurs est d'obtenir des vins plus secs en les laissant fermenter jusqu'à la transformation de tous les sucres en alcool (voir La vinification p. 97).

## L'idée maîtresse de la sélection

Cette hiérarchisation officielle des vins allemands de qualité procède du raisonnement suivant : plus les raisins sont mûrs, meilleur est le vin. Elle reflète la difficulté de faire mûrir le raisin dans un climat aussi ingrat, mais traduit également de la part des viticulteurs une recherche de rareté et, par conséquent, de valeur ajoutée. La tradition, entérinée par la loi, est de laisser les raisins sur les ceps le plus longtemps possible, lorsque le temps le permet, pour atteindre une maturation optimale. Les vendanges peuvent donc s'étaler sur deux mois : elles commencent dans les vignobles destinés à produire des vins *Kabinett* tandis qu'ailleurs on rêve de voir s'installer la pourriture noble et de récolter des raisins surmaturés afin de produire un *Auslese* ou mieux encore.

Certains propriétaires remettent en cause cette tradition en abandonnant les vins naturellement doux au profit de vins plus secs, afin de satisfaire à la nouvelle demande des consommateurs. Cette tendance encourage les viticulteurs à limiter leurs rendements, la concentration obtenue assurant ainsi l'équilibre habituellement fourni par le sucre résiduel.

### Les vins secs et demi-secs

Une modification de la législation donne l'autorisation de porter la mention *Halbtrocken* (demi-sec) ou *Trocken* (sec) aux vins dont la teneur en sucres résiduels se situe au-dessous d'un certain taux (ou d'une certaine densité). Un Riesling *Trocken* a besoin d'une bonne teneur en sucres naturels et d'une bonne acidité. On réalise un *Spätlese Trocken* ou un *Auslese Trocken* en laissant la fermentation transformer tous les sucres en alcool.

### Le caractère des vins

Les vins allemands sont blancs pour une large majorité d'entre eux, mais la superficie plantée en rouge, qui représente à peine 15% du vignoble, est en augmentation.

Le caractère des vins allemands est déterminé par le district et le vignoble, le cépage, les différents niveaux de qualité décrits ci-dessus et la volonté du producteur. Il faut ajouter à ces critères le millésime, car le climat de l'année joue un rôle de première importance.

Pour chaque niveau de qualité est déterminée une densité de moût minimale, qui varie selon la région : pour obtenir la même qualification, les régions plus au sud doivent atteindre une teneur en sucres naturels plus élevée que celle des régions situées au nord. Ainsi, un *Kabinett* de la Moselle aura un degré moindre d'alcool qu'un *Kabinett* de Bade.

La loi entérine donc les différences dues au climat et à l'environnement, puisque les vignobles septentrionaux sont les plus sensibles aux petites différences d'exposition et de nature du sol. Un domaine allemand peut être composé d'une douzaine de parcelles différentes et produire une grande variété de vins dont l'identité sera déterminée par le site et la maturité. Il est donc difficile de classer et de codifier des vins dont les caractères peuvent être aussi disparates.

Les vins allemands, comparés à des vins français ou italiens, ont pourtant une personnalité bien à eux qui se définit plus par un certain équilibre entre le fruité et l'acidité et par le cépage que par le degré d'alcool ou par les caractères dérivant de l'élevage en fûts de chêne, par exemple.

### Le vieillissement et les millésimes

De tous les cépages plantés en Allemagne, c'est le Riesling, avec son équilibre bien marqué entre le fruité et l'acidité, qui produit les vins dotés du meilleur potentiel de vieillissement. En général, une bonne concentration en sucres à la vendange allonge la durée pendant laquelle le vin peut se bonifier en bouteilles. Les vins les plus concentrés,

Forteresse de Stahleck dominant Bacharach (Mittelrhein).

comme les *Beerenauslesen*, atteignent rarement leur apogée avant sept – voire dix – ans de bouteille. L'acidité est tout aussi essentielle pour un bon vieillissement du vin : les années très chaudes produisent souvent des vins de faible acidité, mais d'une teneur en sucre élevée ; ces vins gardent leurs qualités moins longtemps que ceux qui bénéficient dès leur naissance d'un meilleur équilibre.

De par la situation septentrionale des vignobles, les moindres variations climatiques ont, d'un millésime à l'autre, des répercussions importantes sur le style des vins. Une année ensoleillée se traduit par un pourcentage élevé de vins classés en QmP ; une année fraîche ne permet pas toujours un mûrissement suffisant des raisins pour que les vins soient admis au rang de QbA ou même à celui de *Tafelwein*.

### Les cépages classiques

Le cépage blanc qui sert de point de repère pour les vins allemands est le

Riesling. Il est capable de bien mûrir au cours des automnes ensoleillés, donnant ainsi des vins dans les différentes catégories de QmP. Au fur et à mesure que de nouveaux cépages se développaient (voir ci-dessous), le Riesling a perdu du terrain en faveur de cépages plus prolifiques et plus faciles à cultiver.

Le Riesling (voir p. 45) demeure un des grands cépages classiques du vignoble mondial. En Allemagne, il occupe les meilleurs sites qui sont les coteaux les plus escarpés, tels ceux de moyenne Moselle (Mittelmosel) et du Rheingau, dont la bonne exposition, associée à la chaleur de l'automne, lui assure la longue période de mûrissement dont il a besoin.

Le Sylvaner (voir p. 48) est l'autre cépage classique des vins blancs allemands. On l'associe surtout à la région de Franconie, mais les plus grands vignobles se trouvent en Hesse rhénane. Il donne des vins secs à la fois concentrés et vifs, aptes à bien vieillir, à condition que les vignobles soient bien situés et les rendements raisonnables.

### Vignobles et cépages nouveaux

Depuis les années 60, les vignobles allemands ont plus que doublé en superficie. Les sites les plus propices étant déjà plantés, souvent depuis des siècles, la plupart des nouvelles implantations manquent des qualités adéquates et ne permettent de produire que des vins bon marché. L'Allemagne vend 27 % de sa production à l'étranger , soit près de 360 millions de bouteilles chaque année, en priorité à la Grande-Bretagne ; viennent ensuite les Pays-Bas, le Japon et les États-Unis. Dans le même temps, elle importe plus d'un milliard de bouteilles en provenance d'Italie, de France et d'Espagne, ce qui fait d'elle le plus gros importateur de vin des pays membres de l'Union européenne.

De nombreux vignobles allemands ont fait l'objet d'un remembrement (*Flurbereinigung*) depuis les années 60 pour faciliter la mécanisation dans le travail de la vigne et réduire les coûts d'exploitation. Les résultats de ce remembrement sont peu esthétiques, notamment pour les vignobles de Bade dans la région

Terrasses escarpées au bord de la Moselle (Trittenheim).

de Kaiserstuhl, et quelques producteurs ont même soutenu que ces bouleversements avaient changé le climat local.

Parallèlement, en croisant des cépages anciens, les chercheurs ont obtenu de nouveaux cépages, moins sensibles aux maladies, capables de produire des vins de caractère tout en permettant de meilleurs rendements et une teneur en sucres plus élevée : une nouvelle concurrence pour les cépages traditionnels comme le Riesling et le Sylvaner. Le premier hybride créé, le Müller-Thurgau (Riesling x Sylvaner), permet à des vignobles bien situés de donner un vin blanc de qualité, à condition de maintenir des rendements faibles.

Le cépage Scheurebe (Sylvaner x Riesling), le meilleur des hybrides si l'on juge la qualité des vins, offre de belles réussites à la région du Palatinat. Ces vins s'affirment grâce à leur bouquet et

## LIRE UNE ÉTIQUETTE DE VIN ALLEMAND

Pour l'amateur non initié, la lecture des étiquettes de vins allemands reste une énigme ; cependant, celles-ci donnent une multitude d'informations.

**Le nom du producteur** figure généralement en première position, précédé, le plus souvent, des termes *Weingut* (domaine) ou *Schloss* (château).
**Le nom du vignoble** est toujours précédé du nom du village, auquel on ajoute en général le suffixe «-er», marque de l'adjectif. Ainsi, pour dire qu'une bouteille provient de Bernkastel (nom du village), on écrira *Bernkasteler* («de Bernkastel»). Ainsi, *Bernkasteler Doktor* indique que le vin provient du vignoble «Doktor» à Bernkastel.
**Les niveaux de qualité** QbA ou QmP sont toujours indiqués, le second

figurant bien en évidence.
Décodée, l'étiquette fournit donc le nom du producteur, la région d'où proviennent les raisins et le niveau officiel de qualité. Elle peut aussi indiquer le millésime et le cépage, mais ces mentions ne sont pas obligatoires.
**L'A.P.** (*Amtliche Prüfung* : examen officiel) est une garantie de qualité. Sa présence atteste que le vin est issu de cépages autorisés, qu'il a atteint le taux de sucre minimal et que la région mentionnée est bien la région d'origine. Si l'étiquette précise *Erzeugerabfüllung*, cela indique que le vin a été mis en bouteilles par le producteur, éventuellement par une coopérative (voir p. 309) ; la mention *Gutsabfüllung* précise une mise en bouteilles au domaine.

à une acidité soutenue ; ils bénéficient d'un bon potentiel de garde.

Le cépage Kerner (Trollinger x Riesling), apprécié pour la constance de ses rendements, donne des vins de caractère robuste, même s'il leur manque la finesse et le charme du Riesling ; grâce à leur teneur en sucre, ces vins satisfont souvent aux critères de qualité leur permettant d'entrer dans les catégories des *Spätlesen* ou des *Auslesen*.

## Les vins rouges et la famille des Pinots

Les vins rouges occupent une place grandissante dans l'univers viticole allemand. Les techniques de vinification se rapprochent de plus en plus du modèle français, ce qui entraîne certaines évolutions : des degrés alcooliques plus élevés, des sucres résiduels moins importants et l'utilisation de plus en plus fréquente de la barrique pour l'élevage des vins.

Les cépages utilisés sont, en rouge, principalement le Spätburgunder (Pinot Noir), mais également le Blauer Portugieser, qui donne des vins légers, et le Dornfelder, un nouvel hybride dont les vins ressemblent au beaujolais. En cépages blancs, on trouve le Weissburgunder (Pinot Blanc), le Ruländer (Pinot Gris) et le Chardonnay (autorisé

dans le Sud depuis 1991). Le Spätburgunder et le Weissburgunder atteignent, dans les districts de Bade, Kaiserstuhl et Ortenau, des niveaux de qualité suffisants pour pouvoir prétendre à une diffusion internationale. Ces deux Pinots prospèrent également dans le Palatinat, où les vins qu'ils donnent sont à peine plus acides qu'ailleurs. On trouve en effet des Spätburgunder de grande qualité dans plusieurs régions d'Allemagne, chez des viticulteurs qui ont acquis leur savoir-faire dans d'autres vignobles du monde.

## Propriétaires-récoltants et caves coopératives

Exception faite du Bade-Wurtemberg, la majeure partie des meilleurs vins est issue de domaines privés ou de propriétés d'État (Rheinland Pfalz, Hessen, Bayern), voire municipales. Les caves coopératives reçoivent le raisin (jamais de moûts ou de vins) de leurs membres, soit plus d'un tiers de la récolte. Dans le Bade-Wurtemberg, elles couvrent toute la gamme des vins. Ailleurs, la qualité et le style des vins de la coopérative peuvent varier en fonction de la politique commerciale de chaque cave. La nouvelle tendance affirme une volonté de produire de meilleurs vins et de les vendre plus cher.

Ces derniers sont diffusés avec la mention *Erzeugerabfüllung (*mis en bouteilles par le producteur).

## De nouveaux styles de vin

Le goût des jeunes consommateurs allemands se tournant vers des vins légers, plus secs et plus fruités, les vignerons produisent actuellement des vins issus de vieilles vignes à faible rendement et peu sensibles à la pourriture grise.

De plus, dans un souci d'écologie, ils privilégient désormais les engrais organiques et limitent le traitement chimique de la vigne. L'utilisation d'autres produits chimiques, mis à part une faible quantité de dioxyde de soufre, a été largement remplacée par un meilleur entretien des chais. Le vieillissement en bois neuf se pratique couramment pour le Pinot et pour d'autres cépages similaires. Une question reste posée : cette pratique améliore-t-elle ou dénature-t-elle le vin ?

La présentation de ces nouveaux vins se veut parfois originale, voire élégante. Ainsi, les régions de Moselle-Sarre-Ruwer et du Rheingau ont conçu des types de bouteille plus grands et plus élaborés que celui de la bouteille allemande traditionnelle, fine et d'un vert presque noir.

## Labels de qualité et médailles

On peut trouver sur l'étiquette ou la bouteille de vin trois labels qu'il est bon de connaître. Le premier est un aigle aux ailes déployées, emblème du *Verband Deutscher Prädikatsweingüter* (VDP). Cette association rassemble des producteurs de QmP et son aigle signale des vins de grande qualité – mais de nombreux producteurs de grands vins n'en sont pas membres (voir encadré p. 320).

Le second se présente sous forme d'un macaron ou d'une collerette. Il correspond à la médaille (or, argent ou bronze) que les autorités agricoles allemandes, la *Deutsche Landwirtschaft Gesellschaft* (DLG), décernent à des vins primés par des jurys locaux.

Le troisième, également attribué par la DLG, est un *Weinsiegel* (sceau) de couleur : jaune pour les *Trocken*, vert pour les *Halbtrocken* et rouge pour les autres vins.

## LE LIEBFRAUMILCH ET LES AUTRES VINS GÉNÉRIQUES

Le succès commercial des vins allemands à l'étranger, au cours des dernières décennies, est essentiellement dû au Liebfraumilch et à quelques autres vins blancs demi-secs produits en grosses quantités. Le nom de Liebfraumilch provient d'un petit vignoble près de Worms, autrefois propriété de l'Église. Jusqu'au XIXe siècle, cette dénomination s'appliquait aux vins issus d'un territoire beaucoup plus vaste, mais désignait toujours des vins de grande qualité.

Selon la réglementation actuelle, le vin peut provenir de n'importe quelle partie de la Hesse rhénane, du Palatinat, de la Nahe ou du Rheingau. Il s'agit donc d'un vin générique, élaboré principalement à partir des cépages Riesling, Müller-Thurgau, Sylvaner et Kerner. Il doit être un QbA, et afficher une teneur minimale en sucres

résiduels. En raison de la concurrence internationale, la qualité du Liebfraumilch répond à des critères peu glorieux où il s'agit plus de ne pas dépasser un certain prix de vente que d'atteindre un niveau d'excellence.

La même approche marketing a été appliquée à d'autres vins génériques comme le Bereich Bernkastel, le Piesporter Michelsberg (une *Grosslage*, ou district de production) et le Niersteiner Gutes Dorntal (autre *Grosslage*). Ces derniers peuvent provenir d'un vaste district, ce qui permet aux producteurs de faire des assemblages. Certains producteurs, qui possèdent des vignobles réputés à Piesport ou à Nierstein par exemple, se plaignent que ces vins génériques sans intérêt, d'origine géographique aléatoire, font du tort à leurs vins de qualité portant le même nom.

# AHR-MOYENNE RHÉNANIE

Le creusement d'un fossé de drainage pour la source Apollinaris en 1853 a permis de découvrir les vestiges d'un rang de vigne, à plus de 4 m de profondeur, ainsi que des pièces de monnaie datant de 268 à 260 av. J.-C. éparpillées au milieu des ceps, témoins historiques d'une culture de la vigne très ancienne dans cette région de l'Ahr, longue de 25 km.

En moins d'un siècle, la superficie de la région a diminué des trois quarts. Le vignoble ne représente plus aujourd'hui que 522 ha, mais ses vins sont très réputés en Allemagne. La production favorise largement les vins rouges, avec 268 ha de vignes pour le Spätburgunder et 95 ha pour le Portugieser. Quant aux cépages blancs, le Riesling et le Müller-Thurgau, ils ne couvrent respectivement que 51 et 42 ha.

L'Ahr, descendant des anciens monts volcaniques Hohe Eifel (culminant à 762 m), s'écoule en direction de l'est, vers le Rhin. La vallée de l'Ahr, aux formations rocheuses étranges, accueille des vignobles escarpés sur ses flancs de schiste couronnés de belles forêts ; sa production de vin trouve grâce auprès du demi-million de visiteurs qu'elle attire chaque année. Ses meilleurs clients viennent en touristes des Pays-Bas et de la Ruhr et les producteurs n'ont aucun mal à satisfaire leurs goûts de néophytes en vacances : dans une ambiance de villégiature, entourés de magnifiques paysages, les touristes n'hésitent pas à payer très cher le privilège d'acheter directement chez le producteur. Cette manne touristique contribue à l'essor de cette région viticole et permet aux petits producteurs une commercialisation à bon compte. Par ailleurs, les coopératives ont une position dominante, car elles contrôlent les trois quarts de la production locale.

Une des spécialités de la région est un vin rosé, le *Weissherbst*, vin fruité, vif, rafraîchissant qui doit sa fraîcheur à une bonne teneur naturelle en acide tartrique, une qualité pour ce type de vin. Bien que cette vivacité soit assez commune à tous les vins des vignobles situés au nord de l'Europe, l'acidité tartrique est plus équilibrée que l'acidité malique, qui résulte d'un manque de mûrissement du raisin et donne au vin une saveur astringente de pomme verte. L'acide tartrique apporte aux vins du Nord une structure que les vins français puisent dans leur tanin.

## Moyenne Rhénanie

Face à l'endroit où Rhin et Ahr se rejoignent se trouve le joli bourg de Linz, dans le nord du vignoble de la moyenne Rhénanie (Mittelrhein), vaste de 700 ha. Les vignes, qui s'étendent sur 110 km, disparaissent progressivement depuis plusieurs années, certaines pour faire place aux lotissements de la ville de Coblence, entre autres ; d'autres par manque de main-d'œuvre, ou parce que la viticulture sur ces coteaux escarpés n'est plus rentable. Malgré le réencépagement de nombreux vignobles, plus de la moitié des vignes de Riesling de la région (519 ha) ont au moins 20 ans.

En dépit de l'état préoccupant de la viticulture dans cette ravissante gorge rhénane, tant admirée autrefois par les poètes et les peintres, la situation n'est pas désespérée et tous les espoirs sont permis. La qualité des meilleurs vins de cette région de moyenne Rhénanie commence à être reconnue de par le monde. □

Vignoble surplombant Mayschoss dans la vallée de l'Ahr.

# VILLAGES ET PRODUCTEURS

Des monts Eifel jusqu'au Rhin, les vignobles de l'Ahr (vins rouges principalement) longent le fleuve qui traverse une succession presque ininterrompue de bourgades, de villages et de hameaux. Les vignobles de la moyenne Rhénanie (vin blanc principalement) sont disséminés sur toute la longueur des gorges du Rhin.

## AHR

L'appellation générique *(Bereich)* Walporzheim-Ahrtal couvre toute la vallée de l'Ahr.

### Bad Neuenahr-Ahrweiler

À l'endroit où l'autoroute nord-sud E31 enjambe la vallée de l'Ahr, on peut apercevoir en aval, vers le Rhin, les vignobles bien ordonnés de Heppingen, du district de Bad Neuenahr-Ahrweiler. À l'ouest, l'urbanisation de la région s'étend de plus en plus en amont, mais, heureusement, la vigne, accrochée sur des pentes arides non constructibles, reste hors de portée des promoteurs et une promenade dans les vignobles permet encore de s'évader de l'agitation citadine.

Le plus grand domaine, le Staatliche Weinbaudomäne Kloster Marienthal, qui couvre 20 hectares, appartient à l'État du Palatinat rhénan. Mais ce sont les plus petits domaines qui offrent les meilleurs vins rouges au futur plein de promesses. Ils font l'objet d'une fermentation traditionnelle, avec rafles et peaux afin que l'extraction de tanins soit maximale et ne contiennent pas de sucres résiduels. Ces vins puissants et austères ne plaisent pas toujours aux touristes en voyage dans la région et on compte sur la fermentation malolactique pour les assouplir quelque peu. Pour leur élaboration, on utilise les raisins mûrs des vieilles vignes sur les parcelles les mieux exposées.

Cette vinification à la française a souvent pour corollaire l'adjonction de sucre dans les moûts. On chaptalise donc ces vins qui n'ont désormais plus droit au classement en QmP. Pour éviter toute complication, cette famille de vins se retrouve commercialisée en tant que *Tafelwein* (voir p. 306), c'est-à-dire en tant que vins de table ordinaires.

### Walporzheim et Marienthal

Walporzheim est réputé pour ses vins rouges de qualité comme le Weingut Brogsitters «Zum Domherrenhof», un domaine de 15 ha constitué des anciens vignobles de la cathédrale de Cologne.

### Dernau et Mayschoss

Le Weingut Meyer-Näkel de Dernau est un des chefs de file des nouvelles vinifications des vins de l'Ahr. Sa réputation demeure inégalée en Allemagne pour la qualité de ses Spätburgunder, quelquefois élevés en barriques. Le domaine produit surtout des vins rouges, mais aussi du Spätburgunder (Pinot Noir) vinifié en blanc et du Weissherbst. Plus ancienne cave coopérative allemande, Mayschoss-Altenahr reste l'une des plus importantes de la région.

## MOYENNE RHÉNANIE

Le nord de la moyenne Rhénanie (Mittelrhein) est traversé par une coulée volcanique qui provient des monts Eifel. Le reste de la région présente surtout des sols schisteux. Et, même à Coblence, «am Rhein und Mosel», les vins de moyenne Rhénanie ont plus de caractère que ceux de basse Moselle, région pourtant contiguë. Le Rhin et son fort volume d'eau tempèrent le climat favorisant les printemps précoces et les automnes doux. Malgré la bonne résistance du Riesling à la sécheresse, les pluies abondantes des mois de juin, juillet et août sont toujours bienvenues, car les sols sont si peu profonds et le vignoble si escarpé que les eaux s'écoulent trop vite en aval de la vallée. En revanche, et c'est le cas le plus fréquent pour les vignobles en haut des coteaux, le gel d'hiver ou de printemps fait peu de dégâts.

Les petits villages pittoresques des bords du fleuve constituent un passage obligé pour les touristes dans cette région. Les vignes offrent un spectacle grandiose et les vignerons accueillent généreusement leurs visiteurs qui souhaitent déguster leurs vins.

### Bacharach

Ce village situé sur les rives du fleuve a prêté son nom au *Bereich* qui rassemble les vignobles du sud de la région ainsi que ceux de la rive ouest du Rhin. Le vignoble, très dense, fait face aux premières parcelles du Rheingau sur l'autre rive du Rhin. Six embouteilleurs des domaines du Mittelrhein, tous établis à Bacharach, adhèrent au prestigieux VDP (voir.p. 309), et notamment Weingut Toni Jost et Weingut J. Ratzenberger.

Les vallées profondes, modelées par quatre affluents du Rhin, produisent depuis plusieurs années quelques-uns des meilleurs vins pétillants allemands, car le Riesling de ces vignobles apporte l'acidité nécessaire aux vins de base recherchés par les élaborateurs de *Sekt* de Coblence. Les membres du VDP ont démontré que cette acidité, nécessaire aux vins mousseux, constituait l'épine dorsale de leurs meilleurs vins tranquilles.

### Boppard

Le vignoble de Hamm à Boppard a la réputation de produire de bons Rieslings. On peut retenir le nom de Perll, commun à deux domaines.

### De Coblence à Königswinter

Au nord de Coblence, sur la rive est du fleuve, se trouvent Leutesdorf et Hammerstein, deux villages réputés pour la qualité de leurs vins. En revanche, Linz, petite ville pittoresque, est plus visitée pour son architecture que pour ses vignobles. Königswinter possède quelques vignobles sur les Siebengebirge (littéralement «sept collines»), dont l'*Einzellage* de Drachenfels.

### Mühlental et Lahntal

Le charme rural de la vallée de Mühlental, près de la forteresse d'Ehrenbreitstein à Coblence, est presque boudé par les touristes qui lui préfèrent les trésors de beauté et les paysages spectaculaires des vallées voisines. Elle mérite d'être mieux connue, car elle représente l'image modèle d'un vignoble allemand escarpé, complanté d'une variété de cépages.

Au siècle dernier, le nom *Ehrenbreitstein* évoquait un vin mousseux allemand très prisé à l'étranger. À la même époque, le Lahn, qui traverse Bad Ems avant de se jeter dans le Rhin, produisait un Spätburgunder (Pinot Noir) très réputé dans la région.

Aujourd'hui, dans cette vallée autrefois si importante, sept producteurs seulement ont survécu pour maintenir une tradition viticole vieille de 800 ans. Ils produisent surtout des vins blancs, comme le Weingut Haxel et le Weingut Arnsteiner Hof (qui date de 1159).

# MOSELLE-SARRE-RUWER

La région viticole de Moselle-Sarre-Ruwer est l'une des plus spectaculaires d'Allemagne. Ses vignes (12 980 ha) suivent fidèlement le cours des trois rivières éponymes de la région et serpentent, sur leur trace, depuis Coblence jusqu'à la frontière française. Plus d'un quart d'entre elles se situent sur les coteaux vertigineux qui surplombent le fleuve. Parallèlement, un nouveau vignoble de superficie comparable a été créé, dans les années 60 : des vignes de haut rendement ont été plantées sur un terrain plat, dans un sol qui aurait sans doute mieux convenu à des vergers ou même à des pommes de terre.

Quoi qu'il en soit, c'est l'afflux de vins bon marché en provenance de ces vignobles qui explique en partie le prix dérisoire des vins de la région aujourd'hui, alors que, au siècle dernier, un bon vin de Moselle, issu des coteaux très escarpés, coûtait plus cher qu'un premier cru du Médoc.

## Le style des vins de Moselle

C'est un cépage Riesling qui constitue les vignobles de Moselle, donnant un vin blanc sublime et des plus subtils. Les facteurs qui déterminent sa qualité sont examinés page 314, mais il ne faut pas pour autant oublier que la philosophie du producteur compte également. Les vendanges traditionnellement tardives et la fraîcheur des chais expliquent la présence de sucres non fermentés dans le vin en bouteilles. Quand elle est naturelle, elle équilibre de façon agréable l'acidité première du vin. L'ajout de sucre comporte pourtant des risques pour les vins bon marché dont le succès commercial a entaché la réputation de la Moselle.

Les meilleurs Rieslings sont appréciés jeunes, pour leur légèreté et leur fraîcheur, mais aussi pour leur faculté à se transformer, avec l'âge, en vins fascinants et complexes. Les années ensoleillées, les vins de qualité *Auslese* ou de qualité supérieure reflètent l'équilibre exquis entre le fruit et l'acidité propre au Riesling. En effet, les grands vins de Moselle, quel que soit leur niveau, ne sont jamais très sucrés.

## Les cépages classiques

Jusqu'au XVIIᵉ siècle, la région était plantée en majorité avec le cépage Elbling, qui représentait encore 60% des vignobles au début du XIXᵉ siècle et ne se trouve plus, actuellement, qu'en haute Moselle et parfois en basse Moselle. Le Riesling a pris place sur plus de la moitié des superficies et constitue l'unique cépage dans les sites les plus favorables.

Les autres cépages sont, pour 23,2%, le Müller-Thurgau et, pour 7,5%, le Kerner, dont le rendement dépasse de 20% celui du Riesling. Le cépage Optima a été introduit dans les années 70, pour renforcer les vins légers ou pour accéder éventuellement de lui-même, mais par la petite porte, au rang d'*Auslese*. C'est un hybride de vignes européennes, qui produit des moûts chargés en sucre mais sans réelle distinction.

Actuellement, la région revient aux vins de qualité qui ont fait sa réputation, c'est-à-dire au Riesling. Alors que le Müller-Thurgau a été largement planté dans les vignobles de deuxième catégorie et donne des vins corrects, dans l'esprit de la région, les meilleurs domaines sont restés insensibles au charme commercial des hybrides plus récents, incapables de donner à leurs vins le caractère régional.

Depuis peu, les cépages rouges, en particulier le Spätburgunder, reviennent timidement.

## La rançon de la beauté

Le travail de la vigne sur certaines pentes très raides de la Moselle est difficile et onéreux. Il se mesure en terme de coût, car il requiert des trésors d'ingéniosité. C'est un système de monorails, par exemple, qui a sauvé les vignobles haut perchés de Winnin-gen : il transporte ouvriers et matériaux à travers les vignes jusqu'aux dernières terrasses. L'exploitation reste coûteuse, malgré les innovations techniques, et on préfère admirer ces sites magnifiques que d'aller y travailler. Dans le domaine Richard Richter, en basse Moselle, les 9 000 pieds de vigne plantés à l'hectare demandent, chacun, trente minutes de travail par an, vendanges comprises. Et la récompense pour ce dévouement est une bouteille de vin par cep. Certes, les coûts d'exploitation des vignobles récents plantés sur terrain plat sont, logiquement, très inférieurs, mais le vin n'a pas la même qualité.

## Les districts de la Moselle

La carte (ci-contre) indique les *Bereiche*, ou districts de production. Chacun possède son caractère propre et son style de vin. La basse Moselle *(Bereich* Zell) est décrite, depuis longtemps, comme le parent pauvre de la moyenne Moselle. Et, pourtant, beaucoup de ses vignobles sont bien situés et capables de produire de bons vins.

Le *Bereich* de moyenne Moselle s'appelle officiellement Bernkastel, comme la métropole de la région. Les vignobles apparaissent aux détours du fleuve, sur des coteaux raides, certains parfaitement exposés, d'autres moins bien. Vingt-cinq autres villages, dont certains sont célèbres depuis des siècles, comme Piesport, Wehlen, Graach, bordent le fleuve en amont et en aval ; ils produisent des vins qui atteignent le fabuleux niveau de *Trockenbeerenauslese* et les grands millésimes se gardent des décennies.

La moyenne Moselle s'achève à quelques kilomètres en aval de Trèves, où commence la haute Moselle, à l'autre extrémité de la ville. Les meilleurs vins, les plus délicats et les plus stylés, proviennent des vignobles plantés au confluent de la Sarre et de la Ruwer, et non de ceux qui poussent à cet endroit de la Moselle. □

# LES ZONES VITICOLES DE LA MOSELLE

La Moselle se divise en quatre différents districts : basse Moselle, moyenne Moselle, haute Moselle et Sarre-Ruwer, correspondant aux *Bereiche* de Zell, Bernkastel, Obermosel et Moseltor et Sarre-Ruwer. La basse Moselle s'étend de la confluence de la Moselle et du Rhin à Coblence et inclut le village de Zell. À partir de là, commence la moyenne Moselle qui va jusqu'aux environs de Trèves. La haute Moselle, aux coteaux escarpés, s'étend au-delà de cette ville jusqu'à la frontière française. Les rivières Sarre et Ruwer achèvent leur parcours en rejoignant la Moselle de part et d'autre de Trèves.

**Districts viticoles**

Vignobles

– – – Limite de district viticole

▬▬▬ Frontière

Autoroute

Route principale

0          10          20 km

# LES FACTEURS DE QUALITÉ

La fraîcheur du climat de la région viticole de Moselle-Sarre-Ruwer explique que le choix du site, le cépage et les conditions climatiques du millésime soient, autant que les rendements, fixés ici par le producteur, des facteurs de qualité déterminants.

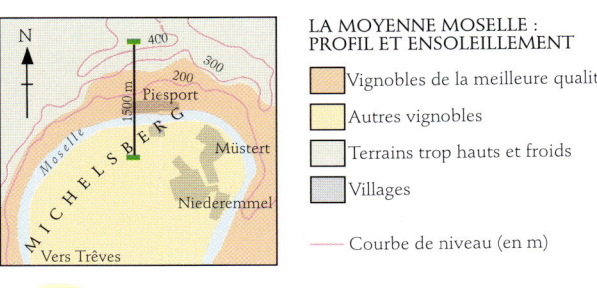

LA MOYENNE MOSELLE : PROFIL ET ENSOLEILLEMENT

- Vignobles de la meilleure qualité
- Autres vignobles
- Terrains trop hauts et froids
- Villages
- —— Courbe de niveau (en m)

## Cépages

Cépage classique de Moselle, le Riesling possède un excellent potentiel de qualité, mais à condition d'être planté sur un site très ensoleillé, car il mûrit lentement. Par contre, il résiste bien aux froids de l'hiver. Les autres cépages n'atteignent pas le même niveau de qualité.

## Sites et microclimats

Le Riesling ne mûrit bien que s'il est planté sur un site en pente, bien exposé, qui lui assure un ensoleillement maximal et une chaleur suffisante d'avril à octobre ; à une altitude moyenne et à l'abri des vents froids, il doit également bénéficier d'un taux d'humidité convenable. Un classement officiel distingue les vignobles en pente raide (dénivellation supérieure à 20%), les coteaux (de 5 à 20%) et les vignobles en terrain plat. Une vigne plantée sur une forte pente et exposée plein sud va jouir d'un meilleur ensoleillement qu'une autre, plantée à mi-coteau ou dans la plaine. Elle ne doit pas, pour autant, être située à trop haute altitude, car elle manquerait de chaleur ; mais un vignoble trop bas, au pied d'un coteau, risquerait de souffrir du gel.

Dans cette région où le moindre rayon de soleil, la moindre heure de chaleur sont vitaux pour la vigne, on recherche les sols schisteux, car ils favorisent le mûrissement en restituant, la nuit, la chaleur emmagasinée le jour.

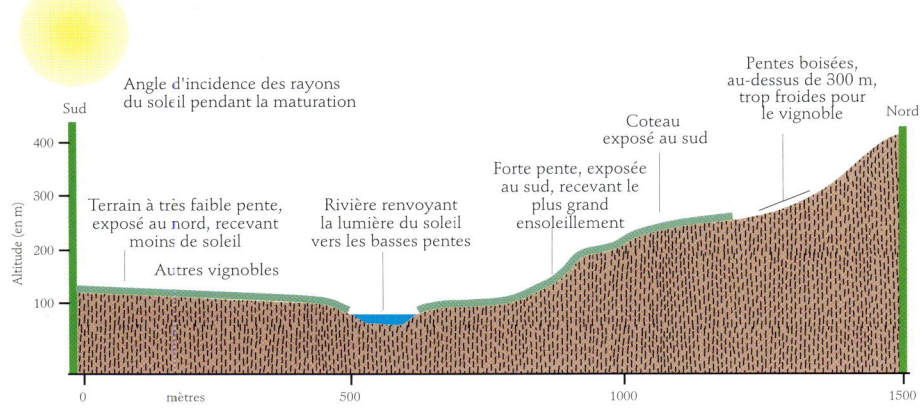

## Rendements

Le progrès des techniques de viticulture a permis d'augmenter nettement les rendements, dont la moyenne a atteint, en 1982, 173 hl/ha. Un tel niveau a pour corollaire des vins d'une teneur en acidité anormalement basse, et d'une dilution qui ne permet aucune expression du terroir. Ces forts rendements affectent en particulier le Riesling qui, par manque de concentration, donne un vin ordinaire. La législation ne fixant aucune limite, certains domaines ont pris l'initiative de réduire leur production par la taille ou l'éclaircissage, afin d'obtenir des vins de meilleure qualité. De nouvelles réglementations devraient bientôt limiter des rendements qui restent soumis, à ce jour, aux caprices de la nature et des hommes.

## Millésimes

Chaque année est un nouveau défi. Une gelée au printemps ou des pluies en été peuvent empêcher le bon développement des raisins. Mais c'est l'ensoleillement d'août à octobre qui détermine le caractère du millésime. Les années froides, les vins ne dépasseront pas le niveau QbA ; avec un été normal, les vignobles les mieux situés arrivent à produire des QmP, alors qu'un bon ensoleillement en septembre et octobre les conduit au moins aux *Auslesen*. Ces années, trop rares, le Riesling donne de grands vins.

Sonnenuhr (littéralement «cadran solaire») à Wehlen.

# VILLAGES ET PRODUCTEURS

Les meilleurs vignobles de Moselle se trouvent surtout dans les régions de basse Moselle et de moyenne Moselle (voir carte p. 313). Les vins de chacune de ces régions sont décrits ci-dessous, en remontant le fleuve du nord-est vers le sud-ouest.

## BASSE MOSELLE

La basse Moselle se trouve dans le *Bereich* de Zell et se divise en six *Grosslagen*. La vallée, sinueuse, aux pentes abruptes, est bordée de villages qui attirent de nombreux touristes œnophiles. Le *Bereich* de Zell réunit deux atouts pour obtenir des vins mûrs de bonne tenue : un sol schisteux et des coteaux escarpés. Le Riesling est le principal cépage.

Ces vins de Moselle présentent quelques points communs avec ceux de moyenne Rhénanie. Charpentés, ils développent un agréable goût de terroir sans toutefois rivaliser en finesse et en délicatesse avec les meilleurs vins du *Bereich* de Bernkastel. Leur structure fait d'eux de bons vins secs *(trocken)*, non dépourvus d'une certaine douceur. En effet, la législation allemande autorise une faible quantité de sucres résiduels, même dans les vins «secs».

### Winningen et Kobern-Gondorf

Winningen est l'un des plus grands villages viticoles de Moselle, et le plus important dans cette région. Il partage, avec son voisin Kobern, le beau vignoble en terrasses Winninger Uhlen.

La réputation récente de domaines privés – Richard Richter, von Schleinitz, von Heddesdorff et Heymann-Löwenstein, par exemple – s'est faite sur leurs Rieslings de caractère. Heymann-Löwenstein, d'esprit très indépendant, ne produit que des vins QbA, dont la grande qualité peut justifier le prix.

Depuis onze ans, l'association *Deutsches Eck* de Kobern-Gondorf œuvre efficacement en faveur de la qualité. Ses vins, tous des Rieslings, affichent des teneurs en sucre élevées et proviennent de vignobles très pentus, dont le rendement ne dépasse pas 80 hl/ha. Le président, Franz Dötsch, s'est fixé pour objectif de baisser encore ces rendements afin de ne pas dépasser 50 hl/ha.

### Cochem et Pommern

Cochem, dont la promenade au bord de l'eau et le château attirent beaucoup de touristes, se trouve au centre de la *Grosslage* Rosenhang. Weingut Reinhold Fuchs de Pommern se spécialise dans les vins secs – 90% de sa production – mis en bouteilles à la propriété.

### Zell

À l'extrémité du *Bereich*, en amont du fleuve, se trouvent le bourg de Zell et les villages de Merl, Bremm et Bullay. La superficie de Zeller Schwarze Katz, seule *Grosslage* dans le *Bereich* dont le vin soit connu à l'étranger, est passée de 10 à 410 ha. Zeller Schwarze Katz est un nom connu qui n'est pas toujours à la hauteur de sa réputation. D'ailleurs, Albert Kallfelz de Merl, à la limite de la *Grosslage*, préfère mettre son propre nom en avant plutôt que celui des vignobles.

## MOYENNE MOSELLE

Ses paysages rappellent, en moins spectaculaire, ceux situés en aval. Les meilleurs vignobles, sur les coteaux abrupts, sont morcelés par des vallées latérales. Le fleuve serpente et traverse des villages viticoles très connus.

Les étiquettes des domaines privés mettent rarement en évidence les noms des neuf *Grosslagen*, sauf celle de Badstube, un petit vignoble de Bernkastel jouxtant le célèbre Doktor, car les domaines importants possèdent presque tous des vignes dans plusieurs villages. On révère plus ici les *Einzellagen* que dans les autres districts de moindre renommée. L'amateur de vin apprend donc à chercher l'étiquette qui associe le nom d'un domaine réputé à celui d'un des vignobles individuels connus.

Contrairement au Palatinat et à la région de Bade, dont les vins en vogue titrent un degré d'alcool supérieur, le charme des vins de moyenne Moselle réside dans le juste équilibre entre bouquet et saveur. Pour décrire la structure délicate de leurs vins issus du Riesling, les gens du pays emploient le mot *Filigran* («complexe»).

### De Briedel à Kröv

Les vignobles du *Bereich* de Bernkastel commencent au village de Briedel et longent les méandres de la Moselle jusqu'à Erden, traversant Traben-Trarbach et Kröv. Les domaines de la région ne jouissent pas d'une grande réputation, car leurs vins, agréables, fruités et vifs, n'atteignent jamais des sommets de qualité.

### De Erden à Graach

Les importants vignobles de moyenne Moselle commencent à Ürzig, où la grande rivière fait un coude. Le village de Erden fait face à ses vignes, qui s'étendent sur la rive nord, bien exposées au soleil ; ses vignobles, Prälat et Treppchen, ont bonne réputation. À Ürzig, le Würzgarten (littéralement «jardin des épices») donne des vins aux notes épicées. Parmi les meilleurs domaines, on trouve ceux de Bischöfliche Weingüter, Weingut Oekonomierat Dr Loosen, Weingut Mönchhof-Robert Eymael et Weingut Dr Pauly-Bergweiler.

Viennent ensuite des vignobles superbes, exposés au sud-ouest, à Zeltingen, Wehlen et Graach. Les plus prestigieux s'appellent Wehlener Sonnenuhr («cadran solaire»), Graacher Domprobst et Graacher Himmelreich. À retenir, les noms des producteurs J.A. Prüm, SA Prüm, Max-Ferdinand Richter

## LE GROSSER RING

Les 27 membres du *Grosser Ring* (littéralement «grande couronne»), section locale du VDP, représentent principalement les domaines de Sarre-Ruwer et ceux du secteur de la Moselle entre Erden et Trittenheim. Chaque automne depuis sa création (en 1908), le *Grosser Ring* organise le grand événement viticole de la région : une vente aux enchères. Les prix atteints peuvent être très élevés, mais ils n'ont pas, sur le marché, les répercussions de ceux des Hospices de Beaune. Les membres du *Grosser Ring*, propriétaires des vignobles les mieux situés, produisent sans doute les Rieslings les plus prestigieux de la région et leurs efforts de promotion profitent à tous les bons vins de Moselle-Sarre-Ruwer.

et Doctor Wegeler-Deinhard Gutsverwaltung.

## Bernkastel

Un des rares ponts qui enjambent la Moselle relie le vieux bourg de Bernkastel, «capitale» de moyenne Moselle, à son récent jumeau, Kues, où siègent .plusieurs sociétés vinicoles importantes ainsi que la cave coopérative Moselland. La gloire de Bernkastel est le vignoble «Doktor», qui domine, de son coteau abrupt, les toits du village, et, dans les meilleurs millésimes, donne l'un des meilleurs vins du monde : intense, doux, d'une grande longévité, sa réputation (et son prix) atteint celle d'un Château d'Yquem. Le vignoble (3,2 ha) appartient aux Domaines Wegeler-Deinhard, Dr Thanisch et Lauerburg.

De très bons vins proviennent également des vignobles Graben et Alte Badstube am Doctorberg tandis que la *Grosslage* Kurfürstlay, vaste vignoble en amont de Bernkastel, fournit des vins de qualité moindre.

## De Bernkastel à Piesport

Avant d'atteindre Wintrich puis Piesport, la rivière contourne quelques villages peu réputés et d'autres que la qualité de leurs vins a rendus plus célèbres : Brauneberg, et son vignoble Juffer, Kesten et le Paulinshofberg.

Ce village a donné son nom à Piesporter Michelsberg, une *Grosslage* exposée au nord, s'étendant en terrain plat, sur l'autre rive. Piesport a ainsi perdu un peu de sa renommée, même s'il peut encore se prévaloir de vignobles de grande classe, en particulier le grand Goldtröpfchen. Parmi les meilleurs producteurs, citons les Domaines de Trèves, von Kesselstatt, Bischöfliche Weingüter et Vereinigte Hospitien.

## De Neumagen à Longuich

La moyenne Moselle s'achève aux villages de Neumagen (dont le meilleur vignoble s'appelle Rosengärtchen), Trittenheim (le vignoble Apotheke) et Klüsserath (le Bruderschaft) ainsi qu'au Domaine Friedrich-Wilhelm-Gymnasium, propriété d'une œuvre caritative (voir encadré ci-contre).

## SARRE-RUWER

La ville de Trèves rompt la succession des vignobles et deux rivières confluantes de la Moselle, la Sarre et la Ruwer, dotent la région de ses meilleurs vignobles. La moitié des membres du VDP régional possèdent des vignobles dans le *Bereich* Sarre-Ruwer, district regroupant les deux vallées. Le Riesling couvre 70% des surfaces en exploitation et, comme toujours, les terrains très en pente constituent les meilleurs sites. Le district n'est connu à l'étranger que pour ses grands vins. En Allemagne, on trouve les QbA de Sarre les moins chers sous le nom de la *Grosslage* Wiltinger Scharzberg mais, le plus souvent, ces vins bon marché, au niveau d'acidité élevé, servent de vins de base pour l'élaboration du *Sekt*, le mousseux allemand.

duit, en toutes petites quantités, des vins qui figurent parmi les meilleurs d'Allemagne.

## Sarre

Les vignobles de la Sarre, en amont de la Moselle, produisent des Rieslings fermes, pleins de caractère et d'élégance.

Comme en Moselle, les sols regorgent de schiste, mais d'une nature plus friable.

Dans les dégustations à l'aveugle, les vins de la Sarre se distinguent par leur bouquet particulièrement intense, chargé de ces notes minérales de schiste que le cépage Riesling sait mettre en valeur.

Les meilleurs domaines sont Schloss Saarstein, Weingut Bert Simon, Egon Müller-Scharzhof, Weingut Reverchon et Weingut von Hövel, sans oublier les propriétés des œuvres caritatives de Trèves (voir plus haut Bernkastel).

## LA MOSELLAND

La Moselland, cave coopérative régionale située à Bernkastel, traite 21% des raisins de la région. Un tiers des 36 millions de bouteilles produites chaque année est vendu en vrac aux grands négociants ; 38% sont exportés en Angleterre, où le marché semble prometteur pour les blancs demi-secs. Les dirigeants, estimant que la période de croissance rapide a pris fin, donnent maintenant la priorité à la qualité. Cette politique a entraîné la création d'une gamme de vins supérieurs pour les supermarchés et les magasins d'alimentation allemands ainsi que d'une gamme distincte, destinée aux cavistes. Cette importante cave coopérative contribue en outre au succès des Rieslings *Sekt*, fermentés en bouteilles.

### FRIEDRICH-WILHELM-GYMNASIUM

Ce domaine, situé à Trèves et constitué d'un important vignoble et de caves, regroupe 21 parcelles disséminées entre Zeltingen, Graach, Bernkastel, Dhron, Neumagen, Trittenheim, Klüsserath et Mehring, ainsi qu'à Falkenstein, Oberemmel, Ockfen et Wiltingen sur la Sarre. Les vins de chaque parcelle sont vinifiés séparément, puis élevés en barriques de chêne. Ils sont ensuite classés en vertu de leur classement officiel potentiel, de leurs sucres résiduels, et de leur cépage – le Riesling reste présent pour 90%. Cette division parcellaire conduit à la production de 107 vins de millésimes différents, auxquels s'ajoutent deux *Sekt*, produits sur un vignoble de 36 ha. C'est un merveilleux domaine auquel, peu à peu, se sont ajoutées de nouvelles parcelles. Il mérite sa grande renommée par l'authenticité et le caractère hors du commun de ses vins.

### Ruwer

Ce sous-district s'est fait connaître grâce à deux prestigieux domaines, Karthäuserhof et von Schubert (voir encadré), et leurs Rieslings, délicats mais de longue garde. La Ruwer pro-

Vignobles enneigés surplombant Zeltingen (moyenne Moselle).

## HAUTE MOSELLE

Comparés aux vignobles de la Sarre-Ruwer, ceux-ci sont moins importants. Les guides touristiques désignent le Wasserliesch comme la porte d'entrée de la haute Moselle, malgré le contraste entre ce nom pompeux et les paysages bucoliques du *Bereich* Obermosel. Les vins produits par les 1 100 ha de vignes en aval de Trèves ne peuvent se comparer aux meilleurs vins de Bernkastel ou de Sarre-Ruwer. Rares sont les QmP, ce qui n'empêche pas une poignée de domaines de produire des *Trockenbeeren-auslesen*. La majorité des raisins est livrée chaque année à la coopérative centrale du Moselland à Bernkastel (voir encadré p. 316). Les viticulteurs de cette région mènent une vie modeste, comparée à celle des Luxembourgeois, sur l'autre rive de la Moselle.

Le calcaire coquillier remplace ici le schiste de moyenne Moselle. Le sol profond est riche en humus et, contraire-ment aux coteaux escarpés en aval de Trèves, qui ne convien-nent pas à la culture des céréales, la viticulture de haute Moselle a toujours été en concurrence avec l'agriculture. Aujourd'hui, le Weisser Elbling, un cépage prolifique d'origine inconnue, occupe 87 % du vignoble. En 1989, son rendement a atteint 221 hl/ha. Dans cette région, il est sou-vent assemblé avec des vins légers issus du Sylvaner. Quelques producteurs ont opté pour une baisse des rende-ments et produisent des vins légèrement pétillants, d'une agréable fraîcheur.

À Remich, sur l'autre rive de la Moselle, l'impressionnant Domaine Schloss Thorn éla-bore un rosé à partir du cépage Roter Elbling. Il commercialise également un Riesling et un rosé issu de Schwarzriesling (Pinot Meunier). Le *Bereich* Obermosel cultive, en petites quantités, les cépages Rulän-der, Müller-Thurgau, Weiss-burgunder et de l'Auxerrois (de la famille des Pinots).

### VON SCHUBERT

En remontant la Ruwer à l'endroit où elle traverse Eitelsbach, on arrive dans une région de collines qui se prolonge jusqu'à une vallée adjacente. C'est là que se trouve le Domaine des von Schubert, Maximim Grünhaus, qui se divise en trois vignobles. Sous la même étiquette, on peut trouver plusieurs vins différents. Les trois sites, Abtsberg, Herrenberg et Bruderberg, produisent régulièrement des vins qui ont chacun leur propre personnalité, ce qui justifie les trois noms. Et, lorsque l'un des vins manque de caractère, son étiquette ne mentionne pas son vignoble d'origine.

# LES RÉGIONS VITICOLES DU RHIN

Cette carte situe les vignobles de la région centrale du Rhin
– Rheingau, Hesse rhénane, Palatinat, Nahe et Bergstrasse
de Hesse – qui forment ensemble le cœur du pays viticole
allemand et participent à sa renommée internationale.
Elle montre que la Nahe et la Hesse rhénane sont très
proches du Rheingau ainsi que de certaines des plus
grandes villes de l'ouest de l'Allemagne.

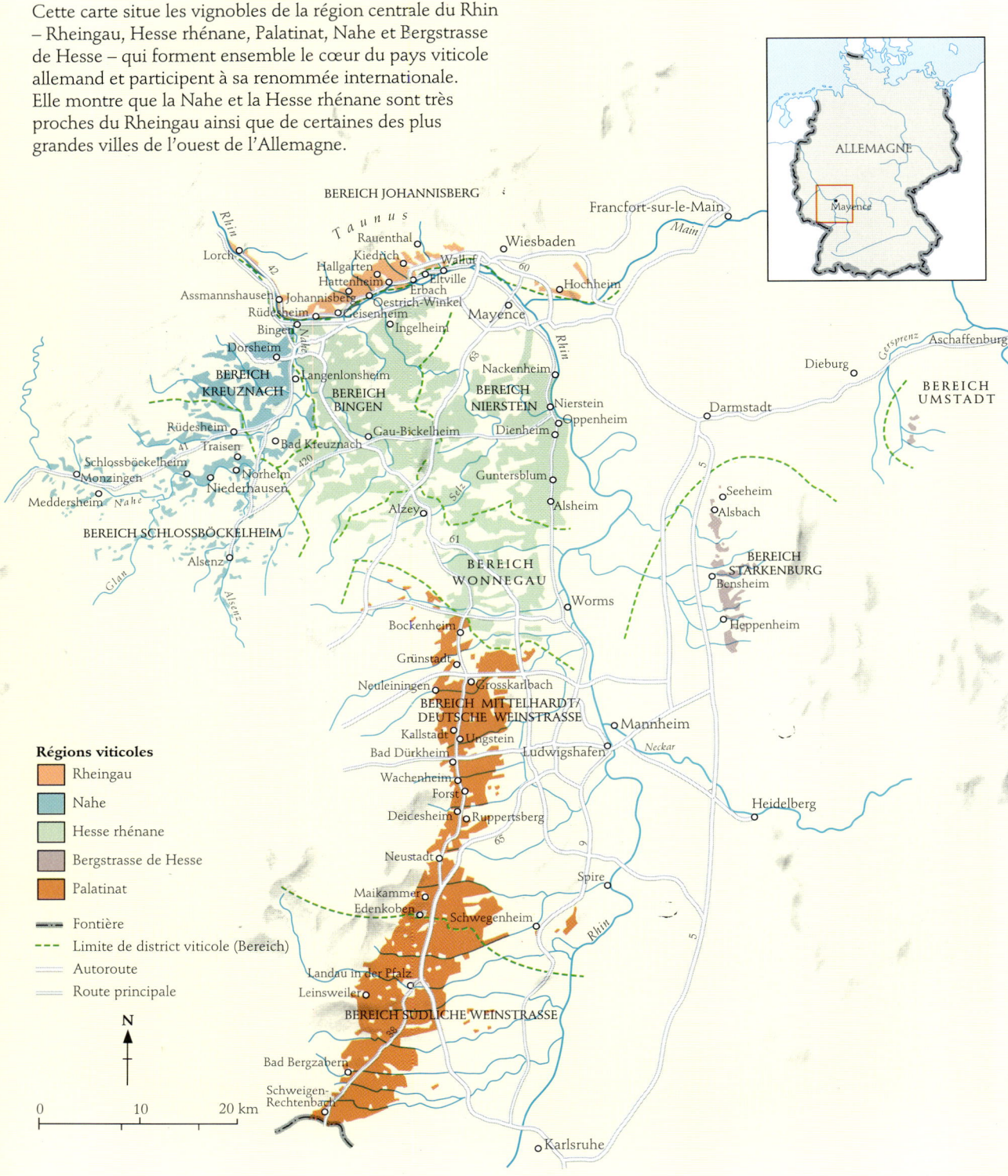

**Régions viticoles**

- Rheingau
- Nahe
- Hesse rhénane
- Bergstrasse de Hesse
- Palatinat

Fontière
Limite de district viticole (Bereich)
Autoroute
Route principale

N

0        10        20 km

# RHEINGAU

Les producteurs du Rheingau qui assurent eux-mêmes la mise en bouteilles bénéficient, pour la commercialisation de leurs vins, de l'excellente réputation de cette région prestigieuse. Plus chers qu'ailleurs, les prix sont souvent justifiés par la qualité des vins : ceux-ci figurent parmi les plus grands blancs allemands. Le Riesling s'y est parfaitement adapté puisqu'il est planté dans la région depuis 1435. Élégants dans leur jeunesse, les vins du Rheingau acquièrent, en vieillissant, de la complexité et un superbe équilibre.

Jusque dans les années 80, les grands domaines appartenaient surtout à l'aristocratie – Schloss Johannisberg, Schloss Groenesteyn – ou à l'État fédéral de Hesse et assuraient, presque à eux seuls, la réputation des vins de la région. Plus récemment,

des producteurs moins importants ont commencé à élaborer des vins d'une qualité admirable. Depuis quinze ans, nombre d'exploitations ont cessé toute activité, mais, souvent, elles sont reprises par une nouvelle génération de vignerons passionnés et compétents. Les surfaces cultivées ont augmenté de 6% depuis les années 80 pour atteindre 3 119 ha, tandis que le nombre d'exploitants a chuté de 25%, passant de 1 940 à 1 469. Comme il est fréquent dans les plus anciens vignobles de la vieille Europe, la viticulture est un métier à temps partiel pour la grande majorité des producteurs, puisque seulement 304 producteurs possèdent au moins 3 ha.

Les vignes du Rheingau poussent principalement sur les coteaux inférieurs des monts Taunus. À l'est, une *Grosslage* de 356 ha, Hochheimer

Daubhaus (près de la ville de Hochheim), longe le Main et se trouve séparée du vignoble principal par les faubourgs de Wiesbaden. À l'ouest, les vignobles escarpés d'Assmannshausen et de Lorchhausen ressemblent beaucoup à ceux de moyenne Rhénanie.

## La tradition du Riesling

Un grand nombre de vastes propriétés appartiennent depuis des siècles à des gros producteurs parfaitement équipés et bien organisés. Leurs archives indiquent qu'au fil des siècles les récoltes ont été soit très faibles, soit, quelquefois, catastrophiques. Les produits chimiques (à l'exception du dioxyde de soufre) étaient rarement employés pour protéger la vigne. La nature avait son propre équilibre, que certains producteurs du Rheingau tentent de recréer, pour autant que la

L'abbaye de Ste-Hildegarde est au sommet du coteau des vignes de Rüdesheim

pollution atmosphérique le permette. Mais ces petites vendanges d'autrefois s'expliquaient aussi par la nature des cépages. Prenons l'exemple du Riesling, qui couvre aujourd'hui 81% du Rheingau. Ses rendements actuels sont plus constants grâce à une meilleure sélection clonale. Dans le Rheingau, la moyenne des rendements était de 51,8 hl/ha dans les années 50, passant à 71,1hl /ha dix ans plus tard pour atteindre 81 hl/ha depuis 1970.

La tendance actuelle préconise une taille plus sévère et l'éclaircissage ou l'élimination des grappes en surabondance pendant l'été. Les rendements moyens des années 90 devraient donc être en baisse. Les plus petites récoltes, depuis 1950, ont été de médiocre qualité, tandis que les vendanges les plus abondantes, comme celle de 1959, n'ont jamais permis d'égaler la densité de moût de cette année exceptionnelle.

Environ 60% des vins du Rheingau sont classés en QbA, et 10% de la récolte est élaborée en Sekt (voir p. 344). Le Riesling QbA représente bien le style régional, mais n'est pas toujours rentable à produire. Les QmP en général, et les *Spätlesen* en particulier, sont des catégories de vins qui permettent de meilleures marges bénéficiaires pour les domaines traditionnels privilégiant le Riesling.

Dans la région, les années où les rendements restent raisonnables, le Riesling restitue bien son goût de terroir, ce qui justifie l'utilisation du nom d'*Einzellage*. Ce goût est encore plus prononcé dans les vins les plus secs. Les bons Rieslings du Rheingau ont un caractère racé. Plutôt discrets dans leur jeunesse, ils évoluent lentement puis, tout comme les grands Bordeaux, présentent, avec l'âge, une certaine austérité que l'on ne trouve jamais dans les vins de régions plus chaudes. Dans les meilleurs millésimes, le Riesling du Rheingau compte parmi les plus grands vins du monde.

## Comprendre les noms des vins du Rheingau

Dans le Rheingau, comme ailleurs, le nom du vignoble individuel a perdu de

Le Domaine Von Simmern à Eltville.

son importance ces dernières années. La commercialisation de vins bon marché sous le nom générique de la *Grosslage* y a sans doute contribué. De plus en plus, les producteurs du Rheingau

Une cinquantaine de producteurs du Rheingau, dont une coopérative, font partie de cette association Charta, créée en 1984. Un jury officiel déguste les Rieslings avant et après la mise en bouteilles, afin de contrôler les normes de teneur en sucres et d'acidité. Ces derniers ne peuvent être expédiés pendant les 18 mois qui suivent la vendange. Techniquement, ce sont des vins demi-secs, bien que leur dégustation ne permette pas de déceler facilement la présence de sucres résiduels. Ils évitent également tout excès d'acidité pour rechercher tout simplement un bon équilibre. Les vins des membres de l'association Charta ont adopté la bouteille allemande en forme de flûte, marquée d'une double arche romaine et de l'inscription *Rheingau Riesling*.

Ces vins sont destinés surtout à la restauration allemande. Les producteurs du Rheingau s'intéressent beaucoup aux accords des mets et des vins, ce qui ne manquera pas d'influencer le style de leurs vins dans les années 90.

mettent surtout en avant le nom du domaine. Certains ont élaboré des cuvées spéciales, tel le Geheimrat «J», de Wegeler-Deinhard. Cependant, malgré ces initiatives privées et le modeste succès du concept Charta, pourtant excellent dans son principe (voir encadré), la plupart des producteurs comptent également sur le nom du vignoble d'origine pour convaincre les acheteurs.

Le système de dénomination utilisé dans le Rheingau est d'une grande confusion. Par exemple, Johannisberger Erntebringer désigne une *Grosslage* de 320 ha mais Johannisberg est également le nom d'un village où se trouvent 9 *Einzellagen* (vignobles individuels tel le Johannisberger Hölle), tandis que le *Bereich,* ou district, de Johannisberg couvre toute la région du Rheingau.

Pour compliquer encore cette situation de noms difficiles à saisir, et toujours dans la famille des Johannisberg, citons le Schloss Johannisberg, le plus impressionnant des domaines du Rheingau.

Les anciennes lois régissant la succession ont conduit à une fragmentation croissante des propriétés, si bien qu'on peut trouver, dans un même endroit du Rheingau, autant de parcelles et autant de propriétaires que dans un vignoble bourguignon. Cette dispersion a été réduite, en certains endroits, par un remembrement, en liaison avec la *Flurbereinigung*, un programme officiel pour la reconstruction et la modernisation du vignoble.

### Les fêtes du Rheingau

Comme on peut s'y attendre de la part de la plus prospère des régions viticoles allemandes, le Rheingau gère son image par diverses initiatives individuelles et associatives. Certaines manifestations promotionnelles s'inspirent directement de modèles français, comme, par exemple, la célébration annuelle *die Glorreiche Rheingau Tage*, qui a lieu au mois de novembre dans l'ancien monastère Kloster Eberbach. Son nom et, beaucoup plus encore, l'esprit de cet événement ont été copiés sur les Trois Glorieuses de Bourgogne, la fête annuelle du Clos de Vougeot. □

# LES FACTEURS DE QUALITÉ

Le vignoble principal du Rheingau s'étire sur des coteaux en pente douce et exposés au sud, délimités par des forêts au nord et par le Rhin au sud. Cette orientation vers le sud constitue un facteur important de qualité. Il est en effet possible de récolter des raisins bien mûrs en vendanges tardives sur les meilleurs sites, pour l'élaboration des fameux vins liquoreux du Rheingau.

Le cépage Riesling est particulièrement bien adapté aux différents terroirs et microclimats de cette région, où il reste le cépage prédominant. En quelques années, une sélection clonale a permis d'identifier des clones de Riesling qui ont l'avantage de produire des raisins avec de forts rendements.

### Sites et sols

Les vignobles du Rheingau sont tous situés à moins de 5 km du Rhin ou du Main. Les parcelles en lisière de la forêt, sur la partie la plus haute des coteaux, jouissent d'un microclimat moins favorable du fait de leur altitude et de leur éloignement du Rhin. Mais, les années où les raisins arrivent à maturité avant le début officiel des vendanges, la qualité peut être supérieure dans ces vignobles (Rauenthal, Kiedrich ou Schloss Vollrads), car les raisins y mûrissent plus lentement. La date officielle de début des vendanges est fixée pour toute la région sans tenir compte des variations dues aux microclimats. L'argument selon lequel les producteurs sont mieux placés pour choisir la date des vendanges, en fonction de la maturité des

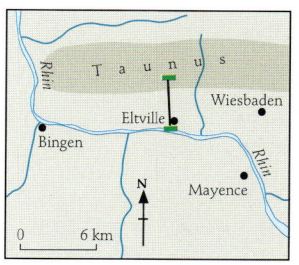

### Climat

La région du Rheingau est protégée de la froideur des vents du nord par les monts Taunus et profite des effets calorifiques de la masse des eaux du Rhin.

Ces conditions conjuguées créent des microclimats favorables à la viticulture.

La pluviosité est faible et l'ensoleillement est suffisant. Mais l'exposition des parcelles crée des différences de maturité, les sites les plus protégés bénéficiant du meilleur échauffement et d'une bonne propension à conserver cette chaleur, ce qui favorise le mûrissement du raisin.

 Vignobles

LE RHEINGAU : PROFIL ET EXPOSITION

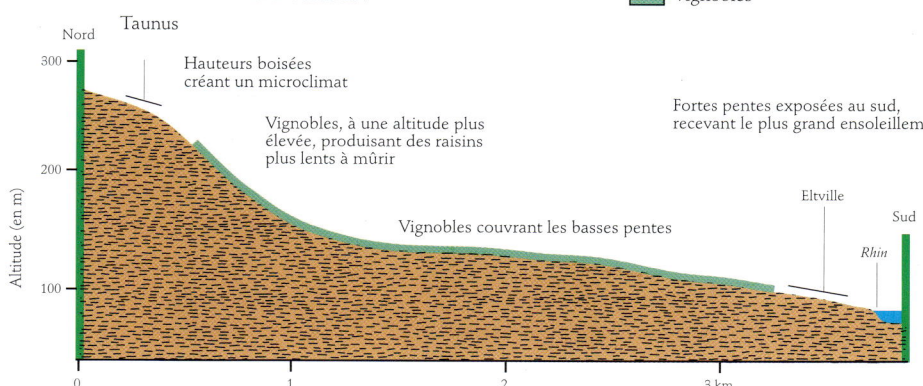

Les vignes grimpent jusqu'au bois au-dessus d'Eltville.

### Sélection et teneur en sucre

À ses débuts, la viticulture du Rheingau était entre les mains de l'Église, qui fournissait les connaissances nécessaires à la gestion des vignobles, décidait des dates de vendange et présidait à la sélection des raisins – une tradition qui a survécu jusqu'à l'époque napoléonienne. La production de vins liquoreux à partir de raisins atteints de pourriture noble (ou *Botrytis cinerea*) a commencé aux environs de 1820. La tendance actuelle privilégie le Riesling *Spätlese*, au goût très franc, à partir de raisins exempts de *Botrytis*. Les raisins destinés aux *Spätlesen* peuvent, eux, être cueillis, légalement, sept jours après le début officiel des vendanges ; ceux destinés aux *Auslesen* peuvent être récoltés à tout moment.

raisins dans leurs différentes parcelles, mériterait pourtant d'être étudié de près.

À Hochheim, à l'est, le sol est composé d'argile, de sable et de gravier, alors qu'à Lorch, à l'ouest, le schiste et le grès dominent. Mais, pour la qualité, le terroir importe moins ici que le microclimat.

# VILLAGES ET PRODUCTEURS

La description du Rheingau, ci-dessous, se déroule d'ouest en est. Les vins de qualité de l'ensemble de la région peuvent utiliser le nom du *Bereich* de Johannisberg. Les grands domaines jouent ici un rôle important. Ils figurent sous le nom du village où se tient leur siège social, même si, presque tous, ils possèdent des vignes dans plusieurs villages.

## De Lorchhausen à Assmannshausen

Les vignobles du Rheingau changent d'orientation en amont de Assmannshausen et suivent les gorges du Rhin sur la rive droite, jusqu'à Lorch et Lorchhausen, presque en face de Bacharach. Dans cette partie occidentale du Rheingau, les *Kabinett* offrent un bon compromis commercial entre quantité et qualité. Les vignobles sont plantés dans la proportion de 70% en Riesling, complété par le Spätburgunder. Weingut Graf von Kanitz est le meilleur domaine de Lorch.

Assmannshausen est connu pour ses vins rouges issus du cépage Spätburgunder. Ce dernier n'est planté dans la région que depuis 1740 et a mis moins de 20 ans pour asseoir sa réputation. Les témoins de cette époque ont noté que le Spätburgunder présentait deux avantages : il arrive à maturité 14 jours avant le Riesling et produit toujours une bonne récolte, même les mauvaises années. À l'époque, on qualifiait de «mauvais millésime» les années de vendanges tardives où le producteur attendait désespérément que ses raisins soient bons à récolter. Ce n'est que beaucoup plus tard qu'on a appris à gérer un millésime de *Spätlese*.

Les meilleurs vignobles d'Assmannshausen sont éparpillés sur les 55 ha du site inégal de Höllenberg. L'Assmannshauser Frankenthal, planté en parts égales de Riesling et de Spätburgunder, jouxte le Rüdesheimer Berg, l'un des plus prestigieux vignobles du Rheingau.

## Rüdesheim

Ce village touristique siège au pied du Rüdesheimer Berg, célèbre pour ses coteaux recouverts de vignes dont la pente devient plus raide à l'approche du sommet. Les vins des parcelles les plus abruptes, comme l'*Einzellage* Berg Schlossberg, se distinguent, lors des dégustations de Rieslings du Rheingau, par une saveur particulière rappelant le sol de schiste.

L'État de Hesse (Domaine Staatsweingut Rüdesheim), le Dr. Heinrich Nägler et Bernard Breuer, porte-parole du groupe Charta (voir p. 320) dont il fut un des fondateurs, sont propriétaires des domaines les plus connus de la région. D'autres domaines réputés du Rheingau possèdent des parcelles de vigne à Rüdesheim : August Eser et Wegeler-Deinhard d'Oestrich, Balthasar Ress et Schloss Schönbom de Hattenheim, Schloss Groenesteyn de Kiedrich ainsi que le domaine du Prinz von Hessen à Geisenheim.

## Johannisberg et Geisenheim

Le village de Johannisberg possède neuf vignobles individuels. Son nom a été choisi pour figurer sur les étiquettes des vins génériques de l'ensemble de la région, mais le plus connu de ses domaines reste l'imposant Schloss Johannisberg (voir encadré).

Plus près du Rhin que Johannisberg, Geisenheim est connu dans les cercles vinicoles du monde entier pour la Hessische Forschungsanstalt für Wein, Obst, und Gartenbau – l'Institut de recherches viticoles, fruitières et horticoles – qui se consacre aussi bien à la formation qu'à la recherche. Son résultat le plus frappant, dans le domaine de la viticulture, est la sélection de clones à partir d'une population de vieilles vignes. L'institut possède un domaine de 20 ha dans les *Einzellagen* bien connues Geisenheimer Rothenberg et Kläuserweg. Les vins de Geisenheim possèdent quelquefois un agréable goût de terroir.

## Winkel et Oestrich

Contrairement aux Rieslings de Geisenheim, ceux de Winkel ont de la distinction sans toutefois posséder un goût et un arôme aussi marqués. Les plus célèbres, d'un style à la fois très fruité et d'une acidité soutenue, proviennent des vignes les plus élevées du Schloss Vollrads, membre éminent du groupe Charta, dont le vignoble est vieux de 800 ans.

Même si les Rieslings du village voisin, Oestrich, sont très bons, ils n'atteignent pas le raffinement des meilleurs vins du vignoble Winkeler Hasensprung.

## Hattenheim

Caché dans les forêts au-dessus de Hattenheim, Kloster Eberbach prête son ambiance prestigieuse aux activités promotionnelles de la région, ventes de vins aux enchères, dégustations, concerts, cours et séminaires. Depuis le XVIIIᵉ siècle, son vignoble le plus connu, le Steinberg (31 ha), est entouré de murs (également de l'époque cistercienne), comme le Clos de Vougeot, son homologue en Bourgogne. Mais, contrairement à celui-ci, Kloster Eberbach appartient à un seul propriétaire, l'État de Hesse (Staatsweingut).

---

## LES VINS ROUGES DU RHEINGAU

Le Spätburgunder (Pinot Noir) produit à Assmannshausen un vin rouge très apprécié des Allemands.

Domäne Assmannshausen, propriété de l'État de Hesse rhénane, fait un Spätburgunder léger, qui contient souvent un peu de sucres résiduels et reste difficile à apprécier pour les étrangers. Le domaine est connu également pour son Spätburgunder *Eiswein*.

Certains domaines ont adopté un style de vinification à la fois plus moderne et plus international, basé sur des fermentations plus longues en présence des peaux de raisin. La plupart des domaines du Rheingau pratiquent une fermentation malolactique pour la vinification en rouge, mais il n'existe pour l'instant aucun consensus sur l'élevage. L'enthousiasme pour l'élevage en barriques neuves des années 80 s'est quelque peu calmé. Weingut August Kesseler, autrefois champion de l'utilisation des barriques, explique que les vins ont moins bien évolué en bouteilles que prévu. La comparaison du chêne allemand de Hunsrück et Spessart avec celui des forêts de l'Allier, de Nevers et du Limousin alimente le débat.

Son vin, charpenté et concentré, est doté d'un fort caractère.

Le Steinberger Riesling Edelbeerenauslese 1959, dégusté trente ans après le millésime, a révélé beaucoup de vivacité et de style, sans faire preuve de la lourdeur pourtant caractéristique de ce millésime unique et chaud. Schloss Schönborn, Schloss Reinhartshausen et Langwerth von Simmern sont quelques-uns des producteurs de Hattenheim.

### Erbach

Peu d'œnophiles contesteraient à Erbacher Marcobrunn sa place dans le peloton de tête des bons vignobles, très nombreux dans la région. Ses 5 ha de vignes, coupés par une ligne de chemin de fer (ce qui ne serait plus autorisé aujourd'hui) profitent d'une source d'eau souterraine. Ses vins se démarquent dans les millésimes moyens ou les années d'extrême sécheresse ; les grandes années, ils subissent la concurrence intense de toute la région. Si l'on cherche des comparaisons avec des herbes, des fruits et des légumes pour exprimer leur complexité, l'expression «bouquet garni» paraît leur convenir. Mélangeant arômes de végétaux et de fruits, ce vin robuste exige, pour atteindre son apogée, d'être gardé plus longtemps en bouteilles que d'autres crus.

Parmi les domaines d'Erbacher Marcobrunn, les plus vastes se trouvent les chefs de file de l'*Einzellage* : Schloss Schönborn, von Simmern, l'État de Hesse rhénane (Staatsweingut) et Schloss Reinhartshausen.

Sur une île protégée du gel, fréquentée selon les époques de l'année par des cormorans, des hérons, des martins-pêcheurs, des canards sauvages, des sangliers sauvages nageurs et habitée par des ouvriers viticoles, le Schloss Reinhartshausen a planté son vignoble dans le respect de l'environnement. Guidée par le souci d'équilibre naturel, la viticulture écologique s'installe lentement. La pourriture induite par l'humidité du Rhin a jusqu'à présent eu raison des efforts entrepris pour cultiver le Spätburgunder dans le vignoble Erbacher Rheinhell (16 ha). Si ce cépage ne s'adapte pas dans un proche avenir, il ne sera pas maintenu. En revanche, les résultats des cépages Weissburgunder et Chardonnay sont jugés satisfaisants.

### Rauenthal et Kiedrich

Près des collines qui dominent le Rheingau, les villages de Rauenthal et Kiedrich produisent de grands vins dans les bons millésimes. Kiedrich est connu localement pour son église et son chœur. Citons le domaine Robert Weil, qui appartient à 99% à la société Suntory Ltd. d'Osaka (Japon).

### Eltville et Walluf

L'État de Hesse rhénane possède des domaines viticoles dans le Rheingau et la Hessische Bergstrasse dont le siège se trouve à Eltville. Un peu en aval, le domaine J.B. Becker de Walluf produit un Spätburgunder charpenté de qualité exceptionnelle ainsi que des Rieslings ayant du style et une bonne concentration.

### Hochheim

En Grande-Bretagne, on connaît le nom de Hochheim au moins depuis le XVIIe siècle, car le vignoble y a établi son meilleur marché étranger. Vers 1680, selon André Simon, la comtesse de Rutland achetait du «Hochheim» dans un récipient appelé

«foudre», dont le volume était variable, mais qui aurait pu contenir les 1 000 litres des *Fuder* actuels. Pourtant, le «Old Hock» que l'on consommait dans les tavernes londoniennes aux XVIIe et XVIIIe siècles avait probablement peu de rapport avec le village de Hochheim. La législation allemande en vigueur définit le «Hock» comme un vin de table ou de qualité (mais pas QmP) des régions septentrionales du Rhin.

La situation orientale de Hochheim, dominant le Main plutôt que le Rhin, lui a conféré une certaine indépendance. En effet, il n'a pas toujours fait partie du Rheingau. Fort d'une longue tradition de vinification, il se vante d'avoir vendangé des *Spätlesen* au moins 160 ans avant Schloss Johannisberg et d'avoir planté le Riesling en cépage unique alors qu'ailleurs il était mélangé avec d'autres.

Certaines parcelles des meilleures *Einzellagen* de Hochheim – Domdech-aney, Kirchenstück et Hölle – appartiennent aux domaines du Rheingau central, notamment Schloss Schönborn et Balthasar Ress. La ville elle-même regroupe quelques domaines célèbres comme Aschrott, Domdechant Werner, Weingut Königin Victoria Berg ainsi que l'État de Hesse (Staatsweingut) et la majorité des vignes (27 ha) appartenant à la ville de Francfort est également située à Hochheim. Les sols sont composés principalement de sable et de gravier, ce qui explique le goût des vins, proche de celui de Rüdesheim tout en étant différent. La structure des vins se rapproche, elle, de celle des vins du Rheingau, mais le goût et le bouquet évoquent les vins de Franconie – les deux régions ayant le Main en commun.

### SCHLOSS JOHANNISBERG

Situé sur un plateau, entouré de 35 ha de Riesling, le château est visible de loin. Il possède un beau cellier ainsi qu'une collection de vins des grands millésimes, remontant à 1842 et même au-delà. Les vins du Schloss sont fermes, charpentés et portent une étiquette charmante dans le style du XIXe siècle. Les différentes catégories de QmP se reconnaissent à des capsules de couleurs différentes, perpétuant ainsi une tradition commencée au milieu du siècle dernier avec des sceaux de cire. Tout comme d'autres domaines, Schloss Johannisberg a son propre *Gutsschänke*, ou bar à vins, pratique qui se répand dans la région depuis les années 70.

# NAHE

Il y a mille ans, le vignoble de la Nahe dépassait largement ses limites actuelles et continuait jusqu'à Simmern, au nord, dans le pays montagneux de Hunsrück, guère propice à la vigne. Lorsque des vignobles étaient détruits par une guerre, on ne replantait bien souvent que les meilleurs sites. La majeure partie des 4 635 ha actuellement cultivés se situe près de la Nahe et de ses affluents, les plus petits étant le Guldenbach, l'Ellerbach, le Gräfenbach et le Gäulsbach, et les plus grands, le Glan et l'Alsenz. L'eau et les vallées qu'elle a creusées sur son passage dans les collines environnantes expliquent la configuration des vignobles de la Nahe sur les meilleurs coteaux.

## Sols, zones viticoles et climat

En amont, la petite ville d'Idar-Oberstein doit sa réputation aux pierres précieuses qu'on y trouve ; le sol de la région regorge de minéraux qui enrichissent le goût des Rieslings, mais, comme le font remarquer les vignerons de Langenlonsheim, la composition du sol varie tellement qu'elle n'est pas forcément identique au sein d'un même village.

Le vignoble se divise en deux *Bereiche*, Schlossböckelheim et Kreuznach (voir carte p. 318), mais on distingue, en fait, trois sites différenciés par la nature de leur sol. De Bingerbrück, à la confluence de la Nahe et du Rhin, jusqu'à Langenlonsheim, on trouve du schiste et du quartz ; dans les environs de Bad Kreuznach, du schiste rouge décomposé, du lœss et des alluvions ; de Bad Kreuznach jusqu'à Monzingen, du porphyre et du grès coloré. Ce découpage correspond à peu près aux basse, moyenne et haute Nahe *(Untere, Mittlere, Obere Nahe)*, distinctions utilisées par les gens de la région.

Le climat est sec, avec une pluviométrie de 500 mm annuels seulement. Les quelques vignobles plantés sur des coteaux escarpés qui disposent d'un

Schloss Wallhausen (Bad Kreuznach).

matériel adapté peuvent être arrosés. Comme dans toutes les régions viticoles du nord de l'Allemagne, l'influence du microclimat l'emporte sur celle du climat en général.

## Cépages et styles de vin

La Nahe produit principalement des vins blancs et, bien que la part des vignes plantées en cépages rouges soit en augmentation (5 %), la récolte de raisins noirs produit surtout du rosé ou *Weissherbst*. Après la Seconde Guerre mondiale, la période du «miracle économique allemand» (1964 à 1972) fut celle de la plus forte expansion des vignobles. Depuis, la croissance n'a pas dépassé 4 %. Le Müller-Thurgau et le Riesling couvrent chacun un quart de la superficie totale, et le Sylvaner, autrefois cépage important de la Nahe, renaît lentement. Les domaines qui, comme Klören à Laubenheim, avaient planté du Bacchus dans un moment de folie, cultivent maintenant le Weissburgunder, de plus en plus populaire sur ces sols lourds, inadéquats pour le Riesling. Le Weissburgunder prend aussi la place du Müller-Thurgau dans certaines parcelles du remarquable

Domaine Dönnhof à Oberhausen. Quelques domaines, comme Crusius à Traisen et Steitz dans la vallée d'Alsenz, continuent de cultiver plusieurs cépages sur une même parcelle, à titre de curiosité mais aussi pour perpétuer une tradition ancestrale. Steitz va plus loin et ne greffe pas les vignes de ces parcelles. Le Sylvaner et le Riesling dominent, mais on y trouve aussi du Gewürztraminer, du Gutedel, de l'Elbling et les cépages rouges Sankt Laurent et Portugieser. Un tel mélange de cépages, dont les raisins mûrissent à des périodes très différentes mais sont vendangés en même temps, confère un intérêt supplémentaire important aux vins de la Nahe.

Plus vigoureux que ceux de Moselle, les vins de la Nahe reflètent un climat plus chaud et plus sec ainsi que la diversité des sols. Le Riesling apporte ici sa délicatesse, soutenue par une acidité tranchante qui permet au vin de bien vieillir. La Nahe a contribué à la promotion des vins secs, qui représentent aujourd'hui 22 % de la production nationale des vins de qualité.

## Vignobles et domaines

Sur les 1 562 propriétaires de vignobles de la Nahe, la moitié vend tout ou partie de sa récolte en bouteilles. Il y a 30 ans, les bons domaines de la Nahe se comptaient sur les doigts d'une main et se situaient tous entre Kreuznach et Schlossböckelheim. Aujourd'hui, il existe de bons vignerons aux environs de Langenlonsheim, Laubenheim, Dorsheim ainsi que dans les vallées adjacentes de la Nahe. Il semble que l'on puisse encore découvrir de bons sites. En revanche, les prix des vins vendus en vrac suivent ceux de la Hesse rhénane, parmi les plus bas d'Allemagne. Les meilleures sources de vins bon marché sont les caves coopératives de Bretzenheim, près de Bad Kreuznach, et de Meddersheim, dans la haute Nahe. ☐

# VILLAGES ET PRODUCTEURS

La région de la Nahe se divise en deux *Bereiche*, Schlossböckelheim et Kreuznach. Les villages les plus connus pour la qualité de leurs vins sont décrits ci-dessous, ainsi que les *Grosslagen* et les *Einzellagen* les plus fréquemment rencontrées et leurs principaux domaines. La quasi-totalité des vins sont des blancs.

### SCHLOSSBÖCKELHEIM

Ce *Bereich* couvre la moitié sud de la Nahe et doit son nom au village vinicole principal de la région. Attention à ne pas confondre le village et le *Bereich*.

Plusieurs des meilleurs vignobles de la Nahe se trouvent entre Bad Kreuznach et les villages voisins de Niederhausen et de Schlossböckelheim. Burgweg est la *Grosslage* de cette zone.

### Schlossböckelheim et Niederhausen

Kupfergrube et Felsenberg sont les meilleurs vignobles de Schlossböckelheim ; Kupfergrube (littéralement «mine de cuivre») est aussi le plus renommé de la région. Il appartient en majorité au domaine d'État (Staatliche Weinbaudomäne) ; on apprécie surtout ses Rieslings, concentrés et de longue garde. Weingut Hans & Peter Crusius, Weingut Dönnhof et Paul Anheuser possèdent également des terres dans le Schlossböckelheim.

La plus petite *Einzellage* du bord de la Nahe, Oberhäuser Brücke (1,1 ha), près de Niederhausen, appartient au domaine Dönnhof. Il y a quelques années, son nom a été amputé du mot «Brücke» ; l'*Einzellage* a été rattachée à Hermannsberg puis à Hermannshöhle avant d'être transférée à la *Grosslage* Burgweg, sans nom de vignoble individuel, pour, finalement, récupérer son «Brücke». C'est à Niederhausen que se trouvent les caves du domaine d'État (Staatliche Weinbaudomäne), autrefois propriété de la Prusse (ce qui explique l'aigle noir sur l'étiquette) et maintenant celle de l'État de Rhénanie-Palatinat. La formation fait partie intégrante de la tradition dans ce domaine modèle, dont de nombreux employés ou anciens employés ont, en outre, leurs propres vignobles. Neuf dixièmes des 40 ha s'étirent sur des pentes de plus de 30% où domine le Riesling. Les vins sont frais, fruités et légers. Ceux de Niederhausen et de Schlossböckelheim peuvent avoir une élégance incroyable. En revanche, les vins de basse Nahe *(Untere Nahe)* et d'Altenbamberg sur l'Alsenz sont moins fins, avec un goût de terroir plus prononcé.

### Traisen

Le vignoble le plus renommé de Traisen est Bastei (2 ha), situé juste au-dessous de la falaise Rotenfels (200 m) et planté exclusivement en Riesling. Son vin, le Bastei, possède énormément de caractère ainsi qu'un bouquet et des saveurs d'une incroyable intensité que lui procurent, de toute évidence, le microclimat et le sol. Rotenfels, d'une superficie plus importante, produit un Riesling presque aussi bon. Weingut Crusius possède des vignes dans les deux *Einzellagen*. Le domaine d'État possède des vignes à Bastei mais aucune à Rotenfels.

### KREUZNACH

Ce *Bereich* tire son nom de la station thermale Bad Kreuznach. La ville, entourée de vignobles, appartient à la *Grosslage* Kronenberg. Quelques *Einzellagen*, Kahlenberg et Steinberg, par exemple, sont reconnues pour la qualité de leurs vins. August E. Anheuser (voir encadré), Staatsweingut Bad Kreuznach et Weingut Reichsgraf von Plettenberg comptent parmi les principaux domaines dont les sièges se trouvent à Bad Kreuznach.

Au nord-ouest de Bad Kreuznach, dans la vallée de Gräfenbach, l'important domaine de Schloss Wallhausen, Prinz zu Salm-Dalberg'sches Weingut, appartient au prince de Salm-Salm. Depuis 1990, Schloss Wallhausen n'a utilisé que le nom de ses meilleurs sites ; les autres vins ont servi à élaborer une cuvée spéciale. Cette rationalisation de la production facilite la compréhension des étiquettes des vins allemands et profite à la fois au consommateur et au producteur.

### Rüdesheim

Le village de Rüdesheim – à ne pas confondre avec la ville du même nom dans le Rheingau – et la région environnante sont au centre de la *Grosslage* Rosengarten. Ces vignobles produisent des vins courants mais plaisants, commercialisés sous l'étiquette Rüdesheimer Rosengarten.

### De Bad Kreuznach à Bingen

En aval se trouvent les villages de Winzenheim, Bretzenheim et Langenlonsheim où le Riesling cède le pas à d'autres cépages. Les blancs secs de Weingut Erbhof Tesch, à Langenlonsheim, jouissent d'une bonne réputation. Burg Layen, plus éloigné de la rivière, est la patrie du Schlossgut Diel, dont les meilleurs vignobles de Riesling se trouvent à Dorsheim, village tout proche. Le nom de la *Grosslage* Schlosskapelle est souvent utilisé sur les étiquettes.

## WEINGUT AUGUST E. ANHEUSER

Le nom de Anheuser est connu depuis longtemps à Bad Kreuznach, où cette famille produit des vins de la région depuis le XVIIe siècle. Ses Rieslings sont souvent très légèrement pétillants *(Spritzig)* et possèdent la structure nécessaire à une longue garde. Comme pour illustrer ce potentiel, le domaine possède une liste de vins rares, comprenant 36 millésimes, par exemple un Schlossböckelheimer Kupfergrube Riesling *Trockenbeerenauslese* de 1921. Il y a aussi des vins intéressants et plus récents, comme des Kreuznacher Rieslings *Auslesen* de 1971. Ces vins démontrent à quel point les bons vins de cette région sont sous-évalués.

# HESSE RHÉNANE

La région de Hesse rhénane représente un quart de la superficie viticole allemande. Si la France contrôlait encore cette région, comme au début du XIXᵉ siècle, et imposait une appellation d'origine contrôlée, la petite zone de vignobles situés près du Rhin réclamerait sa propre AOC pour se distinguer du reste de la région, car la Hesse rhénane est surtout connue pour les vins ordinaires qu'elle produit en importante quantité.

Les meilleures parcelles, connues sous le nom de *Rheinterrasse* («la terrasse du Rhin»), s'étendent à l'est de la région – de Mettenheim, au nord de Worms, via Nierstein jusqu'à Bodenheim, au sud de Mayence – et occupent 2 500 ha, soit 10% de la Hesse rhénane. C'est là que se trouvent les domaines célèbres qui produisent des vins du même niveau de qualité que ceux du Rheingau, mais à moitié prix.

D'autres zones de production connaissent un regain de popularité. Les villes d'Ingelheim et de Bingen, sur les flancs des collines faisant face au Rheingau, démontrent qu'on peut faire en Hesse rhénane des vins de grande qualité ailleurs que sur la *Rheinterrasse*. On trouve aussi dans l'arrière-pays quelques bons vignerons qui font la mise en bouteilles au domaine, mais ils sont moins nombreux cependant que dans la partie méridionale du Palatinat qui, autrefois, ne produisait pas de vin de qualité (voir p. 329).

## L'attrait trompeur des marchés à grande échelle

La taille moyenne d'un domaine de Hesse rhénane (3,2 ha) dépasse à peine la moyenne française ou espagnole, mais représente le double d'un domaine allemand moyen. Cette situation a encouragé les viticulteurs à produire le plus de raisins possible et à vinifier eux-mêmes, avant de céder en gros et à bas prix leurs vins aux négociants. Leurs investissements dans le matériel vini-

Vendanges mécaniques à Rothenberg.

cole les empêchaient de rejoindre des coopératives qui, par définition, n'acceptent que des raisins et non du vin.

À en juger par le volume des ventes, cette méthode a remporté un grand succès commercial, mais ces vins ne pouvaient être vendus qu'à des grandes surfaces ou à des négociants spécialisés dans l'exportation de vins bon marché. Face à cette demande de vins bas de gamme, ils n'ont pu garder leurs parts de marché qu'en baissant leurs prix, ce qui a entraîné un marasme économique et donné une mauvaise image de la région, au détriment des meilleurs domaines.

## Les cépages et les styles de vin

De 1950 jusqu'au début des années 80, le public comme les producteurs des régions du Nord croyaient que la qualité des vins allemands allait de pair avec le taux de sucre résiduel. Le vin *Spätlese,* très demandé, devait être plus doux que le *Kabinett* ou que le QbA. Les cépages traditionnels, Riesling et Sylvaner, ne produisant pas de *Spätlesen* en quantité suffisante pour le marché,

d'autres cépages, le Kerner (voir p. 309) et le Bacchus, furent introduits. La qualité de leurs vins, produits en trop grande quantité, n'était peut-être pas enthousiasmante, mais leur teneur en sucre suffisait à les rendre conformes à la réglementation allemande.

Ce sont les vins bon marché et doux, principalement les blancs, qui ont fait connaître la région, mais la qualité étonnante des vins de certains domaines, surtout dans la *Rheinterrasse*, est encore largement méconnue. Le Müller-Thurgau occupe 23% des 25 461 ha cultivés, le Sylvaner 14%, le Kerner et le Scheurebe 8% respectivement, le Bacchus et le Riesling 7% chacun, le Faberrebe (Weissburgunder x Müller-Thurgau) 6% et le Portugieser 5%. Les vins blancs dominent. Bien que les surfaces cultivées n'aient augmenté que de 8% dans les années 80, la part du Riesling a augmenté de 50%. Certains spécialistes prétendent même qu'il a été planté sur des sites qui ne lui conviennent pas, ce qui n'empêche pas de constater, dans cette évolution de l'encépagement, la preuve d'une volonté de qualité. Néanmoins, c'est pourtant le Kerner (2 173 ha), utilisé pour le Liebfraumilch (voir p. 309), qui a connu la plus grande augmentation (78%).

On estime que la superficie du vignoble de la Hesse rhénane risque de diminuer dans les années 90, car certains vignerons renoncent à la viticulture. Les meilleurs vignobles seront repris par les domaines les plus rentables ; les autres seront voués à d'autres cultures.

## Les vertus des vins «ordinaires» de la Hesse rhénane

La proportion de vins secs ne dépasse pas 13% en moyenne, mais elle est bien supérieure dans les meilleurs domaines. Les clients de nombreux domaines privés tiennent le raisonnement suivant : puisque les vins les moins chers de Hesse rhénane sont demi-secs, les meilleurs doivent forcément être secs. S'ils ne subissaient pas diverses influences, les consommateurs du nord de l'Allemagne devraient montrer une préférence pour les vins demi-secs. Même les vins rouges de la Hesse rhénane contiennent souvent du sucre résiduel. Les producteurs lancent sur le marché, à titre de test, tous les styles de vin que la région permet de produire. Les domaines influents d'Anton Balbach, Heyl zu Herrnsheim et d'autres, à Nierstein, reviennent à des vins moins secs.

À peu près un tiers de la production de la Hesse rhénane est exporté, sur les marchés des pays de langue anglaise et au Japon principalement. La presse spécialisée a pour habitude de critiquer la qualité des vins bon marché et, pourtant, lors des dégustations à l'aveugle, note bien ces vins techniquement irréprochables. De plus, le débit rapide des ventes, dans les grandes surfaces où ils sont proposés, favorise leur consommation au bon moment, quand ils sont encore relativement frais et jeunes.

Les vignobles de Nierstein et de la *Rheinterrasse* vus du Brudersberg.

## Le pays natal du Liebfraumilch

En 1992, l'Allemagne a exporté environ 336 millions de bouteilles, dont 45% de Liebfraumilch, un vin d'assemblage où le Riesling, le Sylvaner, le Müller-Thurgau ou le Kerner doivent entrer dans la proportion de 70% au moins. Les raisins proviennent obligatoirement de Hesse rhénane, du Palatinat, de la Nahe ou du Rheingau.

Peu consommé en Allemagne, le Liebfraumilch est généralement vendu moins cher à l'étranger qu'un rosé d'Anjou ou que la plupart des vins rouges français de la catégorie «vins de pays». Les vertus des vins ordinaires, exposées au paragraphe précédent, s'appliquent également au Liebfraumilch, puisque près de 60% de ces vins blancs demi-secs proviennent de la Hesse rhénane.

À Worms, les vignobles entourant la *Liebfrauenkirche* («l'église de la Vierge») constituaient autrefois la seule source de Liebfraumilch. La maison Valckenberg possède aujourd'hui 90% du vignoble d'origine, le Wormser Liebfrauenstift-Kirchenstück, et a

l'intention de rebâtir sa réputation grâce à un encépagement de Riesling et de Weissburgunder, qui seront mis en bouteilles à la propriété.

## L'avenir de la Hesse rhénane

Gunderloch, le plus éminent domaine de Nackenheim, considère ses meilleurs vignobles comme des «grands crus» et souhaite ardemment introduire dans la région une classification des vignobles. Il est rejoint dans son souhait par bon nombre de producteurs de la *Rheinterrasse*. Pourtant, après l'insistance pendant plus de 150 ans sur le caractère individuel des vins allemands en fonction des dates et des méthodes de vendange, des cépages et de la multitude de provenances, la classification cohérente des vignobles reste un problème non résolu.

Les caves coopératives participent avec d'autres producteurs à l'effort commercial, inauguré avec le millésime 1992, qui consiste à vendre des vins avec la mention *Selection Rheinhessen* («Sélection de la Hesse rhénane»). Cette désignation s'applique

à des vins mis en bouteilles à la propriété et portant une capsule unique ; ils titrent 12,2% vol au minimum sans chaptalisation et les raisins, issus de cépages classiques, sont vendangés manuellement ; les rendements restent inférieurs à 55 hl/ha. Ces vins secs sont, de surcroît, présentés à une commission de dégustation qui contrôle leur qualité.

Depuis 1988, la réputation du Sylvaner s'affirme lentement. Il réussit bien dans plusieurs domaines en tant que QbA sec. *RS* (abrégé de *Rheinhessen Sylvaner,* autrement dit «Sylvaner de Hesse rhénane») est un vin sec, élaboré selon de nouvelles normes de vinification et de dégustation par environ 50 producteurs. Lancé en 1986 avec une étiquette noir et orange, il remporte un modeste succès avec 90 960 bouteilles vendues par an. À l'heure actuelle, beaucoup de producteurs, qui assurent eux-mêmes la mise en bouteilles, vendent leurs vins les moins chers sous le nom du cépage. Généralement secs, ces vins peuvent être très attrayants.   □

# VILLAGES ET PRODUCTEURS

La Hesse rhénane est limitée au nord et à l'est par une boucle du Rhin, au sud par la ville de Worms et le vignoble du Palatinat et à l'ouest par les banlieues de Bad Kreuznach dans la région de la Nahe. La majeure partie des vins sont des blancs.

## BINGEN ET LA PARTIE OCCIDENTALE

Bingen se trouve à l'extrémité nord-ouest de la Hesse rhénane, sur la rive sud du Rhin en face de Rüdesheim, dans le Rheingau, et des vignobles de la Nahe. Elle donne son nom au *Bereich* qui couvre toute la moitié ouest de la Hesse rhénane.

Depuis la colline qui domine la ville, les 35 ha de vignes de l'*Einzellage* Scharlachberg s'ouvrent au sud sur le paysage vallonné du *Bereich*. Ce vignoble, planté sur des coteaux pour la plus grande part, est l'un des rares à être connu hors de ses frontières. Weingut Villa Sachsen, le domaine le plus important, appartient à une société japonaise, Tokio Izumi, et produit surtout du Riesling. Les vins de Binger Scharlachberg et des autres sites sont bien faits. Ils vieillissent en fûts et sont nerveux et souvent pétillants.

## Gau-Bickelheim

Plus au sud, à quelques kilomètres de l'autoroute E31 qui coupe la Hesse rhénane en diagonale, se trouve le village de Gau-Bickelheim. Il abrite la coopérative centrale Rheinhessen Winzer, qui regroupe la récolte de 16 pressoirs, bientôt réduits au nombre de 5 par suite d'une modernisation des installations. Elle vend 95% de sa production en Allemagne. Par l'intermédiaire de sa filiale Winzerkeller Ingelheim, cette coopérative a prévu de développer une gamme de vins de qualité à prix moyen et de les diffuser dans le circuit des cavistes.

## Ingelheim

On dit que, depuis les collines surplombant Ingelheim, Charlemagne aurait vu la neige fondre sur les pentes du Rheingau, de l'autre côté du Rhin. C'est ainsi qu'il aurait décidé de la plantation de son futur vignoble. Mais, bien que la légende puisse se justifier, car c'est l'historien Bassermann-Jordan qui affirme cela, la principale source de gloire d'Ingelheim est depuis longtemps ses vins rouges issus de Pinot Noir (Spätburgunder). Les vins d'Ingelheim restituent bien le caractère du Pinot, même s'ils sont malgré tout très légers : élégants, mais sans grande concentration. Le vin produit par Weingut J. Neus reste à ce jour le plus connu.

## RHEINTERRASSE («la terrasse du Rhin»)

Il fut un temps où l'influence des religieux de Mayence s'étendait, comme leurs vignobles, aux deux rives du Rhin. À Bodenheim, à quelques kilo- mètres au sud de Mayence, les vignes étaient nombreuses et bien établies sur les pentes de la *Rheinterrasse*, cette longue falaise qui domine le Rhin.

Plus au nord, le vignoble donne l'impression d'être mal orienté, soit vers l'est, soit au nord ; pourtant, cela n'empêche pas Weingut Kühling-Gillot de produire, dans les bonnes années, un rouge de Pinot Noir qui titre 13% vol d'alcool naturel tout en conservant quelques grammes de sucres résiduels tout comme le blanc de Pinot Gris. Preuve est faite de ce qu'on peut obtenir en sélectionnant méticuleusement.

## Nackenheim

À Nackenheim, la terrasse se rapproche encore du Rhin. Son plus célèbre vignoble, le Nackenheimer Rothenberg, est planté sur une pente à 30 %, dans un sol schisteux qui a la couleur ocre de la terre cuite. Weingut Gunderloch, planté à 80 % en Riesling, y possède des parcelles. Comme d'autres bons domaines, Gunderloch s'est fixé un degré minimal supérieur à celui défini par la loi, et cela pour chaque catégorie de vin. Ses Rieslings *Spätlesen* commencent avec un minimum de 12,2% vol d'alcool potentiel, ses *Auslesen* à 13,8% vol, alors que les minima exigés sont respectivement de 11,4% vol et 12,5% vol. À Gunderloch, les vignerons opèrent par tris successifs et passent jusqu'à cinq fois dans les vignes pour ramasser les raisins au meilleur moment, c'est-à-dire lorsque leur acidité est jugée satisfaisante.

## Nierstein

C'est le vignoble qu'on rencontre en quittant le Nackenheimer Rothenberg. Ici, comme pour d'autres villages de la *Rheinterrasse*, le remembrement (voir p. 306) est terminé depuis un certain temps. Il a coûté 80 000 DM par hectare, mais a permis une réduction des coûts de culture de la vigne. De plus, certains viticulteurs pensent que, sans cette modernisation, la viticulture sur la terrasse du Rhin aurait fini par disparaître par manque de rentabilité. L'époque où la bonne terre rouge était charriée par les fortes pluies d'orage et descendait le Rhin jusqu'à Mayence est désormais révolue.

Les meilleurs crus de Nierstein sont Glöck, Pettenthal, Ölberg et Brudersberg. Nierstein compte 150 viticulteurs dont les plus connus sont Weingut Heyl zu Hermsheim et Weingut Bürgermeister Anton Balbach Erben.

La *Grosslage* Niersteiner Gutes Domtal s'étend sur plus d'une quinzaine de villages, mais, 2% seulement des vignes poussant à Nierstein même, les vins étiquetés Nierstein ont peu de chance de provenir véritablement du village éponyme, une pratique illégitime, mais légale, qui devrait être abandonnée.

## Oppenheim

Les mauvaises relations qu'entretient la commune d'Oppenheim avec la *Grosslage* Oppenheimer Krötenbrunnen posent le même problème qu'aux vignerons de Nierstein.

Oppenheim est la plus grande ville de la *Rheinterrasse* et abrite bon nombre de domaines, dont Staatsweingut mit Domäne Oppenheim (domaine d'État) et Weingut Louis Guntrum, ainsi que le musée du vin le plus intéressant d'Allemagne. Sackträger est la meilleure *Einzellage* d'Oppenheim.

# PALATINAT

Le Palatinat (*Pfalz* en allemand, anciennement *Rheinpfalz*) est une région étroite de 23 045 ha, qui s'étire à l'ouest du Rhin sur environ 80 km, sur un axe nord-sud. La plus grande partie du vignoble est plantée soit dans la plaine située entre le Rhin et les hautes forêts du Pfälzer Wald, soit sur les pentes douces qui descendent vers l'est, juste au-dessous des forêts qui les protègent des vents d'ouest. Le climat, doux et sec, donne des étés et des automnes chauds.

La frontière franco-allemande de Wissembourg marque la limite sud du Palatinat, mais, en réalité, cette région prolonge naturellement le vignoble alsacien. La topographie est la même : le Rhin à l'est, les collines boisées à l'ouest, et des villages qui se succèdent sur le flanc des coteaux. La région est agréable à visiter. Des centaines de vignerons pratiquent la vente directe dans les jolis villages et les petites villes de la région.

Le Palatinat a longtemps produit des vins ordinaires. Il n'y avait que quelques grands domaines de bon niveau, concentrés dans une poignée de villages au centre de la région, le Mittelhaardt. Une nouvelle génération de propriétaires est venue agrandir la gamme des bons vins, ce qui permet au Palatinat de figurer maintenant parmi les meilleurs vignobles d'Allemagne.

Ces jeunes viticulteurs sont réalistes et ont le vent en poupe. Avec les quelques vieux domaines traditionnellement bons, ils contribuent à l'amélioration du niveau général du Palatinat. Nés pour la plupart dans des petits domaines, ils ont fait des études d'œnologie et se sont formés à l'étranger. Ils savent se remettre en question et réussissent à prouver qu'on peut faire de bons vins dans des régions très éloignées de celles qui ont toujours joui d'une bonne réputation. Mais la distinction d'origine persiste toujours : le Palatinat sud

La tradition des fûts sculptés.

reste la zone de grande production, tandis que le Mittelhaardt constitue le cœur de la qualité.

## Viticulteurs, négociants et domaines

Près de la moitié de la production du Palatinat n'est pas mise en bouteilles au domaine mais vendue en gros au négoce. Plus d'un tiers des vins de qualité sont mis en bouteilles par le négociant, le long de la Moselle, pour être vendus soit sous l'étiquette Liebfraumilch, soit sous son nom de *Grosslage*. Cette tradition de commerce entre les régions a commencé avant les lois de 1971, qui ont interdit cette pratique consistant à adoucir l'acidité des vins du Palatinat en les assemblant aux vins bon marché de Moselle. Actuellement, comme en Hesse rhénane, la région voisine, le nombre de viticulteurs du Palatinat a baissé et, de plus en plus, ceux qui restent pratiquent la mise en bouteilles au domaine.

Les coopératives ont une grande importance dans le Palatinat et deux des plus grandes dominent le marché de la moitié sud, consacré aux vins de

qualité inférieure (voir p. 333). Dans le Mittelhaardt, là où la qualité est, en moyenne, supérieure au reste de la région, le bon niveau des caves coopératives, comme celles de Bad Dürkheim, Deidesheim, Forst et Ruppertsberg, est régulièrement confirmé par leurs réussites dans les concours nationaux organisés par la *Deutsche Landwirtschaft-Gesellschaft* (DLG). Nombre de viticulteurs participent chaque année à ces dégustations, uniquement pour pouvoir comparer leurs vins avec ceux des concurrents. Certains préfèrent toutefois ne pas faire état de leurs succès, sachant pertinemment qu'en présentant un vin de même nom ils ne sont pas certains d'obtenir les mêmes récompenses chaque année ; or, les restaurateurs n'apprécient guère ce genre d'irrégularité. Les coopératives produisent moins de vins secs que leurs confrères viticulteurs-embouteilleurs, car elles ne s'adressent pas aux mêmes marchés.

## Cépages et styles de vin

Le Palatinat se trouve dans une période de transition. La mode du vin blanc rustique, demi-sec ou doux, est en train de céder la place à celle d'un blanc plus sec et plus frais. D'autre part, le vin rouge gagne en importance. Le Müller-Thurgau arrive toujours en tête avec 22%, suivi du Riesling avec 20% et du Kerner, du Portugieser, du Sylvaner et du Scheurebe. Le Sylvaner trouve un second souffle grâce au vieillissement en fût. Les autres cépages à retenir, pour la qualité qu'ils permettent d'obtenir, sont le Pinot Noir et le Dornfelder en rouge, les Huxelrebe, Bacchus, Ruländer et Ortega en blanc.

Les caves d'État de Neustadt-Mussbach et le petit domaine familial de Knipser à Laumersheim font des essais avec le cépage Gänsefüsser (littéralement «pattes d'oie» à cause de la forme de ses feuilles). Largement planté autrefois, il donnait un vin qui était très apprécié, mais il fut abandonné à cause de ses rendements trop irréguliers. Le Gewürztraminer, lui aussi apprécié depuis toujours, tient bon sur un certain nombre de bons domaines, en dépit de son faible rendement et de l'intérêt modéré que l'on porte aux vins très aromatiques.

Il peut donner des *Auslesen* secs avec 15% vol ou plus d'alcool acquis, qui sont très demandés dans le sud de la région, mais il n'est jamais aussi bon que lorsqu'il garde quelques grammes de sucres résiduels. Dans le Palatinat méridional, le Pinot Blanc se présente sous différentes formes, du vin de base pour des mousseux *(Sekt)* aux riches *Auslesen* titrant plus de 16% vol.

25% des blancs produits dans la région sont secs. Entre 1982 et 1992, la proportion de vins officiellement secs – ceux qui portent la mention *trocken* sur l'étiquette – s'est accrue et, aujourd'hui, l'ensemble des vins produits sont généralement plus secs que dans les années 70.

Le degré d'alcool d'un vin *Kabinett* peut varier de 9,5% vol ( minimum légal) à 12% vol selon les cépages et il n'existe pas de définition exacte de son caractère propre : c'est souvent un *Spätlese* déclassé qui, dans ce cas, peut être très bon, mais il serait mieux défini si la loi fixait un degré d'alcool maximal. Dans un beau millésime, nombre de *Spätlesen* sont, en termes légaux, des *Auslesen* de moindre qualité. En effet, la demande pour les *Auslesen* reste limitée et les bons domaines se sont toujours imposé des minima de puissance plus élevés que ceux exigés par la loi (généralement un peu moins d'un degré). Il y a 30 ans, le style des vins blancs du Palatinat – car, à cette époque, personne ne parlait encore des rouges – se reconnaissait par une légère oxydation, une acidité relativement basse pour des Rieslings et un goût de terroir marqué. Aujourd'hui, le Riesling du Mittelhaardt rappellerait plutôt un Riesling du Rheingau en termes de structure, avec une vivacité due à une bonne teneur en acide tartrique.

## Les vins rouges et le bois

Dans le domaine des vins rouges, il semble que le cépage Dornfelder soit en train de remplacer le Portugieser pour les vins de consommation courante, simples et fruités. Le Pfälzer Dornfelder n'est jamais un grand vin, mais il peut acquérir une certaine complexité s'il est élevé dans des fûts de bois neuf. Au Domaine Münzberg, à Godramstein, dans le Sud, on pense que ce type d'élevage le fait ressembler au Merlot. Dans d'autres domaines, on préfère le laisser vieillir dans du chêne vieux pour qu'il ne prenne aucun tannin et garde ses arômes fruités.

Les discussions autour de l'élevage en fût vont bon train dans le Palatinat (voir p. 113). Si le bois neuf peut changer le caractère des vins de la famille des Pinots, le domaine Lingenfelder, à Grosskarlbach, traite son Dornfelder différemment. Lorsque la fermentation est arrivée au point où il ne reste plus guère que 3% vol d'alcool en puissance, le vin est soutiré et mis en cuves d'acier inoxydable. Il passe ensuite 6 mois dans de grands foudres de chêne avant d'être légèrement filtré, sans collage préalable, puis mis en bouteilles. Il en résulte un vin plein de fruit, équilibré par son acidité.

Le Sud fut longtemps voué à produire des vins de table de consommation courante ; les vins de qualité supérieure sont encore une nouveauté et leur style reste à définir. Les viticulteurs vont-ils élaborer leur propre vin rouge ou s'aligner sur les normes internationales ? Cette question essentielle reste encore sans réponse.  □

Géraniums et treilles couvrant la façade d'un négociant à Ruppertsberg.

# VILLAGES ET PRODUCTEURS

Le Palatinat est divisé en deux *Bereiche* – au nord, le Mittelhaardt/Deutsche Weinstrasse, qui jouxte la Hesse rhénane, et, au sud, la Südliche Weinstrasse, à la frontière française. Les villages viticoles se trouvent dans la partie méridionale du Mittelhaardt entre Kallstadt et Neustadt. On y produit des rouges et des blancs.

## UNTERHAARDT

Le nord du Palatinat est connu sous le nom d'Unterhaardt. Il incluait jadis la vallée de l'Alsenz et plusieurs villages qui appartiennent maintenant à la Nahe. Son sol lourd ne permettait de produire que des vins ordinaires mais, ces vingt dernières années, sa réputation s'est considérablement améliorée. Le vignoble actuel commence juste au nord de Kirchheimbolanden et la *Weinstrasse* («route des vins») part du village de Bockenheim, le plus important du Nord. Il y a d'autres bons villages comme Laumersheim et Grosskarlbach. C'est d'ailleurs dans ce dernier que Weingut K. & H. Lingenfelder s'est fait une réputation pour ses vins rouges et blancs, vinifiés dans un style classique.

La vieille ville fortifiée de Freinsheim est connue pour les vins secs du Domaine Kern, qui sont mis en bouteilles sur lies.

Grünstadt se trouve en bordure de la forêt et marque la frontière avec le Mittelhaardt.

## MITTELHAARDT

C'est le cœur du Palatinat. Les villages viticoles se succèdent sur les coteaux situés sous le Pfälzer Wald («forêt palatine») : Kallstadt, Ungstein, Bad Dürkheim, Wachenheim, Forst, Deidesheim et Ruppertsberg. C'est ici que se trouvent les vignobles de la plupart des viticuteurs membres du VDP.

## Kallstadt

Le plus septentrional des 7 meilleurs villages se distingue par ses meilleurs crus, Saumagen et Annaberg. Les bons producteurs sont Weingut Koehler-Ruprecht, Weingut Eduard Schuster et la coopérative Winzergenossenschaft Kallstadt.

## Ungstein

Riches, fruités, fougueux sont les termes qui décrivent le mieux les vins d'Ungstein. Le rouge figure en bonne place, mais les vins blancs de Riesling restent les meilleurs. Weingut Pfeffingen est réputé.

## Bad Dürkheim

Cette petite ville d'eaux possède d'excellents vignobles. Elle organise chaque année une célèbre fête du vin en septembre, renommée pour être la plus importante au monde. Weingut Fitz-Ritter est l'un des meilleurs domaines.

## Wachenheim

Village qui produit des vins de qualité, connu pour ses crus Gerümpel et Altenberg. Les vins blancs sont robustes et de bonne garde, dans la tradition locale. Certains domaines font aussi des vins plus secs, d'un style plus actuel. Le domaine le plus connu, Bürklin-Wolf, possède 100 ha de vignes réparties sur plusieurs villages du Mittelhaardt. C'est le plus grand des trois domaines célèbres du Palatinat. Les vins sont vieillis en cuves d'acier inoxydable et en bois. Ils servent souvent de référence pour juger les autres vins de la région.

## Forst

Forst est réputé pour ses Rieslings, dont la qualité varie selon le producteur et le terroir dont ils sont issus. En général, les Rieslings de Forst sont des vins droits, fermes et nerveux, dont le caractère est mis en valeur par les nouvelles techniques de vinification.

La surface du plus grand vignoble, celui de Ungeheuer, a beaucoup augmenté depuis 1971. Le plus célèbre, Jesuitengarten, est planté à 100 % en Riesling, mais le meilleur est sans doute son voisin, Kirchenstück. On a coutume de faire venir du basalte des collines situées à l'ouest de Forst pour recouvrir le vignoble : plus le sol est sombre, mieux il retient la chaleur, dit-on.

## Deidesheim

Deidesheim rivalise avec Forst au cœur du Mittelhaardt, grâce à ses meilleurs crus Hohenmorgen, Grainhübel et Herrgottsacker. Les deux grands domaines qui dominent la production du village sont, avec Bürklin-Wolf, parmi les plus connus d'Allemagne. Le Domaine von Buhl, modernisé, est maintenant loué à un groupe japonais. Ses 54 ha (plantés en Riesling à 90%) sont à cheval sur Forst, Deidesheim, Ruppertsberg et Friedelsheim. On y élabore des vins frais et nerveux, vinifiés pour une bonne garde.

Le Domaine Bassermann-Jordan compte 40 ha de vignes (Riesling exclusivement), bien placées à Forster Jesuitengarten et Deidesheimer Hohenmorgen. Contrairement à von Buhl, Bassermann-Jordan élève ses vins en foudres de 2 400 litres.

Les deux domaines appartenant à Deinhard élaborent aussi des vins de qualité.

## Ruppertsberg

Le dernier village du Mittelhaardt ne jouit pas tout à fait de la même réputation que son voisin Deidesheim, malgré ses crus de Hoheburg et Linsenbusch qui produisent de très bons vins.

## SÜDLICHE WEINSTRASSE

Si la plupart des vins du Mittelhaardt ont un style qui les rapproche plutôt des vins de l'Allemagne du Nord, les petits vins du *Bereich* Südliche Weinstrasse (aussi appelé Palatinat méridional) rappellent plutôt ceux d'Alsace ou d'Ortenau dans le pays de Bade.

Le rendement des vignes place les vignobles de la région au second rang de la productivité, en Allemagne, derrière ceux du *Bereich* Obermosel. Avant les années 70, aucun vin digne de ce nom n'était produit à grande échelle.

Le Riesling couvre 7% du vignoble. Les raisins de la famille des Pinots se plaisent bien sous ces climats. Nombre de viticulteurs utilisent des barriques de chêne neuf pour leurs vins rouges.

En termes de volume, les plus grands producteurs sont les deux coopératives, Rhodt unter Rietburg et Deutsches Weintor. Parmi les domaines privés, on peut recommander Weingut Becker à Schweigen, Weingut Siegrist à Leinsweiler et Weingut Rebholz à Siebeldingen.

# BERGSTRASSE DE HESSE

La Bergstrasse de Hesse est un petit vignoble de 400 ha, à la lisière de l'Odenwald, séparé de Worms par la largeur du Rhin (200 m à cet endroit). Les printemps ont la réputation de mettre magnifiquement en valeur les paysages, lorsque les amandiers, les abricotiers, les cerisiers et les pêchers se couvrent de fleurs, ce qui semble arriver en l'espace d'une seule nuit. Le gel est ici exceptionnel, la pluviométrie généreuse ; le sol n'est pas uniforme et se compose de sable, d'argile, de calcaire ou de lœss.

Le vignoble se divise en deux *Bereiche*. Le plus vaste, le *Bereich* Starkenburg, est en fait une extension géographique de la Bergstrasse de Bade au nord d'Heidelberg (voir carte p. 318). Le *Bereich* Umstadt est un petit vignoble isolé, qui se situe au sud de la ligne qui relierait Darmstadt à Aschaffenburg en Franconie, au nord-est de la région.

La région produit majoritairement du vin blanc. Elle est plantée sur plus de la moitié en Riesling, la taille du vignoble ayant plus que doublé depuis le milieu des années 60. Le Müller-Thurgau compte pour 17%, le Sylvaner 8% et le Kerner 4%. Même si le vignoble n'a pas été, à proprement parler, restructuré, les vieilles vignes n'y sont pas plus nombreuses que dans le Rheingau, l'autre région viticole de l'État de Hesse.

Les Rieslings de la Bergstrasse de Hesse peuvent facilement rivaliser avec ceux du Rheingau mais, leur volume étant limité, ils sont plutôt rares hors de leur région d'origine.

Les vins produits sur les coteaux sont toujours meilleurs que ceux des plaines ou des plateaux , d'autant que les terrains en pente sont toujours moins fertiles, mieux drainés et mieux exposés que les plaines ou les plateaux. Un quart environ du vignoble est planté sur des pentes si

Vignobles au-dessus d'Unterhambach.

abruptes ou dans des endroits tellement inaccessibles qu'il est pratiquement impossible de le cultiver autrement qu'à la main. Tout ici se fait à petite échelle – plus de la moitié des vignerons possèdent moins de 2,5 ha – et les coûts de production sont tels qu'il n'est pas toujours rentable pour chaque vigneron de faire sa propre vinification. C'est pourquoi la coopérative principale de Heppenheim reçoit les raisins de 70% des surfaces cultivées. Quant aux viticulteurs du *Bereich* Umstadt, avec leurs 29 ha de vignes, ils livrent leur récolte à leur propre coopérative d'Odenwald.

Lors d'une conférence en 1992, on a calculé que le coût net de production d'une bouteille de Riesling *Spätlese*, issu d'une vigne en pente forte avec un rendement de 75 hl/ha, était de 7,10 DM. Si l'on considère que le prix de vente moyen est 9 DM pour l'ensemble des vins, les caves d'État de Bensheim et de la Bergstrasse de Hesse ont une politique de vente raisonnable.                                            □

## VILLAGES ET PRODUCTEURS

### Heppenheim

À l'extrémité sud, la charmante vieille ville de Heppenheim est l'un des centres de la Bergstrasse. Elle abrite la principale cave coopérative de la région, la Bergsträsser Gebiets-Winzergenossenschaft, qui regroupe 570 viticulteurs travaillant à temps complet.

Elle encourage ses membres à livrer des raisins de qualité en les leur achetant selon un tarif modulé. En conséquence, le rendement moyen du vignoble est de 84 hl/ha, ce qui est relativement bas pour une coopérative. La fermentation se fait grâce aux levures indigènes (celles qui se trouvent naturellement sur les grappes), ce qui suppose qu'il ne reste aucun produit de traitement sur les baies.

### Bensheim

Bensheim est une autre vieille ville pittoresque, centre d'un vignoble de grande réputation. Weingut der Stadt Bensheim compte environ 12 ha, complantés des cépages traditionnels de la région ainsi qu'en Rotberger, un croisement de Trollinger et de Riesling mis au point par l'institut de recherches de Geisenheim (Rheingau). Ses vins ont un niveau d'acidité élevé, ce qui permet de produire du rosé et du *Sekt*.

La coopérative produit de bons QbA et toute une gamme de QmP, dont un *Eiswein*. L'assurance qui couvre la production d'*Eiswein* – puisqu'il y a grand risque à laisser les raisins sur pied aussi tard – est prise en charge par la coopérative, et non par les viticulteurs adhérents.

Avec 37 ha de vignes, le Staatsweingut (vignoble d'État) de Bensheim est le plus grand producteur-embouteilleur de la région. Il se spécialise dans l'*Eiswein*, qu'il élabore principalement sur l'*Einzellage* Heppenheimer Centgericht, produisant 6 cuvées différentes de Riesling en *Eiswein*. Comme il s'agit d'une filiale des caves de l'État de Hesse à Eltville, il suit la technique du Rheingau qui consiste à couvrir les raisins restés sur la vigne avec du papier d'aluminium jusqu'à la vendange.

# FRANCONIE

Il y a près de 200 ans, le gouverneur de la ville de Volkach expliqua à ses supérieurs que les vignobles avaient été plantés à des endroits tels que les raisins ne pourraient jamais mûrir «même s'il y avait deux soleils dans le ciel». Depuis cette déclaration, la taille du vignoble de Franconie a augmenté et diminué alternativement en vertu des conditions économiques et politiques. Ces vingt-cinq dernières années, elle a augmenté de 169% pour atteindre 5 918 ha. Les meilleures cuvées de Franconie sont des vins de caractère, intenses et de bonne garde, mais très irréguliers d'un millésime à l'autre. Ils se reconnaissent à leur bouteille, basse et toute ronde, qui porte le nom de *Bocksbeutel*.

La Franconie se trouve au cœur de l'Allemagne, à l'est du Rhin, dans une région au climat dur, couverte d'épaisses forêts. Les vignobles se concentrent dans les recoins les plus chauds, le long du Main et de ses affluents. Le volume des vendanges peut varier considérablement selon les millésimes. Ces dernières années ont bénéficié d'une grande douceur et le rendement n'a pas été touché par les gelées d'hiver ou de printemps. Il n'y a donc jamais pléthore de bons vins. En revanche, l'offre est généralement supérieure à la demande en ce qui concerne le vin ordinaire. Dans les années 90, les meilleurs vignerons ont réduit leurs rendements, en taillant plus court et en coupant une partie des raisins au mois d'août.

## Vignobles et cépages
Près de la moitié du vignoble a moins de dix ans, car on a beaucoup replanté et restructuré. Malgré ses centaines d'années d'expérience, le vin allemand reste soumis aux caprices de la mode – ce qui ne signifie pas qu'il réagit aux lois du marché. Jusqu'à un certain point, les grands domaines établis maintiennent leur image et une certaine régularité dans la qualité, mais l'attirance pour les nouveaux hybrides a été irrésistible dans les années 70, comme au Staatlicher Hofkeller de Würzburg. Il semble aujourd'hui que les viticulteurs se préoccupent davantage de leur avenir. En effet, beaucoup viennent de replanter des cépages qui ont fait leurs preuves depuis des siècles.

Avec ses variations en dents de scie, le climat de Franconie rend difficile de prévoir le coût et le prix des vins, mais le négoce bavarois s'accommode de ses caprices. Les grands buveurs de

Le coteau d'Innere Leiste, en face de Würzburg, est dominé par le château de Marienberg.

bière que sont les Bavarois sont aussi de grands amateurs de vins. Actuellement, on replante surtout du Sylvaner, des cépages de la famille des Pinots et, dans une moindre mesure, du Riesling. Mais les hybrides comme le Müller-Thurgau (47 % du vignoble) et le Bacchus donnent parfois de meilleurs résultats.

Le Scheurebe n'est guère planté, mais il arrive qu'il surprenne et même impressionne des dégustateurs étrangers à la région. Il requiert un environnement favorable pour atteindre une maturité suffisante et donner des vins pouvant prétendre à la catégorie QmP. Il en est de même pour le Rieslaner, un croisement indigène de Sylvaner et de Riesling.

C'est le Bürgerspital qui planta du Riesling dans le célèbre vignoble de Würzburger Stein et commença à le vinifier en cépage unique à la fin du siècle dernier. Lorsqu'il est bon, le Riesling de Stein est un vin séduisant, d'une grande finesse, aux arômes délicats d'une grande longueur. Pour répondre à la demande de vins secs – ce qui nécessite d'éviter le *Botrytis cinerea* –, la production de vins doux *Auslesen* a diminué ces dernières années. Le Riesling, le Sylvaner, le Rieslaner et les Pinots noir, blanc et gris donnent de bons résultats dans le Würzburger Stein et l'on fait aujourd'hui des expériences avec le Chardonnay ; mais, à long terme, il sera sans doute préférable de se consacrer à une gamme plus réduite de cépages pour confirmer la réputation du vignoble.

## Les styles de vin

La plupart des bons vins blancs de Franconie ont un léger goût de terroir, particulièrement marqué dans certains crus issus de Sylvaner. Ce cépage traditionnel de Franconie donnait parfois, dans les années 70, des vins gras qui manquaient d'acidité et s'oxydaient facilement. Aujourd'hui, ses vins sont vinifiés selon les dernières technologies, c'est-à-dire qu'ils ont du caractère mais aussi de la fraîcheur et qu'ils sont vraiment très agréables. Pour plus de la moitié, il

La beauté baroque des caves de la résidence de Würzburg.

s'agit de *Fränkisch trocken*, ce qui désigne un vin contenant moins de 4 g de sucres résiduels. Le *Bocksbeutel*, la petite bouteille ronde et trapue, est utilisé pour les meilleurs vins de la région (environ la moitié). Sa forme originale, sa couleur verte ou ambre sont réservées, en Allemagne, aux vins de qualité issus soit de Franconie, soit de quelques villages de Bade situés sur le fleuve Tauber et près de Baden-Baden. Les vins de qualité inférieure sont vendus dans des bouteilles ordinaires d'un litre.

Surtout connue pour ses vins blancs, la région produit aussi quelques rouges. La demande des restaurateurs et des consommateurs s'accroissant, la production (du Steigerwald et du Mainviereck, principalement) a suivi. Il semble que, si l'extension du vignoble rouge continuait – il couvre actuellement 5 % de la surface plantée –, elle pourrait faire ombrage à l'identité régionale. Mais il est difficile pour les vignerons d'ignorer le succès des vins rouges et de ne pas répondre à la demande. Ils continuent donc de planter du Pinot Noir, du Portugieser, du Schwarzriesling et du Domina (un croisement de Portugieser et de Pinot Noir).

## Domaines et terroirs

Les 31 membres du VDP sont répartis tout à fait irrégulièrement dans toute la Franconie. Würzburg abrite trois très vastes domaines.

Les meilleurs terroirs se concentrent sur les versants sud et sud-ouest des collines, plus exposés au soleil, mais aussi aux gelées de printemps. Les versants exposés à l'est sont plus frais et moins sujets aux gelées, mais les raisins y mûrissent moins bien que dans les célèbres parcelles des bords du Main.

Tandis que le gypse et le keuper sont des éléments importants du sol sur les bords du Steigerwald, le sol de Würzburg se caractérise par la présence de calcaire, auquel on attribue la capacité de donner de la finesse au vin. Depuis le début des années 70, l'institut viticole d'État, en association avec le Staatlicher Hofkeller, a étudié l'influence que pouvaient avoir le sol et le climat sur les arômes, le bouquet et la composition chimique des vins. Ses conclusions, pour le moment, se résument ainsi : «Nous aimerions croire que le caractère d'un vin est conditionné par le type de sol sur lequel poussent les raisins, mais nous devons commencer par tenir compte du climat quand nous voulons parler de ce qui détermine le caractère d'un vin.» □

# VILLAGES ET PRODUCTEURS

Le vignoble de Franconie est délimité par les méandres du Main, qui dessinent de grandes boucles d'est en ouest. Il regroupe trois *Bereiche* : le Steigerwald à l'est, le Maindreieck autour de Würzburg au centre et le Mainviereck en descendant le Main vers l'ouest. Les vins blancs représentent 95% de la production.
Le vignoble est réputé pour son fameux Stein Wein (un des crus de Franconie); ses meilleures cuvées, à base de Sylvaner, sont des vins secs et droits qui ressemblent beaucoup aux vins blancs français.

## STEIGERWALD

La forêt du Steigerwald forme la frontière sud-ouest de la Franconie. Les villages viticoles les plus connus du *Bereich* se trouvent au sud de l'autoroute E43.

### Castell

Le plus vaste domaine du *Bereich* est celui de Fürst Castell-Castell, dans le charmant village du même nom. L'ensemble du vignoble est en coteau, mais les pentes ne sont pas très escarpées. Curieusement, ce domaine est l'unique propriétaire de 8 *Einzellagen*.

### Iphofen

Il n'est pas rare que les meilleurs vins du *Bereich* proviennent d'Iphofen. Son vignoble a été restructuré et occupe de vastes pentes. Dans l'*Einzellage* Julius-Echter-Berg, les bons vignerons font des *Kabinett* et des *Spätlesen* titrant presque un degré de plus que le minimum légal. Les deux domaines d'Iphofen s'appellent Johann Ruck et Wirsching.

## MAINDREIECK

Ce *Bereich* a pour centre Würzburg, le cœur viticole et culturel de la Franconie.

### Volkach

Volkach est une agréable ville qui accueille chaque année, en septembre, quelque 8 000 personnes à l'ombre de ses châtaigniers et de ses tilleuls, pour participer à sa grande fête du vin. Au domaine des von Schönborn, Schloss Halburg, près de Volkach, les Rieslaner passent par une fermentation malolactique pour perdre leur acidité malique de fruit vert. Ce domaine élève aussi du Bacchus, prouvant ainsi que ce cépage peut quelquefois donner de bons vins.

Juste au sud de Volkach, une sorte d'île assez grande se dessine dans le méandre du Rhin et le canal qui le double. Les belles pentes de ce vignoble escarpé, connu sous le nom de Escherndorfer Lump, forment l'une des rares *Einzellagen* connues hors de Franconie.

Non loin de là, à Nordheim, se trouve l'une des meilleures petites caves coopératives. Elle reçoit les raisins de 265 ha, qui peuvent venir d'aussi loin que Steigerwald. Ses vins (Müller-Thurgau, Riesling et un élégant Traminer étonnant par son acidité équilibrée) sont élevés en fûts de bois dans des caves datant du XVIIᵉ siècle, aujourd'hui climatisées.

Cette cave jouit d'une bonne réputation, qui ne cesse de croître. Il en est de même pour les trois petites coopératives de Thüngersheim, Sommerach et Randersacker.

### Kitzingen

Kitzingen se trouve en aval de Volkach sur le Main. Sa coopérative régionale, Gebiets-Winzergenossenschaft, traite un quart de la production de Franconie. Tout ici se fait à grande échelle mais les 1 500 vins différents sont conservés séparément. Les vingt cépages sont en effet vinifiés à part selon leur village d'origine, leur cru et leur classement officiel, dans le but de réduire le nombre de cuvées à 600, comprenant des petits lots de qualité supérieure, destinés aux cavistes.

### Randersacker

À quelques kilomètres en amont de Würzburg, Randersacker abrite une bonne coopérative, un certain nombre de bistrots à vins rustiques et quelques bons domaines, dont Weingut Robert Schmitt, qui fait une belle gamme de QmP. On affirme souvent que Randersackerer Pfülben compte parmi les meilleurs terroirs de Franconie, grâce à son sol calcaire et son microclimat adapté au Riesling, au Sylvaner et au Rieslaner.

### Würzburg

Les trois domaines les plus réputés de Franconie appartiennent au Bürgerspital, au Juliusspital et au Staatlicher Hofkeller de Würzburg. Les caves de Hof-keller sont situées sous la *Residenz* construite par les évêques de la famille von Schönborn. Elles furent sévèrement endommagées en 1945, mais ont été reconstruites depuis et abritent à nouveau du vin. Le domaine couvre 120 ha divisés en 14 communes, dont certaines se trouvent à la limite de la Franconie. Outre celles de Randersacker, les parcelles les plus célèbres, dont Stein, sont à Würzburg.

Parmi les trois grands domaines de Würzburg, le Juliusspital est généralement considéré aujourd'hui comme le *primus inter pares*. Ses 163 ha de vignes plantées progressivement depuis 1576 comptent d'importantes parcelles dans les meilleurs sites et 8 ha à Bürgstadt, à l'ouest de Würzburg.

## MAINVIERECK

Ce *Bereich* couvre la partie ouest de la région, en descendant le fleuve.

### Bürgstadt

Bürgstadt ainsi que les villes et villages qui l'entourent de ce côté du Main sont surtout connus pour leurs vins rouges. Le Domaine Rudolf Fürst se trouve dans cette partie du Mainviereck tout comme le Weingut der Stadt Klingenberg.

C'est une région de petites propriétés dont la plus étendue, Fürst Löwenstein, se trouve à Kreuzwertheim. Elle regroupe 7 400·ha de bois et de cultures, et 26 ha de vignes. Parmi ces dernières, 9 ha se trouvent sur les pentes abruptes de Homburger Kallmuth, en partie aménagés en terrasses.

# SAALE-UNSTRUT ET SAXE

Avec la réunification de l'Alle-magne, deux zones de produc-tion de l'ancienne Allemagne de l'Est sont venues s'ajouter aux 11 régions viticoles délimitées par la législation de l'Allemagne fédérale. Hormis quelques petits vignobles disséminés ici et là, les principales régions de pro-duction viticole sont les appellations de Saale-Unstrut (390 ha), au sud-ouest de Leipzig, et de Saxe, le long de l'Elbe, de chaque côté de Dresde (voir carte p. 305). La viticulture de ces régions reste largement méconnue, faute de statistiques, sauf en ce qui concerne le climat.

Les vignobles de Saxe et de Saale-Unstrut se situent au nord de la val-lée de l'Ahr, à une même latitude que le sud-est de l'Angleterre. Leur climat est proche de celui de la Franconie, avec, curieusement, une amplitude de variation de températures plus impor-tante. L'hiver 1987, par exemple, a vu descendre la température à moins 34 °C et, à la fin du mois d'avril 1991, il y avait encore 12 cm de neige et une température de moins 8 °C. La culture de la vigne n'est donc possible que dans quelques endroits bénéficiant de micro-climats, d'autant que les précipitations sont faibles et le cycle végétatif, plus court que dans le reste du pays.

En Saxe, le sol se compose de roche volcanique et de lœss, tandis qu'il est plutôt calcaire en Saale-Un-strut, ce qui explique que, à degré d'alcool égal, ces vins semblent plus ronds que ceux de Moselle, où le sol regorge de schiste. Les rendements ne dépassent guère 34 hl/ha, car les vignobles sont peu entretenus : les pieds morts ne sont pas remplacés ou bien les clones utilisés sont sensibles au gel. Mais, là où les terrasses ont été reconstruites et les vignes rajeu-nies, on atteint des rendements de 50-60 hl/ha.

## Cépages

Les vins, secs pour la plupart, s'appa-rentent à ceux de la Nahe. Leur degré d'alcool n'est jamais aussi bas qu'en Moselle-Sarre-Ruwer.

La plus grande partie du vignoble est plantée de cépage Müller-Thur-gau. Le reste se partage entre les cépages suivants, donnés par ordre alphabétique : Bacchus, Gutedel, Ker-ner, Riesling, Ruländer, Sylvaner, Traminer et Pinot Blanc (Weissbur-gunder), ainsi que quelques croise-ments entre cépages d'Europe de l'Est et *Vitis vinifera*. En Saxe, on trouve aussi des plantations de Gol-driesling, un cépage moins noble que ce que son nom pourrait laisser croire, et qu'on rencontre en petite quantité en Alsace.

## Producteurs et négociants

Les deux principaux producteurs de Saale-Unstrut sont le Staatsweingut Naumburg (121 ha), fondé par les Cis-terciens, qui appartient maintenant à l'État de Saxe-Anhalt, et la coopéra-tive de Freyburg, appelée Winzer-vereinigung Freyburg/Unstrut. Tous les vins sont commercialisés sous le nom de leur cépage, sans indication de commune ni de cru.

En Saxe, la coopérative de Meis-sen, Winzergenossenschaft Meissen, reçoit les raisins récoltés sur les 160 ha que possèdent des viticulteurs qui tra-vaillent à temps partiel. L'État de Saxe – et non la région viticole – possède le Schloss Wackerbarth, à Radebeul, ainsi que des caves de *Sekt*, Staats-weingut Radebeul (100 ha).

Quelques domaines privés ont vu le jour récemment, à la suite de la réunification, mais les difficultés financières sont loin d'être résolues. Au début des années 90, sevrées des largesses de l'ancien régime commu-niste, ces régions manquent cruelle-ment des capitaux nécessaires aux investissements. □

Vignobles de la région viticole de Saxe, près de Dresde.

# BADE

Le vignoble de Bade est plus un regroupement de petites parcelles, découpées par le Rhin ou par d'immenses forêts, qu'une véritable région. Les vignes suivent la rive orientale du fleuve, au nord de Bâle, et s'arrêtent net lorsque les collines descendent vers les zones sujettes au gel de la plaine du Rhin. Des vergers couvrent les flancs orientés au nord et au nord-ouest depuis la Forêt-Noire, tandis que la vigne pousse sur ceux qui s'ouvrent au sud. Les propriétés sont, en général, trop vastes pour être abandonnées mais trop petites pour être rentables. Il y a donc beaucoup de coopératives et, entre autres, celle de Breisach, Badischer Winzerkeller, le plus grand producteur d'Europe avec une surface plantée de 15 346 ha.

### Les cépages

Au début du XIXᵉ siècle, la région de Bade comptait près de 200 variétés de raisins. De nos jours, il n'en reste plus que sept (dont six blancs), qui se répartissent 92% du vignoble : un tiers en Müller-Thurgau, un quart en Pinot Noir (Spätburgunder), un tiers en Ruländer, Gutedel, Riesling, Pinot Blanc (Weissburgunder) et Sylvaner.

La culture du Chardonnay, dont les plants ont été importés de France ou d'Italie, est aujourd'hui autorisée dans certaines parties de l'Allemagne, où 26 clones, et pas moins, sont à l'essai. Mais, pour se plaire en Allemagne, le Chardonnay requiert des conditions semblables à celles du Riesling. En fait, deux vins de Chardonnay de la région ont pour origine une erreur de livraison : l'un, produit par Badischer Winzerkeller, est issu de pieds fournis dans les années 70 par l'Alsace comme étant du Weissburgunder. L'autre, un *Sekt* issu en réalité d'Auxerrois (famille des Pinots), est produit par une coopérative de Markgräflerland. Selon le découpage régional de l'Union européenne, la région de Bade se trouve en zone «B», tandis que le reste de l'Allemagne se

Durbach, célèbre village de vignerons.

trouve en zone «A» (voir p. 128). En vertu de cette classification, la réglementation stipule que le degré, dans les conditions d'un millésime normal, ne peut pas être relevé de plus de 2,5% vol par chaptalisation, ce qui est difficile à respecter pour certains districts comme celui du lac de Constance, par exemple. Lorsque les rendements ne sont pas trop élevés, le climat de Bade, relativement doux, permet d'obtenir des vins plus ronds et plus riches en alcool que dans les régions les plus septentrionales de l'Allemagne.

L'élevage des Pinots Blanc et Noir en fûts de chêne neuf se répand car les vins gagnent en rondeur, mais reste encore expérimental dans la plupart des caves. Certains producteurs tiennent à utiliser le bois des forêts locales, mais, en général, les fûts utilisés sont issus des chênes de l'Allier, du Limousin ou de Nevers, malgré quelques essais avec du bois des Vosges ou de Slovénie.

### Les bonnes coopératives

Les coopératives de Bade ont la réputation de faire des vins de qualité. Mais pourquoi en serait-il autrement puisqu'elles sont souvent le seul producteur du village et reçoivent toute la récolte, y compris les meilleurs raisins des meilleures parcelles ? Les amateurs connaissent bien les coopératives comme Sasbachwalden et Kappelrodeck, qui commercialisent un Pinot Noir, le cépage le plus courant, à un prix raisonnable.

Dans l'ensemble, les rendements, tous cépages confondus, Riesling et Müller-Thurgau inclus, sont encore trop élevés. Seules les cuvées de prestige sont issues de parcelles dont les rendements sont faibles.

Abstraction faite des problèmes d'équilibre financier entre qualité et quantité, l'habitude allemande qui consiste à séparer méticuleusement les raisins en fonction de leur maturité semble avoir trois inconvénients. Elle entraîne d'abord inévitablement une baisse de qualité des fins de vendanges ; elle multiplie et complique la mise en bouteilles et, enfin, augmente les coûts de production. Or, ce principe ne se justifie vraiment que pour les Rieslings du Nord et beaucoup moins pour les vignobles du Sud.

### La gastronomie

La région de Bade, avec ses 3 688 ha de Pinot Noir (Spätburgunder), ne compte pas moins de 34 restaurants récompensés d'une étoile par le guide Michelin alors que la Côte-d'Or, à titre de comparaison, n'en compte que 8 pour 5 802 ha du même cépage. L'intérêt des Allemands pour la haute gastronomie étant un phénomène récent, les progrès réalisés pour produire des vins (surtout des vins rouges) à la hauteur des mets sont admirables. Ce nouvel engouement mérite d'être marqué pour cette région, car, sans vouloir minimiser les efforts du Rheingau, la structure et la variété des vins de Bade leur permettent de s'associer à une vaste gamme de plats.   □

# VILLAGES ET PRODUCTEURS

Les vignobles de Bade s'étirent tout le long du Rhin, du lac de Constance au sud jusqu'à la Franconie au nord, entre le fleuve et la Forêt-Noire. Ils font face aux vignobles d'Alsace tout en bénéficiant d'un climat différent, plus continental avec plus de nuages et de pluies, un microclimat qui doit son originalité à la proximité de la Forêt-Noire. Les vins de Bade, blancs à 75%, sont des vins de fort rendement qui masquent leur légèreté, leur acidité et leur dilution par des notes florales séduisantes, lorsqu'ils sont réussis. La domination des caves coopératives, qui représentent près de 90% de la production de cette région, n'exclut pas une coexistence avec de beaux domaines chargés d'histoire.

## TAUBERFRANKEN

À la pointe nord-est, l'étroit *Bereich* Tauberfranken (700 ha), autrefois connu sous le nom de Badisches Frankenland, suit le cours de la rivière Tauber, juste avant qu'elle ne se jette dans le Main. Son climat continental entraîne de graves risques de gelées printanières.

Si ce vignoble ne se trouvait pas dans l'État du Bade-Wurtemberg, il aurait sans doute été intégré à celui de son voisin bavarois, la Franconie. D'ailleurs, ses meilleures cuvées sont conditionnées dans les traditionnelles bouteilles trapues *(Bocksbeutel)* de Franconie, comme pour rappeler le lien historique entre les deux régions. La plupart des vins de Tauberfranken sont des blancs (deux tiers de Müller-Thurgau), vinifiés par des coopératives. Ils ressemblent beaucoup à ceux de Franconie, mais sont soumis à la réglementation de la zone méridionale «B» (voir page précédente).

## LE NORD DU RHIN

Le *Bereich* Badische Bergstrasse/Kraichgau couvre près de 2 000 ha face à la vallée du Rhin, au nord et au sud d'Heidelberg. Les vins de ce *Bereich*, provenant pour 40% de Müller-Thurgau et pour 20% de Riesling, sont réputés pour être les plus légers de la région.

Depuis Laudenbach, à l'extrême nord de la région, les raisins sont livrés à la coopérative de Heppenheim dans la Bergstrasse de Hesse (voir pages précédentes). Plus au sud, dans la Bergstrasse de Bade, des villages comme Weingarten et Weinheim attestent d'une tradition viticole établie de longue date. Trois des domaines de la région sont membres du VDP. Weingut Reichsgraf und Marquis zu Hoensbroech à Angelbachtal-Michelfeld produit presque uniquement des vins secs, à base de Pinot et de Riesling. Weingut Freiherr von Göler, Burg Ravensburg, à Sulzfeld (14,5 ha), assemble 60% de Riesling et 20% de Lemberger, des proportions qui ne sont pas sans rappeler celles de son voisin le Wurtemberg.

À Oestringen-Tiefenbach, le Domaine Weingut Albert Heitlinger est planté à 45% en Riesling et produit un vin de table original, élaboré avec des raisins *Beerenauslese*, qui sont fermentés jusqu'à 20 g/l de sucres résiduels puis élevés en barriques. Heitlinger élabore des «produits» étonnants comme

son eau-de-vie de topinambour. La plus grande coopérative locale, Winzerkeller Wiesloch, fait le lien entre Bergstrasse et Kraichgau, la région de collines située entre la Forêt-Noire et l'Odenwald.

## ORTENAU

Au sud de la célèbre ville thermale de Baden-Baden, le *Bereich* Ortenau jouit d'une bonne réputation qui va en s'améliorant. Les vins issus des villages voisins atteignent des prix assez élevés et sont commercialisés dans des bouteilles franconiennes. Le vignoble, planté à 30% en Riesling, couvre 2 244 ha tandis que la remarquable *Einzellage* Neuweierer, Mauerberg près de Baden-Baden, est exclusivement composée de Riesling.

Nombre de vignobles d'Ortenau sont plantés dans le sens de la pente sur des coteaux très inclinés. Cependant, depuis 1978, la construction de terrasses a enfin permis l'utilisation de tracteurs, une mécanisation qui a réduit les coûts de main-d'œuvre et augmenté l'efficacité des interventions dans la vigne. D'autre part, ce nouveau mode de culture laisse l'air circuler entre les vignes, ce qui diminue la propagation des maladies et permet une meilleure exposition des raisins à la lumière et au soleil. Les frais de reconversion du vignoble sont partagés entre les viticulteurs et les communes, le Land (gouvernement provincial) et l'État fédéral.

### Affental

L'Affental, littéralement «vallée des singes», regroupe quelques villages au sud de Baden-Baden. Ses vins rouges sont connus en Allemagne, en partie grâce au singe gravé dans le verre des bouteilles.

### Durbach

Le village de Durbach est réputé pour ses Rieslings, ses restaurants et ses magnifiques vignobles sur des coteaux de granite et de gneiss dont les

pentes peuvent être vertigineuses comme à Plauelrain. Les Rieslings de Durbach ressemblent à ceux du Palatinat, en moins acide.

Outre sa cave coopérative, Durbach possède un certain nombre de très bons domaines privés. Weingut Freiherr von Neveu possède 15 ha de collines au-dessus du village ; il est connu pour son Riesling ainsi que pour son vin rouge à base de Pinot Noir. Un autre domaine important, Gräflich Wolff-Metternich'sches Weingut, a été fondé à Durbach en 1180. En 1830, le marquis de Lur-Saluces lui apporta des plants de Sauvignon provenant du Château d'Yquem. Ce cépage pousse toujours sur ce domaine dont le rendement varie, selon les cépages, entre 40 et 60 hl/ha.

Markgräflich Badisches Weingut Schloss Staufenberg (domaine du margrave de Bade) se trouve juché en hauteur, au-dessus du village de Durbach : un emplacement de défense idéal entouré sur trois côtés par des vignobles vertigineux. Riesling et Traminer y furent plantés séparément dès 1776. Dans cette partie du vignoble d'Ortenau, ces cépages sont aujourd'hui respectivement connus sous les noms de Klingelberger et de Clevner.

### Ortenberg

La ville d'Offenburg possède son propre domaine dans le village d'Ortenberg au sud de Durbach, le Weingut der Stadt Offenburg. Ses 30 ha de vignes sont parfois plantés sur des pentes à forte déclivité. L'encépagement varié

inclut le Cabernet-Sauvignon, dont le vin vieillit en barriques neuves.

## BREISGAU

Le *Bereich* de Breisgau se situe au sud d'Offenburg, où les vignes côtoient des champs de maïs. La plupart des vins ressemblent à ceux du Kaiserstuhl, en plus léger et moins acide. Ils sont produits par la cave coopérative Badischer Winzerkeller (voir encadré). Le rosé élaboré avec du Pinot Noir (Spätburgunder) est généralement bien réussi, car, au lieu d'être issu de saignées de cuves de fermentation en rouge, il fait l'objet d'une vinification en rosé. Les vignes montent jusqu'à 500 m d'altitude sur le Glottertal, en pleine Forêt-Noire. La grande ville de Fribourg-en-Brisgau possède elle aussi un vignoble.

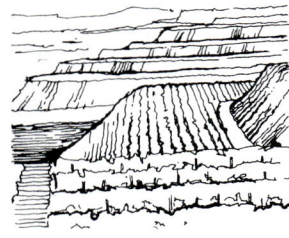

## KAISERSTUHL

Depuis le village alsacien de Riquewihr, on peut voir s'élever, à une quinzaine de kilomètres à l'est, la colline volcanique du Kaiserstuhl, dominant la vaste plaine du Rhin. Le *Bereich* Kaiserstuhl représente un tiers des vignobles de Bade et produit ses vins les plus célèbres. La moyenne des températures relevées dans cette région est la plus élevée de toute l'Allemagne, ce qui explique que l'acidité des vins soit moins marquée que dans les régions plus septentrionales.

Un certain nombre de domaines de grande qualité sont plus particulièrement réputés. Quatre d'entre eux, membres du VDP, Weingut Bercher, Weingut Dr Heger, Weingut B. Salwey et Weingut Rudolf Stigler, sont presque aussi connus des amateurs allemands que les plus grandes propriétés du Rheingau. Tous travaillent en respectant l'environnement et se consacrent presque exclusivement aux cépages Pinot Noir et Riesling.

Weingut Rudolf Stigler est un spécialiste du Riesling vif et frais (certains de ses clones viennent de Moselle), et, comme nombre d'autres producteurs du Kaiserstuhl, il fait de bons Pinots Noirs en rouge et en rosé *(Weissherbst)*.

Les vins du Kaiserstuhl sont produits presque exclusivement par des coopératives. Celles des villages de Achkarren, Bickensohl, Bischoffingen, Oberrotweil, Burkheim et Königschaffhausen ont une bonne réputation : chacune représente un vignoble de 200 ha en moyenne, taille qui laisse au directeur la possibilité de maîtriser son approvisionnement. À Achkarren, 40% du vignoble (sur un total de 68 ha) est planté en Grauburgunder. Les meilleures cuvées ont un bouquet puissant marqué par le cépage et le sol volcanique. Le Grauburgunder est aussi vendu sous le nom de Ruländer lorsqu'il est vinifié à l'ancienne, ce qui donne un vin tendre et souple, parfois botrytisé. Mais c'est la coopérative de Bickensohl qui, dans les années 80, a lancé un nouveau style de vins plus nerveux, obtenus en ramassant des raisins sains avant complète maturité.

## Ihringen

Sur le versant sud du Kaiserstuhl se trouve la célèbre *Einzellage* Ihringer Winklerberg, dont la surface est passée de 40 à 140 ha en 1971, le vignoble d'origine datant de 1813 (les Romains n'étaient pas passés par là). Comme c'est fréquemment le cas, la nouvelle délimitation regroupe des terroirs aux sols et aux microclimats différents. Les meilleurs vins du vignoble d'origine proviennent des domaines Heger et Stigler et de la coopérative Ihringen Kaiserstühler.

## Bischoffingen et Burkheim

Bischoffingen est un autre village réputé du Kaiserstuhl, grâce à sa grande coopérative et au Weingut Karl Heinz Johner. Ce dernier est un spécialiste de l'élevage en barriques de rouges et de blancs ; il a quitté la région de Bade pour diriger le Domaine Lamberhurst en Angleterre avant de revenir chez lui pour créer son domaine, novateur. Weingut Bercher, à Burkheim, élève aussi en fûts sa meilleure cuvée de Pinot Noir et ses autres vins.

## TUNIBERG

Pour le visiteur, le terroir élevé du *Bereich* Tuniberg ressemble à un petit Kaiserstuhl auquel manquerait l'arôme qu'apporte un sol volcanique. Composée d'une épaisse couche de lœss, la terre est un peu trop fertile pour la culture de la vigne. Près de la moitié du vignoble est plantée en Pinot Noir et 43% en Müller-Thurgau. La puissante coopérative Badischer Winzerkeller vinifie la presque totalité des récoltes et vend ses vins dans les supermarchés et les chaînes de magasins d'Allemagne.

## MARKGRÄFLERLAND

Entre Fribourg-en-Brisgau et la Suisse, le *Bereich*

## BADISCHER WINZERKELLER

La «locomotive» de la viticulture badoise est la remarquable coopérative Badischer Winzerkeller, la plus vaste d'Europe. Dotée d'immenses installations à Breisach, près de la frontière française, elle produit la moitié des vins de Bade. En outre, elle a joué un rôle précurseur dans différents domaines comme celui de la vinification individuelle de centaines de lots différents afin de sauvegarder l'identité de chaque parcelle. La cave vinifie les raisins de 5 000 ha de vignes qui se déclinent en une gamme de vins de tous niveaux et de tous styles, du plus ordinaire jusqu'aux cuvées vieillies en fût. Elle possède aussi à Breisach la cave de *Sekt* appelée Gräflich von Kageneck'sche Sektkellerei.

Markgräflerland se tient à bonne distance de l'autoroute E4 qui le sépare du Rhin. Dans ce joli paysage rural, les vignes poussent sur des collines douces, dont le sommet Hochschwarzwald culmine à 1 300 m d'altitude.

La douceur du paysage se retrouve dans les vins issus de Chasselas, le cépage le plus répandu, dont on explique mal l'origine du nom allemand, *Gutedel*, puisque, pour être bon *(gut)*, il n'est pourtant pas noble *(edel)*. Ce Chasselas, qui couvre 43% du vignoble de Markgräflerland, produit des vins blancs légers et plaisants. Lorsqu'on a la chance de trouver un Gutedel plus concentré, c'est une bonne surprise, vraiment rare.

Schlossgut Istein est un petit domaine situé à Lörrach, à l'extrémité sud, tout près de la frontière suisse, qui élabore, entre autres, un bon Pinot Noir. Les coopératives d'Auggen, Müllheim et de Wolfenweiler sont tout à fait dignes de confiance : outre le Gutedel, elles se consacrent au Müller-Thurgau (quelquefois commercialisé en vin «light» sous le nom de Rivaner) et au Pinot Noir, qui donne un rouge un peu mou, moins réussi qu'en Kaiserstuhl.

## LE LAC DE CONSTANCE

La région du lac de Constance (*Bodensee* en allemand) regroupe trois *Bereiche*. Les deux plus petits appartiennent aux États du Wurtemberg et de Bavière, tandis que le *Bereich* Bodensee (400 ha) fait partie du pays de Bade.

Le Pinot Noir pousse ici depuis le XIXᵉ siècle, mais la

Vignobles entourant le Domaine Schloss Staufenberg à Durbach.

### LE LABEL « BADEN SELECTION »

L'association des viticulteurs de Bade, consciente que la multiplication des étiquettes de vins haut de gamme apporte une certaine confusion auprès des consommateurs, a décidé de rendre les meilleures cuvées plus accessibles et plus facilement reconnaissables en créant un label de qualité. Ils l'ont appelé *Baden Selection*. Les vins doivent être issus de cépages de la famille des Pinots (avec un rendement maximal de 40 hl/ha), de Riesling, de Gutedel ou de Müller-Thurgau (avec un rendement maximal de 60 hl/ha). Il peut paraître étonnant que le Müller-Thurgau ait été inclus dans cette liste, et non le Sylvaner, mais il faut comprendre que les vins de Müller-Thurgau obtenus avec un rendement de 60 hl/ha n'ont rien à voir avec ceux qu'on obtient avec 100 hl/ha, voire plus. Les vins labellisés *Baden Selection* doivent provenir de vignes de plus de 15 ans.

Le millésime, le cépage et la région d'origine figurent obligatoirement sur l'étiquette, mais, curieusement, il est interdit de mentionner un village ou un nom de cru. Tous les vins sont soumis à une dégustation. Les responsables considèrent que 3% des vins devraient réussir cet examen de passage. On espère que cette nouvelle recherche de qualité séduira de plus en plus de vignerons, et l'objectif de labellisation s'élève à 10 % de la production, ce qui équivaut à 24 millions de bouteilles. De nombreux vins de coopérative d'une qualité proche de la gamme *Baden Selection* se sont déjà imposés sur la carte des vins de grands restaurants. On connaissait l'exigence des habitants de Bade en matière de construction automobile avec leur Bayerisch Motoren Werke (mieux connue par son sigle BMW), il leur reste à nous convaincre, de la même façon, avec leurs vins.

première trace de plantation en tant que cépage unique date de 1705, à Meersburg. Il n'est guère cultivé que pour faire le petit rosé léger très apprécié localement : le *Weissherbst*. Comme en Franconie, les gelées printanières entraînent d'importantes variations de volume d'une récolte à l'autre. La forte pluviométrie (entre 800 et 1 000 mm par an) et les brumes qui remontent du lac sont autant d'ennemies de la vigne à combattre pour éviter la pourriture. Il n'est donc pas facile d'élaborer des vins rouges véritablement colorés.

Le lac de Constance est un lieu de villégiature de luxe où les hôtels, les restaurants, tout comme les vins, coûtent cher. Regroupant 55 ha de vignes (le plus grand producteur du district de Bodensee), il domine le site de Riescher, au bord du lac, et possède, en monopole, le vignoble le plus élevé d'Allemagne, Hohentwieler Olgaberg, qui culmine à 560 m d'altitude. Le sol volcanique est planté en Müller-Thurgau, Pinot Noir, Ruländer, Traminer et Pinot Blanc. □

# WURTEMBERG

La plus grande partie du Wurtemberg viticole s'étend de Stuttgart, au sud, jusqu'à Heilbronn, au nord, sur les deux rives du Neckar. Le vignoble, qui couvre 10 314 ha, est planté en majorité sur les coteaux pentus qui dominent le fleuve et ses affluents, parfois en terrasses, ainsi que sur les pentes orientées au sud des collines boisées. Il y a 6 *Bereiche* différents mais, dans la plupart des cas, le propriétaire est plus important que l'origine géographique des vins.

## Les cépages

Les vins du Wurtemberg sont essentiellement consommés sur place et l'on apprécie beaucoup, dans les cafés et les boutiques, ces vins rouges légers qu'on qualifierait ailleurs de rosés.

Plus de la moitié du vignoble est plantée de cépages rouges et un quart de Riesling. Ce dernier occupe, avec les rouges Trollinger et Lemberger, les meilleurs terroirs. Les parcelles de Riesling sont disséminées dans toute la région, ce cépage ayant acquis une excellente réputation dans quelques villages, comme à Flein, au sud d'Heilbronn. Derrière le Riesling vient le Trollinger, qui couvre 22 % du vignoble, puis le Schwarzriesling (Müllerrebe ou Pinot Meunier) sur 15 % et enfin le Kerner, le Müller-Thurgau et le Lemberger (ou Limberger, ainsi qu'il est officiellement, mais rarement, nommé) respectivement sur 9 %, 8 % et 7 %. Le Samtrot, un hybride du Schwarzriesling, couvre 90 ha et l'on trouve aussi un peu de Frühburgunder, appelé ici Clevner.

L'escarpement des coteaux entraîne des coûts de production élevés qui nécessitent un choix entre deux modes de culture : produire de grands volumes de vin ordinaire, ou de petites quantités de vin cher. La plupart des viticulteurs ont opté pour la première solution : le Trollinger a atteint une moyenne de 222 hl/ha dans l'exceptionnel millésime 1989. Le résultat est un vin rouge clair qui n'a rien de déplaisant en consommation courante, mais ne peut en aucun cas prétendre à la race ou à la profondeur qui font les bons vins rouges. Les coopératives, qui monopolisent 88 % de la récolte, n'ont rien trouvé de mieux que de chauffer la vendange de raisins rouges à 85 °C pendant six minutes afin d'obtenir une meilleure extraction. Cette vendange est ensuite refroidie, pressurée, centrifugée, afin d'obtenir un moût qui est rafraîchi à 18 °C avant d'être additionné de levure et de fermenter. On «arrondit» le résultat final en ajoutant du jus de raisin *(Süssreserve)* afin de rendre ce liquide buvable et commercialisable auprès des cafés et des supermarchés locaux.

Malgré la beauté de ses vignobles et le charme de ses paysages, malgré ses coopératives modernes dont la technique et l'hygiène sont irréprochables, le Wurtemberg est aujourd'hui la région la plus décevante d'Allemagne de l'Ouest en matière de production viticole. Cela n'empêche pas ses habitants d'aimer leurs petits vins rouges légers sans tanin et de défendre leur vin sans vergogne. Certains changements semblent se profiler et le potentiel de la région pourrait être exploité grâce aux efforts de 14 caves résolues à jouer la carte de la qualité, prenant exemple sur leurs confrères de Bade.

Il reste que le seul cépage du Wurtemberg qui puisse donner un vin acceptable – avec une bonne couleur rouge et de bons tanins – est le Lemberger (le Blaufränkisch d'Autriche). Comme le Domfelder, il peut avoir une certaine concentration, et même supporter l'élevage en chêne neuf (souvent d'origine souabe). Quelques coopératives ont mis des vins sous bois, mais les domaines privés ont les initiatives les plus heureuses. □

## PRODUCTEURS ET NÉGOCIANTS

Dans le Wurtemberg, la qualité du vin dépend plus de la volonté du producteur que de l'emplacement des vignes. Même si quelques terroirs individuels sont meilleurs que les autres, les prix sont à peu près identiques partout. Cela démontre que la surproduction étouffe tout effort qualitatif et toute tentative d'individualisation.

Les caves coopératives vinifient 88 % des raisins. La plus grande est la cave centrale de Möglingen, au nord de Stuttgart. Elle possède une capacité de stockage de trois millésimes et les autres caves coopératives lui fournissent 15 % de leur récolte.

Hormis les cuvées haut de gamme des coopératives, quelques domaines produisent et mettent en bouteilles des vins de caractère. Parmi ceux-ci se trouvent les neuf membres de la récente section locale du VDP (voir p. 309).

Weingut Graf Adelmann à Burg Schaubeck est l'une des propriétés les plus connues. Plus qu'aucune autre, sans doute, elle prouve à quel point le vin du Wurtemberg peut être bon. Le rendement moyen y est de 72 hl/ha, contre 109 pour la région, et 99 % de son vin est sec.

Weingut Robert Bauer à Flein fait aussi de bons vins complètement fermentés qui vieillissent en fûts. À Burg Hornberg, Freiherrlich von Gemmingen-Hornberg'sches Weingut, domaine fondé en 1612, utilise des cépages traditionnels comme le Traminer.

Schlosskellerei Graf von Neipperg, un domaine familial fondé en 1200, à Schloss Schwaigern, près de Heilbronn, possède 32 ha de vignes en rouge et blanc. La plupart de ses vins sont secs.

# LE SEKT

Ce que la réglementation de l'Union européenne définit comme vin pétillant de qualité est connu en Allemagne sous le nom de *Sekt*, comme en Autriche. Au début du siècle, l'empereur Guillaume II prouva la confiance qu'il avait dans le *Sekt* allemand au point de le grever d'un impôt afin de financer la construction de sa flotte de guerre. Aujourd'hui, de 75 à 80% du *Sekt* allemand sont élaborés à partir de vins importés, le vin allemand étant trop cher pour cette utilisation.

La consommation annuelle de vin mousseux en Allemagne, de 5 litres par personne, est l'une des plus élevées au monde. Le terme «vin mousseux de qualité» est la mention requise par l'Union européenne. Ses conditions d'élaboration sont si vagues que cette mention ne donne aucune information sur la qualité réelle du contenu de la bouteille. Près de 98% des vins pétillants allemands sont classés comme *Sekt* et se vendent très bon marché. Seulement 1% du *Sekt* est vendu à un prix élevé.

## Les principaux producteurs

Le *Sekt* est produit par près de 800 entreprises. Le plus grand centre d'embouteillage du monde, celui de Peter Herres, à Trèves, sort de sa chaîne 75 000 bouteilles à l'heure, tandis que 86% des autres embouteilleurs n'en produisent pas plus de 20 000 par an. La production totale annuelle est de 492 millions de bouteilles, dont Henkell-Söhnlein, le groupe Reh et Seagram produisent à eux seuls les deux tiers.

Le style de *Sekt* préféré en Allemagne est celui que la réglementation européenne définit comme sec, c'est-à-dire qu'il contient entre 17 et 35 g de sucre par litre (en tant que vin pétillant). Quand on s'aventure dans le domaine du *Sekt* de qualité, on préfère généralement la catégorie des

Un négociant de *Sekt*, dans le Palatinat.

bruts (0 à 15 g de sucre par litre). Ces derniers, le plus souvent millésimés, sont généralement issus d'un cépage unique d'un vignoble allemand, de préférence le Riesling, bien que le Pinot Blanc gagne du terrain. L'étiquette mentionne quelquefois un nom d'origine plus précis que la région ou bien la province.

## Les méthodes de fermentation

Jusqu'au milieu des années 80, on ne se préoccupait guère, en Allemagne, de savoir où et comment se passait la seconde fermentation. On utilisait trois méthodes : la fermentation en cuve ; la fermentation en bouteille suivie d'un dégorgement sous pression dans des cuves avant la mise en bouteilles ; et la fermentation dans la bouteille définitive (comme en Champagne). La préférence pour telle ou telle méthode dépendait des critères économiques de production. Les facteurs de qualité les plus importants étaient liés au vin de base (acidité élevée, pas ou peu de faux goût), au choix des levures, à la durée de conservation du vin sur ses lies, ainsi qu'à la volonté du vinificateur et à son savoir-faire.

## Winzersekt

Nombre de producteurs de vins tranquilles commercialisent aussi un *Sekt* qu'ils élaborent eux-mêmes ou qu'ils font faire à façon. Comme il s'agit en général de petits volumes, la fermentation en bouteille est la solution la plus pratique, qui va également dans le sens de la qualité. Lorsqu'ils font un *Sekt*, les petits domaines vendent leur *Sekt* aux clients qui sont déjà ceux de leurs vins tranquilles. Contrairement aux buveurs de *Sekt* moyens, ces consommateurs s'intéressent à la qualité de la vinification et, pour eux, la «méthode champenoise», ou «méthode traditionnelle», est une garantie.

La production de *Winzersekt*, le *Sekt* de propriété, a commencé tout doucement, dans les années 80, pour atteindre aujourd'hui 6 millions de bouteilles par an. Ces vins sont vendus beaucoup plus cher que ceux produits en grande quantité. Une association de producteurs s'est créée à Sprendlingen. Elle compte quelque 700 membres qui vendent une gamme de *Sekt* d'origine locale – sans doute la seule réussite de la viticulture du Rheinhessen dans les années 90. Une association de même type existe dans la Sarre et dans toute l'Allemagne et des coopératives ont ajouté un *Winzersekt* à leur gamme de produits.

L'industrie du *Sekt* a connu une croissance remarquable depuis les années 50, avec une seule interruption temporaire due à une augmentation des taxes.

Il reste que le *Sekt* ne bénéficie pas d'une bonne image, tant en Allemagne que dans le reste du monde. Pour un amateur de vin attentif à l'authenticité de ses choix, il est sûr que la majeure partie des *Sekt* peut décevoir tant par la diversité des vins de base que par les options industrielles des modes d'élaboration. □

# PAYS DU BENELUX

MALGRÉ LEUR SITUATION SEPTENTRIONALE, BELGIQUE, PAYS-BAS ET
LUXEMBOURG PRODUISENT DU VIN.
LE LUXEMBOURG PRODUIT QUELQUES VINS BLANCS DE QUALITÉ.

Le vignoble principal du Luxembourg se situe le long du cours
de la Moselle, où les vignes bénéficient de l'exposition
sud-est sur des terrasses bien drainées. Ce vignoble-ci se
trouve près de Grevenmacher, au nord de la zone viticole.

Les pays du Benelux ne sont pas des régions où la viticulture est facile, car ils sont situés au-delà de la limite nord de la culture de la vigne (50°-53° de latitude nord). Si, paradoxalement, le vignoble mosellan du Luxembourg produit de bons vins qui ont une excellente réputation, en revanche, les petits vignobles de Belgique et des Pays-Bas ne représentent que quelques dizaines d'hectares de vigne dans des pays où domine la consommation de bière. Les petits vins de ces pays sont élaborés par un groupe de passionnés qui font partager le fruit de leurs efforts à quelques amis et autres clients locaux. Mais il n'en a pas toujours été ainsi. Des vignobles poussent en Belgique, principalement sur les coteaux de la Sambre et de la Meuse ainsi que dans les environs de Louvain (Leuven), depuis la conquête romaine (54 av. J.-C.). Si, au début du XIX<sup>e</sup> siècle, le vignoble liégeois fut épargné sur ordre de Bonaparte, des destructions pour ainsi dire définitives furent effectuées par les Allemands, en 1914. En fait, les autorités d'occupation profitèrent des circonstances pour supprimer la concurrence directe de la région du Rhin. Il est bien sûr regrettable que la majorité du vignoble belge ait disparu, même si la qualité des vins était très moyenne. À la lecture des rares auteurs qui ont écrit sur les vins belges, on comprend que le vin belge était acide, de peu de tenue et qu'il voyageait mal, comme c'était autrefois le cas pour beaucoup de vins. Au Luxembourg, la vigne a connu une histoire relativement paisible, à l'image de celle du pays. Elle y fut aussi introduite par les Romains, il y a presque deux mille ans. À cette époque, déjà, le principal site de plantation était la vallée de la Moselle, dont les coteaux sont bien exposés. Le vignoble qui survécut à la Révolution française et aux guerres napoléoniennes a connu au XIX<sup>e</sup> siècle un essor extraordinaire, tout particulièrement après la guerre de 1870. Les producteurs locaux exportaient leurs vins. Deux variétés de cépages étaient utilisées : le Riesling rhénan et l'Elbling. Ces cépages servaient de vins de base pour l'élaboration des vins mousseux allemands. Tous les viticulteurs luxembourgeois achetaient de plus en plus de terres et connaissaient une énorme prospérité. La Première Guerre mondiale mit brutalement fin à cette richesse. Entre les deux guerres est née l'union économique avec la Belgique, qui permit aux viticulteurs d'exporter, de nouveau, une grosse partie de leur production, mais cette fois vers la Belgique.

## La Belgique

Aujourd'hui, la viticulture belge regroupe une petite centaine de vignerons, sur une superficie d'environ 30 ha seulement. C'est dire que les vignerons du pays sont très discrets ; parfois même, les adresses ne se transmettent qu'entre initiés. Quelques petits vignobles se sont « fait un nom »... qui ne dépasse pas les frontières.

Les principales zones de production se situent à Torgny, en Gaume, sur les rives de la Meuse, à Huy et à Saing, à Charleroi, où les vignes poussent sur le terril de Trazenie, et dans le Hageland, seule région où existent de véritables exploitations dont la taille va jusqu'à 5 ha. À côté de ces « grandes » zones, on trouve des vignerons amateurs un peu partout. Les désignations de lieux comme Hagelander ou Torgny sont cependant mises en exergue sur les bouteilles, bien qu'aucune législation locale n'existe sur les appellations, si ce n'est celle de l'Union européenne.

Les vignes plantées sont en majorité du Pinot Noir pour les rouges et du Müller-Thurgau pour les blancs, et tous ces vins sont à boire jeunes, sur leur fruit.

## Les Pays-Bas

Il existe trois vignobles aux Pays-Bas ; deux sont situés au sud du pays, non loin de Maastricht, et un autre plus au nord, dans le Brabant-Septentrional. Les principaux cépages cultivés sont le Riesling, l'Auxerrois, le Müller-Thurgau et l'Optima (un croisement entre le Müller-Thurgau et le Sylvaner). Les vins blancs produits aux Pays-Bas sont vifs et légers.

## Le Luxembourg

Le Luxembourg est probablement un des plus petits, si ce n'est le plus petit des pays producteurs de vin du monde. Mais, en surface plantée en vigne (1 390 ha), il dépasse le vignoble anglais. Malgré la petite surface plantée, la production est importante, car le rendement à l'hectare est très élevé (pas moins de 130 hl/ha). Les Luxembourgeois, eux, sont de grands consommateurs, puisqu'ils atteignent une consommation de 60 l de vin par an et par habitant.

Toute la production est concentrée sur les coteaux de la vallée de la Moselle, dont le sous-sol argilo-calcaire, l'exposition plein sud et les pentes régulières favorisent la vigne. La rivière joue un rôle de thermorégulateur : la réflexion de la lumière sur l'eau aide au mûrissement du raisin. Le vignoble luxembourgeois fait face à celui de la Moselle supérieure allemande (voir p. 317).

Ces vingt-cinq dernières années, la production a connu des progrès gigantesques : pas uniquement en termes de quantité, mais aussi sur le plan de la qualité. En même temps, le nombre de caves particulières a fortement décru. 70 % de la production arrive des caves coopératives, 15 % de caves particulières, le restant de caves particulières vendant entièrement au négoce.

Actuellement, les principaux cépages sont le Rivaner, ou Müller-Thurgau, qui donne des vins que l'on peut qualifier de petits vins (ce cépage est en forte diminution), le Riesling, mais aussi le Pinot Auxerrois, le Pinot Gris, le Pinot Blanc, l'Elbling (représentant moins de 10 % de la surface plantée). De ces cépages sont issus des vins très légers servant de base à des vins mousseux. La production luxembourgeoise comprend 99 % de vins blancs – tranquilles ou mousseux – et 1 % de vins rouges, exclusivement à base de Pinot Noir.

C'est en 1935 que la Marque Nationale fut créée. Elle correspond à une garantie équivalant à une Appellation d'Origine Contrôlée. Elle est attribuée aux vins après dégustation portant sur toutes les cuves de la cave. Deux mois après la mise en bouteilles, les propriétaires peuvent demander l'accès à un nouveau classement. Les vins goûtés par un jury seront notés sur vingt points : de 14 à 16, ils deviendront « vins classés », de 16 à 18, « premiers crus », de 18 à 20, « grands premiers crus ». Ceux qui obtiennent moins de 14 gardent la Marque Nationale. □

# SUISSE

LES VINS SUISSES, DONT LA QUALITÉ S'ACCROÎT,
SONT SURTOUT DESTINÉS AU MARCHÉ NATIONAL,
CONSTITUÉ D'UN PEUPLE PROSPÈRE ET BON AMATEUR DE VIN.

Le village d'Aigle dans le Chablais (canton de Vaud)
a ses vignobles sur les coteaux exposés au sud-ouest de la
vallée du Rhône. Quelques-uns des meilleurs crus suisses
proviennent de ces vignes.

Voilà longtemps que l'efficacité est de rigueur dans les vignobles suisses ; elle est nécessaire car la demande de vin dépasse largement le volume pouvant être produit : chaque Suisse consomme environ 20 litres de vin du pays et 30 litres de vin importé par an. Les vignobles, accrochés à des coteaux orientés au sud, le long des fleuves et en bordure des lacs (qui refléchissent la chaleur), sont difficiles à cultiver et leur coût de production élevé rend les vins suisses notoirement onéreux. Comme le souci d'efficacité – entraînant recours excessif aux engrais et donc surproduction – a souvent abouti à des vins légers de faible acidité, le rendement des meilleurs crus est désormais limité par la loi. Certains estiment pourtant que 112 hl/ha sont encore trop si l'on veut éviter un épuisement précoce de la vigne.

La surface moyenne d'une propriété viticole – moins d'un demi-hectare – représente le tiers de la moyenne communautaire. Pour la vinification, la plupart des viticulteurs s'en remettent à de grands centres ou à des coopératives, mais un nombre croissant de petits domaines, souvent dirigés par de jeunes vignerons pratiquent la mise en bouteilles. La plupart des vins ont longtemps été destinés à la consommation quotidienne, mais, aujourd'hui, la formation et les expériences menées ailleurs en Europe et dans le Nouveau Monde contribuent à l'apparition de vins suisses d'une qualité nouvelle. On trouve de la vigne presque partout, en rouge comme en blanc, mais les vignobles les plus importants sont situés dans les cantons francophones du Valais et de Vaud. La plupart des vins sont secs et 56 % sont blancs. Le principal cépage blanc utilisé dans les cantons francophones est le Chasselas, qui donne généralement un vin à boire dans les trois ans, mais pouvant surprendre agréablement au bout de vingt-cinq. Pour lui donner plus de vivacité, on le met en bouteilles avec un peu de son gaz carbonique naturel. D'un goût plutôt neutre, le Chasselas peut cependant tirer caractère et saveur d'un bon sol. Dans les cantons germanophones, le principal cépage blanc est le Riesling-Sylvaner – nom suisse du Müller-Thurgau. Le Pinot Noir (appelé Blauburgunder en Suisse alémanique) est le meilleur cépage rouge. On en fait l'Œil de Perdrix, un rosé à peine teinté, dans les cantons francophones. Dans le canton plus ensoleillé du Tessin, en Suisse italienne, le Merlot est roi et donne certains des meilleurs rouges du pays.

# LES RÉGIONS VITICOLES DE SUISSE

En dehors des pics montagneux des Alpes, le vignoble se trouve un peu partout en Suisse le long des lacs ou des cours d'eau, qui tempèrent le climat. Les plus importantes zones de viticulture, dans les cantons francophones, produisent des blancs avec du Chasselas, des rouges avec du Pinot Noir et, dans le Valais, avec l'assemblage du Pinot Noir et du Gamay appelé la Dôle. Les cantons de la Suisse alémanique, au nord et à l'est, élaborent des vins à boire jeunes, des blancs avec du Riesling-Sylvaner (Müller-Thurgau) et des rouges de Blauburgunder (Pinot Noir). Dans le Sud, le climat plus chaud permet au Merlot de faire de beaux vins rouges fruités.

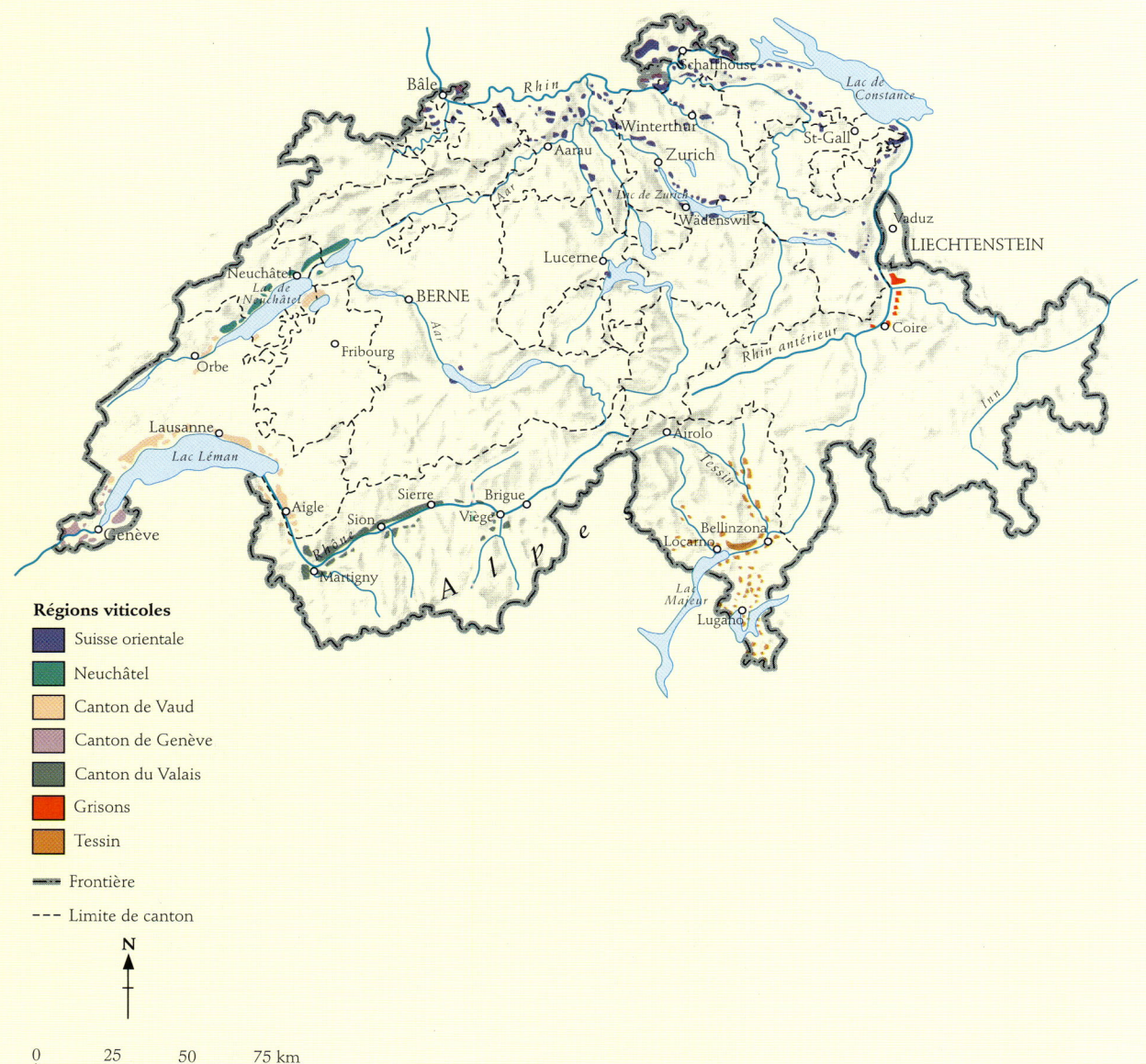

**Régions viticoles**

- Suisse orientale
- Neuchâtel
- Canton de Vaud
- Canton de Genève
- Canton du Valais
- Grisons
- Tessin
- Frontière
- Limite de canton

N

0   25   50   75 km

# RÉGIONS
# ET PRODUCTEURS

Sur les 26 cantons suisses, 6 seulement sont francophones, mais ils contiennent les trois quarts des 15 000 ha de vignes de la Confédération. Le canton italophone du Tessin en possède 1 300 ha et le reste est éparpillé dans les 17 cantons de Suisse alémanique. La superficie viticole a augmenté de 20% depuis les années 60, mais d'un tiers dans le Valais, canton qui produit le plus de vin.

### SUISSE ROMANDE

L'ouest de la Suisse, frontière du pays avec la France, produit les vins les plus intéressants. Valais et Vaud alignent, et de loin, les plus grandes superficies viticoles, mais Genève et Neuchâtel ont aussi une production non négligeable.

### Valais

Les vignes valaisannes (plus de 5 000 ha) sont situées sur les bas coteaux des montagnes environnantes. Commençant à 1 000 m au-dessus du niveau de la mer dans certains des plus hauts vignobles d'Europe, à Visperterminen, la vigne suit le Rhône à ses débuts jusqu'à l'angle droit qu'il forme à Martigny. Beaucoup de parcelles sont intensivement plantées, parfois jusqu'à 15 000 pieds à l'hectare. Le rendement par cep peut donc être faible, mais, à l'hectare, il est proche du maximum autorisé pour un vin de qualité.

Il peut faire chaud et sec en Valais ; les vignobles entourant Sierre se contentent d'environ 400 mm de pluie par an, auxquels s'ajoute parfois une brève irrigation. Les raisins mûrissent facilement et la richesse en sucre ne varie guère selon qu'ils sont cultivés à 400 m ou 800 m d'altitude.

Les vins valaisans les plus courants sont le Fendant (nom local du Chasselas, ici à son niveau maximal d'alcool... et

de prix) en blanc et la Dôle en rouge. La Dôle est une agréable spécialité du Valais, un vin d'assemblage fruité avec ce qu'il faut de structure, à boire dans les trois ans. Le Pinot Noir joue le rôle principal tandis qu'un rôle d'appoint est confié au Gamay, dont les raisins sont vendangés au même moment.

En l'absence de brouillard, donc avec moins de risque de pourriture, le Pinot Noir est un cépage intéressant dans le Valais, à condition d'éviter les endroits les plus ensoleillés. Des clones bourguignons ou suisses donnent des vins ayant

l'acidité, donc la structure, nécessaire, contrairement à bien des vins produits vers le milieu des années 80 et avant, qui souffraient de surproduction. Les viticulteurs bien formés n'attendent plus un taux de sucre très élevé, mais vendangent quand les raisins atteignent 12-13 % vol d'alcool potentiel, avec un niveau d'acidité satisfaisant, ce qui donne un vin pouvant évoluer en bouteille pendant plusieurs années.

Quant à savoir s'il vaut mieux cultiver du Chardonnay et d'autres variétés d'importation récente ou s'en tenir aux cépages traditionnels, c'est une question de philosophie et de marketing à laquelle les producteurs donnent des réponses variables. Dans le Valais, les partisans des cépages autochtones ont le choix entre plusieurs variétés intéressantes. L'Humagne Rouge (il y a aussi une version en blanc) est un cépage exubérant : si la vendange ne dépasse pas 80 hl/ha au maximum, le vin peut être robuste et assez concentré pour supporter un élevage en fûts de bois neuf d'environ 225 l. Sa saveur tannique rappelle à certains celle du Barolo. Sous ce

climat presque aussi chaud que celui des Côtes du Rhône septentrionales, on cultive aussi de la Syrah.

Les raisins des anciens cépages blancs du Valais, Amigne et Petite-Arvine, ainsi que ceux du Cornalin (rouge) mûrissent tardivement, en octobre. Bien soignés et avec de petits rendements, ils ont beaucoup de caractère, les deux vins blancs ayant un goût intense et fruité. Dans un genre plus doux et parfois très riche en alcool, le Valais a sa Malvoisie (Pinot Gris), le plus cher des vins traditionnels du canton. Le volume de ces spécialités est très faible.

Parmi les bons producteurs, on trouve Charles Bonvin, les Caves Imesch, Simon Maye et le Domaine du Mont d'Or.

### Vaud

Quand le Rhône quitte le Valais pour le canton de Vaud, la vigne reste présente au long de la vallée, puis suit la rive septentrionale du lac Léman, qui joue un rôle prépondérant dans le climat tempéré de la région.

Vaud compte 3 700 ha de vignes, répartis en cinq zones : Chablais, Lavaux, La Côte, Côtes de l'Orbe-Bonvillars et Vully, ces deux dernières étant des enclaves éloignées du lac. Les Vaudois ont toujours vendu leurs vins sous le nom des meilleurs villages de chaque zone – comme Mont-sur-Rolle, Féchy, Aigle, Epesses, Saint-Saphorin, Dézaley et Yvorne – et ceux-ci sont bien connus en Suisse.

Le Chablais s'étend sur la rive droite du Rhône jusqu'à l'endroit où le fleuve rejoint le lac Léman ; ses vignobles sont situés sur des pentes orientées au sud-ouest, dans des villages comme Aigle, Bex, Ollon, Villeneuve et Yvorne. Ses vins blancs de Chasselas et ses rouges de Pinot Noir et Gamay sont solides et pleins de caractère.

À l'est de Lausanne, les vignes escarpées et soignées de Lavaux, plantées en Chasselas, figurent parmi les plus belles d'Europe. Grâce à la chaleur réfléchie par les terrasses rocheuses, on cultive aussi du Pinot Noir, qui donne un vin agréable, mais généralement dénué de complexité. Les meilleurs villages incluent Calamin, Dézaley, Epesses, Lutry et Saint-Saphorin.

À l'ouest de Lausanne, où la plupart des vins sont faits par des coopératives ou des maisons de négoce, la zone de La Côte est parsemée de jolies maisons ; les vignes qui les entourent poussent sur des ondulations ou des coteaux peu escarpés permettant une vendange mécanique. Les cépages sont encore une fois le Chasselas, pour d'élégants vins blancs, et le Pinot Noir, pour des rouges souples et plaisants. Les villages les plus connus comprennent Féchy et Mont-sur-Rolle.

Parmi les bons producteurs, on trouve l'Association Viticole Aubonne, Badoux & Chevalley, Hammel, J. & P. Testuz et l'Association Viticole d'Yvorne.

### Genève

Le vignoble de 1 500 ha rejoint celui du canton de Vaud, au nord du lac Léman. Les vins blancs de Chasselas (appelés ici Perlan) représentent environ la moitié de la production, qui tire son caractère léger et élégant de sols argilo-calcaires riches en minéraux. On fait aussi du blanc à partir des cépages bourguignons Aligoté et Chardonnay, et des rouges légers issus de Gamay.

### Neuchâtel

Dans les régions plus fraîches, comme à Neuchâtel où les vignes peuvent atteindre 580 m au-dessus du niveau de la mer, l'altitude entre en ligne de compte pour évaluer la maturité du raisin et fixer la date des

vendanges. Le climat est tempéré par le lac de Neuchâtel et les collines calcaires situées au nord du lac peuvent, les bonnes années, produire certains des meilleurs rouges et rosés suisses issus de Pinot Noir. Le Chasselas donne des vins blancs vifs et légèrement pétillants.

## LIECHTENSTEIN

La principauté du Liechtenstein est située entre l'est de la Suisse et l'Autriche.

Érigé en principauté depuis 1719, cet État constitué des seigneuries de Vaduz et de Schellenberg, a adopté en 1921 une nouvelle constitution qui le rattache à son voisin la Suisse sur le plan économique.

Les 15 ha de vignes qui serpentent entre les maisons du Liechtenstein appartiennent, pour l'essentiel, au comte Hans-Adam II. Les caves de son domaine, Hofkellerei des Fürsten von Liechtenstein, localisées à Vaduz, sont connues en Europe centrale pour leur Chardonnay issu de vignes à faible rendement et leur Pinot Noir provenant de vieilles vignes.

Les vins ressemblent, par leur style et leur structure, à ceux des cantons voisins de Suisse alémanique.

## SUISSE ALÉMANIQUE

Ce terme désigne la Suisse germanophone – la plus grande partie du pays –, mais la viticulture est concentrée dans les cantons proches de la frontière allemande, une région appelée Ostschweiz (Suisse orientale). Les vins qui en sont issus sont généralement bus dans l'année ; les blancs sont surtout à base de Riesling-Sylvaner (Müller-Thurgau) et les rouges de Blauburgunder (Pinot Noir, également appelé ici Klevner ou Beerli).

Le foehn, un vent chaud qui souffle des Alpes en automne, contribue au mûrissement du Pinot Noir. Les anciens cépages blancs, l'aromatique Completer et l'élégant Räuschling, sont très peu cultivés. Éparpillés dans la région, quelques vignerons s'efforcent de produire des vins rouges de Pinot Noir et des blancs de Chardonnay ayant un peu plus de structure qu'autrefois. L'élevage en barriques n'est pas rare.

Les principaux cantons vinicoles sont Zurich et Schaffhouse, bien qu'ils achètent aussi beaucoup de vin blanc du Valais. Le gros des vendanges zurichoises est vinifié par deux caves coopératives à Wädenswil et Winterthur. Près de 200 viticulteurs livrent aussi leurs raisins aux caves cantonales officielles, les Staatskellereien des cantons de Zürich. On trouve aussi du vin produit par de très petits domaines liés à un restaurant. En dehors des coopératives, l'un des producteurs les plus réputés est Meier.

## SUISSE ITALIENNE

Le Tessin (en italien, Ticino), au sud de la Suisse, est surtout italophone. Ce canton doté de sommets élevés – et d'un fort taux de chômage – est connu pour ses vins rouges à base de Merlot, introduit ici en 1897. Les chauds étés tessinois ne favorisent pas la production de vin blanc et 3 % seulement des vignobles sont occupés par des

cépages blancs (Chasselas, Sémillon, Sauvignon). Certains vignerons produisent cependant du blanc et du rosé à partir de Merlot et de Pinot Noir.

Le Merlot du Tessin est généralement un vin souple et facile à boire, mais certains sont élevés en fûts de chêne neuf pour plus de complexité. Du Cabernet-Sauvignon a été planté afin de reproduire un assemblage de type bordelais.

Le label officiel « ViTi » était autrefois une garantie de qualité, mais, à en croire la revue de vins *Alles über Wein*, certains producteurs de renom négligent désormais les dégustations ViTi : « Les beaux jours du label ViTi sont bien finis. Créé en 1949 pour protéger la qualité des vins tessinois, il est aujourd'hui synonyme de médiocrité contrôlée. »

Les vins les plus intéressants sont ceux de négociants ou de petits producteurs plutôt que de coopératives. Parmi les meilleurs, citons Delea, Tamborini, Valsangiacomo fu Vittore et Vinattieri Ticinesi.

# AUTRICHE

VINS BLANCS SECS PARFUMÉS, MOELLEUX, RICHES ET VOLUPTUEUX,
ROUGES SAVOUREUX, L'AUTRICHE OFFRE DÉSORMAIS UNE GAMME DE VINS
DONT LA QUALITÉ NE CESSE DE S'AMÉLIORER.

L'ancien et le moderne font bon ménage. Dans une école de viticulture, rangs de vignes parfaitement alignés derrière un pressoir traditionnel en bois. La nouvelle génération a su revigorer la viticulture autrichienne.

La vigne poussait déjà en Autriche avant l'occupation romaine, mais, à quelques exceptions près, la qualité des vins n'a pas toujours été reconnue hors des frontières de ce pays. Les vignobles sont très différents les uns des autres : fort de nombreuses années d'expérience et de traditions locales, chacun a adopté les cépages et les styles de vins qui lui convenaient, ce qui explique l'immense variété des vins autrichiens. L'Autriche est avant tout un pays de vins blancs. Le Riesling arrive à une telle maturité dans la Wachau et le Kamptal-Donauland que, en menant la fermentation jusqu'au bout, on obtient des vins très riches sans sucres résiduels. Le cépage spécifique à l'Autriche est le Grüner Veltliner : présent un peu partout, il donne des vins légers et poivrés soutenus par une bonne acidité. Dans la Wachau, il peut même produire des vins aussi puissants que le Riesling. La Styrie (Steiermark), région au climat beaucoup plus frais, est le fief des vins délicats : Pinot Blanc (Klevner), Welschriesling, Morillon (Chardonnay) et l'excellent Sauvignon.
De gros efforts ont été accomplis pour améliorer la qualité des rouges. Des cépages locaux aussi largement implantés que le Zweigelt, le Blauer Portugieser et le Saint-Laurent donnent des vins fruités, faits pour être bus jeunes. Le Blaufränkisch (ou Lemberger), plus riche en tanin et en acidité, est parfois vieilli en fûts. Le Cabernet-Sauvignon et le Pinot Noir (Blauburgunder) sont également présents. Les meilleurs rouges viennent du Carnuntum, région au sud-ouest de Vienne, et du Burgenland. Ce dernier fournit par ailleurs quelques vins de vendanges tardives (Eiswein) et des vins botrytisés exceptionnels. C'est dans cette région qu'éclata, en 1985, le scandale qui rejaillit sur la viticulture du pays tout entier : on découvrit que certains vinificateurs ajoutaient des produits chimiques pour feindre la douceur de la pourriture noble. À la suite de cet épisode, la législation autrichienne devint la plus stricte d'Europe. En dehors de quelques viticulteurs, l'Autriche a su garder ses cépages locaux et les styles de vins qui la caractérisent. Aucun autre pays d'Europe, par exemple, n'offre un rosé vivifiant comme le Schilcher ou un blanc puissant et épicé comme le Zierfandler. L'Autriche a payé cher la conduite de certains de ses producteurs, mais elle en est ressortie renforcée, avec une volonté farouche de produire d'excellents vins et de retrouver sa place parmi les meilleurs pays producteurs du monde.

# LES RÉGIONS VITICOLES D'AUTRICHE

Le vignoble autrichien est situé à l'est du pays et comporte quatre régions principales : (Basse-Autriche) Niederösterreich, (Vienne) Wien, Burgenland et (Styrie) Steiermark. Ces zones se décomposent en 13 zones délimitées appelées *Weinbaugebiete*.

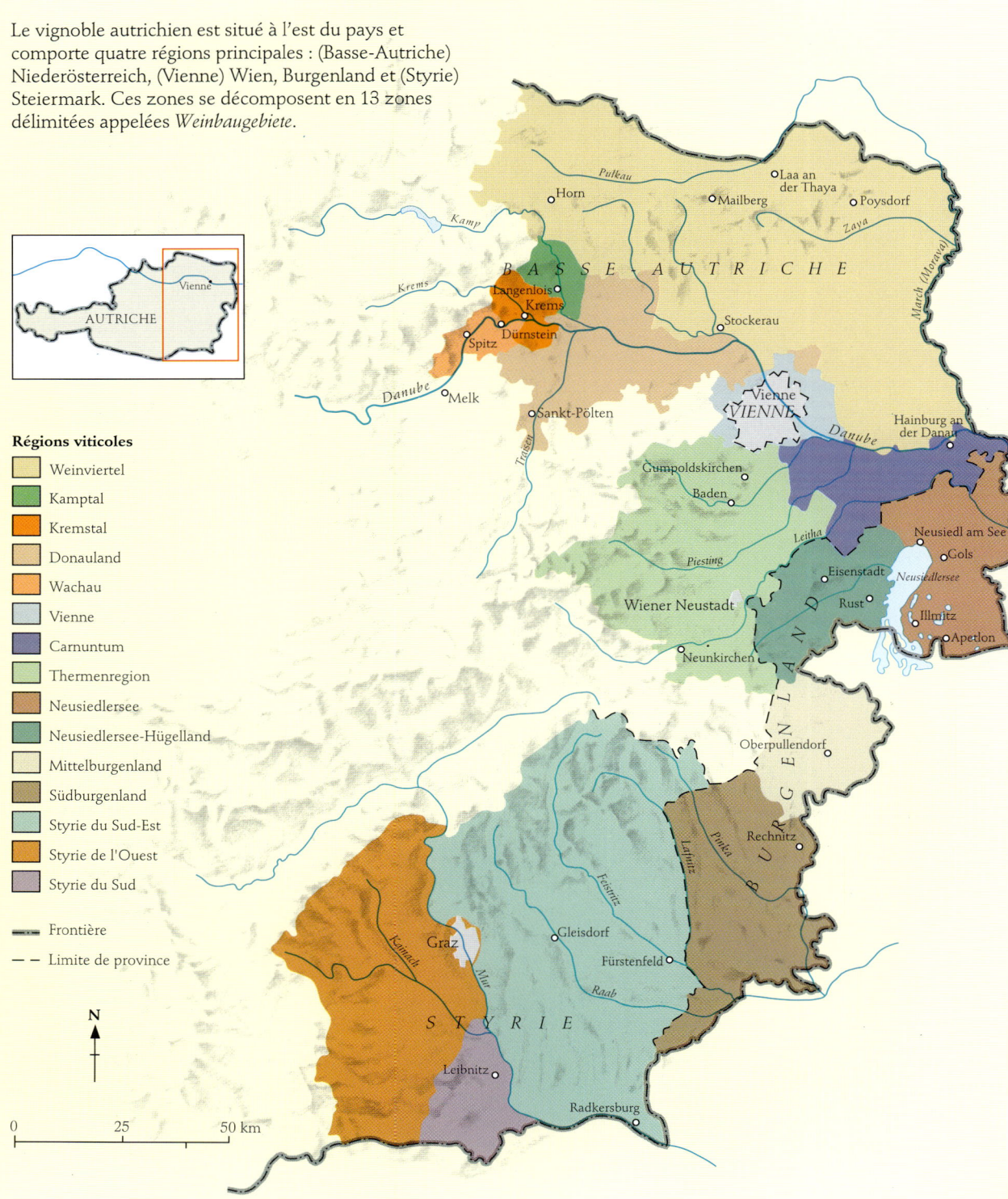

**Régions viticoles**

- Weinviertel
- Kamptal
- Kremstal
- Donauland
- Wachau
- Vienne
- Carnuntum
- Thermenregion
- Neusiedlersee
- Neusiedlersee-Hügelland
- Mittelburgenland
- Südburgenland
- Styrie du Sud-Est
- Styrie de l'Ouest
- Styrie du Sud

— Frontière
- - Limite de province

AUTRICHE
Vienne

BASSE-AUTRICHE
Horn
Pulkau
Laa an der Thaya
Mailberg
Poysdorf
Zaya
March (Morava)
Kamp
Krems
Langenlois
Krems
Dürnstein
Spitz
Stockerau
Melk
Danube
Sankt-Pölten
Traisen
Vienne
VIENNE
Danube
Hainburg an der Danau
Gumpoldskirchen
Baden
Piesting
Leitha
Neusiedl am See
Gols
Eisenstadt
Neusiedlersee
Rust
Illmitz
Wiener Neustadt
Apetlon
Neunkirchen
BURGENLAND
Oberpullendorf
Lafnitz
Pinka
Rechnitz
Graz
Kainach
Mur
Gleisdorf
Feistritz
Fürstenfeld
Raab
STYRIE
Leibnitz
Radkersburg

N

0      25      50 km

# RÉGIONS
# ET PRODUCTEURS

Les quatre principales régions de production et leurs vignobles sont classés approximativement par ordre d'importance décroissant. Les noms des producteurs les plus sérieux sont indiqués par ordre alphabétique à la fin de chaque région.

## BASSE-AUTRICHE
### (Niederösterreich)

Cette vaste province traversée par le Danube couvre tout le nord-est du pays. Les vins de qualité viennent des collines de la Wachau, des meilleures parties du Kamptal-Donauland et de la Thermenregion, autour de la ville de Gumpoldskirchen.

## Wachau

Avec 1 358 ha de vignes, la Wachau est l'un des plus petits vignobles d'Autriche, mais produit certainement les meilleurs vins blancs du pays. Le Grüner Veltliner et le Riesling dominent l'encépagement, mais on rencontre également du Neuburger et du Müller-Thurgau (connu localement sous le nom de Riesling-Sylvaner). Les vignes en terrasses longent les gorges du Danube sur 16 km avant d'atteindre Vienne. Grâce à de remarquables terroirs volcaniques et des microclimats particuliers, les vins sont parfumés, puissants, savoureux et riches.

Aussi curieux que cela puisse paraître, la Wachau a défini son propre système de classement qualitatif, qui se traduit ainsi sur l'étiquette : le *Steinfeder* est le vin le plus léger (10,7 % vol au maximum), suivi par le *Federspiel* (environ 11,5 % vol). Le plus riche (l'équivalent d'un *Spätlese* sec allemand) s'appelle *Smaragd* et doit titrer un minimum de 12 % vol. Ces vins sont généralement issus de terroirs exceptionnels à faible rendement et de raisins vendangés tardivement. Lorsqu'ils sont vraiment réussis, ils sont superbes et vieillissent à merveille. Lorsque

les vignobles sont particulièrement bien placés, leur nom peut figurer sur l'étiquette, précédé du mot *Ried*.

Les meilleurs viticulteurs sont Franz Hirzberger, Emmerich Knoll, Nikolaihof, F.X. Pichler et Franz Prager, suivis de près par Leo Alzinger, Josef Jamek, Rudolf Pichler et la coopérative Freie Weingärtner Wachau.

## Kamptal-Donauland

Cette zone cinq fois plus grande que la Wachau suit le cours du Danube vers Vienne, traverse la ville de Krems et s'étire au nord vers Langenlois et au sud vers le

monastère de Göttweig. Le Riesling et le Grüner Veltliner poussent sur des sols volcaniques qui leur confèrent un style rappelant celui de la Wachau, en un peu moins puissant mais souvent plus élégant. À l'est de Krems, les vins issus des terrasses de lœss perdent en élégance ce qu'ils gagnent en corpulence, mais peuvent néanmoins être excellents. Et, même si les vins blancs dominent toujours, le nombre de vignerons produisant de bonnes cuvées de rouges ne cesse de croître.

Parmi les meilleurs producteurs : Willi Bründlmayer (excellent Chardonnay ; Riesling et Veltliner impeccables), Jurtschitsch, Malat-Bründlmayer, Mantlerhof (spécialiste de blanc issu du rare Roter Veltliner), Josef Jigl et Fritz Salomon.

## Donauland-Carnuntum

Coupée en deux par la ville de Vienne, cette étrange région qui suit le Danube de l'est de Krems jusqu'à la frontière slovaque est difficile à définir. Le sol généra-

lement caillouteux, mêlé d'argile et de calcaire, est prometteur pour les vins rouges comme le Zweigelt, en particulier dans les villages comme Göttlesbrunn. Les bons producteurs sont notamment Walter Glatzer, Ludwig Neumayer, Hans Pitnauer et Rudolf Zimmermann.

## Weinviertel

Première zone de production de raisin d'Autriche (31 %), le Weinviertel s'étend au nord et au nord-ouest de Vienne. Les vins sont généralement vinifiés pour être légers et faciles à boire.

Quelques producteurs de Grossriedenthal ont décidé de se consacrer à l'*Eiswein*, dont la production est tout à fait compatible avec le climat sec de cette région.

Les bons producteurs sont Richard Luckner, Malteser Ritterorden (qui fait aujourd'hui partie du groupe Lenz Moser), Roman Pfaffl, Fritz Rieder (*Eiswein*) et Helmut Taubenschuss.

## Thermenregion

Le cœur de cette zone du sud de Vienne est le fameux village de Gumpoldskirchen qui, s'il ne représente que 0,5 % du vignoble autrichien, a néanmoins longtemps joui d'une popularité nationale. Une grande partie de son vin est issue de deux cépages locaux, le Zierfandler (ou Spätrot) et le Rotgipfler, qui gagnent à être assemblés et donnent alors un vin blanc demi-doux ample et puissant, riche en arômes épicés. Depuis le scandale de 1985, une nouvelle génération de viticulteurs se donne du mal pour rétablir la réputation de la région : lorsqu'il est réussi, le Gumpoldskirchen est un vin de caractère qu'on n'oublie pas.

Au sud de Gumpoldskirchen, d'autres vignobles comme Tattendorf sont en train de se bâtir une réputation pour leurs excellents rouges bien que le prolifique Blauer Portugieser y soit encore le principal cépage. Le Saint-Laurent et le Zweigelt (un croisement de Saint-Laurent et de Blaufränkisch) peuvent donner des résultats corrects à bas rendements, mais ils peuvent aussi être rustiques et trop concentrés.

On trouve parmi les meilleurs producteurs Manfred Biegler, Franz Kurz et Gottfried Schellmann (tous de Gumpoldskirchen) ainsi que Johann Reinisch et Erich Schneider.

## BURGENLAND

La douceur du climat de cette région – la plus chaude d'Autriche – encourage la production de vins rouges (22 %) et de vins blancs amples et corpulents.

### Neusiedlersee-Hügelland

Cette région s'étend entre Vienne et la cuvette du Neusiedlersee. Son climat est excellent et l'humidité qui s'élève du lac à l'automne encourage le développement du *botrytis*, d'où de superbes vins moelleux. Le village de Rust est le plus renommé car son vin, le Ruster Ausbruch, existe depuis des siècles. Selon la loi autrichienne, un *Ausbruch* s'élabore à partir de raisins dont le taux de sucre se situe entre celui d'un *Beerenauslese* et celui d'un *Trockenbeerenauslese*. Mais, pour Rust, elle définit aussi le style du vin, généralement moins sucré qu'un *Beerenauslese* car la fermentation est poussée plus loin. Des cépages comme le Pinot Blanc (Weissburgunder), le Welschriesling et le Pinot Gris (Ruländer) donnent de superbes vins botrytisés, ce dont le Bouvier, le Furmint et le Muskat-Ottonel sont également capables.

Feiler-Artinger, Hans Holler (vins doux), Anton Kollwentz (vins secs) Peter Schandl, Heidi Schröck, Ernst Triebaumer (rouges), Robert Wenzel (vins doux) figurent parmi les meilleurs producteurs.

### Neusiedlersee

De l'autre côté du lac, entre sa rive opposée et la Hongrie, se trouve la région du Neusiedlersee, autrefois connue sous le nom de Seewinkel. Le vignoble est relativement récent et s'est tellement étendu autour des villages de Gols, Illmitz et Apetlon qu'il représente aujourd'hui 20 % de la production.

On retrouve ici les mêmes facteurs de qualité qu'en Neusiedlersee-Hügelland, mais le sol est très différent : généralement sablonneux, il n'encourage pas les hauts rendements. Les vins sont donc souvent dotés d'une faible acidité et ont une vie courte. Les années chaudes, la partie sud du vignoble produit des vins botrytisés en grande quantité. La qualité n'a pas toujours été au rendez-vous, mais certains viticulteurs ont visiblement fait de gros efforts. On y trouve maintenant une très vaste gamme de vins : Chardonnay, Pinot Noir vieilli en barriques, élégants *Eisweine* et étonnants vins botrytisés.

Martin Haider (blancs doux), Alois Kracher (blancs doux), Hans Nittnaus (rouges), Willi Opitz (blancs doux), Georg Stiegelmar et Josef Umathum (blancs secs) sont des producteurs remarquables. Citons également Erich Heinrich, les groupements de producteurs Pannonischer Reigen et Seewinkler Impressionen, et Engelbert Prieler (rouges).

### Mittelburgenland

Au sud du Neusiedlersee-Hügelland, ce vignoble est planté à 95 % en cépages rouges dont, notamment, le Blaufränkisch. De nombreuses expériences de vieillissement en barriques y ont été menées et, souvent assemblé avec du Cabernet-Sauvignon, le Blaufränkisch donne des vins plutôt tanniques et rustiques. Cette région semble destinée à devenir une source fiable de vins rouges structurés.

Les meilleurs producteurs sont Engelbert Gesellmann, Anton Iby, Hans Igler, Paul Kerschbaum et Franz Weninger.

### Südburgenland

D'une vaste superficie, le Südburgenland représente toutefois à peine 0,8 % du vignoble autrichien et, comme le Mittelburgenland, semble plus adapté à la production de vins rouges.

Les bons producteurs sont Paul Grosz, Hermann Krutzler et Schützenhof.

## STYRIE (STEIERMARK)

Située au sud des Alpes et à la limite de la Slovénie, la Styrie est divisée, en termes de vins, en trois vignobles de taille inégale : le Sud (Süd), le Sud-Est (Süd-Ost) et l'Ouest (West).

### Styrie du Sud (Südsteiermark)

C'est ici que naissent les plus grands vins de Styrie. Le plus petit des trois vignobles de la zone possède plus de vignes (1 561 ha) que les deux autres réunis. Les vins blancs sont aussi appréciés (et aussi chers) que ceux de Wachau, mais d'un style totalement différent. Plus rude, le climat est sujet aux gelées de printemps et à la grêle. Les raisins, surtout lorsque les rendements sont trop élevés, ont beaucoup de mal à mûrir, même s'ils sont vendangés tardivement, fin octobre. Les vins sont à la fois de structure délicate et marqués par une forte acidité. Seuls ceux issus de bas rendements parviennent à suffisamment de concentration et d'extrait pour paraître équilibrés. Dans ce cas, ils sont fins et vigoureux.

Les cépages cultivés sont très nombreux : Pinot Blanc (Weissburgunder ou, localement, Klevner), Riesling, Chardonnay (Morillon), le populaire Welschriesling, Ruländer, Traminer et Muskateller.

Le Sauvignon (anciennement appelé Muskat-Sylvaner) planté ces dernières années a donné d'excellents résultats : ses vins racés, aux parfums végétaux, ne manquent pas de caractère.

Parmi les meilleurs producteurs, on remarquera Reinhold Polz, Wilhelm Sattler et Manfred Tement, suivis par Alois Gross et Lackner-Tinnacher.

### Styrie du Sud-Est (Süd-Oststeiermark)

Cette région, presque aussi vaste que le Weinviertel, est la plus proche de la frontière slovène

et correspond à 1,7 % du vignoble autrichien. Les différents cépages sont les mêmes qu'en Styrie du Sud.

On compte Albert Neumeister, Gräflich Stürgkh'sches Weingut et Winkler-Hermaden parmi les bons producteurs.

### Styrie de l'Ouest (Weststeiermark)

Située entre la ville de Graz et la frontière slovène, cette région ne compte que 280 ha de vignes et produit le Schilcher, un rosé issu d'un cépage local, le Blauer Wildbacher. La qualité de ce cépage, qui se caractérise par une acidité très élevée, dépend du vinificateur, qui pourra en faire un vin charmant et vif ou, au contraire, d'une agressivité redoutable. De toute façon, il est fait pour être bu jeune. Sa rareté et sa personnalité en font un vin très recherché et, par conséquent, cher. Les meilleurs exemples viennent de chez Erich Kuntner et Günter Müller.

## VIENNE (WIEN)

La capitale est entourée de 700 ha de vignes et la presque totalité du vin est consommée sur place. Les villages vinicoles des portes de Vienne regorgent d'auberges, les *Heurigen*, dans lesquelles les vignerons vendent eux-mêmes leurs vins, généralement des blancs légers et fins qui se boivent dans leur première année. Ils peuvent être de très grande qualité, surtout lorsqu'ils sont issus des meilleurs terroirs, comme le Nussberg et le Bisamberg.

Le Grüner Veltliner est le cépage le plus populaire des alentours de Vienne, mais l'on produit aussi d'excellents vins de Riesling et Pinot Blanc. La plupart des vins consommés dans les *Heurigen* sont des *Gemischten Satz*, c'est-à-dire un mélange des différents cépages cultivés sur la même parcelle.

Parmi les bons vignerons, on remarquera Fuhrgassl-Huber, Johann Kattus (vins pétillants), Franz Mayer, Herbert Schilling et Fritz Wieninger.

# ITALIE
## ET PAYS MÉDITERRANÉENS

—

LES PAYS DU POURTOUR DE LA MÉDITERRANÉE ONT VU NAÎTRE

LA VITICULTURE AVEC LA CIVILISATION. PARMI EUX,

L'ITALIE D'AUJOURD'HUI PERPÉTUE LA PRODUCTION

DE VINS ORIGINAUX ET VARIÉS.

—

# ITALIE

LES GRECS DE L'ANTIQUITÉ APPELAIENT L'ITALIE
ŒNOTRIA, OU «TERRE DU VIN».
CE PAYS CONTINUE DE PRODUIRE TOUTES SORTES DE VINS PASSIONNANTS.

Des bouteilles de Chianti datant de 1958 dans les chais du
Domaine de Selvapiana à Pontassieve. Selvapiana, réputé
pour la longévité de ses vins, se trouve dans la petite zone
d'appellation Chianti Rufina, au nord-est de Florence.

Les bords ensoleillés de la Méditerranée ont vu naître bien des antiques civilisations du vin. En Italie, aujourd'hui, la vigne est toujours cultivée d'un bout à l'autre du pays et la diversité des vins y défie – et ravit – l'amateur. L'Italie produit davantage de vin que tout autre pays, y compris la France. On y trouve aussi plus de types et de noms de vin que partout ailleurs dans le monde. Cette profusion naît de l'ubiquité de la vigne. Il n'est pratiquement pas de lopin paysan ou de noble domaine où l'on ne cultive du raisin pour en faire du vin. Chacune des régions de ce pays si varié et d'une grande fidélité à ses traditions locales protège et promeut ses propres appellations. Cela donne plus de 200 zones viticoles officielles et peut-être deux millions de producteurs. L'Italie fait du vin dans tous les styles, y compris des vins mutés et effervescents, et tire parti d'une myriade de microclimats et de sites pour accentuer encore cette diversité. Dans les pages suivantes, ce pays a été divisé en trois grandes zones : Nord, Centre, Sud et îles. Le Nord englobe une série de régions viticoles, allant du nord-ouest au nord-est, situées surtout sur les contreforts des Alpes et des Apennins. C'est ici que l'on trouve les grands vins du Piémont comme le Barolo, de

vastes vignobles consacrés à la production de mousseux et de nombreuses régions productrices de vin rouge et, davantage encore, de vin blanc. L'influence étrangère, surtout allemande et française, y est plus sensible dans le choix des styles et des cépages qu'ailleurs dans le pays. Le Centre englobe la Toscane et ses alentours, les vignobles toscans du Chianti étant au premier rang des régions italiennes pour les vins de qualité. Le Sud de la péninsule ainsi que les îles de Sicile et de Sardaigne continuent de suivre la tradition méditerranéenne en produisant des vins doux à fort degré, des rouges puissants et des spécialités comme le Marsala, outre de gros volumes de vin de médiocre qualité. Les vins italiens sont en pleine mutation. En matière de cépages, de techniques et de conceptions, un grand brassage est en cours entre les habitudes locales et les tendances internationales. La législation viticole de 1963 a bien rempli son rôle pendant deux décennies, avant de se révéler dépassée. Une nouvelle loi a été adoptée en 1992 pour y remédier. S'il faut saluer ces progrès, la définition concrète, au-delà des exigences de la réglementation, de ce qu'est un vin italien en matière de style et de goût n'en repose pas moins sur le producteur.

# LES RÉGIONS VITICOLES D'ITALIE

L'Italie compte actuellement plus de 200 zones à *denominazione di origine controllata* (DOC) dans ses 20 régions administratives. Les couleurs de la carte montrent les diverses régions viticoles du Nord, du Centre et du Sud, dont chacune fait l'objet d'une carte plus détaillée, pages 358, 374 et 388.

**Régions viticoles**

- Nord
- Toscane et Centre
- Sud et Îles
- Frontière
- Limite de région

N

0      100      200 km

## Tradition et évolution

La longue tradition viticole de l'Italie lui a valu d'hériter de certains vins absolument magnifiques, d'un grand nombre de vins de caractère et d'une multitude de vins très ordinaires. C'était là, jusqu'à une époque récente, une situation qui semblait bien convenir à un pays où les exportations de vin n'étaient pas une priorité et où l'enracinement local faisait que les gens consommaient tout naturellement le vin de leur province, voire de leur famille. Aucun vin italien, sauf peut-être le Chianti, n'était exposé à la pression du marché mondial telle qu'elle s'exerçait sur les vins de Bordeaux, de Bourgogne ou de Champagne.

Les années 80 virent cependant l'Italie gagnée par le phénomène d'internationalisation du vin, avec des consommateurs plus critiques sur le plan national et des marchés extérieurs très conscients de la qualité et de la valeur des vins provenant du Nouveau Monde et d'Europe. Les vignerons italiens commencèrent à modifier leur attitude et leurs techniques. On prit conscience des limitations de la législation existante, et de celles des cépages autochtones. À Londres, Paris, New York ou ailleurs, on commença à apprécier la qualité de certains grands vins italiens. Si l'Italie reste largement indépendante sur le plan viticole – elle cultive ses propres cépages, fort nombreux, boit son propre vin et en importe relativement peu –, tout cela commence néanmoins à évoluer.

## La législation viticole

La législation viticole italienne se transforme à mesure que deviennent évidentes les limites de la loi de 1963 sur les appellations. Cette loi, plus ou moins apparentée au système français des AOC, a tenté avec un certain succès de rationaliser le statut des milliers de vins produits dans le pays. Elle a introduit le concept de zone DOC *(Denominazione di Origine Controllata)*, secteur où l'on fait un certain style de vin, d'une manière spécifique. Le législateur a laissé une grande place à la tradition vinicole et, à l'instar de l'AOC française, la DOC italienne s'efforce de codifier la pratique

traditionnelle. Ce principe fonctionne bien en Bourgogne, par exemple, où des siècles d'expérience ont permis d'isoler les meilleurs cépages et parcelles, mais, dans une bonne partie de l'Italie, la production de vin de très haute qualité est plutôt une nouveauté. Trop de DOC reflète en réalité une façon désuète de produire un vin assez médiocre. D'autres ont détourné la tradition du chemin de la qualité : la DOC du Chianti autorisait jusqu'à 30 % de cépages blancs dans ce vin rouge et acceptait (comme beaucoup de DOC) que 10 % du vin présent dans un assemblage provienne d'une autre zone que celle du Chianti – parfois très éloignée. L'élévation du Chianti au rang de DOCG (voir encadré p. 357) en 1984 a heureusement rendu la réglementation plus stricte.

La nouvelle loi, adoptée en 1992, n'est toujours pas entrée en vigueur ; toute liste de vins DOC risque donc d'être périmée dès sa publication. La loi Goria, du nom du ministre Giovanni Goria, responsable de sa promulgation, clarifie considérablement la situation. Elle définit, ou plutôt redéfinit, une pyramide de qualité. Tout en bas, on trouve le simple *vino da tavola*, vin de base pouvant être étiqueté rouge *(rosso)*, blanc *(bianco,* ou rosé *(rosato)*, mais sans mention de cépage ni de localité. La catégorie suivante, analogue à celle du vin de pays français, est celle des vins à *indicazione geografica tipica* : ce vin provient d'un endroit déterminé (mais pas d'une zone DOC) et le nom du cépage peut figurer sur l'étiquette. Viennent enfin les appellations DOC et DOCG, comme auparavant. La loi Goria prévoit la possibilité de supprimer des DOC sous-utilisées et de promouvoir au statut de DOCG les DOC ayant le plus de succès. On retrouve ainsi les grandes lignes du système français, qui permet une surveillance constante des AOC et leur adaptation en cas de nécessité.

Un élément nouveau réside dans l'utilisation de noms de vignoble, domaine et commune dans le cadre des DOC et DOCG. Précédemment, une seule DOCG englobait tout le Chianti, région produisant autant de vin que le Médoc et les Graves réunis. À part le

nom du producteur, rien n'était officiellement prévu pour indiquer qu'un vin provenait de tel vignoble ou de telle commune. La nouvelle loi autorise la mention (par ordre décroissant de taille) de sous-zones, communes, localités, micro-zones, domaines et même parcelles spécifiques. Un travail gigantesque est en cours pour définir toutes ces zones et en dresser la liste. Cela rend toute son importance à la notion de site (ou terroir) dans le système qualitatif légal.

Enfin, la loi permet une évaluation des vins au moment de la vendange : s'ils ne remplissent pas certaines conditions, ils seront déclassés – passant par exemple d'une sous-zone spécifique à l'appellation DOC générique. En revanche, un *vino da tavola* répondant à des critères très stricts pourra se qualifier comme vin DOC ou DOCG d'un domaine ou vignoble particulier.

## Les régions viticoles

Les 20 régions administratives d'Italie ont chacune leurs vignobles, certains ayant rang de DOC, d'autres produisant du vin ordinaire. Chacune possède sa propre gamme de microclimats et de sols, et la nature montagneuse d'une grande partie du pays fait que les conditions peuvent varier considérablement à quelques kilomètres près. Les généralités sur les zones viticoles ne sont donc d'aucune aide. Pour porter la confusion à son comble, les zones DOC se chevauchent parfois et les producteurs font du vin dans plusieurs d'entre elles. On peut néanmoins établir quelques grandes distinctions d'un bout à l'autre du pays. Le nord-est de l'Italie a beaucoup de points communs avec l'Autriche et la Suisse, et avec leurs vins blancs frais et légers. L'extrême sud, en particulier la Sicile, prolonge la tradition méditerranéenne des vins puissants et forts en alcool. Entre les deux, de nombreuses régions, comme la Toscane et le Latium, offrent d'excellentes conditions pour la production de vins rouges et blancs.

L'Italie est aussi connue pour sa production de Vermouth, nom donné à différents vins aromatisés produits par un petit nombre de grandes sociétés installées dans le Piémont.

## Les cépages

L'Italie compte d'innombrables cépages autochtones : un expert en a recensé plus de mille et la législation sur les DOC en énumère 400. La plupart de ces règlements d'appellation excluent l'emploi des cépages français si convoités dans tous les vignobles du monde, bien que ceux-ci soient de plus en plus cultivés, vinifiés et diffusés en *vini da tavola*. L'une des raisons ayant poussé les vignerons à se détourner du système des DOC a justement été l'exclusion des cépages non traditionnels. Certaines DOC admettent néanmoins des variétés comme le Merlot, le Pinot Blanc et le Pinot Gris, introduites dans le nord de l'Italie au XIXᵉ siècle. Quant au Cabernet-Sauvignon, il a fait son apparition en Toscane, dans la région du Chianti, il y a deux siècles.

La liste des cépages italiens s'allonge encore en raison de la profusion de clones et de sous-variétés. Dans le centre de l'Italie, on continue de débattre des vices et des vertus des différents types de Sangiovese. La question n'a rien d'ésotérique : le caractère des vins de Chianti a beaucoup changé dans les années 50 et 60, lorsque l'on s'est mis à replanter à grande échelle un clone de Sangiovese de qualité inférieure.

Les variétés suivantes figurent parmi les principaux cépages italiens :

**Barbera** : originaire du Piémont et désormais très répandue, elle produit plusieurs styles de vins rouges.

**Malvasia** : cette famille de cépages d'origine très ancienne présente généralement des arômes marqués et peut donner des vins secs ou doux, sombres ou clairs, notamment dans le sud de la péninsule.

**Montepulciano** : il offre de vigoureux vins rouges en Italie centrale.

**Nebbiolo** : c'est le roi des cépages rouges du Piémont, auquel on doit les vins de Barolo et de Barbaresco.

**Sangiovese** : cépage rouge du Chianti et d'autres zones d'Italie centrale.

**Trebbiano** : cépage blanc dominant dans le centre et le nord de l'Italie.

Il faut encore citer le Primitivo, cépage rouge du sud de l'Italie, dont on pense qu'il serait identique au Zinfandel californien.                           □

À Varenna, au bord du lac de Côme, on apprécie le vin de Lombardie.

## LIRE UNE ÉTIQUETTE DE VIN ITALIEN

Les étiquettes italiennes reflètent la grande diversité des vins.

### Zones et degrés de qualité

Les vins italiens se divisent en vins fins et vins de table, comme ailleurs en Europe. Les vins de qualité sont issus de zones réglementées, indiquées sur l'étiquette par la mention *denominazione di origine controllata* (DOC) : ce sont des vins d'origine contrôlée.

Ces zones ont une appellation, comme Soave, Orvieto, etc. Il existe plus de 200 DOC.

*Denominazione di origine controllata e garantita* (DOCG) désigne un degré de qualité supérieur. « Garantita » signifie que le vin répond à des exigences plus strictes.

*Vino da tavola* signifie vin de table. Il s'agit le plus souvent de vin ordinaire, mais certains sont produits dans des zones DOC sans respecter les règles de l'appellation : en utilisant par exemple des cépages ou des méthodes interdits par la DOC.

### Producteurs et vignobles

Les mots les plus courants pour désigner une propriété sont *fattoria*, *podere*, *tenuta* et *azienda agricola* : leur mention sur l'étiquette implique que le vin est mis en bouteille à la propriété. Des vignobles spécifiques peuvent être identifiés par les termes *tenuta* (domaine), *podere* (ferme), *vigna* ou *vigneto*. Une *cantina sociale* est une coopérative.

### Style et qualité

*Riserva* ou *vecchio* s'applique à un vin DOC ou DOCG ayant subi un vieillissement plus long que la moyenne, en fût et/ou en bouteille. *Superiore* signifie généralement que le vin a un peu plus d'alcool (ou a vieilli plus longtemps) que le vin DOC standard. *Classico* se réfère à une zone restreinte.

*Novello* désigne un vin nouveau. *Secco* veut dire sec, *abboccato* qualifie un vin légèrement doux, *amabile*, un vin un peu plus doux, et *liquoroso*, un vin de dessert quelquefois muté.

*Frizzante* désigne un vin légèrement pétillant, alors que le *spumante* est un vrai mousseux. Si ce dernier est vinifié par la méthode consistant en une seconde fermentation en bouteille, il peut être étiqueté *metodo tradizionale* ou *metodo classico*.

# LES RÉGIONS VITICOLES DU NORD DE L'ITALIE

Cette carte présente les zones ayant le statut de *denominazione di origine controllata e garantita* (DOCG), ainsi que les principales DOC *(denominazione di origine controllata)*. Celles-ci pourraient néanmoins varier, voire disparaître, avec l'entrée en vigueur de la loi de 1992.

**Régions viticoles**

- GATTINARA DOCG
- ASTI DOCG
- BARBARESCO DOCG
- BAROLO DOCG
- ALBANA DI ROMAGNA DOCG
- Principales zones DOC *(Denominazione di origine controllata)*
- Frontière
- Limite de région
- Autoroute
- Route principale

0    50    100 km

# PIÉMONT

De la fraîche saveur d'amande de ses vins blancs secs au charme puissant d'un grand Barolo rouge, le Piémont offre à l'amateur des délices peu communs. Cette région du nord-ouest de l'Italie est à l'origine de vins uniques et passionnants, issus pour la plupart de cépages autochtones.

Le vignoble piémontais est le sixième d'Italie par la taille, bien que la région compte environ 43 % de sa superficie en zone montagneuse, souvent trop abrupte pour la culture de la vigne. Le Pô divise le Piémont en deux parties distinctes. Au sud du fleuve et au sud-est de Turin se trouvent la ville d'Alba et les collines de Monferrato et des Langhe. Cette région enregistre 90 % de la production piémontaise de raisin, dans de nombreuses DOC qui se chevauchent. Les collines des Langhe aux pentes escarpées abritent plusieurs DOC, ainsi que les illustres vins rouges DOCG de Barolo et de Barbaresco. Au nord du Pô, le vignoble occupe le sol rocailleux des basses collines alpines, entre Carema, à l'ouest, et Novare, à l'est.

## Le style du Barolo

Depuis des siècles, Barolo est un nom magique. Les dégustateurs découvrant les charmes de ce vin cèdent souvent au lyrisme et lui trouvent des arômes de goudron, violette, chocolat, prune, tabac, truffe ou fumée automnale. Dans les bonnes années, les vins des meilleurs producteurs peuvent réellement offrir toutes ces nuances.

Le Barolo est issu du cépage Nebbiolo. Le vin présente une robe d'un rouge grenat intense, une texture dense et veloutée, des saveurs qui emplissent la bouche et persistent longuement, tout comme son bouquet. Une solide acidité vient compléter un fruité d'une exceptionnelle concentration. Le vin compte au moins trois ans de vieillissement, dont deux dans le bois, avant sa commercialisation. Il réclame un

Ceps et coquelicots poussent côte à côte dans ce vignoble proche de Barolo.

vieillissement ultérieur en bouteille, qui peut aller jusqu'à vingt ans.

La qualité du Barolo dépend beaucoup du vinificateur, du millésime et de l'emplacement du vignoble. Le Nebbiolo donne ses meilleurs résultats sur un sol de marnes calcaires, dans un climat frais. Comme en Bourgogne, les producteurs mentionnent souvent le nom du vignoble sur l'étiquette pour en signaler la qualité (bien qu'il n'existe pas de hiérarchie officielle des crus).

Depuis la fin des années 70, on constate une tendance à produire des vins pouvant être bus bien plus tôt. Traditionnellement, le vin fermentait au contact des peaux pendant une période pouvant durer deux mois, pour être ensuite élevé pendant des années dans de grands foudres de chêne ou de châtaignier appelés *botti*. Les vins ainsi vinifiés bénéficient d'un fruité d'une rare concentration et sont extrêmement tanniques : ils exigent au moins dix ans de bouteille pour arriver à maturation. Certains vignerons continuent de produire ce vin majestueux, quoique leurs

méthodes aient un peu changé et que les rendements aient diminué pour favoriser la concentration aromatique. Mais la plupart des producteurs écourtent aujourd'hui la macération pelliculaire – dix jours seulement chez certains – et laissent le vin dans le bois pendant la durée minimale prévue par la loi, c'est-à-dire deux ans. Certains utilisent de petits fûts (au lieu de *botti*) pour tout ou partie du vieillissement. Ces Barolo peuvent être bus dans les cinq ou six ans suivant la vendange.

Dans les deux cas, le Barolo présente toujours beaucoup de structure et de complexité. Ce n'est pas un vin à lamper hâtivement et son attrait n'est pas forcément immédiat pour les néophytes, mais il réserve de grands bonheurs à qui prend la peine de le découvrir.

## Le Barbaresco

À l'est de Barolo, dans les collines des Langhe, s'étend la zone du Barbaresco DOCG. Les vignes de Nebbiolo sont plantées entre 200 et 350 m d'altitude ;

le climat est plus sec et plus chaud qu'à Barolo. La réglementation n'exige ici que deux années de vieillissement, dont une dans le bois. Comme toujours avec le Nebbiolo, le site joue un rôle important. De même que dans le cas du Barolo, les styles diffèrent : il y a les traditionalistes et les tenants d'une approche plus internationale. En général, le Barbaresco présente un parfum grisant évoquant la violette. Son fruité intense s'accompagne d'une belle acidité et de tanins marqués. Certains vins peuvent exiger jusqu'à dix ans de bouteille, mais la plupart sont prêts au bout de quatre ou cinq ans.

## Les autres vignobles au sud du Pô

Dans le sud-est du Piémont, les principaux cépages rouges sont le Nebbiolo, la Barbera et le Dolcetto.

Autour de la ville d'Alba, entre les zones DOCG de Barolo et de Barbaresco, on produit du Nebbiolo d'Alba DOC sur des sols argilo-siliceux. Le Nebbiolo d'Alba est d'un style variable, mais généralement moins puissant que ses célèbres voisins, et il est à boire dans les trois ou quatre ans.

La Barbera est le cépage rouge le plus planté d'Italie. Il connaît un regain de prestige dans son Piémont natal et donne un délicieux vin rouge sec et vif, dont les arômes évoquent la mûre, la framboise et la réglisse. Il atteint son apogée au bout de deux à quatre ans. Le Barbera del Monferrato DOC est un vin léger, souvent *frizzante*. Le Barbera d'Alba DOC a plus de corps. C'est cependant dans la province d'Asti que ce cépage atteint son sommet. Le Barbera d'Asti DOC a une texture soyeuse et un fruité opulent que vient relever une plaisante acidité.

Les vins issus du Dolcetto, appréciés pour leur côté gouleyant, sont produits dans sept DOC au sud-est du Piémont. Ils ont une robe couleur de mûre avec de vifs reflets roses, sont fermes en bouche et bien structurés, avec un bouquet et une saveur très fruités. La plupart sont faits pour être bus jeunes, dans les deux ou trois ans suivant la vendange. Parmi les autres cépages rouges autochtones, il faut

encore citer le Grignolino, le Brachetto et la Freisa. Le Grignolino donne des vins clairs et légers aux arômes floraux, au goût sec et très légèrement amer. Le Brachetto produit le plus souvent un vin rouge doux pétillant, dont les arômes rappellent la violette et la fraise. Les vins de Freisa ont une nuance cerise pâle et un succulent goût de framboise. Ce vin très gouleyant existe en plusieurs versions – sec, doux, pétillant.

## Vins blancs et mousseux

Le principal cépage blanc du Piémont méridional est l'aromatique Muscat blanc à petits grains, dont est issu l'Asti Spumante, l'un des mousseux les plus célèbres du monde. Ce vin est produit par une méthode régionale traditionnelle, comportant une seule fermentation en cuve close. Le moût est filtré sous pression avant la fin de la fermentation, ce qui donne un vin naturellement effervescent, doux et faible en alcool (entre 7,5 et 9 % vol). Le Muscat est aussi à l'origine de l'élégant Moscato d'Asti, tranquille ou légèrement pétillant et encore plus pauvre en alcool (entre 6 et 8 % vol). Ces vins devraient être bus aussi jeunes que possible, tant qu'ils conservent leur arôme de raisin frais. La zone de production traditionnelle se concentre autour de la ville de Canelli, dans la province d'Asti, et s'étend jusqu'aux provinces de Cuneo à l'ouest et Alessandria à l'est. Cette région a été promue Asti DOCG en 1994, avec des sous-appellations *spumante*, *frizzante* et *naturale* (tranquille).

Les vins blancs secs issus du cépage Cortese sont vifs et délicatement fruités, avec une note citronnée. Le meilleur exemple en est le Gavi DOC, produit dans la partie orientale des collines de Monferrato, à la lisière de la Ligurie ; les vins y présentent une certaine plénitude et une texture soyeuse. Il en existe aussi une version effervescente. Le Gavi devrait être bu dans les deux ans bien que, les bonnes années, les vins des meilleurs producteurs puissent facilement dépasser cette limite.

La zone du Roero DOC est formée par des collines assez élevées au nord

de la ville d'Alba, sur la rive gauche du Tanaro. Les sols sont surtout sablonneux, riches en fossiles et sensibles à l'érosion ; ils conviennent fort bien à la production de vins blancs aromatiques au charme simple et direct. L'Arneis, un cépage blanc local, donne un vin sec et vif, souple et frais en bouche. Il vaut mieux le boire dans les deux ans. On trouve également ici du vin rouge à base de Nebbiolo.

## Le nord du Piémont

Le principal cépage blanc du Nord est l'Erbaluce, cultivé autour du village de Caluso, dans les collines de Canavese, au nord de Turin. Quand ils sont secs, les vins de Caluso DOC sont vifs et légèrement parfumés ; ils peuvent être tranquilles ou effervescents. Lorsque les baies d'Erbaluce sont à demi passerillées avant le pressage, elles donnent un vin tenant du nectar, appelé Caluso *passito*, velouté en bouche et doté d'amples arômes de noisette grillée et de miel. Mais la qualité ainsi produite est infime. On trouve aussi du Caluso *liquoroso*, c'est-à-dire muté.

Les vignobles entourant la petite ville de Carema, à la frontière entre le Piémont et le Val d'Aoste, produisent l'un des meilleurs rouges de Nebbiolo (qui porte les noms locaux de Picutener, Pugnet ou Spanna). Ce cépage est sensible aux variations climatiques et donne dans ces terrains glaciaires des vins d'un style plus léger que les Nebbiolo du Sud. Le Carema DOC est issu à 100 % du Nebbiolo et son élevage dure quatre ans – dont deux au moins en petits fûts de chêne ou de châtaignier. Il devrait être bu entre sa quatrième et sa sixième année.

Dans les collines de Vercelli et de Novare, le principal cépage rouge est encore le Nebbiolo, assemblé d'ordinaire avec la Vespolina locale et/ou la Bonarda. Les meilleurs vins ont de l'élégance et un séduisant arôme de violette. On peut généralement les boire quatre à cinq ans après la vendange. Le vin le plus connu est le Gattinara DOCG ; les vins DOC de Lessona, Bramaterra, Boca, Ghemme, Sizzano et Fara sont des raretés. □

# LES FACTEURS DE QUALITÉ

En Piémont, comme en Bourgogne, les notions de microclimat et de terroir jouent un grand rôle. Conscients de l'importance du sol, les vignerons sont fiers de leurs parcelles et mentionnent souvent sur l'étiquette le vignoble (par les termes de *vigneto* ou *vigna,* «cru») et ses particularités.

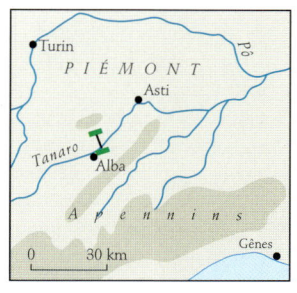

## Climat et millésimes

En automne, un brouillard épais recouvre souvent les vallées. L'hiver est humide, froid, et il neige même parfois. Au printemps, moment crucial pour la vigne, il peut y avoir de la pluie et de la grêle, tandis que l'été peut être très chaud. En règle générale, cinq à huit millésimes de Barbaresco et de Barolo sur dix seront réussis, allant de l'année moyenne à la grande année. Un millésime médiocre sera le plus souvent le résultat d'un été maussade ou de pluies pendant les vendanges. Ces dernières pouvant s'étaler sur un mois entier, selon les cépages, un mauvais millésime pour tel vin peut être bon pour d'autres.

🟩 Vignobles

BARBARESCO ET LA RÉGION D'ALBA : PROFIL

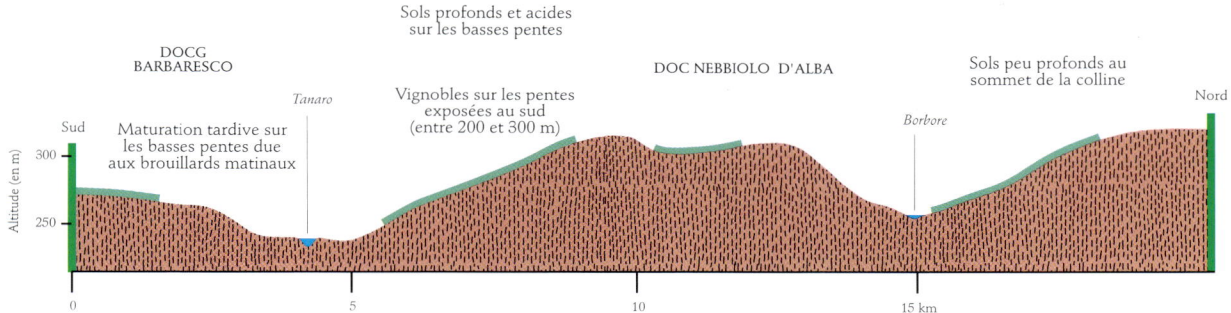

## Sols

Dans les collines Langhe, domaine du Barbaresco et du Barolo, ainsi que dans d'autres zones du Sud-Est, les sols alcalins prédominent, étant avant tout calcaires avec diverses proportions de sable et d'argile. Les communes de Barolo se distinguent toutefois nettement par leur type de sol. Monforte d'Alba, Castiglione Falletto et Serralunga d'Alba ont un sol d'époque tortonienne teinté de bleu, à base de marnes calcaires riches en magnésium et en manganèse. Ici, les vins sont parfois qualifiés d'«héroïques», en raison de leur texture veloutée et de leurs arômes profonds. La Morra se trouve sur un sol d'époque helvétienne constitué de marnes calcaires de couleur beige, riches en fer. Les vins produits sont très aromatiques, de grande longé-

Paysage du Piémont : coteaux et vignobles.

vité. Quant à la commune de Barolo, elle réunit des éléments de ces deux zones. Dans la zone de Barbaresco, entre 200 et 350 m d'altitude, le climat est plus chaud et plus sec que dans celle de Barolo, mais les sols sont semblables, avec une acidité marquée sur les pentes plus basses.

## Sites et expositions

Le Piémont est la région d'Italie qui a poussé le plus loin l'identification des différents emplacements du vignoble et des caractéristiques de celui-ci. Les étiquettes vont, par exemple, jusqu'à indiquer *sori,* qui signifie «orienté au sud», ou *bricco* ou *bric,* «crête». Les vignobles de Barolo et de Barbaresco sont d'ordinaire plantés sur des coteaux orientés au sud, à une altitude de 250 à 450 m. De faibles différences d'ensoleillement ou d'exposition au vent peuvent entraîner des variations dans la maturation du raisin de Nebbiolo, qui ne seront pas sans incidence sur le vin. Les vignobles situés à plus haute altitude et plus au frais, sont souvent plantés en Barbera, un cépage qui supporte mieux les variations climatiques que le Nebbiolo.

# PRODUCTEURS ET NÉGOCIANTS

Les producteurs piémontais produisent couramment des vins dans plusieurs zones DOC et possèdent souvent de la vigne dans des provinces limitrophes. Dans de nombreux cas, surtout pour le sud du Piémont, la liste des vins cités est loin d'être exhaustive.

## SUD DU PIÉMONT

Le sud du Piémont regroupe les provinces de Cuneo, Asti et Alessandria. On y trouve beaucoup d'appellations célèbres, à commencer par les DOCG de Barolo, Barbaresco et Asti, ainsi que des vins issus de Dolcetto, de Barbera et de Nebbiolo dans toute une série de DOC qui se chevauchent.

### Elio Altare

Altare possède 5 ha à La Morra. Beaucoup de recherches et d'expérimentations ont abouti à son Barolo « moderne » Vigna Arborina et à son Dolcetto d'Alba DOC La Pria, ainsi qu'à deux *vini da tavola* rouges : Vigna Larigi, issu de Barbera, et Vigna Arborina, à base de Nebbiolo.

### Antica Casa Vinicola Scarpa

Ce négociant de Nizza Monferrato est réputé pour sa gamme de vins DOC et DOCG, qui comprend Barolo, Barbaresco, Nebbiolo d'Alba, Barbera d'Asti, Grignolino d'Asti, ainsi que pour ses *vini da tavola* rouges à base de Brachetto et de Freisa.

### Fratelli Barale

La famille Barale possède environ 20 ha de vignes, dont certaines dans les meilleurs crus de Barolo. La gamme inclut Barolo « traditionnel » Castellero, Dolcetto d'Alba Coste di Rose et Barbaresco Rabajà.

### Braida-Bologna

Jusqu'à sa mort en 1991, le négociant Giacomo Bologna fut l'une des grandes figures du monde du vin italien. Vinificateur émérite, il a établi de nouvelles normes de qualité dans sa région du Piémont. Son domaine, situé à Rochetta Tanaro, dans la province d'Asti, est toujours conduit par sa famille, sa fille Raffaella dirigeant la vinification avec dynamisme. Outre un bon Moscato d'Asti, le domaine est surtout connu pour ses trois Barbera : La Monella est léger et fruité alors que Bricco della Bigotta et Bricco dell'Uccellone sont élevés en barriques et d'une grande ampleur aromatique.

### Castello di Neive

Il s'agit d'un domaine de Neive offrant une belle gamme, dont les monocrus Barbaresco Santo Stefano, Barbera Messoirano et Santo Stefano, Dolcetto Basarin, Messoirano et Valtorta, ainsi que le Moscato d'Asti Marcorino. Parmi les *vini da tavola*, citons un bon Arneis blanc.

### Castello di Salabue

Les vins de ce domaine de Ponzano Monferrato comprennent le Barbera del Monferrato et le Grignolino del Monferrato Casalese, ainsi que le *vino da tavola* rouge Rubello di Salabue.

### Cascina Castlet

Ce très bon petit domaine entre Alba et Asti produit du Barbera d'Asti DOC et des *vini da tavola* rouges à base de Barbera, appelés Passum et Policalpo.

### Fratelli Cavallotto

Ce domaine de Bricco Boschis, près de Castiglione Falletto, produit un Barolo traditionnel de qualité, ainsi que du Barbera d'Alba et du Dolcetto d'Alba.

### Ceretto

Les frères Bruno et Marcello Ceretto ont innové dans leur vinification comme dans la gestion de leur maison de négoce d'Alba. Les domaines de Bricco Rocche (Barolo), Bricco Asili (Barbaresco), Blangé (Arneis di Roero) et le groupe des Vignaioli di Santo Stefano (Asti Spumante) sont gérés comme des unités autonomes, la vinification étant dirigée par Marcello Ceretto. D'autres vignobles Ceretto produisent des vins comme le Nebbiolo d'Alba Lantasco et le Dolcetto d'Alba Rossana.

### Pio Cesare

Cette maison de réputation internationale, fondée à Alba en 1881 et spécialisée dans les vins rouges, est aujourd'hui dirigée par Pio Boffa qui perpétue la traditionnelle politique d'assemblage des Barolo, Barbaresco, Barbera et Dolcetto. Il introduit néanmoins de nouveaux styles et produit un Barolo Ornato monocru.

### Michele Chiarlo

Ce négociant de Calamandrana, en province d'Asti, présente une vaste gamme, y compris des Barolo issus de plusieurs crus prestigieux (Cannubi, Cerequio, Vigna Rionda di Serralunga, Rocche di Castiglione), sans oublier les Barbaresco Rabajà, Barbera d'Asti Valle del Sole, Gavi Fior di Rovere, Grignolino San Lorenzo, Moscato d'Asti Rocca delle Uccellette, et le Barilot, un *vino da tavola* rouge assemblant Nebbiolo et Barbera.

### Cinzano

Cette grande maison de Vermouth fondée vers 1750 produit aussi les Asti DOCG Cinzano Brut et Marone Cinzano Pas Dosé, ainsi que les Mousseux Pinot Chardonnay et Principe di Piemonte Brut.

### Tenuta Cisa Asinari dei Marchesi di Gresy

La famille di Gresy est propriétaire du superbe vignoble de Martinenga, formé par les deux parcelles de Camp Gros et Gaiun. Les trois noms désignent d'élégants Barbaresco DOCG de style moderne.

### Domenico Clerico

L'un des meilleurs producteurs de Barolo nouveau style. Il fait bon usage de chêne français pour ses Barolo monocrus (Ciabot Mentin Ginestra et Bricotto Bussia) et pour l'excellent *vino da tavola* rouge Arte, à base de Nebbiolo et de Barbera.

### Aldo Conterno

Aldo Conterno et ses fils ont des vignobles dans le village de Bussia et y produisent, dans un style traditionnel, des Barolo monocrus très réputés, ainsi que les vins DOC Barbera d'Alba Conca Tre Pile et Dolcetto Bussia Soprana. À citer aussi des *vini da tavola* comme le Favot, vin rouge de Nebbiolo élevé en barriques, et l'Arneis blanc.

### Giacomo Conterno

Sur 13 ha au sud-est de la zone de Barolo, dans le vignoble de Cascina Francia, cette branche de la famille Conterno produit le beau Barolo traditionnel Monfortino, de longue garde, ainsi que du Dolcetto d'Alba et du Barbera d'Alba.

### Giuseppe Contratto

Cette ancienne maison de négoce de Canelli produit de bons Barbera d'Alba et Barolo, mais elle est plus connue pour son Asti Spumante et des Mousseux comme le Brut Riserva *metodo classico*.

### Luigi Coppo & Figli

Installée à Canelli, la maison Coppo vinifie de l'Asti Spumante, du Gavi et le Brut Riserva Coppo *metodo classico*. Son Grignolino et ses deux Barbera d'Asti – Pomorosso et Camp du Rouss – sont réputés.

## Carlo Deltetto

Ce négociant de Canale produit des Roero DOC rouges, des blancs secs d'Arneis. Il commercialise également un délicieux vin blanc doux, Bric Tupin, lui aussi à base d'Arneis.

## Fontanafredda

Cet important négociant de Serralunga d'Alba vinifie des Mousseux *metodo classico* comme le Contessa Rosa Brut et Rosé, et le Gattinara Brut. Mais ses vins les plus réputés sont des Barolo de neuf crus différents.

## Gaja

Angelo Gaja, figure de proue du Piémont et de toute l'Italie, est propriétaire de 85 ha à Barbaresco et Barolo. Il produit une série de vins, tous plus réputés les uns que les autres, comme les Barbaresco monocrus Sorì Tildìn, Sorì San Lorenzo et Costa Russi, ainsi que du Barolo et le Barbera Vignarey élevé en barriques. Parmi ses *vini da tavola*, citons le rouge Darmagi, issu de Cabernet-Sauvignon ; le Vinot, de Nebbiolo ; et le blanc Alteni di Brassica, à base de Sauvignon.

## Fratelli Gancia

Cette très importante maison de Canelli, célèbre pour son Vermouth, produit aussi de nombreux vins du Piémont et d'ailleurs. Elle est notamment connue pour son excellent Asti et pour d'autres blancs mousseux, dont le Pinot di Pinot et le Gancia del Gancia.

## Bruno Giacosa

Giacosa ne possède pas de vignes, mais a des contrats avec des viticulteurs. Souvent considéré comme l'un des plus grands vinificateurs du monde, il a choisi de produire des vins de style traditionnel dans son chai bien équipé de Neive. Outre des Barolo et Barbaresco de cru, sa gamme comporte Dolcetto d'Alba, Barbera d'Alba et un excellent blanc mousseux, le Bruno Giacosa Extra Brut.

## La Giustiniana

Ce séduisant domaine de Gavi est doté d'un chai moderne où l'on produit trois bons Gavi monocrus : Lugarara, Montessora et Centurionetta.

## Giuseppe Mascarello & Figlio

Autre partisan de la tradition, cette maison de négoce possède 95 % du fabuleux vignoble de Monprivato. Mauro, le fils de Giuseppe, produit de splendides Barolo Monprivato et Villero, ainsi que des Barbaresco, Nebbiolo, Barbera et Dolcetto d'Alba.

## Martini & Rossi

La plus importante maison d'Asti Spumante et de Vermouth vinifie également des mousseux : Riesling de l'Oltrepò Pavese et Riserva Montelera Brut *(metodo classico)*.

## Nuova Cappelletta

Un domaine de Vignale Monferrato réputé pour ses Barbera del Monferrato et Grignolino del Monferrato.

## Alfredo Prunotto

L'un des meilleurs négociants d'Alba. Il produit des vins monocrus - Barolo Bussia et Cannubi, Barbaresco Montestefano, Barbera d'Alba Pian Romualdo et Nebbiolo d'Alba Occhetti - par des méthodes traditionnelles.

## Renato Ratti - Antiche Cantine dell'Abbazia dell'Annunziata

Le regretté Renato Ratti était une figure du monde du vin italien et a beaucoup contribué à la modernisation des vins d'Alba. Son fils et son neveu continuent de produire une gamme où figurent Barolo Marcenasco, Barbera, Dolcetto et Nebbiolo d'Alba.

## Riccadona

Cet important négociant de Canelli produit du Vermouth, de l'Asti et des mousseux *metodo classico* comme Conte Balduino Extra Brut et Riserva Privata Angelo Riccadona.

## La Scolca

La famille Soldati a fait connaître le vin de Gavi dans les années 60 et les Gavi tranquilles et mousseux qu'elle produit en série restent parmi les meilleurs.

## Cantina Vietti

Cette petite maison de Castiglione Falletto est fameuse pour ses Barolo de cru Villero et Rocche di Castiglione ; elle produit aussi des Barbaresco, Nebbiolo, Barbera et Dolcetto d'Alba.

## Villa Banfi

À Strevi, Villa Banfi (voir p. 381) produit de l'Asti Spumante, du Banfi Brut *metodo classico*, des Gavi blancs, ainsi que des vins rouges comme le Dolcetto d'Acqui et le Brachetto d'Acqui.

## NORD DU PIÉMONT

Le nord du Piémont peut être divisé en deux secteurs : la province de Turin, qui comprend les DOC de Carema et Caluso ; et les provinces de Vercelli et Novare, qui produisent des vins comme le Gattinara DOCG et le Ghemme DOC.

## Antichi Vigneti di Cantalupo

Les frères Arlunno sont propriétaires de 20 ha dans deux crus de Ghemme : Collis Breclemae et Collis Carellae. Ces vins rouges ont des arômes concentrés et un style vigoureux. L'Agamium est un *vino da tavola* rouge issu de Nebbiolo.

## Antoniolo

Rosanna Antoniolo produit des Gattinara rouges monocrus à partir de 12 ha de vignes à Osso San Grato, San Francesco et Castelle.

## Vittorio Boratto

Vittorio Borato est œnologue-conseil dans bon nombre de domaines. Il cultive de l'Erbaluce dans son vignoble de 2,8 ha à Piverone, pour produire le très rare Caluso *passito* (doux).

## Le Colline

Le domaine est situé à Gattinara, mais ses 18 ha comportent des vignobles à Ghemme et dans le sud du Piémont, notamment en Barbaresco et Moscato d'Asti DOCG. Certaines années, le Ghemme DOC présente la puissance que l'on attribue d'ordinaire au Gattinara DOCG, plus connu.

## Luigi Dessilani

À Fara Novarese, province de Novare, Dessilani produit des rouges de Gattinara, Ghemme et Fara. Son Chiaretto di Bonarda est un *vino da tavola* rosé issu de Bonarda et de Spanna (alias Nebbiolo).

## Luigi Ferrando

Ce négociant d'Ivrea, au nord de Caluso, vinifie des Carema DOC rouges et des Caluso DOC blancs à partir de ses 3 ha dans chacune de ces zones. Si le millésime est exceptionnel, le Carema portera une étiquette noire, tandis qu'elle sera blanche dans les bonnes années. Si la vendange n'en est pas digne, il n'y aura pas de Carema. Le Solativo est un (rare) blanc doux d'Erbaluce élevé en barrique. Le Tupiun est un *vino da tavola* rouge assemblant Nebbiolo et le Neretto local.

## Luigi & Italo Nervi

Cette maison de négoce produit notamment des Gattinara DOCG rouges issus d'une sélection sur 25 ha, dont les crus de Molsino et de Valferana.

## Sella

La famille Sella fait du vin à Lessona depuis le XVIIe siècle. Elle produit des rouges DOC Lessona et Bramaterra de style traditionnel, ainsi que les *vini da tavola* rouges Piccone et Orbello.

# VAL D'AOSTE ET LIGURIE

Le mont Blanc, le Cervin et le Gran Paradiso sont quelques-uns des sommets alpins qui séparent le Val d'Aoste de la France et de la Suisse au nord, du Piémont au sud et à l'est. L'essentiel du vin produit dans cette province, la plus petite d'Italie, est consommé sur place, dans les restaurants et chalets accueillants.

## Le Val d'Aoste

Le relief montagneux d'Aoste rend la viticulture difficile, voire impossible. La plupart des vignes sont plantées sur des terrasses longeant la vallée escarpée de la Dora Baltea. La limite de la Valle d'Aosta DOC épouse le cours de la rivière, qui partage la région en deux. Il existe sept sous-zones : Morgex et La Salle, Enfer d'Arvier, Torette, Nus, Chambave, Arnad-Montjovet et Donnas.

Dans le haut de la vallée, à Morgex et La Salle, se trouvent les vignes les plus hautes d'Europe, plantées entre 900 et 1 300 m d'altitude. Les vins, issus du Blanc de Valdigne, sont des blancs secs et vifs aux arômes délicats.

Les vins rouges du centre de la vallée sont un assemblage des cépages locaux Petit Rouge et Vien de Nus. Les vins sont secs et bien colorés, avec des arômes floraux. Le village de Nus produit aussi le Nus Pinot Grigio *passito*, légèrement doux, de couleur cuivrée, issu de raisins semi-passerillés. Chambave a son Moscato *passito*, un vin doré aux arômes généreux. Tous deux existent également en vins secs.

Le Nebbiolo, ici appelé Picutener ou Picotendro, est cultivé autour de la ville de Donnas, sur des sols sablonneux, argileux et graveleux dans le bas de la vallée. Le vin, issu d'un assemblage de Nebbiolo, de Freisa et d'autres cépages, est frais et vif, de couleur rubis sombre. L'Arnad-Montjovet est un autre vin à base de Nebbiolo, qu'on trouve rarement hors de la région.

## La Ligurie

Formant un croissant autour du golfe de Gênes, sur la Méditerranée, la Ligurie s'étire entre la Provence française à l'ouest, le sud du Piémont et les provinces d'Émilie et de Toscane au sud-est. Une série de montagnes abritent la région et lui valent un peu de douceur méditerranéenne. Parmi les vins, pour la plupart consommés sur place, on trouve quelques rouges de garde et des blancs sans prétention.

La zone DOC de Riviera Ligure di Ponente couvre une bonne partie de la Ligurie occidentale, de Gênes à la frontière française. Les quatre principaux cépages sont le Rossese et l'Ormeasco pour les vins rouges, le Vermentino et le Pigato pour les blancs. Le Rossese donne des rouges secs et frais aux arômes floraux. L'Ormeasco, un clone local du Dolcetto, produit des vins secs et vifs à la robe sombre, pouvant se garder plus longtemps que leurs cousins piémontais. L'Ormeasco Sciac-trà est un rosé sec et fruité. Le Vermentino donne des blancs fermes et délicatement aromatiques, tandis que ceux de Pigato présentent un arôme floral avec des notes de pêche.

À la pointe ouest de la Ligurie, près de la frontière française, se trouve la petite DOC de Rossese di Dolceacqua. Le vin est un rouge souple et fruité agréablement parfumé.

En Ligurie orientale, la Riviera di Levante compte deux zones DOC, Colli di Luni et le fameux Cinqueterre. La première donne de bons vins rouges issus du Sangiovese et des blancs de Vermentino au parfum séduisant.

Les terrasses escarpées des vignobles de Cinqueterre bordent la mer de Ligurie, à l'ouest de La Spezia. Le vin blanc sec de cette région est un assemblage de Bosco avec de l'Albarolo ou du Vermentino. Les meilleurs sont vifs avec un bouquet délicatement fruité. Les mêmes cépages, une fois passerillés, donnent le Sciacchetrà, muté ou non, doux et ambré. La Cooperativa Agricola de Riomaggiore fournit un bon exemple de ce vin. □

## PRODUCTEURS

Dans les deux régions, beaucoup de viticulteurs entretiennent avec difficulté de petits lopins situés sur des coteaux escarpés ou d'étroites terrasses. Dans le Val d'Aoste, six coopératives drainent l'essentiel du raisin, produisant du vin pour la population locale et les skieurs. La production ligure se fait, elle aussi, sur une petite échelle ; les meilleurs vins de Ligurie ont une certaine réputation nationale, voire internationale.

### Val d'Aoste

Parmi les bonnes adresses, on trouve la coopérative La Cave du Vin Blanc de Morgex et de La Salle (pour les blancs) ; Charrere (*vini da tavola* rouges La Sabla et Premetta) ; la coopérative La Crotta di Vegneron (rouges et blancs de Chambave et Nus) ; Grosjean (Torette DOC rouge et Pinot Noir élevé en barrique) ; l'Institut agricole régional (bons vins de cépage, notamment Pinot Noir, Grenache et Syrah) ; Ezio Voyat (Rosso Le Muraglie, rouge ; La Gazella, un Muscat sec ; Le Muraglie *passito*, un blanc doux).

### Ligurie

Feola, l'un des principaux producteurs, fait de bons vins dans les quatre DOC. Pour la partie ouest, citons Colle dei Bardellini (Vermentino et Rossese), Riccardo Bruna (Pigato), Cascina Feipu (excellent Pigato), Enzo Guglielmi (très bon Rossese di Dolceacqua) et Lupi (bonne gamme de négoce dans les deux DOC occidentales).

Conte Picedi Benettini, La Colombiera et Ottaviano Lambruschi sont réputés pour leurs Colli di Luni DOC, surtout les blancs de Vermentino. Parmi les bons producteurs de Cinqueterre, on trouve Forlini Cappellini et la coopérative.

# LOMBARDIE

À l'est du Piémont, la Lombardie partage le lac Majeur avec la Suisse et le lac de Garde avec la Vénétie. Le Pô forme une bonne partie de sa frontière sud. Les contreforts des Alpes, qui s'étendent du lac Majeur au lac de Garde en passant par les lacs de Côme et d'Iseo, constituent certains des meilleurs sites viticoles de Lombardie. La beauté de cette région attire quantité de touristes, et des vignes ont été sacrifiées pour pouvoir les accueillir. Quant aux vastes plaines de la vallée du Pô, elles conviennent davantage à l'élevage, à la culture des peupliers (pour le papier) et à la riziculture qu'à la vigne. On trouve cependant au sud du Pô, entre le Piémont et l'Émilie, une zone viticole importante, le petit triangle de terre de l'Oltrepò Pavese.

### Oltrepò Pavese

C'est la DOC la plus productive de Lombardie et ses vignobles en coteaux fournissent aux Milanais toute une série de vins de consommation courante.

Le Rosso DOC, assemblage de Barbera et de Bonarda, est un vin vif de robe foncée, au goût de cerise amère. Le Rosso *riserva* est élevé deux ans dans le bois et peut se garder jusqu'à dix ans. Les mêmes cépages se retrouvent dans les rouges Buttafuoco et Sangue di Giuda, souvent légèrement pétillants et surtout consommés sur place.

Barbera et Bonarda sont aussi vinifiés séparément, le premier donnant un vin plus austère et incisif, le second présentant plus de souplesse et des arômes de petits fruits. Le Pinot Noir peut être vinifié seul, en vin rouge tranquille, en rosé ou en blanc (sans macération pelliculaire), bien qu'il soit souvent assemblé à du Pinot Blanc, avec de bons résultats dans les excellents Mousseux *metodo classico* de l'appellation.

Des vins blancs tranquilles, légèrement pétillants ou carrément effervescents sont aussi issus des cépages Cortese, Muscat, Pinot Gris, Riesling

Vignes de Nebbiolo en Valteline.

Italico et Riesling. Le Muscat *liquoroso* est une rareté locale. À base de Muscat, ce vin muté très aromatique, de robe dorée ou ambrée, peut être légèrement doux ou très moelleux.

### Valteline

Près de la frontière suisse, au nord de la Lombardie, se trouve le vignoble alpin de Valtellina DOC. Il occupe une frange de terre au nord de la rivière Adda, à l'est et à l'ouest de la ville de Sondrio. Les vignes sont cultivées sur de petites terrasses longeant des coteaux abrupts orientés au sud. Le cépage principal est le Nebbiolo, localement appelé Chiavennasca. Il donne des vins à la robe grenat clair, aux arômes de fleurs et d'herbes.

Le Valtellina générique devrait être bu de un à trois ans après la vendange. Quatre sous-zones – Sassella, Grumello, Inferno et Valgella – produisent du Valtellina Superiore, élevé au moins un an en fût et pouvant se garder de cinq à dix ans, période pendant laquelle il peut développer un séduisant arôme de noix.

Le Valtellina Sforzato (ou Sfursat) est un vin rouge sec à base de Nebbiolo

semi-passerillé. Il a des arômes concentrés de fruit mûr et atteint environ 14,5 % vol d'alcool.

### Sud et sud-est de la Lombardie

La rive occidentale du lac de Garde abrite la DOC la plus étendue de Lombardie, Riviera del Garda Bresciano. On y produit un vin rouge sec et rafraîchissant couleur de cerise et un savoureux rosé, ou *chiaretto*, issu du cépage local Groppello. Cette appellation recouvre partiellement celle de Lugana DOC, qui donne d'élégants vins blancs corsés (en général tranquilles) à partir d'un clone local de Trebbiano. Le Tocai Friulano cultivé dans la même zone est utilisé pour le San Martino della Battaglia DOC, blanc léger et sec ou *liquoroso*. Au sud du lac de Garde, la province de Mantoue produit des Colli Morenici Mantovani del Garda DOC, vins rouges, blancs et rosés assez simples. La plaine du Pô fournit le Lambrusco Mantovano DOC, vin rouge *frizzante* sec ou doux, semblable au Lambrusco de l'Émilie (voir p. 367).

Au nord-est de Bergame, la zone de Valcalepio DOC offre un rouge moyennement corsé – un assemblage de Cabernet-Sauvignon et de Merlot à l'arôme de cassis – et un blanc sec et frais à base de Pinot Gris et de Pinot Blanc.

Entre le lac d'Iseo et la ville de Brescia se trouve la zone du Franciacorta DOC, où l'on fait des mousseux *metodo classico* très réputés, avec du Pinot Blanc, du Chardonnay et du Pinot Noir. En Franciacorta, on produit aussi un vin rouge tranquille assemblant Cabernet Franc, Barbera, Nebbiolo et Merlot, ainsi qu'un blanc tranquille de Pinot Blanc et Chardonnay.

Les collines entourant Brescia abritent trois petites DOC fournissant des vins de consommation locale : Cellatica et Botticino sont des vins rouges légers tirés du cépage Schiava. Capriano del Colle produit un rouge de Sangiovese et un blanc de Trebbiano. □

# PRODUCTEURS ET NÉGOCIANTS

La production est principalement assurée par des coopératives dans l'Oltrepò Pavese, par des maisons de négoce dans la Valteline, par des domaines individuels et de prestigieuses exploitations vinicoles en Franciacorta. En voici la liste par DOC.

## OLTREPO

Une bonne partie du vin de l'Oltrepò Pavese (province de Pavie) est produite par des coopératives, bien que plusieurs domaines aient réussi à se faire un nom.

### Castello di Luzzano

Le domaine de la famille Fuggazza, à Rovescala, est réputé pour ses vins rouges.

### Doria

Les meilleurs vins de cette propriété de 20 ha à Montalto Pavese sont un Pinot Noir et un Mousseux baptisé Querciolo.

### Tenuta Mazzolino

Un *vino da tavola* de Pinot Noir, appelé Noir, est la vedette de ce domaine de Corvino San Quirico, qui produit aussi une gamme de vins DOC d'Oltrepò.

### La Muiraghina

Cette petite propriété de Montu Beccaria ne produit que des *vini da tavola* de Malvoisie, Riesling, Barbera et un assemblage de cépages locaux appelé Il Felicino.

### Cantina Sociale di Santa Maria della Versa

Cette coopérative (2 000 ha) produit des vins rouges d'Oltrepò Pavese, dont la gamme Donelasco et un Mousseux *metodo classico*, le Gran Spumante La Versa Brut.

## VALTELINE

Une grande partie du vin de la Valteline est faite par des négociants, dont certains sont aussi propriétaires de vignobles. Certains bons vins de producteurs

pourraient bien redonner du lustre à la réputation de la région.

### Enologica Valtellinese

Ce négociant fait du Valtellina et du Valtellina Superiore DOC (étiquette Tre Leghe), ainsi qu'un *vino da tavola* blanc de Nebbiolo appelé Roccascissa.

### Nino Negri

La maison de négoce Nino Negri, fondée en 1397, est le chef de file de la Valteline ; l'œnologue Casimiro Maule vinifie un très beau Sfursat et une gamme de Valtellina Superiore.

### Autres producteurs de Valteline

Citons : Cantina Cooperativa Villa Bianzone, Fondazione Fojanini, Nera, Fratelli Polatti, Tona, Fratelli Triacca.

## FRANCIACORTA

Des dizaines de petits vignerons produisent des vins de Franciacorta dans la province de Brescia, mais la principale source reste sans conteste la maison de négoce Berlucchi.

### Bellavista

Ce domaine d'environ 50 ha à Erbusco produit des vins DOC Rosso, Bianco et Spumante. Le Cuvée Bellavista et le Gran Cuvée Crémant Millesimato comptent 100 % de Chardonnay, tandis que le Gran Cuvée Pas Operé Millesimato et le Gran Cuvée Rosé Millesimato sont des assemblages de Chardonnay et de Pinot Noir. En vins tranquilles, citons les rouges Solesine (Cabernet et Merlot) et Casotte (Pinot Noir), et le blanc Uccellanda (Chardonnay).

### Guido Berlucchi

Ce négociant de Borgonato di Cortefranca possède 70 ha en Franciacorta et d'autres vignobles dans l'Oltrepò Pavese, le Trentin-Haut Adige et le Piémont. C'est le premier producteur de *metodo classico* d'Italie, avec des mousseux surtout à base de Pinot Noir et Chardonnay : Cuvée Impériale Berlucchi Brut, Grand Cremant, Pas Dosé et Max Rosé. Vin tranquille, le Bianco Imperiale est à base de Chardonnay.

### Ca' del Bosco

Ce domaine de 60 ha à Erbusco produit des vins DOC Spumante, Rosso et Bianco. Les *metodo classico* comprennent le Dosage Zero et le Brut Millesimato. Parmi les *vini da tavola*, signalons un assemblage de Cabernet et de Merlot, un Chardonnay fermenté en fût et le Pinero, issu de clones bourguignons de Pinot Noir.

### Cavalleri

Les vins de ce producteur d'Erbusco comprennent les *metodo classico* Brut, Pas Dosé et Rosé Millesimato ainsi que des *vini da tavola* : le Tajardino, à base de Cabernet et de Merlot, le Seradina, un Chardonnay fermenté en fût, et le Rampaneto, assemblage de Chardonnay et de Pinot Blanc.

### Autres producteurs de Franciacorta

Fratelli Berlucchi, Enrico Gatti, Ragnoli, Uberti.

### AUTRES VINS

Les zones DOC qui entourent le lac de Garde – Riviera del Garda Bresciano, Lugana et San Martino della Battaglia – se chevauchent et les producteurs font souvent du vin dans plusieurs appellations.

### Ca' dei Frati

À Sirmione, ce domaine produit l'un des meilleurs Lugana, ainsi que du Riviera del Garda.

### Tenuta Castello

Situé dans la province de Bergame, ce domaine est considéré comme le meilleur producteur de Valcalepio DOC, mais il fait aussi un impressionnant *vino da tavola* blanc issu de Chardonnay élevé en fût, l'Aurito.

### Fattoria Colombara

Ce domaine de la province de Mantoue produit des vins DOC et des *vini da tavola*, dont des vins de cépage issus de Cabernet, Merlot et Chardonnay.

### Cascina La Pertica

On produit ici du Riviera del Garda DOC, le *vino da tavola* Le Zalte Bianco (un Chardonnay élevé en fût) et des gammes portant l'étiquette Il Colombaio et Le Sincette.

### Cascina la Toretta-Spia d'Italia

Les vins de ce domaine proche de Brescia comprennent des Tocai di San Martino della Battaglia DOC et Riviera del Garda DOC. Le Carato Bianco est un *vino da tavola* de Chardonnay.

### Vigneti Venturelli

Ce négociant de Raffa di Puegnago produit du Lugana DOC et du Riviera del Garda DOC.

### Visconti

Le Lugana DOC, dont un monocru, et le Riviera del Garda DOC de ce négociant ont bonne réputation.

### Zenato

Il faut citer le Lugana DOC monocru Vigneto Massoni de ce négociant haut de gamme de Vérone.

# ÉMILIE-ROMAGNE

Bien qu'elles diffèrent sur bien des points – notamment les vins qu'elles produisent –, l'Émilie et la Romagne forment une même région administrative. Bologne, la capitale, se trouve au beau milieu, avec l'Émilie à l'ouest et la Romagne à l'est. La région est limitée au nord par le Pô, à l'ouest par les Apennins. Les montagnes placent cette zone sous l'influence climatique de l'Adriatique : les étés sont chauds et la sécheresse n'est pas rare, tandis que les hivers sont humides avec des brouillards qui envahissent souvent les plaines.

Les trésors culinaires – parmesan et jambon de Parme – de l'Émilie – Romagne ont éclipsé ses vins. Le seul qui bénéficie d'une réputation internationale est le Lambrusco effervescent d'Émilie.

## Émilie

Plusieurs sous-variétés du cépage rouge local Lambrusco sont cultivées dans les grandes plaines d'Émilie, autour de Modène, et utilisées dans quatre appellations DOC distinctes. Le Lambrusco di Sorbara est connu pour son côté sec, sa vive acidité et son séduisant arôme de raisin. La zone adjacente du Lambrusco Salamino di Santa Croce produit un vin similaire. Au sud, se trouve celle du Lambrusco Grasparossa di Castelvetro, aux vins plus tanniques et plus amples. Quant au Lambrusco Reggiano, à l'ouest, c'est celui qui est le plus produit – et exporté.

Le Lambrusco est le plus souvent légèrement pétillant (*frizzante*), doux et gouleyant. Il est généralement rouge, bien qu'on puisse le vinifier en blanc ou en rosé en limitant le contact du moût avec les peaux durant la fermentation. On en fait parfois un vin sec et, à l'occasion, un véritable Mousseux. Quel que soit son style, il est fait pour être bu rapidement.

Le nord-ouest de l'Émilie, à la limite de la Lombardie, comprend la zone des Colli Piacentini DOC, qui comporte de nombreuses subdivisions. Son vin rouge le plus connu est un assemblage de Barbera et de Bonarda appelé Gutturnio, généralement tranquille et sec, bien qu'il existe en versions moelleuse et *frizzante*. Le plus souvent sec, le vin de cépage Barbera possède une robe rubis. Celui de Bonarda est frais et fruité, de couleur sombre et peut être sec ou assez doux. Une bonne partie du Pinot Noir cultivé dans cette région donne des Mousseux blancs ou rosés.

Les vins blancs de cépage des Colli Piacentini sont à base de Malvoisie, d'Ortrugo, de Pinot Gris ou de Sauvignon. Il en existe toute une gamme, secs ou doux, tranquilles ou *frizzante*, voire *spumante*.

Plus à l'est, on trouve les Colli di Parma DOC, qui peuvent offrir un bon vin blanc aromatique de Malvoisie, aussi bien sec que légèrement doux ou mousseux, et un rouge semblable au

## PRODUCTEURS

Les coopératives représentent 70% de la production. Certaines, comme la Riunite, sont d'énormes groupements.

### Émilie
Parmi les bons producteurs de Lambrusco, on trouve Cavicchioli, Chiarli, Giacobazzi, Riunite, Villa Barbieri.

Fugazza fait de bons Colli Piacentini DOC Gutturnio et un vin doux de Malvoisie ; les Domaines La Stoppa et Vigevani/Tenuta Castello di Ancarano proposent des gammes comportant Colli Piacentini DOC et *vini da tavola* de cépage.

Terre Rosse emploie des cépages français et italiens dans ses Colli Bolognesi DOC et ses autres vins.

### Romagne
Sont à retenir Fattoria Paradiso et Fattoria Zerbina pour l'Albana DOCG et le Sangiovese DOC ; le Scaccomatto de Zerbina est un Albana *passito*.

Gutturnio. Les vins *frizzante* et mousseux de l'appellation voisine Bianco di Scandiano DOC, à base de Sauvignon, sont surtout exportés.

Les Colli Bolognesi DOC, avec leurs subdivisions de Monte San Pietro et Castelli Medioevali DOC, sont surtout connus grâce au domaine de Terre Rosse, dont les vins ont une réputation mondiale. Terre Rosse se consacre aux cépages français, dont certains sont admis par la DOC : son Cabernet-Sauvignon est un rouge bien structuré aux généreux arômes de cassis. Les vins blancs secs de Pinot Blanc et de Sauvignon expriment joliment le caractère du cépage. La DOC autorise l'emploi d'autres variétés dans différents styles de vin, y compris le Pignoletto local qui donne des blancs secs ou demi-secs, tranquilles ou *frizzante*.

## Romagne
Les principaux vignobles de cette région s'étendent entre le sud-est de Bologne et la mer. Trois cépages sont majoritaires : Albana, Sangiovese et Trebbiano. L'Albana, variété autochtone, peut parfois donner des vins blancs secs au suave arôme de pêche. On la trouve dans l'Albana di Romagna DOCG, un vin au statut un peu écrasant pour sa personnalité.

Le Sangiovese di Romagna DOC fournit un flot de vins rouges légers et plaisants, très populaires localement. Certains sont cependant plus amples, avec une belle robe intense et une texture soyeuse, et peuvent se garder quelques années.

Le long de l'Adriatique, entre l'embouchure du Pô et Ravenne, se trouve la zone Bosco Eliceo DOC. On y produit du Sauvignon et un Bianco dont l'assemblage est dominé par le Trebbiano, vins blancs tranquilles ou mousseux le plus souvent secs. Le cépage local Fortana donne un rouge tannique, qui peut être tranquille ou pétillant, sec ou doux.            □

# VÉNÉTIE

Les Alpes couvrent près d'un tiers de la Vénétie et leurs contreforts descendent jusqu'aux rizières de la plaine centrale et aux rives du lac de Garde, à l'ouest. Sur le plan géographique, la Vénétie est la plus variée des régions viticoles italiennes et offre de nombreux styles de vin.

Ses zones DOC sont réparties en trois grands secteurs : les bords du lac de Garde et les alentours de Vérone ; les collines de Vénétie centrale ; la Vénétie orientale, aux abords de Venise et de Trévise.

Dans le premier secteur, les vins sont généralement issus de cépages autochtones. Plus à l'est (avec quelques exceptions), les vins sont à base de cépages plus internationaux. À moins d'une demi-heure de voiture, à l'est de Vérone, se trouvent les vignobles de Soave DOC (blanc). Au nord-ouest de la ville s'étendent le Valpolicella DOC et, un peu plus à l'ouest, au bord du lac de Garde, le Bardolino DOC, tous deux rouges. Avec, à ses portes, trois des appellations italiennes les plus connues dans le monde, on comprend mieux pourquoi la province de Vérone joue un rôle de leader en Vénétie.

## Soave

Les meilleurs Soave DOC viennent toujours de la zone Classico, au centre de l'appellation, formée par quelques collines autour des communes de Monteforte d'Alpone et Soave. Les vignobles se trouvent à 250 m d'altitude environ, sur des coteaux peu pentus au riche sol rouge d'origine volcanique. Des rendements assez faibles et un microclimat favorable donnent au vin des arômes concentrés de fruits mûrs. Le principal cépage de Vénétie est la Garganega (blanc). Sec et savoureux, le Soave Classico présente une robe paille brillante, une plaisante acidité et de délicats arômes fruités, avec une note d'amande grillée. Le bouquet évoque les fleurs de ceri-

Le château de Soave, à l'est de Vérone.

sier et de sureau. Le Soave générique produit dans les plaines est nettement inférieur. Quelques producteurs vinifient du Recioto di Soave, un vin doux issu de raisins à demi passerillés, au goût et à la texture plus denses, plus alcoolisé aussi.

### Valpolicella et Bardolino

Le Valpolicella DOC regroupe plusieurs styles de vins rouges : Valpolicella générique, Valpolicella Classico, Valpolicella *ripasso*, Recioto della Valpolicella et Valpolicella Amarone.

Le Valpolicella de base est un vin léger et savoureux de couleur rubis, au séduisant arôme de raisin frais, à boire jeune. Comme pour le Soave, les vins de la zone Classico ont davantage de concentration aromatique.

Beaucoup de producteurs de Valpolicella recourent désormais à la méthode du *ripasso*, qui consiste à soutirer le vin après fermentation pour le déposer sur les lies de *recioto* (voir ci-après) de l'année précédente. Les vins de *ripasso* sont charnus et concentrés, avec une robe cerise foncé, un bouquet

intense, un goût de cerise âpre, une certaine longévité. Le terme *ripasso* n'est pas reconnu par le système officiel d'étiquetage et il faut connaître les méthodes du producteur pour pouvoir identifier de tels vins.

Le Recioto della Valpolicella et l'Amarone sont issus de raisins sélectionnés, séchés à l'air dans des greniers entre la vendange et le mois de janvier. Doté d'arômes concentrés et d'une texture veloutée, fort en alcool, le sombre et doux Recioto della Valpolicella est souvent comparé au Porto et servi dans les mêmes circonstances. L'Amarone est, lui, un vin sec et généreux, magnifiquement opulent.

Les vignobles de Bardolino DOC s'étendent des basses collines du nord-est de la ville du même nom jusqu'aux rives du lac de Garde. Issu du même assemblage de cépages que le Valpolicella – les variétés autochtones Corvina, Rondinella, Molinara et d'autres –, le Bardolino est d'un style plus léger. De robe cerise ou rubis, ce vin a une bonne acidité et des arômes de cerise. Le Bardolino Chiaretto est un rosé bien structuré. Ces vins sont en général destinés à être bus sans attendre.

### Autres vignobles de Vérone

Des vins blancs tranquilles et mousseux sont produits dans l'appellation Lessini Durello DOC, au nord de Soave, dans les collines de Lessini. Le cépage Durella a une forte acidité et une bonne structure convenant bien à des mousseux de qualité, mais les vins tranquilles peuvent sembler acerbes à certains.

Les vignobles du Bianco di Custozza DOC entourent la pointe sud du lac de Garde. Ce vin blanc de plus en plus apprécié est généralement de bon niveau. Tranquille ou mousseux, c'est un apéritif agréable dont le fruité est souvent comparé à celui de la pêche et de la reine-claude. Mieux vaut le boire sans attendre.

## Vénétie centrale

Les contreforts des Alpes s'allongent jusqu'au centre de la Vénétie, où les cépages bordelais – Cabernet-Sauvignon, Cabernet Franc et Merlot – prédominent ; ils présentent généralement d'agréables arômes variétaux.

L'appellation Breganze DOC, dans la haute plaine au nord de Vicence, regroupe des vins de cépage rouges et blancs. Les rouges sont le plus souvent issus de Cabernet ou de Pinot Noir et les blancs secs, de Pinot Gris ou Blanc. Le Vespaiolo, cépage local, donne un vin sec et vif au goût un peu citronné. Il existe aussi un Vespaiolo *passito* (vin doux de raisins à demi passerillés).

Outre le Cabernet et le Merlot, les Colli Berici DOC comportent un vin rouge à base de Tocai Rosso, de couleur framboise, à la saveur fraîche et fruitée. Les principaux vins blancs secs de l'appellation sont le Garganega, le Pinot Blanc, le Sauvignon et le Tocai Italico. Ces vins ont un fruité discret et doivent être bus sans attendre.

Les Colli Euganei DOC produisent un blanc et un rouge, ainsi que des vins de cépage. Le Bianco dei Colli Euganei est un blanc sec et souple issu des variétés locales Garganega et Serprina. On trouve aussi un blanc doux de Muscat au bouquet floral intense. Le Rosso dei Colli Euganei est un assemblage de Cabernet et de Merlot avec des cépages locaux.

Parmi les vins issus de variétés autochtones, le Gambellara DOC est un agréable blanc sec et velouté, issu du même assemblage que le Soave. On trouve aussi du Recioto di Gambellara, ainsi que l'un des rares Vin Santo (voir p. 375) produits hors d'Italie centrale.

## Venise et Trévise

Dans les collines peu escarpées situées au nord de Trévise, la zone du Prosecco di Conegliano-Valdobbiabene DOC est dotée d'un blanc mousseux au léger goût d'amande, pauvre en alcool et d'une vive acidité. Les vignobles du secteur de Cartizze ont droit à leur propre sous-zone, généralement jugée supérieure, bien que cela dépende beaucoup du producteur.

La zone de Montello e Colli Asolani DOC fournit également du Prosecco, ainsi que des vins rouges de cépage à base de Cabernet ou de Merlot.

Dans les plaines au nord de Venise, les DOC du Piave et de Lison-Pramaggiore produisent d'agréables vins de cépage de consommation courante. La longue liste de cépages autorisés inclut Cabernet et Merlot en rouge, Pinot Blanc et Pinot Gris en blanc. Il faut cependant signaler deux variétés autochtones : Verduzzo et Raboso. Les vins blancs issus du Verduzzo ont une agréable acidité et un caractère bien fruité, avec une note d'amande commune à bon nombre de cépages italiens. Ces vins conservent souvent un léger pétillement en bouteille. Quant au Raboso, il donne un vin d'un rouge violacé au goût un peu terreux, tannique et supportant la garde.  □

## PRODUCTEURS ET NÉGOCIANTS

En Vénétie, les petits domaines de qualité – souvent familiaux, et où l'on vinifie les différentes parcelles séparément – sont à l'avant-garde de la production. En voici la liste.

### Allegrini

Le Domaine Allegrini, à Fumane, compte environ 50 ha dans la zone du Valpolicella Classico. Il produit trois vins DOC monocrus – les Valpolicella La Grola et Palazzo della Torre, et l'Amarone Fieramonte. En *vini da tavola*, citons le blanc sec La Poja, le blanc doux *passito* Fiorgardane et le rouge Pelara.

### Anselmi

À Monteforte d'Alpone, Roberto Anselmi possède 25 ha dans d'excellents vignobles de Soave Classico : Monte Foscarino, Monte Cercene et Zoppega. Il produit un bon Soave Classico DOC ; le Recioto dei Capitelli, un exemplaire vin de dessert élevé en barrique ; et deux Soave monocrus, le Capitel Foscarino et le Capitel Croce, fermenté en fût. Il faut mentionner le Realda, qui est un *vino da tavola* rouge de Cabernet-Sauvignon.

### Bolla

Cette maison de négoce véronaise produit des vins de Vénétie, Trentin-Haut-Adige, Piémont et Latium. Parmi ces vins, on trouve du Soave DOC générique et les Soave Classico Castellaro et Vigneti di Frosca ; le Valpolicella Classico Jago et l'Amarone Cantina del Nonno. Le Creso est un *vino da tavola* rouge de Cabernet-Sauvignon et de Corvina.

### Masi

La maison Masi possède 40 ha en Valpolicella Classico et loue des vignobles pour produire son Bardolino DOC

La Vegrona et son Soave DOC Col Baraca. Les Valpolicella DOC comprennent le Toar, l'Amarone Mazzano, l'Amarone Campolongo de Torbe et le Recioto Mezzanella. En *vini da tavola*, citons le Campo Fiorin, à l'origine du retour à la méthode du *ripasso*.

### Pieropan

Leonildo Pieropan a été le premier à vinifier un Soave DOC monocru, le Calvarino. Un autre vient du vignoble de La Rocca. Le domaine produit aussi le Recioto di Soave Le Colombare et un *vino da tavola* blanc issu de Riesling Italico.

### Quintarelli

Les vins de Giuseppe Quintarelli, installé près de Negrar en Valpolicella Classico, ont leur style propre. Longue fermentation en fût, aucun filtrage et peu de soutirages donnent des vins amples et complexes, dont un Valpolicella *ripasso* et un Recioto Amarone. Les *vini da tavola* comprennent le blanc *passito* Amabile del Cerè, les rouges Alzero (Cabernet Franc) et Molinara.

### Autres producteurs

Parmi les noms à rechercher en Soave et en Valpolicella, citons Bertani, Guerrieri-Rizzardi, Prà, Le Ragose, Serègo Alighieri, Fratelli Tedeschi, Tommasi.

Les autres producteurs et négociants réputés de Vénétie sont Carpenè Malvolti (Prosecco), Fausto Maculan, Santa Margherita (gamme de vins de Vénétie orientale), Venegazzù-Conte Loredan-Gasparini (le premier – et le plus fameux – Venegazzù était un grand vin rouge de longue garde, à base de cépages bordelais ; il en existe aujourd'hui de divers styles), Villa dal Ferro (bons Colli Berici rouge et blanc).

# TRENTIN-HAUT-ADIGE

Dans cette région montagneuse du nord-est de l'Italie, 15 % seulement du sol est cultivable. Les vignobles dessinent un Y le long des vallées de l'Adige (Etsch en allemand, l'autre langue de la région) et de son affluent l'Isarco (Eisack) jusqu'à leur confluent au sud de Bolzano, puis suivent vers le sud le cours de l'Adige.

Le Trentin et le Haut-Adige sont deux régions distinctes réunies par un tiret administratif. La partie nord, le Haut-Adige (aussi appelé Südtirol ou Tyrol du Sud), correspond à la province de Bolzano. Elle jouxte la Lombardie à l'ouest et l'Autriche au nord. La plupart des habitants sont germanophones ; les panneaux géographiques sont en allemand et en italien, et les cépages allemands comme le Sylvaner et le Müller-Thurgau prospèrent. Le climat subalpin implique des hivers froids, des étés chauds et des nuits fraîches toute l'année. Les pentes montagneuses de la vallée sont escarpées et la vigne est souvent cultivée en terrasses.

À mesure que l'Adige se dirige vers le Trentin, la vallée s'élargit. Les vignobles du Trentin sont en général plantés à plus faible altitude, sur des coteaux à pente plus douce et en plaine. Le climat est plus chaud et l'influence culturelle italienne devient très sensible.

## Haut-Adige

Les vins blancs secs de cette région ont acquis une réputation internationale. Les cépages blancs – Sylvaner, Müller-Thurgau, Riesling, Riesling Italico (Welschriesling), Sauvignon et Pinot Blanc (Weissburgunder) – supportent bien l'altitude dans ces vallées ensoleillées et donnent des vins secs et vifs. Le Pinot Gris (Ruländer), un blanc savoureux, prend ici une note fumée. L'arôme de litchi du Gewürztraminer (Traminer Aromatico) est affiné par une vendange précoce et une macération pelliculaire écourtée. Les vins sont souples, avec d'agréables arômes floraux.

Vignes cultivées sur la pergola tridentine.

Les rouges gouleyants de la région sont destinés à la consommation locale. Quatre des sept zones DOC sont consacrées à des vins surtout issus du cépage Schiava (Vernatsch en allemand). Celui-ci, surtout dans le Lago di Caldaro DOC (Kalterersee), donne un vin rouge clair doté d'un discret arôme de cerise et d'un arrière-goût d'amande, mais peut parfois prendre plus de couleur et de corps, comme dans les vins de Santa Maddalena DOC (St Magdalener).

Le Haut-Adige produit en outre des mousseux issus d'un assemblage de Chardonnay et de Pinot Noir (les cépages du Champagne). On trouve aussi ces deux variétés vinifiées séparément en vins tranquilles. Le cépage rouge local Lagrein donne un vin robuste aux arômes de petits fruits appelé Scuro (Dunkel) et un rosé aromatique (Kretzer). Le Moscato Giallo (Goldenmuskateller) doré et le Moscato Rosa (Rosenmuskateller) rubis pâle sont deux vins doux de Muscat aux arômes floraux.

Les vignobles du Terlano DOC s'étendent sur des coteaux bordant les deux rives de l'Adige, à l'ouest de Bolzano, et sont réputés pour leurs bons vins blancs de cépage. On fait aussi ici un Mousseux sec, surtout à base de Pinot Blanc.

Les hautes pentes de la DOC la plus septentrionale d'Italie, Valle d'Isarco, le long de la rivière Isarco proche de Bolzano, fournissent d'élégants vins blancs de cépage, connus pour leur pureté aromatique.

## Trentin

Cultivés à une altitude inférieure sous un climat plus chaud, avec des rendements légèrement inférieurs, les raisins du Trentin tendent à donner des vins plus tendres aux arômes plus développés. La plupart sont faits pour être bus sans attendre.

L'appellation Trentino DOC comprend bon nombre de vins de cépage identiques à ceux du Haut-Adige, ainsi que des Mousseux *metodo classico*, surtout à base de Pinot Blanc et de Pinot Noir. On trouve aussi trois remarquables cépages autochtones.

Le Marzemino (rouge très fruité) et la Nosiola (blanc) donnent des vins secs tranquilles. La Nosiola est aussi l'élément principal du Vin Santo, un vin de dessert ambré ou cuivré issu de raisins passerillés. Le troisième cépage local est le Teroldego, qui possède sa propre DOC sur les sols graveleux de Campo Rotaliano. Il donne des vins rouges secs, légers et fruités, et de rafraîchissants rosés. Mais il peut aussi acquérir beaucoup de caractère et de longévité dans les vignobles près de Mezzolombardo.

D'autres zones du Trentin produisent des vins courants destinés à une consommation rapide : le Bianco (à base de Nosiola) et le Rosso (à base de Schiava) de Sorni DOC, ainsi que les rouges de Casteller DOC, à base de Schiava.

Les vins les plus ordinaires portent l'appellation Valdadige (Etschtaler) DOC, qui recouvre le Haut-Adige, le Trentin et une partie de la Vénétie. □

# PRODUCTEURS ET NÉGOCIANTS

Beaucoup de viticulteurs du Haut-Adige et du Trentin ont constitué des groupements qui représentent de 65 à 75% de la production locale. Les grands domaines sont peu nombreux, la mise en bouteilles à la propriété reste rare.

## HAUT-ADIGE

### Castel/Schloss Schwanburg
Les vins produits dans ce Château de Nalles comprennent des rouges Alto Adige DOC issus de Cabernet-Sauvignon, Lagrein et Schiava, ainsi que des blancs d'Alto Adige et Terlano DOC.

### Cantina Sociale Colterenzio/Schreckbichl
Cette coopérative de Cornaiano est très réputée pour ses Alto Adige DOC (dont les gammes Greifenstein, Praedium et Cornell) et pour le *vino da tavola* rouge Cornelius.

### Haderburg
Il s'agit de deux domaines proches de Salorno qui produisent surtout des vins blancs. L'étiquette Haderburg est réservée aux mousseux alors que la gamme Steinhauser regroupe des vins blancs tranquilles de Chardonnay et Gewürztraminer, et un rouge de Pinot Noir.

### J. Hofstätter
Ce négociant de Termeno produit un bon Pinot Noir Alto Adige DOC, un remarquable Gewürztraminer et d'excellents *vini da tavola* : Yngram Rosso (Cabernet-Sauvignon élevé en barriques) et Yngram Bianco.

### Graf Eberhard Kuenburg/Schloss Sallegg
Ce château de Caldaro fait des Caldaro et Alto Adige DOC, dont parfois un superbe Rosenmuskateller, vin rouge doux de vendanges tardives.

### Alois Lageder
Cette ancienne maison familiale de Bolzano possède 20 ha en propre et achète beaucoup de raisin cultivé sous contrat. Parmi ses meilleurs vins monocrus : Alto Adige Chardonnay Löwengang et Erlehof, Cabernet-Sauvignon Löwengang et Romigberg, Lagrein Dunkel Lindenburg, Pinot Blanc Haberlehof, Pinot Gris Benefizium Porer et Terlano Sauvignon Lehenhof.

### Cantina Sociale San Michele
La coopérative d'Appiano produit une bonne gamme d'Alto Adige rouges et blancs de cépage, ainsi que des Lago di Caldaro DOC rouges.

### Vinicola Santa Margherita
Ce chai de Caldaro vinifie des blancs d'Alto Adige DOC et le Luna dei Feldi, un *vino da tavola* à base de Chardonnay, Müller-Thurgau et Gewürztraminer.

### Cantina Sociale Terlano
Cette très bonne coopérative est surtout connue pour son Sauvignon et son Müller-Thurgau.

### J. Tiefenbrunner/ Schloss Turmhof
L'excellente gamme de ce château de Cortaccia comprend des vins Alto Adige DOC de Cabernet-Sauvignon et de Lagrein en rouge, de Chardonnay et de Gewürztraminer en blanc. Il propose aussi de remarquables *vini da tavola* : le Goldmuskateller sec ; le Feldmarschall issu de Müller-Thurgau ; le Linticlarus blanc, un Chardonnay élevé en barrique ;

le Linticlarus rouge, un assemblage de Lagrein, de Cabernet-Sauvignon et de Pinot Noir.

### Vivaldi
Dans le lointain village alpin de Meltina, ce centre vinicole produit des Mousseux *metodo classico*, dont les Vivaldi Brut et Extra Brut.

### Autres producteurs
Alfons Giovanett-Castelfelder, Giorgio Grai (le grand œnologue du vin italien), Josef Huber-Pacherhof, Klosterkellerei Muri-Gries, Praeclarus, Prima & Nuova, Hans Rottensteiner, Karl Vonklausner, Wilhelm Walch, Baron Widmann.

## TRENTIN

### Concilio Vini
Les vins de cette maison de Volano incluent des Trentino DOC de Chardonnay et de Nosiola en blanc, de Marzemino en rouge, ainsi que le Mori Vecio, *vino da tavola* rouge de cépages bordelais. Il y a aussi le Mousseux *metodo classico* Concilio Brut.

### Fratelli Dorigati
Ce négociant de Mezzocorona se spécialise dans le Teroldego et utilise ce cépage dans son Grener, un intéressant *vino da tavola* rouge à base de Teroldego, Cabernet Franc et Cabernet-Sauvignon.

### Equipe Trentina Spumante
À Mezzolombardo, ce négociant spécialiste du mousseux produit les *metodo classico* Equipe 5 Brut et Riserva.

### Ferrari
C'est un important négociant de Mousseux *metodo classico*, basé à

Trente : Brut, Brut Perlé, Brut Rosé et Giulio Ferrari Riserva del Fondatore.

### Foradori
À Mezzolombardo, la famille Foradori produit deux splendides Teroldego Rotaliano DOC monocrus – Vigneto Sgarzon et Vigneto Morei – et un *vino da tavola* rouge, Granato, où le Teroldego domine. Un autre grand *vino da tavola*, le Karanas, est un assemblage complexe d'une dizaine de cépages.

### Conti Martini
Les vins de cet ancien domaine familial avec palais à Mezzocorona sont enracinés dans la tradition. Citons les rouges DOC Teroldego Rotaliano et Trentino Lagrein, et le *vino da tavola* blanc et sec Moscato di Mezzocorona.

### Pojer & Sandri
De leur tranquille domaine de Faedo, Mario Pojer et Fiorentino Sandri produisent une intéressante série de *vini da tavola* de cépage Müller-Thurgau, Chardonnay, Nosiola ou Pinot Noir, ainsi que des Mousseux *metodo classico* et l'Essenzia, un vin blanc doux assemblant plusieurs cépages de vendange tardive.

### Roberto Zeni
Parmi les vins monocrus de ce petit domaine de Grumo di San Michele, il y a les Pinots Blancs Sorti et Seipergole, le Müller-Thurgau La Croce, le Chardonnay Zaraosti, le Teroldego Pini et le Moscato Rosa, doux et rose foncé.

### Autres producteurs et négociants
Barone de Cles, Riccardo Battistotti, Bolognani, Le Brul, Endrizzi, Istituto Agrario Provinciale, Letrari, Longariva, Madonna delle Vittorie, Metius, Maso Poli, Giovanni Poli, San Rocco, Armando Simoncelli, Enrico Spagnolli, Giuseppe Spagnolli, Tenuta San Leonardo (plus connu sous le nom de Guerrieri Gonzaga), Vallarom.

# FRIOUL-VÉNÉTIE JULIENNE

Le Frioul se trouve à l'extrémité nord-est de l'Italie. La montagne recouvre une bonne partie de la région et la vigne est reléguée sur les basses collines (zones Collio DOC et Colli Orientali DOC) et dans les plaines (Grave del Friuli DOC) du Sud.

Une taille rigoureuse des ceps - les rendements du Frioul sont parmi les plus bas d'Italie - et une grande maîtrise technique ont valu à cette région une réputation internationale pour ses blancs secs, vifs et nets, et ses rouges frais et aromatiques. Ces vins privilégient généralement les caractéristiques du cépage, sans fermentation malolactique ni élevage en bois.

## Collio et Colli Orientali del Friuli

Les DOC adjacentes de Collio Goriziano (ou Collio) et Colli Orientali del Friuli occupent les contreforts alpins voisins de la Slovénie, ce pays issu de l'ex-Yougoslavie. Calcium et dépôts fossiles enrichissent souvent le sol de ces vignobles en terrasse. Les deux zones produisent surtout des vins blancs de cépage, destinés à être bus sans attendre.

Le Tocai Friulano – qu'on croit originaire du nord-est de l'Italie – est le cépage blanc le plus planté. Pourtant, après des années de controverse, l'Union européenne a décidé, pour éviter toute confusion avec le Tokay hongrois – issu d'un assemblage de cépages hongrois – que le Tocai italien devrait être rebaptisé. Le nouveau nom n'a pas encore été choisi. Ce cépage produit un vin de robe paille à reflets verts, aux arômes d'amande. La Ribolla Gialla donne généralement des blancs secs et citronnés ; le Verduzzo tend à présenter un arôme de noisette. Le vin de Pinot Gris local est vif, sec et relativement ample. Sa robe est paille clair, mais la macération pelliculaire peut lui valoir de jolies nuances cuivrées. Le Sauvignon donne un bon vin sec, vif et très aromatique, tandis que la Malvasia Istriana apporte des arômes plus

La place Mateoti à Udine, au centre de la région viticole du Frioul-Vénétie Julienne.

secs. Pinot Blanc et Chardonnay réussissent aussi très bien, qu'ils soient vinifiés dans un style jeune et frais, ou plus ample, grâce à une fermentation ou à un élevage dans le bois. Picolit et Ramandolo (issu de Verduzzo) sont des vins de dessert.

Parmi les vins rouges, le Cabernet (Franc et/ou Sauvignon) est sec, bien coloré et frais, avec des arômes de cassis et de poivron. Certains gagnent à vieillir. Le Merlot a une robe rubis et une texture veloutée, alors que le Refosco est légèrement tannique, avec des saveurs de framboise et de mûre, un bouquet intense. Le Refosco mérite lui aussi quelques années de garde, tout comme le Schiopettino, un rouge sec aux arômes de baies sauvages.

L'un des vins les plus connus du Collio, le Vintage Tunina de Jermann (voir ci-contre), ne relève pas d'une DOC.

## Grave del Friuli

Cette large plaine graveleuse qui s'étend à l'est de Venise jusqu'à l'Isonzo produit plus de la moitié des vins DOC du Frioul et environ deux tiers de la récolte totale. Les vins rouges plus ou moins corsés – à base de Merlot, de Cabernet-Sauvignon ou Franc, de Pinot Noir et de Refosco local – dominent. Tocai, Pinot Gris, Pinot Blanc et Chardonnay donnent des blancs frais et fruités à boire jeunes. On trouve aussi un rosé de Merlot.

## Autres vins du Frioul

Au sud-est de la région, la zone Isonzo DOC produit d'excellents rouges aromatiques et des blancs délicats. Le Carso DOC offre de solides rouges de Terrano, un clone du Refosco, et des blancs secs et vifs de Malvoisie.

Enfin, les plaines longeant l'Adriatique abritent l'Aquileia DOC et le Latisana DOC, petites appellations de vins rouges (surtout à base de Merlot) et blancs faciles à boire.

# PRODUCTEURS ET NÉGOCIANTS

La plupart des vins du Frioul sont l'œuvre de vignerons. Les parcelles sont très petites et dispersées, mais le domaine le plus modeste offre toute une série de vins et la mise en bouteilles à la propriété est fréquente. Les rendements plus bas et les vinifications mieux soignées ont amélioré la qualité des vins, surtout des blancs.

## COLLIO ET COLLI ORIENTALI

### Abbazia di Rosazzo

Le vignoble de l'ancienne abbaye de Rosazzo, en province d'Udine, produit des Colli Orientali et des *vini da tavola*, dont les blancs Ronco delle Acacie (Tocai, Pinot Gris et Ribolla) et Ronco di Corte (Sauvignon et Pinot Blanc), et le rouge Ronco dei Roseti issu de Cabernet-Sauvignon, Cabernet Franc, Merlot, Refosco et d'autres cépages locaux rouges.

### Comelli

Ce domaine proche de Torlano, en province d'Udine, produit des Colli Orientali, mais il est plus connu pour son Ramandolo, doux et doré. Le Picolit aux arômes de pêche est également digne d'intérêt.

### Livio Felluga

À Brazzano di Cormons, en province de Gorizia, la famille Felluga possède des vignobles dans les zones DOC Collio et Colli Orientali. Elle vinifie un Collio monocru, le Sauvignon di Rolat, et une gamme comprenant un prestigieux Picolit blanc et doux et le *vino da tavola* Terre Alte, à base de Tocai, de Pinot Blanc et de Sauvignon.

### Marco Felluga

Marco Felluga possède une exploitation vinicole à Gradisca d'Isonzo, en province de Gorizia, et produit des Collio DOC en achetant du raisin à des viticulteurs sous contrat. Il est aussi propriétaire du Domaine de Russiz Superiore (voir ci-après).

### Formentini

Le domaine de la famille Formentini à San Floriano del Colle, dans la province de Gorizia, date du XVIᵉ siècle et comporte plus de 100 ha produisant Collio DOC et mousseux.

### Gravner

Dans ses vignes d'Oslavia, en province de Gorizia, Josko Gravner fait d'excellents Collio DOC ainsi que d'intéressants *vini da tavola* comme le rouge Rujno, un assemblage de Cabernet et de Merlot, et le blanc Vinograd Breg, issu de cépages locaux. Le Collio blanc issu de Ribolla Gialla est particulièrement réussi. La plupart des vins sont élevés dans le bois.

### Jermann

Ce domaine de la province de Gorizia fondé en 1880 est très réputé. Silvio Jermann a choisi de s'écarter des DOC pour ses beaux vins de cépage ou d'assemblage, comme l'opulent Vintage Tunina, blanc sec mais onctueux et violemment aromatique grâce à un assemblage de Sauvignon et de Chardonnay, Ribolla, Malvasia et Picolit. Il y a aussi le Chardonnay « Where the Dreams have no End », un vin et un nom qui ont fait sensation ; Engelwhite, un blanc de Pinot Noir ; et Vinnae, un blanc où domine la Ribolla. Le Vigna Bellina est un vin doux couleur cerise tiré du Moscato Rosa.

### Prà di Pradis

Ce domaine de Pradis di Cormons, en province de Gorizia,

commence à être très réputé pour ses vins Collio DOC.

### Russiz Superiore

Cette propriété de 150 ha à Capriva, province de Gorizia, appartient à Marco Felluga (voir plus haut) et à son fils. Elle donne de très élégants vins de cépage Collio DOC.

Deux *vini da tavola* blancs, le Roncuz (sec), à base de Pinot Blanc, Tocai, Sauvignon et Riesling Italico, et un vin doux de Verduzzo, sont aussi réputés.

### Mario Schiopetto

Grand initiateur de l'amélioration des vins blancs du Frioul, Schiopetto vinifie d'excellents Collio DOC, dont un splendide Pinot Blanc et un séduisant Tocai à l'arôme de poire. Parmi les autres vins de son Domaine de Spessa di Capriva, province de Gorizia, il faut citer les *vini da tavola* comme le Blanc des Rosis, assemblage de Tocai, Pinot Blanc et Ribolla, et le Rivarossa, un rouge de Merlot et Cabernet-Sauvignon.

### Volpe Pasini

Ce domaine de 28 ha à Togliano di Torreano est l'un des plus anciens et des plus réputés des Colli Orientali. Ses meilleurs vins DOC portent l'étiquette Zuc di Volpe et comprennent un bon Pinot Blanc élevé en barrique, ainsi qu'un Pinot Gris et un élégant Tocai. Dans la gamme des *vini da tavola*, citons le rouge Le Marne et le blanc Le Roverelle.

### Autres producteurs de Collio et Colli Orientali

Conte Attems, Borgo Conventi, Ca' Ronesca, Gradnik, Puiatti, Roncada, Villa Russiz.

## GRAVE DEL FRIULI

### Pighin

La famille Pighin est propriétaire du plus grand domaine privé du Frioul : 140 ha en Grave del Friuli DOC et 30 ha en Collio DOC. Leur chai de Risano, dans la province d'Udine, produit des vins des deux appellations et des *vini da tavola* : le rouge Baredo, issu de Cabernet-Sauvignon, Merlot et Refosco, et le blanc Soreli, à base de Tocai, Pinot Blanc et Sauvignon.

### Vigneti Pittaro

Sur son domaine de Codroipo, en province d'Udine, Piero Pittaro fait de bons Grave del Friuli DOC rouges et blancs, un *vino da tavola* rouge, Agresto, dominé par le Cabernet-Sauvignon, le blanc doux Apicio (assemblage de cépages blancs) et des Mousseux.

### Autres producteurs de Grave del Friuli

Le Fredis, Viticoltori Friulani-La Delizia (coopérative), Vigneti Le Monde, Plozner.

## AUTRES VINS

### Ca' Bolani

Propriété de la maison Zonin, important négociant de Vénétie, Bolani représente 180 ha de vignes sur deux domaines voisins situés à Cervignano del Friuli, en province d'Udine. Ils produisent des Aquileia DOC, un *vino da tavola* blanc de Müller-Thurgau et un Mousseux *metodo classico* appelé Conte Bolani Brut Riserva.

### Stelio Gallo

Dirigé par Gianfranco Gallo, ce domaine modèle situé à Mariano del Friuli, province de Gorizia, produit sur 5 ha les meilleurs vins d'Isonzo DOC ainsi qu'un *vino da tavola* de Chardonnay.

### Edy Kante

Ce domaine de San Pelagio, dans la province de Trieste, est un important producteur de Carso DOC, mais il vinifie aussi des *vini da tavola* blancs issus de Sauvignon et de Vitovska.

# LES RÉGIONS VITICOLES DE TOSCANE ET DE L'ITALIE CENTRALE

Avec ses quelque 25 zones classées DOC et DOCG et ses multiples «super vini da tavola», la Toscane est la région viticole la plus renommée d'Italie sur le plan de la qualité. Dans l'Ombrie voisine, les producteurs n'ont pas été longs à comprendre les possibilités offertes par les nouveaux *vini da tavola*, qui rivalisent aujourd'hui avec les vins des huit appellations classées. De l'autre côté des Apennins, dans les Marches, les Abruzzes et le Molise, certains producteurs commencent seulement aujourd'hui à se préoccuper de la qualité de leurs vins rouges et blancs.

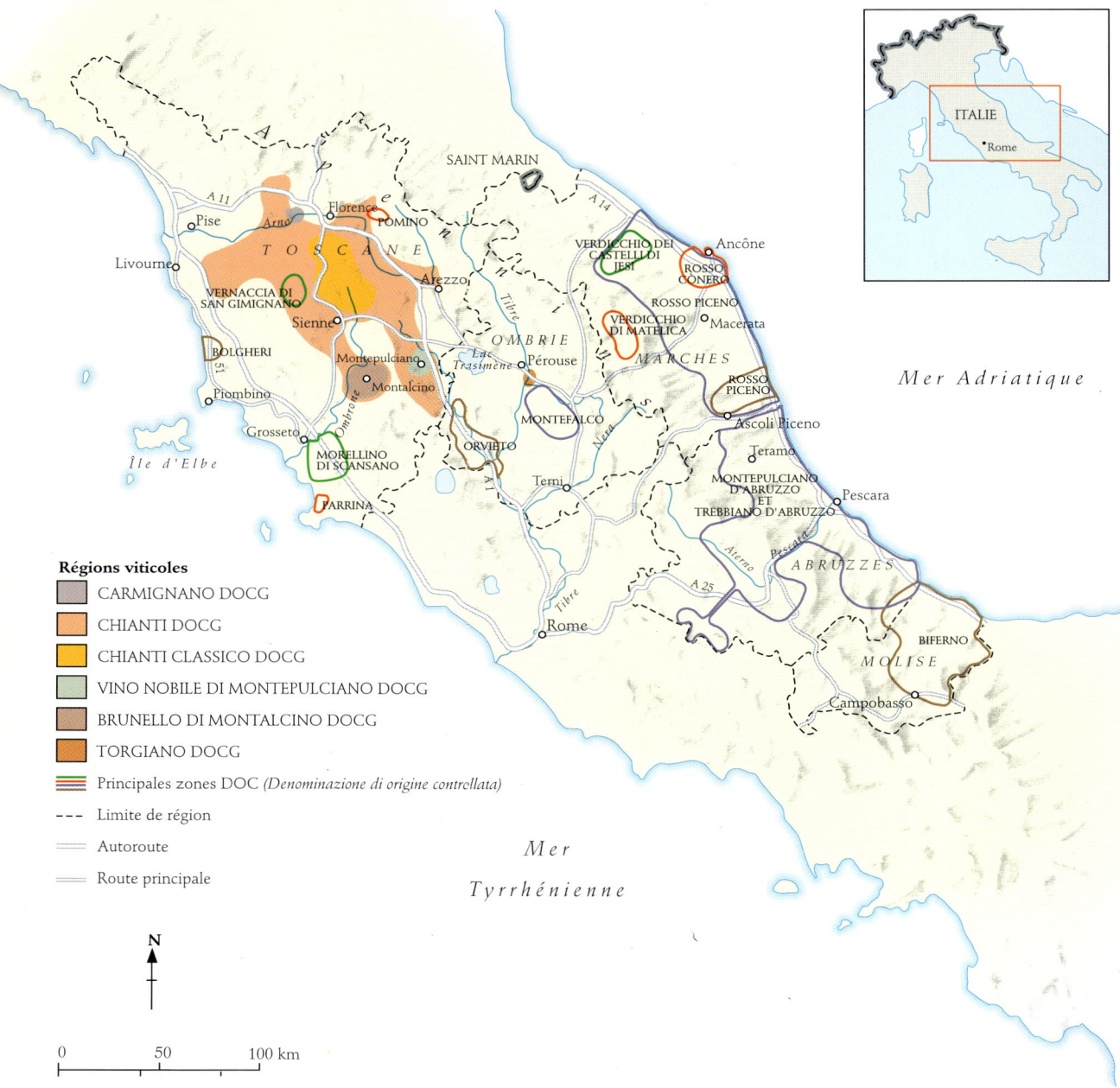

**Régions viticoles**

- CARMIGNANO DOCG
- CHIANTI DOCG
- CHIANTI CLASSICO DOCG
- VINO NOBILE DI MONTEPULCIANO DOCG
- BRUNELLO DI MONTALCINO DOCG
- TORGIANO DOCG
- Principales zones DOC (*Denominazione di origine controllata*)
- - - Limite de région
- Autoroute
- Route principale

N

0        50        100 km

# TOSCANE

La Toscane est très certainement la région d'Italie, et peut-être d'Europe, où les traditions viticoles ont connu la plus longue continuité. Au XIVᵉ siècle, à l'aube de la renaissance des arts, des sciences et de la culture, certaines grandes familles du vin – comme les Frescobaldi et les Antinori – établissaient leur renommée à Florence. Elles sont aujourd'hui à la pointe du renouveau.

La Toscane est célèbre dans le monde entier pour les vins rouges de Chianti qui, dans les années 1960, étaient pourtant réputés pour leur maigreur et leur insignifiance. Depuis le milieu des années 1980, la région est devenue le fer de lance de l'innovation viticole en Italie. L'impulsion a été donnée par la principale zone d'appellation du Chianti, le Chianti Classico, et par la petite appellation de Chianti Rufina, plus au nord, où des producteurs conseillés par des œnologues comme Maurizio Castelli et Franco Bernabei ont réalisé de spectaculaires progrès techniques.

Le changement est également venu de régions côtières où le vin n'occupait auparavant qu'une place modeste, comme la zone de Bolgheri, dont sont issus deux des plus grands vins d'Italie - le Sassicaia et l'Ornellaia. Le Sassicaia est un vin rouge de Cabernet-Sauvignon et de Cabernet Franc dont la réussite a été acclamée dans le monde entier. Étant volontairement hors des normes DOC, il porte orgueilleusement le simple label de *vino da tavola* (vin de table). Stimulés par son succès, certains producteurs toscans doués d'imagination ont fait appel à des cépages importés pour créer toutes sortes d'assemblages. D'autres ont choisi de miser sur les cépages locaux, mais pas forcément de la manière prévue par les diverses DOC.

Tout cela a engendré un nouveau style de vin baptisé « super vino da tavola ». Le contraste ne saurait être plus grand qu'entre un vin de table italien ordinaire et l'un de ces « vins design ». Leur prix – et leur présentation – ont, eux aussi,

Vignobles de colline près de Greve, dans le Chianti Classico.

atteint des sommets, mais un certain retour à des styles plus traditionnels – et à des prix plus raisonnables – a rétabli l'équilibre. La leçon a toutefois été retenue : on recherche la qualité et on emploie de meilleurs clones et des techniques modernes pour compléter les méthodes traditionnelles.

Révolu aussi, le temps où les vins blancs de Toscane étaient vieux avant l'âge et oxydés, ou fortement soufrés. Grâce aux nouvelles technologies, les bons producteurs réussissent des blancs nets et frais, comme le Galestro. D'autres se sont voués à l'élevage de vins de Chardonnay en barrique.

### LE VIN SANTO

La tradition du *vin santo* (« vin saint ») est chère à de nombreux producteurs toscans, même les plus avant-gardistes. C'est un vin *passito*, c'est-à-dire issu de raisins passerillés. En Toscane, les raisins (en général blancs – Malvasia del Chianti, Trebbiano ou Grechetto) sèchent traditionnellement sur des claies au grenier, bien que certains chais modernes recourent à l'air chaud. Ces raisins sont ensuite pressés et le vin est scellé dans de petits fûts, les *caratelli*, puis laissé tel quel de quatre à six ans. Il peut être doux ou sec, bien que son nom à connotation religieuse semble indiquer qu'il était doux à l'origine. Dans les deux cas, ce peut être un nectar digne des dieux, surtout quand on trempe dans son verre les biscuits aux amandes appelés *cantucci*.

### Les cépages

En Toscane, le grand cépage rouge est le Sangiovese. S'il lui arrive de donner des résultats médiocres – quand le clone est mal choisi et le rendement, élevé –, il peut aussi produire des vins capables de rivaliser avec n'importe quel Nebbiolo du Piémont. Les vins DOCG de Toscane – Chianti Classico, au goût de cerise amère ; Brunello di Montalcino, charnu et puissant et le plus austère, Vino Nobile di Montepulciano – en sont les illustrations classiques. Dans les collines au sud-est de Grosseto, près de la ville de Scansano, le Sangiovese est appelé Morellino et possède sa propre zone Morellino di Scansano DOC, pour un rouge robuste.

Le Mammolo, à l'arôme de violette, peut se trouver dans l'assemblage du Vino Nobile de Montepulciano et dans certains Chiantis. Le Canaiolo Nero est encore très répandu, bien que son rôle dans le Chianti décline.

Le Trebbiano Toscano (Ugni Blanc) est le cépage blanc le plus répandu dans le centre de l'Italie. Son caractère très neutre l'empêche de donner de grands vins, mais la vinification moderne lui permet d'en produire d'acceptables. Assemblé à des cépages locaux comme la Malvasia del Chianti ou étrangers comme le Chardonnay, il peut être à la base de vins intéressants, autrefois inimaginables dans une région où les blancs ont toujours cédé le pas aux rouges.

## Le classement des vignobles

En 1716, le grand-duc de Toscane créa plusieurs des toutes premières zones d'appellation contrôlée en Europe, notamment Chianti, Carmignano et Pomino. En 1966, lors de l'entrée en vigueur du système italien de *denominazione di origine controllata* (DOC), les premières appellations attribuées en Toscane furent Brunello di Montalcino, Vernaccia di San Gimignano et Vino Nobile di Montepulciano. Le Chianti devint DOC en 1967 et, même si la reconnaissance officielle de Carmignano et de Pomino fut plus tardive, les meilleurs vins toscans proviennent de ces six zones. Une vingtaine d'autres ont droit au label DOC, mais certaines des plus petites, à la production quasi inexistante, seront probablement déclassées un jour.

## Chianti

Cinq provinces toscanes comportent des vignobles ayant aujourd'hui droit à la vaste appellation Chianti DOCG, qui désigne un vin rouge où domine le Sangiovese, assemblé avec un peu de Canaiolo, ainsi qu'avec une faible proportion des cépages blancs Trebbiano et Malvasia del Chianti. Cabernet-Sauvignon, Merlot et d'autres cépages rouges

sont autorisés jusqu'à concurrence de 10 %. Sept zones ont le droit d'ajouter leur nom à l'appellation de base. La plus étendue, Classico, et la plus petite, Rufina, ont le plus contribué à améliorer l'image du Chianti. Dans les autres – Colli Senesi, Colli Fiorentini, Montalbano, Colli Aretini, Colline Pisani –, le changement est moins sensible.

Le passage du Chianti Classico du statut de DOC à celui de DOCG en 1984 apparaît aujourd'hui comme un grand succès. Grâce à un contrôle accru de la production, mais aussi du rendement, le volume a baissé de 380 000 hl en 1933 à 300 000 hl en 1988 ; la présence obligatoire de raisins blancs dans l'assemblage (habitude inaugurée au XIX$^e$ siècle par le baron Ricasoli pour arrondir les tanins rêches du Sangiovese d'alors) est devenue symbolique ; les 15 % de vins venus d'ailleurs (en général du sud de l'Italie) admis par l'ancien règlement DOC ont été éliminés. Quasi disparue, elle aussi, la pratique du Governo – apport de raisins séchés, ou de leur jus, après la première fermentation afin d'en provoquer une seconde et d'obtenir un vin moins tannique, à boire plus tôt.

Beaucoup de Chiantis sont encore destinés à une consommation plutôt rapide, mais pas le Chianti Classico : avec ses notes de framboise et de cerise noire, son côté très sec et sa forte acidité, il est difficile de le boire jeune ou en dehors des repas. Quant au Chianti Rufina, son acidité est encore plus marquée, mais il a sans doute davantage de fruit et de longévité.

## Brunello di Montalcino

Les rouges puissants de cette appellation DOCG viennent des collines de Montalcino, dans la province de Sienne. Les vignobles, un mélange d'argile et de sol plus rocailleux appelé *galestro*, bénéficient d'un climat tempéré. Le seul cépage autorisé est le Brunello (un clone de Sangiovese) et les vins doivent passer au moins trois ans et demi en fût (un an de plus pour le *riserva*). Ils ont une saveur intense et du corps, ainsi qu'un goût de bois prononcé et peuvent vieillir en bouteille presque indéfiniment : le célèbre producteur Biondi-Santi a tou-

jours en vente des millésimes de la fin du XIX$^e$ siècle. Le Rosso di Montalcino DOC désigne des vins issus des mêmes vignobles et pouvant être vendus après un an d'élevage.

## Vino Nobile di Montepulciano

Montepulciano, jolie ville de colline, est réputée pour ses vins rouges depuis des siècles. L'adjectif *nobile* leur a été attribué au XVIII$^e$ siècle. La plupart des vignobles ont un sol argilo-sableux. Le cépage principal est le Prugnolo (encore un clone local de Sangiovese), qui forme de 60 à 80 % de l'assemblage, adouci par un apport de Canaiolo Nero, accompagné par l'aromatique et facultatif Mammolo. Le vin est parfois un peu maigre, mais les meilleurs présentent de belles notes d'épices et de santal. Le Vino Nobile DOCG doit passer deux ans en fût ; les vins plus jeunes peuvent être vendus comme Rosso di Montepulciano DOC.

## Carmignano

Ce petit vignoble à l'ouest de Florence est réputé pour le sérieux des contrôles effectués par des experts avant toute attribution du label DOCG. Comme dans le Chianti DOCG, l'assemblage à base de Sangiovese peut comporter jusqu'à 10 % de Cabernet (Cabernet-Sauvignon et/ou Cabernet Franc), présent dans ce vignoble sous le nom d'*uva francesca* dès le XVIII$^e$ siècle.

## Pomino

Ce vignoble poussant jusqu'à 700 m d'altitude autour du village de Pomino est très largement dominé par la Tenuta di Pomino de la famille Frescobaldi. La DOC, attribuée en 1983, tient compte de la présence de cépages français depuis les années 1840. Dans les vins rouges, elle autorise jusqu'à 25 % de Cabernet et 20 % de Merlot, assemblés avec le Sangiovese ; dans le vin blanc, une majorité de Pinot blanc et de Chardonnay avec 30 % au maximum de Trebbiano.

## Vernaccia di San Gimignano

La Vernaccia, cultivée depuis le XIII$^e$ siècle au pied des célèbres tours de la ville de San Gimignano, produit un vin blanc DOC, doté d'une pointe d'acidité.

# LES FACTEURS DE QUALITÉ

De toutes les régions d'Italie, la Toscane est l'une des plus adaptées à la vigne (à l'olivier aussi), avec ses nombreux coteaux descendant des Apennins, épine dorsale de la péninsule. Seules la région de Valdichiana, au centre, et la plate Maremme, au sud-ouest, n'assurent pas le drainage indispensable à un vignoble de qualité.

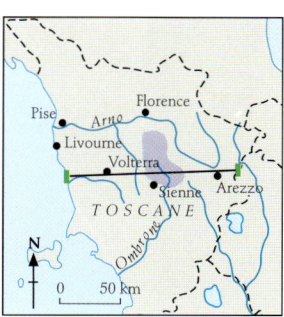

## Chianti Classico

Tout le centre de la Toscane – des collines près d'Arezzo, à l'est, au pied des Apennins, jusqu'au bord de la mer, où le climat est plus chaud – produit du Chianti. La plupart des meilleurs vins viennent de la zone du Chianti Classico, entre Gaiole et Castellina, où les vignobles poussent souvent à 500 m d'altitude.

## Organisation

Dans le contexte parfois assez chaotique du monde du vin italien, l'organisation peut être un élément important. Les producteurs de Chianti Classico et de Chianti Rufina sont – depuis longtemps – mieux organisés que d'autres, ce qui, dans un plus grand souci de qualité, a facilité les efforts nécessaires aux progrès.

TOSCANE : PROFIL ET ZONES VITICOLES

**Zones viticoles**
- Chianti Classico
- Chianti

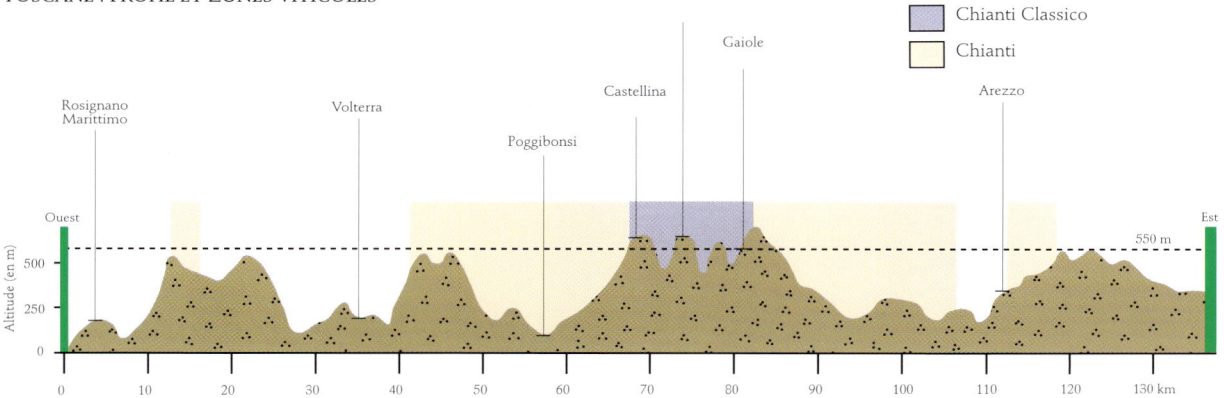

## Sélection clonale

Principal cépage rouge du centre de l'Italie, le Sangiovese a donné naissance à 14 ou 15 clones ; le choix entre ceux-ci joue un rôle décisif dans la qualité des meilleurs vins. Il existe deux grandes familles de Sangiovese : Piccolo et Grosso. Le Piccolo donne des raisins plus petits à peau plus fine. Facile à cultiver et productif, il a été beaucoup planté après la Seconde Guerre mondiale, quand les paysans gagnaient leur vie en vendant autant de raisin que possible. Le Sangiovese Grosso, ou Sangioveto, donne un vin meilleur. Un de ses clones, le Brunello, est utilisé à Montalcino depuis la fin du XIXᵉ siècle. Le Prugnolo,

Certains grands vins de Toscane sont élevés en barriques.

autre clone de Sangiovese Grosso, est à la base du Vino Nobile di Montepulciano. Si, pour le Chianti, les vieux vignobles de Piccolo sont encore majoritaires, la qualité du vin devrait s'améliorer nettement, à mesure que les vignobles seront replantés avec de meilleurs clones.

## Altitude

Certaines zones bénéficient d'une altitude supérieure à la moyenne de la région, ce qui garantit plus de fraîcheur aux raisins l'été. Les trois grandes zones viticoles de la Toscane sont Chianti Classico, Montalcino et Montepulciano, où les vignobles poussent jusqu'à 550 m au-dessus du niveau de la mer. Les zones de Chianti Classico et de Rufina, plus au nord, sont plus fraîches que le reste de l'appellation. Le Chianti Classico profite aussi de sols mieux drainés (un mélange d'*albarese*, riche en chaux, et de *galestro*, plus rocailleux). Plus que dans d'autres régions, cette altitude élevée entraîne des variations selon les millésimes, souvent à la suite de pluies estivales.

# PRODUCTEURS ET NÉGOCIANTS DE CHIANTI

Les grands noms du Chianti se trouvent dans la zone du Chianti Classico entre Florence et Sienne, autour des villes de Greve, Castellina, Radda, Gaiole et Castelnuovo Berardenga, et dans la petite zone de Chianti Rufina, au nord-est de Florence. Beaucoup sont aussi réputés pour leurs *vini da tavola* novateurs.

### Antinori

Sans doute le nom le plus célèbre du Chianti. Depuis leur palais Renaissance à Florence, les marquis Antinori dirigent un empire viticole englobant Chianti et Orvieto.

Leurs principaux Chianti Classico, Villa Antinori et Peppoli, sont complétés par de majestueux *vini da tavola* rouges à base de Cabernet-Sauvignon et de Sangiovese, comme le Solaia (80 % de Cabernet) et l'historique Tignanello (20 % de Cabernet), créé au début des années 1970 par Giacomo Tachis, le grand œnologue des Antinori depuis trente ans.

Parmi les autres vins, le Santa Cristina, qui fut un Chianti avant d'être promu *vino da tavola*, à base de Sangiovese, le Bolgheri DOC rosé, le Galestro blanc et des vins mousseux. Voir aussi Castello della Sala, p. 384.

### Badia a Coltibuono

Cette abbaye du XIᵉ siècle, à l'est du Chianti Classico, appartient à la famille Stucchi depuis 1841. Le vignoble est en contrebas, près du village de Monti. Avec l'aide de Maurizio Castelli,

Roberto Stucchi-Prinetti produit une gamme de vins dont le plus important est un Chianti Classico de garde. Le Sangioveto, passé en barrique, est issu des plus vieilles vignes, datant des années 1940. On y trouve aussi un rouge léger, le Coltibuono Rosso, et un vin blanc.

### Castellare di Castellina

Ce domaine de 18 ha représente bien les tendances actuelles du Chianti. Conseillé par Maurizio Castelli, le propriétaire Paolo Panerai utilise des cuves d'acier inoxydable pour la fermentation et des fûts de bois pour l'élevage. Son Chianti Classico, sans apport de cépages blancs, est intense et concentré. Parmi les autres vins, un *vino da tavola* rouge élevé en barrique, I Sodi di San Niccolo, un Chardonnay et le rouge léger Governo di Castellare.

### Castell' in Villa

Propriété de la princesse Coralia Pignatelli della Leonessa, ce domaine de 55 ha se trouve dans la zone sud-est du Chianti Classico, près de Castelnuovo Berardenga. Outre le Chianti Classico, il produit du Bianco Val d'Arbia DOC et un *vino da tavola* de Sangiovese appelé Balsastrada.

### Castello di Ama

Ce domaine de 85 ha au sud du Chianti Classico figure dans le peloton de tête. Les raisins des différentes parcelles sont vinifiés séparément et donnent lieu à divers *riservas* – Bellavista, La

Casuccia et San Lorenzo –, mais aussi à un assemblage de Chianti Classico. Plusieurs curiosités parmi les *vini da tavola* : un Merlot (Vigna l'Apparita), un Pinot noir (Vigna Il Chiuso), un Chardonnay (Vigna al Poggio) et un Sauvignon Blanc (Colline di Ama).

### Castello di Fonterutoli

Propriété de la famille Mazzei depuis 1435, ce domaine de 34 ha est à l'avant-garde de la qualité dans le Chianti. Lapo Mazzei et ses fils produisent trois vins rouges : le Chianti Classico, un *riserva* appelé Ser Lapo (dont l'assemblage comporte un peu de Cabernet-Sauvignon), et un *vino da tavola* (80 % de Sangiovese et 20 % de Cabernet) baptisé Concerto. Le vin blanc est un assemblage de Trebbiano, Riesling et Chardonnay.

### Castello di Gabbiano

Au nord du Chianti Classico, ce domaine comporte un château du XIIIᵉ siècle et 50 ha de vignes dont 12 ha de Chardonnay. La fermentation s'effectue dans des cuves en inox. Parmi les vins, un pur Chardonnay baptisé Ariella et trois Chiantis - normal, *riserva* et *riserva d'oro* (une sélection de *riserva* élevée en barrique). Le rouge Ania est un *vino da tavola* de pur Sangiovese. Le vin rouge ReR, aux initiales des propriétaires Raino et Raynella Alcaini, est issu de 60 % de Cabernet-Sauvignon, 10 % de Merlot et 30 % de Sangiovese.

### Castello di San Polo in Rosso

L'un des nombreux domaines du Chianti à bénéficier des avis de Maurizio Castelli, qui conseille la famille Canessa depuis la fin des années 1970. Cette propriété de 20 ha produit un Chianti Classico et un *riserva*, le blanc Bianco dell'Erta (Trebbiano et Malvasia), ainsi que le rosé Rosato dell'Erta, à base de Sangiovese. Le « super *vino da tavola* » est un 100 % Sangiovese baptisé Cetinaia et élevé en fûts de 500 l.

### Castello di Volpaia

Le hameau de Volpaia possède l'un des vignobles les plus élevés du Chianti Classico, situé entre 430 et 600 m d'altitude. L'œnologue-conseil Maurizio Castelli est responsable des vinifications. L'altitude confère au vin un potentiel de vieillissement particulièrement développé et des arômes élégants. Parmi les autres vins de ce domaine de 37 ha, le Bianco Val d'Arbia DOC, le Torniello, assemblage de Sauvignon Blanc et de Sémillon vieilli sous bois, et deux *vini da tavola* rouges, Coltassala (Sangiovese et Mammolo) et Balifico (mêmes cépages plus Cabernet).

### Castello Vicchiomaggio

Le château actuel fut d'abord une villa Renaissance, bâtie sur une colline au nord de Greve. Acheté par la famille Matta dans les années 1960, ce domaine produit surtout des Chianti Classico (San Jacopo, Vigna Petri et Prima Vigna, issu de vieilles vignes). Il y a aussi Ripa delle Mimose, un blanc de Chardonnay, et Ripa delle More, un rouge de Sangiovese et de Cabernet.

### Felsina Berardenga

La Fattoria di Felsina, près de Castelnuovo Berardenga, a été baptisée le Margaux du Chianti en hommage à l'opulence de ses vins, produits sous la direction de Giuseppe Mazzocolin et de son œnologue-conseil Franco Bernabei. Des investissements considérables ont été effectués : cuves de fermentation en acier inox, système de refroidissement, impressionnant chai de vieillissement. Le Chianti Classico – même le réputé *riserva* Rancia – est vinifié avec un apport de Governo, tout comme le Fontalloro, grand *vino da tavola* rouge de pur Sangiovese. Ce dernier est élevé en barriques, tout comme le Chardonnay I Sistri.

### Fontodi

Ce domaine de 30 ha au cœur du Chianti Classico appartient à la famille Manetti, conseillée par

Franco Bernabei. Il produit des Chianti Classico avec apport de Governo. Parmi les vins les plus réputés, le *riserva* Vigna del Sorbo, comportant 10 % de Cabernet-Sauvignon, et le *vino da tavola* rouge Flacciatello della Pieve, 100 % Sangiovese, élevés en barriques tout comme le Meriggio, un assemblage hors normes de Pinot Blanc, Gewürztraminer (Traminer rosé) et Sauvignon.

### Frescobaldi
Voir encadré ci-contre.

### Isole e Olena
Le nom de ce domaine se réfère à une maison, Isole, et au hameau voisin, Olena. Paolo De Marchi, Piémontais formé en Californie, produit, de l'aveu général, l'un des meilleurs Chianti Classico à partir de ses 36 ha à Barberino Val d'Elsa. Il a beaucoup travaillé à améliorer la qualité de ses vignes de Sangiovese et les résultats s'en font également sentir dans son *vino da tavola*, Cepparello. Il a, le premier, planté de la Syrah en Toscane, pour l'introduire parfois dans son Chianti (parmi les 10 % de cépages «étrangers» autorisés), la vinifier à part ou encore l'assembler avec du Sangiovese et du Cabernet. Il produit aussi un vin blanc de Chardonnay et un Vin Santo à base de Malvasia.

### Melini
La maison de négoce Melini est installée tout près de Poggibonsi et appartient à la société suisse Gruppo Italiano Vini. C'est le troisième producteur de Chianti derrière Ruffino et Antinori, avec environ 6 millions de bouteilles par an, dont 70 % sont issues de ses propres vignobles. Melini produit du Chianti générique et des Chianti Classico, dont certains sont des monocrus, comme La Selvanella et Terrarossa.

### Pagliarese
Dans ce domaine traditionnel de 30 ha près de Castelnuovo Berardenga, la famille Sanguinetti pro-

duit du Chianti Classico avec un peu de Cabernet-Sauvignon et de Cabernet Franc dans l'assemblage. Elle possède aussi à Montalcino des vignes de Sangiovese qui vont dans le Camerlengo, un *vino da tavola* rouge élevé en barriques.

### Ricasoli
La famille Ricasoli, à l'origine du style du Chianti défini au XIXe siècle – recours à la méthode du Governo et à l'assemblage de différents cépages –, continue d'exploiter les 250 ha de l'antique Castello di Brolio. Le Chianti Classico du domaine reste l'un des plus réguliers. Le Riserva del Barone a cinq ans de vieillissement et le San Ripolo rouge, ex-Chianti Classico devenu *vino da tavola* de Toscane, est passé en barrique. Ricasoli est aussi le principal producteur de Vin Santo de Toscane.

### Rocca delle Macìe
Le producteur de westerns italiens Italo Zingarelli a acquis ce domaine de 200 ha proche de Castellina dans les années 1970. Dans des chais modernes, il produit une gamme de vins fruités d'un bon rapport qualité/prix. Le Chianti Classico de base et même le *riserva* sont conçus pour être bus relativement tôt. Seul le *vino da tavola* rouge Ser Gioveto, à base de Sangiovese et de Cabernet, est destiné à vieillir.

### Ruffino
L'un des géants du Chianti, propriété de la famille Folonari. Le domaine principal est situé à Nozzole, en Chianti Classico. La maison Ruffino dispose de vastes chais à Pontassieve et produit toute une gamme de vins, du Chianti de base, embouteillé dans le traditionnel *fiasco*, à certains des meilleurs *riserva*, comme le Riserva Ducale. Elle a joué un rôle majeur dans la création des vins de Predicato (voir encadré p. 381). Parmi les vins de prestige, un rouge de Pinot Noir, et un rouge de Pinot Noir, et un rouge de Pinot Noir,

Nero del Tondo, et le blanc Libaio élaboré à partir de 90 % de Chardonnay.

### San Felice
Ce domaine de 120 ha près de Castelnuovo Berardenga produit un Chianti Classico de base appelé Pagni et deux Chiantis monocrus : Poggio Rosso et Villa la Pagliaia. Le *riserva* de style classique s'appelle Il Grigio. Parmi les autres vins, un frais Bianco Val d'Arbia DOC, un *vino da tavola* rosé fruité, Rosé di Canaiolo, et un assemblage de Cabernet-Sauvignon et de Sangiovese commercialisé sous l'étiquette Vigorello.

### Selvapiana
Ce domaine de Chianti Rufina est très réputé pour la qualité et la longévité de ses vins, issus de petits rendements et élevés

en fûts. Les 30 ha de vignes en coteau se trouvent derrière la ville de Pontassieve et produisent un Chianti Rufina, un *riserva* et le Vigneto Bucerchiale, un Chianti monocru venant d'une parcelle escarpée et rocailleuse. À noter aussi un vin blanc de Pinot Gris et Pinot Blanc appelé Borro Lastricato.

### Serristori
C'est la deuxième maison de négoce du Gruppo Italiano Vini en Chianti Classico (la première étant Melini). Elle se trouve dans l'ancien domaine des comtes Serristori à Sant'Andrea in Percussina. L'écrivain et homme politique Machiavel y fut exilé et son nom figure sur deux des meilleurs vins de la maison, le Chianti Classico *riserva* Machiavelli et le *vino da tavola* rouge Ser Niccolo.

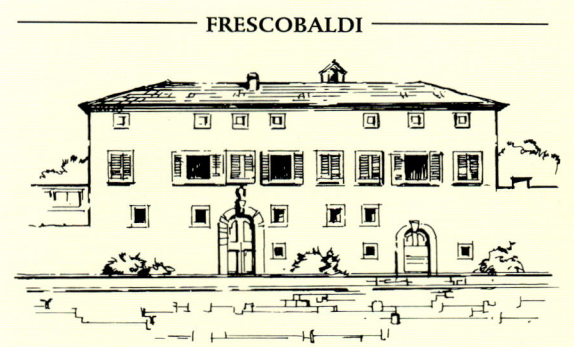

## FRESCOBALDI

Les marquis de Frescobaldi ont des vignobles depuis le XIIIe siècle, mais ce n'est que dans les années 1960 qu'ils ont commencé à mettre leur vin en bouteilles au lieu de le vendre à des négociants. L'essentiel de leur importante production provient de 500 ha situés dans les zones de Chianti Rufina et de Pomino. La principale propriété est le Castello di Nipozzano en Chianti Rufina. Plus haut dans les collines des Apennins, dans la DOC de Pomino (pratiquement créée par les Frescobaldi), se trouvent les 75 ha de la Tenuta di Pomino, réputée pour son Pomino blanc Il Benefizio, où domine le Chardonnay. Parmi les autres vins, un Chianti de base, ainsi que des vins de Predicato (voir p. 381) et du Mousseux. Les Frescobaldi possèdent également le Domaine de Castelgiocondo, qui produit un Brunello di Montalcino de style moderne.

# AUTRES RÉGIONS ET PRODUCTEURS

Les zones d'appellation DOCG Brunello di Montalcino, Vino Nobile di Montepulciano et Carmignano, ainsi que les DOC Vernaccia di San Gimignano et Pomino, se trouvent pour l'essentiel dans les limites de la vaste appellation Chianti DOCG. Les producteurs ont donc le choix : faire du Chianti standard – ou un «super *vino da tavola*» toscan – ou encore des vins DOC ou DOCG.

## BRUNELLO DI MONTALCINO
### Altesino

Créé en 1970 par l'homme d'affaires milanais Giulio Consonno, ce domaine de 16 ha comporte deux vignobles bien distincts : celui de Montosoli en altitude, au sol rocailleux à faible rendement, et, plus bas, les vignes d'Altesino, plus productives et au sol plus argileux. Les raisins provenant de ces deux zones sont assemblés pour donner lieu à une série de vins : un Brunello classique, un blanc appelé Bianco di Montosoli et deux *vini da tavola* rouges, Palazzo Altesi, 100 % Sangiovese, élevé en barriques, et Alte d'Altesi, un assemblage de 70 % de Sangiovese et de 30 % de Cabernet-Sauvignon. D'autres vins expérimentaux incluent un Chardonnay et un Moscadello Passito issu de raisins passerillés.

### Barbi

Ce vignoble fondé il y a quatre siècles – donc bien antérieur à l'appellation – est l'un des plus anciens de Montalcino. Il appartient aujourd'hui à la famille Colombini, elle-même installée à Montalcino depuis le XVIᵉ siècle. Il y a en fait deux domaines – Fattoria dei Barbi, près de Montalcino, et Fattoria del Casato, près d'Altesino –, dont les raisins sont assemblés. Outre le Brunello, ils donnent un *riserva* monocru appelé Vigna del Fiore, et un *vino da tavola* rouge comportant un apport de raisins de Governo passerillés, le Brusco dei Barbi, puissant et un peu plus rustique que le Brunello. Le domaine produit aussi des fromages de brebis et des jambons fumés que l'on peut déguster sur place dans le restaurant du domaine.

### Biondi-Santi

Ce domaine est le plus célèbre de Montalcino. Il est à l'origine du Brunello actuel et ses vins restent certainement les plus chers de l'appellation. Dans les années 1880, Ferruccio Biondi-Santi se mit à produire un vin à partir d'un clone particulier de Sangiovese (qu'il baptisa Brunello), séjournant longtemps dans le bois avant sa mise en bouteilles. Ce vin, massif et tannique dans sa jeunesse, avait la réputation de pouvoir durer 50 ans ou même davantage. La famille est toujours en charge des chais d'Il Greppo, bien que la société appartienne aujourd'hui pour 60 % à un avocat de Sienne. Il y a deux Brunello, *annata* et *riserva*, la différence tenant à l'âge des vignes. L'approche est assez traditionnelle, pour ne pas dire dépassée, et, à en croire certains commentaires, les vins ont perdu la grandeur qui a fait leur réputation. Il semble pourtant que des progrès soient en cours.

### Camigliano

Ce domaine situé à Camigliano, l'une des zones les plus torrides de l'appellation, appartient à des Milanais, la famille Ghezzi. Il comporte 47 ha de Brunello et quelques autres plantés de cépages blancs. Les vins sont de style traditionnel, sauf le *vino da tavola* expérimental Vigna di Fontevecchio, un rouge élevé en barriques.

### Tenuta Caparzo

Quatre amis originaires de Milan ont racheté un domaine à l'abandon et produit leur premier millésime en 1970. Ils possèdent une vingtaine d'hectares regroupant deux vignobles à La Casa et à Caparzo. Des expériences de replantation ont été effectuées en rapprochant les ceps et en utilisant différents clones de Sangiovese Grosso. Le Brunello est élevé en foudres mais aussi dans des fûts de 350 l. Le domaine produit en outre un Rosso di Montalcino DOC et un *vino da tavola* rouge appelé Ca' del Pazzo, moitié Sangiovese moitié Cabernet-Sauvignon, élevé au plus un an en barriques. Le blanc Le Grance est un Chardonnay fermenté en petits fûts.

### Col d'Orcia

C'est l'un des deux domaines de Brunello (avec celui d'Argiano) acquis par Cinzano en 1973. Ses 70 ha en font l'une des grandes propriétés de Montalcino. La vinification est supervisée par l'œnologue-conseil Maurizio Castelli. Des sommes considérables ont été consacrées à la rénovation du domaine et les vins ont aujourd'hui acquis une grande élégance. Outre le Brunello, il produit également un Rosso di Montalcino DOC, un Chianti Colli Senesi DOCG, un Moscadello et un *novello* (vin primeur) rouge appelé Novembrino.

On laisse sécher les raisins avant d'en faire du Vin Santo.

## Lisini

Propriété de la famille siennoise du même nom, ce domaine de 12 ha est situé à Sant'Angelo del Colle. Il bénéficie désormais des conseils du grand œnologue Franco Bernabei. Il produit aujourd'hui un Brunello à la fois concentré et élégant, ainsi que du Rosso di Montalcino DOC.

## Poggio Antico

Malgré son nom, cette propriété de 20 ha située à 450 m d'altitude a moins de 20 ans et est donc dotée de chais modernes. Les Brunello qui y sont produits reflètent ce parti pris. Ils offrent un bon exemple du style moderne de l'appellation et sont vinifiés pour être bus dans leur jeunesse. Les propriétaires du domaine sont partisans d'un raccourcissement de la durée d'élevage dans le bois imposée par l'appellation et produisent, à partir du même cépage Brunello, un *vino da tavola* rouge appelé Altero, passant seulement deux ans en fût de chêne.

## Tenuta Il Poggione

Ce domaine faisait autrefois partie d'une propriété beaucoup plus vaste, dont l'autre moitié s'appelle aujourd'hui Col d'Orcia. Sa taille reste néanmoins respectable, avec 80 ha de vignes produisant toute une série de vins sous la direction de Pierluigi Talenti (lui-même propriétaire d'un petit vignoble voisin, où il vinifie son propre Brunello DOCG, Talenti-Podere Pian di Conte). À part le Brunello et le Rosso di Montalcino DOC, il y a un Moscadello ambré, un Vin Santo et un Bianco di Sant'Angelo à base de Malvasia del Chianti.

## Villa Banfi

Cette propriété est l'attraction de Montalcino. Quand les frères Mariani, John et Harry, propriétaires de la société américaine Banfi Vintners et responsables du succès du Lambrusco aux États-Unis, ont décidé d'inves-

tir à Montalcino, ils ont acquis ce domaine de 3 000 ha comprenant l'antique château de Poggio alle Mura (rebaptisé Castello Banfi) et 680 ha de vignes. La propriété dispose d'un gigantesque chai ultramoderne, d'une aire d'atterrissage pour hélicoptères, de coteaux redessinés et d'un lac artificiel. L'objectif était de produire un Moscadello doux pour répéter le succès du Lambrusco à un niveau de qualité supérieur. Mais les ventes n'ont pas suivi et le Brunello di Montalcino et d'autres vins rouges ont alors pris plus d'importance que prévu au départ. Outre le Brunello et le Rosso di Montalcino DOC, Villa Banfi produit le Castello Banfi (un assemblage de Pinot Noir, de Cabernet-Sauvignon et de Sangiovese), un Cabernet 100 % et deux vins blancs de cépage, l'un de Pinot Gris et l'autre de Chardonnay.

## VINO NOBILE DI MONTEPULCIANO

### Avignonesi

Le palais Avignonesi du XVIᵉ siècle se trouve au cœur de Montepulciano, juste à côté de la place principale. Les caves datent du XVᵉ siècle et comportent des vestiges étrusques. Mais le nom d'Avignonesi est aussi lié au renouveau des vins de Montepulciano. Les frères Falvo, qui sont aujourd'hui les propriétaires de ce domaine, ont planté du Cabernet-Sauvignon, du Merlot et du Chardonnay. Ils produisent plusieurs *vini da tavola* comme les blancs Il Marzocco et Terre di Cortona, tous deux à base de Chardonnay, et le rouge Grifi, un assemblage de Sangiovese et de Cabernet Franc. Leur

Vin Santo est très réputé, mais leur vin vedette reste le Vino Nobile DOCG, considéré par beaucoup comme le meilleur de l'appellation.

## Boscarelli

Ce domaine de 9 ha très bien situés appartient à Paola Di Ferrari Corradi et bénéficie, comme beaucoup d'autres en Toscane, des conseils de l'œnologue Maurizio Castelli. Les résultats s'en font sentir dans le Vino Nobile et dans le *vino da tavola* Rosso Boscarelli, élevé en barriques : des vins charnus, jamais dominés par le bois.

## Poliziano

Le nom du domaine évoque le poète de la Renaissance Ange Politien, né à Montepulciano. Le propriétaire, Federico Carletti, s'est aussi inspiré du titre de plusieurs œuvres de Politien pour baptiser ses *vini da tavola* : Elegia, 100 % Sangiovese, et Le Stanze, assemblage de Sangiovese et de Cabernet-Sauvignon. Ses 80 ha de vignes comportent diverses parcelles. Celles situées en bas de côte produisent du Chianti vendu en vrac, alors que d'autres plus en hauteur produisent du Vino Nobile. Il y a aussi 2 ha consacrés à la production de Bianco Vergine Valdichiana DOC et de Vin Santo.

## Trerose

Ce domaine récent (le premier millésime remonte à 1985) a été créé par un homme d'affaires milanais, déjà propriétaire de Val di Suga à Montalcino. Il a annoncé son intention de produire le meilleur des Vino Nobile. Les 40 ha de vignes entourent une villa du XVᵉ siècle où se trouve le chai de vieillissement, mais le chai de vinification situé juste à côté est tout neuf. Le Vino Nobile est destiné à une longue garde et élevé en barriques. Il y a aussi un vin blanc issu d'un assemblage de Sauvignon, Trebbiano et Malvasia, ainsi qu'un *vino da tavola* de Chardonnay appelé Salterio.

## AUTRES VINS

### Artimino

Autre grand domaine de l'appellation Carmignano DOCG, Artimino n'égale cependant pas la réputation de la Tenuta di Capezzana (voir plus loin). Ses vins sont vinifiés de manière traditionnelle et élevés en grands foudres. Les deux *riserva* - Riserva del Granduca et Riserva Villa Medicea - sont issus d'une sélection des meilleurs raisins. Il y a aussi un *vino novello* rouge et le Rosso di Comignoli, surtout à base de Canaiolo.

## Banti

Erik Banti produit un Morellino di Scansano DOC considéré comme le meilleur de l'appellation. Son domaine de 11 ha se trouve au sud-est de Grosseto, dans le village de Montemerano. Il utilise les barriques pour ses vins monocrus, Ciabatta, Aquilaia et Piaggie,

## LES VINS DE PREDICATO

Certains producteurs et négociants, y compris des maisons aussi importantes que Ruffino, Frescobaldi et Melini, ont collaboré à la création de quatre types de vins dans lesquels des cépages italiens sont assemblés avec des cépages français ou allemands. Ce sont officiellement des *vini da tavola,* mais avec la mention honorifique *predicato*. La création de cette énième catégorie a encore ajouté à la confusion et le consommateur semble bouder ces vins pourtant très recommandables. **Predicato di Biturica**, rouge, à dominante de Cabernet-Sauvignon, avec du Sangiovese. **Predicato di Cardisco**, rouge, à dominante de Sangiovese. **Predicato del Muschio**, blanc, un assemblage de Chardonnay et de Pinot Blanc, avec du Riesling, du Müller-Thurgau ou du Pinot Gris. **Predicato del Selvante**, blanc, à dominante de Sauvignon.

et vinifie également un très bon *vino da tavola* rouge à base d'Alicante.

## Capannelle

Bien que ce petit domaine d'à peine 5 ha soit situé dans la province de Sienne en zone de Chianti Classico, il n'en produit aucun et a choisi la voie du *vino da tavola*. Le chai bijou est consacré à trois vins de haut niveau : un Chardonnay, un *vino da tavola* rouge 100 % Sangiovese élevé en barriques et un rouge de Sangiovese assemblé avec 10 % de Canaiolo.

## Grattamacco

Pier Mario Meletti Cavallari a administré la preuve qu'un assemblage de Trebbiano et de Malvasia peut donner de superbes résultats, à condition de réduire très sévèrement les rendements. Son Grattamacco Bianco est un grand vin. Il a récemment été rejoint par le Grattamacco Rosso, un assemblage de Sangiovese et de Malvasia Nera avec du Cabernet-Sauvignon qui est sans doute encore plus impressionnant. Tous deux sont des *vini da tavola*. Le domaine est situé dans la zone d'appellation Bolgheri DOC près de la côte et produit sous cette étiquette un blanc (à base de Trebbiano) et un rosé (issu de Sangiovese).

## Guicciardini-Strozzi

La Fattoria di Cusona comporte 65 ha situés dans les appellations Vernaccia di San Gimignano DOC et Chianti Colli Senesi DOCG. La propriété appartient par mariage aux descendants de deux vieilles familles florentines, les Guicciardini et les Strozzi. Elle produit deux Vernaccia (San Biagio et *riserva*) et un Chianti destiné à être bu jeune, ainsi qu'un distingué *vino da tavola* de pur Sangiovese, le rouge Sodole.

## Monte Vertine

Le propriétaire Sergio Manetti a créé en 1977 le tout premier « super *vino da tavola* » unique-

ment issu d'un cépage toscan, avec son Pergole Torte 100 % Sangiovese, qui a immédiatement remporté un très vif succès. Depuis lors, ce domaine de 8 ha s'est spécialisé dans cette voie en tournant le dos au Chianti Classico et produit certains des vins les plus chers de la région. L'autre *vino da tavola*, Il Sodaccio, est un assemblage de Sangiovese et de Canaiolo. Il y a aussi un vin blanc, issu de Trebbiano et de Malvasia. Le petit musée consacré à la vie campagnarde est une attraction pour les visiteurs.

## Ornellaia

Ce domaine d'inspiration récente est l'œuvre de Lodovico Antinori, le frère de Piero Antinori (voir p. 378). Le vignoble a été créé de toutes pièces dans la propriété familiale de Bolgheri, non loin des vignes de Sassicaia (voir ci-dessous). Le vin fait surtout appel au Cabernet-Sauvignon, comme son illustre voisin, mais son assemblage comporte également du Merlot et du Cabernet Franc. Les premières mises sur le marché remontent à 1988. Les nombreux avis d'experts et les gros investissements qui sont entrés en jeu semblent avoir déjà abouti à la production d'un grand vin rouge de garde. Le blanc du domaine, un assemblage de Sauvignon et de Sémillon baptisé Poggio alle Gazze, a lui aussi retenu l'attention.

## Sassicaia

C'est en 1968 que les premiers vins de la Tenuta San Guido de Mario Incisa della Rocchetta sont arrivés sur le marché, sous l'égide – à l'époque – de la mai-

son Antinori de Florence. Mais les boutures de Cabernet-Sauvignon provenant de Château Lafite-Rothschild à Bordeaux, témoignage de l'amitié régnant entre les deux familles, avaient été installées dès 1944. Le potentiel de vieillissement des vins extraits de ces vignes encouragea Piero Antinori et son œnologue Giacomo Tachis à créer ce qui est rapidement devenu une légende - atteignant des prix faramineux. Issu de 75 % de Cabernet-Sauvignon et de 25 % de Cabernet Franc, le Sassicaia est élevé en barriques.

## Tenuta di Capezzana

La famille Bonacossi habite la villa médicéenne de ce domaine de 106 ha. Ses vins ont fait la réputation de la petite DOC – depuis peu DOCG – de Carmignano, où le Cabernet-Sauvignon est implanté depuis le XVIIIᵉ siècle. Ugo Contini Bonacossi fut pour beaucoup dans la séparation de Carmignano d'avec le Chianti Montalbano DOCG, qui l'englobait autrefois. La Tenuta di Capezzana produit aujourd'hui d'excellents rouges, dont le Ghiaie della Furba issu de cépages bordelais, le Carmignano DOCG et le *riserva*. Il y a aussi un Chardonnay, le Mousseux fermenté en bouteille Villa di Capezzana Brut et un beau Vin Santo.

## Tenuta La Parrina

À l'extrême sud-ouest de la Toscane, dans la province de Grosseto, la famille Spinola (apparentée à Lodovico Antinori, de l'Ornellaia, voir même page) produit des vins rouges et blancs Parrina DOC. Depuis

1990, ce ne sont plus de simples vins de *trattoria* : ils ont pris de l'élégance et un peu plus de longévité. Le blanc est à base de Trebbiano et de Malvasia del Chianti. Cabernet-Sauvignon et élevage en barriques ont fait leur apparition dans le *riserva* rouge, un assemblage de Sangiovese et de Canaiolo.

## Teruzzi e Puthod

Les 40 ha de la Fattoria Ponte a Rondolino appartiennent à Enrico Teruzzi et à sa femme, Carmen Puthod, ex-ballerine. Le chai, l'un des plus modernes de San Gimignano, est idéal pour produire un Vernaccia di San Gimignano DOC bien fruité, mais le Terre di Tufo, Vernaccia haut de gamme, est élevé en barriques. La propriété produit aussi le Sarpinello, un blanc mousseux 100 % Vernaccia.

## Villa Cilnia

Ce domaine de 36 ha, dans la province d'Arezzo, produit du Chianti Colli Aretini DOCG ainsi que deux *vini da tavola* blancs issus de Trebbiano, de Chardonnay et de Malvasia, assemblés dans diverses proportions : le Campo del Sasso, élevé en barrique, et le Poggio Garbato, un blanc sec plus léger. Il y a aussi un *vino da tavola* rouge, le Vocato, à base de Sangiovese et de Cabernet-Sauvignon, ainsi qu'un *novello* de Sangiovese appelé Privilegio. La gamme des vins, auparavant plus diversifiée, a récemment été réduite.

## Vinattieri

Cette affaire de négoce appartient conjointement au célèbre œnologue Maurizio Castelli et à Roberto Stucchi-Prinetti, de Badia a Coltibuono en Chianti Classico. Tous deux vinifient deux *vini da tavola* rouges – un assemblage de Sangioveto et de Brunello et un autre comportant du Cabernet-Sauvignon – et l'un des meilleurs Chardonnays italiens issu de raisins récoltés dans le Haut-Adige.

# ITALIE CENTRALE

Cyprès, oliviers et ceps de vigne, petits bourgs médiévaux et châteaux solitaires juchés sur les collines : le centre de l'Italie résume pour beaucoup de gens l'image du pays tout entier. Ombrie, Marches, Abruzzes et Molise sont reliés par la chaîne des Apennins, dont les contreforts ensoleillés offrent un site idéal pour la vigne. Les cépages principaux – Sangiovese (voir p. 375) pour les vins rouges et Trebbiano (voir p. 376) pour les blancs – sont un trait d'union entre les vignobles.

### Ombrie

L'Ombrie, région sans accès à la mer, cœur verdoyant de l'Italie, a beaucoup en commun avec la Toscane voisine : des coteaux relativement frais et, surtout, une nouvelle génération de producteurs qui ont défié avec succès les décrets d'appellation pour créer des « super *vini da tavola* ». Mais, au contraire de la Toscane, l'Ombrie est surtout réputée pour ses vins blancs, issus de la zone DOC d'Orvieto (voir encadré p. 384).

Le Tibre serpente à travers la région et longe la plupart des principaux vignobles, des Colli Altotiberini au nord à Orvieto au sud, en passant par Torgiano. La zone DOC des Colli Altotiberini donne des vins rouges, rosés et blancs à base de Sangiovese et de Trebbiano. Les autres DOC des collines – Colli del Trasimeno, Colli Perugini, Colli Martani et Colli Amerini – offrent des vins similaires, destinés pour la plupart à être bus jeunes.

Les cépages présentent un intéressant mélange de variétés toscanes et autochtones, la plus fascinante restant le très local Sagrantino, qui peut donner de grands vins rouges. Les Sagrantino di Montefalco DOC, vigoureux et bien colorés, peuvent être secs ou doux, ces derniers étant vinifiés à partir de raisins partiellement ou complètement passerillés (*passito*). L'appellation Rosso di Montefalco DOC désigne un agréable vin rouge à base de Sangio-

Équipements neufs au Castello della Sala.

vese, dont l'assemblage comporte un peu de Sagrantino.

L'appellation Torgiano DOC a acquis une réputation mondiale grâce aux efforts de la famille Lungarotti (voir p. 384). Les blancs, bien équilibrés, sont issus de Trebbiano et de Grechetto ; les rouges sont un assemblage de Sangiovese, Canaiolo, Ciliegiolo, Montepulciano d'Abruzzo et Trebbiano. Le Torgiano rouge *riserva*, qui compte trois ans de vieillissement, a droit à la prestigieuse appellation DOCG.

### Marches

Les vins des Marches semblaient voués à être bus sur place par les touristes de passage ou à orner de leurs bouteilles en forme d'amphore les traditionnelles trattorias italiennes du monde entier. Un sursaut de qualité s'est toutefois produit vers le milieu des années 1980.

Le principal cépage blanc est le Verdicchio, qui donne généralement des vins légers et citronnés, parfois effervescents, classique accompagnement des fruits de mer de l'Adriatique. Les producteurs de Verdicchio dei Castelli di Jesi DOC, le plus connu de ces vins, ont investi dans la rénovation des équipements et la sélection clonale. La petite zone du Verdicchio di Matelica DOC produit elle aussi de bons vins blancs, plus acides que ceux des Castelli di Jesi.

Le Rosso Cònero DOC, un vin rouge en constant progrès, est issu de Montepulciano d'Abruzzo cultivé sur les collines proches d'Ancône, capitale régionale. Chez les bons producteurs, ce cépage – à ne pas confondre avec la ville toscane du même nom où l'on cultive un clone de Sangiovese – peut donner des vins charnus et savoureux, dotés d'une bonne mâche. Mais ces vignobles sont aujourd'hui menacés par l'urbanisation. L'appellation Rosso Piceno DOC, un vin à base de Sangiovese avec 40 % de Montepulciano, est beaucoup plus vaste.

Il y a encore six zones DOC moins connues, dont l'une est réservée au rouge mousseux Vernaccia di Serrapetrona.

### Abruzzes et Molise

Dans ces deux régions, le paysage se fait plus sauvage, les villes plus discrètes. Caractérisées par le plus haut rendement viticole d'Italie, les Abruzzes regardent de toute évidence vers le Sud plus que vers le Nord. Le Molise est encore relativement inexploré, par les touristes comme par les amateurs de vin.

Les paysans de la région ne s'intéressent guère à la vinification et préfèrent laisser ce souci aux coopératives. Les Abruzzes peuvent pourtant produire un vin de bon niveau, comme le démontrent une poignée de domaines (Valentini et Illuminati sont les plus connus) et de rares coopératives. Ils prouvent que le Montepulciano des collines de Pescara peut rivaliser de qualité avec celui des Marches, plus au nord, et fournir des rouges charnus et souples. Le Trebbiano d'Abruzzo, principal cépage blanc, donne le plus souvent un vin sec plutôt ordinaire mais pas déplaisant. □

# PRODUCTEURS ET NÉGOCIANTS D'OMBRIE

La suprématie des blancs d'Orvieto est remise en question par les vins rouges et blancs de Torgiano, mais aussi par les nouveaux *vini da tavola* qui enfreignent avec succès les décrets d'appellation en faisant souvent appel à des cépages étrangers, tels que Sauvignon pour les vins blancs, Merlot ou Cabernet-Sauvignon pour les rouges.

## Fratelli Adanti

Grâce à Alvaro Palini, responsable technique de ce domaine de 18 ha, les robustes vins secs ou doux issus de Sagrantino sont sortis de leur léthargie. Il vinifie également un Rosso di Montefalco DOC (rouge) et trois excellents *vini da tavola* : Rosso d'Arquata, un rouge issu de Barbera, Canaiolo, Merlot et Cabernet-Sauvignon ; Bianco d'Arquata, assemblage de Trebbiano et Grechetto ; et Grechetto d'Arquata, un blanc 100 % Grechetto.

## Barberani-Vallesanta

Luigi Barberani et son œnologue-conseil Maurizio Castelli tirent trois Orvieto Classico de ce domaine de 25 ha : Castagnolo (sec), Pulicchio (demi-sec) et Calcaia (doux, issu de raisins botrytisés). Il y a aussi le Pomaio, un blanc élevé en barriques (Sauvignon Blanc, Sémillon et Grechetto), et les *vini da tavola* rouges Foresco (Sangiovese, Cabernet-Sauvignon) et Lago di Corbara, plus léger, à boire jeune.

## Bigi

Cette grande maison de négoce d'Orvieto a rehaussé sa réputation ces dernières années grâce à ses vins de cru. Propriété du Gruppo Italiano Vini, elle possède en propre 70 ha de vignes et doit acheter du raisin pour produire ses 36 millions de bouteilles par an. Parmi les meilleurs Orvieto DOC, on trouve les crus Torricella (sec) et Orzalume (doux). De ce dernier vignoble est également issu le Marrano, un blanc de Grechetto élevé en barriques. La production de Bigi inclut des vins dans les appellations du Latium : Est ! Est !! Est !!! et Aleatico di Gradoli.

## Caprai

Sur les 25 ha de son domaine de Val di Maggio, Arnaldo Caprai produit notamment un bon Sagrantino DOC sec (rouge), du Rosso di Montefalco DOC (rouge), un Colli Martani DOC (blanc) de Grechetto et des vins blancs mousseux.

## Castello della Sala

Ce splendide château et ses 130 ha de vignoble appartiennent à la maison Antinori de Toscane. Elle produit ici un exemplaire Orvieto Classico sec et plusieurs *vini da tavola* blancs : Cervaro della Sala (Grechetto et Chardonnay), Borro della Sala (Sauvignon Blanc, Procanico, Grechetto) et Muffato della Sala. Ce dernier est un vin doux botrytisé à la robe dorée, assemblage de Sauvignon Blanc, de Grechetto et de Drupeggio (nom local du Canaiolo Bianco). Parmi les *vini da tavola* rouges, on trouve un Pinot Noir.

## Colle del Sole

La famille Polidori, l'une des rares opérant encore dans la haute vallée du Tibre, produit des Colli Altotiberini DOC en blanc, rosé et rouge. De ses 30 ha, elle tire aussi un *vino da tavola* rouge appelé Rubino.

## Decugnano dei Barbi

Sur 18 ha de vignes près du lac de Corbara, Claudio et Marina Barbi produisent certains des vins les plus remarquables de l'appellation Orvieto, y compris un vin botrytisé appelé Pourriture Noble. À noter également le *vino da tavola* rouge Lago di Corbara (Sangiovese et Montepulciano) et le Decugnano Brut, un Mousseux à base de Chardonnay.

## La Fiorita

Quand Ferruccio Lamborghini a cessé de fabriquer des voitures de luxe, il s'est mis à produire des vins de luxe sur un domaine de 75 ha au bord du lac Trasimène. Son Sangue di Miura rouge se présente sous l'humble appellation Colli del Trasimeno DOC, mais se vend à un prix bien supérieur à la moyenne locale. Lamborghini produit aussi un vin blanc mousseux.

## Cantine Lungarotti

Giorgio Lungarotti, patriarche des vins d'Ombrie, s'est battu avec acharnement pour démontrer que les vins italiens pouvaient être de la plus haute qualité. Il a créé presque à lui seul une appellation (classée en 1968) à Torgiano, près de Pérouse, et a souvent fait œuvre de pionnier, introduisant notamment Cabernet-Sauvignon et Chardonnay dans des *vini da tavola* issus de son vignoble de Miralduolo (un Miralduolo rouge et un blanc). Les cépages italiens sont en revanche à l'honneur dans ses Torgiano DOC : le Rubesco (rouge), assemblage de Sangiovese, de Canaiolo et de Montepulciano, et le Torre di Giano, blanc. Le Torgiano *riserva* rouge a droit au prestigieux label DOCG : celui de Lungarotti est pratiquement l'unique représentant de la catégorie et provient des 12 ha de vieilles vignes de Vigna Monticchio. La famille a également créé à Torgiano un splendide musée du vin.

## Ruggero Veneri

À Spello, ce domaine, véritable joyau, produit deux magnifiques *vini da tavola* rouges, Merlot et Gran Merlot di Spello.

## Villa Antica

Ce domaine de 20 ha à Città della Pieve appartient à la famille Di Lauro. L'œnologue-conseil Vittorio Fiore y vinifie des Colli del Trasimeno DOC rouge, blanc et rosé et un Orvieto sec issu de raisins achetés.

## ORVIETO

Une poignée de producteurs – dont Antinori, Bigi et un ou deux domaines privés – ont fait renaître un vin blanc autrefois jugé médiocre et vendu à vil prix.

Le cépage principal est le Procanico, qui peut être amélioré par une proportion variable de Grechetto et de Malvasia. L'accent a récemment été mis sur la production de vins secs et frais, mais la réputation d'Orvieto vient surtout de ses vins blancs doux : non plus les tendres *abboccato* légèrement moelleux d'antan, mais des vins comportant une part de raisins atteints de pourriture noble (*muffa nobile* en italien) et classés, selon les nouvelles normes communautaires, *amabile* (demi-doux) ou *dolce* (doux). Autour d'Orvieto, dans le sud-ouest de l'Ombrie, la zone Classico est considérée comme la meilleure.

# PRODUCTEURS ET NÉGOCIANTS DES MARCHES

Le vin le plus connu des Marches est le blanc Verdicchio dei Castelli di Jesi DOC. Trois provinces peuvent revendiquer l'appellation rouge Rosso Piceno DOC, mais celle, bien plus prometteuse, de Rosso Cònero DOC est réservée à des vins comportant au moins 85% de Montepulciano d'Abruzzo, cultivé sur les collines proches d'Ancône.

### Fratelli Bucci
Conseillé par l'œnologue Giorgio Grai, Ampelio Bucci produit des Verdicchio dei Castelli di Jesi en zone Classico, près de la ville de Jesi. Le meilleur vin porte l'étiquette Villa Bucci.

### Attilio Fabrini
La Vernaccia de la province de Macerata est un cépage à baies foncées qui possède sa propre DOC pour un vin mousseux rouge. Fabrini, l'un des rares producteurs de Vernaccia di Serrapetrona DOC, vinifie deux versions (sec et *amabile*) de ce vin jeune et frais, fort admiré mais peu imité. Il produit aussi un Verdicchio mousseux et un peu de Bianco dei Colli Maceratesi DOC, un blanc encore plus rare que le rouge Serrapetrona.

### Fazi-Battaglia
Créer une tradition n'est pas si long : la maison de négoce qui a établi l'image du Verdicchio dei Castelli di Jesi – dans sa bouteille en forme d'amphore – ne date que de 1949 et a dominé le marché pendant des années. L'arrivée d'autres producteurs a obligé Fazi-Battaglia à ne pas se reposer sur ses lauriers et la modernisation de ses chais lui a permis de rester au premier plan. Son cru Le Moie, issu d'une sélection sur un vignoble de 36 ha, est le meilleur vin de toute la zone Verdicchio dei Castelli di Jesi Classico. La maison fait aussi du Rosso Cònero et du Rosso Piceno.

### Gioacchino Garofoli
C'est une importante maison de Rosso Cònero, surtout issu de ses propres vignobles. Son Rosso Cònero de cru Piancarda est élevé en foudres. Les vins blancs de Verdicchio, dont le cru de Verdicchio Macrina et le Serra Fiorese élevé en barriques, sont en revanche produits à partir de raisin acheté. La maison produit également des Verdicchio mousseux, comme le Garofoli Brut Riserva.

Vignes de Verdicchio près de Montecarotto.

### Fattoria La Monacesca
Les propriétaires de ce domaine familial situé dans la zone d'appellation Verdicchio di Matelica DOC ont fait vœu de qualité. Ils ont rénové le chai et consacrent beaucoup de soins à l'amélioration de leurs 18 ha de vignes.

### Fattoria di Montesecco
La province de Pesaro (au nord des Marches) comporte deux appellations DOC, mais les trois *vini da tavola* blancs de Massimo Schiavi prouvent que l'on peut faire mieux en enfreignant les règles. Ce sont le Tristo di Montesecco, ultra-sec, le Jubilé, déjà plus aromatique, et le Gallia Togata, légèrement botrytisé. Schiavi s'en tient autant que possible aux méthodes organiques, ce qui est une originalité dans la région.

### La Torraccia
Ce domaine proche d'Ancône appartient à Piero Costantini, qui produit également près de Rome le Frascati Villa Simone. Il fait ici un Rosso Piceno de bonne qualité.

### Umani Ronchi
L'une des maisons les plus innovantes et un producteur important des Marches. La société a été créée par Gino Umani Ronchi, mais est désormais aux mains de la famille Bernetti, par ailleurs propriétaire de vignobles qui alimentent les chais. La maison produit du Verdicchio et du Rosso Cònero et a largement contribué à améliorer la qualité et l'image de ces deux DOC. La gamme des blancs comporte du Verdicchio dei Castelli di Jesi en bouteille-amphore, mais l'accent est surtout mis sur les Verdicchio de cru de Casal di Serra et Villa Bianchi. Umani Ronchi fait également un Verdicchio fermenté en barrique appelé Le Busche. Les Rosso Cònero sont au nombre de trois : Casal di Serra, San Lorenzo, issu d'un vignoble de 6 ha, et Cùmaro, un cru haut de gamme issu d'un vignoble de 3 ha particulièrement réputé.

### Villa Pigna
Cette propriété de 250 ha en zone d'appellation Rosso Piceno Superiore (entre Ascoli et la mer) est le hobby d'un industriel local, Costantino Rozzi, qui fait cadeau d'une bonne partie de sa production. Les vins sont néanmoins faits sérieusement : le Rosso Piceno et le *vino da tavola* rouge Vellutato sont de grande qualité. Villa Pigna produit aussi des blancs mousseux, dont certains fermentent en cuve et d'autres en bouteille.

### Villamagna
Dans son domaine de 15 ha à Montanello di Macerata, Valeria Compagnucci Compagnoni produit le meilleur vin de l'appellation Rosso Piceno DOC. À Villamagna, on fait aussi des vins blancs, dont le Bianco dei Colli Maceratesi DOC et, surtout, le *vino da tavola* Monsanulus.

# PRODUCTEURS ET NÉGOCIANTS DES ABRUZZES ET DU MOLISE

Le système d'appellations des Abruzzes se borne au nom des cépages : Montepulciano d'Abruzzo pour les rouges et Trebbiano d'Abruzzo pour les blancs. Dans le Molise, l'appellation Biferno DOC peut désigner des vins rouges, rosés et blancs. Les cépages principaux sont les mêmes que dans les Abruzzes.

### Barone Cornacchia
Au Montepulciano d'Abruzzo rouge de ce domaine réputé s'est joint un Trebbiano d'Abruzzo d'une qualité équivalente.

### Illuminati
Sur ce domaine de 60 ha, Dino Illuminati produit certains des meilleurs vins des Abruzzes. Ses vins DOC, notamment Costalupo (blanc), Zanna et Riparossa (rouges), ont de la concentration et du caractère. On trouve aussi d'intéressants *vini da tavola* : le blanc Ciafré, assemblage dominé par le Trebbiano, et le rouge Nico, au fruité riche et mûr, dû à l'emploi de raisins passerillés de Montepulciano pressés à la main.

### Masseria Di Majo Norante
Sur la scène peu encombrée du Molise, la vedette appartient à Luigi et Alessio Di Majo, conseillés par l'œnologue Giorgio Grai. La plaine torride et sablonneuse avoisinant la mer semble peu propice à un vignoble de qualité, mais les techniques de vinification sont très soignées, d'un bon niveau, notamment sous la marque Ramitello. Le Ramitello blanc est un *vino da tavola* à base de Falanghina et de Fiano. Le Ramitello rouge est issu de Montepulciano et d'Aglianico. Falanghina, Fiano et Aglianico font également partie d'une gamme de vins de cépages ancestraux en provenance du Sud.

### Emidio Pepe
Dans cette propriété de Torano Nuovo, les raisins sont toujours foulés au pied pour produire un Montepulciano d'Abruzzo et un Trebbiano d'Abruzzo plus vrais que nature. Les méthodes du propriétaire restent très discutées, mais aboutissent – parfois – à de bons résultats.

### Viticoltori del Tappino
Cette coopérative molisane est située à Gambatesa et produit des vins Biferno DOC sous les marques Serra Meccaglia et Rocca del Falco. Le blanc Vernaccia di Serra Meccaglia est peut-être encore plus intéressant.

### Cantina Tollo
L'une des rares coopératives des Abruzzes à avoir progressé. Parmi les meilleurs vins, le Montepulciano d'Abruzzo Rocca Ventosa et le rouge haut de gamme baptisé Villa Paola. La gamme Colle Secco comporte un rouge souple et plaisant.

### Valentini
C'est « le » domaine de référence des Abruzzes. Le Trebbiano d'Abruzzo d'Edoardo Valentini prouve que ce cépage peut atteindre des sommets prodigieux ; quant à son majestueux Montepulciano d'Abruzzo, il peut attendre quinze ans. Valentini possède 60 ha de vignoble. Il ne garde qu'environ 5 % de sa vendange pour sa propre production et vend tout le reste. Le succès de ses vins – sans parler de son Cerasuolo rosé – lui permet de les vendre à des prix toujours plus élevés, mais ils restent difficiles à trouver.

### Ciccio Zaccagnani
Ce petit domaine dans la province de Pescara poursuit sur sa lancée avec un remarquable Montepulciano d'Abruzzo. À signaler aussi un *vino da tavola* rouge de Nebbiolo baptisé Capsico.

Vignobles en collines près de Chieti dans les Abruzzes.

# ITALIE DU SUD

Le sud de l'Italie constitue une énigme dans le monde du vin. Cette partie du pays produit une multitude de vins médiocres alors qu'elle possède plusieurs cépages remarquables, capables de donner des vins originaux.

La Campanie et les régions voisines ont une tradition viticole remontant à la Grèce antique. Pour les Grecs, comme pour les Romains, ces côtes fertiles portaient le nom d'Œnotria, le pays des vignes. Les amateurs de l'Antiquité seraient horrifiés de voir leurs vignobles de prédilection aujourd'hui ensevelis sous les immeubles et les usines surgis tout autour de Naples. La viticulture s'est réfugiée à l'intérieur des terres, mais la qualité y est inégale.

À la fin des années 1970, rien ou presque n'avait changé depuis un siècle. Aujourd'hui, d'énormes coopératives disposent de rutilantes cuves inox, mais paraissent incapables de tirer parti de leurs coûteux équipements. Seule une poignée de producteurs a réussi à produire des vins passionnants, souvent d'un excellent rapport qualité-prix. Ils misent davantage sur les cépages autochtones que sur les variétés importées du nord de l'Italie ou de France.

## Latium

La majorité des vins du Latium sont blancs. La région revendique deux des appellations viticoles les plus connues d'Italie, Frascati et Est ! Est !! Est !!!.

Autrefois, Étrusques et Romains faisaient de légendaires vins doux sur les plaines côtières. Les vignerons contemporains préfèrent les coteaux et produisent à partir du Trebbiano un grand nombre de vins blancs secs généralement anodins, parfois rendus plus aromatiques par un apport de Malvoisie (Malvasia).

Les vignobles sont regroupés en quatre zones principales. Au nord de Rome, près du lac de Bolsena, on produit le vin blanc Est ! Est !! Est !!! et le rare Aleatico di Gradoli, un vin rouge de dessert. Plus bas sur la côte, Cerve-teri donne des rouges à base de Montepulciano et de Sangiovese. Au centre, les faubourgs de Rome s'étendent en direction des Castelli Romani et des Colli Albani. Cette zone de luxuriants vignobles agrémentés d'élégantes villas produit les vins blancs assez semblables de Frascati, Marino et Montecompatri, le plus souvent secs. À l'est s'élèvent les collines de la Ciociaria, connues pour leurs robustes vins rouges issus de l'intéressant cépage Cesanese. Enfin, la plaine côtière de Cori et d'Aprilia produit des vins rouges et blancs, surtout vendus en vrac.

## Campanie

Le Falerne, vin de prédilection de la Rome antique, provenait d'une zone aujourd'hui située à la limite de la Campanie et du Latium. On y trouve toujours l'historique cépage Falanghina, qui donne des blancs secs et légers dans la zone d'appellation Falerno del Massico DOC. Les espoirs de qualité reposent sur les collines de l'Irpinia : les DOC Greco di Tufo et Fiano di Avellino peuvent donner de délicieux vins blancs, mais la famille Mastroberardino reste le seul producteur de premier plan. On lui doit aussi l'appellation Taurasi DOC, pour de grands vins rouges de garde.

Le sol du Vésuve possède une longue histoire viticole, bien que son appellation à deux étages soit récente (1983) : Vesuvio DOC s'applique aux rouges, rosés et blancs ordinaires ; Lacrima Christi del Vesuvio DOC peut aussi désigner des vins, tranquilles ou mousseux, dans les trois couleurs, mais également un vin blanc muté *(liquoroso)*.

## Basilicate

Le Basilicate peut revendiquer le plus grand vin du Sud italien : digne de figurer au palmarès national, le rouge Aglianico del Vulture DOC n'atteint ce niveau que chez de rares producteurs. Cette région montagneuse, aux hivers rigoureux, peut aussi donner d'agréables vins blancs doux de Muscat. Les plaines de Metaponto fournissent en revanche de robustes vins ordinaires.

## Calabre

Les classiques problèmes de l'Italie méridionale sont ici aggravés par la présence de populations, locale et touristique, apparemment prêtes à boire n'importe quoi, ce qui n'encourage pas à l'effort. Seuls les vins DOC de Cirò (trois couleurs, le meilleur étant le rouge) ont une réputation – tout juste méritée.

## Pouilles

C'est la région d'Italie qui produit le plus de raisin et le plus de vin sans pour autant avoir le plus grand vignoble. Jusqu'aux années 1980, les Pouilles fournissaient une marée de vins de coupage au nord de l'Italie, servant à la fabrication du Vermouth ou à renforcer des vins plus fluets. Cette demande est aujourd'hui en chute libre et la distillation subventionnée ne résout pas tout, une situation qui ne laisse d'autre choix aux Pouilles que de produire des vins de qualité.

Les DOC y sont désormais aussi nombreuses qu'en Toscane, pour un volume classé bien inférieur. Les stations œnologiques de Barletta et de Bari peuvent aider vignerons et coopératives à faire des vins convenables, mais les îlots de qualité restent trop rares.

Les Pouilles alignent une série de cépages autochtones : Bombino Bianco (blanc) et Bombino Nero (rouge), présents partout ; Negroamaro, raisin « noir et amer » de Salento ; Uva di Troia, dont le nom évoque un lien supposé avec la ville de Troie ; quant au Primitivo, il serait identique au Zinfandel californien.

L'appellation la plus connue est Castel del Monte DOC (rouge, blanc et rosé). Plus au sud, Locorotondo DOC offre l'un des meilleurs blancs et Salice Salentino, près de Lecce, se distingue grâce aux vins rouges de quelques bons producteurs. □

# LES RÉGIONS VITICOLES D'ITALIE DU SUD, DE SICILE ET DE SARDAIGNE

Sur la carte figurent les DOCG et DOC les plus importantes ; cependant, il existe bien d'autres vignobles. Certaines régions produisent des vins en grande quantité, d'autres, moins nombreuses, veillent plutôt à la qualité.

**Régions viticoles**

- Taurasi DOCG
- Principales zones DOC (Denomina di origine controllata)
- Limite de région
- Autoroute
- Route principale

0    50    100    150 k

N

*Mer Adriatique*

*Mer Tyrrhénienne*

*Mer Ionienne*

*Golfe de Tarente*

*Mer Méditerranée*

ESTI ESTI! ESTI!!
CERVETERI
FRASCATI
Rome
CESANESE DEL PIGLIO
*LATIUM*
Lac de Bolsena
*Tibre*
*Volturno*
A 2
A 16
Foggia
Cerignola
Barletta
Bari
FALERNO DEL MASSICO
GRECO DI TUFO
CASTEL DEL MONTE
AGLIANICO DEL VULTURE
*POUILLES*
LOCOROTONDO
Caserte
Naples
VESUVIO
FIANO DI AVELLINO
Salerne
Potenza
A 14
Brindisi
BRINDISI
SQUINZAN
Ischia
Ravello
*CAMPANIE*
*BASILICATE*
Tarente
SALICE SALENTINO
COPERT
LEVERANO
Capri
*Ofanto*
*Agri*

*SARDAIGNE*
VERMENTINO DI GALLURA
Sassari
*Coghinas*
*Tirso*
VERNACCIA DI ORISTANO
Oristano
*Mannu*
CAGLIARI
Cagliari

Cosenza
CIRÒ
SAVUTO
Catanzaro
*CALABRE*
A 3

MALVASIA DELLE LIPARI
*Îles Lipari*

Messine
GRECI DI BIANCO
Reggio di Calabria

*Îles Égates*
Palerme
ALCAMO
MARSALA
Marsala
*Belice*
A 20
A 19
*SICILE*
A 18
*Salso*
Catane
Syracuse
CHRASUOLO DI VITTORIA
Raguse

MOSCATO DI PANTELLERIA
*Pantelleria*

*ITALIE*
Rome

# PRODUCTEURS ET NÉGOCIANTS

Comme dans d'autres régions d'Italie, on trouve dans le Sud d'innombrables appellations officielles et des producteurs dont les vins échappent souvent à toute classification. Les noms les plus intéressants sont cités par ordre alphabétique pour chaque région.

## LATIUM

### Casale del Giglio
Dino Santarelli est l'un des rares bons producteurs de la plaine côtière d'Aprilia. Les 80 ha de vignes donnent trois *vini da tavola* : Satrico (blanc), un assemblage de Trebbiano et de Chardonnay, Albiola (rosé), issu de Sangiovese, et Madreselva (rouge), un assemblage de Merlot et de Cabernet. Des expérimentations clonales sont en cours.

### Cantina Colacicchi
Certains des vins les plus recherchés du Latium sont les *vini da tavola* produits sur ces 3,5 ha de vignes dans les collines de Ciociaria près d'Anagni. Bruno Colacicchi assemble Cabernet, Merlot et Cesanese – dans des proportions établies en 1920 par son grand-père – pour produire son Torre Ercolana élevé en fûts (9 000 bouteilles par an au maximum). Le Romagnano Bianco, un *vino da tavola* blanc, est encore plus confidentiel.

### Colli di Catone
Antonio Pulcini, producteur de Frascati DOC parmi les plus soucieux de qualité, est convaincu que les vins de la région devront faire davantage appel à la Malvasia del Lazio, au caractère plus marqué que la Malvasia di Candia. Dans son vignoble de Casal Pilozzo, il produit un *vino da tavola* blanc, 100 % Malvasia del Lazio, et assemble ce cépage avec le Trebbiano dans son autre vin de cru, le Colle Gaio, un Frascati DOC. Le Frascati Superiore standard est vendu sous les étiquettes Colli di Catone, Villa Catone et Villa Porziana.

### Falesco
Dans ce centre de vinification aux critères très stricts, Riccardo Cotarella, œnologue à Orvieto, dans l'Ombrie voisine, produit un Est ! Est !! Est !!! bien supérieur à la moyenne.

### Fiorano
Le vignoble n'occupe que 2,5 ha près de la via Appia, dans la plate banlieue sud de Rome, mais Alberico Boncompagni Ludovisi y produit des *vini da tavola* issus de cépages français qui font se pâmer certains initiés. Le Fiorano Rosso est un assemblage de Merlot et de Cabernet et il y a aussi un blanc doux de Sémillon. Le Fiorano Bianco, en revanche, est un blanc sec issu de Malvasia di Candia.

### Fontana Candida
Fontana Candida, le plus grand centre de vinification privé de la région, produit du Frascati DOC en abondance. Son Frascati Superiore générique est très régulier et ses deux crus – Casal Morena, qui assemble Malvasia del Lazio et Trebbiano, et la sélection Santa Teresa, un vin ample et souple – se classent parmi les meilleurs de l'appellation. La maison appartient au même groupe et a le même œnologue que Bigi à Orvieto (voir p. 384).

### Cooperativa Gotto d'Oro
L'étiquette Gotto d'Oro est celle de la meilleure coopérative de Frascati. Ses adhérents représentent 1 100 ha de vignoble.

### Mazziotti
Non seulement Italo Mazziotti produit un Est Est Est frais et plaisant (c'est déjà une rareté), mais il supprime les points d'exclamation sur son étiquette. Son vignoble de 20 ha est bien situé au bord du lac de Bolsena.

### Colle Picchioni
L'un de ces petits domaines du Latium qui font paraître tant d'autres médiocres. Sur 4 ha dans les Colli Albani, près de Castel Gandolfo, la famille Di Mauro, conseillée par l'œnologue Giorgio Grai, produit le Vigna del Vassallo, un beau *vino da tavola* rouge à base de Merlot et de Cabernet, et un Marino DOC, Selezione Oro, issu de cépages locaux.

### Villa Simone
Un Frascati liquoreux (botrytisé) et rare appelé *cannellino* est produit sur ce domaine de 6 ha à Monteporzio Catone. Piero Costantini, propriétaire d'un magasin de vins à Rome, fait également de bons Frascati secs, y compris le cru Vigneto Filonardi.

### Conte Zandotti
La famille Zandotti produit du Frascati dans son domaine de San Paolo depuis 1734. Elle a des traditions, mais aussi des cuves en inox dans ses chais et de faibles rendements dans les vignes. Le contraste entre l'ancienne citerne romaine placée sous la maison et les nouveaux équipements ne pourrait être plus frappant. Le résultat est un Frascati DOC réellement savoureux, surtout à base de Trebbiano, avec une touche miellée due à la Malvasia di Candia.

## CAMPANIE

### D'Ambra
L'île d'Ischia abrite le centre de vinification de la famille D'Ambra, établi de longue date. Elle produit du Bianco d'Ischia DOC (blanc), issu des cépages Forastera et Biancolella, ainsi que du Rosso d'Ischia DOC (rouge) à base de Guarnaccia (Alicante) et de Per'e Palummo (nom local du Piedirosso). Les mêmes cépages donnent séparément des *vini da tavola* très réputés et un blanc mousseux appelé Kalimera, fait avec des raisins provenant du petit vignoble familial.

### Cantine Episcopio-Pasquale Vuilleumier
Les clients du luxueux hôtel Palumbo à Ravello, sur la côte amalfitaine, peuvent boire les vins de ce producteur, qui proviennent des pittoresques vignobles en terrasses entourant la ville. Des *vini da tavola* rouge, blanc et rosé sont produits sous l'étiquette Episcopio.

### Mastroberardino
Les étrangers à la région ont souvent l'impression que c'est l'unique producteur de Campanie. Il est certain que la famille

Mastroberardino respecte des critères très stricts et pratique une sélection rigoureuse. Elle produit moins de 100 000 bouteilles dans ses chais d'Atripalda, dans les montagnes surplombant Avellino, mais cela représente la moitié de la production DOC de Campanie. On lui doit, en blanc, le meilleur Fiano di Avellino DOC et le meilleur Greco di Tufo DOC, ainsi que le fameux Taurasi DOC, un élégant vin rouge de garde à base d'Aglianico. Les Mastroberardino ont également ranimé le Lacrima Christi del Vesuvio DOC, le vin rouge, blanc ou rosé provenant des vignes du Vésuve. Les raisins viennent de plusieurs domaines familiaux de création récente ainsi que de 150 ha sous contrat.

### Mustilli

Ce domaine familial de la province de Bénévent produit sous l'étiquette Santa Croce de bons *vini da tavola* à partir des cépages Falanghina et Greco (pour les blancs), Aglianico et Piedirosso (pour les rouges).

### Villa Matilde

Ce domaine où l'on a le sens de la qualité et de l'histoire produit l'un des rares Falerne qui mérite les louanges des Romains d'aujourd'hui.

Les différents crus de Falanghina (blanc), Aglianico et Primitivo (rouges) sont très réputés.

## BASILICATE
### Fratelli D'Angelo

La maison qui a démontré la grandeur des vins rouges d'Aglianico del Vulture est dirigée par la famille D'Angelo dans un petit chai installé à Rionero in Vulture. Elle ne possède pas de vignoble, mais achète du raisin chez les meilleurs des innombrables viticulteurs de la zone. C'est donc au travail de sélection et au talent du vinificateur Donato D'Angelo, formé en Vénétie, que l'on doit l'impressionnant Aglianico *riserva* et le *vino da tavola* Canneto - une sélection d'Aglianico de vieilles vignes - élevé en barriques.

### Paternoster

Cette maison familiale produit l'un des rares Aglianico del Vulture de qualité, ainsi qu'un Muscat mousseux et un *vino da tavola* de Malvasia.

## CALABRE
### Umberto Ceratti

L'appellation Greco di Bianco

DOC se trouve à l'extrême pointe de la botte, sur la mer Ionienne. La famille Ceratti est l'un des meilleurs producteurs de ce vin blanc doux confidentiel, issu de Greco partiellement passerillé. Elle fait aussi un vin plus sec et ambré, de type Xérès, appelé Mantonico di Bianco.

### Librandi

La plus connue des maisons de Cirò reste favorable aux méthodes traditionnelles, rehaussées par de récents progrès techniques. Les raisins qu'elle vinifie proviennent en partie des vignobles personnels d'Antonio Cataldo Librandi, qui produit aussi un Cirò *riserva,* Duca San Felice.

### Odoardi

Sur 60 ha de vignes longeant la mer Tyrrhénienne, Giovan Battista Odoardi produit des Savuto DOC rouges principalement à base de Gaglioppo et de Greco Nero, ainsi que des *vini da tavola* rouges, blancs et rosés, sous l'étiquette Scavigna. Son Muscat doux Valeo est une curiosité pour les connaisseurs.

### Fattoria San Francesco

La famille Siciliani possède ce domaine de 100 ha à Cirò, tout en étant membre de la coopérative locale. Son Cirò Classico, Ronco dei Quattro Venti, et le récent Cirò Classico Superiore, Donna Madda, sont élevés en barriques.

## POUILLES
### Francisco Candido

Ce producteur du Salento vinifie un Salice Salentino DOC charnu, profond et sec, Le Pozzelle. Il fait aussi de l'Aleatico di Puglia DOC (vin rouge doux) et un *vino da tavola* rouge à base de Negroamaro, le Cappello di Prete, ainsi qu'un blanc de Chardonnay.

### Leone de Castris

Ce domaine de 700 ha (dont 400 ha de vignes) dans la péninsule de Salento appartient

à la famille de Castris depuis 1635. Son vin le plus connu est le rosé Five Roses, ainsi baptisé en 1943 par un général américain importateur. Le Salice Salentino DOC joue ici un grand rôle ; le haut de gamme, baptisé Donna Lisa, est élevé en barriques. Parmi les autres vins, le blanc Locorotondo DOC ; le Negrino, un rouge doux élevé en fût, en voie de devenir un Aleatico di Puglia DOC, et plusieurs Mousseux. L'énorme chai ultramoderne est l'un des plus grands chais privés d'Italie.

### Cantina Sociale Cooperativa di Locorotondo

La coopérative qui a fait connaître cette appellation regroupe 1 300 viticulteurs. Elle produit un Locorotondo DOC (blanc) à base de Verdeca, un Bianco d'Alessano et un Bombino Bianco, ainsi qu'un Mousseux de plus en plus apprécié.

### Rivera

Le principal négociant de Castel del Monte DOC est désormais lié à la maison piémontaise Gancia. Ses meilleurs vins DOC portent l'étiquette Il Falcone (rouge, rosé) et sa récente association a par ailleurs entraîné d'encourageants essais de Sauvignon et de Pinot Blanc sous la marque Vigna al Monte. Le Vigna al Monte rosé est à base d'Aglianico.

### Rosa del Golfo

Mino Calò vinifie un rosé très admiré appelé Scaliere Rosa del Golfo, à base de Negroamaro et de Malvasia Nera. Cette maison familiale produit aussi des *vini da tavola* : le blanc Bolina et, sur-

tout, les rouges Portulano et Quarantale.

### Cosimo Taurino

Ce domaine de 70 ha situé à Guagnano, province de Lecce, produit de superbes vins DOC : Salice Salentino rouge et rosé (le rouge 86 a été salué par Robert Parker) et Brindisi (rouges). Le Patriglione, un Brindisi DOC *riserva,* est renommé pour sa longévité. À signaler aussi, le Stria blanc (Chardonnay) et le Notarpanaro, *vino da tavola* rouge.

### Tenuta di Torrebianco

Ce domaine de 100 ha appartenant à la maison Gancia a produit l'un des meilleurs Chardonnays des Pouilles, dont le nom, Preludio I, se veut annonciateur de nombreux autres crus de qualité équivalente. Une partie des raisins va dans les vins de la maison Rivera.

### Torre Quarto

Du temps où il appartenait aux La Rochefoucauld, ce domaine était réputé pour son vin rouge à base de Malbec et d'Uva di Troia. Aujourd'hui propriété d'un organisme régional de développement, son avenir paraît plus incertain.

### Vallone

Les sœurs Vallone sont propriétaires de ce domaine de 140 ha. Elles produisent des vins d'appellation Brindisi et Salice Salentino DOC, ainsi qu'un *vino da tavola* rouge, Graticciaia (à partir de Negroamaro semi-passerillé), et deux *vini da tavola* blancs de Sauvignon, dont l'un est élevé en petits fûts.

### Conti Zecca

Ce vaste domaine du Salento produit sur 300 ha de vignes des Leverano DOC rouge (réputé), rosé et blanc, ainsi que des *vini da tavola* sous l'étiquette Donna Marzia. Propriété des comtes Zecca depuis le XVIe siècle, la demeure contient de nombreuses antiquités, mais le chai est moderne.

# SICILE ET SARDAIGNE

Les deux îles ont en commun un problème de trop forte production, dominée par les coopératives et difficilement commercialisable. Un souci de qualité commence à se faire sentir, mais la route sera longue.

### Sicile

L'histoire de la Sicile – depuis sa découverte par les Grecs au Ve siècle av. J.-C. – a laissé en héritage une culture à la fois éclectique et curieusement étriquée. On pourrait dire la même chose de ses vins, blancs pour la plupart, souvent rendus impersonnels par la surproduction des vignes. Une poignée de producteurs s'est longtemps battue dans l'indifférence générale pour sauver l'honneur.

Le cépage blanc Catarratto occupe 45 % du vignoble, suivi par le prolifique Trebbiano toscan et, très loin derrière, par Grillo et Inzolia. En rouge, on trouve l'intéressant Nero d'Avola (ou Calabrese), le Nerello Mascalese, le Perricone et le Frappato di Vittoria. Dans l'ensemble, la Sicile n'a guère cédé à l'attrait des cépages français, mais on trouve des essais de Chardonnay, de Pinot Gris et Blanc, de Sauvignon, ainsi que de Cabernet et de Merlot.

La dizaine d'appellations DOC représente une infime partie de la production. À l'ouest, la province de Trapani enregistre la plus grande superficie viticole d'Italie et produit des flots de vin blanc sec (notamment en Alcamo DOC), ainsi que l'historique Marsala (voir encadré). À l'est, on trouve moins de vignes et plus d'appellations - souvent exsangues. Les rouges de l'Etna, le Faro de Messine, les légendaires Muscats de Syracuse et de Noto sont quasi introuvables. Seul le rouge Cerasuolo di Vittoria DOC a repris de la vigueur. Enfin, les îles de Pantelleria (entre Sicile et Tunisie) et Salina (dans l'archipel des Lipari vers Messine) ont conservé – bien difficilement – leurs antiques vins doux, Moscato di Pantelleria et Malvasia delle Lipari.

La Sicile a toujours produit du vin.

### Sardaigne

La Sardaigne a réussi à préserver une bonne part de son héritage en matière de cépages et de types de vin. Mais le changement se manifeste par une tendance à produire davantage de blancs secs et légers conformes à un « goût universel » et moins de ces vins traditionnels de style espagnol imposés par une longue domination aragonaise.

L'île semble se diriger vers un certain équilibre. Dans les plaines du Campidano, le cépage Nuragus engendre des blancs secs modernes, tandis que la maison dominante, Sella & Mosca, prouve que les vins traditionnels, s'ils sont réussis, se vendent tout aussi bien.

Les cépages sardes - Cannonau (Grenache), Monica et Girò en rouge ; Nuragus, Vernaccia di Oristano, Nasco et Torbato (qui donne le meilleur vin) en blanc – sont surtout cultivés près des côtes. Dans les vignobles d'altitude plus frais, au nord, le Vermentino produit des blancs agréablement aromatiques.  □

## MARSALA

Le Marsala est l'un des grands vins mutés du monde. Passé de la gloire à la décadence en quelques générations, il tente de reprendre le chemin de la qualité : la réglementation DOC révisée en 1984 a notamment interdit le nom de Marsala aux produits aromatisés qui en dérivent.
De par son histoire et son potentiel, le Marsala est un concurrent du Porto et du Madère, popularisé comme eux par les Anglais au XVIIIe siècle. Il est produit aux alentours de la ville portuaire de Marsala, à l'ouest de la Sicile, à partir de vins blancs issus des cépages Catarratto, Grillo, Damaschino et Inzolia (sauf la catégorie Rubino, ouverte aux cépages rouges).
Les raisins fermentent de la façon habituelle, à l'exception d'une petite proportion transformée en agent édulcorant avant d'être ajoutée au vin. Le meilleur agent édulcorant est le *sifone* ou *mistella*, un mélange de raisins passerillés et d'alcool de vin, l'autre étant le *cotto*, un sirop de raisins caramélisé produit en chaudière. Le Marsala est en outre obligatoirement muté à l'eau-de-vie de vin.

### CATÉGORIES

Au nombre de cinq, elles sont par ailleurs subdivisées selon leur teinte (*oro, ambra, rubino*) et leur richesse en sucre (*secco, semisecco, dolce*).
**Fine :** le Marsala de base. Un an de vieillissement, dont 8 mois dans le bois. Le *cotto* est exigé dans la sous-catégorie *ambra* (1 % au minimum) et interdit dans les autres.
**Superiore** et **superiore riserva :** plus alcoolisés que le *fine* (18 % vol au lieu de 17 % vol), 2 ans de bois (4 pour le *riserva*). Même usage du *cotto*.
**Vergine** et **vergine stravecchio :** le vin est toujours sec, sans *mistella* ni *cotto*. Le *vergine* est élevé 5 ans en bois, le *stravecchio* 10 ans. Le terme *soleras* peut aussi être utilisé.

### Producteurs et négociants

Les producteurs les plus connus sont : De Bartoli (voir p. 392) ; Florio (Terre Arse, Baglio Florio, Targa Riserva 1840) ; Mirabella (Cudia) ; Pellegrino (IP, Superiore Oro, Ruby Fine, Vergine Soleras) ; Rallo Alvis.

# PRODUCTEURS ET NÉGOCIANTS

La Sicile comptera bientôt dix DOC, mais les *vini da tavola* restent prépondérants. La Sardaigne associe le nom du cépage à celui de la zone d'appellation.

## SICILE

### Giuseppe Coria

Ce colonel en retraite emploie des méthodes traditionnelles pour produire Cerasuolo di Vittoria DOC Villa Fontane, et Perpetuo (rouge de méthode *solera*). Le Stravecchio est élevé jusqu'à 30 ans en fût.

### COS

Trois jeunes producteurs qui ont ranimé le Cerasuolo di Vittoria DOC, un assemblage de Nero d'Avola et de Frappato. Séparément, ces cépages donnent le Frappato, un rouge fruité, et le Vignalunga, un Nero d'Avola plus tannique. Une récente restructuration a permis à la COS de vinifier aussi des *vini da tavola* blancs, comme le Ramingallo (Inzolia), partiellement fermenté en barriques.

### Marco De Bartoli

Quand le Marsala abâtardi n'était plus qu'un ingrédient culinaire, De Bartoli ressuscita le Marsala non muté d'avant les Anglais avec son Vecchio Samperi 20 ans et son Joséphine Doré : ces vins secs hors DOC lui ont valu une reconnaissance mondiale. Son Bukkuram a révélé aux amateurs de vins doux l'existence de Pantelleria. Quant à Vigna La Miccia et Il Marsala Superiore 20 ans, ses Marsala « conformes » (mutés et enrichis de *mistella*), ils sont exemplaires.

### Donnafugata

Depuis 1990, la famille Rallo est passée du Marsala aux vins de son domaine, à Contessa Entellina (89 ha près de Palerme). Les blancs secs, majoritaires, sont surtout à base d'Inzolia et de Catarratto. Plusieurs ont droit à la nouvelle appellation Contessa Entellina DOC. Les Rallo font aussi du rosé, du rouge, un Marsala et du Moscato di Pantelleria.

### Duca di Salaparuta

Propriété de la région Sicile, bénéficiant d'un chai flambant neuf et d'un excellent œnologue piémontais, ce géant de la vinification produit la gamme Corvo, dont le blanc Colomba Platino. Les *vini da tavola* de prestige Duca Enrico (rouge, 100 % Nero d'Avola) et Bianca di Valguarnera (blanc, 100 % Inzolia) sont élevés en barriques. Avec le Terre d'Agala rouge, ils démontrent le potentiel des cépages siciliens. La Corvo achète ses raisins dans toute l'île et produit 10 millions de bouteilles par an.

### Fontana Rossa

Ce domaine de Cerda, près de Palerme, produit sur 30 ha de vignes les gammes Imerio et Cerdèse en mélangeant techniques traditionnelles et modernes, cuves en inox et fûts de châtaignier.

### Carlo Hauner

Peintre, architecte et designer de lointaine origine tchèque, depuis trente ans installé dans l'île de Salina, Carlo Hauner y produit sur 25 ha de sol volcanique sa fameuse Malvasia delle Lipari DOC, à la robe et aux arômes flamboyants, élaborée par cryoextraction. Son blanc sec de Catarratto à très faible rendement est l'un des rares vins siciliens s'améliorant en bouteille.

### Rapitalà

Ce domaine de 150 ha près de Palerme est le plus connu des producteurs d'Alcamo DOC, un blanc sec à base de Catarratto. Mais il produit aussi des *vini da tavola* rouge, blanc et rosé. Bouquet de Rapitalà assemble Catarratto et Sauvignon.

### Regaleali

Ce domaine féodal situé en altitude (500-700 m) au centre de la Sicile appartient depuis des générations aux comtes Tasca d'Almerita. Sur 300 ha de coteaux, la famille Tasca produit des *vini da tavola* et deux mousseux. Le haut de gamme est représenté par le blanc Nozze d'Oro et le rouge Rosso del Conte, issus de cépages siciliens. La liste s'est récemment enrichie du Villa Tasca (Sauvignon et Inzolia), d'un Cabernet-Sauvignon et d'un très remarquable (et rare) Chardonnay.

### Settesoli

Cette énorme coopérative (2 980 adhérents, 7 500 ha) de la province d'Agrigente produit 140 millions de bouteilles et bénéficie d'équipements sophistiqués. Ses deux vins de prestige sont le blanc Feudo dei Fiori (Inzolia-Chardonnay) et le rouge Bonera (Nero d'Avola-Sangiovese).

### Terre di Ginestra

Sur 52 ha de vignes en altitude (400-600 m) près de Palerme, la famille Miccichè produit depuis quelques années des *vini da tavola* soignés, les Terre di Ginestra blanc (Catarratto) et rouge (Nero d'Avola-Sangiovese), ainsi que le Pelavet (vendanges tardives de Catarratto) et deux vins associant cépages italiens et français, Rubilio (en rouge) et Olmobianco (en blanc élevé en barriques).

## SARDAIGNE

### Giovanni Cherchi

Ce domaine de 16 ha dans la province de Sassari produit d'excellents rouges de Cannonau et Cagniulari (cépage en voie de disparition), ainsi que des blancs de Vermentino.

### Attilio Contini

Le plus connu des producteurs de Vernaccia di Oristano DOC vinifie aussi des *vini da tavola* comme le Nieddera (rosé) et le Contina, blanc sec de Vernaccia.

### Cantina Sociale di Dolianova

La principale coopérative de Sardaigne produit de très acceptables rouges DOC de Cannonau et Monica di Sardegna, plusieurs Cagliari DOC et le *vino da tavola* rouge Parteolla.

### Cantina Sociale di Dorgali

L'un des meilleurs rouges Cannonau di Sardegna DOC est fait par cette coopérative de la côte orientale surplombant le golfe d'Orosei.

### Sella & Mosca

L'un des grands domaines d'Italie avec 400 ha de vignoble au nord d'Alghero, Sella & Mosca est à l'avant-garde par ses méthodes modernes et ses vins sélectionnés. Le haut de gamme comprend le Terre Bianche, un vin blanc de Torbato ; Anghelu Ruju, un opulent vin rouge doux de Cannonau ; et Tanca Farrà, un intéressant assemblage de Cannonau et de Cabernet.

### Cantina Sociale del Vermentino

L'un des plus gros producteurs (2 millions de bouteilles) de vins de Vermentino, dans la province de Sassari. Cette coopérative propose un bon Vermentino di Gallura DOC, un Vermentino *frizzante* et le Funtanaliras, un *vino da tavola* issu d'une sélection de raisins.

# PAYS MÉDITERRANÉENS

DE LA GRÈCE, DE CHYPRE, À TRAVERS LA TURQUIE JUSQU'AU LIBAN ET
ISRAËL, ET SUR LES RIVAGES DE L'AFRIQUE DU NORD, LA VIGNE ET
L'OLIVIER FONT PARTIE DU PAYSAGE.

Au nord-est, la Méditerranée s'appelle la mer Égée et
s'étend au pied des vignobles du Domaine Carras, dans les
Côtes de Meliton, une des appellations de Sithonia au nord
de la Grèce.

Les rives de la Méditerranée ont été le berceau de la viticulture. L'histoire des vins de Grèce date de 3 000 ans, et celle des vins de la Turquie, du Liban et de la Syrie, remonte encore plus dans le temps. Les Romains ont planté de la vigne sur toutes les rives de leur mer intérieure jusqu'en Afrique du Nord et en Espagne. Aujourd'hui, la viticulture d'une partie de ces pays est confrontée aux influences religieuses de l'intégrisme musulman et à la perte du marché des vins de consommation courante en France. En dépit de ces handicaps, la production viticole de ces pays se maintient et certains vins traditionnels sont les témoins d'un passé glorieux, tandis que d'autres, de plus en plus nombreux, qui répondent à une nouvelle demande de vins fruités en Europe, sont l'aboutissement de récents investissements. Il reste néanmoins une forte production de vins sans grâce.

Les pays de Méditerranée étaient réputés pour une certaine catégorie de vins très concentrés, souvent très sucrés, et quelquefois même aromatisés. Le Retsina, ce vin blanc grec auquel on ajoute de la résine de pin d'Alep est sans doute l'un des vestiges de ces vins d'antan. À l'époque romaine, nombreux étaient les vins fumés pour une meilleure garde ou aromatisés d'aseptisants. Ces vins riches et très denses sont généralement issus de raisins dessiqués afin de condenser leurs arômes et leurs sucres. Et ces vins existent toujours à Chypre et en Grèce tout comme en Italie et en Espagne. Afin d'obtenir un jus concentré, les grappes de raisin mûr sont laissées sur les vignes, étalées sur des clayettes au soleil ou pendues dans l'obscurité des greniers. Un élevage en petits fûts et les effets de l'oxydation accentuent le caractère prononcé de ces superbes vestiges de l'Antiquité. Le meilleur exemple est le Mavrodaphne grec (*mavro* signifie noir) et le Commandaria de Chypre, comparables au Vino Santo italien et au Malaga espagnol, autres versions d'un même héritage vinicole.

Les élaborateurs de vins fruités doivent combattre des conditions climatiques où la générosité du soleil permet difficilement l'obtention d'une bonne acidité des raisins. Heureusement, en Méditerranée comme partout ailleurs, la latitude trop au sud du vignoble peut se corriger grâce à l'altitude où les nuits sont plus fraîches. À flanc de montagne, à flanc de coteau, existent de superbes vignobles en Grèce, au Liban, en Israël ou au Maroc qui ont produit de très bons vins bien construits et qui représentent l'avenir des vins de qualité des pays de la Méditerranée.

# GRÈCE

Dans l'Antiquité, les vins grecs jouissaient d'une excellente réputation et étaient largement exportés. Or, pendant les nombreux siècles de domination ottomane, vigne et vin tombèrent au rang de simples produits agricoles locaux. Après une longue lutte pour se libérer du joug des Turcs, les Grecs récupérèrent avec leur souveraineté une nation certes moderne, mais exsangue. Outre leurs graves problèmes économiques, ils durent encore faire face à deux guerres mondiales et à une pénible guerre civile.

Bien des entreprises productrices d'alcools ou de vins parmi les plus importantes ont été créées au XIXᵉ siècle, mais le vin était pour elles une activité secondaire, loin derrière le Brandy et l'Ouzo. Leurs vins étaient d'ailleurs vendus en vrac à la barrique et l'idée de le vendre en bouteilles ne commença à se répandre que dans les années 60. Il faut ajouter que la plupart des vins correspondaient au goût des Grecs de l'époque : riches en alcool, peu acides et fréquemment oxydés.

## L'évolution récente

Les grands changements se produisirent entre les années 60 et les années 80. L'Institut du vin d'Athènes, créé en 1937 pour aider et conseiller les vignerons, jeta à partir de 1952 les bases d'un système de classification qualitatif qui se transforma en loi en 1969. Mais les modifications les plus considérables datent des années 80, avec l'arrivée des techniques de contrôle de température et d'une nouvelle génération d'œnologues, formés pour la plupart en France, en Italie ou en Allemagne. La même époque vit les goûts évoluer, les consommateurs recherchant des vins plus frais, plus francs et plus fruités.

Aujourd'hui, le marché du vin grec a pris une nouvelle allure : les grandes entreprises, propriétaires de vignes ou non, achètent la majorité de leurs raisins à de petits vignerons et possèdent souvent des unités de vinification dans

Les roches des Météores, en Thessalie.

différents endroits de Grèce. Les coopératives vendent les vins soit directement sous leur propre étiquette, soit à des négociants, soit des deux façons. Un troisième type d'entreprise se dégage : souvent familiale, elle possède des vignes, vinifie ses raisins et achète parfois ceux de vignerons voisins, avec lesquels elle travaille en proche

### LE RETSINA

Le Retsina (vin résiné) est un type de vin propre à la Grèce. Au sens strict du terme, c'est un vin aromatisé, dont l'origine remonte à l'Antiquité, lorsque le vin était transporté dans des amphores de terre cuite scellées. Les sceaux, composés d'un mélange de plâtre et de résine, empêchaient l'air d'entrer et permettaient de garder les vins plus longtemps. Comme ils leur donnaient un léger goût, on en vint à croire que les vins vieillissaient grâce à la résine : c'est ainsi que naquit la tradition d'ajouter de la résine.

De nos jours, le Retsina est vinifié comme n'importe quel autre vin blanc sec, hormis le fait que l'on ajoute au moût des petits morceaux de résine de pin d'Alep.

collaboration. Sa production, toujours restreinte, est donc plutôt réservée au marché national, qui en est très friand, mais il arrive que certains de ces vins soient disponibles à l'exportation.

Le marché de l'exportation est dominé par les entreprises : Achaia-Clauss, J. Boutari & Son, D.A. Kourtakis, Tsantalis. On trouve aussi à l'étranger le Domaine Carras (au nord du pays), Semeli (au centre) et les vins de Muscat des coopératives de Samos et Limnos.

## Les sols et les climats

Le vignoble grec est situé entre 33 et 40° de latitude nord, mais la chaleur relative de cette zone du globe est généralement tempérée par l'influence de la mer et, parfois, de l'altitude, qui peut dépasser 650 m. Les conditions climatiques sont assez régulières, ce qui n'empêche pas de légères variations d'un millésime à l'autre.

Aucun type de sol ne prédomine, mais presque tous sont pauvres : rocailleux, ils contiennent du calcaire, du schiste, du terreau, de l'argile, du sable et possèdent, dans certaines îles comme Santorin, un sous-sol volcanique de pierre ponce.

## Les cépages

La Grèce compte environ 300 cépages autochtones, dont un bon nombre sont très localisés et dotés d'un caractère prononcé. La moitié du vignoble, qui compte 150 000 ha, est destinée à la production de vin et l'autre aux raisins de table et aux raisins secs.

Plusieurs cépages blancs dominent en Grèce. L'Assyrtico est un raisin blanc qui possède une bonne acidité : on le trouve à Santorin et il commence à s'étendre ailleurs. Le Roditis est une variété à peau rose qui vient du Péloponnèse et commence, elle aussi, à être plantée ailleurs. Le Savatiano est originaire du centre de la Grèce et de l'Attique. Cépage de base du Retsina, on s'est rendu compte qu'il pouvait également donner de bons vins blancs secs à condition d'être planté sur des terroirs adéquats. Les autres cépages à vin blanc sont le Moscophilero, un raisin à la peau rose, délicat et aromatique, qui vient de Mantinia, le Robola de Céphalonie et le Vilana de Crète.

Pour les raisins noirs, on trouve l'Agiorgitiko, ou Saint-Georges, qui produit les vins de Némée. Le Limnio, variété ancienne originaire de Limnos, pousse bien aujourd'hui à Halkidiki, dans le nord du pays, où il fait des vins corpulents et de bonne garde. Le Xinomavro est originaire du nord de la Grèce. Le Mandilaria est largement planté sur les îles, où il donne des vins extrêmement colorés mais peu puissants. Le Mavrodaphne est principalement cultivé autour de Patras, où l'on en fait un vin rouge muté plein de caractère.

Les autres cépages, Chardonnay, Sauvignon, Cabernet-Sauvignon, Cabernet Franc, Merlot, Grenache et Syrah, ne sont utilisés pour l'instant qu'en assemblage avec des cépages locaux.

### Les styles de vin
La gamme des vins élaborés en Grèce est vaste : blancs secs, rouges, Muscats doux, rouges mutés (Mavrodaphne) et même pétillants. La production annuelle est d'environ 600 millions de bouteilles, dont 65 à 70 % de vins blancs, Retsina inclus. La plupart des vins, les blancs notamment, sont faits pour être bus jeunes, à part certains, dans des régions comme Naoussa et Némée, qui sont capables de vieillir. En outre, quelques petits domaines récents font des vins qui devront vieillir longtemps.

### La législation
La loi grecque définit deux catégories de vins, les vins de qualité et les vins de table, chacune se subdivisant en deux. Le terme d'Appellation d'Origine Contrôlée s'applique uniquement aux vins doux de Muscat et de Mavrodaphne, qui se distinguent par un sceau bleu placé sous la capsule. Les vins secs ont droit à l'Appellation d'Origine de Qualité Supérieure et leur sceau est imprimé en rouge sur fond rose. Il existe 27 zones délimi-

tées mais seulement 26 vins, depuis que Kantza, dans l'Attique, a cessé sa production. L'étiquette peut également porter la mention Réserve ou Grande Réserve, qui désigne les vins de qualité supérieure ayant subi un élevage plus long avant la mise en bouteilles.

L'un des points forts de la Grèce a toujours été ses quelques bonnes marques de vin de table. Aujourd'hui, le terme « vin de table » peut aussi être utilisé pour des vins de qualité, qui ne dépendent d'aucune réglementation d'appellation.

Le mot *Cava* désigne des vins de table de grande qualité produits en petites quantités et qui font l'objet d'un long vieillissement.

Le terme générique « vin de table » englobe aussi les Vins de Pays. La Grèce en est riche et certains ne manquent pas d'intérêt. Les cépages non grecs y sont généralement autorisés et bien des Vins de Pays sont des assemblages de cépages locaux et importés. Les principales zones de production sont la Crète, l'Attique, Dhrama, la Macédoine et Thira.  □

## LES RÉGIONS VITICOLES

Voici la liste des plus importantes zones de production et de leurs appellations.

### Le Nord
Le nord de la Grèce, qui regroupe la Macédoine et la Thrace, est un pays de vin rouge. Le cépage Xinomavro domine dans les zones de Naoussa, Amynteon et Goumenissa. Amynteon produit aussi un vin rosé pétillant.

L'autre zone d'appellation, les Côtes-de-Meliton, se trouve à Sithonia. On y cultive plusieurs cépages – Roditis, Assyrtico et Athiri, assemblés au Sauvignon et à l'Ugni Blanc pour les blancs. Les vins rouges sont issus de Limnio et de Cabernet-Sauvignon.

### Le Centre
Le centre de la Grèce, l'Épire et la Thessalie, possède trois appellations. Au nord-ouest de Ioannina, Zitsa produit un vin blanc légèrement pétillant, sec ou demi-sec. Rapsani, situé au pied de l'Olympe, est un pays de vins rouges tandis que Ankialos, près de Volos, est celui des vins blancs secs, à base de Roditis et de Savatiano.

### Le Péloponnèse
Le sud de la péninsule grecque compte de nombreuses appellations. Sur un haut plateau près de Tripolis, le cépage Moscophilero donne le vin blanc aromatique de Mantinia. Le Némée (Nemea), près de Corinthe, est un rouge fruité issu du cépage Saint-Georges : généralement sec, il lui arrive parfois aussi d'être doux.

L'appellation Patras est donnée aux vins blancs secs issus du cépage Roditis, planté sur les collines autour de la ville éponyme.

Le Muscat de Patras (ou Rion de Patras) est un vin de liqueur, tandis que le Mavrodaphne de Patras est un vin rouge muté à environ 15 % vol. Issu du cépage auquel il doit son nom, il est longuement vieilli en fûts de chêne.

### Les Îles
Céphalonie est la seule des îles Ioniennes à posséder des appellations, la plus importante étant Robola, un blanc sec et puissant.

Dans la mer Égée, les îles Limnos et Samos produisent de très bons vins à partir du cépage Muscat. Le Muscat de Limnos est un vin de liqueur. Il existe aussi en vin nature, sec, mais ce type quitte rarement l'île. À Samos, le vin est élaboré soit en vin de liqueur (Samos doux), soit en vin doux naturel (en arrêtant la fermentation), soit encore en Samos nectar (à partir de raisins séchés au soleil).

Les principales appellations des Cyclades se trouvent à Paros et Santorin. Sur la première île, il s'agit d'un vin rouge sec issu d'un assemblage de Mandilaria, un raisin rouge fortement coloré, et d'un raisin blanc, le Monemvassia. La seconde fait un blanc sec et puissant issu d'Assyrtico et un blanc doux appelé Vino Santo.

Rhodes est la patrie d'un vin blanc sec issu d'Athiri et d'un rouge issu de Mandilaria. Mais cette île fait aussi des vins de table pétillants, obtenus selon différentes méthodes.

La Crète possède trois appellations de vins rouges secs ou doux : Archanes, Daphnes et Siteia. Les vins de Peza sont rouges ou blancs. Les cépages Kotsifali, Liatiko (rouge) et Vilana sont des variétés locales qui donnent dans l'ensemble des vins puissants et généreux.

# TURQUIE

Dans l'histoire du vin, la Turquie a sans doute une tradition plus ancienne que tout autre pays mais, en raison d'une population en majorité musulmane, il lui est difficile d'en tirer parti. Kemal Atatürk s'efforça dans les années 1920 de faire renaître l'industrie viticole mais, aujourd'hui encore, bien que la Turquie dispose de près de 600 000 ha plantés, 2% seulement des raisins sont vinifiés.

Il ne s'agit pas d'une répulsion pour l'alcool. La population ne boit qu'un litre de vin par an et par habitant en moyenne, mais consomme tout de même 1,5 l de raki (eau-de-vie à 40% vol parfumée à l'anis) et 4 l de bière dans le même temps. Le raki est entré dans les habitudes de consommation turque, tandis que le vin est consommé par une élite. Cette tendance est renforcée par la réglementation turque, qui exige de 11 à 13% vol d'alcool dans le vin, mais freinée par des taxes augmentant le prix du vin d'environ 35% ; de plus, il n'y a pas de vins importés.

Tout cela pourrait évoquer une activité viticole sur la défensive, utilisant des techniques de vinification du passé pour produire des vins répondant au goût d'une minorité locale, à l'écart du monde extérieur. En fait, le tableau n'est pas si sombre. La superficie des vignobles a diminué – de 30% dans les années 1980 –, mais les rendements ont augmenté, surtout près de la mer Égée et en Thrace, de sorte que l'ensemble de la production n'a pas baissé dans les mêmes proportions. En outre, si le gouvernement n'encourage pas activement l'industrie du vin, le plus gros producteur du pays est tout de même l'entreprise publique Tekel.

La production de l'État turc représente environ 40% du total, mais ni le secteur public ni le secteur privé ne travaillent à plein rendement. Les raisins sont cultivés par des viticulteurs qui les vendent à 22 entreprises d'État et 109 sociétés privées, et sont fréquemment transportés sur de longues distances en camion pour être vinifiés. Afin d'éviter une détérioration des raisins au cours du transport, certains vignerons, comme Diren, vendangent et transportent les raisins dans la fraîcheur de la nuit, pour les protéger.

Il existe officiellement 1 250 cépages, dont 50 ou 60 seulement ont une importance commerciale. Les variétés européennes sont plutôt concentrées à l'ouest du pays. La production est partagée, presque à égalité, entre vins blancs et vins rouges, avec très peu de rosé. Vinification et vieillissement sont souvent effectués en cuves de ciment ou en vieux foudres, mais les plus grosses sociétés ont un équipement permettant une production adaptée au goût occidental.

Ces vins offrent une comparaison passionnante avec ceux d'autres pays de la mer Noire (voir p. 462), émergeant, pour la plupart, des structures collectives des ex-pays communistes. On retrouve le même fruité robuste, les mêmes rouges démodés – un qualificatif à ne pas interpréter dans son sens péjoratif – et pleins de caractère. ☐

## RÉGIONS ET PRODUCTEURS

Les sept grandes régions viticoles et les principaux producteurs sont présentés ci-dessous. L'entreprise d'État Tekel produit des vins de diverses régions.

### Tekel
Entreprise d'État qui produit notamment le Hosbag, un Gamay de Thrace (Trakya), et le Buzbag, un rouge puissant à base de Bogazkarasi d'Anatolie.

### MER ÉGÉE
Cette région englobe les secteurs de Smyrne, Manisa et Denizli et fournit environ 20 % de la production turque. Cépages rouges : Çalkarasi, Grenache, Carignan. Cépage blanc : Sémillon.

### MER NOIRE
Région côtière comprenant Çorum et la vallée de Tokat. Cépages rouges : Dimrit, Sergikarasi. Cépages blancs : Narince, Kabarcik.

### Diren
Entreprise familiale située dans la vallée de Tokat et produisant des vins rouges et des blancs bien structurés, ainsi qu'un rosé. Le rouge est appelé Karmen.

### ANATOLIE ORIENTALE
La production de vin est concentrée à Elazig. Cépages rouges : Öküzgözü, Bogazkarasi. Cépages blancs : Narince.

### RÉGION MÉDITERRANÉENNE
Production concentrée à Burdur. Cépage rouge : Dimrit.

### ANATOLIE CENTRALE
La production de vin concerne les villes et régions d'Ankara, Kirikkale, Neusehir, Kirsehir et Nigde. L'Anatolie connaît des hivers très froids et des étés chauds. Cépages rouges : Kalecik Karasi, Papazkarasi, Dimrit. Cépages blancs : Emir, Hasandede.

### Kavaklidere
Vieux centre de vinification privée proche d'Ankara. Un vin récent appelé Sultan est issu de raisin Sultana sans pépins.

### ANATOLIE DU SUD-EST
Secteurs de Gaziantep, Mardin, Urfa et Diyarbakir. Cépages rouges : Horozkarasi. Cépages blancs : Dökülgen, Kabarcik.

### THRACE ET MARMARA
Le cœur de la production vinicole turque (40 % du total) est concentré autour de Tekirdag, Çanakkale, Edirne, Kirklareli et Bilecik. Cépages rouges : Papazkarasi, Adakarasi, Karaseker, Gamay, Pinot Noir. Cépages blancs : Yapincak, Beylerce, Sémillon, Clairette, Riesling.

### Doluca
Entreprise privée thrace, près d'Istanbul. Villa Doluca est le rouge le plus populaire de Turquie. Il y a aussi un Moskado demi-sec.

# MOYEN-ORIENT

Si l'on y inclut la Turquie (voir ci-contre), la Méditerranée orientale est une région à laquelle tout amateur de vin devrait régulièrement porter un toast. Chaque fois qu'on décante une bouteille de Porto Vintage ou qu'on sort le Champagne du seau à glace, il faudrait remercier les pays du Moyen-Orient, car c'est là, dans ce paysage aride de figuiers et d'oliviers, que tout a commencé.

Des milliers d'années avant le Christ, on produisait déjà du vin dans la région : c'était une denrée de base, comme le pain ou les fruits. C'est toujours le cas, mais l'attention du monde s'est déplacée. Ce fut le berceau de la vigne, mais voilà longtemps que le vin est devenu adulte et a quitté sa terre natale.

Des efforts ont été faits pour moderniser le secteur viticole dans cette partie du monde, parfois avec succès. Le climat est chaud et sec, les vignes sont généralement résistantes, mais pas forcément de grande qualité et la vinification ne répond dans l'ensemble qu'aux exigences du marché local. Certaines régions de Californie et d'Australie produisent des vins honorables dans des conditions tout aussi difficiles. Dans chacun de ces pays, l'industrie vinicole ne rencontre aucun problème qui ne puisse être résolu par la recherche et les investissements, mais il faudrait des années de la première et d'énormes quantités des seconds.

La preuve que la qualité est possible est fournie au Liban par Château Musar, qui produit les meilleurs vins rouges non seulement du pays mais de toute la région. À un niveau un peu inférieur, on trouve les vins israéliens des hauteurs du Golan. Le fait qu'ils soient kasher souligne un autre facteur essentiel en matière de vin dans cette région : la religion.

Trois des grandes religions mondiales, le christianisme, le judaïsme

Taille des vignes à Chypre.

et l'islam, sont largement pratiquées ici. Le judaïsme exige des vins kasher et a conditionné toute l'industrie du vin en Israël. L'interdit islamique frappant l'alcool semble parfois conduire à la transgression plus qu'à l'abstinence, mais, là où les musulmans sont majoritaires, les activités vinicoles ont peu de chances d'être prospères.

## ISRAËL

En Israël, l'industrie vinicole actuelle a été fondée par le baron Edmond de Rothschild, qui a créé des vignobles dans les années 1880 avec des cépages français. En 1906, l'entreprise est devenue la coopérative de vignerons Carmel, qui exporte des vins kasher dans le monde entier pour la communauté juive. Israël compte aujourd'hui 3 033 ha de vignes produisant du raisin pour Carmel et 13 autres sociétés.

Les vins kasher sont en général doux et rouges. Pour des motifs religieux, ils répondent à de stricts critères de pureté, mais soit le moût soit

le vin est pasteurisé, au détriment de la qualité. Le goût des Israéliens a récemment évolué vers des vins plus secs, mais, pour un juif pratiquant, le vin doit avant tout être kasher et son goût est secondaire. Néanmoins, quand le nouveau centre de vinification des hauteurs du Golan a commencé à attirer l'attention au début des années 1980 avec des vins kasher de Sauvignon, Chardonnay et Cabernet-Sauvignon produits dans un climat plus frais, il a galvanisé le monde du vin israélien. Les vignobles du Golan, comme celui de Musar au Liban, sont plantés en altitude (jusqu'à 1 100 m) et situés – c'est une coïncidence – dans une zone contestée. La coopérative de Carmel, qui souffrait de manque d'équipement, a acquis pour 8 millions de dollars de matériel neuf. Le temps d'un marché captif et complaisant est révolu.

## LIBAN

Serge Hochar, dont le nom est très représentatif du vin libanais, est de formation française. Son père a créé Château Musar au Liban dans les années 1930. Le domaine doit non seulement affronter le climat, mais aussi les combats. Lorsqu'on a un vignoble à 1 000 m d'altitude dans la vallée de la Beqaa et un chai de l'autre côté de la ligne de feu, les obus et les tirs de mortiers sont plus dangereux pour la vendange que la pourriture ou le mildiou. Musar a cependant réussi à figurer en bonne place dans le monde des vins de qualité.

## CHYPRE

Une amélioration semble imminente depuis des années, car le vin muté, surtout le Commandaria, pourrait être de grande qualité, mais on attend toujours. Les raisins sont cultivés jusqu'à 900 m d'altitude sur les monts

Tróodhos, mais restent trop long-temps au soleil après la vendange en attendant d'être vinifiés pour donner des vins frais et fruités. Il existe cependant un plan d'arrachage aux dépens des vignobles côtiers les plus médiocres. Et, bien que le cépage rouge Mavron, fort en alcool, tannique et peu fruité, soit aujourd'hui interdit à la plantation, il représente néanmoins 70% de l'encépagement, suivi de très loin par le Xynisteri Blanc, avec 13%. Autres variétés cultivées : Cabernet-Sauvignon, Grenache, Lefkas, Malaga, Palomino, Syrah, Chardonnay et Riesling.

Le Commandaria, célèbre vin de dessert chypriote, était autrefois particulièrement apprécié par les chevaliers de l'ordre des Templiers. En effet, à l'époque des croisades, au XIIᵉ siècle, ces vaillants combattants avaient eux-mêmes planté autour de Limassol les vignes dont il est issu. Les raisins blancs de Xynisteri et noirs de Mavro Kypriako sèchent au soleil sur des nattes pendant une dizaine de jours avant la fermentation. La zone d'appellation comprend 14 villages, les meilleurs étant Yerasa, Zoopiyi et Kalo Chorio, mais le Commandaria actuel est essentiellement un vin commercial. Le Xérès de Chypre, un vin muté de médiocre qualité, n'a plus droit à cette appellation.

## AUTRES PAYS DU MOYEN-ORIENT

L'Égypte, État laïc, compte un producteur de vin, Gianaclis, mais la plupart des vignobles sont consacrés aux raisins de table, aux raisins secs ou au jus de raisin.

Il existe aussi des vignes dans des pays comme la Syrie, la Jordanie et l'Iraq, mais elles ne produisent que très peu de vin. ☐

## RÉGIONS ET PRODUCTEURS

Les principaux producteurs de vin se trouvent en Israël et à Chypre. L'Égypte a une seule entreprise importante. Syrie, Jordanie et Iraq ont une très faible production qui satisfait une faible consommation locale.

### ISRAËL
Les régions viticoles d'Israël comprennent plusieurs zones :
**Shomron**, secteur de Saron, en Samarie.
**Néguev**, autour de Beersheba.
**Shimshon**, à Samson, secteurs de Dan, Adulam et Latroun.
**Galil** en Galilée, secteurs de Canaan, Nazareth, Thabor et Cana.
**Harei Yehuda** dans les monts de Judée, secteurs de Jérusalem et Betin.

### Centre de vinification des Hauteurs du Golan : Hatzor, en Galilée, est plus connu hors d'Israël sous le nom de Centre de vinification des Hauteurs du Golan. Propriété collective de huit colonies de la région, il a actuellement 180 ha en production, qui passeront à 230 ha en 1996. Les vignobles donnent des vins rouges et blancs de bonne qualité, issus de cépages français. Le climat est frais : la vigne pousse au pied des neiges du mont Hermon. La gamme de base est baptisée Gamla, le haut de gamme Yardon et la gamme intermédiaire Golan. Tous les vins sont kasher, mais, comme on se trouve en dehors des limites bibliques d'Israël, les producteurs ne sont pas obligés de laisser le vignoble en jachère une année sur sept. Le sol est volcanique et la technique de vinification, californienne.

**Carmel :** la plus grande entreprise vinicole d'Israël (70% du marché), à production entièrement kasher, est une coopérative de vignerons. Elle a longtemps refusé de se moderniser et produisait des vins médiocres, conformes cependant aux critères kasher de pureté. Aujourd'hui, la coopérative élabore de meilleurs vins, plus flatteurs, dont le haut de gamme porte l'étiquette Rothschild.

### LIBAN
**Château Musar :** la vedette du Liban et le meilleur domaine viticole de tout le Proche-Orient.
Les vins rouges sont issus de Cabernet-Sauvignon, Cinsaut et Syrah ; en blanc, on trouve Chardonnay et Sauvignon Blanc. Les rouges sont des vins opulents et épicés de grande longévité. Le domaine se trouvait dans une zone de combats, mais le millésime 1984 est jusqu'ici le seul que Serge Hochar, propriétaire de Musar, n'ait pas réussi à vinifier.

### CHYPRE
Chaque entreprise produit généralement une gamme de vins : rouges, blancs et Commandaria, un vin muté. Les vignobles s'étendent sur 24 000 ha concentrés dans une grande région, au nord et au sud des monts Tróodhos. On peut parfois trouver du Commandaria de petits producteurs : la recherche en vaut la peine.

**Etko :** la coopérative de Chypre produit sous la marque Nefeli un blanc assez frais de Xynisteri. Autres vins : Olympus, Grenache et Carignan Cornaro, Rose Lady, Semili, White Lady, Grand Commandaria.

**Keo :** l'un des quatre plus importants producteurs de Chypre. Les marques les plus connues sont Othello, Aphrodite, Bellapais, Thisbe et Commandaria Saint John. Cette entreprise fait actuellement des recherches sur de vieux cépages locaux.

**Centre pilote Laona «Arsos» :** un centre de production géré par l'État et voué à l'expérimentation des grands cépages.

**Loel :** l'un des quatre producteurs importants contrôlant à eux seuls 75% du marché. Parmi ses marques, Palomino, Amathus, Orpheo Negro et Commandaria Alasia.

**Sodap :** produit les marques Afames, Arsinoe, Danae, Kolossi, Kokkinelli, Santa Marina et Commandaria Saint Barnabas.

### ÉGYPTE
**Gianaclis :** la seule entreprise vinicole du pays (environ 800 000 bouteilles par an de Cabernet-Sauvignon, Colombard, Grenache, Muscat, Palomino et Ruby Cabernet) est basée à Abu Hummus, au nord-ouest du delta du Nil. Elle produit des marques comme Omar Khayyam (à ne pas confondre avec le mousseux indien du même nom) et Reine Cléopâtre.

# AFRIQUE DU NORD

La France a colonisé l'Afrique du Nord par étapes et l'a quittée de la même façon. La première étape a été l'Algérie, où les Français sont arrivés dès 1830 ; puis la Tunisie, mais seulement en 1881, et enfin le Maroc en 1912. Dans chacun de ces pays, la France a créé un important vignoble. Un demi-siècle plus tard, ce fut le retrait : de Tunisie en 1955, du Maroc en 1956 et d'Algérie en 1962. La plupart des meilleurs producteurs sont alors partis s'installer en Corse et dans le Midi pour repartir à zéro ; ils ont laissé en héritage aux populations locales des cépages, des goûts, et une législation viticole française.

Aujourd'hui, il ne reste plus grand-chose de cet héritage. La religion musulmane conduit à se désintéresser du vin, surtout en Algérie, mais ce n'est pas le seul danger. La France avait d'abord considéré l'Algérie comme un marché pour le vin français, mais, à la fin du XIXᵉ siècle, c'est l'Algérie qui devint son fournisseur. Les trois pays colonisés finirent par exporter vers la métropole des vins en vrac couramment utilisés pour renforcer des vins moins concentrés, moins alcoolisés et moins colorés – le plus célèbre étant le Bourgogne.

Au départ des Français, ce commerce a pris fin. La demande intérieure étant limitée, chaque pays s'est mis à arracher ses vignes tout en vendant le plus possible aux Soviétiques. Mais ce marché, lui aussi, s'est effondré vers la fin des années 1980. Et le déclin économique intérieur n'a rien arrangé. Dans ces trois pays, la superficie des vignobles a diminué de plus de moitié depuis l'indépendance et le rendement a baissé, les vignes étant négligées. Quelques initiatives récentes de partenariat avec des entreprises françaises semblent être la seule solution de survie du vignoble maghrébin.

## Les régions viticoles
Les vignobles d'Afrique du Nord longent presque tous la côte, les meilleurs

Charrue tirée par un cheval dans un vignoble d'Enfidaville, Tunisie.

vins provenant des collines un peu en retrait. Le Maroc est le seul pays ouvert sur l'Atlantique et en retire une fraîcheur bénéfique pour le vin. Pourtant, comme dans les pays voisins, de grandes étendues de vignobles côtiers ont été arrachées. Sur les collines, la vigne peut pousser jusqu'à 1 200 m d'altitude et, là encore, la fraîcheur joue un rôle crucial dans la qualité des vins.

## Les cépages et les styles de vin
Les vins d'Afrique du Nord conservent un certain attrait en France, en accompagnement des plats maghrébins, mais on voit mal qui d'autre pourrait s'y intéresser. Ils s'apparentent surtout aux vins du Midi, mais il émane aujourd'hui tant de fruit et de fraîcheur du sud de la France que les consommateurs sont de moins en moins disposés à accepter la médiocrité. On oublie trop facilement que le Carignan, laissé à lui-même sous un climat chaud, peut donner un vin spectaculairement âpre et dépourvu de fruit, tout comme Cinsaut, Aramon et Alicante Bouschet, cépages rouges très présents en Afrique du Nord. On trouve

aussi des variétés non françaises comme Farhana, Hasseroum, Rafsai, Zerkhoun, ainsi que d'excellents cépages français, du Cabernet-Sauvignon à la Syrah et au Mourvèdre. Il y a, en outre, du Grenache et du Pinot Noir : le premier tend à l'excès d'alcool et à la mollesse, le second réclame des climats bien plus frais. Le Carignan est omniprésent. Les vins blancs sont souvent issus de Clairette et d'Ugni Blanc, mais les meilleurs sont les Muscats de Tunisie, doux ou secs, qui ont leurs propres appellations.

Les meilleurs rouges viennent du Maroc, dont les installations de vinification sont sans doute les plus modernes d'Afrique du Nord. La production comporte 85 % de vin rouge, le reste étant surtout du rosé obtenu par saignée, vin très pâle parfois baptisé vin gris. Les rouges peuvent avoir de la mâche et du corps, mais les blancs sont peu réussis.

L'Algérie est organisée selon un système qualitatif développé à l'ère coloniale, avec 12 régions de VDQS. Les meilleurs vins sont les rouges provenant des vignobles de montagne. □

# PRODUCTEURS ET NÉGOCIANTS

L'Algérie, le Maroc et la Tunisie ont tous une législation viticole fondée sur le système français des appellations d'origine. Cet héritage se reflète souvent dans les noms des vignobles. Ceux des vins varient : de gros volumes sont exportés en vrac et les noms figurant sur les étiquettes peuvent être laissés à la fantaisie de l'embouteilleur.

## ALGÉRIE

Les zones viticoles de qualité se trouvent dans les provinces d'Oran et d'Alger. Elles sont héritées de la période coloniale. Il est important de savoir que sept régions ont droit à une appellation d'origine garantie (AOG).

### ORAN

Oran a toujours été la plus grande province viticole et produit les meilleurs vins.

### Coteaux de Mascara

Zone AOG qui produit les meilleurs vins d'Algérie, des rouges généreux et rustiques. Clos Faranah et Sidi-Brahim sont parmi les plus connus. On trouve aussi du vin blanc.

### Coteaux de Tlemcen

Autre zone AOG sur des collines de grès produisant des vins rouges, blancs et rosés de bonne qualité, à la fois puissants et souples.

### Autres zones de l'Oranais

Ain-Temouchent, Ain-el-Turk, Sidi-Bel-Abbes, Messarghin, La Sanca, Arzen. Monts du Tessala est une AOG.

### ALGER

Seconde province viticole par la taille, avec de bons vignobles de montagne.

### Miliana

Vignoble «de montagne» des plus appréciés qui produit de solides vins rouges.

### Médéa

Zone AOG avec des vignobles situés en altitude qui produisent une gamme de vins qu'il faut remarquer car ils ont une certaine finesse.

### Dahra

Vignobles d'altitude proches de la mer situés entre les provinces d'Alger et d'Oran. Ils produisent à la fois des vins rouges et des vins blancs de l'AOG Haut Dahra.

### Mostaganem-Dahra

Région divisée en quatre secteurs : Picard-Darha a des vignes en coteaux à faible rendement ; Dahra-Mostaganem et Mostaganem produisent des vins rouges, blancs et rosés assez puissants ; Rivoli-Mazagran a de petits rendements et donne des rouges solides, de robustes rosés et des blancs.

### Autres zones de l'Algérois

Ain-Bessem et Coteaux du Zaccar sont des zones AOG, la première donnant généralement de meilleurs vins. Les oueds Issers et Sebdou produisent surtout du vin ordinaire.

## MAROC

Le pays compte 12 régions qui produisent des vins d'appellation d'origine garantie :

### Berkane et Angad

Petite région à l'est du pays produisant de robustes vins rouges.

### Meknès/Fès

La principale région viticole ; produit de bons rouges dans des vignobles d'altitude au pied de l'Atlas. Les appellations comprennent Guerrouane, Beni m'tir, Sais, Beni Sadden et Zerhoune.

### Gharb

Comprend les appellations de Gharb et Zemmour. Ici et plus au sud, on produit le Gris de Boulaouane, un rosé populaire et léger.

### Rabat

Sur la côte atlantique se trouvent les appellations de Chellah et Zaer, produisant des vins rouges légers.

### Casablanca

Vignobles côtiers comprenant l'appellation Zenata.

## TUNISIE

Les vignobles sont au nord-est du pays, à l'est et à l'ouest de Tunis. Le pays produit des vins rouges, rosés et blancs ainsi que quelques vins bénéficiant d'une appellation d'origine.

Aujourd'hui, c'est le Muscat qui réussit le mieux. Les vignobles entourant Bizerte, dans le Nord, s'en sont fait une spécialité, tout comme ceux de Hammam-Lif près de Tunis, Grombalia et Bou-Arkoub à l'Est.

Les écuries royales à Meknès au Maroc.

# ESPAGNE
## ET PORTUGAL

—

LA PÉNINSULE IBÉRIQUE DOIT SES VINS MUTÉS

À UNE ANCIENNE TRADITION. DE NOS JOURS, L'ESPAGNE

COMME LE PORTUGAL S'EFFORCENT DE DIVERSIFIER LA PALETTE

DE LEURS VINS DE TABLE DE QUALITÉ.

—

# ESPAGNE

DU PETIT VIGNERON QUI VEND SON VIN EN VRAC AU GRAND NÉGOCIANT
QUI EXPORTE DES MILLIONS DE BOUTEILLES, LE MONDE DU VIN ESPAGNOL
CONNAÎT UNE VÉRITABLE RÉVOLUTION QUI RÉSERVE DE BONNES SURPRISES.

La *bodega* de Marqués del Real Tesoro, à Jerez de la Frontera.
Jusqu'à la seconde moitié du XXᵉ siècle, les vins mutés
comme le Xérès et d'autres vins comme le Rioja étaient
les vins espagnols les plus connus.

L'Espagne représente le deuxième producteur de vin de l'Union européenne, juste derrière la France, et le quatrième à l'échelon mondial. Réputée pour ses vins mutés, comme le fameux Xérès (qui fait l'objet d'un chapitre séparé), elle produit aussi des vins rouges, des vins blancs et des vins pétillants qui vont du plus modeste au plus raffiné. Ces vins héritent d'une personnalité marquée par la géographie du pays. En effet, l'Espagne se compose d'un vaste plateau central (Meseta) situé à 650 m au-dessus du niveau de la mer et limité de toutes parts par des massifs montagneux. Les meilleurs vins sont issus de cépages qui se plaisent en altitude (jusqu'à 500 m en Rioja Alta et Rioja Alavesa ; entre 700 et 800 m en Alt-Penedès et Ribera del Duero). Ces vignobles bénéficient d'une bonne exposition au soleil sans souffrir de la canicule ni de nuits trop fraîches. La plupart des grands vins d'Espagne proviennent du nord de Madrid, c'est-à-dire, d'ouest en est, de Galice, des vallées du Douro et de l'Èbre et de Catalogne. Les meilleurs sites se trouvent le plus souvent dans ces vallées montagneuses aux sols relativement pauvres et aux sous-sols d'argile. En revanche, les vallées de l'Èbre et du Douro sont riches en terres alluviales. Le climat espagnol bénéficie d'une même diversité : l'Ouest subit l'influence de l'Atlantique, qui apporte fraîcheur et humidité ; les zones centrale et septentrionale connaissent un climat de type continental avec des étés chauds et des hivers froids ; la côte catalane jouit d'un climat méditerranéen. Il y a 3 000 ans, les vins les plus prisés des Phéniciens venaient de Xera, une ville située à l'extrémité sud de l'Espagne. (Rebaptisée Jerez de la Frontera, elle produit aujourd'hui des vins mutés, les Xérès.) À leur arrivée, mille ans plus tard, les Romains apportèrent leur propre méthode de vinification, qui consistait à fouler les raisins dans des cuves de pierre et à les laisser fermenter naturellement. Cette méthode, appelée *método rural*, est encore en usage dans quelques régions. La culture de la vigne se poursuivit ensuite sous la domination des Maures, mais essentiellement pour le raisin de table. À partir de son unification, en 1492, l'Espagne ne cessa de prospérer et, parallèlement, de produire et de consommer de plus en plus de vin. Dans des régions comme celle de Jerez ou la Rioja, la législation vinicole devint plus rigoureuse tandis que de nouvelles réglementations furent imposées aux vignobles plus récents comme ceux de Toro et de Rueda.

Lorsque le phylloxéra s'abattit sur les vignobles français, dans les années 1860, les négociants n'hésitèrent pas à traverser les Pyrénées pour aller acheter du vin en Espagne. Ils eurent la bonne surprise de découvrir des vins à leur convenance et les exportations espagnoles reprirent de plus belle. Puis, le phylloxéra finit par s'en prendre également au vignoble espagnol. Fort heureusement, à cette époque, on avait déjà trouvé une parade aux ravages de l'insecte : le greffage des variétés européennes sur des porte-greffes américains résistants. Aidés par les organismes officiels, les vignerons s'employèrent à replanter. Les *bodegas* les plus réputées d'aujourd'hui datent pour la plupart de cette époque.

Dans la seconde moitié du XXᵉ siècle, l'Espagne passa un cap important. Jadis productrice de vins anonymes vendus en vrac, elle se hissa, en trente ans, au niveau des vins de qualité. Dans les années 70, les vins de la Rioja commencèrent à bien s'exporter, bientôt suivis par ceux de domaines comme Vega Sicilia, puis par ceux de Valdepeñas et de Catalogne. À la fin des années 80, l'Espagne avait atteint une production de près de 4 milliards de bouteilles par an. Aujourd'hui, sa viticulture fait l'objet des meilleurs soins et les anciens cépages, trop productifs, sont remplacés par de nouvelles variétés de meilleure qualité.

## Régions viticoles et styles de vin

Au lendemain de la Constitution de 1978, les 50 provinces d'Espagne furent remplacées par 17 régions autonomes (*autonomías*) qui regroupent chacune une ou plusieurs des anciennes provinces délimitées par l'héritage gastronomique, climatique et culturel commun qui déterminait par le passé leurs styles de vin.

La Galice et le Pays basque (*País Vasco*) possèdent quelques-uns des vignobles les plus septentrionaux du pays. Dans ces régions, l'océan Atlantique influence le climat, l'économie (fondée principalement sur la pêche) et les vins, qui sont, le plus souvent, des blancs légers et secs se mariant bien avec le poisson. Toujours au nord, la Navarre, la Rioja – le vignoble espagnol le plus connu

– et l'Aragon se partagent les vignes de la haute vallée de l'Èbre. Ces trois régions ont toujours entretenu, de par leur proximité, des liens étroits avec la France. Leurs vins sont le plus souvent des rouges puissants après vieillissement et des blancs robustes qui accompagnent agréablement les poissons d'eau douce.

Située à l'embouchure de l'Èbre mais faisant face à la mer, la Catalogne possède une culture bien spécifique. L'importance de sa pêche et son climat méditerranéen l'ont conduite tout naturellement vers les vins blancs. Elle est également le berceau des Mousseux espagnols, les Cavas.

La Castille-León est le vignoble traditionnel de la vallée du Douro. Son climat, de type continental, est tempéré à proximité du fleuve. Ses vins rouges sont charnus et puissants et ses blancs secs ont du corps. L'influence française se fait beaucoup moins sentir dans le style des vins de Castille que dans la haute vallée de l'Èbre.

Les meilleurs vins espagnols sont issus des régions déjà citées ci-dessus, mais la vigne est également présente dans le centre et dans le sud du pays. Les vastes plaines de Castille-La Manche et les Vinos de Madrid se trouvent sur le plateau de la Meseta. Cette région d'élevage ovin autrefois complètement isolée, soumise à un climat continental, produisait des vins rouges et blancs marqués par une certaine lourdeur qui finirent par trouver leur voie lorsque Madrid devint capitale en 1561.

Le Levante se compose des *autonomías* de Valence et de Murcie, deux régions fortement orientées vers l'exportation : le port de Valence est le premier centre d'Espagne pour le commerce des vins. La tradition de la pêche et le climat méditerranéen ont marqué de leur sceau les vins blancs traditionnels de Valence.

L'Andalousie, à l'extrême sud de l'Espagne, constitue une seule et vaste *autonomía*. Au pays des vins mutés, tous les vins furent influencés par le Xérès jusqu'à la chute brutale de la demande mondiale pour ce type de vin. On se reconvertit tant bien que mal afin de produire des vins de table légers et frais qui ne sont plus destinés au mutage.

Enfin, il existe une petite production de vin dans les îles espagnoles. Les Baléares ont une géologie proche de celle de la Catalogne et la viticulture s'y est développée dans le même environnement climatique. Les rouges sont frais et gouleyants ; les blancs, frais et fruités, sont consommés sur place par les touristes et sont à boire jeunes (*jovenes*). Le sol des Canaries, complètement noir par endroits, est très différent et repose sur un sous-sol volcanique. Il donne principalement des vins rouges légers faciles à boire, dans l'année qui suit la récolte.

## Les cépages

Les vins blancs proviennent essentiellement d'une variété médiocre, le cépage Airén, le plus répandu dans toute la partie centrale de l'Espagne. On trouve aussi beaucoup de Grenache Blanc, en particulier en Catalogne, un cépage qui donne des blancs corpulents d'une forte teneur en alcool. Les autres cépages blancs courants sont les excellents Albariño de Galice et Verdejo, ce dernier étant considéré comme l'un des meilleurs blancs de Castille-León. Le Maccabeo (ou Viura), le Parellada (un cépage de très haute qualité et de rendement élevé) et le Xarel-lo servent à l'élaboration des vins pétillants de *cava*. Ils sont largement plantés en Catalogne et dans la haute vallée de l'Èbre.

Par sa finesse et son caractère aromatique, le Tempranillo (alias Ull de Llebre, Cencibel, Tinto Fino, Tinto de País et Tinta de Toro) est le préféré des cépages rouges d'Espagne. Principal cépage de Castille-La Manche, de Castille-León, de la vallée de l'Èbre et de certaines parties de la vallée du Douro et du Levante, il se peut qu'il ait une origine commune avec le Pinot Noir français.

Le Grenache Noir (Garnacha Tinta) est le cépage le plus répandu d'Espagne, en particulier dans le centre du pays, dans la vallée de l'Èbre et en Catalogne. Il s'assemble bien avec le Carignan (Cariñena), qui donne des vins robustes et bien équilibrés. On le cultive beaucoup en Catalogne et dans la Rioja (où il porte le nom de Mazuelo), mais il est rarement utilisé dans les vins d'appellation de Cariñena, sa région d'origine. Le Graciano est un cépage peu productif apprécié pour le vieillissement en *crianza* – d'où son usage dans la Rioja. Peu répandu, il est le plus souvent mélangé avec d'autres raisins. Plusieurs régions d'Espagne cultivent par ailleurs des cépages classiques internationaux, dont les vins sont mentionnés dans les chapitres consacrés aux différentes régions.

## L'industrie viticole d'Espagne

Depuis une centaine d'années, la viticulture espagnole doit sa survie au système coopératif. Les coopératives ont en effet permis aux petits cultivateurs, qui n'avaient pas les moyens de s'équiper en matériel de vinification, de ne plus vendre leurs raisins à des prix dérisoires au *señor* local. Jusqu'à une époque récente, les viticulteurs étaient payés au kilo de raisin livré et les coopératives fonctionnaient bien. Mais, lorsque la demande de vin de table ordinaire a chuté, la qualité est devenue un facteur important et les coopératives qui n'ont pas su s'adapter à temps aux nouvelles exigences du marché n'ont pas survécu.

Depuis le début des années 1980, une nouvelle génération d'hommes d'affaires a repris les coopératives en difficulté ou les a prises sous contrat en exigeant d'elles une qualité irréprochable. Dans le même temps, le coût des installations modernes de vinification baissait au point que des entreprises de taille réduite pouvaient s'équiper.

L'entreprise vinicole espagnole porte généralement le nom de *bodega*. Littéralement, une *bodega* est un chai, un bâtiment de stockage construit au niveau du sol. Elle se distingue de la *cava*, terme supposant que l'entrepôt se situe dans une cave en sous-sol. Cela explique pourquoi les vins pétillants espagnols ont emprunté le nom générique de *cava* : la prise de mousse en bouteille et la garde des vins sur lattes suppose un long élevage dans la fraîcheur des caves souterraines. À l'opposé, les vins tranquilles espagnols, généralement gardés en fûts, se bonifient mieux dans des chais au sol soumis l'hiver et l'été à des changements de température, les *bodegas*.                        □

# LA LÉGISLATION ESPAGNOLE

L'Espagne est soumise à la législation de l'Union européenne, qui définit deux catégories de vins : les *Vinos de mesa* (vins de table) et les VCPRD *(Vinos de Calidad Producidos en Regiones Determinadas)* qui sont, en fait, des VQPRD (Vins de Qualité Produits dans des Régions Déterminées).

## Les niveaux de qualité

Outre les classifications officielles, l'Espagne conserve ses différentes appellations, inspirées du système français, mais aussi ses désignations, dans un souci d'information des consommateurs .

**Vino de mesa** est la catégorie de base. Les vins peuvent provenir de n'importe où en Espagne et ne porter ni mention d'origine géographique ni millésime.

Le terme *vino de mesa* peut être suivi par le nom d'une région. Il s'agit dans ce cas d'une catégorie intermédiaire entre le *vino de mesa* et le *vino de la tierra*. 28 régions *(comarcas)* ont le droit d'utiliser leur nom pour décrire un vin, par exemple Vino de Mesa de Betanzos. Cette catégorie de vin s'appelle couramment *vino comarcal* (vin local). Ce type d'identification est aussi utilisé pour les vins qui ne rentrent pas dans le système d'appellations (voir plus bas). Par exemple, Yllera en Castille-León, qui prend ainsi le nom de sa province *(autonomía)* : Vino de Mesa de Castilla-León. Ces vins peuvent être millésimés.

**Vino de la tierra** est l'équivalent du vin de pays français. Il provient d'une des 28 zones délimitées reconnues pour leur caractère spécifique et aspirant à un futur statut DO.

**Denominación de origen** (DO) est la catégorie la plus simple parmi les vins de qualité. Cette appellation est donnée aux vins qui répondent à un certain encépagement, un mode de culture et une origine géographique. Ce statut de DO est comparable à l'AOC française ou à la DOC italienne.

**Denominación de origen calificada** (DOC) est une sorte de « super-DO » réservée aux vins répondant à des critères très précis de qualité et de régularité correspondant à la DOCG italienne. Jusqu'à présent, seul le Rioja a eu droit à cette appellation à compter du millésime 1991.

## Les désignations de vins

La législation espagnole a été harmonisée afin que les termes qualifiant les vins soient toujours utilisés dans le même sens.

**Vino joven** (vin jeune) : Mis en bouteille aussitôt après sa clarification, on l'appelle aussi *vino del año* (vin de l'année). L'Instituto Nacional de Denominaciones de Origen (INDO) cherche à encourager le remplacement du terme *sin crianza* par *joven* pour qualifier un vin qui n'a pas été élevé sous bois. Certains vins *sin crianza* peuvent avoir vieilli un an en cuve avant de se bonifier une demi-douzaine d'années en bouteilles.

**Vino de crianza** (littéralement, vin de race) : il peut être commercialisé après avoir vieilli deux années entières, dont un minimum de six mois en *barricas* (barriques de chêne). Dans certaines régions, comme la Rioja, les six mois sont généralement dépassés. Les *crianzas* blancs ou rosés *(rosados)* doivent vieillir un an à la *bodega*, dont au moins six mois en *barricas*.

**Reserva** : le vin rouge doit vieillir trois ans à la *bodega*, dont au moins deux en *barricas*, et être commercialisé dans sa quatrième année. Pour le rosé et le blanc, le délai est de deux ans, dont six mois en *barricas*, et ils peuvent être commercialisés dans leur troisième année.

**Gran reserva** : cette catégorie n'existe que pour les millésimes particulièrement réussis. Les rouges doivent vieillir deux ans en barrique, trois en bouteille, et être vendus dans leur sixième année. Les *gran reservas* blancs et rosés sont très rares. Ils doivent être élevés pendant quatre ans, dont six mois au minimum en barrique, et ne sont commercialisés que dans leur cinquième année.

## Lire une étiquette

L'étiquette principale du vin indique son niveau dans la hiérarchie. Mais c'est généralement sur une contre-étiquette apposée au dos de la bouteille ou sur un sceau de papier collé à cheval sur le bouchon qu'on trouvera les informations les plus utiles. La contre-étiquette porte le sigle officiel du Consejo Regulador (l'organisme de tutelle des DO), un numéro d'ordre qui permet d'identifier l'origine de la bouteille, et, souvent, une carte du vignoble dont il est issu. L'information la plus importante reste la catégorie de vin par rapport à son mode d'élevage : *crianza, reserva* ou *gran reserva*. Si aucune de ces désignations n'est mentionnée sur les étiquettes, il s'agit sans doute d'un *vino joven*.

# LES RÉGIONS VITICOLES D'ESPAGNE

L'Espagne est le pays de l'Union européenne qui possède la plus grande surface de terre plantée en vignes. Les zones de vignobles sont dispersées dans tout le pays et délimitées par le relief : un vaste plateau central entouré par des chaînes de montagnes creusées régulièrement par de larges vallées fluviales. De façon schématique, on pourrait dire que le nord de l'Espagne produit des vins de table, le centre des vins de consommation courante et le sud des vins d'apéritif de type Xérès ou des vins de dessert. Cette carte fait apparaître les 39 DO du pays.

La Corogne
Oviedo
Santander
Saint-Sébastien
Bilbao
Saint-Jacques-de-Compostelle
ASTURIES
CANTABRIQUE
PAYS BASQUE
TXAKOLI
GALICE
León
Vitoria
Pampelune
Pyrénées
NAVARRE
RÍAS BAIXAS
RIBEIRO
BIÉRZO
Burgos
Logroño
RIOJA
NAVARRE
AMPURDÁN COSTA-BRAVA
Vigo
Miño
VALDEORRAS
LA RIOJA
Huesca
SOMONTANO
CATALOGNE
CASTILLE-LEÓN
Esla
Ebro
Saragosse
COSTERS DEL SEGRE
CONCA DE BARBERÀ
ALELLA
CIGALES
Valladolid
RIBERA DEL DUERO
CAMPO DE BORJA
Lérida
PRIORATO
PENEDÈS
Barcelone
Douro
TORO
RUEDA
CARIÑENA
TERRA ALTA
Tarragone
TARRAGONE
Salamanque
CALATAYUD
ARAGÓN
Tage
MADRID
Madrid
LOS VINOS DE MADRID
VALENCE
MÉNTRIDA
Mer Méditerranée
Tage
Tolède
UTIEL REQUENA
Valence
ESTRÉMADURE
LA MANCHA
Júcar
Mérida
Guadiana
CASTILLE-LA MANCHE
ALMANSA
VALENCIA
Valdepeñas
VALDEPEÑAS
JUMILLA
YECLA
ALICANTE
Alicante
MURCIE
Murcie
Cordoue
Guadalquivir
MONTILLA-MORILES
Genil
Huelva
CONDADO DE HUELVA
Séville
ANDALOUSIE
BINISSALEM
Palma
Majorque
Grenade
ÎLES BALÉARES
Océan Atlantique
JEREZ/XÉRÈS
MÁLAGA
Málaga
Jerez de la Frontera
Cadix

Océan Atlantique
CANARIES
Tenerife
TACORONTE-ACENTEJO
N
0   100 km

**Régions viticoles**

denominación de origen (DO)

denominación de origen calificada (DOC)

Frontière

Limite de communauté autonome

0      100      200 km

# LA RIOJA

Vaste vignoble de cépage Tempranillo sur des sols argileux de la Rioja Alavesa.

Il y a 2 000 ans, lorsque les Romains arrivèrent dans la région de Rioja, dans la haute vallée de l'Èbre, ils découvrirent que les habitants, qu'ils appelèrent Celtiberi, cultivaient déjà la vigne et faisaient déjà du vin. Selon l'éternelle vocation des conquérants à faire connaître leur savoir-faire et à satisfaire leur propre consommation, les légions romaines enseignèrent aux indigènes leurs techniques de vinification et imposèrent leur « pax vinicola ».

Au début du deuxième millénaire, la production de vin dans la Rioja était des plus florissantes. La vinification et le contrôle de la qualité étaient sanctionnés par des ordonnances municipales à Logroño et dans l'ensemble de la région.

L'histoire de la Rioja moderne commença dans les années 1850, lorsque Paco Hurtado de Amexaga, marquis de Riscal, revint au pays après un séjour à Bordeaux, armé de nouvelles idées, de nouvelles vignes et, le plus important de tout, de barriques de chêne neuves. L'un de ses pairs, le marquis de Mur-

rieta, partageait ses convictions. Tous deux se mirent donc à planter du Cabernet-Sauvignon et du Merlot et se préparèrent à vinifier et élever leurs vins en s'inspirant du modèle bordelais.

Les vins des deux marquis ne tardèrent pas à atteindre des prix qu'on n'aurait jamais imaginé dans la région de la Rioja. Les marquis viticulteurs initièrent certains vignerons qui n'avaient pas les mêmes facilités pour se procurer les cépages importés. Ces derniers, à leur grande surprise, découvrirent que les cépages locaux qu'ils travaillaient depuis toujours, en particulier le Tempranillo, donnaient d'excellents résultats avec les nouvelles méthodes, avec ou sans Cabernet-Sauvignon.

Pendant ce temps, par-delà les Pyrénées, les premières attaques d'oïdium puis de phylloxéra ravageaient le vignoble français. Les négociants d'Aquitaine, et même de plus loin, affluèrent pour acheter des vins qu'ils ne trouvaient plus chez eux. Les vins de Rioja connurent alors un essor considérable.

Au cours du XXᵉ siècle, la Rioja se bâtit la réputation de plus beau vignoble d'Espagne. En 1991, le Rioja accéda au rang de DOC *(denominación de origen calificada)*, catégorie supérieure à la DO. Il est désormais soumis à une réglementation plus stricte.

Comme le Bordelais et bien d'autres vignobles, la Rioja produit toute une gamme de vins, du vin jeune (non vieilli) jusqu'au *gran reserva* vieilli en fût de chêne pendant des années.

### Régions, climats et sols

Les vins de la Rioja proviennent de l'*autonomía* La Rioja et des *autonomías* voisines, le Pays basque et la Navarre.

On trouve également des vignes – mais pas de *bodegas* – dans la province de Burgos. C'est toutefois dans la ville de Logroño, capitale de La Rioja, que se trouve le siège de la Denominacíon de origen calificada Rioja. Les principales subdivisions du vignoble correspondent à celles de la région : Rioja Alavesa, Rioja Alta et Rioja Baja.

La **Rioja Alavesa** est située au nord de l'Èbre dans la province d'Álava (Pays basque).

La **Rioja Alta,** au sud d'Álava, comprend l'enclave de Burgos.

Ces deux zones se trouvent dans la partie haute de la Rioja, à une altitude comprise entre 400 et 500 m au-dessus du niveau de la mer, dont les températures légèrement plus fraîches donnent des vins de la meilleure qualité. Le climat est tempéré par l'influence de l'Atlantique et abrité des vents du nord par les monts Cantabriques. Le printemps est précoce et ensoleillé, l'été chaud et long, l'automne doux et rafraîchi par des brises nocturnes. L'hiver peut être très froid et amener le gel et la neige dans certains endroits.

La **Rioja Baja,** qui comprend également les secteurs viticoles de Navarre, occupe la partie sud-est de la région et descend jusqu'à environ 300 m d'altitude. Le climat est plus méditerranéen, plus chaud et plus sec, voire semi-aride par endroits. La durée d'ensoleillement est plus longue et les raisins sont mûrs plus tôt. Les vins de cette région sont souples, s'épanouissent plus rapidement et leur teneur en alcool est généralement plus élevée que dans les deux autres régions de la Rioja.

Le sol argileux de la Rioja est sillonné de dépôts de calcaire et de fer vers le nord-ouest, tandis que la Rioja Baja possède des sols sableux et alluviaux.

## Les cépages

Le principal cépage rouge est le Tempranillo. Dans la plus grande partie de l'Espagne septentrionale, en particulier dans la Rioja Alta et la Rioja Alavesa, c'est le premier cépage rouge de qualité. Il possède une peau épaisse d'un noir brillant et doit son nom à sa maturation précoce (*temprano* signifie « tôt »), environ deux semaines avant le Grenache. Utilisé seul, il ne vieillirait pas aussi bien et aussi longtemps et le Rioja n'aurait jamais atteint sa réputation actuelle. C'est pourquoi il est presque toujours utilisé en assemblage avec d'autres cépages. Le Grenache Noir (Garnacha Tinta ou Garnacha Riojana) est le principal cépage de la Rioja Baja et entre dans presque tous les assemblages de vins de la Rioja. Il lui faut cependant un automne chaud et prolongé pour arriver à maturité complète. Le Graciano produit lui aussi des vins de grande qualité et apporte une réelle finesse à mesure que le vin vieillit.

Parmi les autres cépages rouges, il faut noter le Mazuelo (connu dans le reste de l'Espagne sous le nom de Cariñena), qui apporte aux Riojas des tanins et de l'acidité. Le Cabernet-Sauvignon est toujours considéré comme un cépage « expérimental », bien qu'il n'ait jamais cessé d'être cultivé au Domaine Marqués de Riscal. Un assemblage classique de vin rouge de la Rioja pourrait se composer ainsi : 70 % de Tempranillo, 15 % de Grenache, 10 % de Mazuelo et 5 % de Graciano.

Le Rioja blanc a considérablement changé depuis que l'on a abandonné l'élevage en fûts de chêne au profit de vins plus aromatiques issus de Viura et vinifiés à basse température dans le style *joven*. La Malvoisie (Malvasía Riojana) accompagne souvent le Viura dans les Riojas blancs. Elle joue même un rôle fondamental dans les blancs vieillis en fûts, car elle ajoute une dimension supplémentaire aux vins de Viura, naturellement neutres, et se marie admirablement avec le chêne. Le Grenache Blanc (Garnacha Blanca) produit quantité de vins de qualité raisonnable, qui manquent toutefois de fraîcheur.

## Vinification et élevage

La tradition voulait que les vins de la Rioja soient vinifiés dans des cuves de pierre. Les raisins étaient foulés au pied et la fermentation était laissée aux caprices de la nature. Depuis 1856, les méthodes de vinification sont plus scientifiques. Aujourd'hui, la plupart des *bodegas* font fermenter leurs vins dans des cuves d'acier inoxydable ou de résine. Lorsque la fermentation est terminée, les vins restent un moment en cuve avant d'être transvasés dans des barriques de chêne de 225 litres *(barricas)*. Le minimum de vieillissement est fixé par la loi avec précision, mais les *bodegas* sont libres de choisir la durée d'élevage de leurs vins en fonction de leurs ambitions, à condition qu'elle soit supérieure au minimum obligatoire. De nombreuses expériences d'élevage dans différents types de chêne sont en cours : avec 600 000 barriques en stock, on peut en effet imaginer que toutes les combinaisons ont été étudiées ou sont en cours d'étude dans la Rioja.

Les vins blancs fermentent presque toujours dans des cuves d'acier inoxydable dotées de systèmes de refroidissement. Seules quelques maisons continuent à effectuer des vinifications traditionnelles en laissant fermenter les moûts sans contrôle de température avant de loger les vins en fût.

C'est le système de vieillissement qui rend les vins de la Rioja uniques. La loi espagnole a défini des critères précis pour tous les types de vin, *crianza*, *reserva*, etc., mais ces règles sont encore plus strictes pour l'appellation Rioja. Le Rioja *joven* (ancien *sin crianza*) qualifie des vins qui ne sont pas passés en fût ou qui y sont restés un temps inférieur au minimum légal pour un *crianza*. Quelques *bodegas* font actuellement des essais d'élevage de deux ou trois mois en fûts, mais ces vins restent dans la catégorie *joven* et peuvent être diffusés aussitôt après leur mise en bouteilles.

Les Riojas de *crianza* sont des vins commercialisés dans leur troisième année après avoir été élevés au moins 12 mois en barriques. Dans la pratique, ils sont généralement mis sur le marché après une année supplémentaire de vieillissement en bouteille. Les Riojas rouges de *reserva* ne peuvent être mis sur le marché que dans leur quatrième année, après avoir passé au moins 12 mois en barriques et 12 mois en bouteilles. Les vins blancs et rosés de ce type doivent passer 6 mois en fûts avant d'être diffusés à partir de leur troisième année.

La désignation de *gran reserva* est réservée aux vins rouges produits dans des millésimes particulièrement réussis. Ils ne peuvent pas être commercialisés avant leur sixième année et doivent auparavant avoir été élevés au moins 12 mois en fût et 12 mois en bouteilles. Les *gran reservas* blancs ou rosés, extrêmement rares, ont passé 6 mois en fût et peuvent être vendus à partir de leur cinquième année.    □

# PRODUCTEURS ET NÉGOCIANTS

Presque tous les Riojas commercialisés sont élaborés dans des *bodegas*. Celles-ci possèdent souvent un vignoble, mais achètent aussi des raisins ou du vin auprès de vignerons indépendants. Les vignerons qui exploitent quelques petites parcelles ont rarement des équipements de vinification et vendent souvent leurs raisins à des coopératives qui fournissent les moûts ou les vins aux négociants *(bodegas)*.

### Bodegas AGE

L'une des plus importantes *bodegas*, née en 1964 de la fusion de trois vieilles entreprises. AGE appartient aujourd'hui à Bodegas y Bebidas et propose des vins de qualité. Elle dispose d'un vignoble de 50 ha et doit donc acheter une grande partie des raisins dont elle a besoin. Ses marques principales sont Parral (blanc), Romeral (blanc, rouge, rosé), Siglo (blanc, rouge, rosé), Marqués del Romeral (rouge), Siglo Saco (rouge).

### Bodegas Berberana

Fondée en 1877, cette maison a pris de l'ampleur et produit des vins de qualité. Elle possède un grand vignoble (5 600 ha), 30 000 fûts de chêne et sa production avoisine les 17 millions de bouteilles. Ses marques principales : Carta de Oro (blanc, rouge, rosé), Carta de Plata (blanc, rouge, rosé), Preferido (blanc, rouge, rosé), Viña Canda (blanc, rouge, rosé) et Berberana (rouge).

### Bodegas Bilbaínas

Cette *bodega* établie depuis 1901 possède 255 ha de vignes et produit près de 1 million de bouteilles par an. Ses principales marques sont Brillante (blanc, rosé), Cepa de Oro (blanc), Viña Paceta (blanc), Ederra (rouge), Gran Zaco (rouge), Imperator (rouge), Viña Pomal (rouge), Viña Zaco.

### Bodegas Martínez Bujanda

Cette *bodega* jouit d'une bonne réputation et travaille avec soin les raisins exclusivement issus de son vignoble de 260 ha. Ce producteur, l'un des meilleurs de Rioja, est connu pour ses marques Valdemar (blanc, rouge, rosé) et Conde de Valdemar (rouge).

### Bodegas Marqués de Cáceres

Cette *bodega* a été fondée en 1970 par Enrique Forner, l'un des pionniers de la nouvelle technologie en Rioja, tant pour les blancs que pour les rosés. Elle se fournit en raisins auprès d'un groupe de viticulteurs, l'Unión Vitivinícola, pour produire environ 6,7 millions de bouteilles par an. Ce sont des vins de haute qualité et de style classique (rouge, blanc, rosé).

### Bodegas Campo Viejo

Fondée en 1963, la *bodega* Campo Viejo est la plus grande entreprise de Rioja et appartient au géant Bodegas y Bebidas. Son vignoble de 300 ha fournit la majeure partie de son approvisionnement. Elle commercialise une importante gamme de vins dont les principales marques sont : Albor (rouge, blanc), Campo Viejo (blanc, rosé, rouge), San Asensio (blanc, rosé, rouge), Selección José Bezares (blanc, rosé, rouge), Marqués de Villamagna (rouge), Viña Alcorta (rouge).

### CVNE (Compañía Vinícola del Norte de España)

Fondée en 1878, cette *bodega* jouit d'une bonne réputation bâtie sur le sérieux de sa production. Près de la moitié des raisins vient de son vignoble de 500 ha. En 1990, elle s'est dotée d'installations de vinification ultramodernes. Sa gamme de vins est fiable et généreuse. Les principales marques sont : Corona semi-seco (blanc demi-sec), Cune (blanc, rouge, rosé), Monopole (blanc), Imperial (rouge), Viña Real (rouge).

### Bodegas Domecq

Cette antenne de la fameuse maison de Xérès (voir p. 436) existe depuis 1973. Avec 500 ha dans la Rioja Alavesa, elle est certainement l'un des plus grands propriétaires de cette appellation. Elle produit environ 6 millions de bouteilles. Ses vins sont souples et agréables. Principales marques : Marqués de Arienzo (blanc, rosé, rouge) et Viña Eguia (rouge).

### Bodegas Franco-Españolas

Établie depuis 1890, cette *bodega* qui ne possède pas de vignes commercialise chaque année 4,7 millions de bouteilles et appartient au même groupe que Federico Paternina. Marques principales : Castil-Corvo (blanc), Diamante semi-seco (blanc demi-sec), Viña Soledad (blanc), Rosado de Lujo (rosé), Excelso (rouge), Rioja Bordón (rouge).

### Bodegas Martínez Lacuesta

Cette maison datant de 1895 est fière d'être encore une *bodega* « ancien style ». La fermentation se fait toujours en cuves de chêne. Sa production annuelle avoisine les 2 millions de bouteilles. Marques principales : Campeador (rouge) et Martínez Lacuesta (rouge).

### Bodegas Lan

Le nom de cette maison fondée en 1969 correspond aux initiales des trois provinces de Rioja qui produisaient du Rioja à l'époque : Logroño, Álava et Navarre. La *bodega* possède un vignoble de

## ─ MARQUÉS DE MURRIETA ─

L'un des pionniers dans l'histoire de la production de Rioja, cette *bodega* fut fondée en 1870 et reste fièrement respectueuse des traditions. Tous les raisins qui lui servent à élaborer ses vins proviennent de ses 300 ha de vignes à Ygay, non loin de Logroño. Les vinifications sont délibérément conduites à l'ancienne et les vins sont élevés dans 13 000 fûts (pendant plus de deux ans, beaucoup plus longtemps que dans d'autres *bodegas*). La *bodega* élabore une petite gamme de vins qui incluent Marqués de Murrieta (blanc et rouge) et le fameux Castillo Ygay (blanc et rouge), un *reserva* haut de gamme, rare et cher.

70 ha et achète donc 90 % des raisins dont elle a besoin. Elle produit chaque année 1,9 million de bouteilles d'un bon niveau de qualité. Les caves comptent 12 000 fûts de chêne et les principales marques sont : Lan (blanc, rosé, rouge), Lander (rouge) et Viña Lanciano.

### Bodegas Barón de Ley

Cette nouvelle *bodega* appartient au même groupe que les Bodegas El Coto. Elle occupe un ancien pavillon de chasse ducal nommé Coto de Imaz, qu'entoure un vignoble de 100 ha. Les 4 000 fûts de chêne sont pour la plupart d'origine française. Cette *bodega* poursuit actuellement des expériences avec le Cabernet-Sauvignon.

### Bodegas Faustino Martínez

Cette *bodega* appartenant aux mêmes propriétaires que les Bodegas Campillo existait déjà en 1860, époque où le Rioja était fait selon le *método rural*. Elle est aujourd'hui à la tête d'un important vignoble de 350 ha et d'une cave de 20 000 fûts de chêne. Ses marques principales sont Faustino V (blanc, rosé, rouge) et Faustino I (rouge).

### Bodegas Montecillo

Fondée en 1874, cette *bodega* commercialise 3 millions de bouteilles par an, qu'elle élève dans ses 13 700 fûts de chêne, d'origine française pour la plupart. Elle fut l'une des premières de Rioja à tirer parti du vieillissement en bouteilles. Les principales marques sont Viña Cumbrero (blanc, rouge), Montecillo (rosé, rouge) et Viña Monty (rouge).

### Bodegas Muga

Cette petite entreprise familiale établie en 1932 utilise encore des cuves de bois pour la fermentation et des blancs d'œufs pour le collage. Muga possède 33 ha de vignes et produit 600 000 bouteilles par an. Ses marques principales sont Muga (blanc, rouge), Almendora (rosé) et Prado Enea (rouge).

Cuves de fermentation des Bodegas Muga à Itaro.

### Bodegas Marqués de Murrieta

Voir encadré ci-contre.

### Bodegas Palacio

Cette maison créée en 1894 possède un vignoble de 10 ha et achète donc la majeure partie de ses raisins pour produire ses 2,7 millions de bouteilles par an. Après un changement de direction en 1987, elle a progressivement remplacé ses fûts de chêne américain par du chêne français (12 000 à ce jour). Ses principales marques sont : Glorioso (blanc, rosé, rouge) et Cosme Palacio y Hermanos (blanc, rouge).

### Bodegas Federico Paternina

L'un des plus grands producteurs de Rioja, Federico Paternina appartient au même groupe que les Bodegas Franco-Españolas. Ses caves de vieillissement contiennent près de 50 000 fûts de chêne et ses marques principales sont Banda Dorada (blanc), Federico Paternina (blanc), Banda Rosa (rosé), Banda Azul (rouge), Conde de los Andes (rouge) et Viña Vial (rouge).

### Bodegas Marqués del Puerto

Cette *bodega* appartient au même groupe que Campo Viejo. Créée en 1968, elle achète une grande partie des raisins dont elle a besoin puisqu'elle ne possède que 22 ha de vignes. Depuis sa décision, en 1989, d'abandonner les vins de style *joven*, elle a acquis 2 000 fûts de chêne et la qualité de ses *reservas* en a largement profité.

### Bodegas La Rioja Alta

Installée depuis 1890, cette *bodega* produit près de 1,9 million d'excellentes bouteilles par an. Les raisins proviennent de ses vignobles (300 ha) et de viticulteurs locaux. Une partie de la fermentation se fait en cuves de bois et la méthode d'élevage est traditionnelle (30 000 fûts, dont certains ont 20 ans), ce qui fait d'elle l'une des meilleures *bodegas* de Rioja. Ses marques prin-

cipales sont Viña Ardanza (blanc, rouge), Reserva 904 (rouge), Reserva 890 (rouge), Viña Alberdi (rouge) et Viña Arana (rouge).

### Bodegas Riojanas

Fondée en 1890, cette entreprise familiale possède un vignoble de 200 ha et achète à l'extérieur environ les deux tiers de ses besoins en raisin et en vins. Sa production avoisine les 3,4 millions de bouteilles par an et sa cave renferme quelque 18 000 fûts de chêne. Ses principales marques sont Canchales (blanc, rosé, rouge), Monte Real (blanc, rosé, rouge), Puerta Vieja (blanc, rosé, rouge), Viña Albina (blanc, rouge), Viña Albina Centenario (rouge).

### Bodegas R. López de Heredia Viña Tondonia

Fondée en 1892, cette *bodega* continue à travailler de façon très traditionnelle : la moitié des raisins proviennent de son vignoble (170 ha), tous les vins sont fermentés en cuves de chêne et transférés manuellement dans des fûts de chêne (15 000) et sont encore collés au blanc d'œuf. Les principales marques sont Viña Gravonia (blanc, rouge), Viña Tondonia (blanc, rosé, rouge), Viña Bosconia (rouge) et Viña Cubillo (rouge).

### Vinos de los Herederos del Marqués de Riscal

Fondée en 1856, cette *bodega* fut à l'origine du renouveau de la Rioja à la fin du XIXe siècle et appartient toujours aux descendants des fondateurs, qui en assurent la direction. Le vignoble de 200 ha couvre environ 40 % des besoins en raisin. Le Cabernet-Sauvignon d'origine y est toujours cultivé, mais il sert peu aux rouges classiques, car il entre à 85 % dans la composition de la cuvée Barón de Chirel. Les 21 000 fûts de chêne sont remplacés par rotation. Les principales marques sont Marqués de Riscal (rouge) et le Cabernet-Sauvignon Barón de Chirel (rouge).

# NAVARRE ET ARAGON

La Navarre produisait déjà du vin avant l'époque romaine et, à la fin du XVIIIe siècle, celui-ci était l'un des principaux produits d'exportation de la haute vallée de l'Èbre. Les liens entre la France et cette région de polyculture prospère s'avérèrent fructueux, surtout au milieu du XIXe siècle, lorsque, les vignes françaises étant sinistrées, les négociants français durent s'approvisionner en Navarre et en Aragon pour compenser la pénurie de vin.

## La Navarre

La DO de Navarre se trouve à l'est de la Rioja et au nord-ouest de l'Aragon. Elle est divisée en cinq sous-régions : Tierra Estella, Valdizarbe et Baja Montana couvrent la partie plus humide et fraîche du nord, qui s'élève jusqu'à 560 m d'altitude ; Ribera Baja, au sud, est plus chaude et sèche et culmine à 250 m ; Ribera Alta, entre les deux, est la plus grande zone et jouit d'une altitude et d'une température intermédiaires. Le sol des zones du nord et du centre est étonnamment similaire : la surface profonde et fertile recouvre du gravier et le sous-sol est calcaire. Dans la Ribera Baja, le sol devient plus léger et sablonneux et, de ce fait, moins adapté à la vigne.

Le principal cépage, le Grenache, occupe 73 % du vignoble, mais le Consejo Regulador encourage actuellement la plantation de Tempranillo. D'ici à l'an 2 000, l'encépagement devrait être constitué de 34 % de Grenache, 31 % de Tempranillo et 11 % de Maccabeo (Viura) pour les vins blancs.

Le gouvernement de l'*autonomía* de Navarre a créé un institut de recherche appelé EVENA (Estación Viticultura y Enología de Navarra), qui cultive tous les cépages, sur tous les types de porte-greffe, dans tous les types de sols de la région, afin de déterminer les meilleures techniques culturales. Ses résultats sont impressionnants et confirment le potentiel de la région.

Puente la Reina, en Navarre.

La Navarre est connue en Espagne pour ses délicieux *rosados* puissants et généreux, qui comptent parmi les meilleurs rosés du monde. À l'aveugle, ils pourraient presque passer pour des rouges légers. L'avenir de la Navarre repose probablement sur ses vins rouges, dont la qualité ne cesse de s'améliorer.

## L'Aragon

Avant les années 80, les vins d'Aragon se contentaient de satisfaire un marché local naissant ; depuis, ils commencent à faire parler d'eux à l'étranger. La région compte quatre DO : Cariñena, Calatayud, Campo de Borja et Somontano.

Cariñena, la plus solidement établie des DO d'Aragon, a même donné son nom à un cépage qui, curieusement, n'occupe que 1,5 % de l'appellation. La plus grande partie du vignoble est plantée en Grenache (60 %) et en Viura (21 %). Les vignes poussent entre 400 et 800 m d'altitude, sur des sols très divers, et le climat est continental. Cette appellation est surtout connue pour ses rouges jeunes ou de *crianza*, mais elle produit aussi des vins blancs et des rosés

jeunes et frais. Elle est également autorisée à élaborer des vins pétillants de Cava (voir encadré p. 419).

Calatayud est la plus récente DO d'Aragon (1990), mais la deuxième en superficie. Les vignobles sont plantés assez haut (500-900 m), le climat est continental et les faibles précipitations limitent les rendements. Le principal cépage rouge est le Grenache, suivi du Tempranillo, du Juan Ibañéz et du Monastrell. Les rosés sont issus de Grenache et les blancs, en majeure partie, de Viura, avec un peu de Grenache Blanc. Tous les vins sont faits dans le style *joven*.

Les vignobles de Campo de Borja sont situés à des altitudes légèrement inférieures. Ici encore, le cépage de base est le Grenache, qui couvre plus de 80 % de la superficie. La plupart des vins sont donc rouges et rosés, mais la DO produit aussi un *mistela* doux (non DO) à base de Muscat, qui est un mélange de jus de raisin et d'alcool.

À mi-chemin vers les Pyrénées, le vignoble de Somontano a peu de points communs avec les autres appellations d'Aragon – ou avec le reste de l'Espagne, – mais promet d'être l'une des plus intéressantes nouvelles appellations du pays. Avant 1900, il n'exportait que vers la France. Cependant, depuis qu'il a reçu la DO, en 1985, ses vignerons ont commencé à se rendre compte du potentiel de leur terroir. Les styles de vin produits ici sont assez originaux ; les rouges ont une forte personnalité, les blancs et les rosés sont légers et fruités. Les vignes sont plantées entre 350 et 700 m d'altitude dans des sols riches, souvent disposés en terrasses à flanc de coteau, dans les vallées.

Le principal cépage rouge est le Moristel (qui est introuvable ailleurs qu'à Somontano et qu'il ne faut pas confondre avec le Monastrell). Il couvre 25 % du vignoble, suivi par le Tempranillo. Pour les blancs, c'est le Viura qui domine, suivi de près par l'Alcañón, une autre spécialité locale. □

# PRODUCTEURS ET NÉGOCIANTS

En Navarre comme en Aragon, la tradition coopérative est bien établie. Les viticulteurs sous contrat sont encouragés à tenter des expériences sur de nouveaux cépages. Ils améliorent et modernisent leurs installations de vinification.

## NAVARRE

Dans la DO de Navarre, 90 % des raisins sont livrés aux caves coopératives par les vignerons.

### Bodegas Julián Chivite

Fondée en 1860, cette *bodega* est une entreprise familiale très respectée. Elle utilise les raisins de son propre vignoble de 115 ha et s'approvisionne en raisin et en vin pour couvrir le reste de ses besoins. Sa cave contient 5 000 fûts de chêne. Chivite est le plus grand exportateur de vins de Navarre. La cuvée de rouge que l'entreprise a élaborée pour célébrer son 125ᵉ anniversaire est entrée dans la légende. Les marques principales sont Gran Feudo (blanc, rosé, rouge), 125 Anniversario (rouge), Parador (rouge) et Viña Marcos (rouge).

### Bodegas Irache

Fondée en 1891, cette entreprise familiale s'est agrandie à l'approche de son 100ᵉ anniversaire. Elle est maintenant à la tête d'installations parmi les plus modernes de Navarre. Les vignobles de la *bodega* comptent 40 ha. Avec les raisins qui sont achetés, la production atteint plus de 15 millions de bouteilles par an. Les caves de *crianza* ont une capacité de 10 000 fûts de chêne. Les marques les plus importantes sont Castillo Irache (rosé, rouge), Gran Irache (rouge) et Real Irache (rouge).

### Vinícola Navarra

L'une des plus anciennes *bodegas* de Navarre (1864), cette maison n'en est pas moins dotée d'installations fort modernes et appartient au gigantesque groupe Bodegas y Bebidas. Elle possède un vignoble de 12 ha, mais se procure surtout son raisin auprès de viticulteurs sous contrat. Les caves abritent quelques vieux foudres de chêne de 20 hl à usage décoratif. En revanche, les 2 000 fûts de chêne utilisés pour les *crianzas* sont de plus récente facture. Les principales marques sont Bandeo (blanc, rosé, rouge), Las Campanas (blanc, rosé, rouge), Viña Alaiz (blanc, rosé, rouge), Castillo de Javier (rosé) et Castillo de Tiebas (rouge).

### Bodegas Ochoa

Cette petite *bodega* qui ne produit guère plus de 1 million de bouteilles par an est dirigée par Javier Ochoa, qui travaille également pour l'EVENA. Son vignoble de 17 ha couvre une partie de ses besoins et ses caves abritent environ 300 fûts de chêne.

### Bodegas Principe de Viana

Cette entreprise, qui a absorbé les Bodegas Cenalsa, est une des plus avant-gardistes. Elle poursuit actuellement des études sur de nouvelles souches de levures, sur la fermentation en fût et sur l'histoire des techniques de vinification en Navarre. La production, qui s'élève en moyenne à 8 millions de bouteilles par an, est entièrement issue de raisins achetés et l'élevage se fait en chêne français ou américain. Principales marques : Agramont (blanc, rosé, rouge), Campo-Nuevo (blanc, rosé, rouge), Principe de Viana (blanc, rosé, rouge) et Verjus (rouge).

### Señorío de Sarría

Le mot *señorío* désigne un vaste domaine privé. Celui-ci compte 1 500 ha, dont 200 sont réservés au Chardonnay et au Cabernet-Sauvignon. Les caves possèdent tous les équipements les plus modernes ainsi que 10 000 fûts de chêne pour l'élevage. Les principales marques sont Señorío de Sarría (blanc), Viña del Portillo (rosé), Viña Ecoyen (rouge), Gran Vino del Señorío de Sarría (rouge) et Viña del Perdón (rouge).

## ARAGON

Les vins d'Aragon sont à 90 % le produit des coopératives. Voici la liste des producteurs et négociants par ordre alphabétique dans chaque DO.

### CARIÑENA
### Bodega
### Cooperativa San Valero

C'est la plus grande coopérative de la région, le plus grand exportateur de vins d'Aragon et l'une des *bodegas* les plus novatrices. Elle encourage la plantation de cépages de qualité et de cépages expérimentaux. Ses vins, qui vont des plus simples aux *gran reservas*, sont régulièrement récompensés dans les concours. Elle produit plus de 20 millions de bouteilles par an à partir des 5 000 ha de vignes de ses adhérents. Les principales marques sont Don Mendo (blanc, rosé, rouge), Monte Ducay (blanc, rosé, rouge), Perçebal (blanc, rosé), Marqués de Tosos (rouge). Cette coopérative produit également un Cava DO appelé Gran Ducay.

### CALATAYUD
### Cooperativa
### del Campo de San Isidro

C'est le plus grande *bodega* de Calatayud (1 000 membres pour 4 000 ha de vignes). Des vins de *crianza* sont en cours d'élevage. La principale marque de la cave s'appelle Viña Alarbra (blanc, rosé, rouge).

### CAMPO DE BORJA
### Bodegas Bordeje

Les caves de cette toute petite *bodega*, qui existe depuis 1770, sont creusées dans les flancs des collines à l'extérieur du village. Elle vinifie exclusivement les raisins de son vignoble de 80 ha (sur une propriété de 250 ha). Ses vins très traditionnels sont élevés pour la plupart dans d'immenses foudres de bois. Ses marques principales sont Rosado de Garnacha (rosé) Abuelo Nicolas (rouge) et Don Pablo (rouge).

### Sociedad Cooperativa Agricola de Borja

Ce n'est pas la plus grande coopérative, mais elle est considérée comme la meilleure. Ses principaux vins sont le Borsao (rouge) et le Gran Campellas (rouge).

### SOMONTANO
### CoViSa (Companía Vitiviní-cola de Somontano)

Cette récente entreprise fut créée en 1987 afin d'exploiter au maximum le potentiel de la région de Somontano. Les premiers vins, rouges et blancs, se sont avérés d'excellente qualité. La *bodega* entretient un vignoble de 600 ha de cépages locaux et de Cabernet-Sauvignon, Chardonnay, Tempranillo, Merlot, Pinot Noir, Chenin Blanc, Gewürztraminer et quelques autres. La vinification est conduite en cuves d'acier inoxydable et les températures sont contrôlées. L'élevage se fait dans quelque 2 500 fûts de chêne français et américain. Les principales marques sont Viña del Vero (blanc, rosé, rouge) et Duque de Azara (rouge).

# CASTILLE-LEÓN

La Castille-León est le noyau historique de l'Espagne : les capitales des huit provinces constituant l'*autonomía* de Castilla y León sont toutes liées à la reconquête de l'Espagne. Avant de s'unir sous le règne d'Alphonse VI, au XI<sup>e</sup> siècle, la Castille et le León étaient des royaumes indépendants. Puis, en 1469, Isabelle de Castille-León, épousa l'héritier du trône d'Aragon, Ferdinand : le processus d'unification de l'Espagne était engagé.

Traversant sept des huit provinces, le Douro influence à la fois les micro-climats et la géologie de quatre des cinq DO locales (Ribera del Duero, Rueda, Cigales et Toro). Le style de vinification castillan se refuse à toute concession et, contrairement à la Rioja, nul n'envisage ici la moindre adaptation aux exigences des marchés d'exportation. Les vins ont toujours été destinés à trois communautés locales : la noblesse castillane, les dignitaires ecclésiastiques des villes épiscopales et les intellectuels de l'université de Salamanque. Ces gens sont fortunés et savent apprécier la qualité. Les vins rouges et rosés sont robustes, puissants, riches en alcool, exactement au goût du *marqués* local pour accompagner son rôti de sanglier.

La cinquième et plus récente DO de Castille-León, Bierzo, est séparée des quatre autres et son style tient davantage de la Galice voisine. On y cultive différents cépages et les vins sont plus légers et plus frais.

## Ribera del Duero

C'est la plus importante DO de la vallée du Douro et de Castille-León. Au milieu du XIX<sup>e</sup> siècle, tandis que le marquis de Riscal et le marquis de Murrieta importaient dans la Rioja (voir p. 406) des plants de vigne et des techniques venant de Bordeaux, une démarche similaire eut lieu près du village de Valbuena, dans la province de Valladolid. En 1846 vit en effet le jour une nouvelle entreprise, Bodega de Lecanda, qui utilisait les techniques bordelaises. En 1890, elle changea à la fois de propriétaire et de nom et devint Vega Sicilia.

Pendant les 118 premières années de son existence, le Vega Sicilia resta classé en *vino de mesa,* alors qu'il était

Maisons du XVI<sup>e</sup> siècle autour des arènes de Peñafiel, la capitale viticole de Ribera del Duero.

l'un des vins les plus rares et les plus chers du monde.

Ce n'est qu'en 1982, grâce à l'appui acharné d'autres viticulteurs de la région, qu'il accéda au statut de DO : Vega Sicilia avait réussi à prouver que le cépage rouge local, le Tinto Fino, ou Tinto de País (en fait, du Tempranillo), dans des conditions de culture adéquates, pouvait produire un vin de très grande classe. Aujourd'hui, le domaine utilise surtout le Tinto Fino les années sèches et le Cabernet-Sauvignon les années humides.

Le vignoble de Ribera del Duero suit le cours du Douro de Soria jusqu'à Valladolid, à une altitude généralement située entre 700 et 800 m. Un sol profond, léger et sablonneux recouvre une couche d'argile avec, ici et là, des affleurements de calcaire. Le vignoble se trouve à la limite des possibilités climatiques de culture de la vigne, ce qui explique son rendement moyen de 24 hl/ha seulement. Le climat est véritablement continental.

Les raisins ont une bonne acidité, les vins sont excellents et chers. Le Tinto Fino occupe 60 % de la surface cultivée. Alors que, dans la Rioja, il faut lui adjoindre d'autres cépages pour obtenir un parfait assemblage, ici il se suffit à lui-même et atteint complexité et équilibre grâce à l'altitude et à la fraîcheur du climat. La région ne fait que des vins rouges et rosés et du Grenache a été planté à titre expérimental. Valbuena, le pays de Vega Sicilia, et quelques autres villages sont autorisés à replanter en cépages bordelais. On trouve ici quelques vins rouges de style *joven*, mais la plupart sont élevés en *crianza*. Les meilleurs *reservas* et *gran reservas* sont à la hauteur des meilleurs Riojas.

## Rueda

L'histoire des vins de Rueda est longue et respectable. À l'époque où Valladolid était encore la capitale de l'Espagne, les vins de Rueda étaient très prisés par la noblesse locale. Mais après l'attaque du phylloxéra, à la fin du XIXᵉ siècle, le vignoble fut largement replanté en Palomino, cépage à fort rendement, pour la simple raison que les vignerons étaient payés au litre, quelle que fût la qualité. L'autre cépage local, le Verdejo, était peu productif et son vin n'était pas très stable. Au début du XXᵉ siècle, quelques viticulteurs essayèrent de tirer le meilleur parti du Palomino. Leur vin muté, de type Xérès en version plus légère, donna une certaine réputation à Rueda, mais trouva peu d'écho sur les marchés d'exportation.

Le véritable retour de Rueda, dans les années 1970, est l'œuvre de Marqués de Riscal (voir p. 406), l'une des grandes maisons novatrices d'Espagne. Décidée depuis des années à ne pas faire de Rioja blanc, la *bodega* Riscal cherchait un endroit pour produire un vin blanc portant son nom. Ses vinificateurs furent attirés à Rueda par un élément auquel personne sur place ne prêtait attention : le cépage Verdejo. Ils découvrirent l'immense potentiel de ce cépage à produire un vin de qualité, à condition de ne pas laisser les vendanges s'oxyder avant le pressurage. Riscal possédait les moyens techniques pour récolter les raisins, les protéger, les transporter jusqu'à l'unité de vinification, les pressurer et les traiter sous gaz inerte, le tout suffisamment rapidement pour conserver au vin toute sa fraîcheur. Riscal alla plus loin en plantant plusieurs autres cépages à titre expérimental et en produisant un Rueda à base de Sauvignon Blanc.

D'autres *bodegas* suivirent la voie ouverte par Riscal, de sorte que le terme Rueda Superior est aujourd'hui réservé aux vins issus de Verdejo à 85 % au minimum. La région fit par ailleurs quelques expériences satisfaisantes de vieillissement en fûts de chêne ; lorsque Marqués de Riscal lança un *reserva* «Limousin» élevé six mois en chêne français, le débat s'ouvrit de nouveau.

Nombre de *bodegas* continuèrent néanmoins à faire leurs vins de type Xérès (appelés aujourd'hui Rueda Pálido pour les secs élevés sous la *flor* et Rueda Dorado pour les types *oloroso*) dans l'espoir de gagner tôt ou tard la faveur du marché.

Les vignobles de Rueda prospèrent dans un paysage vallonné dont l'altitude varie entre 600 et 780 m. Leurs meilleures parties se trouvent le plus souvent près du Douro, dans des sols riches en fer reposant sur une couche de calcaire. Le climat est nettement continental, puisque Rueda se situe sur la Meseta, le plateau du centre de la péninsule Ibérique. Les rares années où les précipitations sont réparties de façon égale, les vins peuvent être exceptionnels.

Le Verdejo, principal cépage, couvre 50,5 % du vignoble et doit atteindre 85 % au moins dans les assemblages pour la DO Rueda Superior et la nouvelle DO Rueda Espumoso (pétillant). (Cette dernière appellation est la parade trouvée par le Rueda à l'interdiction qui lui a été faite en 1989 de produire des Cavas.) Le deuxième cépage est le Palomino (28 % du vignoble), qui, tout comme le Rueda Pálido, vin dont il est issu, est en déclin. Le Viura représente 18 % de la surface plantée et s'associe bien avec le Verdejo, tant pour les vins tranquilles que pour les pétillants. Le Sauvignon Blanc, nouveau venu dans la région (3,5 %), vient de passer du stade de « toléré » à celui d'« autorisé », après avoir été introduit dans le pays par les Bodegas de Riscal.

Parmi les cépages « expérimentaux », on trouve le Tempranillo, le Chardonnay et même un peu de Cabernet-Sauvignon, bien qu'aucun vin rouge ou rosé ne soit encore autorisé dans l'appellation (ce projet est actuellement en cours).

## Cigales

La région de Cigales n'a reçu son statut de DO qu'en 1991 alors qu'elle fait du vin dont, notamment, d'excellents rosés depuis des siècles. Située au nord et à l'ouest de Ribera del Duero (célèbre pour ses rouges) et de Rueda (parmi les meilleurs blancs du pays), elle tient de ces deux régions et produit d'excellents rouges à l'avenir prometteur.

Les vignes sont plantées au nord de la ville de Valladolid, à une altitude de 800 m. Le sol caillouteux de ce pays plat repose sur une base de calcaire.

Le climat, qui est surtout continental, s'accompagne d'une bonne pluviométrie et convient assez bien à la culture de la vigne.

Le principal cépage est le Tempranillo (50 %), suivi du Grenache (30 %). Les vins blancs sont surtout issus de Verdejo et de Viura, mais également de Palomino et d'Albillo, qui couvrent plus de 20 % du vignoble mais tendent à diminuer. Les vins de Cigales sont très intéressants, notamment les essais de *crianza rosado* (rosé), qui suppose un élevage de six à huit mois en chêne. Le Cabernet-Sauvignon est cultivé à titre expérimental et ne peut servir pour les vins d'appellation. Les rouges de Tempranillo sont assez prometteurs, mais ce cépage est encore utilisé à 80 % pour les rosés, le plus souvent dans le style *joven*, dans lesquels il est pressé avec des raisins blancs.

## Toro

Entêtant, puissant, lourd, sans aucun doute castillan, le Toro est servi à la table des professeurs de l'université de Salamanque depuis 1215. Le cépage local reste le Tempranillo, mais on l'appelle ici Tinta de Toro. Il peut facilement atteindre 14 % vol, et davantage, raison pour laquelle il est apprécié depuis 800 ans.

Il faut cependant reconnaître que, dans cette région, la vinification était plutôt primitive jusque fort récemment. Depuis l'attribution de la DO en 1987, les exploitations plus modernes ont su tirer parti du regain d'intérêt pour les Toros et de nouvelles *bodegas* équipées de cuves en inox et des nouvelles techniques de contrôle des températures commencent à faire parler d'elles.

La ville de Toro, sur les bords du Douro, est ceinturée de vignobles, mais les meilleures parties se trouvent surtout au nord-est de la zone. Depuis des temps immémoriaux, ce pays est connu sous le nom de Tierra del Vino (pays du vin) par opposition aux vastes plaines céréalières de Castille que l'on appelle Tierra del Pan (pays du pain). Le vignoble s'étage entre 600 et 750 m d'altitude, sur un sol très calcaire au nord, mais plus alluvial à mesure que l'on se rapproche du Douro et du Guareña. Le climat est totalement continental mais, comme la Rueda, le Toro peut souvent recevoir des pluies inat-

Medina del Campo, au centre du vignoble de Rueda.

tendues apportées par les vents d'ouest.

Le seul cépage « préféré » du Toro est le Tinta de Toro (Tempranillo), qui occupe 58 % des terres viticoles. Les vins rouges doivent être issus d'un minimum de 75 % de Tinta de Toro et entre un quart et un tiers de tous les vins rouges servent à la production du *crianza*, selon la réglementation des DO. Les cépages minoritaires, Grenache, Malvoisie (Malvasía) et Verdejo, sont utilisés pour faire les quelques rosés et blancs de la région.

## Bierzo

La région est connue sous le nom de El Bierzo, mais l'appellation attribuée à la fin de 1989 est simplement Bierzo. Son centre est la ville minière de Ponferrada, dans la province de León.

Le Bierzo se trouve dans une vallée protégée qui touche la DO Valdeorras, sur l'autre rive du Sil, en Galice. Les vignes sont généralement plantées entre 500 et 650 m d'altitude. Les sous-sols sont constitués soit d'alluvions dans les parties basses de la vallée, soit d'ardoise dans les parties hautes, et sont recouverts d'une couche arable relativement fertile et profonde. Le climat est tempéré et très ensoleillé.

Le principal cépage rouge, le Mencía, planté uniquement dans le

Bierzo (62 % du vignoble) et le Valdeorras, est censé avoir un ancêtre commun avec le Cabernet Franc. Les recherches actuelles semblent indiquer qu'il a un potentiel considérable. L'autre cépage rouge est le Garnacha Tintorera et les cépages blancs de qualité, le Godello et le Doña Blanca, restent dans l'ombre du Palomino.

Les techniques de vinification sont en pleine mutation dans cette région : les cuves en ciment sont remplacées par des cuves en inox et les pressoirs continus laissent la place aux pressoirs pneumatiques. Les vins rouges du Bierzo se déclinent dans tous les styles, du *joven* jusqu'au *gran reserva*, mais, étant souvent coupés avec ceux d'autres régions avant l'attribution de la DO, ils ne peuvent prétendre à aucune des épithètes correspondant à l'élevage. Il est vraisemblable que les premiers *gran reservas* n'apparaîtront pas avant 1996. En attendant, on peut dire que les vins sont bons et prometteurs. Les blancs issus de Godello et de Doña Blanca sont frais et plaisants, même si nombre de *bodegas* les mélangent encore avec le prolifique Palomino, pour la simple raison qu'il faut bien en faire quelque chose. Des replantations avec d'autres cépages sont cependant en cours. □

# PRODUCTEURS ET NÉGOCIANTS

Ici aussi, les viticulteurs ont dû rénover leurs installations et mettre à jour leurs méthodes de vinification. Nombre de vignerons, tout en conservant la propriété de leurs petites parcelles, se sont regroupés en coopératives. D'énormes investissements ont été réalisés tant au niveau de la propriété que dans les affaires de négoce.

## RIBERA DEL DUERO
### Alejandro Fernández
Créée en 1972, cette *bodega* fait un beau vin rouge à partir des raisins de son propre vignoble (60 ha), le Pesquera, vieilli en fûts de chêne.

### Bodegas Peñalba López
Fondée en 1903, cette *bodega* cultive un vignoble de 200 ha. Elle recourt à une technologie ultramoderne et élève sa récolte dans 4 500 fûts de chêne, dont 500 français. Principales marques : Torremilanos (rosé, rouge), Peñalba (rosé, rouge), Vega Lara (rosé, rouge), Monte Castrilla (rosé, rouge).

### Bodegas Ribera-Duero
Cave coopérative installée depuis 1927, cette *bodega* stocke ses vins dans des galeries situées sous le château de Peñafiel. Son vignoble compte 150 ha, mais elle achète également des raisins et ses vins vont du *joven* au *gran reserva*. Principales marques : Ribera-Duero (rouge, rosé), Peñafiel (rouge), Protos (rouge).

### Bodegas Vega Sicilia
Voir encadré ci-contre.

## RUEDA
### Alvárez y Díez
Tout en perpétuant la tradition des vins de type Xérès, cette *bodega* produit aussi un vin semi-organique, le *vino ecológico*. Établie depuis 1942, elle travaille un vignoble de 70 ha dont elle tire des vins de différents styles vendus sous la marque Mantel.

### Vinos Blancos de Castilla
Propriété de Marqués de Riscal (voir p. 413), cette *bodega* existe depuis 1972 et produit chaque année près de 2,7 millions de bouteilles pour un vignoble de 110 ha.

### Bodegas de Crianza de Castilla la Vieja
Cette *bodega* vinifie des raisins qu'elle achète ainsi que ceux de ses 26 ha de vignoble. Outre des vins blancs DO, elle produit des rouges et des rosés sans appellation et vinifie par ailleurs pour Vinexco (voir ci-contre). Ses marques principales sont Castilla la Vieja, Viña Huerta del Rey (rosé non DO) et Almirante de Castilla (rouge, non DO).

### Bodegas Los Curros
Cette propriété de la famille Yllera achète des raisins et utilise ceux de son vignoble de 20 ha. Sa marque principale s'appelle Viña Cantosan (blanc), mais elle produit également un *vino de mesa* issu de Tempranillo et de Cabernet-Sauvignon connu sous le nom de Yllera.

### Vinexco
Cette propriété de Carlos Falcó, le marquis de Griñón, qui planta des cépages français dans la province de Tolède (voir p. 423), possède de très vieilles vignes de cépages blancs sur 14 ha. Le vin, étiqueté Marqués de Griñón (blanc), est vinifié pour lui par les Bodegas de Crianza de Castilla la Vieja.

## CIGALES
### Avelino Vegas
C'est le plus grand producteur de la région et l'un des premiers à s'être lancé sur les marchés d'exportation. Marques principales : Arco de la Viña (rosé) et Viña Ivin (rosé, rouge).

### Hijos de Frutos Villar
Établie depuis 1923, cette entreprise familiale est une des plus novatrices de la région. Principales étiquettes : Viña Morejona (blanc), Viña Calderona (rosé), Viña Cansina (rosé), Conde Ansurez (rouge).

## TORO
La coopérative est le principal producteur de vins de Toro. Les autres producteurs sont :

### Bodegas Fariña
Fondée par la famille Fariña en 1941, cette *bodega* fut parmi les premières à moderniser ses installations. Manuel Fariña fait des vins *crianza* et *sin crianza* qu'il élève en cuves ou en fûts. Principales marques : Colegiata (rouge) et Gran Colegiata (rouge).

### Bodegas José-María Fermoselle
Fondée en 1940, cette importante *bodega* produit près de 4 millions de bouteilles. Marques principales : Catedral de Zamora (blanc, rosé, rouge), Novísimo Señorío (*joven* blanc, rosé, rouge), Señorío de Toro (*crianza* rouge).

## BIERZO
Une seule grande et moderne cave coopérative domine la DO. Parmi les domaines privés :

### Prada a Tope
Créée en 1984, cette *bodega* vinifie la production de ses 15 ha de vignes ainsi que des raisins achetés. Principales marques : Rama et Prada a Tope (blanc, rouge).

### VEGA SICILIA

Établie depuis 1964, cette *bodega* se trouve véritablement à l'origine de la viticulture dans la vallée du Douro.
Les cépages français (Cabernet-Sauvignon, Cabernet Franc, Merlot et Malbec) qui avaient été apportés de Bordeaux perdurent, mais le Tinto Fino prend une importance croissante. Les raisins proviennent exclusivement des vignes de la propriété (120 ha), dont les rendements sont bas, et la production ne dépasse pas les 324 000 bouteilles par an. La demande est bien supérieure à la production.
La vinification est traditionnelle et les vins sont élevés dans 6 000 fûts de chêne. Les vins de Vega Sicilia ont beaucoup de caractère : ils sont très puissants, riches en alcool et en fruit, vieillis en *barricas* pendant trois à cinq ans et vendus sous le nom de Valbuena (rouge). Le *reserva* Vega Sicilia Unico (rouge) est vieilli dix ans.

# GALICE ET PAYS BASQUE

Si le nord-ouest de l'Espagne diffère complètement du reste du pays, c'est sans aucun doute à cause de son climat fortement influencé par la proximité de l'océan Atlantique et du golfe de Gascogne. Mais c'est aussi parce qu'il est relativement coupé du reste du pays par la cordillère Cantabrique. Jadis lié à la culture celte, via l'Empire romain, il a aujourd'hui beaucoup en commun avec son voisin le Portugal. Cette région a été surnommée l'« Espagne verte » en raison de sa luxuriante végétation due à l'association d'un climat tempéré, d'abondantes précipitations et de sols riches. Trois vins sont classés en DO dans l'*autonomía* de Galice (Galicia) : Rías Baixas, Ribeiro et Valdeorras, et un dans le nord du Pays basque (País Vasco) : Txakoli.

## Rías Baixas

C'est la DO la plus récente et, aux dires de certains, la meilleure de Galice. En effet, les deux autres sont restées presque inconnues jusqu'à l'arrivée de cette nouvelle appellation sur la scène internationale en 1988. Le cépage principal est l'Albariño, un cépage d'une telle qualité que pratiquement toute la province de Pontevedra s'appuie sur lui. Toute la zone d'appellation déborde d'activité : les vieilles *bodegas* s'équipent des dernières technologies tandis que de nouvelles se construisent. Rías Baixas est en conséquence un des « nouveaux » vins les plus intéressants d'Espagne.

La DO Rías Baixas se divise en trois zones : Valle del Salnés (Val do Salnes en galego, la langue locale) sur la côte ouest, près de Cambados, El Rosal (O Rosal) à la frontière portugaise et Condado del Tea (Condado do Tea). La base du sol est granitique et le climat, maritime en raison de la proximité de l'Atlantique : les hivers sont froids et les pluies, abondantes. Les vins sont peut-être les meilleurs blancs d'Espagne. Miguel Torres, fondateur de l'industrie viticole catalane moderne, est persuadé que

Bouteilles sur lattes à Lapatena.

l'Albariño est le Riesling d'Allemagne et qu'il aurait été apporté par des moines allemands en pèlerinage à Saint-Jacques-de-Compostelle.

## Ribeiro

Si les vins de Ribeiro étaient extrêmement populaires en Europe du Nord il y a trois ou quatre cents ans, leur passé récent est moins glorieux. Bien que classé DO en 1957, le Ribeiro n'a regagné la faveur des amateurs qu'en profitant de la campagne publicitaire menée autour de Rías Baixas. Ces vins ont cependant un grand potentiel.

Les vignobles de Ribeiro, dans la province d'Orense, occupent trois vallées fluviales et jouissent d'un exceptionnel sol d'alluvions sur une base de granite. Le climat, tempéré, se caractérise par une plus grande amplitude thermique et moins de précipitations que près des côtes. Les principaux cépages sont le Treixadura (blanc) et le Caiño (rouge).

Le Ribeiro produit des vins légers et frais, blancs et rouges, de style *joven*. Il donne aussi de l'*enverado*, un vin titrant de 8 à 9 % vol, fait avec des raisins cueillis avant maturité complète – gardant fraîcheur et acidité maximales. On y fait aussi un peu de vin de *crianza*, mais la plupart des vins sont faits pour être bus dans leur première jeunesse.

## Valdeorras

La plus orientale des appellations de Galice, Valdeorras, est limitrophe de Bierzo en Castille-León. Ses vins sont d'ailleurs dans le même esprit, légers, frais, de style *joven*. Encore fortement influencé par l'Atlantique, le climat est malgré tout plus continental, ce qui se traduit, par exemple, par une amplitude thermique plus grande que dans le reste de la région.

La plupart des vignes se trouvent dans la vallée du Sil, où elles poussent sur des sols fertiles assez calcaires. Le principal cépage rouge est le Grenache (35 %), mais le Mencía (8 %) est « recommandé ». Pour les blancs, le Palomino (25 %) domine, et c'est au tour du Godello d'être « recommandé ». On plante de plus en plus de Doña Blanca et de Lado, un nouveau venu, deux cépages qui commencent à donner de très bons résultats, mais l'avenir semblerait résider dans l'excellent Godello.

## Txakoli

Le vin le plus septentrional d'Espagne est fait dans l'*autonomía* du Pays basque, composée de trois provinces : Vizcaya et Guipúzcoa au nord et Álava au sud. Álava fait partie de la DOC Rioja, mais les provinces du Nord ont leur propre vin de DO, Txakoli (ou Chacolí), la plus petite appellation d'Espagne. Sur le golfe de Gascogne, le climat est maritime et les vignes sont plantées au pied des collines dans des sols alluviaux. On fait un blanc sec frais et fruité (90 % de la production) et un vin rouge léger avec les cépages locaux Ondarribi Zuri (blanc) et Ondarribi Beltza (rouge), tous deux dans le style *joven*. Le vin blanc est bu comme apéritif et pour accompagner les fruits de mer. □

# PRODUCTEURS ET NÉGOCIANTS

Le vignoble du nord-ouest de l'Espagne est très morcelé : après des siècles de successions et de découpages, nombre de viticulteurs possèdent moins de 1 ha de terre. Les caves coopératives comptent souvent des centaines de membres, voire plus. Des capitaux considérables ont été investis pour moderniser les équipements de vinification et tout est fait pour encourager le réencépagement avec des variétés de haute qualité.

## RÍAS BAIXAS
### Granxa Fillaboa
Une entreprise familiale qui cultive un joli domaine de 20 ha d'Albariño. Le vin vendu sous la marque Fillaboa est l'un des meilleurs de l'appellation.

### Bodegas Morgadío-Agromiño
Une *bodega* moderne, créée en 1988 pour produire des vins de qualité. Elle possède un vignoble récent de quelque 30 ha d'Albariño. Ses marques, Morgadío (blanc) et Torrefornelos (blanc), sont appréciées.

### Bodegas Salnesur
Cette autre exploitation récente (1988) ne possède pas de vignes, mais vinifie dans des installations ultramodernes l'Albariño qu'elle achète. Les vins sont vendus sous l'étiquette Condes de Albarei (blanc).

### Bodegas de Vilariño-Cambados
Créée en 1986, cette cave coopérative compte 140 membres qui travaillent un vignoble de 100 ha d'Albariño dans le Val do Salnés. La marque commerciale est Martín Codax.

### Bodegas Marqués de Vizhoja
Cette entreprise s'est établie dans un vieux manoir de la région de Contado de Tea. Elle possède 30 ha de vignes. Marques principales : Torre la Moreira (blanc) et Marqués de Vizhoja (blanc).

## RIBEIRO
### Bodegas Lapatena
Cette toute nouvelle *bodega* (1990) se trouve sur un site spectaculaire, dans un méandre du Miño. C'est un bon exemple du type de travail et d'investissement qui se fait dans cette DO. Les vignerons sont payés plus cher pour les raisins de Trexadura et de Torrontés que pour le Palomino. Les principales marques sont Viñao (blanc, rouge), Abilius (blanc), Fin de Siglo (blanc), Rectoral de Amandi (rouge) et Teliro (rouge).

### Cooperativa Vitivinícola del Ribeiro
Cette cave coopérative, née d'une fusion avec une autre cave, est le plus grand producteur du Ribeiro. Elle compte 800 membres et produit 6,7 millions de bouteilles par an. Les coopérateurs possèdent 400 ha de vignes et le reste du raisin doit être acheté à d'autres vignerons. Les équipements sont très modernes. Marques principales : Bradomín (blanc), Pazo (blanc, rouge), Viña Costeira (blanc).

## VALDEORRAS
### Bodega Cooperativa Jesús Nazareno
Établie depuis 1963, cette cave coopérative de 500 membres produit chaque année près de 2 millions de bouteilles. Les principales marques sont Albar (rouge, blanc), Moza Fresca (blanc), Viña Abad (blanc) et Albar (rouge).

## TXAKOLI
### Txakoli Eizaguirre
Cette petite *bodega* créée en 1930 appartient à la famille Eizaguirre, qui travaille son vignoble et achète du raisin à d'autres producteurs. Ses principales marques sont Berezia (blanc), Eizaguirre (blanc), Hilbera (blanc), Monte Garate (blanc).

### Txomin Etxaniz
De loin le plus grand producteur de l'appellation, cette maison possède 12 ha de vignes. Elle dispose d'équipements modernes et introduit une certaine proportion de raisins noirs (vinifiés en blanc) dans son vin blanc. La marque commerciale est Txakoli Txomin Etxaniz (blanc).

Les vignes à l'automne près de Carballino, en Galice.

# CATALOGNE

Comme d'autres *autonomías* du nord de l'Espagne, la Catalogne (Cataluña en castillan ou Catalunya en catalan) a derrière elle une longue histoire de pays indépendant : avant l'unification de l'Espagne, en 1492, sa capitale, Barcelone, était le siège du gouvernement. L'importance du port de Barcelone explique le rôle-clef qu'il a joué à partir du XIIIᵉ siècle dans l'exportation du vin, même si les vins de Catalogne n'étaient pas d'une qualité exceptionnelle.

Jusqu'au milieu du XIXᵉ siècle, cette région faisait des vins blancs oxydés à partir de toute une gamme de cépages mal adaptés. Ses vins vieillissaient pendant des années dans des fûts à demi enterrés dans le sable, jusqu'à ce qu'ils deviennent presque comme des Xérès, avec des robes sombres, des nez de noix et des goûts de *rancio*. Le grand changement se fit en 1872, lorsque la première bouteille de Cava – vin pétillant obtenu selon la méthode traditionnelle (voir encadré p. 419) – fut produite par la famille Raventós. Josep Raventós, ayant constaté la popularité croissante du Champagne, avait en effet décidé que la Catalogne pouvait rivaliser avec celui-ci. On planta des cépages de bonne qualité et nombre de producteurs ne tardèrent pas à comprendre que les raisins en excédent pouvaient faire un agréable vin blanc sec, surtout dans les vignobles les plus en altitude. On fit également des expériences sur les vins rouges et, dans les années 50 et 60, il devint évident que la Catalogne avait un réel potentiel.

Cette région possède aujourd'hui huit DO : Penedès, Conca de Barberà, Costers del Segre, Alella, Ampurdán Costa-Brava, Priorato, Tarragone et Terra Alta. L'*autonomía* de Catalogne produit également plus de 90 % des vins de DO Cava.

## Penedès

Cette région a œuvré plus que toute autre pour faire entrer l'industrie vinicole catalane dans le monde moderne. Il y a quarante ans, seuls trois ou quatre viticulteurs concentraient leurs efforts pour produire et vendre des vins d'une qualité suffisante pour être exportés. Mais la plupart des vignerons ne

Les vignobles catalans se trouvent souvent dans de riches vallées fluviales, comme à Priorato, cœur historique de la viticulture.

produisaient encore que des vins démo-dés, lourds, oxydés et plus ou moins mutés. En 1960, le maire de Barcelone eut l'idée de faire du Penedès une bonne source de vins rouges simples pour la ville et encouragea financièrement les vignerons dans ce sens.

En fait, la région du Penedès est plus adaptée à la production de vins blancs que de rouges, mais les expériences menées par les *bodegas* prouvent qu'un nouveau style de vins légers devrait y trouver sa place à l'avenir, en blanc comme en rouge.

Les *bodegas* les plus à l'avant-garde (comme Torres ou Jean León) n'ont pas attendu pour se lancer dans des expé-rimentations : c'est dans cette zone qu'ont été installés les premiers sys-tèmes de contrôle des températures d'Espagne, les premières cuves de fer-mentation en acier inoxydable et tout l'attirail de l'œnologie moderne. Les plus hardies firent même des essais avec des cépages «étrangers» comme le Cabernet-Sauvignon et le Chardonnay et furent rapidement imitées par d'autres *bodegas*.

Le Penedès se trouve juste au sud de la ville de Barcelone, dans les pro-vinces de Barcelone et de Tarragone, et le centre régional des vins tranquilles est Vilafranca del Penedès. Le vignoble s'étage sur trois niveaux : la bande côtière de Bajo-Penedès, qui culmine à 250 m d'altitude et jouit d'un climat chaud, donne des vins assez ordinaires ; le Medio-Penedès, qui monte jusqu'à 500 m et dont le climat plus frais donne des raisins de meilleure qualité (la plu-part des vignes de Cava se trouvent à ce niveau et donnent les meilleurs blancs de la région) ; l'Alt-Penedès, enfin, qui s'élève jusqu'à 800 m sur les contre-forts des montagnes entourant le pla-teau central de la Meseta. C'est ici que poussent les meilleurs raisins, surtout pour les cépages rouges.

La législation DO est généreuse dans le Penedès. Elle n'autorise pas moins de 121 cépages, même si, dans les faits, la plupart des viticulteurs se canton-nent à un bien plus petit nombre. Les rouges sont, par ordre de popularité : Ull de Llebre (Tempranillo), Grenache (Garnacha), Monastrell, Carignan (Cariñena), Cabernet-Sauvignon et Samsó. Le Cabernet Franc, le Merlot et le Pinot Noir sont aussi autorisés. Les principaux cépages blancs sont Parellada, Xarel-lo, Maccabeo et Subi-rat-Parent (Malvasía Riojana), le Char-donnay et le Sauvignon Blanc étant par ailleurs autorisés.

Dans le Penedès, les blancs vont du simple *joven*, issu des cépages Parellada, Xarel-lo et Maccabeo, jusqu'au plus complexe assemblage de Chardonnay, Sauvignon, Riesling et Chenin Blanc, le plus souvent brièvement vieilli ou fermenté dans du chêne. Les rouges sont moins nombreux mais peuvent être impressionnants, surtout lorsqu'ils sont issus de Tempranillo, Cabernet-Sauvignon et Pinot Noir.

### Conca de Barberà

Cette petite zone d'appellation entre Tarragone au sud et Costers del Segre au centre de la région a dû attendre longtemps avant d'être délimitée, en 1989. Autrefois, elle vivait grâce aux Cava, et la majeure partie de ses rai-sins partait en vins pétillants. La DO Penedès souhaiterait vivement que Conca de Barberà lui soit annexée, mais Conca possède une identité propre et, depuis qu'elle a reçu une DO provi-soire en 1972, l'intérêt pour ses vins tranquilles pleins de fraîcheur, de charme et de fruit n'a cessé de croître.

Le bassin (*conca* en catalan, *cuenca* en castillan) des rivières Francolí et Gan-guera est protégé par des massifs mon-tagneux. À une altitude moyenne de 500 m, il offre le genre de climat frais qui convient à la vigne de qualité. Son sol est à base de calcaire.

Les principaux cépages sont le Maccabeo et le Parellada pour les blancs (environ 70 % du vignoble), le Trepat, le Grenache et l'Ull de Llebre (Tempra-nillo) pour les rouges, avec des parcelles

## LES VINS PÉTILLANTS DE CAVA

Contrairement à la plupart des producteurs de vins pétillants du monde, Josep Raventós (voir ci-contre) s'est concentré sur les cépages catalans avant d'opter pour le Maccabeo (connu ailleurs sous le nom de Viura), le Parallada et le Xarel-lo. Ces différents cépages sont utilisés dans des proportions diverses et certaines maisons modernes emploient même du Chardonnay. À l'extérieur de la Catalogne, les vins de Cava ne peuvent être issus que de Viura.

Les vignobles de Cava se trouvent dans le Medio-Penedès, dans des terroirs assez élevés pour que les vins aient une bonne acidité, mais assez bas pour que les rendements soient rentables.

On produit également des Cavas dans les provinces catalanes de Gérone (Girona), Tarragone et Lérida (Lleida). La DO couvre même des zones délimitées de l'Aragon (Saragosse), de Navarre, de la Rioja, du Pays basque (Álava) et quelques autres vers Valence, en Castille-León et en Estrémadure.

Tout en suivant la méthode traditionnelle de la seconde fermentation en bouteille (voir p. 110), les caves élaborant les Cavas d'aujourd'hui sont parmi les plus modernes du monde.

Les vins doivent passer un minimum de neuf mois en bouteilles avant d'être commercialisés, mais la plupart des bouteilles restent en fait de un à trois ans dans les caves.

### Producteurs et négociants
Les deux plus importants se trouvent à San Sadurní de Noya, dans la province de Barcelone.

### Codorníu
Codorníu, créée en 1551 par la famille Raventós, fut la première maison à produire des Cavas en 1872 et reste la plus grande. Un élégant jardin paysager dissimule des installations qui peuvent accueillir en période de vendanges jusqu'à 1 000 tonnes de raisin. Les principales marques sont Anna de Codorníu, Extra Codorníu, Gran Codorníu, Non Plus Ultra, Jaume de Codorníu.

### Freixenet
Second producteur de Cava, Freixenet occupe le premier rang mondial de la production de vins pétillants avec ses filiales disséminées partout dans le monde. Ses principales marques sont : Freixenet Brut Nature, Brut Barroco, Carta Nevada, Cordon Negro, Reserva Real, Cuvée DS, Segura Viudas, Aria, Castellblanch, Conde de Caralt.

expérimentales de Cabernet-Sauvignon. 80 % de la production sont des vins blancs de type *joven*.

## Costers del Segre

Cette DO doit son nom au Sègre, dont le cours descend des Pyrénées pour rejoindre l'Èbre au sud de Llebre (dans la province de Lérida). Elle est divisée en quatre sous-régions : Valls de Riu Corb et Les Garrigues à l'est, Artesa au nord et Raimat à l'ouest.

Raimat est un vaste domaine qui s'est fait connaître en adoptant les techniques californiennes pour vinifier les cépages Cabernet-Sauvignon, Chardonnay, Tempranillo et quelques autres. Partout ailleurs dans la DO, une bonne partie des raisins est vendue en vrac ou aux producteurs de Cava.

Le vignoble s'étage entre 200 m d'altitude au nord et 400 m au sud, mais le sol est étonnamment uniforme d'un bout à l'autre : du calcaire recouvert de sable. Les principaux cépages sont le Maccabeo, le Parellada, le Xarello, le Chardonnay et le Grenache Blanc pour les vins blancs ; le Grenache, l'Ull de Llebre (Tempranillo), le Cabernet-Sauvignon, le Merlot, le Monastrell, le Trepat et le Mazuelo (Cariñena, Carignan) pour les rouges.

## Alella

À une certaine époque, Barcelone fut sur le point d'absorber dans ses banlieues Alella et ses vignobles. Mais l'octroi d'autorisations de plantation, en 1989, pour de nouvelles zones de plateaux (soit quatre nouveaux districts connus sous le nom collectif de Vallés), a permis à Alella de rester le centre d'une zone viticole à la réputation croissante.

Les vignobles s'étendent de la côte jusqu'aux contreforts de la cordillère catalane, à une altitude atteignant 90 m près de la côte, 90-160 m au centre et 160-260 m dans les Vallés. Le sous-sol est granitique dans les terroirs d'altitude et le sol devient de plus en plus sablonneux à mesure que l'on se rapproche de la côte. Le climat est méditerranéen, mais plus frais dans les hauts vignobles de l'Ouest. Les princi-

paux cépages sont le Pansá Blanca (Xarel-lo) et le Grenache Blanc pour les vins blancs, l'Ull de Llebre (Tempranillo) et le Grenache pour les rouges et les rosés. L'appellation reconnaît les trois couleurs de vin, même s'il est blanc à 80 % et que le meilleur est un vin léger et frais issu à 100 % de Pansá Blanca. On fait aussi des tentatives avec le Chardonnay et le Chenin Blanc, parmi d'autres.

## Ampurdán-Costa Brava

Dans la province de Gérone (Girona), près de la frontière française, l'appellation la plus septentrionale de la Catalogne jouxte les appellations Banyuls et Côtes-du-Roussillon. La Catalogne des Catalans, ne l'oublions pas, ne tient pas compte des frontières et s'étend de part et d'autre des Pyrénées. Les vignes poussent sur les contreforts du massif pyrénéen, culminent à 200 m puis descendent jusqu'au niveau de la mer dans de bons sols assez riches en calcaire. Le climat méditerranéen, chaud et humide, est rafraîchi par la tramontane qui souffle du nord.

Les principaux cépages sont le Grenache et le Carignan pour les rouges et les rosés, le Maccabeo et le Grenache Blanc pour les vins blancs. La majeure partie de la production d'Ampurdán est un rosé à base de Grenache, mais les viticulteurs font aussi des essais de vin nouveau, le *Vi Novell de l'Empordà*, ou *Vino Novel del Ampurdán* en castillan. Quoi qu'il en soit, le traditionnel vin de dessert *rancio*, appelé Garnatxa, n'a pas disparu : issu de Grenache, il est vinifié selon la technique du vin de paille, c'est-à-dire que les raisins sont séchés sur des claies de paille avant d'être pressés.

## Priorato

C'est le véritable cœur de la viticulture traditionnelle catalane, dont le centre est la minuscule *bodega* de Scala-Dei. Les vignes s'échelonnent entre 100 et 700 m d'altitude et sont généralement plantées en terrasses sur les flancs des montagnes. Le sol de *llicorella* est unique dans toute l'Espagne. Le principal cépage est le Grenache

Noir ou Blanc, et la gamme de vins va des vins blancs légers et fruités, de style *joven*, aux rouges traditionnels, puissants et lourds, qui ont fait la réputation du Priorato.

## Tarragone

Tarragone faisait jadis un vin rouge doux, muté, souvent appelé « le Porto du pauvre ». Il existe toujours, sous la DO Tarragona Clásico, mais a depuis longtemps été supplanté, en termes de quantité, par des vins plus légers, dans les trois couleurs. La plupart sont de style *joven*, mais certains rouges rappellent par leur puissance le style des vins du Priorato. Le cépage principal est le Carignan pour les rouges légers et le Maccabeo pour les blancs. Notons que subsiste encore une petite tradition de Moscatel et que des rouges de meilleure qualité issus de Tempranillo font leur apparition.

La région est divisée en trois zones entourant la ville de Falset : autour de la ville de Tarragone, jusqu'à 200 m d'altitude, Tarragona Campo couvre 70 % de l'aire d'appellation ; Falset-Comarca, à une altitude de 360 m, se situe dans une vallée de montagne ; enfin, Falset-Ribera del Ebro, sur le delta de l'Èbre, est à 100 m d'altitude. Les sols sont de type alluvial et le climat est chaud et méditerranéen.

## Terra Alta

Terra Alta, la plus élevée et la plus méridionale des DO de Catalogne, borde l'*autonomía* d'Aragon. Les vignes sont plantées en moyenne à 400 m d'altitude, dans des vallées inaccessibles cachées entre les montagnes, mais le sol calcaire et le bon drainage leur réussissent bien. Le climat est continental, l'ensoleillement, excellent, et l'altitude empêche les grosses chaleurs.

Le principal cépage est le Grenache Blanc (77 % du vignoble) et le style de vin traditionnel est le *rancio* doux ou vieilli en chêne. Grâce aux techniques modernes de vinification, on commence à voir apparaître des vins plus légers et plus frais. Par ailleurs, des expériences sont tentées actuellement avec des cépages français. □

# PRODUCTEURS ET NÉGOCIANTS

À l'exception de quelques *bodegas* prestigieuses, le vignoble est surtout constitué de petites parcelles dont les propriétaires livrent leur production de raisin aux caves coopératives.

## PENEDÈS
### Masia Bach
Ce domaine fondé en 1918 est aujourd'hui propriété de Codorníu (Cava) et produit une moyenne de 3,6 millions de bouteilles par an. Son approvisionnement en raisins est en partie couvert par son vignoble de 20 ha. Ses marques principales sont Extrísimo (blanc), Extrísimo Gran Reserva (blanc), Bach (rosé), Viña Extrísima (rouge).

### René Barbier
Cette *bodega* appartient aujourd'hui au groupe de Freixenet (Cava). Son vignoble de 300 ha assure une partie de son approvisionnement. Marques principales : Kraliner (blanc), Viña Augusta (blanc) et René Barbier (rosé, rouge).

### Cavas Hill
Établie depuis 1887, cette *bodega* entretient un vignoble de 50 ha mais achète également du raisin. Ses marques principales sont Blanc Brut (blanc), Blanc Cru (blanc), Oro Penedès (blanc), Castell Roc (rosé), Gran Civet (rouge), Grand Toc (rouge).

### CoViDes (Cooperativa Vinícola del Penedès)
Fondée en 1964, cette coopérative produit 26,4 millions de bouteilles par an à partir de 2 300 ha de vignes de ses membres. Les vins sont surtout des blancs de type *joven* issus des trois principaux cépages de Cava (voir encadré p. 419). Marques principales : Duc de Foix (blanc) et Moli de Foc (blanc).

### Jean León
Cette maison fut fondée dans les années 1960 par l'un des pionniers du renouveau viticole en Penedès. Elle s'est spécialisée dans les cépages français et la fermentation en barrique de chêne et vinifie les raisins de ses propres vignobles (160 ha).

### Jaume Serra
La production annuelle de cette *bodega* établie depuis 1943 est de l'ordre de 5,3 millions de bouteilles. Son approvisionnement provient en partie de son vignoble de 170 ha. Marques principales : Jaume Serra (blanc, rosé, rouge) et Viña del Mar (blanc, rosé, rouge).

### Miguel Torres
Établie depuis 1870, cette *bodega* est à l'origine de la viticulture moderne en Catalogne. Son vignoble de 800 ha ne couvre pas la totalité de ses besoins. Le Sangre de Toro et le Gran Sangre de Toro sont issus de cépages rouges locaux. La gamme de vins de Torres va de rouges et de blancs simples, mais pleins de caractère, jusqu'aux célèbres rouges Gran Coronas, Mas la Plana et Las Torres, dont la réputation a fait le tour du monde.

## CONCA DE BARBERÀ
### Concavins
Cette entreprise privée est née du rachat d'une cave coopérative en 1988. Sa production annuelle est issue de raisins achetés à des vignerons sous contrat dont les vignobles totalisent 200 ha. Principales marques : Xipella blanc de blancs (blanc) et Closa la Rosada (rosé).

## COSTERS DEL SEGRE
### Cellers Castell de Remei
Ce domaine familial, qui a bénéficié récemment de gros investissements, possède un vignoble de 100 ha. Ses principales marques sont Castell del Remei (rouge) et Gotim Bru (rouge).

### Raimat
Établie en 1918, la *bodega* la plus avant-gardiste de la région possède des chais ultramodernes, un vignoble de 1 250 ha, planté en clones sélectionnés de cépages principalement français, et produit en moyenne 9,2 millions de bouteilles chaque année. Propriété de la famille Raventós, Raimat produit également du Cava dans la région (sous l'étiquette Raimat). Ses vins tranquilles sont le Chardonnay (blanc), le Cabernet-Sauvignon (rouge), le Tempranillo (rouge) ainsi que quelques assemblages.

## ALELLA
### Alta Alella
En 1987, cette entreprise a fusionné avec Parxet, le producteur de Cava. Avec ses 40 ha, elle est le plus grand propriétaire d'Alella. Principale marque : Marqués de Alella (blanc).

## AMPURDÁN-COSTA BRAVA
### Cavas del Ampurdán
Fondée en 1925, cette *bodega* installée dans le splendide *Castillo de Perelada* est dotée d'un vignoble de 15 ha mais achète aussi des raisins. Ses Cavas sont vendus sous le nom de Perelada, ses vins tranquilles sous les étiquettes Blanc de Blancs (blanc), Castillo de Perelada (rosé, rouge), Cazador (rouge). Elle est actionnaire à 50 % de CoViNoSA

(Comercial Vinícola del Nordeste), à Mollet de Perelada, dont les marques principales sont : Rapsodía (rosé), Vinya Farriol (rosé), Garrigal (rouge), Vi de l'Any (rouge).

## PRIORATO
### De Muller
Cette maison datant de 1851 possède des caves à Scala-Dei. Ses rouges issus de raisins achetés et de ceux du domaine (25 ha) sont robustes et de grande garde. Les vins sont vendus sous la marque Legitimo Priorato de Muller (rouge).

### Cellers Scala-Dei
Les caves d'origine de cette maison datent du XVIᵉ siècle. Elle vinifie aujourd'hui les raisins de son domaine de 98 ha pour une production annuelle de 60 000 bouteilles. Son meilleur vin, le Cartoixa, est un rouge magnifique et puissant, qui titre 13 % vol.

## TARRAGONE
### De Muller
Également présente dans le Priorato, cette maison fut créée à Tarragone, où elle s'est spécialisée dans le vin de messe. Principales marques : Moscatel Seco (blanc) et Solimar (blanc, rosé, rouge).

### Pedro Rovira
Cette entreprise fondée en 1917 possède également une *bodega* en Terra Alta. Elle s'est énormément modernisée ces dernières années et les vins commencent à se faire plus intéressants. Marques principales : Viña Montalt (blanc), Raquel Rosé (rosé), Pedro Rovira (rouge), Viña Mater (rouge).

## TERRA ALTA
### Pedro Rovira
Installée depuis 1918, cette *bodega* a été complètement modernisée. Elle vinifie sa récolte et achète des raisins, mais se lance aussi dans la mise en bouteilles de vins issus d'une seule propriété sans assemblage. Principales marques : Alta Mar (blanc), Blanc de Belart (blanc), Viña d'Irto (rouge).

# LE CENTRE ET LE SUD DE L'ESPAGNE

La région qui s'étend au sud de Madrid et au nord de l'Andalousie est le royaume des vins de consommation courante. Au pays de la production de masse, là où le climat est chaud et où les vignes sont robustes, la technique mène la danse et le consommateur est roi.

Cette vaste zone peut se diviser en quatre : le Levante à l'est, la Castille-La Manche autour et au sud de Madrid, l'Andalousie à l'extrême sud et, enfin, les différentes îles espagnoles.

### Le Levante

Cette région s'étire le long de la côte est et inclut les *autonomías* de Murcie (Murcia) et de Valence (Valencia).

Valencia est à la fois le nom d'une DO et de l'*autonomía* qui englobe deux autres DO, Alicante et Utiel-Requeña. Les viticulteurs de Valence aimeraient obtenir une appellation générique pour l'ensemble de l'*autonomía* et de ses subdivisions. Ils l'ont presque obtenue, puisqu'ils ont le droit d'assembler des vins des trois DO pour les appeler « Valencia ».

Les vignobles partent pratiquement du niveau de la mer, à Valence même, et montent jusqu'à 300-400 m d'altitude à Alicante et au-dessus de 800 m à Utiel-Requeña. Les raisins, comme les vins, sont donc très variés. Sur la côte, le climat est méditerranéen et le sol alluvial, et, à mesure que l'on s'élève, le climat devient continental et le sol calcaire. Les principaux cépages rouges sont le Monastrell, le Grenache, le Bobal et le Tempranillo. Pour les blancs, ce sont le Merseguera et le Maccabeo. La plupart des vins que l'on trouve ici sont issus de raisins provenant indifféremment d'une ou de plusieurs des trois DO locales. Il est donc inutile d'essayer de décrire les caractéristiques de chaque appellation.

Les *bodegas* de Valence produisent un petit vin de coupage bon marché étiqueté à la demande du client jusqu'à

Les *tinajas* sont utilisées pour la fermentation et la conservation des vins.

d'honnêtes rouges de *crianza* ou de *reserva* et des blancs doux.

Jumilla et Yecla, les deux DO de Murcie situées à l'ouest d'Alicante, dans un pays semi-aride, ont toujours suivi à peu près la même évolution que Valence. Lorsque le phylloxéra atteignit Jumilla dans les années 1880, les vignerons furent contraints de replanter en sélectionnant leur nouvel encépagement en connaissance de cause. Les vignes sont plantées jusqu'à 700 m dans un bon sol reposant sur un sous-sol calcaire. À cette latitude, l'altitude ne compense guère l'ardeur du soleil et seules des techniques viticoles sûres permettent aux raisins de conserver un minimum d'acidité jusqu'aux vendanges. Le Monastrell et le Cencibel (Tempranillo) sont les cépages préférés pour les rouges, le Merseguera et l'Airén pour les blancs. La mode actuelle va vers les vins de style *joven*, mais l'on trouve aussi des *crianzas* élevés dans des fûts de chêne américain.

### Castille-La Manche

L'*autonomía* de Castille-La Manche est une vaste zone qui couvre toute la moitié sud de la Meseta. Bien que produisant à elle seule la moitié des vins espagnols, elle ne compte que quatre DO : Almansa, La Mancha, Méntrida et Valdepeñas.

À l'extrémité est, Almansa tient bien plus du Levante que des autres DO de la Manche. Les vignes poussent dans les parties les plus basses, sur des terrains plats aux sols corrects et le climat continental est à la limite du semi-aride. L'Almansa est un pays de vins rouges issus de Monastrell, de Cencibel (Tempranillo) et de Grenache et au moins une *bodega* atteint le niveau des *reservas*. Le peu de Merseguera, cépage blanc, est généralement assemblé avec des cépages rouges pour faire des vins rosés.

La DO La Mancha, accordée en 1966, est la plus vaste appellation d'Espagne. Son nom fut longtemps associé à des vins de qualité médiocre vendus en vrac, mais d'importants investissements sont en train de changer le cours des choses. Malgré l'adaptation naturelle de la région à la culture des raisins noirs, certains viticulteurs eurent la perfidie de planter surtout des cépages blancs. Déterminés à faire quelque chose de l'omniprésent Airén, les nouveaux investisseurs arrivèrent à leurs fins au milieu des années 1980 : grâce aux nouvelles méthodes de vinification soignée, l'Airén finit par produire des vins agréables et bon marché.

Les vignes sont plantées en altitude, entre 500 et 650 m. La sécheresse et la chaleur sont extrêmes l'été, tandis que l'hiver est glacial. Les sols sont toutefois relativement bons, l'altitude et les températures extrêmes permettant aux pieds de vigne d'échapper aux insectes et à la pourriture. Presque tous les vins sont de type *joven*, quelle que soit leur couleur.

Méntrida, à l'est de Madrid, est une autre zone de très grande production. Les modifications apportées ces dernières années à la législation des DO en matière de puissance alcoolique pourraient bien réserver quelques bonnes surprises. Les cépages, principalement le Grenache et le Cencibel, ont un bon potentiel.

Juste à côté de la DO Méntrida, dans la province de Tolède, on trouve un bon exemple des capacités de cette région. Carlos Falcó (marquis de Griñón), œnologue diplômé de l'université de Californie (Davis), a importé le savoir-faire bordelais dans son vignoble de Malpica de Tajo : il a planté du Cabernet-Sauvignon et du Merlot et installé un système d'irrigation californien (le goutte-à-goutte, formellement interdit en Espagne, sauf pour les vignobles « expérimentaux »). Dix ans plus tard, son vin est l'un des meilleurs d'Espagne, même s'il n'a droit qu'au nom de Vino de Mesa de Toledo, ou vin de table de Tolède.

Valdepeñas est la seule région de Castille-La Manche qui peut s'enorgueillir d'une longue et régulière tradition de vins de bonne qualité. Sur le plan géographique, elle constitue une sorte d'enclave à l'intérieur de la Manche : bien placée sur les pentes

orientées au sud, à une altitude de 700 m, elle est protégée des vents dominants par les montagnes. Son sol est à base de calcaire, son climat tend vers le semi-aride, mais son sous-sol calcaire profond retient l'eau.

Les cépages utilisés en Valdepeñas sont les mêmes que dans la Manche, avec un peu plus de Cencibel et de vins

## LES ÎLES ESPAGNOLES

### Les Baléares

La première appellation non continentale, Binissalem, à Majorque, fut attribuée en 1991. Elle se trouve au nord-est de Palma, au centre de la plus grande des îles Baléares, à une altitude comprise entre 250 et 300 m. Le cépage principal est une variété locale, le Manto Negro (rouge). La DO autorise les trois couleurs, mais les vins blancs (issus principalement du cépage local Moll, avec du Parellada) et les rosés sont faits uniquement dans le style *joven*, et en bien plus petites quantités que les rouges. Parmi les meilleurs rouges, certains vieillissent un certain temps en fûts de chêne et comprennent du Tempranillo dans leur assemblage.

### Les Canaries

Tacoronte-Acentejo reçut la DO en 1992. Situé au nord-ouest de Tenerife, le vignoble est planté entre 200 et 800 m d'altitude, dans des sols brun foncé et fertiles. Le climat est subtropical. Les principaux cépages sont le Listán Negro et le Negramoll et les rouges de style *joven* constituent la majorité de la production. On trouve aussi un peu de blanc et de rosé, issus principalement de Listán Blanco, de Malvoisie (Malvasía) et de Moscatel.

### PRODUCTEURS ET NÉGOCIANTS

**Franja Roja, Binissalem (Majorque)**
La *bodega* de José Ferrer, fondée en 1931, est aujourd'hui la plus importante, la plus active et la plus moderne de l'île. Elle possède 73 ha de vignes. La production annuelle est vendue essentiellement sous l'étiquette José L. Ferrer (blanc, rosé, rouge).

**Bodegas Monje, El Sauzal (Tenerife)**
Miguel González Monje monta son affaire en 1958 et commercialise aujourd'hui 66 000 bouteilles par an à partir d'un vignoble de 12 ha. Les marques sont Drago Blanc (blanc) et Mi Bodega (rouge).

rouges. Les blancs sont élevés dans le style *joven* et les meilleurs rouges (100 % de Cencibel) atteignent facilement le niveau *gran reserva*.

Les vignobles de la DO Vinos de Madrid fournissaient autrefois de bons vins de tous les jours aux habitants de la capitale. Aujourd'hui, la plupart sont faits dans le style *joven*, mais quelques producteurs sont convaincus que l'avenir des vins de Madrid réside dans les rouges de *crianza* à base de Tempranillo.

### L'Andalousie

Le sud de l'Espagne ne comprend qu'une immense *autonomía*, l'Andalousie (Andalucía). C'est dans ce pays, à Jerez de la Frontera, qu'est née l'industrie vinicole espagnole et, depuis, toute la viticulture s'est développée dans le moule du Xérès. Les appellations Xérès (Jerez) et Málaga sont décrites avec les vins mutés (voir p. 434 et 440) mais l'Andalousie abrite deux autres DO : Condado de Huelva, près de la frontière portugaise, et Montilla-Moriles, dans la province de Cordoue (Córdoba).

Lorsque le marché du Xérès commença à rétrécir, l'appellation Condado de Huelva se diversifia en vinifiant le cépage Zalema en *joven afrutado*, un nouveau style de vin léger fermenté à basse température. Mais la région n'a pas pour autant interrompu sa production de vins mutés traditionnels, appelés aujourd'hui Condado Pálido et Condado Viejo, qui ont conservé leur popularité sur certains marchés.

Quant à l'appellation Montilla-Moriles, elle a réussi à se faire un nom tout en suivant la mode des *jovenes afrutados*. Elle fait aujourd'hui des vins de style *joven*, des *vinos crianzas* (non mutés) ainsi que les traditionnels *vinos generosos* (mutés et vieillis en *soleras*, comme les Xérès). Le principal cépage blanc est le Pedro Ximénez. Les vignes poussent entre 700 et 300 m d'altitude, là où la Meseta descend vers la côte sud : le climat va de semi-aride à continental. Les meilleurs sols sont des *albarizas* calcaires, comme à Jerez, et l'ensemble de ces vignobles de meilleure qualité est appelé collectivement la région Superior.    □

# PRODUCTEURS ET NÉGOCIANTS

Dans ces zones traditionnellement réservées à la production de vins ordinaires, coopératives et *bodegas* investissent dans une technologie afin de diversifier leur production.

## LEVANTE

### VALENCE

#### C. Augusto Egli

Cette *bodega* fondée en 1903 appartient à des Suisses. Elle est présente à la fois à Valence et à Utiel, où elle possède une propriété de 120 ha. Les principales marques sont : Casa lo Alto (Utiel blanc, rouge), Rey Don Jaime (Utiel rosé, Valence blanc), Perla Valenciana (Valence blanc, rosé).

#### Eval

Une des plus modernes unités de vinification d'Alicante, qui cultive un vignoble de 260 ha. Ses marques principales sont Lopéz de la Torre (rouge, rosé, doux) et San Adrián (rouge, rosé).

#### Vicente Grandía Pla

Cette *bodega* s'est installée en 1990 dans une unité de vinification flambant neuve. Ses principales marques sont Castillo de Liria (blanc, rosé, rouge), Marqués del Turia (blanc, rosé, rouge) et Floreal (rouge).

#### Bodegas Levantinas-Españolas

Établie depuis 1920, cette *bodega* possède des unités de vinification et de mise en bouteilles à Valence ainsi que des vignes en Utiel-Requeña. Mais la plupart de ses vins sont vendus sous la DO Valencia. Ses principales marques sont Campo de Rosell (blanc, rosé, rouge), Castillo Trasmonte (blanc, rosé, rouge), Monte Rosell (blanc, rosé, rouge) et Carraixet (doux).

#### Bodegas ViniVal

C'est la plus grande *bodega* de Valence, qui appartient maintenant à Bodegas y Bebidas, le plus grand groupe de boissons espagnol. Ses 160 ha de vignes produisent principalement du vin ordinaire, mais le Viña Calderon est un *crianza* rouge qui ne manque pas d'élégance et vient de la propriété de la *bodega* à Utiel. Les principales marques sont : Malvarossa (blanc, rosé), Torres de Quart (blanc, rosé, rouge), Viña Calderon (rosé, rouge), Vival d'Or (doux).

### JUMILLA

#### Bodegas Vitivino

Créée en 1987, cette moderne *bodega* s'est donné pour objectif de faire de Jumilla un vin de qualité. Elle possède 320 ha de vignobles. Certains vins sont vieillis en fûts. Principale marque : Altos del Pío (rouge).

### YECLA

#### Bodegas Castaño

Cette entreprise familiale moderne est pleine d'allant, avec un vignoble de 260 ha. Les principales marques sont Viña las Gruesas (blanc, rosé, rouge) et Castaño (rouge).

## CASTILLE-LA MANCHE

### ALMANSA

#### Bodegas Piqueras

Cette *bodega* vient en tête de la DO Almansa. Établie depuis 1915, elle achète la totalité des raisins dont elle a besoin. Ses marques principales sont Castillo de Almansa (rouge) et Marius (rouge).

### LA MANCHE

#### Vinícola de Castilla

Une *bodega* ultramoderne qui produit des vins d'une technicité parfaite allant du *joven* idéalement frais au rouge de *gran reserva*. Les principales marques sont : Castillo de Alhambra (blanc, rosé, rouge), Castillo de Manza (blanc, rosé, rouge), Finca Vieja (blanc, rosé, rouge), Gran Verdad (blanc, rosé, rouge), Señorío de Guadianeja (blanc, rosé, rouge).

#### Rodríguez y Berger

Cette entreprise familiale existe depuis 1922. Elle fait surtout des vins blancs à partir de raisins achetés, mais n'utilise que le meilleur, le vin de goutte. Principales marques : Gota de Oro (blanc), Viña Santa Elena (blanc, rouge).

### MÉNTRIDA

#### Bodegas Valdeoro

La production de cette *bodega* moderne, fondée en 1978, va du *joven* rosé au rouge de niveau *reserva*. Les principales marques sont Ambicioso (rosé, rouge), Castillo de Maqueda (rosé, rouge) et Tío Felipe (rosé, rouge).

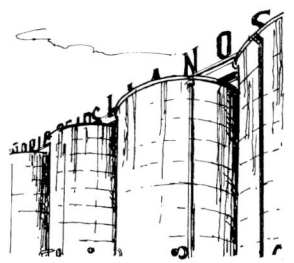

### VALDEPEÑAS

#### Cosecheros Abastecedores

Cette entreprise possède les Bodegas Los Llanos, une vaste maison à la tête d'un vignoble de 1 200 ha. Elle a réalisé de gros investissements dans des fûts de chêne pour se créer une cave de *crianza*. Ses meilleurs vins sont de superbes *gran reservas*. Ses marques principales sont Don Opas (blanc, rouge) et Señorío de Los Llanos (blanc, rouge).

#### Casa de la Viña

Ce domaine de plus de 1 000 ha appartient au gigantesque groupe Bodegas y Bebidas. Des installations ultramodernes et des fûts de chêne pour l'élevage font d'elle l'une des *bodegas* à surveiller. Principales marques : Señorío de Val (blanc, rouge), Vega de Moriz (blanc, rosé, rouge), Casa de la Viña (rouge).

#### Bodegas Félix Solís

Fondée en 1950, cette vaste entreprise familiale a fait récemment agrandir ses installations à l'extérieur de la ville. Elle possède un vignoble de 1 200 ha. Ses principales marques sont : Los Molinos (blanc, rosé, rouge), Soldepeñas (blanc, rosé, rouge), Diego de Almagro (blanc, rouge), Viña Albali (blanc, rouge).

### VINOS DE MADRID

#### Bodegas Orusco

Cette *bodega* établie depuis 1896 pense que l'avenir des vins de Madrid se trouve dans les types *crianza*. Son vignoble compte 50 ha et elle doit donc acheter la plus grande partie de son approvisionnement pour atteindre une production de l'ordre de 10,5 millions de bouteilles par an. Ses marques principales sont Orusco (blanc, rouge) et Viña Main (blanc, rosé, rouge).

## ANDALOUSIE

### MONTILLA-MORILES

#### Alvear

Établie depuis 1729, cette excellente *bodega* produit des vins *jovenes afrutados* aussi bien que des vins traditionnels. Ses marques principales sont : Marqués de la Sierra (blanc), CB (Fino), Festival (Fino), Carlos VII (Amontillado), Solera Fundación (Amontillado), Asunción (Oloroso), Pelayo (Oloroso).

#### Pérez Barquero

Créée en 1905, cette excellente *bodega* fait des vins de style *joven* ainsi que des vins plus riches et traditionnels. Ses principales marques sont : Diogenes (blanc), Viña Amalia (blanc), Grand Barquero (Fino, Amontillado, Oloroso, Dulce) et Los Amigos (Fino).

# PORTUGAL

GRÂCE À DES TRADITIONS BIEN ANCRÉES, UN LARGE CHOIX DE CÉPAGES ET UN CLIMAT TOUT EN DIVERSITÉ, LE PORTUGAL PRODUIT, OUTRE LES CÉLÈBRES PORTOS ET MADÈRES, TOUTE UNE GAMME DE VINS.

Caves d'Azeitão dans la péninsule de Setúbal. Les vins du sud du Portugal sont de bien meilleure qualité, grâce à une nouvelle génération de vinificateurs qui apportent leur savoir-faire et les nouvelles technologies.

Le Portugal est terre de contrastes. Sur la carte, ce pays long et étroit, qui n'occupe qu'un septième de la péninsule Ibérique, paraît complètement écrasé par l'Espagne, sa voisine. Pourtant, rares sont les pays de si petite taille qui peuvent se prévaloir d'une telle diversité de vins. Comparez un verre de Porto et un verre de *Vinho Verde*. Le premier est un vin sombre, capiteux, concentré, tandis que l'autre est pâle, léger et presque pétillant. On ne saurait faire plus différent et, cependant, ils proviennent de régions adjacentes. Au Portugal, le rôle de la topographie est primordial. Sur la côte, les vins sont façonnés par l'Atlantique alors qu'à l'intérieur des terres, au-delà des montagnes, l'effet régulateur de l'océan s'amoindrit. La pluviosité peut varier de 1 500 millimètres par an sur la côte à moins de 500 millimètres à l'intérieur des terres. Les vignes sont omniprésentes du nord au sud du pays, exception faite des plus hautes montagnes, au climat trop ingrat pour la viticulture. Entre le fleuve Minho, qui forme au nord la frontière avec l'Espagne, et la côte de l'Algarve, 560 kilomètres plus au sud, on compte près de 400 000 hectares de vignes. On distingue trois régions viticoles différentes,

délimitées par deux fleuves. Le Douro, au nord, grignote les montagnes granitiques qui s'élèvent à 2 000 mètres d'altitude. C'est de cette région, le nord du Portugal, que proviennent de nombreux vins, dont le Porto. Vient ensuite le Portugal central, entre Douro et Tage *(Tejo)*, vaste zone de production au climat tempéré, connue sous le nom de Ribatejo, comprenant les célèbres vignobles de Dão et de Bairrada. Au sud du Tage se trouvent les plaines immenses et chaudes de l'Alentejo et la région touristique de l'Algarve. On retrouve souvent, lors de la dégustation des vins, les contrastes que l'on observe entre les paysages. Des exploitations ultramodernes voisinent avec de minuscules caves dont la production, souvent destinée à la consommation locale, n'a pas changé depuis des siècles. L'adhésion du Portugal à la C.E.E. (en 1986) encourage cependant les vignerons à faire des efforts et des investissements pour améliorer la qualité de leurs vins, dans l'espoir de conquérir de nouveaux marchés. Pour autant, les traditions séculaires ne disparaîtront pas comme par enchantement, malgré l'intérêt de nombreux groupes financiers internationaux pour le vignoble portugais.

# LES RÉGIONS VITICOLES DU PORTUGAL

Les vignobles du Portugal s'étirent tout au long du pays. Les régions en DOC démarquées en couleur sont les meilleures. Plus de 30 zones de vins de qualité classées en IPR constituent le second niveau de désignation.

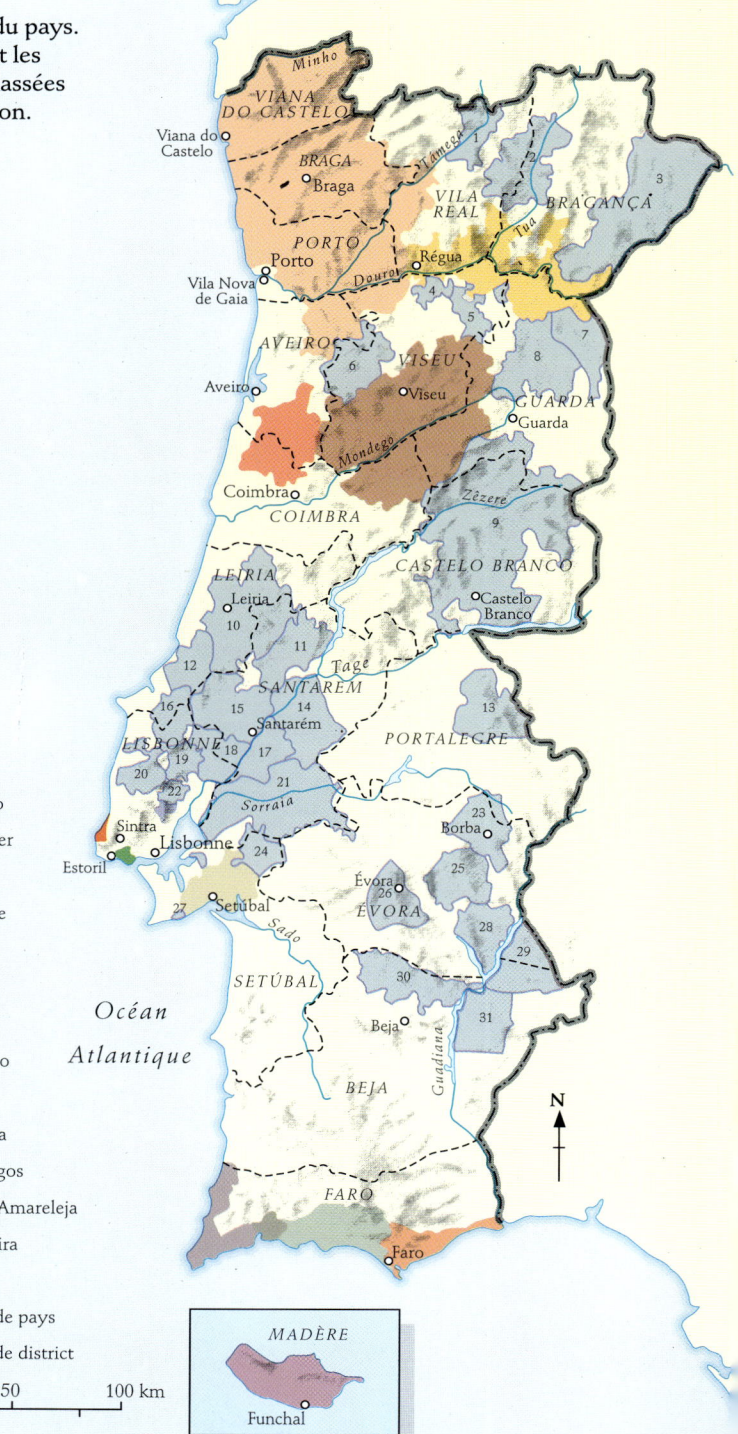

**Zones d'appellation contrôlée**

- Vinho verde
- Porto Douro
- Dão
- Bairrada
- Bucelas
- Colares
- Carcavelos
- Setúbal
- Lagos
- Lagoa
- Portimão
- Tavira
- Madère

**Zones IPR**

| 1 | Chaves |
| 2 | Valpaços |
| 3 | Planalto-Mirandês |
| 4 | Varosa |
| 5 | Encostas da Nave |
| 6 | Lafões |
| 7 | Castelo Rodrigo |
| 8 | Pinhel |
| 9 | Cova da Beira |
| 10 | Encostas d'Aire |
| 11 | Tomar |
| 12 | Alcobaça |
| 13 | Portalegre |
| 14 | Chamusca |
| 15 | Santarém |
| 16 | Obidos |
| 17 | Almeirim |

| 18 | Cartaxo |
| 19 | Alenquer |
| 20 | Torres |
| 21 | Coruche |
| 22 | Arruda |
| 23 | Borba |
| 24 | Palmela |
| 25 | Redondo |
| 26 | Evora |
| 27 | Arrábida |
| 28 | Reguengos |
| 29 | Granja-Amareleja |
| 30 | Vidigueira |
| 31 | Moura |

Limite de pays
Limite de district

0    50    100 km

# NORD DU PORTUGAL

Le Portugal est une nation indépendante depuis le XII<sup>e</sup> siècle et, dès cette époque, la côte atlantique de la péninsule fait commerce du vin. Les marchands étrangers, venus s'installer autour du port de Viana do Castelo, ne se contentent pas toujours des vins souvent médiocres de cette région côtière humide et ils s'enfoncent à l'intérieur des terres, à la recherche de vins rouges au caractère plus robuste. Ils les trouvent sur les flancs arides de la vallée du Douro, plantés en terrasses. Ainsi naît le commerce des vins rouges du Douro, dont les vins mutés portent aujourd'hui le nom de Porto.

Éclipsés par le succès commercial du Porto pendant plus de trois siècles, les vins de table rouges et blancs secs du Douro commencent à renaître grâce à un contrôle de fermentation et à l'utilisation de cuves en acier inoxydable. Autre réussite commerciale de la région du nord du fleuve,

celle d'un vin doux et légèrement pétillant, le Mateus Rosé. Ce phénomène de mode a séduit les jeunes générations de l'après-guerre, dans des pays où on ne buvait pas beaucoup de vin, comme la Grande-Bretagne. C'est un dérivé d'une tradition bien plus ancienne, celle du *Vinho verde* léger, sec, à la bulle fine et discrète, issu des régions fertiles du bord de mer, au nord d'Oporto.

## Vinho verde

C'est la plus grande région délimitée du Portugal ; elle couvre tout le nord-ouest du pays. Les vents, qui amènent la pluie, permettent une culture intensive de cette terre, qui s'étend du Minho au Douro, une des zones rurales les plus peuplées de la péninsule. Elle compte plus de 80 000 viticulteurs pour un terroir de 25 000 ha. Les vignes poussent sur des treilles d'un type particulier, en culture haute,

ce qui laisse le terrain disponible à d'autres cultures au-dessous et présente aussi l'avantage de réduire les risques de maladie par temps chaud.

Son nom, *Vinho verde* (vin vert), prête généralement à confusion. En effet, il ne s'agit pas d'une allusion à la couleur du vin - qui peut être aussi bien rouge que blanc - ni à des vendanges pratiquées avant la maturité complète des raisins, lorsque ceux-ci sont encore verts, bien que ce vin soit peu alcoolisé et riche en acidité. Son nom lui vient du fait qu'il doit être bu jeune, légèrement pétillant.

Les Portugais aiment les vins blancs légers et secs, qu'ils consomment dans l'année qui suit la récolte, ce qui explique que le millésime figure rarement sur les *Vinhos verdes*. Cependant, on arrondit souvent les vins destinés à l'exportation si bien qu'ils manquent quelquefois de fraîcheur, leur vertu première. □

La vallée du Douro, non loin de la frontière espagnole, avec ses vignobles en terrasse.

# PRODUCTEURS ET NÉGOCIANTS

Les vignobles du Nord comprennent les deux régions DOC Vinho verde et Douro. Les meilleurs *Vinhos verdes* sont élaborés et mis en bouteilles à la propriété, dans les *quintas*. Les producteurs de Porto traditionnel utilisent aujourd'hui de nouvelles techniques de vinification afin d'obtenir des vins du Douro rouges assez souples, à partir de raisins normalement destinés aux Portos. Ils produisent également des vins blancs secs équilibrés, issus de raisins blancs cultivés en altitude, où il fait moins chaud.

### Quinta da Aveleda

Une des plus grandes maisons de *Vinho verde*, qui diffuse le Casal Garcia, une des marques les plus vendues au Portugal, et l'Aveleda. Sa cuvée spéciale, le Grinalda, est un vin blanc qui provient exclusivement des 60 ha de la *quinta,* située près de Penafiel.

### Borges & Irmão

Importante maison de négoce implantée au nord et au centre du Portugal. Leur Gatão est la marque de *Vinho verde* la plus vendue sur le marché intérieur. Voir aussi p. 443.

### Solar das Bouças

Domaine de 25 ha sur les rives du Cavado, propriété de la famille Van Zeller (Quinta do Noval) produisant un *Vinho verde* sec, léger et parfumé dominé par le cépage Loureiro.

### Palácio de Brejoeira

Remarquable domaine considéré comme un «premier cru» parmi les *quintas* de *Vinhos verdes*. À l'origine, il s'agit d'un vignoble de 17 ha planté par Maria Herminia Pães autour de son palais du XVIIIᵉ siècle près de Monção, à 4 km au sud de la frontière espagnole. Son vin blanc est élaboré exclusivement à partir d'un seul cépage (l'Alvarinho blanc), ce qui explique sa rondeur et sa corpulence.

### Caves do Casalinho

Important domaine familial de 30 ha de vignes autour du manoir de Casalinho (XIXᵉ siècle), proche de la ville de Felgueiras. Plantées sur les collines près du Douro, les vignes donnent un style de *Vinho verde* plus corpulent, vendu sous les étiquettes Três Marias et Casalinho.

### Quinta da Cismeira

Propriété d'un négociant belge, aux installations ultramodernes, qui s'approvisionne en raisins auprès de viticulteurs locaux. Ses rouges de table du Douro sont riches et presque aussi fruités que des Portos.

### Cockburn Smithes

Réputée pour sa gamme de Portos, la maison Cockburn produit aussi deux vins non mutés, très appréciés, sous l'étiquette Tuella, d'après le nom de sa grande *quinta* des bords du fleuve à Tua. Un vin blanc frais et fruité et un rouge intense, puissant et charpenté. Voir aussi p. 443.

### Quinta do Côtto

Propriété de Miguel Champalimaud, la *quinta* produit un vin rouge épicé très concentré sous l'étiquette Grande Escolha, une cuvée très spéciale qui n'existe que dans les meilleures années. Ce vin, tout comme le propriétaire, a rapidement acquis une solide réputation dans la région.

### Ferreira

Le Barca Velha est le plus grand vin du Portugal, créé par le maître vinificateur de Ferreira, Fernando Nicolau de Almeida. Lors d'une visite à Bordeaux en 1950, il apprend que les vins français doivent leur qualité à des fermentations longues à basse température. De retour dans la lointaine Quinta do Vale do Meão, tout près de la frontière espagnole, il met en application les méthodes bordelaises. Le vin, baptisé «Barca Velha», du nom des anciennes barques qui transportaient les fûts de Porto en aval du Douro, fut lancé en 1952. Le Barca Velha est élaboré avec des raisins de Porto de qualité, et, à l'instar des Portos Vintages millésimés, il n'existe que dans les années exceptionnelles. Le reste est déclassé en *Reserva Especial*.

### Quinta de Franqueira

Ancien monastère entouré de 6 ha de vignes restauré par un Anglais, Pires Gallie, qui élabore un *Vinho verde* blanc ferme et délicat, issu d'un assemblage de Loureiro et de Trajadura (cépage blanc indigène précoce).

### Adega Cooperativa de Ponte da Lima

Les caves coopératives situées au nord du Portugal n'ont pas toujours une réputation de qualité, mais celle de Ponte da Lima produit de très bons *Vinhos verdes* rouges et un excellent blanc issu du cépage Loureiro.

### Real Companhia Vinícola do Norte do Portugal

La maison de Porto Royal Oporto (voir p. 445) est l'un des plus grands producteurs de vins du Portugal. Rouges et blancs sont vendus sous l'étiquette Evel.

### Sogrape

La plus grande maison de négoce de vins du Portugal est basée à Vila Real, lieu de naissance du Mateus Rosé, au nord du Douro. Sogrape diffuse une gamme de vins bien équilibrés, en rouge comme en blanc, dont le Gazela, un des plus célèbres *Vinhos verdes* blancs (demi-sec), et le Chello (sec). Sogrape est aussi propriétaire de la maison Ferreira.

### Quinta do Tamariz

Propriété de 17 ha située au cœur du pays du *Vinho verde* près de Barcelos et appartenant à la famille Vinagre. Rouges et blancs sont vifs, bien vinifiés et parfumés.

## LES CÉPAGES

### BLANCS

**Alvarinho** : raisin à peau épaisse produisant des vins aux arômes de pomme. L'un des meilleurs cépages de la région des *Vinhos verdes*.
**Arinto** : cépage cultivé au sud du Portugal qui donne des vins blancs secs, vifs et acidulés, avec des notes d'agrumes.
**Loureiro** : cépage traditionnel du *Vinho verde*. De plus en plus utilisé en monocépage pour ses arômes délicats et fleuris.
**Maria Gomes** : cépage utilisé pour les vins mousseux de Bairrada. Fernão Pires, dans le Sud, donne des vins aromatiques, parfois épicés.

### ROUGES

**Baga** : petit raisin foncé, qui produit les vins tanniques de longue garde de Bairrada.
**Castelão Francês** : largement implanté dans le Sud (Periquita).
**Ramisco** : cépage franc de pied, planté dans les sables de la région de Colares, qui donne des vins fermes et aromatiques.
**Tinta Roriz** : un des cépages traditionnels de la région du Douro (Aragonez).
**Touriga nacional** : un des meilleurs cépages pour l'élaboration du Porto, puissant et tannique.

# CENTRE DU PORTUGAL

La région viticole qui s'étend entre le Douro et le Tage est l'une des plus généreuses du Portugal. De nombreuses cultures s'épanouissent dans la douceur du climat océanique : maïs et haricots dans les sols profonds de la côte, tomates et agrumes au fond des vallées fertiles de l'intérieur ainsi que de nombreux vignobles qui produisent toute une palette de vins très différents les uns des autres.

Les régions d'appellation DOC de Dão et de Bairrada sont réputées pour leurs vins rouges fermes et savoureux. Plus au sud, la zone côtière d'Oeste («ouest») est la région viticole la plus productive, mais, hormis quelques *quintas*, ses vins sont des vins de table ordinaires. Autre région viticole, le Ribatejo, situé sur les rives du Tage, produit l'un des meilleurs vins *garrafeira* du Portugal. Ce sont des vins rouges issus d'une sélection rigoureuse, mis en bouteilles après vieillissement en fûts, mais qui ne bénéficient pas de l'appellation d'origine contrôlée.

La ville de Lisbonne a envahi la quasi-totalité des trois DOC de l'estuaire du Tage. Carcavelos ne possède plus qu'un vignoble (Quinta dos Pesos), qui produit un vin doux muté. Colares, qui fut célèbre pour ses vins rouges colorés issus du cépage Ramisco, est en voie de disparition. Il ne reste guère que Bucelas, qui produit des vins blancs secs à partir de cépages acides (Arinto et Esgana Cão) et montre une volonté de renaissance.

## Dão

Le Dão, un des vins les plus célèbres du Portugal, porte le nom de la petite rivière qui se fraie un chemin entre les montagnes au sud du Douro. Dotée d'un sol granitique idéal pour la culture de la vigne, la région du Dão souffre d'un extrême morcellement des parcelles, une situation très fréquente dans le nord et le centre du Portugal ; c'est pourquoi la plupart des vignerons livrent leurs

Ville fortifiée d'Obidos, capitale de la zone viticole d'Obidos, au nord de Lisbonne.

raisins aux dix coopératives locales. Le travail de sélection des négociants n'est donc pas facile, car ils doivent souvent se contenter de qualités de vin médiocres, provenant de vinifications rudimentaires. Heureusement, une poignée d'entreprises indépendantes entend bien briser peu à peu le quasi-monopole des coopératives, et les premiers vins en provenance de centres de vinification modernes portent les espoirs de l'appellation.

Plus des deux tiers des vins de Dão sont rouges. Neuf cépages sont autorisés et autant pour les blancs. Les Dãos rouges sont traditionnellement des vins fermes, mais les macérations longues de raisins non égrappés les rendent souvent durs et austères. Autre handicap : ils perdent souvent leur note fruitée et le charme de leur jeunesse lorsqu'ils sont mis en bouteilles trop tard.

## Barraida

Le vignoble de Barraida doit sa toute nouvelle renommée à son récent statut d'appellation (1979). Il se situe au sud de Porto, sur un sol argileux et fertile, entre les montagnes et l'Atlantique. Plus de 80% des vins de Bairrada sont rouges, puissants et fruités, issus du cépage Baga. Les cuvées élaborées de façon traditionnelle ont besoin de vieillir en bouteilles pour s'assouplir, mais certains producteurs font des assemblages avec le cépage Castelão Francês, pour obtenir des vins à boire jeunes.

La plupart des raisins blancs sont vinifiés en vins pétillants destinés au marché national. Quelques vins blancs tranquilles sont élaborés à partir d'un assemblage de *Maria Gomes* et de *Bical*, autre cépage local. Lorsqu'ils sont réussis, ces vins blancs sont délicieusement nerveux et aromatiques. □

# PRODUCTEURS ET NÉGOCIANTS

La production viticole du centre du Portugal fut longtemps dominée par les grandes coopératives et les grands domaines privés. Mais, depuis la libéralisation du commerce des vins qui a résulté de la chute du monopole des exportateurs, de nombreux petits domaines se montrent plus ambitieux, avec une volonté nouvelle d'élaborer des vins de qualité. Ces changements touchent aussi l'encépagement : certains cépages nobles de réputation mondiale, récemment importés, côtoient désormais les cépages indigènes traditionnels.

### Adega Cooperativa de Almeirim

Coopérative du Ribatejo qui produit des vins rouges sous différentes étiquettes, dont la plus célèbre est Lezíria.

### Adega Cooperativa de Arruda

Coopérative produisant des vins rouges bien charpentés et concentrés, diffusés sous le nom d'Arruda.

——— LE PALACE HOTEL, DE BUÇACO ———

La petite ville de Buçaco, perchée sur une colline entre Bairrada et Dão, n'appartient à aucune appellation. Son Palace Hotel possède un vignoble de 9 ha, vinifié par son directeur, José Rodrigues dos Santos. Outre sa propre production, il assemble les vins des meilleurs viticulteurs de la région du Dão et de Bairrada. Ses rouges sont généralement puissants, généreux, avec une robe sombre. Les blancs, secs mais riches et concentrés, ont des arômes de miel. Tous sont vendus sous la simple étiquette Buçaco exclusivement dans les hôtels du groupe, à Buçaco, Curia, Coimbra et Lisbonne. Ancien pavillon de chasse royal du début du siècle, le Palace Hotel garde dans ses caves exceptionnelles presque tous les millésimes depuis 1945.

### António Bernardino Paulo da Silva

Un des derniers vignerons de Colares, qui fait aussi d'excellents rouges, comme le Beira Mar, dans les vignobles côtiers de l'Oeste.

### Carvalho, Ribeiro & Ferreira

Maison de négoce qui s'approvisionne auprès des viticulteurs du Ribatejo depuis 1895, présente également en Oeste, Dão et Colares. Ses *garrafeiras* sont parmi les meilleurs du genre.

### Casa Agricola Herdeiros de Dom Luís de Margaride

Les frères Margaride possèdent deux larges vignobles en Ribatejo, juste au sud du Tage, près de Almeirim. Leurs vins blancs (Casal de Monteiro et Dom Hermano), avec leurs arômes de fruits tropicaux, sont généralement plus réussis que les rouges. Plantations expérimentales de Cabernet-Sauvignon, Merlot et Chardonnay.

### Caves Aliança

Vaste entreprise familiale, disposant d'installations très modernes, dans la région de Bairrada. Grâce à un vinificateur formé en Californie, Aliança est à l'avant-garde et fait des émules avec ses rouges plus souples et plus accessibles et ses blancs francs et vifs vinifiés en cuves d'acier inoxydable.

### Caves São João

Petite entreprise de Barraida, propriété de deux frères exigeants. Leurs vins rouges, de longue garde, comptent parmi les meilleurs de la région. Les *reservas* Frei João s'améliorent pendant vingt ans et plus. Également de bons Dãos rouges, robustes et traditionnels, vendus sous l'étiquette Porta dos Cavaleiros.

### Caves Velhas

Un des trois producteurs qui maintiennent en vie la DOC Bucelas tout en ayant le statut de négociant de Ribatejo ; commercialise de beaux *garrafeiras* sous l'étiquette Romeira.

### Conde de Santar

Un des rares vins de Dão issus d'un domaine unique. Décevants dans les années 70, ses vins rouges et blancs se sont améliorés.

### José Maria da Fonseca

Basée à Setúbal, cette maison sélectionne rouges et blancs dans les coopératives locales et les met en bouteilles sous l'étiquette Terras Altas.

### Luís Pato

Le terroir de Bairrada est sa passion. Son vignoble de 60 ha produit des vins de caractère, rouges, blancs et pétillants.

### Messias

Entreprise familiale de Mealhada, en pleine région de Bairrada ; deuxième producteur de l'appellation en blanc et en rouge. Messias a aussi des intérêts en Douro et en Dão. Sa large gamme de vins comporte des *Vinhos Verdes* et des *garrafeiras* concentrés et charnus.

### Quinta de Pancas

Domaine du XVIᵉ siècle, près de la tranquille ville d'Alenquer dans l'Oeste. Le propriétaire, Joaquim Guimaraes, a ajouté le Chardonnay et le Cabernet-Sauvignon aux cépages traditionnels pour internationaliser le caractère de ses vins.

### Quinta da Romeira

Domaine de 140 ha, près du village de Bucelas, propriété d'une filiale de Tate & Lyle. Vins blancs frais et vifs exclusivement à base d'Arinto.

### Vinicola do Vale do Dão

Filiale de Sogrape qui joue un rôle dans la renaissance des vins de Dão, dotée d'équipements ultramodernes à Quinta dos Carvalhas près de Nelas. Le Grão Vasco, un vin rouge ferme et pimenté, est l'un des Dãos les plus réputés du Portugal.

# SUD DU PORTUGAL

Le Tage partage le Portugal en deux : d'un côté la multitude des petites exploitations agricoles pauvres du Nord et du Centre et, de l'autre, les vastes propriétés riches *(latifundios)* du Sud, là où les collines laissent place aux grands espaces et aux immenses plaines.

À l'exception de la péninsule de Setúbal, le sud du Portugal n'est pas naturellement une terre à vigne. Le sud et l'est de Lisbonne offrent un paysage de plus en plus aride et le climat se durcit. Verte après les pluies d'hiver, la campagne roussit puis brunit à mesure que le thermomètre se rapproche des 40 °C. Rares sont les rivières capables d'irriguer, et la sécheresse pose de véritables problèmes. Seuls les chênes-lièges parviennent à supporter la canicule des étés. Au XIXᵉ siècle, les habitants de Lisbonne et ceux du nord du Portugal avaient coutume de se moquer de leurs compatriotes du Sud à cause de la pauvreté de cette grande région quasi désertique et ils la surnommaient *terra de mau pão e mau vinho*, « le pays du mauvais pain et du mauvais vin ». La région sombra encore un peu plus dans la misère et l'anarchie à la suite de la révolution de 1974, car la plupart des grands propriétaires se virent dépossédés de leurs biens par les ouvriers agricoles. Quant à la région de l'Algarve, il semble qu'elle soit plus préoccupée par la promotion du tourisme que par la qualité de ses quatre appellations.

## Péninsule de Setúbal
Le port de Setúbal a donné son nom au pays qui s'étend entre le Tage et le Sado. Setúbal est aussi la région de production délimitée d'un vin muté sucré élaboré principalement à base du cépage Muscat qui pousse sur les pentes calcaires de la Serra da Arrábida. On distingue deux styles de vins différents : le premier, aromatique et épicé, est commercialisé après une période de cinq années de vieillissement. Le second, vieilli pendant une vingtaine d'années, est de couleur foncée et extrêmement doux.

En dépit de l'expansion urbaine de la banlieue de Lisbonne, la viticulture se développe de façon paradoxale au nord de la ville depuis une vingtaine d'années et constitue aujourd'hui une des régions les plus intéressantes en matière vinicole. Cette situation est due à trois sociétés entreprenantes qui multipliant les expériences sur différents cépages, indigènes ou importés, produisent des vins originaux en rouge comme en blanc.

## Alentejo
Les plaines de l'Alentejo s'étendent depuis la côte atlantique jusqu'à la frontière espagnole et occupent un tiers du Portugal. Sept vignobles enclavés dans ce pays ont été récemment promus au titre d'appellation IPR, dont Borba, Redondo et Reguengòs. Dans ces trois appellations, les coopératives jouent un rôle prépondérant. Les meilleurs vins rouges sont corsés et résultent d'un assemblage de cépages Aragonez (le Tinta Roriz du Douro), Castelão Francês, Moreto et Trincadeira, tandis que les vins blancs sont plus décevants, généralement gras et lourds.    □

Vendanges à Ferreira, dans l'Alentejo.

# PRODUCTEURS ET NÉGOCIANTS

S'il existe aujourd'hui quatre régions DOC en Algarve, la plus grande partie des vins est élaborée dans les coopératives locales et consommée par les touristes en visite dans la région. Les vins les plus intéressants proviennent de quelques vinificateurs passionnés, dotés d'installations modernes dans l'Alentejo et la péninsule de Setúbal.

### Adega Cooperativa de Borba

Une des coopératives les plus modernes du Portugal. Technique de pointe et sens du détail lui permettent de produire des vins rouges équilibrés malgré la chaleur du climat de l'Alentejo.

### Quinta do Carmo

Domaine privé traditionnel où l'on foule encore les raisins au pied dans des *lagares*, cuves ouvertes taillées dans le marbre du pays. Avec ses 70 ha de vignes dans l'Alentejo près de Borba, Carmo produit un des meilleurs vins rouges du Portugal méridional. La famille Rothschild a récemment pris une participation dans cette propriété.

### Herdade de Cartuxa

Ancien monastère du XVIe siècle où s'est installée une fondation caritative de 7 000 ha. Située à l'extérieur de la ville d'Évora dans l'Alentejo, elle dispose d'un équipement moderne de vinification. Les vins blancs sont riches d'arômes exotiques, tandis que les rouges ont une bonne structure avec des notes de menthe.

### Esporão

Vaste propriété de près de 400 ha dans l'Alentejo, complantés de cinquante cépages différents, indigènes ou importés, comme le Cabernet-Sauvignon. Vins rouges souples vinifiés par un Australien, David Baverstock.

### J.M. da Fonseca Internacional

«Internacional», comme on l'appelle ici, s'est séparé de la famille Fonseca en 1968 et appartient aujourd'hui au groupe Grand Metropolitan. Établie à Setúbal, cette entreprise produit presque exclusivement les vins de la marque Lancers : un rosé demi-sec légèrement pétillant et un mousseux (le Lancers brut).

### José Maria da Fonseca Sucessores

Entreprise familiale appartenant aux héritiers de José Maria da Fonseca, son fondateur, qui faisait déjà du vin à Setúbal en 1834. Le Periquita existe depuis 1880 et c'est aujourd'hui, à juste titre, l'un des vins rouges les plus célèbres du Portugal. Le Cabernet-Sauvignon est l'un des cépages qui composent le vin rouge du vignoble familial, Quinta da Camarate (25 ha).

### J.P. Vinhos

Le vinificateur australien Peter Bright a joué un grand rôle dans la transformation de l'image du sud du Portugal. Le plus grand succès de la maison est un Muscat, le João Pires Dry. Bien qu'elle soit établie à Setúbal, cette maison produit et diffuse aussi un Tinto da Anfora issu de raisins provenant d'Alentejo.

### Establecimento Prisonal Pinheiro da Cruz

Les vins rouges de ce domaine de 13 ha, propriété d'une prison de la ville de Grandola dans l'ouest de l'Alentejo, sont très réputés mais ils sont difficiles à trouver.

### José da Sousa Rosado Fernandes

Créée en 1878, à Reguengos de Monsaraz dans l'Alentejo, cette maison a été reprise en 1986 par José Maria da Fonseca (voir plus haut), mais la vinification se fait toujours dans d'immenses pots de terre (les *talhas*) dans la fraîcheur des caves souterraines. Elle ne produit que des vins rouges qui sont de bonne tenue, corpulents et épicés.

Le sud du Portugal est réputé pour sa production de bouchons issus de l'écorce de chêne-liège.

# LES VINS MUTÉS

À L'ÉPOQUE OÙ LES TRANSPORTS ÉTAIENT TRÈS LENTS, IL FALLUT INVENTER UN VIN
QUI PUISSE SUPPORTER DE LONGS VOYAGES EN MER.
AINSI SONT NÉS LES VINS MUTÉS DU PORTUGAL ET DE L'ESPAGNE.

Le mutage a été imaginé pour aider les vins à supporter les transports. Avant d'être expédié, le Porto a déjà fait un long voyage pour descendre des vignobles du Douro. Avant 1972, cette *quinta* n'avait pas l'électricité.

La péninsule Ibérique a donné naissance à quatre vins superbes et originaux qui ont chacun une histoire émouvante : le Xérès Fino, léger et délicat, le Porto Vintage, riche et voluptueux, le Madère, aux notes brûlées, et le Málaga, un vin liquoreux puissant et somptueux ; autant de noms qui semblent venir d'un autre âge. Pourtant, leurs saveurs ont ajouté une nouvelle dimension aux arômes plus familiers des vins de table. Tous ces vins ont plusieurs points communs : leur vinification repose sur le principe du mutage, c'est-à-dire l'adjonction d'eau-de-vie de vin en cours de fermentation ; tous proviennent de régions où les raisins atteignent une excellente maturité grâce aux étés chauds et secs et tous sont plus ou moins doux, à l'exception du Xérès, un vin sec auquel on ajoute quelquefois de la douceur après le mutage. L'idée de muter les vins est venue presque fortuitement et, dans les quatre cas, est liée au transport maritime de ces vins jusqu'en Europe du Nord, plus particulièrement en Grande-Bretagne et en Hollande, puis jusqu'en Amérique. Les vertus de l'eau-de-vie sont en effet d'améliorer à la fois la conservation des vins instables et leurs qualités organoleptiques. Cette pratique fut appliquée au Xérès à partir de la fin du Moyen Âge, puis aux autres vins au cours des XVIIIe et XIXe siècles. Ce qui n'était que le fruit du hasard devint donc, au fil des siècles, une tradition préservant des techniques de vinification qui, ailleurs, ont disparu. Les fûts, par exemple, sont toujours en usage, moins pour leur goût de bois que pour la maturation lente qu'ils permettent, indispensable au vieillissement des vins mutés. Dans les années 80, les vins mutés riches et doux ont été délaissés au profit des vins légers et secs. Au même moment, leur qualité a souffert - surtout celle du Porto et du Xérès - d'une surproduction et d'un certain laisser-aller dans le vieillissement. Leur image, mitigée dans l'esprit des consommateurs, commence seulement à changer. Pourtant, les meilleurs vins mutés offrent au dégustateur des expériences inoubliables, leur puissance en sucres résiduels et leur teneur en alcool se combinant en supports d'arômes qui n'ont pas d'égal. Il suffit de goûter un Porto millésimé, un vénérable Madère, un puissant Málaga ou un grand Xérès pour être convaincu : ils figurent au rang des plus grands vins du monde.

# XÉRÈS

Un verre de Fino frais et délicat, dégusté par une chaude soirée d'été, au sud de l'Espagne, ou un Cream liquoreux, bu dans les frimas glacés d'Amsterdam ou d'Édimbourg, deux exemples des multiples facettes du Xérès. Il se boit seul, à l'apéritif, ou accompagne des plats ; on peut le servir au début du repas, ou à la fin. C'est le vin muté le plus universel et, peut-être, le moins bien compris.

C'est un vin blanc, muté, sec à l'origine, qui offre toute une palette de styles, du plus sec au plus sucré. Lorsqu'il est sec, le Xérès ressemble plus à un vin de table classique qu'à un vin muté. Situé dans la province de Cadix, à l'extrême sud-ouest de l'Andalousie, au sud de l'Espagne, face à l'Atlantique, le vignoble occupe le centre d'un triangle formé par trois villes, au nord de la ville de Cadix : Jerez de la Frontera, dans les terres, Sanlúcar de Barrameda, sur l'estuaire du Guadalquivir, et Puerto de Santa María, à la pointe de la baie de Cadix.

Le climat, généralement chaud, peut devenir très chaud et très sec pendant l'été, même s'il reste tempéré par l'océan. Deux vents dominent : le Levant, sec, qui vient de l'est, et le Ponant, qui apporte l'humidité de l'Atlantique. Le sol calcaire porte le nom d'*albariza*. L'association de ce sol idéal pour les vins blancs et du climat chaud, relativement humide, donne d'excellentes conditions de culture.

La région de Xérès tend à devenir la région d'un seul cépage blanc, le Palomino (Palomino Fino), qui couvre 90% du vignoble et supplante peu à peu les autres cépages, comme le Pedro Ximenez – dont le vin doux sert toujours à faire des Xérès doux – et le Moscatel Fino, devenu très rare.

## Du raisin à la *flor*

Au cours des premières semaines de septembre, les raisins sont récoltés et apportés au pressoir. Autrefois, les

Les vignes de Sandeman plantées sur l'*albariza,* sol calcaire favori du Xérès.

hommes portaient des chaussures cloutées pour les fouler au pied, mais aujourd'hui on utilise des pressoirs continus horizontaux ou des pressoirs hydrauliques modernes. Après fermentation complète du jus, on obtient un vin blanc sec qui atteint naturellement 13,5% vol au minimum. C'est à ce stade que les vins blancs de Xérès changent de nature, comme par magie.

Même s'ils se déclinent, plus tard, en une gamme très diverse (voir encadré p. 437), on distinguera d'abord deux qualités, le Fino et l'Amontillado.

Lorsque la fermentation est terminée, on transvase le vin dans des tonneaux de 500 l qu'on ne remplit pas complètement. Tandis que les vins vieillissent dans la fraîcheur des vastes chais de la *bodega*, une fleur de

## LE SYSTÈME DE LA SOLERA

Le principe d'élaboration du Xérès réside dans l'assemblage de vins issus de fûts divers et d'âges différents.

Le principe de la *solera,* utilisé pour tous les types de Xérès, consiste en une succession d'assemblages : on commence d'abord par prélever une certaine quantité du vin le plus jeune et on le transvase dans des fûts de l'année précédente pour qu'il prenne le caractère du vin plus âgé. Pour faire de la place dans ces tonneaux, il faut auparavant les vider d'un tiers, que l'on reverse dans des tonneaux contenant le vin de trois ans, eux-mêmes vidés d'un tiers, que l'on a ajouté au vin de quatre ans.

Chaque étape de ce procédé s'appelle *criadera,* mot espagnol qui signifie «pépinière». Après cette opération renouvelée en moyenne 5 fois, il ne reste plus qu'un tiers du vin le plus vieux (qui porte le nom de *solera,* parce que, à l'origine, il sortait du fût posé sur le sol - *suelo* - à la base de la pyramide de fûts), que l'on met en bouteilles. Il arrive qu'on soutire un vin plus jeune, selon la qualité souhaitée, mais la loi oblige à 3 assemblages au moins avant la mise en bouteilles.

Le Xérès provient donc de multiples assemblages, car chaque bouteille contiendra des vins d'âges différents assemblés à l'intérieur d'une même *solera* et de différentes *soleras* entre elles.

moisissure appelée *flor*, apportée par le ponant, apparaît à la surface du vin. Elle protège le vin de l'oxydation au contact de l'air, inéluctable dans ces fûts, et lui donne son caractère unique. En effet, la *flor* ne se développe naturellement que dans une seule autre région du monde, le Jura, pour le vin jaune, et son effet n'est jamais exactement le même d'un fût à l'autre. C'est pour cette raison qu'on peut classer les vins de Xérès en différentes catégories dès le début de leur évolution. Les fûts qui présentent une *flor* abondante sont classés en *palmas* et mis à part ; ils donneront naissance au Fino (avec la possibilité de classement en Amontillado lorsque la *flor* a terminé son travail). Ils sont légèrement mutés à l'eau-de-vie pour atteindre 15,5% vol au maximum. Les fûts où la *flor* ne se développe pas sont classés comme *raya* et serviront à faire l'Oloroso : ils sont immédiatement mutés à 18% vol (la *flor* ne vit plus au-delà de 17,5% vol) et élevés séparément.

### L'histoire du Xérès

On estime que la culture de la vigne dans la région de Jerez a commencé voilà 3 000 ans. La ville de Jerez aurait été fondée par les Phéniciens sous le nom de Xera en 1100 av. J.-C. Cependant, l'invention du Xérès tel que nous le connaissons ne peut être antérieure au VIIe siècle. Il est en tout cas certain qu'à la fin du Moyen Âge on avait compris l'utilité d'ajouter de l'eau-de-vie aux vins qui partaient en bateau pour l'Angleterre, premier marché étranger des vins de Jerez ; c'est bien le «sherris sack» que recommandait Falstaff, le héros de Shakespeare, et qu'on appréciait à l'époque élisabéthaine. Dans les siècles qui suivirent, le Xérès resta un produit de base en Angleterre, malgré les guerres avec l'Espagne, et nombre de négociants britanniques s'installèrent dans la région de Jerez pour y travailler avec les Espagnols et les Français (comme Pedro Domecq).

Au XIXe siècle, le Xérès connut son âge d'or en Angleterre. Mais, la demande excédant l'offre, la qualité déclina. Les négociants se groupèrent pour un meilleur contrôle de la production, inaugurant une nouvelle période florissante, après la Première Guerre mondiale. Les ventes continuèrent à augmenter après 1945, en particulier grâce à l'expansion du marché hollandais. Mais la série de fusions qui donna naissance à l'énorme groupe Rumasa, dans les années 80, provoqua une grave surproduction et ruina la réputation du Xérès. Après la faillite du groupe, on mit en place un programme destiné à améliorer l'image du Xérès aux yeux d'un public amateur de blancs légers en apéritif.

Tout cela explique que le Xérès, Denominación de Origen Jerez-Xérès-Sherry y Manzanilla-Sanlúcar de Barrameda, soit aujourd'hui l'appellation la plus réglementée d'Espagne. Plantations, rendements, prix des raisins et prix du vin, tout est contrôlé par un organisme directeur, le Consejo Regulador. Les vins doivent vieillir au moins trois ans et, afin d'encourager un élevage le plus long possible, les *bodegas* ne peuvent vendre que 29% de leur stock chaque année. De plus, le Consejo Regulador exerce un contrôle particulier sur les maisons autorisées à faire de l'exportation. Les autres producteurs (appelés *almacenistas*) sont obligés de céder leurs vins à une maison de négoce autorisée.

Les maisons de Xérès sont confrontées aujourd'hui à un problème d'identité. En anglais, le Xérès s'appelle *Sherry*, homonyme de *Cherry,* la ville de Jerez de la Frontera s'appelle Jerez, et le Manzanilla est un nom synonyme qui désigne un produit de la même famille. Et sous tous ces noms différents est commercialisée une gamme de produits, du plus sec au plus sucré, du plus médiocre au plus fin. Cette confusion des genres sera difficile à surmonter dans les années à venir. □

La *bodega* de Barbadillo, à Sanlúcar de Barrameda.

# PRODUCTEURS ET NÉGOCIANTS

Les maisons de Xérès siègent dans les villes de Jerez de la Frontera, Sanlúcar de Barrameda et Puerto de Santa María. Ce sont de grandes entreprises qui disposent de locaux de vinification et d'embouteillage ainsi que de vastes chais en surface, les *bodegas*, où vieillissent des milliers de fûts empilés les uns sur les autres jusqu'à cinq rangs en hauteur afin d'effectuer les assemblages selon le principe de la *solera*.

### Manuel de Argüeso

Fondée en 1822 par Don Leon de Argüeso, cette *bodega* de Sanlúcar est réputée pour les *almacenistas*, les meilleures cuvées des meilleurs millésimes qui ne font l'objet d'aucun assemblage. Dans les années 50, Argüeso achète Gutierrez Hermanos, la petite entreprise de Jerez. Elle appartient aujourd'hui à Valdespino. Sa cuvée la plus célèbre est le Manzanilla Señorita, élevé à Sanlúcar, tandis que le Fine Amontillado et le Cream of Cream sont élaborés à Jerez. Son Fino, Colombo, et son Amontillado sec, Coliseo, sont célèbres dans la région, de même que ses deux eaux-de-vie, Tres Unios et Genesis.

### Antonio Barbadillo

Le plus important producteur de Sanlúcar, créé en 1821 et toujours dirigé par la famille du fondateur. La vieille *bodega* est située au centre de la ville, mais Antonio Barbadillo dispose d'installations modernes à l'extérieur. Cette maison possède aussi 520 ha de vignes à Gibalbín en Jerez Superior, en copropriété avec Harveys (voir p. 437). Elle a des intérêts communs avec cette entreprise et produit pour elle une importante quantité de Xérès. La vaste gamme de Barbadillo comprend surtout des Manzanillas diffusés sous les marques Eva, Sirena, Solear, Pastora et Don Benigno. Le Xérès Fino porte le nom de Balbaina. Localement, Barbadillo est célèbre pour avoir été un des premiers à élaborer un vin blanc non muté, le Castillo de San Diego, issu de Palomino fermenté à basse température.

### Hijos de Agustin Blázquez

Une des plus anciennes maisons, fondée en 1795. Bien qu'elle appartienne aujourd'hui au groupe Domecq (voir ci-contre), son nom reste sur l'étiquette des Xérès et des eaux-de-vie. Ses *bodegas* de Jerez et Puerto de Santa María sont connues pour le Fino Carta Blanca et le vieil Amontillado Carta Oro.

### Bobadilla

Cette *bodega* est sans doute mieux connue pour son eau-de-vie (Bobadilla 103) que pour son Xérès. En Espagne, les deux produits se côtoient fréquemment dans les bars. Les Xérès de Bobadilla, généralement assez secs, sont bien représentés par le Fino Victoria. L'ancienne *bodega* de Jerez a été transférée dans des locaux modernes aux abords immédiats de la ville.

### Luis Caballero

*Bodega* de Puerto de Santa María qui connaît une expansion rapide sous l'autorité de Luis Caballero Florido. Outre ses propres marques et celles de John William Burdon, Caballero contrôle maintenant la maison Emilio Lustau (voir p. 438), dont il utilise la marque pour l'exportation. Ses *bodegas* occupent de pittoresques bâtiments, qui sont situés au centre de Puerto de Santa María. Luis Caballero possède aussi le château de la ville, une vieille forteresse mauresque.

### Croft

Sur le boulevard extérieur de Jerez, les installations imposantes de Rancho Croft cachent leur modernisme derrière une façade de *bodega* classique. À l'intérieur règne la plus haute technologie, comme il sied à l'un des derniers arrivés à Jerez. La nouveauté ne vient pas de son Xérès (la maison date de 1678), mais de l'activité de production qu'il a ajoutée à celle du négoce en 1970. Croft fut à l'origine d'une véritable révolution en créant le Croft Original Pale Cream, un Xérès de couleur pâle, qui paraît sec mais se fait doux en bouche, grâce à l'apport de *dulce apagado* (vin sucré). Les étiquettes de Croft comprennent également le Fino Delicado, l'Amontillado Medium Croft Particular et le Brandy Croft. Il représente 18% du marché des Xérès, essentiellement grâce à ses ventes de Croft Original au Royaume-Uni.

### Delgado Zuleta

Propriété familiale de taille moyenne, cette *bodega* de Sanlúcar date du XVIIIᵉ siècle. D'abord connue sous le nom de son fondateur, Don Francisco Gil de Ledesma, elle prit celui de José Delgado Zuleta à la fin du XIXᵉ siècle. Son Manzanilla La Goya, qui constitue son haut de gamme, porte le nom d'une célèbre danseuse de flamenco et son étiquette noir, blanc et or est familière en Espagne. L'Amontillado est fait de vins vieux et l'on sert souvent le Cream Puerto Lucero, au dessert, dans les restaurants de Sanlúcar.

### Diez-Merito

Une série de fusions a permis à Diez-Merito d'entrer en possession des marques Don Zoilo, Merito et Diez-Merito. L'entreprise a bien grandi depuis sa création, en 1884, sous le nom de Diez Hermanos : la vieille *bodega* du centre de Jerez est maintenant doublée d'immenses installations aux portes de la ville.

Elle est dirigée par Marcos Eguizábal (propriétaire de Bertola et Bodegas Internacionales) et a fusionné avec Marqués del Merito en 1974. Elle est réputée pour ses Xérès Don Zoilo, et plus particulièrement son Very Old Fino, ainsi que pour son eau-de-vie vendue sous l'étiquette Gran Duque de Alba. On associe généralement la marque Diez Hermanos au Fino Palma.

### Pedro Domecq

Sans aucun doute un des noms de Xérès les plus connus, tant pour son célèbre Fino diffusé sous la marque La Ina que pour ses eaux-de-vie Fundador et Carlos. Cette entreprise domine le marché. Créée, curieusement, par un Irlandais du nom de Patrick Murphy en 1730, elle change de nom au XIXᵉ siècle avec l'arrivée du Français Pedro de Domecq. Aujourd'hui, Domecq possède des *bodegas* impressionnantes à Jerez, une vaste installation de mise en bouteilles et un superbe palais pour ses réceptions, au centre de la ville. En dépit de liens importants avec la maison Harvey (voir ci-dessous), la famille Domecq reste aux postes de commande. Bien que la réputation de la maison Domecq ait été fondée sur son Fino La Ina, celle-ci mérite d'être connue tout autant pour son Oloroso sec Rio Viejo, son Palo Cortado Sibarita et son Oloroso Venerable. La gamme Double Century, pourtant plus ordinaire, jouit aussi d'une excellente réputation.

### Duff Gordon

Un nom connu, qui appartient aujourd'hui au groupe Osborne (voir encadré p. 438). Fondée en 1768 par sir James Duff, consul britannique à Cadix, la maison fut dirigée par des Duff et des Gordon jusqu'à son rachat par Thomas Osborne en 1872. Duff Gordon commercialise le Fino Feria et l'Amontillado Club Dry.

### Garvey

Le Fino San Patricio est le vin le plus connu de cette *bodega* du centre de Jerez. Il doit son nom au saint patron irlandais et aux liens étroits que cette maison (fondée en 1780 par Williams Garvey) a gardés avec l'Irlande. Elle possède un important domaine en Jerez Superior (600 ha). Passée sous le contrôle de Rumasa dans les années 70, elle appartient maintenant à une coopérative allemande. Outre le célèbre San Patricio, elle produit également un vieil Amontillado sec, Tio Guillermo.

### Miguel M. Gomez

Créée à Cadix en 1816, cette *bodega*, qui reste une entreprise familiale, s'est établie à Puerto de Santa María en 1969. C'est un bâtiment récent, néanmoins construit à l'ancienne, avec un toit en forme de cathédrale. Ses meilleurs vins sont sans conteste ses Amontillados, comme l'Amontillado 1855. Le plus riche est un Oloroso sec, commercialisé sous l'étiquette Alameda.

### Gonzalez Byass

L'achat par la famille Gonzalez des parts de la famille Byass a mis fin à une liaison durable

entre l'Espagne et l'Angleterre. Redevenue entièrement espagnole, cette société se consacre aujourd'hui à l'amélioration d'une qualité déjà excellente. Elle possède de superbes *bodegas* près du château de Jerez. Celle de La Concha fut construite par Eiffel en forme de coquille. Sa grande marque de Fino, Tio Pepe, et son Amontillado La Concha sont issus de *soleras* qui datent du XIXe siècle. Ses très vieux vins, l'Amontillado del Duque, l'Oloroso sec Apostoles et l'Oloroso doux Matusalem sont considérés, à juste titre, parmi les meilleurs.

### John Harvey

Le plus important négociant de Xérès qui, cependant, n'a disposé d'aucun lieu de production à Jerez jusqu'en 1970, date de l'achat de la petite *bodega* Mackenzie : il se contentait d'acheter des vins en vrac à d'autres entreprises. L'acquisition de plusieurs autres *bodegas*, dont celles de Palomino y Vergara et Fernando A. de Terry (voir pp. 438 et 439), ainsi que de Marqués de Misa (aujourd'hui disparue), lui a permis de se faire une place à Santa María et à Jerez. Harvey possède aussi un vignoble en commun avec Barbadillo. Outre les Xérès Harvey (dont le numéro un mondial, Bristol Cream), Harvey commercialise principalement la gamme de

## LES DIFFÉRENTS STYLES DE XÉRÈS

Le Xérès se divise en deux familles, les Finos et les Olorosos, dont sont issus tous les autres. Les Finos sont tributaires de la *flor* alors que les Olorosos ne le sont pas.

### LES FINOS

**Manzanilla :** style de Fino très sec produit dans les *bodegas* du bord de mer, à Sanlúcar de Barrameda. C'est le plus sec et le plus léger de tous ; on s'accorde à lui reconnaître un goût particulier, légèrement salé, qu'on attribue à la proximité de la mer. Il est muté à 15,5% vol avant expédition.

**Manzanilla Pasada :** Fino de Manzanilla dans lequel la *flor* a disparu et qui a commencé à vieillir. On l'appelle Fino Amontillado à Jerez et Manzanilla Pasada à Sanlúcar.

**Fino :** catégorie des vins les plus secs, produits à Jerez et à Puerto de Santa María. Le Fino de Jerez est plus concentré, celui de Puerto est plus tendre et plus léger. Le Fino est élevé sous une couche de moisissure (la *flor*) qui le protège de l'oxydation et lui conserve toute sa fraîcheur. Issu de Palomino à 100%, il est généralement muté pour atteindre 15,5 à 17% vol. Celui qui est

consommé dans la ville de Jerez n'est pas muté.

**Fino Amontillado :** Fino dans lequel la *flor* a disparu, mais qui n'est pas encore arrivé au stade de l'Amontillado.

**Amontillado :** vin qui a dépassé le stade du Fino Amontillado pour évoluer vers une teinte ambrée, presque dorée, et des arômes de noix. Le vin ne pouvant atteindre ce niveau avant d'être passé dans le système de *solera* pendant au moins huit ans, les Amontillados bon marché sont fabriqués en tuant la *flor* pour accélérer l'évolution du vin. L'Amontillado est naturellement sec.

**Medium :** Amontillado légèrement doux, par adjonction de Pedro Ximénez ou, plus couramment, de vins très sucrés de Palomino, vinifié pour répondre au goût des consommateurs du nord de l'Europe.

**Palo Cortado :** vin qui a commencé comme un Fino, évolué en Amontillado puis a été élevé comme un Oloroso. Il sera classé comme *dos, tres,* ou *cuatro cortados* selon son âge. Un vin rare et cher.

### LES OLOROSOS

**Oloroso :** catégorie de vin sur laquelle la *flor* ne s'est jamais développée ; muté jusqu'à 18%

vol au début de son élevage, il peut ensuite atteindre 24% vol. Comme l'authentique Amontillado, le véritable Oloroso est toujours sec, riche et concentré.

**Cream :** Oloroso sucré à la robe sombre, élaboré pour les mêmes marchés d'exportation que le Medium. Sa couleur s'obtient par adjonction de *vino dulce* et sa douceur, par addition de moûts de raisin.

**Pale Cream :** assemblage de Fino et d'Oloroso léger, adouci par adjonction de *dulce apagado* (vin doux obtenu par un apport d'eau-de-vie qui arrête la fermentation). Il a l'aspect d'un Fino et le goût d'un Oloroso.

**Brown Sherry :** vin riche de couleur foncée, obtenu par assemblage d'Olorosos et de *rayas* (Olorosos de qualité inférieure).

### AUTRES STYLES

**East India** (ou Amoroso) : terme qui désignait autrefois un Xérès dont on accélérait la maturation en lui faisant faire un aller et retour jusqu'en Inde.

**Almacenista :** Xérès élevé par des petits grossistes qui n'ont pas le droit de vendre au public ni d'exporter. Beaucoup sont assemblés, mais il arrive qu'ils soient mis en bouteilles et vendus tels quels.

qualité 1796, Trio Mateo, le Fino Palomino y Vergara, ainsi que différents Xérès et eaux-de-vie sous la marque F.A. de Terry.

### Emilio Hidalgo

Petite entreprise de négoce, connue surtout pour son Fino Pañesa et son eau-de-vie Privilegio.

### Vinicola Hidalgo

La Manzanilla La Gitana est le plus célèbre vin de cette *bodega* établie dans des locaux anciens, au centre de Sanlúcar. Tous les vins, même les Amontillados et les Olorosos, se distinguent par cette finesse particulière des vins de Sanlúcar. Cette maison élabore aussi un Fino de Jerez très concentré.

### Bodegas de los Infantes Orleans-Borbón

Maison fondée par des descendants du duc de Montpen-sier, parent de la famille royale espagnole. À l'origine, le vignoble de Sanlúcar servait à produire les vins pour leur consommation personnelle ; le reste était vendu au négoce. Le premier Xérès qui sortit sous l'étiquette de la famille, en 1943, était fabriqué par Barbadillo (voir p. 436), qui possède maintenant la moitié des parts de la société. On ne s'étonnera pas que les meilleurs produits de cette maison, établie à Sanlúcar, soient des Manzanillas diffusés sous les marques Tizona et Torre Breva. La plupart des vins sont exportés vers l'Autriche et les Pays-Bas.

### Bodegas Internacionales

Un des groupes les plus récents de Xérès. Fondée par José María Ruiz-Mateos, de Rumasa, cette maison devait devenir la plus grande *bodega* qui puisse tenir sous un seul toit à Jerez. Ses bâtiments sont en effet impressionnants. Ils abritent des vins vendus sous diverses étiquettes, dont les plus connues sont les Finos de la gamme Duke of Wellington, marque d'origine. On trouve aussi le Bertola Cream, le Varela et le Fino Pemartin.

### Emilio Lustau

Société qui, la première, a lancé les Xérès *almacenista* sur le marché mondial, puis les Xérès *Landed Age*, mis et élevés en bouteilles dans le pays d'exportation avant d'être vendus. À l'autre bout de la gamme, on trouve une quantité croissante de Xérès d'un style plus neutre. Lustau possède aussi la marque Tomas Abad. Les deux marques appartiennent au groupe Caballero (voir p. 436).

### José Medina

Petite *bodega* de Sanlúcar qui, tout en restant entre les mains de la famille fondatrice, a pris de l'ampleur, ces dernières années, en achetant plusieurs *bodegas* de Jerez et Sanlúcar, dont B.M. Lagos, Juan Vergara et Hijos de A.P. Megia. Propriétaire pendant un temps de la marque Luis Paez (voir ci-dessous), elle continue d'en produire les vins. Elle commercialise la gamme Medina ainsi que les étiquettes Tio Nico, de Lagos, les Xérès J. V. de Juan Vergara et le Manzanilla Alegria, de Megia.

### Osborne

Voir encadré ci-contre.

### Luis Paez

Société hispano-hollandaise qui commercialise la marque Conqueror (voir José Medina).

### Palomino & Vergara

Propriété du groupe Harvey (voir p. 437), Palomino & Vergara reste connu dans l'Espagne tout entière pour son excellent Fino Tio Mateo, un classique de Jerez, sec, concentré, tout en rondeur.

### Hijos de Rainera Perez Marin

*Bodega* de Sanlúcar qui élabore deux Manzanillas : La Guita et Hermosilla.

### Herederos del Marqués del Real Tesoro

Le titre de marquis du Trésor royal fut créé par le roi Charles X en 1760 pour Joaquin Manuel de Villeña, seigneur de la marine espagnole qui, à bout de munitions lors d'un combat naval contre des pirates, avait fondu toute son argenterie pour alimenter ses canons.

La *bodega* fut créée par le petit-fils de ce seigneur, en 1879, et ses héritiers, qui la dirigent encore aujourd'hui, produisent deux gammes : la meilleure comprend le Fino Ideal, l'Oloroso Almirante et de vieux Amontillados ; l'autre, plus commerciale, est vendue sous l'étiquette Real Tesoro, principalement aux Pays-Bas.

### La Riva

Aujourd'hui reprise par Domecq, cette *bodega* fondée en 1776 maintient sa production sous sa propre étiquette. Le haut de gamme est le Fino Tres Palmas. L'Amontillado sec Guadalupe et l'Oloroso Reserva sont considérés comme des classiques.

### J.M. Rivero

Fondée en 1650, cette société produit une gamme de Xérès au nom original (C-Z, les initiales du fondateur) et commercialise aussi la marque A. Parra Guerrero.

### Pedro Romero

*Bodega* de Sanlúcar dont la principale étiquette est Viña el Alamo, mais on la connaît surtout pour son Manzanilla qui porte l'étiquette Aurora. Parmi les eaux-de-vie, il faut absolument noter l'«Indiscutible», dont le nom est suffisamment éloquent.

---

## OSBORNE

Au cœur même de Puerto de Santa María, les vastes installations d'Osborne trônent sur 30 ha. Elles comprennent un dédale de cours ombragées, de jardins et pas moins de 40 *bodegas* disséminées autour de la vieille maison familiale des Duff Gordon, achetée par Osborne en 1872. Toujours propriété de famille, Osborne est à l'avant-garde des nouvelles technologies. La qualité des produits ne semble pas souffrir de l'immensité ni du modernisme de l'entreprise. Elle élabore des modèles de Xérès de Puerto, souples, élégants et légers, sans le mordant des Manzanillas de Sanlúcar ni la puissance des Finos de Jerez. On connaît surtout le Fino Quinta, l'Amontillado sec Coquenero et l'Oloroso sec Bailen. L'Osborne 10 RF (Reserva Familiale) est un Oloroso généreux et légèrement doux.

## Sánchez Romate

Petite maison de Xérès qui est aussi l'un des plus gros producteurs d'eau-de-vie ; ses Cardenal Mendoza et Cardenal Cianeros sont connus dans toute l'Espagne. La petite production de Xérès, principalement destinée à l'exportation, comprend l'élégant Fino Marismeño et l'Amontillado NPU. Son Iberia Cream est relativement sec pour un Cream.

## Sandeman

La célèbre et familière silhouette noire du «Don», avec son *sombrero* et sa *copita*, fut créée dans les années 20. Aujourd'hui, Sandeman appartient au groupe Seagram et cette maison figure parmi les plus importants producteurs de Porto.

La famille Sandeman dirige toujours l'entreprise fondée à Londres en 1790, par George Sandeman, avec un capital initial de 300 livres sterling. Les lourds investissements de ces dernières années ont permis une considérable amélioration de la qualité des marques comme Don Fino, le vieil Amontillado Royal Ambrosante et le vieil Oloroso Imperial Corregidor, issus de très anciennes *soleras*.

## José de Soto

Entreprise familiale fondée à la fin du XVIIIᵉ siècle. En Espagne, elle est surtout connue pour le Ponche Soto, une liqueur à base d'eau-de-vie, de Xérès et d'herbes aromatiques.

Mais le Fino Soto, l'Amontillado Soto et l'Oloroso sec Soto ont aussi leurs amateurs. C'est un membre de la famille qui inventa, au XIXᵉ siècle, une nouvelle technique de greffage, après l'attaque du phylloxéra.

## Bodegas Fernando A. de Terry

L'immense cour à arcades de la vieille *bodega* de Terry, aux

Dégustation de Manzanilla de la *solera* centenaire de Barbadillo, à Sanlúcar.

limites de Puerto de Santa María, servit longtemps à présenter les chevaux «*Cartujanos*» et la collection d'attelages de cette entreprise familiale. Mais la volonté d'expansion et la construction d'une immense *bodega* sur la grande route entre Puerto et Jerez conduisirent la famille à la ruine. Elle fut obligée de vendre, d'abord à Rumasa, puis au groupe Harvey (voir p. 437). Aujourd'hui, on associe plutôt le nom de De Terry aux eaux-de-vie, bien que la production de Xérès soit toujours importante. Leur nom se cache souvent derrière les étiquettes personnalisées des revendeurs.

## Valdespino

Ni le plus connu, ni le plus grand des producteurs de Xérès, mais certainement le plus ancien : la famille s'est établie dans la région de Jerez en 1264. Pour nombre d'*aficionados*, sa petite gamme de Xérès constitue ce qu'on fait de mieux. La maison, dirigée par Don Miguel Valdespino, est

l'image même de la grande tradition. Ici, on fermente encore en barriques – même si l'inox a droit de cité depuis ces dernières années – et on ne compte pas son temps : les vins sont toujours classés fût par fût. On hésite même à augmenter la production pour répondre à la demande, par crainte d'une baisse de qualité. Le plus beau Xérès de la maison, le Fino Inocente, est un vin concentré et élégant qui provient d'un vignoble ancien situé aux portes de la ville. Valdespino est aussi connu pour son Amontillado sec aux arômes de noix, le Tio Diego, son Oloroso 1842, doux, mais pas trop, et son bon vinaigre de Xérès.

## Williams & Humbert

Longtemps indépendante, cette maison fut même cotée en Bourse, à Londres, jusqu'à ce que Rumasa y prenne une participation majoritaire dans les années 70. Elle appartient maintenant à Barbadillo (voir p. 436). Les bâtiments de la *bodega*, peut-être les plus beaux

de la ville, trônent dans de superbes jardins au centre de Jerez. Ils attirent autant de touristes que le champ de courses et l'ancien bureau du consul britannique. Leur haut de gamme, commercialisé sous le nom de Dry Sack, est un très bon assemblage commercial d'Amontillado, d'Oloroso et de Pedro Ximénez. La bouteille, présentée dans un sac taillé dans la même grosse toile que celle qui, jadis, couvrait les tonneaux à bord des bateaux, eut un énorme succès dans les années 70.

## Wisdom & Warter

Fondée en 1854, cette maison était fort connue au XIXᵉ siècle. Indépendante jusqu'à son acquisition par Gonzalez Byass, elle en a adopté les méthodes et les exigences en matière de qualité. Le Manzanilla Guapa, le Fino Oliva, le Fino Palma et le Cream Delicate, relativement léger, atteignent tous un niveau de qualité honorable, à défaut d'être remarquables.

# MÁLAGA

De tous les *vinos generosos* (vins mutés) produits dans la péninsule Ibérique, le Málaga est certainement celui qui traverse la période la plus difficile. Vin de dessert par excellence, il souffre autant de la mode des vins secs que de la pression touristique de la Costa del Sol, qui pousse les investissements vers l'hôtellerie ou l'immobilier, plus que vers le vignoble. Il parvient, en dépit de ce mauvais sort, à survivre et à produire des vins puissants qui se gardent très longtemps.

Málaga est célèbre pour ses vins doux depuis l'époque romaine, bien avant d'utiliser la technique du mutage. Le déclin du Málaga commence avec l'apparition du phylloxéra à la fin du XIXᵉ siècle. À cette époque, on le trouvait aussi couramment, sur les tables anglaises ou américaines, que le Madère. Mais, alors que les autres vins mutés surmontaient l'épidémie et trouvaient de nouveaux marchés, le Málaga, lui, vit son vignoble se réduire de moitié à cause de ses coûts de production élevés, de son goût très sucré et du manque de main-d'œuvre.

Ce qui reste du vignoble se limite à deux régions, sur des terres éloignées de la ville de Málaga. Les deux cépages utilisés, le Moscatel et le Pedro Ximénez (PX), sont deux cépages blancs qui ont chacun leur terrain d'élection. Le Moscatel règne en maître dans les régions côtières d'Azarquia, au sud-est de Málaga, sur environ 10 000 hectares pour l'élaboration des vins les plus doux, dans la gamme du semi-dulce jusqu'au fameux Lágrima, véritable concentré de raisin. Le Pedro Ximénez domine quelque 1 500 hectares de l'arrière-pays, entre la côte et la région de Montilla-Moriles, derrière Fuengirola, et sur le plateau d'Antequera. Le Pedro Ximénez produit essentiellement des vins plus secs qui s'apparentent aux Amontillados de Xérès, ou au Montilla, qui provient de la région adjacente. On produit aussi des vins blancs secs à partir du même Pedro Ximénez, qui porte la désignation Málaga Blanco Seco. Le cépage blanc Airen (connu ici sous le nom de Lairen) n'est pas autorisé pour le Málaga et sert à faire un vin blanc ordinaire.

## Vinification et élevage

Le Málaga est muté à l'eau-de-vie de vin, ajoutée après fermentation. Il doit son caractère complexe et sa douceur à l'adjonction de vins doux, de sirops et de moûts concentrés. On utilise cinq dérivés de vin.

**Arrope** : jus de raisin réduit à la suite d'une chauffe. L'adjonction de ces moûts concentrés dans les vins date de l'époque romaine.

**Mistela** : jus de raisins muté avant fermentation (mistelle).

**Vino de color** : arrope très concentré.

**Vino maestro** : jus de raisin muté à 7% vol avant d'être fermenté jusqu'à 16% vol.

**Vino tierno** : vin très sucré obtenu à partir de raisins séchés au soleil, fermentés et mutés.

Ces différents éléments sont assemblés au vin en fonction du degré de douceur et du type de vin que l'on souhaite obtenir. Le futur Málaga est ensuite élevé en fûts de châtaignier *(conos)*, dans un système de *solera* comparable à celui du Xérès. Le Málaga est un vin dont la qualité dépend aussi d'un long vieillissement en fût. Les meilleurs peuvent se garder des décennies, voire des siècles en bouteille.                                                □

## LES STYLES DE MÁLAGA - PRODUCTEURS ET NÉGOCIANTS

Les styles de vins sont définis en fonction de l'élevage, du degré de douceur et du cépage.

**Dulce** : doux, sucré.
**Lágrima** : le mot veut dire «larme» car, à l'origine, il était fait avec le jus qui coulait des grappes de raisin qu'on suspendait pour qu'elles sèchent. Aujourd'hui, il est fait avec le jus de goutte, avant le premier pressurage. Ce vin a une couleur vieil or ; il est doux et concentré.
**Málaga dulce color** : robe presque noire, niveau de *vino de color* élevé.
**Málaga Moscatel** : issu à 100% de Moscatel.
**Málaga Pedro Ximén (ou Ximénez)** : issu à 100% de Pedro Ximénez.
**Pajarete** : demi-sec.
**Seco** : sec.
**Soleras** : vins portant la date à laquelle a été commencée la *solera*. Généralement considérés comme les meilleurs Málagas.

### PRODUCTEURS ET NÉGOCIANTS
#### Hijos de Antonio Barcelo
Entreprise familiale fondée en 1876 à Málaga ; elle a beaucoup grandi et commercialise maintenant des vins de Rioja et de Rueda. Elle produit, entre autres, un vin issu d'une *solera* de plus de cent ans ainsi qu'un *solera Lágrima* de 1850.

#### Larios
L'activité principale de ce grand producteur espagnol est le gin, mais il possède aussi une *bodega* où il fait un Málaga sec, le Seco Benefique, et le Moscatel Colmenares, qui jouit d'une excellente réputation.

#### Lopez Hermanos
Vieille maison établie depuis 1885 qui produit une gamme complète de Málagas, dont le meilleur, le Málaga Virgen, est issu à 100 % de Pedro Ximénez.

#### José Sanchez Ajofrin
Produit un Málaga doux, Embrujo, ainsi que des vins non mutés dont un Moscatel doux.

#### Scholtz Hermanos
Probablement le meilleur producteur de Málaga, en tout cas le plus ancien (1805) et le plus connu. Le nom de son vin le plus célèbre, le Solera 1885, fait peut-être allusion à la date de création de la *solera*, mais, aujourd'hui, il ne s'agit que d'une marque. C'est un vin plutôt sec, mais d'une richesse extraordinaire.

Le Moscatel Palido est très doux, le Seco Añejo, très sec, comme un Xérès Amontillado sec. Le Dulce Negro est très sombre, concentré et doux.

# PORTO

Le Porto semble avoir fait naître plus de mythes que n'importe quel autre grand vin du monde. Cela tient peut-être à la nature de la terre dont il provient - la vallée dure, aride et inhospitalière du Douro, au nord du Portugal, qui reste l'une des contrées les plus reculées de l'Europe de l'Ouest. Mais c'est peut-être aussi le résultat du poids des traditions anglaises auxquelles l'histoire du Porto semble liée, ne serait-ce que par cette coutume ancestrale qui consiste à consommer un bon nombre de bouteilles de Porto à la fin d'un repas, les convives se passant la carafe de Vintage à table, dans le sens des aiguilles d'une montre, après avoir congédié poliment leurs compagnes. Debout, portant un toast à la reine, un verre de Porto millésimé à la main, on s'amuse à deviner le millésime et on ne quitte la table qu'après avoir vidé le décanteur et les verres.

Le vignoble qui donne naissance au Porto se situe dans la province de Trás-os-Montes et du Beira Alta, sur les flancs d'un massif montagneux, tout contre la frontière qui sépare le Portugal de l'Espagne. Pendant longtemps, on ne put accéder à ces hautes vallées qu'à dos de mule, en longeant une rivière (le Douro) qui a modelé une succession de gorges profondes, puis fut construite une voie de chemin de fer, où un petit train pittoresque continue de suivre sagement les berges du fleuve. Aujourd'hui, de nouvelles routes permettent un accès plus facile, tandis que de nombreux barrages sont venus dompter le cours du Douro. Mais, en dépit de ces aménagements récents, la nature reste souveraine, sauvage et les flancs abrupts des montagnes, couverts de vignes en terrasses, provoquent toujours un sentiment de magnificence et d'émotion intense, en toute saison.

La zone d'appellation couvre quelque 260 000 hectares sur les flancs des coteaux modelés par la rivière Douro et ses affluents, de la petite ville

Ces barques *(barcos rabelos)* étaient l'unique moyen de transport sur le Douro.

de Peso da Régua à l'ouest jusqu'à la frontière espagnole à l'est, mais la surface en culture ne couvre que 10 à 12% de la surface autorisée. Seuls les sols schisteux (du cambrien et du précambrien) ont le droit de produire du Porto, tandis que les sols granitiques ne peuvent produire que des vins de table ordinaires.

Le vignoble du Douro doit affronter toute l'année des conditions climatiques extrêmes. Les hivers sont rudes avec une froidure toute montagnarde et une sécheresse plus marquée en altitude, à l'est, qu'en aval de la vallée, à l'ouest. L'été, c'est la fournaise caractéristique des vallées encaissées, sans un souffle d'air, où les jours à plus de 40 °C à l'ombre ne se comptent plus. Traditionnellement, les vignes sont plantées en terrasses ancrées solidement avec des murets de pierres sèches édifiés à la main, ou bien elles s'accro-

chent tant bien que mal sur des chemins de terre ouverts à flanc de coteau *(patamares)*. Un nouveau mode de plantation, consistant à planter les rangs de vigne dans le sens de la pente, semble faire de plus en plus d'adeptes, car il permet la mécanisation.

Curieusement, le vignoble de Porto était autrefois complanté d'un grand nombre de cépages, tant pour la production des vins rouges que celle des vins blancs. Ces vignes comptaient plus de 48 variétés différentes, souvent mélangées dans une même parcelle. Très récemment (à la suite de la révolution de 1974), sept cépages ont été recommandés pour la production du Porto rouge : Touriga Naçional, Tinto Cão, Touriga Roriz, Touriga Barroca et Touriga Francesa.

Le vignoble est composé d'une multitude de parcelles. Pas moins de 25 000 vignerons produisent des raisins pour l'élaboration du Porto. Ils livrent leurs baies ou leurs vins aux maisons de négoce (les *shippers*) ou bien aux coopératives, qui ont reçu tout récemment (en 1986) le droit de mettre en bouteilles et d'exporter les Portos qu'elles élaborent.

### L'élaboration du Porto

Les vendanges dans le Douro sont effectuées entre la mi-septembre et la mi-octobre.

La vinification, en rouge comme en blanc, est effectuée selon le même principe de mutage : on ajoute de l'eau-de-vie en cours de fermentation afin de stopper l'action des levures et de sauvegarder une partie des sucres fermentescibles naturels du raisin. L'adjonction de l'alcool de vin *(aguardiente)* dans un rapport de 100 l (à 76-78% vol) pour 450 l de vin en fermentation se fait de façon progressive pour donner naissance au Porto.

Si quelques vignerons assurent maintenant l'élevage et le vieillissement de leur production dans leur propriété, la majorité des Portos du Douro est transportée dès le printemps vers Vila Nova de Gaia (en face de la ville de Porto), à l'embouchure de la rivière, jusque dans les immenses chais des maisons de négoce, les *lodges*. Une tradition qui repose sur deux observations : d'abord l'atmosphère humide de Gaia est plus propice au vieillissement en fûts que la sécheresse du Douro ; ensuite, c'est à Porto que les vins sont assemblés et, de là, ils sont expédiés.

La durée de vieillissement du Porto en fût varie en fonction du style de produit que l'on souhaite élaborer (v. encadré). Ces fûts que l'on appelle *pipas* (ou «pipes») ont une contenance d'environ 630 l. Les Portos embouteillés au Portugal portent un sceau de papier fixé sur le bouchon ou autour de la capsule de chaque bouteille.

### L'histoire du Porto

L'histoire commence, comme pour le Xérès, avec le commerce des vins naturels à destination du marché britannique : au XVIIe siècle, les commerçants anglais viennent créer des comptoirs au Portugal. Les premiers vins expédiés sont des vins de table ordinaires, mais, à partir du XVIIIe siècle, on découvre par hasard que l'adjonction d'eau-de-vie dans les vins portugais favorise leur tenue au cours du transport en mer. Jusqu'à la fin du XIXe siècle, une querelle oppose les partisans et les détracteurs de cette pratique de vinage. L'histoire a donné raison aux premiers. C'est beaucoup plus tard que la France découvre les vertus du Porto Tawny ou Ruby comme apéritif, et devient le premier marché d'exportation, suivie par le Benelux, l'Allemagne et les États-Unis.

### La réglementation

Le Porto est le premier vin du monde à connaître une réglementation, car les premières mesures datent du marquis de Pombal, Premier ministre portugais, qui crée un monopole d'État (la Companhia Geral da Agricultura dos Vinhos do Alto Douro) entre 1758 et 1761. En échange d'un contrôle des rendements et de la qualité des vins au sein d'une zone délimitée de production autorisée, il offrit une garantie de prix minimal aux vignerons. Cette première réglementation, qui visait à mettre un terme aux abus des acheteurs anglais sans scrupules, fut la clef de la réussite du Porto dont le vignoble reste, aujourd'hui encore, le plus réglementé du monde. Il fait l'objet d'une classification parcellaire qui varie de «A» pour les meilleures parcelles à «E» pour les moins bonnes, en fonction du terroir, de l'exposition, du climat, des cépages, de l'âge moyen des vignes, du nombre de pieds, du rendement et de l'état général du vignoble. À cette classification correspond une échelle de prix de vente du raisin et un pourcentage de vin qui pourra être commercialisé en Porto (le solde étant déclassé en vin de table ordinaire). Le négoce est tout autant réglementé puisqu'il est interdit de vendre plus d'un tiers de son stock par an, ce qui garantit un minimum de trois ans de vieillissement. Enfin, chaque échantillon doit être labellisé par des dégustateurs professionnels de l'Institut des vins de Porto avant d'être expédié.    ☐

## LES STYLES DE PORTO

Tous les Portos naissent *ruby*. Laissés à vieillir en fûts pendant quelques années, ils perdent leur couleur et deviennent *tawny*.

### LA CATÉGORIE RUBY

**Ruby :** qualité de Porto rouge résultant d'un vieillissement de 3 ans en fûts.
**Late Bottled Vintage, ou LBV :** Porto millésimé qui a été vieilli en fût pendant une période allant de 4 à 6 ans.
**Crusted :** assemblage de Portos qui vieilliront plus de 4 ans en bouteille. N'étant pas filtrés avant la mise en bouteilles, ils forment un sédiment (*crust* en anglais).
**Single quinta :** Porto millésimé provenant d'un seul domaine (*quinta* en portugais) ayant subi un vieillissement de 2 ans en fût.
**Vintage :** Porto millésimé d'une année exceptionnelle. Un Vintage est déclaré deux ans après la récolte, lorsque le Porto se bonifie bien et qu'il présente toutes les qualités requises pour une très longue vie. Mis en bouteilles, il continuera de vieillir.

### LA CATÉGORIE TAWNY

**Tawny :** Porto qui doit être vieilli en fût pendant 5 ans et qui a perdu sa couleur ruby.
**Vieux Tawnies :** 10 ans, 20 ans, 30 ans, 40 ans d'âge sont autant de désignations qui font référence à un assemblage de vieux Tawnies dont la désignation correspond à la moyenne d'âge de chacun des composants. L'assemblage contient donc des vins plus jeunes et des vins plus vieux, sans aucune obligation de les mélanger en proportions identiques.
**Colheita Tawnies :** Tawnies issus d'une seule récolte vieillie en fût, depuis la date qui figure impérativement sur l'étiquette (sept ans au minimum).

### LE PORTO BLANC

**Porto Branco :** issu de raisins blancs, le Porto blanc peut être très sec lorsque le mutage est tardif, mais il est le plus souvent moelleux, voire sirupeux, comme le fameux Lágrima issu d'un vin de goutte.

# PRODUCTEURS ET NÉGOCIANTS

Le commerce du Porto est, de façon traditionnelle, entre les mains de grandes maisons de négoce *(shippers)* de Vila Nova de Gaia qui élèvent les jeunes Portos acheminés de la région du Douro, les assemblent et les mettent en bouteilles avant de les expédier. Un grand nombre de ces maisons possède une ou plusieurs propriétés *(quintas)* dans le Douro, mais une grande partie de leurs vins est achetée à des vignerons.

### Andresen
Petite maison qui appartient à un groupe portugais et commercialise des Portos sous les marques Mackenzie, Pinto Pereira et Vinhos do Alto Corgo. Mackenzie, fondé par un Anglais (Kenneth Mackenzie) au XIXᵉ siècle, est une marque connue pour ses Vintages.

### Barros Almeida
Un des plus gros négociants portugais de la place, Barros Almeida, fondé en 1913, est toujours entre les mains de la famille Barros. Au cours des années, Barros a repris Pintos dos Santos, Feist, Feuerheerd, Kopke, Vieira de Souza, Hutcheson et l'association Douro Wine Shippers and Growers pour devenir la cinquième maison de Porto. Les Portos Barros offrent toute une gamme de vins, mais sont réputés pour leurs Tawnies, en particulier leur « 20 ans ».

### Borges & Irmão
Un négociant plus réputé pour ses vins de table (particulièrement pour ses *Vinhos verdes*) que pour ses Portos. Fondée en 1884 par les frères Borges en même temps qu'un certain nombre d'autres affaires dont un établissement bancaire, Banco Borges e Irmão, cette maison de négoce de vins compte aussi l'État portugais parmi ses actionnaires. Son activité d'exportation se concentre sur la Hollande, la Belgique et la France avec, pour fleurons de la gamme, les vins de ses propriétés, dont la Quinta do Junço, dans la vallée de Pinhão, la Quinta da Soalheira et la Quinta de Roncão, commercialisés en *colheitas*. Ses Vintages ont la réputation d'être légers et mûrissent assez rapidement.

### J.W. Burmester
Fondée au XVIIIᵉ siècle par une famille d'origine allemande, la maison Burmester jouit d'un excellent renom pour ses vieux Tawnies et ses Colheitas. Cette maison discrète, qui reste familiale, se fournit auprès d'une sélection de vignobles du haut Douro. Dans les années 80, ses Vintages étaient superbes.

### A. A. Cálem
Une des plus importantes maisons familiales portugaises, Cálem s'est taillé une réputation inégalée dans le monde entier pour ses Vintages , ses Late Bottled Vintages et ses Colheitas. Propriétaire de nombreux domaines dans la région de Pinhão, son porte-drapeau reste la Quinta da Foz, où la vinification est toujours effectuée dans les fameux *lagares* (cuves ouvertes en pierre permettant le foulage au pied). Sa dernière acquisition est la Quinta de Ferradosa (qui appartenait à Borges e Irmão). Cálem dispose d'un centre de vinification non loin de Vila Real, où sont élaborés ses Tawnies, commercialisés sous la marque Tres Velhotes.

### Cintra
Voir Taylor p. 446.

### Churchill Graham
Churchill Graham, dont la famille avait vendu sa propre maison de Porto à la famille Symington en 1970, a fondé sa société en 1981 et commercialise deux propriétés de John Borges, la Quinta da Agua Alta et la Quinta de Fojo. Sous l'étiquette Churchills est diffusée une gamme de Portos incluant des vieux Tawnies et un Late Bottled Vintage.

### Cockburn Smithes
Cockburn est l'un des plus grands noms du monde du Porto. Fondée en 1815 par Robert Cockburn, la société devient Cockburn Smithes en 1848, lorsque Cockburn s'associe à Henry et John Smithes. En 1961, Cockburn acquiert la firme Martinez Gassiot, pour se faire reprendre un an plus tard, en 1962, par Harveys de Bristol (qui appartient aujourd'hui au groupe Allied Lyons). La maison Cockburn dispose de nombreux vignobles dans le Douro, aux environs de Tua et de Pinhão (Quinta do Tua

et Quinta da Eira Velha, qui sont commercialisées en Vintages) et dans la vallée de Vilariça du haut Douro. Leur qualité Special Reserve ainsi que leur Fine Ruby sont des classiques. Plus récemment, Cockburn a lancé une gamme de vieux Tawnies remarquables. Les déclarations de Vintages sont moins fréquentes que pour les autres maisons et leur style reflète une finesse et un velouté (en particulier pour leur 1983 et leur 1985) qui ne semblent pas nuire pour autant à leur longévité.

### Croft
L'une des plus anciennes maisons de Porto, fondée en 1678, bien que le premier Croft, John, ne soit pas arrivé au Portugal avant 1736. Affaire familiale jusqu'en 1911, cédée à W & A Gilbey, qui furent à leur tour absorbés par International Distillers & Vintners (IDV), la maison Croft appartient aujourd'hui au groupe Grand Metropolitan ; elle possède une affaire à Porto et une affaire à Jerès ainsi que deux marques de Porto : Delaforce et Morgan Brothers. Croft offre toute une gamme de Portos dont la plupart, comme leur Distinction Finest Reserve, sont de bonne tenue. Leurs vieux

---

## LES ORGANISMES DU PORTO

La Casa do Douro est l'organisme qui contrôle le «registre» (cadastre viticole), réglemente la viticulture et intervient en cas de surproduction pour acheter et stocker les vins en excédent. Mais cette organisation interprofessionnelle vient de perdre de sa crédibilité dans son rôle d'arbitre en reprenant, pour son compte, des parts sociales dans une société de négoce portugaise : la Royal Oporto Wine Company. L'Association des exportateurs de vin de Porto (A.E.V.P.) regroupe la majeure partie des maisons de négoce de Vila Nova de Gaia en un syndicat pour la défense des intérêts commerciaux des grandes maisons.

L'Instituto do Vinho do Porto (I.V.P.) est un organisme paragouvernemental qui contrôle les stocks de Porto et dirige des recherches. Le prix du raisin est contrôlé chaque année par le gouvernement après consultation de ses trois organismes. L'I.V.P. contrôle aussi le vieillissement et la qualité des vins expédiés en décernant les agréments de dégustation.

Tawnies et leurs Vintages (dont leur Quinta da Roeda) sont parmi les meilleurs du genre.

## Cruz

Porto Cruz est la première marque commerciale des Portos distribués en France par la société de distribution La Martiniquaise, grâce à son Tawny léger à consommer en apéritif. Créée en 1926 par Jean Cayard, président de cette société, Cruz dispose, depuis 1975, de chais de vieillissement au Portugal ainsi que de 500 hectares dans le Douro qui ont été récemment plantés.

## Delaforce

Fondée en 1868 par une famille de huguenots, Delaforce entre dans le groupe IDV à partir de 1968. Certains descendants de la famille Delaforce travaillent encore dans l'affaire et les vins sont toujours élaborés dans une *lodge* séparée à partir de vignobles bien spécifiques. Ils diffusent un Ruby Paramount en Allemagne et en Hollande, un Ruby et un Tawny classiques en France, un vieux Tawny, His Eminence's Choice, dans les pays anglosaxons. Leurs Vintages, qui ont moins de corps et plus de finesse que ceux de leurs concurrents, proviennent essentiellement de la Quinta da Corte, dans la vallée du Torto.

## Dow

Voir encadré p. 446.

## H. & C. J. Feist

Fondée par deux cousins allemands à Londres en 1836, cette marque de Porto réputée pour ses Rubies et ses Tawnies est reprise par Barros dans les années 50.

## Ferreira

Voir encadré p. 445.

## Feuerheerd

L'une des plus anciennes maisons de Porto, créée en 1815 par un Allemand, Dietrich Feuerheerd, aujourd'hui dans le giron de la famille Barros. Leur Quinta de la Rosa est néanmoins restée propriété de la famille Feuerheerd au moment de la reprise. En France, elle diffuse des Portos Commendador, Royal Banquet et Marqués de Soveral.

## Fonseca Guimaraens

Fondée en 1822 par Manuel Pedro Guimaraens, d'une famille de Braga, Fonseca Guimaraens est une des maisons de Porto les plus réputées pour la qualité de ses Vintages, d'un style puissant mais velouté et assez doux. Reprise par Taylor en 1948, cette maison a gardé le caractère très marqué de ses Vintages, très différents de ceux de Taylor. Cette originalité provient des vignobles de Pinhão dont sont issus leurs vins, et plus particulièrement de

leur Quinta do Cruzeiro et de leur Quinta do Santo Antonio, qui représentent 80% de leur approvisionnement. Dans les années difficiles, il n'est pas rare que Fonseca Guimaraens déclare un Vintage. Les meilleurs millésimes d'une autre propriété de cette maison, la Quinta do Panascal, sont souvent commercialisés en tant que Vintages. Fonseca Guimaraens commercialise toute une gamme de Portos dont le fameux Bin 27, un Vintage Character, ainsi que de vieux Tawnies. Bruce Guimaraens, un des descendants du fondateur, est maître-vinificateur des deux maisons (Taylor et Fonseca).

## Forrester

Un des plus grands noms de l'histoire du Porto grâce à son fondateur, le baron Joseph James Forrester qui eut une fin tragique, se noyant dans le Douro en 1861. Il fut en effet le premier à créer une carte des vignobles du haut Douro et à préconiser un traitement contre l'oïdium qui ravageait la vigne dans les années 1850. Son oncle avait rejoint l'affaire de la famille Offley en 1803 et, pendant des années, la maison de négoce s'est appelée Offley Forrester. Aujourd'hui reprise par le groupe Martini, la société commercialise sous le nom de Forrester, mais les vins portent le nom d'Offley sur leurs étiquettes. Leur vignoble principal, Quinta da Boa Vista, prête son nom à leur Vintage... et à un Late-Bottled Vintage, source de confusion pour un consommateur. Parmi les autres Portos commercialisés, citons la Quinta do Cachucha, quelques vieux Tawnies et un Ruby, le Duke of Oporto.

## Gould Campbell

Voir encadré p. 446.

## W. & J. Graham

Voir encadré p. 446.

## C. N. Kopke

L'une des maisons de négoce de la famille Barros, la plus ancienne de toutes, créée en 1638 par Cristiano Kopke, consul des villes hanséatiques à Lisbonne. Aujourd'hui, c'est le joyau du groupe avec ses excellents Colheitas et ses agréables Tawnies vieillis.

## Martinez Gassiot

Bien qu'appartenant à Cockburn, Martinez Gassiot a son propre entrepôt à Régua. Ses vins sont donc plus riches et possèdent ce goût de noix et de brûlé caractéristique du Douro. Cela convient particulièrement aux Tawnies vieillis, qui conservent ainsi un fruité impressionnant, même à 20 ans. En revanche, les Vintages et les Late-Bottled-Vintages souffrent des conditions d'entrepôt et tendent à perdre leur couleur. Les vins de Martinez proviennent aussi de *quintas* n'appartenant pas à Cockburn. Il s'agit de Quinta do Bartol (haut Douro), Quinta da Adega (Tua) et Quinta da Marcela (Pinhao).

## Messias

Marque très connue au Portugal et dans les anciennes colonies portugaises. Messias est une affaire familiale fondée en 1926, sans doute plus connue pour ses vins du Dão, de Bairrada et ses vins non mutés du Douro. Ses propriétés dans la vallée du Douro sont Quinta do Cachão et Quinta do Rei.

## Morgan Brothers

Maison fondée en 1715, qui est aujourd'hui entre les mains de Croft. Les amateurs de littérature anglaise retrouveront mention de son étiquette Double Diamond, dans un célèbre roman de Charles Dickens : *Nicholas Nickleby*. Aujourd'hui, ses Portos sont surtout vendus sous les marques des détaillants. Ses Vintages proviennent de vignobles du Rio Torto et de la vallée du Ronção.

## Niepoort

Petite maison familiale fondée en 1842, aujourd'hui dirigée par Rolf et Dick Van der Niepoort, réputée pour ses Colheitas et ses vieux Tawnies. N'ayant pas de vignobles, Niepoort s'approvisionne en raisin auprès de *quintas* de la vallée de Pinhão. Leurs Vintages, moins connus, sont excellents.

## Offley Forrester

Voir Forrester.

## Osborne

Filiale de la maison de Xérès du même nom créée en 1967. Cette maison dispose de ses propres entrepôts, mais ne possède pas de vignoble. Elle diffuse une gamme complète de Portos.

## Manoel D. Poças Junior

Entreprise familiale créée en 1918, plus connue au Portugal, en France et en Belgique. Elle possède trois *quintas* (Quartas, Santa Bárbara et Vale de Cavalos) et commercialise de bons Vintages, des Colheitas et d'excellents vieux Tawnies.

## Quarles Harris

Voir encadré p. 446.

## Quinta de São Pedro das Aguias

«Saint Pierre des Aigles», en français, est le nom de la plus ancienne *quinta* du Douro. Elle a été créée par des moines au XIe siècle. Sans doute charmés par un environnement propice à la prière et au recueillement, ils construisirent un monastère et plantèrent de la vigne. Les moines ne quittèrent leur abbaye cistercienne qu'en 1834, à la suite de la guerre civile. En 1986, la Quinta de São Pedro fut achetée par Paul Vranken, un des plus récents négociants de Champagne. La propriété était à l'abandon, elle renaît aujourd'hui. L'abbaye est restaurée, les vignes, replantées, et la première nouvelle récolte porte le millésime 1988. La Quinta São Pedro commercialise une gamme de Tawnies (sous les marques São Pedro et San Marta), et un Porto blanc.

## Quinta do Noval

Les terrasses escarpées de la Quinta do Noval dans la vallée de Pinhão sont si pittoresques qu'elles font partie de l'imagerie de la vallée du Douro. Cette superbe propriété de 67 hectares, qui date de 1715, produit deux Vintages, le Quinta do Noval et le Nacional, ce dernier étant élaboré à partir d'une petite parcelle de 5 000 pieds de vignes non greffées qui n'a jamais connu le phylloxéra. Cette propriété superbe est, en fait, le fleuron d'une affaire de négoce fondée en 1813 par Adriano Da Silva. En 1970, l'affaire de négoce Da Silva change de nom pour s'appeler «Quinta do Noval». Aujourd'hui, sous la marque Noval, l'affaire de négoce diffuse une gamme de Portos, Ruby, LB Reserve, Late-Bottled Vintage ainsi que des Tawnies de 10 ans et 20 ans. La société fondée en 1813 par Antonio Jose Da Silva

est restée familiale jusqu'en 1993, elle appartient aujourd'hui au groupe d'assurance Axa.

## Adriano Ramos-Pinto

Une des plus belles maisons de Porto qui a toujours été en avance sur son temps, en matière de viticulture et de vinification aussi bien qu'en matière commerciale. Le Porto lui doit (entre autres) la sélection de cépages de qualité, la mécanisation de la culture de la vigne en plantation dans le sens de la pente, et, plus récemment, le développement de vins non mutés de qualité. José Antonio Ramos-Pinto Rosas, assisté de son neveu João, dirige la production de cette grande maison. Les 42 descendants du fondateur, Adriano Ramos-Pinto, personnage de fort tempérament, amoureux du Brésil, des arts et de la vie, ont cédé la majorité de leurs parts à la maison de Champagne Louis Roederer en 1990. Outre la superbe Quinta do Bom-Retiro, Ramos-Pinto possède Quinta da Urtiga, Quinta dos Bons-Ares et, dans le haut Douro, Quinta da Ervamoira. Deux de ces Quintas (Bom Retiro et Ervamoira) sont commercialisées en vieux Tawnies, respectivement en 20 ans et 10 ans d'âge. Ramos-Pinto dispose d'une telle surface de vignes en production qu'il lui est possible de ne commercialiser que les vins de ses propriétés. Les Vintages signés Ramos-Pinto sont particulièrement élégants.

## Robertson Brothers

Bien que cette affaire de Porto appartienne à la maison Sandeman, elle garde néanmoins son indépendance en diffusant sa marque Rebello Valente, acquise en 1881. Robertson Brothers sont surtout, et depuis longtemps, réputés pour leurs excellents Vintages dont ils produisent de faibles quantités. Leur LBV entre dans la catégorie des Portos Crusted qui doivent être décantés et qui expriment une grande concentration d'arômes.

## Real Companhia Vinícola do Norte do Portugal

Créée en 1756 par décret royal, à l'initiative du marquis de Pombal (alias Royal Oporto Wine Company), la Companhia Geral da Agricultura das Vinhas do Alto Douro détient le monopole de la commercialisation de l'ensemble de la production de Porto, afin d'éviter la fraude et de réglementer le commerce. La «Real Vinícola» a perdu ce monopole d'élaboration et de vente aux maisons de négoce en 1858 et est devenue une société privée qui possède aujourd'hui le plus grand vignoble du Douro. Après la Seconde Guerre mondiale, Manuel Silva Reis achète ce vignoble chargé d'histoire et jalousé pour ses privilèges. Personnalité hors du commun, il règne sur un empire de vignes et sur un stock de 14 000 *pipas* de vin de Porto. Il est détrôné et mis à la porte (comme de nombreux chefs d'entreprise) par ses ouvriers en 1974 au moment des rêves de la Révolution des Œillets, et sa Companhia est nationalisée. Il est ensuite réhabilité par Mario Soares et sa société lui est rendue par l'État portugais. Manuel Silva Reis a

récemment cédé 40% de ses parts à la Casa do Douro (voir encadré p. 443). Cet organisme interprofessionnel, supposé impartial dans le classement des vignobles et l'établissement des prix, se trouve donc, de façon paradoxale, détenteur d'intérêts

**FERREIRA**

Ferreira fut l'une des maisons les plus dynamiques dans le développement du vignoble du haut Douro jusqu'à la frontière espagnole, à l'initiative de la grande dame du Porto au XIXe siècle, Dona Antonia Ferreira. L'affaire est reprise en 1989 par la famille Guedes (Sogrape, Mateus Rosé). Elle continue à élaborer de grands vins, surtout dans la catégorie des vieux Tawnies comme leur Duque de Bragança de 20 ans d'âge, ou leur Quinta do Porto de 10 ans d'âge, très fruité. Jusqu'en 1991, leurs Vintages n'étaient jamais commercialisés avant d'être prêts à boire. Plutôt doux, ils appartiennent à la plus pure tradition portugaise. Ferreira contrôle deux autres marques de Porto : Hunt Roope et Constantino.

commerciaux dans la plus grosse affaire de Porto. Une situation jugée inacceptable pour toutes les autres maisons de négoce.

### Rozes

Marque commerciale de la société Moët-Hennessy, créée en 1855 à Bordeaux pour la distribution de Portos importés. Très réputée en France pour ses Rubies et ses Tawnies, Rozes diffuse aussi des Vintages provenant de vins des vignobles de Pinhão.

### Sandeman

Fondée en 1790 par un Écossais du nom de George Sandeman, Sandeman est aujourd'hui contrôlée par le groupe Seagram. Cette grande maison de Porto, comme sa filiale de même nom à Xérès, garde néanmoins son caractère familial et une certaine indépendance. Sandeman est la plus grosse affaire de négoce de Porto, avec un important volume de vente dans des qualités courantes de Rubies et de Tawnies en France et en Europe. En outre, Sandeman sait faire et commercialiser des grands vins, de vieux Tawnies (leur Royal de 10 ans est superbement fruité) comme des Vintages veloutés et fins de maturité précoce. Sandeman ne possédait pas de vignoble, mais, depuis 1974, la société a progressivement repris des vignes dans les régions de Tua et de Régua. Elle est aussi devenue propriétaire de Quinta de Confradeiro et de Quinta de Celeiros à Pinhão, ainsi que de Quinta das Laranjeiras dans la région de Poçinho.

### C. da Silva

Petite maison de négoce espagnole, installée au Portugal, qui commercialise toute une gamme de Portos sous des étiquettes multiples (Presidential, Dalva, da Silva, etc.), ainsi que quelques excellents vieux Colheitas, embouteillés et étiquetés sur commande.

### Smith Woodhouse

Voir encadré ci-contre.

### Taylor, Fladgate & Yeatman

Créée en 1692, Taylor s'est forgé un nom, à partir du XIXᵉ siècle, au cénacle des Portos Vintage. Cette société familiale contrôle aussi Fonseca Guimaraens (voir p. 444) ainsi que la marque de Porto Cintra. Taylor fut la première maison anglaise à posséder un vignoble dans la vallée du Douro, la Casa dos Alembiques (aujourd'hui transformée en centre de vinification), à Régua, ainsi que la superbe Quinta de Vargellas, achetée en 1893. Elle fut la première à commercialiser un Late Bottled Vintage et, plus récemment, la première à lancer sur le marché un nouveau style de Porto sans année, First Estate. Cette vocation de pionnier peut paraître paradoxale quand on constate l'importance des traditions respectées par Taylor. Juste à côté des batteries de cuves en acier inoxydable flambant neuf, où sont vinifiés les vins de moindre qualité, on perpétue, à chaque vendange, le foulage au pied dans les *lagares*, pour l'élaboration des futurs Vintages de la Quinta de Vargellas. Outre ses merveilleux Vintages, Taylor commercialise sa Quinta de Vargellas en *quinta* unique, des vieux Tawnies (dont le 20 ans d'âge est sans doute le meilleur), des Rubies ainsi qu'un Vintage Character. Autant de produits dignes de la réputation de cette grande marque.

### Vieira de Souza

Appartenant à la famille Barros, cette marque de Porto, créée en 1925 par Alcino Vieira de Souza, commercialise des Rubies et des Tawnies bon marché.

### Warre

Voir encadré ci-contre.

### Wiese & Krohn

Fondée par deux Norvégiens en 1865, reprise par la famille Cameiro en 1922, cette petite maison s'est spécialisée dans les Colheitas et autres excellents Tawnies. Leurs Vintages, puissants et doux, produits de façon traditionnelle, dans des *lagares*, en petites quantités, ne déméritent pas non plus. Les raisins sont achetés aux vignerons de la vallée du Rio Torto ou proviennent de sa Quinta do Retiro Novo.

AUTRES COOPÉRATIVES

Depuis 1986, une nouvelle réglementation autorise l'expédition de Porto au départ de la vallée du Douro, permettant aux viticulteurs, et aux coopératives, de mettre en bouteilles et de vendre depuis la propriété.

Parmi ces nouveaux venus dans le commerce du Porto, citons : Adega Cooperativa de Alijó; Adega Cooperativa de Mesao Frio; Adega Cooperativa de Santa Marta de Penguião; Aida Coimbra, Aires de Matos e Filhos; Albertino da Costa Barros; Cooperativa Vitivinicola do Peso de Régua; Henriqué José de Carvalho; Jaime Machado Aires Lopes; Manuel Carlos Agrellos; María Fernanda Taveira; Montez Champalimaud; Quinta do Cotto; Quinta do Infantado Vinhos; Serafim dos Santos Parente; Sociedade Agricular Quinta do Crastro; Sociedade Agricola Romaneira; Quinta de Val de Figueira.

**LE GROUPE SYMINGTON**

Graham, Dow, Warre, Quarles Harris, Gould Campbell, Smith Woodhouse sont autant de grandes marques de Porto qui appartiennent toutes au même groupe. Un membre de la famille Symington qui travaillait pour la maison Graham il y a plus d'un siècle prit des parts dans la maison Warre en 1892 et sa famille acheta Dow en 1912. En 1970, les Symington ont repris Graham. Warre, créée en 1670, est la plus vieille maison de Porto anglaise. Dow date de 1798 et Graham de 1822. Dow, installée à la Quinta do Bomfim, est réputée pour son style sec ; Graham, à la Quinta de Malvedos, produit un Porto riche et doux. Warre, avec sa Quinta da Cavadinda et la moitié de la Quinta de Bom-Retiro, élabore des vins d'une grande puissance. La famille Symington est aussi propriétaire de la superbe Quinta do Vesuvio.

# MADÈRE

L'île de Madère, située à 600 km à l'ouest de Casablanca, dans l'océan Atlantique, a donné son nom au seul vin du monde qui sorte d'un four. L'archipel, qui inclut la petite île de Porto Santo, fait partie du Portugal depuis sa découverte, dans les années 1418-1419, par un certain Zarco, gentilhomme de la maison de Henri le Navigateur et capitaine au long cours de la marine portugaise.

Ce nom de Madère provient d'un mot portugais qui signifie «bois». En effet, cet archipel montagneux, aux falaises abruptes, culminant à 1 861 m (Pico da Vara), était recouvert d'une forêt luxuriante au moment de sa découverte. Tout le massif forestier fut brûlé par les Portugais et fit place à des terres arables composées d'un sol volcanique fertile, riche en potasse, idéal pour la culture de la vigne : les premiers ceps furent importés de Crète en 1453.

Madère était une escale pour l'approvisionnement en eau de la flotte marchande : très vite, les Anglais y installèrent des comptoirs et s'intéressèrent au commerce des vins locaux. Le vin de Madère devint donc l'une des denrées habituelles du chargement des navires marchands, qui partaient souvent pour le tour du monde. Or, lorsque le hasard voulut que certains fûts invendus soient retournés, les viticulteurs découvrirent un phénomène étrange : au cours des voyages, les fortes températures tropicales apportaient une amélioration notable à ces vins. À partir de ce moment-là, on commença des expériences de chauffe du vin dans des fours ou d'immersion de conduites à haute température dans les cuves. Cette pratique porte le nom d'*estufagem*, dérivé du mot portugais *estufa* qui signifie «étuve». Cette cuisson confère des arômes de brûlé et de grillé à un vin naturellement très acide et permet sa conservation pour l'éternité. Une bouteille de Madère ouverte reste longtemps inaltérée.

Vignes le long des falaises volcaniques.

Les 200 ha de ce vignoble insulaire sont divisés en petites parcelles perdues au milieu des bananeraies. Les vignobles principaux sont ceux de Câmara de Lôbos, à l'ouest de Funchal, la capitale de l'île, ainsi qu'à Santa Anna sur la côte nord. L'un des problèmes majeurs de la viticulture de Madère

concerne l'encépagement, car les quatre cépages nobles qui complantaient l'île avant l'invasion du phylloxéra (voir encadré) n'ont pas été remplacés dans les mêmes proportions. D'autant que la plus grande partie du Madère exporté (80%) est un Madère de cuisine, peu cher et peu glorieux, qui se contente d'une catégorie de cépage rouge moins noble : le Tinta Negra Mole, réputé pour ses forts rendements.

De nouvelles réglementations, qui datent de l'entrée du Portugal dans l'Union européenne, stipulent qu'un vin commercialisé avec le nom d'un cépage noble sur son étiquette doit contenir au moins 85% de ce cépage. Ce récent changement explique qu'une majorité de jeunes Madères de 3 à 5 ans d'âge ne sont plus étiquetés avec mention du cépage, faute de vignes. Les nouvelles plantations en cépages nobles sont en pleine progression, mais ont cependant de bien plus faibles rendements que celles du prolifique Tinta Negra Mole. C'est ce qui explique la résistance des vignerons à se reconvertir.    □

## CÉPAGES NOBLES ET STYLES DE MADÈRES

Il existe quatre cépages nobles sur l'île de Madère, tous blancs, qui déterminent chacun une qualité spécifique de Madère.

**Sercial :** produit les vins les plus secs, astringents dans leur jeune âge, avec une longévité extraordinaire.
**Verdhelho :** cépage qui est à l'origine de vins demi-secs de couleur dorée.
**Bual :** cépage donnant des vins riches et concentrés semi-doux.
**Malmsey :** cépage Malvoisie très exubérant, produisant des vins doux, qui ont tendance à devenir plus secs avec l'âge.

### LES STYLES
Les vieux Vintages de Madère sont très rares et la plus grande partie des vins sont commercialisés sous le nom du cépage dont ils sont issus, avec une désignation

d'âge correspondant au vin le plus jeune de l'assemblage.
**3 ans d'âge :** assemblage de moindre qualité, élaboré pour les usages en cuisine, à partir du cépage Tinta Negra Mole. L'étiquette mentionne son caractère plus ou moins sucré : *dry* pour le plus sec, *medium* dry pour le moelleux et *sweet* pour le liquoreux.
**5 ans d'âge reserve :** première catégorie où l'on trouve des cépages nobles.
**10 ans d'âge reserva velha :** ou *special reserve*.
**15 ans d'âge :** ou *exceptional reserve*.
**Fresqueira vintage 20 ans d'âge :** vin d'une seule année (un seul millésime) constitué de 100% de cépages nobles, vieilli en fût pendant 20 ans.

# PRODUCTEURS ET NÉGOCIANTS

Outre quelques maisons familiales, un grand nombre de marques de Madère sont regroupées au sein de la Madeira Wine Company (MWC), une ancienne association de négociants anglais aujourd'hui reprise par les familles Blandy et Symington (voir p. 446). La puissante MWC expédie 25 % de l'ensemble de la production et 52 % du Madère en bouteilles et a l'intention d'accentuer le caractère individuel de chacune de ses marques.

### Barbeito

La plus jeune maison de Madère, fondée en 1946, dirigée par la fille du fondateur, ne possède pas de vignes et achète des raisins à des viticulteurs. Dans des locaux juchés sur une colline de l'île, elle élabore des vins caractérisés par leur légèreté et leur douceur : Island Rich et Island Dry sont ses marques de 3 ans d'âge, tandis que son Madère de 5 ans est diffusé sous la marque Crown. Cette maison détient des stocks de très vieux vins acquis au moment de sa création.

### Blandy Brothers

Cette grande maison de Madère, l'une des plus réputées, fut fondée par John Blandy, un ancien militaire détaché à Madère pour contrer l'éventuel débarquement des armées de Napoléon en 1807. La famille Blandy reste actionnaire majoritaire de la Madeira Wine Company ainsi que du fameux hôtel Reid's, le plus prestigieux de l'île. Sa gamme de vins comprend quatre marques de la catégorie des vins de 5 ans d'âge, déclinant les cépages sur les duchés de Sa Majesté britannique, Duke of Sussex Sercial, Duke of Cambridge Verdelho, Duke of Cumberland Boal, Duke of Clarence Malmsey, tandis que les vins de 10 ans d'âge Special Reserve sont des modèles du genre. Ses chais de São Francisco dans le centre de Funchal sont une des curiosités à ne pas manquer.

### H M Borges

Petite maison familiale réputée pour sa gamme de vins de 5 ans d'âge plutôt secs et de bonne tenue.

### Cossart Gordon

Une des grandes marques de la Madeira Wine Company, issue de l'une des plus anciennes maisons de négoce de l'île : elle fut fondée en 1745 par Francis Newton et William Gordon, tandis que William Cossart n'arriva qu'en 1808. Pendant le XIXᵉ siècle, Cossart Gordon élabora une cuvée spéciale pour les armées des Indes de l'Empire britannique, ajoutant de la quinine à ses vins. Le style des vins de la maison Cossart Gordon est léger et élégant. Sous l'étiquette Good Company, elle diffuse un vin de 5 ans d'âge Reserve, tandis que ses Madères de 15 ans d'âge Exceptional Reserve portent le nom de Duo Centenary.

### Henriques & Henriques

Seconde maison de Madère (après la Madeira Company), Henriques & Henriques fut créée en 1850 par un propriétaire de vignobles de Câmara de Lôbos et possède, aujourd'hui encore, la plus grande superficie de vignobles de l'île. La maison de Xérès Harveys of Bristol lui confie le soin d'élaborer des Madères sous sa propre étiquette. Outre ces services, cette maison diffuse ses propres marques, Belem et Casa dos Vinhos de Madeira.

### Leacock

Autre marque de la Madeira Wine Company, héritière d'une affaire de négoce fondée en 1741, à la même époque que Cossart Gordon. Un des membres de la famille Leacock, Thomas Slapp Leacock, qui vivait au siècle dernier, aurait été l'un des instigateurs de la replantation du vignoble après la crise du phylloxéra. Leacock diffuse deux gammes principales : Saint John pour ses qualités ordinaires; Special Reserve pour ses vins de 10 ans d'âge. Ceux-ci ont tendance à être secs, ce qui en fait d'excellents Madères à boire en apéritif.

### Lomelino

Créée par des Portugais sous le nom de T Tarquinio de Câmara Lomelino, cette maison est aujourd'hui sous le giron de la Madeira Wine Company. Sa Reserve en 5 ans d'âge et son Imperial Reserve en 10 ans d'âge offrent au dégustateur un goût de brûlé prononcé pour les vins secs et de riches arômes pour les vins sucrés.

### Madeira Wine Company

Les maisons de négoce qui ont constitué, à l'origine, la Madeira Wine Company sont les suivantes : Aguiar Freitas, A Nobrega, Barros Almeida, Bianchi, Blandy, C V Vasconcelos, Cossart Gordon, F F Ferraz, F Martins Caldeira, Funchal Wine Co, JB Spinola, Krohn Brothers, Leacock and Co, Luiz Gomes, Madeira Victoria, Miles Madeiras, Power Drury, Royal Madeira, Rutherford & Miles, Socieda Agricola da Madeira, Madeira Meneres, Lomelino, Vinhos Adudarham, Vinhos Donaldson, Shortridge Lawton, Welsh Brothers.

### Pereira d'Oliveira Vinhos

Petite affaire familiale créée en 1820 qui dispose d'un chai à Funchal, de vignobles et d'un centre de vinification à San Martinho ainsi qu'à Câmara de Lôbos. Elle diffuse une palette de vins assez légers, secs et frais. Comme un certain nombre de maisons, elle dispose d'un stock de vieux Madères millésimés qu'elle vend à l'unité dans ses chais de Funchal.

### Rutherford & Miles

Créée en 1814 par un Écossais expatrié associé à un certain Henry Miles, cette maison fait aujourd'hui partie de la Madeira Wine Company. Elle élabore des vins d'un caractère marqué par une grande richesse d'arômes comme son 5 ans d'âge Boal Old Trinity House, ou son Boal de 10 ans d'âge Special Reserve.

### Shortridge Lawton

Une autre maison de négoce d'origine anglo-saxonne, fondée au milieu du XVIIIᵉ siècle (en 1757) par Murdoch Shortridge ; elle fut la dernière à abandonner la coûteuse pratique d'expédier ses vins autour du globe pour obtenir les arômes de «cuit» désirés. Aujourd'hui au sein de la Madeira Wine Company, Shortridge Lawton a gardé son goût de brûlé prononcé pour ses vins, dont le caractère reste très fruité malgré une certaine astringence. Leur meilleure gamme est celle des vins de 10 ans d'âge Special Reserve.

### Veiga França

Marque commerciale de Madère qui diffuse des Buals, des Malmseys très sucrés et des Madères de cuisine.

# DANUBE
## ET MER NOIRE

—

DANS CETTE VASTE RÉGION, SEULS QUELQUES PAYS,

COMME LA HONGRIE, SONT CONNUS POUR LEURS VINS. D'AUTRES,

COMME LA MOLDAVIE, SORTENT À PEINE DE L'OBSCURITÉ OÙ ILS

ÉTAIENT PLONGÉS DEPUIS DES DÉCENNIES.

—

# LES RÉGIONS VITICOLES DU DANUBE ET DE LA MER NOIRE

Le bassin du Danube dispose de vignobles aussi vastes que ceux de la France. Ceux-ci se prolongent par une zone qui s'étend sur la côte de la mer Noire, depuis la Moldavie jusqu'à la Géorgie.

N

| Régions viticoles
| Limite de pays

0   100   200   300 km

# DANUBE

LA RÉGION QUI S'ÉTEND DE L'EST DE L'AUTRICHE À LA MER NOIRE, AVEC
SES PAYSAGES DE COTEAUX ET DE PLAINES COUVERTS DE VIGNOBLES,
PROPOSE UN ÉVENTAIL INTÉRESSANT DE VINS ANCIENS OU RÉCENTS.

Les pays de l'Europe du Sud-Est ont une forte identité vinicole
mais ils sont soumis à des impératifs commerciaux : la région de
Tîrnave, en Roumanie, élabore des vins de cépages indigènes
traditionnels ainsi que des vins de cépages classiques importés.

Les pays du bassin du Danube ont en commun une véritable tradition vinicole, avec des cépages et des styles de vin qui se ressemblent et sont soumis aux mêmes influences. La frontière de l'Empire romain puis, plus tard, de l'Empire byzantin suit naturellement le cours du Danube. Les légions romaines introduisirent les premiers ceps et les premiers pressoirs, relayées plus tard par les moines et les colons germaniques. L'histoire du vignoble traverse alors diverses vicissitudes au cours de la longue occupation turque, qui connaît son apogée au XVIᵉ siècle. Après la Seconde Guerre mondiale, les frontières dessinées par l'histoire seront gommées par quatre décennies de régime communiste qui vont influencer profondément les structures de la viticulture en remplaçant les petits propriétaires par de grandes coopératives et des fermes collectives. Aujourd'hui, on observe deux tendances : un retour à la situation d'avant le communisme, avec la restitution des terres à leurs anciens propriétaires, et l'adoption de nouvelles habitudes viticoles, comme l'importation de cépages classiques et l'introduction des nouvelles technologies de vinification. Les pays du Danube ont un bel avenir devant eux, avec une production de bons vins de consommation courante, ainsi que la renaissance des perles rares comme le fameux Tokay de Hongrie. Les conseils et les technologies de l'Ouest sont recherchés, car cette industrie viticole en pleine expansion cherche à obtenir des débouchés commerciaux. Tout récemment, un certain nombre d'excellents vins de la région du Danube se sont exportés sous des étiquettes de cépages très connus comme le Cabernet-Sauvignon ou le Merlot. Malgré ces grands changements, chaque pays producteur a sa propre identité, avec des vins dont le caractère mérite d'être affirmé. La partie occidentale de la région – la République tchèque, la Slovaquie, la Slovénie et, dans une certaine mesure, la Hongrie – suit l'exemple de l'Allemagne et de l'Autriche en privilégiant les vins blancs. La Roumanie, la Bulgarie et la Serbie ont ajouté à leurs cépages traditionnels certains cépages réputés comme le Chardonnay, le Cabernet-Sauvignon et produisent des vins blancs comme des vins rouges classiques. L'avenir de ces régions est rempli d'espoir, avec une volonté farouche de satisfaire pleinement la curiosité des nouveaux consommateurs de l'ouest de l'Europe.

# HONGRIE

La Hongrie se distingue par une originalité due à son identité nationale (des Magyars isolés au milieu de Germains et de Slaves) et à l'héritage fastueux de l'histoire de l'Empire austro-hongrois. Les Hongrois sont fiers de ces particularismes que la tentative de nivellement des régimes communistes n'a pas réussi à gommer.

Les Hongrois font les choses à leur façon. Leur langue, l'une des plus complexes d'Europe, est à l'image de l'encépagement de leurs vignobles : des cépages qu'on ne trouve nulle part ailleurs. Notons que nous leur devons le Tokay, un vin qui n'a pas d'égal dans le monde entier. Malgré tous leurs atouts, ils auront besoin de toute l'énergie et l'intuition qui les caractérisent pour exploiter leur potentiel dans la prochaine décennie.

Sous les Romains, la Hongrie fabriquait déjà du vin et elle a maintenu une bonne tradition viticole depuis, hormis quelques interruptions sous l'occupation turque. Les vins de Tokay furent commercialisés en Europe dès le XVIIᵉ siècle et étendirent leur réputation sous la domination autrichienne. L'arrivée du communisme en 1945 imposa la collectivisation, des réformes agraires et une planification qui ne tenaient pas compte des particularismes. Aujourd'hui, on assiste à un retour au passé avec, en premier lieu, la restitution des terres à leurs anciens propriétaires. Dans une certaine mesure, l'effondrement du régime communiste a laissé l'industrie viticole hongroise dans un état de délabrement pire que dans les pays voisins. Par exemple, la centralisation était moins rigide en Hongrie qu'en Bulgarie, mais les exportations - environ la moitié de la production annuelle (entre 530 et 730 millions de bouteilles) - étaient destinées, à 80%, à des pays qui se trouvèrent dans l'incapacité d'acheter au moment où la Hongrie en avait le plus besoin : U.R.S.S., R.D.A. et Pologne. Les conséquences furent immédiates : un

Plantations expérimentales à Hajós.

énorme surplus de vin (deux fois la consommation nationale) et un lourd manque à gagner. La situation aurait pu être catastrophique si la Hongrie n'avait pas su répliquer à cette situation en fournissant à l'Ouest un Sauvignon Blanc et un Chardonnay frais, de bonne facture

## LES NIVEAUX DE QUALITÉ

Les lois en vigueur dans le domaine du vin (qui risquent d'être modifiées dans un futur proche) définissent trois niveaux de qualité.

**Vins de table :** conditionnés en bouteilles de 1 litre, avec un degré d'alcool minimal de 8% vol.

**Vins de qualité :** conditionnés en bouteilles de 75 cl, ils doivent avoir un degré d'alcool minimal de 10% vol. Les étiquettes doivent mentionner le lieu d'origine, le cépage et le millésime.

**Vins de qualité spéciale :** conditionnés en bouteilles de 75 cl, ils sont élaborés à partir de raisins arrivés à maturité sur la vigne ou de raisins surmaturés. Les étiquettes portent la mention de la région de provenance, du cépage et du millésime. Ils sont vendus avec le sceau de l'État.

et de qualité. Ces vins, fabriqués en Hongrie avec le savoir-faire occidental (souvent australien), sont destinés aux marchés riches en devises fortes et gourmands de vins blancs. Si tel est l'avenir du vin hongrois, il est plutôt prometteur.

### Les cépages et les styles de vin

La Hongrie est principalement un producteur de vin blanc. Le vin rouge, qui ne constitue que 30% de sa production, provient en grande majorité du Sud, autour de Villány et de la Grande Plaine. La plupart des vins rouges ont un caractère assez léger, et même le Egri Bikavér («sang de taureau») n'est pas aussi concentré que son nom pourrait le laisser supposer. Les vins blancs, lorsqu'ils sont conformes au goût local, sont épicés et plutôt doux. La Hongrie fait appel à des cépages nobles, blancs et rouges (Pinot Noir et Merlot, entre autres), mais il serait vraiment dommage qu'elle abandonne ses cépages traditionnels à leur profit. Il faudra du temps pour inventorier les qualités de ses cépages indigènes, mais on sait déjà que, dans les rouges, le Kadarka (difficile à cultiver, sensible aux gelées hivernales mais très prometteur) pourrait être intéressant. On parle aussi du Kékfrankos, bien qu'il donne rarement un vin passionnant, et du Zweigelt, qui existe également en Autriche, où les viticulteurs l'apprécient pour son rendement.

Le cépage le mieux implanté et le plus répandu est un blanc, l'Olaszrizling (également appelé Laski Rizling ou encore Welschriesling). Le Leányka, plutôt neutre, est assez courant, ainsi que le Furmint, le Hárslevelü, le Tramini (ou Traminer), le Muscat Ottonel, le Juhfark, le Rhein Riesling (Rajnai Rizling), le Müller-Thurgau (Rizlingszilváni) et le Szürkebarát. Tous ces cépages, et d'autres encore, poussent dans 22 vignobles d'État et 10 000 propriétés privées. Ces dernières existaient sous le régime communiste et continuent leur activité à une échelle réduite, pour l'instant. Dans le passé, des parcelles d'environ un demi-hectare étaient attribuées aux familles et les propriétaires, s'ils exploitaient la vigne, pouvaient soit vendre leur production à un domaine d'État, soit vinifier leur vin dans leur propre petite cave. Avec la privatisation de la terre et des exploitations, il est probable que les viticulteurs formeront des groupements privés.

### Le Centre et le Sud

La Hongrie compte environ 140 000 ha de vignes, implantées dans tout le pays à l'exception de l'extrême Sud-Est. Plus de la moitié pousse dans la Grande Plaine, qui doit son nom à ses dimensions et à son relief plat. Située au sud de Budapest et à l'est du Danube, la Grande Plaine connaît des conditions climatiques extrêmes, avec des étés torrides et des hivers très froids : le vent souffle si fort que le sol sablonneux a tendance à s'envoler et à s'éroder... sauf s'il est planté de vignes. Les vins sont mûrs, peu acides, assez légers ; la plupart du temps, ce sont des vins blancs, issus de Olaszrizling, un cépage neutre. Il s'agit donc de vins de consommation courante, sans le potentiel de qualité que peuvent atteindre les vins d'autres vignobles hongrois plantés à flanc de coteau. La région de la Grande Plaine se divise en trois districts.

**Kiskunság :** il produit surtout du vin blanc de cépage Olaszrizling.

**Hajós-Vaskuti :** il produit surtout du vin rouge à partir des cépages Kadarka, Cabernet et autres.

**Csongrád :** il produit surtout du vin rouge à partir du cépage Kadarka.

### Le Sud-Ouest

À l'ouest de la Grande Plaine, sur l'autre rive du Danube, se trouvent les vignes de la région transdanubienne du Sud.

**Villány-Siklós :** il s'agit de la zone viticole la plus méridionale. Villány produit des rouges (issus du Merlot et du Cabernet-Sauvignon), au goût de prune, destinés à l'exportation. Mais la spécialité locale est l'Oportó rouge, dont la saveur ronde et la faible acidité correspondent davantage au goût hongrois. Siklós est réputé pour ses blancs.

Les vignes descendent jusqu'aux rives du lac Balaton.

**Mecsek :** un peu plus au nord, autour de Pécs, cette région produit surtout des vins blancs. Les vignes sont plantées à flanc de coteau avec les cépages Olaszrizling, Furmint, Chardonnay et Cirfandli (le Zierfandler autrichien). Les sols sont du sable volcanique ou du schiste et les vins, plutôt doux.

**Szekszárd :** encore plus au nord, le vin rouge domine de nouveau. Le Kadarka est très présent, mais on trouve également du Cabernet, du Merlot et du Kékfrankos.

**Dél-Balaton :** le Dél-Balaton, ou Sud-Balaton, produit des vins blancs secs ou mousseux, à base d'Olaszrizling, de Sauvignon blanc et de Chardonnay, ainsi que des rouges (Cabernet-Sauvignon). Tous, y compris le Cabernet, sont plutôt doux. La grande ferme vinicole de Balatonboglár se trouve sur la rive sud du lac Balaton. Les vignes sont plus récentes que sur la rive nord et comprennent plus de cépages importés.

### Le lac Balaton

Les principales vignes de Balaton se situent, avec plusieurs autres districts, dans la région transdanubienne du Nord.

Le rôle de l'énorme lac Balaton pour la viticulture régionale peut difficilement être exagéré : il s'agit en effet du plus grand lac européen. Il tempère le climat en raison de l'importance de son étendue. Les sols sont sablonneux et volcaniques.

L'Olaszrizling est le cépage principal au nord du lac, mais les meilleurs restent les cépages indigènes (Furmint, Kéknyelü et Szürkebarát). Une amélioration des techniques d'élevage des vins dans cette région pourrait, dans l'avenir, donner des vins aromatiques de grand caractère.

La région du lac Balaton se divise en plusieurs districts.

**Badacsony :** cette zone centrée sur un volcan éteint, sur la rive ouest du lac, produit des vins blancs (Kéknyelü, SzürKebarát, Olaszrizling, Sauvignon blanc, Rajnai Rizling, Zöldszilváni, Muskotály, Rizlingszilváni et Tramini).

**Balatonfüred-Csopak :** plus à l'est sur la même rive du lac, ce district élabore des vins blancs, principalement à partir de l'Olaszrizling.

**Balatonmellék :** ce district produit surtout des vins blancs, à proximité du lac.
**Somló :** c'est la plus petite zone viticole de Hongrie, avec 500 ha situés sur un autre volcan éteint, en s'éloignant du lac vers le nord-ouest. Elle produit des vins blancs issus des cépages Furmint, Juhfark, Muscat Ottonel et Tramini.
**Mór et Sopron :** ces districts qui s'éloignent encore du lac, mais toujours dans la région transdanubienne septentrionale, donnent des vins un peu plus acides, blancs pour Mór et rouges pour Sopron.

Située sur les premiers contreforts des Alpes à l'ouest du pays, Sopron bénéficie d'un climat plus tempéré que le reste de la Hongrie. La ville est en bordure d'un autre lac, le Fertö Tó (appelé Neusiedlersee en Autriche). Les hivers sont plus doux et les étés plus frais et plus humides. On y produit du rouge, issu des cépages Kékfrankos, Pinot Noir et Cabernet, et du blanc, issu des cépages Zöldveltelini, Tramini et Leányka. Malgré le grand intérêt que présente le Cabernet, presque toute la production de rouge est à base de Kékfrankos. La région de Mór se trouve entre Budapest à l'est et Sopron à l'ouest, assez près de la frontière slovaque. Sa spécialité est un blanc assez neutre, issu de cépage Ezerjó, mais le sol à base de lœss et de silice lui donne une agréable acidité.

## Le Nord

C'est là que sont produits la plupart des vins qui ont fait la réputation de la Hongrie à l'étranger. Le Nord est la région de production de l'Egri Bikavér ainsi que du fameux Tokay, un vin exceptionnel. C'est également là que se trouve le domaine Gyöngyös, qui est d'influence australienne.

**Eger :** la vieille cité d'Eger est la capitale d'une région dont le vin le plus connu reste l'Egri Bikavér, ou «sang de taureau» d'Eger. Essentiellement composé de cépage Kékfrankos mélangé à un peu de Cabernet-Sauvignon, de Cabernet Franc, de Merlot et d'Oportó, il est élaboré sur le Domaine Egervin, qui cultive des vignes sur 6 500 ha dans la région de Mátraalja-Egri. Une légende raconte qu'au XVIIe siècle les Magyars auraient

Contrôle de la sédimentation du vin dans les caves de Tokay à Tolcáva.

réussi à libérer Eger assiégée par les Turcs en buvant beaucoup de vin ; sa couleur aurait conduit les Ottomans à penser que leurs adversaires s'abreuvaient du sang des taureaux. Aujourd'hui, le vin d'assemblage qui porte le même nom est rarement à la hauteur de sa légende.
**Bükkalja :** cette région importante, proche d'Eger, au pied des monts Bükk, est spécialisée dans les blancs.
**Mátraalja :** cette région vaste et variée, sur les versants sud des monts Mátra, à l'ouest d'Eger, produit surtout des vins blancs de tous les styles, issus des cépages Olaszrizling, Rizlingszilváni, Tramini, Szürkebarát, Zöldveltelini, Leányka et Muscat Ottonel. C'est à Mátraalja que se trouve le vignoble Gyöngyös, où un certain Hugh Ryman, d'origine australienne, produit un Sauvignon Blanc et un Chardonnay, deux vins francs et nets. Ryman, l'un des premiers viticulteurs étrangers à investir en Hongrie, a révolutionné la viticulture sur la propriété. Son but n'est pas de faire de grands vins, mais des vins séduisants, capables de rivaliser en prix et en qualité avec des vins australiens

moyens. Nagyréde, village de cette région, a acquis sa réputation grâce à des vins frais et fruités, notamment un bon rosé. La région de Tokay est décrite à la page 455.

## L'avenir de l'industrie vinicole en Hongrie

Avant la chute du communisme, les normes d'élaboration du vin étaient tombées au-dessous de ce que le reste du monde imaginait. Pourtant l'équipement ne laisse pas à désirer, avec des pressoirs modernes et un matériel de vinification adéquat, des vignes en bonne santé, dotées de bons clones et bénéficiant de rendements raisonnables. Mais une exploitation moderne et des cépages de bonne qualité ne suffisent pas quand la vinification est négligée – ce qui a malheureusement été trop souvent le cas. Comme dans la plupart des autres pays d'Europe de l'Est, l'industrie viticole visait davantage la quantité que la qualité. Il reste donc à souhaiter que la tendance s'inverse, pour attirer les devises si convoitées de l'étranger. Une loi sur le vin, en cours d'élaboration, vise à aligner les normes sur celles de l'Union européenne. Toutefois, le vin hongrois ne pourra renaître et exprimer sa richesse que grâce à d'importants investissements. Déjà, les cépages classiques les plus populaires ont pris le chemin des coteaux hongrois. Ces nouvelles plantations, ainsi que le potentiel de certains cépages locaux, devraient permettre l'élaboration de cuvées de grande qualité, avec l'espoir de figurer parmi les meilleurs vins du monde.

# TOKAY

Pour Louis XIV, le tokay était le roi des vins. À l'époque, c'était le vin le plus prisé en Europe, apprécié pour ses propriétés médicinales autant que pour son arôme riche et son caractère rafraîchissant. Aujourd'hui encore, il reste remarquable, ne serait-ce que par l'originalité de son élaboration. Et son potentiel de garde est étonnant : les meilleurs millésimes peuvent vieillir pendant deux siècles. Les 7 000 ha de vignes de Tokay sont plantés sur un sol de nature volcanique, en Hongrie et dans l'est de la Slovaquie, non loin de la frontière russe. Ils dominent la vallée de la Bodrog, dont les brumes automnales provoquent la pourriture noble, ou *Botrytis cinerea* (voir Sauternes, p. 159), sur les deux cépages principaux, le Furmint et le Hárslevelü. Le troisième cépage, le Muscat jaune, est quelquefois commercialisé séparément.

## L'élaboration du Tokay

Les viticulteurs attendent généralement début novembre pour vendanger. Ils espèrent ainsi récolter des raisins *aszú*, c'est-à-dire atteints de pourriture noble, confits et concentrés sous l'action du *Botrytis*. Les grappes sont déposées dans un *putton* (au pluriel : *puttonyos*), un seau pouvant contenir environ 25 kg de fruits. La caractéristique essentielle du Tokay réside dans le fait que les raisins ne sont pas vinifiés immédiatement. Après être foulés, ils sont versés dans un fût de 136 litres qui contient du vin sec, produit à partir de grappes non affectées par le *Botrytis* et récoltées plus tôt dans la saison. Ce curieux mélange de vin et de grappes botrytisées est ainsi laissé en

macération, ce qui ne tarde pas à provoquer une fermentation alcoolique. Une partie des sucres des raisins se transforme en alcool, ce qui augmente la teneur en alcool de 2% vol pour atteindre 14% vol, tandis que le mélange gagne en concentration aromatique (mesurée par les polyphénols et le glycérol). On mesure la richesse du vin au nombre de *puttonyos* (seaux) versés dans le fût de vinification (entre trois et six). Les meilleures années, on ira même jusqu'à ajouter plus de six *puttonyos* afin d'élaborer un Tokay d'exception, qui s'appelle alors l'Aszú Eszencia.

Au terme de la seconde fermentation, qui peut durer plusieurs mois, le vin *aszú* est placé dans de petits fûts laissés à vieillir dans les longs tunnels souterrains et humides, nombreux dans cette région. On favorise une certaine exposition à l'air, ce qui donne aux vins des arômes de Xérès, avec des notes de pomme, de caramel et de miel. Après un vieillissement en fûts qui peut durer entre cinq et douze ans, le vin est assemblé puis mis en bouteilles.

Le Tokay n'est pas toujours du vin *aszú*. Les années où la pourriture noble n'affecte pas toutes les grappes et où la botrytisation est contrariée par des conditions climatiques défavorables, les grappes saines et celles qui sont atteintes de pourriture noble sont vinifiées ensemble normalement. Le vin résultant de ces moins bonnes années s'appelle le Szamorodni, qui peut être sec ou moelleux. À l'autre extrémité de l'éventail de qualité, on trouve l'Eszencia, du nom du jus coulant naturellement par exsudation des raisins *aszú*. Il est tellement riche en sucres qu'il peut mettre des

années à fermenter pour ne titrer finalement que 3% vol. Ce nectar est trop sirupeux, trop concentré pour être bu seul : on le réserve généralement aux assemblages, mais quiconque goûte ce vin (incroyablement cher) en garde un souvenir inoubliable.

## Les évolutions récentes

Cette fabrication traditionnelle se trouve malheureusement faussée par les pratiques douteuses de la ferme d'État centrale qui, pendant longtemps, a interprété les traditions séculaires de l'élaboration du Tokay avec une approche industrielle et sans le moindre *putton* dans les chais. Seules quelques petites fermes effectuaient réellement le mélange grappes botrytisées/vin décrit ci-dessus. Il reste que les fonctionnaires de la ferme d'État respectaient les proportions de grappes botrytisées et de vin, ce qui permet une certaine authenticité aux Tokays des quarante derniers millésimes.

Depuis 1991, plusieurs domaines historiques ont été reconstitués dont l'ancien domaine impérial Hetszölö. Le processus de vieillissement, très long, permet d'affirmer qu'il faudra attendre une décennie avant que les domaines devenus indépendants atteignent leur but : revenir aux vins *aszú* spécifiques à chaque vignoble qui ont fait la gloire de la région. La ferme d'État a néanmoins réussi à élaborer des vins remarquablement bons, compte tenu des quantités produites, ce qui laisse à penser que l'explosion de ce grand vignoble en petites parcelles devrait aboutir à une augmentation sensible de la qualité. La renaissance de ces vins est pour demain, ou pour après-demain. □

### LES STYLES DE TOKAY

| VINS | Teneur en sucre | Extrait sec | Années de vieillissement en fût |
|---|---|---|---|
| Szamorodni sec | 0–10 | 25+ | 2 |
| Szamorodni doux | 10–50 | 25+ | 2 |
| Aszú 3 *puttonyos* | 60–90 | 30+ | 5 |
| Aszú 4 *puttonyos* | 90–120 | 35+ | 6 |
| Aszú 5 *puttonyos* | 120–150 | 40+ | 7 |
| Aszú 6 *puttonyos* | 150–180 | 45+ | 8 |
| Aszú Eszencia | 180–240 | 50+ | 10–20 |

(La teneur en sucre et l'extrait sec sont exprimés en grammes par litre)

# BULGARIE

De tous les pays de l'Europe de l'Est, c'est la Bulgarie qui a le plus séduit les consommateurs de vin occidentaux. Depuis 1975 environ, le Cabernet-Sauvignon bulgare, bien mûr et bien fait, s'est affirmé en rival des petits Bordeaux sur les tables allemandes, britanniques et scandinaves. Mais, depuis la chute du régime communiste, il n'est plus seul à s'imposer sur les cartes des restaurants à l'étranger, car la géographie viticole s'est diversifiée avec la multiplication des domaines, des cépages et des styles de vins. En outre, les vins blancs, traditionnellement moins intéressants et moins peaufinés que les rouges, s'améliorent très rapidement.

La Bulgarie, enserrée entre la mer Noire à l'est et les républiques de l'ex-Yougoslavie à l'ouest, semble avoir été bénie des dieux pour la culture de la vigne. Elle bénéficie d'un climat largement continental, aux étés chauds et aux hivers froids, avec des températures variant de 40°C à -25°C. La Mer Noire tempère ces écarts de température à l'est, tandis que l'ouest reste marqué par le climat continental.

## L'histoire de la vigne
Volonté de l'homme ou de la nature, peu importe, toujours est-il que la vigne poussait déjà en Thrace, ancienne Bulgarie, il y a 3000 ans, comme en témoigne l'*Iliade* d'Homère. Le vin bulgare a donc une longue histoire, mais une existence hachée par la domination de l'Empire ottoman (musulman) qui a limité l'exploitation viticole à une échelle locale de 1396 à 1878. Il a fallu attendre 1918 pour que la production de vin commence à prendre son véritable essor. Comme ailleurs, le régime communiste a entraîné la collectivisation des vignobles et du reste de l'agriculture, et ce n'est qu'au cours de la décennie 1970-1980 que les vins ont commencé à prendre leur forme moderne.

La nécessité d'exporter a forgé l'industrie viticole actuelle de la Bulgarie. Son premier client fut l'ex-U.R.S.S., dont la soif de mousseux et de vins de table doucereux semblait insatiable. Mais les vins bulgares firent aussi une incursion à l'Ouest grâce à l'entreprise américaine Pepsico, qui voulait écouler ses boissons gazeuses en Bulgarie et refusait d'être payée en monnaie locale ou en pièces détachées de tracteur ! Pour disposer de vin négociable à l'Ouest, le groupe américain mit les Bulgares en contact avec des personnalités de l'industrie viticole californienne, comme le professeur Maynard Amerine, de l'université de Californie. Certains domaines viticoles, enflammés par l'enthousiasme californien, commencèrent à s'investir dans cette modernisation.

Le paysage doucement ondulé, de part et d'autre des Balkans qui divisent le pays dans sa longueur, se trouva recouvert de longs alignements de Cabernet-Sauvignon et autres cépages classiques. Avant la collectivisation, les vignes étaient déjà cultivées non seulement sur ces terres plates mais aussi sur les coteaux aux versants plus abrupts, pratique qui fut abandonnée sous le régime communiste par manque de rentabilité. Quand ces coteaux seront replantés, il se pourrait qu'ils produisent les vins bulgares les plus fins.

La structure de l'industrie viticole bulgare repose donc sur la production, en grosses quantités, de vins bien vinifiés, conçus pour le goût étranger (mais pas forcément occidental). Les progrès n'ont pas été uniformes, loin s'en faut. Un grand pas en avant avait été fait avec la mise en pratique des réglementations *Controliran*, qui établissent les origines géographiques des meilleurs vins afin d'y ajouter - soi-disant - un caractère régional. Certains domaines ont saisi les occasions d'exporter qui leur étaient proposées,

tandis que d'autres n'ont pas été à la hauteur. C'est l'administration plutôt que la nature des sols ou le climat qui a classé les vignobles en différentes zones. L'individualité, dans l'élaboration du vin, connut des limites : un système de coupe à 1 mètre fut décidé pour l'ensemble des vignes, alors que certaines, comme le Mavrud indigène, auraient mérité une approche différente. Comme dans d'autres pays communistes, la commercialisation était assurée par un monopole, Vinimpex, tandis qu'une autorité de tutelle, Vinprom, contrôlait la production.

## Les vins bulgares aujourd'hui
De 1975 à 1985 environ, l'industrie viticole bulgare a mangé son pain blanc. Les temps durs sont venus en 1984, lorsque le président Gorbatchev a décidé de restreindre la consommation d'alcool des Soviétiques. Visant surtout la vodka, cette mesure a cependant affecté tous les pays du Comecon exportateurs de vin. Les exportations bulgares sont tombées de 300 à 170 millions de bouteilles en une seule année, puis à 100 millions l'année suivante. Conséquence immédiate, un vaste programme d'arrachage des vignes et de mesures de restriction, comme le gel du prix du raisin, fut mis en place. Près de la moitié des vignobles furent détruits, et d'autres furent laissés à l'abandon. On a replanté depuis (en Chardonnay notamment) mais, en 1990, la production de vin n'a pas dépassé 240 millions de bouteilles (contre 600 en 1985).

En 1989, le régime communiste tombait. En 1990, l'industrie viticole était libéralisée (en 36 heures !), et, en 1991, la loi sur la restitution rendait la terre à ses propriétaires d'avant 1947. La plupart des vignes se sont donc retrouvées rapidement entre les mains de personnes obligées de maintenir la viticulture pendant cinq ans, mais pas toujours aptes à un entretien correct des vignes (il arrive que les nouveaux propriétaires vivent en ville et ne peuvent s'occuper convenablement de leur bien ou ne soient tout simplement pas intéressés par la viticulture). Heureusement, la privatisation des grands centres de vinification s'est faite plus progressivement.

## Les vignes et les vignobles

Quels que soient les changements de l'après-communisme, les éléments de base restent les mêmes. La production se répartit à peu près également entre vins blancs et vins rouges, qui sont élaborés dans plus de 130 «complexes agro-industriels» pratiquant la polyculture.

Les vignobles occupent 4% de la terre cultivée et les trois quarts accueillent des cépages non indigènes. En ce qui concerne le vin rouge, il est issu à 75% de Cabernet-Sauvignon ou de Merlot. Viennent ensuite le Pamid, puis le Gamza, le Mavrud, le Melnik, le Pinot Noir et le Gamay. Pour les vins blancs, le cépage le plus courant est le Rkatsiteli.

Chaque domaine emploie une large gamme de cépages et, même si l'on observe certaines préférences régionales (pour le rouge au sud, pour le blanc à l'est), on ne trouve nulle part la spécialisation qui existe dans les pays d'Europe occidentale, avec des cépages adaptés aux conditions locales. Et, pourtant, la qualité y gagnerait ! Il faudrait que cette spécialisation se fasse à l'instigation des domaines viticoles eux-mêmes, qui constituent la force de l'industrie dans l'ère postcommuniste.

Il serait toutefois dommage que les lois du marché poussent les domaines à privilégier le Cabernet-Sauvignon et le Chardonnay au détriment des cépages nationaux. Le Mavrud, par exemple, devrait produire d'excellents vins. Ce cépage est cultivé au sud du pays, sur 100 ha autour d'Asenovgrad, sa région de prédilection. Donnant, en petites quantités, de petites baies, il est difficile à cultiver. Mais, lorsqu'il arrive à maturité (tard dans la saison),

Le cépage Melnik, cultivé sous les falaises de grès, près des monts Pirin.

il produit un vin dense, riche en tanins, qui fait penser au Mourvèdre du sud de la France.

Le Melnik est une autre variété de cépage rouge indigène. Provenant de la ville du même nom, dans le Sud-Ouest, près de la frontière avec la Grèce, il n'est pas utilisé à sa juste valeur et l'entretien de la vigne ainsi que la vinification pourraient s'améliorer.

Le Gamza est largement cultivé, peut-être parce qu'il donne beaucoup de grosses baies lorsqu'il est abondamment arrosé. Il offre un vin pâle et léger qui s'oxyde rapidement. Un rendement plus faible permettrait de donner un vin meilleur, plus profond, capable de vieillir.

Quant aux cépages blancs indigènes, ni le Dimiat ni le Misket (croisement de Dimiat et de Riesling) n'offrent de bons résultats, bien qu'une vinification soignée rende leurs vins assez séduisants. Le Rkatsiteli n'est pas un cépage exclusif à la Bulgarie, puisqu'on le trouve dans d'autres pays jouxtant la mer Noire

et qu'il a sans doute été importé de Géorgie : plutôt neutre, il pourrait révéler certaines qualités si ses raisins étaient vinifiés correctement.

Les entreprises bulgares ne sont pas toutes équipées pour tirer le meilleur parti de leurs cépages, quels qu'ils soient. Dans le meilleur des cas, elles disposent de rangées interminables de fûts de fermentation en acier inoxydable et, parfois, de barriques destinées au vieillissement de quelques vins rouges ou des meilleurs vins blancs de cépage Chardonnay. Mais certaines n'ont même pas l'équipement de base permettant de contrôler les températures de fermentation ; dans ce cas, les rouges sont généralement de meilleure qualité que les blancs. Il est donc essentiel que les consommateurs fassent la différence entre un domaine et un autre, comme dans n'importe quelle région viticole sérieuse : il faut lire les étiquettes avec plus d'attention, puisqu'il ne suffit plus de demander du «Cabernet bulgare» (voir liste des meilleurs domaines, page suivante).   □

# RÉGIONS VITICOLES

La Bulgarie comporte cinq régions viticoles qui couvrent tout le pays, à l'exception des environs de Sofia. Le Balkan (Stara Planina) constitue une barrière climatique et physique séparant le Sud, plus chaud, aux vins riches et concentrés, du Nord plus frais, aux vins plus raffinés et voués à l'exportation pour lesquels dominent des cépages classiques. Les cépages indigènes sont surtout présents dans le Sud. Les étiquettes des bouteilles sont claires : elles indiquent le nom du domaine (souvent celui de la région), du cépage, ainsi que la catégorie à laquelle chaque vin appartient (voir encadré).

La ville de Melnik dans la région sud-ouest.

### Région sud-ouest
La région sud-ouest, proche de la frontière grecque, est de loin la plus chaude. Sa spécialité est le Melnik rouge, cultivé autour de la ville du même nom. Les Domaines de Petrich et Harsovo, en net progrès, ne font cependant pas justice au potentiel du Melnik. Le Cabernet-Sauvignon est mûr et très velouté.

### Région sud
La région sud, très chaude, produit principalement du vin rouge, au moins en termes de qualité. On trouve en majorité du Mavrud (surtout à Asenovgrad) et du Pamid, ainsi que du Cabernet-Sauvignon, du Pinot Noir et du Merlot (particulièrement bon dans les régions de Haskovo, Stambolovo et Sakar).

Le Mavrud d'Asenovgrad est un vin *Controliran* : de couleur sombre et de goût épicé, il est capable de vieillir. Il provient des contreforts des monts Rhodope, qui forment la frontière avec la Grèce.

### Région est
La région est, qui s'étend sur toute la côte, bénéficie des effets rafraîchissants de la mer Noire et produit les meilleurs blancs du pays, notamment ceux de Preslav et Shumen. La qualité s'est notablement améliorée ces dernières années, mais reste aléatoire.

Le Domaine de Preslav est le nec plus ultra en matière de vins blancs. Sélectionné dans les années 70 pour l'exportation vers l'Ouest, il produit toujours le meilleur vin blanc bulgare. Il contrôle les entreprises de Khan Krum et de Novi Pazar, mais Shumen est sorti de sa tutelle. Dans l'avenir, il est probable que Khan Krum dépassera le maître en qualité. Les deux domaines produisent un bon Chardonnay, dont les vins de réserve vieillissent dans du chêne neuf.

Le domaine de la ville d'eaux de Burgas, au bord de la mer Noire, montre une préférence typiquement orientale pour les vins blancs, qui constituent environ 65% de sa production. Les vins de pays peuvent être assez séduisants, surtout l'Aligoté.

### Région Balkan du Sud
La région Balkan du Sud, en dehors des roses, cultive beaucoup de cépages blancs ainsi que du Cabernet-Sauvignon et du Misket rouge, dans la région de Sungulare.

### Région nord
Les meilleurs vins rouges proviennent des montagnes du Nord. C'est là que se trouve le Domaine de Suhindol, qui s'est fait un nom en construisant la renommée internationale du Cabernet-Sauvignon bulgare.

Aujourd'hui, il ne détient plus forcément le titre de meilleur producteur.

Suhindol fut le premier domaine exportateur de Bulgarie à être privatisé. Il contrôle également le Domaine de Vinenka, l'un des plus anciens du pays, qui produit un très bon Cabernet-Sauvignon ainsi qu'un bon Merlot. Le centre de vinification russe est l'un des meilleurs de Bulgarie. Le cépage cultivé le plus intensément est le Cabernet-Sauvignon, qui donne un vin élaboré selon de hautes exigences dans un établissement doté des meilleurs équipements.

## LES NIVEAUX DE QUALITÉ

La loi sur le vin de 1978 distingue quatre niveaux de qualité.

**Vins de pays :** jeunes, destinés à être bus rapidement. Il s'agit souvent d'un assemblage de vins issus de deux cépages.

**Vins de cépage :** vins d'origine géographique contrôlée. Les rouges ont souvent un certain âge, contrairement aux blancs. Certains, notamment le Mavrud, sont vendus comme des vins de qualité supérieure.

**Vins de réserve spéciale :** provenant de sites sélectionnés, à partir de grappes soigneusement choisies. Ils sont élaborés en petite quantité.

**Vins Controliran :** fabriqués à partir de cépages contrôlés dans des sites précis. Ils obtiennent le statut de *Controliran* après soumission de trois récoltes successives au contrôle de l'État. Les années suivantes, le vin peut être déclassé s'il ne correspond plus aux normes de cette catégorie. Il existe environ 27 vins *Controliran*, qui proviennent souvent des domaines de pointe. Le mot *Controliran* figure très clairement sur les étiquettes.

**Vins de réserve :** de toutes les catégories, pourvu qu'ils aient deux ans d'âge (pour les blancs) ou trois (pour les rouges). Dans la pratique, la plupart des vins de réserve sont les meilleurs vins de cépage.

# ROUMANIE

La Roumanie a une longue histoire vinicole derrière elle : les vignes du bord de la mer Noire ont été plantées il y a 3 000 ans par les Grecs ; les Saxons introduisirent ensuite des cépages germaniques en Transylvanie. Il fallut qu'une épidémie de phylloxéra décime la plupart des plants à la fin du siècle dernier pour qu'ils soient remplacés en grande partie par des cépages français (Pinot Noir, Cabernet-Sauvignon, Merlot et Sauvignon Blanc). Quelques variétés indigènes ont toutefois été conservées : Tămaîîoasă Romanească, Fetească Albă, Fetească Regală (blanc) et Fetească Neagră (rouge).

La Roumanie figure en bonne place parmi les pays producteurs de vin – largement devant ses voisins des Balkans – et la vigne constitue une part importante de l'économie rurale. La plupart des vins roumains sont consommés sur place, ce qui limite leur possibilité d'être exportés.

Les vignobles sont répartis en 8 régions, elles-mêmes subdivisées en 50 appellations. Ce système d'appellations est inspiré du modèle français, tandis que le principe des classifications s'inspire du modèle allemand, les vins étant classés en fonction de leur degré d'alcool potentiel et de la date des vendanges. La classification la plus basse correspond à du vin de table sans origine spécifique, qui titre entre 8,5% vol et 10,5% vol. On trouve ensuite les vins de pays, toujours sans origine précise, qui titrent entre 10,5% vol et 11,5% vol. En haut de l'échelle se trouvent les vins d'appellation, avec un degré d'alcool de 11,6% vol au minimum. On ne pratique pas la chaptalisation, non qu'elle soit interdite, mais parce que toute demande d'autorisation se perd dans les couloirs de la bureaucratie. Par ailleurs, le sucre est une denrée rare et chère. Pour les mêmes raisons, la plupart des vignobles roumains n'ont jamais vu l'ombre d'un produit chimique susceptible de traiter la pourriture ou les maladies.

Comme toute activité en Roumanie, l'industrie vinicole se trouve dans une phase de transition. La terre est restituée à ses anciens propriétaires au fur et à mesure que l'on démantèle les énormes fermes d'État et que l'on abandonne le système coopératif. Toutefois, il existe toujours des domaines viticoles d'État ainsi que des coopératives, seuls capables aujourd'hui de vinifier les raisins et de mettre le vin en bouteilles correctement. Les équipements des chais peuvent varier du plus rudimentaire à la toute dernière technologie, car certains ont bénéficié d'investissements. En dépit de tous ces problèmes, il

## COTNARI

Au siècle dernier, les vins de Cotnari, pâles, au goût de miel, ont acquis une certaine réputation qui n'est pas sans rappeler celle du Tokay hongrois. Dans cette région située au nord-est de la Roumanie, près de la ville de Iaşi, les automnes, généralement secs et ensoleillés, permettent de laisser les raisins sur la vigne tard dans la saison jusqu'à ce que les grains commencent à se déshydrater et à sécher, produisant un jus riche et concentré.

Le Cotnari est issu des cépages Grasă, Fetească Albă, Tămaîîoasă romanească et Francusa (qui existent tous sous forme de vins de cépage). Le Grasă est une variété très riche sujette à la pourriture noble. Le Fetească Albă apporte de la finesse, le Tămaîîoasă romanească, un parfum d'encens, et le Francusa, une note acide à un vin qui risquerait d'être doux jusqu'à l'écœurement.

Chaque cépage est vinifié séparément, puis mélangé, à raison de 30% de Grasă, 30% de Fetească Albă, 20% de Tămaîîoasă et 20% de Francusa. De grands fûts de chêne sont utilisés pour la fermentation et la maturation du vin pendant quelques années avant la mise en bouteilles. Le Cotnari vieillit bien, particulièrement dans les meilleurs millésimes.

existe un réel potentiel pour produire des vins roumains de qualité.

Les meilleurs vins, voués à être bientôt découverts, proviennent de quatre régions principales, celles de Tîmăve, Cotnari, Dealul Mare et Murfatlar. En tant que pays septentrional des Balkans, la Roumanie a le climat le plus froid et privilégie donc les vins blancs. En effet, dans toutes les régions, excepté celles de l'extrême Sud, les raisins noirs mûrissent difficilement, sauf les années particulièrement chaudes.

### Les régions et les styles de vin

Au nord des Carpates, la région de Tîmăve, en Transylvanie, cultive des vignes sur un plateau entre deux rivières, la Tîmăve Mare et la Tîmăve Mică. Le sol est pauvre mais le microclimat est doux. Les vignes – plantées des cépages Fetească Albă, Fetească Regală, Riesling Italico, Muscat Ottonel, Sauvignon Blanc et Pinot Gris – produisent des vins blancs dotés de bons arômes et d'une bonne teneur en acidité.

Sur les contreforts sud des Carpates se trouvent les vignes de Dealul Mare, près de la ville industrielle de Ploieşti, au nord de Bucarest. Elles sont plantées dans un champ pétrolifère, ce qui donne un paysage surréaliste de derricks sur fond de vignes. Le climat, plus chaud, permet de cultiver quelques cépages rouges, surtout du Pinot Noir, ainsi que du Cabernet-Sauvignon, du Merlot et du Fetească Neagră. Le Tămaîîoasă est également un bon cépage. Une station de recherches, équipée de façon moderne, permet de suivre les progrès du vignoble.

La région la plus chaude et la plus sèche, Murfatlar, se trouve près du port de Constanţa. C'est là que le Cabernet-Sauvignon s'exprime le mieux, grâce à l'influence chaude de la mer Noire qui permet au vin de gagner en maturité.

Il existe d'autres appellations : dans la plaine du Banat à l'ouest ; Segarcea, Stefaneşti et Drăgăşani au sud, Odobeşti et Nicoreşti à l'est. □

# SLOVÉNIE

La Slovénie est un pays tout jeune puisqu'il n'existe que depuis 1991, date de sa scission avec l'ex-Yougoslavie. Pour une population de deux millions d'habitants, on compte aujourd'hui 21 500 ha de vignobles.

À l'époque où la Slovénie faisait encore partie de la Yougoslavie, elle ne produisait que 6% de la production vinicole annuelle yougoslave, mais elle était la région la plus prospère du pays. Avec la Serbie et le Kosovo, la Slovénie était un grand exportateur de vin. Ses chais sont aujourd'hui relativement bien équipés : des cuves en acier inoxydable côtoient de vieux fûts de chêne et des cuves en ciment. Bien que la plupart des vignes aient été rapidement privatisées, chaque région dispose de sa propre entreprise viticole centrale, une unité énorme qui vinifie à elle seule 97,5% de la production annuelle du pays (8 millions de bouteilles, avec une même proportion de blanc et de rouge). Le reste est élaboré par un nombre croissant de producteurs privés, dont environ 150 mettent déjà eux-mêmes leur vin en bouteilles. Qu'importe la taille de leur cave (une ou deux cuves, une rangée de fûts de chêne noir), ils en sont fiers.

Le régime socialo-communiste yougoslave permettait à chacun de posséder 10 ha de terre. En fait, la propriété moyenne est plus petite et, comme la polyculture est traditionnelle, beaucoup de propriétaires possèdent moins d'un hectare de vignes. La plupart choisissent de cultiver un mélange de cépages, variable suivant la région.

Sur les huit autres républiques de l'ex-Yougoslavie, la Croatie était le plus grand producteur de vin (46%, dont deux tiers de blanc), suivie de la Serbie (17%, dont 70% de rouge). Le reste se divisait entre le Kosovo (60% de rouge), le Monténégro (90% de rouge), la Vojvodine (95% de blanc), la Macédoine (moitié rouge, moitié blanc) et la Bosnie-Herzégovine (79% de blanc). Aux lendemains d'une paix douloureuse, c'est la Serbie qui devrait avoir le plus grand potentiel de qualité. La Croatie fait un bon rouge de qualité courante, sans grand effort.

Vendanges dans la région de Podravski.

L'Amselfelder, une des marques de vin rouge les plus vendues en Europe, venait du Kosovo. Il s'agit d'un Pinot Noir destiné, à l'origine, au marché allemand. La menace de guerre pesant sur le Kosovo a poussé les propriétaires de la marque à déplacer la production en Italie, où son style commercial plutôt doux est reproduit sans problème.

## Les catégories de qualité

En attendant que toutes les républiques conçoivent chacune leur loi sur le vin, celle de 1974 reste en vigueur en Slovénie. Elle définit plusieurs catégories de vins : les vins de haute qualité, les vins de qualité, les vins de table d'origine contrôlée et les vins de table ordinaires. Les vins sont classés par un jury après une dégustation confirmée par une analyse chimique : un vin peut donc, en principe, changer de catégorie d'une année sur l'autre. La chaptalisation est interdite pour tous les vins de haute qualité. □

## LES RÉGIONS VITICOLES

Il existe trois grandes régions viticoles en Slovénie : la région du littoral (Primorski), sur la côte adriatique près de l'Italie ; celle de la vallée de la Drave (Podravski), au nord-est, près de l'Autriche, et celle de la vallée de la Save (Posavski), au sud-est. Elles ont toutes le même relief vallonné ; la plaine centrale de Slovénie ne comporte pas de vignes.

### Primorski

Une partie de cette région est le prolongement du Collio italien, dans la région du Frioul-Vénétie-Julienne ; les vins ont d'ailleurs un style très italien. Parmi les vins rouges, on remarque un bon Merlot, quelquefois élevé en barrique, et un Cabernet-Sauvignon. Parmi les vins blancs, souvent excellents, on trouve des Pinot Gris et blancs mûrs, secs et aromatisés, un vin de Chardonnay, léger et bien structuré, ainsi qu'un vin de Malvasia, subtil, au goût d'abricot. La spécialité locale est le Refošk rouge, sombre, acide.

### Podravski

Les meilleurs vins du pays, et sûrement les meilleurs blancs, proviennent de cette région du Nord-Est, qui comprend la zone de Ljutomer. On y trouve des cépages et des vins blancs savoureux qui rappellent les meilleurs vins allemands ou autrichiens : Rulandec (ou Pinot Gris), Rhein Riesling, Traminec (ou Traminer), un très bon Sauvignon Blanc et des vins de dessert issus de raisins botrytisés. Même le Laski Rizling, bu sur place de préférence, peut être frais et séduisant.

La zone de Ljutomer-Ormoz possède les meilleurs vignobles du pays ainsi que deux caves énormes, Ljutomer et Ormoz. Cette dernière, la plus grande, se démarque en termes de qualité, mais le vin portant l'étiquette Ljutomer provient des deux domaines, confusion qui fait du tort aux deux. Il existe un certain nombre de bons villages dans la région, dont l'un, Jeruzalem, aurait été fondé par des croisés qui auraient trop apprécié les vignes pour pouvoir repartir.

### Posavski

Les vins du sud-est de la Slovénie sont généralement sains, mais sans grand attrait.

# RÉPUBLIQUE TCHÈQUE ET SLOVAQUIE

Les vins de l'ex-Tchécoslovaquie étaient, jusqu'à l'effondrement du communisme, parmi les moins connus d'Europe. La plupart des pays du bloc soviétique exportaient leurs vins à l'intérieur du Comecon, sauf la Tchécoslovaquie qui, à l'exception de quelques bouteilles commercialisées en Pologne, gardait toute sa production pour sa propre consommation, et importait, en plus, de la bière.

Lorsque cette industrie autarcique se mit à chercher des conseils, elle se tourna vers son grand frère russe. Le résultat fut à la mesure de la réputation communiste : deux ministères, un pour la gestion des domaines viticoles, un autre pour la culture des vignobles, et de lourdes subventions de l'État pour le raisin. Le vin, après une élaboration aléatoire, se retrouvait dans des bouteilles recyclées, contenant encore des traces de détergent ou autres substances indésirables. Il est à noter que, malgré tout, un certain nombre de vins ont retenu l'attention des investisseurs occidentaux, ce qui permet de penser qu'ils devraient mériter toute notre attention dans un futur proche.

## Les régions et les cépages
La qualité et le potentiel de qualité sont à peu près identiques dans l'État de Slovaquie et dans les deux républiques tchèques de Bohême et de Moravie. La Bohême étant la région la plus froide, elle possède le plus petit vignoble, environ 400 ha au nord de Prague, suivie par la Moravie, à l'est. La Slovaquie, quant à elle, détient près des deux tiers des 45 670 ha des vignobles de l'ex-Tchécoslovaquie.

Les cépages sont sans surprise pour un pays limitrophe de l'Allemagne, de l'Autriche et de la Hongrie : essentiellement du Frankovka (le Limberger allemand), et du Saint-Laurent, plus un peu de Pinot Noir, pour les rouges, et du Pinot Blanc, du Traminer, du Roter et Grüner Veltliner (du raisin blanc dans les deux cas, malgré le nom), du Müller-Thurgau, du Sylvaner, du Rhein Riesling, du Laski Rizling, de l'Irsay Oliver indigène, très parfumé, un peu de Sauvignon Blanc et du Pinot Gris pour les blancs. Les vins blancs représentent entre 60 et 85 % de la production totale.

Les vignes sont cultivées par des fermes collectives de plusieurs milliers d'hectares, pratiquant la polyculture. Elles semblent néanmoins occuper les sites les plus appropriés.

La privatisation – ou la restitution – a été rapide dans ces deux États de l'ex-Tchécoslovaquie, malgré les complications liées au changement de culture des terres. La privatisation des domaines viticoles a été une tâche plus simple, chaque entreprise centrale (avec une chaîne d'embouteillage) et ses satellites (celles qui n'avaient que les équipements de vinification et de stockage) devenant une société indépendante à part entière.

## Les styles de vin
On peut comparer ces vins à ceux d'Autriche et de Hongrie : les meilleurs sont secs, bien mûrs et bien vinifiés, souvent assez légers, avec d'excellents arômes de cépage. Le vin issu de Pinot Noir, lorsqu'il est réussi, est très bon. Le climat est continental, chaud et sec avec des hivers froids, et, comme les vendanges se font en octobre ou en novembre, les risques de dépassement de température dans les cuves de fermentation sont minimes, même sans aucun système de refroidissement.

Si la plupart des vins ont un style septentrional, les exceptions proviennent des vins de Tokay. Ces vignobles, que l'on croit exclusivement hongrois, empiètent un peu sur la frontière slovaque. Sous le régime communiste, le gouvernement les avait loués à la Hongrie en échange de livraisons de bière, mais ils sont revenus sous contrôle tchèque depuis le début des années 1990, tout comme le droit à l'appellation Tokay. □

## PRODUCTEURS ET NÉGOCIANTS

Les centres de vinification qui ne sont plus sous le contrôle de l'État ont désormais la volonté d'affirmer leur individualité.

### Nitra
L'un des plus grands domaines de Slovaquie, avec des vignes au sud-est de la province plantées sur des coteaux orientés au sud-ouest. Fruit du hasard plus que de la volonté, c'est ici que sont élaborés les vins des cépages plus forts et plus aromatiques, comme l'Irsay Oliver, avec le concours et les conseils d'experts occidentaux.

### Pezinok
Domaine slovaque au sud-est de la province, diffusant toute une gamme de vins avec l'aide des Occidentaux.

### Saldorf
Domaine relativement petit qui cultive, entre autres, du Ruländer, du Rhein Riesling, du Sauvignon Blanc, du Müller-Thurgau et du Grüner Veltliner, dont les vins sont exportés à l'Ouest sous l'étiquette Archioni. Certains vieillissent bien (sauf le Grüner Veltliner).

### Valtice
Château médiéval ayant appartenu autrefois à la famille Liechtenstein qui compte 1 100 ha de vignes en Moravie. Conseillés par des Occidentaux, les viticulteurs de ce domaine produisent des vins blancs de type Rhein Riesling, Grüner Veltliner, Welschriesling et le rare Grüner Sylvaner, ainsi que des rouges de Frankovka et de Saint-Laurent.

### Znovin-Satov
Grand centre de vinification morave produisant des vins robustes dont une partie est exportée sous l'étiquette Moravenka. Ils ont un style plus traditionnel que celui des vins produits pour la consommation des buveurs de l'Ouest à Nitra.

# MER NOIRE

ON PEUT COMPTER SUR LES PAYS DES BORDS DE LA MER NOIRE ET DE L'EX-U.R.S.S. POUR AJOUTER DES STYLES ET DES SAVEURS DIGNES D'INTÉRÊT À LA CARTE MONDIALE DES VINS.

Cave des Tsars à Massandra en Crimée avec des bouteilles qui reposent depuis près d'un siècle. La grandeur de ces vieux millésimes a suscité l'intérêt du monde extérieur pour le potentiel des grands vins de la mer Noire.

Dans le monde du vin, l'U.R.S.S. passait pour l'énigme numéro un. On savait que la vigne poussait tout autour de la mer Noire et plusieurs sources désignaient l'empire soviétique comme le troisième ou le quatrième producteur mondial. Les visiteurs en revenaient avec des histoires de «champanski» sucré et de bouteilles qui, malgré des étiquettes identiques, contenaient des vins manifestement différents, sans doute issus de régions et de cépages variés. Les rares exemplaires qui atteignaient les pays occidentaux entraient généralement dans la catégorie des «vins imbuvables». Puis, en avril 1990 à Londres, Sotheby's vendit plus de 13 000 bouteilles aux enchères, en tout 124 vins différents, millésimés de 1830 à 1945 et prélevés dans la Cave impériale russe de Massandra en Crimée. Beaucoup de ces vins étaient bons, certains excellents, apportant soudain la preuve que la Russie avait su faire du vin autrefois. À la fin des années 1980 apparurent les premiers signes d'aptitude plus récente. De superbes et solides rouges de Moldavie, dans des millésimes des années 60, 70 et 80, attirèrent l'attention et, à mesure que l'U.R.S.S. se désintégrait, on put commencer à évaluer chacune des républiques viticoles. D'ouest en est, on trouve la Moldavie, l'Ukraine (Crimée comprise), la Russie, la Géorgie, l'Arménie et l'Azerbaïdjan. Leurs vins pouvaient autrefois être expédiés en vrac puis mis en bouteilles n'importe où en U.R.S.S. Cela explique en bonne partie l'absence de corrélation entre vins et étiquettes, ainsi qu'une qualité souvent consternante : le vin était d'abord pasteurisé, c'est-à-dire chauffé pour écarter tout risque de refermentation ou d'infection bactérienne. Il reste alors stable, mais n'a plus de vie. De plus, avant même d'arriver sur son lieu d'embouteillage, il avait déjà beaucoup voyagé. La structure de l'ancienne industrie vinicole soviétique est toujours en place. Elle repose sur des centres de vinification de «1er stade», où l'on fermente les moûts avant de les envoyer dans des centres de «2e stade», chargés du vieillissement et parfois de la mise en bouteilles. Les vignobles sont le plus souvent exploités à part. L'accélération de l'évolution politique et technique rend leur avenir imprévisible. La Moldavie montre déjà les signes de sa capacité à fournir des vins rouges intéressants. Les autres États de la mer Noire ne sont pas loin derrière.

## La modernisation

Les pays de la mer Noire sont confrontés à de graves problèmes de modernisation. Le principal obstacle pour chacun d'eux est l'absence d'un élément fondamental : des chaînes d'embouteillage performantes. Puisque tout ou presque se faisait à l'extérieur, beaucoup de centres de vinification n'ont aucune installation de ce type, les autres étant généralement équipés de systèmes inadaptés à la production de vins de qualité.

D'autres éléments fondamentaux manquent : les bouteilles de 75 cl, essentielles pour exporter dans l'Union européenne, sont rares, tout comme étiquettes, bouchons et capsules. Un importateur britannique a résolu ce dernier problème en cachetant à la cire les bouteilles bouchées, comme certains Portos Vintages.

Autrefois, les problèmes de pénurie étaient atténués par la coopération entre centres de vinification. Mais la rupture avec Moscou a accru l'autonomie de chacun, et les centres qui collaboraient auparavant se font désormais concurrence.

La privatisation a été plus lente qu'en Europe de l'Est. Le vin est une industrie vitale dans ces pays, surtout en Moldavie, où il occupe la première place, et aucun gouvernement n'est pressé de renoncer à son contrôle. Pourtant, plus les centres de vinification prendront en charge leur propre commercialisation, plus le nombre de vins qui traverseront les frontières sera grand.

Le passage régulier de quelques vinificateurs occidentaux, qui viennent évaluer les possibilités de réaliser des produits spécifiquement adaptés au goût occidental, devrait inciter les producteurs à faire des vins plus frais, plus fruités et plus commerciaux.

## MOLDAVIE

Plus on va vers l'est et moins les vins sont familiers aux palais occidentaux. À cet égard, la Moldavie est la plus européenne de ces régions : on trouve plus de cépages européens dans ses 160 000 à 200 000 ha de vignoble que dans toute autre république. Les immenses fermes viticoles peuvent compter jusqu'à 18 000 ha à la fois de Chardonnay, Cabernet-Sauvignon, Sauvignon, Aligoté et Pinots divers. Le Saperavi est un excellent cépage rouge indigène, riche, épicé et tannique. Le Rkatsiteli blanc indigène semble assez insipide, mais certains observateurs croient en son avenir s'il est bien vinifié. Le pays est petit, à peine 350 km du nord au sud, et la vigne est partout, sauf dans l'extrême Nord. Les meilleures se trouvent cependant au centre et aux alentours du Dniestr, mais, si les terroirs de premier plan existent – et ils existent –, ils restent cependant à identifier. Les rendements sont remarquablement faibles – 20-40 hl/ha.

En matière d'équipement et de technique, la Moldavie a pris de l'avance sur ses voisines, mais reste en retard par rapport à des pays comme la Hongrie. Le potentiel y est cependant énorme, surtout en ce qui concerne les vins rouges. Le vieillissement est souvent lent et soigné, en vieux fûts de chêne, et certains vins des années 60 conservent une surprenante fraîcheur. La Moldavie produit de 530 à 600 millions de bouteilles par an, autant que le Bordelais. Ses vins obéissent à un système de «millésimes», un millésime étant une année où les raisins atteignent 10 degrés Baumé, ou plus, de sucre naturel. Dans les vignobles du Nord, cela se produit une fois sur trois alors que dans le Sud – d'où viennent les meilleurs rouges – chaque année est un millésime.

## UKRAINE

Les vignobles d'Ukraine sont plus plats que ceux de Moldavie, sa voisine au bord de la mer Noire, mais ont, eux aussi, la même latitude que Bordeaux. La ressemblance s'arrête là. L'Ukraine est spécialisée dans la production de vin blanc et, surtout en Crimée, dans l'élaboration de mousseux. Elle produit notamment du Sauvignon, mais le style de ses vins tranquilles n'a rien de bordelais.

Les cépages sont moins variés qu'en Moldavie. Les principales variétés ukrainiennes sont le Rkatsiteli et l'Aligoté. On y trouve du Riesling, mais dans un style fort peu rhénan. Outre les mousseux, la Crimée produit des vins mutés et des vins de dessert issus de raisins cultivés dans

## LES CÉPAGES

Les pays de la mer Noire rassemblent de très nombreuses variétés – plus de 1 000 rien qu'en Géorgie, dit-on. L'ex-U.R.S.S. a multiplié les recherches sur ce sujet, mais l'accès à ses archives (en russe et à Moscou) permettrait certainement d'établir combien de noms sont en réalité des synonymes pour un même cépage. Les principales variétés cultivées dans ces régions sont les suivantes.

### BLANC
**Aligoté :** très répandu.
**Chardonnay :** Moldavie, Ukraine.
**Fetjeaska :** Moldavie, Ukraine.
**Furmint :** Moldavie.
**Krakhuna :** Géorgie.
**Mtsvane :** Géorgie ; souvent associé au Rkatsiteli.

**Muscat :** très répandu, de grande qualité.
**Pinot Blanc, Pinot Gris :** Moldavie, Ukraine.
**Riesling :** très répandu.
**Riesling Italico :** Moldavie.
**Semillion :** synonyme de Sémillon.
**Tsitska :** Géorgie.
**Tsolikouri :** Géorgie.

### ROUGE
**Aleatico :** Crimée.
**Bastardo :** Crimée.
**Cabernet-Sauvignon :** très répandu.
**Malbec :** Moldavie, Ukraine.
**Matrassa :** Ukraine, Azerbaïdjan.
**Merlot :** Moldavie.
**Muscat :** très répandu, de grande qualité.
**Plechistik :** Russie.
**Saperavi :** très répandu, de grande qualité.

d'étroits vignobles côtiers. Le terrain est en pente, mais les vignes sont plutôt en bas de côte ; malgré l'irrigation, le rendement reste faible. Le climat est agréable, avec des hivers doux et des étés pas trop chauds. Les vins mousseux viennent du Nord et sont produits soit selon la méthode traditionnelle de seconde fermentation en bouteille, soit selon celle de la cuve close, ou enfin selon le système russe dit «en continu» : on pompe les vins de base et la levure à travers une série de cuves et un flot constant de vin effervescent est mis en bouteille en bout de chaîne.

Vignes en hiver près de Kichinev, en Moldavie centrale.

## RUSSIE

La plupart des pays de l'ex-U.R.S.S. produisent des vins mousseux, mais le potentiel de la République de Russie réside surtout dans les vins rouges tranquilles de Cabernet-Sauvignon.

Les vins rouges sont produits au sud et à l'est du pays, les blancs et les mousseux au nord et à l'ouest. Parmi les cépages, on trouve le Muscatel (pour les vins sucrés), le Sylvaner, le Riesling, le Cabernet, l'Aligoté, les Pinots Gris et Noir, le Pletchistik, le Pukhjakovsky, le Tsimlyanski et l'inévitable Rkatsiteli.

## GÉORGIE

Les vignes et la vinification de ce pays apportent un dépaysement total. On y trouve peu de cépages européens à part le Muscat.

On pratique trois grandes méthodes de vinification. La méthode «européenne» implique la fermentation des moûts sans les peaux. La méthode d'Imérétie consiste en une fermentation partielle du moût en présence des peaux dans de grandes jarres souterraines qui ressemblent un peu aux traditionnelles *tinajas* d'Espagne. Enfin, dans la méthode locale de Kakhétie, les peaux des raisins sont laissées en contact avec le vin pendant trois à cinq mois. Les vins blancs ainsi produits (plutôt jaunes foncés et tanniques) heurtent le goût des Occidentaux, en

revanche les Géorgiens en raffolent.

Ajoutons que l'ancienne loi soviétique exigeait que tous les vins, rouges, blancs ou mutés, de toutes les Républiques, vieillissent trois ans sous bois avant la mise en bouteilles. On comprend pourquoi les habitants n'ont pas l'habitude de rechercher le fruité ou la fraîcheur dans leurs vins blancs.

Le goût géorgien se porte aussi sur un haut niveau de sucres résiduels, dans les rouges comme dans les blancs. Sur le marché intérieur, les vins sont toujours identifiés par un nom et un numéro, une habitude très soviétique. Le nom peut être celui du cépage ou du lieu de production - ou tout autre chose : le Saamo n° 30 est un Rkatsiteli sucré provenant du village de Kardanakhi en Kakhétie et *saamo* signifie «agréable».

## ARMÉNIE, AZERBAIDJAN, KAZAKHSTAN

L'Arménie et l'Azerbaïdjan sont spécialisés dans les vins sucrés, la première produisant en outre quelques vins rouges à fort degré et le second des rouges et des blancs secs.

La seule autre région viticole de l'ex-U.R.S.S. se trouve au Kazakhstan, où l'on produit des vins blancs et des vins sucrés issus de raisins poussant sur les bords de la mer Caspienne. □

## PRODUCTEURS

Les centres de vinification issus d'une longue tradition se réveillent. Les plus récents émergent grâce à la modernisation. Parmi ceux qui témoignent du potentiel de ces vastes régions de l'ex-U.R.S.S., en voici trois.

### MOLDAVIE
**Krikova**
Centre moldave équipé d'une toute nouvelle chaîne d'embouteillage italienne. Produit de bons Kodru, Krasny et Cabernet-Sauvignon, étoffés et mûrs.
**Purkar**
Centre moldave fondé en 1827 au bord du Dniestr. Les caves sont creusées dans le calcaire, offrant ainsi des conditions idéales et une température constante. Le Negru de Purkar est un assemblage de Cabernet-Sauvignon et de Saperavi, ample et de grande longévité.

### UKRAINE
**Massandra**
Le centre de Massandra en Crimée (Ukraine) ne produit plus de vin. On y élève, en bouteilles et en fûts, ceux qui viennent des vignobles côtiers de Crimée et sont vinifiés dans d'autres établissements. À l'origine, Massandra approvisionnait la résidence d'été des tsars à Livadia. Il s'agissait surtout de vins sucrés et mutés, sur le modèle qui vient d'Europe occidentale : «Portos», «Malagas», «Madères», «Tokays», «Marsalas», «Cahors» et, bien entendu, «Champagnes». Beaucoup étaient de très grande qualité.

# AMÉRIQUE DU NORD

—

LES VINS DE CÉPAGE CALIFORNIENS ONT UN IMPACT CONSIDÉRABLE

SUR LE MONDE VITICOLE DEPUIS LES ANNÉES 70. LA PRODUCTION

CALIFORNIENNE A INSPIRÉ BIEN D'AUTRES ÉTATS AMÉRICAINS AINSI

QUE QUATRE PROVINCES CANADIENNES.

—

Pour raconter l'histoire du vin sur ce continent, on débute généralement par la saga de l'explorateur viking Leif Ericsson, qui débarqua à Terre-Neuve vers l'an 1 000. Après avoir observé les fruits sauvages qui y poussaient, Ericsson déclara que le Nouveau Monde était « un vaste vignoble ». On pense aujourd'hui que, dans son enthousiasme, il confondit baies et raisins. Mais des vignes y poussèrent sûrement – sinon à cette époque, du moins plus tard – et la vinification se développa en même temps que les jeunes États d'Amérique du Nord. Il fallut pourtant attendre ces vingt dernières années pour que le reste du monde s'aperçoive qu'il existait réellement une industrie vinicole américaine : la qualité des vins californiens provoqua l'étonnement général et on dut commencer à compter avec le Nouveau Monde. Les vins californiens n'ont cessé de séduire les connaisseurs depuis lors, mais les vins d'Amérique du Nord ne proviennent pas de la seule Californie. On élabore du vin dans 45 des 50 États des États-Unis – ceux de Washington, d'Oregon et de New York sont les producteurs les plus notables – et dans quatre provinces du Canada ; mais les producteurs, comme les consommateurs, sont répartis de façon très inégale à travers ce vaste continent.

La fantastique diversité de ses paysages, de ses sols et de ses microclimats a permis que s'y développe une incroyable variété de vins, de l'exotique Léon Millot et du Seyval Blanc de l'est des Rocheuses au Cabernet-Sauvignon et au Chardonnay qui ont valu à la Californie sa renommée internationale. Le concept des vins de cépage – issus d'une seule variété de raisin – fait autant partie de l'univers vinicole d'Amérique du Nord que de celui de l'Australie ou de la Nouvelle-Zélande. L'Amérique du Nord possède ses cépages indigènes qui, bien que de plus en plus souvent remplacés par divers hybrides (en général un croisement de *Vitis vinifera* française et de *Vitis labrusca* américaine) et par des cépages européens classiques, ont marqué à jamais l'histoire du vin grâce à leur résistance au phylloxéra. D'innombrables vignes du monde entier sont aujourd'hui greffées sur des souches de *labrusca*. Cette solution créative fut le produit d'une réflexion novatrice, d'un esprit d'adaptation et d'un enthousiasme sans bornes – caractéristiques des vinificateurs du Nouveau Monde. Leur ardeur et leur volonté de réussite furent évidentes dans les années 70 et 80, lorsque, s'attaquant aux problèmes à la source, ils parvinrent à faire abolir les coûteuses réglementations locales ainsi que les mesures fiscales imposées après la prohibition.

L'histoire moderne des vins américains commença avec la création de petites sociétés vinicoles familiales fondées par des gens venus d'autres professions (souvent sans rapport avec le vin ou la vigne) – un autre trait caractéristique à la fois des Américains et des producteurs de vin des antipodes. Libres de toute contrainte imposée par la tradition, les viticulteurs américains n'ont ainsi pas hésité à recourir à la technologie : l'irrigation permet de faire pousser des vignes dans le désert, tandis que la fermentation, le vieillissement en fûts et la mise en bouteilles sont souvent gérés par ordinateur dans un environnement stérile et antiseptique. L'élaboration du vin est même devenue une attraction touristique : la vallée de la Napa, en Californie, par exemple, reçoit chaque année à peine moins de touristes que Disneyland, et les entreprises canadiennes situées le long de la péninsule du Niagara incitent vivement les visiteurs à venir goûter leurs vins.

Jusqu'au milieu des années 80, les vins produits aux États-Unis, même ceux des plus grandes entreprises, n'étaient pas destinés à l'exportation, situation qui est en train de changer rapidement. En 1984, le total du vin exporté dépassait à peine 36 millions de bouteilles ; en 1992, il atteignait plus de 216 millions. À part le Canada, les deux principaux marchés du vin américain sont le Royaume-Uni et le Japon, mais de nouveaux débouchés s'ouvrent en permanence. Comparée à l'Europe, l'industrie vinicole d'Amérique du Nord n'en est qu'aux balbutiements. De nombreuses régions n'ont encore atteint qu'un développement embryonnaire – 95 % de tout le vin du pays proviennent de trois États (Californie, New York et Washington). Mais, dans les années à venir, il se peut que les États-Unis concurrencent le Vieux Continent sur le marché mondial.

# LES RÉGIONS VITICOLES D'AMÉRIQUE DU NORD

Aux États-Unis, on cultive la vigne d'un océan à l'autre et, au Canada, dans quatre provinces. En dehors des quatre régions principales (Californie, Washington, New York, Oregon), la production de vin est relativement minime, mais connaît une croissance rapide dans des terroirs et des climats très différents de ceux du reste du monde.

**Régions viticoles**
- Vignobles
- Frontière
- Limite d'État

N

0        500        1000 km

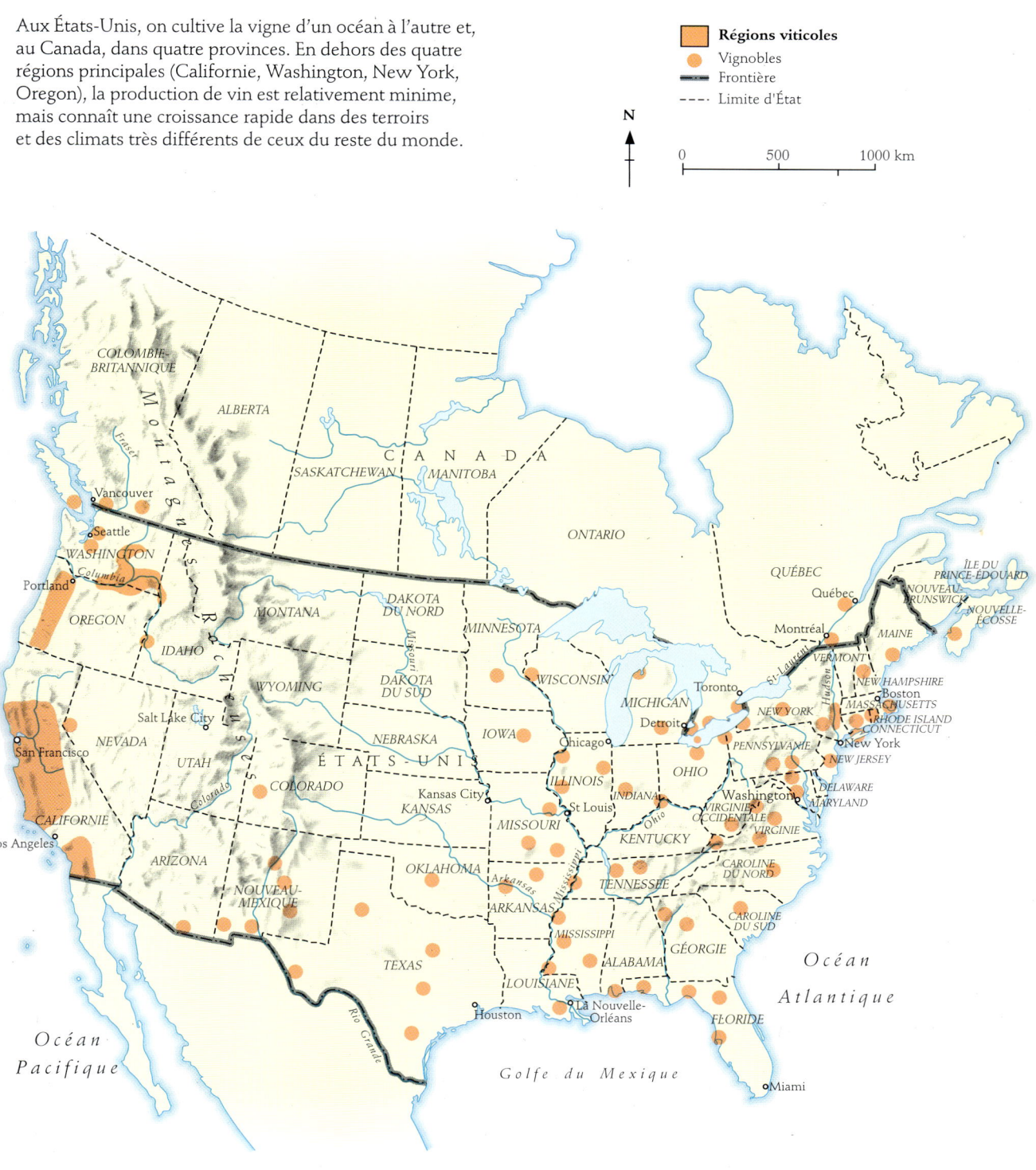

## L'histoire du vin en Amérique du Nord

Il est à peu près certain qu'au XVII<sup>e</sup> siècle, sinon plus tôt, des vignes sauvages poussaient sur la côte est de l'Amérique du Nord, de la Georgie au Canada. Les premiers vins furent des vins de messe : vers le milieu du XVII<sup>e</sup> siècle, les missions jésuites produisaient du vin au Québec, tout comme les missions franciscaines au Nouveau-Mexique, le long du Rio Grande. (Il est du reste possible que les vignes soient arrivées au Nouveau-Mexique dès 1580, par le sud.)

Ces vignes, qui poussaient à l'état sauvage de la côte nord-est au centre de la côte atlantique, étaient de la *Vitis labrusca*. Le cépage le plus connu est le Concord, un raisin noir développé par Ephraim Bull, un habitant de Concord,

dans le Massachusetts. Cette vigne robuste, à fort rendement et résistante aux maladies, fut peu à peu plantée dans toute la Nouvelle-Angleterre, le Middle West et sur la côte atlantique centrale. Dans le grand Sud, une autre vigne locale, la *Vitis rotundifolia*, poussait à l'état sauvage et fut plus tard cultivée. Le cépage le plus apprécié de cette espèce, le Scuppernong, fut planté des Carolines à la Floride, puis plus à l'ouest, vers le Mississippi et les États voisins.

On trouve les premières références à une industrie vinicole en Pennsylvanie, dans les États de la Nouvelle-Angleterre, dans le Kentucky et les Carolines, où l'on élaborait du vin à partir des cépages locaux. De nombreux producteurs essayèrent de trouver du raisin pouvant donner du vin de style euro-

péen, car les cépages américains communiquaient aux vins un goût particulier. Parmi ceux qui firent ce genre de tentative, on trouve des noms aussi illustres que lord Baltimore, William Penn et Thomas Jefferson. Hélas, tous leurs efforts échouèrent.

À l'ouest des Rocheuses, où ne poussait aucun cépage indigène, les premiers vins furent élaborés à partir de raisin venu du Mexique, le Criolla. Dans les années 1850, des centaines de boutures de cépages de *vinifera* européens furent apportées en Californie, où elles s'adaptèrent aux conditions proches de celles des régions méditerranéennes.

### La prohibition

De 1919 à 1933, la prohibition fit beaucoup de tort à l'industrie vinicole qui, aux États-Unis comme au Canada, jouissait jusque-là d'un certain succès grâce à l'énergie et à l'expertise d'immigrants européens. Au XIX<sup>e</sup> siècle, elle prospérait dans l'Ohio, l'Indiana et la Virginie, aussi bien que dans le Missouri, au Nouveau-Mexique et en Californie. Mais ce succès fut de courte durée, car le phylloxéra fit son apparition en Californie dans les années 1880, tandis que d'autres maladies se propageaient dans le Middle West. Les vignes qui survécurent à la prohibition furent essentiellement les cépages américains destinés au jus de raisin, aux confitures et aux gelées. Outre le Concord, les cépages appréciés étaient le Catawba, le Norton et l'Isabella (rouges) ainsi que le Delaware, le Niagara et le Dutchess (blancs). Ils étaient à l'époque suffisamment bons pour produire des vins doux et des vins mutés de type Porto, Xérès et Madère, qui avaient beaucoup de succès. Bien des États mirent des dizaines d'années après l'abrogation de la loi sur la prohibition pour reprendre leurs activités vinicoles et, jusqu'au début des années 60, toutes les régions, Californie incluse, élaborèrent essentiellement des vins mutés, des vins de table doux et des vins de consommation courante.

### La situation actuelle

La plupart des producteurs d'Amérique du Nord n'existaient pas avant

---

## LIRE UNE ÉTIQUETTE DE VIN AMÉRICAIN

Les noms des vins sont simples : le nom du producteur ou de l'exploitation est suivi de celui du cépage – par exemple, Pinot Noir – auquel on ajoute parfois une mention de type «Special Reserve».
Les noms de marque, jadis réservés aux vins ordinaires sont, aujourd'hui utilisés pour désigner des assemblages de cépages de qualité supérieure.

**Le style de vin.** Le plus courant est le vin de cépage, nommé d'après le raisin dominant qui, selon la loi fédérale américaine, doit constituer au moins 75 % du contenu de la bouteille ou 90 % en Oregon (à l'exception du Cabernet-Sauvignon, afin de permettre quelques assemblages de type bordelais).

Les gros producteurs ont souvent recours à des noms génériques (tels que Bourgogne, Chablis, Chianti, Porto, Xérès, blanc sec, *blush*), mais l'utilisation d'un nom européen ne signifie pas qu'il s'agit de cépages européens : tous les cépages et assemblages sont autorisés. L'Oregon fait, une fois de plus, exception : les noms de lieux européens ne peuvent figurer sur l'étiquette.

**La région d'origine.** L'appellation régionale la plus générale est celle de l'État (Californie, New York, Texas, etc.) ; les vins étiquetés Californie doivent être issus à 100 % de cépages cultivés dans cet État. Vient ensuite le nom du comté : au moins

75 % des raisins doivent provenir du comté nommé – sauf dans l'Oregon, qui en exige 100 % pour autoriser cette mention.

Les comtés sont toutefois des entités politiques et non vinicoles ; or, la loi américaine a institué en 1980 des AVA, partiellement calquées sur les appellations européennes et pouvant dépasser les limites du comté. Délimitées en fonction des frontières climatiques naturelles, des régions topographiques ou des types de sols spécifiques, elles donnent une meilleure idée du style de vin. Les vins qui portent le nom d'une AVA doivent contenir au moins 85 % de raisin poussant dans la région mentionnée (encore une fois, la législation plus stricte de l'Oregon en exige 100 %).

La plus petite subdivision régionale est celle du vignoble ; si son nom est mentionné, 95 % des raisins doivent en provenir.

**Le millésime.** Il n'est pas obligatoire, mais si le vin en porte un, il doit contenir au moins 95 % de l'année mentionnée.

**Autres informations.** Le degré d'alcool et les mises en garde contre l'abus d'alcool figurent sur toutes les bouteilles destinées au marché américain (ces indications ne figurent pas sur les bouteilles destinées à l'Europe).

Au Canada, bien que les lois et les zones officielles diffèrent (voir p. 509), les étiquettes portent des mentions très similaires.

1966. Au moins 70 % des 700 entreprises vinicoles de Californie furent fondées après cette date et, dans l'État de New York, au moins 80 % des 90 entreprises actives furent créées après 1976. Dans l'Ontario (Canada), c'est en 1975 que fut accordée la première licence depuis 1929.

En 1991, les États-Unis étaient le quatrième producteur mondial de vin derrière l'Italie, la France et l'Espagne. Dans les années 80, la production moyenne annuelle dépassait les 2,4 millions de bouteilles. Mais, en comparaison des pays européens, la consommation est faible : 8 litres par habitant contre 80 en France et 74 en Italie. Les Américains n'ont pas la même conception du vin : c'est une boisson réservée aux grandes occasions et nombreux sont ceux qui n'en boivent jamais. Six États – Californie, New York, Floride, Texas, Illinois et New Jersey – consomment la moitié du vin vendu dans le pays.

## Les cépages américains

Les cépages indigènes de *labrusca* donnent des vins au goût prononcé, souvent qualifié de « foxé », amertume encore plus sensible dans les vins secs. Les vins de *labrusca* ont généralement un taux d'acidité élevé, dont on s'accorde à dire qu'il faut y être habitué pour l'apprécier. Les hybrides entièrement américains conservent les caractéristiques de la *labrusca*, alors que les hybrides américano-européens donnent des vins d'un goût beaucoup plus acceptable. Malgré tout, les meilleurs vins sont issus de souches de *vinifera* adaptées à l'environnement américain et cultivées dans des microclimats favorables.

On trouve aujourd'hui une large gamme de cépages de *vinifera* dans toute l'Amérique. Et chaque cépage peut donner des vins très différents suivant l'endroit où il pousse. Un Chardonnay ou un Sauvignon de Californie, par exemple, auront un goût tout autre que ceux de l'État de Washington. Les méthodes de vinification américaines, tout comme les concepts de marketing (le *blush* n'est, tout compte fait, rien de plus que le rosé d'autrefois), ont donné naissance à des styles encore plus divers.

## Les régions viticoles

L'Amérique du Nord possède cinq grandes régions ou États produisant du vin.

**La Californie** domine complètement la production (90 %). Et cette situation ne risque guère de changer, car elle bénéficie d'un climat particulièrement doux, de cépages de *vinifera* bien implantés et de producteurs dont la réputation n'est plus à faire.

**Le Nord-Ouest** recouvre, en termes de vin, principalement les États de Washington et de l'Oregon. C'est une région en plein développement dont la réputation de produire des vins de grande qualité va croissant.

**Le Nord-Est,** c'est surtout l'État de New York, second plus gros producteur, malgré ses 3 % de la production totale du pays. Il est l'exemple parfait des États viticoles de l'Est qui adoptent aujourd'hui les cépages de *vinifera* dans l'espoir de produire des vins plus traditionnels.

Les autres États du Nord-Est qui produisent du vin sont la Nouvelle-Angleterre, le New Jersey, la Pennsylvanie et le Maryland, qui furent parmi les premiers producteurs du continent.

**Le Sud et le Middle West** ont des producteurs petits, mais capables de faire de bons vins, que l'on découvre parfois dans des endroits insoupçonnés.

**Le Canada** est peut-être un producteur inattendu, étant donné la rigueur de son climat, mais il faut savoir que ses habitants y vendangeaient bien avant les Américains et qu'une industrie vinicole de qualité est en train d'y naître. □

## CÉPAGES ET HYBRIDES LOCAUX

Les cépages locaux sont encore très cultivés, bien que les hybrides gagnent du terrain et que la proportion de cépages de *vinifera* (voir chaque région) augmente.

**Aurora.** Hybride franco-américain, utilisé pour les vins doux et mousseux, généralement sans intérêt.

**Baco Noir.** Hybride français, qui donne des vins rouge foncé et capables de vieillir.

**Catawba.** Hybride rouge américain, très utilisé pour les Mousseux et les *blushes*.

**Cayuga White.** Hybride franco-américain, qui donne un blanc sec ferme, de qualité raisonnable.

**Chambourcin.** Hybride français apprécié, produisant des rouges pleins de corps et d'arôme, également utilisé dans les assemblages.

**Chancellor.** Hybride français donnant des rouges fruités, mais sans grand intérêt.

**Chelois.** Hybride français utilisé pour les rouges de type Bourgogne, les assemblages et les *blushes*.

**Concord.** Raisin rouge américain, qui donne des rouges foncés et plutôt ternes, avec un goût « foxé » caractéristique.

**Cynthiana.** Voir Norton.

**De Chaunac.** Hybride franco-américain populaire, donnant des rouges ordinaires fruités, à boire jeunes.

**Delaware.** Raisin américain rose, utilisé pour les vins tranquilles et mousseux, légèrement « foxé » quand il n'est pas trop sec.

**Dutchess.** Cépage américain, semblable au Delaware, donnant des vins blancs ordinaires.

**Elvira.** Vieux cépage blanc américain en voie de disparition.

**Isabella.** Vieux cépage rouge américain, de type très « foxé », en voie de disparition.

**Léon Millot.** Hybride français, similaire au Maréchal Foch, donnant des rouges de bonne qualité, corsés, capables de vieillir.

**Maréchal Foch.** Hybride franco-américain très cultivé – on le dit voisin du Gamay – donnant des rouges fruités bien équilibrés.

**Melody.** Hybride récent provenant du Pinot Blanc et produisant des vins blancs fruités et légèrement doux.

**Niagara.** Hybride américain voisin du Concord et cépage le plus « foxé ». On l'utilise souvent pour les blancs doux.

**Norton.** Vieux cépage rouge américain donnant des vins lourds et « foxés ».

**Ravat.** Le Ravat blanc, également nommé Vignoles, est un hybride franco-américain dérivé du Chardonnay et presque toujours utilisé pour les blancs doux de qualité.

**Seyval Blanc.** Hybride franco-américain dérivé du Chardonnay, donnant des vins de cépage blancs et fruités.

**Vidal Blanc.** Hybride dérivé du Trebbiano et utilisé pour une gamme de blancs de bonne qualité, y compris des vins de glace.

**Vignoles.** Voir Ravat.

**Villard.** Hybride franco-américain donnant des rouges et des blancs ternes.

# CALIFORNIE, WASHINGTON ET OREGON

Ces trois États de la côte ouest produisent la grande majorité des vins américains. Les zones côtières, donnent les vins les plus élégants. Central Valley fournit 85 % des vins de consommation courante. Plus frais et humide, l'Oregon ressemble à certaines zones d'Europe du Nord. Les nuits froides de l'État de Washington assurent aux raisins une bonne teneur en acidité.

Californie: autres régions côtières

CANADA

Océan Pacifique

Seattle
Tacoma
Spokane
VALLÉE DE LA COLUMBIA
WASHINGTON
Columbia
Snake
Yakima
Walla Walla

Portland
Salem
VALLÉE DE LA WILLAMETTE
OREGON
Eugene
VALLÉE DE L'UMPQUA
Roseburg
VALLÉE DE LA ROGUE

Chaîne des Cascades

Sierra Nevada

Sacramento
SIERRA NEVADA FOOTHILLS
Santa Rosa
Oakland
Sacramento
San Francisco
San Jose
Monterey
Fresno
VALLÉE DU CENTRE
Chaînes Côtières
San Joaquin
CALIFORNIE
Paso Robles
Bakersfield
San Luis Obispo
Santa Maria
Santa Ynez
Santa Barbara
Los Angeles
SUD DE LA CALIFORNIE
Temecula
Colorado
San Diego
MEXIQUE

N

0    100    200    300 km

**Californie: autres régions côtières**

MENDOCINO
GLENN
BUTTE
POTTER VALLEY
Ukiah
ANDERSON VALLEY
McDOWELL VALLEY
CLEAR LAKE
Lac Klear
COLUSA
Sacramento
Yuba City
SUTTER
ALEXANDER VALLEY
DRY CREEK VALLEY
GUENOC VALLEY
KNIGHTS VALLEY
SONOMA
RUSSIAN RIVER VALLEY
Santa Rosa
SONOMA COAST
Lac Berryessa
NAPA VALLEY
NAPA
YOLO
SONOMA VALLEY
Napa
Sacramento
Davis
SOLANO
MARIN
LOS CARNEROS
SACRAMENTO
Baie de San Pablo
Vallejo
Berkeley
CONTRA COSTA
San Francisco
Oakland
Stockton
SAN JOAQUIN
Baie de San Francisco
San Mateo
LIVERMORE VALLEY
ALAMEDA
SAN MATEO
San Jose
SANTA CLARA
STANISLAUS
SANTA CRUZ MOUNTAINS
SANTA CLARA VALLEY
Santa Cruz
SAN YSIDRO
MERCED
San Joaquin

N

0    50 km

**Zones viticoles**
— Frontière
– Limite d'État
-- Limite de comté
Autoroute principale
Route principale

# CALIFORNIE

UNE VASTE VARIÉTÉ DE SITES ET DE CÉPAGES ET UNE MULTITUDE DE
PRODUCTEURS PASSIONNÉS ONT FAIT DE CETTE RÉGION VITICOLE
L'UNE DES PLUS DYNAMIQUES ET PUISSANTES DU MONDE.

La vallée de Napa est la région viticole la plus importante de Californie. Vichon Winery, près d'Oakville, située au cœur de la vallée, appartient à Robert Mondavi, l'un des vinificateurs les plus réputés des États-Unis.

Favorisée par son climat très hospitalier, la Californie produit des vins depuis près de deux cents ans. Mais ce n'est que dans les années 60 que les consommateurs exigeants de San Francisco, Los Angeles et d'autres villes californiennes commencèrent à rechercher une source locale de vins fins. Les producteurs déterminés et financièrement solides ne tardèrent pas à relever le défi.

C'est d'Espagne, via le Mexique, que le raisin arriva en Californie, par l'intermédiaire des pères franciscains qui établirent des missions tout au long d'El Camino Real (la Route du roi, aujourd'hui US 101) : ils avaient pour mission de convertir les indigènes à la religion chrétienne et avaient besoin de vin pour la célébration de la messe. Avec la ruée vers l'or, en 1849, la viticulture se répandit à travers l'État : des hordes de jeunes gens venus pour retourner le sol à la recherche du métal jaune finirent par adopter des moyens de subsistance plus stables. La passion du vin fut donc l'une des conséquences du brassage de colons européens d'horizons divers. La diversité des régions du « Golden State », ensoleillé toute l'année, fournissait une gamme de terroirs sous microclimats allant des fraîches zones océaniques des bords du Pacifique, berceau des

vins fins, jusqu'aux terres fertiles de San Joaquin Valley, à la chaleur torride, et aux petits domaines produisant des vins distingués sur les contreforts enneigés de la sierra Nevada. Après avoir survécu aux attaques du phylloxéra (d'abord dans les années 1880 puis au début des années 90) et aux privations imposées par la prohibition entre 1920 et 1933, sans oublier la grande dépression des années 30, l'industrie viticole californienne reste solide et prospère. L'État produit chaque année 1 836 millions de bouteilles, soit environ 90 % de la production des États-Unis.

La Californie offre aujourd'hui autant de diversité que n'importe quelle autre région viticole du monde. Si la plupart de ses 750 domaines viticoles produisent des vins blancs secs (principalement de Chardonnay) et des rouges (surtout de Cabernet-Sauvignon et de Zinfandel, cépage proprement californien), ils élaborent aussi suffisamment de vins rosés de couleur pâle (ou *blush*), de vins d'assemblage rouges (et quelques blancs), de vins de cépages, de blancs liquoreux issus de Riesling ou de Gewürztraminer botrytisés, de vins mutés ou pétillants, et une très longue liste d'autres vins pour satisfaire l'insatiable curiosité des œnophiles locaux.

## Le vignoble californien

La moitié des 283 000 ha de vignes de l'État de Californie est consacrée au vin, la majeure partie du reste étant vendue en raisins secs et 10 % en raisin de table. À titre de comparaison, la Californie consacre au vin une superficie supérieure de 25 % à celle du Bordelais et produit deux fois plus de vin, les rendements pouvant varier entre 95 et 190 hl/ha dans la vallée intérieure. En revanche, Napa et Sonoma produisent environ 50 hl/ha, un rendement plus proche de ceux des vignobles français.

## Les régions viticoles

La diversité des vins de Californie reflète l'éventail presque illimité de ses sites viticoles : la vigne pousse dans 47 des 58 comtés de l'État. On peut diviser l'État en trois zones climatiques principales :

■ les sites subissant l'influence du Pacifique (entre le comté de Mendocino, au nord, et San Diego, à l'extrême sud) ;

■ la vallée centrale (Central Valley), immense zone au climat très chaud ;

■ les contreforts frais de la sierra Nevada, à l'est.

Les zones côtières sont de loin les plus importantes pour la production de vins de qualité. Les régions proches du Pacifique (vallée de Napa, comté de Sonoma, comté de Lake, vallée d'Anderson dans le comté de Mendocino, vallée de Livermore et montagnes de Santa Cruz, autour de la baie de San Francisco, comté de Monterey, comté de San Luis Obispo et Santa Maria dans le comté de Santa Barbara) bénéficient des brumes venant de l'océan, de la baie ou des fleuves, qui tempèrent les températures diurnes. Les raisins gardent ainsi leur acidité naturelle, ce qui favorise la production de vins de qualité fruités et vifs. Napa et Sonoma sont les régions les plus plantées en vignes.

La vallée centrale fournit les vins de table de qualité standard qui constituent l'assise économique des vins de qualité. 85 % des vins californiens proviennent des terres fertiles s'étendant entre Bakersfield et le nord de Sacramento. Cette vaste vallée fournit aussi de superbes vins moelleux.

Les exploitations individuelles tendent de plus en plus à tirer parti de l'étendue et de la diversité des sites viticoles de Californie. À partir de son siège, dans le comté de Lake, Kendall-Jackson a bâti sa réputation sur des Chardonnays provenant de tout l'État. Beringer, Franciscan, Mondavi et quelques autres sont propriétaires de vignobles dans plusieurs régions viticoles importantes. C'est dans la vallée centrale que l'on trouve d'importantes exploitations vinicoles comme la maison Gallo (la plus importante au monde en termes de volume), mais aussi d'innombrables petits producteurs qui pratiquent la viticulture et la vinification comme hobby et sont souvent installés en périphérie des villes. Grandes ou petites, la plupart des exploitations achètent des raisins ou sont propriétaires de parcelles dans plusieurs vignobles : le vinificateur révèle son talent dans les assemblages. Les raisins des vignobles situés dans des zones plus fraîches apportent de l'acidité et ceux des microclimats plus chauds donnent des vins plus charnus. Ainsi, les deux indications les plus importantes, celles qui livrent les clefs du style du vin, sont les noms du producteur et du cépage principal et figurent généralement en évidence sur l'étiquette.

# LES CÉPAGES SUR L'ÉTIQUETTE

En Californie, l'étiquette des vins de qualité porte généralement le nom du cépage. Les cépages les plus importants sont les suivants.

## VINS ROUGES

**Zinfandel.** Ce cépage que l'on trouve rarement hors de Californie permet d'élaborer une large palette de styles de vin rouge, mais également des vins à la robe plus pâle. Étiquetés *White Zinfandel* et/ou *blush*, ils possèdent le plus souvent des arômes de fraise et sont légèrement doux ou demi-secs.

**Cabernet-Sauvignon.** Ce grand cépage rouge de Bordeaux obtient depuis longtemps de bons résultats dans les régions côtières.

**Grenache.** Cépage des zones méditerranéennes (vallée du Rhône, sud de la France et Espagne), il est ici utilisé dans des proportions importantes pour les vins de consommation courante de la vallée centrale.

**Pinot Noir.** Le raisin rouge de Bourgogne prospère dans les zones plus fraîches Carneros, la vallée de Russian River (comté de Sonoma) et dans d'autres régions côtières du Nord. Le Pinot Noir entre dans les assemblages de vins pétillants et s'utilise de plus en plus fréquemment en monocépage.

**Merlot et Cabernet Franc.** Autrefois destinés aux assemblages avec le Cabernet-Sauvignon, ils sont aujourd'hui de plus en plus diffusés en vins de cépage.

**Petite Sirah.** N'ayant rien à voir avec la Syrah de la vallée du Rhône, la Petite Sirah a sa place dans des assemblages génériques.

**Carignan.** Le Carignan occupe des superficies importantes. Il est surtout utilisé en assemblage.

**Barbera.** Ce raisin entre surtout dans des assemblages de vins rouges génériques.

**Gamay.** Il donne des vins qui rappellent le Beaujolais, à Napa et Sonoma.

**Syrah.** Ce cépage se trouve sur de petites superficies ; les raisins s'utilisent surtout dans des assemblages.

**Nebbiolo et Sangiovese.** Un ou deux producteurs emploient ces cépages italiens pour les diffuser en vins de cépage.

## VINS BLANCS

**Chardonnay.** Le grand raisin blanc de Bourgogne et de Champagne donne des vins blancs secs de styles variés.

**Colombard.** Planté sur des superficies importantes dans la vallée centrale, il est utilisé pour les vins ordinaires.

**Chenin Blanc.** Il donne des vins de consommation courante ainsi que, de temps en temps, des vins secs ou liquoreux.

**Sauvignon Blanc.** Planté dans les comtés qui longent la côte, il est élaboré en vin de cépage sec ou utilisé dans des assemblages.

**Muscat Blanc.** Connu parfois sous le nom de Muscat Canelli, il est généralement utilisé pour des vins liquoreux.

**Riesling.** Ce grand raisin allemand (souvent connu sous les noms de Johannisberg Riesling ou White Riesling) donne des vins aromatiques, secs ou demi-secs.

**Gewürztraminer.** Il sert à l'élaboration de vins secs et, à l'occasion, demi-secs.

**Sémillon.** Il entre dans des assemblages de vins blancs de style bordelais, bien qu'il soit quelquefois diffusé en vin de cépage.

## Les noms des vins

La majorité des vins californiens et, avant tout, ceux de qualité, sont des vins de cépage : ils portent le nom de leur cépage principal (voir encadré p. 477). Ils peuvent ne pas être élaborés exclusivement avec le cépage indiqué, mais celui-ci doit représenter au moins 75 % de l'assemblage.

Les producteurs californiens savent depuis longtemps qu'un vin issu d'un seul cépage n'est pas forcément meilleur (un bon assemblage l'améliore souvent). Ainsi est née la désignation de «Meritage» qui donne une plus grande latitude au vinificateur pour faire des assemblages de style bordelais, à condition qu'il utilise les cépages Cabernet-Sauvignon, Merlot, Cabernet Franc, Petit Verdot et Malbec pour le rouge ; Sauvignon, Sémillon et Muscadelle pour le «Meritage» blanc. S'ils ne peuvent être étiquetés vins de cépage, ces vins sont toutefois supérieurs aux vins ordinaires. Un certain nombre de producteurs recourent à la désignation «Meritage», mais d'autres ont créé leurs propres marques.

La mention d'une région réputée, comme Napa ou Sonoma, aide à la vente, mais ne peut figurer sur l'étiquette que si un pourcentage important des raisins provient de la région désignée (voir encadré p. 468).

Les vins pétillants élaborés selon la méthode traditionnelle mise au point en Champagne sont de plus en plus connus et identifiés sur les étiquettes sous le terme «méthode traditionnelle» (au lieu de «méthode champenoise», terme désormais interdit), mais la Californie persiste à utiliser certains noms européens (*chablis*, *burgundy*, *port* et *sherry*) pour décrire des vins génériques qui ressemblent fort peu à leurs illustres homonymes.

## Les millésimes et l'élevage

La douceur du climat californien explique que les variations entre les millésimes soient plus faibles que dans les régions viticoles prestigieuses de la Vieille Europe. Si certains microclimats peuvent pâtir de pluies, de froid ou de chaleurs hors saison, les petits millésimes sont très rares en Californie. En

Les centres de vinification de Californie utilisent quelquefois des fûts de chêne pour la fermentation ou l'élevage des vins.

raison des modes de vinification, la plupart des vins californiens peuvent être consommés dans leur jeunesse : un an ou deux après les vendanges pour les vins blancs, trois à cinq ans pour les vins rouges de qualité standard. Seuls les vins blancs de qualité supérieure (Chardonnay et Sauvignon de Sonoma et de Napa) peuvent se bonifier sept ou huit ans. Quelques rares vins rouges, surtout ceux de Cabernet-Sauvignon et de Zinfandel des meilleures zones côtières, peuvent survivre à un long vieillissement – 20 ans ou plus –, mais ils sont agréables à boire bien avant les Crus Classés de Bordeaux et les Grands Crus de Bourgogne, qu'ils tentent d'égaler. La Californie, qui regorge de producteurs originaux, n'en offre pas moins l'une des meilleures formations du monde en matière de viticulture et d'œnologie (l'université de Davis). La fermentation et l'élevage du vin en barriques sont l'objet de constantes expériences. À partir des mêmes cépages, bien des producteurs proposent deux versions de vins blancs et rouges, l'une fruitée et d'évolution rapide, l'autre plus riche et élevée en barriques.   □

# LES FACTEURS DE QUALITÉ

En Californie, la quête du terroir idéal est à l'inverse de celle de l'Europe du Nord. Si les vignerons européens recherchent surtout les sites ensoleillés, le climat étant souvent trop froid et rude pour le raisin, les viticulteurs californiens, eux, disposent d'un climat trop doux à tendance chaude : ils recherchent des endroits plus frais, où le raisin doit lutter pour atteindre sa pleine maturité plutôt qu'une maturité trop facile due à la chaleur. Leurs critères et priorités en matière de sols, de sites et d'exposition diffèrent aussi de ceux des Européens. Les innombrables sites exploitables, potentiels ou réels, commencent seulement à être explorés.

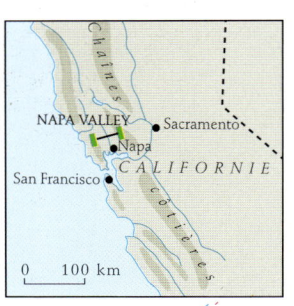

## Sites et expositions

Les vignobles en coteaux sont très prisés pour les vins de Cabernet-Sauvignon et de Zinfandel. Un peu partout, l'exposition au sud est jugée trop chaude : on lui préfère une exposition à l'est, voire au nord, qui offre davantage de fraîcheur et se révèle plus apte à bien faire mûrir le fruit.

## Techniques

La Californie est sans doute le lieu où toutes les techniques possibles de vinification sont expérimentées, certaines avec grand succès. Parmi les clés des progrès accomplis, citons les fûts en chêne français et les cuves en acier inoxydable permettant de contrôler les températures de fermentation.

▮ Vignobles

NAPA VALLEY ET SOUS-RÉGIONS : PROFIL

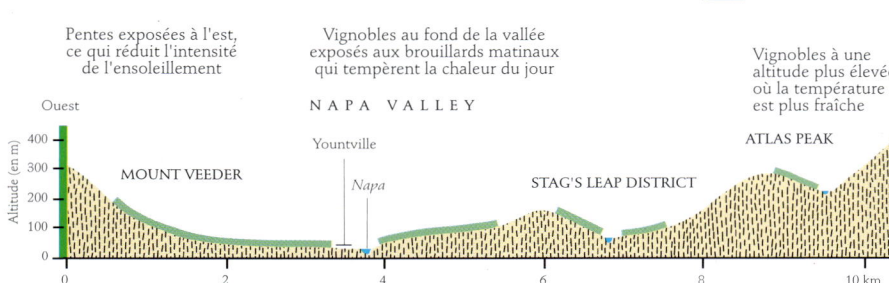

## Climat

Tandis que les Européens se dirigent vers les climats plus frais du Nord pour le Pinot Noir, le Riesling et les raisins acides nécessaires aux vins pétillants, les Californiens se tournent vers l'ouest et cherchent à se rapprocher de la côte. Dans le comté de Santa Barbara, par exemple, si l'on remonte le fleuve Santa Ynez sur un ou deux kilomètres, la température diurne moyenne augmente de un degré. Près du Pacifique, le Pinot Noir est le cépage favori des viticulteurs ; un peu plus vers l'intérieur, le Chardonnay réussit mieux ; en montant vers le lac Cachuma, les températures plus élevées permettent de mener à maturité le Sauvignon, et même le Cabernet-Sauvignon les années de grande chaleur. Et Santa Ynez est située bien au sud de la vallée de Napa, où le Cabernet se trouve encore plus à l'aise.

Le brouillard de la côte rafraîchit les vignobles de Sonoma.

Dans chaque vignoble, le climat est plus déterminant que la composition du sol pour choisir le cépage qui donnera les meilleurs résultats. Dans les régions côtières de l'est et du nord de San Francisco, en particulier dans les comtés de Napa et de Sonoma, un autre facteur entre en jeu : des brèches ouvertes dans la chaîne montagneuse parallèle à la côte permettent aux brises marines et au brouillard frais et humide de tempérer la chaleur des vallées. Carneros, au sud de Napa, est ainsi plus frais que des régions plus au nord.

## Sols

Depuis les années 70, les viticulteurs californiens n'ignorent plus que chaque parcelle possède sa propre identité et sa propre expression. Ils ont aussi appris très vite que, planté sur un sol graveleux bien drainé, le Cabernet-Sauvignon peut produire un vin classique, alors que, sur des sols lourds et argileux, il a du mal à exprimer son fruit et donne des vins très herbacés, aux arômes végétaux.

Sauf pour les viticulteurs qui affirment qu'un sol calcaire est indispensable au Pinot Noir (Calera à San Benito, Chalone à Monterey), l'importance des sols se limite à leur texture, à leur pente et à leur exposition. Le bon drainage des sols est essentiel : la vigne n'aime pas «avoir les pieds dans l'eau». Les sols des coteaux sont moins fertiles que ceux des vallées, mais cette pauvreté confère au fruit des arômes plus intenses.

# LES RÉGIONS VITICOLES DE NAPA ET DE SONOMA

Les comtés de Napa et de Sonoma, au nord de la baie de San Francisco, constituent le cœur de l'industrie californienne des vins de qualité. La vallée de Napa possède plusieurs districts définis avec précision en fonction du sol et du microclimat (voir encadré p. 477). Les zones les plus chaudes se trouvent au nord ; la plus fraîche, Carneros, se prolonge dans le comté de Sonoma, où les régions viticoles (voir encadré p. 483) sont plus disséminées.

**Zones viticoles**

Comté de Sonoma
- Alexander Valley
- Dry Creek Valley
- Knights Valley
- Russian River Valley
- Chalk Hill
- Green Valley
- Sonoma Coast
- Sonoma Valley
- Sonoma Mountain

Comté de Napa
- Napa Valley
- Howell Mountain
- Diamond Mountain
- Spring Mountain
- Rutherford
- Oakville
- Atlas Peak
- Mount Veeder
- Stags Leap District
- Los Carneros

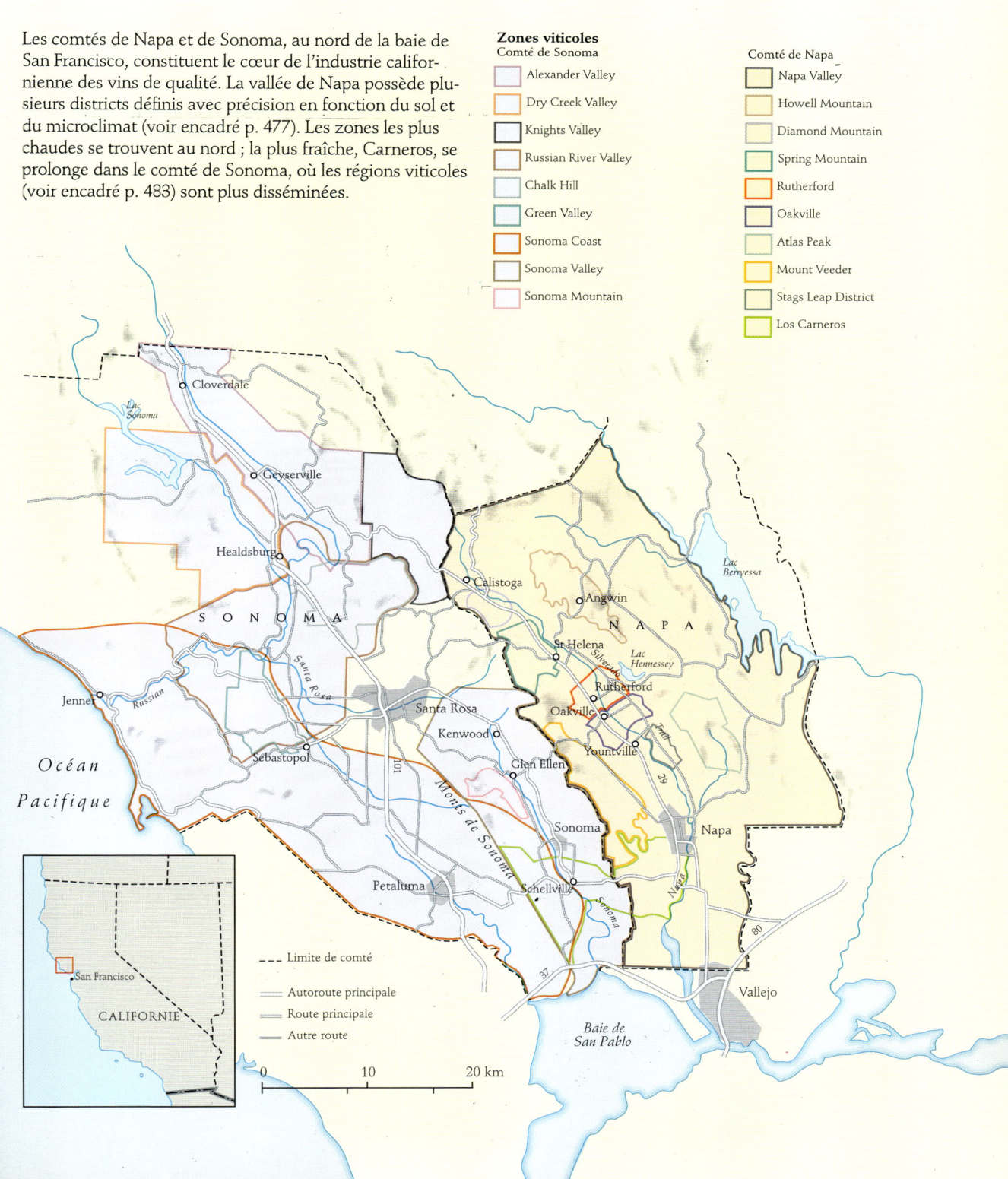

Limite de comté
Autoroute principale
Route principale
Autre route

0    10    20 km

CALIFORNIE
San Francisco

# NAPA VALLEY

Napa Valley, avec sa forme de croissant de lune, est la plus connue des régions viticoles américaines. Totalement vouée à la vigne, elle consacre 14 000 ha (soit le Médoc et Saint-Émilion réunis) à cette seule et unique activité. Le comté de Napa est deux fois moins grand que celui de Sonoma, mais compte deux fois plus d'exploitations viticoles ; sa superficie plantée en raisin représente un dixième seulement de la surface viticole de la Californie, mais ses quelque 250 domaines viticoles correspondent au tiers du total des exploitations de l'État.

La Highway 29 (autoroute 29), surnommée à juste titre «la Route du vin», parallèle au fleuve Napa, longe une succession presque ininterrompue de vignobles, de chais et de lieux de dégustation : de Trefethen (Oak Knoll Avenue), juste au nord de Napa, jusqu'aux coteaux de Zinfandel de Storybook Mountain (à la limite du comté de Sonoma), 48 km plus haut.

## L'histoire de Napa

Napa, à l'évidence, était prédestinée à la vigne : ses cent cinquante ans d'histoire viticole et la clémence de ses zones climatiques (voir encadré p. 477) en attestent. Ses caves en pierre, fondations solides bâties pour durer, sont des monuments qui ont vieilli en beauté.

Le magnifique Greystone, à la limite nord de St Helena (aujourd'hui siège de l'Institut culinaire d'Amérique pour l'ouest du pays) ; le domaine Far Niente à Oakville, superbement restauré ; la façade en pierre du Château Montelena à Calistoga ; les murs couverts de lierre d'Inglenook ; la petite structure en pierre qui forme aujourd'hui le cœur de Beaulieu : sans eux, l'extraordinaire expansion de Napa pendant les années 70 aurait tourné au cataclysme.

Le premier vin de la vallée fut produit vers 1840 par George Yount, un natif du Missouri, qui, après s'être battu contre les Indiens, s'installa en 1836 à l'endroit

Centre de vinification près d'Oakville.

appelé aujourd'hui Yountville. Il y planta un verger et des vignes en 1838 et, dès 1840, obtenait 20 000 l de vin par an.

Mais, jusqu'à la guerre de Sécession (1861-1865), le vin n'était à Napa Valley qu'une activité accessoire de l'agriculture : un verger par-ci, un potager par-là, et quelques rangs de vignes à l'endroit le plus ensoleillé. Le véritable pionnier de l'industrie vinicole de Napa fut Charles Krug, Prussien d'origine, qui commença à produire du vin au début des années 1860. Il utilisa la première presse mécanique et fonda à St Helena la première exploitation vinicole de Napa Valley. Ce fut lui qui forma également les premiers vinificateurs célèbres de Californie : Clarence Wetmore (fondateur de Cresta Blanca), Jacob Beringer et Carl Wente.

En 1870, sous l'impulsion d'hommes comme Jacob Schram et Hamilton Walker Crabb, qui transformèrent ce passe-temps en affaire commerciale, le vin était déjà en voie de devenir une industrie. Après avoir visité le domaine Calistoga de Jacob Schram, l'écrivain écossais Robert Louis Stevenson décrivit son vin comme étant «de la poésie en bouteille».

À cette époque, Crabb était en train de planter To Kalon Vineyard (il disait que cela signifiait «le vignoble du patron» en grec) à l'ouest d'Oakville, où il essaya plus de 400 cépages. Aujourd'hui, To Kalong est toujours un domaine expérimental : une partie du vignoble de Crabb est devenue le centre d'essais viticoles de l'université de Davis en Californie ; l'autre, Block P, appartient à Mondavi, qui y produit son Cabernet-Sauvignon Reserve.

En 1889, Napa Valley comptait au moins 142 caves, malgré les dégâts importants causés par le phylloxéra au cours des années 1880 et 1890.

Les treize années de prohibition brisèrent l'essor des exploitations viticoles, mais n'empêchèrent pas l'extension de la viticulture. Encouragée par les vinificateurs clandestins, la consommation de vin fit plus que doubler entre le début et la fin de la prohibition. Dans la période mouvementée qui suivit, les grandes coopératives régnèrent en maîtres sur l'industrie vinicole.

Dans les années 40, des petits producteurs installés sur les hauteurs – Stony Hill, Souverain (aujourd'hui Burgess), Mayacamas – amorcèrent une conversion qui visait à passer des vins de dessert ainsi que des vins génériques aux vins de cépage Chardonnay et Cabernet-Sauvignon.

En 1943, le père de Robert Mondavi sauva l'exploitation de Charles Krug du délabrement. En fondant sa propre affaire à Oakville, en 1966, Robert Mondavi construisit la première exploitation d'importance à Napa Valley depuis la fin de la prohibition. Plus de 95 % des entreprises vinicoles existant aujourd'hui à Napa Valley sont nées après celle de style «mission espagnole» de Mondavi.

Napa Valley, comme les autres zones de Californie, connut son véritable essor entre le milieu des années 70 et les années 80, époque à laquelle les Américains commencèrent à s'intéresser aux livres traitant du vin, à visiter les exploitations viticoles et à tout déguster, du Chenin Blanc au Chardonnay, du Pinot Blanc au Pinot Noir. Onze nouvelles exploitations furent créées dans la seule année 1972 à Napa Valley, dont Stag's Leap Wine Cellars et Clos du Val. Huit autres suivirent en 1973 et, à partir de là, rien ne put arrêter le développement de la région.

Aujourd'hui, Napa Valley est bien équipée pour accueillir les 250 000 visiteurs annuels qui empruntent la Highway 29 et le Silverado Trail, la route qui lui est parallèle, plus à l'est. Restaurants et salles de dégustation abondent et, les matins sans brouillard, le ciel est constellé de montgolfières multicolores offrant une vue panoramique sur la vallée tapissée de vignes.

## Les cépages et les styles de vin

La plupart des principaux cépages de Californie (voir p. 473) sont présents à Napa Valley et la majorité des vins portent le nom de leur cépage principal. Le Cabernet-Sauvignon domine pour les rouges et le Chardonnay pour les blancs ; avec près de 4 000 ha chacun, les deux cépages occupent plus de la moitié de la surface cultivée de Napa. Les autres cépages importants sont le Pinot Noir (1 130 ha) et le Merlot (970 ha) pour les rouges. On utilise également le Zinfandel (1 770 ha), non seulement pour les vins rouges, mais aussi pour les *blush* (rosés), secs ou légèrement doux ; le Sauvignon (1 250 ha) pour des blancs secs ; et le Chenin Blanc (592 ha) pour des vins secs ou liquoreux dans le style de ceux du Val de Loire, et pour des vins qui usurpent le nom de Vouvray.

Depuis quelque temps, la tendance est aux cépages utilisés dans les assemblages de style bordelais, dits «Meritage» (voir p. 473) : Cabernet Franc, Malbec et Petit Verdot pour les rouges, Sémillon pour les blancs. Ces vins diffèrent des premiers vins de cépage californiens, aux arômes de barrique trop marqués, à l'extraction maximale et au fort taux d'alcool ; les producteurs tendent aujourd'hui vers des nectars plus complexes et subtils. À mesure que les consommateurs deviennent plus exigeants, les prix montent. □

## LES ZONES VINICOLES DE NAPA

Napa dispose d'une aire viticole (AVA) principale, qui recouvre l'ensemble du comté et plusieurs districts, dont certains sont bien établis et d'autres ne sont pas encore officiellement reconnus. Les raisins de Napa Valley étant très coûteux, leur nom occupe une place de choix sur les étiquettes de vin. La plupart des domaines possèdent des vignes dans plusieurs districts. Quoi qu'il en soit, l'aire viticole ne peut figurer sur l'étiquette que si le vin en provient à 85 % au moins.

**Napa Valley.** AVA principale, elle englobe toutes les vignes du comté de Napa, y compris Chiles Valley, Pope Valley et Wild Horse Valley, qui se trouvent à l'extérieur du bassin hydrologique du fleuve Napa.

**Mount Veeder.** L'aire viticole longe les monts Mayacamas, au nord et à l'ouest de la ville de Napa, en direction de Bald Mountain. Elle représente près de 400 ha de vignes plantées entre 120 et 800 m au-dessus du niveau de la mer. Les sols volcaniques bien drainés favorisent de faibles rendements (jamais plus de 40 hl/ha) et l'élaboration de Cabernets Sauvignons et de Chardonnays intenses et bien structurés de domaines comme Mount Veeder, The Hess Collection, Mayacamas Vineyard et Château Potelle.

**Spring Mountain.** Cette aire viticole remonte le long des collines situées à l'ouest de St Helena. Les vieilles vignes fournissent des raisins très concentrés. Les exploitations de premier plan sont Cain Cellars (Cain Five, un rouge Meritage), Smith-Madrone (un Johannisberg Riesling) et Robert Keenan (Merlot).

**Diamond Mountain.** Situé au sud de Calistoga, ce vignoble est l'un des plus escarpés. Certaines terrasses du vignoble Diamond Mountain de Sterling sont à hauteur d'homme et les rendements bas autorisent la production de Chardonnays fins et de Cabernets-Sauvignons fermes et nets. Diamond Creek Vineyards (voir p. 478) et Stonegate possèdent aussi des vignobles sur la colline.

**Howell Mountain.** Cette aire viticole borde la route Deer Park qui serpente sur la colline et s'étend de St Helena au côté Vaca de la vallée, en passant par Angwin.

Reconnue AVA depuis janvier 1984, la totalité de ses 80 ha est située au-dessus de 425 m, presque toujours au-dessus de la ceinture de brouillard matinal. Le Zinfandel est le cépage classique de Howell Moutain, mais de nouvelles plantations fournissent le Cabernet-Sauvignon de Dunn, compact et ferme, en un vin jeune, qui s'épanouit après quelques années de bouteille.

**Atlas Peak.** Cette AVA située au nord de Napa est le fief de Piero Antinori, propriétaire de Atlas Peak Vineyard (186 ha). C'est également le bastion du Sangiovese (48 ha, soit un tiers du total de ce cépage en Californie).

**Stags Leap District.** Située à l'est de Yountville, cette AVA est connue pour les Cabernets-Sauvignons des domaines Clos du Val, Stags Leap Wine Cellars, Stags Leap Vineyard, Shafer, Pine Ridge et Silverado. Dans les vins rouges de l'aire, les notes suaves enveloppent un cœur de fruit solide. La majeure partie des sols est riche en terreau.

**Rutherford et Oakville.** Situés au milieu de la vallée, ils ont chacun droit à leur propre AVA, mais sont parfois regroupés sous la désignation Rutherford-Oakville Bench. Le *bench* (banc) est une terrasse large, plate et basse, courant le long de la vallée et façonnée par le fleuve Napa : aussi les sols sont-ils riches en alluvions et en graves bien drainées. Rutherford est particulièrement célèbre pour ses Cabernets-Sauvignons de caractère, solides et tanniques, aux arômes légèrement herbacés. Oakville, plus au sud, se distingue par des sols plus variés. On y cultive le Cabernet-Sauvignon et d'autres cépages.

**Los Carneros.** C'est la plus méridionale des AVA du comté. Elle se caractérise par une fine couche de terre arable, un climat rafraîchi par la proximité de la baie, et se prolonge dans Sonoma Valley. Le Chardonnay couvre la moitié des 2 630 ha de la AVA, tandis que le Pinot Noir, qui donne ici des vins succulents aux arômes de fraise, représente un tiers des surfaces cultivées. Le Merlot, récemment «découvert» dans le vignoble Winery Lake de Sterling et dans d'autres, est de plus en plus planté.

# PRODUCTEURS ET NÉGOCIANTS

Malgré l'intérêt croissant pour les aires viticoles, le critère de qualité le plus sûr, à Napa comme dans le reste des États-Unis, est la réputation du producteur. Le talent du viticulteur réside dans l'assemblage de vins aux caractéristiques différentes. Les domaines viticoles énumérés ci-après ont leur siège à Napa Valley, mais peuvent utiliser des raisins provenant d'ailleurs. La plupart des vins sont nommés d'après leur cépage : voir p. 472.

### Beaulieu

La réputation de cette vénérable maison repose sur le Cabernet-Sauvignon Georges de Latour Private Reserve, qui porte le nom du Français établi à Rutherford en 1892, et que le vinificateur russe André Tchelistcheff ne cessa ensuite d'améliorer durant près de 40 ans. L'un des rouges californiens issu exclusivement de Cabernet-Sauvignon et élevé en barriques de chêne américain, ce vin peut se bonifier pendant des dizaines d'années en bouteille.

### Beringer

Les frères Frederick et Jacob Beringer fondèrent en 1876, juste au nord de St Helena, cette exploitation viticole. Cette réplique de leur *Rhine House* (maison du Rhin) familiale de Mayence, aussi exquise qu'originale (aujourd'hui salle de dégustation), est située à côté de caves creusées par des ouvriers chinois. Les vins vedettes sont le Cabernet-Sauvignon Private Reserve, massif mais équilibré, et un Chardonnay, aux arômes provenant des barriques. L'étiquette «Napa Ridge» est réservée aux vins plus souples.

### Caymus

La famille Wagner débuta son activité agricole à Napa Valley en 1906, y planta du raisin en 1941 et commença à produire elle-même du vin, à Rutherford, en 1972. Les Wagner prouvèrent rapidement que les bâtisses baroques n'étaient pas indispensables à la production de grands vins comme le sensationnel Special Selection Cabernet-Sauvignon. Aujourd'hui, ils travaillent dans un superbe chai à façade de pierre. Conundrum est un vin blanc sec, assemblage de Muscat, Sauvignon, Chardonnay et Sémillon, fermenté en barriques.

### Clos du Val

Né en France, Bernard Portet, dont le père était régisseur au Château Lafite-Rothschild, apporte une touche bien française à cette exploitation viticole du district de Stag's Leap : ses Zinfandels et ses Sémillons sont des plus intéressants. Clos du Val (sur Silverado Trail, juste au nord de la ville de Napa) est également propriétaire du Domaine St Andrew, où l'on s'efforce de produire un Chardonnay, et de Taltarni Vineyard en Australie (dirigé par le frère cadet de Bernard).

### Clos Pegase

À sa création, en 1984, Clos Pégase a déchaîné une polémique architecturale ; aujourd'hui, ses lignes singulières et sa teinte rose-rouge sont parfaitement intégrées au paysage du sud de Calistoga. Les vins produits sont un Chardonnay, un Merlot, un Cabernet-Sauvignon et un Meritage rouge, assemblage de Cabernet-Sauvignon, Cabernet Franc et Merlot.

### Cuvaison

Fondée en 1970, suisse depuis 1979, cette exploitation de Calistoga utilise surtout des raisins provenant de ses vignobles de Carneros. Grâce au vinificateur, John Thacher, les vins plutôt denses sont devenus élégants et savoureux : Chardonnay, Merlot, Carneros Pinot Noir et Cabernet-Sauvignon.

### Diamond Creek

Les quatre minuscules vignobles totalisant à peine 8,5 ha, sur le mont Diamond, possèdent chacun son propre terroir et sa propre exposition et produisent quatre Cabernets-Sauvignons bien différents les uns des autres.

La salle de dégustation, très germanique, de Beringer, à St Helena.

Volcanic Hill, au sol équilibré couleur de cendres, produit des vins austères ; Red Rock Terrace, d'une couleur rouge ferrugineux, produit des vins pleins de fruit ; Gravelly Meadow est frais et ses vins sont iodés avec des arômes de cerise ; Lake est tout petit et ses vins, intenses et chers, ne sont produits que les grandes années.

## Domaine Carneros

Eilene Crane a d'abord travaillé au Domaine Chandon (voir ci-après) avant de vinifier des vins blancs pétillants pour Gloria Ferrer (Sonoma). Aujourd'hui, elle exerce son noble art de la vinification au Domaine Carneros, au sud-ouest de Napa.

Les chais, qui ressemblent à ceux d'un château français, sont le fruit d'une collaboration entre la maison de Champagne Taittinger et le distributeur américain Kobrand.

## Domaine Chandon

En 1973, Moët-Hennessy débarqua à Napa Valley et acheta des terres à vignes à Carneros, Yountville et en haut de Mount Veeder. Les blancs pétillants du domaine sont mis en valeur dans son élégant salon de Yountville et son charmant restaurant français, dont la carte propose des vins tranquilles et pétillants de Napa Valley. Fine et bien vive, Étoile est la tête de cuvée des vins pétillants. Le Panache, autre création du domaine, est un apéritif à base de moûts mutés.

## Far Niente

Construite par le capitaine John Benson à Oakville en 1885, cette cave de pierre fut restaurée un siècle plus tard par Gil Nickel, un pépiniériste d'Okla-

homa. Les Chardonnays sont riches et les Cabernets-Sauvignons regorgent d'arômes. Dolce, un blanc liquoreux, est un assemblage de Sémillon et de Sauvignon botrytisés.

## Franciscan

Après bien des hauts et des bas et de multiples changements de propriétaires, Franciscan, près de Rutherford, connaît enfin des jours plus calmes entre les mains de la famille allemande Eckes. Le Cabernet-Sauvignon provient de raisins d'Oakville, le Merlot de raisins d'Alexander Valley (Sonoma) et le Chardonnay de raisins du comté de Monterey, au sud de la baie de San Francisco. La société possède également Mount Veeder Winery et des propriétés au Chili.

## Freemark Abbey

Ces caves en pierre situées au nord de St Helena datent de 1886, mais la propriété n'a jamais été une abbaye. Premier domaine de Napa à produire un blanc liquoreux de Riesling botrytisé (appelé Edelwein, en 1973), Freemark Abbey se spécialise actuellement dans les vins de Chardonnay et de Cabernet-Sauvignon. Les Cabernets-Sauvignons des bonnes années vieillissent remarquablement bien.

## Grgich Hills

Originaire de Croatie, Miljenko («Mike») Grgich est connu pour ses Chardonnays généreux et équilibrés, de maturation lente. Après une période d'apprentissage chez Robert Mondavi, il fut engagé au Château Montelena, où son Chardonnay 1973 devint mondialement célèbre. En 1977, il créa cette exploitation de Rutherford avec son associé Austin Hills. On y vinifie aussi les cépages Cabernet-Sauvignon, Zinfandel, Sauvignon et Johannisberg Riesling.

## Heitz Cellars

Le domaine de Joe Heitz, au sud-est de St Helena, est célèbre pour son Martha's Vineyard Caber-

net-Sauvignon, l'un des rouges les plus renommés de Californie pour sa structure classique et ses arômes très caractéristiques d'eucalyptus. David Heitz, le fils de Joe, est aujourd'hui responsable de la vinification.

## Inglenook

Cette imposante bâtisse recouverte de lierre, située à l'ouest de Rutherford, est l'une de celles construites il y a plus d'un siècle par Hamden W. McIntyre (avec Beaulieu, Greystone, Far Niente, Château Montelena). La réputation d'Inglenook est bâtie sur des

Cabernets-Sauvignons très caractéristiques de Rutherford avec leurs arômes de cèdre, d'eucalyptus et de tabac. Gravion est un blanc sec Sauvignon/Sémillon de style bordelais.

## Charles Krug

Les chais datent de 1861, année où Charles Krug planta des vignes au nord de St Helena et devint une sorte de « gourou » pour les pionniers du vin de Napa Valley. Krug appartient aujourd'hui à Peter Mondavi et à ses fils. Le domaine est connu pour son Cabernet-Sauvignon Vintage Selection, aux nuances poivrées, et un Chenin Blanc soyeux, aux arômes d'herbes et de foin.

## Louis M. Martini

Michael et Carolyn, petit-fils et petite-fille de Louis M. Martini, dirigent de nos jours cette exploitation connue pour ses Cabernets-Sauvignons d'une grande

### ROBERT MONDAVI

Robert Mondavi est la locomotive de l'industrie américaine du vin. Après avoir quitté Charles Krug, il fonda son exploitation à Oakville en 1966 et créa le Fumé Blanc, un Sauvignon complexe vieilli en barrique, qui tira le cépage vers des sommets de qualité. Il produit également des Cabernets-Sauvignons structurés, au bouquet complexe, des Chardonnays riches en fruit et des Pinots Noirs souples. Mondavi fait aussi à Woodbridge, dans Central Valley, des vins de cépage à prix très abordables. Son Opus One (en association avec Mouton-Rothschild) est un Cabernet-Sauvignon comparable à certains crus classés de Bordeaux. Il possède aussi Vichon (connu pour son Chevrignon, un assemblage de Sauvignon et de Sémillon) et Byron (issu de Pinots Noirs provenant du comté de Santa Barbara).

finesse et d'une très bonne aptitude au vieillissement. Ceux des années 40 à 60 atteignent des prix élevés dans les ventes aux enchères. Le Muscato Amabile, un blanc doux de style Asti Spumante du Piémont, est un régal.

## Robert Mondavi

Voir encadré p. 479.

## Château Montelena

Ce vieux château situé au nord de Calistoga est un symbole d'excellence en matière de vinification : Chardonnays, Cabernets-Sauvignons fermes, Zinfandels au nez vif et Johannisberg Rieslings, avec une pointe seulement de sucres résiduels, évoquant l'abricot. Une authentique jonque chinoise trône sur le lac de 2 ha de la propriété.

## Mumm Napa Valley

Cette société en participation (entre la maison de champagne Mumm et Seagram, le magnat canadien des spiritueux), située à l'ouest de Rutherford, est connue pour ses vins pétillants de méthode classique, commercialisés à des prix raisonnables. Le Blanc de Noirs est délicat, avec une note de cerise. La cuvée Winery Lake s'arrondit avec grâce en vieillissant.

## Joseph Phelps

Le portail de Phelps, exploitation construite en 1973 à St Helena, est fait de traverses de chemin de fer centenaires. Walter Schug, vinificateur d'origine allemande, a fait la célébrité du domaine avec des Rieslings secs et liquoreux et des Cabernets-Sauvignons denses et massifs (vignoble Eisele), avant de créer son propre domaine. Le vinificateur actuel, Craig Williams, a imprimé sa marque avec un Syrah, un Grenache rouge et un blanc vif à base de Viognier.

## Rutherford Hill

Le Merlot, cépage des rouges légendaires (et chers) de Pomerol, intéresse de plus en plus les consommateurs et les critiques.

Rutherford Hill (nord-est de Rutherford) et Freemark Abbey ont une majorité d'actionnaires communs. Rutherford élève son Chardonnay en barriques de chêne du Limousin et, dans ses assemblages avec le Cabernet-Sauvignon, utilise plus de Merlot que Freemark.

## St Clement

Cette ravissante maison victorienne située au nord de St Helena date de 1878. L'exploitation viticole située dans son sous-sol débuta son activité dans les années 60 sous le nom de Spring Mountain, fut rebaptisée St Clement en 1975 et fut vendue au brasseur japonais Sapporo en 1987. Le Sauvignon Blanc, élancé, au nez de citron vert, évoque les vins de Graves ; les Chardonnays sont riches, mais ni trop boisés ni trop gras.

## St Supéry

Cette exploitation est un véritable bonheur pour les œnophiles de passage à Rutherford : ils peuvent visiter son vignoble mais aussi son musée vivant de l'histoire du vin de Napa Valley (Atkinson House), où l'on explique aux visiteurs les différences entre les vins et les cépages dont ils sont issus. Propriété de la famille française Skalli (qui possède la marque Fortant de France dans le midi de la France, voir p. 276), St Supéry est dirigé par Michaela Rodeno. Son Sauvignon, élégant et complexe, possède des arômes évoquant l'herbe fraîchement coupée.

## Saintsbury

Au cœur du district de Carneros, au sud-ouest de Napa, Dick Ward et David Graves sont spécialisés dans le Pinot Noir et le Chardonnay. Leur Pinot Noir Garnet, léger et plus fruité, regorge d'arômes de cerise.

## Schramsberg

Jack Davies, ancien conseiller en gestion, et sa femme Jamie furent à l'origine des vins pétillants élaborés selon la méthode tradi-

tionnelle en Californie. Ils fondèrent Schramsberg en 1965, à l'emplacement d'un vieux domaine de Calistoga datant de 1862. Blanc de Blancs et Blanc de Noirs vieillissent tous les deux très bien.

## Silver Oak

Ce domaine d'Oakville ne produit que des Cabernets-Sauvignons : un Cabernet Napa Valley, un Cabernet Alexander Valley (Sonoma) et un Cabernet Bonny's Vineyard (provenant d'un petit vignoble appartenant à Bonny, la femme de Justin Meyer). Tous pleins d'arômes de violette, ils sont des expressions puissantes du Cabernet-Sauvignon.

## Silverado

Ce domaine élégant à la façade de pierre, niché sur une butte en contrebas de Silverado Trail, produit des vins élégants. Le Sauvignon regorge d'arômes de pierre à fusil et de notes herbacées ; le Chardonnay est gras et riche en arômes de réglisse et citron ; le Merlot se distingue par ses arômes de cassis et de mûre ; le Cabernet-Sauvignon exhale des notes subtiles de cèdre et de tabac avec un soupçon d'iode.

## Stags Leap Wine Cellars

Dans son chais sur le Silverado Trail à l'est de Yountville, Warren Winiarski, ancien professeur de sciences politiques à l'université de Chicago, fait des Chardonnays ni trop boisés ni trop gras, avec un fruit extrêmement mûr, et des Cabernets-Sauvignons qui exhalent des arômes de petits poivrons et possèdent, sous leur cape soyeuse, une structure tannique ferme. Le Cask 23 special cuvée rouge provient de Cabernet-Sauvignon et d'autres cépages bordelais. Les vins de Winiarski sont réputés mondialement.

## Sterling

Ce domaine, qui appartenait autrefois à Coca-Cola, se trouve aujourd'hui dans le giron du groupe Seagram. Perché sur le

sommet d'une colline de Calistoga, il fait penser à un monastère grec avec ses murs blancs. Le Merlot est toujours exquis, les Cabernets-Sauvignons Diamond Mountain Ranch et les Chardonnays sont denses et bien construits. Le Winery Lake Pinot Noir se montre souple et opulent.

## Sutter Home

Le plus vieux bâtiment viticole en bois de Napa Valley (1874) sert de salle de dégustation à Sutter Home, situé juste au sud de St Helena. L'expansion des années 80 l'a fait passer de 600 000 à presque 60 millions de bouteilles, avec un Zinfandel blanc, le plus populaire des États-Unis (couleur cerise, très légèrement doux), un rouge léger et fruité (assemblage de Zinfandel, Barbera, Gamay et Pinot Noir) baptisé Soleo et une gamme nouvelle de vins sans alcool. Sutter Home est également propriétaire de Monteviña Winery dans Amador County, sur les contreforts de la Sierra.

## Trefethen

Juste au nord de Napa, l'Eshcol à la couleur citrouille est le deuxième plus vieux bâtiment vinicole en bois de la vallée. Il a été restauré par Gene Trefethen et sa famille. Pruniers et noyers furent remplacés par un vignoble de 243 ha, qui produit à l'heure actuelle un Chardonnay élégant et ferme, un White Riesling aux notes d'abricot et un Cabernet-Sauvignon mûr avec des arômes de cacao. Les assemblages Eshcol Red et Eshcol White, vendus à des prix compétitifs, sont très appréciés.

# SONOMA

Le comté de Sonoma, de par sa taille et sa géographie, donne aux vins des possibilités d'expression infiniment variées. Il représente deux fois et demie la superficie du comté de Napa pour une surface plantée en vignes équivalente et, si Napa pratique la monoculture, Sonoma brille par sa variété horticole. Enfin, Napa garde l'empreinte patricienne du Bordelais alors que Sonoma, pays de jardiniers, avec ses champs de fleurs, ses pommiers, ses pruniers et ses pâturages à vaches laitières et à chèvres, est davantage bourguignon.

### L'histoire de Sonoma

Après s'être bien implantés au Mexique, les prêtres espagnols entreprirent d'établir des missions en Californie : ils commencèrent par San Diego, en 1767, et terminèrent par la petite ville de Sonoma, en 1823. Les pères apportèrent avec eux la vigne nécessaire à l'élaboration du vin de messe et de «l'eau de feu» (une eau-de-vie, l'*aguardiente*), qui les aidait à dormir. Les Russes vinrent ensuite s'établir à Fort Ross et donnèrent le nom de leur princesse au Mount St Helena. Plus tard encore, des émigrants italiens étendirent la culture de la vigne : les Rossi, Sbarboro, Pastori, Nervo, Mazzoni et Seghesio furent les premières familles de colons.

Aujourd'hui, les noms ont une consonance bien plus internationale à Sonoma : des entreprises françaises, anglaises, japonaises, espagnoles et allemandes y possèdent d'importants domaines et de vastes étendues de vignobles appartiennent à des exploitations situées de l'autre côté du Mayacamas Range (dans le comté de Napa).

Sonoma fut aussi la patrie d'adoption de Agoston Haraszthy, un sympathique arnaqueur hongrois qui se faisait appeler « comte » (et parfois « colonel ») et qui échangeait avec le général Mariano Vellejo, le gouverneur mexicain de la ville, de longues conversations sur la viticulture. Deux de ses fils épousèrent les filles jumelles de Vallejo et, en 1857, Haraszthy fonda le domaine Buena Vista, planta plus de 100 000 ceps de vignes européens, dont, paraît-il, du Zinfandel (1861), mais il dut finalement partir en 1866 en raison d'indélicatesses financières.

La tradition de la vente en vrac des vins de Sonoma aux domaines d'autres régions prit fin avec l'essor du vin dans les années 70. À mesure que de nouveaux domaines surgissaient un peu partout dans le comté, les vins de Sonoma commencèrent à se faire connaître pour leur diversité et leur fort caractère.

### L'industrie vinicole de Sonoma

Avec 130 exploitations et 13 950 ha de vignes, le comté de Sonoma connaît de

Les impressionnantes caves souterraines de Ferrari-Carano, au nord de Healdsburg.

nos jours une période de stabilité : il y a vingt ans, on ne comptait que 30 domaines viticoles et à peine 4 450 ha sous vigne. Dire que le monde a porté aux vins de Sonoma un intérêt croissant est donc un euphémisme.

Par le passé, les viticulteurs de Sonoma se refusaient à toute promotion et évitaient de faire parler d'eux ; aujourd'hui, plusieurs organismes sont chargés de faire connaître au reste du monde la qualité de leurs vins. Signe positif des temps, viticulteurs et vinificateurs, jadis adversaires acharnés, travaillent même souvent la main dans la main.

Le meilleur de ces organismes est le Carneros Quality Alliance qui, non content de faire partager aux viticulteurs et aux négociants le même souci de qualité, a par ailleurs financé une étude scientifique très sérieuse sur l'identité du Pinot Noir dans la région. Malgré une proposition de label de qualité présentée par un groupe de Sonoma Valley, il reste prudent de se fier à la réputation de chaque producteur pour s'assurer de la qualité.

Le comté de Sonoma est, bien plus que d'autres régions de la côte ouest, d'une hospitalité irréprochable et offre bien des activités aux visiteurs s'intéressant à la gastronomie.

### Le climat et les sols

L'intérêt porté aux vins de Sonoma est lié à la qualité, et la clef de la qualité réside dans les cultures (pommes, houblon, pruneaux) qui dominaient jadis dans le comté. Toutes, mais surtout les pommes, exigent des conditions climatiques plus fraîches que celles qui règnent habituellement en Californie. Pour la vigne, cela induit un cycle végétatif plus long et plus lent, tempéré par le brouillard qui remonte la Russian River à partir de Jenner (où elle se jette dans l'océan Pacifique) ou qui, à l'intérieur des terres, part de la baie de San Francisco, remonte Sonoma Valley et traverse la région de Carneros. En ce qui concerne le raisin, les goûts et les arômes sont dus à une longue période de maturation plutôt qu'à l'action desséchante du soleil. Les arômes de ces raisins se retrouvent dans les vins dès leur

Le Zinfandel est une variété typique de Californie, rare hors des États-Unis.

jeunesse et se prolongent jusqu'à un âge vénérable tout en élégance.

L'individualité des vins de Sonoma reflète la grande variété de texture des sols et d'exposition au soleil, mais aussi les pluies et l'influence océanique (voir p. 474). Dans la partie haute d'Alexander Valley, à l'intérieur des terres, le climat est moins frais et les sols graveleux restituent, la nuit, la chaleur accumulée le jour : le Cabernet-Sauvignon et le Sauvignon s'épanouissent. À quelques kilomètres de là, dans Green Valley, les sols plus froids de certains méandres de la Russian River, la proximité du Pacifique et les brouillards matinaux créent des conditions parfaites pour les Pinots Noirs et les Chardonnays (parfois tranquilles, souvent pétillants).

Même si l'on comprend mieux le comté de Sonoma à travers ses zones (aires viticoles ou AVA, voir encadré p. 483), il importe de savoir que le nom du producteur demeure une meilleure garantie de qualité que celui de la région inscrite sur l'étiquette. Cela s'explique en partie par le fait qu'une aire viticole ne vaut pas davantage que le plus mauvais producteur ayant droit à la dénomination. Il arrive qu'un vin portant le

nom d'une petite AVA ou d'un vignoble individuel soit le meilleur d'un producteur donné. Il se peut aussi que d'autres – que leurs producteurs ont pris autant de soin à assembler – n'aient pas droit à l'AVA, parce que moins de 85 % des raisins proviennent de la région. Par ailleurs, les limites des aires viticoles se chevauchent souvent.

### Les cépages et les styles de vin

Alors que la plupart des régions viticoles du monde visent à produire des vins d'un certain style, les aires viticoles variées de Sonoma permettent de faire des vins de styles très divers à partir de la gamme complète des cépages californiens (voir encadré p. 472). Les blancs secs de Chardonnay et les rouges de Cabernet-Sauvignon arrivent en tête de liste, mais les récoltes de Zinfandel (vins rouges et rosés), Pinot Noir et Merlot (vins rouges), Sauvignon, Chenin Blanc, Colombard et Gewürztraminer (vins blancs) et Cabernet Franc (rouges légers) ne sont pas négligeables.

La plupart des vins tirent leur nom de leur cépage principal. Les noms du cépage ou du domaine sont les clefs du style et de la qualité du vin.  □

# LES ZONES VINICOLES DE SONOMA

Les sept grandes aires viticoles (AVA) du comté de Sonoma sont présentées ci-après dans leurs grandes lignes, du sud vers le nord. Si tout vin produit dans la région peut être vendu sous le nom du comté, certaines aires viticoles – Sonoma Valley, Russian River Valley, Alexander Valley –, bien plus vastes que celles de Napa, se sont forgé leur propre réputation. Elles apparaissent de plus en plus souvent sur les étiquettes, à condition que 85 % des raisins en proviennent.

**Carneros-Sonoma.** L'aire viticole la plus méridionale de Sonoma se prolonge à l'est dans Napa Valley, sa partie ouest correspondant à la partie sud de l'aire viticole Sonoma Valley. Carneros (« béliers » en espagnol) tire son nom des moutons qui paissaient autrefois sur ces sols de basse altitude, peu profonds et composés d'argiles compactes et d'alluvions. C'est une zone rafraîchie par la baie de San Pablo (l'extrémité nord de la baie de San Francisco) et par les vents réguliers de l'après-midi qui viennent du Pacifique et s'engouffrent par le Petaluma Gap. Ainsi, la plupart des 2 650 ha de l'aire sont plantés en Pinot Noir.

**Sonoma Valley.** Aire viticole en forme de croissant qui s'étire vers le nord-ouest de la baie jusqu'à Santa Rosa Plain, parallèlement à Napa Valley, à l'est, également en forme de croissant. Sonoma Valley forme un cercle autour de la place historique de la ville de Sonoma. Environ 2 450 ha sont consacrés au Cabernet-Sauvignon, au Merlot et au Sauvignon, cépages qui s'épanouissent dans le fond et sur les bancs

(larges terrasses naturelles) de la vallée. La partie supérieure des pentes est plantée en Zinfandel.

**Sonoma Mountain.** Cette aire viticole située à l'extrémité nord-ouest de la vallée est incluse dans l'AVA Sonoma Valley. Près de 245 ha grimpent jusqu'à 440 m au-dessus du niveau de la mer et, par conséquent, au-dessus des brouillards matinaux. On y privilégie donc les cépages aimant la chaleur : Cabernet-Sauvignon, Zinfandel et Sauvignon. On y cultive aussi le Chardonnay.

**Russian River Valley.** Cette aire de 3 400 ha est l'extension méridionale, plus fraîche, d'Alexander Valley : elles se rencontrent à l'endroit où la Russian River fait un coude vers l'ouest pour aller rejoindre l'océan. La rivière se jetait autrefois dans la baie de San Francisco, mais une éruption ancienne du Mount St Helena la dérouta vers la mer. Pinot Noir, Chardonnay, Riesling et Gewürztraminer mûrissent lentement le long des méandres sinueux du lit de

rivière graveleux. La majeure partie de la récolte est consacrée à la production de vins pétillants au fruit délicat et d'une bonne vivacité.

**Green Valley.** C'est l'un des deux districts de l'AVA Russian River. Situé du côté océanique de l'aire viticole, à 10 km à peine du Pacifique, il est plus frais. La plupart des vignobles sont consacrés au Chardonnay et au Pinot Noir.

**Chalk Hill.** Cette zone s'étend dans la partie la plus orientale et donc la plus chaude de Russian River, à la limite sud d'Alexander Valley. Ses sols brun foncé de cendres volcaniques, à l'ombre de la montagne qui les créa, sont plantés principalement en cépages blancs, Sauvignon et Chardonnay.

**Sonoma Coast.** Dans les parties les plus favorisées de cette AVA, le brouillard permet d'obtenir des vins intenses issus de raisins mûrs et regorgeant d'arômes de fruit. C'est toutefois une zone créée artificiellement, puisque

ses différentes parties n'ont en commun que leur façade sur la côte.

**Knights Valley.** Bien que faisant partie du comté de Sonoma du point de vue administratif, cette aire viticole serait plutôt l'extension nord de Napa Valley ou l'extension sud d'Alexander Valley. Initialement cultivée par William Knight, qui s'y installa en 1845, isolée de l'océan et de la baie, sa chaleur et le faible pH de ses sols sont tout indiqués pour les cépages Cabernet-Sauvignon, Merlot et Sauvignon. Beringer, basé à Napa, possède la majeure partie des vignobles.

**Alexander Valley.** Colonisée en 1833 par Cyrus Alexander, un pionnier typique cumulant les fonctions de marchand, trappeur, mineur et chasseur, cette AVA s'étend du nord de Healdsburg à Cloverdale sur une superficie d'environ 2 650 ha et chevauche la partie nord de Russian River Valley. Les sols d'alluvions, riches et profonds, de la rivière donnent d'excellentes Vendanges tardives (de raisins botrytisés) issus de Riesling et de Gewürztraminer, ainsi qu'un Chardonnay ample ; les sols à la fine couche arable des terrasses surplombant la rivière produisent des Cabernets-Sauvignons et des Sauvignons.

**Dry Creek Valley.** Quoique plus petite et plus proche du Pacifique, cette AVA a bien des points communs avec Alexander Valley. Ses 2 250 ha de terrasses volcaniques et de graves en terrain plat accueillent tous les cépages bordelais, rouges et blancs. On y trouve plusieurs sites de vignes centenaires de Zinfandel, qui produisent des rouges.

Le climat frais de Carneros convient bien au Pinot Noir.

# PRODUCTEURS ET NÉGOCIANTS

La diversité des vins de Sonoma ne peut être attribuée uniquement à la large palette des cépages utilisés (voir p. 472), dont les vins portent généralement les noms. Elle est également due aux différences entre les aires viticoles du comté (voir p. 483), chacune ayant son microclimat et son sol propre. La plupart des producteurs font plusieurs vins : rouges et blancs, tranquilles et pétillants.

### Arrowood
La renommée de Richard Arrowood date des années 70, époque à laquelle il fonda Château Saint Jean (voir plus loin) où il vinifia plusieurs Chardonnays différents et d'opulents Rieslings botrytisés. Avec sa parfaite maîtrise technique, il élabore aujourd'hui des Chardonnays, des Cabernets-Sauvignons et des Merlots élégants de plusieurs vignobles dans un bâtiment viticole blanc et bleu-gris appartenant à Glen Ellen.

### Buena Vista
Agoston Haraszthy fonda le domaine en 1857 et Frank Bar-

tholomew, patron d'United Press International, ressuscita le vignoble et la réputation du cru dans les années 40. Appartenant aujourd'hui à des Allemands, Buena Vista centre ses efforts sur ses 360 ha à Carneros et fait autant la promotion de la région que de son domaine. La vinificatrice Jill Davis réussit bien les cépages classiques (Chardonnay et Pinot Noir), mais offre aussi des Merlots souples et soyeux et des Cabernets-Sauvignons aux arômes de cassis.

### Clos du Bois
Voir encadré ci-contre.

### Dry Creek
Depuis 1972, le propriétaire David Stare a fait de son Fumé Blanc (Sauvignon), aux notes de fougère, d'herbes et de figue, sa carte de visite. Le fait que ses premiers Fumés, à la texture grasse et élégante, se dégustent encore bien, atteste non seulement de la qualité du cépage mais également de la façon dont il est traité à Dry Creek. Le domaine se trouve au centre de l'aire viticole Dry Creek Valley, au nord de Healdsburg. On y trouve aussi un Zinfandel aux arômes de framboise et un rouge Meritage aux notes abondantes de cèdre et de framboise, tous deux typiques de la région.

### Gary Farrell
Travaillant à Davis Bynum Winery, sur Westside Road à Healdsburg, Gary Farrell extrait de belles notes fruitées du Pinot Noir de Russian River. Il est de ces vinificateurs talentueux qui élaborent des vins sous leur propre étiquette en bénéficiant des installations d'un collègue. Farrell vinifie également les vins de David Bynum.

### Ferrari-Carano
Don et Rhonda Carano sont propriétaires de cette exploitation de Healdsburg qui possède un chai souterrain de quelque 230 000 bouteilles. Un Fumé Blanc (Sauvignon) aux notes de figue et de melon et un Chardonnay aux arômes de fruits exotiques sont les vins principaux. Ils cultivent également le Sangiovese, un cépage rouge italien, qu'ils étudient de près.

### Gloria Ferrer
José et Gloria Ferrer possèdent Freixenet, le géant espagnol des vins pétillants (Cavas) établi près de Barcelone. En 1982, José réalisa son rêve : étendre son activité à la Californie. Son vin pétillant Brut, de méthode traditionnelle, à la fois élégant et ample, comporte 90 % de Pinot Noir. La cuvée Carneros, plus intense, aux arômes de pain grillé, passe trois années sur lies ; les cépages Pinot Noir et Chardonnay comptent chacun pour moitié. On produit également des vins tranquilles dans ce domaine situé au sud de Sonoma.

### Foppiano
Louis Foppiano Jr. perpétue la riche histoire du domaine – tout près de l'endroit où la Russian River passe sous la Highway 101, au sud de Healdsburg – construit en 1896 par son grand-père. Ses Cabernets-Sauvignons et ses Chardonnays haut de gamme sont vendus sous l'étiquette Fox Mountain, ses vins les moins chers portant l'étiquette Riverside Farm. Entre les deux, tout simplement nommés Foppiano Vineyards, les vins de cépage Petite Sirah, Zinfandel et Cabernet-Sauvignon pour les rouges, Chardonnay et Sauvignon pour les blancs sont faciles à boire et vendus à des prix raisonnables.

---

## CLOS DU BOIS

Imaginez ce que représente la vinification de 2 040 000 bouteilles de Chardonnay fermenté en barrique ; imaginez ensuite un beau vin, gras, avec des arômes de citron. Le Clos du Bois produit au total 4 200 000 bouteilles, dont un Merlot (autre spécialité) suave, soyeux et long en bouche avec des notes de cassis et de mûre, qui égale le Chardonnay en popularité. La vinificatrice Margaret Davenport fait aussi des Chardonnays d'un seul vignoble (ceux de Flintwood sont droits et austères, ceux de Calcaire plus ronds et charnus) et des Cabernets-Sauvignons (Briarcrest et Marlstone). Le Clos du Bois appartient au groupe Allied Lyons, qui dirige également Callaway dans le sud de l'État et deux domaines de Napa, Atlas Peak et William Hill Winery.

### Gallo-Sonoma
En 1993, E. et J. Gallo lancèrent leur premier Sonoma Estate Chardonnay, charnu et élégant. Leur domaine de plus de 800 ha, au nord de Healdsburg, produisit ensuite un Cabernet-Sauvignon onéreux.

### Geyser Peak
Après avoir appartenu au brasseur Schlitz puis, en partie, à la société australienne Penfolds, Geyser Peak, près de Geyserville, est aujourd'hui de nouveau dans le giron de la famille Trione. Le vinificateur australien Daryl Groom réussit un Sémillon/Chardonnay ravissant, sec et plein d'esprit. Groom vinifiait autrefois le Grange Hermitage pour le compte de Penfolds. Reserve Alexandre est un Meritage rouge complexe.

### Glen Ellen-Benziger
Bien que le clan Benziger, de Glen Ellen, ait fait beaucoup de bruit avec son Chardonnay et son Cabernet-Sauvignon Proprietor's Reserve, aux prix abordables, il élabore avec autant de talent ses vins haut de gamme, surtout un Sauvignon, gras et agréable. Dans la gamme Imagery, il exerce son art sur de nouvelles méthodes de vinification de cépages rouges peu courants, Aleatico, Trousseau, Syrah et Cabernet Franc.

### Gundlach Bundschu
Jim appartient à la quatrième génération de Bundschu exploitant Rhinefarm Vineyard à Sonoma, planté en 1858 par Charles Bundschu et Jacob Gundlach. Les 113 ha actuels comprennent le vignoble Kleinberger, qui produit un vin blanc sec dans le style des Rieslings et un Merlot intense aux arômes de cassis.

### Hanzell
Ce bijou de 13 ha, juste au nord de Sonoma, est doté d'un bâtiment viticole inspiré de la façade nord du Clos Vougeot en Bourgogne. Le fondateur, J. D. Zellerbach, grand amateur de vins de Bourgogne, planta d'abord du Chardonnay en 1953, puis du Pinot Noir. Il fut parmi les premiers à importer des barriques françaises et à vinifier en cuves d'acier inoxydable. Le Chardonnay issu d'une parcelle en coteau exposée au sud-ouest est particulièrement réussi.

### Iron Horse
La fraîcheur du climat de Green Valley convient parfaitement aux cépages Pinot Noir et Chardonnay, élaborés en vins pétillants (Brut Rosé et Wedding Cuvée, très fruités, sont remarquables ; Laurent Perrier travaille avec Iron Horse) et en vins tranquilles. Le Cabernet-Sauvignon provient d'un vignoble appartenant au vinificateur Forrest Tancer, à plus de 48 km du domaine de Sebastopol, dans Alexander Valley.

### Jordan
Tom Jordan a construit son Domaine d'Healdsburg à l'image d'un château bordelais, mais son vin blanc est un Chardonnay, cépage bourguignon. Le Cabernet-Sauvignon est suave et son fruit, évoquant le cassis, se prolonge en finale ; le Chardonnay est gras et possède des arômes de réglisse et d'anis. Jordan produit également une petite quantité de vin blanc liquoreux (Sémillon/Sauvignon) de raisins botrytisés, ainsi qu'un vin pétillant aux arômes de pomme et de pain grillé, élaboré selon la méthode traditionnelle, et appelé «J».

### Kenwood
Kenwood produit tranquillement chaque année près de 2 400 000 bouteilles de bons vins qui deviennent plus intéressants à chaque millésime : un Zinfandel aux notes poivrées, un Cabernet-Sauvignon Artist Series élégant, un Sauvignon aux arômes d'herbes et de citron, un Pinot Noir souple, un Chenin Blanc net et franc aux notes de melon et un Chardonnay charnu. La famille Lee a fait l'acquisition en 1970 de l'ancien Domaine Pagani Brothers, près de la ville de Kenwood.

### Kistler
Steven Kistler a fait trois millésimes à Ridge (baie de San Francisco) afin d'apprendre ce qu'il appelle la vinification « non interventionniste ». Le succès de son Chardonnay, franc à l'attaque puis suave et plus charnu en finale, lui a permis de créer à Glen Ellen une petite exploitation de 300 000 bouteilles équipée de sept chais à barriques dont la température et l'humidité sont contrôlées individuellement. On y produit aussi du Cabernet-Sauvignon et du Pinot Noir.

### Korbel
À Guerneville, non loin du Pacifique, sur les rives graveleuses des méandres de Russian River, Korbel ravit les visiteurs avec son jardin de roses anciennes et ses vieux bâtiments en brique couverts de vignes. Fondé il y a un siècle par trois frères tchèques (Francis, Joseph et Anton Korbel) et appartenant depuis 1954 à la famille Heck, Korbel produit chaque année plus de 12 millions de bouteilles de vins pétillants divers et environ 4 millions de bouteilles d'eau-de-vie.

### Laurel Glen
À partir d'une parcelle située sur les coteaux de Sonoma Mountain, hors de la zone de brouillards, à l'ouest de Glen Ellen, Patrick Campbell obtient l'un des meilleurs Cabernets-Sauvignons du pays. Regorgeant d'arômes de violette, de mûre et de cerise noire, ils ont toute la charpente nécessaire pour vieillir avec bonheur grâce à leur structure tannique et à de bonnes teneurs en acidité.

### Matanzas Creek
Une exploitation qui affiche la devise « l'extrémisme dans la recherche de la qualité n'est pas un vice » est obligatoirement une force avec laquelle il faut compter. Les propriétaires Sandra et Bill MacIver emploient deux vinificateurs pour expérimenter et rechercher tous les paramètres de qualité imagi-

nables. Cible de leur quête de qualité, le Chardonnay se révèle riche en arômes de caramel et de vanille, rehaussé par des notes de clou de girofle, de pomme et de réglisse. Un Merlot élancé se prolonge en bouche ou vieillit bien en bouteille ; un Sauvignon lui correspond en blanc.

### Pedroncelli
Cette exploitation de Geyserville fut fondée en 1927 avec, à l'époque, les cépages Carignan, Burger et Petite Sirah. La direction est aujourd'hui entre les mains des enfants et petits-enfants de John Pedroncelli et l'encépagement comprend Chardonnay, Sauvignon, Chenin Blanc, Cabernet-Sauvignon et Zinfandel (vinifié en rosé pâle, rosé et rouge).

### Piper-Sonoma/Rodney Strong
Autrefois filiales de la même société, Piper et Strong sont toujours côte à côte près de Healdsburg. Le premier domaine appartient à Piper Heidsieck, produit des vins pétillants superbes, mais a diminué sa production en raison de la baisse de consommation. Le deuxième tire son nom de celui de son fondateur, Rod Strong, un vinificateur qui produit un remarquable Cabernet-Sauvignon, Alexander's Crown.

### Saint Francis

On cultivait autrefois des noyers et des pruniers sur cette parcelle de 40 ha, et c'est maintenant le Merlot qui règne sur Kenwood, l'exploitation de Joe Martin. Le vinificateur Tom Mackey, qui officiait autrefois dans le district de Finger Lakes (État de New York), élabore aussi un Muscat Canelli blanc aromatique avec quelques grammes de sucres résiduels, ainsi que du Cabernet-Sauvignon, du Cabernet Franc et du Zinfandel.

### Château Saint Jean

Depuis sa création près de Kenwood, en 1973, Saint Jean a pour porte-drapeau le Chardonnay, qui compte pour près de 70 % dans sa production de 2 700 000 bouteilles. Celui du vignoble Robert Young, extrêmement charnu, exhale de forts arômes de pain grillé et celui du vignoble Belle Terre s'exprime

dans le même registre en ajoutant des arômes de poire ; on y produit également un Sonoma County Chardonnay.

Les rouges reviennent en force (un Pinot Noir terreux et aux arômes foxés ne manque pas d'intriguer), le Riesling botrytisé aux notes miellées et le Gewürztraminer brillent de tous leurs feux. On vinifie un vin pétillant dans une autre installation.

### Sebastiani

Créé en 1904 par l'immigré toscan Samuele Sebastiani, le géant du centre-ville de Sonoma a plusieurs fois changé de visage. Auguste Sebastiani introduisit des cépages courants. Son fils, Sam, a fortement réduit l'exploitation pour se consacrer à la production de vins de grande qualité, dont un blanc sec d'assemblage, aux arômes à la fois de fleur et de pierre à fusil, appelé Green Hungarian.

### Simi

Giuseppe Simi et son frère Pietro achetèrent en 1881 leur exploitation de Healdsburg et construisirent en 1890 une cave en pierre, cœur de l'exploitation actuelle. Ayant survécu à la prohibition, l'exploitation fut d'abord remise à neuf par Russ Green, puis par Moët-Hennessy. Les Chardonnays mettent en vedette des arômes de clou de girofle, de pomme et d'anis, les Cabernets-Sauvignons aux arômes de violette sont ronds et

souples et un assemblage nouveau de Sémillon et de Sauvignon (Sendal) se révèle puissant, avec des notes de figue mûre et de melon.

### Sonoma-Cutrer

Dans cette superbe *winery*, le Chardonnay règne en maître incontesté. Un tunnel de refroidissement permet au raisin fraîchement cueilli d'arriver à bonne température après passage sur une table de tri au pressoir. Les vins de Sonoma-Cutrer sont déclinés sous les étiquettes des vignobles dont ils proviennent : Les Pierres, Cutrer, Russian River Ranches.

### Château Souverain

Souverain fait aujourd'hui partie du groupe Nestlé (ainsi que Beringer) et fournit un excellent exemple de vins de Sonoma méconnus et, par conséquent, sous-estimés : un Zinfandel épicé, un Pinot Noir souple et un Chardonnay.

### Viansa

Quand Sam Sebastiani quitta l'exploitation créée par son grand-père, il démarra près de l'aéroport de Schellville, au sud de Sonoma (Carneros), une petite exploitation aux allures italo-californiennes avec des oliviers (pour l'huile), des cépages typiquement italiens (Sangiovese, par exemple) et une salle de dégustation qui ressemble à une place de marché. Son meilleur vin est un Cabernet-Sauvignon bien équilibré, aux arômes de cassis.

### Williams Selyem

Burt Williams et Ed Selyem font ce que l'on peut appeler sans hésiter le meilleur Pinot Noir de Healdsburg, à partir de raisins de Russian River qu'ils font fermenter dans d'anciennes cuves à lait en acier inoxydable. Ces Pinots Noirs sont épicés, succulents et longs en bouche. Leur Zinfandel chargé en arômes de mûre et de café mérite d'être dégusté.

Le Château Saint Jean, près de Kenwood, dans la vallée de Sonoma.

# AUTRES RÉGIONS CÔTIÈRES

Les très nombreuses exploitations situées en dehors de Napa et de Sonoma reflètent bien la fascinante diversité de la Californie. Hormis quelques producteurs qui s'identifient, comme en Europe, à un terroir défini et à un vin spécifique, il s'agit le plus souvent de toute une panoplie de vins dispersés, qui offrent un large éventail de styles et de qualités : ils peuvent en effet provenir de tous les principaux cépages californiens (voir encadré p. 472), auxquels se rajoutent quelques autres. Il est courant qu'une même exploitation produise du rouge, du blanc et du rosé *(blush)*, un vin mousseux, voire aussi un ou plusieurs vins de dessert.

## Lake et Mendocino

Au nord de ce que l'on surnomme en plaisantant «Sonapanoma» s'étendent les comtés de Lake et de Mendocino. Bien qu'ils soient moins connus du reste du monde que Napa et Sonoma et que les producteurs y soient moins nombreux, ces comtés appartiennent à ce que les Californiens nomment la côte nord. Situés au nord de San Francisco, ils bénéficient, comme leurs voisins, des nombreux avantages du climat frais, ce qui est particulièrement vrai pour la vallée d'Anderson (à Mendocino), dont les vins jouissent d'une excellente réputation.

À l'intérieur des terres, autour de Clear Lake, le climat chaud du comté de Lake convient bien au Sauvignon (vins blancs) et au Cabernet-Sauvignon (vins rouges), ces deux cépages couvrant plus de la moitié des 1 200 ha du vignoble. Les sols y sont généralement de nature volcanique, souvenir des anciennes éruptions de Mount Saint Helena et de Mount Konocti. Les viticulteurs se considèrent comme de véritables pionniers, tant ils sont éloignés des circuits commerciaux habituels : à ce jour, pas une seule ligne de chemin de fer ne pénètre dans le comté de Lake pour desservir sa demi-douzaine d'exploitations. De nombreux vignobles

Brumes sur la Côte Californienne.

appartiennent à des sociétés vinicoles dont le siège se trouve dans la vallée de Napa : Sutter Home, Louis Martini et Beringer, entre autres.

Le comté de Mendocino se divise en deux zones principales : la chaude vallée intérieure d'Ukiah et la fraîche vallée d'Anderson, orientée à l'ouest, vers l'océan Pacifique. Une trentaine d'exploitations se répartissent les 4 900 ha de vignes. Le Chardonnay (pour les blancs) couvre un quart de la superficie, le reste étant planté en Zinfandel, au goût de poivre et de framboise (essentiellement sur de hautes crêtes en bordure des forêts de séquoias), de Cabernet-Sauvignon et de Carignan rouge ordinaire. Le Pinot Noir gagne du terrain, mais sert le plus souvent à la fabrication de vins blancs pétillants (Roederer, Scharffenberger). L'unique vignoble de la région viticole de Cole Ranch produit un excellent Cabernet-Sauvignon.

## La zone de la baie

Une grande variété de sites viticoles entoure la baie de San Francisco, des basses plaines graveleuses de la vallée de Livermore aux versants de la forêt humide des montagnes de Santa Cruz (AVA), avec des exploitations établies dans d'historiques caves de pierre aux hangars en tôle ondulée abritant aussi bien des citernes en inox que des fûts de chêne français.

Dans cette zone, certains centres de vinification (comme Audubon et Rosenblum) se trouvent en plein centre-ville et s'approvisionnent en raisin dans diverses régions, alors que d'autres, plus petits, se concentrent sur un terroir précis (Ahlgren, Cronin, Fogarty, Hallcrest, Roudon-Smith, Santa Cruz Mountain Vineyard, Woodside).

Avec ses cépages Cabernet-Sauvignon pour les rouges, Sauvignon et Sémillon pour les blancs, la vallée de Livermore ressemble quelque peu aux Graves du Bordelais. Les montagnes fraîches qui dominent les comtés de Santa Cruz et de Santa Clara sont, elles, essentiellement plantées en Chardonnay et en White Riesling pour les vins blancs, en Zinfandel et en Pinot Noir pour les rouges.

## Monterey et San Benito

Plus au sud, les comtés de Monterey (sur la côte) et de San Benito (à l'intérieur des terres) offrent une variété encore plus grande de sites viticoles.

Monterey, région au cycle végétatif long et ensoleillé, doit sa conquête à l'irrigation : la pluviométrie de la région ne dépasse en effet jamais 250 mm par an, soit la moitié des besoins du vignoble. Au cours des années 60, Paul Masson, Mirassou et Wente introduisirent donc dans la vallée de Salinas des systèmes d'arrosage à jet et de goutte-à-goutte. Grâce à l'irrigation, au sol meuble et sablonneux, peu propice au phylloxéra, le vignoble couvrait déjà plus de 16 000 ha au milieu des années 70 – essentiellement du Cabernet-Sauvignon qui, trop arrosé, monta en graine.

Aujourd'hui, le vignoble de la vallée

de Salinas (qui englobe les régions viticoles de Santa Lucia Highlands, Arroyo Seco, San Lucas et Chalone) ne couvre plus que 12 100 ha, dont près d'un tiers est planté en Chardonnay (pour les blancs). Viennent ensuite, par ordre décroissant d'importance : Cabernet-Sauvignon (mieux compris aujourd'hui, car on cesse de l'arroser après le mois de juin), Chenin Blanc et Riesling pour les blancs, Zinfandel et Pinot Noir (qui fait des merveilles près de la baie de Monterey) pour les rouges, Sauvignon et Pinot Blanc (surtout pour les vins pétillants). Delicato, une maison située dans la vallée centrale, possède le vignoble San Bernabe près de King City qui, avec ses 3 450 ha, est l'un des plus grands vignobles d'un seul tenant au monde.

Le cépage rouge Merlot se comporte très bien dans les hautes terres de Santa Lucia (Smith & Hook est excellent), les Pinots Noirs concentrés viennent de sites plus frais (Pinnacles, Morgan), les Chardonnays ont des notes de fruits exotiques caractéristiques (Estancia, Lockwood), et J. Lohr produit un Gamay rouge au goût de cerise poivrée.

L'aire viticole de la vallée de Carmel, qui constitue une poche chaude à l'ouest de la rivière Salinas, est de son côté célèbre pour ses généreux Cabernets-Sauvignons aux arômes de cacao.

San Benito faisait jadis partie du comté de Monterey et devait sa célébrité au grand vignoble de la vallée de la Cienega planté par Almaden : à la suite d'un tremblement de terre, il fut coupé en deux par la faille de San Andreas. Ce sont les Pinots Noirs de Calera qui font aujourd'hui la réputation de ce comté.

### San Luis Obispo
Paso Robles est la plus grande aire viticole du comté de San Luis Obispo (40 exploitations cultivent près de 3 650 ha de vignes), mais l'importance des vignobles de la vallée de l'Edna (au sud de la ville de San Luis Obispo) et d'Arroyo Grande va croissant.

Paso Robles, surtout dans sa partie plus chaude, à l'ouest de la Highway 101, est célèbre pour ses Cabernets-Sau-

vignons fruités, souples et accessibles (Castoro, Eberle, Meridian).

En 1913, le pianiste polonais Ignacy Paderewski acheta 800 ha à l'ouest de Paso pour y planter des amandiers et du Zinfandel. Aujourd'hui, la ville de Templeton, juste au sud de Paso, est très appréciée des connaisseurs pour ses Zinfandels rouges fruités et poivrés (Ridge, Mastantuono). Chaque année, au mois de mai, Paso Robles est le siège d'un grand festival du vin. L'aire viticole de York Mountains, qui couvre seulement 12 ha sur un plateau à l'ouest de Templeton, est le domaine exclusif de la York Mountain Winery, fondée en 1882.

La vallée de l'Edna est surtout connue pour ses Chardonnays pleins de caractère (Edna Valley Vineyard, Corbett Canyon), tandis qu'Arroyo Grande se spécialise dans les vins pétillants vifs (Maison Deutz).

La région la plus méridionale du comté recouvre une petite partie de l'AVA vallée de Santa Maria, dont la majeure partie s'étend jusque sur le comté de Santa Barbara.

### Santa Barbara et le sud de la Californie
Contrairement au reste de la Californie, exposé à l'ouest, Santa Barbara possède, entre Point Concepcion et Rincon, 80 km de côtes orientées au sud et ressemble ainsi à la côte méditerranéenne de la France et de l'Espagne.

Ce furent les missions qui, en s'étendant vers le nord, introduisirent le raisin dans ce comté : Santa Barbara (en 1786), La Purisima Concepcion (Lompoc, en 1787) et Santa Ines (Solvang, en 1804). Comme dans beaucoup d'autres régions de Californie, le vignoble y prospéra durant la seconde moitié du XIXe siècle, mais fut ruiné par la prohibition au début du XXe siècle. La Bodega d'Albert Packard, construite en 1865, était une structure en adobe de trois étages aux murs de 1 m d'épaisseur. Le chemin qui passait entre les vignes est aujourd'hui la rue De La Vina.

La résurrection de Santa Barbara débuta en 1962, lorsque le Canadien Pierre Lafond fonda Santa Barbara Winery. Connue à l'époque pour ses

vins fruités, elle l'est aujourd'hui pour son Pinot Noir au goût de cerise, son généreux Johannisberg Riesling et son Zinfandel rouge plein de vitalité. Mais c'est surtout grâce à la promotion désintéressée et à la renommée de l'ancien marchand de pneus Brooks Firestone que Santa Barbara figure aujourd'hui sur les cartes viticoles.

À Santa Barbara, les propriétés de personnalités célèbres et les ranches avoisinent près de 4 000 ha de vignes. Plus de la moitié sont plantés de Chardonnay, qui donne de riches vins blancs amples avec des notes de fruits exotiques, mais le Pinot Noir devrait avoir droit à une mention spéciale pour les rouges des fabuleux vignobles de Bien Nacido, Sierra Madre et Sanford. Les meilleures aires viticoles sont la vallée de Santa Maria, les plaines du nord-ouest du comté et la vallée de Santa Ynez, qui suit les méandres de la rivière du même nom du lac Cachuma jusqu'au Pacifique. Plus d'une vingtaine de centres de vinification y transforment le raisin en vin.

De nombreux vignobles s'étendent au sud du comté de Santa Barbara. La premier centre de vinification fut fondé en 1824 à Los Angeles par Joseph Chapman. Ce dernier fut suivi par Jean-Louis Vignes, un Français né à Cadillac, dont le El Aliso Ranch devint une affaire très prospère. Après la ruée vers l'or – lorsque le vignoble se déplaça vers Napa, Sonoma et les contreforts de la Sierra – le commerce du vin perdit de son importance à Los Angeles, en raison de la maladie des vignes (maladie de Pierce) et de l'urbanisation.

Aujourd'hui, une infime partie des 8 000 ha de vignes du comté de Riverside approvisionne la petite douzaine de vinificateurs installés près de Los Angeles, le reste étant vendu en raisin de table. Quant aux sols sablonneux de l'aire viticole de Temecula, à l'extrémité sud-ouest du comté (au nord de San Diego, au sud-est de Los Angeles), ils sont connus pour leur Chardonnay, à la fois tranquille (Callaway) et pétillant (Thornton, anciennement Culbertson). L'aire viticole plus modeste de la vallée de San Pasqual possède à peine 40 ha de vignes. □

# PRODUCTEURS ET NÉGOCIANTS

Les vinificateurs californiens possèdent souvent des vignes dans plusieurs AVA différentes, voire dans plusieurs comtés, et peuvent en outre acheter du raisin à d'autres exploitations. Ils sont classés ci-dessous suivant la localisation de leur chai de vinification. Comme dans le reste de la Californie, la plupart des vins de qualité portent le nom du cépage dont ils sont issus (voir p. 472).

## LAKE ET MENDOCINO
### Fetzer
Fondé par Barney Fetzer à Hopland (Mendocino) en 1969, Fetzer est devenu un gros producteur, mais ses vins restent superbes (l'entreprise appartient aujourd'hui au groupe Brown-Forman). Un grand jardin botanique reproduit le cycle de la vigne et une école de cuisine enseigne l'art d'assortir les vins et les mets. Le Chardonnay Sundial, frais, au goût de poire et de pomme, est d'un rapport qualité/prix particulièrement intéressant.

### Guenoc
Son vignoble près de Middletown, ancien ranch de la chanteuse britannique Lillie Langtry, est situé à la fois sur les comtés de Lake et de Napa. Son rouge Langtry est un Meritage souple au goût de mûre ; le blanc Langtry possède un riche arôme d'olive et de réglisse. Son Chardonnay Reserve est également plein de personnalité, avec un délicat mais très net bouquet de citron et de crème.

### Kendall-Jackson
L'empire de l'avocat Jess Jackson, qui a débuté à Lakeport, en 1983, par la construction du minuscule Château du Lac, produit aujourd'hui près de 12 millions de bouteilles par an grâce à l'acquisition des maisons J. Stonestreet (Sonoma), Cambria (Santa Maria Chardonnay) et Edmeades (vallée d'Anderson). Kendall-Jackson a fait de Chardonnay un terme générique désignant son blanc populaire, légèrement doux, au goût d'ananas. Le Cardinale, un coûteux assemblage de Meritage rouge, est ample et hardi, avec un bouquet de cassis, d'iode et de tabac.

### Navarro
Ted Bennett et son épouse Deborah Cahn possèdent 20 ha à Philo, dans la douce fraîcheur de la lointaine vallée d'Anderson, mais achètent aussi du raisin. Leurs Chardonnays secs et fermes et leurs souples Pinots Noirs sont aussi appréciés que leur Riesling et leur Gewürztraminer botrytisés, délicieusement doux. Ce dernier cépage sert également à élaborer du jus de raisin offert aux enfants des visiteurs.

### Parducci
Fondée par le père de John Parducci en 1932, cette exploitation, comme celles de ses compatriotes italiens, vaque tranquillement à ses occupations. Elle produit des vins fiables et abordables, comme sa Petite Sirah au goût épicé de prunes et de baies rouges. Les visiteurs se rendent par milliers à Ukiah pour découvrir l'exploitation, la boutique de souvenirs, la galerie d'art, le restaurant et la salle de dégustation.

### Roederer
Créée par Jean-Claude Rouzaud en 1985, la filiale californienne de la maison de Champagne de Reims commença par élaborer du vin pétillant classique outre-Atlantique avant d'assembler les vins de la vallée d'Anderson selon la fameuse méthode champenoise. Pour ce faire, elle acheta des terres situées à des altitudes différentes et plus ou moins près de la côte : les vignes les plus proches de l'océan sont à 18 km des plus éloignées. L'affaire est conçue pour produire 1 200 000 bouteilles à partir de ses 162 ha de vignes. Leur Roederer Estate Brut, vieilli en fûts de chêne, est élégant, avec des notes d'agrumes et de levain.

### Scharffenberger
Les Champagnes Pommery et Lanson (du groupe français LVMH) sont les associés de John Scharffenberger à Philo (Mendocino). Les mousseux blancs tendent à être très secs et austères, mais le Brut Rosé possède un riche arôme de pain grillé, de prune et de fraise.

## ZONE DE LA BAIE
### Bonny Doon
Randall Grahm élabore des vins très personnalisés, dont certains proviennent de son exploitation des montagnes de Santa Cruz. Son rouge savoureux dans le style des vins du Rhône, Le Cigare Volant, plein d'arômes d'airelle et de cerise, possède une étiquette originale représentant un OVNI. Il produit aussi une eau-de-vie de poire, un Muscat Canelli très doux, dans le style des *Eisweine* allemands, et quelques autres imitations diverses et variées.

### Concannon
La longue histoire de Concannon remonte à sa fondation en 1883 par le libraire irlandais James Concannon. Ses caves demeurèrent en production durant la prohibition, grâce aux liens entretenus avec le clergé catholique de San Francisco (et ses commandes légales de vin de messe). Concannon est l'un des derniers producteurs de Petite Sirah, un rouge un peu rustique au goût prononcé de prune, qui se complaît dans les sols graveleux de la vallée de Livermore.

### Mirassou
Aux dires de sa cinquième et de sa sixième génération, la famille a acheté ses vignes de la vallée de Santa Clara dès 1854. Depuis les années 60, la maison porte ses efforts sur ses 300 ha du comté de Monterey, où elle produit un Pinot Noir souple, un Cabernet-Sauvignon généreux au goût de poivron et plusieurs vins blancs pétillants (Au Natural est fruité et mordant) qui bénéficient du climat frais de Monterey. Les chais se trouvent à San José.

### Ridge
Fondée par un groupe de scientifiques, vignerons du week-end, cette entreprise basée à Cupertino appartient aujourd'hui à des Japonais.

Mais Paul Draper, vinificateur chevronné, continue d'y produire les Zinfandels les plus élégants dans des vignobles aussi différents et éloignés que Lytton Springs (Sonoma), Fiddletown (Amador) et Dusi (Paso Robles). Sa Petite Sirah York Creek (Napa), dense et presque noire, fait fureur auprès des amateurs.

### Wente
Comme leurs voisins, les Concannon de Livermore, les Wente ont commencé à cultiver la vigne dès 1883. L'affaire

appartient toujours à la famille, qui a racheté les vignobles de Concannon et transformé les anciens chais de Cresta Blanca en restaurant et en centre de vinification de vins mousseux. Wente possède un élevage de bétail à côté de ses vignes de Livermore et de nombreuses parcelles de vignes dans le comté de Monterey. Son Sémillon se distingue par un délicieux bouquet de melon et de figue.

## MONTEREY ET SAN BENITO
### Calera
La passion de Josh Jensen pour la Bourgogne le poussa à chercher un terrain assez calcaire. Il trouva un ancien four à chaux (*calera* en espagnol) dans les collines surplombant Hollister, dans le comté de San Benito. Les chais s'étagent sur sept niveaux le long du coteau. Chaque domaine (Jensen, Reeds, Selleck et Mills) produit un Pinot Noir différent, mais tous produisent des vins concentrés aux arômes de cannelle et de cerise. On produit également du Viognier, dans le style sobre des blancs du Rhône.

### Chalone
Situé à l'est de la ville de Soledad et du même côté des formations rocheuses basaltiques de Pinnacles que Monterey, Chalone vinifie aussi selon la tradition bourguignonne, afin de donner un maximum de caractère à ses Pinots Noirs et à ses Chardonnays. Associée avec Château Lafite-Rothschild, la société possède aussi Edna Valley (San Luis Obispo), Acacia (Napa), Carmenet (Sonoma) et Woodward Canyon (État de Washington).

### Jeckel
Située à Greenfield, cette exploitation est l'exception à la règle selon laquelle « le Riesling ne donne rien de bon en Californie ». La brume de la baie de Monterey permet au raisin de garder son acidité, si bien que même le Riesling sec conserve sa profondeur et sa verdeur, tandis que le vin de dessert botrytisé est richement fruité.

Son Chardonnay a lui aussi du succès et, à maturité, son Cabernet-Sauvignon possède une légère saveur de cacao.

### The Monterey Vineyard
Fondée en 1974 près de la petite ville de Gonzales, l'exploitation appartient aujourd'hui au groupe Seagram. Son point fort est sa gamme Classic, aux vins abordables et faciles, notamment le Classic Pinot Noir et le Classic Red.

## SAN LUIS OBISPO
### Eberle
L'ancien joueur de football Gary Eberle planta ses premières vignes à l'est de Paso Robles en 1972 pour Estrella River Winery (aujourd'hui Meridian), puis lança sa propre étiquette en 1980. Un clone de Cabernet-Sauvignon à faible rendement, franc de pied, produit 84 000 bouteilles de vins tendres avec de belles notes de fruits rouges. L'exploitation produit aussi 42 000 bouteilles de Chardonnay et d'infimes quantités de Barbera, Syrah, Zinfandel, Viognier, ainsi qu'un Muscat Canelli très floral.

### Martin Brothers
En s'installant à Paso Robles, le vinificateur Nick Martin et le commercial Tom Martin apportèrent à ce lieu un souffle de culture italienne. Ils rendirent le Nebbiolo populaire, avec son goût âpre de violette et de grenade (sur l'étiquette figurent des reproductions de la Renaissance italienne). Leur Chenin Blanc, souple et sec, est caractéristique. Leur Vin Santo (voir p. 375) est issu de raisins Malvasia Bianca. Les frères Martin distillent une *grappa* à partir de Nebbiolo.

### Meridian
Estrella River Winery, l'exploitation d'origine, fondée à Paso Robles, fut rapidement rachetée par Beringer (qui appartient à Nestlé/Wine World) à la suite de désaccords familiaux. Le maître vigneron Chuck Ortman supervise une production de 3 600 000 bouteilles, dont deux tiers de Chardonnay Santa Barbara aux notes de vanille et de melon. Home Vineyard produit du Cabernet-Sauvignon, de la Syrah et du Zinfandel.

### Wild Horse
Les chais de Templeton sont situés sur un plateau à l'est de la rivière Salinas, à 23 km seulement du Pacifique. Son Chardonnay a des arômes de pomme ; son Pinot Noir est impressionnant, avec des arômes de rose, de champignon et de cerise ; son Merlot a un goût de terroir, avec une pointe de camphre, d'eucalyptus et de tabac.

## SANTA BARBARA ET LE SUD DE LA CALIFORNIE
### Byron
En 1984, Byron Kent («Ken») Brown fonda Byron au-dessus des vignobles situés à l'ouest de la vallée de Santa Maria. Le rapide succès de son Chardonnay et de son Pinot Noir incita Robert Mondavi à racheter l'affaire en 1990. On y produit même un Cabernet-Sauvignon aux notes de tabac et de groseille.

### Callaway
Ely Callaway, magnat du textile à la retraite, fonda cette exploitation dans les terres sauvages de Temecula (à 90 km au nord de San Diego) en 1969. Il la céda au groupe Hiram Walker en 1981. Sa spécialité est l'élaboration d'un Chardonnay élevé sur lies, appelé Calla-Lees. Le Fumé Blanc (un Sauvignon vieilli en fût) et un Sauvignon fruité (vinifié en cuves inox) ont également du succès.

### Firestone
En 1972, Brooks Firestone constata que la vallée de Santa Ynez convenait parfaitement à la culture de la vigne. À Los Olivos, il se spécialise dans des Rieslings (secs et doux) au goût d'abricot, un Pinot Noir et un Merlot très long en bouche. Sa femme Kate dirige Carey Cellars, l'exploitation voisine.

### Sanford
Rich Sanford commença à planter des vignes sur la rive sud de la rivière Santa Inez à Buellton en 1971. Sa connaissance de la région lui a permis d'élaborer un Chardonnay au goût de beurre et de pamplemousse, des Pinots Noirs au riche bouquet de cerise, des Sauvignons vifs et un vin gris issu de Pinot Noir.

# RÉGIONS INTÉRIEURES

Les deux régions viticoles de l'intérieur ne bénéficient pas de l'influence de l'océan Pacifique, mais offrent malgré tout quelques vins intéressants, de tous les styles imaginables. Outre les cépages californiens (voir p. 472), des cépages portugais sont cultivés dans la vallée centrale pour faire des vins du type du Porto.

## La vallée centrale

La grande vallée centrale de Californie s'étend sur 640 km au nord de Bakersfield jusqu'aux contreforts de Mount Shasta. La vallée de Sacramento, qui en occupe la moitié nord, possède deux AVA. Le delta, région de basses plaines au sud et à l'ouest de Sacramento, est rafraîchi la nuit par des langues de brume venant de la baie de San Francisco. Il englobe l'AVA Clarksburg, surtout connue pour ses Chenins Blancs très vifs et herbacés. L'AVA Lodi, sur la bordure sud du delta, produit des Zinfandels très prisés aux arômes de framboise, mais aussi le cépage Tokay qui sert à faire de l'eau-de-vie de vin.

La moitié sud de cette énorme région est occupée par la vallée de San Joaquin, large de 80 km et source de la richesse agricole californienne : elle abrite en effet 6 des plus riches comtés agricoles d'Amérique. Les sols fertiles, profonds, meubles et sablonneux – où les vignes avoisinent les champs de coton et de blé – produisent les neuf dixièmes des vins du Golden State.

Si les chaudes températures diurnes tuent l'acidité et ne permettent pas l'élaboration de grands vins, l'équilibre demeure suffisant pour la production de vins de consommation courante. Les 105 000 ha du cépage Thompson Seedless fournissent du vin blanc ordinaire, une base pour le Brandy, ainsi que du raisin de table et des raisins secs.

Le Colombard (22 300 ha), le Chenin Blanc (10 000 ha), le Zinfandel, le

Le comté El Dorado, contreforts de la sierra.

Grenache, le Barbera et la Petite Sirah donnent d'énormes quantités de vins ordinaires (des rouges et des blancs faciles à boire, généralement consommés dans l'année) qui portent ombrage aux vins blancs de Chardonnay, aux rouges de Cabernet-Sauvignon et aux Mousseux élégants également élaborés dans la région.

L'éventail des productions ne s'arrête pas là. Dans les années 30 et 40, la plupart des vins californiens étaient des vins doux et mutés. On les a presque oubliés aujourd'hui mais, non loin de la plus grande exploitation du monde (Gallo produit plus de 12 millions de bouteilles par semaine), de minuscules producteurs (Quady et Ficklin) font d'excellents vins de dessert. Et, tout près, des géants anonymes (Sierra, Vie-Del, Noble) font fermenter tranquillement des vins élaborés à façon pour des filiales de firmes prestigieuses (Heublein, Mondavi, Sebastiani) ou pour des producteurs de Brandy et de vins ordinaires (Delicato, Franzia, Bronco, Giumarra, Guild).

Deux des plus grandes écoles vinicoles sont situées dans la vallée centrale : l'université de Californie à Davis et California State à Fresno.

## Les contreforts de la Sierra

Le long de la bordure orientale de la vallée centrale se trouvent les contreforts de la sierra Nevada, qui, comme le Piémont italien, font la transition entre les plaines chaudes et sèches et les stations de sports d'hiver. La majestueuse sierra offre sans doute des paysages bien différents de ceux de la vallée, mais ses vins extrêmement fruités – des rouges de Zinfandel et de Cabernet-Sauvignon, des blancs de Chardonnay et de Sauvignon – sont tout aussi séduisants.

Les comtés des contreforts sont, par ordre décroissant de superficie : Amador (800 ha), El Dorado (200 ha), Calaveras (80 ha), Tehama (60 ha) et enfin Nevada (50 ha).

Bien avant que quiconque ait pensé à associer Napa ou Sonoma au vin, des chercheurs d'or avaient planté des vignes là où les chênes des plaines laissaient la place aux pins d'altitude. Les ruisseaux de montagne et les mines abandonnées abritaient plus d'une centaine de centres de vinification, jusqu'à ce que le phylloxéra et la prohibition, alliés aux difficultés de transports, ne mettent fin à ces activités pendant un demi-siècle.

La renaissance vinicole débuta dans les années 70, lorsque arrivèrent sur le marché les Zinfandels du comté d'Amador élaborés par Sutter Home et Ridge. Et, rapidement, des noms comme Boeger, Karly, Stevenot, Madrona et Monteviña propagèrent la renommée de la région. L'explication en est simple : les vignes de coteaux, situées entre 460 et 910 m, donnent des rendements faibles, mais produisent des vins de caractère ; l'absence de brume réduit tout risque de moisissure ; les prix très bas des terrains réduisent les coûts de production et, par conséquent, le prix des vins.    □

# PRODUCTEURS ET NÉGOCIANTS

La vallée centrale produit plus de 80% de l'ensemble des vins californiens, mais il s'agit en majorité de vins ordinaires, destinés à être assemblés entre eux. Cette même région produit des vins mutés et des vins de dessert. Les hautes altitudes des contreforts de la sierra Nevada donnent aux vins d'intenses arômes, bien que l'on y fasse pousser les cépages californiens habituels (voir p. 472).

## LA VALLÉE CENTRALE
### J. F. J. Bronco
C'est la sixième exploitation des États-Unis, avec une capacité de stockage atteignant près de 228 millions de bouteilles. Elle produit essentiellement du vin de table de qualité courante et des mousseux vendus sous les étiquettes J.F.J. Cellars et C.C. Vineyard. C'est au début des années 90 que Bronco commença à acheter des étiquettes prestigieuses : Grand Cru, Hacienda, Laurier, Black Mountain et les Portos J. W. Morris.

### Ficklin
La famille Ficklin planta des vignes à Madera dès 1912, mais ne commença à faire du vin qu'en 1948. Elle élabore du Porto à partir des cépages portugais Tinta Madeira, Tinta Cão, Touriga et Souzão. La vieille cave en adobe est couverte de lierre ; les vins, d'un prix raisonnable, sont délicieux et dotés d'un goût de cerise et de groseille.

### Gallo
L'exploitation vinicole de Modesto est devenue la plus grande du monde (780 millions de bouteilles par an) après que Ernest Gallo se fut vanté, à la mort de son frère Julio, d'être capable de vendre plus de vin que lui. La plupart des vins (vins de table, vins doux et vins pétillants) sont bon marché mais bien faits. C'est le Hearty Red Burgundy, un rouge légèrement sucré, qui l'a tout d'abord fait connaître, mais son vin de cépage issu de Sauvignon est d'excellente qualité.

### R. H. Phillips
L'exploitation de la famille Giguiere, qui produit 3 millions de bouteilles, est située dans les collines de Dunnigan, à l'est de la célèbre vallée de Napa. Parce que le terrain est bon marché dans la vallée de Yolo (près de l'Université de Californie à Davis), ses assemblages frais et fruités et ses vins de cépage sont d'un rapport qualité/prix particulièrement intéressant. Les vendanges nocturnes donnent des vins propres et vifs – surtout pour le Sauvignon.

### Quady
Andrew Quady a donné ses lettres de noblesse aux vins de dessert. Son Orange Muscat floral, nommé Essensia, son Black Muscat au goût de cerise (Elysium) et son Orange Muscat pétillant à 4 % vol d'alcool (Electra) lui ont valu le surnom de « Roi du Muscat californien ». L'exploitation de Madera produit aussi des vins mutés qui ressemblent au Porto, dont certains portent l'étiquette Starboard (« tribord », jeu de mots sur le fait que *port,* le contraire de *starboard,* signifie à la fois babord et Porto).

## LES CONTREFORTS DE LA SIERRA
### Boeger
En 1972, Greg et Susan Boeger fondèrent leur vignoble et leur exploitation juste à l'est de Placerville, dans le comté d'El Dorado. Les vignes étant plantées jusqu'à 900 m d'altitude, le climat est frais et sans brume. Leur Merlot et leur Zinfandel sont aussi séduisants l'un que l'autre.

### Monteviña
Le vignoble, planté sur le granite rouge décomposé du comté d'Amador, devint vite célèbre pour son puissant Zinfandel. L'exploitation, rachetée par Sutter Home (Napa) en 1988, se consacra alors à des cépages rouges italiens : dès le départ, le site donna le Barbera le plus fiable de Californie. De récentes plantations de Nebbiolo avoisinent des cépages tels que le Sangiovese, le Refosco et l'Aleatico.

### Renaissance
D'admirables vignobles en terrasse au-dessus de la ville de Renaissance produisent des vins de dessert issus de Vendanges tardives de Riesling et de Sauvignon. La maison est également connue pour sa Petite Sirah riche et concentrée.

Un des grands centres de vinification de la vallée centrale.

# NORD-OUEST DES ÉTATS-UNIS

PAYS VITICOLES ENCORE TRÈS JEUNES, LES DEUX ÉTATS DU
NORD-OUEST DES ÉTATS-UNIS OFFRENT UNE SÉDUISANTE
PALETTE DE VINS DE QUALITÉ.

L'Oregon est surtout réputé pour ses vins rouges de Pinot Noir.
Cette exploitation vinicole, Elk Cove, produit des Pinots Noirs
issus de trois vignobles distincts situés au nord de la vallée de
la Willamette, cœur de l'industrie vinicole de l'État.

Les deux États du nord-ouest pacifique – Washington et Oregon – ne sont pas, comme la Californie, célèbres pour leur ensoleillement et la douceur de leurs températures. Mais, comme chez leur voisin méridional, leur climat, influencé par les chaînes de collines et de montagnes générant de nombreux microclimats, attire et inspire les vinificateurs. Dans l'État de Washington, la plus grande partie du vignoble est retirée à l'intérieur des terres et coupée de l'influence du Pacifique par la chaîne des Cascades. Celle-ci forme une barrière contre la pluie et crée un désert ; la vigne ne peut donc prospérer que dans les vallées de la rivière Columbia et de ses affluents. L'irrigation et une approche scientifique de la viticulture permettent l'élaboration d'une grande variété de vins ; ce sont les blancs secs et demi-secs issus de Chardonnay, Riesling, Sauvignon et Sémillon et les rouges de Cabernet-Sauvignon et de Merlot qui connaissent le plus de succès. Les meilleurs sont souvent les vins de cépage (voir p. 468).

La principale région viticole de l'Oregon est la vallée de la Willamette, abritée entre la chaîne côtière et les Cascades, à l'est. Plus fraîche et pluvieuse que la Californie, elle jouit d'un climat semblable à celui de la Bourgogne, si bien que le cépage le plus cultivé est le Pinot Noir, le merveilleux raisin bourguignon, tandis que le Chardonnay et le Pinot Gris donnent d'élégants blancs secs. En raison du succès du Pinot Noir, l'Oregon est l'une des rares régions du Nouveau Monde qui pourrait se permettre de concurrencer la Bourgogne et les investissements français dans le vignoble n'ont fait qu'accroître l'enthousiasme local. L'industrie vinicole est relativement récente dans ces deux États. De la fin de la prohibition (1920-1933) jusqu'au milieu des années 60, l'État de Washington ne possédait qu'une demi-douzaine de sociétés vinicoles qui élaboraient du vin à partir de fruits (rhubarbe, framboises, poires). En 1962, un groupe de vinificateurs amateurs planta des cépages classiques européens sur un petit lopin de terre. Dès 1967, le succès de leurs vins poussa un riche concurrent local à remplacer des raisins locaux par des variétés de *Vitis vinifera* et, depuis lors, le vignoble de l'État progressa rapidement, en quantité comme en qualité. L'histoire vinicole de l'Oregon est tout aussi récente et, si l'industrie est restée modeste, la qualité de ses vins, surtout ceux de Pinot Noir, lui vaut d'heureuses comparaisons avec la Bourgogne.

# WASHINGTON

L'État de Washington est en train de rattraper celui de New York, second producteur de vin du pays. C'est une région en constant développement, qui a produit 40,8 millions de bouteilles en 1992. New York, qui en produisait 132 millions en 1988, n'en produit plus que la moitié aujourd'hui. Cela dit, ni l'un ni l'autre ne seront jamais une menace pour la Californie. L'État de Washington possède 13 700 ha de vignes (soit un dixième du vignoble californien, l'équivalent du comté de Napa ou de Sonoma), mais sa production ne représente que le trentième de celle de son voisin méridional. Les deux tiers des vignes de l'État sont plantés de Concord, qui sert à faire du jus de raisin et non du vin.

## Le climat
À l'est de la chaîne des Cascades, le centre de l'État possède un climat continental, avec des étés chauds, des hivers froids et peu de précipitations. Dans la partie abritée de la pluie par les Cascades (l'altitude du mont Rainier est de 4 367 m), la vallée de la Columbia est un plateau aride et désertique, où les précipitations annuelles ne dépassent guère 200 mm. Il a donc fallu recourir à l'irrigation pour faire pousser la vigne à l'est des Cascades : il s'agit d'énormes systèmes pivotants dont les bras démesurés arrosent près de 65 ha à la fois.

Il est par ailleurs essentiel d'endurcir les vignes pour les préparer aux rigoureux hivers des plaines d'altitude : on cesse de les arroser et de leur apporter des éléments nutritifs vers la mi-août, bien avant les premières gelées d'automne, afin que les plants pré-dormants puissent résister à la rigueur de l'hiver. En 1979, avant que l'on ait compris l'importance de ce procédé, plus de 400 ha de vignes furent détruits par le froid.

Prélèvement en cours de fermentation.

## LES ZONES VITICOLES

L'État de Washington possède une aire viticole principale (AVA) et deux aires secondaires. Le bassin de la Columbia constitue 98 % du vignoble.

**La vallée de la Columbia,** avec un vignoble de plus de 2 400 ha, soit 58 % du total de l'État, est la région la plus importante. Elle a la forme d'un «T» renversé, dont la tige est formée par la rivière Columbia, qui coule vers le sud et traverse l'État en son milieu.
**La vallée de Walla Walla,** avec moins de 40 ha, forme le bras oriental du «T» (la rivière Snake coule vers l'ouest et rejoint la Columbia au-dessous de Tri-Cities).
**La vallée de Yakima,** avec ses 1 600 ha, forme le bras occidental du «T» (la rivière Yakima coule vers le sud-est et rejoint la Columbia juste au-dessus de Tri-Cities).

Il est prévu de créer dans le coin nord-ouest de l'État, au nord de Seattle, une aire viticole qui s'appellera Nooksack River Basin. Cette région particulièrement fraîche pourrait devenir une importante source de bons mousseux. On trouve également quelques vignes près de Spokane au nord-est.

Tout comme en Europe du Nord, les viticulteurs de l'État recherchent les versants orientés au sud, afin de profiter de la lumière solaire l'été et de la protection relative contre le froid hivernal. La proximité d'une rivière – la Columbia ou la Yakima – modère également le climat. Les nuits fraîches assurent au raisin une bonne acidité. Les vendanges ont lieu plus tard qu'en Californie : elles commencent à la mi-septembre pour ne finir parfois qu'en novembre.

## Les cépages et les styles de vin
Le Chardonnay et le Riesling, pour le vin blanc, sont les cépages les plus cultivés (plus de 800 ha chacun), suivis, pour le vin rouge, du Cabernet-Sauvignon et du Merlot (600 ha environ chacun). Le Sauvignon (pour les blancs) gagne du terrain avec près de 400 ha. Bien que moins répandu, le Sémillon a aussi ses adeptes ; il sert parfois à l'élaboration de vin de cépage mais on l'assemble également au Sauvignon. Tous, hormis le Riesling, sont en expansion.

L'État doit sa réputation à ses blancs issus de Chardonnay, au fruité vif et frais, et de Riesling, au goût profond d'abricot ; à ses Merlots rouges, pétillants d'arômes de baies, et à ses Cabernets-Sauvignons peu tanniques, dont le fruité semble étonnant. Le goût fruité est très prononcé parce que la maturation du raisin est lente et régulière sous le soleil modérément chaud de cette latitude septentrionale.

L'industrie viticole étant relativement récente, les styles sont très variés. Certains vinificateurs font vieillir quelques mois en fûts de chêne leurs blancs de Chardonnay et de Sémillon ainsi que leurs rouges.

Les vins mousseux connaissent un succès croissant, notamment ceux du Château Sainte Michelle, le plus gros producteur de l'État.   □

# PRODUCTEURS ET NÉGOCIANTS

L'histoire des vins fins de l'État de Washington a surtout débuté à la création de la société Columbia, suivie de celle du Château Sainte Michelle. Dans les années 70 et 80, le nombre de nouvelles sociétés vinicoles n'a cessé de croître. La plupart des vins sont des vins de cépage. Ils portent le nom du cépage principal qui les constitue.

### Arbor Crest

Arbor Crest a d'abord attiré l'attention avec ses Chardonnays au riche bouquet. Sa salle de dégustation, Cliff House, est perchée sur un affleurement basaltique surplombant la rivière Spokane, à quelques kilomètres à l'est de Spokane. Le vignoble de 36 ha de la famille Mielke se trouve sur Wahluke Slope, un site de la vallée de la Columbia exposé à l'est, et produit un Sauvignon austère et un Merlot généreusement fruité.

### Columbia

Fondée en 1962 par un groupe d'amateurs enthousiastes qui planta 2 ha dans la vallée de Yakima, Columbia doit sa célébrité aux superbes Cabernets-Sauvignons du vinificateur et *Master of Wine* David Lake, issus de certains des meilleurs vignobles de Yakima : Otis, Red Willow et Sagemoor Farm. Columbia produit aujourd'hui 960 000 bouteilles par an, dont des vins de cépage rouges issus de Cabernet-Sauvignon, Merlot, Syrah et Cabernet Franc, et des blancs issus de Chardonnay, Riesling, Gewürztraminer et Sémillon.

### Covey Run

Nommée à l'origine Quail Run, cette entreprise de Zillah (vallée de Yakima) fut créée par un groupe d'arboriculteurs fruitiers attirés par la vigne. L'odorant Lemberger fermenté en cuves inox, un rouge très original, est l'une de leurs spécialités avec le Riesling et le Chardonnay. La

Caille de Fumé est un assemblage blanc sec de Sauvignon et de Sémillon.

### The Hogue Cellars

Les Hogue dirigent une ferme diversifiée de 566 ha et une exploitation vinicole de 2,9 millions de bouteilles près de Prosser (vallée de Yakima). Mais un Sémillon blanc soyeux et des Merlots rouges à arôme de menthe ont incité la famille à s'occuper davantage de vinification. Leur gamme comprend maintenant des rouges de Cabernet-Sauvignon et de Cabernet Franc.

### Latah Creek

Mike Conway, propriétaire de cette société vinicole de Spokane, donne une note très personnelle à ses Chardonnays pleins de vitalité et à son Lemberger rouge vieilli en fût de chêne.

### Leonetti

Gary Figgins commença à produire un Merlot et un Cabernet-Sauvignon typés dans la cave d'une maison de Walla Walla. Les rouges demeurent sa spécialité : 4,4 ha de Merlot entourent la maison (avec un peu de Syrah et de Sangiovese). Son assemblage de style Bordeaux s'appelle Walla Walla Valley Select.

### Preston

Le vignoble de 20 ha, planté en 1972 sur les plateaux de désert sablonneux juste à l'est de Pasco, atteint aujourd'hui 73 ha et la production est passée à

420 000 bouteilles. Le Chardonnay sec et le Riesling doux de vendanges tardives sont depuis longtemps les spécialités de Preston et son Gamay Rosé (qui porte l'étiquette Beaujolais) est frais et fruité.

### Quilceda Creek

Depuis 1979, la société ne produit à Snohomish (nord de Seattle) que 12 000 bouteilles de Cabernet-Sauvignon (issu de raisin de la vallée de la Columbia), que les connaisseurs s'empressent d'acheter. Paul Golitzin vinifie sur les conseils du célèbre André Tchelistcheff, qui officie depuis près de quarante ans à Beaulieu, dans la vallée de la Napa.

### Château Sainte Michelle

Voir encadré ci-dessous.

### Paul Thomas

Attaché au côté étonnamment sec des vins élaborés à partir de

fruits, Paul Thomas a créé Crimson Rhubarb – un Blanc de Noirs fait avec de la rhubarbe –, une boisson devenue classique dans l'ouest de l'État de Washington. Son Chardonnay fermenté en fûts est aussi agréable que son assemblage rouge Cabernet-Sauvignon/Merlot. L'affaire fut rachetée en 1993 par Associated Vintners (Columbia).

### Woodward Canyon

Les spécialités, en rouge, du vinificateur Rick Small sont les Cabernets-Sauvignons et les Merlots, mais il produit aussi un Chardonnay de style bourguignon – fermentation en fût, fermentation malolactique, séjour prolongé sur lies. Son rouge Meritage de type Bordeaux s'appelle Chabonneau. Il possède un vignoble près de son exploitation dans la vallée de Walla Walla et achète du vin dans la vallée de la Columbia.

---

## CHÂTEAU SAINTE MICHELLE

Située dans la banlieue de Seattle, cette société vinifie du raisin local et est devenue d'ailleurs la plus influente de l'État en 1967, lorsque de gros investissements permirent d'engager André Tchelistcheff (de la vallée de la Napa, en Californie) comme conseiller, et de commencer à faire des vins de cépage. Château Sainte Michelle produit aujourd'hui 6 millions de bouteilles par an, avec une gamme de vins de cépage (des Rieslings, du Cabernet-Sauvignon Cold Creek de la vallée de Yakima) et des vins mousseux portant son nom. La société-mère, Stimson Lane, possède également une autre grosse exploitation (72 000 bouteilles), Columbia Crest, à Paterson, connue pour ses blancs faciles à boire, ainsi que celle plus modeste de Snoqualmie, qui produit un Late-Harvest White Riesling (doux) et un Muscat Canelli demi-sec.

# OREGON

Les vins de l'Oregon ont une réputation disproportionnée par rapport à la production, depuis que le Eyrie Pinot Noir 1975 de David Lett fut découvert au cours de dégustations et que le chaleureux millésime 1983 donna des vins d'une grande richesse, d'une étonnante maturité (parfois trop grande) et d'un bouquet très intense.

Les vignes couvrent 2 400 ha, soit moins de 2 % de la surface que la Californie consacre au raisin destiné au vin. En 1993, l'Oregon possédait 115 exploitations (contre 36 en 1982).

## Les climats et les sols

La plus grande partie du vignoble de l'État est située à l'ouest de la chaîne enneigée des Cascades, orientée nord-sud et parallèle au Pacifique, à environ 160 km à l'intérieur des terres. C'est une région fraîche et pluvieuse, qui ressemble bien plus à la Bourgogne et aux autres vignobles du nord de l'Europe qu'à la Californie ou à l'État de Washington.

Le cœur de la région viticole se trouve dans le comté de Yamhill, à l'intérieur des terres, près de Tillamook, qui possède le quart des vignes de l'État. McMinnville (10 000 habitants) est le centre du comté de Yamhill, dans la partie la plus septentrionale de la vallée de la Willamette (voir encadré). C'est là, au Linfield College, qu'a lieu chaque année au mois de juillet la Fête internationale du Pinot Noir (IPNC).

La vallée de la Willamette, jadis une mer intérieure, possède des terres d'origine volcanique (souvenir d'une ancienne éruption de l'Idaho), très riches en oxyde de fer couleur de rouille dans la région de Dundee (Red Hills), bien que certains versants ouest de Yamhill présentent des couches sédimentaires jaunâtres. Les rendements sont généralement d'à peine 30-40hl/ha dans la vallée de la Willamette, qui fournit les trois quarts des raisins de l'Oregon. Dans cette région fraîche, les vendanges

Vignoble de Red Hills (Dundee).

durent généralement du début d'octobre à la mi-novembre. La vallée de la Rogue, un peu plus chaude, est légèrement plus précoce, sauf là où pousse le Cabernet-Sauvignon, toujours tardif.

Les premières vignes à vin furent plantées en 1961, lorsque Richard Sommer eut l'idée de produire à l'ouest de Roseburg le Riesling apte à vieillir. La HillCrest Vineyard fut agréée en 1966. La même année furent plantés les premiers pieds de vigne du comté de Yamhill, à Eyrie Vineyard, où David et Diana

### LES ZONES VITICOLES

L'Oregon possède actuellement trois aires viticoles (AVA), la plus grande étant la vallée de la Willamette.

**La vallée de la Willamette** s'étend du sud vers l'ouest, entre Portland et Eugene.
**La vallée de l'Umpqua** se trouve plus au sud et s'étend jusqu'à Roseburg.
**La vallée de la Rogue** – qui inclut les vallées de l'Applegate et de l'Illinois – est juste au nord de la frontière californienne, autour de la ville de Grants Pass.

Lett prouvèrent que le Pinot Noir n'a pas besoin d'avoir une couleur sombre pour être bon et bien vieillir. «Le Cabernet-Sauvignon possède un arôme particulier, où qu'il pousse», dit David Lett. «Mais le Pinot Noir peut tellement varier selon le site et le vinificateur que les gens ont du mal à le définir, et c'est ce qui le rend si intéressant.»

## Les cépages et les styles de vin

Près de la moitié du vignoble de l'Oregon est planté en Pinot Noir. Presque tout le reste sont des cépages blancs : le Chardonnay vient en deuxième position (526 ha), suivi par le White Riesling (283 ha) et le Pinot Gris (174 ha).

Bien que le Pinot Noir soit l'objet de tous les soins, les années 80 ont vu naître deux phénomènes nouveaux : le premier fut l'explosion du Pinot Gris, vinifié jadis à l'italienne (Pinot Grigio), et qui donne aujourd'hui un blanc sec au goût métallique de pierre à fusil.

Le deuxième se développa plus discrètement : on passa du Chardonnay de style californien, très épanoui, à celui plus subtil et plus élégant de l'Oregon, fruité et épicé. Les fermentations malolactiques arrondirent les accents rudes et trop acides dus au climat plus frais de l'Oregon.

Les blancs de l'Oregon, surtout les Chardonnays, peuvent vieillir trois ou quatre ans en bouteille. Les rouges de Pinot Noir présentent une grande variété – selon les vinificateurs et les millésimes –, mais la plupart sont prêts à boire au bout de quatre à six ans, bien que les meilleurs continuent de s'améliorer pendant bien plus longtemps.

Les années 80 ont amené dans l'État des vinificateurs respectés de Californie (Willam Hill, Carl Doumani, Steve Girard), de France (Domaine Drouhin et Laurent Perrier) et d'Australie (Brian Croser), possédant les talents et les moyens financiers nécessaires pour développer l'expérience viticole de l'Oregon.                    □

# PRODUCTEURS ET NÉGOCIANTS

Les exploitations vinicoles de l'Oregon, comme celles de l'État de Washington, datent des années 70 et 80. La plupart sont familiales et mettent l'accent sur des vins élaborés à partir de leurs propres raisins locaux. La majorité des exploitations énumérées ci-dessous se trouvent dans le nord de la vallée de la Willamette, entre Portland et Salem. Les vins portent généralement le nom du cépage, comme dans le reste des États-Unis.

**Adelsheim**
David et Ginny Adelsheim commencèrent à planter leur vignoble de 19 ha en 1971, sur les versants de Chelahem Mountain, en quantités égales de Pinot Noir et de Pinot Gris. Plus tard, ils y ajoutèrent le Chardonnay, le Pinot Blanc et le Riesling.

**Amity**
La moitié du vignoble de 6 ha de Myron Redford, planté en 1970, est du Pinot Noir, dont une partie est vinifiée chaque année en vin nouveau. Le Gewürztraminer Blanc mérite d'être mentionné, ainsi que le Gamay.

**Bethel Heights**
En 1977, les jumeaux Ted et Terry Casteel commencèrent à planter leurs 21 ha dans les collines d'Eola, à 19 km au nord-ouest de Salem. Depuis 1984, ils produisent du vin provenant uniquement de leur domaine. Presque la moitié des vignes sont du Pinot Noir, qui donne un vin souple. Le Chenin Blanc donne un blanc sec.

**Elk Cove**
Pat et Joe Campbell fondèrent leur exploitation (240 000 bouteilles) en 1977. L'accent est mis sur le Pinot Noir, provenant de trois vignobles différents : Elk Cove Estate, Wind Hill et Dundee Hills. Leur Cabernet-Sauvignon est un produit très rare dans l'Oregon.

**The Eyrie**
Voir encadré ci-dessous.

**Henry Estate**
C'est en 1972 que la famille Henry commença à planter des vignes sur les rives de la rivière Umpqua, à 20 km au nord-ouest de Roseburg, et les chais furent achevés en 1978. Bien qu'il fasse plus chaud ici que dans la vallée de la Willamette, le Pinot Noir est malgré tout le vin prédominant. Les blancs sont un Chardonnay vieilli dans du chêne américain, du Gewürztraminer et du Müller-Thurgau.

**Knudsen-Erath**
Le bûcheron Carl Knudsen et le vinificateur Dick Erath fondèrent la plus grosse exploitation de l'Oregon (aujourd'hui 480 000 bouteilles) en 1972, à l'ouest de Dundee. La moitié de leur production est un Pinot Noir. Un Riesling au parfum de chèvrefeuille est élaboré à la fois en sec et dans le style des vins de Moselle (2 % de sucres résiduels). Leur Vin Gris (rosé) sec et fruité est issu de Pinot Noir ; le Pinot Gris est fermenté en fûts de chêne français et vieilli sur lies.

**Oak Knoll**
Ron et Marge Vuylsteke ne possèdent pas de vignes mais achètent leur raisin. Un Chardonnay vieilli en fûts de chêne vient en tête, suivi par un Pinot Noir soyeux, un Riesling et un Pinot Gris sec.

**Ponzi**
Le vignoble de 28 ha de Dick et Nancy Ponzi se trouve seulement à 24 km à l'ouest de Portland. Leurs Rieslings racés et leurs Pinots Noirs sont séduisants. Leur Chardonnay est fermenté dans des fûts de chêne de l'Allier.

**Rex Hill**
Cette exploitation fut fondée en 1982 par ses propriétaires, Paul Hart et Jan Jacobsen. Le vinificateur Lynn Penner-Ash met l'accent sur de savoureux Pinots Noirs. Provenant de sept vignobles différents, ils représentent 60 % de la production de 360 000 bouteilles. Le Chardonnay sec possède un goût de pierre à fusil et un riche parfum de clou de girofle.

**Sokol-Blosser**
Susan Sokol-Blosser et son époux Bill commencèrent à planter des vignes sur les Red Hills de Dundee en 1971 ; leur premier millésime fut le 1977. Ils produisent un Müller-Thurgau (blanc) au parfum de chèvrefeuille, un Chardonnay aux notes d'agrumes et des Pinots Noirs aux notes de cerise.

**Tualatin**
Le vinificateur californien Bill Fuller et l'homme d'affaires Bill Malkmus fondèrent en 1973 ce vignoble de 34 ha dans la minuscule ville de Forest Grove. Leur Riesling à goût d'abricot et de pierre à fusil, leur Pinot Noir à l'arôme de clou de girofle fumé et leur Chardonnay riche en pain grillé, en chêne et en clou de girofle sont très appréciés. Ils élaborent aussi des vins blancs issus de Sauvignon, de Gewürztraminer, de Flora (un hybride de Sémillon et de Gewürztraminer) et de Müller-Thurgau.

---

**THE EYRIE**

C'est dans cette exploitation située sur un petit terrain industriel de la banlieue de Mc Minnville, dans le comté de Yamhill, que naquirent les grands vins de l'Oregon. Les vignobles, plantés en 1966 dans les Red Hills de Dundee par David et Diana Lett, sont les plus vieux pieds de vigne de la vallée de la Willamette. Les vins qu'ils produisent sont étonnants. Leurs Pinots Noirs, intenses dans leur jeunesse, vieillissent aussi bien que certains des Bourgognes rouges qui leur ont servi de modèles : les meilleurs millésimes des années 70 se sont gardés vingt ans, tandis que les moins bons se boivent au bout de cinq à dix ans. Leur Pinot Gris et leur Chardonnay sont également bons. Les produits les plus originaux d'Eyrie sont un subtil Muscat Ottonel blanc et un peu de rare Pinot Meunier rouge.

# NORD-EST DES ÉTATS-UNIS

AYANT PRODUIT DES VINS DEPUIS L'ÉPOQUE COLONIALE,
LE NORD-EST DES ÉTATS-UNIS ÉLABORE AUJOURD'HUI
DES VINS DE STYLE CLASSIQUE.

Les vignobles de Tewksbury Wine Cellars, sur les collines du comté d'Hunterdon (New Jersey), témoignent de la renaissance vinicole de l'État. Les cépages, de *vinifera* principalement, sont sensibles aux gelées printanières.

C'est dans le nord-est des États-Unis que sont nés les cépages américains. Les nombreuses vignes qui y poussaient à l'état sauvage à l'époque coloniale ont donné naissance à des noms de lieux, tel « le vignoble de Martha » (Martha's Vineyard), au large de la côte du Massachusetts, et à bien des noms de villes dans toute la Nouvelle-Angleterre comme dans les États voisins. Ces vignes sauvages robustes et résistantes sont les ancêtres du cépage Concord, patriarche de la famille *Vitis labrusca*. On pensa un temps que, si la vigne poussait à l'état sauvage, les cépages européens prospéreraient également. Pour cette raison, de nombreux colons dédaignèrent le cépage indigène. En 1683, William Penn, fondateur de Philadelphie, importa des boutures de vigne de France et d'Espagne et fit la première vaine tentative pour acclimater les cépages européens au Nouveau Monde. Dans les années 1850, le Concord finit par être domestiqué, et, depuis lors, il règne en maître dans le Nord-Est.

Au début, on ne cultivait pas la vigne dans le but d'élaborer du vin. Depuis longtemps, le Concord était très prisé en raison de ses multiples qualités : on en faisait du jus de raisin, des confitures et des gelées. Avant la pro-hibition, d'autres cépages de *labrusca* (Delaware, Dutchess, Elvira et Catawba) donnaient des vins de table, des Mousseux et des vins mutés. Or, que ce soit avant ou après cette époque, les vins de l'Est ne réussirent jamais à se faire une bonne réputation aux États-Unis. Leur image demeura celle de vins doux issus de cépages américains, et celle des vins kasher qui, parce qu'ils étaient élaborés à partir de Concord, furent automatiquement associés aux vins de cette région. Les hybrides français et les cépages de *vinifera* ne furent guère plantés hors de l'État de New York avant la fin des années 60, lorsque la réglementation d'État fut modifiée pour encourager la création de petites entreprises vinicoles « fermières », en réduisant notamment les coûts prohibitifs de l'autorisation. C'est ainsi que l'on compte aujourd'hui plus de 200 entreprises vinicoles dans le Nord-Est (New York, Nouvelle-Angleterre, New Jersey, Pennsylvanie et Maryland), dont la moitié environ se trouvent dans l'État de New York. Tandis que ces petites sociétés se multipliaient, on commença également à planter davantage d'hybrides, de *vinifera*, ou des deux, si bien que l'on trouve maintenant de bons vins tranquilles et d'assez bons Mousseux dans cette région.

## L'histoire des vins du Nord-Est

La plus ancienne région viticole est la vallée de l'Hudson, dans l'État de New York, où l'entreprise vinicole Brotherhood Winery, fondée en 1839, est censée être la plus vieille des États-Unis. Dès 1860, on élaborait du vin dans l'est de l'État de New York, dans le district des Finger Lakes. Celui-ci devint le centre de la production vinicole du Nord-Est et conserva son importance après la prohibition.

L'État de New York était alors le principal producteur de raisin et de vin de la région, au point que des viticulteurs de Pennsylvanie, du New Jersey et même du Canada envoyaient leur raisin à de grands producteurs de vin ou de jus de fruits de New York. La région devint rapidement célèbre pour le jus de raisin Welch's, les vins aromatiques de *labrusca*, les vins kasher et les vins mutés bon marché.

## L'implantation des vignes étrangères

On pensait généralement que le climat froid du Nord-Est, son cycle végétatif court et son humidité estivale excluaient toute possibilité d'y faire pousser des vignes autres que locales. Au cours des années 60, quelques viticulteurs de New York et des États voisins commencèrent à planter des hybrides français résistant au froid et à de nombreuses maladies. Philip Wagner, de Boordy Vineyards, dans le Maryland, consacra de nombreuses années de recherche aux hybrides adaptés au climat continental, sélectionnant soigneusement les microclimats appropriés et faisant pousser des souches à l'abri du gel. Wagner fonda une pépinière viticole et fournit toute une gamme d'hybrides français aux viticulteurs du Nord-Est et du Middle West.

Deux autres pionniers, Charles Fournier et le Dʳ Konstantine Frank, cherchèrent une souche résistante permettant de faire pousser la *Vitis vinifera* dans les climats froids et, en 1957, leurs vignes expérimentales survécurent aux gelées désastreuses qui ravagèrent les Finger Lakes. C'est ainsi que les viticulteurs du Nord-Est s'intéressèrent à la *vinifera*.

Fûts et demi-jeannes à Montbray Wine Cellars, entreprise pionnière du Maryland.

## Les cépages et les styles de vin

Il n'est pas rare que les producteurs fassent des vins à partir des trois types de cépages – américains, hybrides et *vinifera*. Le choix se fait en fonction de ce que le vinificateur a pu se procurer et de la demande du marché. Certains producteurs ne vendent qu'aux résidents de la région ; d'autres ont pour clients des touristes, ou encore le marché plus sophistiqué des restaurateurs et des détaillants, à la fois dans la région et ailleurs.

Même les viticulteurs qui s'attaquent au marché international avec des vins fins offrent souvent aux touristes de passage des vins bon marché, doux et faciles. De nombreux vins issus d'hybrides portent un nom de propriétaire, ce qui est généralement plus accessible pour le novice que le nom du cépage hybride (plus difficile à prononcer). Au fil des ans, le Nord-Est a rendu un grand service au monde du vin en tentant de cultiver une si grande quantité de cépages hybrides de climat froid dans des sites et des sols différents. Plusieurs sont sortis du rang. L'hybride franco-américain Aurora est devenu très populaire lorsque les hybrides indigènes se sont révélés de piètre qualité, mais, aujourd'hui, il est petit à petit remplacé par le Cayuga White. Parmi les autres cépages blancs qui ont fait leurs preuves, les plus appréciés des viticulteurs du Nord-Est sont le Seyval Blanc et le Vidal Blanc. Le Ravat (également dénommé Vignoles) semblerait être l'un des raisins blancs les plus versatiles, donnant des vins secs, doux ou mousseux.

Parmi les hybrides rouges, Baco Noir (le premier à avoir fait ses preuves partout), Chambourcin, Chelois, de Chaunac, Maréchal Foch et Villard Noir sont les plus performants. Mais aucun hybride rouge ne s'est encore révélé vraiment supérieur aux autres.   □

# ÉTAT DE NEW YORK

Aussi loin que remontent les archives, l'État de New York a toujours été le deuxième plus gros producteur de vin des États-Unis ; mais les grands amateurs l'ont toujours traité avec mépris, en raison du volume de sa production de vins sucrés. Pendant des années, ses vins, issus pour la plupart de Concord, de Catawba et d'autres cépages de *labrusca*, étaient en effet plutôt édulcorés afin de maquiller les arômes rustiques de ces raisins.

Les cépages américains furent les plus répandus jusque dans les années 80, quelques grosses entreprises dominant la production. La situation commença à changer grâce à une loi, le Farm Winery Act de 1976, qui abaissait le prix de la licence et permettait aux petits producteurs (de moins de 240 000 bouteilles) de vendre directement aux consommateurs. Sur 88 entreprises vinicoles recensées en 1993, 73 ont été fondées après 1976. La plupart sont de petite taille et familiales.

Le Concord, malgré son recul, représente encore 75 % du vignoble. Bien que la surface viticole totale diminue à mesure que l'on supprime les vignes improductives et les cépages indésirables, la surface plantée en hybrides et en *vinifera* augmente. Les principaux hybrides sont l'Aurora, le Seyval Blanc, le Cayuga White et le Vidal Blanc pour les blancs, et, pour les rouges, le Baco Noir et le de Chaunac. Le principal cépage de *vinifera*, septième par ordre d'importance, est le Chardonnay. Le Riesling et le Gewürztraminer gagnent du terrain.

L'État de New York possède quatre grandes AVA. Au sud-ouest de Buffalo, 95 % du district du lac Érié est planté en Concord, dont la plus grande partie est transformée en jus de raisin. Les trois autres zones s'intéressent davantage aux vins de qualité. Les Finger Lakes prennent un nouveau départ avec de jeunes producteurs, exigeants sur la qualité, qui cultivent des hybrides et des cépages de

Exploitation sur le lac Érié.

*vinifera*. La vallée de l'Hudson, réputée pour ses hybrides parfumés et bien élaborés, cultive aujourd'hui des cépages de *vinifera*. La troisième région, située à l'extrémité orientale de Long Island, a totalement misé son avenir sur les vins de *vinifera*. Si l'industrie vinicole de l'État de New York ne s'est pas développée au cours des dernières années, sa production annuelle atteint malgré tout en moyenne 180 millions de bouteilles.

## Les Finger Lakes

Avec sa quarantaine d'entreprises, ce district produit plus de 85 % des vins de l'État. On y trouve tous les types de raisin – *labrusca*, hybrides et *vinifera*. Bien que la superficie totale du vignoble ait diminué, beaucoup de nouvelles vignes ont été plantées le long des rives un peu plus protégées des lacs Cayuga et Seneca, où les cépages de *labrusca* comme les hybrides sont remplacés par des cépages de *vinifera*. La plupart des sociétés les plus anciennes – Taylor, Great Western, Gold Seal – se sont installées près des lacs Canandaigua et Keuka, où se trouve l'une des plus grosses entreprises américaines, la Canandaigua Wine Company. Les principales petites entreprises produisent d'excellents Chardonnays, Rieslings et Gewürztraminers et, dans la plupart des millésimes, le Seyval Blanc et le Cayuga White demeurent des hybrides fiables.

## La vallée de l'Hudson

La plus ancienne région viticole de l'État est située à 110 km au nord de la ville de New York et compte plus de 20 entreprises, toutes relativement petites. En raison de l'humidité, la plupart d'entre elles commencèrent par planter des hybrides français – essentiellement du Seyval Blanc. Toutefois, la longueur du cycle végétatif (entre 180 et 195 jours) a éveillé un nouvel intérêt pour les *vinifera*, tandis que le Chardonnay et le Cabernet gagnent rapidement du terrain.

## Long Island

La partie orientale de Long Island se divise en deux péninsules squelettiques – North Fork, une zone rurale, et South Fork, domaine des belles résidences. Toutes les entreprises, sauf deux, sont situées dans la North Fork, où les sols d'argile sablonneux et l'influence adoucissante de l'océan et de la baie créent un site particulièrement favorable pour les nobles cépages de *vinifera*. Seize producteurs élaborent des vins de qualités diverses avec pour débouché la ville de New York.

Depuis 1973, Hargrave Vineyards a convaincu même les plus incrédules que cette région convient à la viticulture : le succès de son Cabernet-Sauvignon et de son Merlot a poussé ses concurrents à planter des ceps de *vinifera*. Au cours de ses vingt premiers millésimes, Long Island a produit de nombreux Merlots riches et presque classiques, ainsi que de bons Cabernets-Sauvignons. Les efforts plus récents pour faire des assemblages de style bordelais pourraient bien être couronnés de succès. Le Chardonnay et le Sauvignon sont, quant à eux, les cépages blancs prédominants.  □

# PRODUCTEURS ET NÉGOCIANTS

Les grosses entreprises élaborant principalement des vins de faible qualité à partir de cépages indigènes sont enfin concurrencées par un groupe croissant d'individus employant les meilleurs hybrides et les cépages de la famille des *vinifera*.

## FINGER LAKES
### Canandaigua Wine Co.
Avec plus de 96 millions de bouteilles par an, c'est l'une des plus grosses entreprises vinicoles américaines. Elle possède l'étiquette la plus ancienne, Virginia Dare, produit beaucoup de vins de *labrusca* mais aussi des vins de cépage haut de gamme, notamment du Muscat.

### Glenora Wine Cellars
Fondée en 1977, cette société a toujours mis l'accent sur les vins de cépage millésimés issus d'hybrides et, plus récemment, de Riesling et de Chardonnay. Elle complète le produit de ses vignes de Seneca Lake avec du raisin acheté aux viticulteurs locaux. Glenora produit de bons Rieslings équilibrés et un riche Reserve Chardonnay fermenté en fût. Ses vins mousseux de méthode champenoise (assemblage de Chardonnay et de Pinot Noir) peuvent être remarquables.

### Knapp Vineyards
Sa vaste gamme de vins de cépage issus d'hybrides et de *vinifera* a valu à Knapp de nombreuses récompenses ces dernières années. Fondée en 1982, à Seneca Falls, près du lac Cayuga, Knapp possède son propre vignoble de 26 ha et a signé un bail à long terme pour 53 ha supplémentaires. Ses blancs, Rieslings secs ou de vendange tardive, Seyval Blanc et Vignoles, sont impressionnants.

### Wagner Vineyards
Depuis sa première vendange en 1978, Wagner est devenu le plus célèbre producteur de Chardonnay de la région des Finger Lakes (comté de Seneca). Il ne produit que des vins issus des vignes du domaine, où la *vinifera* (Chardonnay, Riesling, Pinot Noir et Gewürztraminer) représente près de la moitié de ses 240 000 bouteilles. Il faut aussi mentionner

son Seyval Blanc fermenté en fût et son plaisant Reserve White. En 1988, Wagner a sorti deux vins de glace extraordinaires (issus de raisins gelés) de Ravat Blanc et de Riesling.

## VALLÉE DE L'HUDSON
### Benmarl Wine Co.
Mark Miller a commencé à produire du vin à Marlboro en 1971, bien avant ses concurrents. 30 ha furent d'abord plantés d'hybrides, auxquels s'ajoutèrent plus tard du Chardonnay et du Cabernet-Sauvignon. Pour financer son pro-

jet, Miller vendit des parts de ses vignes à 400 actionnaires qui l'aident toute l'année. Ses principaux vins sont le Seyval Blanc, le Baco Noir, le Chelois et le Vignoles.

### Clinton Vineyards
Cette société du comté Dutchess a trouvé sa voie en se spécialisant dans le Seyval Blanc, dont elle fait également un Mousseux.

Sa production atteint annuellement 120 000 bouteilles. Elle inclut aussi du Chardonnay et du Riesling.

### Millbrook Vineyards
Le propriétaire, John Dyson, a fait breveter un système original d'échalassement, qui lui permet de faire pousser 100 % de cépages de *vinifera* à Millbrook, à l'est de l'Hudson. Le Chardonnay, dont un Reserve fermenté en fût, constitue plus de la moitié de sa production. Il produit depuis peu du Cabernet Franc, du Pinot Noir et du Tokay. Il essaie actuellement les cépages du Rhône et des cépages italiens.

### Rivendell Winery
Le démarrage prudent, en 1983, de cette société de New Paltz, à l'ouest de l'Hudson, ne l'a pas empêchée de devenir en dix ans l'une des marques les plus recherchées. Sa réputation sans faille s'est bâtie sur son Chardonnay, son Seyval Blanc fermenté en fût, son Vidal Blanc, son Cabernet-Sauvignon et ses propres assemblages.

## LONG ISLAND
### Bedell Cellars
Cette petite société (60 000 bouteilles), dirigée par Kip et Susan Bedell depuis le début des an-

nées 80, est installée dans une grange à pommes de terre rénovée. Ses premiers millésimes de Merlot et de Cabernet-Sauvignon étaient si riches et semblaient de si longue garde qu'ils ont immédiatement placé Bedell parmi les meilleurs producteurs en dehors de la côte ouest.

### Bridgehampton Winery
L'un des rares producteurs de la côte sud, cette société modèle s'est fait un nom avec son Chardonnay, son Merlot et son vin de dessert, un Riesling de vendange tardive qu'elle produit à l'occasion.

### Hargrave Vineyards
Fondée en 1973, elle fut la première société vinicole contemporaine du Nord-Est. Son succès est principalement dû à ses rouges, notamment son Cabernet-Sauvignon, son Merlot et son Cabernet Franc. Son meilleur blanc, le Chardonnay, manque malheureusement un peu de consistance. Elle fait aussi du Sauvignon, du Johannisberg Riesling, du Gewürztraminer et du Pinot Noir, et tourne à sa pleine capacité de 144 000 bouteilles par an.

### Palmer Vineyards
Créée en 1983 par le publicitaire new-yorkais Robert Palmer, cette société produisant 120 000 bouteilles est située sur le domaine le plus ancien de North Fork. Palmer s'est vite fait une réputation avec son Gewürztraminer et son Merlot, et produit aussi du Cabernet-Sauvignon et du Chardonnay.

### Pindar Vineyards
Avec ses 85 ha de vignes à North Fork, c'est la plus grosse exploitation de Long Island : 540 000 bouteilles par an. Elle offre une vaste gamme de vins et, grâce à son système de distribution sophistiqué, s'est fait une réputation internationale avec son Merlot et son Mythology, un assemblage rouge de type bordelais. Son Chardonnay est également très bon.

# AUTRES ÉTATS DU NORD-EST

Les autres régions viticoles du nord-est des États-Unis sont certains États de la Nouvelle-Angleterre, le New Jersey, la Pennsylvanie et le Maryland. L'histoire viticole de ces régions est similaire à celle de l'État de New York.

## Nouvelle-Angleterre

Le Massachusetts cultive la vigne depuis fort longtemps. L'île de Martha's Vineyard fut découverte en 1602, et ainsi nommée en raison des raisins *labrusca* qui y poussaient. Elle possède aujourd'hui une gamme impressionnante de cépages de *vinifera*.

Les six États de la Nouvelle-Angleterre ont tous joué un rôle dans la renaissance actuelle des vins américains. En 1973, White Mountains Vineyards, dans le New Hampshire, fut la première société à ouvrir après la prohibition. Hélas, ce pionnier de la *vinifera*, qu'il fit pousser avec succès jusqu'à l'hiver particulièrement rude de 1983, ne survécut pas.

Les meilleures régions viticoles de la Nouvelle-Angleterre se trouvent près de la côte ou dans les montagnes de l'intérieur. 30 à 40 exploitations sont actuellement en activité dans cette région. Suivant la proximité de l'océan ou l'altitude, le cycle végétatif peut se réduire à 145 jours ou s'allonger jusqu'à 210. Les vignes couvrent aujourd'hui une totalité de 400 ha, en proportion à peu près égale de *vinifera* et d'hybrides français.

Les États en tête sont actuellement le Connecticut et le Massachusetts, qui possèdent chacun 10 exploitations, dont beaucoup sont situées sur une étroite bande côtière. De nombreuses sociétés produisent également des vins de fruits et de baies ou du cidre. Le sud-est de la Nouvelle-Angleterre est devenu une AVA appréciée des producteurs du Connecticut, de Rhode Island et du Massachusetts. Ceux qui possèdent des vignes dans l'ouest du Connecticut préfèrent utiliser l'AVA des Connecticut Highlands, bien

Exploitation connue de Pennsylvanie.

que la première soit beaucoup plus chaude et mieux adaptée à la *vinifera*.

## New Jersey

Le Farm Winery Act de 1981 a permis à l'État d'opérer une petite renaissance vinicole. Surnommé le *Garden State* («État-jardin»), le New Jersey possède environ 260 ha de vignes, dont 75 % d'hybrides français. De nombreux producteurs possédant des vignes dans le comté de Hunterton utilisent l'AVA de Central Delaware Valley. La plupart des 19 producteurs de l'État connaissent un certain succès avec les hybrides, notamment le Seyval Blanc et le Chambourcin.

## Pennsylvanie

Possédant actuellement 3 650 ha de vignes, dont 80 % de cépages de *labrusca*, la Pennsylvanie a vu son vignoble décroître depuis quelques années. Conestoga Vineyard, le premier producteur de vin de l'histoire contemporaine de l'État, a été créé en 1963. En 1968, après que l'État eût autorisé les exploitations à commercialiser leurs propres vins, d'autres sociétés furent

fondées : il en existe aujourd'hui plus de 40. La partie sud-est de l'État possède des terrains de choix pour les hybrides et la *vinifera*, où les conditions climatiques ressemblent à celles de son voisin, le Maryland.

## Maryland

Grâce aux travaux du pionnier Philip Wagner, qui fonda Boordy Vineyards en 1945, cet État produisait du vin bien avant ses voisins. Dès la fin des années 60, Montbray Cellars, près de Baltimore, consacrait tous ses efforts à la *vinifera*. Ceux qui le suivirent dans les années 70 plantèrent des hybrides ou essayèrent le Chardonnay, le Riesling et le Cabernet-Sauvignon. Seuls des cépages de *vinifera* ont été plantés au cours des dernières années. Le Maryland possède maintenant 130 ha de vignes, dont environ une moitié est constituée d'hybrides, et l'autre de *vinifera*. La plupart des vignobles se trouvent tout à fait à l'est de l'État, près de la frontière avec la Virginie. Le Cabernet-Sauvignon et le Chardonnay viennent en tête pour les *vinifera*, le principal hybride étant le Seyval Blanc.

Les sociétés commerciales du Maryland se trouvent dans une situation étrange : pour obtenir du raisin, elles doivent littéralement se battre contre les petits producteurs, qui proposent des prix d'achat plus élevés aux vignerons. Les grands gagnants de cette compétition sont les viticulteurs indépendants.

Bien que la plupart des producteurs fassent figurer «Maryland» sur leur étiquette, l'État s'est vu attribuer trois AVA. Cumberland Valley s'étend jusqu'en Pennsylvanie et inclut de nombreux vignobles hors pair. Cette appellation sera sans doute de plus en plus utilisée à l'avenir. Catoctin, dans les montagnes à l'ouest de Baltimore, est une région qui montre un fort potentiel pour les cépages de *vinifera*. La troisième AVA, Linganore, doit encore faire ses preuves. □

# PRODUCTEURS ET NÉGOCIANTS

Depuis toujours, les producteurs du Nord-Est souffrent d'une situation financière précaire due à la législation de l'État (en cours de changement), aux conditions climatiques défavorables et aux réticences du marché face aux cépages non *vinifera*.

## NOUVELLE-ANGLETERRE

Les États du Connecticut et du Massachusetts sont les deux régions viticoles les plus importantes de la Nouvelle-Angleterre. En outre, une douzaine de petites exploitations existent dans le Rhode Island.

## CONNECTICUT
### Haight Vineyards

Première entreprise contemporaine de l'État, Haight planta des vignobles expérimentaux en 1978 et commença à commercialiser ses vins six ans plus tard. Situées dans le nord-ouest de l'État, dans le comté de Litchfield, ses vignes en coteaux couvrent 12 ha et produisent 96 000 bouteilles par an. Sa gamme comprend du Riesling, du Chardonnay, un assemblage de cépages rouges et blancs essentiellement hybrides étiqueté Recolte, ainsi qu'un peu de Blanc de Blancs mousseux méthode champenoise. L'exploitation s'approvisionne dans l'AVA de Connecticut Highlands.

### Chamard Vineyards

Numéro deux du Connecticut, cette exploitation est dirigée par la famille Chaney. Elle se consacre aux cépages de *vinifera* – Chardonnay, Pinot Noir et Cabernet-Sauvignon –, mais également au Merlot et au Cabernet Franc pour ses assemblages. Sa production de 48 000 bouteilles devrait augmenter substantiellement.

## RHODE ISLAND
### Sakonnet Vineyards

Ce producteur du comté de Newport a traversé une période difficile avant d'être racheté par les Samson en 1987. Ceux-ci ont porté le vignoble à 17,5 ha et achètent du raisin dans les États voisins pour parvenir à une production de 300 000 bouteilles par an. Leurs vignes produisent du Vidal Blanc, du Chardonnay, du Gewürztraminer, du Pinot Noir et du Cabernet Franc. Leurs vins les plus appréciés sont deux assemblages, America's Cup White et Spinnaker White, tous deux issus en partie de Vidal et de Cayuga White.

## MASSACHUSETTS
### Chicama Vineyards

L'une des premières exploitations du Nord-Est à se consacrer aux cépages de *vinifera*, Chicama fut fondée en 1971 par la famille Mathiesen qui, cherchant une idée originale pour développer sa ferme de 25 ha, planta 15 ha de vignes. Chicama est située sur l'île de Martha's Vineyard, au large du Massachusetts, et cultive une gamme de cépages de *vinifera*, dont Chenin blanc, Chardonnay, Sauvignon, Gewürztraminer, Cabernet-Sauvignon, Merlot et Pinot Noir. Le vinificateur de Chicama, Tim Mathiesen, s'intéresse surtout aux rouges, mais son Chardonnay mousseux, le Sea Mist, a beaucoup d'avenir. La plupart de ses vins – 60 000 bouteilles par an en moyenne – sont pour l'instant vendus aux touristes ou dans le Massachusetts. (Le nom de Martha's Vineyard est utilisé par un producteur de la Napa Valley en Californie.)

## AUTRES ÉTATS DU NORD-EST

Au sud de l'État de New York se trouvent les États du New Jersey, de Pennsylvanie et du Maryland. Aucun n'est un grand producteur, mais l'activité vinicole locale pourrait devenir intéressante.

## NEW JERSEY
### Renault Winery

Située à Egg Harbor City, c'est la plus ancienne exploitation de l'État (1864), et toujours l'une des plus appréciées. Fondée par le négociant champenois Louis Renault, arrivé aux États-Unis vers le milieu du XIXᵉ siècle, elle produit aujourd'hui 300 000 bouteilles de vins divers, avec en tête de liste des Mousseux, dont leur Spumante.

**Tewksbury Winery Cellars** L'une des premières exploitations à ouvrir (en 1979), elle est située dans le comté de Hunterdon, dans le nord-est du New Jersey, tout comme la plupart des meilleures exploitations de l'État. Son propriétaire, le vétérinaire Dan Vernon, a planté 8 ha en coteaux près de sa ferme et produit un Chambourcin, un Riesling et un Gewürztraminer appréciés.

## PENNSYLVANIE
### Chaddsford Winery

Eric Miller, dont la famille possède Benmarl dans l'État de New York, a fondé sa propre exploitation dans le sud-est de la Pennsylvanie en 1982. Il produit plusieurs hybrides et assemblages vendus aux touristes et dans la région. Il achète son raisin aux vignobles de Phi-

lip Roth et de Stargazer dans la région de Piedmont, et ses excellents Chardonnays fer-

mentés en fût ont été dûment récompensés. Il produit également du Cabernet-Sauvignon.

## MARYLAND
### Catoctin Vineyards

Jerry Milne n'avait d'autre ambition que d'être propriétaire de vignoble, mais les circonstances l'ont obligé à se lancer dans la vinification, et ses vins se sont avérés excellents. Situé dans le comté de Montgomery, Catoctin produit 48 000 bouteilles par an et fournit aussi du raisin à plusieurs autres producteurs. Ses meilleurs vins sont le Cabernet-Sauvignon et le Chardonnay.

### Boordy Vineyards

Avec ses 96 000 bouteilles par an, cette exploitation est la plus grosse du Maryland. Elle produit une gamme d'hybrides issus des raisins de son propre petit domaine et de celui de viticulteurs de la région. Aujourd'hui située dans les Hydes ruraux et non plus dans les faubourgs de Baltimore, elle appartient à la famille Deford, qui a racheté ce vignoble historique à son fondateur Philip Wagner.

### Montbray Wine Cellars

G. Hamilton Mowbray, propriétaire de cette exploitation vinicole de Westminster, dans le comté de Carroll, élabore des vins depuis le milieu des années 60 et s'est fait une certaine réputation dans l'État. Il produit une gamme de vins issus de cépages de *vinifera*, ainsi qu'un Seyval Blanc exemplaire.

# SUD ET MIDDLE WEST

PEU D'ÉTATS ONT DÉVELOPPÉ LEUR PRODUCTION VITICOLE
AVANT LES ANNÉES 70 MAIS, AVEC L'APPORT DES NOUVELLES
TECHNOLOGIES, LEUR AVENIR EST REMPLI DE PROMESSES.

Le vignoble de Naked Mountain, près de Markham sur les pentes boisées du comté de Fauquier, est l'une des exploitations qui ont développé un encépagement de variétés de *vinifera* afin de faire renaître l'activité viticole.

La vigne locale découverte par sir Walter Raleigh et les premiers explorateurs du sud-est des États-Unis appartenait à l'espèce *rotundifolia*, autre nom de famille des Muscadines. Pendant des années, le cépage le plus cultivé du Sud fut la Muscadine Scuppernong, qui prospère toujours dans les climats chauds et humides des Carolines, de Géorgie et du Mississippi. Selon l'historien du vin Leon Adams, le tout premier vin élaboré en Amérique du Nord, en 1565, aurait été du Scuppernong de Floride. Virginia Dare, le vin le plus connu et le plus apprécié d'Amérique du Nord avant la prohibition, était issu de Scuppernong, un cépage qui ne ressemblait en rien aux variétés de *vinifera*. On le qualifie souvent, peut-être avec une touche d'humour, de « don de Dieu au Sud ensoleillé ».

Leurs conditions de travail étant très différentes de celles des viticulteurs de l'Est, les vignerons du Midwest privilégièrent d'abord les cépages de *labrusca*. Avant la prohibition, l'Ohio et le Missouri, qui cultivaient des cépages locaux tels que le Catawba et le Delaware, étaient les plus gros producteurs du pays. Vers 1900, chacun de ces États produisait davantage de vin que la Californie, mais leur industrie fut

presque entièrement ruinée par la prohibition. Les premiers signes de renaissance n'apparurent qu'à la fin des années 60. Dans les années 70, la plus grande partie des États du Middle West (Ohio, Indiana, Michigan, Missouri) avait plus ou moins repris ses activités vinicoles, avec des cépages de *labrusca* et des hybrides. Aujourd'hui, chaque État du Middle West, y compris le Wisconsin et le Minnesota, a produit du vin en quantité commerciale, l'Ohio et le Missouri venant en tête. Le premier a fait d'énormes progrès avec les hybrides franco-américains et commence à s'intéresser à la *vinifera*. Le Missouri, peu porté sur la *vinifera*, offre toute une gamme de bons vins issus d'hybrides et même de quelques bons cépages locaux.

Le nouveau leader incontesté du Sud est la Virginie, qui s'est bâti une réputation internationale avec ses vins *vinifera* de style classique. À mesure que la population des États-Unis se déplace vers le Sud (et le Sud-Ouest), ces régions au potentiel vinicole encore inexploité - surtout le Tennessee, la Géorgie et la Caroline du Nord - feront peut-être du Sud le second producteur de grands vins, après la côte ouest.

## Le Sud

Si l'histoire viticole de la Virginie remonte aux vignobles de Thomas Jefferson à Monticello (plantés en cépages italiens), l'État fut cependant l'un des plus lents à développer son industrie viticole au cours des dernières décennies, produisant traditionnellement des vins de *labrusca* et des vins mutés. Il possède aujourd'hui quelque 600 ha de vignes, dont les deux tiers sont plantés en Chardonnay, en Cabernet-Sauvignon et en cépages de *vinifera*, rouges et blancs. Plus de 200 vignerons vendent leur raisin à 50 centres de vinification de tailles diverses, dont la production va de 100 000 à plus de 1 200 000 bouteilles. Bien qu'éparpillées à travers les sept AVA, c'est en Virginie centrale, le long des Blue Ridge Mountains, que ces exploitations sont le plus concentrées.

Le Tennessee, la Caroline du Nord, la Géorgie, la Floride, l'Arkansas et le Mississippi possèdent chacun plusieurs sociétés vinicoles. Le Tennessee, en particulier, a rejoint les rangs des États producteurs de vin et possède maintenant 240 ha de vignes, 15 exploitations et suffisamment de terres pour s'étendre davantage. Le nombre des exploitations en Géorgie est monté à 6, mais seulement 5 % de ses 500 ha de vignes sont de la *vinifera*. La Caroline du Nord consacre environ 20 % de ses 160 ha de vignobles à la *vinifera*. La Floride dispose de 240 ha de vignes et de 6 producteurs.

Les producteurs de ces régions sont confrontés à des problèmes de climat : les hivers sont trop chauds en Floride et trop froids en Caroline du Nord pour la *vinifera*. Des cépages autochtones, dont la très répandue Muscadine Scuppernong (Caroline du Nord et Mississippi), des hybrides et des assemblages locaux donnent une large gamme de styles de vin qui viennent s'ajouter à ceux des cépages de *vinifera*.

## Les États du Sud-Ouest

En 1975, le Texas ne possédait que 1 exploitation et 8 ha de vignes : en dix ans, ces chiffres sont passés respectivement à 24 et à 2 000, et plusieurs exploitations nouvelles semblent pleines de promesses. Avec le temps, certains cépages comme le Ruby Cabernet et le Carignan se sont révélés des choix malheureux pour la région. Plusieurs producteurs, notamment ceux qui avaient des intérêts dans l'industrie pétrolière, ont connu des difficultés financières au cours des années 80, et d'autres n'ont pas abouti aux résultats espérés. Le Texas, avec une production annuelle de près de 12 millions de bouteilles, est le quatrième producteur des États-Unis. Au début des années 90, il avait produit suffisamment de beaux vins à partir de Cabernet-Sauvignon, Sauvignon, Chenin Blanc et Chardonnay pour qu'on l'estime promis à un brillant avenir vinicole. Le Texas possède cinq AVA, dont l'une des plus grandes du pays à Hill Country, qui couvre 40 000 km². La majorité des vignes se répartit entre trois régions : les plateaux des High Plains (à 999 m d'altitude) près de Lubbock ; l'ouest d'Austin dans Hill Country ; l'Ouest, où les vignes appartiennent à l'Université du Texas.

L'histoire vinicole du Nouveau-Mexique remonte à 1580, lorsque les missionnaires plantèrent des vignes le long du Rio Grande. Une petite industrie survécut plus de 300 ans, dotant l'État de plus de 1 200 ha de vignes. La prohibition ayant mis fin à ces activités, la renaissance vinicole débuta dans les années 80, grâce à 160 ha de cépages de *vinifera* qui permirent d'alimenter les premières nouvelles exploitations commerciales. Les vignobles, situés le long des mesas, en bordure du Rio Grande, sont regroupés en trois AVA : la vallée de Mesilla, la vallée du moyen Rio Grande et la vallée de Mimbres. La presque totalité de ces 2 000 ha est plantée de *vinifera*. Plusieurs producteurs font de bons Cabernets-Sauvignons et Sauvignons et leurs nouveaux vins mousseux ont donné des résultats remarquables.

Avec ses 100 ha de *vinifera* plantés essentiellement dans l'AVA de Sonita, l'Arizona n'en est qu'aux tout premiers stades de son histoire vinicole. Les vignobles de Sonita se trouvent à 1 500 m d'altitude : le climat chaud et sec ainsi que la grande superficie encore disponible devraient encourager de nouvelles exploitations à se joindre aux 6 déjà existantes.

## Le Middle West

Le Michigan dispose de 4 500 ha de vignes, dont 800 seulement (surtout des hybrides et une moindre quantité de *vinifera*) sont destinés au vin. La production de Concord est expédiée dans l'État de New York, qui la transforme en jus de raisin. Quatorzième État vinicole des États-Unis, le Michigan possède aujourd'hui 18 exploitations. La plupart des vignobles bordent les rives du lac Michigan, les plus modestes se situant près du lac Érié. L'État compte quatre AVA : Fennville, Lake Michigan Shore, Leelanau Peninsula et Old Mission Peninsula.

Grâce au soutien actif de l'État, le Missouri est près de regagner sa place d'autrefois dans l'industrie vinicole américaine. Son vignoble couvre plus de 500 ha. Le Catawba, utilisé pour les vins de table rouges et les Mousseux, est le cépage le plus planté. Le Vidal et le Seyval Blanc sont deux des meilleurs hybrides blancs du Missouri. Le Norton (Cynthiana), qui donne un vin rouge plein d'arôme, est aussi bien coté que le Chancellor et le Chambourcin pour les rouges. La *vinifera* est quasiment inexistante. Les 30 exploitations du Missouri produisent une gamme de vins de cépage et d'assemblage issus d'hybrides. Les AVA sont au nombre de 4 : Augusta, Hermann, Ozark Highlands et Ozark Mountain.

Après de longues années au cours desquelles les hybrides ont ouvert la voie à des vins de *vinifera* au succès mitigé, l'Ohio et l'Indiana connaissent un timide développement. L'Ohio possède 40 producteurs et 900 ha de vignes, dont la moitié est encépagée d'hybrides français et de *vinifera*. À l'avenir, on compte planter davantage de *vinifera*, dont les cépages les plus prometteurs semblent être pour l'instant le Riesling, le Gewürztraminer et le Chardonnay. Le Cabernet-Sauvignon connaît un certain succès et plusieurs viticulteurs font des essais de Pinot Gris. Les AVA sont au nombre de 3 : île St George, lac Érié et Ohio River. □

# PRODUCTEURS ET NÉGOCIANTS

De nombreux producteurs en sont encore à chercher les cépages les mieux adaptés à leur région. Certains complètent leur récolte avec du raisin provenant, notamment, de la côte ouest. Les cépages de *vinifera* sont encouragés dans les États les plus chauds bénéficiant d'un système d'irrigation, tandis que les climats plus frais doivent s'en tenir aux hybrides.

## CAROLINE DU NORD
### Château Biltmore
Située à Ashville, cette exploitation n'est qu'une petite partie d'un domaine historique de 3 250 ha, sur lequel la famille Vanderbilt construisit, en 1880, une fort belle demeure, devenue aujourd'hui une attraction touristique. Les 45 ha de Cabernet-Sauvignon et de Chardonnay furent plantés au début des années 80. On y produit également un Blanc de Blancs mousseux.

## GÉORGIE
### Château Elan
Située à environ 48 km au nord d'Atlanta, cette exploitation reçoit plus de 250 000 visiteurs par an dans son restaurant et son musée. Le vignoble de 80 ha est planté en Chardonnay, Sauvignon, Riesling, Cabernet-Sauvignon, mais également en Chambourcin et Seyval Blanc, deux hybrides appréciés. Château Elan vend la moitié de sa production dans la région et vise les 720 000 bouteilles par an.

## VIRGINIE
### Montdomaine Cellars
Situé à Charlottesville, ce domaine possède un vignoble de 20 ha dans l'appellation Monticello. Il se concentre sur le Chardonnay et des assemblages rouges de type bordelais. Ses premiers millésimes de Cabernet-Sauvignon et de Merlot ont été très bien notés.

### Meredyth Vineyards
À Middleburg, la plus ancienne exploitation de Virginie produit avec talent des vins issus d'hybrides et de *vinifera*. Son vignoble de 22 ha est situé dans les splendides montagnes Bull Run. Un Merlot correct s'est récemment ajouté à son Seyval Blanc, invariablement bon.

### Prince Michael Vineyards
Avec ses 45 ha dans la région de Montpelier, Prince Michael s'est fait une réputation avec son Chardonnay fermenté en fût et son rouge épicé de type bordelais, LeDucq Meritage.

### Piedmont Vineyards
Cette exploitation de la région de Middleburg, non loin de Washington D.C., produit d'excellents Chardonnays et Sémillons. Depuis sa fondation, en 1973, elle produit un agréable Seyval Blanc sur son vignoble de 25 ha, tandis que son assemblage rouge de type bordelais est une toute nouvelle tentative.

## ARKANSAS
### Wiederkehr Vineyards
Fondés en 1880, à Altus, par la famille suisse Wiederkehr, ces chais historiques, plusieurs fois agrandis, ont fait de Wiederkehr l'un des plus gros producteurs à l'est des Rocheuses. Les deux tiers du vignoble sont plantés de *vinifera* et produisent une vaste gamme de vins. Son Riesling et plusieurs vins issus de Muscat viennent en tête.

## TEXAS
### Fall Creek
Sur ces 32 ha bordant le lac Buchanan, dans le comté de Llano, les Auler ont bâti la réplique d'un château français et produisent du Chardonnay, du Cabernet-Sauvignon et du Sauvignon. Ils font aussi un remarquable Reserve Chardonnay en quantité limitée.

### Llano Estacado
Pionnière de la renaissance vinicole du Texas, cette exploitation est aujourd'hui la seconde de l'État, avec une moyenne de 800 000 bouteilles par an. Elle produit un Chardonnay, un Chenin Blanc et un Sauvignon relativement bons. Son prochain défi sera le Cabernet-Sauvignon.

### Cap Rock Winery
Construite en 1988 à Lubbock, cette exploitation « high tech » a changé de mains avant sa première vendange. Dotée d'un vignoble de 48 ha, elle se spécialise dans le Chardonnay, le Cabernet-Sauvignon et le Sauvignon, et propose trois gammes de prix pour chacun. Elle fait également du Chenin Blanc, du *blush* et du Mousseux.

### Pheasant Ridge
Souvent inégaux, les vins de cet autre pionnier de Lubbock sont parfois marqués par des traits de génie. Le propriétaire, Bobby Cox, produit du Chardonnay, du Chenin Blanc, du Sauvignon et du Cabernet-Sauvignon ; ce dernier vin devrait être sa meilleure cuvée dans le futur.

## NOUVEAU-MEXIQUE
### Gruet Winery
Fondée en 1984 par la famille Gruet, d'origine champenoise, cette exploitation se spécialise dans les vins mousseux méthode champenoise : Brut, Blanc de Noirs et un Blanc de Blancs millésimé.

### Anderson Valley Vineyards
Située au nord de la vallée du Rio Grande, cette société fondée en 1973 fut la première de l'État à produire des vins de qualité. Avec son vignoble de 47 ha autour d'Albuquerque, elle s'est fait un nom grâce à son Cabernet-Sauvignon, son Sauvignon et ses autres vins issus de *vinifera*.

## MISSOURI
### Stone Hill Wine Co.
Un des premiers géants du Missouri (fondé à Hermann, en 1847), Stone Hill était la deuxième exploitation du pays en 1910. Réouverte en 1965, elle produit toute une gamme de vins, partiellement issus de son vignoble de 25 ha. Ses immenses chais attirent des milliers de touristes qui apprécient les vins de *labrusca* et d'hybrides. Le Catawba et le Norton ont toujours du succès, tandis que les hybrides comme le Seyval Blanc, le Vidal et le Vignoles pour les blancs, et le Villard Noir pour les rouges, inspirent un respect croissant.

### Mount Pleasant Vineyard
Cette société historique du Missouri fut fondée en 1881 et rénovée en 1968 par Lucian Dressel, son propriétaire et vinificateur. Elle produit 240 000 bouteilles d'une gamme de vins de cépage et de Mousseux issus de son vignoble de 28 ha. Le Vidal Blanc est souvent d'une qualité remarquable, de même que le Seyval Blanc, un délicat Missouri Riesling et un vin muté de type Porto. Dressel a contribué à faire d'Augusta une AVA, la première appellation américaine à avoir reçu l'agrément fédéral.

### Hermannhof Winery

Cette ancienne brasserie abandonnée, située à Hermann, a été reprise au début des années 80 par un banquier de la région, James Dierberg. Il a rénové tout le bâtiment, y compris les caves, pour la plus grande joie des touristes, et produit une gamme d'hybrides français. Ses vins les plus demandés sont le Cynthiana et sa gamme de Mousseux.

### TENNESSEE
### Tennessee Valley Winery

Ancienne association de viticulteurs amateurs, cette exploitation du comté de Loudon est maintenant dirigée par la famille Reed. Elle produit des vins issus de cépages américains, d'hybrides et de *vinifera*, les meilleurs étant Aurora, de Chaunac et Maréchal Foch. La qualité du Chardonnay et du Cabernet-Sauvignon s'est montrée inégale.

### MICHIGAN
### Château Grand Traverse

Fondée en 1974, cette société du Michigan appartient à la famille O'Keefe, qui possède 20 ha de *vinifera* dans l'AVA de la péninsule de Leelanau, à l'extrémité nord du lac Michigan. La moitié des 420 000 bouteilles produites est une gamme de Rieslings plus ou moins doux.

### St Julian Wine Co.

Fondée en 1921, St Julian est l'une des rares exploitations de la région, jadis prospère, de Paw Paw à se porter toujours aussi bien. Sa vaste gamme de vins de table issus d'hybrides et ses Mousseux sont appréciés, et les ventes sont montées en flèche lorsqu'un jus de raisin gazeux non alcoolisé y a été ajouté. Cette boisson existe maintenant en 14 variantes et les salles de dégustation attirent de nombreux visiteurs. Les ventes annuelles dépassent 2 400 000 bouteilles, et l'on peut estimer que St Julian produit 50 % des vins du Michigan.

### OHIO
### Firelands Winery

Cette société appartient à Paramount Distillers, de Cleveland, dont le président, Bob Gottesman, a maintenu en vie à lui tout seul l'industrie vinicole de l'État. Paramount, qui possède Lonz Winery, Mon Ami Wine Company et Meier's Wine Cellars (tous dans l'Ohio), a fait d'importants investissements dans Firelands.

C'est par ferry que l'on accède à cette exploitation située dans l'AVA de l'île St George, sur le lac Érié. Avec ses 16 ha de *vinifera*, Firelands se spécialise dorénavant dans le Chardonnay, le Cabernet-Sauvignon et le Gewürztraminer.

### Chalet Debonne

L'un des courageux pionniers de Madison, dans le comté de Lake, Debonne débuta en 1971 avec des hybrides. Il a, depuis, ajouté des *vinifera* à son vignoble qui compte 25 ha. Les hybrides comprennent le fiable Chambourcin et, les bonnes années, un Chardonnay et un Riesling étonnamment bons.

### MINNESOTA
### Alexis Bailly Winery

Juriste de profession et fermier de vocation, David Bailly s'est d'abord intéressé au vin en tant que passe-temps. Au cours des années 70, il a planté quelques hectares d'hybrides sur ses terres du sud-est de Minneapolis, puis construit de petits chais. Les hybrides rouges - Maréchal Foch et Léon Millot - donnent des vins de cépage de couleur sombre et, la plupart du temps, équilibrés et aromatiques. Nan, la fille de David, s'occupe aujourd'hui de la vinification.

Au Texas, Fall Creek Vineyards illustre fort bien le style de viticulture des États du Sud.

# CANADA

MALGRÉ DES CONDITIONS SOUVENT PEU PROPICES À LA VIGNE,
LE CANADA COMMENCE À ACQUÉRIR UNE RÉPUTATION POUR SES
VINS. CERTAINS SONT DES ORIGINAUX, D'AUTRES SONT MOINS TYPÉS.

Waddington Bay, en Colombie-Britannique, est l'exemple-type du paysage montagneux du Canada – rarement adapté à la viticulture. Mais les vignerons du pays profitent de certains micro-climats pour produire des vins de styles variés.

Il peut paraître surprenant de trouver plus de 70 sociétés vinicoles dans un pays universellement connu pour la longueur et la rigueur de ses hivers : 8 100 ha de vignes sont pourtant cultivés dans les quatre provinces de l'Ontario, de la Colombie-Britannique, de la Nouvelle-Écosse et du Québec. Et les Canadiens consomment plus de vin par habitant que leurs voisins américains. Les quatre cinquièmes des vins vendus au Canada sont des blancs, mais la mode est désormais aux rouges, depuis l'émission de télévision «Le paradoxe français», au cours de laquelle un médecin suggéra que les Français, malgré une forte absorption de cholestérol, étaient moins sujets aux maladies cardiaques parce qu'ils buvaient régulièrement du vin rouge.

Bien peu de gens savent que le Canada est le plus grand producteur d'*Eiswein*, ce «vin de glace» rare, blanc et doux. Chaque année, entre novembre et Noël, la température descend à -17°C dans l'Ontario et la Colombie-Britannique et congèle les raisins tardifs sur les vignes ; les grains sont pressés alors qu'ils sont durs comme de la pierre. Les cépages privilégiés pour le vin de glace sont le Riesling et l'hybride blanc à peau épaisse nommé Vidal. Si ce coûteux nectar a accumulé les médailles d'or, de Bordeaux à Vérone et de Londres à l'État de New York, les vins de table secs élaborés à partir de cépages européens commencent également à avoir du succès, aussi bien au Canada qu'à l'étranger. Au Canada, les vins de qualité doivent beaucoup au Vintners Quality Alliance, un système d'appellation instauré en 1988 par la région viticole la plus importante du pays, l'Ontario, et suivi deux ans plus tard par la Colombie-Britannique.

Bien que l'industrie vinicole canadienne date du début du XIXe siècle, il fallut attendre les années 60 pour que des cépages hybrides tels que Seyval blanc, Vidal, Baco noir, Maréchal Foch, ainsi que des cépages européens traditionnels commencent à remplacer les variétés de *Vitis labrusca* locales. Pendant plusieurs dizaines d'années, le robuste Concord fut la base des vins de l'Ontario, donnant des produits doux et puissants commercialisés sous les noms usurpés de «Porto» ou de «Xérès». Ces désignations devraient d'ailleurs être abandonnées dans un futur proche.

Aujourd'hui, au Canada, on met l'accent sur les vins de table issus de Chardonnay, Riesling, Pinot Gris et Pinot Blanc pour les vins blancs ; de Pinot Noir, Cabernet-Sauvignon, Cabernet Franc, Gamay et Merlot pour les rouges. Outre les vins de glace, les Rieslings et les Vidals de vendange tardive méritent réellement d'être dégustés dans l'Ontario et la Colombie-Britannique. Un mousseux dénommé « Champagne canadien » est élaboré. selon la méthode traditionnelle et l'on continue à produire aussi des «Portos», des « Xérès » et des vins faiblement alcoolisés (7 % vol).

## L'histoire du vin canadien

S'il faut en croire les sagas norvégiennes, l'explorateur viking Leif Ericsson aurait découvert le raisin en débarquant sur le continent américain en l'an 1001, et baptisé ce lieu Vineland («Pays de la vigne»). Peut-être s'agissait-il de raisin sauvage, mais l'histoire du vin canadien ne remonte, en fait, pas si loin.

C'est Johann Schiller, un caporal allemand qui combattit dans trois guerres américaines, qui est considéré comme le père du vin canadien. En 1811, il prit sa retraite sur une concession, juste à l'ouest de Toronto. Il y planta un petit vignoble avec des boutures de vignes sauvages trouvées sur les rives de la Credit River, vinifia son raisin et vendit son vin à ses voisins. Trente-cinq ans plus tard, le « domaine » fut racheté par un aristocrate français, Justin de Courtenay, qui avait essayé sans succès d'élaborer au Québec un vin qui ressemblât au Bourgogne rouge.

La première véritable entreprise vinicole commerciale naquit au Canada en 1866, lorsque trois *gentlemen farmers* du Kentucky achetèrent des terres sur l'île Pelée (lac Érié), à l'extrême sud du Canada, et y plantèrent 12 ha de raisin Catawba. Quelques mois plus tard, deux frères anglais, Edward et John Wardoper, les rejoignirent et plantèrent leur propre vignoble de 6 ha.

Peu à peu, des vignes furent plantées sur le continent, vers la péninsule du Niagara, à l'est, où se trouve aujourd'hui la majorité des vignobles. Dès 1890, le Canada possédait ainsi 41 sociétés vinicoles, dont 35 dans l'Ontario. Dans la vallée d'Okanagan (Colombie-Britannique) et sur les rives du Saint-Laurent (Québec), ce fut l'Église plutôt que les fermiers qui encouragea la viticulture et l'art de la vinification.

Durant les quinze années de la prohibition (1919-1933), on put légalement élaborer et vendre du vin au Canada (grâce au puissant *lobby* des viticulteurs, qui réussit à faire exclure le vin de la loi instaurant la prohibition) et les Canadiens eurent le droit d'acheter des vins doux à base de *labrusca* qui titraient 20 % vol. Après la prohibition, le système de la Régie des alcools fut instauré dans tout le pays : le gouvernement de chaque province réglementait la vente et la distribution des boissons alcoolisées. On créa des magasins gouvernementaux, dont les produits étaient fortement taxés afin de freiner la consommation tout en générant d'importants bénéfices. Ce système persiste de nos jours, bien que l'Alberta et le Manitoba aient décidé de privatiser le commerce de détail, tout en conservant le contrôle des prix de gros.

L'industrie vinicole canadienne se divise en trois catégories : de grosses entreprises commerciales, des propriétés viticoles et de petites affaires artisanales.

## Le climat

Le pays étant frais, la qualité varie d'une vendange à l'autre, tout comme dans les vignobles du nord de l'Europe. On a longtemps pensé que la vigne de type *Vitis vinifera* ne survivrait pas aux rigueurs de l'hiver canadien, suivi par des périodes successives de gel et de dégel au printemps. Aussi planta-t-on essentiellement de robustes cépages de *labrusca* (principalement du Concord pour les rouges et du Niagara pour les blancs), ainsi que des hybrides à fort rendement et à maturation rapide. Dans l'Ontario, les cépages de *labrusca*, avec leur bouquet

et leur arôme « foxés », ne sont heureusement plus utilisés depuis 1988 pour les vins de table (ils servent encore pour les «Portos», les « Xérès » et les vins à 7 % vol) et les cépages traditionnels européens remplacent de plus en plus les hybrides.

## La législation vinicole

La production et la vente des boissons alcoolisées sont réglementées par la province, si bien que la législation varie selon les régions. Le pays étant bilingue, toutes les étiquettes de vins doivent être imprimées dans les deux langues ; on y trouve à peu près les mêmes mentions qu'aux États-Unis (voir p. 468).

La Vintners Quality Alliance (VQA) est l'équivalent canadien du système d'appellation contrôlée français et ne s'applique pour l'instant qu'à l'Ontario et à la Colombie-Britannique. Les normes VQA imposent que les vins proviennent de cépages cultivés dans la province où ils doivent également avoir été mis en bouteilles.

Il existe deux catégories de VQA : provinciale et géographique.

L'appellation provinciale admet l'utilisation de raisins hybrides ou de *vitifera*, dont un minimum de 75 % du cépage mentionné. L'étiquette spécifiera «Produit de l'Ontario» ou «Produit de la Colombie-Britannique».

Les appellations géographiques s'appliquent à des régions viticoles précises, qui sont mentionnées sur l'étiquette. Seuls les cépages de type *Vitis vinifera* sont autorisés, avec un minimum de 85 % du cépage mentionné. Un vin d'assemblage tel qu'un Riesling/Chardonnay ou un Cabernet-Sauvignon/Merlot doit contenir au moins 10 % du second cépage mentionné. Les vins millésimés doivent contenir un minimum de 95 % de vin de la même année.

Les vins VQA sont dégustés par un groupe de professionnels, qui jugent leur style et leur qualité. Les vins approuvés reçoivent un sceau noir VQA ; les vins notés 15 sur 20 ont droit à l'appellation supérieure du sceau d'or.

# RÉGIONS, PRODUCTEURS ET NÉGOCIANTS

Les deux principales régions viticoles du Canada sont l'Ontario, à l'est, et la Colombie-Britannique, à l'ouest. Les vignobles de la Nouvelle-Écosse et du Québec, situés à l'est, sont beaucoup plus modestes.

## ONTARIO

Les régions viticoles de l'Ontario, d'où proviennent au moins 85 % des vins canadiens, sont à une latitude proche de celle du Languedoc-Roussillon et du Chianti. Mais, du point de vue de la température et des précipitations, le climat ressemble davantage à celui de la Bourgogne. Les années chaudes et sèches, on peut y élaborer des vins rouges de type Bordeaux, ainsi que de puissants Gamays et Pinots Noirs de style Bourgogne. La plupart du temps, le Chardonnay et le Riesling donnent des vins honnêtes, voire très bons, grâce aux microclimats chauds des lacs Ontario et Érié, ainsi qu'à la circulation d'air provoquée par l'escarpement du Niagara. Cette ancienne rive de lac préhistorique amortit, en effet, les brises du lac, réduisant ainsi les risques de gel.

L'Ontario possède trois régions viticoles d'appellation : la péninsule du Niagara, la rive nord de l'Érié et l'île Pelée. Selon la législation vinicole, les producteurs peuvent produire des vins VQA à partir de raisins cultivés à 100 % dans la région (étiquetés «Produit de l'Ontario») ou assembler jusqu'à 75 % de vin importé avec du vin local, pour des vins qui ne porteront pas la mention VQA, mais seulement «Produit du Canada».

L'Ontario possède trente sociétés vinicoles, qui vont de Brights (qui vient de racheter Cartier-Inniskillin, devenant ainsi la dixième plus grosse société vinicole d'Amérique du Nord) jusqu'à de minuscules propriétés produisant moins de 60 000 bouteilles.

Parmi les meilleurs producteurs, il faut citer Cave Spring Cellars, le Château des Charmes, Henry of Pelham, Hillebrand Estates, Inniskillin, Konzelmann Winery, Marynissen, Pelee Island Winery, Reif Estate, Southbrook Farms, Stoney Ridge, Vineland Estates.

## COLOMBIE-BRITANNIQUE

La vallée d'Okanagan, où se trouvent la plupart des sociétés vinicoles de la Colombie-Britannique, est en réalité un désert. Dans sa partie méridionale, à la frontière de l'État de Washington (États-Unis), la température diurne monte jusqu'à 35 °C, mais les nuits sont très fraîches. Elle se trouve à la même latitude que la Champagne et le Rheingau, mais, contrairement à ces régions du nord de l'Europe, les étés torrides, l'absence de pluie et la fraîcheur des soirées rendent l'irrigation nécessaire. De nombreux cépages allemands peu connus y ont été plantés (Optima, Ehrenfelser, Siegfried Rebe), ainsi que du Riesling, du Gewürztraminer, du Bacchus et de l'Auxerrois. Les rouges, essentiellement du Pinot Noir, du Merlot et des hybrides, n'ont, à de rares exceptions près, pas encore atteint la qualité des blancs.

Il existe 30 sociétés vinicoles, réparties dans les quatre régions d'appellation : la vallée d'Okanagan, la vallée de Similkameen, la vallée de Fraser et l'île Victoria. Les vignobles ont connu une croissance impressionnante depuis 1988, de 40 à 60 ha supplémentaires étant plantés chaque année. Les nouvelles plantations sont toutes en *Vitis vinifera*. Ce sont les petites et les moyennes exploitations qui ont connu la plus forte expansion.

Suivant la législation de la Colombie-Britannique, seules les plus grandes sociétés vinicoles sont autorisées à mettre en bouteilles le vin importé, qui peut être assemblé à du vin local. Les petites et moyennes entreprises ne peuvent mettre en bouteilles que le vin provenant de raisins de la région, qui aura droit à l'étiquette VQA s'il satisfait à l'examen de dégustation. Parmi les meilleurs producteurs, il faut citer Blue Mountain Vineyard, Brights, Cedar Creek, Domaine de Chaberton, Gehringer Brothers Estate, Gray Monk, Hainle Vineyards, Le Comte Estate, Mission Hill, Sumac Ridge, Summerhill.

## NOUVELLE-ÉCOSSE

Située à mi-chemin entre l'équateur et le pôle Nord, la Nouvelle-Écosse possède trois entreprises vinicoles et un total de 60 ha de vignes, composées surtout d'hybrides et de vieux cépages rouges russes tels que le Michurinetz et le Severnyi. Le cycle végétatif court réduit le nombre des cépages que l'on peut planter dans la vallée d'Annapolis et le détroit de Northumberland. Aussi s'efforcet-on de trouver des clones à maturation rapide. Les trois sociétés vinicoles de cette province (notamment Sainte Famille Wines) se fournissent auprès de 38 viticulteurs.

## QUÉBEC

Le Québec est la région la moins favorable à la viticulture. La ville de Durham est le centre de la petite – mais ô combien enthousiaste ! – région viticole du Québec, où quinze sociétés ont reçu leur agrément depuis 1985. Les sociétés vinicoles bordent la frontière américaine et s'efforcent courageusement de produire du Seyval Blanc pour les touristes. Pendant les mois d'hiver, des machines recouvrent les vignes de terre pour les protéger du froid, et il faut ensuite les déterrer à la main au printemps. La région de Durham jouit d'un ensoleillement moyen de 1 150 heures durant le cycle végétatif (contre 2 069 dans le Bordelais), mais de nombreux microclimats créent des poches chaudes où seules les vignes les plus résistantes survivent et, parfois, prospèrent.

Les petites sociétés vinicoles produisent essentiellement (90 %) du vin blanc, surtout du Seyval Blanc très frais. On ne peut se procurer ces vins que chez le producteur, mais le paysage vaut le détour (80 km au sud de Montréal).

Parmi les meilleurs producteurs, il faut citer le Vignoble de l'Orpailleur, Vignoble Dietrich-Joos, Vignobles le Cep d'Argent.

Ni la Nouvelle-Écosse ni le Québec n'ont accepté les normes VQA, ce qui aurait permis au Canada d'avoir un système d'appellation national.

# AMÉRIQUE CENTRALE
## ET AMÉRIQUE DU SUD

—

AU MEXIQUE SE TROUVENT LES PLUS ANCIENS VIGNOBLES

DU NOUVEAU MONDE ; CEUX DU CHILI ET D'ARGENTINE

SONT APPRÉCIÉS POUR LEUR GRANDE PRODUCTIVITÉ

AINSI QUE POUR LA QUALITÉ CROISSANTE DE LEURS VINS.

—

La vigne, introduite en Amérique par les *conquistadores* espagnols, fut ensuite cultivée par les missionnaires, qui avaient besoin de vin pour célébrer leurs messes. Hernán Cortés, gouverneur de la Nouvelle-Espagne (Mexique actuel) au XVIᵉ siècle, ordonna à chaque colon de planter 1 000 pieds de vigne chaque année. C'est ainsi que, en partant du Mexique, la viticulture se répandit vers le nord et le sud du Nouveau Monde, atteignant le Pérou à la fin du siècle, puis le Chili et l'Argentine, et, au siècle suivant, l'Ouest américain. Les vignes s'adaptèrent à leurs nouveaux sites de culture et furent assez prolifiques pour que l'on produise à la fois du vin et de l'eau-de-vie. Pour répondre à la demande en vin, modeste mais réelle, quelques cépages d'une lointaine origine espagnole, comme le País (au Chili) et le Criolla (en Argentine), se mirent à proliférer dans ces deux pays au climat sec et chaud, envié par les viticulteurs du monde entier.

Entre ces latitudes de 32° et 36° sud, les différents cépages de *vinifera,* plantés vers la même époque (au milieu du XIXᵉ siècle) en Argentine et au Chili, reçoivent suffisamment de chaleur pour faire mûrir des raisins tels que chaptaliser ne sera pas nécessaire. Sans les brises rafraîchissantes de l'océan Pacifique tout proche, la plupart des vignobles du Chili seraient trop chauds pour des cépages sensibles, et les viticulteurs chiliens n'ont eu à déplorer que quelques rares vagues de froid ou de gel juste avant les vendanges. Les ressources naturelles de l'Amérique du Sud, encore plus que son climat, font des envieux chez les vignerons des autres pays. Santiago et Mendoza, capitales vinicoles respectives du Chili et de l'Argentine, ne sont distantes que de 240 km, mais elles sont séparées par la cordillère des Andes, aux sommets élevés, qui fournit toute l'eau nécessaire à la culture de la vigne.

Dès que les abondantes ressources en eau des Andes furent maîtrisées par des systèmes d'irrigation, il fut facile d'établir des vignobles. Au Chili, la plupart sont situés près des principaux fleuves coulant vers l'ouest, en direction de l'océan Pacifique. Ces fleuves et leurs affluents, généreusement alimentés par la montagne, ne s'assèchent jamais. Au moyen de canaux et de fossés, les producteurs ont conçu un système à base de sillons permettant d'irriguer à tout instant les rangs de vignes. De l'autre côté des Andes, les producteurs argentins ont conçu un système plus élaboré et plus complexe de réservoirs, digues, canaux et fossés pour capter et distribuer l'eau de la fonte des neiges. L'eau ne coulant pas toute l'année, ce système permet de la capter en quantité suffisante, de la stocker, puis d'irriguer plus tard, au cours du cycle végétatif, les vignobles situés au pied des Andes.

Vers le milieu du XIXᵉ siècle, l'afflux d'immigrés européens en Amérique du Sud accrut l'intérêt porté au vin et encouragea des essais sur toute une gamme de cépages. Dans les années 1850 se développèrent au Chili et en Argentine les premiers vignobles importants de *Vitis vinifera* d'origine française. L'influence française sur la viticulture chilienne se fit sentir plus longtemps, mais limita, jusqu'à récemment, le choix des cépages. Les cépages et les styles de vin italiens sont plus fréquents en Argentine et au Brésil. Avec le temps, les Français, les Italiens et les Allemands finirent par imposer le vin dans les habitudes alimentaires. Au Mexique, en revanche, comme dans la majeure partie de l'Amérique centrale, l'industrie viticole naissante ne bénéficia pas de l'arrivée d'émigrés connaisseurs en vin. Plus tard dans le siècle, tandis que le phylloxéra ravageait les vignobles européens, un certain nombre de vignerons et de gens possédant quelques rudiments en matière de vigne et de vin s'installèrent en Amérique de Sud, où la *Vitis vinifera*, qui leur était familière, prospérait.

Pendant des décennies, la réputation des industries vinicoles d'Amérique centrale et du Sud a été ternie par les difficultés économiques et politiques locales. À la fin des années 80, la stabilité restaurée dans de nombreux pays attira les investisseurs étrangers et les producteurs de vin purent se consacrer davantage aux marchés d'exportation et à accroître la qualité de leurs vins plutôt que leur quantité. De nouveaux styles de vin, capables de concurrencer ceux d'Europe, de Californie et d'Australie, permirent d'obtenir des vins blancs aux arômes de fruit frais et des rouges, riches, d'une couleur profonde et possédant des goûts et des arômes intenses.

# LES RÉGIONS VITICOLES D'AMÉRIQUE CENTRALE ET DU SUD

Les régions viticoles principales d'Amérique du Sud se situent de part et d'autre de la cordillère des Andes, au Chili et en Argentine – entre les latitudes 32° et 36° sud –, les conditions climatiques y étant idéales pour la viticulture. On produit aussi des vins dans d'autres pays comme le Brésil, le Mexique, l'Uruguay ainsi qu'au Pérou, en Colombie, au Paraguay, en Bolivie et en Équateur.

## Instabilité politique et économique

Au Mexique, la viticulture connut deux coups durs au début du XXᵉ siècle : l'un fut le phylloxéra, qui fit des dommages considérables, et l'autre la révolution de 1910. Au Chili, pays isolé par les Andes et, par conséquent, à l'abri du phylloxéra, les producteurs durent faire face en 1902 à des taxes excessives sur les vins, puis, de 1938 à 1945, à l'interdiction totale de consommer du vin.

Au début des années 70, de nombreux vignobles chiliens furent réquisitionnés par le gouvernement. Au cours des années 70, plusieurs pays sud-américains connurent des périodes d'inflation galopante et de taux d'intérêt exorbitants qui, d'une part, portèrent préjudice aux marchés intérieurs, et, d'autre part, découragèrent les investisseurs étrangers.

## La révolution viticole

À mesure que les conditions politiques et économiques se stabilisaient dans les années 80, les investisseurs étrangers commencèrent à s'intéresser de plus près aux terres d'Amérique du Sud pouvant convenir à des vignobles et des sociétés internationales bien établies y investirent des capitaux. L'époque s'y prêtait on ne peut mieux : au Chili et en Argentine, les marchés intérieurs, qui absorbaient jusque-là toute la production, étaient en plein ralentissement.

Pour assurer leur survie à long terme, les producteurs visent aujourd'hui les marchés d'exportation. Ils ont été amenés par conséquent à repenser leurs méthodes. La plupart des gros exportateurs ont modernisé leurs installations et développé des styles de vin et des techniques de vinification nouveaux, comme l'utilisation de petites barriques de chêne pour le vieillissement de leurs meilleurs vins, Chardonnay et Cabernet-Sauvignon. Les chais construits il y a plus d'un siècle font contraste avec les rangées de cuves brillantes en acier inoxydable, les centrifugeuses, les pressoirs dernier cri et les chaînes de mise en bouteilles. Certains producteurs plus traditionalistes refusent ces progrès, mais la plupart les considèrent comme la seule voie possible. Au début des années 90, les vins chiliens s'étaient fait accepter sur de nombreux marchés et l'Argentine se préparait, elle aussi, à l'exportation. L'un des plus grands obstacles que rencontrent les producteurs reste l'inclination naturelle des viticulteurs sud-américains à laisser les vignes produire des récoltes trop importantes. À l'approche du XXIᵉ siècle, l'Amérique du Sud a accès à toute la technologie vinicole qu'elle souhaite. Maintenant que le conflit hauts rendements/vins de qualité est réglé et que les vins d'Amérique centrale et du Sud jouent un rôle de plus en plus important sur le marché mondial, une révolution se prépare dans le monde vinicole.

## Les régions vinicoles

**Le Mexique** est certes le plus ancien producteur américain, mais son industrie de vins de qualité est relativement récente. Les vins rustiques et l'eau-de-vie dominent toujours sa production, et le pays reste éclipsé par ses voisins du Nord et du Sud.

**Le Chili** est le champion des exportations. Il est aujourd'hui devenu le troisième fournisseur de vin d'importation aux États-Unis, derrière l'Italie et la France, supplantant ainsi l'Australie et l'Allemagne. Il a obtenu ce résultat en proposant des vins sous des noms de cépages connus, et à des prix abordables.

**L'Argentine**, géant qui s'éveille, dispose de si vastes sites convenant à la viticulture qu'elle pourrait prendre le rôle principal sur la scène sud-américaine. C'est la plus importante région vinicole du continent et celle qui a le plus fort potentiel. Ses exploitations les plus connues sont relativement modernes, mais sa technologie a toujours visé la production massive.

**Le Brésil**, troisième producteur de vin d'Amérique du Sud, profite d'une nette amélioration de son économie. Avec 56 000 ha plantés, il n'a pas encore percé à l'exportation, car sa production couvre tout juste ses besoins.    □

Les caves de brique centenaires de Santa Rita, dans la vallée du Maipo, au Chili.

# MEXIQUE

En dépit de son riche passé et de son rôle essentiel dans la viticulture américaine, le Mexique est une anomalie dans le monde du vin. Ce pays, qui a introduit la vigne et la vinification au nord et au sud de ses frontières, est considéré de nos jours comme trop chaud et trop inhospitalier pour la viticulture. La moitié de son territoire se situant dans la zone torride du sud du tropique du Cancer, sa ceinture viticole occupe le plateau central, à une altitude de 1 600 mètres.

## L'histoire vinicole

À la fin du XIXᵉ siècle, la famille Concannon, pionnière de la viticulture en Californie (Livermore Valley), persuada le gouvernement mexicain de tirer parti du potentiel viticole du pays et introduisit quelques douzaines de variétés françaises de *vinifera* au Mexique. James Concannon quitta le Mexique en 1904 mais, six ans plus tard, un autre vinificateur californien, Perelli-Minetti, planta une autre gamme de cépages sur des centaines d'hectares, près de Torreón.

Vers 1900, une grande partie des vignobles mexicains fut détruite par le phylloxéra et des problèmes politiques perturbèrent le pays pendant de nombreuses années après la révolution de 1910. La viticulture ne connut un regain d'intérêt qu'au début des années 40, lorsque des fermiers remplacèrent leurs champs de coton par des vignes.

## L'industrie vinicole moderne

Aujourd'hui comme hier, la priorité reste la production d'eau-de-vie. Plusieurs entreprises internationales ont investi dans la viticulture mexicaine et créé leurs propres exploitations afin d'éviter les lourdes taxes d'importation européennes pesant sur les eaux-de-vie. La famille espagnole Domecq fut la première à faire de gros investissements, en 1953. Son siège est à Mexico, mais ses installations de production d'eau-de-vie et de vin sont réparties sur onze sites. Les Espagnols Gonzalez-Byass et Freixenet, les Français Hennessy et Martell Cognac, les Italiens Martini & Rossi et Cinzano, le Japonais Suntory et le Nord-Américain Seagram sont d'autres firmes réputées possédant d'importants intérêts au Mexique. Par des efforts considérables, en temps et en argent, dans la production de vin, Domecq s'est affirmé comme le premier producteur de vin de table et exporte plusieurs de ses gammes aux États-Unis.

Aujourd'hui, les vignobles mexicains représentent plus de 70 000 ha. Près de 80 % des raisins sont destinés aux distilleries d'eau-de-vie ou à l'élaboration de Vermouth, mais la production vinicole traditionnelle a constamment progressé depuis 1980. Compte tenu du nombre croissant de vignobles qui se reconvertissent dans les cépages traditionnels et du développement des sites côtiers ou d'altitude, la relative dynamique des années 90 devrait se poursuivre.   □

## RÉGIONS VINICOLES ET PRODUCTEURS

La production reste dominée par les grandes sociétés internationales et les petits producteurs sont découragés par deux types de difficulté : l'obtention de la licence pour vendre leur vin et l'indifférence du marché intérieur à l'égard des produits autres que les vins de qualité courante.

### Baja California

Baja bénéficie d'un climat tempéré et son vignoble s'étend rapidement : plus de 10 000 ha sont actuellement plantés. La plupart des raisins proviennent de Guadalupe Valley et des environs d'Ensenada. Le plus ancien et le plus connu des producteurs, Santo Tomás, fait des Cabernets-Sauvignons et des Chardonnays très prometteurs. Cava Valmur et Domecq sont aussi connus pour leur Cabernet-Sauvignon.

### Sonora

Les producteurs d'eau-de-vie, dont Martell, sont nombreux à Sonora. Dans la plupart des vignobles, on cultive du Thompson Seedless et d'autres raisins de table pour l'exportation.

### Laguna, district de Torreón

Dans ce district largement dédié à la culture du coton, le climat est chaud pour les cépages nobles, auxquels une altitude plus élevée donne de meilleures chances de réussite. L'entreprise la plus connue, Vergel, fondée en 1943, a modernisé ses installations et utilise des cuves en acier inoxydable avec régulation de température.

### Parras, Saltillo

Parras Valley, au nord de Mexico, serait le berceau du vin américain. Les meilleurs vignobles se situent à 1 500 m d'altitude, là où le climat convient à la production de vins de qualité. Vinedos San Marcos, exploitation moderne, est surtout connue pour son Cabernet-Sauvignon et ses Mousseux. Bodegas de San Lorenzo (appartenant à Casa Madero) est, par l'ancienneté, la deuxième exploitation d'Amérique (1626) ; elle produit une gamme de vins de *vinifera* et d'eaux-de-vie. Cette zone compte plusieurs grosses distilleries d'eau-de-vie.

### San Juan del Rio

Le développement de cette région viticole située à 160 km au nord de Mexico est relativement récent. La plupart des vignobles sont à une altitude de 1 800 m. Cava de San Juan donne l'exemple avec des *vinifera* nobles comme le Cabernet-Sauvignon et le Pinot Noir (étiquette Hidalgo) et un Mousseux (Carte Blanche). Martell produit ici des vins de table.

### Zacatecas

Avec ses vignobles situés à 2 000 m, c'est la région viticole la plus haute et la plus fraîche. La viticulture y débuta dans les années 70 et le premier producteur fut Bodegas de Altiplano.

# CHILI

Au début des années 80, le Chili vint au secours de beaucoup d'amateurs de vins américains et anglais qui cherchaient une nouvelle source de bons vins à des prix raisonnables. En satisfaisant ce besoin, le Chili devint le premier producteur sud-américain.

Avec, au début, une assistance minimale du gouvernement, un noyau de propriétaires chiliens ont consenti de lourds investissements pour moderniser leurs installations. Les vieilles cuves en bois de grande taille, jusque-là suffisantes pour les vins locaux, furent remplacées par de petites barriques de chêne américain ou par des barriques françaises plus onéreuses. Pour éviter l'oxydation des vins blancs, les producteurs installèrent des cuves en acier inoxydable pour la fermentation et des systèmes de contrôle de température pour la fermentation et le stockage de ces vins. Ils installèrent aussi de nouveaux pressoirs et des chaînes de mise en bouteille parmi les plus modernes. Parallèlement, des améliorations furent introduites dans la culture pour limiter les rendements et par suite vendanger des raisins plus concentrés et d'un potentiel aromatique supérieur.

Les producteurs chiliens divisent leurs vins en deux catégories : les vins bon marché destinés au marché intérieur et les vins destinés à l'exportation. Élaborés à partir de cépages prolifiques et sans renommée comme le País, les vins chiliens locaux, blancs ou rouges, sont volontairement vieillis trop longtemps dans de vieux fûts et sont oxydés pour satisfaire au goût local. Ces vins destinés au marché intérieur portent généralement le nom du domaine, mais bien d'autres sont mis en bouteilles sous le nom de «Moselle» ou «Chianti», et portent même sans vergogne les noms de Château Margaux et Chambertin.

Vers la fin des années 80, l'économie du Chili connut une expansion fulgurante qui résultait d'une demande mondiale pour ses produits agricoles. L'augmentation continue du prix des

Vignoble de Molina, près de Lontué.

terres incita des producteurs de vin à se tourner vers d'autres cultures, économiquement plus intéressantes, d'autant que l'on assistait simultanément à une chute de la consommation de vin dans le pays. Beaucoup se tournèrent alors vers le marché à l'exportation.

Pendant les années 80, la production baissa de près de moitié mais les exportations furent multipliées par 8, atteignant 23 % de la production totale. Quatre sociétés dominent le marché à l'exportation : Concha y Toro, Santa Rita, Santa Carolina et San Pedro.

## Les cépages

Le Chili reste une des rares régions du monde à avoir des vignes pré-phylloxéra non greffées (64 530 ha). Malgré l'adoption de variétés mieux acceptées (Pinot Noir, Cabernet-Sauvignon et Chardonnay), le cépage utilisé pour les vins domestiques, le País, reste la variété la plus plantée. Le Cabernet-Sauvignon est, en superficie, le second cépage rouge. Parmi les blancs, Sémillon, Sauvignon et Chardonnay représentent la moitié. Le Chardonnay devrait être

la variété de blanc la plus répandue vers l'an 2000.

Le charme plein de jeunesse de ses vins rouges – Cabernet-Sauvignon et Merlot – a mis le Chili sur le devant de la scène internationale. Les deux cépages nobles développent une couleur profonde, d'un pourpre intense, et des arômes de baies, d'herbes et d'épices ; mais l'astringence liée aux tanins leur fait souvent défaut. Le vieillissement dans du chêne fut introduit pour donner à ces deux vins rouges plus de profondeur et un meilleur potentiel de vieillissement. Quant aux Chardonnays du Chili, leur qualité, espère-t-on, s'améliorera si l'on réduit les rendements. Pour de nombreux experts, c'est le Sauvignon qui a le plus de potentiel pour faire le meilleur vin blanc du Chili.

## Les régions vinicoles

En 1995, une nouvelle réglementation sur les appellations met en place cinq zones de productions. La vallée centrale est une vaste région qui s'étend sur 80 km au nord de Santiago, la capitale, et sur plus de 240 km au sud. Elle connaît des conditions climatiques variées.

Proche de Santiago, la vallée du Maipo est la première région viticole à avoir été développée et reste celle où la concentration des vignobles est la plus élevée. Une grande partie des Cabernets-Sauvignons et des Merlots provient de là.

La vallée du Maule, développée dans les années 80, est bien plus fraîche. Elle convient aux Sauvignon, Merlot et Chardonnay.

Casablanca, nouvelle sous-région de l'Aconcagua au nord-ouest de Santiago, bénéficie des brises fraîches du Pacifique. Les sols crayeux et sablonneux donnent un Chardonnay qui mûrit lentement et fournit des arômes délicats et concentrés. Merlot et Sauvignon Blanc sont les deux autres cépages préférés ici. Plus au nord, se trouvent les régions d'Atacama et de Coquimbo. La région la plus méridionale est située à la lattitude de Concepción.□

# PRODUCTEURS ET NÉGOCIANTS

La plupart des producteurs nomment leurs vins destinés à l'exportation selon le cépage : Cabernet-Sauvignon, Merlot, Chardonnay et Sauvignon Blanc sont les plus fréquemment rencontrés. Mais il devient habituel pour les producteurs de proposer des mises en bouteilles d'un ou de plusieurs types de cépages à des prix variés et/ou sous diverses appellations.

### Caliterra

Cette exploitation ultramoderne située à Curico fut créée conjointement par Errazuriz Panquehue et la société californienne Franciscan Vineyards. Propriété maintenant de Errazuriz, elle fournit 85 % des vins de la liste Errazuriz et aussi 1 200 000 bouteilles de vin de cépage de Caliterra. Les Cabernets-Sauvignons proviennent de la vallée du Maipo, le Chardonnay et le Sauvignon Blanc de la vallée du Maule.

### José Canepa

Entreprise familiale fondée en 1930, cette exploitation très moderne de la vallée du Maipo a été une des premières à effectuer les fermentations en cuves d'acier inoxydable avec régulation de température. Les vignes couvrent 600 ha ; le vinificateur Andres Ilabaca jouit d'une certaine réputation pour ses Sauvignons Blancs, Cabernets-Sauvignons et Merlots, qui sont bons.

### Concha y Toro

Fondée en 1883, cette *bodega* est le principal producteur du Chili. Depuis le milieu des années 80, elle utilise des cuves de fermentation en acier inoxydable et des barriques de chêne français. En plus du domaine et des caves à Pirque, dans la vallée du Maipo, Concha y Toro produit aussi en plusieurs autres endroits du Chili central et possède des vignobles (750 ha) à Maipo, Rapel et Curico. La pro-

duction annuelle dépasse les 36 millions de bouteilles, la société exporte une gamme de vins à prix modérés sous l'étiquette Casillero del Diablo et des Cabernet-Sauvignon, Merlot et Chardonnay provenant d'un

seul vignoble sous l'étiquette Marqués de Casa Concha. Don Melchior est un Cabernet-Sauvignon spécial de tirage limité.

### Errazuriz Panquehue

Situé dans la vallée de la région Aconcagua à 150 km au nord de Santiago, ce domaine familial a été fondé en 1870 par Don Maximiano Errazuriz. Dans ce vignoble de 16 ha, les Cabernet-Sauvignon, Merlot et Cabernet Franc dominent et produisent des vins très estimés comme le Cabernet-Sauvignon Maximiano Reserva. Les Chardonnay, Sauvignon et Merlot, plantés plus récemment, poussent sur 69 ha dans la vallée du Maule. Le chêne français est utilisé pour le vieillissement des vins rouges. La production annuelle atteint 840 000 bouteilles.

### Cousiño Macul

Dans les environs de Santiago, ce domaine familial possède une vieille et majestueuse exploitation viticole, des caves de vieillissement et des équipements parmi les plus modernes qui soient disponibles à ce jour. Le vignoble du domaine, connu depuis longtemps pour son Cabernet-Sauvignon, a été agrandi à 275 ha et on y trouve aujourd'hui Merlot et Chardonnay. Depuis 1990, les vins rouges de Cousiño Macul sont vieillis en barriques françaises. Au terme du programme de replantation, la société produira rouges et blancs en quantités égales. Le Cabernet-Sauvignon Antiguas Reservas, d'une grande longévité, est le plus prestigieux.

### Montes

En 1988, quatre partenaires, ayant une forte expérience du commerce du vin, formèrent la Discovery Wine Company pour faire des vins destinés uniquement à l'exportation. Plus de la moitié du vignoble de 85 ha à Curico est plantée en Cabernet-Sauvignon et Merlot, et le reste en Sauvignon Blanc et en Chardonnay. L'étiquette Nogales est utilisée pour les vins les moins chers et Villa Montes pour les vins haut de gamme destinés à l'exportation. Montes Alpha désigne le Cabernet-Sauvignon de luxe du vinificateur Aurelio Montes, qu'il fait vieillir dans des barriques de chêne neuf. L'objectif de Montes est de produire 960 000 bouteilles.

### La Playa

En 1980, la famille Pavone, déjà active dans l'industrie viticole chilienne avant 1960, y revint et acquit un domaine de 400 ha dans la vallée du Maipo. Elle ranima le nom de Santa Ema pour le vignoble et, en 1988, s'associa à la branche export de La Playa pour produire des Cabernet-Sauvignon, Merlot, Chardonnay et Sauvignon Blanc. Tous, sauf le Chardonnay, sont cultivés au domaine.

### San Pedro

Fondée en 1865, cette société est une des plus anciennes exploitations chiliennes. Elle survécut au changement de propriétaire pendant les années 80 et c'est, de nos jours, une des plus importantes du Chili avec une production annuelle qui dépasse les 9,24 millions de bouteilles. Elle est connue surtout pour ses vins Gato Nero et Gato Blanco, qui à eux seuls représentent presque la moitié des exportations. Elle produit aussi d'autres étiquettes comme Castillo de Molina, vin de prestige, et Santa Helena. Les exportations, sous le nom bien connu de San Pedro, consistent surtout en Chardonnay et en Merlot. La superficie des vignobles a atteint 950 ha.

### Santa Carolina

Créée en 1875, Santa Carolina fut parmi les premières exploitations à se moderniser et créer des vignobles dans la région de Casablanca. Elle fait du vin en trois endroits : Santiago (les caves d'origine), Rapel et Curico. Elle possède actuellement ou loue 1 200 ha et, sous la houlette du vinificateur Philar Gonzales, jouit d'une bonne réputation pour ses Cabernets-Sauvignons, Sauvignons et Sémillons. Le Cabernet-Sauvignon Réserve Spéciale et le Sauvignon sont parmi les meilleurs vins chiliens. La production du Chardonnay augmentera quand les vignes de Casablanca auront atteint leur pleine maturité.

### Santa Monica

En 1976, le vinificateur bien connu Emilio de Solminihac et sa femme rénovèrent une importante exploitation à Rancagua. Tout en faisant des vins pour d'autres marques, ils développèrent le vignoble du domaine, qui atteint aujourd'hui 93 ha. Tous les vins exportés par Santa Monica proviennent de ce vignoble, chose rare au Chili. La liste à l'exportation propose des vins de Cabernet-Sauvignon,

Merlot, Chardonnay, Sauvignon, Sémillon et Riesling. La production moyenne annuelle est de 360 000 bouteilles.

### Santa Rita

Les exportations sont passées de 300 000 bouteilles en 1985 à 6 millions en 1994. Santa Rita est rapidement devenue un des premiers exportateurs vers la Grande-Bretagne et l'Amérique du Nord. Créée en 1880, la société est aujourd'hui une société publique et possède deux exploitations principales adjacentes à ses vignobles de Maipo et de Lontué. Les vignobles récemment créés à Casablanca ont fait passer la superficie totale de Santa Rita à 336 ha. La société a fortement investi dans la modernisation de ses équipements, et ses chais renferment maintenant plus de 8 000 barriques de chêne français. Les vins exportés sont vendus sous trois

étiquettes : d'abord la gamme 120 avec des Cabernets-Sauvignons, Merlots, Sauvignons et Chardonnays à des prix raisonnables ; les Riservas, mis en bouteilles au domaine ; et Medalla Real, l'étiquette de prestige, avec en tête Cabernet-Sauvignon et Chardonnay.

### Tarapacá Ex-Zavala

Ce vieux vignoble (établi en 1874) prospérait jusqu'à ce qu'un divorce dans la famille Zavala crée un problème qui resta non résolu jusqu'à ce que le président de la République chilienne, dont le surnom était « le lion de Tarapacá », décrète que la propriété devrait se renommer Ex-Zavala. Ce vignoble de 110 ha est surtout planté en Cabernet-Sauvignon et avec d'autres cépages rouges, mais on y a ajouté du Chardonnay. La plupart des vins (1,2 million de bouteilles) est

vendue en Amérique du Sud sous l'étiquette Gran Tarapacá ou sous d'autres noms.

### Miguel Torres

Cette entreprise très innovatrice commença en 1979 avec l'achat d'un vieux vignoble du Curico par Torres, famille espagnole du monde du vin. Une installation ultramoderne fut construite pour produire 1 200 000 bouteilles par an. Torres introduisit au Chili des cuves en acier inoxydable avec régulation de température, des pressoirs modernes et de petites barriques de chêne françaises et américaines. Dans le vignoble, la mise sur treillis et l'irrigation ont amélioré la qualité, et ses méthodes ont été largement copiées. Sur les 220 ha du vignoble, Torres se concentre sur le Sauvignon Blanc et le Cabernet-Sauvignon ; il fait aussi du vin pétillant Brut Nature selon la méthode champenoise. Près des trois quarts de la production sont destinés à l'exportation.

### Undurraga

Undurraga, un des premiers producteurs chiliens à exporter vers les grands marchés du vin, domine aussi le marché intérieur. Située dans la vallée du Maipo, et créée en 1885, cette exploitation, gérée par la famille et organisée pour produire en quantité, fournit plus de 12 millions de bouteilles par an. Elle dépend de 150 ha dans la vallée du Maipo et achète, sous contrat, des raisins provenant de Colchagua et d'ailleurs. L'exportation représente plus de 40 % de la production, avec en tête le Chardonnay et le Sauvignon Blanc. Le Merlot et le Pinot Noir ont été ajoutés récemment.

### Valdivieso

Ce producteur très important (11 400 000 bouteilles), dont l'origine remonte à 1879, fut surtout connu pendant de nombreuses années pour ses vins pétillants. En 1950, il devint société anonyme et de nos jours le groupe Mitjans, actionnaire

principal, décide de la politique de production. La vieille installation de Santiago a été modernisée et en 1990 un investissement considérable a été consenti à Lontué, centre de production des vins pétillants. Valdivieso fournit plus de 90 % de la production chilienne des vins pétillants de méthode champenoise. Ses cuvées Brut et Nature sont élaborées à partir de Pinot Noir et de Chardonnay. La société possède actuellement 120 ha dans la vallée du Maule. Valdivieso propose aussi du Cabernet-Sauvignon, du Merlot, du Chardonnay, du Sauvignon Blanc et un assemblage Chardonnay/ Sémillon. Ces vins sont produits exclusivement pour l'exportation.

### Los Vascos

Voir encadré ci-contre.

### Walnut Crest

Cette société, très ambitieuse, a été créée en 1986 par plusieurs des actionnaires principaux de Concha y Toro en association avec Banfi Vintners. Les vignobles atteignent actuellement 800 ha répartis en plusieurs endroits, dont 400 ha en Colchagua et 100 ha en Casablanca. Basé à Maipo, Walnut Crest produit environ 12 millions de bouteilles annuellement, en incluant le vin pétillant obtenu selon le procédé Charmat (voir p. 110-111). Le Merlot et le Cabernet-Sauvignon mettent en valeur des arômes de fruit frais et se détachent d'une liste qui propose aussi du Sauvignon Blanc.

### Viña del Mar

Propriété de Mitjans, c'est une marque export commercialisée par Paterno Imports. Créée en 1987, la marque Viña del Mar recouvre des Cabernet-Sauvignon, Merlot, Chardonnay et Fumé Blanc à des prix raisonnables, et des Cabernet-Sauvignon, Merlot et Chardonnay Réserve, plus chers. Les raisins proviennent du district de Lontué dans la vallée du Maipo.

## LOS VASCOS

Ce célèbre vignoble date de 1750. Il occupe 220 ha des 2 200 ha du domaine qui fut exproprié dans les années 60, et a été reconstitué, parcelle par parcelle, par la famille fondatrice Eyzaguirre-Echenique vers la fin des années 70. Cette opération a eu des conséquences financières et conduisit à l'acquisition de 50% de la société par la banque Rothschild, en 1988. Propriétaires de Château Lafite, les Rothschild aidèrent à la modernisation de Los Vascos et l'équipe technique de Lafite a mis en place de nouveaux programmes de vinification. Le Cabernet-Sauvignon représente plus de la moitié de la production. L'influence de Lafite se révéla avec le millésime 1990 et l'apparition d'un Reserve Cabernet. Les seuls autres vins sont le Chardonnay et le Sauvignon Blanc.

# ARGENTINE

Pour la production de vin, l'Argentine arrive au cinquième rang mondial et, avec ses 208 000 ha, est sans conteste le plus important producteur sud-américain. Cependant, après avoir culminé à 320 000 ha en 1980, la surface cultivée n'a cessé de diminuer, un déclin qui s'explique en partie par la baisse régulière de la consommation nationale depuis les années 70. Néanmoins, avec une consommation annuelle de 54 litres par habitant, l'Argentine reste au quatrième rang mondial.

En 1557, des missionnaires créèrent le premier vignoble du pays, près de Santiago del Estero, et, au milieu des années 1850, la culture de *Vitis vinifera* importée d'Europe était loin d'être négligeable. Aujourd'hui, l'Argentine produit des vins courants destinés à la consommation nationale, des vins de qualité pour l'exportation, du vin en vrac expédié par bateau à l'étranger pour y être mis en bouteilles, de l'eau-de-vie et du concentré de raisin. Elle est l'un des tout premiers producteurs de *mosto*, ou concentré de raisin, utilisé pour adoucir aussi bien des boissons non alcoolisées que du vin.

Les vignobles s'étendent du nord au sud sur plus de 1 770 km. Le centre de l'industrie vinicole est la province de Mendoza (à quelque 960 km à l'ouest de Buenos Aires), dont proviennent environ 70 % des vins argentins. La plupart des vignobles sont situés dans les vallées et sur les plateaux des basses Andes.

Au sud de la ville de Mendoza se trouvent deux zones de haute altitude aux microclimats plus frais, Maipu et Lujan de Cuyo, où sont cultivés les meilleurs Cabernets-Sauvignons et Malbecs. À l'est, au pied du pic Tupungato, les Chardonnay, Gewürztraminer, Pinot Noir et Merlot réussissent très bien. Au nord de Mendoza, dans une zone légèrement plus chaude, la province de San Juan fournit 22 % de la production totale du pays. Les autres provinces possèdent beaucoup moins de vignobles. Salta, la province viticole la plus septentrionale, se trouve non loin du tropique du Capricorne. Ses vignes sont plantées à 1 700 m et son climat plus frais convient aux cépages blancs. Bien que ne fournissant que 3 % de la production nationale, Rio Negro, la zone viticole la plus méridionale et l'une des plus fraîches d'Argentine, est appréciée pour ses raisins destinés aux Mousseux. Le pays élabore en effet de grandes quantités de Mousseux pour les marchés sud-américains et plusieurs maisons de Champagne, dont Moët & Chandon, Piper-Heidsieck et Mumm, se partagent la majeure partie de cette production.

## Les cépages et les styles de vin

Le cépage indigène Criolla fournit d'énormes volumes de vins rouges. Le Malbec, quant à lui, reste à juste titre le roi des cépages européens en Argentine. Il donne un vin de couleur sombre, charpenté, capiteux et d'une longue garde. Il regorge d'arômes profonds de cassis mûr et d'épices. Il est couramment assemblé avec du Cabernet-Sauvignon ou d'autres cépages rouges comme le Barbera. Le Cabernet-Sauvignon, qu'on assemble habituellement avec du Malbec et/ou du Merlot, se classe en second en termes de réussite. Certains signes indiquent que le Merlot et le Pinot Noir devraient produire des vins de qualité.

Les cépages blancs les plus connus sont le Torrontes et le Sémillon, le Palomino n'étant utilisé que pour les blancs locaux bon marché. Un petit nombre de producteurs entreprenants progressent avec le Chardonnay.   □

## PRODUCTEURS ET NÉGOCIANTS

### Penaflor

Exploitant plusieurs *bodegas*, Penaflor est le plus important producteur. À l'exportation, son étiquette connue est Trapiche, qui recouvre un solide Cabernet-Sauvignon Reserve, du Malbec et du Chardonnay. Andean Vineyards est une autre gamme, dont le Cabernet-Sauvignon arrive en tête.

### Viña Esmeralda

C'est un producteur de gros volumes dont les meilleurs vins sont le Cabernet-Sauvignon et le Chardonnay San Felician. Trumpeter est une étiquette bon marché mais d'un bon rapport qualité/prix. À l'exportation, l'étiquette de prestige la plus récente, Catena, inclut un excellent Chardonnay élevé en fût de chêne et un Cabernet-Sauvignon de style californien.

### Bodegas Flichman

Flichman produit sous l'étiquette Caballero de la Cepa un Cabernet-Sauvignon plein d'arômes et épanoui, un Chardonnay et un Syrah. L'étiquette Fond de Cap est plus connue pour son exceptionnel Cabernet-Sauvignon.

### Bodegas Weinert

Le Chardonnay et le Sauvignon de ce producteur plaisent immédiatement. Les rouges, comprenant le Cabernet-Sauvignon, le Merlot et un assemblage appelé Cavas de Weinert, sont réputés pour vieillir. Ils représentent les vins rouges argentins ancien style.

### San Telmo

Cet autre producteur de gros volumes montre une remarquable aptitude à produire régulièrement un Malbec et un assemblage Malbec/Cabernet-Sauvignon, Cuesta del Madero, tous deux excellents. Les rouges élevés longtemps dans du vieux bois neutre sont plus typiques de l'ancien style. San Telmo sort également de temps en temps un remarquable Chardonnay.

### Etchart

Etchart, qui appartient en partie au groupe Pernod-Ricard, possède plusieurs vignobles à Salta et produit de nombreux bons vins : Torrontes, fleuri et délicieux, est le meilleur de son type, et le Malbec est très compétitif.

# BRÉSIL ET AUTRES PAYS

Le Brésil est le plus grand pays d'Amérique du Sud et sa population, à la croissance rapide, dépasse maintenant les 150 millions d'habitants. Avec ses 58 000 ha de vignes, il est le troisième producteur de vin d'Amérique du Sud. Néanmoins, l'histoire du vin brésilien a suivi un cours bien différent de celui de ses voisins sud-américains.

Les premiers vignobles furent plantés en cépage Criolla, importé d'Argentine au XVIIᵉ siècle. Plus tard, les Portugais essayèrent divers cépages de leur pays, mais sans grand succès. Dans la majeure partie du pays, le climat est trop tropical pour que les raisins de *vinifera* atteignent leur pleine maturité ; ils ont tendance à pourrir et à être atteints par le mildiou. Dans les années 1830, on importa des variétés nord-américaines qui résistèrent mieux à l'humidité.

## Les cépages

Isabella, cépage rouge prolifique, est le plus planté de nos jours. Delaware et deux cépages blancs, Niagara et Dutchess, sont d'autres variétés de *labrusca*

répandues (voir p. 469). Des hybrides franco-américains, dont le Seyval Blanc et le Couderc Noir, ont rejoint les cépages de *vinifera*, qui représentent moins de 20 % de l'encépagement total.

À partir des années 20, les cépages italiens de *vinifera* devinrent plus populaires. Ceux que l'on trouve en quantité de nos jours sont le Barbera et la Bonarda pour les rouges, les Trebbiano, Sémillon, Malvasia et Muscat pour les blancs. Le Merlot et le Cabernet Franc progressent également.

## Les régions vinicoles

Les 600 exploitants et vignerons brésiliens sont concentrés dans trois États : Rio Grande do Sul, Santa Catarina et São Paulo. Plus de 65 % des vignobles sont situés dans le Rio Grande do Sul, au sud du pays, où se trouvent aussi la plupart des exploitants. À l'intérieur des terres, de nombreux vignobles de coteaux, nouveaux et prometteurs, s'inscrivent dans un triangle défini par trois villes : Bento Gonçalves, Garibaldi et Caxias do Sul. Le long de la frontière uruguayenne se

trouve une région de prairies où des exploitants audacieux ont suivi l'exemple d'Almaden (en Californie) et développent des vignobles de *vinifera* autour de Bagé et de Santana do Livramento.

São Paulo abrite le siège social et les centres de vinification de plus de 100 sociétés vinicoles. Au sud, dans l'État de Santa Catarina, les vignobles et les styles de vinification révèlent une influence allemande.

De nombreuses sociétés vinicoles internationales ont été attirées par le potentiel du marché brésilien. National Distillers y a fondé une filiale d'Almaden Vineyards dans les années 70 et Cinzano, Martini & Rossi et Rémy Martin s'y sont solidement établis.

La production annuelle moyenne du Brésil a atteint récemment 492 millions de bouteilles, dont un peu plus de 6 millions sont exportées, principalement au Japon et aux États-Unis. Le Brésil pourrait être à long terme le meilleur marché pour son propre vin.

## Autres pays d'Amérique du Sud

**L'Uruguay** est le quatrième producteur sud-américain avec 14 000 ha de vignes, dans le sud et le nord-ouest du pays. Plus de la moitié des vignobles est plantée en *vinifera*, dont Cabernet-Sauvignon, Pinot Noir, Merlot et Sémillon. La production est de 96 millions de bouteilles.

**Le Pérou**, en revanche, produit moins de 3 millions de bouteilles. On y cultive la vigne au sud de Lima depuis 400 ans. La vallée de Moquega, près de la frontière chilienne, est elle aussi une zone viticole. La majeure partie des raisins sert à la production d'eau-de-vie, mais un ou deux producteurs cultivent la *vinifera*.

**La Colombie** produit très peu de vin, mais une certaine quantité de vins mutés et de vermouth et de cocktails de fruits tropicaux.

**Le Paraguay, la Bolivie** et **l'Équateur** produisent de très petites quantités de vin de faible qualité.   □

## PRODUCTEURS ET NÉGOCIANTS

Quelques dizaines de grandes sociétés dominent l'industrie viticole brésilienne, la plupart étant des coopératives. La plus grande partie des vins sont des assemblages de vins génériques.

### Vinicola Aurora

Située à Bento Gonçalves, cette immense coopérative (fondée en 1931) représente plus de 20 000 ha de vignes et plus de 1 000 membres ; elle met en bouteilles sous plusieurs marques. Conde de Foucauld pour le Cabernet-Sauvignon et Clos de Nobles pour le Cabernet Franc sont les meilleures. La production annuelle atteint 540 millions de bouteilles.

### Dreher

Fondée par Heublein, cette société développa des vignobles de *vinifera* dans les montagnes de l'ouest, près de Bagé.

Ses vins d'exportation sont du Cabernet-Sauvignon, du Barbera et Castel Marjolet, un assemblage de Cabernet-Sauvignon et de Merlot.

### Riograndense

Pionnière de la *vinifera* au Brésil, cette exploitation possède 50 ha plantés en Merlot, Cabernet-Sauvignon et Trebbiano. Basée à Caxias do Sul, elle vend la plupart de ses vins sous l'étiquette Granja União.

### Marcus James

Cette marque, dont la production s'effectue à Vinicola Aurora, est la propriété de la société américaine Canandaigua Wine Company. Elle propose une large gamme de vins de cépage, dont Chardonnay, Cabernet-Sauvignon, Merlot et Zinfandel pour les blancs. La production annuelle approche les 12 millions de bouteilles.

# AUSTRALIE
## ET NOUVELLE-ZÉLANDE

—

LES VINS AUSTRALIENS ET NÉO-ZÉLANDAIS,

APPARUS DANS LES ANNÉES 80 SUR LE MARCHÉ INTERNATIONAL,

BÉNÉFICIENT D'UNE SOLIDE RÉPUTATION POUR LEUR EXCELLENTE

QUALITÉ ET L'ORIGINALITÉ DE LEURS ARÔMES.

—

# AUSTRALIE

L'AUSTRALIE PRODUIT DES VINS D'UN EXCELLENT RAPPORT
QUALITÉ/PRIX, QUI REGORGENT DE FRUIT ET DE SAVEURS,
AINSI QU'UNE GAMME DE VINS FINS.

En Australie-Méridionale, la région
de Southern Vales est centrée sur McLaren Vale,
dont les collines couvertes de vignobles baignent
dans un climat quasi méditerranéen.

Le style bien distinct des vins australiens met l'accent sur l'éclat, la fraîcheur et la mise en valeur des arômes primaires du raisin. Les vins, souples, fruités, regorgeant de goûts et de saveurs, sont le reflet du climat ensoleillé. Ils sont appréciés parce qu'ils correspondent bien au style du vin que le marché recherche et qu'ils sont prêts à être bus dès leur mise en bouteille. C'est là une caractéristique largement répandue, même si les exceptions sont nombreuses. Les meilleurs vins australiens se distinguent par leur complexité, leur structure et leur fort potentiel de vieillissement : les vins de Sémillon et de Riesling peuvent être magnifiques à 20 ans, ceux de Cabernet-Sauvignon à 30 ans et le Grange Hermitage de Penfolds à 40 ans ou plus. Alors que les grandes entreprises viticoles produisent des vins techniquement irréprochables et d'une qualité constante, 700 autres producteurs élaborent des vins d'une grande diversité de style et de qualité. La production annuelle atteint 600 millions de bouteilles, dont on exporte plus de 132 millions en Asie, en Europe et en Amérique du Nord.

La vigne, arrivée en Australie en 1788 par le cap de Bonne-Espérance, fut plantée dans le jardin du gouverneur Phillip, à l'emplacement actuel du centre-ville de Sydney. Sa culture s'étendit rapidement loin de l'humidité et des pluies estivales des zones côtières, d'abord vers les faubourgs ouest de Sydney et vers Hunter Valley pour atteindre ensuite aussi bien l'Australie orientale que méridionale jusqu'au Victoria et à la Tasmanie. À la fin des années 1830, chacune de ces régions produisait à une échelle commerciale – un développement qui se prolongea jusqu'à la fin du siècle dernier. Les vins australiens restèrent cependant méconnus à l'étranger jusqu'à ces quinze ou vingt dernières années. Puis, moins isolés en général, encouragés par un marché domestique en pleine expansion, aidés par une technologie massive – l'irrigation transforma de vastes régions jusque-là trop chaudes et arides –, les producteurs australiens se mirent à produire les types de vin qu'attendait le marché international. Avec quelque étonnement, ils découvrirent que leurs vins étaient appréciés et acclamés dans le monde entier pour leur rapport qualité/prix. La réputation des producteurs de cette partie de l'hémisphère Sud ne cesse de croître et leurs vins continueront à surprendre et à passionner au fur et à mesure qu'ils réaliseront pleinement leur potentiel.

## Les régions vinicoles

Bien que la vigne soit cultivée dans tous les États et territoires australiens, les régions vinicoles sont concentrées dans le sud-est du pays, l'extrémité sud-ouest de sa longue côte et elles suivent les cours des deux grands bassins fluviaux du Murray et de son affluent, le Murrumbidgee. Les régions principales se situent pour l'essentiel dans quatre États :

■ **La Nouvelle-Galles du Sud**, le plus ancien et le plus chaud des États viticoles, comprend la célèbre Hunter Valley, au nord de la capitale, Sydney.

■ **Victoria**, l'État le plus méridional de l'Australie continentale, produit des vins très divers dont certains atteignent de plus en plus un beau niveau de qualité.

■ **L'Australie-Méridionale**, l'État le plus important, produit dans les Riverlands, au nord-est d'Adélaïde, quantité de vins bon marché pour la vente en vrac, mais aussi certains des meilleurs vins australiens (dans Barossa Valley, par exemple).

■ **L'Australie-Occidentale** possède les régions viticoles les plus récentes, rassemblées dans le sud-ouest de l'État, non loin de la ville de Perth.C'est une zone au climat varié où le manque d'eau est la préoccupation majeure des viticulteurs.

## Les millésimes et le climat

La diversité des vins australiens est accentuée par les variations qui existent d'un millésime à l'autre. Les conditions climatiques au cours du cycle végétatif peuvent, contrairement à ce qui est généralement admis, avoir un impact considérable sur le style (surtout) et sur la qualité de la production dans les régions prestigieuses. Rares sont les millésimes médiocres au sens européen du terme – peu de sucre naturel, beaucoup de mildiou ou de pourriture –, mais les millésimes ne se ressemblent pas : chacun a son caractère propre, qu'un dégustateur averti peut reconnaître.

## Les vins de tous les jours et les vins fins

L'idée selon laquelle l'Australie est un continent chaud et ensoleillé est valable pour 90 % de sa superficie. Or, de nombreuses régions productrices de vins de qualité sont situées dans les 10 % restants, où le climat, pour ensoleillé qu'il soit, est bien plus frais. Pour comprendre le rapport entre le climat australien, le style des vins, leur qualité et le choix des cépages, il convient de distinguer entre vins fins et vins courants, crus classés et vins ordinaires.

Tout comme la France et la Californie, l'Australie a sa région de vins sans prétentions, Riverlands, à la frontière de la Nouvelle-Galles du Sud, de Victoria et de l'Australie-Méridionale. Le climat est terriblement chaud et ensoleillé, mais l'irrigation a transformé cette zone semi-désertique en vignobles verdoyants à fort rendement, qui fournissent des raisins bon marché de qualité régulière. On les utilise pour les vins vendus en Cubitainers et en bonbonnes (deux tiers des ventes domestiques), mais aussi pour la vente en vrac des vins exportés principalement vers les pays scandinaves et l'Union européenne (un tiers des exportations en 1993). En tout, la région Riverlands fournit 60 % de la production et devrait conserver ce rôle de premier plan encore longtemps.

## Les noms des vins

La plupart des vins australiens, et plus particulièrement ceux de qualité, tirent leur nom du cépage dont ils sont issus (voir encadré). L'Australie utilisait déjà les noms de cépage quand ceux-ci n'étaient que des mots techniques et obscurs pour les Européens. Elle a également employé des noms européens pour identifier les styles de vin : ainsi pouvait-on trouver sur les linéaires des magasins australiens des « Clarets » de Coonawarra et des « Chablis » d'Australie-Méridionale. Une autre convention d'étiquetage, toujours en vigueur, consiste à désigner des vins par un numéro de cuvée (bin) pour indiquer un style suivi. Une nouvelle réglementation et des accords récents concernant les étiquettes ont clarifié la situation (voir encadré p. 526).

Le nom de la région, et parfois celui du producteur, figure de plus en plus souvent sur l'étiquette. Si les styles de vin sont aussi nombreux que les producteurs, l'origine des raisins et le nom de la parcelle (paddock) sont désormais fréquemment cités. Cette évolution signifie que les producteurs prennent conscience que l'adéquation entre le cépage et le terroir a son importance.

## Les fûts de chêne et l'élevage

Les cépages blancs Chardonnay, Sémillon et Sauvignon, auxquels ce système est profitable, sont le plus souvent fermentés sous bois. L'élevage en barriques de chêne français dure entre 6 et 9 mois pour les meilleurs vins. Quant aux

---

## L'IDENTIFICATION DES CÉPAGES SUR L'ÉTIQUETTE

Pour la majorité des vins australiens, l'étiquette mentionne le nom du cépage. Les cépages – et, par conséquent, les noms de vins – les plus importants sont :

### ROUGES

**Cabernet-Sauvignon.** L'illustre cépage des Bordeaux rouges réussit en Australie, seul ou avec du Shiraz.

**Shiraz.** Appelé aussi Hermitage (nom local de la Syrah de la vallée du Rhône), il donne des vins riches, complexes, et des assemblages réussis.

**Merlot.** En expansion, il est utilisé dans des assemblages avec le Cabernet-Sauvignon, comme dans le Bordelais.

**Pinot Noir.** Le cépage des Bourgognes rouges réussit bien dans certaines régions au climat plus frais.

### BLANCS

**Chardonnay.** C'est la nouvelle vedette : en pleine expansion, il réussit bien dans de nombreuses régions et donne un vin riche aux arômes de beurre.

**Sémillon.** Ce cépage du Bordelais produit des vins blancs excellents, en particulier dans Hunter Valley.

**Riesling.** Riesling du Rhin, par opposition à des cépages de moindre qualité, il donne de bons vins liquoreux ou semi-secs.

**Muscat.** Plusieurs variétés de Muscat sont importantes pour l'élaboration des vins mutés et des vins de dessert.

**Chenin, Colombard et Sauvignon.** Eux aussi supplantent de plus en plus les cépages locaux Coruchen, Doradillo, Muscat, Gordo, Blanco, Palomino, Sultana et Trebbiano pour les vins de tous les jours.

cépages plus aromatiques comme le Riesling et le Gewürztraminer, ils sont fermentés en cuve et mis en bouteilles peu de temps après.

Les producteurs élèvent fréquemment leurs vins rouges de qualité en petits fûts de chêne : le Cabernet-Sauvignon et le Shiraz tirent profit d'un séjour en fûts de 6 mois à 2 ans.

Les vins blancs australiens ont tendance à évoluer rapidement. À l'exception de certains Sémillons de Hunter Valley, qui se bonifient sur une période de 20 ans, les autres arrivent à maturité entre 2 et 6 ans. Les vins rouges aussi sont conçus pour être agréables à boire bien plus rapidement que leurs homologues européens. Quelques grands vins rouges, le Grange Hermitage de Penfolds, par exemple, sont vinifiés pour une longue maturation en bouteilles, mais, dans la grande majorité des cas, les rouges atteignent leur apogée entre 5 et 10 ans. Le climat australien ne convient guère aux caves particulières, aussi quelques producteurs ne commercialisent-ils leurs vins que lorsqu'ils sont arrivés à maturité. Le développement récent de l'industrie australienne ne permet pas un recul suffisant pour juger de l'évolution des différents styles de vin et domaines.

## L'histoire du vin australien

Si l'on comparait les cartes viticoles de l'Australie de 1890 et 1990, on constaterait peu de différences. En revanche, les producteurs ont connu des hauts et des bas au cours du siècle. Apparu à Geelong (Victoria) en 1875, le phylloxéra entraîna une destruction massive du vignoble de cette région (fort heureusement, les autres furent épargnées). Le krach bancaire et la crise de 1893, tout comme la suppression des taxes entre États (consécutive à leur fédération en 1901), affectèrent l'ensemble de l'industrie vinicole : la possibilité pour les producteurs de vendre dans les autres États aida grandement l'expansion de l'Australie-Méridionale (Riverlands et Barossa Valley), stimulée par ailleurs par la demande croissante de vins mutés destinés, notamment, à l'Angleterre de l'époque victorienne.

Les vins mutés dominèrent le marché au détriment des autres styles de vin jusqu'aux années 60, lorsque la demande de vins de table, malgré leur qualité médiocre, se fit de plus en plus forte. À partir de cette époque, d'autres facteurs contribuèrent à donner à l'industrie vinicole sa forme actuelle : le développement d'un savoir-faire technique d'un niveau élevé et l'extension du Cabernet-Sauvignon (à partir de 1960) et du Chardonnay (à partir de 1970) pour répondre à une demande accrue de vins de qualité. Suivant l'exemple donné en 1963 par le docteur en médecine Max Lake, à Lake's Folly en Nouvelle-Galles du Sud, une kyrielle de médecins, d'avocats, d'hommes ou de femmes d'affaires créèrent des centaines d'exploitations pour agrémenter leurs week-ends ou leur retraite. Celles-ci sont réparties sur des terroirs et des zones climatiques aussi divers que ceux rencontrés entre la Champagne et le Languedoc-Roussillon.

## L'essor des vins fins

Un grand courant d'air frais souffle sur les vignobles australiens : en 1985, un tiers de la production provenait de cépages nobles ; en 1995, cette proportion atteindra les deux tiers. En 1970, le Riesling et le Sémillon étaient les seuls cépages blancs de qualité produits en quantité commerciale. La même année, la production de Chardonnay ne dépassait pas les 50 tonnes, alors que celle de 1995 avoisinera les 80 000 tonnes, l'emportant ainsi sur tout autre cépage. Les cépages blancs Chenin, Colombard et Sauvignon remplacent progressivement les anciens cépages locaux de moindre qualité et sont déjà majoritaires

Raisins de Chardonnay près d'un pressoir traditionnel à Padthaway.

# LES RÉGIONS VITICOLES D'AUSTRALIE

Les régions viticoles les plus importantes d'Australie sont situées au sud-est et au sud-ouest de ce vaste continent, soit en régions côtières, soit le long des cours de deux fleuves, le Murray et le Murrumbidgee. Les noms indiqués sur les cartes correspondent à ceux des zones d'appellation et des régions viticoles qui ont été récemment définis dans le cadre de la nouvelle législation réglementant la production des vins australiens.

**Zones viticoles de Nouvelle-Galles du Sud**
1 RIVERINA
2 ORANA
3 CENTRAL WESTERN NSW
4 GREATER CANBERRA
5 MURRAY
6 NEW ENGLAND
7 HOLIDAY COAST
8 SYDNEY
9 ILLAWARRA
10 FAR WESTERN NSW
11 HUNTER

**Zones viticoles d'Australie-Méridionale**
1 CENTRAL SOUTH AUSTRALIA
2 SOUTH-EASTERN SOUTH AUSTRALIA
3 MURRAY MALLEE
4 YORKE PENINSULA
5 EYRE PENINSULA
6 KANGAROO ISLAND
7 FAR NORTH

**Zones viticoles de Victoria**
1 NORTH-WESTERN VICTORIA
2 CENTRAL VICTORIA
3 NORTH-EASTERN VICTORIA
4 WESTERN VICTORIA
5 GIPPSLAND
6 GEELONG
7 MELBOURNE
8 YARRA VALLEY
9 PÉNINSULE DE MORNINGTON

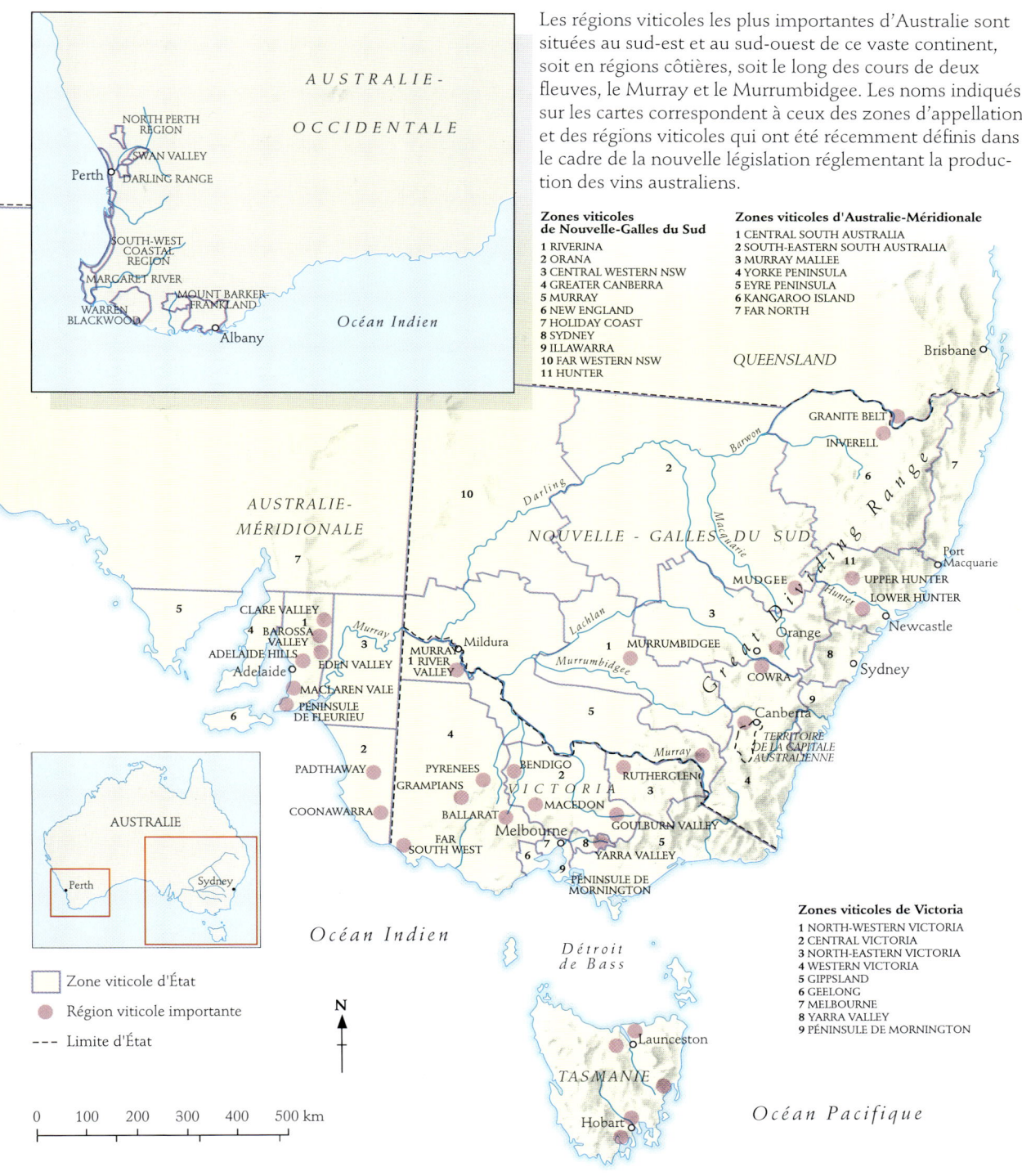

☐ Zone viticole d'État
● Région viticole importante
--- Limite d'État

0  100  200  300  400  500 km

N

dans les Riverlands. Le nombre de districts viticoles produisant des raisins de qualité ne cesse de croître. En 1960, on recensait deux régions en Nouvelles-Galles du Sud (Lower Hunter Valley et Mudgee) ; trois dans l'État de Victoria (North East, Great Western et Goulburn Valley) ; quatre en Australie-Méridionale (Barossa Valley, Clare Valley, Southern Vales et Coonawarra) ; une en Australie-Occidentale (Swan Valley). Au total, on comptait moins de 100 producteurs, dont les trois quarts en Australie-Méridionale. En 1993, l'industrie du vin définit le cadre légal de plus de 100 régions (à l'intérieur de grandes zones) et d'innombrables sous-régions. La moitié de ces sous-régions totalise 750 domaines viticoles. De nombreuses régions traditionnelles sont aujourd'hui incluses dans ces zones récemment délimitées.

## La technologie dans l'industrie vinicole

Le vin d'Australie est le produit d'une industrie dont le niveau technologique est actuellement inégalé dans le monde. Cela est à porter au crédit de l'Institut australien de recherche vinicole, reconnu dans le monde entier, mais aussi de deux écoles d'études supérieures, les universités d'Adélaïde (Roseworthy campus) et Charles Sturt (Wagga Wagga campus) en Nouvelle-Galles du Sud.

La révolution technologique de l'industrie vinicole australienne débuta au milieu des années 50 par l'introduction, pour le Riesling et le Sémillon, des contrôles de température pendant la fermentation, des cuves en acier inoxydable et des premières cuves closes. En moins de vingt ans, les producteurs prirent conscience de l'importance de la technique pour réussir des vins de qualité malgré le climat chaud et aride de nombreuses régions.

L'irrigation, désapprouvée dans nombre de zones viticoles traditionnelles, est indispensable presque partout en Australie pour améliorer la qualité du fruit et assurer de bons rendements.

De nos jours, on utilise plusieurs techniques visant à protéger les vignes du soleil pendant le cycle végétatif :

on teste en permanence de nouveaux coteaux, plus frais, et la sélection clonale. Les vendanges mécaniques sont effectuées de nuit pour récolter les raisins à bonne température. Enfin le processus de contrôle des températures durant la vinification, au cours de laquelle le moût et les jeunes vins sont traités avec un soin tout particulier, garantit aussi aujourd'hui un produit de grande qualité.

L'impact de la technologie s'est doublé d'une volonté remarquable de la part des producteurs de partager leurs connaissances : tous les deux ans se tient une conférence technique nationale qui attire des experts du monde entier et la plupart des régions vinicoles organisent des conférences locales.

## Les concours vinicoles

L'Australie a mis au point un système de concours vinicoles très développé qui attire beaucoup l'attention (et un certain nombre de critiques), car les négociants de vins australiens font grand état des prix et des médailles obtenus. Chaque capitale des sept États réunit durant quatre jours une vingtaine de producteurs éminents qui jugent près de 2 000 vins dans des conditions très strictes. Pendant le concours, les discussions sur la technique, le style mais aussi les tendances de l'industrie vont bon train. Une semaine après l'annonce des récompenses, une centaine de producteurs se réunissent pour déguster et comparer leurs vins à ceux qui viennent d'être jugés les meilleurs du pays. □

## LA RÉGLEMENTATION ET LES ÉTIQUETTES

L'Australian Wine and Brandy Corporation, organisme de droit public, a récemment introduit un programme baptisé « vérité des étiquettes » destiné à compléter la législation régissant et faisant respecter les grandes lignes d'un système d'appellations d'origine contrôlées : toute revendication de millésime, de cépage ou de région doit être exacte et vérifiable.

### Les noms nouveaux

Un accord conclu avec l'Union européenne entraînera la suppression progressive de noms comme « Chablis », « Champagne », « Bourgogne » et « Bordeaux » sur les étiquettes de vins australiens destinés au marché intérieur (ces noms ont déjà été abandonnés pour les vins australiens vendus à l'exportation).
Pour les remplacer, les principaux producteurs continueront de développer des noms de marque comme Jacob's Creek de la société Orlando, Jamiesons Run de Mildara, Grange Hermitage et Koonunga Hill de Penfolds et Bin 65 Chardonnay de Lindemans. Pour ces marques, en effet, la région et le cépage importent peu. C'est le pragmatisme qui s'impose : les quatre plus importantes sociétés viticoles – Penfolds, BRL Hardy, Orlando et Mildara Blass – produisent 80 % des vins australiens. Pour obtenir de telles quantités, elles assemblent depuis longtemps les cépages (Cabernet-Sauvignon et Shiraz, par

exemple) et les vins de régions aussi disparates que Hunter Valley, Coonawarra et Clare Valley.

Les petites exploitations mettent davantage l'accent sur le cépage, la région et, bien évidemment, leur propre nom. Même si les plus importantes d'entre elles – que l'on appelle « exploitations boutiques » – possèdent des vignobles, elles sont nombreuses à compléter leur récolte, presque toujours par des raisins de la même région.

### Les étiquettes

Les étiquettes des vins australiens ne sont pas d'une grande aide pour les étrangers. Si l'on fait abstraction des messages commerciaux et des mentions obligatoires portées sur la contre-étiquette, l'étiquette principale paraît fort simple. En fait, il faut connaître la réglementation, avoir de solides notions de géographie et posséder un certain flair pour déterminer si le lieu de production et l'origine du vin ont quelque chose en commun. En résumé, si les producteurs doivent obligatoirement indiquer leur adresse, ils ne sont pas tenus de révéler l'origine des raisins (et donc du vin) et, s'ils choisissent de le faire, 85 % du raisin doit provenir de là. Il en va de même pour les vins de cépage, qui doivent contenir 85 % des cépages mentionnés. Enfin, si plusieurs régions ou cépages sont indiqués, ils doivent figurer par ordre décroissant d'importance.

# NOUVELLE-GALLES DU SUD

La Nouvelle-Galles du Sud fut le premier des États australiens à cultiver la vigne. Dans Hunter Valley, près de la côte, on produit de nos jours quelques-uns des meilleurs vins d'Australie. Possédant, en plus, deux zones à l'intérieur des terres, Mudgee et Murrumbidgee Irrigation Area, cet État fournit plus du quart de la production totale des vins australiens.

Trois personnages dominent le développement de l'industrie vinicole de la Nouvelle-Galles du Sud. Le capitaine John Macarthur, plus connu en tant que père de l'industrie lainière australienne, voyagea en France et en Suisse en 1815 et 1816. Il en rapporta différents cépages dont il étudia la culture et, en 1820, créa un vignoble à des fins commerciales à l'ouest de Sydney. Gregory Blaxland, par ailleurs explorateur et éleveur de bétail, exporta les premiers vins autraliens en Angleterre en 1822. Enfin, James Busby, un jardinier écossais, rapporta d'Europe en 1831 quelque 600 greffons – pratiquement toutes les variétés connues de *Vitis vinifera*.

En 1825, Busby acheta à Hunter Valley un domaine dont il confia la gérance à son beau-frère, William Kelman. Le développement du vignoble commença réellement à son retour d'Europe, en 1831, année où George Wyndham, fondateur de ce qui allait devenir le plus grand établissement viticole de Hunter Valley, planta des vignes avec succès à Dalwood, près de Branxton. Un an plus tard, la Nouvelle-Galles du Sud comptait dix domaines viticoles, allant de 0,5 à 1 ha.

## Hunter Valley

Grâce au développement de Upper Hunter Valley (bref dans les années 1860 et 1870, mais plus important depuis 1960), la domination de la zone de Hunter Valley paraît assurée. Pourtant, en matière de viticulture, cette domination reste une anomalie qui ne s'explique qu'en partie par la proximité de Sydney, la

Arrowfield Estate, à Upper Hunter.

ville la plus peuplée d'Australie. Lower Hunter Valley semble, en effet, bien mal adaptée à la culture de la vigne : la majeure partie des pluies tombe au mauvais moment (souvent au tout début des vendanges), le sol très argileux est mal drainé, les températures estivales atteignent des sommets. En revanche, les nuages de l'après-midi protègent les vignes, et le taux d'humidité élevé et les brises marines les aident à supporter la chaleur. De plus, les rendements sont faibles, ce qui donne de bons raisins, et les cépages Sémillon et Shiraz montrent une affinité inexpliquée pour ce terroir.

Hunter Valley produit parmi les meilleurs vins secs issus de Sémillon du monde, comme l'ont illustré les vins majestueux de 20 ou 30 ans produits par la société Lindemans. Les vignobles à l'origine de ces vins blancs uniques ont cessé de produire au début des années 70, mais McWilliams, Tyrrells et Rothbury (ainsi que Lindemans, mais à une moindre échelle) élaborent toujours des vins superbes et distingués, très caractéristiques du terroir. La magie du Sémillon de Hunter Valley – élaboré

sans recours à la barrique – tient à sa façon d'évoluer d'un vin mince, légèrement végétal, anémique dans sa jeunesse, en un vin opulent, aux arômes de miel et de noisettes grillées lorsqu'il arrive à sa pleine maturité.

Au cours de sa vie, le Shiraz subit une métamorphose différente mais tout aussi remarquable. Charpenté et tannique dans sa jeunesse, celui de Hunter Valley révèle à maturité une texture de velours et des arômes de fruits rouges et noirs, mais aussi de terre, de cuir, de chocolat, de café et de paille.

Du côté des cépages blancs, le Chardonnay est à l'heure actuelle plus cultivé que le Sémillon tandis que, pour les rouges, le Cabernet-Sauvignon rattrape rapidement le Shiraz : ces quatre cépages occupent aujourd'hui 77 % du vignoble. À Upper Hunter, les blancs dominent. Le Chardonnay, omniprésent, y produit un vin suave, très commercial, aux arômes de pêche et d'une évolution rapide. Le Cabernet-Sauvignon, employé pour les rouges, réussit mieux en Lower Hunter, même si le caractère régional domine avec l'âge.

## Mudgee

Mudgee occupe l'extrémité sud-ouest de la vaste Orana Zone, à la même latitude que Hunter Valley, mais à l'ouest du Great Dividing Range. Le viticulteur allemand Adam Roth y planta les premières vignes en 1858. Le vignoble et l'exploitation viticole (Craigmoor) qu'il a créés restèrent dans la famille jusqu'en 1969.

Bien que Mudgee ait bâti sa réputation sur les Shiraz rouges, riches et concentrés, à la robe intense (et, plus tard, les Cabernets-Sauvignons), le petit-fils de Roth planta en 1930 des greffons de cépages blancs obtenus auprès du Kaluna Vineyard de Laraghy. Vers la fin des années 60, ces derniers furent identifiés par le Dr Denis Bourbals, un ampélographe français renommé, comme des clones de Chardonnay de très grande qualité exempts de tout virus. Ils devinrent ainsi une importante source de Chardonnay dans le grand périple que fit ensuite celui-ci dans toute l'Australie.

Avec son climat relativement plus sec et ses sols plus propices à la vigne, Mudgee devint pour Hunter Valley, entre autres, un fournisseur de raisins et de vins souvent méconnu mais hautement fiable. Personne ne fut surpris lorsque Wyndham Estate, de Hunter Valley, acquit les vignobles et les établissements viticoles de Montrose (de loin le plus gros producteur), Craigmoor et Amberton, à la fin des années 80. Rothbury Estate, de Hunter Valley, loue aujourd'hui l'immense Augustine Vineyards de Mudgee, tandis que Rosemount Estate et Tyrrells, deux autres sociétés de Hunter Valley, ont passé des contrats d'achat à long terme avec les producteurs de cette région.

## Murrumbidgee

La production annuelle de Mudgee (environ 10 000 t) et celle de Hunter Valley (16 000 t) paraissent insignifiantes comparées aux 75 000 tonnes de raisin récoltées chaque année par la Murrumbidgee Irrigation Area, dans la Riverina Zone. Les vins blancs, de Sémillon et Trebbiano pour plus de la moitié, comptent pour 70 % de la production ; 50 % des rouges sont issus du cépage Shiraz. À une exception près – le Sémillon botrytisé –, les vins sont de qualité courante. Les considérations de quantité et de coût de revient dominent : les pluies printanières et estivales étant faibles, on doit s'en remettre à l'irrigation, qui permet des rendements prolifiques.

## Le reste de Nouvelle-Galles du Sud

On commence enfin à explorer systématiquement les coteaux en altitude et d'exposition ouest du Great Dividing Range pour identifier des sites de vignobles possibles. Tyrrells a planté un vignoble important à Inverell, dans la New England Zone. Le directeur des vinifications de Rosemount, Philip Shaw, s'est associé avec Rosemount pour cultiver la vigne à Orange, dans la Central Western Zone. Les premiers vins de

Rosemount Orange Region ont vu le jour en 1993, rejoignant ainsi Bloodwood Estate (également sous contrat avec Rosemount) comme premiers producteurs de la région à commercialiser leurs vins. Mais d'autres attendent leur tour.

La Central Western Zone inclut aussi Cowra Region, qui se trouve plus au sud, mais à plus basse altitude, et fournit à Cowra Estate et Rothbury Estate des vins de Chardonnay. Encore plus au sud, mais plus en altitude, se trouve la Young Region (dans la Great Canberra Zone). La société McWilliams, propriétaire actuel de Barwang Estate, produit en quantité limitée, mais croissante, des vins de Shiraz et de Sémillon. Un certain nombre d'autres viticulteurs y font eux-mêmes de petites quantités de vin ou vendent leurs raisins aux producteurs de Greater Canberra, un ensemble d'exploitations florissantes réparti dans tout le Territoire fédéral de la capitale. Le regard probablement tourné vers l'est, à l'approche du prochain millénaire, la

zone comprend seize régions, de Goulburn, au nord, à Snowy River et Bega Valley, au sud.

Dans la partie sud de la Nouvelle-Galles du Sud se trouve le district de Tumbarumba, qui appartient à la Murray Zone et bénéficie du climat toujours frais des Snowy Mountains. Seppelt, importante société d'Australie-Méridionale, est son principal client : il y achète du Chardonnay et du Pinot Noir pour ses vins pétillants de qualité et, depuis le millésime 92, commercialise en Australie-Méridionale un Sauvignon étonnant fait d'un assemblage de raisins de Tumbarumba et de Padthaway.

Enfin, on trouve les exploitations situées sur la côte, entre Port Macquarie, dans Hastings Valley, au nord (Cassegrain) et Begain, au sud (Grevillea Estate). Exception faite de Cassegrain, la production de ces petites exploitations côtières vise ouvertement le marché des touristes et la qualité est, au mieux, médiocre.  □

# QUEENSLAND

Le Queensland, État du nord-est de l'Australie, ne possède qu'une faible superficie de vignobles. Mis à part des avant-postes comme Roma (dans la partie ouest, reculée et torride), Atherton Tablelands et Ipswich, toutes les exploitations du Queensland sont établies dans Granite Belt, une région fruitière située à l'extrémité sud de Darling Downs, à quelques kilomètres de la frontière avec la Nouvelle-Galles du Sud. Cela explique que le Queensland se retrouve inclus dans ce chapitre.

Les vignobles se trouvent tous à une altitude comprise entre 750 et 900 m. Le débourrement est tardif et les gelées printanières sont une menace réelle. Après les chaleurs de l'été, les températures baissent rapidement. Les pluies sont abondantes pendant la saison végétative et peuvent se poursuivre pendant les vendanges.

Les deux cépages qui conviennent le mieux sont le Sémillon, au goût caractéristique, et le Shiraz, poivré et épicé. Cependant, Chardonnay et Cabernet-Sauvignon ont également leur importance à Ballandean. La production

totale est faible et principalement destinée à la vente directe aux touristes.

## PRODUCTEURS ET NÉGOCIANTS

### Bald Mountain

Denis Parsons cultive méticuleusement ses vignes. Il fait faire ailleurs, sous contrat, ses vins de Sauvignon et de Chardonnay ronds et suaves et son Shiraz épicé.

### Ballandean Estate

La plus ancienne exploitation vinicole de la région produit des vins de styles et de cépages variés, en particulier des Auslese Sylvaner (blanc) – une rareté – ainsi que des rouges d'une belle texture.

### Rumbalara

Rumbalara est spécialisé dans le Sémillon et obtient quelques très bons vins, quoique la qualité reste variable. Le domaine sort parfois un Cabernet-Sauvignon velouté.

### Stone Ridge

Cette société a bâti sa réputation sur son Shiraz très poivré, mais propose aussi maintenant un Chardonnay élégant.

# RÉGIONS, PRODUCTEURS ET NÉGOCIANTS

À l'exception notoire de Riverina, les régions vinicoles de Nouvelle-Galles du Sud sont fortes d'une tradition de petites exploitations familiales et furent à l'avant-garde de l'essor des vinificateurs « du week-end ». Les régions sont présentées par ordre d'importance et sont suivies de quelques producteurs importants qui n'en font pas partie. Pour la liste complète des zones et régions voir p. 577.

## LOWER HUNTER VALLEY

Avec Barossa Valley, c'est la région vinicole la plus ancienne et la plus connue d'Australie. La diversité des sols, les étés chauds ou très chauds et les pluies insuffisantes posent des problèmes. Malgré tout, on y fait de grands vins : des Sémillons au lent vieillissement, des Chardonnays qui évoluent rapidement, des Shiraz veloutés de longue garde, et des Cabernets-Sauvignons de caractère.

### Allandale

Ce domaine met l'accent sur les vins de Sémillon, Chardonnay, Shiraz et Cabernet-Sauvignon, tous fidèles au style régional.

### Allanmere

Le propriétaire, Newton Potter, et le vinificateur, Geoff Broadfield, obtiennent des vins de Chardonnay et de Sémillon superbes ainsi que des rouges. Durham est l'étiquette Reserve.

### Broke Estate

Ce nouvel arrivant ambitieux, qui met des experts à contribution, a débuté avec un vin d'assemblage remarquable à base de Cabernet et avec un Chardonnay bien construit.

### Brokenwood

Il s'agit d'une petite exploitation des plus prisées, qui produit une gamme de vins de qualité allant du Graveyard Hermitage (rouge), issu des raisins du domaine, au Sauvignon/Sémillon et au Cabernet/Merlot (étiquette Cricket Pitch). Le Chardonnay et le Cabernet-Sauvignon Hunter Valley sont très demandés.

### Drayton's

Cette exploitation familiale datant de 1853 fait des vins à prix modéré mais de qualité régulière. Verdelho (blanc) et Hermitage (rouge) sont ses spécialités.

### Evans Family

Cette exploitation familiale du « gourou » du vin Len Evans cultive du Gamay (rouge), du Pinot Noir et du Chardonnay, ce dernier étant le seul remarquable.

### Lake's Folly

Max Lake, un docteur en médecine, fut le fondateur de la première de ces exploitations « de week-end » si importantes dans le monde du vin australien. Son fils Stephen dirige les vinifications et produit des Cabernets-Sauvignons et Chardonnays.

### Lindemans

L'exploitation Lindemans remonte à 1870. Elle est fière de sa longue tradition qui comprend des vins d'assemblage à forte proportion de Sémillon, des Shiraz – qui sont aujourd'hui ses meilleurs vins – ainsi que des Chardonnays sophistiqués.

### McGuigan Brothers

Brian McGuigan, un génie du marketing, s'occupe de la production de vin. La société, largement vouée à l'exportation, produit fièrement des vins commerciaux.

### McWilliam's Mount Pleasant

C'est l'opération de prestige du clan McWilliam, basé à Riverina. La société de cette famille prolifique, fondée dans les années 1880, dominait davantage autrefois.

La qualité des vins produits par McWilliam's Mount Pleasant ne peut être prise en défaut : Elizabeth Sémillon, mis en vente six ans après le millésime, est un véritable bijou.

### Murray Robson Wines

Robson a connu des hauts et des bas, mais, sous la direction de son riche propriétaire, cette société est aujourd'hui florissante avec ses étiquettes et ses styles de vin nombreux, dont le Chardonnay, le Sémillon, le Shiraz et le Cabernet-Sauvignon.

### Richmond Grove

Membre du groupe Wyndham (qui appartient à la société Orlando d'Australie-Méridionale), cette exploitation utilise principalement les raisins d'un vignoble ultramoderne de Cowra.

### Rothbury Estate

Création de l'écrivain Len Evans, cette société produit annuellement 3 millions de bouteilles.

Dans cette importante production, il faut noter un Cowra Chardonnay, un Hunter Chardonnay et un Shiraz particulièrement concentré, sans oublier le Sémillon.

### Tulloch

La réputation de cette exploitation a souffert depuis que la famille Tulloch, qui la dirigeait depuis 1895, l'a vendue en 1969. Membre du groupe Penfolds, Tulloch ne brille plus qu'occasionnellement avec son Chardonnay.

### Tyrrell's

Voir encadré p. 530.

### Wyndham Estate

De loin le plus gros producteur de Hunter Valley, Wyndham, fondé en 1831, jouit d'une longue tradition. L'exploitation d'aujourd'hui est le résultat des fougueuses années 70, époque où elle était dirigée par Brian McGuigan.

## UPPER HUNTER VALLEY

Les sols profonds, fréquents dans cette région, expliquent que les rendements soient plus élevés que dans Lower Hunter. Les cépages Chardonnay et Sémillon ont fait la réputation de cette région qui recense deux vignobles importants : Denman Estate (propriété de Rothbury) et Segenhoe Estate (propriété de Tyrrell's).

### Arrowfield

Les meilleurs vins de cette exploitation japonaise sont élaborés à partir de raisins venant d'autres régions, et même de Nouvelle-Zélande. La plupart des blancs sont élevés en barriques de chêne.

### Reynolds Yarrama

Jon Reynolds, ancien vinificateur de Houghton (Australie-Occidentale), élabore des vins solides et savoureux, dont un Chardonnay et un Cabernet/Merlot.

### Rosemount Estate

Grand succès depuis sa fondation en 1969, Rosemount obtient des vins remarquablement réguliers. Les Roxburgh Chardonnay et Show Reserve, tous deux voluptueux, sont les fleurons du domaine.

## MUDGEE

Les pluies sont ici moins abondantes pendant le cycle végétatif, les nuits plus fraîches et les journées d'été plus chaudes qu'à Hunter Valley. Les meilleurs vins sont un Sémillon (éclipsé par celui de Hunter Valley), un Chardonnay, un Shiraz et un Cabernet-Sauvignon.

### Botobolar
Gil Wahlquist fut l'un des premiers à se convertir à la culture organique. Il produit des blancs éclectiques, des Shiraz et des Cabernets-Sauvignons étoffés.

### Craigmoor
Fondée en 1858, la deuxième plus ancienne exploitation australienne, magnifiquement située, est une attraction touristique. Craigmoor appartient de nos jours à Wyndham.

### Huntington Estate
Bob Roberts, un autodidacte, élabore de ravissants vins de Cabernet-Sauvignon, Shiraz et Cabernet/Shiraz qui gardent

pendant quelques décennies leurs arômes de fruit.

### Miramar
À l'inverse de ce qui se pratique habituellement à Mudgee, Ian MacRae produit davantage de vins blancs que de rouges (et un excellent rosé) : Riesling, Sémillon, Sauvignon, Traminer et Chardonnay.

### Montrose
Cette exploitation produit d'importantes quantités de vins blancs et rouges, souples et suaves, dont les meilleurs exemples portent l'étiquette Poets Corner. Montrose réussit parfois des joyaux : le Chardonnay 1991, aux notes de melon et de pêche, en est un bel exemple.

### Stein's
Bob Stein fait des Shiraz regorgeant de notes épicées et d'arômes de fruit (cerise noire).

### Thistle Hill
Dave Robertson peut produire des vins de Chardonnay extrêmement bons, aux notes fumées et exotiques, ainsi que des vins de Cabernet-Sauvignon.

### MURRUMBIDGEE IRRIGATION AREA (MIA)
La MIA, ou région de Riverina, est née d'un semi-désert transformé par un vaste plan d'irrigation de 1906 à 1912. Les cépages sont essentiellement blancs, le Sémillon venant en tête. Le Shiraz est le seul rouge d'importance. Le Sémillon botrytisé est la spécialité de la MIA.

### De Bortoli
Cette exploitation, fondée en 1928, produit 36 millions de bouteilles par an. L'opulent Noble One, un Sémillon botrytisé, est un grand vin et le fleuron du domaine.

### Lillypilly
Petite exploitation familiale, Lillypilly est dirigée par Robert Fiumara. Les blancs doux sont ses meilleurs vins : un Muscat d'Alexandrie épicé et botrytisé et un Riesling botrytisé.

### McWilliams
Fondé en 1877, McWilliams produit près de 18 millions de bouteilles. La société a de l'ambition, mais, aujourd'hui encore, son fonds est constitué de vins mutés de style Sherry et Porto et de vins sans grande originalité.

### Miranda
Cette société ambitieuse a relevé sa qualité en achetant une exploitation à Barossa (Rovalley) et des raisins d'Australie-Méridionale. Les vins de Chardonnay au goût caractéristique et les Rieslings aux notes de citron vert (étiquette Wyangan Estate) sont fort réussis.

### CANBERRA
Il n'y a pas de Freehold Title dans le Territoire fédéral de la capitale. Aussi les exploitations se concentrent-elles près de la frontière et comptent-elles énormément sur

les ventes directes aux clients de passage. Le climat est continental et la plupart des vignobles sont situés à 500 m d'altitude ou plus. Les meilleurs vins sont ceux de Cabernet-Sauvignon, Riesling et Chardonnay.

### Brindabella Hill
Roger Harris réussit ses Rieslings aux arômes de citron vert, ses assemblages Sémillon/Sauvignon vifs, aux notes végétales, et ses Cabernets frais et éclatants.

### Doonkuna Estate
Le regretté sir Brian Murray était le seul vice-roi à être exploitant viticole. Sa veuve poursuit son œuvre avec notamment des Rieslings très parfumés, des Sauvignons subtils et des Chardonnays élégants.

### Helm's Wines
Ken Helm est un ambassadeur infatigable pour le district. La qualité peut être inégale, mais les Rieslings et les assemblages Cabernet/Merlot sont bons.

### Lark Hill
Selon l'avis de beaucoup, c'est la meilleure exploitation de la région. Ses Rieslings, Spätlese Rieslings, Chardonnays et Cabernets/Merlots arrivent en tête.

### AUTRES PRODUCTEURS
### Camden Estate
Camden Estate est situé non loin de Sydney et tout près d'un des premiers vignobles australiens. Son Chardonnay est étoffé et complexe.

### Cassegrain
Cassegrain, dans Hastings Valley, est connu pour son Chardonnay étoffé et riche et son Merlot vif d'un style nouveau.

### Trentham Estate
La famille de Tony Murphy cultive des vignes depuis longtemps à Mildura, sur le Murray, du côté de la Nouvelle-Galles du Sud. Son exploitation de Trentham s'est vite créé une réputation avec une gamme étonnante.

## TYRRELL'S

Cette petite exploitation avait été établie par Edward Tyrrell à Hunter Valley en 1864. Murray Tyrrell l'a tirée d'une relative obscurité pour la hisser à un niveau international. Depuis 1888, elle n'a eu que deux propriétaires : «Uncle Dan» Tyrrell, qui fit 70 millésimes consécutifs (jusqu'en 1958), et Murray Tyrrell (avec son fils Bruce au poste de directeur général). Murray a créé un habile équilibre entre la tradition et les contraintes commerciales de l'exploitation et fut le premier à se rendre compte du potentiel du Chardonnay.
Le curieusement nommé Vat 47 Chardonnay, créé en 1971, resta dix ans sans rival et conserve une grande réputation. Il vient en tête d'une liste comprenant les divers «Vats», la gamme Old Winery et deux vins produits en grande quantité, Long Flat Red et Long Flat White.

# VICTORIA

Victoria possède plus de régions viticoles que n'importe quel autre État australien et offre des styles de vin très variés, mais son industrie vinicole a connu une histoire mouvementée. Aujourd'hui, de nombreuses exploitations soucieuses de qualité produisent des vins passionnants et l'avenir est très prometteur.

Les premières vignes arrivèrent de Tasmanie à Victoria en 1834, mais nul ne sait ce qu'il en advint. Trois ans plus tard, William Ryrie, originaire de Nouvelle-Galles du Sud, passa les Snowy Mountains, créa une ferme dans ce qu'on appelle aujourd'hui Yarra Valley et y planta les greffons qu'il avait apportés.

À la fin des années 1840, trois régions pouvaient être fières de leur production : Melbourne Metropolitan (autour de la capitale de l'État), Geelong et Yarra Valley. Elles restèrent importantes jusqu'aux alentours de 1880, mais la découverte d'or en 1851 à Ballarat, dans le Central Victoria, changea le cours de l'histoire : l'Australie devint, pendant une brève période, le pays le plus riche du monde (en revenu par habitant). C'est ainsi que les vignobles connurent une rapide expansion vers le nord à Ballarat, Bendigo, Great Western et Rutherglen.

Un éleveur de bétail, Lyndsay Brown, fut malgré lui le précurseur du vignoble australien en plantant de la vigne à Rutherglen, l'année de la découverte de l'or : il affirmait que « pour découvrir de l'or, il suffit de creuser sur 45 cm de profondeur et de planter des pieds de vigne ». En 1875, Victoria était de loin l'État viticole le plus important et, en 1890, fournissait bien plus de la moitié de la production australienne.

## La chute et le renouveau du vin de Victoria

En 1875, le phylloxéra fit son apparition dans la région de Geelong, puis

Vignobles situés à 750 m d'altitude sur les contreforts du Great Dividing Range.

gagna progressivement le nord, traversa Bendigo et dévasta Rutherglen et Milawa avant la fin du siècle. Certaines régions – dont Yarra Valley et Great Western – furent mystérieusement épargnées. Victoria fut le seul État à avoir été profondément affecté par le phylloxéra.

La chute de la production se poursuivit inexorablement. La fédération des États australiens, en 1901, entraîna la suppression des barrières douanières et des taxes entre les États. Simultanément, les habitudes des consommateurs évoluèrent vers des vins mutés bon marché et des rouges secs et charpentés. Ces deux phénomènes servirent la cause de l'industrie vinicole de l'Australie-Méridionale, qui finit par

accaparer le marché au détriment de son voisin Victoria. À l'exception de quelques avant-postes éparpillés, tel Château Tahbilk, toutes les régions du sud de Victoria cessèrent de produire.

La renaissance de l'industrie vinicole de Victoria eut lieu dans la seconde partie des années 60, alors qu'une petite douzaine d'exploitations subsistaient en dehors de la zone North-East. Vingt-cinq ans plus tard, elles étaient plus de 200 et il s'en créait presque quotidiennement.

La délimitation des régions viticoles australiennes que propose l'industrie du vin divise l'État en neuf zones : North-Western Victoria (Murray Valley), Central Victoria, North-Eastern Victoria, Western Victoria, Gippsland,

Yarra Valley, Geelong, Melbourne et la péninsule de Mornington. Ces zones se subdivisent à leur tour en 17 régions et 82 sous-régions. La division des sous-régions est parfois si subtile qu'elle en est incompréhensible, même pour le plus motivé des amateurs de vins australiens ; dans d'autres cas, les limites sont une démarcation claire entre des terroirs et des climats bien distincts. Les zones et régions ne présentent pas toutes un intérêt commercial.

## Les régions viticoles et les zones climatiques

Pour aléatoire que soit toute généralisation, on distingue cependant trois régimes climatiques dans cet État.

**Très chaud.** Les régions de Murray River Valley, Central Northern Victoria (une région de Central Victoria Zone) et North-Eastern Victoria Zone (à l'exception des sous-régions en altitude de King Valley Region) sont très chaudes, avec des températures élevées le jour et fraîches la nuit. Elles produisent des vins mutés de la meilleure qualité et, surtout dans Murray River Valley, de grandes quantités de vins blancs pour la vente en fûts.

**Tempéré.** Les zones de Western et Central Victoria englobent Grampians (anciennement Great Western), Pyrenees, Bendigo et Goulburn Valley. Le climat tempéré se prête parfaitement à la production de Shiraz et de Cabernets-Sauvignons charpentés, riches et étoffés. La maturité des raisins est garantie, et le climat n'est pas chaud au point d'inhiber l'expression des cépages.

**Frais.** Les régions qui, sur le plan géographique, appartiennent aux deux zones précédentes mais, du point de vue climatique, se rapprochent de la partie sud de l'État sont le Far South-West (dont Drumborg), Macedon et Ballarat. Elles forment avec Yarra Valley, Geelong, la péninsule de Mornington et Gippsland un groupe au climat frais.

Le Pinot Noir, qui, tout comme le Chardonnay, se plaît dans les régions plus fraîches, sert à l'élaboration des vins tranquilles et des vins pétillants. À leur meilleure expression, les Pinots Noirs et les Chardonnays prennent des

Vendanges à Coldstream Hills.

tonalités nettement bourguignonnes qui s'accentuent quand ils arrivent à maturité (de 3 à 5 ans pour le Pinot Noir et 10 ans pour le Chardonnay).

Ce sont les particularités d'un microclimat et/ou d'un millésime qui déterminent si les cépages plus tardifs, Cabernet-Sauvignon et Shiraz, vont atteindre leur maturité optimale, source de toutes les saveurs. Le Sauvignon et le Merlot sont des raisins qui mûrissent plus tôt, et leur culture ne peut que se développer davantage.

## La Murray River Valley

Cette région célèbre fournit plus de 80 % des raisins de Victoria. Aussi n'est-il pas surprenant que la plus grande exploitation d'Australie (Karadoc, propriété de Lindemans, d'une capacité de stockage de 64 millions de litres) soit située à l'extrémité ouest de la vallée, non loin de la ville de Mildura. Mais la région compte d'autres grandes exploitations : la plus importante, celle de Mildara – située aux abords de la ville –, paraît quelque peu obsolète par rapport à celle de Lindemans. Plus au sud, à Irymple, la société Alambic Wine Company, qui a longtemps fourni du vin en gros aux autres exploitations sans utiliser son nom,

promeut aujourd'hui avec succès ses propres marques, Salisbury Estate et Somerset Crossing. Enfin, de l'autre côté de Murray et, géographiquement, dans la Nouvelle-Galles du Sud, se trouve l'exploitation Buronga Hill appartenant au groupe BRL Hardy.

## Le reste de l'État de Victoria

Un examen attentif des statistiques révèle clairement l'importance et la nature de la production du reste de l'État de Victoria. Presque la moitié de la production de Murray River Valley est assurée par le Muscat Gordo Blanco et le Sultana, deux cépages peu prestigieux dont l'importance ne cesse de diminuer. De l'autre côté, 65 % des quatre cépages rouges nobles (Cabernet-Sauvignon, Shiraz, Pinot Noir et Merlot) et presque 40 % des cépages nobles blancs (Chardonnay, Riesling et Sauvignon) viennent du sud de Murray.

À l'approche de l'an 2000, la contribution du reste de l'État à la production de vins de qualité croîtra régulièrement. Prétendre que Victoria va retrouver son rôle moteur de la fin du XIXᵉ siècle relèverait d'un optimisme aveugle ou d'un esprit de clocher excessif, mais il est indéniable que, depuis 1970, son industrie vinicole a connu plus de changements qu'aucun autre État australien et que son développement ne montre aucun signe de ralentissement.

Si la frontière nord-sud entre l'Australie-Méridionale et Victoria avait été fixée 20 km plus à l'ouest, Coonawarra – la plus prestigieuse des régions australiennes pour les rouges – aurait fait partie de Victoria ; si elle avait été établie 30 km plus à l'ouest, ce sont les grands vins blancs de Padthaway qui auraient fait partie de Victoria. La théorie selon laquelle le climat et le style de vin de ces deux régions réputées sont plus proches de ceux de Victoria que de ceux du reste de l'Australie-Méridionale se défend.

L'influence de l'altitude, la latitude et la confluence de l'océan Indien et de la mer de Tasman créent un paysage viticole extraordinairement riche, et cela partout dans cet État. □

# RÉGIONS ET PRODUCTEURS

Bien que les producteurs de vin en vrac dominent, les petites propriétés individuelles soucieuses de qualité, créées depuis une dizaine d'années, étendent leur influence. Dans la région de Murray River, Victoria compte de nombreux gros producteurs également présents en Nouvelle-Galles du Sud. Les zones les plus importantes sur le plan commercial, ou les régions à l'intérieur de ces zones, figurent ci-dessous par ordre alphabétique. Pour la liste complète des zones, régions et sous-régions, voir p. 577.

## BENDIGO

Bendigo est un pays de vins rouges. Ses vignobles clairsemés sont entourés de forêts d'eucalyptus qui, semble-t-il, contribuent au caractère des vins, Shiraz, Cabernet-Sauvignon et vins d'assemblage Shiraz/Cabernet-Sauvignon, charpentés et à la robe profonde.

### Jasper Hill

Ron et Elva Laughton élaborent deux rouges puissants, Georgia's Paddock Shiraz et Emily's Paddock (assemblage Shiraz/Cabernet Franc), qui vieillissent bien.

### Mount Ida

Propriété de Mildara Blass, Mount Ida produit un excellent Shiraz.

### Passing Clouds

Graeme Leith signe un délicieux Shiraz, ainsi que des vins d'assemblage à base de Cabernet.

### Yellowglen

Yellowglen utilise des raisins de tout le sud-est de l'Australie et a amélioré la qualité de ses meilleures cuvées.

## GEELONG

Les plaines et pentes douces de Geelong, relativement fraîches, peu arborées et balayées par les vents, conviennent bien à la production de Chardonnay et de Pinot Noir authentiques et aromatiques. On y produit également des vins aux notes épicées issus de Shiraz, de Cabernet-Sauvignon, de Sauvignon et de Riesling.

### Bannockburn

Des vignobles à pleine maturité, des rendements bas et des méthodes de vinification empreintes d'influence française produisent des Sauvignons et des Chardonnays, ainsi que des Pinots Noirs (la spécialité du domaine) et des Shiraz.

### Clyde Park

Gary Farr vinifie à Bannockburn, mais possède son propre vignoble à Clyde Park. Le Chardonnay est son meilleur vin.

### Idyll Vineyard

Les Sefton, installés ici depuis les années 60, produisent des Traminers savoureux, de caractère, ainsi que des Shiraz et des Cabernets-Sauvignons en barriques.

### Prince Albert

C'est l'un des deux domaines australiens qui élaborent des vins 100 % Pinot Noir à partir d'un site planté au XIXᵉ siècle. Les vins sont plaisants, mais plutôt légers.

### Scotchmans Hill

Depuis 1990, ce domaine a produit de grands vins, dont des Chardonnays, des Pinots Noirs (surtout) et des Cabernets, à la fois souples et savoureux.

## GIPPSLAND

De grandes distances séparent les petits vignobles qui parsèment ce paysage de plaines souvent desséché. Comme on peut l'imaginer, les rendements, extrêmement bas, permettent d'obtenir des Chardonnays très concentrés et d'une belle texture ainsi que quelques Pinots Noirs magnifiques. On y produit également des vins de Cabernet.

### Bass Phillip

C'est l'autre domaine voué uniquement au Pinot Noir. Phillip Jones réussit des vins élégants.

### Briagolong Estate

Le Dʳ Gordon McIntosh réussit des vins de Chardonnay et de Pinot Noir très personnels mais pleins de saveur.

### McAlister Vineyards

Le seul vin produit par ce domaine est le McAlister, un assemblage de Cabernet-Sauvignon, Cabernet Franc et Merlot à la fois puissant, complexe et musclé.

### Nicholson River

Ken Eckersley élabore un Chardonnay qui regorge de notes de miel et de nuances de pain grillé provenant des barriques.

## GOULBURN VALLEY

La bourgade de Tabilk et le Château Tahbilk constituent depuis toujours le centre de cette région viticole. Ils ont été rejoints par Mitchelton, un voisin plus récent. Les meilleurs vins comprennent des Shiraz, des Cabernets-Sauvignons de grande garde ainsi que de puissants Rieslings.

### Château Tahbilk

Dans ce domaine historique et familial, on produit du vin depuis les années 1860 : quelques vignes de Shiraz plantées en 1862 sont encore en production. Les spécialités sont des vins de Marsanne élégants, des Shiraz et des Cabernets-Sauvignons de longue garde, parfois tanniques.

### Mitchelton

Ce producteur vend très bien à l'exportation une gamme importante, dont des vins de Marsanne élevés en barriques de chêne, de bons Rieslings charnus et un assemblage Shiraz/Cabernet-Sauvignon riche en fruit.

## GRAMPIANS

Depuis 140 ans, l'or et le vin sont inextricablement liés dans cette région (ancien Great Western), avec plusieurs types de Shiraz illustrant qualité et régularité, des Cabernets-Sauvignons charnus et suaves et des Chardonnays.

### Best's

Ce vignoble historique possède des vignes plantées dans les années 1860 et des cépages inconnus partout ailleurs. Les vins de Shiraz et de Cabernet-Sauvignon, soyeux, sont excellents, tout comme ceux de Chardonnay, aux arômes de melon et de pêche.

### Montara

Les vins de Chardonnay, Riesling, Ondenc (blanc), Chasselas (blanc), Pinot Noir, Shiraz, Cabernet-Sauvignon et les Portos viennent tous des vignes du domaine. De temps en temps, le Pinot Noir excelle – contre toute attente puisque le climat est, en théorie, trop chaud.

### Mount Langi Ghiran

Trevor Mast produit quelques-uns des plus grands Shiraz d'Australie. De texture merveilleuse, ses vins regorgent d'arômes.

### Seppelt Great Western

Fondé en 1865 par Joseph Best et racheté en 1918 par Seppelt, c'est le centre de production de tous les pétillants commercialisés par Penfolds sous les étiquettes Seppelt, Seaview, Minchinbury et Killawarra. La qualité s'est améliorée depuis le milieu des années 80, à mesure que le Chardonnay et le Pinot Noir supplantaient les cépages moins intéressants.

## MACEDON

Les districts de Macedon sont très contrastés : Sunbury se trouve dans les plaines, alors que Kyneton et Macedon Ranges sont situés sur des coteaux. Ils ont en commun un sol granitique relativement dur, des vents mugissants et un climat très frais. Les millésimes ensoleillés donnent des vins de Cabernet et de Shiraz de grande distinction ; les années plus fraîches favorisent les Pinots Noirs pleins de sève et les Chardonnays bien structurés.

### BROWN BROTHERS

Établi en 1889 dans North-Eastern Victoria, Brown Brothers a toujours su garder son avance sur la concurrence. Tout le mérite en revient à John Charles Brown, qui fait partie de la troisième génération de Brown à faire du vin : son premier millésime date de 1934. Ses quatre fils perpétuent la tradition. Brown Brothers s'est surtout distingué en procédant à la première évaluation systématique des innombrables cépages qui n'avaient pas encore été utilisés et en créant des vignobles d'altitude, au climat plus tempéré, sur les contreforts des Alpes australiennes. La société est spécialisée dans les vins monocépages et produit plusieurs vins blancs, parmi lesquels le Dry Muscat Blanc et le Family Reserve Chardonnay, alors que son meilleur rouge est le délicieux Koombahla Cabernet-Sauvignon.

### Cleveland

Ce domaine obtient ses meilleurs résultats avec des Chardonnays et des Pinots Noirs. On y produit également des vins pétillants et un Cabernet-Sauvignon.

### Cobaw Ridge

Vinificateur autodidacte, Alan Cooper produit des vins de Chardonnay et un Shiraz.

### Cope-Williams

Gordon Cope-Williams, un architecte anglais expatrié, fait un excellent Macedon Brut pétillant.

### Craiglee

Craiglee réincarne depuis 1976 un vignoble historique de Macedon à Sunbury. On y produit d'excellents Shiraz ainsi qu'un Chardonnay séduisant.

### Goonawarra

Fondé en 1863, ce domaine revit depuis 1983 dans des superbes bâtisses en trapp d'Australie. Les vins de Sémillon, Chardonnay et Cabernet Franc issus des vignobles du domaine sont tous de grande qualité.

### Hanging Rock

John et Ann Ellis produisent une gamme importante de vins allant du pétillant des vignobles du domaine à des vins sans prétention, Picnic White et Picnic Red.

### Rochford

Des Pinots Noirs légers ou moyennement étoffés sont les vins de ce domaine à surveiller attentivement.

### Virgin Hills

Ce domaine produit un seul vin rouge de grande qualité (les meilleures barriques sont mises en bouteilles sous l'étiquette Reserve), élaboré sans adjonction de dioxyde de soufre à partir des cépages Cabernet-Sauvignon, Shiraz et Merlot du domaine, cultivés organiquement.

### Wildwood

Après des débuts incertains en 1983, Wayne Stott produit des Pinots Noirs aromatiques et des Cabernets à l'arôme de menthe.

## PÉNINSULE DE MORNINGTON

Autrefois villégiature des habitants fortunés de Melbourne, cette région recense trente-cinq domaines viticoles, dont la plupart pourvoient aux besoins des touristes et des clients de passage en leur fournissant des vins réguliers et de bonne qualité. La fraîcheur du climat maritime favorise les vins délicats et élégants ; les cépages Chardonnay, Pinot Noir, Shiraz, Merlot et Cabernet-Sauvignon dominent.

### Dromana Estate

Les vignobles impeccablement tenus de Garry Crittenden produisent du Chardonnay et du Cabernet/Merlot (étiquette Dromana Estate), ces deux vins faisant l'admiration de tous. En outre, des raisins sont achetés

ailleurs pour une gamme éclectique commercialisée sous l'étiquette Schinus.

### Elgee Park

Bailleu Myer fut le pionnier de la renaissance que connut la péninsule de Mornington au XXᵉ siècle pour y avoir introduit le premier cépage Viognier d'Australie. Ses meilleurs vins sont le Chardonnay et le Riesling.

### King's Creek

L'œnologue-conseil Kathleen Quealy fait, en petite quantité, d'élégants vins de Chardonnay et de Pinot Noir.

### Main Ridge

Nat White a choisi l'un des sites les plus frais de la péninsule pour produire des vins de Chardonnay, Pinot Noir et Cabernet-Sauvignon légers, nets et vifs.

### Massoni

Leon Massoni, un restaurateur de Melbourne, et Ian Home, l'ancien propriétaire de Yellowglen, ont l'ambition d'augmenter leur production de Pinot Noir, de Chardonnay, et d'un vin blanc pétillant.

### Merricks Estate

L'avocat George Kefford et sa femme Jacquie produisent un Shiraz, succulent et épicé, vinifié sous contrat.

### Moorooduc Estate

Le Dʳ Richard McIntyre réussit depuis 1983 des vins de Chardonnay d'une texture remarquable, ainsi que d'élégants Pinots Noirs et Cabernets-Sauvignons.

### Port Phillip Estate

Jeffrey Shera, avocat éminent, a commercialisé en 1991 ses premiers vins de Pinot Noir, Shiraz, Cabernet/Merlot et Chardonnay.

### Stoniers Merricks

Il s'agit d'un domaine qui connaît un développement rapide et vinifie plusieurs vins pour le compte des autres. La qualité est exemplaire, avec en tête de liste des Pinots Noirs élégants, qui défient les meilleurs du genre de Yarra Valley.

### T'Gallant

Un couple d'œnologues-conseils, Kevin McCarthy et Kathleen Quealy, dirigent ce domaine et produisent un Chardonnay, Holystone (un blanc d'assemblage Pinot Noir/Chardonnay), et un Pinot Gris.

### Tuck's Ridge

Établi en 1993, ce domaine de 25 ha de vignes semble destiné à devenir le plus important de la région (300 000 bouteilles avant 1995). On y produit des vins de Riesling, Chardonnay, Pinot Noir et Cabernet-Sauvignon.

## MURRAY RIVER VALLEY

Le puissant Murray prend sa source dans le Great Dividing Range, court le long de la frontière entre Nouvelle-Galles du Sud et Victoria, et se jette à l'ouest dans l'océan Indien (1000 km), près d'Adélaïde. Des deux côtés du fleuve, la viticulture dépend totalement de l'irrigation. De gros volumes de vins blancs de consommation courante font vivre la région.

### Lindemans Karadoc

C'est le vaste centre de production de la branche Lindemans du groupe Penfolds, avec 4,8 millions de bouteilles (sur un total de 42 millions) de Bin 65 Chardonnay, expédiées chaque année aux quatre coins du monde.

### Mildara

Le nom remonte à 1888, mais le domaine d'aujourd'hui est quelque peu désuet. Il propose une gamme importante des vins (12 millions de bouteilles) allant de vins de table des Riverlands aux eaux-de-vie (dont le Jacques, un Brandy) en passant par des vins mutés de style Xérès. Les vins de haut de gamme commercialisés sous l'étiquette Mildara Blass sont, pour la plupart, vinifiés ailleurs.

### Salisbury Estate

Les vins vendus sous l'étiquette du domaine ne représentent qu'un faible pourcentage des quelque 14,4 millions de bouteilles de vins vendus en vrac à d'autres domaines.

### Tisdall

Tisdall fait partie de Mildara Blass depuis 1993. Il est probable que sa gamme de produits soit prochainement réduite. Le meilleur vin du domaine est un Cabernet/Merlot de qualité régulière.

## FAR SOUTH WEST

Le vignoble Seppelt Drumborg est de loin l'entreprise la plus importante, bien que les raisins soient vinifiés à Great Western. Le temps, parfois très frais et variable, rend la viticulture difficile, mais l'effort est compensé par une superbe base de vins pétillants, quelques Rieslings botrytisés et, de temps en temps, un Cabernet-Sauvignon au caractère intense.

### Crawford River

Vinificateur à ses heures, John Thomson réussit contre toute attente à réaliser des Rieslings, des Rieslings botrytisés, des vins d'assemblage Sémillon/Sauvignon Blanc et de bons Cabernets-Sauvignons.

## YARRA VALLEY

Cette belle vallée bordée de montagnes possède un climat plus sec mais plus frais que celui du Bordelais (et plus chaud que celui de Bourgogne). Les sols anciens, bien drainés, se prêtent bien à la production de vins de Chardonnay élégants, de Shiraz épicés, de Merlots somptueux et de Cabernets-Sauvignons de haute qualité. Mais c'est le Pinot Noir qui a fait le succès exceptionnel de la région : comptant parmi les meilleurs vins du monde, il a rétabli la réputation prestigieuse dont la région bénéficiait au XIXe siècle.

### Coldstream Hills

Fondé et dirigé par James Halliday (mais appartenant à une

société cotée en Bourse depuis 1988), ce domaine a remporté plus de récompenses que quiconque à Yarra Valley. Il connaît un beau succès avec son Pinot Noir et son Chardonnay.

### De Bortoli

Premier producteur de la vallée (1,2 million de bouteilles), De Bortoli connaît un développement rapide. Il propose des vins aux goûts et aux arômes généreux sous l'étiquette De Bortoli et d'autres, à des prix très étudiés, sous l'étiquette Windy Peak.

### Diamond Valley

David Lance élabore avec talent un Riesling, un Chardonnay et un Cabernet d'assemblage, mais se dépasse avec son Pinot Noir.

### Domaine Chandon

Exploitation de rêve à Yarra Valley, ce domaine appartenant à la société Moët & Chandon élabore plusieurs cuvées de vins pétillants de style et de qualité extraordinaires dont la marque Green Point.

### Long Gully Estate

Ce domaine important produit une large gamme de vins de table qui se vendent bien à l'exportation.

### Mount Mary

Considéré par beaucoup comme le producteur le plus en vue de la région, John Middleton élabore en petite quantité des Cabernets parfaitement équilibrés et de longue garde, des Pinots Noirs fins et racés et des blancs austères et élégants.

### Oakridge Estate

Avec ses vignes plantées dans des sols rouges volcaniques, ce domaine est spécialisé dans les Cabernets-Sauvignons et obtient des vins de grande classe, d'une belle définition.

### Seville Estate

Peter McMahon produit de grands vins en petite quantité, notamment un Shiraz aux allures

de vin du Rhône et des Rieslings très botrytisés.

### St Huberts

Premier des domaines à avoir été relancés, St Huberts, qui appartient à Rothbury Estate, produit d'excellents vins de Chardonnay et de Cabernet-Sauvignon.

### Tarrawarra

Magnat de l'industrie vestimentaire, Marc Besen fait des vins de Chardonnay et de Pinot Noir puissants, concentrés dont la longévité est tout à fait impressionnante.

### Yarra Burn

David et Chris Fyffe réussissent surtout leur Pinot Noir pétillant et leur vin blanc sec d'assemblage Sémillon/Sauvignon.

### Yarra Ridge

Ce domaine a connu depuis son premier millésime, en 1989, une expansion rapide qui devrait se poursuivre depuis son association avec Mildara Blass. Des raisins de toutes les zones et régions de Victoria sont utilisés pour les vins, dont un Sauvignon qui connaît un grand succès.

### Yarra Yering

Bailey Carrodus produit des vins rouges charnus et complexes, dont le Dry Red N° 1 (à base de Cabernet) et le Dry Red N° 2 (à base de Shiraz).

### Yeringberg

De nationalité suisse, le baron Guillaume de Pary produit des vins voluptueux sur ce domaine fondé par son grand-père dans les années 1880. Les cépages Marsanne et Roussanne sont les spécialités de la maison.

# AUSTRALIE-MÉRIDIONALE

L'Australie-Méridionale contribue pour plus de la moitié à la production totale du pays. La zone à fort rendement des Riverlands propose des vins divers sans grande distinction, mais le reste de la région produit des vins rouges, blancs et pétillants qui font partie des meilleurs d'Australie.

Qui, en Australie-Méridionale, fut le premier à faire du vin destiné au commerce ? La question n'est toujours pas résolue. L'un des prétendants au titre, Walter Driffield, après avoir envoyé en Angleterre douze bouteilles de vins blancs du millésime 1844 à la reine Victoria, fut traduit en justice pour avoir fait du vin sans autorisation. L'histoire ne dit pas ce que la reine a pensé du vin. La production a débuté dans les jardins de la banlieue de la ville d'Adélaïde, mais s'est rapidement étendue vers Reynella, au sud, et vers Clare et Barossa Valley, au nord. Une bonne partie de Barossa Valley doit son développement à des Allemands luthériens de Silésie.

Les premiers vignerons s'aperçurent que le climat de l'Australie-Méridionale convenait bien mieux à la culture de la vigne que celui de leur Europe natale. Les sols variés, mais, en général, bien structurés, retenaient suffisamment les pluies d'hiver et de printemps pour alimenter les vignes pendant les étés secs. Les bons rendements de raisins sains étaient en principe garantis et les teneurs élevées en sucres, certaines.

## Le climat et les zones viticoles
Située à une latitude de 35° Sud, Adélaïde, capitale de l'Australie-Méridionale, est comparable sur le plan climatique à la côte centrale de Californie. Une bonne partie de l'Australie-Méridionale subit une influence maritime, la fraîcheur des mers améliorant des conditions qui, autrement, seraient trop chaudes pour produire des vins de grande qualité.

Dans les années 40 et 50, l'Australie-Méridionale produisait 75 % des vins

Le fameux terroir *terra rossa* de Coonawarra produit un superbe Cabernet-Sauvignon.

australiens. Quoique ce pourcentage ne soit plus aujourd'hui que de 50 %, l'importance de cet État est évidente. Il est divisé en trois zones : Central, South-East et Murray Mallee. (Quatre autres zones, la péninsule de Yorke, la péninsule d'Eyre, l'île Kangaroo et Far North, sont d'un intérêt purement académique.)

La Central Zone pourrait être qualifiée de salle des machines de l'industrie australienne. Cette zone englobe les régions traditionnelles – et les plus connues – d'Australie-Méridionale.

### Barossa Valley
Barossa Valley est de loin la région la plus importante. Malgré cela, pendant les années 70 en particulier, elle a traversé une période difficile. À la même période, les régions viticoles de climat frais acquéraient une certaine renommée, le Chardonnay remplaçant le Riesling et le Cabernet-Sauvignon prenant la place du Shiraz comme cépages et vins les plus recherchés. La superficie cultivée a diminué et, à mesure que les petits propriétaires-récoltants gagnaient les faveurs du public, les grands

domaines de la Barossa étaient desservis par leurs options industrielles. Le déclin de Barossa Valley est dû à l'arrachage des vignes à petit rendement qui servaient autrefois principalement à la production de vins mutés. Pourtant, les raisins noirs des vieux ceps de Shiraz, Mourvèdre et Grenache qui subsistent, sans palissage ni irrigation, sont aujourd'hui très recherchés.

La renaissance de Barossa Valley révèle ses points forts : elle convient parfaitement à la production de vins rouges riches, charnus et généreux, comme le démontre le Grange Hermitage de Penfolds. On continue néanmoins d'y produire de grandes quantités de vins blancs, des Rieslings et des Chardonnays, comme partout ailleurs, mais la production de raisins rouges dépasse de loin celle des raisins blancs.

### Clare Valley et Eden Valley
C'est dans Clare Valley, au nord de la Barossa, ainsi que dans Eden Valley, entre Barossa Valley et les Adelaide Hills, que s'épanouit le Riesling, souvent appelé, à tort, Riesling du Rhin. Sa vinification

porte l'empreinte très particulière du style australien. En effet, le style tranchant de ce vin blanc ne ressemble en rien au Riesling d'Alsace ou d'Allemagne, mais il évolue en bouteille de la plus belle façon pendant 10 à 20 ans.

Clare Valley jouit d'un climat particulier, plus continental que maritime, qui, curieusement, convient tout aussi bien aux cépages rouges Cabernet-Sauvignon, Shiraz et Malbec. Les vins de ces cépages ont une robe profonde, de la concentration et de la puissance, sans être trop mûrs ou confits.

## McLaren Vale

McLaren Vale, situé au centre de la région de Southern Vales, à environ 40 km au sud d'Adélaïde, a forgé sa réputation sur la production, depuis un peu plus d'un siècle, de vins rouges de grande extraction et de caractère ferrugineux. Bien que l'on continue de produire des Shiraz et des Cabernets-Sauvignons, plusieurs vignobles conviennent aussi bien aux raisins blancs, Sauvignon, Sémillon et Chardonnay. En général, ils jouissent d'un climat maritime et réussissent mieux les années plus fraîches.

## Adelaide Hills

L'industrie du vin d'Australie-Méridionale est née dans certains endroits des plaines asséchées entourant la ville d'Adélaïde. Le développement urbain a chassé bien des viticulteurs vers le climat plus frais des Adelaide Hills. Dans la sous-région de Clarendon, au nord des Adelaide Hills, on trouve des Rieslings puissants et des Cabernets-Sauvignons aux accents de cassis et d'une finesse exceptionnelle. En gagnant de l'altitude, en direction de la sous-région de Piccadilly Valley, vers le nord, le climat devient nettement plus frais : le Chardonnay et le Pinot Noir dominent et une part importante de la production sert à l'élaboration de vins pétillants. Plus loin, vers le nord-est, la sous-région de Lenswood produit tous les cépages classiques de Bordeaux et de la Bourgogne.

## South-East Zone

La South-East Zone, à plusieurs centaines de kilomètres au sud-est d'Adé-laïde, comprend deux sous-régions très importantes, Coonawarra et Padthaway.

Le climat de Coonawarra s'est révélé idéal pour le Cabernet-Sauvignon : il est nettement maritime, mais suffisamment chaud pour éviter des arômes végétaux excessifs et suffisamment frais pour permettre la pleine expression du caractère des cépages. Le Shiraz prospère lui aussi depuis toujours dans le Coonawarra : des notes épicées ressortent les années fraîches, tandis que les arômes de cerise noire et de cassis dominent les années plus ensoleillées. Les vins de Cabernet-Sauvignon et de Shiraz partagent la même texture souple et soyeuse : les tanins sont fins et doux.

Quelques-unes des plus importantes sociétés viticoles emploient des techniques à la pointe du progrès – mais controversées. Ces méthodes garantissent des rendements élevés et réduisent le coût de production par tonne de raisin à des niveaux très bas par rapport aux normes mondiales. En revanche, elles n'optimisent pas le potentiel de qualité des vins.

## TASMANIE

La Tasmanie est une île au large de la côte sud-est de l'Australie. Sa minuscule production, de raisins et de vins, ne l'empêche pas d'être toujours un objet de fascination depuis que Bartholomew Broughton mit son premier vin en vente en 1827 et que Diego Bernacchi, à en croire la légende, attacha en 1889 de fausses grappes de raisin à ses vignes de l'île de Maria pour attirer des investisseurs. Selon le ministère de l'Agriculture tasmanien de l'époque, le climat du territoire convenait bien mieux aux pommiers qu'aux vignobles. Aujourd'hui, la vigne occupe six endroits distincts de l'île. En 1993, 1 200 tonnes seulement ont été récoltées, dont près des trois quarts en Chardonnay et en Pinot Noir.

Les trois régions principales étaient autrefois Pipers Brook, Tamar Valley et Derwent Valley, mais trois nouvelles régions commencent à faire parler d'elles : Coal River, la Côte Est (environ la moitié supérieure) et Huon Valley (au sud-ouest de Hobart).

Plus au nord, Padthaway, une région un peu plus chaude, privilégie les raisins blancs, bien que tous les cépages principaux soient cultivés dans les deux régions. Les Chardonnays de Padthaway, en particulier, possèdent un caractère régional très marqué, avec des arômes et des goûts évoquant immanquablement le pamplemousse. Dans cette région également, les rendements sont généralement importants.

## Murray Mallee

Le célèbre Riverland – dans la zone de Murray Mallee – est une région de plaines arides et chaudes, que le fleuve Murray traverse d'est en ouest en partant de la frontière de l'État de Victoria. La viticulture n'y est possible que grâce à un vaste système d'irrigation. D'énormes quantités de vins ordinaires, qui n'en sont pas moins très demandés, sont produits pour la vente en fûts, en cubitainers ou en vrac à l'exportation. Il s'agit principalement de vins blancs. Les vendanges sont mécaniques et les rendements élevés.

## LES PRODUCTEURS ET NÉGOCIANTS

Les producteurs sont au nombre de 40 et la plupart produisent moins de 12 000 bouteilles par an.

### Heemskerk

Cette société produit le vin pétillant Jansz, un Pinot Noir bien construit, un Riesling parfumé et un Chardonnay austère.

### Morilla Estate

Magnifiquement situé sur le fleuve Derwent, Morilla fait un gros effort avec le Pinot Noir, mais semble mieux réussir les Chardonnays, Rieslings et Gewürztraminers.

### Pipers Brook

Andrew Pirie dirige ce domaine au développement rapide. Un Chardonnay et un Pinot Noir très appréciés viennent en tête de sa production.

Les petits producteurs qui méritent d'être signalés sont Freycinet et Spring Vale (Côte Est), Holm Oak et Marions Vineyard (Tamar Valley) et Domain A (Coal River).

# RÉGIONS ET PRODUCTEURS

Jusqu'à ces dernières années, les importantes sociétés viticoles des Riverlands ont dominé l'industrie du vin d'Australie-Méridionale au détriment des petites exploitations. Beaucoup de petits producteurs se regroupent actuellement pour obtenir davantage de pouvoir et d'influence. Les régions les plus importantes sur le plan commercial figurent ci-dessous par ordre alphabétique. Pour la liste complète des zones, régions et sous-régions, voir p. 577.

## ADÉLAÏDE
La banlieue nord d'Adélaïde compte plusieurs quartiers autrefois célèbres pour leurs vins, dont Magill, Woodbury, Tea Tree Gully et Hope Valley. La forte urbanisation a cantonné la viticulture à Angle Vale et Gawler River, dans les chaudes plaines du nord de la ville.

### Penfolds Magill Estate
Cinq précieux hectares de Shiraz entourent encore la maison construite par Christopher Rawson Penfold à son arrivée d'Angleterre en 1844. On y produit le Magill Estate Dry Red.

### Primo Estate
Lauréat de la médaille d'or de Roseworthy (université d'Adélaïde), Joe Grilli produit un Colombard vif, un Joseph Cabernet-Sauvignon concentré et un Riesling botrytisé.

## ADELAIDE HILLS
Les vignobles se trouvant à une altitude de 400 à 600 m, le climat est bien plus frais que celui d'Adélaïde, à une demi-heure seulement de distance. La région produit avec régularité des vins tout en élégance et en finesse.

### Ashton Hills
Stephen George, également œnologue-conseil à Vendouree dans Clare Valley, élabore d'élégants vins de Riesling, de Chardonnay, de Pinot Noir ainsi qu'un vin d'assemblage issu de Cabernet-Sauvignon et de Merlot.

### Grand Cru Estate
Ancien directeur de Seppelt, Karl Seppelt produit des Chardonnays et des Shiraz, ainsi qu'un Cabernet-Sauvignon.

### Petaluma
Brian Croser produit des vins au sommet de la qualité avec des raisins de Coonawarra, de Piccadilly Valley et de Clare Valley. Le vin pétillant s'appelle Croser, la deuxième étiquette des vins tranquilles est Bridgewater Mill.

### Stafford Ridge
Ancien directeur des vinifications chez Hardy, Geoff Weaver a agrandi son propre domaine de Stafford Ridge. Ses Rieslings, Sauvignons et Chardonnays sont intensément aromatiques.

## BAROSSA VALLEY
Un climat tempéré, des pluies hivernales et printanières, des étés généralement secs et des sols variés font de Barossa Valley une région idéale pour la production de vins rouges corsés. Penfolds et d'autres produisent de grands vins rouges de vignobles de vieilles vignes (jusqu'à 100 ans) à petits rendements.

### Basedow
Ce domaine datant de 1896 produit avec détermination des vins qui ne déçoivent jamais, comme, par exemple, un Sémillon élevé en barriques.

### Charles Melton
Graeme (Charlie) Melton joue un rôle prépondérant dans la renaissance de Barossa Valley, surtout avec son vin rouge, Nine Popes, issu d'un assemblage de Shiraz, de Grenache et de Mourvèdre.

### Elderton
La famille Ashmead est passée de la viticulture à la production de vin (vinifié ailleurs sous contrat). Le Shiraz et le Cabernet-Sauvignon sont ses meilleurs vins.

### Grant Burge
Fondateur de Krondorf, Grant Burge a constitué un vignoble très important pour ce domaine fondé en 1988. Il y produit des vins aux saveurs généreuses.

### Kaiser Stuhl
Fondée en 1931, cette ancienne coopérative fait aujourd'hui partie du groupe Penfolds et produit 15,6 millions de bouteilles par an. Seul le Red Ribbon Shiraz a des prétentions de qualité.

### Krondorf
Aujourd'hui partie intégrante de Mildara Blass, Krondorf est un succès commercial. Les raisins viennent de l'ensemble de l'Australie-Méridionale.

### Leo Buring
Fondé en 1931, ce domaine est depuis longtemps considéré comme le producteur des plus grands Rieslings australiens. Ce sont des vins blancs qui évoluent merveilleusement pendant 20 ans et plus. Aujourd'hui, la société appartient au groupe Lindemans (Nouvelle-Galles du Sud).

### Orlando
Appartenant aujourd'hui à Pernod-Ricard mais fondée en 1847, la maison Orlando produit avec Wyndham et plusieurs autres membres du groupe un vin de réputation mondiale, Jacobs Creek (rouge et blanc). Parmi les autres étiquettes, on compte St Hugo, St Helga, Gramps et RF.

### Penfolds
Voir encadré p. 539.

### Peter Lehmann
Ses vins de Riesling, Sémillon, Chardonnay, Shiraz, Cabernet-Sauvignon et un assemblage de Cabernet-Sauvignon et de Malbec provenant de raisins de la Barossa sont les valeurs sûres de ce domaine.

### Rockford
Rocky O'Callaghan vinifie à l'ancienne et met des vieilles vignes à contribution pour produire des vins de très fort caractère, dont le Riesling et le Shiraz.

### St Hallett
Voir encadré p. 540.

### Tollana
Fondé en 1888, Tollana fait partie du groupe Penfolds, mais s'est forgé sa propre identité avec son Eden Valley Riesling concentré, ses Sémillons, Sauvignons et Chardonnays fermentés en barriques et ses vins rouges élégants et pleins de sève.

### Tolley
Appartenant à la même famille depuis 1892, Tolley continue à produire sous la direction familiale un éventail classique de vins bien faits et de prix raisonnables, avec toutefois une spécialité, un Gewürztraminer très aromatique.

### Wolf Blass Wines
Depuis les années 60, Wolf Blass a developpé l'une des marques les plus réussies d'Australie, qui comprend des assemblages de vins de plusieurs cépages et plusieurs régions, tous influencés par le chêne américain.

## Yalumba

Datant de 1863 et produisant plus de 10 millions de bouteilles par an, Yalumba est l'un des plus grands domaines familiaux d'Australie et connaît un franc succès avec son vin pétillant Angas Brut bon marché, ses vins de cépage commercialisés sous l'étiquette Oxford Landing et ses vins de marque.

## CLARE VALLEY

Clare Valley forme un contraste étonnant avec la Barossa. Les exploitations, plus petites, appartiennent en majorité à des familles qui s'en occupent directement et utilisent surtout les raisins de la région. Parmi les vins, on trouve des Rieslings superbes, de longue garde, des Shiraz puissants et une spécialité régionale, un assemblage complexe de Cabernet-Sauvignon et de Malbec. Le Sémillon y prospère, le Chardonnay un peu moins.

## Eaglehawk Estate

Ce domaine fondé en 1856 s'appelait Quelltaler avant d'être racheté par Wolf Blass et produit aujourd'hui une sélection limitée de vins agréables.

## Grosset

Jeffrey Grosset élabore de très bons Rieslings et Chardonnays, mais aussi le Gaia, un superbe vin rouge à base de Cabernet.

## Jim Barry

La grande famille Barry est propriétaire de quelques vignobles où elle élabore des Rieslings et l'Armagh, un concurrent de haute volée pour le Grange de Penfolds.

## Leasingham

Vingt ans sous la houlette de H. J. Heinz n'ont pas permis à cette société fondée en 1893 de recouvrer la réputation qu'elle avait autrefois. Appartenant aujourd'hui à BRL Hardy, elle produit des vins de Riesling, Chardonnay, Shiraz et Cabernet/Malbec.

## Mitchell Cellars

Depuis 1975, Andrew et Jane Mitchell élaborent un Riesling classique ainsi qu'un Cabernet-Sauvignon solide et tannique. Ils ajoutent aujourd'hui à leur liste un Chardonnay et un Shiraz aux arômes de menthe.

## Pikes

Les frères Neil et Andrew (viticulteurs chez Penfolds) produisent un Sauvignon et un Cabernet-Sauvignon.

## Sevenhill

Établi en 1851 par la Jesuit Manresa Society, qui dirige toujours le domaine, Sevenhill élabore des vins de messe et des vins issus de cépages habituels et inhabituels, le Crouchen (blanc), le Grenache et le Touriga (rouge).

## Skillogalee

Les vignobles escarpés de Skillogalee produisent des Rieslings, des Shiraz et des vins d'assemblage (Cabernet-Sauvignon/Cabernet Franc/Malbec).

## Taylors

Des raisins du domaine récoltés manuellement, de grandes ambitions et une approche commerciale pragmatique (qualité et prix modestes) : cette recette donne de bons résultats pour le Chardonnay et le Cabernet-Sauvignon de Taylors.

## Tim Knappstein

Le domaine a été racheté par Petaluma en 1993, mais le talentueux Tim Knappstein s'en occupe toujours. Il produit des vins de Riesling, Chardonnay, Fumé Blanc et Cabernet/Merlot ainsi qu'un Riesling botrytisé exceptionnel, un Sémillon et un Pinot Noir de Lenswood.

## Wendouree Cellars

Établis en 1895, ces vignobles possèdent un microclimat unique et produisent en petite quantité des vins rouges qui sont extrêmement concentrés

et profonds, Shiraz, Mourvèdre, Malbec et Cabernet-Sauvignon.

## Wilson Vineyard

Les vins de John Wilson sont éclectiques et comprennent un Zinfandel et un rouge pétillant.

## COONAWARRA

Cette région possède toutes les caractéristiques d'une véritable appellation : un sol calcaire très particulier (rouge en raison de dépôts de fer) appelé *terra rossa* et un microclimat tempéré unique. La région produit en abondance les plus grands Cabernets-Sauvignons d'Australie et des Shiraz de grande qualité. Les Rieslings, Sauvignons et Chardonnays y sont tout aussi prospères.

## Balnaves

Le propriétaire, Doug Balnaves, fait vinifier une partie de ses raisins sous contrat. Ses vins de Chardonnay, Cabernet-Sauvignon et Cabernet/Merlot sont suaves et riches en fruit.

## Bowen Estate

Doug Bowen est un petit producteur qui se surpasse avec des Shiraz corsés et des Cabernets-Sauvignons concentrés.

## Brands Laira

Les conseils techniques des McWilliams, les nouveaux copropriétaires, ont amélioré l'éventail de Rieslings, Chardonnays, Shiraz, Cabernets-Sauvignons et Cabernets/Merlots. Il faut rechercher leur Original Vineyard Shiraz.

## Hollick

Ian Hollick produit des rouges de qualité et Patrick Tocaciu, autrefois chargé des vinifications à Tollana, élabore des Rieslings et de subtils Chardonnays.

**PENFOLDS**

Penfolds est le nom de la plus importante exploitation d'Australie et le plus grand groupe de domaines appartenant à un même propriétaire. Traditionnellement, la force de Penfolds réside dans ses vins rouges, de son Grange Hermitage (le plus grand vin du pays) à son Koonunga Hill en passant par Magill Estate, Bin 707 Cabernet-Sauvignon, St Henri, Clare Estate, Bin 389 Cabernet Shiraz, Bin 128 Coonawarra Shiraz et Bin 28 Kalimna Shiraz. Des vendanges faites à pleine maturité, des assemblages de vins issus de différentes régions pour atteindre un bon équilibre, des fermentations et des techniques d'élevage en barriques contrôlées avec rigueur donnent aux vins profondeur et complexité. Depuis 1990, Penfolds s'est lancé avec succès dans la production de vins blancs.

## Katnook Estate

Ce domaine fait partie de la société Coonawarra Machinery, le plus grand groupe de viticulteurs indépendants du district. De bons vins de Sauvignon, des Chardonnays de grand style et des Cabernets-Sauvignons sont en tête de la sélection Katnook. John Riddoch est la seconde étiquette largement diffusée.

## Leconfield

Ralph Fowler élabore des Rieslings et des Cabernets-Sauvignons de grande qualité.

## Lindemans

Très connu à Hunter Valley, en Nouvelle-Galles du Sud, Lindemans s'est installé en Coonawarra dans les années 60. Les dirigeants mettent l'accent sur les vins rouges, avec, en tête de liste, le St George Cabernet-Sauvignon et le Limestone Ridge issu de Shiraz et de Cabernet.

## Mildara

Cette société a été fondée en 1888 à Mildura dans l'État de Victoria et son siège social s'y trouve encore. En 1955, la société a fait l'acquisition en Coonawarra de vignobles où elle produit aujourd'hui tous ses vins de prestige. Avec Wynns, elle a joué un rôle déterminant dans la renaissance de la région. Le succulent Jamiesons Run, un assemblage de vins de plusieurs cépages, est à l'origine de son succès commercial.

## Parker Estate

Il s'agit d'une association de trois familles qui élaborent deux Cabernets-Sauvignons, dont le meilleur porte l'étiquette Terra Rossa First Growth et est extrêmement concentré.

## Penley Estate

Des Chardonnays aux arômes complexes et des Cabernets-Sauvignons sont ses meilleurs vins. Ils proviendront bientôt des raisins du domaine.

## Redman

Un nom célèbre qui déçoit depuis plusieurs années, mais qui est revenu récemment à un bon niveau avec son Claret (Shiraz) et son Cabernet-Sauvignon.

## Rouge Homme

Il s'agit d'une marque séparée de Lindemans composée d'assemblages de Shiraz et de Cabernet ainsi que de cépages Chardonnay.

## Rymill

Peter Rymill est passé de la viticulture à la vinification en 1987. Son Sauvignon intense et son Shiraz très concentré ont fait bonne impression.

## Wynns Coonawarra Estate

Fondé à la fin du XIXᵉ siècle, Wynns est peut-être le plus célèbre producteur de la région, et sans aucun doute celui qui a le mieux réussi. John Riddoch Cabernet-Sauvignon et Michael Hermitage (rouge) sont ses porte-drapeaux opulents, produits en petite quantité. Ses valeurs sûres sont l'Hermitage, robuste et épicé, et son Cabernet-Sauvignon, complexe et fruité.

## Zema Estate

La famille Zema taille et vendange à la main, ce qui est rare dans la région de Coonawarra. Elle élabore des Shiraz et des Cabernets-Sauvignons.

## EDEN VALLEY

L'extrémité nord des Adelaide Hills, balayées par le vent, s'est toujours considérée comme une extension de Barossa Valley. Le Riesling prospère, rivalisant en qualité avec celui de Clare Valley, mais possède son style propre, un peu plus fruité. Le climat relativement frais convient également aux élégants Chardonnays, Shiraz et Cabernets-Sauvignons.

## Heggies

C'est la seconde incursion de Yalumba dans la viticulture à haute altitude. Des Rieslings fermes aux notes d'agrumes, d'autres très intenses, botrytisés, et des Chardonnays sont les meilleurs vins.

## Henschke

Ce petit domaine, datant de 1868, dirigé avec dévouement et talent par Stephen et Pru Henschke figure parmi les meilleurs de la région. Il produit un large éventail de vins méritant presque toujours des superlatifs, dont, en tête de liste, un Hill of Grace Shiraz à la texture veloutée, qui provient de vignes vieilles de cent vingt ans.

## Hill-Smith Estate

Hill-Smith dépend pour ses raisins de deux vignobles situés respectivement à 380 et 550 m et fournit une troisième marque pour Yalumba. Le Sauvignon, le Chardonnay et le Cabernet/Shiraz sont tous bien réussis.

## Mountadam

David Wynn et son fils Adam élaborent des vins de Chardonnay, Pinot Noir et Cabernet-Sauvignon concentrés provenant de vignobles à petits rendements appartenant au domaine.

## Pewsey Vale

Ce vignoble fut le premier que Yalumba ait possédé en dehors de Barossa Valley depuis près d'un siècle. Un Riesling ferme est sa récompense.

## PÉNINSULE DE FLEURIEU

La péninsule est une zone d'influence maritime où il fait bien plus frais que l'on ne s'y

## ST HALLETT

Si la réputation de Barossa Valley a souffert de 1965 à 1985, de petites exploitations comme St Hallett ont beaucoup contribué à rétablir la situation. Le mérite en revient à Bob McClean (qui travaillait auparavant chez Orlando), qui s'est associé avec le vinificateur Stuart Blackwell et Carl Lindner, viticulteur depuis fort longtemps en Barossa. Les trois hommes ont transformé St Hallett en produisant le Old Block Shiraz, élaboré à partir d'une série de vignobles plantés en vignes de plus de soixante ans. Alors que les saveurs sont intenses, le vin n'est ni tannique ni rude. Sa texture souple et soyeuse a été renforcée par l'utilisation de barriques neuves. La société produit également un vin blanc qui ne passe pas en barrique, le Poachers White, un assemblage Sémillon/Chardonnay/Sauvignon et un Barossa Shiraz.

attendrait. La sous-région de Langhorne Creek, qui dépend totalement des inondations d'hiver, fournit depuis longtemps des raisins aux gros producteurs de Barossa Valley, le fruit, légèrement végétal, s'assemblant parfaitement avec celui des régions plus chaudes.

## Bleasdale Vineyards

C'est un bijou d'intérêt historique – fondé en 1850 et toujours dirigé par la famille Potts – produisant du Verdelho (blanc) dans le style des Madères ainsi qu'un vin aux notes boisées.

## Currency Creek

Sous influence maritime, ce vignoble produit des Sauvignons Blancs, des Chardonnays et des vins pétillants élégants.

## MCLAREN VALE

Depuis le début du siècle, McLaren Vale est le centre des petites exploitations professionnelles. La région possède un charme unique et produit de grands vins, notamment dans les millésimes frais. Sauvignon, Chardonnay et Cabernet-Sauvignon sont les plus réussis.

## Andrew Garrett

Ambitieux dans les années 80, mais plus calme depuis qu'il appartient à une société japonaise (Suntory), ce domaine produit de très agréables vins de Riesling, Chardonnay, Shiraz et Cabernet/Merlot.

## BRL Hardy

Un mariage de convenance entre Renmano et la société familiale de longue tradition Thomas Hardy, fondée en 1853, a donné naissance au deuxième plus grand groupe australien, la branche Hardy produisant environ 8 millions de bouteilles par an. Les vins de la marque Hardy sont nombreux et variés, honnêtes et sans surprise.

## Chapel Hill

C'est la grande réussite des années 90, grâce aux conseils de

Pam Dunsford et au capital apporté par les nouveaux propriétaires. Les vins de Chardonnay, Shiraz et Cabernet-Sauvignon sont d'une grande opulence.

## Château Reynella

Fondé en 1838, Château Reynella est aujourd'hui le siège social du groupe BRL Hardy. Il produit des vins de qualité sous l'étiquette Stony Hill et un grand Porto millésimé.

## Coriole

La famille Lloyd produit un superbe Shiraz, un Sangiovese (rouge), et quelques blancs secs.

## D'Arenberg

D'Arry Osborn et son fils Chester élaborent des vins rouges de grand caractère et de belle qualité à partir de vieilles vignes de Shiraz et de Grenache.

## Geoff Merrill

Merrill compte parmi les personnalités de l'industrie vinicole australienne. Il élabore des vins d'une élégance surprenante sous l'étiquette Geoff Merrill et des vins plus exotiques sous celles de Mount Hurtle et Cockatoo Ridge.

## Ingoldby

Nom très respecté dans la région, Ingoldby appartient aujourd'hui à Bill Clappis, qui produit sans faille des Cabernets-Sauvignons bien charpentés aux saveurs généreuses ainsi que de nombreux autres vins.

## Kay Bros

Colin Kay perpétue une tradition familiale vieille d'un siècle. Son meilleur vin est le Block 6 Shiraz.

## Normans

Domaine familial datant de 1851, Normans produit avec une grande régularité des vins de qualité. Les meilleurs d'entre eux sont le Shiraz et le Cabernet-Sauvignon (sous l'étiquette Chais Clarendon).

## Pirramimma

Autre domaine familial établi à la fin du XIXᵉ siècle, Pirramimma a perdu du terrain depuis quelques années, mais il possède des vignobles excellents pour son approvisionnement en raisins. Il tente actuellement de se redresser grâce aux cépages Riesling, Chardonnay et Shiraz.

## Richard Hamilton

Richard Hamilton est également propriétaire de Leconfield (voir p. 540) et emploie la même équipe talentueuse pour la viticulture et le marketing des deux domaines. Un Chardonnay succulent et un Shiraz épicé provenant de vieilles vignes sont ses meilleurs vins.

## Shaw & Smith

Michael Hill-Smith, premier *Master of Wine* d'Australie, et Martin Shaw, ancien «œnologue volant», produisent un Sauvignon de grande qualité et un Chardonnay à fort caractère fermenté en barrique.

## Wirra Wirra

C'est une exploitation dynamique et couronnée de succès que l'on connaît depuis longtemps pour son Sauvignon net et précis aux arômes végétaux et un Chardonnay de grande qualité et complexe. Doivent leur être aujourd'hui ajoutés un excellent vin blanc pétillant, The Cousins, et un Cabernet-Sauvignon soyeux, baptisé The Angelus.

## Woodstock

Scott Collett est un grand épicurien qui fait des vins dans ce même esprit. Les meilleurs sont un Cabernet-Sauvignon aux notes de fruits rouges et un vin blanc liquoreux, bien botrytisé, d'une intensité impressionnante.

## MURRAY MALLEE

C'est le pays du désert et du bush, qui ne peut vivre que grâce à l'irrigation. Un été chaud et sec, un sol sableux qui draine librement et de l'eau en quantité illimitée produisent des ren-

dements importants de raisins blancs – principalement Chardonnay, Riesling, Chenin et Colombard – aussi bien que d'autres cépages utilisés pour les vins vendus en vrac, les vins mutés et les eaux-de-vie.

## Angove's

Ensemble impressionnant de modestes vins blancs et rouges, de vins mutés et d'eaux-de-vie de grande qualité provenant tous des raisins du domaine. Les rangs de vignes totalisent une longueur de 1 500 km.

## Berri Estates

Ancienne coopérative qui fait partie aujourd'hui de BRL Hardy, Berri Estates produit principalement des vins pour la vente en fûts et en vrac à l'exportation, dont une bonne partie destinée aux marchés scandinaves et à l'Union européenne.

## Renmano

Renmano est la moitié BRL du groupe BRL Hardy, auquel il apporte une contribution de 19 millions de bouteilles par an. Parmi les vins, on trouve le Chairman's Selection, des Rieslings et des Cabernets-Sauvignons savoureux, ainsi qu'un Chardonnay.

## PADTHAWAY

Padthaway est littéralement le monopole de quelques-unes des plus importantes sociétés vinicoles d'Australie : Lindemans, Seppelt, Wynns, BRL Hardy et Orlando s'y partagent plus de 90 % des vignes et un seul petit producteur réside sur place, Padthaway Estate. Avec un climat légèrement plus chaud que celui de Coonawarra et des sols très bien drainés et structurés, la région produit des rendements confortables de raisins de bonne qualité, surtout des cépages Chardonnay, Riesling et Sauvignon. Une proportion importante des raisins entrent dans des assemblages anonymes, utilisés notamment pour des vins pétillants.

# AUSTRALIE-OCCIDENTALE

L'Australie-Occidentale fut le dernier des États australiens à posséder un vignoble ; or, la réputation de celui-ci progresse plus vite que celle des autres. Cette région au climat très contrasté possède des vins tout aussi variés. On planta Swan Valley en premier, mais les vignobles du sud de Perth, au climat plus frais, sont aujourd'hui les plus intéressants et ont un avenir prometteur.

La colonisation de l'Australie-Occidentale commença à l'arrivée du navire *Parmelia* en 1829 : l'un de ses passagers, le botaniste Thomas Waters, apportait dans ses bagages des ceps de vigne. Un domaine de 20 ha lui fut attribué à Guildford, sur le fleuve Swan, où il planta ses vignes et creusa les caves d'Olive Farm, le tout premier établissement vinicole australien.

## La Swan Valley

En 1840, John Septimus Roe planta le vignoble Sandalford dans la Swan Valley, fondant ainsi une dynastie viticole qui a duré 130 ans. Vers la même époque, Houghton, aujourd'hui le plus important établissement vinicole d'Australie-Occidentale, fut créé à proximité.

La viticulture resta concentrée dans Swan Valley jusqu'au milieu des années 60, les colons yougoslaves y étant majoritaires (de la même façon que les luthériens à Barossa Valley). À une certaine époque, Swan Valley comptait davantage d'établissements vinicoles que les États de Victoria ou de Nouvelle-Galles du Sud.

L'évolution du style de vie et de la demande, l'incursion des vins en vrac d'Australie-Méridionale, vendus aux supermarchés, et l'émergence des régions plus méridionales, au climat plus frais, modifièrent progressivement la situation. En 1979, Swan Valley fournissait 58 % des raisins de l'Australie-Occidentale, contre 25 % seulement en 1992. On a constaté depuis une stabilisation de la production.

Vendanges de Chardonnay à Perth Hills.

C'est le climat le plus chaud de toutes les régions viticoles australiennes, les pluies d'été étant les plus faibles et le nombre d'heures d'ensoleillement le plus élevé. Les vendanges débutent fin janvier, durent un mois, et deux tiers de la récolte sont des raisins blancs.

À l'exception d'une petite quantité de Cabernet-Sauvignon, utilisé pour la plupart pour le Houghton Rosé, le seul cépage rouge planté en quantité est le Grenache, destiné surtout aux vins mutés. Le cépage blanc majoritaire est le Chenin, qui représente à lui seul 25 % de la production totale, suivi des cépages Verdelho et Chardonnay, puis Muscadelle et Sémillon. La plupart des raisins blancs de cette région servent à l'élaboration du Houghton White Burgundy (connu à l'étranger sous le nom de Houghton Supreme). C'est le vin blanc sec qui fut pendant longtemps le plus vendu d'Australie.

## Les régions du Sud

La Margaret River Region, à 250 km au sud de Perth, s'est taillé une réputation internationale pour la qualité admirable de ses vins, mais elle possède également un caractère unique et des paysages d'une grande beauté.

Tous les cépages importants ont été essayés dans ce climat tempéré : par ordre décroissant de réussite, on trouve les Cabernet-Sauvignon, Sémillon, Merlot, Sauvignon, Chenin, Chardonnay et Shiraz. Riesling et Pinot Noir ont échoué ; en revanche, un petit vignoble de Zinfandel, spécialité californienne, est un grand succès.

La région de Mount Barker-Frankland, qui se trouve tout à fait au sud, au climat plus frais, s'étend vers le nord, de la ville d'Albany (bien connue à l'époque de la chasse à la baleine) à Mount Barker. Les premières vignes plantées près de Mount Barker datent de 1966, un an avant celles de Vasse Felix à Margaret River. Dès le départ, des Rieslings fermes, d'une bonne aptitude au vieillissement, et des Cabernets-Sauvignons classiques et austères se sont imposés. Sauvignon, Chardonnay, Pinot Noir (surtout à Albany) et Shiraz ont prospéré depuis lors sans remettre en question la primauté des cépages Riesling et Cabernet-Sauvignon.

À mi-chemin entre Margaret River et Mount Barker se trouve Warren Blackwood, zone plus connue sous le nom de ses sous-régions, Manjimup et Pemberton. On nourrit de grands espoirs pour cette jeune région, en particulier avec les cépages Pinot Noir et Chardonnay.

La South-West Coastal Region, de Margaret River jusqu'au nord de Perth, a la forme d'une anguille. Les vignobles sont plantés dans un sol sableux appelé Tuart Sands et le climat est bien plus chaud à l'extrémité nord qu'à l'extrémité sud.

Darling Range, à l'est de Perth, regroupe quelques domaines et, surtout, des petites exploitations. Son climat est à peine plus frais que celui de Swan Valley. Enfin, la Northern Perth Region est très chaude et vouée presque entièrement à la production de raisins blancs. □

# RÉGIONS ET PRODUCTEURS

Les zones plus récentes et plus fraîches de l'Australie-Occidentale se distinguent par de nombreuses petites exploitations qui se consacrent à des styles de vin plus complexes. Dans la mesure où elles sont situées à l'écart des marchés principaux localisés à l'est, certaines doivent encore réaliser leur potentiel. Pour la liste complète des zones, régions et sous-régions, voir p. 577.

## MARGARET RIVER

Les eaux relativement chaudes de l'océan Indien et l'absence de montagnes proches se conjuguent pour donner à la région de Margaret River l'un des climats les plus tempérés du monde vinicole. Elle produit des blancs très caractéristiques, Sémillon, Sauvignon et Chardonnay, ainsi que des Cabernets-Sauvignons puissants qui vieillissent avec bonheur.

**Amberley Estate**
Albert Haak, né en Afrique du Sud, connaît un succès commercial avec sa spécialité, des Chenins faciles à boire et vendus à des prix modérés.

**Ashbrook Estate**
Les frères Devitt élaborent soigneusement des vins de cépage qui impressionnent toujours par leur qualité.

**Brookland Valley**
Magnifiquement située et dotée d'un restaurant, cette exploitation produit des Chardonnays et des Sauvignons vifs et légers.

**Cape Mentelle**
Ce grand producteur de la région appartient en majorité à la maison champenoise Veuve Clicquot. Il fait un Sémillon mordant, un Chardonnay fermenté en barrique, très caractéristique, et des vins de Zinfandel, Shiraz et Cabernet-Sauvignon voluptueux.

**Chateau Xanadu**
Les bouteilles de Xanadu portent des étiquettes surprenantes. Vif, avec des notes végétales, le Sémillon est de qualité régulière.

**Cullen Wines**
La famille Cullen produit de nombreux grands vins avec, en tête, des Cabernets/Merlots.

**Devil's Lair**
La production est appelée à augmenter dans cette exploitation neuve : Chardonnays aux notes florales et Cabernets-Sauvignons puissants.

**Happ's**
Erland Happ cherche à se spécialiser dans le Merlot mais, pour l'instant, il réussit mieux un Chardonnay complexe.

**Hayshed Hill**
Cette société fondée en 1993 en offre un Cabernet-Sauvignon très fruité et un Sémillon riche, aux notes boisées.

**Leeuwin Estate**
Le domaine de Leeuwin produit un Chardonnay merveilleux, de

longue garde, et un Cabernet-Sauvignon.

**Moss Wood**
Keith Mugford élabore amoureusement deux cuvées de Sémillon, dont une seule passe en barriques de chêne, un Chardonnay voluptueux et le Cabernet-Sauvignon le plus sensuel de cette région, tous d'une grande élégance.

**Pierro**
Grâce à son travail, Michael Peterkin obtient un Chardonnay faisant partie des plus riches en texture et des plus complexes d'Australie ainsi qu'un Sémillon/Sauvignon.

**Vasse Felix**
La plus ancienne des exploitations de la région appartient maintenant à la famille Holmes à Court. Elle produit un vin blanc « Classic Dry White », un Noble Riesling botrytisé et un Shiraz.

**Willespie**
Ce domaine produit avec régularité un Sauvignon regorgeant d'arômes, un Verdelho (blanc), un Sémillon ainsi qu'un Merlot.

## MOUNT BARKER-FRANKLAND

Le climat de cette région très pittoresque est maritime à Albany, où prospèrent Chardonnay, Sauvignon et Pinot Noir. Il est continental mais tout aussi frais plus au nord, où dominent Riesling, Shiraz, Cabernet-Sauvignon et Malbec.

**Alkoom**
Producteur remarqué de Riesling et de Chardonnay structurés et de longue garde, de Cabernet-Sauvignon et de Malbec quelquefois opulent.

**Castle Rock**
La vue que l'on a des vignobles du domaine, situés sur les coteaux du Porongurup, est imprenable, mais les Rieslings et les Chardonnays délicats ainsi que les Cabernets-Sauvi-

gnons complexes sont pour la famille Diletty d'une meilleure rentabilité.

**Chatsfield**
Ken Lynch et sa fille Siobhan élaborent un Chardonnay délicieux, un Riesling, un Shiraz épicé.

**Frankland Estate**
Barrie Smith et Judy Cullan, éleveurs de moutons, se sont diversifiés en se tournant vers la production de vins. Leur Riesling est excellent et leur Sauvignon, bien construit.

**Galafrey**
Ian et Linda Tyrer ont beaucoup de succès avec leur Riesling aux notes végétales, leur Shiraz intense et leur Chardonnay.

**Goundrey**
La plus importante exploitation de la région produit 360 000 bouteilles par an. Elle fait aussi, pour des domaines plus petits, du vin qui porte les étiquettes de ceux-ci. Goundrey est propriétaire des marques Windy Hill et Langton, de moindre renommée. Les vins de cette dernière peuvent être d'un excellent rapport qualité/prix, tout particulièrement le Chardonnay et l'assemblage Sauvignon/Sémillon.

**Howard Park**
Le vinificateur de Plantagenet, John Wade, réussit dans sa propre exploitation, fondée en 1986, des Rieslings méticuleusement faits et des Cabernets-Sauvignons/Merlots épicés, aux notes de chêne et de cerise, de très grande classe. Il a introduit récemment une deuxième étiquette, Madfish Bay.

**Plantagenet**
Plantagenet a gagné le respect de tous avec ses Chardonnays intenses et élégants (la cuvée Omrah Vineyard ne passe pas en barrique), ses Shiraz épicés, et un Cabernet-Sauvignon souple et soyeux. C'est un vinificateur talentueux qui travaille sous contrat.

## Wignalls

Ce vignoble convient exceptionnellement bien à la production de Pinots Noirs aromatiques et pleins de sève, au caractère bourguignon. Ses Chardonnays et ses Sauvignons sont bons également. Plantagenet s'occupe de la vinification des trois vins.

## SOUTH-WEST COASTAL

Bande côtière étroite (250 km de long sur 20 de large), cette région viticole est l'une des plus insolites au monde. L'industrie vinicole s'y est installée en raison du terroir, un sable fin baptisé «Tuart» d'après le nom des gommiers qui y poussent. Les styles de vin sont variés.

## Baldivis Estate

Ce domaine fait partie d'une exploitation horticole qui produit des blancs agréables et légers de cépages Sémillon, Chardonnay et Sauvignon, ainsi qu'un rouge de cépages Cabernet-Sauvignon et Merlot.

## Capel Vale

Peter Pratten fait appel au talent du vinificateur Rob Bowen pour produire quelquefois des Rieslings éclatants, des Chardonnays aux arômes de figue et de melon qui vieillissent avec bonheur et Baudin, un vin d'assemblage à base de Cabernet-Sauvignon.

## Killerby Vineyards

Killerby a été fondé par le regretté Barry Killerby dont la fille Anna s'occupe maintenant du domaine avec son époux Matt Aldridge (autrefois chez Rosemount), qui s'occupe des vinifications. Ils font des vins blancs élégants et un Cabernet-Sauvignon qui a remporté des médailles dans les concours.

### — HOUGHTON —

Houghton fut fondé en 1836. John Fergusson y fit le premier vin en 1859 et, pendant un siècle, le domaine resta dans les mains de la même famille. L'arrivée en 1930 du regretté Jack Mann, vinificateur de grand talent, fut l'événement le plus important de l'histoire du domaine. Leur vin blanc est issu des cépages Chenin et Muscadelle et est devenu l'un des plus vendus d'Australie ; à lui tout seul, il a fait gagner à Swan Valley ses lettres de noblesse. Après 10 à 15 ans de bouteille, il devient d'une richesse comparable à un Sémillon de Hunter Valley d'âge équivalent. (Aucun des deux vins ne fait appel aux barriques de chêne pour améliorer la texture ou les arômes.) Les successeurs de Jack Mann ont affiné le style en ajoutant du Chardonnay et en diminuant la proportion de Muscadelle.

## Paul Conti

Excellent vinificateur, Paul Conti produit une gamme de vins sans prétention. Son Frontignac (blanc) vendange tardive, très pur, aux arômes d'épices et de raisins frais, et son excellent Manjimup Hermitage (rouge) aux arômes de cerise sont toujours bons.

## SWAN VALLEY

En dépit d'un climat horriblement chaud et sec en été, les sols d'alluvions profondes retiennent bien l'eau. Mais l'évolution de l'industrie a contribué au déclin de plusieurs exploitations et à la concentration de la production à Houghton.

## Evans & Tate

Les bâtiments viticoles et l'un des vignobles (Gnangara) de l'exploitation se trouvent ici, mais les meilleurs vins proviennent des raisins de Margaret River : un Sémillon frais et aromatique, un Chardonnay vif et plein de caractère, un Merlot soyeux, aux arômes de fruits rouges, et un Cabernet-Sauvignon charpenté, dont les arômes de pain grillé proviennent de la barrique.

## Houghton

Voir encadré ci-contre.

## Lamont

Corin, la fille du regretté Jack Mann, a repris les méthodes de son père pour produire un White Burgundy, un Light Red Cabernet, un Hermitage (rouge) et un Chardonnay.

## Moondah Brook Estate

Cette marque de Houghton utilise des raisins de Chenin et Verdelho du vignoble Moondah Brook et du Cabernet-Sauvignon de Margaret River et Frankland.

## Olive Farm

Plus vieille exploitation vinicole d'Australie, Olive Farm a été fondée en 1829. Elle fait peu parler d'elle aujourd'hui, mais elle continue à produire avec compétence une gamme complète de vins de table et de vins mutés.

## Sandalford

Fondé en 1840, Sandalford possède un vignoble important à Margaret River. Ses vins ont pourtant été régulièrement décevants jusqu'au millésime 1993, qui a vu l'arrivée du nouveau vinificateur, Bill Crappsley (autrefois chez Evans & Tate). Le Cabernet-Sauvignon assure le gros des ventes, mais les blancs de Verdelho sont plus prometteurs.

## Westfield

John Kosovich, dont le père a fondé le vignoble en 1922, fait des merveilles depuis longtemps avec le Verdelho, le Chardonnay et le Cabernet-Sauvignon de Swan Valley. Il récoltera bientôt les premiers raisins de son petit vignoble situé à Pemberton.

## WARREN BLACKWOOD

C'est l'une des régions viticoles les plus récentes d'Australie. L'altitude est variable, mais rafraîchit bien le climat et favorise les pluies d'hiver et de printemps. Quasiment tous les cépages importants y sont expérimentés, mais on porte une attention toute particulière au Chardonnay et au Pinot Noir.

## Parmi les producteurs :

Donnelly River, Gloucester Ridge, Mounford, Piano Gully, Smithbrook, Warren Vineyard.

## DARLING RANGE

Darling Range, appelé aussi Perth Hills (collines de Perth), se trouve à 15 km de Perth. La plupart des vignobles sont situés entre 150 et 400 m d'altitude et n'ont pas besoin d'être irrigués. Les cépages blancs dominent (Chardonnay, Sémillon et Sauvignon), mais ils ne totalisent à eux tous guère plus de 30 ha.

## Parmi les producteurs :

Avalon, Carosa Vineyard, Chittering Estate, Coorinja Vineyard, Cosham, Darlington Estate, Hainault, Piesse Brook, Scarp Valley.

# NOUVELLE-ZÉLANDE

SANS QU'ELLE ÉGALE LE VOLUME DE PRODUCTION DE L'AUSTRALIE
VOISINE, LA NOUVELLE-ZÉLANDE S'EST FAIT UNE PLACE ÉQUIVALENTE
DANS LE MONDE DU VIN GRÂCE À UNE VOLONTÉ DE QUALITÉ.

Le pic de Te Mata dominant le vignoble de Hawke's Bay près
d'Hastings, l'une des régions viticoles majeures de la côte est de
l'île du nord de la Nouvelle-Zélande. Les rangs de vigne espacés
permettent une mécanisation plus facile de la viticulture.

L'industrie vinicole moderne en est à ses débuts en Nouvelle-Zélande, mais elle a acquis une réputation mondiale sans aucun rapport avec sa dimension et son ancienneté. Avec le slogan « des vins de climat frais », les vins néo-zélandais se sont donné une personnalité facile à mémoriser et immédiatement populaire. Ils sont vifs et fruités, possèdent acidité et concentration aromatique. Ils évitent une certaine lourdeur au profit de l'élégance et de l'équilibre. Il n'est pas étonnant que les vins de Nouvelle-Zélande aient trouvé des amateurs en Europe, dans les deux Amériques et en Extrême-Orient. Ces vins sont parfaitement représentés par deux types de vin blanc qui ont séduit les dégustateurs du monde entier. Le premier est à base de Sauvignon, le cépage qui donne naissance aux grands blancs français de Sancerre et Pouilly fumé. En Nouvelle-Zélande, il prend une intensité aromatique et un magnifique fruité. Le second est issu de Chardonnay, autre cépage présentant dans ce pays une remarquable acidité naturelle, équilibrée par la rondeur due à la fermentation malolactique, au recours au bois neuf, et de belles notes de fruit.

À ces deux types de vin s'en ajoute un troisième, en rapide développement : basé sur des assemblages de cépages rouges – Cabernet-Sauvignon avec un peu de Merlot –, il donne des vins d'une élégance comparable à celle des vins de Bordeaux. De par sa latitude, on s'attendrait à ce que la Nouvelle-Zélande ait un climat chaud, un peu comme dans les vignobles espagnols. En réalité, la position isolée de ce pays au sud de l'océan Pacifique lui vaut un climat variable, avec de forts vents du sud – souvent froids – soufflant de l'Antarctique. La région de Northland, à la pointe septentrionale de l'île du Nord, est en fait semi-tropicale, alors que l'extrême sud de l'île du Sud, vers Dunedin et Invercargill, peut connaître des hivers rigoureux et des étés frais. Dans les deux îles, les vignobles se situent entre ces deux extrêmes climatiques. Ceux d'Auckland, les plus au nord, sont aujourd'hui en déclin. Les nouvelles plantations sont concentrées dans une zone tempérée allant du centre de l'île du Nord (Gisborne et Hawke's Bay) vers le sud, en passant par la vallée de Wairarapa, jusqu'au nord de l'île du Sud, vers Marlborough et Nelson.

## L'histoire des vins

L'industrie vinicole actuelle – orientée vers la production de bons vins de cépages issus surtout de variétés françaises – a connu un développement rapide depuis les années 70, mais la viticulture néo-zélandaise, comme celle de l'Australie, date en fait de la colonisation européenne. La vigne fut introduite en 1819 par un missionnaire anglais, le révérend Samuel Marsden, qui planta à Kerikeri, dans la région du Northland, les premiers ceps apportés d'Australie. Les premiers vins furent en revanche l'œuvre de James Busby, qui joua lui aussi un rôle considérable dans le développement de la viticulture australienne. Il arriva en Nouvelle-Zélande en 1832 et, quatre ans après avoir planté ses premiers ceps, il faisait du vin à Waitangi, toujours dans le Northland.

Outre les fervents Britanniques de la première heure, des immigrants français, allemands et dalmates apportèrent indirectement leur contribution à la croissance de l'industrie vinicole au cours du XXe siècle : venus exploiter la gomme (résine fossilisée d'un arbre, le kaori) et ne pouvant se passer de vin sur leur lieu de travail, ils finirent par s'occuper de vinification à plein temps.

Outre les problèmes dont souffrirent tous les vignobles au XIXe siècle – dont le phylloxéra, qui atteignit la Nouvelle-Zélande en 1895 –, les producteurs de ce pays durent affronter la chute de la consommation résultant d'un puissant mouvement de tempérance. Les effets de cette tradition d'abstinence continuèrent à se faire sentir jusqu'en 1989, lorsque les supermarchés furent pour la première fois autorisés à vendre de l'alcool.

## Les tendances récentes

Jusque vers les années 70, une grande partie du vin produit était mutée et vendue sous les noms de «Sherry» ou «Porto», selon le style et le degré de douceur. Depuis, les vins non mutés ont pris une importance croissante. À la même époque, plus des deux tiers des vignobles de Nouvelle-Zélande étaient en outre plantés d'hybrides – croise-ment de variétés américaines et européennes – qui ont presque totalement disparu aujourd'hui. En matière de viticulture, la Nouvelle-Zélande est toujours en pleine mutation et ce n'est que depuis les années 80 que des zones viticoles ont été définitivement établies, avec une culture de cépages spécifiques et une expérimentation continue.

Quand l'implantation de cépages européens prit le dessus sur celle d'hybrides, il fut décidé de planter des variétés allemandes, en particulier le cépage blanc Müller-Thurgau. Or, peu à peu, les viticulteurs comprirent que le climat néo-zélandais ressemblait plus à celui du centre de la France qu'à celui de l'Allemagne et se mirent à planter du Sauvignon au début des années 70 et du Chardonnay au milieu des années 80. Les cépages allemands, qui formaient la base de la production de vins bon marché en vrac ou en Cubitainers, furent remplacés par des variétés françaises, considérées comme plus adaptées au style particulier des vins de Nouvelle-Zélande. Parmi les cépages rouges, seul le Cabernet-Sauvignon, déjà planté par James Busby, a une longue histoire dans le pays.

Aujourd'hui, la croissance de la production dépend en grande partie du marché mondial. Les exportations se sont multipliées par sept entre 1987 et 1992, atteignant près de 9,5 millions de bouteilles pour une valeur de 114,8 MF, qui pourraient passer à 330 MF d'ici à l'an 2000 si le vignoble augmentait de 2 000 ha (5 790 ha en 1992). La consommation intérieure est restée relativement stable : 57,6 millions de bouteilles en 1992, soit 20 bouteilles par habitant pour une population d'environ 3 millions de personnes. L'avenir de la Nouvelle-Zélande est une question de qualité et non de volume. Or, si elle peut facilement rivaliser avec l'Australie sur le plan de la qualité, elle aura plus de difficultés sur celui du prix.

## La structure de l'industrie vinicole

Pour satisfaire la demande intérieure et extérieure, l'industrie du vin s'est à la fois concentrée et diversifiée. En 1992, trois gros producteurs représentaient à eux seuls 85 % des ventes, 78 % de la production et 65 % des exportations, mais on trouvait aussi 163 exploitations plus petites. En cela, comme en bien d'autres choses, le secteur vinicole de Nouvelle-Zélande ressemble à celui de l'Australie. Dans les deux pays, les géants dominent, mais offrent aussi – heureusement – une gamme de qualité. On trouve également des points de vente dans quelques petites caves qui produisent certains des meilleurs vins et ont un service de relations publiques extrêmement développé. Entre les deux, des exploitations vinicoles offrent certains vins de grande qualité dans des quantités relativement importantes. Beaucoup d'investisseurs ont traversé la mer de Tasman : Cloudy Bay, par exemple, la plus célèbre exploitation de Marlborough, est un joint-venture avec Cape Mentelle, en Australie-Occidentale.

## L'évolution de la viticulture

En Nouvelle-Zélande, l'industrie du vin s'est développée vers le sud en partant de la région d'Auckland. Dans bien des endroits, la viticulture est apparue pour des raisons plus sociologiques que climatiques, de sorte que les vignobles ne sont pas forcément implantés là où l'on s'y attendrait. Beaucoup d'exploitations qui cultivaient autrefois leurs raisins à Auckland les achètent aujourd'hui à des viticulteurs sous contrat dans des zones convenant mieux à la vigne. Certains continuent de vinifier les raisins sur place, alors que d'autres les transportent du vignoble au chai par camions frigorifiques.

Beaucoup de régions, même celles où la viticulture est récente, enregistrent une pluviosité forte ou assez forte, de sorte que le principal problème est souvent la croissance exubérante des vignes. Un rognage sévère pendant la période de croissance et une conduite de la vigne assurant aux baies un maximum d'exposition ont été adoptés. Ces techniques ont été imitées ailleurs.

## L'île du Nord

Les trois quarts des vignes de Nouvelle-Zélande sont toujours cultivées dans l'île du Nord, en dépit des inconvénients climatiques, mais les producteurs

# LES RÉGIONS VITICOLES DE NOUVELLE-ZÉLANDE

Une grande variété de sols et de climats fait la richesse du vignoble néo-zélandais, de Northland, dans l'île du Nord, à Otago, dans l'île du Sud. Auckland, Gisborne et Hawke's Bay ont été les premières des régions viticoles les plus importantes de Nouvelle-Zélande à acquérir leurs lettres de noblesse ; les nouvelles zones de Wairarapa, dans l'île du Nord, et de Marlborough, dans l'île du Sud, reconnues seulement depuis le début des années 80, sont encore en cours de développement.

**Régions viticoles**

- ● Principales régions productrices de vin
- • Autres régions productrices
- -- Limite de région

N

0    100    200 km

tendent à prendre leurs raisins plus au sud, en achetant ou en plantant des vignobles, ou encore en achetant leur récolte à des viticulteurs.

**Auckland**, au nord de l'île, est la plus ancienne région viticole de Nouvelle-Zélande, mais son climat humide aux fortes pluies automnales favorisant le mildiou ne convient pas à la vigne. Les sols sont le plus souvent lourds et argileux, de sorte qu'un bon drainage est indispensable.

Bien que la surface totale du vignoble ait diminué – il produit aujourd'hui moins de 7 % des raisins du pays –, des zones relativement importantes subsistent à Henderson, Kumeu, Huapai et sur l'île Waiheke dans la baie d'Auckland. C'est plutôt une région de vin rouge, avec le Cabernet-Sauvignon pour principal cépage.

**Waikato et la baie de Plenty**, au sud d'Auckland, sont deux zones relativement proches, mais distinctes. Cette partie du pays a été colonisée plus tard en raison des guerres du XIX<sup>e</sup> siècle entre Maoris et Européens pour l'occupation des terres, mais elle est depuis longtemps associée à la viticulture. Romeo Bragato, un viticulteur italien venu d'Australie, y créa un vignoble expérimental dès la fin du siècle dernier et la station gouvernementale de recherche viticole se trouve à Te Kauwhata.

Le risque de fortes pluies automnales entraînant la pourriture du raisin persiste, avec les pertes que cela implique. Les sols varient. Les vignobles de Waikato sont situés près de Hamilton et autour de l'estuaire de Thames, alors que la baie de Plenty se trouve plus à l'est. Les cépages les plus cultivés sont le Müller-Thurgau, le Sauvignon et le Chenin (vins blancs).

**Gisborne**, au sud-est de la baie de Plenty, avec de riches sols alluviaux à haut rendement, est une région de forte production. Il y pleut en automne, mais rarement assez pour endommager la récolte. Le principal problème est celui des gelées de printemps, une menace récurrente. C'est surtout une zone de vins blancs où le Müller-Thurgau domine, suivi par le Muscat D<sup>r</sup> Hogg, le Chardonnay, le Reichensteiner et le Gewürztraminer. Une bonne partie du vin part en vrac pour être conditionnée en Cubitainers. Les exploitations locales sont rares ; parmi elles, se trouve la seule entreprise de vinification néo-zélandaise appliquant les méthodes de biodynamie.

**Hawke's Bay**, sur la côte est de l'île du Nord, entre Napier et Hastings, a longtemps été une région pionnière et convient bien à la viticulture : grâce à beaucoup de soleil et à de faibles pluies en automne, le raisin mûrit bien, en dépit du risque de gelées printanières. Les meilleurs sols sont composés de dépôts de graves bien drainés.

Le cépage de loin le plus cultivé est le Müller-Thurgau, suivi d'un cépage rouge, le Cabernet-Sauvignon. Cette zone est en effet à l'origine de certains des meilleurs vins rouges du pays. Beaucoup d'autres régions achètent des raisins à Hawke's Bay, la plus grande zone viticole de qualité de l'île du Nord.

**Wairarapa**, au sud de l'île, possède un vignoble encore relativement peu étendu, mais ses rouges de Pinot Noir ont une réputation internationale. Son arrivée dans le monde du vin est récente (les premiers vignobles contemporains ont été plantés en 1978), mais c'est la « nouvelle » région viticole la plus en vogue de Nouvelle-Zélande. On y cultive aussi certains cépages blancs, dont le Chardonnay, le Sauvignon et le Gewürztraminer.

Au cœur de Wairarapa se trouve la ville de Martinborough, située au centre d'un petit plateau appelé Martinborough Terrace. Cette zone est abritée par les montagnes de Tararua, de sorte que la pluviosité annuelle est faible. Le seul problème est le vent, qui impose l'installation de brise-vent. Les meilleurs sols sont des limons graveleux bien drainés, autour de Martinborough.

## LES CÉPAGES ET LES STYLES DE VIN

### Cépages blancs

Le Chardonnay est le cépage blanc le plus répandu en Nouvelle-Zélande : on en trouve dans chaque région viticole, celles de Marlborough et de Hawke's Bay produisant les styles de vin les plus typiques. Les vins de Chardonnay sont généralement élevés dans le bois et associent des saveurs bien mûres à une belle acidité.

Le second cépage de qualité est le Sauvignon. La plupart viennent de Marlborough, tandis que ceux de Hawke's Bay ont plus de rondeur.

Le Riesling provient surtout de South Island et de Hawke's Bay, où il donne des vins blancs secs et des vins liquoreux.

Le Müller-Thurgau vient juste après le Chardonnay en termes de superficies plantées. Il donne des vins blancs demi-secs ou moelleux utilisés dans des assemblages ou pour la vente en Cubitainers. On le cultive surtout à Gisborne.

Parmi les autres cépages blancs, on trouve le Sémillon, le Gewürztraminer, le Chenin et le Palomino (pour des vins de type Xérès).

### Cépages rouges

Le Cabernet-Sauvignon est le cépage rouge le plus répandu en Nouvelle-Zélande. Il est surtout cultivé dans la région d'Auckland, en particulier dans l'île Waiheke ; à Hawke's Bay, dont les vins ont beaucoup de caractère, et à Marlborough, qui commence à se faire une réputation dans ce domaine.

Ce cépage est de plus en plus souvent assemblé avec du Merlot pour obtenir des vins plus équilibrés ; vinifié seul, il prend un goût légèrement herbacé.

La plupart des fameux Pinots Noirs de Nouvelle-Zélande sont produits dans la région de Wairarapa, autour de Marlborough, mais d'autres, à Canterbury, et à Central Otago notamment, ont à l'occasion donné un vin exceptionnel, qui laisse présager le grand potentiel de ce cépage. Pour l'instant, une bonne partie du Pinot Noir est assemblée avec du Chardonnay pour produire des blancs mousseux fermentés en bouteille, surtout à Marlborough.

Certains Merlots de Hawke's Bay et de Marlborough parfois vinifiés seuls indiquent que la Nouvelle-Zélande est capable de produire des vins de niveau mondial dans cette catégorie. Pour l'instant, la belle maturité normalement atteinte par ce cépage est surtout utilisée pour arrondir des vins de Cabernet-Sauvignon parfois trop verts, donnant ainsi des vins d'assemblage.

## L'île du Sud

Plantés en même temps que ceux de North Island, la plupart des vignobles avaient été abandonnés et les producteurs n'ont compris leur potentiel que dans les années 70.

**Nelson**, sur la côte nord, est une région viticole peu étendue, bien que la culture de la vigne y remonte aux années 1860. C'est l'endroit le plus chaud de l'île, où l'ensoleillement est important malgré un risque de pluie en automne et de gel au printemps. Chardonnay et Riesling sont les cépages les plus courants.

**Marlborough**, au sud-est de Nelson, dans les larges plaines de Wairau, est désormais la plus grande région viticole de Nouvelle-Zélande : ses 2 070 ha ont été plantés en 1973, quand le groupe Montana, la plus grande société vinicole du pays, a installé les premières vignes. C'est l'une des zones les plus sèches et les plus ensoleillées de tout le pays, même si des gelées peuvent se produire au printemps, et les conditions de lente maturation conviennent aux cépages blancs – Müller-Thurgau, Sauvignon, Chardonnay et Riesling. Le Cabernet-Sauvignon est le principal cépage rouge, mais donne ici des vins au goût fortement herbacé en raison du manque de maturité des raisins. Plusieurs exploitations d'Auckland achètent du raisin à Marlborough, ou y font faire leur vin.

**Canterbury-Christchurch**, à l'est de l'île, est une région dont l'intérêt date du début des années 70. Des colons français y ont planté des vignes en 1840. Une grande confusion continue de régner quant au type de vin sur lequel les producteurs devraient faire porter leurs efforts, dans cette région plutôt fraîche. Sa faible pluviosité et ses longs automnes aux journées chaudes et aux nuits fraîches conviennent très bien à la viticulture. Les sols sont composés de limons recouvrant du gravier d'origine fluviale.

**Central Otago**, plus au sud, est la plus petite zone viticole du pays (35 ha) ; son développement actuel date de la fin des années 50. On y cultive surtout des cépages blancs. La belle saison y est courte, mais les automnes sont secs et généreusement ensoleillés. □

Vignoble de Gibbston Valley (Central Otago) au sud de l'île du Sud.

## LA LÉGISLATION VITICOLE

Convaincus qu'un vin se vend pour son goût et non pour sa provenance, les Néo-Zélandais sont moins soucieux de législation que les Européens en matière d'étiquettes.

Comme d'autres nouveaux pays vinicoles, les producteurs de Nouvelle-Zélande ont utilisé des noms français et allemands pendant des années pour identifier le style de leurs vins. Depuis 1983, la législation est devenue plus stricte et les étiquettes portant un nom de cépage sont désormais pratique plus courante. Un vin de cépage doit être issu à 85 % du cépage indiqué ; si c'est un vin d'assemblage, le cépage dominant est mentionné en premier. Les autres informations sont classiques : millésime, producteur, contenance et degré alcoolique. On peut trouver la mention « estate-bottled » (mis en bouteille au domaine), mais elle ne signifie pas grand-chose en Nouvelle-Zélande où l'on transporte couramment les raisins sur des centaines de kilomètres, du vignoble au centre de vinification.

Un nom régional figure sur l'étiquette si le vin provient en totalité de cette région (raisins cultivés et vinifiés sur place) : Marlborough et Hawke's Bay sont les régions les plus fréquemment citées. La zone de Wairarapa, avec la ville de Martinborough, s'est imposé elle-même un système d'étiquetage : une petite étiquette adhésive portant la mention « 100 % Martinborough Terrace Appellation Committee » certifie que le vin est originaire à 100 % de la région.

Depuis 1994, un système d'enregistrement délimite les zones de production en traçant les frontières de régions reconnues, de sous-régions et même de vignobles portant un nom.

Le gouvernement de Nouvelle-Zélande soutient l'industrie du vin depuis la fin du XIXᵉ siècle. Dans les années 60 et 70, les fermiers – pas seulement les producteurs de vin – furent encouragés à planter de la vigne sur les terres disponibles. Cela explique les grandes quantités de raisins fournies actuellement à l'industrie par des viticulteurs sous contrat, mais également l'arrachage de nombreux hybrides de piètre qualité.

Plus récemment, le gouvernement a décrété plusieurs plans d'arrachage pour lutter contre la surproduction. Le dernier, mis en place après la vendange de 1985, portait sur 1 515 ha et ne concernait pas que des cépages inférieurs. Pourtant, en raison d'une demande aujourd'hui tournée vers l'exportation, le vignoble est actuellement plus étendu qu'en 1985.

# PRODUCTEURS ET NÉGOCIANTS

Les quatre cinquièmes des raisins utilisés par l'industrie vinicole de Nouvelle-Zélande sont fournis par des viticulteurs sous contrat et non pas cultivés par ceux qui les vinifient. Cela explique l'importance accordée dans la liste ci-dessous à la provenance des raisins. Le moindre centre de vinification possède des équipements de technologie récente et se caractérise par son autonomie et l'enthousiasme accompagnant une industrie nouvelle.

### L'ÎLE DU NORD
La plupart des centres de vinification établis de longue date se trouvent sur l'île du Nord.

### Ata Rangi
Ce petit (4 ha) mais remarquable vignoble de Wairarapa produit un savoureux Pinot Noir et un vin rouge baptisé Célèbre, qui assemble Cabernet-Sauvignon, Merlot et Syrah.

### Babich
Cet exemple des nombreuses exploitations vinicoles créées par des immigrants dalmates appartient toujours à la famille Babich. Celle-ci achète des raisins, mais possède par ailleurs 50 ha de vignes à Henderson, au nord d'Auckland. La gamme Irongate, provenant de Hawke's Bay, est la meilleure : elle comprend un Chardonnay et un assemblage de Cabernet et de Merlot. Un Sauvignon Blanc vient de Marlborough et un assemblage de Sémillon et de Chardonnay, de Gisborne.

### Brookfield
Peter Robinson possède 3,5 ha à Hawke's Bay et achète le reste de ses raisins dans la région. Ses deux principaux vins sont un Chardonnay et un assemblage de Cabernet et de Merlot.

### Collard Brothers
La famille Collard est l'une des rares à produire de beaux blancs de Chenin. Elle fait aussi des Chardonnays issus des quatre principales zones viticoles du pays : Auckland, Gisborne, Hawke's Bay et Marlborough. Les Collard sont basés à Henderson, où ils possèdent 40 ha en propre.

### Coopers Creek
Cette jolie exploitation vinicole située à Huapai, au nord d'Auckland, produit une large gamme de vins de cépage dont le plus célèbre est sans doute le Swamp Reserve Chardonnay, issu de raisins locaux. Un Chardonnay provenant de Parker's Vineyard à Gisborne s'est ajouté à la liste en 1992. Le Coopers Red est issu de Pinot Noir.

### Corbans
Deuxième entreprise vinicole de Nouvelle-Zélande, le groupe a des centres de vinification à Te Kauwhata, Hawke's Bay, Gisborne et, en commun avec la société australienne Mildara Blass, à Marlborough. Les meilleurs vins sont ceux de Stoneleigh Vineyard à Marlborough – du Chardonnay, du Sauvignon et, plus récemment, des rouges comme le Malbec. Les Rieslings sont depuis longtemps une spécialité de la marque Corbans. La marque Cooks, quant à elle, est réservée aux vins de Hawke's Bay.

### Delegat's
Delegat's, une exploitation vinicole familiale de Henderson, a rationalisé son abondante gamme de produits. De Hawke's Bay viennent une série de vins de cépage bon marché et la gamme supérieure Proprietor's Reserve ; un Chardonnay et un Sauvignon (marque Oyster Bay) proviennent de Marlborough.

### De Redcliffe
Ce petit centre de vinification s'inscrit dans un complexe de loisirs situé dans la région de Waikato. À partir de 14 ha couvrant la moitié de ses besoins et de raisins achetés dans la région de Marlborough, De Redcliffe produit une gamme variée allant d'un savoureux Riesling de Marlborough ou d'un Sauvignon Blanc de Marlborough, aux arômes typiquement végétaux, à des blancs de Sémillon très boisés. Un Chardonnay et un Pinot Noir proviennent de Hawke's Bay.

### Dry River
Neil McCallum mène ce petit vignoble de 4,5 ha à l'écart des tendances générales de la région de Wairarapa. Bien qu'il produise du Pinot Noir, il consacre plus de temps à des cépages blancs comme le Riesling, le Gewürztraminer et le Pinot Gris. Son Gewürztraminer sec est particulièrement réussi, tout comme son Pinot Gris, dont il extrait les arômes secs et poivrés qu'un tel vin présenterait en Alsace.

### Esk Valley
Depuis son rachat en 1987 par Villa Maria, le changement de cap de cette entreprise vinicole de Hawke's Bay est spectaculaire. Désormais spécialisée dans les vins de qualité, elle marche sur les traces de Villa Maria en produisant de bons assemblages de Cabernet et de Merlot.

### Goldwater
L'île de Waiheke s'est fait connaître grâce au vin de «style bordelais» de Goldwater. Cet assemblage de Cabernet-Sauvignon, Cabernet Franc et Merlot a besoin de temps pour mûrir, mais il présente toujours de belles notes fruitées au-delà de ses tanins. Au rouge s'ajoutent maintenant le Dalimore Vineyard Chardonnay, qui passe de neuf à dix mois dans le bois, et le Sauvignon Blanc élevé en barriques de chêne.

### Kumeu River
On est passé ici des vins mutés à un style ouvertement français, avec des Chardonnays à goût de miel, du Sauvignon fermenté dans le bois et un assemblage de cépages bordelais (40 % de Cabernet-Sauvignon, 40 % de Cabernet Franc et 20 % de Merlot). Le chai de vinification, propriété de la famille Brajkovich, continue d'utiliser des raisins d'Auckland.

### Lincoln
Cette exploitation appartient à la famille Fredatovich. Sa gamme comprend un Chardonnay de Parklands Vineyard à Brighams Creek, un Chenin Blanc et des vins de cépages allemands aromatiques.

### Martinborough
Le Pinot Noir et le vignoble de Martinborough sont indissolublement liés. Avec 10 ha de vignes en propre et davantage sous contrat, l'exploitation couvre l'essentiel de ses besoins. Il y a aussi du Chardonnay, du Sauvignon et du Gewürztraminer.

### Matawhero
Les principaux vins produits sur ce vignoble de 30 ha situé à Gisborne sont un Chardonnay, un Gewürztraminer, un assemblage de Cabernet et de Merlot, un Pinot Noir et un Syrah. Denis Irwin, le propriétaire, fait fermenter ses vins avec des levures indigènes.

## Matua Valley

Matua Valley, l'une des exploitations les plus innovatrices, produit une large gamme de vins de cépage dont certains, comme M – l'un des meilleurs blancs mousseux de Nouvelle-Zélande –, ne peuvent être achetés qu'au chai de Waimauku, au nord d'Auckland. La famille Spence, qui dirige l'affaire, figure parmi les premiers producteurs de Sauvignon en Nouvelle-Zélande. Elle a récemment commencé à produire dans la région de Marlborough du Sauvignon, du Riesling et du Chardonnay (récompensés dans les concours) sous la marque Shingle Peak.

## The Millton Vineyard

Le seul vignoble en biodynamie de Nouvelle-Zélande se trouve à Gisborne, où la famille Millton produit un Chardonnay fermenté dans le bois très réputé, un Riesling botrytisé et un Chenin dans le style des vins de Loire. Son système de culture biodynamique utilise des plantes au lieu de produits chimiques pour lutter contre maladies et insectes.

## Mission

Presque âgée de 150 ans, cette exploitation de Hawke's Bay produit une vaste gamme de bons vins de cépage à bas prix. Témoignant d'un renouveau qualitatif, le Chardonnay Saint Peter Chanel Vineyard Reserve présente beaucoup d'intensité et de saveur.

## Montana

C'est le plus grand groupe vinicole du pays et l'un des plus novateurs. Montana a été le premier à planter du Sauvignon à Marlborough. Son excellent blanc mousseux fermenté en bouteille, Deutz Marlborough Cuvée (joint-venture avec la société française Champagne Deutz), est issu de raisins provenant de Marlborough. Un autre joint-venture, avec la société australienne Penfolds, vise à rehausser le niveau des vins rouges. Plus récemment, Montana a repris des vignobles

de Hawke's Bay (marque Church Road). La société produit une vaste gamme de vins bon marché, dont certains sont très populaires : Wohnsiedler, Blenheimer, Chablisse et Chardon. Elle possède des centres de vinification à Gisborne, Hawke's Bay, Marlborough et Auckland.

## Morton Estate

Cette exploitation vinicole de la baie de Plenty s'est fait une solide réputation, surtout grâce à son Chardonnay. Responsable des vinifications, John Hancock utilise des raisins de Riverview Vineyard pour son Black Label Chardonnay. Son vin rouge issu de Cabernet et de Merlot est ample et robuste. La gamme comprend aussi deux Pinots Noirs et trois vins mousseux fermentés en bouteille, dont le tout nouveau Black Label.

## Ngatarawa

Alwyn Corban gère selon des méthodes biologiques ce vignoble de 15 ha situé à Hawke's Bay. La gamme de la maison comprend le Glazebrook, issu de Cabernet et de Merlot, le Chardonnay Alwyn et un Riesling botrytisé.

## Nobilo Vintners

Propriété de la famille Nobilo, cette exploitation vinicole est l'une des principales du pays. Les raisins viennent de Gisborne, Hawke's Bay et Marlborough, ainsi que de vignobles en propre. Produisant surtout du Chardonnay, Nobilo offre une gamme complète comprenant l'un des rares vins de Pinotage (rouge) produits en Nouvelle-Zélande.

## Palliser Estate

L'un des nouveaux venus de Wairarapa (premier millésime en 1989) est aussi l'un des principaux, avec 30 ha plantés et d'autres en prévision. Le meilleur vin est un Pinot Noir.

## C. J. Pask

Chris Pask possède 35 ha de vignes à Hawke's Bay. Avec la

collaboration de Kate Radburn, responsable de vinification collectionnant les médailles, il produit du Chardonnay, du Sauvignon, un assemblage de Cabernet et de Merlot et une gamme bon marché baptisée Roy's Hill.

## Selaks

Les raisins viennent des 45 ha entourant le chai de Kumeu (Auckland), de vignobles de Marlborough, Gisborne et Hawke's Bay. La marque haut de gamme, Founders, comprend un Sauvignon élevé sous bois, un Chardonnay, un Cabernet-Sauvignon et Mate I, un blanc mousseux.

## Stonyridge

Le meilleur vin de ce domaine voué au rouge est Larose, un assemblage associant Cabernet-Sauvignon, Merlot, Cabernet Franc et Malbec. Il est réputé pour être l'un des plus beaux vins de

Nouvelle-Zélande dans cette catégorie de style bordelais.

## Te Kairanga

Vaste et ambitieux domaine de 32 ha à Wairarapa, Te Kairanga produit un Pinot Noir fruité, un Cabernet-Sauvignon, un Chardonnay vinifié en cuve, un Reserve Chardonnay et un Sauvignon fermentés en fût et un rouge léger baptisé Nouveau Rouge, assemblage de Pinot Noir, Cabernet-Sauvignon et Durif.

## Te Mata

Voir encadré ci-dessous.

## Vidal

Fondée en 1905, cette exploitation vinicole de Hawke's Bay fait aujourd'hui partie du groupe Villa Maria. Le Reserve, issu de Cabernet-Sauvignon et de Merlot, est un vin robuste, mais toujours élégant. Le Reserve Cabernet-Sauvignon est également de bon

---

### TE MATA ESTATE

Te Mata, la plus fameuse exploitation vinicole de Hawke's Bay et la plus ancienne du pays, produit les vins les plus prestigieux de Nouvelle-Zélande. La vigne y a été plantée en 1892, mais le vignoble a décliné après la crise des années 30. Ce n'est qu'après son rachat en 1974 par John Buck et Michael Morris que l'exploitation a repris de la vigueur. Le chai et les dépendances, récemment restaurés, sont des exemples marquants d'architecture moderne. Les meilleurs vins sont le Coleraine (Cabernet-Sauvignon et Merlot), généreusement fruité, et l'ample Elston Chardonnay, deux vins de cru. Il y a aussi Awatea, un assemblage de Cabernet-Sauvignon et de Merlot, Te Mata, un autre assemblage des mêmes cépages, Castle Hill Sauvignon Blanc, un rosé et des blancs secs d'assemblage.

niveau : tous deux bénéficient d'un élevage sous bois soigné. Le Reserve Chardonnay est également réputé. La gamme Private Bin est plus courante.

**Villa Maria**

George Fistonich est à l'origine du succès des vins rouges de ce groupe. Il présente une Cellar Selection ainsi que les gammes Reserve et Private Bin issues de raisins provenant de Hawke's Bay et de Marlborough : Cabernet-Sauvignon, assemblages de Cabernet et de Merlot, Chardonnay, Syrah, Riesling botrytisé, Sauvignon et Gewürztraminer.

**Waimarama**

John Loughlin est déterminé à produire des rouges haut de gamme de « style bordelais » dans cette nouvelle exploitation vinicole de Hawke's Bay. Les premiers vins, depuis le millé-

sime 1991, ont été un assemblage de Cabernet-Sauvignon et de Merlot et un Cabernet-Sauvignon vinifié seul.

**L'ÎLE DU SUD**

Les vinificateurs n'ont vraiment commencé à apprécier le potentiel viticole de l'île du Sud que depuis les années 70.

**Cellier Le Brun**

Daniel Le Brun descend d'une longue lignée de producteurs français de Champagne. Depuis 1989, il produit dans son exploitation de Marlborough une série de grands vins, dont les meilleurs sont la cuvée millésimée, un Blanc de Blancs et un rosé.

**Chard Farm**

Ce vignoble de 12 ha situé dans Central Otago s'est spécialisé dans le Chardonnay et le Pinot Noir. On y cultive également du Riesling.

**Cloudy Bay**

Voir encadré ci-dessous.

**Gibbston Valley**

Ce vignoble situé près de la rivière Kawarau a été planté en 1981. Il produit toute une série de vins afin de déterminer les cépages convenant le mieux à la brève saison de croissance et au climat continental de Central Otago. Les cépages utilisés comprennent Riesling, Müller-Thurgau, Gewürztraminer, Pinot Gris, Sauvignon, Chardonnay et Pinot Noir.

**Giesen**

Le plus grand domaine viticole (20 ha) de Canterbury a été fondé en 1984 par les frères Giesen, venus d'Allemagne. Ils produisent de remarquables Rieslings de vendanges tardives, ainsi que de bons Chardonnays et Sauvignons.

**Grove Mill**

Grove Mill s'est rapidement fait une place à Marlborough, en particulier grâce à son onctueux Landsdowne Chardonnay. Parmi les autres vins, on trouve un Gewürztraminer, un Sauvignon et un Cabernet-Sauvignon délicieusement fruité.

**Hunter's**

Le Sauvignon est ici en vedette : dans sa version non boisée, il respecte le style vif et fruité propre à Marlborough. Le vignoble de 18 ha produit également un Chardonnay fermenté en fût, souple et doté d'arômes de fruits exotiques, un Gewürztraminer souple et légèrement doux, et un Cabernet-Sauvignon rond et poivré.

**Jackson**

Cette exploitation vinicole de Marlborough est de création toute récente, mais le vignoble de 36 ha fournit les chais locaux en raisin depuis 1987. La famille Stitchbury a présenté son premier millésime en 1991 et le Sauvignon a immédiatement fait sensation, rivalisant avec celui de Cloudy Bay.

**Neudorf**

Les Finn cultivent ce petit domaine de 5 ha à Nelson. Ils produisent un Chardonnay ample, un Sauvignon aux arômes de fruits exotiques, du Riesling et du Pinot Noir.

**Omihi Hills**

Des vins de Pinot Noir et de Chardonnay haut de gamme, telle est l'ambition de ce vignoble de 6,5 ha au nord de Canterbury, qui a sorti son premier millésime de volume notable en 1992.

**Rippon**

Rippon a commercialisé ses premiers vins en 1989 et s'est rapidement fait une réputation, surtout pour ses vins de Pinot Noir, Sauvignon et Chardonnay.

**Saint Helena**

Après avoir atteint un sommet en 1982, avec un Pinot Noir qui a valu à Canterbury sa réputation, Saint Helena a connu des hauts et des bas. Aujourd'hui remis d'aplomb, le domaine produit également des vins de Chardonnay, Pinot Blanc et Pinot Gris.

**Seifried / Redwood Valley**

C'est le plus vaste domaine situé à Nelson. Ses 40 ha de vignes appartiennent à Hermann Seifried. Un Riesling botrytisé et un Riesling sec figurent parmi les meilleurs vins.

**Vavasour**

En établissant son vignoble loin du centre de la région de Marlborough (dans Awatere Valley), Peter Vavasour a pris des risques, mais cela en valait la peine. Son Cabernet-Sauvignon est considéré comme l'un des meilleurs rouges de l'île du Sud et rivalise avec ceux de Hawke's Bay.

**Waipara Springs**

Les vins de Chardonnay, Pinot Noir et Sauvignon produits par cette nouvelle exploitation vinicole du nord de Canterbury ont remporté des médailles.

---

## CLOUDY BAY

Le Sauvignon de Cloudy Bay est à l'origine de la grande réputation de la Nouvelle-Zélande pour ce cépage. Avec sa plénitude et son ampleur, mais en conservant toujours ses notes végétales, ce vin est l'expression du climat frais qui caractérise la Nouvelle-Zélande et a retenu l'attention du monde du vin à la fin des années 80. Un excellent Chardonnay montre lui aussi ce juste équilibre entre bois, fruit et acidité qui marque le style de Marlborough. Cette exploitation, qui comporte un vignoble de 32 ha (aujourd'hui propriété du Champagne Veuve Clicquot et faisant partie de Cape Mentelle, entreprise vinicole de l'Ouest australien), produit aussi depuis peu des vins rouges – un vin issu de Cabernet-Sauvignon et de Merlot et un Pinot Noir – ainsi qu'un vin mousseux baptisé Pelorus.

# RESTE DU MONDE

—

LA CHALEUR DE L'AFRIQUE DU SUD EST PROPICE

À LA VARIÉTÉ DES VINS ; EN ANGLETERRE, LES VITICULTEURS

DOIVENT COMBATTRE LE FROID ET LA PLUIE ;

LES CLIMATS D'ASIE REPRÉSENTENT UN NOUVEAU DÉFI.

—

# AFRIQUE DU SUD

Près de Stellenbosch, les vendanges ont lieu en mars et avril, six mois plus tôt que dans l'hémisphère Nord.

En 1652, Jan Van Riebeeck fonda la station de ravitaillement de la Compagnie des Indes au cap de Bonne-Espérance et, peu après, fit venir d'Europe des boutures de vignes, persuadé qu'en buvant du vin les marins souffriraient moins du scorbut. Le 2 février 1659, il écrivait dans son journal intime : « Aujourd'hui, Dieu soit loué, du vin des raisins du Cap a coulé pour la première fois. » Simon Van der Stel, son successeur en tant que gouverneur et, lui aussi, connaisseur en vins, planta ses propres vignes, à Constantia, avec l'aide de réfugiés huguenots français expérimentés en viticulture et vinification.

L'industrie ne cessa alors de prospérer, même sous l'occupation britannique (à partir de 1806) : l'Angleterre et la France étant en guerre, l'Afrique du Sud reprit le rôle traditionnellement assumé par la France de fournisseur de vin aux Anglais. Outre la réduction des taxes sur le vin entre l'Angleterre et la France, en 1861,

les cinquante années suivantes connurent trois catastrophes successives : le phylloxéra (1886), la replantation des vignobles et la surproduction qui s'ensuivit (par manque de débouchés), puis la guerre des Boers (1899-1902). La situation s'améliora quelque peu avec la création, en 1918, de la Ko-operatiewe Wynbouwers Vereniging (KWV), une coopérative subventionnée par l'État pour contrôler l'application de la législation, réduire la production (par un système de quotas), créer des produits susceptibles de trouver des débouchés commerciaux et stimuler la demande.

Pendant les années d'errement, la KWV maintint à flot l'industrie du vin sud-africaine. Inévitablement, l'isolement du pays entraîna une certaine inertie et l'impossibilité de suivre l'évolution des tendances mondiales, notamment en matière de cépages. Des lois strictes mirent le Chardonnay en quarantaine pendant des décennies. Aujourd'hui, le

rôle de la KWV a évolué : elle administre toujours le secteur vitivinicole, mais ne dépend plus du gouvernement et ne contrôle plus la production, ce qui laisse toute latitude aux producteurs pour choisir leurs sites, planter les cépages qu'ils veulent et faire jouer la concurrence sur un marché libre. La KWV est également elle-même une société vinicole qui exploite des vignobles, élabore du vin et vend ses produits sur les marchés national et international.

Aujourd'hui, les producteurs d'Afrique du Sud suivent les tendances et les techniques internationales. La vinification a changé radicalement depuis les années 60, lorsque les vinificateurs du Cap ont conduit des fermentations à basse température pour obtenir des vins frais et aromatiques sous ce climat chaud. Les vinificateurs soucieux de qualité expérimentent l'élevage en barriques de chêne français. Enfin, les normes de soins au moment des vendanges, celles de vinification, d'élevage et, d'une manière générale, d'hygiène se sont améliorées.

Beaucoup de producteurs voyagent pour acquérir de l'expérience et, notamment, se former aux cépages européens classiques, aujourd'hui plantés à grande échelle. Certains font les vendanges en Europe ou en Californie, d'autres préparent des diplômes d'œnologie en France, en Allemagne, en Australie ou en Nouvelle-Zélande. Tous sont conscients de la nécessité commerciale de faire les styles de vin correspondant à la demande du consommateur. De nombreuses exploitations vinicoles ouvrent des restaurants et les routes du vin font partie intégrante des circuits touristiques.

## Les cépages et les styles de vin

Au XIXᵉ siècle, les vins du Cap jouissaient d'une bonne notoriété en Europe, en particulier le vin doux Constantia (issu de Muscat), très apprécié par Napoléon pendant son exil et par les tsars russes. Les vins mutés et les liqueurs s'inscrivent également dans la tradition sud-africaine.

Par tradition, l'Afrique du Sud est le pays des vins blancs. Les principaux cépages sont le Steen, nom local du Chenin Blanc (32 % de la superficie plantée), le Hanepoot, ou Muscat d'Alexandrie (6,3 %), le Colombard (6,2 %), le Sauvignon (4 %) et le Cape Riesling, qui est à l'origine le Crouchen Blanc du sud-ouest de la France (4 %). Le Chardonnay connaît actuellement un grand essor.

Le Chenin Blanc est utilisé pour des styles de vin allant des blancs secs de caractère vif, fermentés à basse température, aux vins demi-secs, moelleux et, parfois, botrytisés.

Les cépages rouges les plus importants sont le Cinsaut (5,3 %), le Cabernet-Sauvignon ( 4,3 %) et le Pinotage, un croisement de Cinsaut et de Pinot Noir créé en 1926 (2,2 %). Les cépages Shiraz (Syrah), Merlot, Cabernet Franc et Pinot Noir connaissent une popularité grandissante.

Comme en Amérique et en Australie, les vins sont généralement commercialisés sous leur nom de cépage (connu dans le pays sous le nom de *cultivar*). Le nom du producteur occupe une place importante sur l'étiquette.

## Le climat et le sol

Le sud-ouest de la région du Cap jouit d'un climat plus frais qu'on ne pourrait le supposer à cette latitude de 35° au sud de l'équateur. Les océans Atlantique et Indien et le courant froid de Benguela qui, venant de l'Antarctique, suit la côte vers le nord, exercent une influence modératrice. Le climat ressemble à celui des pays de la Méditerranée. Les pluies annuelles, qui varient de 45 cm à l'intérieur des terres à 100 cm à proximité de la côte, tombent principalement entre mai et août. Les étés sont habituellement chauds, voire très chauds dans les régions centrales, les hivers, doux, et les gelées, rares. Les raisins des zones les plus chaudes du Cap ont tendance à souffrir de la chaleur ou à mûrir trop rapidement, mais, si l'eau arrive au bon moment et en quantité suffisante, tout problème peut être écarté. L'irrigation est ici vitale et justifiée.

Des années de recherche et d'expérimentation ont établi la meilleure adéquation entre les différents microclimats et les cépages spécifiques du riche héritage viticole du pays (Steen, Hanepoot, Shiraz). La recherche continue sur les variétés de raisins importées plus récemment.

Parallèlement, l'expérimentation se poursuit, comme dans plusieurs pays du Nouveau Monde, dans le but d'identifier les meilleurs sols et les meilleurs sites. Les sols varient beaucoup, non seulement dans la partie sud-ouest du Cap, mais aussi entre les différents vignobles d'une même région. Généralement, les sols des plaines côtières varient du grès de Table Mountain, à l'ouest, aux roches de granite, à l'est. Les schistes dominent dans le Karoo, tandis que dans les vallées, là où se trouvent la majorité des vignobles, les coteaux sont pierreux et les fonds des vallées sont composés de sables et de graviers.

## Les régions vinicoles

En 1973, l'introduction du système des vins d'origine (WO) a divisé les vignobles d'Afrique du Sud en plusieurs régions officielles, districts, zones et domaines, par ordre décroissant de superficie. La zone de production la plus concentrée, située dans un rayon de 50 à 80 km autour de la ville du Cap, est divisée en deux régions principales : Coastal et Breede River Valley. L'appellation Boberg Region est utilisée pour les vins mutés de certaines parties de la Coastal Region (voir p. 556). Huit districts sont situés en dehors des régions principales. Un vin peut porter l'appellation plus spécifique d'une zone classée (sous-district) s'il est élaboré à partir de raisins récoltés entièrement à l'intérieur de ladite zone.

Le système WO met l'accent sur la variété de raisin – 75 % au minimum si un seul cépage est mentionné sur l'étiquette ou 85 % si le vin est destiné à l'exportation – plutôt qu'il ne contrôle les facteurs de qualité de base comme les rendements.

## Un aperçu du secteur viticole

4 900 exploitants cultivent 92 500 ha de vignes au sud-ouest du Cap. On compte trois types principaux de producteurs : les caves coopératives, les producteurs privés et les domaines. La plupart des 70 caves coopératives proposent des vins d'un bon rapport qualité/prix. Les producteurs privés, au nombre de 357, comprennent des sociétés prestigieuses comme Bellingham, Distillers Corporation, Gilbey Vintners et Stellenbosch Farmers' Winery (SFW est la cinquième exploitation viticole du monde par la taille et la plus importante d'Afrique du Sud après la KWV). Ces sociétés utilisent les raisins de leurs propres vignobles, mais achètent aussi des raisins et des vins jeunes pour élaborer des vins d'assemblage qu'elles commercialisent sous leurs marques. Les 82 domaines font uniquement du vin à partir des vignobles leur appartenant ou de parcelles proches.

L'Afrique du Sud est le huitième producteur de vin du monde, fournissant un peu plus de 3 % de la production mondiale. Sa consommation annuelle est de 9 litres par habitant. Traditionnellement, la plupart des vins étaient vendus par les négociants nationaux sur le marché intérieur, mais la levée des sanctions et la plus grande réceptivité des marchés étrangers entraînent une augmentation du pourcentage de vins exportés.

# RÉGIONS ET PRODUCTEURS

Les principales zones viticoles d'Afrique du Sud se situent au sud-ouest de la ville du Cap. Plus au nord, il existe plusieurs zones isolées, le long du fleuve Orange. Les principaux producteurs sont énumérés par région WO.

## COASTAL REGION WO

Appellation la plus importante, elle englobe les six districts du Cap les plus fréquemment rencontrés sur l'étiquette : Constantia, Durbanville, Paarl, Stellenbosch, Swartland et Tulbagh.

### Constantia District WO

Les trois domaines du district possèdent 254 ha de vignes sur les coteaux de granite rouge de Constantia Mountain. Les vignobles jouissent d'un climat de type méditerranéen ne nécessitant pas d'irrigation et profitent de l'ombre des montagnes l'après-midi et des brises fraîches venant de la mer. Constantia cultive principalement du Chardonnay, du Sauvignon et du Riesling pour les blancs, du Cabernet-Sauvignon et du Shiraz pour les rouges. Le Sauvignon est riche et puissant.

Les producteurs sont Buitenverwachting (avec un élégant Chardonnay), Groot Constantia et Klein Constantia (à noter pour son vin de Constance, un Muscat doux qui fait revivre la tradition des vins de Constantia, et aussi pour son Chardonnay et son Sauvignon).

### Durbanville District WO

Situés sur les coteaux de granite des montagnes Dorstberg, dans la banlieue nord de la ville du Cap, quatre domaines subsistent. Ils produisent des rouges, notamment du Pinotage et du Shiraz.

### Paarl District WO

Paarl, à 50 km au nord-est du Cap, est un grand district vinicole (19,5 % des vignobles) qui compte quelques-uns des meilleurs producteurs et des coopératives les plus dynamiques du pays. C'est également le centre des activités internationales de la KWV et le lieu de la vente aux enchères annuelle de Nederburg.

Le climat est typiquement méditerranéen, avec des étés chauds et secs et des hivers humides. L'irrigation n'est nécessaire que les années les plus sèches. Les sols varient du grès, dans la très fertile vallée Berg, au granite, autour de Paarl même, et à l'ardoise décomposée, à Malmesbury, dans le Nord-Est. Bien que le district soit surtout spécialisé dans les blancs, avec de bons Chenin Blanc, Sauvignon et Chardonnay, les vignobles plantés plus en altitude sont bien adaptés à la production de vins rouges de qualité : parmi les plus réussis se trouvent le Cabernet-Sauvignon et le Pinotage. Les producteurs rectifient actuellement leur tendance à faire des vins trop boisés, car un trop grand nombre d'entre eux sont élevés en barriques.

Le district de Paarl englobe la zone de Franschhoek WO (Franschhoek signifie « coin français » : c'est ici que se sont établis les huguenots), qui a conservé son caractère français, illustré par des vins élevés dans du chêne et par le meilleur Mousseux du pays, Cap Classique (méthode traditionnelle) de Clos Cabrière.

Parmi les nombreux bons producteurs, on trouve Backsberg, Clos Cabrière (Pierre Jourdan Blanc de Blancs), Claridge, Dieu Donné (Chardonnays de qualité), Fairview, Glen Carlou, La Motte, Nederburg (Vendanges Tardives), la coopérative Simonsvlei, Villiera (excellents Sauvignon et Merlot).

### Stellenbosch District WO

C'est dans la jolie ville de Stellenbosch, dont l'université abrite une faculté de viticulture et d'œnologie, que se concentre le plus grand nombre d'exploitations produisant des vins de qualité (15,6 % des vignobles du pays). Le district possède trois types de sol : grès de Table Mountain à l'ouest (parfait pour les vins blancs), alluvions autour du fleuve Eerste et granite à l'est (meilleur pour les rouges), où se situe la zone de Simonsberg-Stellenbosch WO, dans les contreforts des montagnes.

Les cépages comprennent Cabernet-Sauvignon, Cabernet Franc, Merlot et Shiraz. Le district produit également certains des meilleurs vins de Pinotage (d'une maturation plus précoce que le Cabernet). Plusieurs vins prestigieux sont des rouges d'assemblage, souvent élevés en barriques de chêne. La plupart des grands vins sont des assemblages de rouges souvent élevés dans le chêne.

Parmi les meilleurs producteurs : Beyerskloof, Louisvale, Meerlust, Mulderbosch, Neethlingshof (pour le Weisser Riesling Noble Vendange Tardive), Overgaauw, Rustenberg, Rust-en-Vrede, Simonsig, Thelema, Vriesenhof, Warwick (Trilogy, un assemblage de style bordelais).

### Swartland District WO

Swartland possède 12,9 % des vignobles d'Afrique du Sud, autour des villes de Darling, Malmesbury et Riebeek. L'irrigation est généralement nécessaire. Cette région est une source traditionnelle de vins mutés de grande qualité issus de cépages comme le Hanepoot, de vins rouges robustes et corsés de Cinsaut, Tinta Barocca, Pinotage et Shiraz et de bons vins peu chers de Riesling, Colombard, Buketttraube et Fernão Pires.

Parmi les bons producteurs : Allesverloren (pour les vins de style Porto), la coopérative de Swartland.

### Tulbagh District WO

Entourés de trois côtés par les montagnes Winterhoek (qui créent plusieurs microclimats), les vignobles de Tulbagh sont situés à la lisière est du Swartland. Le climat est chaud et relativement sec, aussi l'irrigation est-elle nécessaire pour les vignobles situés sur les sols sableux du fond des vallées, mais moins pour ceux des coteaux, plus humides. Le producteur le plus connu est Twee Jongegezellen.

### Boberg Region WO

Cette appellation ne fournit que des vins mutés élaborés dans les districts de Paarl et Tulbagh.

## BREEDE RIVER VALLEY REGION WO

Cette région recouvre les trois districts de Worcester, Robertson et Swellendam, où coule le fleuve Breede, et Wolseley, actuellement peu important pour la viticulture.

### Worcester District WO

Une vingtaine de coopératives fournissent 25 % du vin du pays, dont des Riesling (Weisser Riesling), Sauvignon et Colombard, et des vins de dessert de Muscadel blanc et rouge. C'est également la région la plus importante pour la production d'eau-de-vie. Worcester couvre la plupart des vallées du fleuve Breede et de ses affluents, dont chacun possède un microclimat très particulier. La coopérative Nuy est un bon producteur.

## Robertson District WO

Les sols riches en calcaire de ce district sont particulièrement bien adaptés à la viticulture, et l'on y trouve 10 % du vignoble d'Afrique du Sud. Bordé au nord et au sud par des chaînes montagneuses et doté d'un climat chaud et aride, le district n'a pu pratiquer la viticulture qu'après la construction d'un grand barrage, au début du siècle. Aujourd'hui, les domaines et les caves coopératives de Robertson fournissent quelques-uns des Chardonnays et des Shiraz les plus appréciés du Cap, ainsi que des Mousseux et des vins de dessert mutés traditionnels.

Parmi les meilleurs producteurs : Graham Beck Winery (Mousseux), Bon Courage, De Wetshof (Chardonnays sublimes), Rietvallei, la coopérative Rooiberg et Weltevrede.

## Swellendam District WO

Cette région est vouée à la production de gros volumes par des coopératives.

## AUTRES DISTRICTS
## Klein Karoo District WO

Le district s'étend de Montagu, à l'ouest, à Oudtshoorn, à l'est. Les vignobles doivent être irrigués et sont généralement plantés dans ou près des vallées fluviales. Le Chenin, cépage versatile du Cap au bon niveau d'acidité naturelle, y prospère et produit une gamme de styles allant des blancs secs aux blancs doux et aux rosés. Les sols fertiles de schiste rouge et les alluvions riches et profondes, plus près des fleuves, conviennent mieux au Muscadel et aux autres vins de dessert, pour lesquels la région est réputée. Les caves coopératives fournissent la plupart de la production. Boplaas produit d'excellents vins mutés de style Porto.

## Olifants River/
## Olifantsrivier District WO

Ce district s'étend du nord au sud le long de la vallée. Les vignes sont plantées sur des sols de grès ou de calcaire. Les étés peuvent être chauds et la pluviosité assez faible, mais une attention à la conduite de la vigne privilégiant le feuillage permet aux raisins de mûrir à l'ombre. Grâce à des techniques de vinification modernes, Olifants River devient une source importante de vins fins d'un bon rapport qualité/prix, surtout ceux de la cave coopérative Vredendal.

## Overberg District WO

Overberg, au sud de Paarl et Stellenbosch, devrait devenir l'un des districts les plus intéressants d'Afrique du Sud. De minuscules vignobles s'insèrent entre de grandes étendues de blé, surtout dans la zone Walker Bay WO. Ces vignobles bénéficient des brises fraîches de l'Atlantique et possèdent des sols de schiste décomposé pour les excellents Chardonnays et le Pinot Noir.

Parmi les meilleurs producteurs : Bouchard-Finlayson, Hamilton Russell, Vergelegen.

## Piketberg District WO

Ce vaste district au relief plat, entre Swartland et Tulbagh, au sud, et Olifants River, au nord, connaît des températures très élevées en été et de faibles pluies, ce qui explique l'irrigation fréquente. La plupart des rouges sont élaborés dans le style des Portos par des caves coopératives. Les investissements réalisés pour améliorer les techniques viticoles ont permis l'émergence de vins secs faciles à boire.

## Autres districts

Douglas et Andalusia sont les deux WO entourant Kimberley, au centre du pays. Chacune possède une coopérative. Benede-Oranje, WO proche d'Augrabies, dans la vallée du fleuve Orange, est également au centre du pays. Ces districts produisent essentiellement du vin en vrac et du vin de dessert.

# ZIMBABWE

Le seul autre pays du sud du continent africain à faire des vins dignes d'intérêt est la République du Zimbabwe.

La viticulture du Zimbabwe commença par la plantation de treilles pour une production de raisins de table dans les années 40. Des vignes furent plantées vingt-cinq ans plus tard et l'activité viticole connut son apogée au début des années 80, une centaine de vignerons fournissant les centres de vinification en raisin. Ces dernières années, les vins ont été retirés du marché de l'exportation. Aujourd'hui, près de 600 ha sont cultivés, mais trois sociétés seulement font du vin.

Le climat n'est pas vraiment bien adapté à la viticulture. Les hivers doux et les étés chauds ne favorisent pas la production d'un fruit de qualité. L'irrigation est indispensable, tout comme un programme de contrôle des nombreuses espèces nuisibles. Les sols sont mauvais et quelques plants, importés d'Afrique du Sud, provenaient de vignes de piètre qualité ou portaient des virus. Avec beaucoup de travail, d'optimisme et d'ingéniosité, et grâce à la technologie moderne, ces problèmes ont fini par être surmontés. Le Zimbabwe produit annuellement plus de 264 000 bouteilles de vins tranquilles et de Mousseux. Les principaux cépages sont : Cabernet-Sauvignon, Cinsaut et Pinotage pour les rouges ; Colombar(d), Steen (Chenin Blanc), Clairette Blanche et Hanepoot (Muscat d'Alexandrie) pour les blancs.

Au début des années 90, les vins du Zimbabwe ont eu du succès dans les concours internationaux, ce qui prouve le potentiel de cette jeune industrie, mais leur qualité est plus correcte que bonne.

## Producteurs
## African Distillers (Afdis)

Trois vignobles appartiennent à cette société – Green Valley, près de Mutare, Bertrams, à Gweru, et Worringham, près de Bulawayo – qui achète également des raisins. Elle essaie actuellement plusieurs variétés nouvelles qui pourraient convenir au climat difficile du Zimbabwe.

## Monis Wineries

Monis possède des vignobles dans Mukuya Valley, au sud de Marondera, à 75 minutes en voiture de Harare, la capitale, et achète des raisins. Les bâtiments vinicoles ont été construits en 1978 à la suite de recherches techniques minutieuses conduites en Europe et en Californie. Outre des vins rouges et blancs tranquilles, des vins de vendanges tardives et des vins mutés, Monis a lancé en 1993 un Mousseux méthode traditionnelle élevé sous bois dans deux styles, Extra Dry et Medium. Les projections de vente sont de l'ordre de 480 000 bouteilles sur le marché local et d'exportation.

## Philips Central Cellars

Ce négociant du Zimbabwe achète la plupart de son vin, mais possède également un vignoble de 7 hectares à Enterprise, à 35 km de Harare. Situé en hauteur et dans un climat plutôt frais et de faible pluviosité, ce vignoble semblerait mieux adapté à la viticulture que les autres sites du pays. Les marques Nyala et Flame Lily de Philips se vendent bien sur le marché national. Philips commence à mettre en bouteilles des vins blancs issus de Gewürztraminer, Riesling et Bukettraube, qui pourraient se révéler les plus intéressants du Zimbabwe.

# ANGLETERRE, PAYS DE GALLES

Les Anglais commencèrent à élaborer du vin sous les Romains, au Iᵉʳ siècle. Mais les vignes d'Italie s'accommodaient mal du climat froid, et le pays importait davantage de vin qu'il n'en produisait. Du temps des Saxons, au Vᵉ siècle, des vignobles étaient plantés du Cambridgeshire, à l'est, au Gloucestershire, à l'ouest. Après la conquête normande, en 1066, la culture de la vigne se poursuivit pendant près de cinq siècles sur les domaines des aristocrates et des moines. La tradition se perpétua jusqu'à la Première Guerre mondiale qui mit un terme aux activités viticoles britanniques.

La production redémarra doucement dans les années 50, lorsqu'un petit groupe de viticulteurs tenta de trouver des vignes capables de s'acclimater au froid et à l'humidité. Certes, la proximité de la mer adoucit la température, mais les racines, gorgées d'eau, ne permettent pas à la vigne de donner du bon vin : il est vital de choisir un site bien drainé. Les gelées de printemps constituent un danger ; enfin, il faut abriter les vignes du vent. La vendange est difficile à programmer. En effet, le raisin doit mûrir aussi longtemps que possible, mais être cueilli avant que la pluie ou les gelées n'aient pourri les grappes.

Ces premières recherches permirent d'entreprendre une véritable viticulture commerciale au début des années 70 ; dix ans plus tard, 450 ha étaient plantés en vigne, et plus de 1 000 ha en 1994. Aujourd'hui, quelques 500 vignobles bien établis produisent environ 2 400 000 bouteilles par an.

## Les cépages et les styles de vin

La plus grande partie du vin anglais est blanc, léger, avec un parfum fleuri et une bonne acidité ; certaines exploitations commencent à élaborer des vins rouges ainsi que des mousseux. La plupart des vins doivent être bus jeunes. Toutefois, certains peuvent vieillir en

L'hiver dans les vignobles de Denbies.

bouteille pendant presque dix ans. Près de la moitié des vignobles sont plantés en hybrides allemands tels que Müller-Thurgau, Bacchus, Reichensteiner et

## RÉGIONS ET PRODUCTEURS

Au nord, la vigne est cultivée jusque dans le Yorkshire, mais en raison du climat, la plupart des vignobles sont rassemblés dans la moitié sud du pays, de la Cornouailles, à l'ouest, au Suffolk, à l'est, sans oublier le pays de Galles et les îles Anglo-Normandes. La plus forte concentration se trouve dans le Sud-Est, Kent, East Sussex et West Sussex. L'exploitation moyenne couvre 2-3 ha, mais les vignobles peuvent aller de 0,5 ha à 25 ha environ.

Le plus grand domaine viticole anglais est sans aucun doute Denbies, dans le Surrey, avec presque 100 ha. Parmi les autres producteurs, citons : Adgestone (île de Wight), Barkham Manor (East Sussex), Biddenden (Kent), Breaky Bottom (East Sussex), Carr Taylor (East Sussex), Lamberhurst (Kent), Nutbourne Manor (West Sussex), Pilton Manor (Somerset), Tenterden (Kent), Thames Valley (Berkshire), Three Choirs (Gloucestershire), Wootton (Somerset).

Schönburger. L'hybride Seyval Blanc, résistant au gel, couvre environ 13 % de la surface. Les viticulteurs, dans cette industrie encore jeune, procèdent à de nombreux essais avec une bonne trentaine d'autres cépages.

Peu de cépages à vin rouge, comme le Pinot Noir, le Triomphe d'Alsace, le Dornfelder et le Dunkelfelder, sont plantés ; la production de vins rouges et de rosés est donc assez réduite.

## La législation

Il faut distinguer entre le vin anglais et le vin britannique. Le vin anglais (ou gallois) est issu de raisin cultivé et fraîchement cueilli dans les vignobles d'Angleterre et du pays de Galles. Le vin britannique est un produit industriel fabriqué à partir de jus de raisin concentré d'importation.

La plupart des vins anglais portent l'appellation Vin de table (la législation européenne ne permet pas l'appellation de vin de qualité lorsque celui-ci est issu d'hybrides). L'*English Vineyards Association* (Association des vignobles anglais), organisme commercial qui représente la plupart des vignobles, attribue son *Gold Seal of Quality* (Sceau d'Or de Qualité) aux vins qui satisfont à une analyse et une dégustation rigoureuses par un jury de Masters of Wine. L'appellation officielle de l'Union européenne *English Vineyards Quality Wine* (vin de qualité des vignobles anglais) devrait bientôt apparaître sur les bouteilles qui la méritent, car la législation, en cours de modification, va définir les régions de vin de qualité du Royaume-Uni.

Le nom du vignoble ou de l'exploitation qui a mis le vin en bouteille figure généralement en gros caractères. L'étiquette comporte parfois aussi une description, telle que *dry white* (blanc sec) ou le nom du cépage, si celui-ci constitue au moins 85 % de l'assemblage. Si deux cépages sont cités, leur proportion peut varier, mais ils constituent à eux deux 100 % de l'assemblage. □

# INDE, CHINE, JAPON

Le vin n'a jamais fait vraiment partie de la culture de l'Inde et des pays d'Extrême-Orient, bien que la viticulture ait existé dans les régions où le climat le permettait. Quelques cépages de la famille de *Vitis vinifera* sont originaires de l'Inde et du Japon, et de nombreuses autres espèces existent sur ce continent, notamment *Vitis amurensis,* qui, croisée avec *vitifera,* a donné l'hybride chinois Beichun.

## INDE

L'Inde élabore du vin depuis 2 000 ans, mais il a fallu attendre les colons portugais du XVIᵉ siècle pour que naisse une véritable industrie organisée. Les cépages portugais de Goa donnent toujours du vin, mais ce sont surtout les imitations des nouveaux vins européens qui connaissent aujourd'hui une certaine vogue. Les cépages tels que le Chardonnay, l'Ugni Blanc, le Muscat, le Pinot Noir, le Merlot et le Cabernet-Sauvignon sont de plus en plus plantés et la technologie s'améliore.

L'Inde possède environ 50 000 ha de vignes, mais moins de 1 % d'entre elles servent à élaborer du vin (2 millions de bouteilles/an). La production est concentrée à l'est et au nord-est de Bombay, dans la région du Deccan, dont les plateaux offrent des conditions climatiques acceptables, sinon idéales, pour la viticulture. La législation obligeait autrefois les producteurs à exporter la totalité de leur vin. Depuis 1988, elle autorise la vente de 25 % de la production sur le marché national. Aujourd'hui, un certain nombre de sociétés indiennes sont liées à des investisseurs occidentaux qui les aident à exporter, en échange de quoi ces derniers peuvent s'introduire sur le marché indien fort de 800 millions de personnes.

Les vins indiens, vendus dans des bouteilles fermées par une capsule à vis, sont traditionnellement épais, sucrés. 1985 a vu la naissance de l'Omar Khayyam, un vin blanc mous-

Dans les vignes de Suntory, au Japon.

seux élaboré selon la méthode traditionnelle. Ce vin primé a fait rêver le monde international du vin, entraînant presque vers le XXIᵉ siècle l'industrie des vins de qualité qui se développe doucement.

## CHINE

La viticulture n'est pas totalement étrangère à la culture chinoise, mais elle n'a eu que peu d'importance dans l'histoire. Des vignobles furent plantés au début du XXᵉ siècle par des missionnaires européens et des marchands dans la péninsule de Shantung (Shandong) au nord-est de la Chine. La plupart des quelque 30 000 ha de vigne à vin existant aujourd'hui se trouvent toujours dans cette région, qui produit environ 12 millions de bouteilles/an. Cependant, il existe peu de statistiques précises pour confirmer l'exactitude de ces renseignements.

La plupart des vignobles chinois sont situés dans des régions au climat frais, dont la température descend à 3 °C en hiver et s'élève à 26 °C en été. Par contre, les pluies sont abondantes, surtout pendant la période de croissance, en juillet et en août. Les typhons d'été

constituent un danger. Les meilleurs vignobles sont généralement plantés sur les versants exposés au sud, sur des terres alluviales bien drainées. Les vignobles plus méridionaux, touchés par l'humidité, peuvent connaître des problèmes de pourriture.

Les cépages importés par les missionnaires – Rkatsiteli, Welschriesling, Gewürztraminer et le Muscat Noir de Hambourg – sont encore majoritaires. Traditionnellement, le Beichun, hybride rouge aux multiples qualités, assez résistant aux maladies cryptogamiques et au froid, et les cépages de raisin de table Dragon's Eye, Cow's Nipple et Cock's Heart servent tous à élaborer des vins chinois semi-doux, essentiellement blancs. Le vin le plus connu, le Kui hua chen chiew, est exporté dans tous les pays d'Extrême-Orient.

La Chine possède environ 90 exploitations, dont un tiers s'efforce de produire du vin de qualité honnête. Depuis les années 80, caractérisées par un esprit d'ouverture aux investissements étrangers, cinq multinationales financent du matériel et des experts. Les raisins produits localement sont achetés à des petits vignobles familiaux sous contrat, en attendant que les nouveaux vignobles, plantés en cépages classiques européens, parviennent à maturité.

L'objectif est la production d'assemblages de demi-secs essentiellement blancs, faciles à boire, destinés aussi bien au marché national qu'à l'exportation – les restaurants chinois du monde entier représentent un débouché non négligeable. Outre Rémy Martin, Hiram Walker et Pernod-Ricard (voir encadré p. 560), le groupe italien Impexital et Seagram s'intéressent également au partenariat avec la Chine.

Les exploitations d'État les plus avancées commencent à élaborer des vins de type occidental. Elles s'approvisionnent largement en Riesling et Chardonnay, ce qui fait monter les prix de ces cépages encore peu cultivés et rend ces vins bien plus chers que les vins traditionnels. La Chine, qui bénéficiera du marché de Hong Kong en 1997, a toutes les chances de mettre en œuvre son énorme potentiel.

# JAPON

Bien que les Japonais ne boivent pas de vin, ils pratiquent la viticulture depuis fort longtemps. En 1186, le seul cépage *vinifera* nippon, le Koshu – qui donne des vins blancs fruités –, était cultivé dans des vignobles près du mont Fuji, au sud de la vallée de Kofu et à l'ouest de Tokyo. Cette région viticole demeure la plus importante, les meilleurs vignobles étant plantés sur des sols de graviers et volcaniques, sur des versants exposés au sud. La majorité des régions viticoles japonaises se trouve dans la moitié sud de l'île principale. Au nord, l'île de Hokkaido possède deux régions viticoles, et Kyushu tout au sud en possède une.

Les cépages les plus courants sont les hybrides américains, rapportés par des Japonais, à la fin du XIX^e siècle, après des recherches effectuées à l'étranger : le Campbell's Early (rouge et terne) ; le Delaware (un blanc délicat mais acide, particulièrement adapté aux mousseux) ; le Muscat Bailey A (un hybride de Koshu et de *Vitis labrusca* qui produit des rosés acceptables). Ces cépages, ainsi que le Koshu, constituent 85 % du vignoble japonais. Le reste est planté en Sémillon, Riesling, Chardonnay, Cabernet-Sauvignon et Merlot. La surface viticole totale de 35 000 ha produit 86 640 000 bouteilles/an. Les hybrides sont mieux adaptés que les cépages européens ou asiatiques à cet archipel au climat bien différent (hivers rigoureux, typhons, mousson, vents salés) de celui du bassin méditerranéen à la même latitude. Les arômes « foxés » des vins hybrides sont partiellement masqués par les 260 g de sucre par litre autorisés par la loi – le consommateur appréciant le sucré.

Les années 70 furent celles des changements, avec l'arrivée d'experts étrangers – français et australiens –, et l'introduction de cépages français et allemands. Trois multinationales japonaises, Sanraku, Mann et Suntory, construisirent des exploitations ultramodernes pour le marché national.

Les vins sont généralement de qualité honnête, bien que manquant de caractère car la vendange a lieu durant les fortes pluies de septembre. Les vins locaux, peu chers, dont certains sont issus de cépages européens, ont connu une forte croissance et se sont mis à concurrencer les coûteux vins importés, si bien qu'il n'est pas interdit de penser que le Japon deviendra peut-être un jour un gros consommateur de vin.

Tous les vins, sauf les meilleurs vins européens, sont assemblés à des vins d'importation bon marché et portent la mention «Produce of Japan». Si le vin importé en gros constitue plus de 50 % de l'assemblage, cela doit figurer sur l'étiquette. Mais ces vins tendent à disparaître, à mesure que les vins importés sont plus largement distribués et à de meilleurs prix.                              □

## RÉGIONS ET PRODUCTEURS

### INDE
**C I Ltd**
Le multimillionnaire Sham Chougule possède une exploitation ultramoderne à 150 km de Bombay, à Narayangaon, dans les montagnes de Sahyadri. Le vignoble de 40 ha, planté pour moitié en Chardonnay, est situé sur un terrain riche en calcaire, exposé à l'est, à 750 m d'altitude, ce qui adoucit partiellement le climat chaud et sec de l'Inde.
Son vin sec mousseux, l'Omar Khayyam, fut une surprise pour les dégustateurs européens. Issu d'un assemblage constitué de 20 % de Chardonnay et d'une partie d'Ugni Blanc, il est élaboré sur les conseils d'experts étrangers – à l'origine ceux de la maison de Champagne Piper-Heidsieck.
Avec son partenaire financier Pernod-Ricard, Chougule s'apprête à lancer sur le marché indien la Marquise de Pompadour, version demi-sec de l'Omar Khayyam réalisée avec un assemblage comprenant 20 % de raisin de table Thompson Seedless. Il prépare aussi des vins tranquilles de style européen : un blanc Riviera White demi-doux (Ugni Blanc, Thompson Seedless et Chardonnay) et un rouge Riviera Red (Pinot Noir, Cabernet-Sauvignon et Bangalore Blue).

**Pimpane**
La coopérative de Pimpane près de Nasik, à 160 km au nord-est de Bombay, associée à la maison de Champagne Charbaut, produit un mousseux assez sec, issu à 100 % de Thompson Seedless. Nommé Princess Jaulke, il est vendu en France et au Royaume-Uni depuis 1992.

### CHINE
**Beijing Friendship Winery**
Cette exploitation partenaire de Pernod-Ricard produit 480 000 bouteilles de Dragon Seal blanc, un assemblage de cépages français et chinois.

**Hua Dong Winery**
Cette société, qui appartient en partie à Hiram Walker, est associée à l'exploitation d'État de Shandong Peninsula Qingdao. Des consultants australiens ont fait planter un vignoble expérimental de Chardonnay. Les vins exportés les plus connus sont les blancs Tsingtao.

**Rémy Martin**
Le premier vin blanc chinois de style moderne fut le Great Wall, élaboré en 1978, conjointement par Rémy Martin et le Bureau fermier de Tianjin. La production de Dynasty (rouge et blanc) destinée tant au marché national qu'à l'exportation totalise 1 440 000 bouteilles. Imperial Court, un blanc mousseux méthode traditionnelle issu de Chardonnay, de Pinot Noir, de Pinot Meunier et d'Ugni Blanc, est élaboré dans une exploitation près de Shanghai.

### JAPON
Les vins japonais de qualité proviennent du Château Lumière (qui appartient à la vieille entreprise familiale de Toshihiko Tsukamoto) et du Château Mercian (appartenant à Sanraku), dont les Chardonnays, Cabernets-Sauvignons et Merlots sont concentrés et profonds. Le meilleur vin de Suntory est le Château Lion, type Sauternes, issu de Sémillon botrytisé. Il est vendu à un prix comparable à celui du Château d'Yquem.

# RÉFÉRENCES

562    LES MENTIONS OBLIGATOIRES DES ÉTIQUETTES

564    LA LÉGISLATION

566    LES APPELLATIONS DE QUALITÉ

567    TABLEAUX DES MILLÉSIMES

572    LES RÉGIONS VITICOLES ET LEUR PRODUCTION

579    GLOSSAIRE

585    INDEX

# LES MENTIONS OBLIGATOIRES DES ÉTIQUETTES

Certaines mentions doivent figurer sur l'étiquette d'une bouteille de vin de qualité (contrairement à celle d'un vin de table - voir p. 566). Sont définies par la législation du pays d'origine : celles qui doivent figurer obligatoirement, celles qui peuvent figurer et, parfois, celles qui ne doivent pas figurer. Le tableau ci-dessous résume la situation chez les plus grands exportateurs de vin de qualité dans le monde au début de 1994.

**Légendes**
Obligatoire = 0
Permis = P
Interdit = X

| | FRANCE | ITALIE | ALLEMAGNE | ESPAGNE | PORTUGAL | ANGLETERRE | HONGRIE | GRÈCE | AUTRICHE | CHYPRE | ISRAËL | BULGARIE | ROUMANIE | ÉTATS-UNIS | AUSTRALIE | NOUVELLE-ZÉLANDE | CHILI | ARGENTINE | AFRIQUE DU SUD |
|---|---|---|---|---|---|---|---|---|---|---|---|---|---|---|---|---|---|---|---|
| 1 Le terme «vin» | 0/X | X | X | X | X | X | X | X | 0 | 0 | 0 | 0 | 0 | 0 | 0 | 0 | 0 | 0 | 0 |
| 2 Pays d'origine | 0 | 0 | 0 | 0 | 0 | 0 | 0 | 0 | 0 | 0 | 0 | 0 | 0 | 0 | 0 | 0 | 0 | 0 | 0 |
| 3 Appellation d'origine | 0 | 0 | 0 | 0 | 0 | 0 | 0 | 0 | 0 | 0 | P | 0 | P | 0 | P | 0 | P | 0 | 0 |
| 4 Contenance de la bouteille | 0 | 0 | 0 | 0 | 0 | 0 | 0 | 0 | P | 0 | 0 | 0 | 0 | 0 | 0 | 0 | 0 | 0 | 0 |
| 5 Teneur en alcool | 0 | 0 | 0 | 0 | 0 | 0 | 0 | 0 | 0 | P | 0 | 0 | 0 | 0 | 0 | 0 | 0 | 0 | 0 |
| 6 Nom et adresse de l'embouteilleur ou du propriétaire de la marque | 0 | 0 | 0 | 0 | 0 | 0 | 0 | 0 | 0 | 0 | 0 | 0 | P | 0 | 0 | 0 | 0 | P | 0 |
| 7 Niveau de qualité | 0 | 0 | 0 | 0 | 0 | 0 | 0 | 0 | 0 | P | P | 0 | P | 0 | P | P | P | P | X |
| 8 Mention du $SO_2$ et autres additifs | X | P | X | X | P | X | P | X | P | X | P | P | X | 0 | 0 | P | X | X | X |
| 9 Cépages | P | P | P | P | P | P | 0 | P | P | X | 0 | P | P | P | P | 0 | P | 0 | P |
| 10 Terme «domaine» (ce qui sous-entend que les vins proviennent uniquement du domaine cité) | P | P | P | P | P | P | P | P | P | X | P | P | P | P | 0 | P | P | P | 0 |
| 11 Millésime | P | P | P | P | 0 | P | 0 | P | P | X | P | P | P | P | P | 0 | P | 0 | P |
| 12 Mention «sec», «doux», «liquoreux» | P | P | P | P | P | P | 0 | P | 0 | P | 0 | 0 | P | P | P | P | P | P | P |
| 13 Agrément (analyse ou dégustation) | X | P | 0 | 0 | P | X | P | X | 0 | X | P | 0 | X | X | P | P | X | 0 | P |
| 14 Sceau d'authenticité (sur l'étiquette ou le bouchon) | 0 | P | P | P | 0 | X | P | 0 | 0 | 0 | X | P | X | X | X | X | P | X | 0 |
| 15 Nom du vignoble | P | P | P | P | P | P | P | P | P | P | X | X | P | P | P | P | P | X | P |

Les notes ci-dessous s'appliquent aux points cités dans le tableau ci-contre. Pour plus de détails sur la lecture d'une étiquette, voir p. 51.

1. **Le mot «vin»** n'a pas besoin de figurer sur les étiquettes de vin de qualité de l'Union européenne, car le système d'appellation contrôlée de chaque pays le rend inutile (voir p. 564-566). Les vins VDQS français constituent la seule exception. Tout vin importé par l'Union européenne ou produit dans un pays extérieur à l'Union doit faire figurer le mot « vin » clairement sur l'étiquette.

2. **Le pays d'origine** n'a pas besoin de figurer sur l'étiquette si le vin n'est pas destiné à l'exportation. Sinon, la mention est obligatoire pour tous les vins et tous les pays.

3. **L'appellation d'origine** est généralement basée sur une région géographique (ex. : la Rioja en Espagne) ou un cépage (ex. : Barbera d'Alba en Italie).

4. **La contenance de la bouteille** est généralement exprimée en centilitres (75 cl).

5. **La teneur en alcool** (essentiellement en alcool éthylique) est le plus souvent exprimée en pourcentage (12 %)/volume, mais peut également être exprimée en degrés (12°). Sa mention, qui doit être exacte à 0,5 % près, est désormais obligatoire dans presque tous les pays.

6. **Le nom et l'adresse** de celui qui procède à la mise en bouteilles ou du propriétaire de la marque doivent figurer sur toutes les étiquettes de l'Union européenne et la plupart des autres. Si un produit est mis en bouteilles par une société sous-traitante, la responsabilité reste celle de la société pour laquelle la mise en bouteilles est effectuée. S'il s'agit d'une marque de propriétaire, la responsabilité est celle de la société dont le nom et l'adresse figurent sur l'étiquette. Le marquage par lots est similaire : il s'agit d'un code de référence permettant de retrouver le lot exact mis en bouteilles.

7. **Le niveau de qualité** des vins de l'Union européenne fait partie du système d'appellation contrôlée (voir p. 564-566) ; il en va de même pour les autres pays utilisant un système similaire. En réalité, ce n'est pas toujours une garantie de qualité, même si tous les vins sont soumis à un agrément de dégustation.

8. **La mention de la présence de dioxyde de soufre ou d'additifs** doit désormais apparaître sur tous les vins exportés vers les États-Unis ou produits dans ce pays. Le dioxyde de soufre ($SO_2$), utilisé comme conservateur dans le vin comme dans d'autres produits alimentaires, est naturellement présent dans le corps humain. Le taux toléré par l'Union européenne est de 160 mg/l pour le vin blanc, 210 mg/l pour le rouge et 260 mg pour les vins doux, à l'exclusion du *Beerenauslese* et du *Trockenbeerenauslese*. La tendance dans le monde entier est d'en utiliser aussi peu que possible. En décembre 1993, l'Autriche a stipulé un maximum de 110 mg/l, mais tout vin qui en contient plus de 50 mg/l doit faire figurer le mot *«geschwefelt»* (contient du $SO_2$) sur l'étiquette. L'utilisation d'additifs – de produits naturels tels que l'acide ascorbique (vitamine C) et sorbique – fait l'objet d'une réglementation très stricte.

9. **Le cépage** est aujourd'hui une indication très utilisée dans le monde. Le pourcentage du (des) cépage(s) contenu(s) dans la bouteille est strictement réglementé. Les vins de l'Union européenne mentionnant un cépage doivent en contenir au minimum 85 % ; si deux cépages figurent sur l'étiquette, ils doivent constituer 100 % de l'assemblage, le cépage dominant étant cité en premier ; aucune étiquette ne peut mentionner plus de deux cépages. Dans les autres pays, le vin doit contenir 75 à 100 % du cépage nommé. Certains, notamment l'Australie, l'Autriche, la Bulgarie et le Chili, ont le droit de mentionner deux cépages.

10. **Le terme «domaine»** (signifiant un vin issu exclusivement de raisins produits sur le domaine) est généralement permis sur l'étiquette, mais il est souvent mal employé. En Afrique du Sud, par exemple, «domaine» peut être utilisé si le raisin provient d'un domaine voisin ou proche, possédant le même sol et le même microclimat.

11. **Le millésime** figurant sur l'étiquette indique qu'au moins 85 % du vin (95 % aux États-Unis) provient dudit millésime.

12. **Une mention «sec» ou «doux»** est généralement autorisée sur l'étiquette, soit en toutes lettres, soit, dans le cas des vins blancs, en symboles aujourd'hui devenus internationaux. Pour les vins effervescents européens, la mention « brut » ou « demi-sec » est obligatoire.

13. **L'agrément** par un test (dégustation/contrôle de qualité en laboratoire) a toujours été en vigueur, en France, pour les vins d'appellation et fait de plus en plus partie des mentions portées sur l'étiquette dans de nombreux pays. Toutes les étiquettes de vins de qualité allemands portent un numéro AP (*Amtliche Prüfungsnummer*). La réglementation DOCG italienne exige maintenant une dégustation avant la mise en bouteilles et après vieillissement. Le *Show System* (concours de dégustation) australien et néo-zélandais est comparable au test de dégustation.

14. **Un sceau officiel** (placé sous la capsule, sur le bouchon) est un moyen pour l'organisme de contrôle régional d'authentifier l'origine et la qualité. En Afrique du Sud et en Autriche, il s'agit d'une « bande » délivrée par le gouvernement. Il n'y a pas d'organisme officiel en Australie pour la délivrance de tels sceaux, mais un désir de réglementation existe néanmoins, comme en témoigne le logo gouvernemental des vins de qualité de la Nouvelle-Galles du Sud.

15. **Le nom du vignoble** est presque toujours autorisé, car il s'agit d'une garantie de qualité supplémentaire et il fait partie intégrante du système français, pour les grands crus de Bordeaux ou les clos de Bourgogne par exemple.

# LA LÉGISLATION

La plupart des pays producteurs de vin dans le monde possèdent une législation très stricte réglementant toutes les étapes de la production d'un vin de qualité. Pour prétendre au statut de vin de qualité, chaque vin doit se conformer à cette législation ; sinon, il sera placé dans une catégorie de qualité inférieure (voir p. 566).

**Légende**
Oui = ✔
Non = ✗
Obligatoire = O
Permis = P

| | FRANCE | ITALIE | ALLEMAGNE | ESPAGNE | PORTUGAL | ANGLETERRE | HONGRIE | GRÈCE | AUTRICHE | CHYPRE | ISRAËL | BULGARIE | ROUMANIE | ÉTATS-UNIS | AUSTRALIE | NOUVELLE-ZÉLANDE | CHILI | ARGENTINE | AFRIQUE DU SUD |
|---|---|---|---|---|---|---|---|---|---|---|---|---|---|---|---|---|---|---|---|
| 1 Indication d'origine contrôlée | ✔ | ✔ | ✔ | ✔ | ✔ | ✔ | ✔ | ✔ | ✔ | ✔ | ✔ | ✔ | ✔ | ✔ | ✔ | P | P | ✔ | ✔ |
| 2 Appellations contrôlées | ✔ | ✔ | ✔ | ✔ | ✔ | ✔ | P | ✔ | P | ✔ | ✗ | ✔ | ✔ | ✔ | ✗ | ✗ | ✔ | ✔ | ✔ |
| 3 Cépages : mention du type | ✔ | ✔ | ✔ | ✔ | ✔ | ✔ | ✔ | P | ✔ | ✔ | ✔ | ✔ | ✔ | ✔ | P | O | ✔ | ✔ | ✗ |
| mention du pourcentage | ✔ | ✔ | ✔ | ✗ | ✔ | ✔ | ✔ | ✗ | P | ✗ | ✔ | ✗ | ✗ | ✔ | P | O | P | ✗ | ✔ |
| 4 Mode de culture (autre que la densité par hectare) | ✔ | ✔ | ✔ | ✔ | ✔ | ✗ | ✔ | ✔ | ✔ | ✔ | ✔ | P | ✔ | ✔ | ✗ | ✗ | ✔ | ✔ | ✗ |
| 5 Densité de plantation (nombre de ceps par hectare) | ✔ | P | ✔ | ✔ | ✗ | ✗ | ✗ | ✗ | ✗ | ✗ | ✔ | ✔ | P | ✔ | ✗ | ✗ | ✗ | P | ✔ |
| 6 Irrigation | ✗ | P | ✗ | ✔ | ✗ | ✗ | P | ✗ | P | ✗ | ✔ | ✗ | ✔ | ✔ | ✔ | ✔ | ✔ | ✔ | ✗ |
| 7 Mode d'élaboration : mousseux | ✔ | ✔ | ✔ | ✔ | ✗ | ✔ | ✔ | ✔ | ✔ | ✗ | ✔ | ✗ | ✔ | ✗ | ✔ | ✗ | P | ✔ | ✔ |
| vins mutés | ✔ | ✔ | ✗ | ✔ | ✗ | ✗ | ✔ | ✔ | ✗ | ✔ | ✔ | ✗ | ✔ | ✗ | ✔ | ✗ | ✗ | ✔ | ✗ |
| 8 Mode d'élevage | P | ✔ | ✔ | ✔ | ✔ | ✗ | ✔ | ✔ | ✔ | ✔ | ✔ | ✔ | ✔ | ✗ | P | ✗ | P | ✔ | ✗ |
| 9 Taux de SO$_2$ ou autres additifs | ✔ | ✔ | ✔ | ✔ | ✔ | ✔ | ✔ | ✔ | ✔ | ✔ | ✔ | ✗ | ✔ | ✔ | ✔ | ✔ | ✔ | ✔ | ✗ |
| 10 Embouteillage au lieu de production | P | P | ✔ | P | ✗ | ✗ | P | ✗ | P | P | ✔ | ✔ | ✗ | ✗ | ✗ | ✗ | P | ✔ | P |
| 11 Maturité du raisin/alcool potentiel | P | ✔ | ✔ | P | ✔ | ✔ | ✔ | ✗ | ✔ | ✔ | ✔ | ✗ | ✔ | ✗ | ✗ | ✗ | ✗ | ✔ | ✗ |

Les notes ci-dessous s'appliquent aux points cités dans le tableau ci-contre.

1. **Le contrôle de l'indication d'origine** est inhérent aux systèmes d'appellation basés, comme en France, en Espagne et en Italie, sur la région ou le cépage. La plupart des pays viticoles possèdent aujourd'hui une législation exigeant que, si un village ou une région est nommé sur l'étiquette, un large pourcentage du raisin dont le vin est issu en provienne. Toutefois, dans les vignobles du Nouveau Monde, l'origine du raisin n'a que peu d'importance, et on commence tout juste à définir les meilleurs sites.

2. **Le système des appellations d'origine contrôlées** partage aujourd'hui le monde vinicole. Plusieurs pays qui possèdent depuis longtemps des systèmes d'appellations voudraient voir la réglementation s'assouplir pour pouvoir procéder à des expériences ; d'autres essayent de mettre en place un système similaire. Les appellations contrôlées françaises, allemandes, italiennes, espagnoles, portugaises, américaines et australiennes sont décrites en détail p. 567 à 578. Les appellations les plus intéressantes des autres pays sont commentées dans le chapitre concernant ledit pays.

3. **Cépages** : tous les vins de qualité de l'Union européenne doivent être issus de cépages appartenant à la famille *Vitis vinifera* « recommandés » ou « autorisés » pour cette région et, pour la production du vin concerné, par les autorités nationales. L'Angleterre se bat pour obtenir l'autorisation d'utiliser le Seyval Blanc pour les vins de qualité anglais et gallois. En tant qu'hybride franco-américain, il n'est actuellement pas autorisé. Dans des pays comme les États-Unis et le Canada, les hybrides sont autorisés, et on procède à davantage d'expériences. Toutefois, lorsqu'un cépage figure sur l'étiquette, il doit représenter un certain pourcentage (voir p. 563, note 9).

4. **Le mode de culture**, les pratiques viticoles, à l'exception de la densité de plantation, sont généralement strictement réglementés en Europe, surtout en ce qui concerne la taille, qui a une répercussion directe sur le rendement. La législation allemande est depuis longtemps basée sur le nombre de bourgeons autorisés sur la vigne (et sur le taux de sucre du moût), privilégiant le volume plutôt que la qualité. Les pays extérieurs à l'Union européenne, dont beaucoup ne possèdent qu'une industrie viticole naissante, adoptent une approche plus souple.

5. **La densité de plantation** est l'un des sujets sensibles, mais elle est rarement réglementée. Des régions traditionnellement de haute densité telles que la Bourgogne font des essais de plantation à moindre densité, alors qu'en Australie, où la faible densité constituait la norme, les nouveaux vignobles sont plantés avec un beaucoup plus grand nombre de vignes par hectare.

6. **L'irrigation** est autorisée, dans les pays de l'Union européenne, pour les vignobles nouveaux considérés comme encore au stade expérimental, tels le vignoble de Raimat en Espagne, ou le vignoble anglais où les essais sont difficiles. Par contre, les vignes d'appellation contrôlée n'ont pas droit à l'irrigation. Dans d'autres pays plus chauds, plus la qualité du vin est grande, moins la vigne est irriguée. En Australie ou au Chili, et dans des régions spécifiques comme la Wachau autrichienne ou le district de Robertson en Afrique du Sud, la viticulture ne peut être pratiquée sans un système d'irrigation – plus ou moins important – fonctionnant à certaines époques du cycle de la vigne.

7. **Le mode d'élaboration** des vins mousseux ou des vins doux naturels est en général réglementé par une législation spécifique.

8. **Le mode d'élevage** peut faire l'objet d'une réglementation pour certains vins appartenant à certaines appellations. Par exemple, le *Spätlese* autrichien doit être vieilli jusqu'au 1er mars de l'année qui suit celle de la vendange, et les vins *Prädikat* supérieurs, jusqu'au 1er mai. En Hongrie, il n'existe qu'une législation réglementant le Tokay. L'Australie a établi des lois particulières pour la maturation des vins mousseux fermentés en bouteille.

9. **Taux de dioxyde de soufre ou autres additifs.** Voir p. 563, note 8.

10. **La mise en bouteilles sur le lieu de production** est privilégiée par les autorités chargées des appellations, car elle évite certaines tentations de fraude et constitue une garantie supplémentaire d'authenticité, mais la législation de l'Union européenne ne permet pas de l'exiger. En Alsace, la mise en bouteilles sur le lieu de production est obligatoire pour des raisons historiques, tout comme à Marsala en Italie (afin d'empêcher le transport en vrac de vin de qualité inférieure). Certains styles de vin comme le mousseux doivent être mis en bouteilles dans leur cave d'élaboration pour des raisons évidentes, la seconde fermentation ayant lieu dans la bouteille dans laquelle le vin sera vendu.

Dans d'autres pays, comme l'Afrique du Sud, cette information est sujette à caution. Le nom d'un domaine peut être donné à un vin même si un camion-citerne transporte le vin fraîchement fermenté chez un grossiste ou un négociant en dehors du district, qui prend le relais de l'élevage.

11. **Maturité du raisin et degré d'alcool potentiel** : les systèmes d'appellation de certains pays et de certaines régions de ces pays exigent un degré de maturité du raisin, comme les systèmes allemands ou autrichiens (*Spätlese, Auslese*, etc.), entièrement fondés sur ce critère de taux minimal d'alcool. En France, seul le Muscadet possède un taux maximal d'alcool. En Espagne, certaines DO exigent un niveau de maturité. En Argentine, le moût, ou jus de raisin non fermenté, doit atteindre entre 10 et 14° Baumé (ce qui donne une indication approximative du degré potentiel d'alcool du vin).

# LES APPELLATIONS DE QUALITÉ

Le système d'appellation d'origine fut tout d'abord introduit en France pour protéger les vins de qualité de certaines régions traditionnelles. Depuis les années 60, d'autres pays européens ont instauré des systèmes s'inspirant des mêmes critères de sélection. L'Union européenne reconnaît normalement quatre niveaux de qualité : ce tableau montre comment établir un parallèle entre ces quatre niveaux dans divers pays.

| PAYS | VINS DE CONSOMMATION COURANTE | | VINS DE QUALITÉ | |
|---|---|---|---|---|
| | *Vin de table* | *Vin de Pays* | *Vin de qualité d'origine* | *Vin d'appellation contrôlée* |
| **France** | Vin de table | Vin de pays | Appellation d'origine vin délimité de qualité supérieure (VDQS) | Appellation d'origine contrôlée (AOC) |
| **Italie** | Vino da tavola (VDT) | Indicazione geografica tipica (IGT) | Denominazione di origine controllata (DOC) | Denominazione di origine controllata e garantita (DOCG) |
| **Allemagne** | Deutscher Tafelwein | Landwein | Qualitätswein eines bestimmten Anbaugebietes (QbA) | Qualitätswein mit Prädikat[1] (QmP) |
| **Espagne** | Vino de mesa | Vino de la tierra | Denominación de origen (DO) | Denominación de origen calificada (DOC) |
| **Portugal** | Vinho de mesa | Vinho regional | Indicação de proveniência regulamentada (IPR) | Denominaçâo de origem controlada (DOC) |
| **Angleterre** | English table wine/Welsh table wine | Nil | 1991/92 vintages = Quality wine of Southern Counties 1993 vintage = English/Welsh Vineyards Quality Wine | Nil |
| **Hongrie**[2] | Asztali Bor | TA'J Bor Country Wine | Minöségi Bor | Különleges Minöségú Bor |
| **Grèce** | Table wine. Cava | Vin de pays | Appellation contrôlée d'origine (vin doux) Appellation contrôlée d'origine de qualité supérieure (vin sec) | Réserve ou Grande Réserve |

1 Le *Prädikat*, ou distinction, recouvre six niveaux de maturité et de qualité : Kabinett, Spätlese, Auslese, Beerenauslese, Trockenbeerenauslese, Eiswein.

2 La Hongrie a posé sa candidature pour devenir membre de l'Union européenne.

# TABLEAUX DES MILLÉSIMES

Chaque cépage, chaque parcelle de vigne, chaque cru, chaque appellation offre de telles différences, d'un millésime à l'autre, que toute généralisation est approximative. Voici cependant quelques indications : la colonne « Garde » indique la maturité : « B » signifie « à boire maintenant » ;

« D », « a probablement dépassé son apogée et est sur son déclin » ; « G » signifie « à boire maintenant, mais peut encore être gardé » ; « L » signifie « laisser en cave » (« L10+ » donne une estimation de l'époque vraisemblable de maturité du millésime). Les notes vont de 1 à 10.

## BORDEAUX
### Rouges : Médocs et Graves

La cotation concerne les grands crus ; les autres vins seront prêts à être bus plus tôt. Les millésimes récents ont un fruit qui semble se développer plus rapidement, sauf pour les années les plus mûres. Voir aussi p. 144, 154.

| | Note | Garde | Commentaires |
|---|---|---|---|
| 1996 | 8 ? | L10+ | Beau millésime classique, avec de superbes Cabernet-Sauvignon. Très prometteur. |
| 1995 | 9 | L10+ | Année exceptionnelle, avec quelques vins brillants. |
| 1994 | 8 | L6+ | Malgré les pluies en septembre, les vins promettent. |
| 1993 | 7 | L5+ | Les pluies de septembre ont nui à la bonne maturité des Cabernets. |
| 1992 | 6 | G | Vendange importante, les vins sont légers mais bien équilibrés. |
| 1991 | 5 | B | Gel de printemps et pluies ont marqué ce petit millésime. |
| 1990 | 9 | L10+ | Superbes vins, bien construits avec des tanins concentrés d'une grande finesse. |
| 1989 | 9 | G | Année de vendange très mûre. Les vins sont opulents mais inégaux. |
| 1988 | 8 | L10+ | Millésime classique fruité. |
| 1987 | 6 | B | Temps maussade, les raisins manquaient de maturité. |
| 1986 | 8 | G | Vendanges très mûres. Belle concentration de tanins. |
| 1985 | 8 | G | Très beau millésime classique, très fruité avec des tanins souples. |
| 1983 | 9 | G | Une année de vins dont les puissants tanins se sont assouplis. |
| 1982 | 10 | G | Très beau millésime de raisins très mûrs. |
| 1981 | 7 | B | Un millésime classique, aux vins un peu légers. |
| 1979 | 7 | B | Année très inégale d'un cru à l'autre. |
| 1978 | 8 | G | Millésime élégant. |
| 1976 | 8 | B | La chaleur et la surmaturation ont donné des vins inégaux. |
| 1975 | 9 | G | Année de concentration tannique. |

## BORDEAUX
### Rouges : Saint-Émilion et Pomerol

Ces vins de la « Rive droite » se développent différemment de ceux de Médoc et des Graves. La plupart des vins parviennent plus vite à maturité. Voir aussi p. 167, 173.

| | Note | Garde | Commentaires |
|---|---|---|---|
| 1996 | 7 ? | L4+ | Plus inégal que pour les Médocs à cause des vendanges pluvieuses, mais quelques très bons vins. |
| 1995 | 9 | L10+ | Très belle maturité pour les Merlots. Excellents vins. |
| 1994 | 8 | L5+ | L'été chaud a produit des vins mûrs, avec des Merlots très réussis. |
| 1993 | 6 | G | Très beaux Merlots, les Pomerols sont excellents. |
| 1992 | 5 | G | Année pluvieuse, vins moyens. |
| 1991 | 5 | B | Gel et pluie, très peu de bons vins. |
| 1990 | 10 | L8+ | Superbe année de grande concentration. |
| 1989 | 9 | G | Année mûre avec des vins assez tanniques. |
| 1988 | 9 | G | Très bonne année qui reste sur une belle structure fruitée. |
| 1987 | 6 | B | Année moyenne avec de bons Merlots, meilleure qu'en Médoc. |
| 1986 | 8 | G | Millésime de grande maturité. |
| 1985 | 8 | G | Superbe millésime avec une belle extraction de fruit. |
| 1983 | 8 | G | Bonne année avec des vins inégaux. |
| 1982 | 10 | G | Année de vins très concentrés. |
| 1981 | 7 | B | Millésime assez réussi. |
| 1979 | 7 | B | Bonne année pour les meilleurs crus. |
| 1978 | 7 | B | Millésime fruité avec de bons vins. |
| 1976 | 8 | B | Année très chaude avec de grandes disparités de cru à cru. |
| 1975 | 9 | G | Année de grande puissance tannique. |

## BORDEAUX
### Blancs secs

Les commentaires s'appliquent aux crus classés de Graves. Les meilleurs Graves blancs sont des vins très séduisants dans les premières années de vie pour devenir très complexes après 10 ans. Voir aussi p. 154.

|      | Note | Garde | Commentaires |
|------|------|-------|--------------|
| 1996 | 8 ?  | L8+   | Vins finement équilibrés, puissants, bien structurés. |
| 1995 | 8    | L8+   | Vins puissants et très fins, comme en 1988. |
| 1994 | 7    | L4+   | Vins bons, bien équilibrés. |
| 1993 | 6    | G     | Très beaux vins très fruités. |
| 1992 | 7    | G     | Un millésime inégal. |
| 1990 | 9    | G     | Superbe année de blancs élégants. |
| 1989 | 9    | G     | Année mûre avec des vins opulents. |
| 1988 | 8    | G     | Millésime avec des vins amples. |
| 1986 | 7    | B     | Bon millésime qui manque d'acidité. |

## BORDEAUX
### Sauternes

Le Sauternes et le Barsac ont connu une décennie faste à partir de 1980. Les millésimes diffèrent quant à la quantité et à la qualité de raisins botrytisés, qui augmentent la concentration et le caractère des vins. En fonction des caprices de la nature, les vins liquoreux sont excellents ou plus ou moins médiocres. Voir aussi p. 159.

|      | Note | Garde | Commentaires |
|------|------|-------|--------------|
| 1996 | 9 ?  | L8+   | Millésime très fin. Octobre favorable au botrytis. |
| 1995 | 9    | L8+   | Développement très rapide du botrytis dans la première quinzaine d'octobre. |
| 1994 | 8    | L6+   | Encore une petite récolte, mais bonne là où la sélection a été rigoureuse. |
| 1993 | 7    | L6+   | Petite récolte de bons vins. |
| 1992 | 6    | G     | Toute petite année. |
| 1990 | 10   | G     | Superbe millésime de vins très concentrés d'une rare élégance. |
| 1989 | 10   | G     | Excellent millésime de vins classiques et racés. |
| 1988 | 9    | G     | Très bon millésime. |
| 1986 | 8    | G     | Très belle année ; les meilleurs crus sont à garder. |
| 1985 | 7    | B     | Année bien équilibrée. |
| 1984 | 6    | D     | Beaux vins fruités. |
| 1983 | 10   | G     | Très grande année de vins opulents. |
| 1982 | 7    | B     | Peu de botrytis, mais des vins agréables. |
| 1981 | 6    | D     | Belle année diluée par les pluies. |
| 1980 | 7    | B     | Bonne année. |
| 1978 | 7    | B     | Bonne année, mais sans botrytis. |
| 1976 | 9    | B     | Grande année de vins opulents très concentrés. |
| 1975 | 10   | G     | L'un des millésimes du siècle. |

## BOURGOGNE
### Rouges

Dans cette région, de nombreux viticulteurs et négociants élaborent des vins très différents, et les variations du climat peuvent causer de grandes différences à l'intérieur même de la région. Les commentaires sont fondés sur les premiers crus de la Côte d'Or. Voir aussi p. 177.

|      | Note | Garde | Commentaires |
|------|------|-------|--------------|
| 1996 | 9 ?  | L8+   | Récolte irrégulière, mais les vins les plus fins seront remarquables. |
| 1995 | 8    | L6+   | Bons vins, finement fruités, belle couleur. |
| 1994 | 6    | G     | Vins variables à cause du mauvais temps, corrects, voire bons. |
| 1993 | 7    | G     | Bon millésime. |
| 1992 | 7    | B     | Une année moyenne. |
| 1991 | 6    | B     | Beau millésime mais petite production (gel). |
| 1990 | 9    | L8+   | Troisième grande année de suite. |
| 1989 | 9    | G     | Excellents vins, très concentrés. |
| 1988 | 9    | G     | Très grande année, avec des vins racés, de grande garde. |
| 1987 | 7    | B     | Vins légers mais fruités. |
| 1986 | 6    | B     | Millésime inégal avec quelques très bons vins. |
| 1985 | 8    | B     | Une belle année de vins mûrs, équilibrés et fruités. |
| 1983 | 8    | B     | Bonne année, avec des disparités. |
| 1980 | 5    | B     | Année moyenne avec quelques bons vins en Côte de Nuits. |
| 1978 | 9    | B     | Excellente année avec une petite récolte de très bons vins. |

## BOURGOGNE
### Blancs

Les notes concernent avant tout les crus de la Côte de Beaune. Les vins de Chablis font l'objet d'une mention en bas du tableau. Voir aussi p. 177.

|      | Note | Garde | Commentaires |
|------|------|-------|--------------|
| 1996 | 8 ?  | L6+   | Millésime exceptionnel, très sucré et finement acide, pas aussi concentré que 1990. |
| 1995 | 9    | L9+   | Petite récolte, vins superbement bien équilibrés avec une concentration exceptionnelle, comme en 1990, mais plus forte en alcool. |
| 1994 | 7    | G     | Meilleur millésime que 1993 et que les rouges de 1994. |
| 1993 | 6    | G     | Un bon millésime fruité. |
| 1992 | 8    | G     | Bonne année de vins classiques. |

**Légende** : B : à boire maintenant ; D : a probablement dépassé son apogée ; G : à boire maintenant mais peut être gardé ; L : à laisser en cave ; L10+ : nombre d'années présumées entre la vendange d'un vin et sa maturité.

| | | | |
|---|---|---|---|
| 1991 | 7 | B | Millésime de vins équilibrés. |
| 1990 | 8 | G | Troisième grande année de suite : vins amples et racés. |
| 1989 | 9 | B | Très grande année de vins très corsés. |
| 1988 | 8 | D | Beau millésime, vins légers et fruités. |
| 1986 | 7 | B | Bon millésime. |
| 1985 | 7 | B | Année très mûre avec des vins lourds, manquant parfois d'élégance. |
| 1983 | 9 | B | Grand millésime avec des vins puissants. |
| 1982 | 7 | D | Belle année de vins classiques. |

Chablis : 1996 et 1995 sont des millésimes exceptionnels, à garder. 1993 et 1994 sont de bons millésimes. Le millésime 1992 est marqué par des vendanges importantes, des vins amples et gras. La récolte 1991 fut réduite par le gel, mais certains crus devraient être excellents. 1990 est une très bonne année pour les grands crus qui méritent d'être laissés quelques années en cave. À noter quelques excellents millésimes plus anciens de premiers et grands crus : 1989, 1988, 1986, 1985 et 1983.

## CHAMPAGNE

Les vins portant un millésime ne sont produits par les très grandes maisons que les très bonnes années.

Le Champagne millésimé d'une grande année d'une grande marque mérite de passer une dizaine d'années en cave avant d'être commercialisé.

1996 devrait être un grand millésime comme 1995 et le trio 1988, 1989 et 1990. Mais il existe encore de nombreux stocks de millésimes plus anciens. 1985 est un très beau millésime élégant et fruité. 1983 est moins expressif, et mieux réussi dans les cuvées de raisins noirs. 1982 reste somptueux, surtout dans les cuvées de Chardonnay à 100 %. 1979 est un autre millésime excellent dans les assemblages de crus de Pinot Noir. Voir aussi p. 209.

## ALSACE

La plupart des vins d'Alsace de tous les jours peuvent être bus après 1 à 4 ans ; les vins de Vendanges tardives et de Sélection de Grains nobles peuvent se garder plus longtemps. Voir aussi p. 218.

| | Note | Garde | Commentaires |
|---|---|---|---|
| 1996 | 8 | L4+ | Vins secs classiques, fins et bien structurés, mais année passable pour le botrytis. |
| 1995 | 7 | L3+ | Bon millésime, vins concentrés. |
| 1994 | 6 | G | Millésime gâché par la pluie. |

| | | | |
|---|---|---|---|
| 1993 | 6 | G | Une récolte plus petite et meilleure que 1992. |
| 1992 | 5 | B | Vendanges abondantes. |
| 1991 | 7 | D | Année de bons vins légers et fruités. |
| 1990 | 8 | G | Bon millésime de vins classiques. |
| 1989 | 10 | G | Très grand millésime. |
| 1988 | 9 | G | Année de grande maturation. |
| 1985 | 8 | B | Une grande année de vins riches, fruités et racés. |
| 1983 | 10 | G | Superbe millésime avec des vins très concentrés. |

## LOIRE

Les vins secs de Pouilly et de Sancerre, issus de Sauvignon, atteignent leur apogée, à de rares exceptions près, dans les deux années qui suivent leur vendange. Les grands millésimes des vins doux d'Anjou et de Touraine issus de Chenin Blanc peuvent se bonifier en bouteille des dizaines d'années. Voir aussi p. 225.

| | Note | Garde | Commentaires |
|---|---|---|---|
| 1996 | 9 | L6+ | Deuxième millésime excellent consécutif. |
| 1995 | 9 | L6+ | Millésime superbe, vins blancs doux exceptionnels. |
| 1994 | 7 | B | Quelques bons rouges, quelques vins doux très fins. |
| 1993 | 7 | B | Année moyenne. |
| 1992 | 5 | D | Un millésime généreux en quantité mais léger en qualité. |
| 1990 | 9 | G | Un grand millésime pour les grands vins moelleux ou liquoreux. |
| 1989 | 10 | B | Le millésime du siècle. Le summum pour les vins liquoreux issus de Chenin Blanc. |
| 1988 | 9 | B | Un superbe millésime classique. |
| 1986 | 7 | B | Bon millésime pour les vins rouges. |
| 1985 | 8 | G | Excellent millésime. |

Parmi les grandes années des vins d'Anjou et de Vouvray qui méritent d'être gardés en cave, il faut citer : 1978, 1976, 1975, 1964 et 1959.

## RHÔNE
### Rouges

Les conditions climatiques peuvent varier entre le nord et le sud du Rhône. Le tableau des millésimes concerne les vins du nord issus de Syrah, qui méritent d'être gardés ainsi que les vins comme le Châteauneuf-du-Pape et le Gigondas au sud. Voir aussi p. 241.

Légende : B : à boire maintenant ; D : a probablement dépassé son apogée ; G : à boire maintenant mais peut être gardé ; L : à laisser en cave ; L10+ : nombre d'années présumées entre la vendange d'un vin et sa maturité.

| | Note | Garde | Commentaires |
|---|---|---|---|
| 1996 | 7 | L3+ | Millésime banal, récolte abondante mais peu mûre. Excellents blancs. |
| 1995 | 9 | L8+ | Très bon millésime, vins puissants et bien structurés. |
| 1994 | 7 | G | Variable, vendanges pluvieuses. |
| 1993 | 6 | G | Une meilleure année au sud qu'au nord, avec des vins blancs meilleurs que les rouges. |
| 1992 | 7 | B | Millésime sans gloire. |
| 1991 | 6 | B | Une année gâchée par la pluie, mais vins meilleurs, sinon grands, au nord. |
| 1990 | 9 | G | Excellent millésime. |
| 1989 | 9 | G | Une grande année de concentration tannique. |
| 1988 | 10 | G | Millésime du siècle. |
| 1986 | 6 | D | Millésime gâché par la pluie. |
| 1985 | 8 | G | Un grand millésime classique. |
| 1983 | 10 | G | Très grand millésime pour les rouges du nord. |
| 1982 | 8 | B | Bonne année chaude et sèche. |

## ALLEMAGNE
### Moselle

Ici, les millésimes diffèrent en qualité et aussi en style : traditionnellement, les années chaudes sont les meilleures, produisant beaucoup de vin moelleux ou liquoreux. Les années plus fraîches, avec de bons vins *Kabinett*, ne sont pas à dédaigner. Voir aussi p. 312.

| | Note | Garde | Commentaires |
|---|---|---|---|
| 1996 | 7 | L5+ | Petite récolte de qualité inégale. Les meilleurs Rieslings ont été cueillis fin octobre ou novembre. |
| 1995 | 8 | L5+ | Initialement trop acide, mais récolte bien mûre. Quelques Eiswein. |
| 1994 | 9 | L5+ | De bons à excellents. Les Rieslings sont fins et équilibrés. |
| 1993 | 8 | G | Bon millésime malgré des conditions difficiles. |
| 1992 | 8 | B | Bon millésime. |
| 1991 | 7 | B | Millésime affecté par le gel. |
| 1990 | 10 | G | Peut-être le meilleur millésime du trio de la fin de la décennie. |
| 1989 | 9 | G | Vendange abondante. |
| 1988 | 9 | G | Grand millésime. |
| 1986 | 7 | G | Année inégale. |
| 1985 | 8 | G | Bonne année pour les vins moelleux. |

Parmi les meilleurs millésimes antérieurs à garder, il faut citer : 1983, 1976, 1975, 1971, 1964, 1959.

## RÉGIONS DU RHIN

Des différences subtiles mais importantes existent entre la Moselle et le Rhin : les vins du Rhin, surtout les vins du Rheingau, vieillissent normalement plus longtemps – disons 12 ans et plus pour les très grands millésimes ; en revanche, les vins de la Hesse rhénane se gardent rarement plus de 8 ans. Voir aussi p. 318.

| | Note | Garde | Commentaires |
|---|---|---|---|
| 1996 | 8 | L5+ | Bons Auslese et Beerenauslese dans le Rheingau, moyenne qualité dans le Pfalz. |
| 1995 | 7 | L3+ | Vins variables, vendanges précoces dues à la pourriture. |
| 1994 | 7 | G | Variables, très bons dans le Pfalz, peu de bons vins dans le Rheingau. |
| 1993 | 7 | G | Millésime de qualité inégale. |
| 1992 | 7 | B | Année de récolte abondante. |
| 1990 | 10 | G | Très grande année. |
| 1989 | 9 | G | Excellent millésime, mais inégal. |
| 1988 | 7 | B | Une moins bonne année que pour les vins de Moselle. |

Parmi les millésimes antérieurs qui méritent notre attention, il faut citer : 1983, 1976, 1975, 1971, 1964, 1959.

## TOSCANE
### Rouges

Les Chianti Classico et Ruffino, les Brunello di Montalcino, et les « super *vini da tavola* », toujours plus nombreux, sont des vins à garder. Ce tableau les concerne. Voir aussi p. 375.

| | Note | Garde | Commentaires |
|---|---|---|---|
| 1996 | 7 ? | L5+ | Variable. Des Chianti bien mûrs, aux couleurs profondes. |
| 1995 | 8 | L6+ | Très bon millésime. |
| 1994 | 9 | L5+ | De bon à excellent pour les vins DOCG et les *vini da tavola*. |
| 1993 | 8 | L5+ | Bon millésime. |
| 1992 | 7 | B | Millésime honnête. |
| 1991 | 6 | D | Vendange moyenne. |
| 1990 | 9 | G | Grande année. |
| 1989 | 6 | D | Année légère. |
| 1988 | 9 | G | Très bonne année. |
| 1986 | 8 | B | Bon millésime. |
| 1985 | 10 | G | Excellent millésime classique. |

Parmi les bons millésimes antérieurs, il faut citer, pour les rouges : 1983, 1978, 1971, 1968, 1967.

Il faut aussi noter que les blancs de 1994 et 1993 ont été particulièrement réussis pour l'Ombrie et la Toscane.

**Légende** : B : à boire maintenant ; D : a probablement dépassé son apogée ; G : à boire maintenant mais peut être gardé ; L : à laisser en cave ; L10+ : nombre d'années présumées entre la vendange d'un vin et sa maturité.

## PIÉMONT
### Rouges

Les rouges Barolo et Barbaresco du Piémont ont besoin de maturité en bouteille, bien que certains vignerons adoptent un style de vinification qui donne des vins à boire plus jeunes. Voir aussi p. 359.

| | Note | Garde | Commentaires |
|---|---|---|---|
| 1996 | 8 ? | L8+ | Millésime de très bonne qualité. |
| 1995 | 7 | L6+ | Les vendanges tardives du Nebbiolo ont produit des vins de très bonne qualité. |
| 1994 | 7 | G | Variable, meilleur dans le Barolo. |
| 1993 | 7 | L5+ | Millésime inégal. |
| 1992 | 6 | G | Petite année avec des vins légers. |
| 1990 | 9 | L8+ | Très bonne année. |
| 1989 | 7 | B | La quantité a été réduite par la grêle, mais la qualité est bonne. |
| 1988 | 8 | G | Très bon millésime pour les meilleurs crus. |
| 1986 | 8 | B | Bonne année avec une petite récolte. |
| 1985 | 9 | G | Très grand millésime, surtout pour le Barolo. |

Parmi les meilleurs millésimes antérieurs de Barolo, il faut citer : 1982, 1978, 1971 et 1964.

## PORTO VINTAGE (MILLÉSIMÉ)

Le millésime est d'une telle importance pour les marques de Porto qu'elles ne choisissent de le déclarer que pour des années exceptionnelles en sélectionnant les meilleurs vins des meilleurs crus. Le terme anglais « vintage », qui signifie à la fois la vendange et le millésime, a été adopté par les Portugais pour des raisons historiques qui datent de l'époque où le commerce des vins de Porto était dominé par les Anglais. Le Porto millésimé est destiné à vieillir longtemps en bouteille.

Une note ne peut généralement être donnée avant que le vin ait été mis en bouteilles (après deux ans de vieillissement en fût) et vieilli pendant quelques années, car son caractère peut changer (voir 1975). Un point d'interrogation dans le tableau signifie qu'il est trop tôt pour estimer la qualité. Certaines maisons déclarent les vins d'une seule *quinta* les années non millésimées. Ceux-ci seront vraisemblablement à maturité au bout de 8 à 12 ans. Voir aussi p. 441.

| | Note | Garde | Commentaires |
|---|---|---|---|
| 1996 | ? | ? | Récolte abondante de qualité relativement bonne. Déclaration générale improbable. |

| | Note | Garde | Commentaires |
|---|---|---|---|
| 1995 | ? | ? | Qualité et quantité feront peut-être une année de Vintage. |
| 1994 | 9 | L20+ | Petite récolte de vins excellents : Vintage. |
| 1992 | 8 | L12+ | Sans doute un très grand Vintage. |
| 1991 | 7 | L12+ | Vintage de grande extraction. |
| 1985 | 8 | L12+ | Très bonne année classique. |
| 1983 | 7 | L10+ | Une bonne année. |
| 1982 | 7 | L12+ | Excellent millésime pour certaines maisons, décevant pour d'autres. |
| 1980 | 7 | L12+ | Année moyenne avec des vins qui manquent de concentration mais qui évoluent rapidement. |
| 1978 | 7 | L20+ | Millésime qui commence à révéler son fruit, mais reste encore très fermé et un peu mince. |
| 1977 | 10 | L20+ | Grand Vintage classique, qui reste un « monstre » de concentration. |
| 1975 | 7 | L20+ | Vintage très controversé qui commence à révéler son fruit. |
| 1970 | 8 | L20+ | Très grand Vintage classique. |

Les meilleurs Portos Vintage ont une telle concentration qu'ils ont une durée de vie étonnante. Les millésimes suivants sont tous excellents et devraient pouvoir survivre jusqu'à l'an 2000 : 1967, 1966, 1963, 1960, 1955, 1945.

## CALIFORNIE

La taille immense des vignobles californiens et la grande variété des conditions climatiques rendent difficile une bonne appréciation des millésimes. Ces commentaires concernent surtout les régions de Napa et de Sonoma. Voir aussi p. 471.

| | Note | Garde | Commentaires |
|---|---|---|---|
| 1996 | 7 | L3+ | Petite récolte de très bonne qualité. |
| 1995 | 8 | L4+ | Bonne qualité mais les blancs sont un peu justes. |
| 1994 | 8 | G | Bons rouges provenant d'une petite récolte. |
| 1993 | 7 | B | Millésime de qualité inégale. |
| 1992 | 6 | B | Année de maturation précoce. |
| 1991 | 9 | B | Bons rouges à garder. |
| 1990 | 8 | G | Très beau temps. |
| 1989 | 7 | B | Bon millésime. |
| 1988 | 6 | D | Récolte modeste et précoce. |
| 1987 | 9 | B | Encore une petite récolte. |
| 1986 | 7 | D | Rouges classiques et agréables. |
| 1985 | 9 | B | Conditions idéales. |

Parmi les millésimes antérieurs très réussis pour le Cabernet-Sauvignon, citons 1980, 1978, 1974 et 1970.

**Légende** : B : à boire maintenant ; D : a probablement dépassé son apogée ; G : à boire maintenant mais peut être gardé ; L : à laisser en cave ; L10+ : nombre d'années présumées entre la vendange d'un vin et sa maturité.

# LES RÉGIONS VITICOLES ET LEUR PRODUCTION

Les pages suivantes listent les statistiques des zones viticoles des grands pays producteurs du monde, lorsque ces chiffres sont disponibles. Les chiffres expriment la production de vin (en hectolitres ou hl) et parfois le nombre d'hectares (ha) plantés en vigne. Les chiffres d'une région peuvent être imprécis, car ils incluent des vignobles qui ne produisent pas.

## LES APPELLATIONS CONTRÔLÉES EN FRANCE

Ces zones sont listées par ordre alphabétique, avec la région ou le type de vin et la (les) couleur(s) de vin produit. (Voir aussi p. 132-134.)
Les régions sont : l'Alsace (Als.), le Bordelais (Bord.), la Bourgogne (Bourg.), la Champagne (Ch.), la Loire, le Jura et la Savoie (J. et S.), le Midi, la Provence et la Corse (P.-C.), le Rhône, le Sud-Ouest (S.-O.), VDN, Vins Doux Naturels. R, ros, B, Ef signifient rouge, rosé, blanc, mousseux.
Un astérisque (*) indique un VDQS.

Ajaccio ...........................P.-C. ....R, ros, B
Aloxe-Corton ...............Bourg. ..R, B
Alsace *Grand Cru* ..........Als. ......B
Alsace ou vin d'Alsace ..Als. ......B (R, ros)
Anjou ..........................Loire ....ros, B (R)
Anjou Coteaux
    de la Loire ................Loire.....B
Anjou Gamay................Loire.....R
Anjou *mousseux/pétillant* .Loire .....Ef
Anjou-Villages ...............Loire.....R
Arbois ..........................J. et S. ..R, ros, B
Arbois *mousseux*............J. et S. ..Ef
Arbois Pupillin...............J. et S. ..R, B, ros
Auxey-Duresses ...........Bourg. .R, B
Bandol..........................P.-C. ....R, ros (B)
Banyuls ........................VDN ....R, ros, B
Banyuls *Grand Cru* ........VDN ....R
Banyuls *Grand*
    *Cru* Rancio ...............VDN ....R
Banyuls Rancio...........VDN ....R, ros, B
Barsac...........................Bord. ....B
Bâtard-Montrachet........Bourg. ..B
Béarn.............................S.-O. ....R, ros, B
Béarn-Bellocq ...............S.-O. ....R, B, ros
Beaujolais......................Bourg. ..R (B)
Beaujolais Supérieur......Bourg. ..R (B)
Beaujolais-Villages ........Bourg. ..R
Beaune ..........................Bourg. ..R (B)
Bellet.............................P.-C. .....R, ros, B
Bergerac, Bergerac Sec ..S.-O. ....R, B
Bienvenues Bâtard-
    Montrachet................Bourg. ..B
Blagny ..........................Bourg. ..R, B
Blanc Fumé de Pouilly...Loire.....B

Blanquette de Limoux...Midi .....Ef
Blanquette
    *méthode ancestrale* .......Midi .....Ef
Blaye ou Blayais ...........Bord. ....R, B
Bonnes Mares................Bourg. ..R
Bonnezeaux...................Loire.....B
Bordeaux ......................Bord. ....R, B
Bordeaux Clairet ..........Bord. ....R
Bordeaux Côtes
    de Francs...................Bord. ....R, B
Bordeaux Haut-Benauge .Bord. ....B
Bordeaux *mousseux*........Bord. ....Ef
Bordeaux rosé................Bord. ....ros
Bordeaux sec .................Bord. ....B
Bordeaux Supérieur.......Bord. ....R, B
Bordeaux Supérieur
    Clairet......................Bord. ....R
Bordeaux Supérieur rosé .Bord. ....ros
Bourg ou Bourgeais ......Bord. ....R, B
Bourgogne ....................Bourg. ..R, B (ros)
Bourgogne Aligoté ........Bourg. ..B
Bourgogne Aligoté
    de Bouzeron .............Bourg. ..B
Bourgogne Clairet .........Bourg. ..ros
Bourgogne Clairet
    Côte Chalonnaise .....Bourg. ..ros
Bourgogne Clairet Hautes
    Côtes de Beaune........Bourg. ..R
Bourgogne Clairet Hautes
    Côtes de Nuits .........Bourg. ..R
Bourgogne Côte
    Chalonnaise...............Bourg. ..R, B
Bourgogne Grand
    Ordinaire ..................Bourg. ..R, B
Bourgogne Grand
    Ordinaire Clairet ......Bourg. ..R
Bourgogne Grand
    Ordinaire Rosé .........Bourg. ..ros
Bourgogne Hautes
    Côtes de Beaune ......Bourg. ..R, B
Bourgogne Hautes
    Côtes de Nuits .........Bourg. ..R, B
Bourgogne Irancy.........Bourg. ..R
Bourgogne *mousseux*......Bourg. ..Ef
Bourgogne Ordinaire ....Bourg. ..R, B (ros)
Bourgogne Ordinaire
    Clairet......................Bourg. ..ros
Bourgogne Ordinaire
    Rosé .........................Bourg. ..ros
Bourgogne

Passetoutgrains..............Bourg. ..R (ros)
Bourgogne Rosé ...........Bourg. ..ros
Bourgogne Rosé
    Côte Chalonnaise .....Bourg. ..ros
Bourgogne Rosé Hautes
    Côtes de Beaune ........Bourg. ..ros
Bourgogne Rosé Hautes
    Côtes de Nuits ...........Bourg. ..ros
Bourgueil .....................Loire.....R
Brouilly ........................Bourg. ..R
Buzet............................S.-O......R, ros, B
Cabardès* .....................Midi .....R, ros
Cabernet d'Anjou .........Loire.....R
Cabernet de Saumur ......Loire.....ros
Cadillac.........................Bord. ....B
Cahors .........................S.-O......R
Cassis............................P.-C. .....R, B, ros
Cérons .........................Bord. ....B
Chablis .........................Bourg. ..B
Chablis *Grand Cru*........Bourg. ..B
Chablis *Premier Cru* ......Bourg. ..B
Chambertin ..................Bourg. ..R
Chambertin Clos de Bèze.Bourg. ..r
Chambolle-Musigny .....Bourg. ..R (B)
Champagne ..................Ch. ......Ef
Chapelle-Chambertin ...Bourg. ..R
Charlemagne ................Bourg. ..B
Charmes-Chambertin...Bourg. ..R
Chassagne-Montrachet..Bourg. ..R, B
Château Châlon ...........J. et S. ..B
Château Grillet.............Rhône ..B
Châteaumeillant* .........Loire.....R, ros
Châteauneuf-du-Pape ..Rhône ..R, B
Châtillon-en-Diois .......Rhône ..R, ros, B
Chénas ..........................Bourg. ..R
Chevalier-Montrachet ..Bourg. ..B
Cheverny* ....................Loire.....R, ros, B
Chinon .........................Loire.....R
Chiroubles ...................Bourg. ..R
Chorey-lès-Beaune........Bourg. ..R
Clairette de Bellegarde..Midi .....B
Clairette de Die ............Rhône ..B
Clairette de Die *mousseux*Rhône ..Ef
Clairette du Languedoc..Midi .....B
Clos de la Roche .........Bourg. ..R
Clos de Tart..................Bourg. ..R
Clos de Vougeot...........Bourg. ..R
Clos des Lambrays........Bourg. ..R
Clos Saint-Denis ..........Bourg. ..R
Collioure.......................Midi .....R

Condrieu ......................Rhône ..B
Corbières .....................Midi .....R (ros, B)
Cornas ..........................Rhône ..R
Corton ..........................Bourg. ..R
Corton-Charlemagne ....Bourg. ..B
Costières de Nîmes .......Midi .....R (ros, B)
Côte de Beaune .............Bourg. ..R, B
Côte de Beaune-Villages .Bourg. ..R, B
Côte de Brouilly ............Bourg. ..R
Côte de Nuits-Villages ...Bourg. ..R (B)
Côte Rôtie ....................Rhône ..R
Coteaux d'Aix-en-Provence .P.-C. .....R, ros, B
Coteaux d'Ancenis* ......Loire.....R, ros, B
Coteaux de l'Aubance ..Loire.....B
Coteaux de Pierrevert*..Rhône ..R, ros, B
Coteaux de Saumur ......Loire.....B
Coteaux du Giennois
    Cosne-sur-Loure* ......Loire.....R, ros, B
Coteaux du Giennois* ..Loire.....R, ros, B
Coteaux du Languedoc ..Midi .....R, ros, B
Coteaux du Layon .......Loire.....B
Coteaux du Layon-
    Chaume ....................Loire.....B
Coteaux du Loir ...........Loire.....R, ros, B
Coteaux du Lyonnais ....Bourg. ..r, ros (B)
Coteaux du Tricastin ....Rhône ..R, ros, B
Coteaux du Vendômois*Loire.....R, ros, B
Coteaux Varois..............P.-C. .....R, ros, B
Coteaux Champenois ...Ch. .......R, ros, B
Côtes Canon-Fronsac
    or Canon-Fronsac ......Bord. ....R
Côtes d'Auverge* .........Loire.....R, ros, B
Côtes de Bergerac .........S.-O.....R, ros, B
Côtes de Bergerac
    moelleux ....................S.-O.....B
Côtes de Blaye .............Bord. ....B
Côtes de Bordeaux
    Saint-Macaire ...........Bord. ....B
Côtes de Bourg.............Bord. ....R, B
Côtes de Castillon........Bord. ....R
Côtes de Duras.............S.-O.....R, ros, B
Côtes de la Malepère*..Midi .....R, ros
Côtes de Montravel ......S.-O.....B
Côtes de Provence ........P.-C. .....R, ros, B
Côtes de Saint-Mont* ...S.-O.....R, ros, B
Côtes de Toul* .............Als........R, ros, B
Côtes du Brulhois*........S.-O.....R, ros
Côtes du Cabardès
    et de l'Orbiel* ............Midi .....R, ros
Côtes du Forez*............Loire.....R, ros
Côtes du Frontonnais.....S.-O......R, ros
Côtes du Frontonnais-
    Fronton ......................S.-O.....R, ros
Côtes du Frontonnais-
    Villaudric ...................S.-O.....R, ros
Côtes du Jura................J. et S. ...R, ros, B
Côtes du Jura mousseux .J. et S. ...Ef
Côtes du Lubéron ........Rhône ..R, ros, B
Côtes du Marmandais ..S.O. ......R, ros, B
Côtes du Rhône ...........Rhône ..R, ros, B

Côtes du Roussillon ......Midi .....R, ros, B
Côtes du Roussillon
    Villages ......................Midi .....R
Côtes du Roussillon
    Villages Caramany ....Midi .....R
Côtes du Roussillon Villages
    Latour de France........Midi .....R
Côtes du Ventoux .........Rhône ..R, ros, B
Côtes du Vivarais* ........Rhône ..R, ros, B
Côtes Roannaises* ........Loire.....R, ros
Côtes-du-Rhône-Villages Rhône ..R, ros, B
Crémant d'Alsace...........Als. ........Ef
Crémant de Bordeaux...Bord. ....Ef
Crémant de Bourgogne .Bourg. ..Ef
Crémant de Limoux......Midi .....Ef
Crémant de Loire .........Loire.....Ef
Crépy............................J. et S. ...B
Criots-Bâtard-Montrachet..Bourg. ..B
Crozes-Hermitage ou
    Crozes Ermitage .......Rhône ..R, B
Echézeaux ....................Bourg. ..R
Entre-deux-Mers ..........Bord. ....B
Entre-deux-Mers
    Haut-Benauge............Bord. ....B
Faugères .......................Midi .....R
Fiefs Vendéens* ............Loire.....R, B
Fitou ............................Midi .....R
Fixin ............................Bourg. ..R
Fleurie .........................Bourg. ..R
Fronsac.........................Bord. ....R
Frontignan ...................VDN ....B
Gaillac..........................S.-O.....R, ros, B
Gaillac doux ................S.-O.....B
Gaillac mousseux ..........S.-O.....Ef
Gaillac Premières Côtes .S.-O.....B
Gevrey-Chambertin......Bourg. ..R
Gigondas .....................Rhône ..R, ros
Givry............................Bourg. ..R, B
Grand Roussillon ..........VDN ....R, ros, B
Grand Roussillon Rancio VDN ....R, ros, B
Grands Echézeaux ........Bourg. ..
Graves...........................Bord. ....R, B
Graves de Vayres ..........Bord. ....R, B
Graves Supérieures .......Bord. ....B
Griotte-Chambertin......Bourg. ..R
Gros Plant ou Gros Plant
    du Pays Nantais* .......Loire.....B
Haut Poitou*................Loire.....R, ros, B
Haut-Comtat* ..............Rhône ..R, ros, B
Haut-Médoc ................Bord. ....R
Haut-Montravel ...........S.-O.....B
Hermitage or Ermitage .Rhône ..R, B
Irouléguy .....................S.-O.....R, ros, B
Jasnières ......................Loire.....B
Juliénas .......................Bourg. ..R
Jurançon......................S.-O.....B
Jurançon Sec ...............S.-O.....B
L'Étoile ........................J. et S. ...B
L'Étoile mousseux ..........J. et S. ...Ef
La Grande Rue .............Bourg. ..R

Ladoix ..........................Bourg. ..R, B
Lalande de Pomerol ......Bord. ....R
Latricières-Chambertin.Bourg. ..R
Limoux ........................Midi .....Ef
Lirac ............................Rhône ..R, ros, B
Listrac-Médoc ..............Bord. ....R
Loupiac ........................Bord. ....B
Lussac Saint-Emilion.....Bord. ....R
Mâcon..........................Bourg. ..R, B (ros)
Mâcon Supérieur..........Bourg. ..R, B
Mâcon-Villages.............Bourg. ..B
Madiran .......................S.-O.....R
Maranges .....................Bourg. ..R, B
Maranges Côtes de Beaune .Bourg. ..R, B
Marcillac......................S.-O......R, ros
Margaux ......................Bord. ....R
Marsannay....................Bourg. ..ros, B (R)
Maury ..........................VDN ....R, ros, B
Maury Rancio...............VDN ....R, ros, B
Mazis-Chambertin........Bourg. .R
Mazoyères-Chambertin.Bourg. ..R
Médoc...........................Bord. ....R
Menetou Salon .............Loire.....R, ros, B
Mercurey ......................Bourg. ..R, B
Meursault .....................Bourg. ..B (R)
Minervois .....................Midi .....R (ros, B)
Monbazillac...................S.-O.....B
Montagne Saint-Émilion Bord......R
Montagny .....................Bourg. ..B (R)
Monthélie .....................Bourg. ..R (B)
Montlouis .....................Loire.....B
Montlouis mousseux ......Loire.....Ef
Montlouis pétillant.........Loire.....Ef
Montrachet....................Bourg. ..B
Montravel .....................S.-O.....B
Morey-Saint-Denis .......Bourg. ..R
Morgon........................Bourg. ..R
Moulin-à-Vent..............Bourg. ..R
Moulis ou Moulis-en-
    Médoc........................Bord. ....R
Mousseux de Savoie.......J. et S. ...Ef
Mousseux ou pétillant
    du Bugey....................J. et S. ...Ef
Muscadet......................Loire.....B
Muscadet de Sèvre-
    et-Maine ...................Loire.....B
Muscadet des Coteaux
    de la Loire .................Loire.....B
Muscat de Beaumes-
    de-Venise ..................VDN ....B
Muscat de Frontignan ...VDN ....B
Muscat de Lunel...........VDN ....B
Muscat de Mireval ........VDN ....B
Muscat de Rivesaltes ....VDN ....B
Muscat de Saint-Jean-
    de-Minervois ............VDN ....B
Musigny .......................Bourg. ..R (B)
Néac.............................Bord. ....R
Nuits ou Nuits-Saint-
    Georges ....................Bourg. ..R

Pacherenc du Vic-Bilh ...S.-O.....B
Palette ...................P.-C. ....R, ros, B
Parsac Saint-Émilion .....Bord. ....R
Patrimonio...................P.-C. ....R, ros, B
Pauillac...................Bord. ....R
Pécharmant ...............S.-O....R
Pernand-Vergelesses .....Bourg...R (B)
Pessac-Léognan ...........Bord. ....R, B
*Pétillant* de Savoie .........J. et S. ..Ef
Petit Chablis ...............Bourg. ..B
Pinot Chardonnay-
  Mâcon...................Bourg. ..B
Pomerol ...................Bord. ....R
Pommard ...................Bourg. ..R
Pouilly Fumé...............Loire.....B
Pouilly-Fuissé .............Bourg. ..B
Pouilly-Loché .............Bourg. ..B
Pouilly-sur-Loire...........Loire.....B
Pouilly-Vinzelles ..........Bourg. ..B
Premières Côtes de
  Bordeaux ...............Bord. ....R, B
Premières Côtes-de-Blaye .Bord. ....R, B
Puisseguin Saint-Émilion..Bord......R
Puligny-Montrachet......Bourg. ..B
Quarts-de-Chaume .......Loire.....B
Quincy...................Loire.....B
Rasteau ...................VDN ....R, ros, B
Rasteau Rancio.............VDN ....R, ros, B
Régnié...................Bourg. ..R
Reuilly ...................Loire.....R, ros, B
Richebourg ...............Bourg. ..R
Rivesaltes...................VDN ....R, ros, B
Rivesaltes Rancio .........VDN ....R, ros, B
Romanée (La) .............Bourg. ..R
Romanée Conti ...........Bourg. ..R
Romanée-Saint-Vivant..Bourg. ..R
Rosé d'Anjou...............Loire.....ros
Rosé d'Anjou *pétillant*....Loire.....Ef
Rosé de Loire...............Loire.....ros
Rosé des Riceys............Ch. ......ros
Rosette...................S.-O.....B
Roussette du Bugey ......J. et S. ..B
Roussette de Savoie .....J. et S. ..B

Ruchottes-Chambertin .Bourg. ..R
Rully ...................Bourg. ..R, B
Sancerre ...................Loire.....B (R, ros)
Santenay ...................Bourg. ..R (B)
Saumur ...................Loire.....R, B
Saumur *mousseux*...........Loire.....Ef
Saumur *pétillant* ...........Loire.....Ef
Saumur-Champigny......Loire.....R
Saussignac ...................S.-O.....B
Sauternes...................Bord.....B
Sauvignon de Saint-Bris*Bourg....B
Savennières...................Loire.....B
Savennières Coulée-
  de-Serrant ...............Loire.....B
Savennières Roche-
  aux-Moines ...............Loire.....B
Savigny ou Savigny-
  lès-Beaune ...............Bourg. ..R (B)
Seyssel ...................J. et S. ...B
Seyssel *mousseux*...........J. et S. ...Ef
Saint-Amour ...............Bourg. ..R
Saint-Aubin ...............Bourg. ..B (R)
Saint-Aubin *Premiers Crus*Bourg...B (R)
Saint-Chinian ...............Midi .....R
Saint-Émilion...............Bord. ....R
Saint-Émilion *Grand Cru*Bord......R
Saint-Estèphe ...............Bord. ....R
Saint-Georges St-Emilion Bord. .....R
Saint-Joseph...................Rhône ..R, B
Saint-Julien ...............Bord. ....R
St-Nicolas-de-Bourgueil ..Loire.....R
Saint-Péray ...............Rhône ..B
Saint-Péray *mousseux*.....Rhône ..Ef
Saint-Pourçain*...............Loire.....R, ros, B
Saint-Romain...............Bourg. ..R, B
Saint-Véran ...............Bourg. ..B
Sainte-Croix-du-Mont ..Bord. ....B
Sainte-Foy Bordeaux.....Bord. ...R, B
Tâche (La)...................Bourg. ..R
Tavel ...................Rhône ..ros
Touraine ...................Loire.....R, ros, B
Touraine *mousseux*........Loire.....Ef
Touraine *pétillant* ..........Loire.....Ef

Touraine-Amboise ........Loire.....R, ros, B
Touraine-Azay-le-Rideau.Loire.....R, ros, B
Touraine-Mesland........Loire.....R, ros, B
Tursan* ...................S.-O.....R, ros, B
Vacqueyras ...................Rhône ..R
Valençay*...................Loire.....R, ros (B)
Vin d'Alsace Edelzwicker.Als.........B
Vin de Bandol...............P.-C. ....R, ros, B
Vin de Bellet ...............P.-C. ....R, ros, B
Vin de Corse ...............P.-C. ....R, ros, B
Vin de Corse Calvi .......P.-C. ....R, ros, B
Vin de Corse Coteaux
  du Cap-C.orse ..........P.-C. ....R, ros, B
Vin de Corse Figari.......P.-C. ....R, ros, B
Vin de Corse Porto-
  Vecchio ...................P.-C. ....R, ros, B
Vin de Corse Sartène ...P.-C. ....R, ros, B
Vin de Frontignan..........VDN ....B
Vin de Savoie...............J. et S. ....R, B, ros
Vin de Savoie Ayze
  *mousseux* ou *pétillant* ..J. et S. ..Ef
Vin de Savoie
  *mousseux* ou *pétillant*...J. et S. ...Ef
Vin du Bugey ...............J. et S. ..B
Vin du Bugey
  *mousseux* ou *pétillant*..J. et S. ...Ef
Vin du Bugey-Cerdon
  *mousseux* ou *pétillant*...............Ef
Vins d'Entraygues
  et du Fel*...................S.-O.....R, ros, B
Vins d'Estaing* ...............S.-O.....R, ros, B
Vins de l'Orléanais*.......Loire.....R, ros, B
Vins de Lavilledieu* ...S.-O.....R, p
Vins de Moselle* ...........Als.........R, B
Vins du Thouarsais*......Loire .....R, p
Vins Fins de la
  Côte de Nuits...........Bourg...R
Volnay ...................Bourg...R
Volnay Santenots .........Bourg...R
Vosne-Romanée ...........Bourg...R
Vougeot ...................Bourg...R
Vouvray ...................Loire ..B
Vouvray *mousseux* ........Loire .....Ef

## PRODUCTION DE VIN EN FRANCE

| Région | Surface du vignoble | Production (hl) AOC | Production (hl) VDQS | Production (hl) Vins de Pays | Production (hl) Autres vins | Total |
|---|---|---|---|---|---|---|
| Bordeaux | 113 055 ha | 6 286 443 | | 7 209 | 736 660 | 7 030 312 |
| Bourgogne[1] | 47 297 ha | 2 680 922 | 5 801 | 2 700 | 270 939 | 2 960 362 |
| Champagne | 28 540 ha | 2 149 203 | | 8 919 | 236 307 | 2 394 429 |
| Alsace | 14 650 ha | 1 432 242 | 6 884 | 424 | 118 269 | 1 557 769 |
| Loire | 73 400 ha | 2 892 479 | 429 914 | 589 815 | 992 296 | 4 904 504 |
| Rhône[2] | 84 611 ha | 2 320 393 | 39 575 | 719 804 | 1 143 835 | 4 223 607 |
| Jura et Savoie | 6 705 ha | 256 534 | 26 681 | 12 860 | 138 856 | 434 921 |
| Provence et Corse | 56 885 ha | 1 078 452 | 9 941 | 1 109 336 | 1 132 365 | 3 330 094 |
| Midi | 326 445 ha | 2 974 632 | 59 142 | 9 513 875 | 7 948 791 | 20 496 440 |
| Sud-Ouest | 71 900 ha | 869 042 | 5 731 | 1 523 621 | 2 211 537 | 4 609 931 |
| Total | 823 490 ha | 23 495 985 | 644 315 | 12 698 195 | 15 055 918 | 51 894 363 |

1. La production de vin du département du Rhône est incluse dans la région de Bourgogne.
2. La production de vin du département du Gard est incluse dans la région du Midi.

## PRODUCTION DE VIN EN ALLEMAGNE

Les régions sont divisées en *Bereiche*, listés sous la région.

| Région | Surface du vignoble (1992) | Production (hl,1992) |
|---|---|---|
| Ahr | 455 ha | 65 371 |
|   Walporzheim/Ahrtal | | |
| Moyenne Rhénanie | 565 ha | 81 284 |
|   Siebengebirge | | |
|   Loreley | | |
| Bergstrasse de Hesse | 370 ha | 43 712 |
|   Umstadt | | |
|   Starkenburg | | |
| Franconie | 5 800 ha | 711 738 |
|   Maindreieck | | |
|   Mainviereck | | |
|   Steigerwald | | |
|   Bayer Bodensee | | |
| Wurtemberg | 10 910 ha | 1 466 626 |
|   Remstal-Stuttgart | | |
|   Kocher-Jagst-Tauber | | |
|   Württembergisches Unterland | | |
|   Oberer Neckar | | |
|   Württembergishecher Bodensee | | |
| Pays de Bade | 16 335 ha | 1 583 546 |
|   Tauberfranken | | |
|   Badisches Bergstrasse/Kraichgau | | |
|   Ortenau | | |
|   Breisgau | | |
|   Kaiserstuhl Tuniberg | | |
|   Margräflerland | | |
|   Bodensee | | |

| Région | Surface du vignoble (1992) | Production (hl,1992) |
|---|---|---|
| Moselle-Sarre-Ruwer | 12 055 ha | 2 037 062 |
|   Zell/Mosel | | |
|   Bernkastel | | |
|   Saar-Ruwer | | |
|   Obermosel | | |
|   Moseltor | | |
| Nahe | 4 420 ha | 578 507 |
|   Kreuznach | | |
|   Schloss Böckelheim | | |
| Palatinat | 21 570 ha | 3 154 797 |
|   Südliche Weinstrasse | | |
|   Mittelhaardt/Deutsche Weinstrasse | | |
| Rheingau | 2 390 ha | 309 190 |
|   Johannisberg | | |
| Hesse rhénane | 24 200 ha | 3 294 872 |
|   Bingen | | |
|   Nierstein | | |
|   Wonnegau | | |
| Saale-Unstrut | 330 ha | 24 629 |
|   Schloss Neuenburg | | |
|   Thuringen | | |
| Saxe | 325 ha | 23 702 |
|   Dresden | | |
|   Elslertal | | |
|   Melssen | | |

## PRODUCTION DE VIN EN ITALIE

Par province, chiffres de 1991. La 3$^e$ colonne à droite, montre le pourcentage de vin DOC/DOCG de chaque région.

| Province | Surface du vignoble | production (hl) | % DOC/DOCG |
|---|---|---|---|
| Piémont | 36 455 ha | 3 497 900 | 35,5 |
| Val d'Aoste | 80 ha | 29 200 | 9,4 |
| Lombardie | 17 195 ha | 1 609 100 | 35,7 |
| Trentin-Haut-Adige | 11 310 ha | 1 217 700 | 59,2 |
| Vénétie | 35 690 ha | 8 464 300 | 20,9 |
| Frioul-Vénétie Julienne | 12 710 ha | 1 183 200 | 41,6 |
| Ligurie | 635 ha | 260 000 | 6,3 |
| Émilie-Romagne | 26 90 ha | 5 903 500 | 12,7 |
| Toscane | 30 865 ha | 2 928 700 | 33,2 |
| Ombrie | 5 720 ha | 704 000 | 23,9 |

| Province | Surface du vignoble | production (hl) | % DOC/DOCG |
|---|---|---|---|
| Marches | 10 135 ha | 2 095 700 | 14,6 |
| Latium | 17 415 ha | 3 495 700 | 14,6 |
| Abruzzes | 10 330 ha | 3 893 000 | 11,2 |
| Molise | 235 ha | 437 300 | 1,5 |
| Campanie | 1 740 ha | 2 210 800 | 1,8 |
| Apulie | 16 905 ha | 9 282 500 | 1,9 |
| Basilicate | 1 560 ha | 419 600 | 3,6 |
| Calabre | 3 385 ha | 916 900 | 4,1 |
| Sicile | 21 830 ha | 10 136 600 | 1,4 |
| Sardaigne | 6 825 ha | 1 101 900 | 8,2 |
| Total Italie | 267 609 ha | 59 787 600 | 14,2 |

## PRODUCTION DE VIN EN ESPAGNE

Il est difficile de se procurer des chiffres à jour, de même que des chiffres pour les différentes régions, si bien que la comparaison est malaisée. Lorsque tous les chiffres n'ont pu être obtenus, une moyenne (1) est citée. Les chiffres concernent 1990, sauf ceux marqués * : 1989, et ** : 1988.

| Région et DO/DOC | Surface du vignoble | Production (hl) |
|---|---|---|
| **Rioja** | | |
| Rioja | 46 950 ha | 1 656 600 hl |
| **Navarre** | | |
| Navarre | 17 900 ha | 533 000 hl |
| **Aragon** | | |
| Calatayud | 10 900 ha | 150 000 hl |
| Campo de Borja | 9 890 ha | 141 460[1] hl |
| Cariñena | 21 600 ha | 488 200 hl |
| Somontano | 1 600 ha | 20 060 hl |
| **Castille-León** | | |
| Bierzo | 3 000 ha | 74 000* hl |
| Ribera del Duero | 9 230 ha | 150 000 hl |
| Rueda | 6 900 ha | 43 600** hl |
| Toro | 3 200 ha | 40 000[1] hl |
| Cigales | 3 440 ha | 34 450 hl |
| **Galice et Pays basque** | | |
| Rías Baixas | 1 200 ha | 45 000 hl |
| Ribeiro | 2 500 ha | 225 000 hl |
| Valdeorras | 2 250 ha | 45 000* hl |
| Txakoli (Chacolí) | 47 ha | 2 500 hl |
| **Catalogne** | | |
| Alella | 560 ha | 4 720 hl |
| Ampurdán-Costa Brava | 3 060 ha | 90 000 hl |
| Conca de Barberà | 7 000 ha | 186 650 hl |
| Costers del Segre | 3 650 ha | 45 930 hl |
| Penedès | 25 730 ha | 1 709 000 hl |
| Priorato | 1 860 ha | 13 000** hl |
| Tarragone | 22 530 ha | 376 620 hl |
| Terra Alta | 10 100 ha | 83 400 hl |
| **Levant** | | |
| Alicante | 17 150 ha | 111 410 hl |
| Utiel-Requena | 39 500 ha | 1 416 000 hl |
| Valencia | 18 570 ha | 530 000 hl |
| Jumilla | 42 900 ha | 150 660 hl |
| Yecla | 7 000 ha | 150 000 hl |
| **Castille-La Manche/Madrid** | | |
| Almansa | 7 600 ha | 120 000[1] hl |
| La Mancha | 142 910 ha | 744 970 hl |
| Méntrida | 30 000 ha | 450 000[1] hl |
| Valdepeñas | 34 700 ha | 697 000* hl |
| Vinos de Madrid | 12 760 ha | 369 820 hl |
| **Andalousie** | | |
| Condado de Huelva | 10 500 ha | 500 000 hl |
| Málaga | 877 ha | 25 130 hl |
| Montilla-Moriles | 14 100 ha | 701 780 hl |
| **Îles** | | |
| Binissalem | 350 ha | 6 000 hl |
| Tacoronte-Acentejo | 390 ha | 6 000 hl |

## PRODUCTION DE VIN AU PORTUGAL

Au Portugal, la production a été très réduite par la sécheresse en 1992 (7,5 millions d'hl) et par la pluie en 1993 (4,5 millions d'hl). Les chiffres de 1991 sont beaucoup plus représentatifs : 375 000 ha étaient alors plantés en vigne.

| | Région | Production |
|---|---|---|
| Nord | Entre Douro et Minho | 206 225 hl |
| | Trás-os-Montes | 1 974 432 hl |
| Centre | Beira Litoral | 1 272 697 hl |
| | Beira Interior | 547 348 hl |
| | Ribatejo et Oeste | 3 494 640 hl |
| Sud | Alentejo | 310 705 hl |
| | Algarve | 47 264 hl |
| Total | | 9 653 311 hl |

| | |
|---|---|
| Production de vins DOC | 3 425 482 hl |
| Production de vins de table | 6 078 113 hl |
| Production d'autres vins | 149 716 hl |

## PRODUCTION DE VIN AUX ÉTATS-UNIS

| AVA | État |
|---|---|
| Alexander Valley | Californie |
| Altus | Arkansas |
| Anderson Valley | Californie |
| Arkansas Mountain | Arkansas |
| Arroyo Grande Valley | Californie |
| Arroyo Seco | Californie |
| Atlas Peak | Californie |
| Augusta | Missouri |
| Bell Mountain | Texas |
| Ben Lomond Mountain | Californie |
| Benmore Valley | Californie |
| Californie Shenandoah Valley | Californie |
| Carmel Valley | California |
| Catoctin | Maryland |
| Cayuga Lake | New York |
| Central Coast | California |
| Central Delaware Valley | New Jersey/Pennsylvanie |
| Chalk Hill | California |
| Chalone | California |
| Cienega Valley | California |
| Clarksburg | California |
| Clear Lake | California |
| Cole Ranch | California |
| Columbia Valley | Washington |
| Cumberland Valley | Maryland |
| Dry Creek Valley | California |
| Dunnigan Hills | California |
| Edna Valley | Californie |
| El Dorado | Californie |
| Escondido Valley | Texas |
| Fennville | Michigan |
| Fiddletown | Californie |
| Finger Lakes | New York |
| Fredericksburg in the Texas Hill Country | Texas |
| Grand River Valley | Ohio |
| Grand Valley | Colorado |
| Guenoc Valley | Californie |
| The Hamptons, Long Island | New York |
| Hermann | Missouri |
| Howell Mountain | Californie |
| Hudson River Region | New York |
| Isle St George | Ohio |

| | | | | | |
|---|---|---|---|---|---|
| Kanawha River Valley | West Virginie | North Coast | Californie | Sierra Foothills | Californie |
| Knights Valley | Californie | North Fork of Long Island | New York | Solano County Green Valley | Californie |
| Lake Erie | New York/Pennsylvanie/Ohio | North Fork of Roanoke | Virginie | Sonoita | Arizona |
| Lake Michigan Shore | Michigan | North Yuba | California | Sonoma Coast | Californie |
| Lake Wisconsin | Wisconsin | Northern Neck George | | Sonoma County | |
| Lancaster Valley | Pennsylvanie | Washington Birthplace | Virginie | Green Valley | Californie |
| Leelanau Peninsula | Michigan | Northern Sonoma | Californie | Sonoma Mountain | Californie |
| Lime Kiln Valley | Californie | Oakville | Californie | Sonoma Valley | Californie |
| Linganore | Maryland | Ohio River Valley | Ohio | South Coast | Californie |
| Livermore Valley | Californie | Old Mission Peninsula | Michigan | South-Eastern | |
| Lodi | Californie | Ozark Highlands | Missouri | New England | Connecticut/Rhode |
| Loramie Creek | Ohio | Ozark Mountain | Missouri | | Island/Massachusetts |
| Los Carneros | Californie | Pacheco Pass | Californie | Spring Mountain | Californie |
| Madera | Californie | Paicines | Californie | Stags Leap District | Californie |
| Martha's Vineyard | Massachusetts | Paso Robles | Californie | Suisun Valley | Californie |
| McDowell Valley | Californie | Potter Valley | Californie | Temecula | Californie |
| Mendocino | Californie | Rocky Knob | Virginie | Texas High Plains | Texas |
| Merritt Island | Californie | Rogue Valley | Oregon | Texas Hill Country | Texas |
| Mesilla Valley | Nouveau-Mexique | Russian River Valley | Californie | Umpqua Valley | Oregon |
| Middle Rio Grande | | Rutherford | Californie | Virginia's Eastern Shore | Virginie |
| Valley | Nouveau-Mexique | San Benito | Californie | Walla Walla Valley | Washington |
| Mimbres Valley | Nouveau-Mexique | San Lucas | Californie | Warren Hills | New Jersey |
| Mississippi Delta | Mississippi/ | San Pasqual Valley | Californie | Western Connecticut | |
| | Louisiane/Tennessee | San Ysidro District | Californie | Highlands | Connecticut |
| Monterey | Californie | Santa Clara Valley | Californie | Wild Horse Valley | Californie |
| Monticello | Virginie | Santa Cruz Mountains | Californie | Willamette Valley | Oregon |
| Mount Harlan | Californie | Santa Maria Valley | Californie | Willow Creek | Californie |
| Mount Veeder | Californie | Santa Ynez Valley | Californie | Yakima Valley | Washington |
| Napa Valley | Californie | Shenandoah Valley | Virginie/W Virginie | York Mountain | Californie |

## PRODUCTION DE VIN EN AUSTRALIE

Les chiffres pour les zones et régions nouvellement délimitées ne sont pas disponibles. Les statistiques ci-dessous concernent la culture du raisin (pour 1992-1993) et les producteurs, pour qui cette culture représente plus de 22 500 dollars australiens.

### Production de raisin

Les chiffres ne concernent que le raisin (quantités données en tonnes) utilisé pour la production de vin.

| Région | Surface du vignoble | Production |
|---|---|---|
| Nouvelle-Galles du Sud | 12 770 ha | 140 676 |
| Victoria | 20 060 ha | 118 444 |
| Queensland | 1 030 ha | 593 |
| Australie-Méridionale | 26 130 ha | 274 856 |
| Australie-Occidentale | 2 530 ha | 10 167 |
| Tasmanie | 290 ha | 1 087 |
| Total | 62 810 ha | 545 823 |

### Production de vin

Il faut noter que la Nouvelle-Galles du Sud a eu une vendange abondante en 1993, tandis que le sud de l'Australie a eu une vendange plus petite que d'habitude. Les chiffres sont en hectolitres.

| Région | 1991-92 | 1992-93 |
|---|---|---|
| Nouvelle-Galles du Sud | 143 264 | 165 511 |
| Victoria | 87 449 | 72 174 |
| Australie-Méridionale | 218 083 | 173 276 |
| Australie-Occidentale | – | 3 877 |
| Autres États | 3 768 | – |
| Total | 452 565 | 414 839 |

### Régions viticoles

Zones (en gras) et régions proposées (non encore officiellement approuvées) :

#### Nouvelle-Galles du Sud

**Riverina.** Régions : Griffith, Leeton, Murrumbidgee, Hay, Carrathool, Narrandera, Coolamon, Lockhart, Temora, Junee, Wagga Wagga, Cootamundra, Gundagai, Tumut.

**Orana.** Régions: Mudgee, Cobar, Bogan, Bourke, Brewarrina, Walgett, Coonamble, Warren, Narromine, Gilgandra, Coonabarabran, Coolah, Wellington, Dubbo.

**Central Western.** Régions : Cowra, Forbes, Orange, Blayney, Lachlan, Bland, Parkes, Weddin, Cabonne, Evans, Oberon, Rylstone, Greater Lithgow, Bathurst.

**Greater Canberra.** Régions : Young, Yass, Canberra, Boorowa, Harden, Crookwell, Gunning, Mulwaree, Queanbeyan, Goulburn, Tallagande, Eurobodalla, Cooma-Monaro, Snowy River, Bega Valley, Bombala.

**Murray.** Régions : Wentworth, Balranald, Wakool, Windouran, Murray, Conargo, Jerilderie, Urana, Berrigan, Corowa, Hume, Culcairn, Holbrook, Tumbarumba, Deniliquin.

**New England.** Régions : Moree Plains, Yallaroi, Inverell, Severn, Tenterfield, Bingara, Narrabri, Barraba, Manilla, Uralla, Gunnedah, Quirindi, Nundle, Walcha, Dumareso, Guyra, Parry.

**Holiday Coast.** Régions : Tweed, Kyogle, Lismore, Richmond River, Copmanhurst, Maclean, Nymboida, Ulmarra, Bellingen, Coffs Harbour, Kempsey, Hastings Valley, Grafton, Byron, Ballina, Nambucca, Casino.

**Sydney.** Régions : Hawkesbury, Wyong, Gosford, Wollondilly, Blue Mountains.

**Illawarra.**   Régions : Woolongong, Wingecarribee, Shoalhaven.
**Far Western.**   Région : Central Darling.
**Hunter/HunterValley/Hunter River Valley.**
Secteur : Upper Hunter. **Région** : Upper Hunter/Upper Hunter Valley/Upper Hunter River Valley. **Districts** : Scone, Denman, Muswellbrook, Jerrys Plains, Merriwa.
**Région** : Lower Hunter/Lower Hunter Valley/Lower Hunter River Valley. **Districts** : Allandale, Dalwood, Belford, Ovingham, Pokolbin, Rothbury, Broke/Fordwich, Milfield, Cessnock, Greater Taree, Greater Lakes, Gloucester, Dungog, Port Stephens, Newcastle, Lake Macquarie, Singleton, Maitland.

### Victoria

**North-Western Victoria.**
Secteur : Murray River Valley. **Districts** : Nangiloo, Red Cliffs, Mildura, Robinvale, Merbein, Irymple, Karadoc, Wood Wood, Swan Hill, Lake Boga, Beverford, Mystic Park.
**North-Eastern Victoria.**   **Région** : King Valley. **Districts** : Milawa, Oxley, Markwood, Meadow Creek, Edi, Myrrhee, Whitlands, Cheshunt, Whitfield, Hurdle Creek.
**Région** : Owens Valley. **Districts** : Buffalo River Valley, Buckland River Valley, Porpunkah, Beechworth.
**Région** : Rutherglen. **Districts** : Wahgunyah, Barnawartha, Indigo Valley.
**Région** : Kiewa River Valley. **District** : Yakandandah.
**Région** : Glenrowan.
**Central Victoria.**
Secteur : Daylesford.
Secteur : Maryborough.
**Région** : Central Northern Victoria. **Districts** : Picola, Katunga.
**Région** : Goulburn Valley. **Districts** : Avenel, Dookie, Murchison, Shepparton, Nagambie, Tabilk, Mitchellstown, Mount Helen, Seymour, Graytown, Strathbogie Ranges, Yarck, Mansfield.
**Région** : Bendigo. **Districts** : Bridgewater, Heathcote, Harcourt, Graytown, Rodosdale.
**Région** : Macedon. **Districts** : Sunbury, Macedon Ranges, Kyneton.
**Western Victoria.**   **Région** : Grampians. **Districts** : Great Western, Halls Gap, Stawell, Ararat.
Secteur : Ballarat.
**Région** : Pyrenees. **Districts** : Avoca, Redbanl, Moonambel, Percydale.
**Région** : Far South West. **Districts** : Gorae, Condah, Drumborg.
**Région** : Ballarat. **District** : Smythesdale.
**Yarra Valley.**   **District** : Diamond Valley.
**Geelong.**   **Districts** : Anakie, Moorabool, Bellarine Peninsula, Waurn Ponds.
**Mornington Peninsula.**
**Gippsland.**   **Région** : West Gippsland. **Districts** : Moe, Traralgon, Warragul.
**Région** : South Gippsland. **Districts** : Foster, Korumburra, Leongatha, Westernport.
**Région** : East Gippsland. **Districts** : Bairnsdale, Dargo, Lakes Entrance, Maffra, Orbost.
**Melbourne.**

### Australie-Méridionale

**Central South Australia.**   **Région** : Adelaide. **Districts** : Magill, Marion, Modbury, Tea Tree Gully, Hope Valley, Angle Vale, Gawler River, Evanston.
**Région** : Adelaide Hills. **Districts** : Piccadilly Valley, Mount Pleasant, Clarendon, Lenswood.
**Région** : Barossa. **Districts** : Barossa Valley, Lyndoch, Rowland Flat, Gomersal, Tanunda, Nuriootpa, Greenock, Angaston, Marananga, Seppeltsfield, Dorrien, Lights Pass.
**Région** : Clare Valley. **Districts** : Clare, Watervale, Auburn, Sevenhill, Leasingham, Polish Hill River.
**Région** : Eden Valley. **Districts** : Eden Valley, Springton, Flaxmans Valley, Keyneton, High Eden, Pewsey Vale, Partalunga.
**Région** : Fleurieu Peninsula. **Districts** : Langhorne Creek, Currency Creek.
**Région** : McLaren Vale. **Districts** : Happy Valley, McLaren Vale, McLaren Flat, Seaview, Willunga, Morphett Vale, Reynella, Cromandel Valley.
**South-East.**   Régions : Coonawarra, Padthaway, Buckingham-Mundulla, Penola.
**Murray Mallee.**   **Région** : Murray Valley. **Districts** : Riverland, Nildottie, Renmark, Berri, Barmera, Loxton, Waikerie, Morgan, Lyrup, Moorock, Kingston, Murtho, Monash, Qualco, Ramco.
**Yorke Peninsula.**
**Eyre Peninsula.**

### Australie-Occidentale

**Région** : Northern Perth. **Districts** : Gingin, Bindoon, Muchea, Moondah Brook.
**Région** : Darling Ranges. **Districts** : Chittering Valley, Toodyay, Perth Hills (Bickley, Darlington, Glen Forrest), Orange Grove, Wandering.
**Région** : Swan Valley. **Districts** : Upper Swan, Middle Swan, West Swan, Guildford, Henley Brook.
**Région** : Mount Barker-Frankland. **Districts** : Mount Barker, Porongurup, Albany, Denmark, Denbarker, Frankland.
**Région** : Margaret River. **Districts** : Yallingup, Willyabrup, Cowaramup, Margaret River, Augusta.
**Région** : Warren Blackwood. **Districts** : Donnybrook, Bridgetown, Blackwood, Manjimup, Pemberton.
**Région** : South-West Coastal. **Districts** : Wanneroo, Mandurah, Bunbury, Capel, Baldivis.
**Région** : Esperance.

# GLOSSAIRE

Ce glossaire définit un certain nombre de termes spécifiques au monde du vin sauf le vocabulaire de la dégustation, décrit p. 86. L'origine des mots de langue étrangère est indiquée sous la forme d'abréviations : Al. = Allemagne ; Esp. = Espagne ; It. = Italie ; P = Portugal ; US = USA. Les astérisques (*) marquent des mots qui font l'objet d'une entrée dans ce glossaire.

**Abboccato** (It.) Vin légèrement sucré.

**Acide acétique** Acide que l'on trouve dans tous les vins en faible quantité. S'il se développe de façon excessive, le vin tourne en vinaigre.

**Acide ascorbique** Antioxydant utilisé juste avant l'embouteillage, efficace seulement d'anhydride sulfureux (présence de SO$_2$).

**Acide citrique** Acide abondant dans les fruits et les agrumes ; le raisin n'échappe pas à sa présence, mais en quantité moindre. Les raisins blancs affichent des quantités plus importantes, notamment ceux atteints par la fameuse « pourriture noble ». L'acidification par adjonction d'acide citrique dans les vins est réglementée.

**Acide lactique** Cet acide apparaît lors de la fermentation malo-lactique*du vin.

**Acide malique** Lorsque le raisin mûrit, l'acide malique, contenu en forte teneur dans les raisins verts, s'atténue : il est instable. Il se reconnaît à son goût acerbe de pomme verte.

**Acide tartrique** Acide le plus noble ayant le pouvoir le plus acidifiant dans le vin, c'est un acide peu rencontré dans le monde végétal. Sa teneur dans la baie du raisin diminue jusqu'à la véraison*, puis varie en fonction des conditions climatiques.

**Acidité fixe** Ensemble des acides organiques contenus dans le fruit même, tels l'acide tartrique, l'acide malique, l'acide lactique.

**Acidité réelle** Intensité de l'acidité exprimée en pH (potentiel hydrogène), qui varie entre 0 ( pour l'acidité la plus aiguë) à 7 (pour la neutralité absolue). Le pH des vins est compris entre 2,8 et 3,9.

**Acidité totale** Somme de l'acidité volatile et de l'acidité fixe. Elle varie bien entendu selon les saisons, froides (les raisins sont alors trop acides), ou chaudes (trop mûrs).

**Acidité volatile** La teneur en acides volatiles est strictement régie par la loi. Celle-ci n'accepte que des taux en deçà de 0,9 g par litre (à la production) et 1 g (au commerce de détail), une telle quantité accusant un vin trop aigre. Cette acidité, constituée par la partie des acides gras appartenant à la série acétique, augmente toujours avec l'âge du vin.

**Adega** (P) Centre de vinification au Portugal.

**Alcool** Un des éléments importants du vin, l'alcool éthylique résulte de la fermentation alcoolique : le métabolisme enzymatique des levures transforme le sucre du jus de raisin en alcool, en gaz carbonique et en chaleur. La teneur en alcool dans un vin peut varier de moins de 7 % Vol à plus de 15 % Vol en fonction de la teneur en sucres naturels des moûts et en sucre que l'on a quelquefois ajouté : voir chaptalisation*. Au-delà de 15 % Vol, il s'agit généralement de vins mutés*. Rappelons enfin que, pour obtenir un degré d'alcool, il faut 17 g de sucre par litre pour les vins blancs et 18 g pour les vins rouges.

**Amabile** (It.) Un vin plus sucré que l'*abboccato*.

**Ambre** Couleur jaune d'or que prennent certains vins blancs en vieillissant. Cette variation de couleur est due à une oxydation des matières colorantes.

**Amontillado** (Esp.) Xérès élaboré au-delà du stade du Fino en ayant développé une couleur ambre, du corps et un goût de noisette.

**Ampélographie** Science de la vigne qui s'attache à l'étude et à la classification des cépages.

**Anhydride sulfureux (SO$_2$)** De tous temps, les vignerons ont utilisé l'anhydride sulfureux pour ses nombreuses vertus : il enraye des fermentations précoces sur les raisins vendangés, il inhibe et active des sélections de levures, élimine microbes et bactéries, protège des oxydations, a un pouvoir dissolvant, peut bloquer la fermentation malolactique* et s'avère être un précieux allié pour les vins blancs liquoreux sujets à refermenter en bouteille.

**Anthocyanes** Pigments rouges du raisin qui donnent leur couleur aux vins rouges. Cette coloration rouge-violet des vins jeunes est presque exclusivement le fait des molécules d'anthocyanes (composés phénoliques), assez instables, qui vont se lier au cours du vieillissement avec les tanins (autres éléments phénoliques) pour donner au vin sa couleur rouge rubis.

**AOC** L'Appellation d'Origine Contrôlée s'applique à des vins issus de régions et de cépages bien déterminés, dans le cadre de règlements codifiés par l'INAO*. Les vins d'AOC doivent répondre à des règles bien précises en matière d'aire délimitée de production, d'encépagement, de teneur minimale en sucre du moût à obtenir, de degré d'alcool, de rendement maximal à l'hectare, de taille de la vigne, de méthodes de culture et de vinification. Les AOC sont soumis à une dégustation d'agréage avant d'être commercialisés.

**Arômes** Ce terme désigne les parfums exhalés par un vin et, plus particulièrement, les sensations perçues tant au nez qu'en bouche. On distingue les arômes variétaux, les arômes fermentaires et les arômes post-fermentaires (ou d'évolution).

**Assemblage** Opération qui consiste à marier plusieurs vins. Les assemblages ont pour but d'élaborer un ensemble bien meilleur que chaque élément pris séparément.

**Ausbruch** (Al.) Type de vin autrichien plus sucré qu'un Beerenauslese, mais moins sucré qu'un Trockenbeerenauslese.

**Auslese** (Al.) Vins allemands élaborés avec des raisins récoltés en vendanges tardives (quelquefois botrytisés), contenant une forte concentration de sucre. Les vins d'Auslese peuvent être secs ou sucrés.

**Azienda agricola** (It.) Domaine italien.

**Barrica** (Esp.) Barrique espagnole d'une contenance d'environ 225 l.

**Barrique** Fût dont la contenance varie d'une région à l'autre ; dans le pays nantais, une barrique équivaut à 228 l ; dans le Bordelais, elle en contient 225 (quatre barriques font ici un tonneau) ; la barrique de la région de Touraine-Anjou contient 232 litres.

**Baumé** Le degré Baumé est une mesure obtenue par un densimètre gradué de 0 dans de l'eau distillée à 20 dans un mélange de 20 g de sel marin et de 80 g d'eau. Le hasard a voulu que, lorsqu'on pèse un moût avec un densimètre Baumé, le degré obtenu est à peu près le degré d'alcool que ce moût atteindra après fermentation.

**Beerenauslese** (Al.) Vin autrichien ou allemand élaboré avec des raisins souvent botrytisés et très sucrés récoltés en vendanges tardives.

**Bereich** (Al.) District viticole.

**Blanc de blancs** Vin blanc élaboré à partir de raisins blancs.

**Blanc de noirs** Vin blanc élaboré à partir de raisins noirs.

**Blush** (USA) Terme américain qui signifié rosé.

**Bodega** (Esp.) Équivalent espagnol de cave ou de chai.

**Botrytis cinerea** Célèbre moisissure parasite qui attaque le raisin. Un peu de botrytis, que l'on appelle « pourriture grise* », favorise les agents fermentaires au moment de la cuvaison ; beaucoup de botrytis

compromet la vendange (au-delà de 10 ou 15 % pour les vins rouges, 20 % pour les vins blancs) ; trop de botrytis, sous certaines conditions atmosphériques, peut provoquer ce qu'on appelle la célèbre « pourriture noble* », qui concentre les jus dans les grappes dans une forme particulière de surmaturation. Ces raisins botrytisés donnent des vins liquoreux fameux comme le Sauternes ou le Tokay de Hongrie.

**Bouchonné** Se dit d'un vin qui a une très forte odeur de bouchon. Le vin est généralement imbuvable. Ce phénomène, irréversible et assez rare, est dû à un développement de certaines moisissures spécifiques au liège.

**Bouquet** Ensemble d'arômes aussi complexe qu'agréable qui se dégage d'un vin et que l'on perçoit au nez. On distingue plusieurs bouquets : un bouquet primaire correspondant aux arômes du fruit, un bouquet secondaire né de la fermentation et un bouquet tertiaire dû aux oxydations, oxydoréductions et réductions qui adviennent au cours du vieillissement.

**Branco** (P) Blanc.

**Brut** Ce terme indique, pour les vins effervescents, la présence très réduite de sucre (de 0 à 15 g/l); le « brut zéro », le « brut intégral » ne sont pas du tout édulcorés.

**Caudalies** Unités de persistance temporelles équivalentes aux secondes mesurées de façon très subjective par certains dégustateurs. Le mot est joli. Il provient du latin *cauda* (queue), mais s'il est facile de parler de « queue de paon » en finale gustative, il est bien plus difficile d'en mesurer la longueur, l'intensité et la complexité.

**Cava** (Esp.) Cave. Terme générique s'appliquant aux vins espagnols élaborés selon la méthode champenoise*.

**Cépage** Variété du genre « Vitis vinifera ». On dénombre plus de 3 000 cépages différents.

**Chai** Caves de vinification, d'élevage en barrique ou en cuve ou de stockage de bouteilles.

**Chapeau** Dans le cas d'une

vinification en rouge, le chapeau est la partie flottante constituée par les éléments solides (pellicules, pépins, peau, rafles, pulpes) maintenus en surface du moût en fermentation grâce au dégagement de gaz carbonique. Pour obtenir une bonne extraction (de couleur et d'arômes), il est important de maîtriser la macération. C'est pourquoi de nombreux systèmes agitent, brassent, plongent, piègent ce fameux chapeau afin de privilégier les échanges entre les matières solides et le liquide, c'est-à-dire le vin.

**Chaptalisation** Promue par le chimiste français Chaptal (d'où son nom), la chaptalisation est une technique qui consiste à ajouter du sucre (de canne, de betterave, ou du moût concentré rectifié) aux moûts insuffisamment riches avant la fermentation afin d'obtenir un degré alcoolique plus élevé dans les vins. Cette technique, strictement interdite dans de nombreux pays, est généralement très réglementée dans les pays qui la tolèrent.

**Charmat** Méthode d'élaboration de vins effervescents en cuve par adjonction de sucre et de levures. La prise de mousse se fait en « cuve close ».

**Château** Désignation d'un vin provenant d'un domaine particulier. Il n'y a pas toujours un château-édifice correspondant à chaque domaine et on dénombre beaucoup plus de châteaux sur les étiquettes de vin que sur le cadastre des localités concernées.

**Clairet** Vin de Bordeaux rouge/rosé léger obtenu par saignée*.

**Classico** (It.) Vins considérés comme les meilleurs, provenant du cœur du vignoble.

**Climat** Terme utilisé en Bourgogne pour désigner un lieu-dit cadastral.

**Clone** Plant obtenu à partir d'un seul pied par multiplication asexuée (bouturage ou greffage). Voir aussi sélection clonale*.

**Clos** Vignoble qui est (ou a été) entouré d'un mur. Cette désignation s'applique essentiellement aux Bourgognes.

**Collage** Procédé de clarification des

vins avant la mise en bouteilles. La méthode consiste à mélanger au vin un colloïde qui va s'accoler aux résidus en suspension et les faire tomber par gravité au fond du contenant. On a recours à des produits comme le blanc d'œuf battu, la colle de poisson, la caséine ou la bentonite (une argile). On soutire ensuite le vin, qui est le plus souvent filtré avant la mise en bouteilles.

**Coulure** Absence de fécondation de l'ovaire des fleurs par le pollen causée par des conditions climatiques défavorables comme le froid, la pluie ou un printemps trop précoce. La coulure engendre des troubles de redistribution des sucres au sein de la plante ; les fleurs ou les raisins flétrissent ou se développent de façon inégale, voire pas du tout.

**Coupage** Synonyme d'assemblage*.

**Crémant** Vin élaboré selon la méthode champenoise et qui n'a pas autant de pression que le Champagne (2,5 à 3 kg contre 5 kg).

**Crianza** (Esp.) Désignation des vins espagnols qui font l'objet d'un vieillissement en fût : « con crianza » signifie « vieilli », tandis que « sin crianza » signifie « non vieilli ».

**Cru** Le cru est défini par un terroir déterminé et un climat particulier.

**Cultivar** Synonyme de cépage en Afrique du Sud.

**Cuvaison** (ou cuvage) Phase essentielle de l'élaboration d'un vin, correspondant à la mise en cuve des moûts provenant de la vendange, à la fermentation, aux remontages (dans le cas d'une vinification en rouge) et enfin l'écoulage. Voir décuvage*.

**Cuve** Contenant destiné à recueillir les moûts en fermentation à vinifier ou à conserver les vins.

**Cuvée** Sélection correspondant à un vin bien particulier qui peut avoir fait l'objet d'assemblages ou non. En Champagne, « la cuvée » correspond au vin élaboré avec les moûts de première presse.

**Débourbage** Opération qui consiste à séparer la bourbe (les matières en suspension) des jus avant la fermentation des moûts.

**Débourrement** Moment du cycle végétatif correspondant au gonflement et à l'ouverture des bourgeons.

**Décantation** Action de séparer un liquide clair de ses sédiments, de ses lies. On décante un grand vin ou un Porto millésimé en le laissant s'écouler lentement de sa bouteille d'origine dans une aiguière ou dans une carafe.

**Décuvage** (ou décuvaison) Opération qui suit la fin de la fermentation alcoolique. Les vins blancs sont simplement transvasés dans d'autres contenants. Pour les vins rouges, qui ont subi leur fermentation en présence des peaux de raisin, des pépins et quelquefois des rafles, l'opération de décuvage est plus complexe : on procède tout d'abord à un écoulage, c'est-à-dire que l'on soutire la partie la plus basse de la cuve, puis qu'on retire la partie supérieure moins liquide que l'on transporte jusqu'au pressoir afin d'obtenir un vin de presse. Les matières les plus solides résultant de cette presse s'appellent les marcs.

**Dégorgement** Phase importante et délicate de la méthode champenoise où on élimine les dépôts des levures accumulés lors de la seconde fermentation en bouteille.

**Degré alcoolique** En calculant le pourcentage de volume d'alcool éthylique contenu dans le vin, on obtient le degré alcoolique (exprimé en % Vol).

**Dépôt** Particules solides que l'on rencontre dans le vin. Pour les vins blancs, il s'agit bien souvent de paillettes de cristaux d'acide tartrique incolore ; pour les vins rouges, ce sont surtout des tanins et le pigment.

**DO** (Esp.) La Denominación de Originem s'applique aux vins espagnols dont l'origine est certifiée.

**DOC** (Esp.) La Denominación de Origem Calificada représente la qualité supérieure des vins espagnols.

**DOC** (P) La Denominação de Origem Controlada est l'équivalent portugais de l'AOC* française.

**DOC** (It.) La Denominazione di Origine Controllata est l'équivalent italien de l'AOC* française.

Elle garantit l'origine, mais pas forcément la qualité.

**DOCG** (It.) La Denominazione di Origine Controllata e Garantita est une garantie qui s'ajoute à la DOC italienne et signifie que les vins ont été dégustés et ont reçu l'agrément.

**Domaine** Entité géographique et juridique correspondant à une exploitation viticole. Un domaine est donc composé de vignes, de bâtiments et de matériels pour la culture de la vigne et l'élaboration du vin.

**Dosage** Après le dégorgement* du Champagne, on ajoute à celui-ci une liqueur sucrée qu'on appelle « liqueur d'expédition », dont la teneur en sucre varie selon que le champagne est dit « brut » (15 g/l au maximum), « extra dry » (de 12 à 20 g/l), « sec » (de 17 à 35 g/l), ou « demi-sec » (de 33 à 50 g/l).

**Doux** Désignation s'appliquant à des vins dont la teneur en sucre est supérieure à 45 g par litre.

**Égrappage** Opération qui consiste à séparer les raisins de la rafle. En effet, celle ci contient dans ses pédoncules de l'huile et des tanins qui auraient tendance à rendre le vin amer et âpre.

**Eiswein** (Al.) Vin élaboré en Autriche ou en Allemagne avec des grappes de raisin récoltées en vendanges tardives.

**Élevage** Il s'agit de l'ensemble des opérations menées du décuvage* à la mise en bouteilles.

**Fermentation alcoolique** Étape décisive dans l'élaboration du vin : lorsque les sucres contenus dans le moût se transforment en alcool, en gaz carbonique et en chaleur sous l'influence des levures, le jus de raisin devient du vin.

**Fermentation malolactique** Fermentation qui suit la fermentation alcoolique. Sous l'action de certaines bactéries lactiques, l'acide malique (au goût de pomme verte) se transforme en acide lactique (au goût de yaourt) et en gaz carbonique. L'acide lactique étant moins acerbe que l'acide malique, le vin devient plus souple.

**Foudre** Grand tonneau pouvant contenir de 200 à 300 hectolitres.

**Foulage** Opération facultative qui consiste avant une fermentation à faire éclater les grains de raisins pour qu'ils libèrent leur jus.

**Gelées** Les gelées d'hiver affectent rarement la vigne, sauf exception (vignobles septentrionaux, hivers très rudes avec des températures inférieures à 15 °C). Par contre, les gelées de printemps sont meurtrières en dessous d'une température de 2,5 °C, car elles agissent sur les bourgeons en pleine croissance, gorgés d'eau, donc très sensibles au gel.

**Goutte** Le jus de goutte est obtenu dans tous les cas avant pressurage de la vendange. C'est la partie liquide de la vendange qui s'écoule naturellement. Il provient des raisins les plus mûrs.

**Gran reserva** (Esp.) Vins rouges espagnols des meilleurs millésimes ayant été élevés deux ans en barrique et trois ans en bouteille.

**Grand vin** Premier vin d'assemblage des meilleures cuves d'un grand cru de Bordeaux.

**Grappe** Fruit de la vigne qui se développe au printemps et qui résulte de la fécondation de l'inflorescence. La grappe porte ensuite des baies qui grossissent et arrivent à maturité à la fin de l'été. La grappe est composée de baies, ou grains de raisin, et de la rafle (partie ligneuse).

**Greffage** Après la terrible crise du phylloxéra*, l'Europe a dû utiliser des plants américains (*Vitis labrusca, Vitis riparia, Vitis rupestris*) comme porte-greffes, leurs racines résistant à l'insecte. La vigne européenne (*Vitis vinifera*) subsiste donc, mais comme greffon.

**Grêle** Ennemi de la vigne : la grêle endommage les grappes, dont les pédoncules peuvent casser, et les baies, qui, lorsqu'elles sont à maturation, éclatent et laissent échapper leur jus. Ces dégâts sont généralement suivis de pourritures et de moisissures.

**Gris** Vin obtenu lorsqu'on laisse peu de temps en contact pulpe et pellicule rouge du raisin. On récupère le jus de goutte légèrement rosé et on opère une fermentation en phase liquide.

**Hybride** Croisement de deux espèces de vigne. À la suite de la crise du phylloxéra*, des croisements entre des espèces américaines et des espèces européennes ont donné des hybrides qui résistent au phylloxéra, mais donnent des vins de médiocre qualité.

**INAO** L'Institut National des Appellations d'Origine est un organisme public qui a été créé en France, le 30 juillet 1935, afin de déterminer et contrôler les conditions de production des vins français d'appellation d'origine contrôlée.

**IPR** (P) Indicação de Proveniencia Regulamentada, seconde appellation d'origine au Portugal.

**Joven** (Esp.) Jeune.

**Kabinett** (Al.) Vins blancs secs allemands (Qmp*) qui ne sont jamais chaptalisés.

**Levures** Champignons microscopiques unicellulaires que l'on peut trouver naturellement sur la pellicule du raisin. Les levures se multiplient dans le jus de raisin, provoquant ainsi la fermentation alcoolique* : ces levures sont dites «indigènes». Les recherches ont permis de sélectionner des levures plus appropriées à certains types de fermentation, et on peut aujourd'hui utiliser des levures sèches pour faire son vin.

**Lie** Formée d'impuretés, de levures en état de vie latente, de tartres et de matières résiduelles de la vendange, la lie se dépose en un dépôt bourbeux au fond des fûts. On écarte la lie (ou les lies) au moment du soutirage.

**Macération carbonique** Mode de vinification au cours de laquelle les raisins à vin rouge sont mis en cuve sans être foulés. La cuve est ensuite fermée et saturée de gaz carbonique ; les baies, placées en anaérobiose, vont développer un métabolisme provoquant une dégradation de l'acide malique et une fermentation intracellulaire (transformant une partie du sucre en alcool). Cette première phase, qui peut durer de quelques heures à quelques jours, s'effectue à des températures assez élevées (30-32 °C). On procède ensuite à deux fermentations séparées du vin de presse et du vin de goutte à des températures basses (20 °C) pendant une durée relativement courte. Grâce à cette méthode, on obtient un vin de presse de qualité supérieure au vin de goutte. Ce procédé a fait ses preuves pour les vins de cépage Gamay commercialisés jeunes, comme les Beaujolais primeurs.

**Macération pelliculaire** (ou préfermentaire) Lorsqu'on opère une vinification en blanc, le pressurage a lieu avant toute fermentation. Or il existe un grand nombre de composants aromatiques (arômes variétaux et précurseurs) emprisonnés dans les pellicules des raisins qui ne jouent donc aucun rôle dans la vinification. La macération pelliculaire (préfermentaire) consiste à laisser les jus en présence des pellicules, en macération, pendant quelques heures, avant de presser.

**Madérisé** Se dit d'un vin dont le goût rappelle celui du Madère. Il s'agit le plus souvent d'un vieillissement par oxydation de vins blancs qui se reconnaissent par une couleur ambre foncé.

**Marc** Après le pressurage, on obtient un « gâteau » constitué des éléments solides du raisin : c'est le marc. On peut distiller ce marc à l'aide d'alambics afin d'obtenir l'eau-de-vie du même nom.

**Méthode champenoise** Mode d'élaboration des vins effervescents dont l'originalité réside dans une prise de mousse réalisée en bouteille. Cette méthode est utilisée pour l'élaboration du Champagne (dont elle tire son nom). Voir la description de cette méthode p. 110.

**Méthode rurale** Méthode d'élaboration de vins pétillants par une mise en bouteilles avant la fin de fermentation alcoolique.

**Méthode traditionnelle** Autre nom récemment autorisé (par les Champenois) pour désigner toute «méthode champenoise» pratiquée sur des vins qui ne sont pas produits en Champagne. Synonymes : Metodo Classico, Metodo tradizionale (It.).

**Mildiou** Champignon parasite d'origine américaine qui s'attaque aux organes verts de la vigne. On y remédiait autrefois par des sulfatages de sels de cuivre (bouillie bordelaise), mais aujourd'hui on effectue des traitements par des produits de synthèse.

**Millerandage** Coulure* partielle où les fleurs sont pollinisées, mais pas fécondées. Les grains sans pépin ne grossissent pas et restent verts.

**Millésime** Année de vendange dont provient un vin. La qualité d'un millésime correspond à tout un ensemble de facteurs climatiques qui détermineront la qualité de ce vin et son potentiel de vieillissement. Les différences entre millésimes sont telles que le négoce assemble souvent des vins de millésimes différents afin d'obtenir un vin plus équilibré.

**Mistelle** On appelle mistelle (Mistela, en Espagne) le mélange obtenu par l'adjonction d'alcool à un jus de raisin avant toute fermentation.

**Moelleux** Qualifie les vins blancs doux compris entre les secs et les liquoreux (entre 12 et 45 g/l de sucre).

**Mousseux** Il existe plusieurs méthodes pour obtenir un vin effervescent : la méthode traditionnelle, synonyme de la méthode champenoise*, la méthode dite « rurale* » (Gaillac, Die…), lorsque l'effervescence est due à une seconde fermentation, et la méthode Charmat* (cuve close) lorsque la prise de mousse est effectuée en cuve pour éviter le remuage et le dégorgement.

**Moût** Jus de raisin obtenu par foulage ou pressurage.

**Mutage** Opération qui consiste à « fixer » la fermentation alcoolique par un apport d'alcool neutre ; une étape essentielle dans l'élaboration des Portos et des Vins Doux Naturels.

**Oïdium** Maladie de la vigne d'origine américaine ayant pour cause un champignon microscopique qui s'attaque aux fleurs, aux feuilles et aux raisins : les raisins se dessèchent et une poussière blanchâtre couvre la vigne. On y remédie avec un traitement par le soufre.

**Organoleptique** L'odeur, la couleur et le goût du vin constituent l'ensemble des perceptions sensorielles dites « organoleptiques ».

**Ouillage** Opération de remplissage des fûts.

**Oxydation** Lorsque l'oxygène de l'air est en contact direct avec le vin, celui-ci peut s'altérer en couleur et en goût par oxydation.

**Passerillage** Surmaturation de la vendange provoquant un dessèchement du raisin qui détermine un enrichissement en sucre : c'est ainsi que sont élaborés les vins de paille, certains Muscats et le Jurançon moelleux, qu'il ne faut pas confondre avec les vins liquoreux obtenus grâce à la pourriture noble*.

**Passito** (It.) Vin italien issu de raisins passerillés.

**Perlant** Se dit de vins contenant une légère effervescence gazeuse, moins prononcée que pour les pétillants.

**Persistance** Caractéristique d'un grand vin qui se manifeste par la durée des sensations de ses qualités gustatives en bouche et par la rétro-olfaction. Certains dégustateurs mesurent cette persistance en utilisant leurs propres critères, en fonction d'unités qu'ils appellent caudalies*.

**Phylloxéra** En piquant la vigne à ses racines, un puceron nommé phylloxéra, importé par mégarde des États-Unis, fut à l'origine du ravage des vignobles de l'Europe entre 1860 et 1880. Voir greffage*.

**Polyphénols** Ensemble des composés qui ont plusieurs fonctions phénol comme les tanins, les anthocyanes et les acides phénols, dont la combinaison détermine l'arôme du vin, sa couleur et sa structure.

**Pourriture grise** Pourriture causée par le même champignon que la pourriture noble, le Botrytis cinerea* peut affecter les grains de raisins endommagés par la grêle ou par le ver de la grappe. Son développement est favorisé par une forte humidité. La pourriture grise affecte la quantité et altère la qualité de la vendange.

**Pourriture noble** Lorsque les conditions climatiques sont favorables, avec une combinaison d'alternance pluie/soleil et une belle arrière-saison, les raisins connaissent une dégradation exceptionnelle grâce au développement d'une moisissure qui porte le nom de Botrytis cinerea, ce fameux champignon qui « rôtit » les raisins du Sauternais en concentrant le jus et en le modifiant.

**Primeur** (Vente en) Mode de commercialisation des grands crus de Bordeaux cinq ou six mois après les vendanges. Les vins achetés sont gardés dans les châteaux jusqu'au moment de leur embouteillage, quelque deux ou trois ans plus tard.

**Primeur** (Vin de) Vins mis à la consommation aussitôt que possible après les vendanges. Le meilleur exemple est le Beaujolais primeur, commercialisé à la mi-novembre.

**QbA** Qualitätswein eines bestimmten Anbaugebietes, catégorie de vins allemands qui ont été chaptalisés.

**QmP** Qualitätswein mit Prädikat. Cette désignation est réservée aux vins allemands de qualité qui ne font pas l'objet de chaptalisation.

**Quinta** (P) Équivalent portugais de domaine. Les vins de *quinta* peuvent souvent provenir d'autres domaines que celui qui est désigné.

**Rancio** Goût particulier (de beurre rance) obtenu en laissant de l'air dans la cuve ou le fût d'un vin muté. Le rancio se développe par oxydation.

**Recioto** Catégorie de vin rouge élaboré en Italie avec des raisins laissés un certain temps sur claies (ou suspendus), qui sont donc très concentrés. Ces vins sucrés sont des vins de dessert.

**Reserva** (Esp.) Vins rouges qui sont gardés pendant une période de trois ans dans la bodega, dont au moins un an en fût. Cette période de garde est réduite à deux ans pour les vins blancs et les vins rosés, dont six mois en fût.

**Réserve** Les vins de réserve sont des vins gardés par des négociants pour être utilisés dans des assemblages ultérieurs.

**Riserva** (It.) Vins italiens de DOC ou DOCG vieillis plus longtemps en fût ou en bouteille.

**Rosado** (Esp.), **Rosato** (It.) Rosé.

**Rôti** Caractéristique des vins liquoreux qui présentent des arômes de raisins confits par la pourriture noble*.

**Saignée** Opération qui consiste à prélever, sur une cuve en cours de fermentation en rouge, une partie du jus. C'est ainsi que sont élaborés les Clairets* ainsi que certains rosés.

**Sec** Se dit généralement d'un vin sec, sauf en Champagne où le sec est sucré.

**Seco** (Esp. et P), **Secco** (It.) Veut dire, en principe, sec.

**Second vin** Assemblage des cuves qui n'ont pas été retenues dans le premier assemblage du grand vin d'un château bordelais.

**Sélection clonale** Choix de plants rigoureusement identiques sélectionnés pour leur résistance aux maladies de la vigne, pour leur précocité ou pour leur rendement.

**Sélection massale** Choix de clones différents les uns des autres afin d'assurer une diversité de qualités dans une même parcelle en plantation.

**Sélection de Grains Nobles** Cette expression concerne les vins issus de raisins botrytisés* ou passerillés*.

**Sin crienza** (Esp.) Vins qui n'ont pas été logés en fûts ou qui l'ont été pendant une période inférieure au minimum imposé pour porter la désignation *crienza*.

**Solar** (P) Château ou maison de maître, au Portugal.

**Solera** (Esp.) Système, appliqué notamment au Xérès, de vieillissement de plusieurs récoltes dans une succession de fûts.

**Soutirage** Opération consistant à séparer le vin de sa lie par trans-vasement d'un récipient dans un autre.

**Spätlese** (Al.) Vins allemands de vendanges tardives.

**Spumante** (It.) Vins mousseux italiens.

**Sucres résiduels** Ensemble des sucres qui restent présents dans le vin après la fermentation alcoolique*.

**Sulfatage** Se dit d'opérations de traitement des vignes contre divers parasites par aspersion. En effet, on utilisait autrefois le sulfate de cuivre comme principal agent de traitement,

mais aujourd'hui on emploie des produits de synthèse plus sélectifs.

**Superiore** (It.) Désigne un vin à taux d'alcool supérieur (ou un plus long vieillissement) que celui de la DOC.

**Sur lies** Se dit de vins qui sont théoriquement mis en bouteilles sans soutirage*.

**Tafelwein** (Al.) Vins de table allemands.

**Taille** La taille consiste à éliminer les bois de l'année tout en conservant une ou plusieurs belles branches bien située afin de laisser bon nombre de bourgeons qui seront à l'origine de la pousse des fruits. Le raisin se forme sur « l'œil de l'année » qui pousse sur le bois de l'année précédente. La taille en gobelet (taille courte) rend la vigne moins vulnérable aux intempéries d'un pays chaud (vent, sécheresse). La taille en guyot (simple ou double) permet de ne conserver qu'une belle branche en hauteur (ou deux) en plus du tronc et convient mieux à un climat tempéré.

**Tanin** (ou tannin) Les rafles, les pellicules des raisins, les pépins contiennent en eux ces tanins que le pressurage et le cuvage expriment ; ces produits organiques apportent au vin des arômes et des goûts, ainsi qu'une capacité au vieillissement.

**Tenuta** (It.) Domaine italien.

**Terroir** Ensemble des sols, des sous-sols, de leur exposition et de leur environnement, qui détermine le caractère d'un vin.

**Tinto** (Esp. et P) Rouge.

**Tries** On parle aussi de tries pour les récoltes successives pratiquées pour les vendanges de raisins passerillés* ou atteints de pourriture noble*.

**Trocken** (Al.) Sec.

**Trockenbeerenauslese** (Al.) Vin allemand de type QmP très sucré : le haut de gamme dans sa catégorie.

**VDQS** Vin Délimité de Qualité Supérieure. Catégorie de vin situé entre les vins de table de consommation courante et les appellations d'origine contrôlée.

**Vecchio** (It.) Vin italien vieilli en fût ou en bouteille plus longtemps que la moyenne.

**Vendanges vertes** Opération qui

consiste à couper quelques raisins encore verts au mois de juillet afin de réduire la quantité de la future récolte, pour en augmenter la qualité.

**Vendanges tardives** Récolte tardive de raisins en surmaturité, ayant pour objet d'obtenir une plus grande concentration en sucres et en arômes.

**Véraison** Étape de la maturité du raisin qui correspond au moment où les baies changent de couleur.

**Vigna** (It.) Vignoble.

**Vigneto** (It.) Vignoble.

**Vin** Ce terme désigne la boisson qui résulte exclusivement de la fermentation naturelle des raisins ou des jus de raisins par transformation des sucres en alcool éthylique (éthanol) et en autres alcools et composants aromatiques grâce à l'action de levures.

**Vin de cépage** Vin élaboré à partir d'une seule variété de raisin. En France, un vin de cépage doit provenir à 100 % de ce cépage, mais dans de nombreux autres pays il existe des tolérances réglementaires, ou aucun règlement.

**Vin de paille** (Vin passerillé) Vin naturellement doux provenant de raisins ayant subi une dessiccation sur un lit de paille, sur des claies ou en suspension sur des fils de fer. Cette méthode, pratiquée en Italie et dans le vignoble du Jura, permet une concentration des moûts à la suite du dessèchement partiel des raisins.

**Vin de Pays** Vin provenant d'une région particulière qui répond à certaines normes d'encépagement et de rendements.

**Vin de presse** Vin rouge obtenu par pressurage, après la fermentation, des éléments solides, après écoulage*. Voir aussi décuvage*.

**Vin jaune** Vin blanc du Jura affecté par la flor.

**Vin santo** (It.) Vin italien de passito*.

**Vino de crianza** (Esp.) Vin de qualité qui doit être laissé à vieillir deux années pour les rouges, un an pour les blancs et les rosés (dont six mois en fûts), avant d'être commercialisé.

**Vitis labrusca** Variété de plant de vigne américain.

**Vitis vinifera** Variété de plant de vigne européen.

# INDEX

Les numéros de page en *italique* renvoient aux illustrations, ceux en **gras** indiquent un chapitre ou renvoient aux encadrés.

## A

Abbaye, Château l' 172
Abbaye de St-Hilaire 276
Abbazia di Rosazzo 373
Abelé, Henri 214
Abruzzes 383
  carte *374*
  producteurs et négoc. 386
Abtsberg 317
Abu Hummus 398
Abymes 263
Acacia 490
Accad, Guy 181
Achaia-Clauss 394
achat des vins **53-55**, 58, 119
Achkarren 339
acide 57, 86
acidité 57, 66, 86, 100, 135
acier inoxydable, cuves en **105**
Ackerman-Laurance 234
Aconcagua Valley 517
Adam, J. B. 222
Adams, Leon 504
Adega, Quinta da 444
Adélaïde 536, 538
Adelaide Hills 537, 538
Adelmann, Weingut Graf 341
Adelsheim 497
Adgestone 558
adjonction de sucre 105
Admiral 145
Adudarham, Vinhos 44, 396
Afdis, *voir* African Distillers
Affental 338
African Distillers (Afdis) 557
Afrique, *voir* Afrique du Nord ; Afrique du Sud ; Algérie ; Égypte ; Maroc ; Tunisie ; Zimbabwe
Afrique du Nord **399-400**
  régions viticoles 399
Afrique du Sud **554-557**
  régions vinicoles 555, 556
Agassac, Château d' 153
AGE, Bodegas 408
Aglianico del Vulture, DOC 387
agressif, vin **86**
Agricola de Borja, Sociedad Cooperativa 411
Agua Alta, Quinta da 443
*aguardiente* 442
Aguessac 302
Aguiar Freitas 448
Ahlgren 487
Ahr-moyenne Rhénanie 310-311

Ahrweiler 311
Aigle *345*
aigres, vins **85**
Ain-Bessem, AOG 400
Ain-el-Turk 400
Ain-Temouchent 400
Aix-les-Bains 261
Ajaccio, AOC 271, 272
Ajofrin, José Sanchez 440
Alambie Wine Company 532
Álava 419
Albana di Romagna, DOCG 367
Albrecht, Lucien 222
Alcamo, DOC 391
Alcatel-Alsthom 150
alcool **86**
Aleatico di Gradoli 387
Alella, DO 418, 420, 421
Alembiques, Casa dos 446
Alentejo 431, 432
Alesme-Becker, Château Marquis d' 142, 152
Alexander Valley, AVA 482
Alger 400
Algérie 400
Aliança, Caves 430
Alicante, DO 422
Aligne, Gabriel 208
Alkoom 543
Allandale 529
Allanmere 529
Allegrini 369
Allemagne, régions viticoles **304-342**
  carte *305*
  Ahr-moyenne Rhénanie 310-311
  Franconie 333-335
  Hesse rhénane 326-328
  Moselle-Sarre-Ruwer 312-317
  Nahe 324-325
  Palatinat 329-331
  Rheingau 319-323
  Saale-Unstrut et Saxe 336
  Wurtemberg 341
Allemande 248
Allen, Herbert 70
Allesverloren 556
Allied Lyons 443, 484
Allobrogie, Vin de Pays d' 264
*almacenista* Xérès 437, 438
Almaden 520
Almansa, DO 422, 424
Almeirim, Adega Cooperativa de 430
Aloxe-Corton *177*, 195
Alquier, Gilbert 287
Alsace **218-224**
  villages viticoles, carte *219*, 221
Alsenz, vallée 324, 325, 331
Alta Alella 421

Altare, Elio 362
Alte Badstube am Doctorberg 316
Altenbamberg 325
Altenberg 331
Altesino 380
Altiplano, Bodegas de 515
Alto Corgo, Vinhos do 443
Alvárez y Díez 415
Alvear 424
Alzinger, Leo 351
Amarine, Domaine de l' 288
Amarone 368
Amberley Estate 543
Amberton 528
Amboise 232, 233
Ambra, D' 389
Ambroise, Bertrand 194
Amerine, professeur Maynard 456
Amérique, *voir* Amérique centrale et Amérique du Sud ; Amérique du Nord
Amérique centrale et Amérique du Sud **511-520**
  Argentine 519
  Brésil et autres pays 520
  Chili 516-518
  Mexique 515
  régions vinicoles, carte *513*, 514
Amérique du Nord **465-510**
  Californie 471-492, carte *470*
  Canada 508-510
  Nord-est des États-Unis 498-503
  Nord-ouest des États-Unis 493-497
  Sud et Middle West 504-507
  régions viticoles, carte *467*, 469
Amexaga, Paco Hurtado de, *voir* Riscal, Marqués de
Amiel, Mas 278
Amiot, Pierre & Fils 192, 193, 198
Amiot-Bonfils 197
Amiral de Beychevelle 145
Amity 497
Ammelas, Château d' 286
Ammerschwihr 221
Amouriers, Domaine des 256
Ampeau, Robert 197, 198
Ampuis 246, 248
Ampurdán, Cavas del 421
Ampurdán-Costa Brava, DO 418, 420, 421
Amsfelder 460
Anatolie 396
Ancenis 229

Ancienne Cure, Domaine de l' 293
Andalousie 403, 422, 423, 424
Andalusia, WO 557
Anderson, vallée d' 472, 487
Anderson Valley Vineyards 506
Andlau 221
André, Pierre 195, 198
Andresen 443
Andron-Blanquet, Château 147
Angelbachtal-Michelfeld 338
Angelo, Fratelli D' 390
Angélus, Château l' 168, 170
Angerville, Domaine Marquis d' 196, 198
Anges, Domaine des 255
Angle Vale 538
Anglefort 264
Angludet, Château d' 151
Angove's 541
Anheuser, Paul 325
Anheuser, Weingut August E. **325**
Anjou, AOC 232, 233, 234
Anjou Coteaux-de-la-Loire, AOC 233
Anjou Villages, AOC 233
Ankialos 395
Annapolis, vallée d' 510
Anselmi 369
Antica Casa Vinicola Scarpa 362
Antichi Vigneti di Cantalupo 363
Antinori 378
Antoniolo 363
apéritifs 90, 135
Apotheke, vignoble 316
*Appellation d'origine contrôlée* (AOC) France 127
*Appellation d'origine contrôlée* (Tunisie) 400
*Appellation d'origine garantie* (AOG) Algérie et Maroc 400
Apremont 263
Aprilia 387
Aquéria, Château d' 256
Aquileia, DOC 372
Aragon **410-411**
  carte *405*
Arbalestrier, Clos de l' 251
Arbignieu 264
Arbin 261, 263
Arbois, AOC 257, 258
Arbois, Fruitière vinicole d' 260
Arbor Crest 495
Archambault, Pierre 240
Archambeau, Château d' 158

Archanes 395
Arche, Château d' 160, 161
Archioni 461
Arcins, Château d' 153
Argent Double, L' 285
Argentine **519**
Argillières, Les *194*
Argüeso, Manuel de 436
Aria 419
Arizona 505
Arkansas 505, 506
Arlay, Château d' 260
Arlot, Domaine de l' 194,198
Armailhaq, Château d' 142, 148
Armand, Comte 196
Arménie, carte *450*, 464
Arrowfield 529
Arrowood 484
Arroyo Grande, AVA 488
Arroyo Seco, AVA 488
Arruda, Adega Cooperativa de 430
Arsac, Château d' 153
Artesa 420
Artigues-Arnaud 145
Artimino 381
Arzen 400
Aschrott 323
Ashbrook Estate 543
Ashton Hills 538
assemblage, Champagne **111**
Assmannshausen 322
Assmannshäuser Frankenthal 322
Associated Vintners 495
Association des Exportateurs de Vin de Porto, A.E.V.P. 443
Association Viticole Aubonne 348
Association Viticole d'Yvorne 348
Asti, DOCG 360
Asti *spumante* 360
Astous, Château les 301
astringent, vin **86**
*aszú*, raisins 455
Ata Rangi 550
Atatürk, Kemal 396
Atlas Peak, AVA 477
Attems 373
Aube, vignoble de l' 212
Aubert Frères 234
Auckland 548
Au Cœur, Domaine 208
Aude, Vin de Pays de l' 281
Audubon 487
Auggen 340
Augusta, AVA 505, 506
Augustine 528
Aujas & fils, Ernest 207
Aurora, Vinicola 520

Ausone, Château 167, 168, 169, 170
austère, vin **86**
Australian Wine and Brandy Corporation 526
Australie **522-544**
régions vinicoles 523, carte *525*
*voir aussi*
Australie-Méridionale **536-541**
Australie-Occidentale **542-544**
Nouvelle-Galles du Sud 527-530
Victoria **531-535**
Australie-Méridionale **536-541**
carte *525*
climat et zones vinicoles 536
Australie-Occidentale **542-544**
carte *525*
Autriche **349-352**
régions viticoles, carte *350*, 351
Auvigne, Maison 204
Auxey-Duresses 196
Avalon 544
Aveleda, Quinta da 428
Avelino Vegas 415
Aveyron 302, carte *290*
Avignonesi 381
AXA 149, 151, 163, 175, 445
Ayala 214
Aydie, Château d' 301
Ayze 263
Azay-le-Rideau 232, 233
Azeitão *425*
Azerbaïdjan 464, carte *450*

*B*

Babich 550
Bacchus, Caveau de 260
Bach, Masia 421
Bacharach 311
Bachen, Château de 301
Bachelet Denis 192
Bachelet, Jean-Claude 197
Bachelet-Ramonet 197
Backsberg 556
Bad Dürkheim 329, 331
Bad Ems 311
Bad Kreuznach *324*, 324, 325
Bad Neuenahr 311
Badacsony 453
Bade **337-340**
Bade, association des viticulteurs de 340
Baden-Baden 334, 338
*Baden Selection* **340**
Badia a Coltibuono 378
Badische Bergstrasse/Kraichgau, *Bereich* 338
Badischer Winzerkeller 337, **339**
Badoux & Chevalley 348
Badstube 315

Bagnol, Domaine du 269
Bahans-Haut-Brion 156
Bahuaud, Donatien 230
Baie, Zone de la 487, 489
Baile, Clot d'ou 268
Bailly, Jean-François 239
Bailly, Michel 240
Bailly Winery, Alexis 507
Bairrada, DOC 429
Baja California 515
Baja Montana 410
Balaton, lac 453, *453*
Balatonboglár, ferme vinicole de 453
Balatonfüred-Csopak 453
Balatonmellék 454
Balbach, Anton 327
Bald Mountain 528
Baldivis Estate 544
Baléares, îles 403, 423
Balestard-la-Tonnelle, Château 168
Balland, Bernard et Fils 240
Balland-Chapuis, Domaine Joseph 240
Ballandean Estate 528
Ballarat 532
Ballot-Millot 197
Balnaves 539
Balthazar 49
Baltimore, lord 468
Balzac, AOC 265, 267, 268
Bannockburn 533
Banti 381
Banyuls 274, 277, 278
Barale, Fratelli 362
Barancourt 214
Barbadillo, Antonio *435*, 436, 438, 439, *439*
Barbaresco 360
Barbé 165
Barbera d'Alba DOC 360
Barbera d'Asti, DOC 360
Barbera del Monferrato, DOC 360
Barberani-Vallesanta 384
Barbeyrolles, Château 270
Barbi 380
Barbier, René 421
Barcelo, Hijos de Antonio 440
Barcelone 418, 419, 420
Bardolino 368
Barge, Gilles 249
Barge, Pierre 249
Bargemone, Commanderie de la 269
Barjac, de 248
Barkham Manor 558
Barolo 360
Baronne, Château la 282
Barossa Valley 526, 536, 538, 540
Barquero, Pérez 424
Barr 221
Barraud, D. 204
Barros Almeida 443, 448
Barroubio, Domaine 278
Barry, Jim 539
Barsac 160

Bart, Domaine 191
Barthot-Noëllat, Gaston 193
Bartol, Quinta do 444
Bartoli, Marco De 392
Barton, famille 150
Barwang Estate 528
Bas Guéret, Domaine du 236
Bas Marconnets 196
Basedow 538
Basilicate **387**, carte *388*, 390
Basque, Pays, voir Pays basque
Bass Philip 533
Basse Loire **229-231**
carte *227*
producteurs et négoc. 230
Bassermann-Jordan, Domaine 331
Bastei 325
Bastide, Château la 294
Bastide Blanche, La 268
Bastides, Domaine les 269
Bastor-Lamontagne, Château 161
Batailley, Château 142, 148
Bâtard-Montrachet 195, 197
Battistotti, Riccardo 371
Baudare, Château 298
Baudin 544
Baudoin, Clos 236
Baudry, Bernard 235
Bauer, Weingut Robert 341
Baumard, Domaine des 234
Bavard, Charles & Paul 197
Bavière, *voir* Franconie
Bay Area, *voir* Baie, Zone de la
Béarn, AOC 299, 300, 301
Beau-Séjour-Bécot 168
Beau-Site, Château 147
Beaucastel, Château de 253, 254, 255
Beaujeu 205
Beaujolais **205-208**
carte *200*
négociants 208
villages et producteurs 207
Beaujolais Nouveau 205
Beaujolais-Villages, AOC 208
Beaulieu 476, 478
Beaulieu, Château de (Provence) 269
Beaumes-de-Venise 252, 253, *255*
Beaumet 214
Beaumont, Château 153
Beaumont des Crayères 214
Beaune 187, 196
Beaupuy 294
Beauregard, Château 174
Beauregard, Château de 204
Beauregards, Les 185
Beauroy 185
Beauséjour (Duffau-Lagarosse), Château 168, 170
Beausite, Château 145
Beauvernay, Domaine de 207
Beaux Monts, Les 194
Becade, Château La 153

Beck, Graham 557
Becker, Domaine J. B. 323
Becker, Jean 222
Becker, Weingut 331
Bedell Cellars 501
Beijing Friendship Winery 560
Bel-Air, Château 153
Bel-Air, Château (Lalande-de-Pomerol) 175
Bel-Air, Château (Lussac St-Émilion) 172
Bel-Air-Lagrave, Château 153
Bel-Orme-Tronquoy-de-Lalande, Château 153
Belair, Château 168, 170
Belair-St-Georges, Château 172
Belgrave, Château 142, 153
Belingard, Château 293
Belland, Domaine Adrien 197, 198
Bellavista 366
Belle 249
Belle Coste, Château de 288
Belle-Graves, Château 175
Belle Rive, Château de 234
Belle Terre, vignoble 486
Bellegarde 145
Bellegarde, coopérative de 288
Bellemand, Domaine 204
Bellet, AOC 267, 268
Bellet, Château de 268
Bellevue, Château 168
Bellevue, Clos 293
Bellevue la Forêt, Château 298
Belley 257, 262, 264
Bellingham 555
Bellocq 300
Bellocq, Les Vignerons de 301
Bendigo 532, 533
Benede-Oranje, WO 557
Benelux, Pays du **343–344**
Belgique 344
Luxembourg 344
Pays-Bas 344
Benettini, Conte Picedi 364
Beni m'tir 400
Beni Nacido 488
Beni Sadden 400
Benmarl Wine Co. 501
Bennwihr, Cave coopérative de 224
Bennwihr-Mittelwihr 221
Benoist, Philippe de 240
Benon, Jean 207
Bensheim, Staatsweingut 332
Berberana, Bodegas 408
Bercher, Weingut 339
Berdiot 185
Berg Schlossberg 322
Bergat, Château 168
Bergbieten 221
Berger, M. 236
Bergerac **291-293**
carte *290*
producteurs et négoc. 293
Bergheim 221

Bergstrasse de Hesse 306, **332**
carte *318*
Bergsträsser Gebiets-Winzergenossenschaft 332
Beringer 478, 487, 490
Beringer, Jacob 476
Berkane et Angad 400
Berliquet, Château 168
Berlucchi, Fratelli 366
Berlucchi, Guido 366
Bernabei, Franco 375
Bernard 248
Bernkastel, *voir* Moselland
Bernkastel, *Bereich* 309, 312, 313, 315, 316
Berri Estates 541
Bertagna, Domaine 193, 198
Bertani 369
Bertaud-Belieu, Château 270
Berthaut, Denis 191
Bertheau, Pierre 193
Berthiers, Domaine des 240
Berticot 294
Bertineau-St-Vincent, Château 175
Bertinerie 165
Bertrams 557
Besancenot-Mathouillet 196
Bessan, Château 164
Besserat de Bellefon 214
Best's 533
Betanzos, Vino de Mesa de 404
Bethel Heights 497
Beugnons 185
beurre, odeur de **86**
Beychevelle, Château 142, 145, 150
Beyer, Léon 222
Beyerskloof 556
Bèze, Clos de 191, 192
Bianchi 448
Bianco di Custozza, DOC 368
Bianco di Scandiano, DOC 367
Bickensohl 339
Biddenden 558
Biegler, Manfred 352
Bien Nacido 488
Bienvenues-Bâtard-Montrachet 195, 197
Bierzo, DO 412, 414, 415
Biferno, DOC 386
Bigi 384, 389
Bigotière, Château de la 230
Bilbaínas, Bodegas 408
Billauds, Les 165
Billecart-Salmon 214
Billot, Henri 217
Biltmore, Château 506
Bingen 325, 326, 328
Binger Scharlachberg 328
Binissalem, DO 423
Biondi-Santi 376, 380
Birot, de 164
Bischoffingen 339
Bischöfliche Weingüter 315, 316

Biston-Brillette, Château 153
Bitouzet, Pierre 196
Bize & Fils, Domaine Simon 198
Bizolière, Domaine de la 234
Blagny 197
Blain-Gagnard, 197
Blanchet, Bernard 240
Blanchots 184
Blanck, Paul & Fils 222
Blandy Brothers 448
Blanquette de Limoux 110, 274, 283
Blaxland, Gregory 527
Blaye **165**
Blázquez, Hijos de Agustin 436
Bleasdale Vineyards 541
Bligny, Château de, 198
Blin 214
Bloodwood Estate 528
Blue Mountain Vineyard 510
Boa Vista, Quinta da 444
Bobadilla 436
Boberg Region, WO 555, 556
Boca, DOC 360
Böckelheim, *Bereich* Schloss 324, 325
Bockenheim 331
Bodega, La 488
Bodegas Internacionales 438
Bodegas y Bebidas, groupe 408, 424
Bodensee, district de 337, 340
Boeger 491, 492
Boillot & Fils, Lucien 192
Boillot, Pierre 197
Boiron, Maurice 254
Bois, Clos du **484**
bois, cuves en **105**
boisé, vin **86**
Bois-Joly, Domaine du 230
Boisson-Vadot 197
Boissot, Jean-Claude 194
Boizel 214
Bolivie 520, carte *513*
Bolla 369
Bollinger 214, 235
Bom-Retiro, Quinta do 445
Bomfim, Quinta do 446
Bon Courage 557
Bon Dieu des Vignes, Château 158
Bon Pasteur, Château Le 174
Bonalgue, Château 174
Bonhomme, André 204
Bonhomme, Auguste 230
Bonnard, Domaine 239
Bonnat, Château Le 158
Bonneau du Martray, Domaine 195, 198
Bonnes Mares 191, 192, 193
Bonnet, Château 164
Bonnezeaux, AOC 232, 233
Bonnot, Henri 254
Bonny Doon 489
Bons-Ares, Quinta dos 445

Bonvin, Charles 347
Boorde, Andrew 30
Boordy Vineyards 499, 502, 503
Boplaas 557
Boppard 311
Boratto, Vittorio 363
Borba, Adega Cooperativa de 432
Bordeaux **137-176**
régions viticoles **144-176**, *139*, *143*, *166*
Bourg et Blaye **165**
Côtes-de-Francs, AOC, *172*
Entre-deux-Mers **164**
Fronsac et Canon-Fronsac **176**, carte *166*
Graves **154-158**, carte *143*
Médoc **144-153**, carte *143*
Pomerol **173-175**, carte *166*
Saint-Émilion **167-172**, carte *166*
Sauternes **159-163**, carte *143*
Bordeje, Bodegas 411
Borges, H.M. 448
Borges & Irmão 428, 443
Borgo Conventi 373
Bortoli, De, *voir* De Bortoli
Bos, Château le 164
Boscarelli 381
Bosco Eliceo, DOC 367
Bosnie-Herzégovine 460
Bosquet, Domaine du 276
Bosquet des papes 254
Bossard, Guy 230
Botinière, Domaine de la 231
Botobolar 530
*botrytis, voir* pourriture noble
Botticino, DOC 365
Bouças, Solar das 428
Bouchard Aîné & Fils 196, 198
Bouchard-Finlayson 557
Bouchard Père & Fils 195, 196, 197, 198
Bouchaud, Henri 230
Bouches-du-Rhône, Vin de Pays des 217
bouchons **68**, *69*, 70, 119
bouchonnés, vins **85**
Boudes 237
Boudin, Adhémar 186
Bougros 184, 185
Bouhey-Allex, Maison 192
Bouley, Domaine Jean-Marc 196, 198
bouquet 66, 82, **86**
Bourbals, D<sup>r</sup> Denis 527
Bourdieu, Château Le 153
Bourdy, Christian 260
Bourée, Père & Fils 192
Bourg **165**
Bourg, Clos du 236
Bourgelat, Clos 158, 163
Bourgeois, Jean-Marie 239
Bourgogne **177-208**
régions viticoles 178, 179, *260*

Beaujolais **205-208**, carte *200*
Chablis **182-186**
Côte chalonnaise **201-202**, carte *200*
Côte d'Or **187-199**
Mâconnais **203-204**, carte *200*
Bourgueil, AOC 226, 232, 233, 235
Bourillon d'Orléans, Domaine 236
Bouscassé, Château 301
Bouscaut, Château 154, 156
Boutari & Son, J. 394
Boutenac 282
Bouthenet, Marc 192
Bouvet-Ladubay 235
Bouvier, René et Régis 191
Bouzereau, Michel 197
Bouzeron, AOC, 201, 202
Bowen Estate 539
Boxler & Fils, Albert 222
Boyd-Cantenac, Château 142, 151
Bragato, Romeo 548
Braida-Bologna 362
Braillon, Guy 207
Bramaterra, DOC 360
Brana, Château du 164
Brana, Jean 301
Branaire-Ducru, Château 142, 150
Brands Laira 539
Brane-Cantenac, Château 142, 145, 151
Branger, Claude 230
Breaky Bottom 558
Breede River Valley, WO 555, 556-557
Breganze, DOC 369
Breisach 337, 339
Breisgau 339
Brésil **520**, carte *513*
Bressan, Domaine 204
Bressandes, Les 195, 196
Brethous, Château 164
Breuil, Château du 234
Brézème 247, 248
Briagolong Estate 533
Bricout 217
Bridgehampton Winery 501
Brie, Château La 293
Briedel 315
Brighams Creek 550
Brights 510
Brillat-Savarin 89, 90, 262, 264
Brillette, Château 153
Brindabella Hill 530
Brisebarre, Philippe 236
Brisse, baron Leon 88, 89
BRL Hardy 526, 532, 539, 541
Brocard, Jean-Marc 184
Brochon 191
Brocot, Marc 191
Brogsitters «Zum Domherrenhof», Weingut 311

Broke Estate 529
Brokenwood 529
Brookfield Bronco, J. F. J. 491, 492, 550
Brookland Valley 543
Brotherhood Winery 499
Broughton, Bartholomew 537
Brouillard, Domaine 208
Brouilly 208
Brousseau, Robert 230
Broustet, Château 160, 161
Brown, Lindsay 531
Brown Brothers **534**
Broyer, Bernard 207
Broze 297
Brudersberg 328
Bruderschaft 316
Brul, Le 371
Brun de Neuville, Le 214
Bruna, Riccardo 364
Bründlmayer, Willi 351
Brunello di Montalcino, DOCG, 376, 380, 381
Brureaux, Domaine des 207
Brut Barroco 419
Bryczek, Georges 192
Bual 447
Buçaco 430
Bucci, Fratelli 385
Bucelas, DOC 429
Buena Vista 484
Bugey 257, 261, **262**, 264
Bugiste, Caveau 264
Buhl, von 331
Buitenverwachting 556
Bujanda, Bodegas Martínez 408
Bükkalja 454
Bulgarie **456-458**
carte *450*
régions viticoles 458
Bull, Ephraim 468
Burdon, John William 436
Burg Homberg 341
Burg Layen 325
Burg Ravensburg 338
Burg Schaubeck 341
Burgaud, Bernard 249
Burge, Grant 538
Burgenland 350
Bürgermeister Anton Balbach Erben, Weingut 328
Bürgerspital 334, 335
Burgos 407
Bürgstadt 335
Burguet, Alain 192
Burgweg 325
Buring, Leo 538
Burkheim 339
Bürklin-Wolf 331
Burmester, J.W. 443
Buronga Hill 532
Busby, James 527, 546
Bussière, Clos de la 192
Buttafuoco 365
Butteaux 185
Buzbag 396
Buzet, AOC **294**, carte *290*

By, Château de 153
Byass, Gonzalez 437, 439
Byron 490

**C**

C I Ltd 560
Ca' Bolani 373
Ca' dei Frati 366
Ca' del Bosco 366
Ca' Ronesca 373
Caballero, Luis 436, 438
Cabardès 283
Cabaroque, Domaine de 293
Cabernet d'Anjou, AOC 233
Cabernet de Saumur, AOC 233
Cabrière, Clos 556
Cabrières 287
Cáceres, Bodegas Marqués de 408
Cachão, Quinta do 444
Cachucha, Quinta do 444
Cadaujac 156
Cadet Bon, Château 168
Cadet-Piola, Château 168, 170
Cadière, La 268
Cadillac, AOC 164
Cahors **295-296**, carte *290*
producteurs et négoc. 296
Cahuzac-sur-Vère 297
Caillot, Roger 197
Caillou, Château 160, 161
Cain Cellars 477
Cairanne 253
caisses 62
Calabre **387**, 390, carte *388*
Calatayud, DO 410, 411
Caldeira, F. Martins 448
Cálem, A. A. 443
Calendal, Mas 269
calendrier des travaux **100-101**
Calera 490
Calevie, Château La 293
Californie **471-492**
Napa Valley **476-480**, carte *475*
régions côtières **487-490**
régions intérieures **491-492**
régions viticoles **472**, cartes *470*, *475*
Sonoma **481-486**, carte *475*
Caliterra 517
Callaway 484, 488, 490
Calon, Château 172
Calon-Ségur, Château 142, 145, 147
Caluso, DOC 360
Calvi 272
Camarate, Quinta da 432
Cambados 416
Cambria 489
Camden Estate 530
Camensac, Château de 142, 153
Camigliano 380

Caminade, Château la 296
Campanie **387**, 389, carte *388*
Campdumy 270
Campo de Borja, DO 410, 411
Campo Rotaliano 370
Campo Viejo, Bodegas 408
Campuget, Château de 288
Camus, Luc 196
Canada **469, 508-510**
Canandaiga Wine Company 500, 501
Canard-Duchêne 214
Canaries, Îles 403, 423
Canberra 530
Cancaillau, Clos 301
Candido, Francisco 390
Canéjan 156
Canepa, José 517
Canon, Château 167, 168, 170, 176
Canon de Brem 176
Canon-Fronsac, AOC 176, carte *166*
  producteurs **176**
Canon-la-Gaffelière, Château 168, 170
Canon-Moueix, Château 176
Cantemerle, Château 142, 153
Cantenac-Brown, Château 142, 145, 151
Canterbury, Nouvelle-Zélande 548, 549
Canuet 156
Cap, Région du, WO 555
Cap de Mourlin, Château 168
Cap Rock Winery 506
Capannelle 382
Caparzo, Tenuta 380
Cape Mentelle 543, 546, 552
Capel Vale 544
Capezzana, Tenuta di 382
Capitain-Gagnerot 195
Capitoro, Clos 272
Cappellini, Forlini 364
Caprai 384
Capriano del Colle, DOC 365
Capron-Manieux 196
Capucins, Clos des 224
carafes **76**, 77
Caralt, Conde de 419
Caramany 279, 280
Carballino *417*
Carbonnieux, Château 154, 155, 156, 157
Carcassonne 281, 283
Carcavelos, DOC 429
Cardonne, Château La 153
Carema, DOC 360
Carême, Antonin 88
Carey Cellars 490
Carillon, Domaine Louis 197, 198
Cariñena, DO 410, 411
Carlot, Mas 288
Carmel 397, 398
Carmel, vallée de, AVA 488

Carmes-Haut-Brion, Château Les 156
Carmignano, DOCG 376
Carmo, Quinta do 432
Carneros 479
Carneros, Los, AVA 477
Carneros-Sonoma, AVA 483
Caronne-Ste-Gemme, Château 145, 153
Carosa Vineyard 544
Carr Taylor 558
Carras, Domaine *393*, 394
Carré, Denis 192
Carruades, Les 145
Carso, DOC 372
Carta Nevada 419
Cartier-Inniskillin 510
Carvalho, Ribeiro & Ferreira 430
Casablanca (Chili) 516
Casablanca (Maroc) 400
Casale del Giglio 389
Casalinho, Caves do 428
casiers 62, *63*
Cassegrain 528, 530
Cassemichère, château de la 230
Cassis, AOC 258, 265, 267, 268
cassis **86**
Castagnier, Guy 192
Castanet 297
Castaño, Bodegas 424
Castel del Monte, DOC 387
Castel/Schloss Schwanburg 371
Castêle, Domaine de la 301
Castelgiocondo 379
Castell 335
Castell-Castell, Fürst 335
Castell' in Villa 378
Castellane, De 214
Castellare di Castellina 378
Casteller, DOC 370
Castellet, Le 268
Castelli, Maurizio 375
Castello, Tenuta 366
Castello della Sala *383*, 384
Castello di Ama 378
Castello di Ancarano, Tenuta 367
Castello di Fonterutoli 378
Castello di Gabbiano 378
Castello di Luzzano 366
Castello di Neive 362
Castello di Salabue 362
Castello di San Polo in Rosso 378
Castello di Volpaia 378
Castello Vicchiomaggio 378
Castiglione Falletto 361
Castilla la Vieja, Bodegas de Crianza 415
Castille-La Manche 403, 422
Castille-León 403, **412-415**, carte *405*
Castillon-la-Bataille 172
Castle Rock 543
Castlet, Cascina 362
Castoro 488
Castris, Leone de 390
Catalan, Vin de Pays 279

Catalans, Vignerons 280
Catalogne 403, **418–421**, carte *405*
Catoctin, AVA 502
Catoctin Vineyards 503
Cattin & ses Fils, Joseph 222
Cattin & Fils, Théo 222
Cauhapé, Domaine 301
Causse, Le 285
Causses, Domaine des 256
*Cava* (vin de table, Grèce) 395
Cavalleri 366
Cavallotto, Fratelli 362
Cave Spring Cellars 510
cave
  accès **64**
  aménagement 61
  humidité **64**
  livre de 62
  lumière **64**
  propreté **64**
  température 61, **64**
  ventilation **64**
  vibration **64**
caves, différents types de 61, 62-63, *62-63*, **64**
Cavicchioli 367
Cayla 164
Caymus 478
Cayrou, Château du 296
Cazal-Viel, Château 287
Cazanove, Charles de 214
Cazes, Domaine 278, 280
Cedar Creek 510
Cèdre, Château du 296
Celeiros, Quinta de 446
Cellatica, DOC 365
Cellers Castell de Remei 421
Cellier des Ducs, Le 230
Cellier Le Brun 552
Central Delaware Valley, AVA 502
Central Otago 548, 549, *549*
Centre du Portugal **429-430**, carte *426*
Centre et sud de l'Espagne **422-424**, carte *405*
  Andalousie **423**
  Castille-La Manche **422-423**
  îles espagnoles **423**
  le Levant **422**
Centre-Loire **232-236**, carte *227*
  producteurs et négociants 234
  cépages 40-48, *voir* index p. 605
Cep d'Argent, Vignobles le 510
Céphalonie 395
Cerasuolo di Vittoria, DOC 391
Ceratti, Umberto 390
Cerbère 278
Cerdon 264
Ceretto 362
Cérons, AOC **163**
Cérons, Château de 163
Certan, *voir* Vieux-Château-Certan

Certan de May, Château 174
Cerveteri, DOC 387
Cesare, Pio 362
Cestayrols 297
Chaberton, Domaine de 510
Chablis 178, 182-186
  producteurs et négociants 184
  vignoble, carte *183*
Chablisienne, La 184
Chaddsford Winery 503
Chainier, Pierre 236
Chaintré 204
Chaintré, Château de 235
Chaize, Château de la 208
Chaley, Yves 192
Chalk Hill 483
Chalone, AVA 488
Chalone 490
Chamard Vineyards 503
Chambeau, *voir* Vieux-Château-Chambeau
Chambert, Château de 296
Chambert-Marbuzet, Château 147
Chambertin 191
Chambéry 257, 261
Chambolle-Musigny 187, 192–193
Chamboureau, Château de 234
Chamoix, Domaine Jean-Pierre 240
Champ de Gris 240
Champagne 98, 128, 132, **209-217**
  régions viticoles, carte *211*
Champagne Bollinger 214, 235
Champagne Bricout, 217
Champagne Deutz 215, 250
Champagne Gosset 215, 235
Champagne Krug *209*, **215**
Champagne Lanson 215-216, 489
Champagne Laurent-Perrier 157, 214, 216, 217, 496
Champagne Mumm 216, 480, 519
Champagne Pommery 489
Champagne Roederer *135*, 445, 489
Champagne Taittinger 217, 235, 479
Champagnon, Louis 207
Champet, Émile 249
Champlitte 259
Champs Fulliot, Les 196
Champy, Père & Fils 196
Chanay 264
Chandon, Domaine (Napa) 479
Chandon, Domaine (Yarra Valley) 535
Chandon de Briailles 196
Chânes 204
Chanson Père & Fils 192, 196,198
Chantegrive, Château de 158, 163

Chantovent 285
Chanturgue 237
Chanut, Frères 208
Chapel Hill 541
Chapelle, La *241*
Chapelle-Chambertin 191
Chapelle-de-Guinchay, La 207
Chapelot 185
Chapitre, Clos du 191
Chapman, Joseph 488
Chapoutier 247, 249, 250
Chaptal, Jean Antoine 105
chaptalisation 105
Chapuis, Domaine Maurice 195, 198
Charbaut 214, 560
Chard Farm 552
Charlemagne 195, 304, 328
Charles & Fils, François 192
Charles Sturt, Université, Nouvelles-Galles du Sud, 526
Charlopin-Parizot, Domaine 191
Charmat, procédé 110
Charmes, Château des 510
Charmes, Les 196
Charmes-Chambertin 191, 192
Charmes-Godard, Château Les 172
Charnu, vin **110**
Charpignat 263
Charrere 364
Charrière, Château de la 197
Charron 165
Charta, groupe **320**, 322
Chartreuse, Château de la 163
Chartron, Jean 197
Chartron & Trébuchet 198
Chassagne-Montrachet 197
Chasse-Spleen, Château 145, 153
Chasselas 204
Chasseloir, Château de 230
Chastelet, Château de 164
Châtains 185
Château-Chalon, AOC 257, 258, 259
Châteaubourg *242*
Châteaumeillant, VDQS 240
Châteauneuf-du-Pape 245, 250, 287 ; AOC 242, 244, 252, 254, 258, 267
Chatsfield 543
Chaudouillonne, La 239
Chaume de Talvat 185
Chaumes Aux Brûlées, Les 194
Chaumières, Cave des 239
Chautagne 262, 263
Chauvenet, F. 198
Chauvenet, Jean 194
Chauvin, Château 168
Chave, Gérard **250**
Chellah 400
Chenas, Cave du Château de 207
Chénas 207
Chêne Marchand 239

Chêne Vert, Clos de 235
Chenonceau, Château de 236
Cherchi, Giovanni 392
Chéreau-Carré 230
Cheval-Blanc, Château *141*, 167, 168, 170
Chevalier, Domaine de 154, 155, 156, **157**
Chevalier-Montrachet 126, 195, 197
Chevalière, Domaine de la 207
chevaliers du Tastevin de Bourgogne, Confrérie des 193
Cheverny, AOC 232, 233
Chevillon, Domaine Robert 194, 198
Chevillon, Georges et Michel 194
Chevrette, Domaine de 235
Chianti 127, *354*, 357
   producteurs 378–379
Chianti Classico, DOCG 375, 377
Chianti Rufina 375, 377
Chiarli 367
Chiarlo, Michele 362
Chicama Vineyards 503
Chicane, Château 158
Chieti *386*
Chignin 263
Chili 512, carte *513*, 514, **516-518**
   régions vinicoles 516
Chine 559, 560
Chinon 226 ; AOC 232, 233, 235
Chiroubles 207
Chitry, AOC 186
Chittering Estate 544
Chivite, Bodegas Julián 411
choix des vins **33-55**
Chopin-Groffier, Daniel 194
Chorey-lès-Beaune 195
Christchurch, Nouvelle-Zélande 549
Churchill Graham 443
Chusclan 253, 255
Chypre **397-398**
Cienega, vallée de la 488
Cigales, DO 412, 413-414, 415
Cinqueterre, DOC 364
Cinzano 362, 515, 520
Cirò, DOC 387
Cisa Asinari dei Marchesi di Gresy, Tenuta 362
Cismeira, Quinta da 428
Cité de Carcassonne, Vin de Pays de la 281
Citran, Château 145, 153
CIVC, *voir* Comité Interprofessionnel du Vin de Champagne
Clair, Domaine Bruno 191, 192, 198
Claircomptes, Domaine des 231
Clairefont, de 145
Clairette de Bellegarde, AOC 274, 288
Clairette de Die 110, 244

Clairette du Languedoc, AOC 274, 286
Clairmonts, Cave des 249
Clamoux, La 285
Clape, Auguste 248
Clape, La 286, 287
Clare Valley 526, 536, 539
Clarettes, Domaine des 270
Claridge 556
Clarke, Château 153
classifications
   Bordeaux (1855) 132, 142, 149
   Crus bourgeois 132, 145
   Graves (1959) 154
   Sauternes (1855) 160
   St-Émilion (1955) 168
Clément, Pape- 157
Clément-Termes, Château 298
Cléray, Château du 231
Clerc & Fils, Henri 197
Clerc-Milon, Château 142, 148
Clerget, Raoul 197
Clerico, Domenico 362
Clermont-Ferrand 237
Clermont-l'Hérault 286
Cles, Barone de 371
Clessé, Coopérative de 204
Cleveland 292
climat 124 ; *voir* aussi les facteurs de qualité dans chaque région viticole
Climens, Château 160, 161
Clinet, Château 174
Clinton Vineyards 501
Clisson, Château de *230*
clones 102
Clos, Les 184
Closière, Château de la 164
Clot d'ou Baile 268
Clotte, Château La 168, 170
Clusière, Château La 168
Clyde Park 533
Coal River 537
Coastal Region, WO 555, 556
Cobaw Ridge 534
Coche-Dury, Domaine 197,198
Cochem 315
Cockburn Smithes 428, 443, 444
Cocumont 294
Codorníu 419
Coffinet, Fernand 197
Coing, Château du 230
Col d'Orcia 380
Colacicchi, Cantina 389
Colares, DOC 429
Coldstream Hills *532*, 535
Cole Ranch, AVA 487
Colin 197
Collard Brothers 550
Colle dei Bardellini 364
Colle del Sole 384
Colle Picchioni 389
Collet, Domaine Jean 184
Colli Albani, DOC 387
Colli Altotiberini, DOC 383

Colli Amerini, DOC 383
Colli Aretini 376
Colli Berici, DOC 369
Colli Bolognesi, DOC 367
Colli del Trasimeno, DOC 383
Colli di Catone 389
Colli di Luni, DOC 364
Colli di Parma, DOC 367
Colli Euganei, DOC 369
Colli Fiorentini 376
Colli Martani, DOC 383
Colli Morenici Mantovani del Garda, DOC 365
Colli Orientali del Friuli, DOC 372, 373
Colli Perugini, DOC 383
Colli Piacentini, DOC 367
Colli Senesi 376
Colline, Le 363
Colline Pisani 376
Collines Rhodaniennes, Vin de Pays de 256
Collio Goriziano, DOC 372
Collioure, AOC 274, 278, 279, 280
Colombara, Fattoria 366
Colombie 520, carte *513*
Colombie-Britannique 508, 509, 510
Colombier 292
Colombiera, La 364
Colombo 248
Colombo, Jean-Luc 247
Colterenzio/Schreckbichl, Cantina Sociale 371
Columbia 495
Columbia, vallée de la, AVA 494
Combe au Loup, Domaine de la 208
Combe Blanche, Domaine la 285
Combier 249
Comelli 373
Comercial Vinícola del Nordeste (CoViNoSa) 421
Comité Interprofessionnel du Vin de Champagne (CIVC) 134
Commandaria 393, 398
Commeraine, Clos de la 196
commercialisation, circuits de 120
Companhia Geral da Agricultura dos Vinhos do Alto Douro 442, 445
Compañía Vinícola del Norte de España (CVNE) 408
Compañía Vitivinícola de Somontano (CoViSa) 411
Comte, Estate le 510
Comté de Grignan, Vin de Pays du 256
Comté Tolosan, Vin de Pays du 134, 302
Comtés Rhodaniens, Vins de Pays des 134, 256
Conca de Barberà, DO 418, 419, 421

Concannon, James 489, 515
Concavins 421
concentration 108
Concha, Bodega La 437
Concha y Toro 516, 517, 518
Concilio Vini 371
Condado de Huelva, DO 423
Condado del Tea 416
Condado Pálido 423
Condado Viejo 423
Condamine Bertrand, Château La 286
Condemine, Robert 208
Condrieu, AOC 246, 247, 248
Conestoga Vineyard 502
Confradeiro, Quinta de 446
Confuron-Cotetidot, Domaine 194, 198
Connecticut 502, 503
Connétable de Talbot 145
Conques 145
Conseillante, Château La 174
Consejo Regulador 404, 435
Constance ou Bodensee, district du lac de 337, 340
Constantia, vin de 555
Constantia District, WO 556
Constantin, Château 158
Conterno, Aldo 362
Conterno, Giacomo 362
Contessa Entellina, DOC 392
Conti, Paul 544
Contini, Attilio 392
Contratto, Giuseppe 362
contrôle
   de la température de fermentation 104, 108
   de qualité *107*
*Controliran* (Bulgarie) 458
Coonawarra 526, 532, *536*, 537, 539–540
Cooperativa Vinícola del Penedès (CoViDes) 421
Coopers Creek 550
Coorinja Vineyard 544
Cope-Williams 534
Coppo & Figli, Luigi 362
Corbans 550
Corbett Canyon 488
Corbières, AOC 274, 281, **282**, carte *275*
Corbin, Château 168
Corbin-Michotte, Château 168
Cordes 297
Cordier 150, 240
Cordier, Domaine 204
Cordier, Domaines 153, 171
Córdoba 423
Corent 237
Cori 387
Coria, Giuseppe 392
Coriole 541
Cormerais, Bruno 230
Cormerais-Cheneau, Château la 231

Cornacchia, Barone 386
Cornas, AOC 246, 247, 248
Corneilla, Château de 278, 280
Cornu, Claude 192
Corse 265, **271-272**
   carte *266*
Corsin, Domaine 204
Corte, Quinta da 444
Cortés, Hernán 512
Corton 195
Corton-André, Château *177*
Corton-Charlemagne 195
COS 392
Cos d'Estournel, Château 142, 144, 145, 147
Cos Labory, Château 142, 147
Cosecheros Abastecedores 424
Cosham 544
Cossart Gordon 448
Costers del Segre, DO 418, 419, 420, 421
Costières-de-Nîmes, AOC 274, 288
Côte chalonnaise 178, carte *200*, **201-202**
   villages et producteurs 202
Côte d'Auxerre, AOC 186
Côte de Beaune 187
   *Grands crus* 195
Côte de Beaune, villages de la 195-197
Côte-de-Beaune-Villages 195
Côte de Bréchain 185
Côte-de-Brouilly 208
Côte de Cuissy 185
Côte de Fontenay 185
Côte de Jouan 185
Côte de Léchet 185
Côte de Nuits 187
   *Grands crus* 191
Côte de Nuits, villages de la 191–194
Côte-de-Nuits-villages, AOC 191
Côte de Palotte 186
Côte de Prés-Girots 185
Côte de Savant 185
Côte de Sézanne 212
Côte de Vaubarousse 185
Côte des Blancs 212
Côte d'Or 178, **187-199**
   producteurs et négociants 198
Côte-Rôtie, AOC 241, 245-249
Côte Vermeille, Vin de Pays de la 279
Coteau de Lys, Domaine 208
Coteaux Champenois, AOC 217
Coteaux-d'Aix-en-Provence, AOC 267, 269
Coteaux-d'Aix-en-Provence Les Baux-de-Provence 269-270
Coteaux-d'Ancenis, VDQS 229

Coteaux de Chalosse, les 302
Coteaux de Glanes, Vin de Pays des 302
Coteaux de l'Ardèche, Vin de Pays des 256
Coteaux de-l'Aubance, AOC 232, 233, 234
Coteaux de Mascara, AOG 400
Coteaux-de-Pierrevert, VDQS 270
Coteaux de Quercy, Vin de Pays des 302
Coteaux de Tlemcen, AOG 400
Coteaux-de-Vérargues 286, 287
Coteaux des Baronnies, Vin de Pays des 256
Coteaux des Fenouillèdes, Vin de Pays des 279
Coteaux Diois, AOC 244
Coteaux-du-Cap-Corse 272
Coteaux-du-Giennois, VDQS 240
Coteaux du Grésivaudan, Vin de Pays des 264
Coteaux du Languedoc, AOC carte 275
Coteaux-du-Layon, AOC 233, 234
Coteaux-du-Loir, AOC 226, 233
Coteaux du Lyonnais 206
Coteaux du Pont du Gard, Vin de Pays des 288
Coteaux du Quercy, VDQS 302
Coteaux-du-Tricastin, AOC 252, 255
Coteaux-du-Vendômois, VDQS 232, 233
Coteaux-du-Vivarais, AOC 252, 255
Coteaux du Zaccar, AOG 400
Coteaux Flaviens, Vin de Pays des 288
Coteaux-Varois, AOC 267, 270
Côtes Catalanes, Vin de Pays des 279
Côtes d'Auvergne, VDQS 237
Côtes-de-Bergerac, AOC 291
Côtes de Bordeaux St-Macaire 164
Côtes-de-Bourg, AOC 165
Côtes de Buzet, 294
Côtes-de-Castillon, AOC 172
Côtes-de-Duras, AOC 294
Côtes de Gascogne, Vin de Pays des 301, 302
Côtes de l'Adour, les 302
Côtes-de-la-Malepère 283
Côtes de Meuse, Vin de Pays des 223
Côtes-de-Millau, VDQS 302
Côtes-de-Provence, AOC 267, 270
Côtes-de-St-Mont, VDQS 299, 300, 301
Côtes-de-Toul, VDQS 224

Côtes-des-Monts-Damnés 239
Côtes d'Olt, Les 296, 302
Côtes-du-Brulhois, VDQS 297, 298
Côtes-du-Cabardès-et-de-l'Orbiel 283
Côtes du Forez, VDQS 237
Côtes-du-Frontonnais, AOC 297-298
Jasnières 226
Côtes-du-Jura, AOC 258
Côtes du Loir 226
Côtes-du-Lubéron, AOC 252, 255
Côtes-du-Marmandais, AOC 294
Côtes-du-Rhône, AOC 132, 252, 253, 255
Côtes du Rhône méridionales 252-256
Côtes du Rhône septentrionales 246-251
Côtes-du-Rhône-Villages, AOC 132, 252, 253, 255
Côtes-du-Roussillon, AOC 279, 280
Côtes-du-Roussillon-Villages, AOC 279, 280
Côtes du Tarn, Vin de Pays des 302
Côtes-du-Ventoux, AOC 252, 255
Côtes-du-Vivarais 255
Côtes Noires, Les 285
Côtes Roannaises, VDQS 237
Cotnari 459
Côtto, Quinta do 428
Coucheroy, Château 157
Couhins, Château 154
Couhins-Lurton, Château 154, 155, 156
Coujan, Château 287
Coulanges-la-Vineuse, AOC 186
Coulbois, Patrick 240
Coulée-de-Serrant, AOC 233
Coulée de Serrant, Clos de la 234
couleur du vin 59, 59, 82
Couly-Dutheil 235
Couralou, Domaine le 256
Courançonne, Château de 255
Courbis, Maurice 248, 251
Courcel, Domaine de 198
Cournu 249
Courtenay, Justin de 509
Cousiño Macul 517
Couspaude, Château La 168
Coutale, Clos la 296
couteau-sommelier 70, 71
Coutet, Château 160, 161
Couvent des Jacobins, Château 168
Covey Run 495
CoViDes, voir Cooperativa Vinícola del Penedès
CoViNoSa, voir Comercial Vinícola del Nordeste

CoViSa, voir Compañía Vitivinícola de Somontano
Cowra Estate 528
Coyeux, Domaine des 252
Craiglee 534
Craigmoor 527, 528, 530
Crais, Domaine des 204
Crampilh, Domaine du 301
Cransac, Château 298
Crémade, Domaine de la 269
Crémant d'Alsace 110, 220
Crémant de Bourgogne, AOC 110, 186, 202, 204
Crémant de Die, AOC 244
Crémant de Limoux, AOC 274, 283
Crémant de Loire, AOC 110, 233
Crémat, Château de 268
Crépy, AOC 257, 264
Cresta Blanca 476
Cret des Gavanches, Domaine 208
Crète 395
Criots-Bâtard-Montrachet 195, 197
Crimée, voir Ukraine
Criots-Beauséjour, Château 172
Croatie 460
Crocé-Spinelli, Vignobles 270
Crochet, Lucien 239
Crock, Château Le 147
Croft 436, 443, 444
Croix, Domaine de la 231
Croix, La 145
Croix-Beauséjour, Château 172
Croix d'Argis, Domaine de la 260
Croix de Chèvre, Domaine de la 208
Croix-de-Gay, Château La 174
Croix-St-Jacques, La 165
Croizet-Bages, Château 142, 148
Cronin 487
Cros, Château du 164
Croser, Brian 496
Crotta di Vegneron, La 364
Crouseilles, Château de 289
Crozes-Hermitage, AOC 246, 247, 249
Cruet 262, 263
Crus Blancs, Cave des 204
Crus Bourgeois 133, 145
Crusius, Weingut Hans & Peter 324, 325
Cruz 431
Cruzeau, Château de 156
Cruzeau, Château de 156
Cruzeiro, Quinta do 444
Csongrád 453
Cucugnan, 282
Cuilleron 248
cuit, vin 86
Culbertson 488
Cullen Wines 543
Culombu, Clos 272
Cumberland Valley, AVA 502

Cunac 297
Cure, Clos de la 235
Curé-Bon, Château 168
Cure-Bourse, Domaine de 145
Currency Creek 541
Curros, Bodegas los 415
Cuvaison 478
CVNE, voir Compañía Vinícola del Norte de España

D
Dagueneau, Didier 240
Dagueneau, Jean-Claude 240
Dahlenheim 221
Dahra 400
Dahra-Mostaganem 400
Dalimore Vineyard Chardonnay 550
Dambach-la-Ville 221
D'Ambra 389
Dame, Mas de la 269
Dame de Malescot, La 145
Dame de Montrose, La 145
Damones, Les 194
Damoy, Pierre 192
D'Angelo, Fratelli 390
Danube, pays du 451-461
régions viticoles, carte 450
voir aussi :
  Bulgarie 456-458
  Hongrie 452-455
  République tchèque et Slovaquie 461
  Roumanie 459
  Slovénie 460
Dão, DOC 429
Daphnes 395
D'Arenberg 541
Darling Range 542, 544
Darlington Estate 544
Darnat, Domaine 197
Dassault, Château 168
Daumas Gassac, Mas de 276
Daume, Baume de la 276
Dauvissat, René 186
Dauzac, Château 142, 151
Davayé 204
Davis Bynum Winery 484
Dealul Mare 459
De Bartoli 391, 392
Debonne, Chalet 507
De Bortoli 530, 535
décantation 74, 75
décanteurs 76
Decugnano dei Barbi 384
Deffends, Domaine du 270
dégorgement 111
dégustation 81-86,
  apprentissage 82
  étapes de la 82, 83
  notes 85
  organiser une 84
  verres 79, 82
  vocabulaire de la 84
Deidesheim 329, 331

Deidesheimer Hohenmorgen 331
Deinhard 331
Deiss, Domaine Marcel 222
Delaforce 444
Delamotte, Bouché 217
Delaporte, Vincent 239
Delarche, Marius 195
Delas Frères 247-250
Delaunay, Maison 192
Dél-Balaton 453
Delbeck 215
Delea 348
Delegat's 550
Deléger, Georges 197
Deletang Père et Fils 236
Delgado Zuleta 436
Delicato 488, 491
Deltetto, Carlo 363
Denbies 558, 558
Denman Estate 529
Denominação de origen controlada (DOC) Portugal 426
Denominación de origen (DO) Espagne 404
Denominación de origen calificada (DOC) Espagne 404
Denominazione di origine controllata (DOC) Italie 128, 356, 357
Denominazione di origine controllata e garantita (DOCG) Italie 357
Dentelles de Montmirail 252
Depagneux, Jacques 204
Dépré, André 208
De Redcliffe 550
Dernau 311
Derwent Valley (Tasmanie) 537
Descombes, Thierry 207
Desmeure 249, 250
Desmirail, Château 142, 151
Dessilani, Luigi 363
De Tarczal 371
Deutscher Landwirtschaft Gesellschaft (DLG) 309, 329
Deutsches Eck 315
Deutsches Weintor, coopérative 331
Deutz, Champagne 215, 250
Deutz, Maison 488
Deux Clochers, Caveau des 208
Deux Roches, Domaine des 204
Devaux 215
Devil's Lair 543
De Wetshof 557
Dezormeaux 248
Diamond Creek 477, 478
Diamond Mountain 477
Diamond Valley 535
Diconne, Jean-Pierre 196
Diel, Schlossgut 325
Dietrich-Joos, Vignoble 510
Dieu Donné 556

Diez-Merito 436
Dillon, Château 153
Dioterie, Clos de la 235
Diren 396
Discovery Wine Company 517
Distillers Corporation 555
Distinction Finest Reserve 443
DLG, *voir* Deutscher Landwirtschaft-Gesellschaft
Doisy-Daëne, Château 158, 160, 161
Doisy-Dubroca, Château 160, 161
Doisy-Védrines, Château 160, 161
Dôle 347
Dolianova, Cantina Sociale di 392
Doluca 396
Domain A 537
Domdechant Werner 323
Domecq, Bodegas 408
Domecq, Pedro 435, 436, 437, 438, 515
Domergue, Daniel **285**
Domeyne, Château 147
Dominique, Château La 168, 170
Dominode 195
Domprobst, vignoble Graacher 315
Donaldson, Vinhos 448
Donauland-Carnuntum 351
Donnafugata 392
Donnelly River 544
Dönnhof, Weingut 324, 325
Doonkuna Estate 530
Dopff & Irion 222
Dopff au Moulin 222
Dora Baltea, vallée de la 364
Dorgali, Cantina Sociale di 392
Doria 366
Dorices, Domaine des 230
Dorigati, Fratelli 371
double magnum 49
Doudet-Naudin 192, 198
Douglas District, WO 557
Doumani, Carl 496
Douro, Casa do 443, 445
Douro, vallée du 403, *427*, 441
Douro Wine Shippers and Growers 443
Douvaine 264
Dow 446
Dracy, Château de 192
Drappier 215
Drave, vallée de la 460
Drayton's 529
Dreher 520
Dresde 336
Driffield, Walter 536
Droin, Jean-Paul 184
Dromana Estate 534
Drôme, Vin de Pays de la 256
Drouhin, Domaine 496

Drouhin, Joseph 192, 193, 196, 198
Drouhin-Larose 192
Dru-Baché, Domaine 301
Druet, Pierre-Jacques 235
Drumborg 532, 535
Dry Creek 484
Dry Creek Valley, AVA 483
Dry River 550
Dubignon-Talbot, Château 152
Dubœuf, Georges 208
Dubois & Fils, 194
Dubourdieu, Denis 155, 156, 158
Dubreuil-Fontaine, Domaine 195, 198
Ducos, Joseph 253, 254
Ducoté, Jean-Paul 207
Ducru-Beaucaillou, Château 142, 145, 150
Ducs, Domaine des 207
Duff Gordon 437
Duffau-Lagarrosse, *voir* Beauséjour
Dufouleur Frères 194, 198
Dufouleur, Guy 192
Dufour, Domaine 207
Dugat, Pierre 192
Duhart-Milon-Rothschild, Château 142, 145, 148
Dujac, Domaine 198
Dundee Hills 497
Dunham, 510
Dunkel 370
Duplessis-Fabre, Château 153
Dupont, Guillemard 192
Durand, Château 172
Durand, Domaine 294
Duras 294, carte *290*
Durbach 338
Durban (Corbières) 282
Durban, Domaine 252
Durbanville District, WO 556
Duresses, Les 196
Durfort-Vivens, Château 142, 145, 151
Durup, Jean 184
Duseigneur, Domaine 256
Dusi 489
Dutruch-Grand-Poujeaux, Château 153
Duval-Leroy 215

*E*

Eaglehawk Estate 539
Ébaupin, Domaine de l' 231
Eberle 488, 490
Èbre, vallée de l' 403, 406, 410
Écart & Fils, Maurice 196
Échézeaux 191, 193
Écho, Clos de l' 235
Écomandière, Domaine de l' 231
Edelmann, Anton 90
Edelzwicker 220
Eden Valley 536, 540

Edmeades 489
Edna Valley, AVA 488, 490
Egervin, Domaine 454
Egli, C. Augusto 424
Église Clinet, Château l' 174
Eguisheim 221, 224
Égypte 398
Ehrenbreitstein 311
Eira Velha, Quinta da 443
*Eiswein* 306, 322, 332, 349, 351, 352, 501, 508
El Aliso Ranch 488
El Rosal 416
El Sauzal 423
Elan, Château 506
Elderton 538
élevage 109, 114, 115
Elgee Park 534
Elk Cove *493*, 497
Ellerbach 324
Eltville *321, 323*
Embrès et Castelmaure, Cave d' 282
Émilie 367, carte *358*
Enclos, Château l' 174
Enclos de Moncabon 145
Endrizzi 371
Enfidaville *399*
English Vineyards Association 558
Enologica Valtellinese 366
Entre-deux-Mers *164*
Épenots 196
Épenottes, Les 196
Épineuil, AOC 186
Épinottes, Les 185
Episcopio, Pasquale Vuilleumier, Cantine 389
Équateur 520, carte *513*
Equipe Trentina Spumante 371
Erbach 323
Erbaluce di Caluso, DOC 360
Erbhof Tesch, Weingut 325
Erden 315
Ericsson, Leif 466, 509
Érié, lac, AVA 505
Ermitage de Chasse-Spleen 145
Errazuriz Panquehue 517
Ervamoira, Quinta 445
Eschenauer 157
Escherndorfer Lump 335
Eshcol 480
Eser, August 322
Esk Valley 550
Esmeralda, Viña 519
Esmonin, Frédéric 192
Esmonin, Michel 192
Espagne **402-424**
    carte *405*
    régions viticoles 403
    Castille-Léon 412-415
    Catalogne 418-421
    Centre et Sud 422-424
    Galice et Pays basque 416-417
    La Rioja 406-409
    Navarre et Aragon 410-411

Esporão 432
Est! Est!! Est!!!, DOC 384, 387, 389
Establecimento Prisonal Pinheiro da Cruz 432
Estación Viticultura y Enología de Navarra, *voir* EVENA
Estancia 488
Estrella River Winery 490
Eszencia 455
étagères 62, 63
Etchart 519
Etko 398
Étoile, Château l' 158
Étoile, l', AOC 257, 258
Etschtaler 370
Eugénie, Domaine d' 296
Eugénie-les-Bains 300
Eval 424
Évangile, Château l' 174
Evans & Tate 544
Evans Family 529
EVENA (Estación Viticultura y Enología de Navarra) 410, 411
Extremadura 419
Eyquem, Château 165
Eyre péninsule d' 536
Eyrie 496, **497**

*F*

Fabas, Château 285
Fabrini, Attilio 385
Fairview 556
Faiveley, Joseph 192, 194, 198
Falerno del Massico, DOC 387
Falesco 389
Falfas, Château 165
Fall Creek Vineyards 506, *507*
Falset 420
Far Niente 476, 479
Fara, DOC 360
Faranah, Clos 400
Fargues, Château de 161
Fariña, Bodegas 415
Farrell, Gary 484
Far South West 535
Faugères, AOC 286, 287
Faurie, Bernard 250
Faurie-de-Souchard, Château 168
Fayau, Château 164
Fayssac 297
Fazi-Battaglia 385
Feiler-Artinger 352
Feipu, Cascina 364
Feist, H. & C. J. 443, 444
Felluga, Livio 373
Felluga, Marco 373
Felsenberg 325
Felsina Berardenga 378
Fennville, AVA 505
Feola 364
Féraud, Pierre 208
Ferme Blanche, Domaine de la 269

fermentation **104-105**, 106, *107, 109, 111*
Fermoselle, Bodegas José-María 415
Fernández, Alejandro 415
Ferradoza, Quinta de 443
Ferrando, Luigi 363
Ferrant, Domaine de 294
Ferrari 371
Ferrari-Carano *481*, 484
Ferraz, F.F. 448
Ferreira 428, *431*, **445**
Ferrer, Gloria 484
Ferrer, José 423
Ferret, Domaine Jeanne 204
Ferrière, Château 142, 151
Féry, Jean 192
Fès 400
Fesles, Château de 234
Fessy, Henry 204, 208
Fessy, Sylvain 208
Fetzer 489
Feuerheerd 443, 444
Feuillate, Nicolas 215
Fèves, Les 196
Fèvre, Bernard 196
Fèvre, William 184
Fiano di Avellino, DOC 387
Fichard 264
Ficklin 491, 492
Fiddletown 489
Fief de la Brie 230
Fiefs de Lagrange 145
Fiefs Vendéens, VDQS 229
Fieuzal, Château de 154, 155, 156
Figari 272
Figeac, Château 167, 168, 171
Filhot, Château 160, 161
Filliatreau, Paul 235
filtration *107*
Finger Lakes 499, 500, 501
Finkenauer, Weingut Carl 325
Fiorano 389
Fiorita, La 384
Firelands Winery 507
Firestone 490
Firestone, Brooks 488
Fischer, E. & C. 352
Fitou, AOC 281, 282, carte *275*
Fitz-Ritter, Weingut 331
Fiumicicoli, Domaine 272
Fixey 191
Fixin 191
Flagey-Échézeaux 193
Flaugergues, Château de 287
Flein 341
Fléterive 263
Fleur-Caileau, Château La 176
Fleur-de-Gay, Château La 174
Fleur-Pétrus, Château La 173, 174
Fleurie 207
Fleurie, Cave coopérative de 207
Fleurieu, péninsule de 540

Fleuriot-Larose, René 197
Flichman, Bodegas 519
Floride 505
Floridène, Clos 158
Florio 391
Flotis, Château 298
Fogarty 487
Fojanini, Fondazione 366
Fojo, Quinta de 443
Fonplégade, Château 168
Fonréaud, Château 153
Fonroque, Château 168, 171
Fonsalette, Château de 253, 255
Fonscolombe, Château de 269
Fonseca, José Maria da 430
Fonseca Guimaraens 444, 446
Fonseca Internacional, J. M. da 432
Fonseca Sucessores, José Maria da 432
Fontabons, Domaine de 207
Fontaine-Gagnard 197
Fontana Candida 389
Fontana Rossa 392
Fontanafredda 363
Font-Bellet, Domaine de 268
Fontcreuse, Château de 269
Font de Michelle, Domaine 254
Fontenil, Château 176
Fontfroide 282
Fontindoule, Clos 293
Fontodi 378
Fontpudière, Château 293
Fontsainte, Domaine de 282
Fontselves, Domaine 270
Foppiano 484
Foradori 371
Forest, Domaines 204
Foréziens, Vignerons 237
Formentini 373
Forrester 444
Forst 329, 331
Forster Jesuitgarten 331
Fortia, Château 254
Forts de Latour, Les 145
Fouassier Père et Fils 240
Fougeray de Beauclair 191
Fougueyrolles 292
foulage 98
fouloir-égrappoir 109
Fouquerand, Denis 192
Fourcas-Dupré, Château 153
Fourcas-Hosten, Château 153
Fourchaume 185
Fourmone, Domaine la 256
Fourneaux, Les 185
Fournier, Charles 499
Fournier Père et Fils 239
Fourtet, Château Clos 168, 171
Foz, Quinta da 443
Franc-Mayne, Château 168
France **129-302**
  carte 131
  Alsace 218-224
  Bordeaux 173-176
  Bourgogne 177-208
  Champagne 209-217

Corse 271-272
Jura 257-264
Loire 225-240
Midi 273-288
Provence 267-270
Rhône 241-256
Sud-Ouest 289-302
France, Château de 156
Franche-Comté, Vin de Pays de 259
Franciacorta, DOC 365, 366
Franciscan 479
Franco-Españolas, Bodegas 408
Franconie **333-335**
Francs, Château de 172
Frangy 264
Franja Roja 423
Frank, D$^r$ Konstantine 499
Frankland Estate 543
Franqueira, Quinta de 428
Franschhoek Ward, WO 556
Franzia 491
Frascati, DOC 387
Fraser, vallée de 510
Fredis, Le 373
Freemark Abbey 479
Freiburg 339
Freie Weingärtner Wachau 351
Freinsheim 331
Freixenet 214, 419, 484, 515
Frescobaldi **379**
Fresqueira 447
Freudenreich & Fils, Pierre 222
Freyburg/Unstrut, Winzervereinigung 336
Freycinet 537
Fribourg, Marcel-Bernard 192
Friedrich-Wilhelm-Gymnasium **316**
Frioul-Vénétie Julienne **372-373**, carte 358
Froissart 283
fromages et vins 92
Fronsac, AOC 176
  carte 166
  producteurs **176**
Frontignan, AOC 274, 277, 278
Fronton **297–298**,
  carte 290
Fugazza 367
Fuhrgassl-Huber 352
Fuissé 204
Fuissé, Château de 204
fumé, vin **86**
Fumé Blanc 237, 484, 556 ;
  voir aussi cépages : Fumé Blanc
Funchal Wine Company 448
fûts 118

***G***

Gabare de Sèvre 231
Gabillière, Domaine de la 236
Gaensbroennel, Clos 224
Gaffelière, Château la 168

Gageac 292
Gaget, J.-F. 208
Gagnard, Domaine Jean-Noël 197, 198
Gagnard-Delagrange 197
Gaillac, AOC **297-298**,
  carte 290
  producteurs et négoc. **298**
Gaja 363
Galafrey 543
Galau, Château 165
Galice 403, **416-417**
  carte 405
Galil 398
Galissonnière, Château de la 231
Gallantin, Domaine Le 268
Gallo 491, 492
Gallo, Stelio 373
Gallo-Sonoma 485
Gambellara, DOC 369
Gamla 398
Gamot, Clos de 296
Gan, Cave Coopérative de 301
Gancia, Fratelli 363
Gandines, Domaine des 204
Garaudet 196
Gard 288,
  carte 275
Gard, Vin de Pays du 288
Gardaut Haut-Cluzeau 165
Garde, Château La 155, 156
garde des vins **56-64**
Gardet 217
Garnaxta 420
Garofoli 385
garrafeira 429
Garrett, Andrew 541
Garrigues, Domaine des 256
Garrigues, Les 420
Garvey 437
Gassac, Mas de Daumas 276
Gatinois 215
Gatti, Enrico 366
Gattinara, DOCG 360
Gau-Bickelheim 328
Gaubert, voir Vieux-Château Gaubert
Gaujal, Domaine de 287
Gäulsbach 324
Gaunoux, Domaine Michel 196, 198
Gautier Audas 231
Gautoul, Château 296
Gavi, DOC 360
Gavoty, Domaines 270
Gawler River 538
gazéification 110
Geais, Domaine de 294
Geaune 300
Gebiets-Winzergenossenschaft 335
Geelong 531, 532, 533
Gehringer Brothers Estate 510
Geisenheim 322, 332
Gelin, Pierre 191
Gemmingen-Hornberg, Weingut Freiherrlich von 341

Genève 348
Genevrières, Les 196
Génot-Boulanger, Château 197
Genson, Domaine 287
Gentile, Domaine 272
Geoffroy, Alain 186
géologie, voir facteurs de qualité dans chaque région
Georges, Jean 207
Géorgie **464**,
  carte 450
Géorgie (États-Unis) 505, 506
Germain, Henri & Fils 215
Germain, Domaine Jacques 194, 198
Germain, Maison Jean 196, 197
Germain, Patrick 298
Gerümpel, Domaine 331
Gesellmann, Engelbert 352
Gevrey-Chambertin 133, 177 ; AOC 191
Gewürztraminer 220
Geynale, La 248
Geyser Peak 485
Gharb 400
Ghemme, DOC 360
Giacobazzi 367
Giacosa, Bruno 363
Gianaclis 398
Gibbston Valley 549, 552
Giboulot, Maurice et Jean-Michel 192
GICB, voir Groupement Interproducteurs du Cru Banyuls
Giesen 552
Gigondas, AOC 252, 256
Gigou, Joël 236
Gilbey, W. & A. 444
Gilbey Vintners 555
Gilette, Château 162
Giovanett-Castelfelder, Alfons 371
Gippsland 532, 533
Girard, Steve 496
Girardin, Armand 196
Giraud-Bélivier, voir Tour-du-Pin-Figeac
Girona 419
Gisborne 548
Giscours, Château 142, 151
Gisselbrecht & Fils, Willy 222
Gitton Père et Fils 239
Giumarra 491
Giustiniana, La 363
Givry, AOC 201, 202
Glantenay, Bernard 197
Glatzer, Walter 351
Glen Carlou 556
Glen Ellen 484, 485
Glenora Wine Cellars 501
Glöck, Domaine 328
Gloria, Château 145, 150
Glorreiche Rheingau Tage, die 320
Gloucester Ridge 544

Gnangara 544
Godramstein 330
Gojer, Anton/Glögglhof 371
Golan, Centre de vinification des Hauteurs du 397, 398
Gold Seal 500
Gold Seal of Quality 558
Goldenmuskateller 370, 371
Goldtröpfchen 316
Goldwater 550
Göler, Weingut Freiherr von 338
Golfe du Lion, Vin de Pays du 276
Gomes, Luiz 448
Gomez, Miguel M. 437
Gondats, Des 145
Gonnet, Famille 254
Gonzaga, Guerrieri 371
Gonzalez Byass 437, 439, 515
Goonawarra 534
Gorce, Château la 164
Gordon, voir Cossart Gordon
Gordonne, Château la 276
Gorges et Côtes de Millau, Vin de Pays des 302
Goria, Giovanni 356
Goron 347
Gosset, Champagne 215, 235
Gotto d'Oro, Cooperativa 389
Goubert, Domaine des 256
Goudou, Château de 296
Gouges, Henri 194
Goulaine, Marquis de 231
Goulburn Valley 526, 532, 533
Gould Campbell 446
Goulet 217
Goulens, Coopérative de 298
Goundrey 543
Gourberts, Domaine des 255, 256
Gourgazaud, Château de 285
Gourgonnier, Mas de 269
Gourran, Château 164
goût du vin 84, 117
Gouttes d'Or, Les 196
Graach 312, 315, 316
Graben 316
Gradignan 156
Gradnik 373
Gräfenbach 324, 325
Graham 446
Grai, Giorgio 371, 385
Graillot, Alain 249
Grainhübel 331
Gramont, Bertrand de 194
Gramont, Domaine Machard de 198
Grampians (Australie) 532, 533
Grand Barrail, Château du 165
Grand Chemarin 239, 240
Grand Chemin Belingard, Château 293

Grand'Cour, Domaine de la 207
Grand Cru Estate 538
Grand Enclos du Château de Cérons 163
Grand-Mayne, Château 168
Grand Metropolitan 432, 443
Grand Moulas, Château du 255
Grand Mouton, Domaine du 231
Grand Ormeau, Château 175
Grand-Pontet, Château 168
Grand-Puy-Ducasse, Château 142, 145, 148
Grand-Puy-Lacoste, Château 142, 145, 148
Grand Roussillon, AOC 277
Grand Tinel, Domaine du 254
Grand Traverse, Château 507
Grand Veneur, Domaine du 254
Grand Vernay, Château du 208
Grande Côte 239
Grande Rue, La 191
Grandes Murailles, Château 168
Grands Devers, Domaine des 255
Grands Échézeaux 191, 193
Grange, Domaine de la 231
Grange Gillard, Domaine de 260
Grangeneuve, Domaine de 255
Granges, Domaine de 204
Granxa Fillaboa 417
Gras, Alain 196
Gras Boisson, René 196
Gratien, Alfred 215, 235
Gratien Meyer Seydoux 235
Grattamacco 382
Grave, Château La 164
Grave, Domaine La, voir Landiras, Château de
Grave-Béchade, Château la 294
Grave del Friuli 372, 373
Graves 154-158, carte 143, 161
Graves de Vayres, AOC 164
Gravner 373
Gray Monk 510
Great Western 500
Grèce 394-395
régions viticoles 395
Greco di Tufo, DOC 387
Green Point 535
Green Valley (Sonoma) 482
Green Valley (Zimbabwe) 557
Grenouilles 182, 184
Grès Saint-Paul, Château du 278, 287
Gresser, Domaine André & Rémy 223

Gressier-Grand-Poujeaux, Château 153
Greve 375
Grevenmacher 343
Grèves, Les 196
Grevillea Estate 528
Greysac, Château 153
Greystone 476
Grézan, Château 287
Grézels, Château de 296
Grgich Hills 479
Grille, Château de la 235
Grillet, Château-, AOC 246, 247, 248
Grimont, Château 164
Griñón, Marqués de 415, 423
Griotte-Chambertin 191
Griottes, Les 240
Gripa, Bernard 251
Grippat, Jean-Louis 250, 251
Gris de Boulaouane 400
Gris de Toul 224
Grivaut, Albert 196
Grivot, Domaine Jean 199
Groenesteyn, Schloss 319, 322
Groffier, Robert 193
Groot Constantia 556
Gros-Plant, VDQS 229
Grosjean 364
Gross, Alois 352
Grosser Ring 315
Grosset 539
Grosskarlbach 330, 331
Grossombre, Château 164
Grossot, Jean-Pierre 186
Grosz, Paul 352
Groupement Interproducteurs du Cru Banyuls (GICB) 278, 280
Grove Mill 552
Gruaud-Larose, Château 142, 145, 150
Gruet Winery 506
Grünstadt 331
Gruppo Italiano Vini 384
Guadet-St-Julien, Château 168
Gueberschwihr 221
Guebwiller 221
Guenoc 489
Guérard, Michel 300
Guérin & Fils, Georges 192
Guerrero, A. Parra 438
Guerrieri-Rizzardi 369
Guerrouane 400
Guerry, Château 165
Guettes, Aux 195
Gueyze, Château de 294
Guglielmi, Enzo 364
Guibeau, Château 172
Guicciardini-Strozzi 382
Guigal, Marcel 246, 248, 250
Guilbaud Frères 231
Guild 491
Guillemot, Pierre 196
Guillemot-Michel, Domaine 204
Guiraud, Château 160, 162
Guldenbach 324
Gumpoldskirchen 351

Gunderloch, Weingut 327, 328
Gundlach Bundschu 485
Guntrum, Weingut Louis 328
Gurgue, Château La 151
Gutierrez Hermanos 436
Gutturnio 367
Guyard, Jean-Pierre 191
Guyon, Antonin 196
Gyöngyös, Domaine 454

H
Haderburg 371
Hageland 344
Haider, Martin 352
Haight Vineyards 503
Hainault 544
Hainle Vineyards 510
Hajós 452
Hajós-Vaskuti 453
Halburg, Schloss 335
Hallcrest 487
Hamilton, Richard 541
Hamilton Russell 557
Hamm, vignoble de 311
Hammel 348
Hammerstein 311
Hanging Rock 534
Hanni, Tim 90
Hans-Adam II, Fürst 348
Hanteillan, Château 153
Hanzell 485
Happ's 543
Haraszthy, Agoston 481
Hardy 276 ; voir aussi BRL Hardy
Hardy, Thomas 541
Harei Yehuda 398
Hargrave Vineyards 500, 501
Harvey, John 436, 437, 439
Harveys of Bristol 443, 448
Hastings Valley 530
Hattenheim 322
Hatzor, voir Golan, Centre de vinification des Hauteurs d'
Hauller & Fils, J. 223
Hauner, Carlo 392
Hauret-Lalande, Domaine de 158
Haut-Adige 370-371
carte 358
Haut-Bages-Avérous 145
Haut-Bages-Libéral, Château 142, 148
Haut-Bailly, Château 154, 156
Haut Bancherau, Domaine du 230
Haut-Batailley, Château 142, 145, 148
Haut-Benauge 164
Haut Bernasse, Château 293
Haut-Bertinerie, Château 165
Haut-Breton-Larigaudière, Château 151
Haut-Brion, Château 30, 137, 142, 154, 156
Haut-Corbin, Château 168
Haut-Fabrègues, Château 287

Haut-Gravier, Château 165
Haut-Lieu, Le 236
Haut-Maco, Château 165
Haut-Madrac 145
Haut-Marbuzet, Château 147
Haut-Médoc, AOC 144, 153
Haut-Peyraguey, Clos 160, 162
Haut-Piquat, Château 172
Haut Poitou, VDQS 229
Haut-Reygnac, Château 164
Haut-Sarget, Château 175
Haut-Sarpe, Château 168
Haut-Sociando, Château 165
Hauteillan, Château 153
Hautes Côtes 178, 192
Hautes Côtes, Caves des 192
Hautes Côtes de Beaune, AOC 187, 192
Hautes Côtes de Nuits, AOC 187, 192
Hautes Noëlles, Domaine des 231
Hautes-Tuileries, Château Les 174
Hauts-Conseillants, Château les 175
Hauts-de-Pontet, Les 145
Hauts Marconnets 196
Haux, Château 164
Hawke's Bay 545, 548, 549
Haxel, Weingut 311
Hayshed Hill 543
Hébras, Château les 293
Heddesdorff, von 315
Heemskerk 537
Heger, Weingut Dr 339
Heggies 540
Heidsieck, Charles 215
Heidsieck & Cie Monopole 215
Heilbronn 341
Heiligenstein 221
Heinrich, Erich 352
Heinz, H. J. 539
Heitlinger, Weingut Albert 338
Heitz Cellars 479
Hell's Canyon 493
Helm's Wines 530
Henkell-Söhnlein 342
Hennessy 515
Henriot 215
Henriques & Henriques 448
Henry Estate 497
Henry of Pelham 510
Henschke 540
Heppenheim 332, 338
Hérault, Vin de Pays de l' 276, 286
Herdade de Cartuxa 432
Hergottsacker 331
Hermann, AVA 505
Hermannhof Winery 507
Hermanos, Lopez 440
Hermanos, Scholtz 440
Hermitage 251
Hermitage, AOC 241, 242, 245, 247, 249
Hermitage, Domaine de l' 268

Herres, Peter 342
Herrnsheim, Heyl zu 327
Hertz, Albert 223
Hervelets, Les 191
Hess Collection 477
Hesse, Bergstrasse de 306, 332
Hesse, État de 322, 323
Hesse rhénane 326-328
carte 318
Hessen, Prinz von 322
Hessische Forschungsanstalt für Wein, Obst und Gartenbau 322
Heublein 491, 520
Heyl zu Herrnsheim, Weingut 328
Heymann-Löwenstein 315
Hidalgo, Emilio 438
Hill, Cavas 421
Hill, William 496
Hill, Winery William 484
Hill Country, AVA 505
Hill Crest Vineyard 496
Hill of Grace Shiraz 540
Hill-Smith Estate 540
Hillebrand Estates 510
Himmelreich, vignoble Graacher 315
Hiram Walker 559, 560
Hirtzberger, Franz 351
histoire du vin 27-32
carte 29
Babyloniens 27
Chinois 28
Égyptiens 27
Grecs 27, 114, 242
Indiens 28
Perses 28
Romains 27, 29, 56, 114, 115, 126, 242, 343, 387, 558
Hochar, Serge 397, 398
Hochheim 321, 323
Hochheimer Daubhaus 319
«Hock» 323
Hoen, Caves de 224
Hoensbroech, Weingut Reichsgraf und Marquis zu 338
Hofstätter, J. 371
Hogue Cellars 495
Hoheburg 331
Hohenmorgen 331
Hohentwieler Olgaberg 340
Höllenberg 322
Holler, Hans 352
Hollick 539
Holm Oak 537
Homburger Kallmuth 335
Homme Mort, L' 185
Hongrie 452-455
carte 450
Hope Valley 538
Hosbag 396
Hospices de Beaune 196, 197
Hospices de Nuits 199
Houghton 542, 544

Hours, Charles 301
Hövel, Weingut von 316
Howard Park 543
Howell Mountain, AVA 477
Hua Dong Winery 560
Huber-Pacherhof 371
Hudson, vallée de l' 499,
   500, 501
Huet, Gaston 236
Hugel & Fils **222**
Huguenot, Domaine 191
Humbert, *voir* Williams
   & Humbert
Hunawihr *218*, 221
Hunter Valley 524, 526, *527*,
   529
Hunter's 552
Huntington Estate 530
Huon Valley 537
Hutcheson 443
Hyvernière, Domaine de l'
   231

*I*

Iby, Anton 352
Idaho 493
Idar-Oberstein 324
Idyll Vineyard 204, 533
Igé, Cave coopérative de
   204
Igler, Hans 352
Ihringen 339
Ihringen Kaiserstühler 339
Ihringer Winklerberg 339
Ilarria, Domaine 301
Île de Beauté, Vin de Pays
   de l' 271, 272
Ile St George, AVA 505,
   507
Illuminati 386
Imesch, Caves 347
Impexital 559
INAO, *voir* Institut National
   des Appellations d'Origine
Inde 559
Indiana 505
*Indicação de Proveniência
   Regulamentada* (IPR)
   Portugal 426
*Indicazione geografica tipica*
   (Italie) 356
INDO, *voir* Instituto Nacional
   de Denominaciones de
   Origen
Infantes Orleans-Borbón,
   Bodegas de los 438
Ingelheim 326, 328
Ingelheim, Winzerkeller 328
Ingersheim 221, 224
Inglenook 476, 479
Ingoldby 541
Inniskillin 510
Institut Agricole Régional,
   Val d'Aoste 364
Institut National des
   Appellations d'Origine
   (INAO) 127, 133, 134,
   172, 247, 253
Instituto do Vinho do Porto
   443

Instituto Nacional de
   Denominaciones de
   Origen (INDO) 404
International Distillers and
   Vintners 443
Iphofen 335
Irache, Bodegas 411
Irancy, AOC 186
Iraq **398**
Irmão, *voir* Borges & Irmão
Iron Horse 485
Irouléguy, AOC 299, 300,
   301
Irouléguy et du Pays
   basque, Cave
   coopérative des Vins d'
   301
Irymple 532
Isère, vallée de l' 263
Isole e Olena 379
Isonzo, DOC 372
Israël **397-398**
Issan, Château d' 142, 144,
   151
Isser, Oued 400
Istein, Schlossgut 340
Istituto Agrario Provinciale,
   Trentino 371
Italie 354
   régions viticoles, carte
      *355*, 356
   régions viticoles du nord
      de l'Italie, carte *358*
      Émilie-Romagne **367**
      Frioul-Vénétie
      Julienne **372-373**
      Lombardie **365-366**
      Piémont **359-363**
      Trentin-Haut-Adige
      **370-371**
      Val d'Aoste et Ligurie
      **364**
      Vénétie **368-369**
   régions viticoles de
      Toscane et de l'Italie
      centrale, carte *374*
      Toscane **375-382**
      Italie centrale **383-386**
      Italie du Sud **387-390**
      Sicile et Sardaigne
      **391-392**
Italie centrale **383-386**
   Abruzzes et Molise 383
   Ombrie 383
Italie du Sud **387-390**
   régions viticoles, carte *388*

*J*

Jaboulet 247, 249, 250
Jaboulet-Vercherre 199
Jackson, *voir* Kendall-Jackson
Jackson 552
Jacob, Lucien 192
Jacobins, Clos des 168, 171
Jacobs Creek, *voir* Orlando
Jacquart 215
Jacquesson 215
Jadot, Louis 191, 192, 194,
   196, 197, 199
Jaffelin 196, 199

Jalousie, Domaine de la 302
Jamek, Josef 351
James, Marcus 520
Jamet, Joseph 249
Jannière, Château de la 231
Japon *559*, **560**
Jardin de la France,
   Vin de Pays du 134, 230,
   234, 239
Jarras, Domaine de 276
Jasnières, AOC 232, 233
Jasper Hill 533
Jau, Château de 280
Jaubertie, Château La 293
Javeillier, P. 197
Jayer, Domaine Henri 193,
   199
Jayer-Gilles, Robert 192
Jeanmaire 217
Jeckel 490
Jefferson, Thomas 468,
   505
Jerez, DO 423, 434
Jerez de la Frontera *402*,
   434, 436
Jermann 373
jéroboam 49
Jesuitengarten, Domaine 331
Jesús Nazareno, Bodega
   Cooperativa 417
Jobard 197
Joguet, Charles 235
Johannisberg, Schloss 319,
   320, 322, **323**
Johner, Weingut Karl Heinz
   339
Joliet, Philippe 191
Joliot & Fils, Jean 192, 197
Jolivet, Pascal 240
Jolys, Château 301
Jongieux *262*, 263
Jonqueyres, Les 165
Jordan (Sonoma) 485
Jordanie **398**
Joseph Cabernet-Sauvignon
   538
JosMeyer 223
Jost, Weingut Toni 311
Jougla, Domaine des 287
J. P. Vinhos 432
Juffer, vignoble 316
Juge (Côtes du Rhône
   septentrionales) 248
Juge, Château du (Entre-
   deux-Mers) 164
Juliénas 207
Juliénas, Château de 207
Julius-Echter-Berg 335
Juliusspital 335
Jumilla, DO 422, 424
Junço, Quinta do 443
Jura **258-260**
   Arbois 258
   Château-Chalon 258
   Côtes-du-Jura 258
   Étoile, l' 258
   Mousseux, Vin de Paille,
      Macvin 259
Jurade 167-168
Jurançon, AOC 299, 301
Jurtschitsch 351
Justices, Château les 162

*K*

Kageneck Sektkellerei,
   Gräflich von, 339
Kahlenberg 325
Kaiser Stuhl 538
Kaiserstuhl 339
Kallfelz, Albert 315
Kallstadt,
   Winzergenossenschaft
   331
Kalterersee 370
Kaluna Vineyard 527
Kamptal 351
Kamptal-Donauland 351
Kangaroo Island 536
Kanitz, Weingut Graf von 322
Kante, Edy 373
Kichinev, vignoble *464*
Kappelrodeck 337
Karadoc 532, 535
Karly 491
Karmen 396
Karthäuserhof 316
Katnook Estate 540
Kattus, Johann 352
Kavaklidere 396
Kay Bros 541
Kazakhstan **464**
   carte *450*
Keenan, Robert 477
Kelman, William 527
Kendall-Jackson 489
Kenwood 485
Keo 398
Kern, Domaine 331
Kerschbaum, Paul 352
Kesseler, Weingut August
   322
Kesselstatt, von 316
Khan Krum 458
Kichinev, vignoble *464*
Kiedrich 321, 322, 323
Kientzheim 221
Kientzheim-Kaysersberg,
   Cave de 224
Kientzler, André 223
Killerby Vineyards 544
King Valley Region 532
King's Creek 534
Kirwan, Château 142, 151
Kiskunság 453
Kistler 485
Kitazima Sake Company
   560
Klein Constantia 556
Klein Karoo District, WO
   557
Kleinberger 485
Klingenberg, Weingut der
   Stadt 335
Klipfel, Domaine 223
Klören 324
Kloster Eberbach 30, *304*,
   *319*, 320, 322
Kloster Marienthal 311
Klosterkellerei Muri-Gries
   371
Knapp 501
Knappstein, Tim 539
Knights Valley AVA 483
Knipser 329
Knoll, Emmerich 351

Knudsen-Erath 497
Ko-operatiewe
   Wynbouwers Vereniging
   (KWV) 554, 555
Kobern 315
Koblenz 310, 311
Kobrand 479
Koehler-Ruprecht,
   Weingut 331
Kollwentz, Anton 352
Königin Victoria Berg 323
Königschaffhausen 339
Königswinter 311
Konzelmann Winery 510
Kopke, C.N. 443, 444
Korbel 485
Kosovo 460
Kourtakis, D.A. 394
Kracher, Alois 352
Kraichgau 338
Kremstal 351
Kretzer 370
Kreuznach,
   *Bereich* 324, 325
Kreuzwertheim 335
Krikova 464
Krohn, *voir* Wiese & Krohn
Krohn Brothers 448
Krondorf 533
Kronenberg 325
Kröv 315
Krug, Champagne *209*, **215**
Krug, Charles 476, 479
Krutzler, Hermann 352
Kuenburg, Graf
   Eberhard/Schloss Sallegg
   371
Kuentz-Bas 223
Kues 316
Kühling-Gillot, Weingut 328
Kui hua chen chiew 559
Kumeu River 550
Kuntner, Erich 352
Kupfergrube 325
Kurfürstlay 316
Kurz, Franz 352
KWV, *voir* Ko-operatiewe
   Wynbouwers Vereniging
Kyneton 534

*L*

Labarthe, Château 298
Labastide de Lévis, Cave de
   298
Labat 145
Labégorce, Château 151
Labégorce-Zédé, Château
   145, 151
Labouré-Roi 199
Labourons, Château des 207
Lac, Château du 489
Lackner-Tinnacher 352
Laclaverie, Château 172
Lacoste-Borie 145
Lacrima Christi del
   Vesuvio, DOC 387
Lacrima di Morro d'Alba,
   DOC 385
Lacuesta, Bodegas Martínez
   408

Ladoix 195
Lafarge, Domaine Michel
196, 197, 199
Lafarge, Henri 204
Lafaurie-Peyraguey,
Château 160, 162
Laffitte-Teston, Domaine
301
Lafite, Château 30, 138
Lafite-Rothschild, Château
142, 145, 147, 148, 382,
478, 490, 518
Lafleur, Château 174
Lafon, Domaine des
Comtes 196, 197, 199
Lafon-Rochet, Château 142,
147
Lafond, Comte 240
Lafond, Pierre 488
Lagarosse, Château 164
Lageder, Alois 371
Lagnieu 264
Lago di Caldaro, DOC 370
Lagos, B. M. 438
Lagrange, Château 142, 145,
150
Lagrasse 282
Lagrezette,
Château de 296
lágrima 440
Laguiche, Marquis de 197
Laguna, district de Torreón
515
Lagune, Château La 142,
145, 153
Lahntal 311
La Jolivode 192
Lake, comté de 472, 487,
489
Lalande-de-Pomerol, AOC
175
Lalanne, Jacques 234
Laleure-Piot 196
Lamarque, Château de 144,
153
Lamartine, Domaine de la
Cave 207
Lamarzelle, Château 168
Lamberhurst 339, 558
Lamblin 186
Lambrays,
Clos des 191, 192
Lambruschi, Ottaviano 364
Lambrusco, DOC 367
Lambrusco Mantovano,
DOC 365
Lamont 544
Lamothe, Château 160, 162,
164
Lamothe-Guignard,
Château 160, 162
Lamy, Hubert 197
Lamy-Pillot 197
Lan, Bodegas 408
Lande de Pomerol, La 175
Landiras, Château de 158
Landron, Pierre et Joseph 231
Landry, Clos 272
Lanessan, Château 153
Lang Vineyards 510
Langhorne Creek 541

Langlois-Château 235
Langoa-Barton, Château
142, 150
Langtry, Lillie 489
Laniote, Château 168
Lanson, Champagne 215,
489
Laona «Arsos», Centre
pilote 398
Lapandéry, Paul 237
Lapatena, Bodegas 417
Lapierre, Hubert 207
Lapierre, Marcel 207
Laplagne, Château 172
Laporte, Domaine 239
Laraghy 527
Laranjeiros, Quinta das 446
Larcis-Ducasse, Château
168
Lardiley, Château de 164
Large, André 208
Larios 440
Lark Hill 530
Larmande, Château 168, 171
Laroche, Domaine (Chablis)
185
Laroche, Domaine Mme
234
Laroe, Château 164
Laroque, Château 168
Larose 551
Larose-Trintaudon, Château
153
Laroze, Château 168
Laroze-Bayard, Château 172
Larrivet-Haut-Brion,
Château 156
Larroze, Château 298
Larruau, Château 152
Lascombes, Château 142,
145, 152
Lassalle 145
Lasserat, Domaine Roger 204
Lastours, Château de 282,
298
Latah Creek 495
Lathuilière, Jean 208
Latisana, DOC 372
Latium 387
carte 388
producteurs et négoc. 389
Latour, Château 30, 41, 105,
142, 145, 146, 149
Latour, Louis 195, 196, 197,
199
Latour à Pomerol, Château
173, 174-175
Latour-de-France 279, 280
Latour-Haut-Brion, Château
154
Latour, voir aussi Tour..., La
Latricières-Chambertin 187,
191
Laubenheim 324
Laudenbach 338
Laudun 253, 255
Lauerburg 316
Laugel, Maison Michel 223
Laulan, Domaine de 294
Laumersheim 329, 331

Launceston (Tasmanie) 537
Laurel Glen 485
Laurent-Perrier, Champagne
157, 214, 216, 217, 496
Laurets, Château des 172
Lavières, Les 195
Lavigne, Honoré 192
Lavilledieu, Vins de 298
Laville-Haut-Brion, Château
154, 156
Lavillotte, Château 147
Leacock 448
Leasingham 539
Lecanda, Bodegas de 412
Leccia, Domaine 272
Leclerc, Philippe 192
Leconfield 540
Leelanau Peninsula, AVA
505, 507
Leeuwin Estate 543
Leflaive, Domaine 197, 199
législation 50-52,
126-128, 564-565 ; voir
aussi étiquettes
Légland, Bernard 185
Legros, François 194
Lehmann, Peter 538
Leinsweiler 331
Lemnos 395
Lemoine 216
Lenswood 539
Lenz Moser 351
Léognan 156
Léon, Château 164
León, Jean 419, 421
Leonetti 495
Léoville-Barton, Château
142, 150
Léoville-Las-Cases, Château
142, 145, 150
Léoville-Poyferré, Château
142, 145, 150
Lepitre, Abel 217
Lequin-Rousseau 197
Lérat-Monpezat, Château
296
Leroy, Domaine 196, 199
Lessini Durello, DOC 368
Lessona, DOC 360
Lestage, Château 153
Lestage-Simon, Château 153
Lett, David et Diana 496,
497
Leutesdorf 311
Levante 403, 422, 424
Levantinas-Españolas,
Bodegas 424
levures 105
Ley, Bodegas Barón de 409
Leynes 204
Leyre-Loup, Domaine 208
Lézignan 282
Lezongers, Château 164
Liban 397-398
Libournais, voir Fronsac ;
Pomerol ; St-Émilion
Libourne 138, 173, 176
Librandi 390
Liebfraumilch 309, 327
Liechtenstein 348
Ligeret, A. 192
Lignier 192

Ligurie 364 carte 358
Lilian-Ladouys, Château 147
Lillypilly 530
Limestone Ridge 540
Limoux, AOC 281, 283
Limoux,
Cave coopérative
de 283
Lincoln 550
Lindemans 527, 529, 532,
535, 538, 540 ; voir aussi
Karadoc
Linganore, AVA 502
Lingenfelder, Weingut
K. & H. 331
Linsenbusch 331
Linz 310, 311
Lionnet, Jean 248, 251
Liot, Château 162
Liquière,
Château de la 287
liquoroso 365, 387
Lirac, AOC 252, 256
Lisbonne 429
Lisini 381
Lisle, Rouget de 258
Lisle-sur-Tarn 297
Lison-Pramaggiore, DOC
369
Listel 288
Listrac, AOC 153
Littoral, voir Primorski
Liversan, Château 153
Livinière, Cave coopérative
La 285
Ljutomer 460
Llano Estacado 506
Llanos, Bodegas Los 424
Llebre 420
Lleida 419
Lockwood 488
Locorotondo, Cantina
Sociale Cooperativa 390
Locorotondo, DOC 387
Lodi, AVA 491
Loel 398
Logroño 406, 407
Lohr, J. 488
Loire 225-240
Basse Loire 229-231, 227
Centre-Loire 232-236,
227
Sancerre et Pouilly-sur-
Loire 237-240
Loire, Les Caves de la 234
Lombard, Jean-Marie 248,
249
Lombardie 365-366
carte 358
Lomelino 448
Long Gully Estate 535
Long Island 500, 501
Long-Depaquit 184, 185
Longariva 371
Longuich 316
Lons-le-Saunier 258, 264
Loosen, Weingut Dr 315
Lopez Hermanos 440
Lorchhausen 319, 322
Lorentz, Gustave 223

Loron Fils 204
Lörrach 340
Los Angeles 488
Los Carneros, AVA 477
Los Curros, Bodegas 415
Los Olivos 490
Los Vascos 518
Loubens, Château 164
Loudenne, Château 153
Louis Vuitton Moët-
Hennessy (LVMH) 216,
446, 489
Louisvale 556
Loumède, 165
Loupiac, AOC 164
Loupiac-Gaudiet, Château
164
Louvetrie, Domaine de la
231
Louvière, Château La 157
Löwenstein, Fürst 335
Luckner, Richard 351
Ludon-Médoc 144
Ludon-Pomies-Agassac 145
Lugana, DOC 365
Lugny, Cave coopérative de
204
Lumière, Château 560
Lunel, AOC 277, 278
Lungarotti, Cantine 384
Lupé-Cholet 194, 199
Lupi 364
Lussac, Château de 172
Lussac, Saint-Émilion 172
Lustau, Emilio 436, 438
Luxembourg 344
LVMH, voir Louis Vuitton
Moët-Hennessy
Lynch-Bages, Château 142,
145, 149
Lynch-Moussas, Château
142, 149
Lyonnat, Château 172
Lyon 257
Lys, Les 185
Lytton Springs 489


M

Mabileau, Jacques 235
Maby, Domaine 256
Macarthur, capitaine John
527
McAlister Vineyards 533
McGuigan Brothers 529
McLaren Vale 522, 537, 541
McWilliams 527, 528, 530,
539
McWilliam's Mount
Pleasant 529
Macau 144
Macédoine 460
Macedon 532, 534
Machiavelli 379
Machuraz 264
Mackenzie, Kenneth 443
Macle, Jean 260
Mâcon, AOC 204
Mâconnais 178, 203, 204
producteurs 203, 204
carte 200

Macquin-St-Georges, Château 172
Maculan 369
Macvin 259
Madeira Meneres 448
Madeira Victoria 448
Madeira Wine Company 448
Madeiras, Miles 448
Madère **447-448**
    cépages nobles et styles 447
    producteurs et négoc. 448
Madero, Casa 515
Madfish Bay 543
Madiran, AOC 289, *289*, 299, 300, 301
Madonna delle Vittorie 371
Madrid 403
Madrona 491
Magdelaine, Château 167, 168, 171
Magence, Château 158
Magenta, Domaine du Duc de 197, 199
Magill Estate 538, 539
Magneau, Château 158
magnum 49
Maillard, Père & Fils 195
Main Ridge 534
Maindreieck, *Bereich* 335
Maine, Château du 158
Mainviereck, *Bereich* 334, 335
Maipo, vallée du 516
Maire, Henri 258, 259, 260
Maison-Blanche, Château 172
Maison des Vignerons, La 208
Majorque 423
Maladière, Domaine de la 184
Málaga **440**
    producteurs et négoc. 440
Malandes, Domaine des 186
Malartic-Lagravière, Château 154, 155, 157
Malat-Bründlmayer 351
Malconsorts, Aux 194
Malepère 283
Malescasse, Château 153
Malescot-St-Exupéry, Château 142, 145, 152
Maligny, Château de 184
Mallard, Michel 195
Malle, Château de 158, 160, 162
Malleret, Château de 153
Malpica de Tajo 423
Malteser Ritterorden 351
Maltroye, Château de la 197
Malvasia delle Lipari, DOC 391
Malviès, Château de 283
Malvoti, Carpenè 369
Mancha, La, DO 422
Manche, La (Espagne) 422, 424
Manciat-Poncet, Domaine 204
Mandelot, Ch. 192
Manicle 264
manipulation du jus 106

Manjimup 542
Mann 560
Manresa Society 539
Mantlerhof 351
Maranges 197
Marbuzet 145
Marbuzet, Château de 147
Marcela, Quinta da 444
Marchand, Grillot 192
Marches **383**
    carte *374*
    producteurs et négociants 385
Marches de Bretagne, Vin de Pays des 230
Marcillac, AOC 302
Marcilly Frères, P. de 196
Marcobrunn, Erbacher 323
Marconnets, Les 196
Maréchale, Clos de la 194
Marestel 264
Mareuil-sur-Ay 217
Margaret River 542, 543, 544
Margaride, Casa Agricola Herdeiros de Dom Luís de 430
Margaux, AOC 151, 152
Margaux, Château 105, 142, 145, **152**
Maria, île de 537
mariages des vins et des mets 91, **93-96**
Marignan 261, 264
Marin 261, 264
Marin, Hijos de Rainera Perez 438
Marino, DOC 387
Marion, Domaine 191
Marions Vineyard 537
Maris, Domaine 285
Markgräflerland, *Bereich* 339-340
Markgräflerland, coopérative de 337
Marlenheim 221
Marlborough 548, 549
Marmandais **294**
    carte *290*
    producteurs et négoc. 294
Marmara 396
Marne, Vallée de la 212, *217*
Marne et Champagne 216
Maroc 399, **400**
Marque Nationale 344
Marquis, Clos du 145
Marsac-Séguineau, Château 152
Marsala **391**, 392
Marsalet, Château 293
Marsannay 191
Marsden, révérend Samuel 546
Marteau, Jacky 236
Martell Cognac 515
Martha's Vineyard 498, 502, 503
Martillac 156
Martin, Jean-Jacques 204
Martin, Marcel 240
Martin, René 192
Martin Brothers 490

Martinborough 548, 549, 550
Martinens, Château 152
Martinette, Domaine de 270
Martínez, Bodegas Faustino 409
Martínez Bujanda, Bodegas 408
Martinez Gassiot 443, 444
Martínez Lacuesta, Bodegas 408
Martini, Conti 371
Martini, Domaine 272
Martini, Louis 487
Martini, Louis M. 479
Martini & Rossi 363, 515, 520
Martinolles, Domaine de 283
Maryland 502, 503
Marynissen 510
Mas Amiel, Domaine du 278
Mas Blanc, Domaine du 278, 280
Mascarello, Giuseppe & Figlio 363
Masi 371
Massachusetts 502, 503
Massandra 462, 464
Masseria di Majo Norante 386
Masson, Paul 487
Masson-Blondelet 240
Massoni 534
Mastantuono 488
Mastroberardino 389
Matanzas Creek 485
Matawhero 550
Mateus Rosé 427, 428, 445
Mathias, Domaine 204
Mathusalem 49
Mátraalja 454
Matras, Château 168
Matrot, Joseph 197
Matua Valley 551
maturation du vin 57, *57*, 115
Maucaillou, Château 153
Maufoux, Prosper 199
Maule, vallée du 516
Maupas, Domaine du 207
Mauro, Paola Di/Colle Picchioni 389
Maury 277, 278
Mavrodaphne 393
Mavrodaphne de Patras 395
Maximin Grünhaus 317
Mayacamas 476, 477
Maye, Simon 347
Mayer, Franz 352
Mayne, Château le 293
Mayney, Château 145
Mayschoss *310*, 311
Mazeris-Bellevue, Château 176
Mazilly, Père & Fils 192, 197
Mazis-Chambertin 191
Mazoyères-Chambertin 191
Mazziotti 389
Mazzolino, Tenuta 366
Mecsek 453
Médargues 237

Meddersheim 324
Médéa, AOG 400
Medina, José 438
Medina del Campo *414*
Méditerranée antique
    carte des régions viticoles *29*
Médoc **144-153**
    carte *143*
Médoc, AOC 153
Meerlust 556
Meersburg, 340
Megia, Hijos de AP 438
Meier 348
Meissen, Winzergenossenschaft 336
Méjanelle 286, 287
Meknès 400
Melbourne Metropolitan 531
Melini 379
Mélinots 185
Mellot, Alphonse 239
Melnik 458
Melton, Charles 538
Menaudat, Château le 165
Mendocino, comté de 472, 487, 489
Meneres, Madeira 448
Menetou-Salon, AOC 240
Méntrida, DO 422, 423, 424
menus **88-90**
    allemand 90
    californien 90
    français 88
    italien 89
Méo-Camuzet, Domaine 199
Mercey, Château de 192
Mercian, Château 560
Mercier, Champagne 216
Mercier, Savoie 264
Mercredière, Château de la 231
Mercuès, Château de 296
Mercurey, AOC 201, 202
    région de, *voir* Côte chalonnaise
Meredyth 506
Meric, de 217
Meridian 488, 490
Mérignac 156
Mer Noire, pays de la **462-464**
    Arménie 464
    Azerbaïdjan 464
    Géorgie 464
    Kazakhstan 464
    Moldavie 463
    Russie 464
    Ukraine 463
    régions viticoles, carte *450*
Mérode, Domaine Prince Florent de 195, 199
Merricks Estate 534
Merrill, Geoff 541
Mesilla, vallée de, AVA 505
Mesland 232, 233
Messarghin 400

messe, vin de 421, 471, 481, 489, 512 ; *voir aussi* Vin Santo
Messias 430, 444
Mestre, Père & Fils 197
Mestrepeyrot, Château 164
Métaireau, Louis 231
Météores, les roches des *394*
méthode champenoise 110, *111*
Metius 371
Metrat, André 207
mets 87, **93-96**
Meulière, Domaine de la 164
Meursault 177, 187, 196
Meursault, Château de 197
Mexique **515**
    régions viticoles 515
Meyer-Näkel, Weingut 311
Meyney, Château 147
Michel, Louis 184, 186
Michel, René 204
Michel, Robert 248
Michelot, Alain 194
Michelot-Buisson 197
Michigan 505, 507
Michigan, les rives du lac, AVA 505
Midi 30, 130, 134, **273-288**
    régions viticoles **279-288**
    carte *275*
    Corbières et Fitou **281-282**
    Coteaux-du-Languedoc **286-287**
    Gard **288**
    Minervois **284-285**
    Ouest de l'Aude **283**
    Roussillon **279-280**
Mignona, La 268
Milawa 531
Mildara 532, 535, 540
Mildara Blass 526, 533, 556
mildiou, *voir* oïdium
Miliana 400
Millbrook Vineyards 501
Millérioux, Paul 240
Millet, Château 158
Millton Vineyard 551
Mimbres, vallée de, AVA 505
Minervois, AOC 274, **284-285**
    carte *275*
    producteurs et négoc. 285
Minnesota 507
Mirabella 391
Miraillet, André 264
Miramar 530
Miranda 530
Mirande, Château de 204
Mirassou 487, 489
Mireille, Clos 270
Mireval 277
Mirleau, Domaine du 234
Misa, Marquès de 437
mise en bouteilles 119
Mission 551
Mission Hill 510
Mission-Haut-Brion, Château La 154, 157
Mississippi 505

Missouri 505, 506
Mitchell Cellars 539
Mitchelton 533
Mitjans 518
Mittelbergheim 221
Mittelburgenland 352
Mittelhaardt 329, 331
Mittelrhein, *voir* Ahr-
    moyenne Rhénanie
Moët & Chandon 216, 519,
    535
Moët-Hennessy 479
Möglingen 341
Moillard-Grivot, 194, 199
Moillart, 192, 194
Moine-Hudelot, Daniel 193
Moldavie **463**, carte *450*
Molina 516
Molise 383
    carte *374*
    producteurs et
    négoc. 386
Mollex 264
Molsheim 221
Mommessin 192
Monacesca, Fattoria la 385
Monbazillac, AOC 289, 291,
    **292**
Monbazillac, Cave
    coopérative de 293
Monbazillac, Château de 293
Moncets, Château 175
Mönchhof-Robert Eymael,
    Weingut 315
Moncontour, Château 236
Mondavi, Robert 122, 476,
    **479**, 491
Monde, Vigneti Le 373
Monestier 292
Monforte d'Alba 361
Mongeard-Mugneret
    193, 199
Monin 264
Monis Wineries 557
Monje, Bodegas 423
Monmousseau, J. M. 236
Monnier & Fils, Domaine
    197, 199
Monnot, J.-P. 197
Mont Bouquet, Vin de Pays
    du 288
Mont-Caume, Vin de Pays
    de 268
Mont de Milieu 185
Mont d'Or, Domaine du
    347
Mont-Redon, Château 254
Mont-Tauch, Coopérative
    du 278, 282
Montagne d'Alaric 282
Montagne de Reims 210
Montagne Saint-Émilion
    172
Montagnieu 264
Montagny, AOC 201, 202
Montalbano 376
Montalivet, Château 158
Montana Wines 551
Montara 533
Montauriol, Château 298
Montbourgeau 260

Montbray Wine Cellars *499*,
    502, 503
Montbrison, Château 152
Montdomaine Cellars 506
Monte Vertine 382
Montecarotto *385*
Montecillo, Bodegas 409
Montecompatri, DOC 387
Montée de Tonnerre 185
Montefalco, DOC 383
Monteforte d'Alpone 368
Montelena, Château 476,
    479, 480
Montello e Colli Asolani,
    DOC 369
Montels 297
Monteminod 264
Monténégro 460
Montepulciano d'Abruzzo,
    DOC 385, 386
Monterey 490
Monterey, comté de 472,
    487, 488, 490
Monterey Vineyard, The
    490
Montes 517
Montesecco, Fattoria di 385
Monteviña Winery 480,
    491, 492
Montfort, Domaine de 260
Monthélie 196
Monthoux 264
Monticello 505
Montilla-Moriles, DO 423,
    424
Montille, H. de 196
Montjouan, Château 164
Montlouis, AOC 233, 236
Montman, Domaine de 192
Montmains 185
Montmélian 262, 263
Montmirail, Château de 256
Montpeyroux 287
Montrachet 177, 188, 195
Montravel, AOC 291, 292
Montrose, Australie 528,
    530
Montrose, Château (Médoc)
    142, 145, 147
Monts du Tessala, AOG 400
Montus, Château 301
Monzingen 324
Moondah Brook Estate 544
Mooroduc Estate 534
Mór 454
Moravenka 461
Moreau, J. J. 186
Morein 185
Morellino di Scansano,
    DOC 376
Morey 197
Morey-St-Denis 192
Morgadío-Agromiño,
    Bodegas 417
Morgan 488
Morgan Brothers 444
Morgex et de La Salle, La
    Cave du Vin Blanc de
    364
Morgon 208
Morilla Estate 537
Morines, Domaines des 230

Mornington, péninsule de
    532, 534
Morot, Albert 196
Morra, La 361
Morta Maio, Clos de 272
Mortet, Denis 192
Mortiers-Gobin, Domaine
    des 230
Morton Estate 551
Moscato 370
Moscato di Pantelleria,
    DOC 391
Moselland **316**, 317
Moselle-Sarre-Ruwer
    **312-317**
    zones viticoles de la
    Moselle, carte *313*
Moseltor, *Bereich* 313
Moss Wood 543
Mostaganem-Dahra 400
*mosto* 519
Motte, La 556
Mouches, Clos des 196
Moueix, Christian 173
Moueix, Jean-Pierre,
    Établissements 173, 174,
    175 ; *voir aussi* Tour-du-
    Pin-Figeac
Moujan, Château 287
Moulin-à-Vent 207
Moulin-de-Citran 145
Moulin de Duhart 145
Moulin de la Gravelle 230
Moulin des Costes 268
Moulin du Cadet, Château
    168
Moulin-Haut-Laroque,
    Château 176
Moulin-Pey-Labrie, Château
    176
Moulin-Riche 145
Moulis, AOC 153
Mounford 544
Mount Barker-Frankland
    542, 543
Mount Ida 533
Mount Langi Ghiran 533
Mount Mary 535
Mount Pleasant, Missouri 506
Mount Veeder, AVA 477
Mount Veeder Winery 479
Mountadam 540
Mourels, Les 285
Moureou, Domaine 301
Mouton-Baron Philippe,
    Château, *voir* Armailhac,
    Château d'
Mouton-Rothschild,
    Château 142, **149**
Moutonnière, Domaine de
    la 231
Moyen-Orient **397-398**
    Chypre 397-398
    Israël 397-398
    Liban 397-398
    autres pays 398
    régions
    et producteurs
    **398**
Mudge 527, 528, 529, 530
*muffa nobile, voir* pourriture
    noble

Muga, Bodegas 409, *409*
Mühlental 311
Muiraghina, La 366
Mulderbosch 556
Muller, De 421
Müller, Günter 352
Müller-Scharzhof,
    Egon 316
Müllheim 340
Multier 248
Mumm, Champagne 216, 519
Mumm Napa Valley 480
Münzberg, Domaine 330
Murcie 403, 422
Muré 223
Murfatlar 459
Murray Mallee 536, 537, 541
Murray River Valley 532,
    535
Murray Robson Wines 529
Murray Tyrell 530
Murrieta, Marqués de 406,
    **408**
Murrumbidgee 527, 528,
    530
Musar, Château 397, 398
Muscadet 226
    producteurs 230–231
    vinification 229
Muscadet de Sèvre-et-
    Maine, AOC 229
Muscadet des Coteaux-de-
    la-Loire, AOC 229
Muscat d'Alsace 220
Muscat de Beaumes-de-
    Venise 136, 252, 253
Muscat de Frontignan
    277, 278
Muscat de Limnos 395
Muscat de Lunel 277, 278
Muscat de Mireval 277
Muscat de Patras 395
Muscat de Rivesaltes, AOC
    277
Muscat de St-Jean-de-
    Minervois 277, 278
Musigny 191, 193
Mussy, André 196
Mustilli 390
Myrat, Château de 160, 162
Muscat de Limnos 395

## N

Nabuchodonosor 49
Nackenheim 327, 328
Nahe **324-325**
    carte *318*
    sols, zones viticoles et
    climat 324
Nairac, Château 160, 162
Naked Mountain *504*
Nantes 229
Napa Valley, AVA *123*, 466,
    *471*, 472, 474, **476-480**
    régions viticoles de Napa
    et de Sonoma, carte *475*
    zones viticoles 477
Napoléon 187, 191, 343, 555
Napoleon, Champagne 216
National Distillers 520

Natter Henri 240
Naudin, Clos 236
Naudin-Ferrand, Henri 192
Naumburg, Staatsweingut
    336
Navarre 403, 406, **410-411**, 419
    carte *405*
Navarro 489
Néac 175
Nebbiolo d'Alba, DOC 360
Nederburg 556
Neethlingshof 556
négociants 120
Negri, Nino 366
Negru de Purkar 464
Néguev 398
Neipperg, Schlosskellerei
    Graf von 341
Nelson 549
Nenin, Château 175
Nenine, Château 164
Nera 366
Nerthe, Château La 253, 254
Nervi, Luigi & Italo 363
Nestlé 486, 490
Neuchâtel 348
Neudorf 552
Neumagen 316
Neumayer, Ludwig 351
Neumeister, Albert 352
Neus, Weingut J. 328
Neusiedlersee 352
Neusiedlersee-Hügelland
    352
Neuweier Mauerberg 338
Neveu, Weingut Freiherr
    von 338
New Hampshire 502
New Jersey 502, 503
New Mexico 468, 505, 506
New York, État de **500-501**
nez du vin 82, 84
Ngatarawa 551
Niagara, Péninsule du 510
Nice 268
Nicolas (marchand de vin)
    280
Nicrosi, Clos 272
Niederhausen 325
Niederösterreich 351–352
Niellon, Michel 197
Niepoort 444
Niero et Pinchon 248
Nierstein 327, 328
Niersteiner Gutes Dorntal
    309, 328
Nigl, Josef 351
Nikolaihof 351
Nitra 461
Nittnaus, Hans 352
Nobilo Vintners 551
Noble 491
Noble, Domaine du 164
Noblet, Domaine Gilles 204
Nobrega, A. 448
Noë, Château la 231
Non Plus Ultra 419
Nooksack River Basin 494
Nordheim 335
Nord du Portugal **427-428**
    carte *426*
Normans 541

Nord-est des États-Unis
**498-503**
État de New York 500-
501
autres États 502-503
*voir aussi* Canada ; États-
Unis ; Caroline du Nord
505, 506
Nothalten 221
Notre-Dame de Quatourze,
Château de 287
Notton 145
Nouveau-Rouge 551
Nouvelle-Angleterre 502, 503
Nouvelle-Écosse 510
Nouvelle-Galles du Sud
**527-530**
carte *525*
régions, producteurs
et négoc. 529
Nouvelle-Zélande **545-552**
régions viticoles, carte
*547*
Nouvelles, Château de 282
Noval, Quinta do 445
Novi Pazar 458
Nozet, Château du 239, 240
Nuits-Saint-Georges 177,
181, 194
Nuova Cappelletta 363
Nus 364
Nurbourne Manor 558
Nuy, Coopérative 557

*O*

Oak Knoll 497
Oakridge Estate 535
Oakville, AVA 477
Oberhausen 324
Oberhäuser Brücke 325
Obermosel, *Bereich* 313, 317
Oberrotweil 339
Obidos 134, 429
Oc, Vin de Pays d' 276, 281,
288
Ochoa, Bodegas 411
Odenwald, Coopérative d' 332
Odoardi 390
Œil de Perdrix 345
Oeste 429
Oestrich 322
Oestringen-Tiefenbach 338
Offenburg, Weingut der
Stadt 338
Ohio 505, 507
Ohio River, AVA 505
oïdium 30, 102, 242, 406,
444
Oiselinière, Château de l'
230
Oisly et Thésée, Confrérie
des Vignerons de 236
Okanagan, vallée d' 509, 510
Ölberg 328
Old Mission Peninsula,
AVA 505

Olifants River District, WO
557
Olive Farm 544
Olivier, Château 154, 157
Olivos, Los 490
Ollivier, Christophe 155
Oltrepò Pavese 365, 366
Ombrie **383**
carte *374*
producteurs et négoc. 384
Omihi Hills 552
Ontario 508, 509, 510
Opitz, Willi 352
Oppenheim, Staatsweingut
mit Domäne 328
Opus One 122, *123*
Oran 400
Oratoire, Clos de l' 168
Oregon **496-497**
carte *470*
zones viticoles 496
Orlando 526, 529, 538, 540
Orléans 237
Ormes de Pez, Château Les
147
Ormes-Sorbet, Château Les
145, 153
Ormoz 460
Ornellaia 382
Orpailleur, Vignoble de l'
510
Orschwihr 221
Ortenau, 338-339
Ortenberg 338
Orusco, Bodegas 424
Orvieto, DOC 383, **384**
Osborne 437, **438**, 444
Ostertag, Domaine 223-224
Ostschweiz 348
Otis 495
Ott, Domaines 270
Oudinot 214, 217
Ouest de l'Aude **283**
carte *275*
ouvrir le vin **68-73**, *69*
ouvrir une bouteille de
Champagne 72-73
les tire-bouchons 70
Overberg District, WO 557
Overgaauw 556
oxydation 57
Oxygène 57, 118
Ozark Highlands, AVA 505
Ozark Mountain, AVA 505

*P*

Paarl District, WO 556
Pabiot, Didier 240
Pabiot, Jean et Fils 240
Pacherenc-du-Vic-Bilh, AOC
299–300, 301
Padère, Château de 294
Paderewski, Ignace 488
Padthaway *524, 532, 537, 541*
Paez, Luis 438
Pagliarese 379
Paillard, Bruno 216
Paillet-Quancard, Château
de 164
Palace Hotel, Buçaco 430

Palacio, Bodegas 409
Palácio de Brejoeira 428
Palatinat **329-331**
carte *318*
Palatinat méridional 331
Palette, AOC 267, 269
Pallières, Domaine des 256
Palliser Estate 551
Palmer Château 142, 152
Palmer 216
Palmer Vineyards 501
Palomino & Vergara 437,
438
Pampelonne, Château de
270
Panascal, Quinta do 444
Pancas, Quinta de 430
Pannonischer Reigen 352
Pantelleria 391, 392
Pape-Clément, Château
137, 154, 157
Papes, Clos des 254
Papin, Hervé 234
Paradis, Domaine du 207
Paradiso, Fattoria 367
Paraguay 520, carte *513*
Paramount Distillers 507
Pardiguière, Domaine 265
Parducci 489
Parent, Domaine 196
Paret, Alain 248
Parigot, Père & Fils 192
Parker Estate 540
Parklands 550
Paros 395
Parras, Saltillo 515
Parrina, Tenuta La 382
Parxet 421
Pask, C. J. 551
Paso Robles, AVA 488
Pasqualé Vuilleumier 389
Passing Clouds 533
Passot, Georges 208
Pasteur, Louis 258
Patache d'Aux, Château
153
Paternina, Bodegas Federico
409
Paternoster 390
Patissier, Domaine Jean 207
Pato, Luís 430
Patriarche Père & Fils 199
Patrimonio, AOC
271, 272
Pauillac *146*, AOC 138, 140,
142
appellation et châteaux
**148-149**
Paulinshofberg 316
Pauly-Bergweiler, Weingut
Dr 315
Pavelot, Jean-Marc 196
Pavie, Château 138, 168,
171
Pavie-Decesse, Château
168, 171
Pavie-Macquin, Château
168, 171
Paviglia, Domaine de 272
Pavillon Rouge du Château
Margaux 145
Pays-Bas **344**

Pays basque, *País Vasco*
403, 406, **416-417**, 419
carte *405*
Pays méditerranéens
**393-400**
Grèce **394-395**
Moyen-Orient **397-398**
Turquie **396**
Pays nantais 229
Pech Céleyran, Domaine de
287
Pech de Jammes, Château
296
Pécharmant, AOC 291
Péclette, Clos de la 264
Pécoula, Domaine de 293
Pédesclaux, Château 142,
149
Pedroncelli 485
Pedrotti 371
Pegase, Clos 478
Pegazzera di Casteggio 366
Pelee Island Winery 510
Pellegrino, Carlo 391
Péloponnèse 395
Pemberton 542
Peñafiel 412, 415
Penaflor 519
Peñalba López, Bodegas 415
Penedès, DO 418, 419, 421
Penfolds 526, 539
Penfolds Magill Estate 538
Penley Estate 540
Penn, William 468, 498
Pennautier, Château de 283
Pennsylvanie 502, 503
Pepe, Emidio 386
Pepsico 456
Pepys, Samuel 137
Peraldi, Domaine 272
Pereira d'Oliveira Vinhos 448
Perelli-Minetti, Antonio 515
Pérenne 165
Pérez Barquero 424
Pérignon, Dom Pierre 210
Perll 311
Pernand-Vergelesses 195
Pernod-Ricard 538, 559
Pernot, Paul 197
Pérou **520** carte *513*
Perpignan 279
Perret, André 248
Perrier, Joseph 216
Perrier-Jouët 216
Perrière, La 191
Perrières, Les 192, 196
Perriers, Les 240
Perth Hills, *voir* Darling
Range
Pertica, Cascina La 366
Pesos, Quinta dos 429
Pessac 156
Pessac-Léognan, AOC 155,
156
Pesson, Robert 240
Petaluma 538
pétillant (vin) 135, 259, 283,
464
choisir 38
élaboration 110, *111*
ouvrir 72, *73* ;
*voir aussi* Asti *spumante,*

Champagne, Mateus
Rosé, Rueda Espumoso
DO ; *Sekt* ; *Spritzig*
Pétillant de Savoie 264
Petit Causse, Le 285
Petit Chablis 182, 185
Petit-Faurie-de-Soutard,
Château 168
Petit Village, Château 175
Petits Arnauds, Les 165
pétrole, odeur de **86**
Pétrus, Château 43, 126,
169, 173, 174
Pettenthal 328
Pewsey Vale 540
Peymartin 145
Peyrabon, Château 153
Peyrade, Château de la 278
Peyrassol, Commanderie de
270
Peyrat, Château du 164
Peyraud, 165
Peyrot-Marges,
Château 164
Pez, Château de 147
Pézenas 286
Pezinok 461
Pfaffenheim 221
Pfaffenheim-
Gueberschwihr, Cave de
224
Pfeffingen, Weingut 331
Pheasant Ridge 506
Phélan-Ségur, Château 147
Phelps, Joseph 480
Philips Central Cellars 557
Phillipponat 216
Phillips, R. H. 492
phylloxéra 102
Afrique du Sud 554
Australie 524, 531
Californie 471
Espagne 403-**424**
France 30-31, 242, 403,
406
Mexique 514, 515
Nouvelle-Zélande 546
Roumanie 459
Piada, Château 158
Piano Gully 544
Pibarnon, Château de 268
Pibran, Château 149
Pic-Saint-Loup 287
Picard-Dahra 400
Piccinini, Domaine 285
Pichler, F.X. 351
Pichler, Rudolf 351
Pichon Baron, Château 145
Pichon Lalande, Château 145
Pichon-Longueville Baron,
Château *137*, 142, 149
Pichon-Longueville
Comtesse de Lalande,
Château 142, 149
Pico, Georges 186
Picolit 372
Picpoul-de-Pinet 287
Pied d'Aloue 185
Piedmont Vineyards 506
Piémont **359-363**
carte *358*
Pierce 488

Pieropan 369
Pierre à fusil **86**
Pierro 543
Pierron, Château 294
Piesport 312, 316
Piesporter Michelsberg 309, 316
Piesse Brook 544
Pighin 373
Pignou, Mas 298
Pikes 539
Piketberg District, WO 557
Pillets, Domaine de 208
Pilton Manor 558
Pimpane 560
Pin, Le 175
Pinault, François 149
Pinard Vincent 240
Pindar Vineyards 501
Pine Ridge 477
Pineraie, Domaine de la 296
Pinet 287
Pingossière, Domaine de la 231
Pinhão, vallée de 443
Pinnacles 488
Pinot Blanc 220
Pinot Gris 220
Pinot Noir 220
Pinson 186
Pinto Pereira 443
Pintos dos Santos 443
Pion, Château 293
Piper-Heidsieck 215, 216, 519, 560
Piper-Sonoma/Rodney Strong 485
Pipers Brook 537
Pique-Caillou, Château 157
Piqueras, Bodegas 424
Pirramimma 541
Pitnauer, Hans 351
Pitray, Château 172
Pittaro, Vignetti 373
Plaigne, Domaine de la 208
Plaisance, Château 164
Planes, Domaine des 270
Plantagenet 543
Plantérieu, Domaine de 302
Plassan, Château de 164
Platzer, Manfred 352
Plauelrain 338
Playa, La 517
Plenty, baie de 548
Plettenberg, Weingut Reichsgraf von 325
Plozner 373
Poças Junior, Manoel D. 444
Pochon, Etienne 249
Podravski 460
Poggio Antico 381
Poggione, Tenuta Il 381
Pojer & Sandri 371
Pol Roger 216
Polatti, Fratelli 366
Poli, Giovanni 371
Poli, Maso 371
Poligny 258
Poliziano 381
Polz, Reinhold 352
Pombal, marquis de 442

Pomerol **173-175**
    carte *166*
Pomino, DOC 376
Pomino, Tenuta di 379
Pommard 187, 196
Pommard, Château de 196, 199
Pommern 315
Pommery, Champagne 489
Pommery & Greno 216
Pomport 292
Ponchon, Domaine de 208
Poniatowski, Prince 236
Ponsot, Domaine 192
Pont, Clos du 231
Pontac, Arnaud de 30
Pontallier, Paul 105
Pont du Jour, Domaine du 207
Ponte da Lima, Adega Cooperativa da 428
Pontet-Canet, Château 142, 145, 149
Ponzi 497
Pope Valley 477
Porongurups 543
Porte-greffes 102
Port Phillip Estate 534
Portets, Château de 158
Porto **441-446**
    élaboration 442
    histoire 442
    organismes 443
    producteurs et négoc. 443
    réglementation 442
    styles 442
    élaboration du 112
    verre à 79
Porto-Vecchio 272
Portugal **425-432**
    régions viticoles, carte *426*
    Centre **429-430**
    Nord **427-428**
    Sud **431-432**
    vins mutés 433-448 ;
    *voir aussi* Nord du Portugal, Sud du Portugal *et* Centre du Portugal
Port-Vendres 278
Posavski 460
Potelle, Château 477
Potensac, Château 145, 153
Pothier-Rieusset 196
Pouget, Château 142, 152
Pouilles, **387**, 390 carte *388*
    producteurs et négoc. 389
Pouilly 178, 204, 226, 228
Pouilly caves de 240
Pouilly-Fuissé, AOC 203, 204
Pouilly Fumé, AOC 237, 239, 240
Pouilly-Loché, AOC 203, 204
Pouilly-sur-Loire **237-240**
    appellations et producteurs 240
    carte *238*
Pouilly-sur-Loire, Caves de 240
Pouilly-Vinzelles, AOC 203, 204

Poujeaux, Château 153
Poulette, Domaine de la 194
pourriture noble **86**, 97
Pousse d'Or, Domaine de la 196, 199
Poussie, Clos de la 240
Power Drury 448
Prà 369
Prà di Pradis 373
Prada a Tope 415
Pradeaux, Château 268
Praeclarus 371
Prager, Franz 351
Prälat, vignoble 315
Predicato, Vins de 381
Preiss-Zimmer 224
Premières-Côtes-de-Bordeaux, AOC 164
Preslav, Domaine de 458
Presqu'île de St-Tropez, Maîtres Vignerons de la 270
pressoirs à Champagne *111*, à vin blanc 106, *107*
pressurage *107*
Preston 495
Preuses 184
Preys, Jacky 236
Prieler, Engelbert 352
Prieur, Domaine Jacques 196, 199
Prieur, Pierre et Fils 240
Prieur-Brunet 197
Prieuré, Château le 168
Prieuré, Domaine du 192
Prieuré de Cénac 296
Prieuré-de-Meyney 145
Prieuré-Lichine, Château 142, 145, 152
Prima & Nuova 371
Primo Estate 538
Primorski 460
Prince Albert 533
Prince Michael Vineyards 506
Principe de Viana, Bodegas 411
Priorato, DO 418, 420, 421
Prissé, Coopérative de 204
prix du vin 32
producteurs du Mont-Tauch, Coopérative des 278, 282
Prosecco di Conegliano-Valdobbiabene, DOC 369
Provence 265, **267-270**
    carte *266*
    régions vinicoles 267
Pruliers, Les 194
Prüm, J.A. 315
Prüm, SA 315
Prunier 196, 197
Prunotto, Alfredo 363
Puente la Reina *410*
Puerto, Bodegas Marqués del 409
Puerto de Santa María 434, 436
Puiatti 373
Puligny-Montrachet 197
Pupillin 258
Purkar 464

Puy-Castéra, Château 153
Puy-l'Évêque *296*
Puygueraud, Château 172
Pyrénées **299-301**
    carte *290*
    producteurs et négoc. 301
    Béarn 300
    Côtes-de-Saint-Mont 300
    Irouléguy 300
    Jurançon 299
    Madiran, Pacherenc-du-Vic-Bilh 299
    Tursan 300
Pyrenees (Australie) 532
Pyrénées-Orientales, Vin de Pays des 279

*Q*

Quady 491, 492
Quail Run, *voir* Covey Run
qualité 57, 87
    appellations de 566
    *Appellation d'origine contrôlée* (AOC) France 127, 132-134
    *Appellation d'origine contrôlée* (Tunisie) 400
    *Appellation d'origine garantie* (AOG) Algérie et Maroc 400
    *Ausbruch* (Autriche) 351, 352
    *Auslese* (Autriche) 351 ; (Allemagne) 306, 307, 330
    *Beerenauslese* (Autriche) 351 ; (Allemagne) 306, 307
    *Controliran* (Bulgarie) 458
    *Denominação de origem controlada* (DOC) Portugal 426
    *Denominación de origen* (DO) Espagne 404
    *Denominación de origen calificada* (DOC) Espagne 404, 406
    *Denominazione di origine controllata* (DOC) Italie 128, 356, 357
    *Denominazione di origine controllata e garantita* (DOCG) Italie 357
    *Eiswein* (Autriche) 351 ; (Allemagne) 306, 322, 332
    *Federspiel* (Autriche) 351
    Gold Seal of Quality (Angleterre et pays de Galles) 558
    *Indicação de proveniencia regulamentada* (IPR) Portugal 426
    *Indicazione geografica tipica* (Italie) 356
    *Kabinett* (Autriche) 351 ; (Allemagne) 306, 307, 330
    *Landwein* (Autriche) 351 ; (Allemagne) 306
    *Marque Nationale* (Luxembourg) 344
    *Predicato* (Italie) 381

*Qualitätswein* (Autriche) 351
*Qualitätswein eines bestimmten Anbaugebiete* (QbA) Allemagne 306
*Qualitätswein mit Prädikat* (QmP) Allemagne 306
*Smaragd* (Autriche) 351
*Spätlese* (Autriche) 351 ; (Allemagne) 306, 330
*Steinfeder* (Autriche) 351
*Tafelwein* (Autriche) 351 ; (Allemagne) 306, 338
*Trockenbeerenauslese* (Autriche) 351 ; (Allemagne) 306
*Vinho regional* (Portugal) 426
*Vino da tavola* (Italie) 356, 357, 383
*Vino de la tierra* (Espagne) 404
*Vino de mesa* (Espagne) 404
*Vins de consommation courante* (Tunisie) 400
*Vins de Pays* (France) 134-135
*Vins de qualité supérieure* (Tunisie) 400
*Vins de table* (France) 135
*Vins délimités de qualité supérieure* (VDQS) France 134
*Vins supérieurs* (Tunisie) 400
Vintners Quality Alliance (VQA) Canada 508, 509
ViTi (Suisse) 348
*Viticultural Area System* (VA) USA 128, 468
*Wine of Origin System* (WO) Afrique du Sud 555 ;
    *voir aussi* classifications quantités de vin consommé 122, 132
Quarles Harris 446
Quartas, Quinta 445
Quarts-de-Chaume, AOC 232, 233
Quatourze 287
Québec 510
Queensland 528
Quelltaler 539
Quénard, Raymond 263
Quéribus 282
Quilceda Creek 495
Quincy, AOC 240
quinine 448
Quintarelli 369
*quintas* 428
Quistello, Cantina Sociale di 366

*R*

Rabasse-Charavin, Domaine 253, 255
Rabastens, Cave de 298
Rabat 400

Rabaud-Promis, Château 160, 163
Rabelais, Caves des Vins de 235
Radebeul, Staatsweingut 336
Raffault, Jean-Maurice 235
Ragnoli 366
Ragose, Le 369
Ragotière, Château de la 231
Rahoul, Château 158
Raimat 420, 421
raisin 86, 99, 472
raki 396
Raleigh, sir Walter 504
Rallo Alvis 391
Ramage-la-Bâtisse, Château 153
Ramandolo 372
Rame, Château La 164
Ramitello 386
Ramonet, Domaine André 197, 199
Ramos-Pinto, Adriano 445
Rancho Viñedo 490
Randersacker 335
Randersackerer Pfülben 335
Rapet 195, 196
Rapitalà 392
Rapsani 395
Raspail-Ay, Domaine 256
Rasteau 244, 253, 255
Ratti, Renato-Antiche Cantine dell'Abbazia dell'Annunziata 363
Ratzenberger, Weingut J. 311
Rauenthal 321, 323
Rausan-Ségla, Château 142, 152
Rauzan-Gassies, Château 142, 145, 152
Raveneau 186
Ravenswood 485–6
Raventós, Josep 418, 419
Rayas, Château 254
Raymond-Lafon, Château 160, 163
Rayne-Vigneau, Château de 160, 163
Rayssac, Château de 283
Razac-de-Saussignac 292
Réal-Caillou, Château 175
Real Companhia Vinícola do Norte do Portugal 428, 445
Real Tesoro, Marqués del 402, 438
Rebholz, Weingut 331
recherche 31
    Allemagne 322, 332 ; Australie 526 ; Espagne 410 ; Hongrie 453 ; Italie 387 ; Nouvelle-Zélande 548 ; Roumanie 459
Recioto di Soave 368
Rectorie, Domaine de la 280
Red Hills 496
Red Willow 495
Redde et Fils, Michel 240
Redman 540
Redwood Valley 552
Regaleali 392
Região Demarcada 426

Reginu, Clos 272
réglementation du vin 31, 562-567
Régnard, A. 186
Régnard & Fils 195
Régnié 206, 208
Régusse, Domaine de 270
Reh, groupe 342
Rei, Quinta do 444
Reif Estate 510
Reine Blanche, Clos de la 239, 240
Reine-Pédauque 199
Reinhartshausen, Schloss 323
Reinhold Fuchs, Weingut 315
Reinisch, Johann 352
Reiterer, Christian 352
religion
    influence sur l'industrie du vin 397, 399
Remich 317
Remoissenet Père & Fils 196, 199
remontage 109
Remoriquet 194
Rémy-Cointreau 215, 216
Rémy Martin 520, 559, 560
Rémy-Pannier 235
Renaissance 492
Renardes, Corton Les 195
Renault Winery 503
rendements 98, 103
Renmano 541
Renou, René 234
République tchèque 461
    régions, carte 450, 46
Réserve de la Comtesse 145
Respide-Médeville, Château 158
Ress, Balthasar 322, 323
Retiro Novo, Quinta do 446
Retsina 393, 394, 395
Reuilly, AOC 240
Reverchon, Weingut 316
Reverdy, Jean et Fils 239, 240
Révérend, Domaine du 282
Rex Hill 497
Reynella, Château 541
Reynolds Yarrama 529
Reynon, Château 164
Reysson, Château 153
Rheingau 319-323
    carte 318
Rheinhessen Winzer 328
Rheinterrasse 326, 327, 328
Rhin, carte des régions viticoles 318
Rhin, nord du 338
Rhinefarm Vineyard 485
Rhode Island 502, 503
Rhodes 395
Rhodt unter Rietburg, coopérative 331
Rhône 132, 241-256
    Côtes du Rhône méridionales 252-256
    Côtes du Rhône septentrionales 246-251
    régions viticoles, carte 243

Rías Baixas, DO 416, 417
Ribatejo 429
Ribeauvillé 221, 224
Ribeiro, Cooperativa Vitivinícola del 417
Ribeiro, DO 416, 417
Ribera Alta 410
Ribera Baja 410
Ribera-Duero, Bodegas 415
Ribera del Duero, DO 412, 413, 415
Ricasoli 376, 379
Riccadona 363
Richeaume, Domaine 270
Richebourg 191, 193
Richebourg, Château de 230
Richemone, La 194
Richmond Grove 529
Richter, Max-Ferdinand 315
Richter, Richard 312, 315
Riddoch, John 540
Ridge 488, 489, 491
Rieder, Fritz 351
Rieschen 340
Riesling 220
Rietvallei 557
Rieussec, Château 158, 160, 163
Rieux, Domaine de 302
Rigal 296
Ringenbach-Moser 224
Riograndense 520
Rioja Alavesa 406, 407
Rioja Alta 407
Rioja Alta, Bodegas La 409
Rioja Baja 407
Riojanas, Bodegas 409
Rion, Domaine Daniel 194, 199
Ripaille 261, 263
Ripeau, Château 168
Rippon 552
Riquewihr 221, 339
Riscal, Marqués de 406, 407, 413, 415
Riscal, Vinos de los Herederos del Marqués de 409
Riunite 367
Riva, La 438
Rivals, Château 283
Rivendell Winery 501
Rivera 390
Rivero, J. M. 438
Riverview 551
Rivesaltes, AOC 274, 277, 278
Riviera del Garda Bresciano, DOC 365
Riviera Ligure di Ponente, DOC 364
Rivière, Château de la 176
Rivière-Haute, Domaine La 287
Rivoli-Mazagran 400
Rizières, Domaine des 207
Rizzo, Elia 89
Roaix 253
Roally, Domaine de 204
Robertson Brothers 445
Robertson District, WO 557

Robin, Marie 174
Robinson, Jancis 91
Robola 395
Robson, Murray 529
Roc-de-Cambes, Château 165, 171
Rocailles, Domaine des 263
Rocca delle Macìe 379
Roche, Clos de la 191, 192
Roche-aux-Moines, AOC 233
Rochegude 253
Rochemorin, Château de 157
Roches de Py, Domaine des 208
Rochford 534
Rockford 538
Rodern 221
Rodet, Antonin 192
Rodríguez y Berger 424
Roe, John Septimus 542
Roeda, Quinta da 444
Roederer, Champagne 135, 445, 489, 537
Roederer, Louis 216
Roero, DOC 360
Roger, Jean-Max 240
Rogue, vallée de la, AVA 496
Roi, Clos du (Corton) 195
Roi, Clos du (Sancerre) 239
Rolandeau, Gaston 231
Rolet, Père & Fils 260
Rollan-de-By, Château 153
Rolland, Château 164
Rolly Gassmann 224
Romagne 367, carte 358
Roman Pfaffl 351
Romanèche-Thorins, Hospices de 207
Romanée, La 191, 193
Romanée-Conti, Domaine de La 191, 193, 199
Romanée-St-Vivant 191, 193
Romate, Sánchez 439
Romeira, Quinta da 430
Romer du Hayot, Château 160
Romero, Pedro 438
Roncão 373
Roncão, Quinta de 443
Roncières 185
Rooiberg, coopérative 557
Ropiteau Frères 197, 199
Roque de By 145
Roquefort, Château 164
Roques, Château de 172
Roquetaillade-La Grange, Château de 158
Rosa, Quinta de la 444
Rosa del Golfo 390
Rosa, Quinta de la 444
Rosé d'Anjou 226 ; AOC 233
Rosé de Cerdon 257, 264
Rosé de Loire, AOC 233
Rosé des Riceys, AOC 217
rosé (vin)
    choisir un 36-37
    élaboration du 108
    styles de 37

voir aussi Œil de Perdrix ; Weissherbst
Rosemount Estate 528, 529
Rosemount Orange Region 528
Rosenblum 487
Rosengärtchen, vignoble 316
Rosengarten 325
Rosenmuskateller 370, 371
Rosette, AOC 291, 292
Rossese di Dolceacqua, DOC 364
Rosso Cònero, DOC 383, 385
Rosso di Montepulciano, DOC 376
Rosso Piceno, DOC 383, 385
Rostaing, René 249
Rotenfels 325
Roth, Adam 527
Roth, Philip 503
Rothbury Estate 527, 528, 529, 535
Rothenberg 322, 326
Rothschild, baron Edmond de 153
Rothschild, baron Edmond de (Israël) 397
Rothschild, baron Éric de 148
Rothschild, baron Philippe de 122, 149
Rottensteiner, Hans 371
Roudier, Château 172
Roudon-Smith 487
Rouffach 221
Rouffignac-de-Sigoulès 292
rouge (vin)
    choisir un 36-37
    élaboration du 108, 109
    styles de 322, 37
Rouge Homme 540
Rougeot, Marc 197
Rougeyron, R 237
Rouillac 292
Roulot, Guy 197
Roumanie 459, carte 450
Roumier, Georges 193
Rouquette-sur-Mer, Château 287
Roure 249
Rousseau, Domaine Armand 193, 199
Rousset, Château 165
Rousset-les-Vignes 253
Roussette de Savoie, AOC 257, 264
Roussette de Seyssel 264
Roussillon 279-280
    producteurs 280
    carte 275
Routier, Château du 283
Rouvière, Mas de la 268
Rouvinez 347
Roux Père & Fils 197, 199
Rovira, Pedro 421
Royal Madeira 448
Royal Oporto Wine Company 443, 445
Rozay, Château du 248
Rozes 446

Rozier, Château de 288
Ruat-Petit-Poujeaux,
    Château 153
Ruchottes-Chambertin 191
Ruck, Johann 335
Rüdesheim (Nahe) 325
Rüdesheim
    (Rheingau)
    322, 328
Rüdesheim, Staatsweingut
    322
Rudolf Fürst 335
Rueda, DO 412, 413, 415
Rueda Espumoso,
    DO 413
Ruffino 379
Ruggero Veneri 384
Rugiens 196
Ruinart 217
Rully, AOC 201, 202
Rumasa 435, 438, 439
Rumbalara 528
Ruppertsberg 329, 330, 331
Russian Imperial Cellar 462,
    464
Russian River Valley, AVA
    483
Russie **464**
    carte 450
Russiz Superiore 373
Russol, Château 285
Rust-en-Vrede 556
Rustenberg 556
Rutherford, AVA 477
Rutherford & Miles 448
Rutherford Hill 480
Rutland, Comtesse de 323
Ruwer 316
Ruyère, Domaine du 208
Ryman, Hugh 454
Rymill 540
Ryrie, William 531


**S**

Saale-Unstrut et Saxe **336**
Saar-Ruwer, *Bereich* 313,
    316
Saarstein, Schloss 316
Sabazan, Château de 301
Sables de l'Océan, les 302
Sables du golfe du Lion, Vin
    de Pays de 288
Sables Fauves, les 302
Sablet 253
Sabon, Domaine Roger 256
Sachsen 328, 336
Sackträger 328
Sagemoor Farm 495
Saget, Guy 240
Sagrantino di Montefalco,
    DOC 383
Sain Bel, coopérative 206
Saint, *voir* St et Ste
Sainte Famille Wines 510
Saintsbury 480
Sais 400
Sakonnet 503
Salaparuta, Duca di 392
Saldorf 461
Sales, Château de 175

Salice Salentino, DOC 387
Salies-de-Béarn 300
Salies-de-Béarn-Bellocq,
    Cave coopérative de
    300
Salins du Midi 276, 288
Salisbury Estate 532, 535
Sallegg, Schloss 371
Salmanazar 49
Salm-Dalberg, Weingut
    Prinz zu 325
Salnesur, Bodegas 417
Salomon, Fritz 351
Salon 217
Salwey, Weingut B. 339
Samos 395
Samsons, Cellier des 204,
    207, 208
San Benito 487-488, 490
San Bernabe 488
San de Guilhem, Domaine
    de 302
San Felice 379
San Francesco, Fattoria 390
San Guido, Tenuta 382
San Isidro, Cooperativa del
    Campo de 411
San Joaquin Valley 471, 491
San Juan, Cava de 515
San Juan del Rio 515
San Leonardo, Tenuta 371
San Lorenzo, Bodegas de
    515
San Lucas, AVA 488
San Luis Obispo, comté de
    472, 488, 490
San Marcos, Vinedos 515
San Martino della Battaglia,
    DOC 365
San Michele, Cantina
    Sociale 371
San Michele, Domaine de
    272
San Pasqual, Vallée de AVA
    488
San Pedro 516, 517
San Rocco 371
San Sadurní de Noya 419
San Telmo 519
San Valero, Bodega
    Cooperativa 411
Sanca, La 400
Sancerre 226, 228, 237 ;
    AOC **237-240**
    producteurs 239
    carte 238
Sandalford, vignoble de 542,
    544
Sandeman, 434, 439, 445,
    446
Sandrone, Luciano 363
Sanford 490
Sanford & Benedict 488
Sangiovese di Romagna,
    DOC 367
Sangue di Giuda 365
Sanlúcar de Barrameda 434,
    436
Sanraku 560
Santa Bárbara, Quinta 445
Santa Barbara comté de 472,
    474, 488, 490

Santa Carolina 516, 517
Santa Clara, Vallée de 489
Santa Cruz Mountain
    Vineyard 487
Santa Cruz, Montagnes de
    487
Santa Lucia Highlands, AVA
    488
Santa Maddalena, DOC 370
Santa Margherita (Vénétie)
    369
Santa Margherita, Vinicola
    371
Santa Maria, Vallée de, AVA
    472, 488
Santa Maria della Versa,
    Cantina Sociale di 366
Santa Monica 517
Santa Rita 514, 516, 518
Santa Ynez, Vallée de 488
Santar, Conde de 430
Santenay 197
Santenots, Les 196
Santini, Domaine 272
Santo Antonio, Quinta do
    444
Santo Domingos, Quinta 445
Santo Tomás, 515
Santorini 395
São João, Caves 430
São Luiz, Quinta de 444
São Pedro das Aguias,
    Quinta de 445
Saône-et-Loire, villages de
    192
Saporta, marquis de 269
Sapporo 480
Sarda-Malet, Domaine 278
Sardaigne **391-392**
    régions viticoles,
    carte 388
Sarget de Gruaud-Larose
    145
Sarre, Vignobles de la 316
Sarría, Señorío de 411
Sarrin, Domaine des 270
Sartène 272
Sartre, Château Le 157
Sasbachwalden 337
Sassicaia 382
Sattler, Wilhelm 352
Saumaize, Domaine Roger
    204
Saumur 110, 226 ; AOC
    232, 233, 234
Saumur-Champigny, AOC
    232, 233
Saumur mousseux, AOC
    233
Saussignac, AOC 291, 292
Sautejeau, Marcel 231
Sauternes **159-163**
    carte 143
Sauvignon de St-Bris, VDQS
    186
Sauvion 231
Sauzet, Domaine Étienne
    197, 199
Savarines, Domaine des 296
Savary, Olivier 186
Savennières, AOC 233
Savigny-lès-Beaune 195

Savoie 257, **261-264**
Savoyard, Le Vigneron 263
Savoye 208
Saxe 336
Sazilly 235
Scala-Dei, Cellers 420, 421
Scarpa, Antica Casa Vinicola
    362
Scarp Valley 544
Scavino, Paolo 363
Sceau d'Or de Qualité 558
Schaller, Edgard & Fils 224
Schandl, Peter 352
Scharffenberger 489
Scharlachberg 328
Schellmann, Gottfried 352
Schilcher 349, 352
Schiller, Johann 509
Schilling, Herbert 352
Schinus 534
Schiopetto, Mario 373
Schleinitz, von 315
Schlitz 485
Schlossböckelheim, *Bereich*
    324, 325
Schloss Saarstein 316
Schlumberger, Domaine 224
Schmitt, Weingut Robert
    335
Schneider, Erich 352
Scholtz Hermanos 440
Schönborn, Schloss 322, 323
Schönborn, von 335
Schram, Jacob 476
Schramsberg 480
Schreckbichl, Cantina
    Sociale 371
Schröck, Heidi 352
Schubert, von 316, 317
Schuster, Weingut Eduard
    331
Schützenhof 352
Schwaigern, Schloss 341
Schwanburg, Schloss 371
Schwarze Katz 315
Schweigen 331
Sciacchetrà 364
Scolca, La 363
Scotchmans Hill 533
Scott, Allan 552
Screwpull 70, 71
Scuro 370
Seagram 216, 342, 439, 446,
    480, 490, 515, 559
seau à glace 66
seau isotherme 66
Sebaste 363
Sebastiani 486, 491
Sebdou, Oued 400
Séchet 185
Seewinkler Impressionen
    352
Segenhoe Estate 529
Ségonnes 145
Segonzac 165
Seguin 196
Ségur, marquis de 148
Ségur, Marquis de
    (second vin) 145
Segura Viudas 419
Séguret 253
Seifried 552

Sekt 316, 320, **342**
Selaks 551
Sélection de Grains nobles
    220
Sella 363
Sella & Mosca 391, 392
Selle, Château de 270
Selmonie, Clos la 293
Selosse, Jacques 217
Selvapiana 354, 379
Selyem, *voir* Williams
    Selyem
Semeli 394
Senard, Domaine Daniel
    195, 199
Senderens, Alain 88
Sénéjac, Château 153
Senouillac 297
Seppelt 528
Seppelt Great Western 533
Septy, Château 293
Serbie 460
Sercial 447
Serègo Alighieri 369
Seriziere, Domaine de la
    164
Serpentières, Aux 196
Serra, Jaume 421
Serralunga d'Alba 361
Serre, Château la 168
Serres, Les 285
Serristori 379
Serveau, Michel 192
Serviès 282
service du vin **65-80**
    *voir aussi* décanteurs ;
    verres
Sesmures, André 208
Sète 287
Settesoli 392
Setúbal, Péninsule de 431,
    432
Sevenhill 539
Seville Estate 535
Seyssel 261, AOC 264
Shafer 477
Shaw, Philip 528
Shaw & Smith 541
Shimshon 398
Shomron 398
Shortridge Lawton 448
Shumen 458
Siaurac, Château 175
SICAVA coopérative 186,
    202
Sichel, H 328
Sicile **391-392**
    régions viticoles,
    carte 388
Sidi-Bel-Abbes 400
Sidi-Brahim 400
Siebeldingen 331
Siegrist, Weingut 331
Sierra, contreforts de la 491,
    492
Sierra Madre 488
Sigalas-Rabaud, Château
    160, 163
Sigé, Domaine 278
Sigean 282
Signoret, Jean 204
Sigolsheim 221, 224

Silva, A. J. da 445
Silva, Antonio Bernardino
    Paulo da 430
Silva, C. da 446
Silver Oak 480
Silverado 477, 480
Simi 486
Similkameen, vallée de 510
Simmern, von 320, 323
Simmonet-Febvre 186
Simon, André 323
Simon, Weingut Bert 316
Simoncelli, Armando 371
Simone, Château 269
Simon Fils 192
Simonsberg-Stellenbosch,
    WO 556
Simonsig 556
Simonsvlei,
    coopérative 556
Sipp, Louis 224
Siran, Château 145, 152
Sirugue, Robert 193
Siteia 395
Sizzano, DOC 360
Skalli 276
Skillogalee 539
Skoff, Walter 352
Slovaquie **461**
    carte 450
Slovénie **460**
    carte 450
Smith & Hook 488
Smith-Haut-Lafitte, Château
    154, 155, 157
Smith-Madrone 477
Smith Woodhouse 446
Smithbrook 544
Snoqualmie 495
Soalheira, Quinta da 443
Soave, DOC 368
Sociando-Mallet, Château
    153
Socieda Agricola da Madeira
    448
Sodap 398
Sogrape 428, 430
silex 238
Sokol-Blosser 497
solar 426
solera **434**
Solís, Bodegas Félix 424
Solutré 204
Somerset Crossing 532
Somló 454
Sommer, Richard 496
Sommerach 335
Somontano, DO 410, 411
Sonita, AVA 505
Sonnenuhr 314, 315
Sonoma 472, **481-486**
    régions viticoles de Napa
    et de Sonoma,
    carte 475
    zones vinicoles 483
Sonoma Coast, AVA 483
Sonoma-Cutrer 486
Sonoma Mountain, AVA
    483
Sonoma Valley, AVA 483
Sonora 515
Sopron 454

Sorbief, Domaine du 260
Sorni, DOC 370
Soto, José de 439
Soulez, Pierre et Yves 234
Soultzmatt 221
Soumade, Domaine de la
    252, 255
Source, Domaine de la 208
Sousa Rosado Fernandes,
    José da 432
Soutard, Château 168, 171
South-West Coastal,
    Australie-Occidentale 544
Southbrook Farms 510
Southern Vales 526
Souverain (Napa) 476
Souverain, Château
    (Sonoma) 486
Soveral, Marqués de 444
Spagnolli, Enrico 371
Spagnolli, Giuseppe 371
Sparr, Pierre 224
Spinola, J. B. 448
Sprendlingen 342
Spring Mountain, AVA
    477
Spring Vale 537
Spritzig 317, 325
St-Amand, Château 163
St-Amour 204, 207
St-Amour, Château de 207
St-André, Domaine 286
St-André-Corbin, Château
    172
St-André de Figuière,
    Domaine 270
St-Aubin 197
St-Auriol, Château 282
St-Bonnet, Château 153
St-Chinian, AOC 286, 287
St-Christol 287
St Clement 480
St-Denis, Clos 191, 192
St-Didier, Château 296
St-Drézéry 286, 287
St-Émilion, AOC 138,
    **167-172**
    carte 166
St-Esprit, Domaine de 270
St-Estèphe
    appellation et
    châteaux 147
St-Estève, Château de 255
St-Étienne-de-Baïgorry 300
St Francis 486
St-Gayan, Domaine 256
St-Georges, Les 194
St-Georges, Château 172
St-Georges-Côte-Pavie,
    Château 168
St-Georges d'Orques 287
St-Georges St-Émilion 172
St-Gervais 253
St-Go, Château de 301
St-Guilhem-le-Désert 273
St Hallett 538, **540**
St Helena 552
St-Hippolyte 221
St Huberts 535
St Jean, Château 486
St-Jean, Domaine de 270
St-Jean-de-la-Porte 263

St-Jean-de-Minervois 277,
    278, 284
St-Jeoire-Prieuré 263
St-Joseph, AOC 246, 247,
    250-251
St Julian Wine Co. 507
St-Julien, AOC 142
    appellation et châteaux
    150
St-Julien-Beychevelle 150
St-Lannes, Domaine de 302
St-Laurent-des-Vignes 292
St-Louis la Perdrix,
    Domaine 288
St Magdalener 370
St Marc, Domaine 192
St Martin 226
St-Martin, Clos 168, 171
St-Mathieu-de-Tréviers 287
St-Maurice-sur-Eygues 253
St-Médard-d'Eyrans 156
St-Mont 300-301
St-Nicolas-de-Bourgueil,
    AOC 233, 235
St-Pantaléon-les-Vignes 253
St-Péray, AOC 247, 251
St-Philibert, Domaine 204
St-Pierre, Château 142, 150
St-Pourçain-sur-Sioule,
    VDQS 237
St-Pourçain, Vignerons de
    237
St-Romain 196
St-Saturnin 287
St Supéry 480
St-Véran, AOC 203, 204
St-Vérand 203, 204
St-Victor 282
St-Vincent, Clos 268
Staatliche Weinbaudomäne
    311, 325
Staatlicher Hofkeller 333,
    334, 335
Staatliches Weinbauinstitut,
    Ihringen 339
Stadlmann, Johann 352
Stafford Ridge 538
Stags Leap District, AVA
    477
Stag's Leap Vineyard 477
Stags' Leap Wine Cellars
    477, 480
Stargazer Vineyard 503
Starkenburg, Bereich 332
Staufenberg, Schloss 338,
    340
Ste-Anne, Domaine de
    (Anjou) 234
Ste-Anne, Domaine de (Les
    Arcs) 270
Ste-Anne, Domaine de (St-
    Gervais) 253, 255
Ste-Croix-du-Mont 138, 164
Ste-Eulalie, Domaine 285
Ste Famille Wines 510
Ste-Foy-la-Grande, AOC
    164
Ste-Hune, Clos 224
Ste-Magdelaine, Clos 269
Ste-Marie-d'Alloix 263
Ste Michelle, Château 494,
    **495**

Steiermark (Styrie) 352
Steigerwald, Bereich 334, 335
Steinbach 338
Steinberg (Nahe) 325
Steinberger Riesling 323
Stein's 530
Steitz 324
Stellenbosch 554
Stellenbosch District, WO
    556
Stellenbosch Farmers'
    Winery 555
Sterling 480
Sterling, Winery Lake de 477
Stevenot 491
Stevenson, Robert Louis 476
Stiegelmar, Georg 352
Stigler, Weingut Rudolf 339
Stimson Lane 495
stockage du vin **61-64**
Stone Hill Wine Co. 506
Stone Ridge 528
Stonegate 477
Stoneleigh 550
Stonestreet, J 489
Stoney Ridge 510
Stoniers Merricks 534
Stony Hill 476
Stonyridge 551
Stoppa, La 367
Strong, Rodney 485
Stuart, Marie 217
Styrie 352
Suau, Château 160, 164
Suchots, Les 194
sucre, adjonction de 105
Sud du Portugal **431-432**
    carte 426
Süd-Oststeiermark 352
Sud-Ouest **289-302**
    carte 290
    Aveyron 302
    Bergerac 291-293
    Cahors 295-296
    Duras, Marmandais,
        Buzet 294
    Gaillac et Fronton 297-
        298
    Pyrénées 299-301
Südburgenland 352
Südliche Weinstrasse,
    Bereich 331
Südsteiermark 352
Suduiraut, Château de 159,
    160, 163
Suhindol, Domaine de 458
Suisse **345-348**
    carte 346
Sulzfeld 338
Sumac Ridge 510
Sumeire, Régine 270
Summerhill 510
Sunbury 534
Suntory 150, 323, 515, 541,
    560
Sur La Velle 196
sur lie 106, 229
Sutter Home 480, 487, 492
Swan Valley 526, 542, 544
Swartland, coopérative de
    556
Swartland District, WO 556

Swellendam District, WO
    557
Sylvaner 220
Symington, Groupe **446**
Syrie **398**
Szekszárd 453

# T
table, le vin à 80
Tabuteau, Château de 172
Tâche, La 191, 193
Tachis, Giacomo 378
Tacoronte-Acentejo, DO 423
Tahbilk, Château 531, 533
taille de la vigne 103
Taillefer,
    Château 175
Tain-l'Hermitage, Cave
    coopérative de 244
Taittinger, Champagne 217,
    235, 479
Talbot, Château 142, 145, 150
Talence 156
Talmard, Domaine 204
Taltarni Vineyard 478
Taluau, Joël 235
Tamar Valley, Tasmanie
    537
Tamariz, Quinta do 428
Tamborini 348
Tanasse, Château 164
tanin 57, 86, 117
Tappino, Viticoltori del
    386
Tarapacá Ex-Zavala 518
Targé, Château de 235
Tariquet, Domaine de 302
Tarragone, DO 418, 419,
    420, 421
Tarrawarra 535
Tart, Clos de 191, 192
Tasmanie 537
Tate & Lyle 430
Taubenschuss, Helmut 351
Tauberfranken, 338
Taurasi, DOCG 387
Taurino, Cosimo 390
Tavel, AOC 252, 256
Tayac, Château 152
Taylor 500
Taylor,
    Fladgate & Yeatman
    444, 446
Taylors 539
Te Kairanga 551
Te Kauwhata 548
Te Mata 551
Tea Tree Gully 538
Técou, Cave de 298
Tedeschi, Fratelli 369
Teillac, Château 172
Tekel 396
Telmont, De 217
Temecula, AVA 488
Tement, Manfred 352

température de la fermentation 104, du vin **66-67**
Tempier, Domaine 268
Tenerife 423
Tennessee 505, 507
Tennessee Valley Winery 507
Tenterden 558
Terlano, Cantina Sociale 371
Terlano, DOC 370
Terme, Château Marquis de 142, 145, 152
Termenès 282
Teroldego Rotaliano, DOC 370
Terra Alta, DO 418, 420, 421
Terre di Ginestra 392
Terre Rosse 367
Terres Blanches, Domaine des 269
terroir 86, 126
Terroirs Landais, Vin de Pays des 302
Terry, Fernando A. de, Bodegas 437, 439
Tertre, Château du 142, 152
Tertre Daugay, Château 168
Tertre Rôtebœuf, Château Le 168, 169, 171
Teruzzi e Puthod 382
Tesch, Weingut Erbhof 325
Tessier, Philippe 236
Testuz, J. & P. 348
Teurons, Les 196
Tewksbury Wine Cellars 498, 503
Texas 505, 506
texture du vin 84
thermomètre 67
Teyssier, Château 172
T'Gallant 535
Thackeray, William Makepeace 89
Thalabert, Domaine de 249, 250
Thames Valley 558
Thanisch, Dr 316
Thann 221
Thelema 556
Thermenregion 351-352
Thévenet, Domaine Jean 204
Thévenin, René 196
Thévenin-Monthélie 197
Thévenot-Le Brun & Fils 192, 194
Thibaud-Bellevue, Château 172
Thieuley, Château 164
Thistle Hill 530
Thivin, Château 208
Thizy, Domaine de 208
Thomas, G. 196
Thomas, Paul 495
Thomas et Fils, Domaine 240
Thorn, Schloss 317
Thornton 488
Thrace 396

Three Choirs 558
Thüngersheim 335
Ticino 347, 348
Tiefenbrunner, J. /Schloss Turmhof 371
Tierra Estella 410
Tigny, Bernard de 235
Timave 451, 459
tire-bouchons **70-71**, 70
Tiregand, Château de 293
Tisdall 535
To Kalon 476
Tokay 451, 452, 454, 455
Tokio Izumi 328
Tollana 538
Tolley 538
Tollo, Cantina 386
Tollot-Beaut et Fils 195, 199
Tommasi 369
Tona 366
Tonnelle, La 165
Toretta-Spia d'Italia, Cascina la 366
Torgiano, DOC 383
Torgny 344
Toro, DO 412, 415
Torraccia, Domaine de 272
Torraccia, La 385
Torre Bianca 390
Torre Quarto 390
Torres, Miguel 416, 419, 421, 518
Torto, Rio 444
Toscane **375-382**
carte 374
Toshihiko Tsukamoto 560
Touché, Château la 231
Tour, Château de la 193, 199
Tour Blanche, Château La 160, 163
Tour Boisée, Domaine La 285
Tour-Carnet, Château La 142, 153
Tour-d'Aspic, La 145
Tour-de-By, Château La 153
Tour-de-Grenet
Tour de Mirambeau, Château 164
Tour-de-Mons, Château La 152
Tour-du-Haut-Moulin, Château 153
Tour-du-Pin-Figeac, Château 168
Tour-Figeac, Château La 168
Tour-Haut-Brion, Château La 157
Tour-Haut-Cassan, Château 153
Tour-Martillac, Château La 154, 157
Tour-Mont-d'Or, Château La 172
Tour-Musset, Château 172
Tour-St-Bonnet, Château La 153
Touraine 226 ; AOC 232, 233, 236

Touraine Villages, AOC 233
Tourelles de Longueville, Les 145
Tournefeuille, Château 175
Tours, Château des 172
Tours du Pas St-Georges, Château 172
Tourtine 268
Tracy, Château de 240
Traisen 324, 325
transfert 110
travail de la vigne 100
Trebbiano d'Abruzzo, DOC 386
Trefethen 480
Trémont, Domaine de 207
Trenel & Fils 204, 208
Trentham Estate 530
Trentin, DOC **370-371**, carte 358
Treppchen, vignoble 315
Trerose 381
Très Cantous, Domaine des 298
Treuil de Nailhac, Château du 293
Trévallon, Domaine de 269
Trèves, Domaine de 316
Trévise 369
Triacca, Fratelli 366
Triebaumer, Ernst 352
Triguedina, Château 296
Trimbach, F. E. 224
Troesme 185
Tronquoy-Lalande, Château 147
Troplong-Mondot, Château 168, 171
Trotanoy, Château 173, 175
Trottevieille, Château 168, 171
Truchot-Martin, J. 192
Truffière-Thibaut, Château la 293
Tsantalis 394
Tua, Quinta do 443
Tualatin 497
Tuchan 278
Tuck's Ridge 535
Tuilerie, Château de la 288
Tuilerie, Domaine de la 164
Tulbagh District, WO 556
Tulloch 529
Tuniberg 339
Tunisie **400**
Turckheim 221, 221, 224
Turmhof, Schloss 371
Turquie **396**
Tursan, Vignerons de 301
Tursan, VDQS 299, 300, 301
Twee Jongegezellen 556
Txakoli, DO 416, 417
Txakoli Eizaguirre 417
Txomin Etxaniz 417
Tyrrells 527, 528, **530**

*U*
Uberti 366
Udine 372
Ukiah, Vallée d' 487

Ukraine **463**, carte 450
Umani Ronchi 385
Umathum, Josef 352
Umpqua, Vallée de l' AVA 496
Umstadt, Bereich 332
Umweg 338
Undurraga 518
Ungeheuer, vignoble de 331
Ungstein 331
Union auboise 215
Union de Vignerons de l'Île de Beauté 272
Union des Vignerons Associés du Levant (UVAL) 272
Union des Producteurs de St-Émilion 171
Union Plaimont 301, 302
Unión Vitivinícola 408
Université d'Adélaïde 526
Untere Nahe 325
Unterhaardt 331
Unterhambach, vignoble de 332
Uroulat, Clos 301
Urtiga, Quinta da 445
Uruguay **520** carte 513
Ürzig 315
Utiel-Requena, DO 422
UVAL, voir Union de Vignerons Associés du Levant

*V*
Vacheron, Domaine Jean-Louis 240
Vacqueyras, AOC 252, 256
Vaillons 185
Val, Clos du (Côte de Beaune) 196
Val, Clos du (Napa) 477, 478
Val d'Aoste **364**, carte 358
Val de l'Arve 257
Val de Montferrand, Vin de Pays du 287
Val Joanis 255
Valais 347
Valbuena 412, 413, 415
Valcalepio, DOC 365
Valdadige, DOC 370
Valdeoro, Bodegas 424
Valdeorras, DO 416, 417
Valdepeñas, DO 403, 422, 423, 424
Valdespino 436, 439
Valdivieso 518
Valdizarbe 410
Vale de Cavalos, Quinta 445
Valençay, AOC 232, 233
Valence 403, 419, 422
Valencia, DO 422, 424
Valentini 386
Valette, Domaine 204
Valkenberg 327
Valladolid 413
Vallarom 371
Valle del Salnés 416
Valle d'Isarco, DOC 370

Vallée centrale, la (Californie) 491, 492
Vallée du Paradis, Vin de Pays de la 281
Vallejo, General Mariano 481
Valleña, Joaquin Manuel de 438
Vallone 390
Valls de Riu Corb 420
Valmur 184
Valmur, Cava 515
Valpolicella, DOC 368
Valréas 253
Vals d'Agly, Vin de Pays des 279
Valsangiacomo fu Vittore 348
Valteline, DOC 365, 365, 366
Valtice 461
Van der Stel, Simon 554
Van Loveren 557
Van Riebeeck, Jan 554
Varenna 357
Varennes du Grand Clos 235
Vargellas, Quinta de 446
Varichon & Clerc 264
Varoilles, Domaine des 193, 199
Vasconcelos, C.V. 448
Vascos, Los **518**
Vasse Felix 543
Vatan, André 240
Vatan, Philippe et Georges 235
Vaucoupin 185
Vaucrins, Les 194
Vaud 347
Vaudésir 184
Vaudevey 185
Vaugiraut 185
Vauligneau 185
Vaulorent 185
Vaupulent 185
Vauroux, Domaine de 186
Vaux Ragons 185
Vavasour 552
VDN, voir Vins Doux Naturels
VDP, voir Verband Deutscher Prädikatsweingüter
Vega Sicilia 403, 412, 413, **415**
Veiga França 448
Velhas, Caves 430
vendanges, date des 101
Vendange tardive 220
Venegazzù-Conte Loredan-Gasparini 369
Venise 369
Vénétie **368-369** carte 358
Venoge, de 217
ventes aux enchères 55
Venturelli, Vigneti 366
Verband Deutscher Prädikatsweingüter (VDP) 309, 311, 315, 316, 331, 334, 338, 339, 341

Verdelho 447
Verdet, Alain 192, 194
Verdicchio dei Castelli di Jesi, DOC 383, 385
Verdicchio di Matelica, DOC 383
Vereinigte Hospitien 316
Vergara, Juan 438
Vergel 515
Vergelegen 557
Vergelesses, Aux 196
Vergisson 204
Vergnes, Famille 283
Vermentino, Cantina Sociale del 392
vermouth 356, 362
Vernaccia di San Gimignano, DOC 376
Vernaccia di Serrapetrona, DOC 383
Vernay, Georges 248
Vernay-Bonfort, Château 172
Vernhalt 338
Vérone 368
verres **78-79**, *78*
Verset, Noël 248
Vesuvio, DOC 387
Vesuvio, Quinta do 446
Veuve Clicquot-Ponsardin 217, 543, 552
Vézelay, AOC 186
Vial, Félix 237
Viale 249
Viansa 486
Vicente Gandía Pla 424
Vichon Winery *471*, 479
Victoria 523, 524, 526, **531-535**
carte *525*
régions viticoles et zones climatiques 532
Victoria, Madeira 448
Victoria, Îles 510
Vidal 551
Vidal-Fleury 248
Vie-Del 491
Vieille-Église, Domaine de la 207
Vieille-Tursan 300
vieillissement du vin **57-60**, **113-120**
Vieira de Souza 443, 446
Vienne *352*
Viénot, Charles 196
Vietti, Cantina 363
Vieux-Château-Certan *173*, 175
Vieux-Château-Chambeau 172
Vieux-Château-Gaubert 158
Vieux Télégraphe, Domaine du 253, 254
Vigevani 367
Vigier, Domaine de 255
vigne
besoins de la 103
fléaux de la 30
naissance de la 98
taille de la 103
travail de la 100
Vignelaure, Château 269

Vigneron Savoyard, Le 263
Vignerons du Quercy, Les 302
Vignerons Réunis des Côtes de Buzet 294
Vignes, Jean Louis 488
Vignes des Demoiselles, Domaine des 192
Vignes de Tremblay, Domaine des 207
Vignes Franches, Les 196
vignoble, planter un nouveau 100
Vigouroux, Georges 296
Vila Nova de Gaia 443
Vila Real 428
Vilafranca del Penedès 419
Vilamont, Henri de 196, 199
Vilariça, vallée de 443
Vilariño-Cambados, Bodegas de 417
Villa Antica 384
Villa Banfi 363, 381
Villa Barbieri 367
Villa Bianzone, Cantina Cooperativa 366
Villa Cilnia 382
Villa dal Ferro 369
Villa Maria 552
Villa Matilde 390
Villa Pigna 385
Villa Russiz 373
Villa Sachsen, Weingut 328
Villa San Paolo 389
Villa Simone 389
Villamagna 385
Villány-Siklós 453
Villar, Hijos de Frutos 415
Villars, Château 176
Ville-Dieu-du-Temple, La 298, 302
Villemajou, Domaine de 282
Villemaurine, Château 168
Villenave-d'Ornan 156
Villeneuve, Arnaud de 277
Villeroy, Domaine de 276
Villiera 556
Vilmart 217
vin
dégustation **81-86**
histoire du **27-32**
ouverture du **68-72**, *69*
service du **65-80**, 88-90
stockage du **61-64**
Vin Blanc de Morgex et de La Salle, La Cave du 364
Vin de Corse, AOC 271, 272
Vin de la Moselle, VDQS **224**
vin de paille 247, 259
Vin de Pays
Allobrogie, d' 264
Aude, de l' 281
Bouches-du-Rhône, des 269
Catalan 279
Cité de Carcassonne, de la 281
Collines Rhodaniennes, des 256, 264
Comté de Grignan, du 256

Comté Tolosan, du 134, 295, 298, 302
Comtés Rhodaniens, des 134, 256
Côte Vermeille, de la 279
Coteaux de Glanes, des 302
Coteaux de l'Ardèche, des 256
Coteaux de Quercy, des 302
Coteaux des Baronnies, des 256
Coteaux des Fenouillèdes, des 279
Coteaux du Grésivaudan, des 264
Coteaux du Pont du Gard, des 288
Coteaux Flaviens, des 288
Côtes Catalanes, des 279
Côtes de Gascogne, des 301, 302
Côtes de Meuse, des 224
Côtes du Tarn, des 302
Drôme, de la 256
Franche-Comté, de 259
Gard, du 288
Golfe du Lion, du 276
Gorges et Côtes de Millau, des 302
Hérault, de l' 276, 286
Île de Beauté, de l' 271, 272
Jardin de la France, du 134, 230, 234, 239
Marches de Bretagne, des 230
Mont Bouquet, du 288
Mont-Caume, de 268
Oc, d' 134, 276, 281, 288
Pyrénées-Orientales, des 279
Sables du Golfe du Lion, des 288
Terroirs Landais, des 302
Val d'Agly, du 279
Vallée du Paradis, de la 281
Val de Montferrand, du 287
*voir aussi vins de pays*
vin de qualité produit dans une région déterminée (VQPRD) 128
Vin Fou 259, 260
vin gris 399
vin jaune 258, **259**
Vin Santo 369, 370, **375**, 379, *380*, 381
Viña del Mar 518
Viña Tondonia, Bodegas R. López de Heredia, *56*, 409
Vinattieri 382
Vinattieri Ticinesi 348
Vincent, Domaine 204
Vinding-Diers, Peter 155, 158
Vineland Estates 510
Vinenka, Domaine de 458
Vinet, André 231
Vinexco 415
*Vinho regional* 426

Vinho verde 427
Vinícola de Castilla 424
Vinicola do Vale do Dão 430
Vinicola Hidalgo 438
Vinícola Navarra 411
vinification
méthodes 97-112
*assemblage* 110, 138, 140
*bâtonnage* 181
centrifugation 116
chaptalisation 105
charmat 110
*dégorgement* 111, 210
*estufagem* (Madère) 447
fermentation 99, 104-105, 106, 108
filtrage 115
*governo* 376
*macération* 181 :
traditionnelle 205-206 ;
*carbonique* 206, 274, 280, 281, 284 ;
*pelliculaire* 155
*méthode champenoise* **110**, 128, 220, 501, 503, 506, 518
pasteurisation 116
*pigeage* 247
*ripasso* 368, 369
Vinimpex 456
ViniVal, Bodegas 424
*vino da tavola* (Italie) 356, 357, 383
*vino de la tierra* 404
*vino de mesa* 404
Vino Nobile di Montepulciano, DOCG 376, 381
Vinos Blancos de Castilla 415
Vinos de Madrid, DO 403, 423, 424
Vinprom 456
Vins
achat des 53-55
choix des 33-56
garde des 58-64
veillissement des 57-60
Vins biologiques 103
Vins et mets 87-96
*Vins de consommation courante* (Tunisie) 400
Vins d'Entraygues et du Fel, VDQS 302
Vins d'Estaing, VDQS 302
Vins de Lavilledieu 297, 298
*vins de liqueur* 136
Vins de l'Orléanais, VDQS 240
*vins de pays* 134-135, **256**, 264, **279**, **281**, **286**, **288**, **302**
cépages et producteurs 276
*Vins de qualité supérieure* (Tunisie) 400
*Vins de table* (France) 135
*Vins délimités de qualité supérieure* (VDQS) (France) 134

*Vins Doux Naturels* 112, 135-136, 252, 253, 277
appellations et producteurs 278
Vins du Thouarsais, AOC 233
Vins Mathelin 208
Vins mutés **433-488**
Madère 447-448
Málaga 440
Porto 441-446
Xérès 434-439
*Vins supérieurs* (Tunisie) 400
Vins Touchais, Les 234
Vinsobres 253
Vintners Quality Alliance (VQA) 508, 509
Viré, Cave coopérative de 204
Virely Rougeot 196
Virgin Hills 534
Virginie 505, 506
Virieu-le-Grand 264
Virou, le 165
Visan 253
Visconti 366
viscosité 82
Vissanto 395
Viticoles de Qualité, Régions 126
Viticoltori Friulani-La Delizia 373
Vitivino, Bodegas 424
Vizhoja, Bodegas Marqués de 417
Voarick, Domaine Michel 195, 199
vocabulaire du vin 84
Vocoret 186
Voerzio, Roberto 363
Voge, Alain 248, 251
Vogüé, Domaine Comte Georges de 193, 199
Voillot, Joseph 196
Vojvodina 460
Volkach 333, 335
Vollrads, Schloss 321, 322
Volnay *180*, 187, 196
Volpe Pasini 373
Vonklausner, Karl 371
Vosgros 185
Vosne-Romanée 193
Vougeot, Clos de 187, *188*, 191, 193, 485
Voulte-Gasparets, Château la 282
Vouvray 110, *226*, *228* ; AOC 233, 236
Voyat, Ezio 364
VQA, *voir* Vintners Quality Alliance
VQPRD *voir* vin de qualité produit dans une région déterminée
Vranken 217
Vray-Croix-de-Gay, Château 175
Vredendal, Cave coopérative 557
Vriesenhof 556

**W**

Wachau 351
Wachenheim 331
Wackerbarth, Schloss 336
Waddington Bay *508*
Wädenswil, Cave
  coopérative de 348
Wagner, Philip 499, 502
Wagner Vineyards 501
Waiheke, Île de 548, 550
Waikato 548
Waimarama 552
Waipara Springs 552
Wairarapa 548
Walch, Wilhelm 371
Walker, Hiram 490
Walker Crabb, Hamilton
  476
Walla Walla, Vallée de 494
Wallhausen, Schloss *324*,
  325
Walluf 323
Walnut Crest 518
Walpole, Robert 30
Walporzheim 311
Wardoper, Edward et John
  509
Warre 446
Warren Blackwood 542,
  544
Warren Vineyard 544
Warter, *voir* Wisdom &
  Warter
Warwick 556
Washington **494-495**
  carte *470*
  zones viticoles 494
Wasserliesch 317
Waters, Thomas 542
Wegeler-Deinhard 320,
  322

Wegeler-Deinhard,
  Domaine 316
Wegeler-Deinhard
  Gutsverwaltung 316
Wehlen 312, *314*, 315
Wehlener Sonnenuhr *314*,
  315
Weill, Robert 323
Weinbach, Domaine 224
Weinert, Bodegas 519
Weingarten 338
Weinheim 338
Weinviertel 351
*Weissherbst* 310, 311, 324,
  339, 340
Welsh Brothers 448
Weltvrede, coopérative
  557
Wendouree Cellars 539
Weninger, Franz 352
Wente 487, 489
Wente, Carl 476
Wenzel, Robert 352
Western Connecticut
  Highlands, AVA 502,
  503
Westfield 544
Westhalten 221, 224
Weststeiermark 352
Wetmore, Clarence 476
Wettolsheim 221
White
  Mountain Vineyards
  502
Widmann, Baron 371
Wiederkehr Vineyards
  506
Wien (Vienne) 352
Wieninger, Fritz 352
Wiese & Krohn 446
Wiesloch, Winzerkeller 338

Wignalls 544
Wild Horse 490
Wild Horse Valley 477
Wildwood 534
Wilhelm II, Kaiser 342
Willamette, vallée de la,
  AVA 496
Willespie 543
Williams & Humbert 439
Williams Selyem 486
Willm, Alsace 224
Wilson Vineyard 539
Wiltinger Scharzberg 316
Wind Hill 497
Windham 529
Winkel 322
Winkeler Hasensprung,
  vignoble 322
Winkler-Hermaden 352
Winningen 315
Winterthur, Cave
  coopérative de 348
Wintrich 316
Wintzenheim 221
Winzersekt 342
Wirra Wirra 541
Wirsching 335
Wisdom & Warter 439
Wolf Blass Wines 538
Wolfberger, Coopérative
  224
Wolfenweiler 340
Wolff-Metternich, Gräflich
  von, Weingut 338
Wolxheim 221
Wonnegau, *Bereich* 328
Woodbridge 479
Woodbury 538
Woodside 487
Woodstock 541
Woodward Canyon 490, 495

Wootton 558
Worcester District, WO
  556
Worms 309, 326, 327, 332
Wörmser Liebfrauenstift-
  Kirchenstück 327
Worringham 557
Wurtemberg 306, **341**
Würzburg 333, 334, 335
Würzburger Stein 334
Wyndham, George 527
Wyndham Estate 528, 529
Wynns Coonawarra Estate
  540

**X**

Xanadu, Château 543
Xérès **434-439**
  différents styles 437
  histoire 435
  producteurs et négoc.
  436
  du raisin à la *flor* 434
  système de la *solera*
  434
  élaboration du 112
  verre à *79*

**Y**

Yakima, Vallée de 494
Yalumba 539, 540
Yamhill, Comté de 496
Yardon 398
Yarra Burn 535
Yarra Ridge 535
Yarra Valley 531, 532, 535
Yarra Yering 535

Yecla, DO 422, 424
Yellowglen 533
Yeringberg 535
Yllera 404
Yon-Figeac, Château 168
Yonne 178
  appellations **186**
York, Mountains, AVA 488
York, Péninsule de 536
Young, Arthur 88
Young, Vignoble Robert
  486
Yount, George 476
Yquem, Château d' 158,
  160, **162**

**Z**

Zacatecas 515
Zaccagnani, Ciccio 386
Zaer 400
Zandotti, Conte 389
Zaragoza 419
Zarco 447
Zecca, Conti 390
Zell 313, 315
Zeltingen 315, 316, *317*
Zema Estate 540
Zemmour 400
Zenata 400
Zenato 366
Zeni, Roberto 371
Zerbina 367
Zerhoune 400
Zimbabwe **557**
Zimmermann, Rudolf
  351
Zind Humbrecht 224
Zitsa 395
Znovin-Satov 461

# INDEX DES CÉPAGES

Abouriou 294
Adakarasi 396
Agiorgitiko 395
Aglianico 386, 389, 390
Airén 403, 422, 440
Albana 367
Albariño 403, 416
Albarolo 364
Albillo 414
Alcañón 410
Aleatico 48, 463
Alicante Bouschet 274, 276,
  286, 399
Aligoté 48, 463, 464
Alvarinho 428
Amigne 347
Aragonez 431
Aramon 274, 276, 286, 399
Arinto 428

Arneis 360
Arrufiat 299
Assyrtico 394
Athiri 395
Aurora 469, 499, 500
Auxerrois 259, 295
Bacchus 326, 558
Baco Noir 469, 499, 500
Baga 428, 429
Bangalore Blue 560
Barbera 48, 357, 360, 365,
  367, 472, 491, 519, 520
Baroque 300
Bastardo 463
Beeichun 559
Beylerce 396
Bianco d'Alessano 390
Bical 429
Blanc de Valdigne 364

Blauburgunder 349
Blauer Portugieser 309, 349
Blauer Wildbacher 352
Blaufränkisch 349
Bobal 422
Bogazkarasi 396
Bogazkere 396
Bombero Nero 387
Bombino Bianco 387
Bonarda 360, 365, 367, 520
Bosco 364
Bouchy 299
Bourboulenc 267, 274, 281,
  284, 286
Brachetto 360
Braucol 297
Brunello 376
Bual 447
Buketraube 556, 557

Burger 485
Cabernet 369, 376, 391, 454,
  464
Cabernet Franc 41, 140, 144,
  165, 168, 173, 176, 226,
  229, 232, 291, 294, 297,
  298, 299, 300, 365, 369,
  372, 376, 395, 419, 454,
  472, 477, 482, 520, 555
Cabernet-Sauvignon 41,
  140, 144, 165, 168, 173,
  176, 226, 229, 267, 271,
  274, 276, 286, 291, 294,
  297, 298, 299, 300, 349,
  357, 365, 367, 369, 372,
  376, 381, 395, 397, 398,
  399, 407, 413, 419, 420,
  422, 453, 454, 456, 457,
  459, 460, 463, 472, 482,

487, 488, 491, 494, 502,
  505, 509, 514, 515, 516,
  519, 520, 523, 524, 527,
  532, 536, 537, 542, 549,
  555, 557, 559, 560
Cagniulari 392
Caiño 416
Calabrese 391
Calitor 274
Çalkarasi 396
Campbell's Early 560
Canaiolo 383
Canaiolo Nero 376
Cannonau 391
Cape Riesling 555
Carignan 48, 267, 271, 274,
  279, 281, 284, 286, 396,
  399, 403, 419, 420, 472,
  487, 505

Cariñena 407, 420
Carmenère 173
Castelão Francês 428, 429, 431
Catarratto 391
Catawba 469, 505
Cayuga White 469, 499, 500
Cencibel 403, 422, 423
Cesanese 387
César 178, 186
Chambourcin 469, 499, 502, 505
Chancellor 469, 505
Chardonnay 42, 163, 226, 229, 258, 259, 271, 274, 276, 283, 286, 309, 349, 365, 370, 372, 376, 381, 391, 395, 397, 398, 413, 419, 420, 453, 460, 472, 482, 487, 491, 494, 496, 500, 502, 505, 509, 514, 516, 519, 523, 524, 532, 536, 537, 542, 548, 549, 555, 559, 560
Chasselas 48, 247
Chaunac, de 499, 500
Chelois 469, 499
Chenin 523, 542, 548
Chenin Blanc 226, 232, 283, 294, 420, 472, 477, 482, 488, 491, 505, 555, 557
Chiavennasca 365
Ciliegiolo 383
Cinsaut 48, 244, 253, 267, 271, 274, 279, 286, 398, 399, 555, 557
Cirfandli 453
Clairette 244, 267, 274, 396
Clairette Blanche 557
Clevner 338, 341
Cock's Heart 559
Colombard 48, 165, 398, 472, 482, 491, 523, 555, 557
Completer 348
Concord 469, 500, 509
Cornalin 347
Cortese 360, 365
Corvina 368
Cot 173, 294
Couderc Noir 520
Counoise 253, 274, 279
Courbu 299
Cow's Nipple 559
Criolla 519
Crouchen 523, 539, 555
Cynthiana 469
Damaschino 391
De Chaunac 469
Delaware 469, 520, 560
Dimiat 457
Dimrit 396
Dökülgen 396
Doña Blanca 414, 416
Dornfelder 558

Dr Hogg Muscat 548
Dragon's Eye 559
Drupeggio 384
Dunkelfelder 558
Duras 297
Durella 368
Durif 551
Dutchess 469, 520
Ehrenfelser 510
Elbling 324
Elvira 469
Emir 396
Erbaluce 360
Esgana Cão 429
Ezerjó 454
Faberrebe 326
Falanghina 387
Farhana 399
Fendant 347
Fer Servadou 291, 294, 297, 298
Fernão Pires 556
Fetească Albă 459
Fetească Neagră 459
Fetească Regală 459
Fetjeaska 463
Fiano 386
Flora 497
Folle-Blanche 48, 229
Fortana 367
Francusa 459
Frankovka 461
Frappato di Vittoria 391
Freisa 360, 364
Fumé Blanc 48
Furmint 452, 453, 454, 455, 463
Gaglioppo 390
Gamay 42, 226, 229, 259, 294, 297, 298, 396, 457, 472, 509
Gamza 457
Gänsefüsser 329
Garganega 368, 369
Garnacha Blanca 407
Garnacha Riojana 407
Garnacha Tinta 403, 407
Garnacha Tintorera 414
Gewürztraminer 42, 324, 370, 472, 482, 500, 505, 519, 524, 548, 559
Girò 391
Godello 414
Goldriesling 336
Graciano 404, 407
Grasă 459
Grechetto 375, 383
Greco 390
Grenache 48, 244, 267, 271, 274, 278, 279, 286, 391, 395, 396, 398, 399, 410, 413, 414, 416, 419, 420, 422, 423, 472, 491, 536, 542
Grenache Blanc 244, 253, 286, 403, 407, 410, 420

Grenache Gris 278
Grenache Noir 253, 284, 403, 407, 420
Grignolino 360
Grillo 391
Gringet 259, 261, 263
Groppello 365
Gros-Manseng 276, 299
Grüner Sylvaner 461
Grüner Veltliner 349, 461
Guarnaccia 389
Gutedel 324
Hanepoot 555, 557
Hárslevelü 452, 455
Hasandede 396
Hasseroum 399
Horozkarasi 396
Humagne Rouge, 347
Huxelrebe 329
Inzolia 391
Irsay Oliver 461
Isabella 469, 520
Italico 363
Jacquère 257, 261-264
Johannisberg Riesling 501
Juan Ibañéz 410
Juhfark 452, 454
Kabarcik 396
Kadarka 452, 453
Kalecik Karasi 396
Karaseker 396
Kékfrankos 452, 453, 454
Kéknyelü 453
Kerner 309, 326
Klevener 221
Klevner 349
Klingelberger 338
Kodru 464
Koshu 560
Kotsifali 395
Krakhuna 463
Krasny 464
Lado 416
Lagrein 370, 371
Lambrusco 367
Lambrusco di Sorbara 367
Laski Rizling 452, 461
Leányka 452, 454
Lefkas 398
Lemberger 349
Léon Millot 469
Liatiko 395
Limberger 461
Limnio 395
Listán Blanco 423
Listán Negro 423
Loin de l'Œil 297
Loureiro 428
Maccabeo 274, 279, 281, 284, 403, 410, 419, 420, 422
Malaga 398, 440
Malbec 48, 140, 165, 176, 291, 294, 298, 463, 477, 519, 537
Malmsey 447
Malvasia Bianca 490

Malvasia del Chianti 375, 376
Malvasia del Lazio 389
Malvasia di Candia 389
Malvasia Istriana 372
Malvasía Riojana 407, 419, 460
Malvoisie 48, 271, 279, 357, 367, 372, 387, 407, 414, 520
Mammolo 376
Mandilaria 395
Mansois 302
Manto Negro 423
Maréchal Foch 469, 499
Maria Gomes 428
Marsanne 48, 244, 247, 281, 284
Marzemino 370
Matrassa 463
Mauzac 283, 294, 297
Mavro Kypriako 398
Mavrodaphne 395
Mavron 398
Mavrud 456, 457
Mazuelo 48, 407, 420
Melnik 370
Melody 469
Melon de Bourgogne 48
Mencía 414, 416
Menu Pineau 233
Mérille 291
Merlot 43, 140, 165, 168, 173, 176, 271, 274, 276, 291, 294, 295, 297, 298, 357, 365, 369, 372, 376, 391, 419, 420, 422, 452, 453, 454, 457, 459, 460, 463, 472, 477, 482, 488, 494, 509, 516, 519, 520, 523, 532, 542, 548, 555, 559, 560
Merseguera 422
Michurinetz 510
Misket 457, 458
Missouri Riesling 506
Molette 261, 262, 264
Molinara 368
Moll 416
Monastrell 274, 410, 419, 420, 422
Mondeuse 257, 261-264
Monemvassia 395
Monica 391
Montepulciano 357, 387
Montepulciano d'Abruzzo 383
Morellino 376
Moreto 431
Morillon 349, 352
Moristel 431
Moscatel 420, 423, 440
Moscatel Fino 434
Moscato 360
Moschophilero 395
Mourisco 441

Mourvèdre 48, 244, 253, 267, 274, 279, 281, 284, 286, 399, 536
Mtsvane 463
Müller-Thurgau 48, 308, 310, 324, 326, 370, 381, 452, 461, 548, 549, 558
Muscadelle 48, 140, 155, 159, 291, 292, 294, 542
Muscadine Scuppernong 505
Muscardin 253, 274
Muscat 44, 244, 271, 277, 360, 365, 370, 387, 398, 410, 463, 464, 520, 523, 559
Muscat à petits grains 244, 277
Muscat Bailey A 560
Muscat Blanc 472
   Muscat Blanc à petits grains 277, 360
Muscat Canelli 490
Muscat d'Alexandrie 277, 555, 557
Muscat d'Alsace 220
Muscat Gordo Blanco 532
Muscat Jaune 455
Muscat Noir de Hambourg 559
Muscat Ottonel 452, 454, 459
Muscatel 464
Muskat-Sylvaner 48
Muskateller 352
Narince 396
Nasco 391
Nebbiolo 45, 357, 359, 360, 364, 365, 472
Negramoll 423
Négrette 297, 298
Negroamaro 387
Nerello Mascalese 391
Nero d'Avola (ou Calabrese) 391
Neuburger 351
Niagara 469, 520
Nielluccio 271
Norton 469, 505
Nosiola 370
Nuragus 391
Öküzgözü 396
Olaszrizling 452, 453, 454
Ondarribi Beltza 416
Ondarribi Zuri 416
Ondenc 294
Oportó 454
Optima 312, 344, 510
Ormeasco 364
Ormeasco Sciac-trà 364
Ortega 329
Ortrugo 367
País 516
Palomino 398, 413, 414, 416, 434, 519, 548
Pamid 457
Pansá Blanca 420
Papazkarasi 396

Parellada 403, 419, 420, 423
Pedro Ximénez 423, 434, 440
Per'e Palummo 389
Perret 253
Perricone 391
Petit-Manseng 299
Petit Rouge 364
Petit Verdot 140, 144, 477
Petite-Arvine 347
Petite Sirah 472, 491
Picardan 244, 253
Picotendro 364
Picpoul 274
Picutener 360, 364
Pigato 364
Pignoletto 367
Pineau d'Aunis 233, 236
Pinot Auxerrois 344
Pinot Blanc 48, 309, 349, 357, 365, 367, 369, 370, 372, 376, 381, 391, 460, 463, 488, 509
Pinot Gris 48, 309, 357, 365, 367, 369, 370, 372, 381, 391, 459, 460, 461, 463, 464, 496, 505, 509
Pinot Meunier 560
Pinot Noir 45, 226, 229, 237, 258, 259, 276, 309, 349, 365, 369, 370, 372, 396, 399, 419, 452, 454, 457, 459, 460, 461, 464, 472, 477, 482, 487, 488, 496, 509, 515, 516, 519, 520, 523, 528, 532, 537, 542
Pinotage 555, 557
Plechistik 463, 464, 542, 548, 555, 558, 559, 560
Portugieser 309, 310, 324, 326
Poulsard 258, 259
Primitivo 387
Procanico 384
Prugnolo 376
Pugnet 360
Pukhjakovsky 464
Raboso 369
Raffiat de Moncade 300
Rafsai 399

Rajnai Rizling 452
Ramisco 428
Räuschling 348
Ravat 469, 499
Refosco 372
Reichensteiner 548, 558
Rhein Riesling 452, 460
Ribolla Gialla 372
Rieslaner 334
Riesling 45, 308, 310, 320, 324, 326, 349, 365, 370, 381, 396, 398, 419, 463, 464, 472, 488, 494, 500, 502, 505, 509, 523, 524, 532, 536, 537, 542, 548, 549, 559, 560
Riesling Italico 370, 459, 463
Riesling-Sylvaner 345, 348
Rivaner 224, 340, 344
Rizlingszilváni 452, 454
Rkatsiteli 457, 464, 559
Robola 395
Roditis 394
Rolle 267, 268, 270
Romorantin 233, 236
Rondinella 368
Rossese 364
Rotberger 332
Roter 460
Roter Elbling 317
Roter Veltliner 351
Rotgipfler 351
Roussanne 244, 247, 281, 284
Roussette 257, 261, 262, 263, 264
Ruby Cabernet 398, 505
Ruffiac 299
Rulandec 460
Ruländer 48, 309, 370
Sagrantino 383
Saint-Georges 395
Saint-Laurent 324, 349, 461
Samsó 419
Samtrot 341
Sangiovese 48, 271, 357, 364, 367, 375, 376, 381, 383, 387, 472

Sankt Laurent 324
Saperavi 463
Sauvignon 140, 155, 165, 229, 267, 274, 276, 297, 349, 367, 370, 372, 381, 391, 395, 397, 477, 482, 487, 494, 500, 505, 516, 523, 524, 532, 537, 542, 548, 549, 555
Sauvignon Blanc 46, 159, 165, 237, 267, 291, 292, 294, 398, 413, 419, 453, 459, 460, 461, 472
Savagnin 258, 259
Savatiano 394
Scheurebe 308
Schiava 365, 370
Schioppettino 372
Schönburger 558
Schwarzriesling 317, 334, 341
Sciacarello 271, 272
Scuppernong 468
Sémillon 46, 140, 155, 159, 292, 294, 297, 396, 463, 472, 487, 494, 516, 519, 520, 523, 524, 527, 537, 542, 548, 560
Sercial 447
Sergikarasi 396
Serprina 369
Severnyi 510
Seyval Blanc 48, 469, 499, 500, 502, 505, 520, 558
Shiraz 47, 48, 523, 524, 526, 532, 536, 537, 542, 555
Siegfried Rebe 510
Souzão 492
Spanna 360
Spätburgunder 309, 310
Steen 48, 555, 557
Subirat-Parent 419
Sultana 532
Sylvaner 48, 308, 324, 326, 370, 461, 464
Syrah 47, 244, 247, 253, 267, 271, 274, 276, 279, 281, 284, 286, 294, 297, 298, 395, 398, 399, 472, 555

Szürkebarát 452, 453, 454
Tămaiîoasă Romanească 459
Tannat 295, 298, 299, 300
Tempranillo 47, 403, 407, 410, 413, 414, 419, 420, 422, 423
Teroldego 370
Terrano 372
Terret Noir 253
Thompson Seedless 491, 515, 560
Tibouren 270
Tinta Amarela 441
Tinta Barroca 441
Tinta de Toro 414
Tinta Madeira 492
Tinta Negra Mole 447
Tinta Roriz 428, 441
Tinto Cão 441
Tinto de País 403, 413
Tinto Fino 403, 413
Tocai Friulano 372
Tocai Rosso 369
Tokay 501
Tokay d'Alsace 48
Torbato 391
Torrontes 519
Tourbat 279
Touriga 492, 539
Touriga Francesa 441
Touriga Naçional 428, 441
Trajudura 428
Traminéc 460
Traminer 452, 460, 461
Traminer Aromatico 370
Tramini 452, 454
Trebbiano 48, 267, 357, 367, 375, 383, 387, 391, 520, 528
Trebbiano d'Abruzzo 383
Trebbiano Toscano 376
Treixadura 416
Trepat 419, 420
Tressalier 237
Tressot 178, 186
Trincadeira 431
Triomphe d'Alsace 558
Trollinger 341

Trousseau 258
Tsimlyanski 464
Tsitska 463
Tsolikouri 463
Tursan 300
Ugni Blanc 48, 267, 274, 286, 291, 294, 376, 559, 560
Ull de Llebre 403, 419, 420
Uva di Troia 387
Vaccarèse 253
Valdeorras 414
Verdeca 390
Verdejo 403, 413, 414
Verdelho 447, 542
Verdicchio 383
Verduzzo 369, 372
Vermentino 271, 281, 364
Vernaccia 385
Vernaccia di Oristano 391
Vespaiolo 369
Vespolina 360
Vidal 505, 509
Vidal Blanc 469, 499, 500
Vien de Nus 364
Vignoles 499
Vilana 395
Villard 469
Villard Noir 499
Viognier 244, 247, 274, 276
Viura 403, 407, 410, 413, 414, 419
Weissburgunder 48, 309, 324, 370
Weisser Elbling 317
Weisser Riesling 556
Welschriesling 48, 370, 452, 559
White Riesling 487, 496
Xarel-lo 403, 419, 420
Xinomavro 395
Xynisteri Blanc 398
Yapincak 396
Zalema 423
Zerkhoun 399
Zierfandler 453
Zinfandel 48, 472, 477, 482, 487, 488, 491
Zöldveltelini 454
Zweigelt 349, 452

## REMERCIEMENTS

Les éditeurs tiennent à remercier :
Birchgrove Products
Caves Saint-Vincent
Champagne Veuve Clicquot
Christopher Sykes Antiques of Woburn
Dampoux
Dartington Crystal Ltd (decanter)

L'Esprit & Le Vin
John Lewis
The Hugh Johnson Shop
Puiforcat
Riedel
Screwpull®

# COLLABORATEURS

**Coordinateur éditorial**
Christopher Foulkes

**Préface**
Michel Rolland

**Collaborateurs**
La liste ci-contre inclut le nom des personnes qui ont collaboré à l'écriture d'un ou de plusieurs chapitres, ou qui ont contribué, par leur compétence, à certaines parties de l'ouvrage.

Jim Ainsworth
Maureen Ashley

Tony Aspler
Vicky Bishop
Eric Boschman
Stephen Brook
Kenneth Christie
Bertrand Denoune
Hildegard Elz
Magdaléna Fazekašová
Anne Frizet-Manette
Catherine Frugère
Patricia Gastaud-Gallagher
Rosemary George
Philip Gregan
Patricia Guy
James Halliday
Helena Harwood
Cameron Hills

Richard Paul Hinkle
Dr Miloslav Hroboň
Ian Jamieson
Dave Johnson
Kate Kumarich
Maxwell Laurie
André Lurton
Giles MacDonogh
Maggie McNie
Catherine Manac'h
Richard Mayson
Andrew Montague
Françoise Peretti
John Radford
Maggie Ramsay
Margaret Rand
Norm Roby

Michel Rolland
Jacques Sallé
Pierre Salles
Michael Schuster
Alain Senderens
Gabrielle Shaw
Peter Schleimer
Tamara Thorgevsky
Roger Voss

En outre les responsables de la rédaction ainsi que les éditeurs désirent remercier tous ceux qui ont eu la courtoisie de leur fournir des renseignements.

## CRÉDITS PHOTOS

Ian Booth   34 ; 36 ; 38 ; 39 ; 59 ; 66 ; 67 ; 71 ; 76 ; 77 ; 78 ; 79.
The Bridgeman Art Library   87 ; 89 ; 91.
Cephas/Jerry Alexander   122 ; 476.
Cephas/R. A. Beatty   391 ; 447.
Cephas/Nigel Blythe   165 ; 295 ; 314 ; 317 ; 326 ; 327 ; 329 ; 334 ; 559.
Cephas/Andy Christodolo   257 ; 273 ; 324 ; 343 ; 511 ; 516.
Cephas/Rick England   514 ; 549.
Cephas/M. J. Kielty   221.
Cephas/Lars Nilson   460.
Cephas/Alain Proust   553 ; 554.
Cephas/Mick Rock   2–3 ; 9 ; 25 ; 53 ; 60 ; 97 ; 98 ; 102 ; 104 ; 107 ; 109 (en haut à gauche, en haut à droite, au centre à gauche, au centre à droite) ; 111 ; 113 ; 114 ; 115 ; 117 ; 118 ; 119 ; 121 ; 127 ; 129 ; 133 ; 134 ; 135 ; 137 ; 141 ; 159 ; 169 ; 175 ; 182 ; 185 ; 194 ; 204 ; 205 ; 206 ; 209 ; 213 ; 218 ; 225 ; 226 ; 229 ; 230 ; 232 ; 237 ; 239 ; 241 ; 242 ; 245 ; 246 ; 249 ; 251 ; 252 ; 255 ; 258 ; 260 ; 261 ; 265 ; 271 ; 289 ; 291; 293 ; 300 ; 307 ; 330 ; 332 ; 337 ; 340 ; 342 ; 345 ; 353 ; 354 ; 359 ; 361 ; 365 ; 368 ; 370 ; 377 ; 380 ; 383 ; 385 ; 386 ; 393 ; 394 ; 416 ; 417 ; 425 ; 429; 431 ; 434 ; 439 ; 449 ; 451 ; 454 ; 457 ; 458 ; 465 ; 474 ; 478 ; 482 ; 486 ; 492 ; 494 ; 496 ; 498 ; 499 ; 500 ; 502 ; 504 ; 521 ; 522 ; 524 ; 527 ; 531 ; 532 ; 536 ; 542 ; 545 ; 558.
Cephas/Peter Stowell   349.
Cephas/Ted Stefan   471.
Cephas/Helen Stylianou   397.

Cephas/Mike Taylor   399.
Christie's   85.
Colorific!/Alon Reininger   452.
C. M. Dixon   28.
Patrick Eagar   167 ; 217 ; 304 ; 320 ; 375.
E. T. archive   27 ; 31.
Fall Creek Vineyards   507.
Robert Harding Picture Library   310.
Larousse/Diaf Studiaphot/Hervé Gyssels   33 ; 65 ; 68 ; 69 ; 70 ; 72 ; 73 ; 81 ; 83.
Network/Wolfgang Kunz   336.
Russia & Republics Photo Library   462.
Scope/ J. Guillard   10.
Scope/Jean-Daniel Sudres   16 ; 400.
Tony Stone Worldwide   508.
Trip Photographic Library/V. Kolpakov   464.
Alan Williams   7 ; 19 ; 20 ; 23 ; 56; 61 ; 109 (en bas à gauche, en bas à droite) ; 112 ; 144 ; 146 ; 154 ; 173 ; 176 ; 177 ; 180 ; 187 ; 188 ; 190 ; 201 ; 223 ; 262 ; 276 ; 279 ; 280 ; 281 ; 284 ; 286 ; 296 ; 298 ; 303 ; 319 ; 321 ; 333 ; 401 ; 402 ; 406 ; 409 ; 410 ; 412 ; 414 ; 418 ; 422 ; 427; 432 ; 433 ; 435 ; 441 ; 473 ; 481 ; 483 ; 491; 493.
Zefa   308 ; 357 ; 372 ; 453 ; 487.

Prises de vues à Paris : Photographe Hervé Gyssels, DIAF Studiophot, Styliste Isabelle Dreyfus, Sommelier Jean-Christophe Renaut.
Prises de vues à Londres : Photographe Ian Booth, Styliste  Diana Durant

Flashage : Quadratin - Paris – Photogravure : Imago - Singapour – Imprimerie : Pizzi - Milan
Dépôt légal septembre 1994 - N° de série éditeur : 18530 - Imprimé en Italie (Printed in Italy). 507002 C, avril 1997.